SFV

Golo Mann

DEUTSCHE GESCHICHTE DES 19. UND 20. JAHRHUNDERTS

S. Fischer Verlag

18. Auflage der Sonderausgabe

Satz: Fotosatz Otto Gutfreund, Darmstadt
Druck und Einband: Franz Spiegel Buch GmbH, Ulm
Printed in Germany 1985
ISBN 3 10 347901 8

INHALTSVERZEICHNIS

SECHSTES KAPITEL

SIEBENTES KAPITEL

ACHTES KAPITEL

NEUNTES KAPITEL

ZEHNTES KAPITEL

ELFTES KAPITEL

ZWÖLFTES KAPITEL

VORWORT ZU DIESER AUSGABE

Die freundliche Aufnahme, die meine im Jahr 58 erschienene Deutsche Geschichte fand, hat den Verlag ermutigt, eine Sonderausgabe zu veranstalten. Der Autor sieht das gerne, aber mit Zweifeln auch. Man lernt hinzu in acht Jahren; mußte besonders etwas hinzulernen in den vergangenen acht, während derer die deutsche Geschichtsforschung, diese nüchterne, scharfsinnige, gründliche, redliche Geschichtsforschung, die wir heute haben, auf vier Fragen, große und kleine, ein neues, erhellendes Licht warf. Fast hatte ich Lust gehabt, das ganze Buch oder doch dessen zweite Hälfte, ganz neu zu schreiben.

Das ging nicht. So wenig wie ein Roman kann historische Literatur die Zeit, in der sie entstanden ist, verleugnen; so wenig wie einen Roman kann man ein historisches Buch alle acht Jahre neu schreiben. Sit ut est aut non sit; es soll so bleiben wie es ist oder es soll nicht sein.

Nun, ganz so wie es war, habe ich es doch nicht sein lassen. Auf zahlreichen Seiten wurden Funde neuester Forschung in aller Stille eingefügt; mitunter habe ich mich auch mit einem Schriftsteller unserer Tage kritisch auseinandergesetzt. Besonders gilt das für die sogenannte »Kriegsschuldfrage« von 1914. Der Kenner wird leicht merken, wer da gemeint ist.

Für den Nichtfachmann will ichs verraten. Es handelt sich um das berühmte Werk Fritz Fischers, »Griff nach der Weltmacht« und kleine Schriften desselben Gelehrten, der die planmäßige, bei kaltem Verstande und Blute gewollte Herbeiführung des Ersten Weltkrieges durch das Deutsche Reich nachzuweisen versuchte. Ich glaube nicht, daß ihm das gelungen ist, wie geschickt er auch die Dokumente auswählte, isolierte und aneinanderreihte. Wohl aber hat er gewisse neue Akzente gesetzt, und wer heute über Ausbruch und Charakter des Vierjahrkrieges berichtet, darf Fischers Arbeit nicht mehr ignorieren. Sein Grundirrtum jedoch scheint mir darin zu liegen, daß er mit Hilfe einiger neuentdeckter – meist nur: neu ausgewerteter – Dokumente unsere bisherige Ansicht von der Sache völlig umstürzen wollte. Wie sollte das möglich sein für Zusammenhänge, über die wir ungezählte Tausende von Dokumenten, ungezählte Hunderte von Büchern jeden Charakters und jeder Qualität längst besaßen, für Zusammenhänge, die übrigens, im Gegensatz zur Kabinettspolitik des 18. Jahrhunderts, von Anfang an im wesentlichen öffentlich waren? Was 1914 oder 1917 gespielt wurde, das konnte in den Hauptlinien jeder intelligente Zeitungsleser erkennen, während es gespielt wurde. Der Forschung, der älteren wie der neuesten, blieb nur, zu bestätigen, zu vertiefen, in dem einen und anderen Punkt zu qualifizieren, was im Grunde immer gegeben war. – So für 1914–18; so, und zwar in unvergleichlich stärkerem Maße, für 1933–45.

Wie es zu gehen pflegt, ist das Urteil Fischers denn auch durch gleichzeitige Publikationen korrigiert und balanciert worden. Hans Günther Zmarzliks »Bethmann Hollweg als Reichskanzler« zeigt uns die eigentliche Führungslosigkeit der deutschen Politik vor 1914; eine veraltete, aus den Fugen gehende Verfassungsstruktur macht dem Kanzler das Regieren nahezu unmöglich. Natürlich spricht diese Situation an sich schon sehr stark gegen Fischers These; wie soll denn ein großer Krieg planmäßig von einem Staat erzwungen werden, der keine Führung, der sozusagen kein Nervenzentrum besitzt? – Gerhard Ritters »Schlieffen-Plan« legt das Schwergewicht auf den furchtbaren Zeitdruck, unter dem die deutschen Diplomaten in den letzten Julitagen handelten, nachdem sie einmal den Fehler begangen hatten, ihre Politik dem Denken eines politisch unwissenden und unschuldigen Strategen zu unterwerfen, der, wenn es zum Krieg kam, nur einen einzigen dulden wollte und diesen Tag für Tag und Stunde für Stunde vorausgeplant hatte. Der entscheidende Einfluß der Militärs 1914, ihre völlige Einflußlosigkeit 1939 bestätigen den tiefen Unterschied zwischen beiden Vorgängen. – Die, freilich glücklosen, halbherzigen deutschen Versuche, im Kriege einen der Gegner glimpflich auszuschalten und zu einem Teilfrieden zu kommen, Versuche, die Fischer ignoriert, hat Egmont Zechlin nachgezeichnet. In das Gebaren des Reichstages, das trotz aller Hindernisse und Selbstbehinderungen deutliche Wachsen des Parlamentarismus während des Krieges haben die Dokumentenbände von Matthias und Morsay – »Der interfraktionelle Ausschuß«, »Die Regierung des Prinzen Max von Baden« – unschätzbare Einblicke geliefert. – Im Effekt haben die Argumente und Gegenargumente, die Zitate und Gegenzitate der letzten Jahre unser Wissen um die Epoche Wilhelms, Bethmanns und Ludendorffs wesentlich verfeinert; umgestürzt haben sie es nicht.

Das Gleiche möchte wohl auch für die neueste Bismarck-Literatur gelten; reiche Memoirenwerke wie die »Tagebücher der Baronin Spitzemberg«, geistvoll illustrierende Fragestellungen und Zusammenfassungen wie Theodor Schieders »Das deutsche Kaiserreich als Nationalstaat«. Wie gerne hätte ich solche Werke für meine Erzählung noch gründlich ausgeplündert; wie gerne auch die neuesten Forschungen zur Geschichte des Nationalsozialismus, zumal die Veröffentlichungen des Münchner »Instituts für Zeitgeschichte«, dessen Verdienste man gar nicht hoch genug preisen kann. Aus den oben gegebenen Gründen mußten solchem Ausplündern enge Grenzen gesetzt sein.

Im Augenblick gehört es in Deutschland zum guten Ton, die Wiederbelebung eines gesunden Nationalgefühls zu fordern. Zwanzig Jahre lang, so ungefähr geht die Rede, sei man in Sack und Asche gegangen; das sei nun mehr als genug und höchste Zeit, sich alten und neuen deutschen Ruhmes wieder mit Stolz zu erinnern. – Ich kann da nicht recht mitmachen, kann einen solchen bewußten und gekünstelten Wechsel nicht verstehen. Man war immer »national« oder ist es nie. Der Mensch unserer Breitengrade ist nicht einfach »Mensch«, Humanist, Kosmopolit oder was noch. Nationalität im ursprünglichen Wortsinn, im Sinn der Herkunft, im Sinn auch des Hinstrebens und Vordenkens, ist mit seiner Person untrennbar verbunden. Was in den uns durch Erbe und Erlebnis vertrauten Gegenden geschah, was durch unsere Vorfahren geschah, was in unserer Sprache geschah, was mittelbar und, je näher es zeitlich an uns heranrückt, desto weniger mittelbar unsere eigenen Schicksale beeinflußte, geht uns direkter an, als was wir uns aus fremden Sprachen übersetzen. Wir nehmen stärker an ihm teil. Es freut uns mehr; es beschämt uns mehr. Freude an der deutschen Geschichte habe ich mit meinem Buch zu erwecken versucht durch die Vergegenwärtigung von Ereignissen, Szenen und Gestalten; selbst da noch, wo sie in ihrer Gegenwart so ganz erfreulich nicht waren. Ernst ist das Leben, heiter ist die Kunst, heißt es in Schillers am tiefsten geschichtlichen Drama. Auch der Historiker ist ja wohl ein Künstler. Er bewegt keine wirklichen Massen, er tut nur so, als ob er sie bewegte. Je tiefer die Dinge in die Vergangenheit entschwinden, desto weniger irdisches Schwergewicht bleibt ihnen. Leid, das einmal erlitten wurde, ist nicht mehr; Schönes erscheint. Jede Begegnung mit vergangenem Leben ist schön. Vielleicht wäre die Wahrheit dieses Satzes durch eine Darstellung deutscher Charaktere und Begebenheiten im 17. oder 18. Jahrhundert deutlicher zu zeigen gewesen, teils eben wegen der Verschiebung der Perspektiven, welche die Zeit bewirkt, teils aus einem andern Grund.

Das eben Gesagte gilt nicht immer und überall. Wenn unser Jahrhundert – ich fürchte es – eine Ausnahme ist, von aller früheren Geschichte sich lösend, so ist ein Kapitel unseres Jahrhunderts noch wieder eine besondere, schwarze Ausnahme. Nicht die Kunst eines Shakespeare könnte Schönes aus ihm gewinnen. Das Interesse wird hier zur angewiderten Neugier, die sich des Gegenstandes und die sich ihrer selbst schämt.

Das ist die Ausnahme; die Regel die, daß geschichtliche Vergangenheit Freude machen kann und Geschichtsschreibung nicht zu sein verdiente, ließe sie dies Ziel außer acht. »Vergangenheit wacht auf, sie lebt, sobald man sich in sie vertieft. Nicht so, daß praktische Ratschläge aus ihr zu gewinnen wären. Aber so, daß wir in ihr den Menschen kennen lernen und dadurch auch uns selber; die Anlagen und Möglichkeiten unseres Volkes; sein Versagen wie seine Schöpfungen; die Herkunft der Gegenwart. Wie die Geschichte arbeitet und wie die einzelnen sich in ihr bewährt haben oder nicht; wie sie das Gute wollten und irren mußten, eingefangen wurden in Konflikten, die sie nicht lösen konnten. Und was sie recht machten.

Die bohrenden, bis zum letzten mutigen Analysen eines Max Weber, die klugen kräftigen Warnungen Bebels, die immer frische, praktische, scharf formulierte Weisheit Bismarcks, das geistvolle persönliche Drama Ferdinand Lassalles, Freiherr vom Steins hoher Begriff vom Deutschen und vom Menschen, Metternichs kühles, erfahrenes Europäertum, die dröhnende, wandelreiche, immer von Wahrheitsliebe und Glauben geadelte Schriftstellerei des Joseph von Görres – das sind lebendige Geistesquellen, jede auf ihre Art. Vergessen wir die Gescheiterten nicht, die Märtyrer; angefangen mit jenen, die an der Härte des napoleonischen Zeitalters zugrunde gingen, die 1849 strengen, knöchernen Siegern zum Opfer fielen, endend mit den Männern und Frauen des deutschen Widerstandes. Die waren menschlich groß, die waren gut; ehrender Erinnerung wert...« Obige Sätze, welche auf einer der letzten Seiten meiner Deutschen Geschichte standen, wird der Leser der neuen Ausgabe nicht mehr finden. Aber sie sagen ungefähr aus, was das Buch wollte. Und in diesem Sinn möge es »national« genannt werden; in einem anderen nicht. Auf das, was Immanuel Kant »die Aufforderung der Gecken in Deutschland zum Nationalstolz« nannte, habe ich nie gehört und bin nun zu alt, um mich noch zu wandeln.

Warum das letzte, zwölfte Kapitel völlig neu geschrieben wurde, wird im Text selber erklärt.

Golo Mann

Altnau am Bodensee, März 1966

DEUTSCHE GESCHICHTE
DES 19. UND 20. JAHRHUNDERTS

ERSTES KAPITEL

Grundtatsachen der deutschen Geschichte

Viel hat der europäische Genius erfunden und der Welt gegeben; Böses und Gutes, solche Dinge zumeist, die zugleich gut und böse waren. Darunter den Staat; darunter die Nation. Sie sollen uns nicht vormachen, daß es anderswo, in Asien und in Afrika, Nationen und Staaten vordem gegeben hätte. Dort werden sie heute gemacht, und nachgemacht, und dort werden die von Europa geprägten Formen als Waffen gegen Europa verwandt. Am Ende ist das nicht ungerecht und keine Demütigung, wenn wir es richtig auffassen.

Seit die europäischen Gesellschaften sich formten, seit es Europa gibt, ist es in Nationen zerfallen. Dies gehört beides zusammen: die Einheit der europäischen Kultur und die Vielheit der Nationen. Man mag die Identität Europas bestreiten wegen seiner jederzeit wirksamen inneren Unterschiede und seiner mannigfachen Verbindungen mit nichteuropäischen Kulturen, etwa der islamischen. Das nützt aber nichts; denn die Einheit und Wirklichkeit der Nationen, auf welche solche Europa-Skeptiker hinauswollen, kann man mit ähnlichen Argumenten bestreiten. Leugnen wir nicht das mit Händen zu Greifende. Als Inbegriff fruchtbarer Gemeinsamkeiten; als ausstrahlende Macht, welche die Erde durchforschte, den Kontinenten und Inseln ihren Namen gab, auf die sie heute noch hören; als Hauptverursacherin und geistigen Quell der gegenwärtigen Weltsituation hat es Europa gegeben; Europa mit seiner katholischen Religion, mit seinen Monarchien, seinem Adel und Bürgertum; mit seinen Städten und mittelalterlichen Parlamenten; seinen Kreuzzügen und Entdeckungsfahrten; seiner Wissenschaft, seiner Kunst, seiner Musik; mit seiner Politik.

Aber diese Einheit ist immer zugleich Vielheit gewesen, und die Vielheit ist nicht gegen die Einheit, zu deren Schaden, sondern gleichzeitig mit ihr entstanden. Es gab nicht anfangs ein großes christliches Europa, welches durch die Nationen zerstört worden wäre; das ist eine Legende. Die Gesellschaft, welche aus dem dunklen Zeitalter des Werdens, dem nachrömischen Zeitalter, allmählich sich erhob, war bereits eine in Nationen geteilte; und wenn es auch mit der Vollendung des Nationalstaates noch gute Weile hatte, so wollten doch wenigstens England und Frankreich schon im 13. Jahrhundert klärlich auf den Nationalstaat hinaus. Aber Staaten und Nationen blieben aufeinander bezogen. Es konnte sie nicht alleine geben, gab die eine nur, wenn es auch die anderen gab. Ihr Wetteifern, ihr Miteinander und Gegeneinander hat Europa groß gemacht. Es hat, das ist wahr, als es gar zu arg damit wurde und die rechte Zeit für solches Spiel schon vorüber war, auch zur europäischen Selbstzerstörung geführt. Das geschieht ja aber in der Geschichte nicht selten, daß das, was uns wachsen läßt, uns auch zerstört. Jedenfalls: die Begriffe Europa, Staat, Nation widersprechen sich ursprünglich nicht, sie bedingen einander. Selbst der Nationalismus des 19. und 20. Jahrhunderts ist eine höchst internationale Sache gewesen. Es haben die einzelnen Nationalismen einander angespornt und nachgeäfft und die gleichen Worte für die gleiche Sache gebraucht. Gerade der blödeste Nationalismus, durch den man Europa zerreißen und leugnen wollte, bewies gegen Europa gar nichts; denn er war eine gesamteuropäische Krankheit.
Man kann die Geschichte einer europäischen Nation zu irgendeiner Zeit nicht erzählen, ohne zugleich das ganze Europa im Auge zu haben; man kann die Geschichte Europas nicht erzählen, ohne die Einheit des Gegenstandes in nationale Vielheit zerfallen zu lassen und aus ihr wieder zur Einheit zu sammeln.
Die Geschichte jeder europäischen Nation ist grundverschieden von der der anderen, unvergleichlich, einzigartig; und ist auch wieder den anderen nahe und ähnlich. Alle Nationen haben im engen, freundlichen, feindlichen Kontakt miteinander gestanden und aufeinander eingewirkt: Deutsche und Italiener,

Italiener und Spanier, Spanier und Franzosen, Engländer und Franzosen, Engländer und Spanier, Franzosen und Deutsche, Skandinavier und Deutsche und Engländer, Deutsche und Polen und Tschechen und Südslawen und Ungarn. Keine der nationalen Geschichten darf uns als Norm gelten, so, daß man etwa zu bedauern hätte, daß andere nicht ebenso verlaufen sind.

Oft haben Historiker bedauert, daß Deutschland und Italien im Mittelalter nicht ebenso zu Nationalstaaten geworden sind wie Frankreich, daß in Deutschland der Reichsgedanke eine solche Entwicklung verhinderte. Gehört hier aber nicht alles zusammen? Wer kann sagen, ob Frankreich überhaupt ein Nationalstaat hätte werden können, wenn Deutschland beizeiten einer geworden wäre? Hier hat immer ein Volk gewisse Existenzformen verwirklicht, weil andere sie nicht verwirklichten. Wenn wir selbst zugäben, daß Englands Geschichte glücklicher gewesen ist als die der kontinentalen Völker – ich denke, man muß das zugeben –, so hat doch England es selber und glückhaft anders sein können als wir, nur eben dadurch, daß wir nicht waren wie England.

Einzigartig sind auch die Schicksale jenes europäischen Teilstammes, den der Gott der Geschichte im Zentrum unserer Halbinsel hat werden lassen; einzigartig und zugleich eng verbunden mit den anderen Teilstämmen, den großen und den kleinen.

Wer sich in die Geschichte der deutschen Nation vertieft, der hat leicht den Eindruck eines unruhigen Lebens in Extremen. Einmal klaffen Idee und Wirklichkeit weit auseinander, wie zur Zeit des mittelalterlichen Reiches, als die deutschen Könige und sich so nennenden römischen Kaiser um ein phantastisches, weit über die Sprachgrenzen hinausgehendes Imperium kämpften, indes das eigentliche Deutschland in eine Unzahl kleiner Territorialstaaten zerfiel. Einmal sehen wir die Nation gegen sich selber wüten und eine lange Orgie der Selbstzerstörung feiern, wie zur Zeit des Dreißigjährigen Krieges. Einmal erreichen deutsche Gestalten die höchsten geistigen Höhen, auf denen je Menschen gelebt haben, indessen gleichzeitig trübe Mittelmäßigkeit den öffentlichen Ton beherrscht. Von apolitischer Ruhe wendet Deutschland sich zur aufgeregtesten politischen Tätigkeit, von buntscheckiger Vielgestalt zu radikaler Einheitlichkeit; aus Ohnmacht erhebt es sich zu aggressiver Macht, sinkt zurück in Ruin, erarbeitet sich in unglaublicher Schnelle neuen, hektischen Wohlstand. Es ist weltoffen, kosmopolitisch, mit Bewunderung dem Fremden zugeneigt; dann verachtet und verjagt es das Fremde und sucht das Heil in übersteigerter Pflege seiner Eigenart. Die Deutschen gelten als das philosophische, spekulative Volk, dann wieder als das am stärksten praktische, materialistische, als das geduldigste, friedlichste, und wieder als das herrschsüchtigste, brutalste. Ihr eigener Philosoph, Nietzsche, hat sie das »Täusche-Volk« genannt, weil sie die Welt immer wieder mit Dingen überraschen, die man gerade von ihnen nicht erwartet. Und so mag man als Deutscher von benachbarten Nationen, den Schweizern, den Holländern, wohl manchmal denken wie Hölderlin, der Dichter, von einem glücklicheren Freund:

> Manch Leben ist, wie Tag und Nacht, verschieden.
> In goldener Mitte wohnest du.

Freilich kann man das deutsche Volk nicht ernsthaft mit jenen kleinen germanischen Nationen vergleichen, die sich rechtzeitig von ihm trennten, um im engen Raum eine ausgeglichene und freie Existenz zu finden. Spielerisch mag man sich ein Europa vorstellen, das nur aus solchen behaglichen Kleinstaaten bestanden hätte. Die Geschichte hat es anders gewollt; dort, wo es Spanien, Frankreich, England, Rußland gab, da mußte es früher oder später auch Deutschland geben. Nur gegen diese anderen Schicksalsvölker Europas hat es Sinn, das Deutsche zu halten. Und sie haben alle, wenn man näher zusieht, nur selten in goldener Mitte gewohnt. Wir standen weder unter einem besonderen Segen noch unter einem besonderen Fluch. Alle Nationen Europas standen unter beidem, dem Fluch, dem Segen. Alle haben dem gemeinsamen Vaterland viel Gutes und viel Schaden getan.

Man hat oft gesagt, daß, im Gegensatz zu glücklicheren Ländern, Deutschland keine natürlichen Grenzen habe. Diese Behauptung ist nicht ganz ohne Grund, muß aber alsbald eingeschränkt werden. Denn es heißt doch, der Natur zuviel politische Voraussicht zutrauen, wenn man glaubt, sie habe unseren Kontinent durch Meere, Gebirge und Flüsse säuberlich in einzelne Becken eingeteilt, in welchen die Völker auf ihrer Wanderschaft sich hätten versammeln und in ihnen ein endgültiges Genüge hätten finden können. »Der Rhein, Deutschlands Strom, nicht Deutschlands Grenze« hat Ernst Moritz Arndt geschrieben, und daran ist so viel richtig, daß niemand sagen kann, warum in aller Welt ein Strom eine Grenze sein soll. Daß Gebirge nicht notwendigerweise politische Grenzen sind, zeigt ein Blick auf die Karte von Nordamerika; auch der Schweiz oder Österreichs. Und vollends das Meer ist nie so sehr Grenze wie Verlockung zum Überschreiten dieser Grenze, zu Handel, Kolonisation, Eroberung und Reichsgründung gewesen. Staaten sind geschichtliche Gebilde, die mit dem Willen der Natur so gut wie gar nichts zu tun haben. Es war nicht der Wille der Natur, daß Portugal selbständig blieb, aber nicht Katalonien, nicht die Bretagne; daß England eine Weltmacht wurde, anstatt eine römische oder französische Provinz zu bleiben. Daß die großen Städtebünde des Mittelalters, der Lombardische, der Rheinische, ins Nichts verschwanden, während ein viel kleinerer, schwächerer, um den Vierwaldstätter See gruppierter, sich zum schweizerischen Nationalstaat entwickelte – was hat es mit natürlichen Grenzen zu tun? Die Franzosen haben zuerst die Tatsachen der Geschichte mit den Tatsachen der Natur verwechselt und in den 1790er Jahren von den natürlichen Grenzen ihrer Republik zu reden angefangen; es kam ihnen teuer zu stehen. Später fanden die Amerikaner es naturgewollt, daß der ganze nordamerikanische Kontinent ihnen gehören sollte. Gegenüber den armen Indianern, gegenüber Spanien und Mexiko kamen sie auch ziemlich weit mit dieser Forderung; aber die Grenze zwischen den Vereinigten Staaten und Kanada ist künstlich vom Atlantik zum Pazifik, und diese Grenze haben die Amerikaner respektiert, nicht weil es das Natürliche, sondern weil es das politisch Richtige war. Die Natur hat keinem Staatswesen vorgeschrieben, wie groß oder klein es sein solle.

Was meinen wir dann, wenn wir sagen, daß Deutschland keine natürlichen Grenzen habe? Nur dies: Daß seine Begrenzung oder Nichtbegrenzung etwas anders geartet ist als die Begrenzung anderer Staaten. England-Schottland ist von Wasser umgeben. Frankreich hat im Westen den Ozean, im Süden Gebirge und Meer, im Südosten ein wenig Gebirge – was alles es aber mehrfach überschritten hat; im Norden und Nordosten hat es offenes Land. Deutschland hat Gebirge im Süden, Meer im Norden, offenes Land im Osten und Westen; das ist der ganze Unterschied. Es liegt in einer Mitte, so wie Polen, Persien und andere Länder mehr. Ein mysteriöses Schicksal der Grenzenlosigkeit brauchen wir aus dieser Mitte nicht zu machen.

Es ist eine Mitte zwischen Romanen und Slawen. Dies ist allerdings für das Werden und Sein der Deutschen von großer Bedeutung gewesen.

Ihren romanischen Nachbarn waren die Deutschen zu gewissen Zeiten kulturell unterlegen. Ihre Gesellschaft formte sich etwas später, etwas langsamer. Die europäische Zivilisation hat sich vom Westen und Süden nach Osten und Norden ausgedehnt, so daß auch West- und Süddeutschland im Mittelalter reicher entwickelte Formen wirtschaftlicher, politischer, kultureller Existenz aufwiesen als Ostdeutschland. Dies Etwas-früher-Daransein des romanisierten Westens hat aber keine dauernde Wirklichkeit gehabt. Im Hochmittelalter war Köln eine Hauptstadt der Christenheit so gut wie Paris, versammelte der Hof der Hohenstaufen um sich die Blüte der ritterlichen Kultur so gut wie der der Kapetinger. Wenn dann viel später die Deutschen gegenüber ihrem westlichen Nachbarn abermals ins Hintertreffen gerieten, wenn sie im 17., im 18., ja selbst im 19. Jahrhundert in gewissem Sinn Nachahmer des fortgeschritteneren Westens waren, so hatte das nichts mit ihren barbarischen Ursprüngen zu tun; die lagen um nichts weiter zurück als die der Briten. Es ist durch gewisse neuere wirtschaftliche, politische, geistige Entwicklungen zu erklären. Selten aber auch waren die Deutschen ihren romanischen Nachbarn überlegen. Hier herrschten, im wesentlichen, Ebenbürtigkeit, Gemeinsamkeit und solche Konflikte, die, wie jene zwischen den Päpsten und den deutschen Kaisern, eben aus der Gemeinsamkeit der kulturellen Sphäre stammten.

Anders im Osten. Den slawischen Völkern waren die Deutschen meistens – nicht immer und überall – kulturell überlegen. Hier waren sie bedroht und Bedroher. Hier hatten sie es bis ins späte Mittelalter mit eigentlich Fremdem zu tun und noch in neueren Zeiten mit wesentlich anderem. Wir brauchen uns dabei auf die Frage, was eine Rasse sei, gar nicht einzulassen. Gerade dort, wo sie einander begegnen und sich bekämpfen, pflegen Rassen sich auch zu vermischen, wie denn im Osten die Deutschen sich reichlich mit den Slawen vermischten, nachdem sie im Süden längst mit den eroberten Kelten eins geworden waren. Sprechen wir von den deutschen und slawischen Rassen, so meinen wir nicht biologische Einheiten, sondern historische Mächte, durch Sprache, Sitte, auch etwa Religion, voneinander geschieden. Solche Mächte stießen im Osten aufeinander, und es strebte die eine, sich auf Kosten der anderen auszudehnen. Wohl ist bei dem Vordringen der Deutschen im Osten mehr friedliche Siedlung, weniger Rassen- und Glaubenskampf im Spiel gewesen, als slawischer und deutscher Nationalismus nachmals wahrhaben wollten. Deutsche Kolonisten waren begehrt in Polen und Böhmen; grausame Unterdrückungen wie jene der heidnischen »Preußen« die Ausnahme, nicht die Regel. Dennoch hat diese offene Situation im Osten den Charakter der Deutschen als Nation stark mitbestimmt. In neuerer Zeit sind besonders die beiden östlichen Staatsgebilde Deutschlands, Österreich und Preußen, durch die Art ihres Kontaktes mit dem Slawentum charakterisiert gewesen. So daß ihnen gegenüber sich ein reines oder Binnen-Deutschland abzeichnete, dem es an solchem Kontakt fehlte und das nach Westen schaute.

Hier haben wir ein paar Grundtatsachen der deutschen Geschichte: die vergleichsweise Geringfügigkeit von Deutschlands Seeverbindungen, die Weite seiner Landverbindungen im

Westen und Osten und Südosten; und die slawische Nachbarschaft. Nachdem die Geschichte sie einmal gemacht hatte, konnte kein geschichtliches Tun sie mehr ändern.

Das Reich, später Römisches Reich, noch später Heiliges Römisches Reich, zuletzt Heiliges Römisches Reich Deutscher Nation genannt, ist für die deutsche Geschichte nicht so sehr durch seine Erfüllung bedeutungsvoll gewesen, denn so recht erfüllte Wirklichkeit war es nie. Stark gewirkt hat es auf zweierlei Weise. Erstens durch das, was es hinderte; welcher Hinderung gewisse positive Entstehungen und Mächte entsprachen. Zweitens durch seine Legende, seine Vorstellung, Idee, Erinnerung. Wir sehen hier ab von dem Fränkischen Reich, dessen Regent, Karl der Große, sich den römischen Kaisertitel beilegen ließ. Damals gab es noch keine Deutschen, sowenig wie es Franzosen gab.
Dagegen war das unter Otto I. hergestellte Königtum und Kaisertum schon ein in Deutschland zentriertes, ein deutsches. Das ist seither so geblieben, wie weit und vage im Süden und Westen auch die Grenzen des Reiches gezogen waren, wie völkerumfassend, christlich, universal auch der Gedanke war. Die Wirklichkeit konnte dem Gedanken nie entsprechen, nur in kurzen Augenblicken ihm halbwegs zu entsprechen scheinen. Es konnte im Mittelalter keine Cäsaren im Stil des Augustus geben, aber auch keine Präsidenten einer freien Gemeinschaft der christlichen Völker. Dazu war Europa viel zu weit, zu zerklüftet, bald auch zu tief in seinen Nationalitäten unterschieden. Was von der Phantasmagorie des Reiches in die Wirklichkeit niederschlug, das war eine sonderbar gespannte, oft unglückliche Verbindung Deutschlands mit Italien; es war andererseits die Aufspaltung Deutschlands in territoriale Herrschaften, welche endlich alle politische Realität in sich aufsogen und darstellten, die es in jenen Gegenden überhaupt gab. Dann war der Kaiser der größte Territorialherr; oder gar nichts. Das Reich hätte eine Kuppel sein sollen, welche die Länder des christlichen Erdenrunds schön überdachte. Zum Schluß war

es nur noch eine innerdeutsche politische Vielgestalt, die es schlecht und recht überbrückte; und dies Universum war brüchig genug. Andere Völker entwickelten sich allmählich zur Einheit hin; Deutschland, das mit dem Reich angefangen hatte, endete in unauflösbarer erstarrter Vielgestalt. Als von Italien her nach Spanien, Frankreich, England übergreifend Idee und Praxis des modernen Staates zu erscheinen begannen, da gab es in Deutschland keine werdende Zentralmacht, der sie hätten zugute kommen können. Also kamen sie den Territorialstaaten, den Fürsten zugute; und so blieb es bis tief ins 19. Jahrhundert hinein.

Ich will nicht sagen, daß das in jeder Beziehung ein Unglück gewesen sei; müssen ja nicht immer alle Völker denselben Weg gehen. Jedenfalls war es ein anderer Weg und hat an extremen, wunderlichen Stationen vorbeigeführt. Zu dem Zeitpunkt, zu dem unsere Erzählung beginnt, sagen wir im Jahre 1789, gab es im Reich 1789 territoriale Herrschaften, von denen einige in Wahrheit selbständige Staatsgebilde, europäische Mächte waren, während die Mehrzahl aus ein paar Schlössern und Dörfern bestand.

Die politische Vielgestalt Deutschlands hat nichts mit seiner Natur und Geographis, auch nichts mit seinen geschichtlichen Anfängen zu tun. Verschiedenartig sind die deutschen Länder allerdings; wer sich im Schwarzwald, am Main und Neckar, in den Alpenländern zu Hause fühlt, der wird sich fremd vorkommen in der Lüneburger Heide. Dasselbe gilt jedoch für die alten Provinzen Frankreichs, die Provence etwa und die Bretagne. Deutschland ist in seinem Inneren nicht reicher an landschaftlichen, klimatischen Verschiedenheiten als andere europäische Länder. Was dann die frühe deutsche Geschichte betrifft, so hat man wohl von dem römischen Limes als einer Ursache deutscher Spaltung gesprochen, von der Tatsache also, daß die Römer die Lande südlich der Donau und westlich des Rheins jahrhundertelang besetzt hielten, das Gebiet zwischen Nordrhein und Elbe aber bald räumen mußten und über die Elbe nicht hinauskamen. Ich kann mich nicht davon überzeugen, daß dies ein Grund des deutschen Staaten- und Herrschaftssystems in neueren Zeiten ist. Am Ende hätte es eine Teilung in zwei wahrscheinlicher gemacht als eine Aufspaltung in 1789 Herrschaften. Daß die Römer einmal da waren, das mag wohl lange Zeit einen Unterschied machen; aber es macht doch nicht in alle Ewigkeit einen lebendigen Unterschied... Auch die verschiedenen Stämme, als welche die Germanen einst ins Licht der Geschichte getreten waren, hatten für die deutsche Staatenbildung nicht die Bedeutung, welche noch die Reichsverfassung von 1919 ihnen zutraute. Die alten Stammesherzogtümer waren früh verschwunden. Die Landesfürsten, welche sich im Laufe des Mittelalters erhoben, waren ursprünglich Beamte des Königs und Feudalherren, Inhaber eines Bündels von Funktionen und Nutznießer eines Netzes feudaler Verpflichtungen, die sie allmählich in ihrer Person und Familie zu einer Landesherrschaft verbanden. Im Falle Bayerns fiel diese Herrschaft mit einem Teil des alten Stammesgebietes zusammen; andere, wie Hessen und Sachsen, hatten von dem alten Stammescharakter wenig mehr als den hochtönenden Namen; in modernen Zeiten hieß die größte, Preußen, nach einem ausgerotteten Heidenstamm. Die Mehrzahl gab schon durch ihre Namen zu erkennen, daß es sich um Feudalherrschaften handelte, die in einer Burg oder Residenzstadt ihren Mittelpunkt hatten. Es ist nicht ursprünglich; es ist geschichtlich geworden. Die Österreicher gehörten zum Stamm der Bayern; die Geschichte, und zwar die moderne Geschichte, hat sie zu etwas anderem gemacht.

Warum nun denn aber die politische Spaltung Deutschlands? Der Historiker kann oft keine von der Wirkung abgetrennten Ursachen nennen; er kann dann nur sagen, so kam es, und eben darum ist es so gekommen. Beschreibung und Erklärung werden eines. Im Ereignis selber liegt dann auch sein Grund. Oder wieder, wir helfen uns mit bloßen Worterklärungen, wenn wir etwa sagen: in den Deutschen lag eben ein Etwas, das sie nach der politischen Vielheit streben und die Gespaltenheit ihrer alten Stammesorganisation unter völlig veränderten Umständen reproduzieren ließ. Was die menschliche, persönliche Seite der Sache betrifft, so findet sich der Typus des echten, zu-

packenden Politikers in neueren Zeiten durchaus im Lager der Fürsten, nicht des Reiches; Meister der Politik wie Moritz von Sachsen, Maximilian I. von Bayern, Friedrich Wilhelm von Brandenburg haben dem Reichsgedanken nicht gedient. Der einzige Politiker von Genie, der eine Zeitlang mit dem Reich große Pläne vorhatte, Wallenstein, hat sich als Beauftragter der österreichischen Territorialmacht, später aber als Potentat auf eigne Faust fühlen müssen. Die Frage wäre dann, warum die klügsten politischen Energien von den Fürstenstaaten absorbiert wurden. Worauf es keine andere Antwort gibt als diese: das Reich war von Anfang an mehr eine Sache der Einbildung als der Wirklichkeit und wurde vollends seit dem Fall der Hohenstaufen mehr und mehr zur Phantasmagorie. Eine solche aber kann gar keine Realpolitik brauchen, kann sie nicht in sich aufnehmen – obgleich Realpolitik sich noch der Phantasmagorie zu ihren eigenen Zwecken bedienen mag. So hat das Haus Habsburg vom 16. zum 18. Jahrhundert sich des Reichsgedankens zur Förderung seiner eigenen Macht und Herrlichkeit bedient.
Reich und System der Fürstenstaaten entsprechen einander – der weite, aber phantastische Charakter des einen, der kleinliche, aber reale Charakter des andern. Für die politische Existenz der Deutschen sind beide von Bedeutung gewesen. Die Erinnerung des Reiches hat die Entwicklung des modernen Nationalstaates aufgeschoben, behindert, schließlich ihn mitgeformt und verfälscht. Ein guter Teil des politischen Überlegenheits- und gleichzeitigen Unterlegenheitsgefühls der Nation stammt ursprünglich von dort; wir waren mehr als die anderen, weil wir das Reich innegehabt, die ordnunggebende Mission der Römer geerbt zu haben glaubten; wir waren weniger, weil die veraltete schwerfällige Maschinerie des Reiches den aktionsfähigeren westlichen Nationalstaaten solange unterlegen gewesen war und unsere politische Wirklichkeit zumeist in engen, jeder großen geschichtlichen Sendung entbehrenden Fürstenstaaten zentrierte. Das ist so gekommen; und man kann nur darüber staunen, daß es so kam. Denn wenn keine der im frühen Mittelalter entstandenen Nationen bean-

spruchen konnte, der Erbe Roms zu sein, die Deutschen konnten es am Ende doch noch weniger als unsere lateinisch redenden Nachbarn in Westen und Süden, und nie hat Europa uns die römische Ordnungsmission anvertraut.
Das Reich war Deutschlands westliches Gesicht. Es war die Form, welche Deutschland den Beziehungen zu seinen westlichen und südlichen Nachbarn zu geben versuchte; die Niederlande, Lothringen, Burgund, Italien sollten in der einen oder anderen Weise Teile des Reiches sein. Es war statisch gemeint: eine bestehende rechte Ordnung. Die Italienzüge der deutschen Kaiser sollten nicht das Reich mehren, sondern eine gültige Ordnung wiederherstellen, die verwilderte Wirklichkeit unter die Idee zwingen. Sie sollten, praktisch, den Kaisern in Italien die Machtmittel gewinnen, die sie in Deutschland nicht hatten und durch die sie Deutschland zu unterwerfen hofften – ein Zweck, der nie erreicht wurde. Im Osten, dort wo die Deutschen bedroht und Bedroher waren, spielte das Reich eine geringe Rolle. Hier war Unruhe und Unterdrükkung, hier wurde auf neuem Grunde Neues geschaffen, nicht eine alte Phantasmagorie erneuert. Hier handelten deutsche Teilmächte auf eigene Faust; die Dynastien der Babenberger, Askanier, Welfen, der Deutsche Orden, Habsburger und Hohenzollern. Eine Folge davon war, daß die deutsche Nation im Osten, zuerst der Sache, dann auch der Form nach, aus dem Reich herauswuchs. Im Westen und Süden schloß das Reich Gebiete ein, die nicht deutsch waren oder die allmählich aufhörten, es zu sein; im Osten schloß es Gebiete aus, die allmählich deutsch wurden. Die beiden stärksten staatlichen Konzentrationen der Deutschen in neuerer Zeit, Österreich und Preußen, sind so schließlich in einigen ihrer Schwerpunkte außerhalb des Reiches zu liegen gekommen. Und unabhängig vom Reich, unabhängig selbst von den deutschen Teilmächten, lebten Angehörige der deutschen Nation inmitten polnischen, tschechischen, magyarischen Volkstums, lebten sie in den Städten als Handwerker und Kaufleute – ein Deutschtum im Ausland, Jahrhunderte bevor es diesen Ausdruck gab. Die Verflochtenheit der Deutschen in das Leben Osteuropas konnte im

Zeitalter des Imperialismus – das ist in moderner Zeit – den falschen Glauben gebären, es sei der Osten das eigentliche Tätigkeitsfeld des Reiches. Die legendäre Überlieferung der von den Deutschen gewährten und gelenkten übernationalen Ordnung, die nun zugleich nationale Herrschaft sein sollte, wurde auf Gebiete übertragen, mit denen das mittelalterliche Imperium nichts zu tun gehabt hatte. Dieser eingebildete Glaube, diese Forderung haben in unseren Tagen endlich zu einer schrecklichen, in ihren Folgen noch immer nicht abzusehenden Niederlage der Deutschen im Osten geführt.

Eine andere Grundtatsache – ein Grundereignis – der deutschen Geschichte ist Luthers Rebellion.

Die Frage, woher Religion komme und inwieweit sie etwa von anderen, nicht religiösen Verhältnissen mitbestimmt sei, überlassen wir hier sich selber. Im Leben hängt alles zusammen, und alles wirkt aufeinander. Es genügt zu sagen, daß Religion überall mitbestimmend gewesen ist. Wie könnte es anders sein? Wie sollten die Begriffe, die der Mensch sich von sich selber macht, von seinem Platz in der Welt, vom Verhältnis zu seinem Mitmenschen, von seinen Pflichten und Rechten, vom Grund und Sinn des Seins, wie sollte, was er glaubt und hofft und fürchtet, nicht zurückwirken auf die Organisation der Gemeinschaft? Zwar hat Karl Marx spöttisch bemerkt, selbst im christlichen Mittelalter habe der Mensch von Religion nicht leben können; worin er offenbar recht hatte. Wie aber der Mensch lebte, unter welchen Formen der Herrschaft, des Rechts, der Furcht und des Trostes, unter welchen wirtschaftlichen, moralischen, ästhetischen Regeln – das ist von der christlichen Kirche mitbestimmt worden.

Was dann die moderne Spielart des Christentums, Protestantismus genannt, betrifft, so haben alle Völker und Staaten Westeuropas sich im 16. Jahrhundert mit der römischen Kirche auseinanderzusetzen angefangen. In einigen, in Spanien und Italien, in Ungarn und Polen triumphierte die katholische Gegenreformation, die aber nun nicht mehr so sehr dem römischen

Oberhaupt wie dem katholischen Staat, vor allem der Macht des spanischen Imperiums zugute kam. In Frankreich blieben, nach schlimmen Religionskämpfen, die Protestanten eine Minderheit; zeitweise sehr mächtig, dann geduldet, dann verfolgt, zum Schluß eine kleine, aus dem Leben des modernen Staates aber nicht wegzudenkende, in Wirtschaft und Wissenschaft, in Philosophie und Politik charakteristisch tätige Gruppe. Von ferne ist ihr die katholische Gemeinde Englands zu vergleichen; auch sie eine zahlenmäßig geringe, verdächtigte Minderheit, die sich erst im 19. Jahrhundert die bürgerliche Gleichberechtigung erkämpfte.

In Deutschland hat der Konfessionsstreit des 16. Jahrhunderts die Nation glatt in zwei Hälften gespalten. Das ist so sonst nirgends gewesen; und man kann nur sagen, daß es in Deutschland so gekommen ist, obgleich es anscheinend auch ganz anders hätte kommen können. Der Protestantismus war ursprünglich eine deutsche Sache. Hier entstand er; hier – man muß dies mißbrauchte Wort gebrauchen, wir haben kein anderes – wurde er in wenigen Jahren zur Volksbewegung. Hier wurde er inkarniert von einer Persönlichkeit, die, wenn nicht mit ihrer Geistesschärfe – da war Calvin Luther überlegen–, so doch in ihrer Popularität, mit der ausstrahlenden Kraft und Tiefe der Seele unter allen geistlichen Vollbringern der Zeit unvergleichlich dasteht. Der Dichter und Sprachschöpfer, der Mystiker, der hinreißende Prediger, der instinktsichere, schlaue Politiker und Demagoge Martin Luther – warum konnte er der Nation nicht neue geistliche und weltliche Einheit geben, warum scheiterte er an dem, was ein paar kluge englische Herrscher ohne sonderliche Fährnisse bewältigten? Die Dinge, mit denen der große Mann sich zu befassen hatte, waren zu heillos verwickelt; er konnte sie nicht entwirren.

Der deutsche Kaiser der Lutherzeit hätte das Reich gerne unter die Kontrolle seines dynastischen Mächteblocks gebracht. Aber er war zugleich der König von Spanien, war längst kein Deutscher mehr; die Einheit, die er gebracht hätte, wenn man ihn hätte gewähren lassen, wäre nicht freie Einheit von innen, sondern Herrschaft von außen gewesen. Karl V. konnte sich nicht

an die Spitze der protestantischen Bewegung stellen, die, siegreich, sein vielsprachiges Imperium in protestantische Nationalstaaten zerteilt hätte. Er konnte sie nur bekämpfen. Das Ergebnis war eine Teilung anderer Art. Die Gegenreformation siegte in Österreich, in Bayern, am Rhein und in vereinzelten Gegenden Mitteldeutschlands; Norden und Osten blieben protestantisch. Als Nutznießer der ganzen verworrenen Revolution gingen noch einmal die Fürsten hervor; die protestantischen, die ihre Staaten durch Kirchengut bereicherten und von denen nun jeder in seinem Gebiet sein eigener Papst war. Ebenso die katholisch gebliebenen. Welche Religion einer haben sollte, bestimmte von nun an der Landesherr.
Klassenkämpfe spielten unglücklich hinein. Wann immer in der Geschichte Europas das einfache Volk mit den ursprünglichen Texten des Evangeliums in Berührung kam, dann entbrannte sozialer Aufstand, denn es ist eine Botschaft der menschlichen Gleichheit und Gerechtigkeit und den Reichen feindlich gesinnt. Luther verstand es anders. Die gehässige Haltung, die er während des Bauernkrieges einnahm, die Brutalität, mit der er zur Vernichtung der Rebellen aufrief, nahm seiner Sache viel von ihrem Glanz und der allgemeinen Atmospäre viel von ihrer Hoffnung. Der so große Unordnung gestiftet hatte, war im Grunde ein Konservativer, und es zeigte sich nun, daß er ein Mann der Ordnung um jeden Preis war.
Ein Werk wie das von Luther ist vieldeutig, es sind politische und apolitische, befreiende und verknechtende Elemente in ihm verborgen. Man nimmt sich daraus, was man brauchen kann, und macht damit, was ursprünglich nicht gemeint war. Daß ein jeder Christenmensch sein eigener Seelsorger sein konnte und der Vermittlung durch den geweihten Priester nicht bedurfte, daß das ganze tausendjährige Werk der römischen Autorität nicht mehr gelten sollte gegenüber dem lebendigen Verstehen der Heiligen Schrift, das war allerdings eine umstürzende, zum Guten und Schlechten befreiende Meinung. Aber die Freiheit, die Luther predigte, war nur innerlich; sie hatte mit politischer Freiheit nichts zu tun. Der gute Christ

war ganz und gar »Passivus«; er war – innerlich – frei, auch wenn er in Ketten lag, und er war der Obrigkeit, jeder Obrigkeit, jeden Gehorsam schuldig. Die Obrigkeit aber sollte ein scharfes Schwert führen, denn der freiwilligen Disziplin der Untertanen war nicht zu trauen. Luther, der optimistisch genug war, die Autorität des Papstes zu brechen und das rechte Verstehen der Bibel dem einzelnen Menschen, jedenfalls sich selber, zuzutrauen, war doch auch wieder von finsterem Pessimismus gegenüber der menschlichen Natur erfüllt. Das Werk Luthers erhöhte so die landesfürstliche Autorität und wirkte gegen das Prinzip der ständigen Selbstverwaltung und Mitverantwortung, wie es sich im späten Mittelalter ausgebildet hatte. Er war despotisch, abergläubisch und bald, nämlich sobald er selber aus der Gefahr der Verfolgungen heraus war, verfolgerisch.

Und nun, wie verhalten sich die beiden obenerwähnten Grundtatsachen der deutschen Geschichte zu dieser dritten, Luthers Reformation? Es war das Reich, so schwerfällig, vielgestalt und in außerdeutsche Verhältnisse verwickelt, wie es um 1520 dastand, welches das Schicksal des Protestantismus entschied und allein die konfessionelle Spaltung verstehen läßt. Es waren die deutschen Teilmächte, die durch sie gewannen. Und da besonders die nach Osten schauenden, neudeutschen oder kolonialen Gebiete Deutschlands, Brandenburg, Pommern und Preußen, protestantisch wurden, während das alte Reich im Süden und Westen überwiegend katholisch blieb, so hat die Reformation die Scheidungslinien zwischen den beiden Regionen oder Gesichtern Deutschlands noch einmal vertieft. In den mannigfachsten Formen, in entsetzlichen Kriegen und im friedlichen Wettstreit, in Staatenbildungen, kulturellen Abschließungen, politischen Parteiungen ist diese konfessionelle Zweiheit immer wieder in Erscheinung getreten; wir spüren sie bis zum heutigen Tag.

Zur Zeit Karls V. und Luthers hatte das Reich noch einmal im Mittelpunkt der geistlichen und weltlichen Stürme gestanden, welche damals Europa erschütterten. Dann geriet es ins Hintertreffen. Der Protestantismus selber erstarrte; unfruchtbare Disputationen traten an die Stelle der lebendigen gewaltigen Erfahrung, wie sie einst im jungen Luther sich Bahn brach. Erstarrter, in feste staatliche Obhut genommener, wohlorganisierter und bestallter Protest hat an sich etwas Fragwürdiges. Eine Bewegung wie die protestantische muß sich immer wieder erneuern, vertiefen, über sich selbst hinausgehen, wie sie das in den angelsächsischen Ländern bis ins 20. Jahrhundert hinein periodisch tat. Auch wohl in Deutschland; auch hier hat protestantische Innerlichkeit schöne Früchte getrieben, geistiges Leben zeugend, gemeindestiftend gewirkt. Von den lutherischen Landeskirchen aber wird man sagen müssen, daß bald keine fruchtbare Unruhe von ihnen mehr ausging. Die größten deutschen Protestanten sind am Ende jene, die, obgleich von lutherischer Abkunft, über alle kirchlichen, ja selbst christlichen Umschränkungen hinauswuchsen: Leibniz, Lessing, Hegel, Nietzsche.

Die Erstarrung der lutherischen Revolution ist nicht der einzige Grund dafür, daß das Reich um 1600 nicht mehr den gleichen Platz in der Welt einnahm wie hundert Jahre früher. Es ist kaum der vornehmste Grund. Deutschland, das bisher alle großen Erfahrungen Europas mitgemacht hatte, Romanisierung und Christentum, Feudalismus und Kreuzzüge, Klöster und Universitäten, Städte und Bürgerstand, Renaissance und Reformation, machte nun die größte aller Erfahrungen nicht mehr mit: die beginnende Europäisierung der Welt. Seine Schiffe pflügten weder den Atlantischen noch den Indischen Ozean. Sein Handel schrumpfte, seine Städte verarmten, sein Bürgertum verknöcherte. Die unschätzbare Erziehung, welche die Kolonisation und der Kampf um die Kolonien bedeuten, die Erweiterung des Horizonts, die materielle Bereicherung und Intensivierung des Lebens, an alledem hatte Deutschland geringen Teil. Die großen Entscheidungen fielen anderswo. Indes die Holländer ihre Republik gründeten, die erste freie tätige Staatenföderation in modernen Zeiten, indes England sein heroisches Duell mit Spanien kämpfte, belauerten sich in Deutschland die protestantischen und katholischen Teilmächte, griff dieser oder jener Fürst nach einem verarmten Reichsstädtchen. In dem Augenblick, in dem die angelsächsische Kolonisierung Nordamerikas im Ernst einsetzte, die schicksalsträchtigste Entwicklung der modernen Geschichte, begann Deutschland seinen Dreißigjährigen Krieg.

Große Kriege, geschichtliche Krisen überhaupt können unter verschiedenen Aspekten gesehen werden. Es gibt nicht den einen, einzigen, rechten Schlüssel zu ihrem Verständnis. So hat man von dem sogenannten Ersten Weltkrieg gesagt, er sei vor allem ein Duell zwischen Deutschland und England gewesen, oder zwischen Deutschland und Rußland, ein neues Kapitel in dem uralten Kampf zwischen Germanen und Slawen, ein Krieg zwischen Demokratie und Autokratie, der letzte in einer langen Kette von Konflikten zwischen Deutschland und Frankreich, und so fort. Vielleicht war er alles das und noch manches andere. Vielleicht war er im Grunde nichts von alledem und überhaupt nichts Sinnvolles, sondern eben – Unsinn. Um einander umzubringen, haben die Völker noch immer irgendeine rationale Notwendigkeit, irgendeinen ideologischen Gegensatz gefunden.

Von allen großen Kriegen der Neuzeit ist der Dreißigjährige der verworrenste, verrückteste, ein Wirbel sich überkreuzender, nie ganz deckender Gegensätze, aufeinanderstoßender großer und kleiner Machtwillen, Fanatismen und Ängste. Er war ein Krieg zwischen den Konfessionen, den Katholiken und Protestanten, und in diesem Krieg standen die katholischen Teilmächte, Bayern voran, auf Seiten der katholischen Habsburger. Es war auch ein Versuch Österreich-Spaniens, sich das Reich zu unterwerfen, und gegen diesen Versuch standen die katholischen Fürsten, Bayern voran, mit den protestantischen zusammen. Die französische Intervention war nicht so sehr gegen Deutschland wie gegen die große internationale Habsburger-Macht gerichtet, die ihren Schwerpunkt in Madrid hatte. Dagegen galt die schwedische Intervention nicht Spanien, sondern der Gefahr einer Erneuerung und Kräftigung des deutschen Reiches in Norddeutschland und an der Ostsee. Der Mann, der eine solche Erneuerung und Konzentrierung erstrebte, von einer deutschen Flotte träumte, den Fürsten »ihr Hütlein abziehen« und aus Deutschland einen Staat machen wollte wie Frankreich und Spanien, Wallenstein selber, war kein Deutscher, sondern ein böhmischer Finanzier und Freibeuter von abenteuerlichem Genius, der mit seinen Vertrauten auf tschechisch korrespondierte; der deutsche Kaiser verstand seine Pläne nicht und ließ ihn fallen. Der Krieg begann als ein Kapitel der österreichischen Gegenreformation, als Konflikt zwischen den Habsburgern und den Ständen des Königreichs Böhmen, dessen Zugehörigkeit zum Reich zweifelhafter Natur war. Er endete als Krieg zwischen Frankreich, Schweden und Holland auf der einen Seite, Österreich und Spanien auf der anderen und Deutschland mitten darin und auf beiden Seiten, während um die böhmischen Freiheiten sich niemand mehr kümmerte. Große Kriege sind meistens zum Schluß völlig verschieden von dem, was sie am Anfang waren; und man hat dann meistens vergessen, warum und über was sie überhaupt begonnen hatten. Sie beschleunigen aber auch und bestätigen im Rückblick Entwicklungen, die sowieso schon unterwegs waren, bringen an den Tag, was schon an der Tagesordnung war. Sie heben Völker oder Klassen oder Lebensweisen, die schon im Begriff waren aufzusteigen; sie stoßen jene, die schon im Niedergang begriffen waren, zu noch tieferer Stufe hinab. Der Dreißigjährige Krieg bestätigte eine Entwicklung, die das Deutsche Reich längst genommen hatte.

Die Gewinner – insofern es bei dergleichen lang ausgedehnten Bränden überhaupt Gewinner gibt – waren die neuen Westmächte Frankreich, Holland, auch Schweden. Die Gewinner waren übrigens die deutschen Fürsten, insofern sie auf eine selbständige Existenz hinauswollten, welche der Westfälische Frieden ihnen der Sache nach zugestand. Als Gewinner könnte man selbst das Haus Habsburg bezeichnen, das zwar von seinem Versuch, sich das Reich zu unterwerfen, hatte abstehen müssen, dafür aber als vom Reich getrennte, auf die österreichischen Lande, auf Ungarn und Böhmen gestützte europäische Macht aus dem Chaos des Krieges hervorging. Vom Reich getrennt – auch darum, weil es nun das Reich in Wirklichkeit

nicht mehr gab. Das Reich also war das Opfer und das Volk, weil das Reich bisher doch immer noch eine Quelle des Rechtes und Rechtsschutzes gewesen war. Von nun an regierten die Landesfürsten »lege absoluti«, über dem Gesetze stehend, absolut. Das Opfer war vor allem die deutsche Kultur und Zivilisation. Man hat neuerdings versucht, die Schrecken des Dreißigjährigen Krieges zu verkleinern, hat Statistiken, auf welche sich die Überlieferung von dem furchtbaren Bevölkerungsrückgang, von der Plünderung und Vernichtung der Städte, von den Qualen des Landvolkes stützt, als irrig nachgewiesen, hat kurz und gut den ganzen Krieg mehr oder weniger als eine Erfindung der preußischen, anti-habsburgischen Propaganda dargestellt. Daran mag im einzelnen etwas sein. Noch Schiller hat sich bei seiner Beschreibung des Untergangs von Magdeburg auf protestantische Berichte gestützt, und noch auf ihn haben sie eben den Eindruck gemacht, welcher ihr Zweck war. Aber die Wirklichkeit dieser Katastrophe, der materiellen, psychologischen, moralischen Krise Europas ist doch mit Händen zu greifen. Man spürt sie in den Klagen, den Gedichten und Liedern der Zeit, darunter sich herrliche befinden, in Grimmelshausens Roman vom »Abenteuerlichen Simplicissimus« und selbst in den geschwollenen Korrespondenzen der Diplomaten. Ein noch immer reiches, blühendes Land wurde hier durch alljährliche Waffengänge und überpfiffige Machtprojekte allmählich zugrunde gerichtet, während man fast ununterbrochen verhandelte und von der hohen Wünschbarkeit des Friedens faselte. Wie Wallenstein schrieb: »Auf die Letzt, wenn alle Länder werden in Asche liegen, wird man doch Fried machen müssen.« Der Wiederaufbau nahm Jahrzehnte, ja in gewissem Sinn Jahrhunderte in Anspruch. Weder im Zerstören noch im Aufbauen hatte man damals die wissenschaftliche Höhe erreicht wie in unseren Tagen.
Deutschland, das schon im 16. Jahrhundert aus der Frontreihe der Geschichte hatte weichen müssen, war von nun an sehr im Hintergrund. Dies Verhältnis wurde noch verstärkt dadurch, daß sein Nachbar, Frankreich, so sehr in den Vordergrund geriet. Das französische große Jahrhundert begann, als der Drei-

ßigjährige Krieg endete. Das Deutsche, das schon gegenüber dem Spanischen, dem Italienischen einen schweren Stand gehabt hatte, wich nun dem Französischen als Sprache der Höfe, der Politik, der Wissenschaft und Kultur. Und die deutschen Schriftsteller der nächsten hundert Jahre, mit Ausnahme des einen göttlichen Leibniz, sind gering, wenn man sie mit den Franzosen derselben Epoche vergleicht.

Anderthalb Jahrhunderte sind, unter Menschen, eine lange Zeit, und obgleich diese anderthalb Jahrhunderte ungewöhlich friedlich waren, sah die westliche Welt um 1789 doch ganz anders aus als 1648. Von den großen Veränderungen dieser Epoche haben die wenigsten in oder durch Deutschland stattgefunden. Frankreich erhob sich zu den Höhen eines katholischen, römergleichen Absolutismus und focht um die Hegemonie über Europa. Freiheit der Wissenschaft und des Gedankens brach sich in Holland Bahn; Republikaner, Materialisten, Gottesleugner begannen von sich reden zu machen. In England verloren die Könige, die es den französischen Bourbonen hatten gleichtun wollen, das Spiel; aus mittelalterlichen Ständen wurden ein Parlament und eine Regierung durch Parteien, Kabinett und Ersten Minister. Gegen Thomas Hobbes' Theorien vom totalen Königsstaat entwickelte John Locke die seinen vom beschränkten, liberalen Staat, vom Gesellschaftsvertrag, von der Volksvertretung. Rußland erschien in der westlichen Politik, wurde zur Macht an der Ostsee, zur europäischen Großmacht. Engländer und Franzosen kämpften um Indien und Amerika; kaum waren die Franzosen aus dem Felde geschlagen, so begannen die britischen Amerikaner, ihrem Mutterlande Schwierigkeiten zu machen. Es gab die Bank von England, Papiergeld, Börsenspekulationen; die neue Macht der Finanziers, des reichen Bürgertums, der Presse, der Demagogie. Es gab die Dampfmaschine, die Spinnmaschine, die Intensivierung des Kohlenbergbaues. Es gab die Satiren von Defoe und Swift und Fielding, die Novellen und Pamphlete des großen Voltaire. Aber die Äbte der reichsunmittelbaren Abtei

Salmansweiler regierten um 1750, wie sie um 1650 regiert hatten, und schickten nach wie vor ihr Kontingent von zwölf Mann zur Reichsarmee. Nichts änderte sich in der Grafschaft Laubach, außer daß etwa ein regierender Graf seinem mittelalterlichen Schloß einen Flügel im Rokoko-Stil anfügte oder ein anderer, vom Geiste der Aufklärung bewegt, ein Waisenhaus stiftete. Das Reich blieb das Reich, unreformiert, unangepaßt. So kam es allmählich in den Ruf, etwas sehr Altes, ja Komisches zu sein. Und so konnte zum Schluß die deutsche Nation sich einbilden, jünger zu sein als andere Nationen. Sie war jugendlich, insofern ihre uralten, erstarrten Einrichtungen ihr und ihrer Zeit nicht mehr genügten.

Die Trennung Österreichs von dem eigentlichen Deutschland, schon durch den Westfälischen Frieden vollzogen, wurde bekräftigt durch seine Ausdehnung nach dem Südosten, durch die Türkensiege des Prinzen Eugen. Aus der alten bajuwarischen Ostmark wurde die große Donau-Monarchie, ein Reich für sich, noch einmal, unbewußt von uralten römischen und byzantinischen Überlieferungen geleitet, durch Eroberungen und Erbzufälle zusammengewürfelt und doch geschichtlich »richtiger«, geographisch passender, als seinen nur auf Vergrößerung bedachten Politikern bewußt sein mochte. Es lebten Deutsche in diesem Reich, aber insgesamt weniger Deutsche als Slawen, Magyaren, Italiener.

Geschichtlich weniger richtig, künstlicher, gewalttätiger war das Staatsgebilde, das im Nordosten entstand und dessen Aufstieg das politisch gewichtigste deutsche Ereignis im 18. Jahrhundert darstellt. Es erschien revolutionär schon damals, als es zuerst geschah, obleich noch nicht so folgenschwer, wie es sich dann im 19. Jahrhundert erweisen sollte.

Wir haben von den Grundtatsachen der deutschen Geschichte gesprochen, von Deutschlands Lage zwischen Ost und West, vom Reich, von der Reformation. Preußen ist keine solche Grundtatsache. Denn Preußen hat es, sieht man genau zu, nur hundertfünfzig Jahre lang gegeben: von den Anfängen Friedrichs des Großen zu den Anfängen Wilhelms II. Vorher, vor Friedrichs Schlesischen Kriegen, gab es Preußen noch nicht als eine geschichtlich mächtige Tatsache. Und längst bevor in unseren Tagen der preußische Staat in der Form abgeschafft wurde, war er in Deutschland aufgegangen und von ihm verschlungen worden. Was auch die Zukunft bringen mag, Preußen wird nie wiederkommen und, schnellebig wie unsere Zeit ist, wird bald sein Name vergessen sein. Preußen hat eine kurze Geschichte. Aber es wurde seine Funktion, seine unvorhersagbare, ungewollte, vom Eigensinn der Geschichte ihm zugespielte Chance und Aufgabe, der deutschen Nation ihre moderne politische Form zu geben; eine Aufgabe, die es auf seine eigene, typische, nicht eben glückliche Weise bewältigte. Danach verschwand es. Preußen ist so keine Grundtatsache der deutschen Geschichte, wohl aber eine Haupttatsache der modernen deutschen Geschichte.

In einem alten französischen Konversations-Lexikon steht unter dem Namen Preußen die Beschreibung: »Ein Königreich, das durch Kriege und Räubereien gewachsen ist.« Nun, das sind alle Königreiche – und die meisten Republiken. Friedrich der Große hat hier nichts anderes getan als Ludwig von Frankreich oder Peter von Rußland oder Präsident Polk von den Vereinigten Staaten von Amerika. Nur: im Falle dieser anderen sieht man doch nachträglich, welches der Sinn ihrer Eroberungen war: sie gaben der Nation ihren Staat. Die Könige von Frankreich, dürftige Potentaten am Anfang, waren doch immer die Könige von Frankreich; die Geschichte ihrer Vergrößerung ist die Geschichte vom Werden Frankreichs. Nicht so beim preußischen Staat; der diente nur sich selber. Er war nicht für die deutsche Nation da – die Vermählung mit dieser kam viel, viel später; er war nicht zum Wohl der Untertanen da, und doch verlangte er von allen den strengsten Dienst. Soziologen sagen uns nun freilich: So ein Unding wie einen Staat gibt es in Wahrheit nicht, wo die Leute vom Interesse des Staates reden, da meinen sie gewisse soziale Klassen, Träger von Pfründen, Bürokraten, Landbesitzer, Militärs, deren materielle Interessen insgesamt den »Staat« ausmachen. Solche vernünftigen Theorien geben uns nicht die ganze Wahrheit. Die glücklosen Kasernenkönige, die den preußischen Staat schufen, hätten als

Markgrafen von Brandenburg ein so lustiges Leben führen können wie mancher deutsche Fürst; dazu brauchten sie Preußen nicht. Sie arbeiteten nicht für sich, sie arbeiteten selber für den Staat und brachten sich schier durch Arbeit um. Eingeschränkt werden muß auch die alte Überlieferung, wonach Preußen ein Junkerstaat gewesen sei. Junker, privilegierte Landbesitzer gab es auch anderswo, östlich und westlich der Elbe, und es ging ihnen anderswo besser, als es ihnen in Preußen ging. Sie waren und blieben die Herren in Mecklenburg. Sie waren, unter dem Protektorat des Zaren, die Herren in den russischen Ostseeprovinzen. Sie waren die Herren in Polen. Sie waren die Herren in Hannover, weil der dortige Kurfürst als König in England saß und in seinem Stammlande den einheimischen Adel gewähren ließ. Sie waren nicht die Herren in Preußen. Der Staat war der Herr. Erst nachdem der Staat die ständischen Rechte der Junker wie der Städte gebrochen hatte, schloß er, unter Friedrich dem Großen, den ungeschriebenen Kompromiß mit der Aristokratie; sie durfte die Herrschaft auf dem flachen Lande, die Gerichtsbarkeit über ihre Bauern behalten und das Monopol der höheren Laufbahn in Armee und Verwaltung genießen, solange sie dem König beim Regieren nicht dreinredete. Das hat die Junker mit dem absoluten Staat allmählich ausgesöhnt, und sie haben später Gewinn und Schutz von ihm gehabt; weswegen man aber doch nicht sagen kann, daß sie Preußen gemacht hätten. Der preußische Staat hat sich selber gemacht. Wenn man einen weniger mystischen Ausdruck vorzieht: er war das Werk von ein paar von der Furie der Staatsräson besessenen Königen und den Dienern, welchen sie kommandierten.

Wenn Bayern, wenn selbst Württemberg oder Hannover einzelnen deutschen Arten etwas wie eine politische Organisation gab, so war das bei Preußen nicht der Fall; ein preußischer Stamm war nicht bekannt. Zuzeiten hat der preußische Staat über beinahe ebenso viele polnische wie deutsche Untertanen regiert; zu anderen über ebensoviel west- und mitteldeutsche wie ostelbische. Es kam auf die Zahl der Untertanen mehr an als auf Nationalität und Charakter. Österreich wurde später

die Donau-Monarchie genannt, der große Strom war seine Lebenslinie; Preußen hatte an einer ganzen Reihe paralleler Stromsysteme geringfügigen Anteil; ein halbwegs kompaktes Staatsgebiet östlich der Elbe und ein paar Fetzen Landes zwischen Elbe und Rhein. Es hätte auch noch anderswo sein können; zeitweise hat es tief nach Süddeutschland gegriffen, nach Ansbach, nach Sigmaringen, ja bis zum Neuenburger See. »Andere Staaten«, schrieb Graf Mirabeau, »haben eine Armee; in Preußen hat die Armee einen Staat.« Richtiger hätte es geheißen: andere Völker haben einen Staat; in Preußen hat ein Staat eine Anzahl von Ländern, hat er die Fragmente eines Volkes oder mehrerer Völker.
Das mit der Armee stimmt nicht einmal. Keine wüste Soldateska, keine übermütige Generalität schaltete in Preußen. Die Soldaten waren diszipliniert bis zum Äußersten, Schrecklichsten; die Offiziere bescheiden bezahlt und unpolitisch. Wenn das Heer bei weitem der größte Ausgabenposten, wenn die ganze Verwaltung auf das Heer ausgerichtet war, so diente doch das Heer dem Staat, seiner Erhaltung, Sicherung, Erweiterung. Militärische Notwendigkeiten bestimmten die Ökonomie; die ständigen Steuern, die Regierungsmonopole, Zölle, privilegierten Unternehmungen, geförderten Industriebetriebe, durch welche der König den Staatssäckel zu bereichern suchte. Man hat das später Militarismus genannt; Etatismus wäre aber doch das passendere Wort. Eine romantische Verherrlichung des Krieges lag den Königen von Preußen nicht; sie waren mit Kriegen so sparsam wie mit allem anderen. Ein von alten, echten und bedrohlichen Staatswesen umgebener Kunststaat, welcher ohne innere Notwendigkeit existierte, brauchte eine starke Armee, so wie eine Maschine des Motors bedarf.
Auch die alte Vorstellung von dem »reaktionären« Preußen werden wir, was das 18. Jahrhundert betrifft, ratsamerweise vergessen. Preußen galt damals nicht als reaktionär, sondern als fortschrittlich und philosophisch. Es galt als gut regiert, weil es durch einen harten Berufskönig und ein zuverlässiges Berufsbeamtentum schärfstens im Interesse des Staates

regiert wurde. Seine Verwaltung erschien als rational, konsequent und sauber; seine Justiz prompt, unparteiisch und dem, was man später den Rechtsstaat nannte, schon sich annähernd. Diese Vorstellung von dem fortschrittlichen, vernünftigen, trotz seines absoluten Königtums nahezu republikanischen Preußen hat sich in Frankreich auch nach dem Tode Friedrichs erhalten und ist erst im 19. Jahrhundert allmählich einer anderen gewichen.

Im Mittelpunkt aller Sympathien für Preußen stand die Figur des Monarchen, dem es gelungen war, einige norddeutsche Landfetzen zur Großmacht zu erheben, von der der europäische Friede abhing. Friedrich verblüffte die Welt und hielt sie in Atem, und das gefiel den Leuten. Das Reich war gemütlich und im Politischen beinahe zum Lachen. Preußen war ungemütlich, aber seinen König nahm man ernst. Durch sein Bündnis mit der britischen Weltmacht riß er das provinzielle, zurückgesetzte Deutschland wieder in die Weltpolitik; daß er sich dann der drei größten Militärmächte sieben Jahre lang erwehrte, brachte ihm die Bewunderung auch jener Deutschen – das waren die meisten –, welche die Nation noch immer in Wien und nicht in dem reichsfeindlichen, neuen, fernen, fremden Berlin beheimatet sahen. Dann war Friedrich nicht nur Soldat und Täter, sondern auch Schriftsteller, Philosoph, Literat – eine unerhörte Verbindung. Und er war tolerant. Er ließ Geistesfreiheit zu. Daß er sie wesentlich nur in der Sphäre zuließ, die ihm gleichgültig war, der religiösen oder metaphysischen, aber nicht in der politischen, wurde um so leichter übersehen, als selbst die französische Intelligenz an politischer Freiheit im Grunde nicht interessiert war, wohl aber an philosophischer – und an philosophischer, starker, guter, absoluter Regierung. Friedrich schien das zu geben. Aus aller Welt pilgerten die großen und kleinen Herren des Geistes zu ihm.

Große, sonderbare, liebens- und hassenswerte Erscheinung! Dieser Urgründer des preußischen Deutschland sprach und dichtete auf französisch und machte sich über die deutsche Zivilisation lustig. König von Gottes Gnaden, aber ohne Religion, Menschenfreund und Menschenverächter, Freigeist und Despot, Bürgerkönig und Beschützer des Junkertums, noch Jahrhunderte später der Abgott der Nationalisten, aber in seiner Person ein volksfremder, grimmiger, trostloser Spottvogel, ein Mensch von höchster musischer Kultur und doch auch abergläubisch, starr und finster – so steht Friedrich II. vor der Geschichte da, steht er im Zentrum der preußisch-deutschen Geschichte. Seine Legende hat uns nicht wohlgetan. Sie hat, zum erstenmal, die Deutschen mit jener Haltung vertraut gemacht, welche von dem großen Mann große Taten erwartet, den Zauberer gewähren läßt und sich nicht um seine Mittel kümmert, solange er nur, wieder und wieder, Erfolg bringt. Die Teilung Polens, auf die Friedrich sich in den siebziger Jahren einließ, war kein deutsches Ereignis mehr. Sie war eine kühne, schamlose Transaktion der osteuropäischen Politik, ein Raubgeschäft zwischen drei selbständigen Mächten, Preußen, Österreich und Rußland. Übrigens gefiel sie der linken Intelligenz, dem Herrn von Voltaire, dem Grafen Mirabeau. Denn die polnischen Bauern hatten es unter ihren eigenen Herren schlecht genug gehabt und würden von dem aufgeklärten König von Preußen viel besser regiert werden.

Mirabeau dem Jüngeren gefiel das ganze deutsche Föderativsystem, dessen Loblied er im letzten Bande seines Werkes über die preußische Monarchie singt. Eine Anzahl untereinander zusammenhängender Klein-Staaten, meint er, sei einem einzigen zentralisierten Groß-Staat vorzuziehen. Zwar fehle einer so organisierten Nation die Hauptstadt, das all- und einzige Kulturzentrum; aber dieser Verlust, wenn es einer sei, werde aufgewogen durch Reichtum und Buntheit vieler kleiner Zentren des Strebens und Mühens. In Deutschland gebe es Freiheit, weil, was man in einem Staat nicht sagen und tun könne, stets in einem anderen möglich sei; Emigration in eine neue Heimat sei dort immer nur eine Sache einer Tagesreise. Die deutschen Fürsten kontrollierten einander, einer müsse sich wegen seiner Sünden vor den anderen schämen. Viele seien vorzügliche Regenten, nur die wenigsten eigentliche Schäd-

linge. Sie wetteiferten miteinander in der Förderung der Wissenschaften, der Ausbildung guter Beamtenstäbe.
Glück und Unglück eines Zeitalters lassen sich nicht summieren, nicht mit anderen Zeiten ernsthaft vergleichen. Wir gehören unserer Zeit an mit Haut und Haaren, und ob wir gleich manchmal sagen mögen, wir hätten lieber in einem anderen Jahrhundert gelebt, so ist das doch nur eine Redensart, die sich nicht zu Ende denken läßt. Jede Epoche hat ihre Ängste und Nöte wie ihre Erfüllungen und Schönheiten, deren Genuß selten gerecht verteilt ist. Wer von den Heutigen lieber im 18. Jahrhundert gelebt hätte, der wird sich leicht als Frankfurter Großbürgerssohn, als österreichischer Graf und Gönner Mozarts vorstellen, aber nicht als verfolgter Freigeist, der in den Gefängnissen des Herzogs von Württemberg schmachtet, oder als leibeigener Bauer in Mecklenburg. So viel aber wird man doch sagen können, daß es zur Zeit des Dreißigjährigen Krieges ein Unglück war, als Deutscher geboren zu sein und daß es hundert Jahre später, allgemein gesprochen, kein Unglück mehr war. Zwar, die politische Organisation war im wesentlichen noch immer die aus den Westfälischen Verträgen hervorgegangene; aber ein neuer Geist setzte sich dort, wo er sie nicht beleben konnte, über die alten Formen hinweg, und eine fröhliche Behaglichkeit des Lebens tritt uns aus mancher Schrift, manchem Baudenkmal der Zeit angenehm entgegen.
Mirabeau hatte wohl recht, wenn er einige der deutschen Regenten ausgezeichnet fand. Es gab sie in Baden, in Braunschweig, Weimar, Dessau; Herren, die sich auf der Höhe der Aufklärungsphilosophie befanden und ihr nicht nur in Briefen geistreich schmeichelten – das konnte die russische Zarin auch –, sondern sie für die Wohlfahrt ihrer Untertanen emsig zur Anwendung zu bringen suchten. Daneben gab es noch immer häßliche Zwerg-Karikaturen des französischen Absolutismus; leicht werden wir im Rückblick eine Regierungsform verwerfen, deren Erfolg so sehr vom Zufall der Person abhing. Aber jede Zeit hat ihre eigenen Begriffe. Das Ideal des späteren 18. Jahrhunderts war gute Regierung; nicht demokratische als Selbstzweck und nicht einmal durch Demokratie gesicherte

Regierung. Allmählich verbreitete sich etwa das Gefühl, daß die Tage der geistlichen Fürstentümer, dieser sonderbarsten unter den Herrschaftsformen des alten Reiches, gezählt seien. Aber nicht darum, weil es ihnen an einer demokratischen Grundlage fehlte. Die Wählbarkeit des Fürsten und die Rechte des Domkapitels machten die geistlichen Territorien eher noch ein klein wenig demokratischer als die erbdynastischen. Als veraltet galten sie, weil sie kirchlich waren und der Zug der Zeit ein rationalistischer, weltlicher war; daher denn auch das, was ihnen bevorstand, mit einem treffenden Ausdruck die Säkularisierung, das ist die Verweltlichung, genannt wurde. Nicht Volksvertreter würden die Funktion der Priesterregenten übernehmen, sondern weltliche Monarchen und ihre Beamten.

So war der radikalste Staatstheoretiker der 1780er Jahre nichts weniger als ein Demokrat und nicht einmal ein Vertreter des aufstrebenden Bürgertums. Es war der erwählte »römische« Kaiser, Beherrscher der österreichischen Erblande, Joseph II. aus dem Hause Habsburg-Lothringen. In den Künsten der Gleichmacherei, der Zentralisierung und Rationalisierung trieb dieser begabte Fanatiker es weiter, als der fortschrittsfreudigste Professor sich hätte einfallen lassen. Er versuchte, die Kirche zu einer gehorsamen Staatsinstitution zu machen, plünderte die Klöster, unterdrückte »unnütze« Mönchsorden, machte den Papst während seines verzweifelten Besuches in Wien lächerlich – jedenfalls sein erster Minister tat es. Er verbat sich alle Krönungsfeierlichkeiten als veralteten Firlefanz und erschien vor seinen Völkern als emsiger Chef einer Bürokratie, welche die Überreste der alten ständischen Vertretungen zur Seite drängte, über nationale Unterschiede sich schroff hinwegsetzte, in alles Leben und Sterben der Untertanen sich wohlwollend einmischte. Der Kaiser kam dem Gedanken der Freiheit oder geistigen Toleranz so weit entgegen, daß er zeitweise jede Kontrolle des Büchermarktes aufgab (was ihm schlecht bekam). Aber es sollte doch nur eine Freiheit unverbindlichen Räsonierens sein, die sein eigenes Machtmonopol nicht beeinträchtigte. Daß er und seine Erben die Herren bleiben würden über die große, durchrationalisierte, zum

Wohle aller Untertanen arbeitende Staatsmaschine, daran zweifelte er keinen Augenblick.

Aufklärung – dies deutsche, durch Immanuel Kant berühmt gewordene Wort wurde später auch in anderen Sprachen gebraucht, um einen geistigen Grundzug des 18. Jahrhunderts zu bezeichnen. Es erscheint uns hier die Tatsache, daß die Deutschen an einer übernationalen, westlichen Geistesbewegung nun führend teilhatten. Sie haben diese Arbeit nicht angefangen. Aufklärung war schon am Werk in der englischen Revolution des 17. Jahrhunderts, in der französischen Opposition gegen Ludwig XIV. Im Grunde fängt ja in der Geschichte nie etwas buchstäblich an; wenn man so will, kann man den Geist der Aufklärung bis zur Renaissance und bis zu rebellischen Doktoren des Mittelalters zurückverfolgen. In der zweiten Hälfte des 18. Jahrhunderts war Aufklärung nicht mehr die im Dunkeln kämpfende, sondern die triumphierende, manchmal die regierende Philosophie.

Aufklärung, was immer sie sonst bedeutete, war jedenfalls dies: aktive Geistesfreiheit, Kritik an Tradition und Autorität. Und zwar menschenfreundliche Kritik, zu nützlichen, nicht zerstörerischen Zwecken. Das Bestehende wurde vor den Richtstuhl der Vernunft gebracht; sei es, daß diese die Ratsamkeiten, die Interessen und Leidenschaften der Gegenwart gegenüber der toten Last des Vergangenen vertrat, sei es, daß sie sich die Erkenntnis ewiger Befehle Gottes oder der Natur zutraute. Beide Strömungen gab es nun auch in Deutschland; die zweite, welche die bessere ist, im stärkeren Maße als die erste. Aber kein starkes, selbstbewußtes Bürgertum war ihr Träger. John Locke, das bezweifelte niemand, war der Schriftführer der alten Parlamentsaristokratie und des neuen englischen Großbürgertums gewesen. Die Forderungen des »dritten Standes« in Frankreich kamen aus dem Geist eines kräftigen, prosperierenden Bürgertums. Das deutsche Bürgertum war vergleichsweise schwach; die stolzesten Reichs- und Bürgerstädte, Nürnberg, Augsburg, erschienen wie Schatten ihrer glorreichen Vergangenheit. Die deutsche Aufklärung besaß ihr Zentrum in keiner Klasse; daß sie es nicht im Bürgertum hatte, wird man dessen geschichtlich gewordenem Charakter, seinem eingewurzelten Respekt vor der Obrigkeit, dem selbstischen Erhaltungssinn des Patriziats mehr noch als wirtschaftlicher Zurückgebliebenheit zuschreiben. Jedenfalls wurde die Aufklärung nicht wie in Frankreich ein politischer Protest. Ihre Vertreter waren hohe Beamte, Minister, den Thronen nah, ja, wie wir sahen, selbst einige der Herren, welche auf den Thronen saßen. Sie waren andererseits Schriftsteller, Dichter, Herausgeber von Zeitschriften in Berlin oder Göttingen, Universitätsprofessoren. In dem einen Fall waren die Probleme einer verbesserten Verwaltung, aber nicht der politischen Verfassung, der politischen Rechte der Bürger, ihr Hauptanliegen. Im andern erhoben sie sich zu den höchsten wissenschaftlichen, moralischen, metaphysischen Spekulationen, hüteten sich aber vor politischen Forderungen. Der Größte unter ihnen, Immanuel Kant, blieb ein gehorsamer Untertan des Königs von Preußen.

Nie, in neuerer Zeit, war Deutschland so vollkommen in Harmonie mit den Besten seiner abendländischen Umgebung, stand es so auf dem Gipfel europäischer Geistigkeit wie in der Gestalt dieses unvergleichlichen Mannes. Vergebens macht man ihn zu einem nur deutschen Phänomen, indem man etwa den »preußischen« Charakter seiner etwas herben Alterslehre von der Pflicht in den Vordergrund rückt. Vergebens macht man ihn andererseits zum undeutschen Kosmopoliten, der eine englische Philosophietradition vollendete und dessen Familie obendrein schottischer Abkunft war. Kosmopolit, er war es, denn sein Anliegen war der Mensch. Die neuartige »Aufforderung der Gecken in Deutschland zum Nationalstolz« schob er mit verächtlicher Handbewegung von sich. Fremden Einflüssen stand er offen, der selber ein so machtvoller Einfluß wurde, französischen – Rousseau – so gut wie englischen. Philosophie und Wissenschaft fragen nicht nach politischen Grenzen. Deutsch aber war er auch, ohne viel Aufhebens davon zu machen. Deutsch war seine schöne ungekünstelte Sprache, deutsch die altfränkische Liebenswürdigkeit und Zurückgezogenheit seiner Existenz, deutsch noch das leidenschaftliche Interesse, das er an Vorgängen in der Fremde nahm, an den Reformen

Josephs II., an der amerikanischen und demnächst der Französischen Revolution.
Kant war kein Optimist. Er nahm die Menschheit und ihre Geschichte sehr ernst und dachte hoch von ihren Aufgaben, den an sie gestellten Forderungen. Aber er dachte nicht so hoch von den Menschen, wie sie wirklich waren, am wenigsten von den Politikern. Über die Gefahren der Zukunft, welche aus der Bosheit des menschlichen Herzens, aus einer nicht von Wahrheits- und Rechtssinn gemeisterten Technik flossen, wußte er ungleich mehr als John Locke; nicht, weil er etwas später in der Zeit kam, sondern weil er schärfer dachte und beobachtete. Wir waren raffiniert durch Wissenschaft, aber nicht durch Moral kultiviert; immer bereit zu fechten, aber nicht für das Recht. Wenn wir selbst für das Recht Krieg führten, so wurde doch alsbald Unrecht daraus. Besser noch, Kriege offen und ehrlich zu Eroberungszwecken zu führen als zu Bestrafungszwecken. Kreuzzüge für das Recht, konsequent durchgeführt, konnten nicht anders enden als in wechselseitiger Vernichtung »auf dem allgemeinen Kirchhof der Menschheit«. Dies letztere Ende war ohnehin wahrscheinlich, wenn man die Fortschritte überschlug, welche die Kriegstechnik schon gemacht hatte und weiterhin würde machen müssen; eine Hölle von Übeln, eine barbarische Zerstörung der Zivilisation durch die Zivilisation selbst. Aber Kant weigerte sich dennoch, an ein solches Ende zu glauben. Man durfte nicht glauben, was aller Religion, allem Sinn menschlicher Existenz hohnsprach. Der Mensch war frei, seiner Selbstvernichtung zu entgehen und sich zu einem wahrhaft moralischen, wahrhaft republikanischen Zustande zu erheben. Und es war nicht ausgeschlossen, daß die Natur selber, die harten nach Moral nicht fragenden Tatsachen, ihm dabei helfen würden. Bediente sich nicht vielleicht die Natur gerade der menschlichen Ungerechtigkeit und Angriffslust, um endlich das möglich zu machen, was im modernen Militärstaat nicht möglich war; die freie Entfaltung aller im Menschen schlummernden Begabungen, den ewigen Frieden? Hatte sie nicht auf eben diese Weise schon den Staat zustande gebracht, zu dem der einzelne wilde Mann sich gerade so verhielt, wie

er, der Staat, sich einmal zur Weltföderation verhalten würde? Die, welche die Staatsränke anzettelten, wußten es freilich nicht; der Zweck aller Kriege konnte doch ihr endliches Aufhören und der ewige Friede sein. Aus der höchsten Not, der äußersten Gefahr würde die Umkehr kommen. Hierüber mochte noch einige Zeit vergehen; aber mit Zeit brauchte der Mensch nicht zu sparen. Der einzelne konnte das Ziel der Menschheit nicht erreichen. Nur die Gattung konnte es vielleicht; oder doch dem Ziel näher und näher kommen. Mittlerweile sollte man die Völker wenigstens mit der Idee vertraut machen und Geschichte »in weltbürgerlicher Absicht« schreiben; denn ohne das Bewußtsein einer gemeinsamen Geschichte und Uraufgabe konnte es keine Gemeinsamkeit in der Gegenwart geben ... So war Kant ein harter Naturalist, nichts Böses und Blödes, was in der Wirklichkeit geschah, überraschte ihn. Er konnte höhnisch sein wie Voltaire, realistisch wie Hobbes. Aber die verräterische Einseitigkeit dieser Schriftsteller war ihm fremd. Trotz allen bitteren Wissens konnte er auch so enthusiastisch sein wie Rousseau; oder wie Schiller. Hinter den Schleiern seines scheuen Philosophengeistes verbargen sich Glaube, Liebe und Hoffnung. Vieles seither Gesagte ist schal geworden; Kants Spekulationen über die Geschichte, die Weltpolitik, die Situation des Menschen als politisches Wesen sind heute so lebendig wie vor nahezu zweihundert Jahren.

Unsere Betrachtungen haben die Strecke in der Zeit erreicht, auf der sie in die Erzählung übergehen sollen. »Modern« kann vieles heißen. Das Deutschland Kaiser Wilhelms II. kommt uns heute höchst unmodern und vergangen vor; und doch haben einige meiner Leser es noch erlebt und ist es in diesem Augenblick noch keine zwanzig Jahre her, daß Wilhelm II. gestorben ist. Nach angelsächsischem Sprachgebrauch beginnt die moderne Geschichte mit der Entdeckung Amerikas und dem frühen 16. Jahrhundert. Nach dem deutschen beginnt sie meistens mit der Französischen Revolution. Sogar gibt es Schriftsteller, welche meinen, daß wir unlängst am Ende der modernen Geschichte angelangt seien und jetzt im »nachmodernen« Zeitalter leben. Alle solche Einteilungen trügen. Sie dienen praktischen Zwecken und vergehen mit ihnen. »Modern« mag man die Zeit der Französischen Revolution und vielleicht noch mehr die Jahre, die ihr unmittelbar vorhergingen, immerhin im doppelten Sinne nennen. Von uns aus gesehen, weil damals zuerst gewisse Konflikte, gewisse Hoffnungen und Ängste erschienen, die uns dann anzugehen nicht aufgehört haben. Einiges von dem, was damals war, ist immer noch »Jetzt«, zum Beispiel das Denken Immanuel Kants. Dann aber waren die Menschen des ausgehenden 18. Jahrhunderts auch darin modern, daß sie sich selber für modern, für unterschieden von aller Vergangenheit hielten. Sie waren hoffnungsvoll, ja übermütig, und ihrer Sache sicher. Groß war die Verachtung für das dunkle Gestern, das Mittelalter, das selbst Kant als eine »unbegreifliche Verirrung des menschlichen Geistes« ansprach. Und auch von ihren gegenwärtigen politischen Einrichtungen hielten sie nicht viel. Alles würde nun, zum erstenmal in der Geschichte, in eine vernünftige Ordnung gebracht werden, und so würde es dann bleiben... In Deutschland haben wir es hier mit einer Bewegung des Geistes viel mehr als mit einer der Sachen zu tun. Das Land scheint in seinem wirtschaftlichen Treiben zu Ende des Jahrhunderts nicht gar so verschieden von seinem Anfang gewesen zu sein. Noch immer waren die Städte klein und hatten sich seit Jahrhunderten nicht ausgedehnt, wenn sie nicht geradezu geschrumpft und verödet waren. Noch immer fand die große Mehrheit der Bürger ihren Erwerb in der Landwirtschaft und bestand die engste Verbindung des Landes mit der Stadt. Noch immer war der Verkehr langsam und gering, waren die Straßen wenige, die Wälder groß und dicht. Reich war ein Teil des hohen Adels, einige Handelsherren in Hamburg oder Frankfurt; Bürger und Beamte lebten in würdiger Bescheidenheit; auf den Bauernhöfen wurde beinahe alles gemacht, wessen man zum Leben bedurfte. Industrie, so wie man später dies Wort verstand, gab es nur in ihren geringsten Anfängen. Es ist das geistige Leben einer Nation, doch spontaner, freier, in seinen Quellen rätsel-

hafter, als gewisse Schriftsteller wahrhaben wollen. Nicht das wirtschaftlich aufsteigende Bürgertum gab Friedrich Schiller die »Räuber« und »Kabale und Liebe« ein. Der unruhige Zeitgeist tat es, und sein eigener Genius. Und nun, was stand bevor? Was würden die kommenden Jahrzehnte bringen?
Man sieht, wenn man sich auf den Standpunkt der 1780er Jahre zu versetzen sucht, nichts Unlösbares oder besonders unglücklich Verquicktes voraus: keine schlimmen Klassenkämpfe, keine giftigen Konflikte zwischen Religionsparteien oder verlorenen, ihren Besitz bis zum letzten verteidigenden Herrenständen. Viel weniger eine Rebellion Deutschlands gegen Europa. Nie war Deutschland so europäisch und beliebt, nie so viel hoffnungsvoller guter Wille und so wenig Angst zu finden. In der Diplomatie freilich stand wieder einmal eine Krise bevor, aber das war nichts Ungewöhnliches. Das türkische Reich auf dem Balkan schien reif zur Auflösung; zwei östliche Großmächte, Österreich und Rußland, würden sein Erbe antreten, sei es, nach polnischem Beispiel, indem sie teilten, sei es, indem sie sich darum schlugen. Dasselbe Schicksal war dem noch bestehenden traurigen Rest der polnischen Königsrepublik zu prophezeien. Und dann das Deutsche Reich, die Milchstraße von Reichsritterschaften und Reichsstädten, Abteien und Bistümern, Mark-, Land- und Rauhgrafschaften, dies barocke System, das so offenbar nicht mehr zeitgemäß war, aber zähe war in der Kunst des bloßen Existierens und sich von selber nicht auflösen wollte – was würde aus ihm werden? Das Wahrscheinlichste war auch hier die Anwendung des neuen Teilungssystems, wobei die beiden deutschen oder halbdeutschen Großmächte die Exekutoren abgeben würden. Schon Joseph II. hatte sich Bayerns durch Tausch bemächtigen wollen. Dagegen war damals noch, als Beschützer der deutschen Teilmächte, der König von Preußen eingeschritten; würde aber nicht sein Nachfolger sich etwa mit vergleichbarem Gewinn im Norden abfinden lassen? Wie würde Frankreich, das die Teilung Polens hatte schlucken müssen, auf eine gewalttätige innerdeutsche Flurbereinigung reagieren? Wie England auf einen russischen Drang nach Konstantinopel? Solche Fragen stellten sich diplo-

matische Beobachter und beantworteten sie düster: eine solche Unordnung wie die jetzt drohende würde es seit dem Dreißigjährigen Krieg nicht gegeben haben. Sie würde sich aber doch nur in der zwischenstaatlichen, diplomatisch-militärischen Sphäre abspielen; einer Sphäre, die nach den Begriffen und Gebräuchen des 18. Jahrhunderts nur wenige anging.
Die Krise kam dann auch, im vierten Jahr nach dem Tode des großen Friedrich. Aber wie es so geht: sie kam von einer Seite und auf eine Art, welche niemand erwartet hatte.

ZWEITES KAPITEL

Stürmischer Beginn (1789–1815)

Am Beginn der modernen deutschen Geschichte liegen fünfundzwanzig unruhige Jahre. »Liegen« – heute, rückblickend, da wir es mit Dokumenten und Bildern zu tun haben, mag man dies Wort wohl gebrauchen. Einmal aber war das Wirklichkeit, was wir heute ruhig erzählen, und kam jedes dieser Jahre im Ernst ins Land.

Das Jahrhundert ist im Sturm geschieden
Und das neue öffnet sich mit Mord...

wie Schiller die Jahrhundertwende kommentierte. Zwar, die meisten deutschen Untertanen haben wohl auch damals gesät und geerntet wie eh und je und nur gelegentlich vom Pfluge aufgeblickt, wenn ein Nachbar ihnen mitteilte, sie seien nun nicht mehr Fürstenberger, sondern Badener, oder es sei der Kaiser Napoleon mit einer Armee, dergleichen noch nie gesehen wurde, nach Rußland aufgebrochen. Die jungen Vornehmen machten ihre große »Tour«, ihre Erziehungsreise nach Frankreich und Italien, so als ob Frieden wäre. Nur wenige wurden in jener Zeit von den politischen Ereignissen ganz erfaßt. Die große Mehrheit nur in gewissen Aspekten ihres Lebens; durch erzwungenen Militärdienst, durch Veränderungen des Wirtschaftslebens, Blockade, Inflation, durch die Entstehung neuer Gewerbszweige. Tief aber war die Unruhe, gründlich die Umwälzung. Auch fehlte es der Nation während dieses Vierteljahrhunderts nicht an lebendigem Drang; im Gebiete des Geistes, der Philosophie, der Literatur und Dichtung hat sie eine solche Fülle von Genie und Talent nie vorher und nie nachher besessen. Trotzdem war Deutschland während der großen Staatenkrise der Revolutions- und Napoleonzeit wesentlich passiv. Es sah Nachbarvölker, Franzosen und Briten, einen Zweikampf mit beispielloser Energie und Bösartigkeit jahrzehntelang auskämpfen und mußte selber einen guten Teil der Kosten bezahlen, die es nichts hätten angehen sollen. Die Dinge geschahen ihm, wurden ihm von außen angetan; es machte sie nicht. Es paßte sich ihnen an, nicht ohne Sinn fürs Konstruktive in Süddeutschland, nicht ohne schöpferische Größe in Preußen nach 1807, nicht ohne diplomatische Eleganz in Österreich. Aber es paßte sich doch nur an, freiwillig oder unfreiwillig, dem, was anderswo großartig geschah und getan wurde. Die Französische Revolution war heiß, die deutsche kalt. Es wurden Traditionen eingestampft, Staatsgrenzen, Rechte, lebendige Menschen durcheinandergewirbelt, aber so, als ob es sich um bloße Kabinetts-Aktionen im Stil des 18. Jahrhunderts handelte; keine Volksversammlungen hier, keine Bastillenstürme, auch keine Guillotinen. Der Sturm blies anderswo, Deutschland bekam nur seine Auswirkung zu spüren. Folglich haben die Deutschen auf die große Veränderung ihrer staatlichen und gesellschaftlichen Verhältnisse, welche zu Beginn des 19. Jahrhunderts stattfand, später nicht gern, nicht mit Stolz zurückgeblickt; es schien ihnen eine Zeit der Schmach, in der diese gleichwohl bleibenden, gleichwohl fruchtbaren Dinge stattfanden. Aktiv – gegen Frankreich – wurden sie erst während des letzten Aktes des langen Revolutionsdramas, 1813. Eine wirklich großartige Rolle, vergleichbar der englischen, der russischen, haben sie aber auch dann nicht gespielt. Die »Befreiungskriege« waren deutscherseits eine achtbare Sache, aber nicht die Volkserhebung, zu welcher schon die zeitgenössische, erst recht die spätere Phantasie sie machen wollte. Es ist nicht 1813/14, daß Deutschland für seine Passivität während des Napoleondramas Rache nahm. Die wahre Reaktion auf diese Erfahrung kam später, in der zweiten Hälfte des Jahrhunderts. Die Seele eines Volkes mag alte, unerfreuliche Erinnerungen mit sich herumtragen, mag wunder was aus ihnen machen und aggressive Energien aus ihnen ziehen, sowie es die Psychologen von der Seele des einzelnen lehren.

Deutschland und die Französische Revolution

Die Ereignisse, die seit dem Frühjahr 1789 das französische Königreich zu beunruhigen anfingen, wurden auch östlich des Rheines mit stärkstem Interesse verfolgt. Seit dem Herbst nannte man sie »die Revolution in Frankreich«, ein Name, welcher dieser wunderlichen Ereignisfolge dann blieb und unter dem wir noch heute gar manches in sich tief Verschiedenes zusammenfassen.

Ursprünglich hatte wohl niemand an eine »Revolution« gedacht. Das, worauf Frenkreichs Regenten hinauswollten, war eine Erneuerung hilfreicher ständischer Institutionen. Keiner der gewählten Ständevertreter dachte, als er nach Versailles kam, an gewaltsamen Umsturz. Gar bald aber erfuhr die Welt von dem noch nie Dagewesenen: von der Verwandlung der drei Ständeversammlungen in eine einzige Nationalversammlung; dem Aufstand der Stadt Paris; dem unfreiwilligen Übersiedeln des Königs aus seinem ländlichen Feenschloß ins Zentrum der unheimlich gewordenen, demokratisch wimmelnden Hauptstadt; von den großen, begeisterten oder notgedrungenen Verzichtleistungen der beiden bevorzugten Stände, Kirche und Adel. Dann wurde es ruhiger. Eine Zeitlang schien es, als würde das Werk gelingen, in der alten, geschichtsbeladenen Welt einen nach großem Plan durchorganisierten Verfassungsstaat neben den jüngst in der neuen gegründeten treten zu lassen; den Nationalstaat, ein- und unteilbar, vernünftig gegliedert in kleine Verwaltungseinheiten, Gleichheit aller vor dem Gesetz und keine Willkür darüber, der König ein erblicher Staatspräsident, durch seine Minister regierend, und diese der Volksvertretung verantwortlich, die Kirche eine abhängige Staatsanstalt, jeder nach seinem Vermögen zur Deckung der Staatsausgaben herangezogen, alle Karrieren allen eröffnet, die Außenpolitik friedlich – wie sollte der andere Völker knechten wollen, der einen so hohen Begriff von der Würde des eigenen hatte? –, das Wort, die Wissenschaft,

der Glaube frei, und alles durchweht vom Geist der Bürgertugend und Nächstenliebe.
Aber gerade die vom stärksten Enthusiasmus getragenen Unternehmungen mißlingen dem Menschen nur zu leicht. Die Idee wird verhunzt von jenen, die sie vertreten und die selber keine Ideen, sondern Wesen aus Fleisch und Blut und Selbstsucht sind. Das Übertriebene, Maßlose ruft Reaktionen hervor, gegen die es seinerseits reagiert und so noch maßloser, noch wütender wird. Aus dem Gegeneinander vieler unreiner, wetterwendischer Willen entstehen uns die unvorhersagbarsten Situationen. So in Frankreich zu Beginn der 1790er Jahre. Aus den Winden, die hierhin und dorthin bliesen, wurde ein Wirbelsturm, der Menschen und Dinge zerstörte. Glaubensloses Mittun und heimlicher, tückischer Widerstand der alten Autorität beschleunigten den Umsturz. Die gewaltigsten Politiker verbrauchten sich rasch. Unerfahrene Theoretiker übten sich am Schwierigsten, was es geben kann, am Spiel mit der Macht in revolutionären Zeiten. Immer schroffer, immer herausfordernder wurde der Doktrinarismus derer, die in Paris am lautesten sprachen. Nach zweieinhalb Jahren saß noch immer der König auf seinem Thron, eine gefangene, passiv hin und her gerissene, nach Hilfe von jenseits der Grenze schielende und sie dennoch fürchtende Jammerfigur; an der Macht war nun eine Partei, die offen den Krieg mit dem alten Europa erstrebte.
Von einem internen französischen Vorgang war die Revolution längst zu einem Abenteuer geworden, an welchem das übrige Europa teilnehmen mußte; ganz sicher das Volk, das neben dem französischen und in gewissen Gebieten, im Elsaß, in Lothringen, mit dem französischen lebte. Die revolutionäre Doktrin, so wie sie sich bis zum Jahre 1792 entwickelt hatte, war eine Kriegserklärung an das ganze alte Europa; an seine Monarchen, seine privilegierten Stände, seine Kirchen, seine Staaten selbst, insofern es durch den Zufall der Geschichte gemachte, durch Dynastien zusammengehaltene, barocke Gebilde, nicht aber republikanische Nationalstaaten waren. Die innere Einheit Europas hat sich damals und seitdem immer

wieder gezeigt. Es war unmöglich, daß die Dynamik der demokratischen Revolution haltmachen würde vor papierenen Grenzen. Ungezählte freiwillige Propagandisten sorgten dafür, daß sie es nicht tat.

Auch fehlte es nicht an wechselseitigen Herausforderungen; der geduldeten Tätigkeit französischer Emigranten auf deutschem Boden; der Konfiskation deutschen Besitzes auf französischem. So wurde denn die Revolution zum Krieg, den schließlich beide Seiten wollten, die Machthaber Frankreichs und das alte Europa. Ein großer Krieg aber, wenn er einmal da ist, folgt seinem eigenen Gesetz, wird vom Mittel alsbald zum Zweck, zum alles beherrschenden, auf alle seine Teilhaber verändernd zurückwirkenden Wesen.

Das Verblüffende geschah nun. Frankreich siegte. Eine aus altem königlichen Militär und revolutionären Freiwilligen zusammengesetzte Armee drängte Preußen und Österreicher zurück. Darauf gingen die Franzosen zum Angriff über. Nach wenigen Monaten beherrschten sie das Rheinland und Belgien. Kriegserklärungen an England, Spanien, Holland folgten nach; zugleich richtete der Nationalkonvent der Franzosen einen Aufruf an die Völker der Erde, sich gegen ihre Beherrscher zu erheben, für welchen Fall sie französischer Hilfe versichert wurden. Siege, die weit über alles Erwartete hinausgingen, machten die Revolutions-Regenten kühn zu neuen Annexionen. Niederlagen, die nicht ausblieben, überstürzten die Entwicklung im Inneren. Krieg und Bürgerkrieg vermischten sich; französische Bauern verbündeten sich mit dem König von Großbritannien; französische Städte wurden auf Befehl der Pariser Machthaber in Schutt und Asche gelegt. Zur selben Zeit vollbrachte das so blutende, brennende Land die ungeheuersten Anstrengungen nach außen. Unter der Diktatur eines »Ausschusses des öffentlichen Heils« hielt Frankreich das verbündete Europa in Schach. Die deutschen Klein-Potentaten, Kirchenfürsten und weltliche Herren, wirbelten ausgeplündert ins Innere des Reiches. Mählich wurde der deutschen Nation bewußt, daß hier sich etwas abspielte, das, wenigstens nach seiner zerstörenden Seite, nicht mehr rückgängig zu machen und daß man selber wohl oder übel zum Mitspieler geworden war. Die Intelligenz, die sich in Deutschland in den letzten Jahrzehnten herangebildet hatte, Gelehrte, Dichter und Schriftsteller, sah ihre Fähigkeit, Erfahrenes geistig zu assimilieren, vor eine schwere Probe gestellt. Zu urteilen waren sie sich selber und ihrem Publikum schuldig. Aber das, worüber es zu urteilen galt, war selber nicht fixiert, sondern immer sich wandelnd, immer tollere Überraschungen und Enttäuschungen bereitend. Unter den Alten, Gereiften hielt am treuesten Immanuel Kant in Königsberg bei seinem Glauben an die Republik als der einzig wahren Staatsform aus. In einem Artikel, den er »Über den Gemeinspruch: ›Das mag in der Theorie richtig sein, taugt aber nicht für die Praxis‹« überschrieb, erklärte er, daß die rechte Theorie, recht angewandt, ganz sicher auch für die Praxis tauge. War die Republik, die Bestimmung seines Schicksals durch das Staatsvolk selber, theoretisch gut, so mußte sie es auch praktisch sein. Enttäuschende Erfahrungen bewiesen da nichts, außer, daß man es eben falsch angefangen hatte. »Es kann«, so hatte er schon früher geschrieben, »nichts Schädlicheres und eines Philosophen Unwürdigeres geben, als die pöbelhafte Berufung auf die Erfahrung, denn die traurigen Erfahrungen würden gar nicht existieren, wenn man sich beizeiten nach der wahren Theorie verhalten, und nicht rohe Begriffe, eben weil sie aus der Erfahrung geschöpft wurden, alles vereitelt hätten.« Was ihn an der Revolution interessierte, so betonte er jetzt, seien nicht die Taten der Führer, sondern der Idealismus der Massen. Durch ihn sei trotz allem bewiesen worden, daß ein Drang zum Guten im Menschen lebe. Oder wie war es anders zu erklären, daß Hunderttausende junger Franzosen sich für Freiheit und Gleichheit begeistert und geopfert hatten? Dagegen wogen einzelne Missetaten nicht viel. Auch unter anderen Regierungsformen gab es schlechte Menschen, nicht aber den Patriotismus, den die Franzosen im Revolutionskrieg bewiesen. – So Kant. Andere waren vorsichtiger; bloße interessierte Zuschauer von Anfang an – Wieland, Goethe; oder wandten sich mit Verachtung ab, nachdem die ersten Wellen demokratischen Terrors über Paris geschlagen waren.

Die Jungen, Ungefestigten wurden überwältigt von dem, was die Zeitungen brachten. Sie gingen der Revolution nach bis Paris, wie Friedrich Georg Forster, der eben dort tief enttäuscht und traurig verstarb; oder die Revolution kam zu ihnen ins Rheinland, wie zu Joseph Görres nach Koblenz, der über den Zusammenbruch des alten Herrschaftssystems gellende Rufe des Jubels und Hohns ausstieß. Es seien zu verkaufen, so annoncierte er in seiner Zeitschrift, dem »Roten Blatt«, »drei Curkappen von feingegerbtem Büffelsfell. Die dazugehörigen Krummstäbe sind inwendig mit Blei ausgegossen, mit Dolchen versehen, auswendig mit künstlichen Schlangen umwunden. Das oben befindliche Auge Gottes ist blind. – Zwei Bischofsmützen, reich mit Rauschgold verbrämt, etwas von Angstschweiß durchzogen, sonst aber gut konserviert; daher sehr brauchbar als rote Mützen auf Freiheitsbäumen. – Ein Herzogshut aus Hasenfell, mit Hahnenfedern geziert; statt des Kopfs mit einem schönen Steine, den ein geschickter Alchimist einst aus den gesammelten Tränen von zehntausend Witwen und Waisen destilliert, besetzt ... Eine ganze Scheune von Adelsdiplomen, auf Eselsfell geschrieben, aber hie und da stark von Motten zerfressen und von einem etwas wunderlichen Modergeruche durchzogen...« Wer selbst nur von weitem zusah, wie der Theologiestudent Hegel in Tübingen, der Anfänger im Staatsdienst Friedrich Gentz in Berlin, wurde doch von dieser frühen Erfahrung ein für allemal gezeichnet, bereichert, belastet. Sie und andere, die wir noch nennen werden, oder nicht nennen können, weil es ihrer zu viele sind. Ob sie von Anhängern zu Gegnern der Revolution und zu Konservativen wurden, von Weltbürgern zu Nationalisten, ob sie in den Turm einer apolitischen Philosophie flohen oder über allen Gegensätzen der Zeit kunstvoll ausgedachte, versöhnende Stellungen bezogen – ganz fort kamen sie nie mehr von dem, was am Beginn ihres geschichtlichen Lehrganges gestanden hatte. Das hatten sie erlebt, das fuhren sie fort zu erleben, das gab ihnen Denkstoff ihr Leben lang.

Und was für sie gilt, die in den 1790ern junge Leute waren, gilt wohl auch für die Nation als Ganzes. Auch Deutschland war in gewissem Sinn jung damals, bildsam, eindrucksfähig. Den deutschen Dingen wie dem deutschen Denken hat sich die Ereignisfolge der Französischen Revolution unauslöschlich eingeprägt.

Neuordnung von oben

Der Krieg der deutschen Mächte gegen Frankreich, 1792 begonnen, schleppte sich, mit kurzen Atempausen, bis 1807 fort. Dann war fünf Jahre lang Friede – die eigentliche »Kaiserzeit«, ein Friede, der bei näherer Hinsicht auch keiner war und keiner sein konnte. Der Krieg war ein Zweikampf zwischen England und Frankreich, wobei es um klassische Gegenstände, das europäische Gleichgewicht, die niederländischen Küsten, die Herrschaft im Mittelmeer und im Nahen Osten ging. England, übermächtig zur See, aber gering als Landmacht, fand seine Bundesgenossen auf dem Kontinent, die, teils um der eigenen Existenz und Sicherheit willen, so wie sie es verstanden, teils auch um Chancen wahrzunehmen und unlauteren Gewinn einzuheimsen, sich ins Getümmel stürzten, sich aus ihm zurückzogen und wieder sich hineinbegaben. Sie waren alle gegen das revolutionäre Frankreich, das seiner Revolution eine neue Strategie der Massenheere, der langen Fronten, der vernichtenden Schläge, der psychologischen Kriegführung abgewann, durch seine militärische Überlegenheit sich zu allerdings unerträglichen Ansprüchen und Eroberungen verführen ließ. Sie waren aber auch gleichzeitig gegeneinander, trauten einander nicht; Preußen und Österreich sich nicht, Österreich und Rußland sich nicht, die kleinen deutschen Staaten nicht Österreich und nicht Preußen. Sie wurden daher alle einmal oder mehrfach dazu gebracht, die große Allianz zu verlassen und mit dem Feind, Frankreich, sich zu vertragen. Preußen tat dies schon 1795 und gewann sich ein volles Jahrzehnt vorteilhaft erscheinender, zum Schluß freilich um so verderblicherer Neutralität. Österreich tat es 1797, wieder 1801, noch einmal 1805. Rußland tat es 1807. Die kleinen deutschen Staaten taten es, wann immer sie konnten oder mußten, was hier auf dasselbe hinauslief. Diese Bereitschaft zur Desertion, dies Getrenntmarschieren und Getrenntschlagen war eine der Quellen der französischen Überlegenheit; wie denn, als alle europäischen Mächte sich erstmals zu einem leidlich gefestigten Bündnis zusammenfanden, im Sommer 1813, die übermäßig erweiterte französische Stellung in Deutschland, Italien und Spanien sich keine drei Monate halten ließ.

Sie war schon fünfzehn Jahre früher unmöglich weit gediehen gewesen. General Bonaparte hatte sie nicht erfunden, nicht ursprünglich geschaffen. In Paris zur diktatorischen Macht gelangend, übernahm er sie; und der gefährliche, verrückte Charakter dieser Erbschaft zwang ihn, sie noch weiter auszubauen. Sie war nichts, das sich normalisieren und, so wie sie war, erhalten ließ – die Niederlande französisch, das Rheinland französisch, die Schweiz, Italien, Rom selber auf die eine oder andere Art dem französischen Machtwillen unterworfen. Bonaparte ging weiter, weil er da, wo er war, nicht stehenbleiben konnte, die anderen, England zumal, ihm da, wo er war, auch gar nicht stehenzubleiben erlauben würden. Frieden, Sicherung und Genuß des Erworbenen hätte er wohl gewünscht und war sich nicht bewußt, Krieg übermütig anzufangen; immer hielt er sich für den Angegriffenen, Provozierten, Gezwungenen. Aber seine Friedensschlüsse waren nichts als Waffenstillstände; sei es, daß er mit dem Gegner einen ruchlosen, neue Unruhe stiftenden Halbpart machte, wie er es schon 1797 mit Österreich in Italien tat, sei es, daß er ihm Bedingungen auferlegte, mit denen der Besiegte sich im Moment abfinden mußte, auf die Dauer ehrlich sich aber nie abfinden konnte. – Die Zeit der Waffenstillstände, nach dem Frieden von Lunéville, 1801, dem Frieden von Preßburg, 1805, dem Frieden von Tilsit, 1807, waren die Zeiten der Staatsexperimente, der inneren Veränderungen. Sie geschahen zumeist im Sinn Bonapartes;

selbst da, wo sie ohne sein Zutun und mit heimlicher Absicht gegen ihn geschahen, konnten sie doch den Einfluß, der aus Frankreich kam, nicht verleugnen. Bonaparte, oder wie er seit 1804 hieß, der Kaiser Napoleon, hat darum in der deutschen Geschichte eine so zentrale Rolle gespielt wie in der französischen. Unter seinem Bann bildeten sich die Formen politischer, juristischer, verwaltungstechnischer Existenz, unter denen Deutschland im 19. und vielfach bis tief ins 20. Jahrhundert hinein lebte. Der große Mann gab den Deutschen ferner einen neuen Begriff von der Politik, vom Staat, von der Macht, vom Krieg, vom Erfolg und von der Größe. Sie nahmen diese Lehre an; könnte man dergleichen überhaupt messen, so würde man wohl zu sagen versucht sein, der Napoleon-Mythos habe nachmals in Deutschland kräftiger geblüht und wirksamere Folgen gehabt als in Frankreich selber. Den Franzosen galt der Kaiser am Ende als der Besiegte – ein glorreicher, jedoch abgetaner Schädling. In Deutschland labte man sich an größerem Hasse wie an heißerer Bewunderung Napoleons ein gutes Jahrhundert lang.

Er ließ sich merkwürdig tief in die deutschen Dinge ein – Wirkung seines eigenen Wunschträumens wie auch der Tatsache, daß Deutschland und Frankreich so oder so sich immer tief miteinander haben einlassen müssen. Italiener war er von Geburt, kam gut mit den Italienern aus, schmeichelte ihrem Patriotismus, regierte sie direkt, als König von Italien, oder durch seine Familie. Spanien war ihm fremd; der Eingriff in das Leben des spanischen Volkes, den er versuchte, erwies sich als böser Irrtum. Mit Rußland suchte er großspurig sich auseinanderzusetzen, Europa, und was im näheren Asien an Europa hing, mit ihm zu teilen; zuletzt, es durch Kriegsgewalt unter seinen Willen zu zwingen, wobei er sich über den Gebrauch, den er von einem Siege 1812 gemacht hätte, wohl gar nicht klar war. Denn Rußland war ihm noch fremder als Spanien, er konnte ihm nicht beikommen; eben dies war es, was ihn zu seinem tollen Zug nach Moskau verführte. Sein Einfluß auf die russische Geschichte ist geringfügig gewesen; nicht, daß Napoleon in Moskau war, sondern daß die Russen ihm den Gegenbesuch in Paris abstatteten und zur führenden Kontinentalmacht wurden, hat durch die Jahrzehnte nachgewirkt. Fremd war ihm auch England, waren ihm die Verwurzelungen und Freiheiten des politischen Betriebes dort. England ist von der Französischen Revolution so gut wie unberührt gelieben und nachher wie vorher seinen eigenen Weg gegangen, den ihm sein langer siegreicher Zweikampf mit »Bony« nicht eröffnete, nur noch einmal bestätigte. Zu den Deutschen stand Napoleon nicht so vertraut wie zu den Italienern, nicht so schlecht wie zu den Spaniern, nicht so fremd wie zu Russen und Briten. Er achtete sie, fand sie aber schwach und gelehrig im Politischen, wurde durch die barocke Ohnmacht wie durch den großen Traum und Namen des »Reiches« tief in das Land gezogen, dessen zahlreiche glänzende Fürstenhöfe seinem Snobismus schmeichelten. Das alte Reich wurde, praktisch auf seinen Befehl, aufgelöst. Aber er schuf alsbald einen Ersatz, den »Rheinbund«; und da er selber Herr am Rhein und in Italien war, so mochte er sich wohl als der wahre und starke Erbe des mittelalterlichen Reiches, nein, besser, da ja seine Hauptstadt im Frankenlande lag, als der neue Karl der Große dünken. Ein Mißverständnis. Europa wollte im 19. Jahrhundert nicht auf das übernationale »Reich«, sondern auf Nationalstaaten hinaus; eine Entwicklung, welche das kaiserliche Abenteuer wesentlich beschleunigte.

Im Jahre 1801 erkannte Österreich und mit ihm das Reich die französische Republik samt allen ihren Eroberungen in den Rhein- und Niederlanden endgültig an. Nun galt es, jene deutschen Fürsten und Stände, welche ihre Besitzungen westlich des Rheines an Frankreich verloren hatten, anderwärts zu entschädigen. Dies wurde der Anlaß zu einer großen Flurbereinigung oder Reichsreform. Es verschwanden die geistlichen Staaten, die Kurfürstentümer, Fürstbischoftümer, die Reichsabteien und -klöster, was Säkularisierung – Verweltlichung – genannt wurde; es verschwanden die Reichsstädte und demnächst – nach neuem Krieg und neuer Niederlage Österreichs, 1806 – auch eine Milchstraße von Reichsfürstentümern, Grafschaften, Ritterschaften. Man nannte es »Mediatisieren« oder mittelbar machen, weil diese Gebilde, welche unmittelbar unter dem Reich gewesen waren, nun zu den größeren Ständen oder Staaten des Reiches geschlagen wurden. Da aber das Reich selber 1806 zu existieren aufhörte, verlor der Ausdruck schnell seinen Sinn. Die »Mediatisierten« durften als bevorrechtigte Untertanen in ihren Schlössern wohnen bleiben – gar mancher ihrer Nachfahren wohnt heute noch dort. Die »Säkularisierten« mußten ihre Klöster verlassen, die nun verödeten, verfielen oder in Privatbesitz übernommen wurden. Kirchen wurden geschlossen, auch wohl geplündert, Kunstgegenstände verschleudert oder in Landesmuseen zusammengetragen. Das war der Geist der Zeit – unreligiös, antikirchlich; und melancholisch gering oft die Zahl der Mönche, die aus ihren alten Mauern traurigen Auszug hielten. So wie aber der Verfall auf dem Höhepunkt beginnt, so beginnt auf dem Tiefpunkt wohl auch der Wiederaufstieg. Der Verlust des Jahrhundertanfangs, der sie vom reichen, aber vielfach selber verweltlichten, Institut zum armen machte, hat der katholischen Kirche auf die Dauer sehr gutgetan. Der wunderliche Ausverkauf, formal eine Sache der Deutschen unter sich, wurde in Wirklichkeit von Paris aus geleitet. Das Ergebnis waren die deutschen Staaten, wie sie uns vertraut geblieben sind und, bei einigen Veränderungen, noch heute bestehen, Bayern, Württemberg, Baden, Hessen.

Das Programm, mit den Augen Napoleons gesehen, hatte vieles für sich. Etwas mußte nun mit Deutschland geschehen; der verzopfte, verrottete Feudalismus des Reiches konnte dem neuen Jahrhundert so oder so nicht standhalten – eine Wahrheit, welche den politisch denkenden Deutschen längst bewußt gewesen war. Das aber, was man ehedem wohl erwartet hatte, eine Aufteilung der deutschen Lande zwischen Österreich und Preußen, war nicht im Sinn französischer Machtpolitik; viel weniger war es die Errichtung eines deutschen Nationalstaates. Noch auch konnte der falsche Kaiser Süd- und West-Deutschland direkt regieren, wie er Italien regierte. Eine kleine Zahl deutscher Monarchien, künstlich genug, um schwach zu sein, aber bodenständig und würdig genug, um den deutschen Stolz zu befriedigen, Planeten um die kaiserliche Sonne – das war der Plan; es gab der Lage der Dinge nach keinen besseren. Auch war die Auswahl der geretteten Dynastien nicht ungeschickt. In Ansehung der Vergangenheit hatte es seinen guten Sinn, daß Bayern als der größte der später sogenannten Mittelstaaten aus der Liquidation des Reiches hervorging; und selbst Württemberg, Baden, Hessen konnten sich historisch besser ausweisen als die Hohenloheschen, Fürstenbergischen oder Leiningenschen Lande, die nun unter die Verwaltung ihrer glücklicheren Nachbarn übernommen wurden. Die Grenzen freilich wurden im einzelnen willkürlich genug gezogen; keine Notwendigkeit zwang dazu, die rechtshreinische Pfalz zu Baden oder Franken zu Bayern zu schlagen. Hatten die deutschen Staaten längst nur noch geringes mit Stammeseigenschaften zu tun gehabt, so verschwand dieser ihr legendärer Charakter nun vollends; Dialekte, Landschaften, Konfessionen, geschichtliche Traditionen vermischten sich in den neuen Staatsgebilden, die auf nichts anderes Anspruch erheben konnten als auf die Erfüllung des abstrakten Staatsprinzips selbst.

Manches bewährt sich, was seine Existenz ursprünglich dem Zufall und der Willkür verdankt. Die von Napoleon geschaffenen deutschen Staaten haben sich im 19. Jahrhundert auf mannigfache Weise bewährt; als Verwaltungseinheiten, Schulen der Regierung und des Parlamentarismus, Zentren der Kulturpflege. Nur: echte Staaten waren sie nicht, in dem Sinn, in dem die Schweiz oder Holland es sind. Keiner hat je für seine Existenz gekämpft, keiner je in einer Krise seinen eigenen Weg zu gehen gewagt. Das Bayern des Dreißigjährigen Krieges war ein echtes, wenn auch beengtes politisches Willenszentrum, zwischen den europäischen Mächten mit Umsicht und blutigem Ernst manövrierend. Seit Napoleon, vergrößert durch unzählige Reichssplitter, war es ein Gut-Wetter-Staat; es konnte sich nie wieder in schlechtes wagen, sich selber nicht mehr auf die Probe stellen. So ist es bis auf unsere Tage geblieben.

Napoleon hat später gesagt: die Deutschen seien reifer als jedes andere Volk Europas für eine gesamtnationale Organisation gewesen, und jeder starke Mann, der so wollte, hätte sich an die Spitze von 30 Millionen Deutschen stellen können. Daß er selbst diesen starken Mann nicht abgeben wollte, versteht sich leicht. Es war französische Tradition, die deutschen Teilmächte auszuspielen und zu stärken gegen das »Reich« oder umgekehrt das Reich gegen die größte Teilmacht. Es entsprach auch dem persönlichen Interesse des Diktators, sich mit Satelliten zu umgeben, deren höfischen Stil er nachahmen konnte, wie sie den seinen, was der neuen Kaiserstellung etwas von ihrer abenteuerlichen Einsamkeit nahm. Das war die paradoxe Lage, in der Napoleon sich befand. Frankreich, das eine große nationale Revolution gemacht hatte und den anderen Ländern ein Beispiel geben wollte, konnte, zum Imperium geworden, doch in anderen Ländern keine nationalen Revolutionen brauchen. Der falsche Kaiser, nun nach konservativem Schutz tastend und begierig, sich mit Europa zu versöhnen, konnte doch auch wieder keine echten Monarchen brauchen. Die deutschen Fürsten kamen ihm gelegen. Sie schienen echt, legitim, sie hatten uralte Namen. Sie waren dennoch seine Kreaturen, regierend über Kunststaaten, und hatten sich durch ihre Räubereien alle illegitim gemacht. So erschien die innere Widersprüchlichkeit von Napoleons Stellung. Gerade auf jene, die er am besten brauchen konnte, war im Ernstfall kein Verlaß, eben weil sie so waren, wie er sie brauchen konnte. Kunststaaten, Gut-Wetter-Staaten, hielten Bayern und Württemberg und Baden es mit ihm, solange er gutes Wetter machte. Sie verrieten ihn schleunigst, und es blieb ihnen auch gar nichts anderes übrig, als ihn zu verraten, sobald die »Sonne von Austerlitz« nicht mehr schien. Als ihm Hilfe not tat, fand er bei ihnen keine Hilfe.

Er gefiel sich in der Rolle des Mannes, der die großen Stürme bändigte und die großen von der Geschichte gestellten Aufgaben nach eigener Wahl entschied. Einen Sturm, kräftig genug, um Deutschland von allen Schlacken der Vergangenheit reinzufegen, gab es aber um die Wende vom 18. zum 19. Jahrhundert nicht. Patrioten vom Rang des Freiherrn vom Stein haben es erfahren müssen. Was nun, zwischen 1801 und 1806 geschah, entsprach ungefähr dem, was sich schon zur Zeit Friedrichs und Josephs angekündigt hatte: eine abermalige

Anwendung des »Teilungssystems«, ein Geschäft zwischen größeren Fürsten auf Kosten von schwächeren. Das neue, durch Revolution geschaffene Übergewicht Frankreichs bewirkte nur dies: daß jetzt nicht, wie im Falle Polens, die beiden Großmächte, Preußen und Österreich, sondern die neuen Mittelstaaten die Hauptnutznießer wurden.
Als im Jahre 1805 Österreich und Rußland den einstweilen letzten Versuch machten, das immer noch ausgreifende, anschwellende, durch innere Widersprüche, durch Übermut und Angst, leichte Chancen und ernste Gefahren in gleicher Weise vorwärtsgetriebene Bonapartesche Imperium einzudämmen oder zurückzurollen, gab es das Reich nicht mehr. Die Armeen der neuen Mittelstaaten schlugen sich auf französischer Seite. Ihre Regenten erklärten sich des Reichsverbandes ledig und legten sich den Titel von Königen oder Großherzogen bei. Das hatte seinen Sinn; Kurfürsten konnten sie wohl nicht bleiben, nun, da es keinen römischen Kaiser mehr zu küren gab. Freilich, unabhängig waren diese neuen Könige auch nicht und im Grunde weniger als ihre Vorfahren es gewesen waren. Sie hingen nun ab von der immer wachsamen, mitreißend energischen, klugen, erbarmungslosen Aktivität des Kaisers in Paris. Kaum hatten sie ihre Unabhängigkeit proklamiert, so mußten sie etwas anderes mit proklamieren helfen: die Gründung des »Rheinbundes«, eine ewige Allianz deutscher Staaten unter dem Protektorat Napoleons. Ihre Armeen wurden, praktisch, zu Einheiten innerhalb der großen französischen; ihre Diplomatie beschränkte sich darauf, um die Gunst des Diktators zu wetteifern und sie durch verwandtschaftliche Beziehungen zu festigen, um so etwa bei neuen Friedensschlüssen noch mehr Land, noch weitere illusionäre Gewinne einzuheimsen.
Der Rheinbund sollte das alte Reich sein ohne die deutschen Großmächte. Napoleon, immer begierig, seine wurzellose, abenteuerliche Macht mit der Magie des Alters zu umgeben, hat nicht verfehlt, durch allerlei Einrichtungen und Zeremonien auf diese Kontinuität hinzuweisen. Vergebens. Wie sollten Deutschland und Italien sich auf die Dauer von Paris regieren lassen? Wie ein nachrevolutonäres, bürgerliches Europa an

das längst in Staub zerfallene Kaiserkostüm Karls des Großen glauben, das ein der Revolution entlaufener fremder General zu tragen vorgab? Der große Realist war auch der große Illusionär. Er verwechselte vorübergehende Gelegenheiten und Überlegenheiten mit Endgültigem, den Theaterglanz, den er verrückten Beiprodukten des Weltkrieges anzauberte, mit echtem Gold und verfing sich mehr und mehr in romantischen Träumen.

Auf der anderen Seite geschah das Unvermeidliche nicht ohne traurige Würde. Der letzte »Römische Kaiser«, Franz II., erklärte den Reichsverband für aufgelöst, entband alle ehemaligen Stände ihrer Pflichten und zog sich auf den schon im Jahre 1804 gestifteten Titel eines »Kaisers von Österreich« zurück. In seinen »Annalen«, einem kurzen nach Jahren geordneten Lebensweg, erzählte Goethe trocken: »Indessen war der Deutsche Rheinbund geschlossen und seine Folgen leicht zu übersehen; auch fanden wir bei unserer Rückreise in den Zeitungen die Nachricht: das Deutsche Reich sei aufgelöst.« Noch kühler ist der Geist der unmittelbaren Eintragungen in seinem Tagebuch, 6. und 7. August 1806: »Abends um 7 Uhr in Hof. Nachricht von der Erklärung des Rheinischen Bundes und dem Protektorat. Reflexionen und Diskussionen. Gutes Abendessen... Zwiespalt des Bedienten und Kutschers auf dem Bocke, welcher uns mehr in Leidenschaft versetzte als die Spaltung des Römischen Reiches.«

Es war die Art unseres Dichters. Er glaubte kaum an große Politik, nur an kleine, übersehbare Lebenskreise; hielt den Brand eines Bauernhofes für eine wirklichere Sache als den Zusammenbruch eines »Reiches«. Es war aber auch wohl die geschichtliche Situation, die zu Goethes Gleichgültigkeit das Ihre beitrug. Den sentimental und antiquarisch Gesinnten mochte das formale Ende des »Römischen Reiches« noch feierlich bewegen. Etwas praktisch Neues führte es in die Welt nicht mehr ein. Die Säkularisierungen und Mediatisierungen hatten dem abgestorbenen Institut den letzten Dienst getan, denn die damals verschwundenen geistlichen Stände und Reichsstädte waren seine charakteristischen, allein noch von ihm abhängigen Gebiete gewesen. Und längst war das Ganze den Klugen ein Spott.

> Das liebe Heilge Römische Reich,
> wie hält's nur noch zusammen?

Seit Jahrhunderten hatte es zu nichts Ernsthaftem zusammengehalten. Andererseits machte die Gründung des Rheinbundes deutlich, daß die deutschen Staaten, außer Österreich und Preußen, auch weiterhin in einer Form würden miteinander existieren müssen; und auf den Rheinbund, knappe neun Jahre nach der Auflösung des »Reiches«, folgte der »Deutsche Bund«. Der, könnte man mit einem Vergleich aus unseren Tagen behaupten, verhielt sich zum alten Reich wie die Vereinten Nationen zum Genfer Völkerbund; er war dieselbe Sache, nur ein klein wenig wirksamer organisiert. So daß, bei näherem Zusehen, das Ende des »Heiligen Reiches« wohl das tief einschneidende historische Ereignis nicht war, das man später aus ihm machen wollte. Aber auch das nur Symbolische spielt in der Geschichte seine Rolle, und die Erinnerung an untergegangene Reichesherrlichkeit hat später in der deutschen Seele Dinge getan, die das Reich, solange es auf dem Regensburger Reichstag noch klägliche Wirklichkeit war, längst nicht mehr hatte tun können. Mit seinem Ende verband man das Schwinden alter Formen und Stile des Lebens. Es wurde zum Symbol für das Ende der guten alten Zeit und das Heraufkommen einer neuen.
Eine spätere nationale Geschichtsschreibung hat der »Fürstenrevolution« der Napoleonischen Epoche als einer von Fremdherrschaft diktierten, willkürlichen, seelenlosen, größenwahnsinnigen, reichsverräterischen Unternehmung geflucht; im gleichen Atem jedoch sie gelobt als einen Fortschritt zur Einheit und Modernität. Beide Urteilsweisen lassen sich wohl anhören. Man unterscheidet gemeinhin drei Sphären, in welchen die deutsche Aufnahme der Französischen Revolution so oder so stattfand. Die Rheinlande gehörten volle zwei Jahrzehnte zu Frankreich, hier wurde von Paris her direkt, mit eiserner und

kluger Hand reformiert. In den Rheinbundstaaten wurde nachgeahmt, aber nicht ohne eine Beimischung lokaler Eigenart; Napoleon ließ seinen Satelliten beträchtliche Freiheit in der Wahl der Mittel, solange sie seinen eigenen Interessen nicht widersprachen. In Preußen darf man nicht eigentlich von Nachahmung sprechen, obgleich auch dort der französische Einfluß stark war. Hier waren die Reformen zugleich eine selbständige, ideenreiche Reaktion gegen das Elend der Niederlage, welches sie notwendig machte. Der preußische Staat bewies damit, daß es ihn wirklich gab, trotz all seiner Widersprüche und Künstlichkeiten. Er zog Ideen an und ihre Träger, Männer von Enthusiasmus und Können, die ihm aus verschiedenen Gegenden Deutschlands zu Hilfe kamen.

In Köln und Bonn, Mainz, Speyer, Trier regierten die Franzosen und regierten gut. Beliebt waren sie nicht, das ist auch die beste Fremdherrschaft selten. Sie waren nicht beliebt wie in Mailand, aber auch nicht verhaßt wie in Madrid. Vernünftige, gestraffte Verwaltungseinheiten traten an die Stelle verrotteter Reichsstände, feudaler Zwergstaaten und theokratischer Herrschaften. Napoleons Regierung war zugleich absolut und liberal. Absolut, weil der Befehl von oben kam, die riesige Maschinerei des Beamtentums gelenkt wurde vom Kaiser und seinen Ministern; liberal, weil vor dem Gesetz jeder gleich galt, Christ und Jude, Ritter, Bürger und Bauer, und unter dem Gesetz jeder einzelne frei war, sein Leben, wie es ihm beliebte, zu gestalten. Es liegt in solchem Absolutismus ein Bestreben, das schließlich gegen ihn selber wirken muß. Erfolgreiche Bürger, Industrielle, Kaufleute, Bankiers, Grundbesitzer, werden früher oder später auch die Politik in ihren Dienst nehmen, beim Regieren selber ein Wort mitreden wollen. Frankreichs liberaler Einfluß ist so im Rheinland auf die Dauer stärker geblieben als sein absolutistischer; wie der preußische Staat erfahren sollte, als er nach Napoleons Sturz in Köln und Koblenz sein landfremdes Regiment etablierte. Zwanzig Jahre, und so ereignisreiche Jahre, sind eine lange Zeit. So einfach nur »deutsch« wie ein Landstädtchen in Thüringen ist das Rheinland seitdem nie wieder gewesen.

In Süddeutschland gingen die Übriggebliebenen, Bayern, Württemberg und Baden, im Ernst vor. Sonderbarer Staatswille, welcher hier sich betätigen und recht eigentlich austoben konnte, Machtwille, der der Ohnmacht diente und doch Brauchbares schuf. Nichts unterblieb, was der Austilgung des geschichtlich Gewordenen dienen konnte; Schulen wurden verstaatlicht, Kirchen der Kontrolle des Staates unterworfen und zu Nationalkirchen nach dem Muster der französischen aufgebaut, Klassenprivilegien abgeschafft, die unlängst gewonnenen Gebiete unter geflissentlicher Verachtung ihrer Wünsche zu Regierungsbezirken oder Kreisen im Stil der französischen Departements zusammengewürfelt, Rechtssysteme vereinfacht und, wenn nicht direkt vom Code Napoléon kopiert, doch in seinem zugleich absolutistischen und bürgerlichen Geist revidiert, Fachministerien mit ihren Beamtenhierarchien an die Stelle verzopfter Kollegien gesetzt, Universitäten im kulturellen Wetteifer reorganisiert oder neugegründet und erzkatholische Bevölkerungen durch den Zustrom protestantischer Gelehrter geärgert – kurz, mit Gründlichkeit ausgemerzt, was vom alten Reich noch übrig war und die neuen »Reiche« in ihrer Souveränität hätte beeinträchtigen können. Einstweilen wurden Volksvertretungen, so wie Napoleon sie in Paris duldete, versprochen, der Kriegsläufte halber aber nicht zusammengerufen.
Die europäischen Völker haben immer voneinander gelernt, und Nachahmung muß nicht lächerlich sein. Der Staat, den die Normannen im Jahre 1066 in England gründeten, war ein französisch-normannischer Staat und ist doch die Grundlage des englischen geworden. Es wird also nicht fruchten, die neuen deutschen »Mittelstaaten« im Rückblick zu verurteilen, weil sie in der Franzosenzeit entstanden und aus französischem Geist. Unter ihren Gründern finden sich gewaltige und groteske Personen wie der erste König von Württemberg, aber auch Menschen von hohem Rang; der badische Minister Reitzenstein, der bayerische Jurist Anselm Feuerbach. So ideenlos und gemein, wie Heinrich von Treitschke wahr haben will, war diese Fürstenrevolution nicht. Einer mußte sie am Ende ma-

chen, einer mußte auch in Süddeutschland die geschichtliche Stunde eines vernünftig regierten Bürgertums einläuten; das »Volk«, so wie die deutsche Geschichte sich einmal entwickelt hatte, konnte es nicht tun. Die süddeutschen Staaten haben nachmals ihre Aufgabe nicht übel erfüllt, wurden Zentren einer liberalen Bewegung, für welche das im ersten Jahrzehnt Geschaffene wenigstens den Rahmen abgab. Ganz aber sind sie die wunderlichen Bedingungen ihres Anfangs nie losgeworden; etwas leicht Volksfremdes hat den neuen Einteilungen, den neuen Hierarchien und dem kulturellen Glanz der erneuerten Hauptstädte immer angehaftet. Es könnte sein, daß hiermit die Schwäche zusammenhängt, welche die »Mittelstaaten« in jeder späteren Krise bewiesen. Kaum mehr als ein Jahrhundert nach der »Fürstenrevolution« mußten ihre Nutznießer, die Dynastien, abtreten, ohne daß eine Hand sich zu ihrer Bewahrung gerührt hätte; längst vorher schon hatten sie jeden echten Einfluß auf die Gestaltung des nationalen Schicksals verloren. So, im großen gesehen, war das Ende des alten Reiches doch schon der Beginn des Nationalstaates; wenn auch auf dem Umweg über den Triumph, den vollständigen, aber ephemeren, der Fürstenstaaten. Sie machten sich zu groß, zu modern, um das alte dynastische Herrschaftsprinzip noch weiterhin erfüllen zu können. Volksstaaten aber, durch ihre eigene natürliche Schwerkraft existierende Staaten konnten sie nie werden.

Anders ist die Geschichte Preußens in jenen Jahren.

Der norddeutsche Staat hatte sich schon 1795 aus dem Krieg zurückgezogen und genoß seitdem eine Neutralität, welche, gemäß dem Basler Friedensvertrage, auch dem übrigen Nord- und Mitteldeutschland zugute kommen sollte. Für die Hauptstadt Berlin war es eine geistig fruchtbare Zeit, und auch für kleinere Hauptstädte, zum Beispiel Weimar. Es war die Epoche der Freundschaft Schillers und Goethes, die schöne Zeit, als jedes Jahr ein Drama Schillers, einen Roman Jean Pauls auf den Markt brachte und die Berliner Gesellschaft sich zu den höchsten Höhen bürgerlicher Geistigkeit erhob, das große Jahrzehnt der deutschen Literatur. Unbestreitbar hatte diese geistige Blüte etwas mit dem langen Frieden inmitten der Kriege zu tun. »Zwar«, berichtet Goethe in seinen »Annalen«, »brannte die Welt an allen Ecken und Enden, Europa hatte eine andere Gestalt genommen, zu Lande und See gingen Städte und Flotten in Trümmer, aber das mittlere, das nördliche Deutschland genoß noch eines gewissen fieberhaften Friedens, in welchem wir uns einer problematischen Sicherheit hingaben.« Der Staat selber benutzte seine Neutralität, wie es der Staaten Brauch war, am Anfang zu einem abermaligen Raubgeschäft gemeinsam mit Rußland, das ihm riesige polnische Gebiete mit der Hauptstadt Warschau einbrachte; später zu fettem Gewinn durch Säkularisationen.

Doch gingen diese zweifelhaften Vorteile dann plötzlich wieder verloren. Nachdem Preußen den Fehler gemacht hatte, sich von dem Widerstand gegen die expansive Macht elf Jahre lang auszuschließen, beging es den Fehler, sich ihm anzuschließen im ungünstigsten Moment, Herbst 1806; worauf Napoleon die veraltete preußische Kriegsmaschine mit unglaublicher Schnelligkeit zusammenschlug. Er hielt das preußische Staatsprinzip für gefährlicher als das süddeutsche; gleichzeitig für künstlich genug, um es austilgen zu können. Das hätte er nach den preußischen Niederlagen von 1806/07 auch zu tun gewünscht. Aber selbst jetzt konnte er das Spiel nicht ganz frei, wie es ihm beliebte, spielen. Die Macht, mit der er nun sich zu vertragen beschloß, nachdem er sie vor wenigen Monaten noch als europafremd und barbarisch angeprangert hatte, war Rußland. Der Zar zog es vor, zwischen den beiden Imperien, zwischen sich selbst und dem neuen Freund, ein Rumpf-Preußen zu bewahren. Das Resultat war schief. Aus Preußens polnischem Raub wurde ein »Großherzogtum Warschau« gemacht, das zu Napoleons System gehörte und das Versprechen eines zukünftigen polnischen Nationalstaates enthielt, welches also dem russischen Imperialismus doppelt unwillkommen sein mußte. In die französische Machtsphäre fielen auch die preußischen Gebiete westlich der Elbe; sie wurden zu einem neuen Satellitenstaat konsolidiert. Dazwischen aber, zwischen dem französischen Polen und dem französischen Westfalen, kam ein halbierter preußischer Staat zu liegen; ernsthaft genug, um mit den obwaltenden Bedingungen sich nimmermehr zu versöhnen, um sich zu reformieren und das, was von seiner alten Tradition noch übrig war, in bessere Zeiten hinüberzuretten. Man hat übrigens gut sagen, daß dies Arrangement Napoleons schwerer Fehler war. Vom Ende her gesehen ist seine ganze Geschichte eine Kette von Fehlern. »Richtig« zu machen war hier nichts.

Der preußische Zusammenbruch von 1806 und die entschieden lieblose Behandlung, die der Sieger dem Besiegten zuteil werden ließ, haben auf das preußisch-französische oder deutsch-französische Verhältnis sich ungünstig ausgewirkt.

Da Preußen verloren hatte, wo die süddeutschen Staaten gewannen, und weiterhin von dem Sieger boshaft drangsaliert wurde, so nahm doch die Reform des Staates einen antifranzösischen Akzent an. In Süddeutschland stand man, offiziell, mit Napoleon aufs herzlichste, in Preußen eben nur auf Grüßfuß, indessen die Besten heimlich von einem Befreiungskrieg zu träumen anfingen. Da ferner Preußen im Augenblick keine Landgewinne zu assimilieren, nur Verluste zu verschmerzen hatte, so fehlte hier der Reform jeder gehässig-gewalttätige Akzent. Den Staat gab es bereits, einen vom Absolutismus der Hohenzollern schon weitgehend rationalisierten Staat. Also konnte man hier an Schöpferisch-Freieres denken als an das bloß künstliche Machen eines Staates.

Die Hauptsache war, daß ausgezeichnete Individuen sich Preußens annahmen. »Männer machen die Geschichte«, hat ein deutscher Historiker gesagt. Das trifft manchmal zu und manchmal nicht. In diesem Fall trifft es einigermaßen zu. Von den Volksmassen wurde auch in Preußen keine Revolution getragen; auch hier mußte sie von oben kommen oder von nirgendher. Sie kam von einigen philosophisch gesinnten Bürokraten und Militärs, teils Ostpreußen, die durch Kants Schule gegangen waren, teils Männern aus dem »Reich«, aus Hannover, Westfalen, Nassau, die sich aus dem einen oder anderen Grund in den preußischen Staatsdienst hatten locken lassen. Als der Beste unter ihnen gilt der, nach dem die ganze Reform

meist benannt wird, der Freiherr vom Stein. Diesen Ruf verdient er.
Ein starker, stolzer, warmherziger und guter Mann. Geboren als Reichsfreiherr, in einer Gegend, in der die Tradition des Reiches vergleichsweise stark war, fühlte er sich nur dem Reich verpflichtet, das nicht mehr existierte. Aber diesen Zustand sah Stein als vorübergehend und ungesetzlich an. Die beiden deutschen Großmächte interessierten ihn, weil nur in ihnen, vorläufig, sich echte deutsche Staatlichkeit verwirklichen konnte; den Rest, die »Sultane«, wie er sie nannte, von Bayern bis Nassau-Usingen verachtete er mit der ihm eigenen hochfahrenden Schroffheit. Sie hatten alle zu verschwinden – er wußte nicht genau, wie; noch auch, wie dann die Überlebenden, Preußen und Österreich, nebeneinander würden existieren können. Stein war kein Diplomat und verachtete das Handwerk der Diplomaten. Als Praktiker hatte er angefangen, als Bergrat und Verwaltungsmann, lange Jahre in enger Berührung mit dem aufsteigenden Wirtschaftsleben; bloß Theorie und Schriftstellerei hielt er eines Mannes für unwürdig. Nie ließ er eine Gelegenheit vorübergehen, ohne gegen den »usurpierten Wert der spekulativen Wissenschaftler« zu wettern. »Das Sonderbare, Unverständliche zieht die Aufmerksamkeit des menschlichen Geistes auf sich, der sich einem müßigen Hinbrüten überläßt, anstatt zu einem kräftigen Handeln zu schreiten.« Handeln – Stein, dem Techniker, dem Verwalter und Industriegründer, fehlte es im Älterwerden nicht an gewaltigem politischen Ehrgeiz. Er war, was viele zu sein glauben und doch nur die wenigsten ernsthaft sind: ein Patriot; Deutschland wurde zu einem hohen, vornehmen Gegenstand in seinem Geist. Für die Befreiung Deutschlands von der französischen Herrschaft war er bereit, sein Geld, seine Güter, sein Leben zu opfern. Ihr, der Befreiung, sollten letztlich auch die Reformen dienen, die ihm nun, während eines kurzen Jahres 1807/08, in Preußen durchzuführen vergönnt waren.
Sie sind in ihrem Geist nicht ganz eindeutig zu beschreiben, diese Reformen. Politiker sind keine inkarnierten Ideen, keine wandelnden Schulbücher; wehe uns, wenn sie etwas derglei-

chen zu sein beanspruchen. Der Doktrinär wird uns immer dieses beides bringen: Tyrannei und Niederlage. Stein war kein Doktrinär. Wohl aber lebten starke Sehnsüchte und Sympathien in seiner Brust; eine davon war der Vergangenheit zugekehrt, dem Heiligen Reich, dem Mittelalter. Die alten ständischen Ordnungen zogen ihn an, die wohlverteilten Gerechtsame und Pflichten, ein christlicher Adel, der patriotisch seine Pflicht tat, Städte, die sich selber regierten, Korporationen, Kirchen, Universitäten, die ihr Vermögen gemeinnützig verwalteten. Es ist möglich, daß er all das ein wenig idealisierte, wie es eben damals Mode wurde. Andererseits war Stein auch ein moderner Mann, ein Aufklärer, der an die erweckende, erzieherische, moralische Funktion des Regierens glaubte. Durch eine gute Regierung sollten die Bürger dazu gebracht werden, sich selber zu regieren oder doch einen geregelten Anteil zu nehmen an der öffentlichen Sache, so daß der Staat leben würde von innen her und ein so kläglicher Zusammenbruch wie der von 1806 künftig nicht mehr würde stattfinden können. Sie sollten übrigens, wie es in Frankreich der Fall war, ihren beruflichen Interessen unbehindert nachgehen können. Man braucht die Verbindung beider Sympathien im Geiste Steins, der mittelalterlich-ständischen und der modernen, liberalen, nicht als widersinnig anzusehen. Viele Entwicklungslinien münden in der Tendenz, die man im späteren 19. Jahrhundert »liberal« genannt hat. Eine davon läßt sich in das ständische Mittelalter zurückverfolgen, wie das Beispiel England zeigt; dort ist die moderne Volksvertretung mit ihren Parteien aus dem alten Ständewesen hervorgegangen. Stein bewunderte England. Hätte man ihm, was wohl möglich war, neu-französische, revolutionäre Einflüsse in seinem Wirken nachgewiesen, so hätte ihn das tief verstimmt.

Wie es aber in der Geschichte geht: sie nimmt nur das an, was sie im Augenblick brauchen kann, und macht daraus, was sie will. Ein konservativer oder teilweise konservativer Politiker kann fortschrittlich oder revolutionär wirken; denn nicht alles, was in seinem Geiste ist, geht in die Wirklichkeit ein. Das Bild des Staatsmannes, der die Gesellschaft nach seinem Bilde

formt, wie der Töpfer den Ton, taugt darum nicht. Die Materie, mit der er umgeht, ist viel zu unübersichtlich, zu widerspenstig, zu lebendig, um ein eigentliches Formen zu erlauben.
Die Gedanken Steins trafen mit anderen, weniger geschichtsbelasteten zusammen: der Forderung des Freihandels, wie sie aus England herübergekommen war, dem Begriff vom Menschen als homo oeconomicus, dessen Gewinnstreben nur aller staatlichen Fesseln entledigt zu werden brauchte, um im freien Wettbewerb höhere und immer höhere Quantitäten von Reichtum und Glück hervorzubringen. Diese wirtschaftliche, freihändlerische Akzentuierung wurde stärker, als Stein nach einem Jahr seinen Abschied nehmen und das Land verlassen mußte; er hatte in Briefen zu leichtsinnig von einem künftigen Befreiungskrieg gesprochen. Seinem Nachfolger, Hardenberg, waren Steins hohe Gesinnungen fremd.
Die Erbuntertänigkeit der Bauern entfiel. Aber die Gutsherren erhielten sich die Polizeigewalt und niedere Gerichtsbarkeit in ihren Bezirken; da für die alten Dienst- und Sachleistungen ein Ersatz sein sollte, schritt man zu einer Teilung des Landes, deren Ergebnis Hunderttausenden von Bauern eine selbständige Existenz unmöglich machte. Das führte gegen den Willen Steins, aber im Sinn seiner freihändlerischen Assistenten zum »Legen« der Bauern; aus Erbuntertänigen wurden Landarbeiter, aus ihren Söhnen und Enkeln Stadtarbeiter. Der preußische Adel ging aus der Reformzeit ungebrochen, ja auf die Dauer bereichert und politisch bewußt hervor. Er durfte von nun an jeden Beruf ergreifen, »bürgerlichen« Besitz erwerben. Er behielt einige seiner geschriebenen Privilegien, auch wohl der ungeschriebenen; das ausschließliche Recht nicht mehr, aber doch die bessere Ausgangschance in der militärischen, administrativen, höfischen Laufbahn.
Steins persönliche Haltung gegenüber dem Adel war ambivalent. Er gehörte selber zu ihm, ein ahnenstolzer, hochfahrender Herr. Andererseits erfüllten seine Erfahrungen mit dem preußischen Adel ihn mit verachtungsvoller Ungeduld; es kam eine Zeit, da er ihn am liebsten ganz abgeschafft hätte. Der englische Adel schwebte ihm vor als das Nachahmenswerte;

reich, aber verantwortungsbewußt für das große Ganze, ständig erneut durch Ernennungen aus dem Bürgertum, im Oberhaus zu großartiger politischer Betätigung zusammengefaßt und derart konstituiert, daß der Titel nur einem zufiel, während die jüngeren Söhne ins Bürgertum zurücktraten. In Deutschland erbte jeder den Titel, auch wenn es sonst nichts zu erben gab; ein Umstand, der sich jetzt um so peinlicher bemerkbar machte, als die Enteignung der katholischen Kirche den Adel um die reichste Versorgungsquelle seiner jüngeren Söhne gebracht hatte.

In der Stadt beginnt mit dem Freiherrn vom Stein die Demokratie, obgleich noch der Name verpönt war. Er ist der Gründer der städtischen Selbstverwaltung durch erwählte Stadtverordnete, erwählten Magistrat. Das ist seine nachmals bewährteste Leistung. Noch im 20. Jahrhundert haben die preußischen Großstädte die Bewunderung der Welt erregt, und sind sie Lehrmeister in der Pflege städtischen Gemeinwohls gewesen. Noch im frühen 20. Jahrhundert aber, und gerade damals, war der Gegensatz zwischen städtischer Demokratie und staatlichem Halbabsolutismus in staunenswertem Maße widersinnig; ein Gegensatz, der geschichtlich darauf zurückgeht, daß dem Freiherrn vom Stein sein Reformwerk weniger als halb gelang, daß er zwar in den Städten neue Ordnung machen konnte, aber nicht im Staat. Zur nationalen Gesamtvertretung, die ihm als Krönung seines Werkes vorschwebte, kam es nicht. Demokratisiert sollte auch die Armee werden gemäß dem Traum der bedeutenden Soldaten, die sich ihrer nun annehmen durften; demokratisiert, oder sagen wir besser nationalisiert, mit patriotischem Geist erfüllt und auf Verdienst anstatt erbliches Vorrecht ausgerichtet. Der Grundsatz der Wehrpflicht jedes Bürgers wurde proklamiert. Seine Durchführung blieb unvollkommen wegen der Einschränkungen, die Napoleon dem preußischen Heere aufzwang, die man jedoch mit List und Heimlichkeit durchbrach, wo man konnte. Die Massenheere hatte die Französische Revolution geschaffen, Napoleon sie seiner Disziplin unterworfen und für seine Vernichtungsstrategie gebraucht. Der neue Geist, die neuen Mittel konnten auf die Dauer nicht der Alleinbesitz Frankreichs bleiben. Geistig stehen die preußischen Militärreformer, die Scharnhorst, Gneisenau, Clausewitz, so hoch wie die Carnot und Saint-Cyr; sie hatten mehr Achtung vor dem Menschenbild als Napoleon. Daß sie mit der Volksarmee dann auch Napoleons Vernichtungsstrategie, die ganze neue, harte Philosophie der Politik und des Krieges als einer »Fortsetzung der Politik mit anderen Mitteln« übernahmen, auch das lag wohl in der Natur der Dinge. Man mag es für ein Unglück halten, daß sie bei Napoleon in die Schule gingen; es war aber Napoleon, der die Schule baute und der die Schüler hineinzwang.

Fraglich ist, was von dem hohen, trotz allem Kriegertum eigentlich humanitären Geist Scharnhorsts und Gneisenaus dann eigentlich in die Armee einging und übrigblieb. Es kann ein einzelner, bedeutender und guter Mann wohl Anregungen geben; aber was wird aus ihnen in der dauernden, zähen Masse des Wirklichen, die sich durch ihn anregen lassen soll? Was wird vollends daraus, wenn es sich um die Armee handelt, eine Institution, die das Töten zum Zweck hat und auf den rauhesten Sitten, auf Befehlen und Gehorchen, nun einmal aufgebaut ist und immer bleiben muß? Napoleons Kriegsphilosophie, in dem berühmten Buch »Vom Kriege« des Generals von Clausewitz eindrucksvoll zusammengefaßt, ist die Philosophie des preußischen Generalstabs geblieben und seit der Jahrhundertmitte mehr und mehr geworden. Nicht so eindeutig ist die Wirkung von Scharnhorsts liberalen und humanen Ideen auf lange Sicht. Alte preußische Klassentraditionen haben sich später in der Armee wieder durchgesetzt und vermischt mit neuen Disziplinen, neuen technischen Fertigkeiten und Roheiten.

Was bleibt in der Staatengeschichte von den geistigen Anstrengungen hervorragender Individuen? Wenn sie Bücher schreiben, dann bleiben Bücher; Appelle vom einzelnen zum einzelnen, die nach Jahrtausenden noch wirken mögen. Wenn sie aber ihre Studierstube verlassen und sich einlassen auf das harte, stets enttäuschende Werk politischer Menschenführung?... Man könnte die gleiche Frage selbst für die Unterrichts- und Universitätsreform stellen, welche ein Kapitel der preußischen Neuerungen nach 1807 ist; obgleich ja dieser Bereich der definitionsgemäß geistige ist, in welchem also der Geist eines bedeutenden Ministers oder Organisators zuverlässiger wirken sollte als in der Armee. Der Kultusminister der Reformzeit, Wilhelm von Humboldt, war beinahe zu gut, um wahr zu sein. Ein Humanist von hohem und reinem Typus, schöpferisch als Sprachforscher, Staatsphilosoph, welterfahren und kosmopolitisch gesinnt – Patriotismus kam ihm spät und hat ihm nie so recht stehen wollen –, ein genußfroher Egoist, begierig, aus seinem Leben ein Kunstwerk zu machen und seinen Mitmenschen gönnend, was er selber besaß und erfuhr – ein solcher Mann an der Spitze des Erziehungswesens läßt sich in das herkömmliche Bild oder Zerrbild vom Preußentum schwer einordnen. Die Zeit war ungewöhnlich und gab ungewöhnlichen Menschen eine Chance. Unter Humboldts Leitung entstand das System der preußischen Schulen, wie es bis in unsere Tage bestand – Elementarschule für alle, humanistisches Gymnasium für die Bildung eines gehobenen Bürger- und Beamtentums, Universitäten als Stätten der wissenschaftlichen Forschung und Lehre. Dabei war Bildung nicht als das gedacht, was sie später in Deutschland wohl leicht geworden ist, ein Mittel zur Verhärtung der Klassenunterschiede. Noch auch war sie als berufliche Ausbildung gedacht, sondern eben als bloße Bildung, frei, humanistisch. Inwieweit dies je verwirklicht werden konnte, bleibe dahingestellt. Jedenfalls kam man der Verwirklichung in der ersten Hälfte des 19. Jahrhunderts näher als in der zweiten: in der zweiten näher als im 20. Jahrhundert. Der strengen, überaus zentralisierten und militarisierten Hierarchie des Napoleonischen Schulsystems sollte dies preußische entgegengesetzt sein. So war die Steinsche Städteordnung der französischen Unterwerfung der Gemeinden unter die Zentralregierung entgegengesetzt. Und so war die neue preußische Armee demokratischer als die französische, die immerhin Vertretung oder Loskauf gestattete, auch wohl durch Eroberer-Erfahrungen, Besatzungsmanieren, die Beifügung fremdsprachiger Truppenteile ihren ursprünglichen Charakter verloren hatte. Die Steinschen Reformen waren keine bloße Übernahme französisch-revolutionärer Neuerungen. Sie waren schöpferisch trotz der Anleihe beim Feind. Nur geriet dann das meiste ins Stocken. Es sind kurze Augenblicke in der Geschichte, in denen ein nobler Enthusiasmus regiert, und man muß für alles Bleibende, was in einer solchen Zeit geschaffen wird, dankbar sein.

Weltbürgertum und Nationalstaat

Von der Französischen Revolution hat die europäische Politik im 19. Jahrhundert gelebt. Es sind in all der Zeit keine Ideen, keine Träume, keine Furcht, kein Konflikt erschienen, die nicht in jenem schicksalsschwangeren Jahrzehnt schon wären durchexerziert worden: Demokratie und Sozialismus, Reaktion, Diktatur, Nationalismus, Imperialismus, Pazifismus. Man könnte dasselbe von der deutschen Geistesgeschichte im 19. Jahrhundert in ihrem Verhältnis zu eben diesem Jahrzehnt oder diesen zwei Jahrzehnten sagen. Was später kam, bedeutet Entfaltung, Variierung, Epigonentum, Verfall, verglichen mit dem schöpferischen Reichtum der Jahrhundertwende.
Der ist keine Folge, kein Produkt der Revolution. Ihn als das zu sehen, hieße dem Politischen zuviel Gewicht beimessen; längst bevor die große Unruhe über Europa kam, waren Kant, Goethe, Herder, der junge Schiller auf dem Plan erschienen. Die Zusammenhänge zwischen dem einen und dem anderen sind geheimnisvoll. Als einen bloßen Zufall wird man es doch nicht verstehen, daß, während Frankreich sein politisches Drama zum besten gab und der Schwall seiner jugendlichen Generale und Organisatoren den Kontinent überwältigte, eine nie gekannte Fülle geistigen Talents an allen Ecken Deutschlands aufbrach; in Preußen und Schlesien, im dürren Berlin selbst, im Rheinland, in Schwaben. Und auch, wenn man die Potenzen als naturgegeben annimmt, das, was sie aus sich

machten, die Form ihrer Selbstverwirklichung wurde mitbestimmt durch die Ereignisse der Zeit. Durch Erlebnis und Gefühl der Epoche, durch den Zeitgeist – dieser Ausdruck wurde damals zum erstenmal gebraucht und das, was er bedeutete, zum erstenmal bewußt. Wohl war das Land noch groß und weit, der Druck der Bevölkerung gering, das Nachrichtenwesen spärlich – in diesem technischen Sinn sind wir heutzutage unvergleichlich stärkeren Pressionen ausgesetzt, als jene es warren. Ernster aber und intensiver haben die Fichte und Schleiermacher und Hegel, die Görres und Arndt, die Gentz, Adam Müller und Kleist, die Brentano und Arnim ihre Zeit erlebt; ohne deren schwere Erfahrung wären sie andere, niemand weiß, welche Wege gegangen.

Den großen Neu-Humanisten oder Klassikern, wie sie später genannt wurden, bestätigte die Entartung der Revolution die Gesinnungen, auf welche sie sich schon vorher zurückzuziehen angefangen hatten. Als der Wohlfahrtsausschuß in Paris regierte, war Schiller nicht mehr der Dichter der »Räuber« und der »Kabale«, Goethe nicht mehr der deutschtümelnde Jüngling von 1770. Der Staatsminister besaß treffendes Urteil, guten Instinkt auch in der Politik, aber wenig Theorie; gehörte er theoretisch irgendwohin, so gehörte er in die Ära des späten, aufgeklärtesten, wohltuendsten fürstlichen Absolutismus. Das Schauspiel der Revolution war ihm interessant, aber fremder, widerwärtiger als interessant; nichts, womit er sich zu identifizieren, nichts, wogegen er auch nur eine starke, theoretisch formulierte Stellung zu beziehen Lust hatte. Noch interessanter war ihm Napoleon, Napoleons europäische Ordnung im Recht, solange sie dauerte. Denn, fand er:

> Zur Nation zu bilden, ihr hofft es, Deutsche, vergebens.
> Bildet statt dessen, ihr könnt es, freier zu Menschen
> euch aus...

Schiller wandte von der Revolution sich ab nach der Hinrichtung des Königs. Daß er deswegen von der Politik selber, als der Krone aller menschlichen Angelegenheiten, sich abgewandt hätte, kann man nicht sagen. Von Machtkampf, Menschenführung, Rebellion, Ordnung und Unordnung, Krieg und Frieden weiß die Wallenstein-Trilogie, dies aus einer edlen Gedankenmasse herausgearbeitete Wunderwerk, Reicheres, Tieferes als jedes andere Drama deutscher Sprache. Und noch das letzte, das er vollendete, der »Tell«, ist ein Hoheslied auf Tyrannenmord, Freiheit, Volk und Vaterland.

Die national-demokratische Rhetorik des 19. Jahrhunderts hat hieraus eine Menge ziehen können. Ein Demokrat war aber auch Schiller nicht mehr, als Bonapartes Stern aufging, und die Gesellschaftsordnung nicht mehr sein oberstes Anliegen. Erziehung war es nun, Erziehung nicht zur Nationalität, sondern zur edlen, durch Spiel, Kunst, Schönheit und Philosophie freien Menschlichkeit und nur so, mittelbar, allenfalls zum Staat. Schiller lebte seine produktivsten, gefestigtsten, feierlichsten Jahre im Schutz der preußischen Neutralität. Er starb, bevor diese zusammenbrach; und wie er danach zur Zeit der Erniedrigung und der Erhebung sich verhalten hätte, dürfen wir nicht fragen.

Allenfalls könnte die Entwicklung seines Freundes, Wilhelm von Humboldt, uns einen Fingerzeig geben. Dieser fuhr noch eine Zeitlang fort, die Bildung des einzelnen zu höherem Menschentum als das Ziel anzusehen und vornehmlich der eigenen zu leben; in Spanien, in Rom, wohin immer Interesse und Gelegenheit ihn führten. Damals erklärte er Deutschland noch für eine ihm gleichgültige Sache, einen kleinen Kreis von Gesinnungsgenossen für seine wahre Heimat; es scheint nicht, daß der Zusammenbruch Preußens von 1806 ihn sonderlich aufregte. Später wurde Humboldt zum Politiker, zum Leiter des preußischen Bildungswesens zuerst, dann zum Diplomaten. Als solcher verteidigte er die Interessen seines Staates; verteidigte sie mit Schärfe, als es endlich wieder Siege in Land- und Machtgewinn umzusetzen galt, nahm eine entschieden antifranzösische Haltung ein, erkannte wohl auch schon eine deutsche Aufgabe Preußens an, wenngleich er auch jetzt, zur Zeit des Wiener Kongresses, einen gesamtdeutschen Machtstaat nicht für wünschenswert erklärte. Der Kosmopolit war

zum Patrioten geworden. Diese beiden Gesinnungen stehen ja nicht notwendig im Gegensatz zueinander. Beide beziehen sich enthusiastisch auf den Menschen und die menschliche Gemeinschaft; die eine unmittelbar, die andere durch das eigene Volk, die eigene Nation. Lange noch galt es für ausgemacht, daß freie Nationen schöner zusammen leben würden als unfreie Fürstenstaaten, daß ein Bund der Völker das Werk der Befreiung krönen würde. So war die Französische Revolution selber beides in einem: kosmopolitisch und nationalistisch. Es bedurfte einer Reihe unglücklicher Verkettungen und Verbindungen – Machtstaat und Nationalstaat, Klassenherrschaft und demokratisches Heer, konkurrierende Ansprüche mehrerer Nationalitäten auf einem und demselben Boden –, um aus der Nationalgesinnung, so wie sie zu Beginn des 19. Jahrhunderts erschien, den aggressiven, unterdrückenden, menschheitsfeindlichen Nationalismus zu machen. Oder sollen wir einfacher sagen: der Mensch hat noch jede Idee durch sein allzu menschliches Wirken entstellt, woran nicht die Idee schuld ist, sondern er selber; so wie er die christliche Religion der Nächstenliebe zu den abscheulichsten Verfolgungen mißbrauchte, ist ihm auch die liebevolle Pflege des eigenen Volkscharakters zum mörderischen Unternehmen ausgeartet?
Davon war nun in der Napoleonzeit noch beinahe nichts zu spüren. Es waren reine Geister, die sich zuerst in Vorgeschichte und Eigenart des eigenen Volkes vertieften; sie hörten nicht auf, Menschheitsgläubige, Kosmopoliten zu sein, weil sie Volksgläubige, Nationalgläubige wurden.
Joseph Görres zum Beispiel hatte als Revolutionär angefangen, am Zusammenbruch der Kirchen- und Adelsherrschaft am Rhein seine herzliche Freude gehabt; er war selber als Vertreter seiner Landsleute nach Paris geeilt, um den Anschluß des Rheinlandes an Frankreich zu erreichen. Was er dort sah, enttäuschte ihn, wie schon die Wirklichkeit der französischen Militärherrschaft in Koblenz ihn enttäuscht hatte; Regierung und Wesen Bonapartes enttäuschten ihn noch mehr, ob sie ihm gleich tiefen Eindruck machten. Er gab vorläufig die Politik auf und widmete sich allerlei naturwissenschaftlichen, philoso-

phischen, philologischen Forschungen und Spekulationen. In Heidelberg traf er mit einem reichbegabten Freundespaar zusammen, dem Frankfurter Clemens Brentano, dem Preußen Achim von Arnim. Die drei warfen sich auf das Studium des deutschen Mittelalters, Volkslieder, Märchen, Sagen, Bilder; die Früchte ihres Forschens und Sammelns, Görres' »Deutsche Volksbücher«, Arnim-Brentanos »Des Knaben Wunderhorn«, sollten ihren Landsleuten neue Zugänge zu tief Verborgenem, Tröstlichem, Schönem eröffnen. Wie denn eine Zeitschrift, die Arnim 1808 in Heidelberg herausgab, »Zeitung für Einsiedler« hieß; einer Buchausgabe derselben gab er den Titel »Trösteinsamkeit, alte und neue Sagen und Wahrsagungen, Geschichten und Gedichte«. Es lag ein Protest gegen prosaische, gewalttätige, militärische Gegenwart in solchen Geistesabenteuern, eine Flucht aus der Zeit. Diesen Sinn, Flucht aus der Gegenwart, Sehnsucht nach schönerer Vergangenheit, Traumverlorenheit, Sichversenken in die Tiefen der Vorzeit und der Seele, Ungebundenheit, gab man ja auch nachmals dem Worte »romantisch«, durch welches man die dichterischen und Denktalente der Epoche vage zusammenfaßte; und so klang der »Ruf der Romantik«:

Mondbeglänzte Zaubernacht,
die den Sinn gefangenhält,
wunderbare Märchenwelt
steig auf in der alten Pracht!

Schön ist damals gedichtet worden von Novalis und Brentano und Arnim und Tieck. Durch sie entstand den Deutschen ein weiter geistiger Raum, ein Zaubergarten, in dem bis in die Mitte des Jahrhunderts immer neue Gärtner sich mühten. Aber er war nicht von dieser Welt, der gesellschaftlichen, politischen, und von ihm dürfte für unsere Zwecke eigentlich nicht die Rede sein.

Dürfte nicht, wenn nicht selbst hier Verbindungen zum Politischen wären. Es war das deutsche Mittelalter, in das man sich versenkte, waren deutsche Lieder und Epen, die man neu herausgab – der Art, welche Friedrich der Große noch als »barbarisches Zeug« höhnisch verworfen hatte. Friedrich wußte von keinem deutschen Vaterland. Görres und Arnim und Heinrich von Kleist, die waren nun Patrioten; und was sie taten, so sublim es auch war und klang, verneinte Napoleons internationale Militärherrschaft. So konnte das, was zunächst eine Flucht aus der Gegenwart war, doch auch auf sie wirken und nachmals sehr mächtig wirken. So sehen wir Görres später als gewaltigen nationalen Publizisten, Kleist als Politiker von scharfem Blick, aber kranker, selbstzerstörender Leidenschaft, den stolzen, schönen Herrn von Arnim als Gründer einer »Christlichen Tafelrunde« in Berlin, Gegner der Steinschen Reformen, Gegner der Franzosen – Gegner der Juden sogar. Die Werkstatt des einzelnen, lebendigen Geistes ist kein Schulbuch; da muß manches zusammen hausen, was sich zu schlagen scheint. In aufgeregten Zeiten wandeln die Schriftsteller sich schneller, stärker als in normalen (wenn es je normale Zeiten gab). Und oft liegt das Bedenkliche nahe beim Edlen. So unschuldig friedensliebend und weltbürgerlich, wie sie in den Tagen Kants gewesen waren, konnten die Deutschen nimmermehr bleiben. Gar zu grob hatte Napoleon sie gelehrt, was Macht sei und was der Lohn der Ohnmacht. Das Elend von Staat und Nation ließ sie zu Staat und Nation finden. Aber noch brachten sie ihre hohen Vorstellungen mit zu dem neuen Geschäft. Johann Gottlieb Fichte, dieser tiefe und steile Denker, dieser streitlustige, aber ergreifend redliche Mann, ist dafür ein merkwürdiges Beispiel.

Fichte glaubte an Mensch und Menchheit, auch wohl an Gott, mit einem Ernst, wie nur wenige Nicht-mehr-Christen ihn so bewiesen haben. Er glaubte an den Geist als den Schöpfer aller Dinge, die überhaupt nichts sind ohne ihn; an das Recht des einzelnen, aus sich selber in Freiheit was Rechtes zu machen. Er glaubte auch anfangs an die Französische Revolution mit strenger Begeisterung. Vom Recht des einzelnen gelangte er zum Staat als dem allmächtigen Agenten, der allein es verbürgen konnte; von da rasch zu dem, was man heute den totalen Staat nennt; dem Staat als den unumschränkten Beherrscher

der Erziehung, des Wirtschaftslebens. Vom Machtstaat endlich zum Volk, zum Nationalstaat. In seinen »Reden an die deutsche Nation«, in Berlin zur Zeit der französischen Besetzung gehalten, tat Fichte diesen Schritt. Noch immer war er der Idealist, noch immer sah er die Aufgabe der Nation als menschheitliche und als das letzte Ziel den Völkerbund. Aber die Medien des Weltgeistes waren ihm nun die Völker und das deutsche Volk vor und über allen anderen, weil es in einer verdorbenen Welt das einzig noch echte, ursprüngliche Volk sei. Das war Unsinn, das war nicht wahr, Fichte kannte die Welt nicht; was er den Deutschen über ihre Weltaufgabe sagte, hatte er sich rein ausgedacht. Aber der gewaltige Rhetor machte tiefen Eindruck auf seine Hörer, wie nachmals auf seine Leser. Noch die schalen, frechen Redensarten vom deutschen Wesen, an dem die Welt genesen müsse, wie sie nach hundert Jahren im Schwange waren, sind späte Folgen des Werkes, das Fichte und seine Gesinnungsfreunde begannen; Folgen, welche dieser unbeugsame Charakter gewiß zornig verworfen hätte.
Andere waren weniger subtile Denker als Fichte, und ihr Weg zum Nationalismus war weniger steil; der Weg Ernst Moritz Arndts etwa, der gleichwohl ein braver Mann und guter Schriftsteller war. Wieder andere waren halbe Narren, wie Friedrich Ludwig Jahn, der die Deutschtümelei ins Fratzenhafte, Widrige trieb, mag auch in seiner Turnerei ein gesunder Kern gesteckt haben. Einer war groß als Erzähler und Dramatiker, aber krank; und krank wäre er wohl auch gewesen ohne Napoleon. Leicht gibt aber einer den Zeitläuften schuld an dem Dämon, der in der eigenen Seele haust, und überträgt den Selbsthaß auf einen politischen Gegenstand. So hat Heinrich von Kleist den französischen Eroberer gehaßt, und so klang an die Deutschen sein gellender Ruf:

> Schlagt sie tot! Das Weltgericht
> Fragt Euch nach den Gründen nicht!

Der Kaiser, in seiner fernen Hauptstadt, tat weniger gegen diese Entwicklung zu einem deutschen Nationalismus hin, als man in unserem in »ideologischer Kriegführung« erfahrenem Zeitalter wohl erwarten würde. Er tat überhaupt nichts dagegen. Pariser Journalisten wurden strengstens gehalten, zu schreiben, was er wollte; die deutschen Metaphysiker – »die Kante und die deutschen Schwärmer«, wie er sie nannte – ließ er gewähren. Solange er das praktisch Richtige, Zeitgemäße tat – und das traute er sich zu –, würden sie ihm nichts anhaben können. »Lese- und Studierlust«, meinte Joseph Görres, »sind nicht gehindert, und die Regierung scheut keine andere Opposition als die materielle; die Literatur betrachtet man schon lange als ein Spielwerk der Nation, das ihr zu entreißen man nicht einmal den Versuch machen wird. Die Nationalität zu unterdrücken ist nicht des Kaisers Weise... Gerade, daß er keine echte Nationalität bei den Deutschen finden kann, hat ihn an diesem Volke irre gemacht.« Solange sie nicht geradezu zur Rebellion aufforderten, mochte also Fichte Reden halten und Jahn seine Turner auf Wanderfahrten führen. Das, in Napoleons Augen, war nicht der Stoff, aus dem man politisches Schicksal machte.

Ende und Erbschaft Napoleons

Das Reich, das Napoleon sich aufgebaut hatte, mit seinen annektierten Provinzen, seinen Neben- und Vizekönigtümern, seinen Satelliten und Zwangsverbündeten, war eine Episode, die nimmermehr dauern konnte; ein närrisches Nebenprodukt von Gelegenheiten, die es schufen und die es auch wieder zerstörten. Von ihnen war der englisch-französische Zweikampf bei weitem die gewichtigste. Weil England die schon vor dem revolutionären Frankreich erkämpften Grenzen, die Einverleibung Belgiens, die Unterwerfung Hollands nicht anerkennen wollte, dauerte der Zweikampf an. Weil es wieder und wieder Verbündete auf dem Kontinent fand, mußte Napoleon diese niederringen, dann ihnen Bedingungen auferlegen, welche es ihnen unmöglich machen sollten, aufs neue anzufangen; also gerade solche Bedingungen, mit denen sie sich nicht versöhnen konnten. Worauf er, vergebens, Frieden und Freundschaft mit ihnen suchte. Weil er die englische Wirtschaft treffen wollte, wo er die englische Macht direkt nicht treffen konnte, verschloß er der englischen Industrie die Märkte Europas; zur Durchführung des unnatürlichen Programms glaubte er die Küsten und Hafenstädte, Holland, Hamburg, Italien, Dalmatien, direkt kontrollieren und Frankreich einverleiben zu müssen. Die »Kontinentalsperre«, Quelle aller möglichen Gewalttaten, Gehässigkeiten, korrupten Gewohnheiten, schuf dem Kontinent viel mehr Leid als der Insel. So taten die Kriege: der österreichisch-französische von 1809, der spanische, der nie endete, und die Angespanntheit der Zwangsverbündeten zu ewiger Kriegsbereitschaft. Bei alledem hatte der Kaiser nicht das Bewußtsein, ein Unterdrücker der Völker zu sein. Er wollte sie nicht quälen und ausbeuten, am wenigsten das deutsche, dem oder doch dessen Regenten er sich ehrlich befreundet und verpflichtet fühlte. Er glaubte, den Geist des Bürgertums zu kennen, er gab moderne Einrichtungen oder ließ sie geben. Das, was bloße Episode war, das »Reich«, die Einigung Europas unter einem neuen Karl dem Großen, hielt er für das Bleibende, Endgültige. Das, was ihm widerstand – der Volksaufruhr der Spanier, der Bannfluch des Papstes, das diplomatisch vorsichtige Sich-seinen-Plänen-Versagen einmal Österreichs, einmal Rußlands, der unter der Oberfläche des Gehorsams heimlich rollende Zorn der Deutschen –, hielt er für bloße Ideologie, revolutionären Unsinn, ein lästiges Mißverstehen dessen, worauf die Geschichte hinauswollte. Und so, als er im Jahre 1812 die große Armee nach Rußland führte, glaubte er wohl, als guter Europäer seine notwendigste, allerletzte Kriegstat zu tun; danach würde Friede sein... Auf das, was solch ein Mann in solcher Lage selber glaubt, kommt es geschichtlich wenig an.

Es kann uns in diesem Zusammenhang auch auf die persönliche Leistung nicht ankommen, die man so oft bestaunt hat; wie der eine Mensch den Gegenstand seiner selbstisch ausschweifenden Phantasie, Europa, durch seine Ordonnanzoffiziere zusammenhielt, kommandierte zwischen Madrid und Moskau, Millionenheere mobilisierte, ohne doch zu ihrer Hinundherbewegung Mittel zu besitzen, die nicht die Römer schon besessen hätten, und, während er seine kühlen Sachbefehle diktierte, immer auch die Scheinwirkung, die Propaganda im Auge hatte. In seinem System war nichts stimmig; ein Riß, und es zerriß an allen Enden. Woran er scheiterte? An England; an Rußland, dem Volke dort, auch der Geographie, auch dem Klima; an der österreichischen Diplomatie, die im Sommer 1813 seine Niederlage entschied; an sich selber, der nichts konzidieren, nach einem Wort des Österreichers Metternich »sich nicht retten lassen wollte«, da Österreich ihn doch gern mit einem blauen Auge hätte davonkommen lassen, wenn er nur freiwillig auf seine Herrschaft über Deutschland, Italien und Spanien verzichtete. Schließlich auch an Deutschland. Auf deutschem Boden geschah sein Zusammenbruch; in der Entscheidungsschlacht, Leipzig, gaben preußische und österreichische Truppen den Ausschlag.

Trotzdem hat im »Befreiungskrieg« Deutschland keine erste Rolle gespielt. Es war ein europäisches, ein vor allem englisch-russisches Koalitionsunternehmen. Napoleons Katastrophe in Rußland war der unabdingbare Anfang davon; der nächste entscheidende Entschluß der des Zaren, den Krieg über seine eigenen Grenzen hinaus nach Deutschland zu tragen. Hier allerdings war der Rat des großen deutschen Emigranten am Zarenhof, des Freiherrn vom Stein, mit im Spiel; und die »Konvention von Tauroggen«, durch die ein der französischen Armee beigeordnetes preußisches Hilfskorps unter General Yorck sich neutral erklärte, die Erhebung Ostpreußens, das allmähliche Hinübergleiten Preußens ins russische Lager – das sind wesentliche Glieder in der Kette. Danach gewann bloße Diplomatie wieder die Oberhand. In Preußen östlich der Elbe war Begeisterung, hier mag man von einer Volkserhebung sprechen. Österreich trat der Allianz kühl rechnend bei; eben um mit dabei zu sein, Herr der Situation zu bleiben, die Dinge nicht zu einer wirklichen Umwälzung, wie die Patrioten im Umkreis des Freiherrn vom Stein sie wohl wünschten, ausarten zu lassen. Die Rheinbundstaaten hielten es mit Napoleon bis unmittelbar vor der Schlacht von Leipzig oder danach. Dann, gern oder ungern, machten sie einen würdigen Übergang ins Lager der Sieger, wo sie, uneingedenk ihrer sündenreichen Geschichte, höflich aufgenommen wurden; man brauchte einander und hatte sich am Ende gleichviel oder gleichwenig vorzuwerfen... Über diese ruhige, mit spanischer oder russischer Volkswut nicht zu vergleichende Haltung der Deutschen selbst noch während der Krise von Napoleons Todeskampf haben nichtdeutsche Geschichtsschreiber sich gelegentlich mit Spott geäußert. Es ist aber den Leuten schwer recht zu machen. Wäre die Nation wirklich dem Ruf Heinrich von Kleists gefolgt: »Schlagt sie tot! Das Weltgericht...«, so würde man echt deutsche Barbarei und Tücke finden, wo man so echt deutsche Zahmheit und Bürgergehorsam findet. – Das preußische Heer bewährte sich gut. Daß es jetzt ein bürgerliches Heer war, ein Volksheer, die große Reservearmee der »Landwehr«, daß auch Freiwillige ihm zuströmten, neue Lieder des Vaterlandsstolzes und Fremdenhasses erklangen, daß man gegen den Unterdrücker, den Gottseibeiuns, zu Felde zog, wenn auch verspätet, wenn auch durch Diplomatie und Gewohnheit des Gehorsams in Schranken gehalten – dies gab dem Krieg von 1813/14 einen neuen Charakter. Der Orden vom »Eisernen Kreuz« symbolisierte ihn. Es war ein Abenteuer, welches die Phantasie spornte, der winterliche Marsch »über den Rhein, nach Frankreich hinein« unter der spektakulären Führergestalt des alten Marschalls Blücher; und Napoleons Gegenwehr bis zuletzt gegen gnadenlose Übermacht, seine unglaubliche Rückkehr von Elba, das letzte Gottesgericht, wie man es in Deutschland wohl empfand, die Schlacht von Waterloo, welche von den Preußen entschieden wurde, steigerten das Bewußtsein, mitzuwirken bei einem großen Weltendrama, das nationale Selbstgefühl.

Zwischen dem, was die Patrioten wollten, die führenden Köpfe der preußischen Armee, der Freiherr vom Stein und seine Publizisten, und dem, was die Diplomaten verwirklichten, bestand ein Gegensatz. Er stellte sich immer klarer heraus, je näher der Tag des Endsieges kam. Stein, Görres, Arndt und die vielen, welche die neue Zweitagszeitung »Rheinischer Merkur« begeistert lasen, wollten ein großes deutsches Reich, mit einem Kaiser an der Spitze und mit ständischen Institutionen. Die Rheinbundfürsten, den Bayern, den Sachsen, den Württemberger, hätten sie nur zu gern davongejagt. Auch forderten sie die exemplarische Bestrafung Frankreichs, dem man mindestens die früheren Reichsländer Elsaß und Lothringen wegnehmen, noch besser aber durch die allerhärtesten Bedingungen die Lust zum Kriege ein für allemal austreiben sollte. Die Diplomatie wollte das nicht; nicht der kühle Staatskünstler, der jetzt die österreichische Außenpolitik mit Meisterschaft leitete, Clemens Metternich, nicht die süddeutschen Regenten, nicht einmal der preußische Minister Hardenberg. Diese alle sahen weder die Wünschbarkeit noch die Möglichkeit eines »Reiches« ein und wollten die Französische Revolution nicht durch eine deutsche vollenden. Die Ordnung, welche sie aus dem Zusammenbruch von Napoleons System hervorgehen ließen, hat man »Wiederherstellung«, »Restauration«, genannt. Das war sie im Grunde nicht; wie denn Restaurationen bei näherem Zusehen meist nur scheinbar sind. Daß einige der von Napoleon vertriebenen Fürsten – nicht alle – auf ihre Throne zurückkehren durften, schuf die gesellschaftlichen Veränderungen der Revolutionszeit nicht aus der Welt und nicht einmal die diplomatischen. Auf dem Wiener Kongreß von 1815 wurde nicht das vornapoleonische Europa wiederhergestellt. Das Napoleonische Europa wurde dort aufgeteilt; so daß, wo in Italien Frankreich geherrscht hatte, jetzt Österreich herrschte, wo am Rhein Frankreich geherrscht hatte, jetzt Preußen herrschte, wo in Polen Frankreich geherrscht hatte, jetzt Rußland herrschte. Immer war geteilt worden; aber der, der sich zwanzig Jahre lang den Löwenanteil genommen hatte, mußte nun alles herausgeben, und der Löwenanteil wurde verteilt, damit ein Gleichgewicht der Kräfte entstünde. Napoleon, der die wahren Kriegsziele seiner Gegner früh durchschaute, hatte von seinem Standpunkt aus wohl Grund, sich darüber zu entrüsten. Sie gaben vor, für das Recht zu kämpfen gegen den großen Rechtsbrecher, wollten aber sein System auf ihre Weise fortsetzen und den Vorteil davon haben.

Zu den Bedingungen von vor 1792 konnte man weder zurückkehren, noch konnten jetzt demokratische Nationalstaaten, Deutschland, Italien, entstehen. Dazu hätten Preußen und Österreich sich selber abschaffen müssen; dazu wäre eine innere Bewegung von jakobinischer Energie und Masse notwendig gewesen. Die gab es nicht. Enttäuschte zornige Patrioten gab es wohl und Literaten von großer Wirkungskraft unter ihnen. Aber keine Volksbewegung lieh ihrer Sehnsucht wirkende Macht. Nicht nur triumphierten die alten Teilmächte, an ihrer Spitze Österreich und Preußen, noch einmal; sie brauchten praktisch nichts zu tun, um die enttäuschten Nationalisten zu unterdrücken. Sie brauchten nur ihrerseits zu handeln und vollzogene Tatsachen zu schaffen, diskret, diplomatisch und kühl. Das Resultat war, daß die deutschen Staaten so bestehen blieben, wie Napoleon sie gemacht hatte. Die Fürstenrevolution von 1801 bis 1806 wurde weder rückgängig gemacht noch weiterbetrieben.

Wenn Deutschland bei Napoleons Fall ein Staat, eine nationale Republik, eine Demokratie geworden wäre, das wäre vorzüglich gewesen; das neunzehnte Jahrhundert hätte dann einen anderen Verlauf genommen, und wir wären heute nicht, wo wir sind. Von verpaßten Möglichkeiten kann man aber sinnvoll nur da sprechen, wo die Möglichkeit echt, die Kräfte zu ihrer Verwirklichung vorhanden waren. Das war 1815 in Deutschland nicht der Fall, sowenig es in Italien der Fall war. Weil aber die jüngste Zeit gelehrt hatte, wie leicht ein gegen sich selbst zerfallenes Deutschland zur Versuchung für seine Nachbarn, zum Schlachtfeld, zum Schauplatz der Unterdrükkung werden konnte, auch wohl, weil man den Nationalisten einen kleinen Gefallen tun zu müssen glaubte, wurde in Wien der »Deutsche Bund« geschaffen. Der war immerhin passender geplant als das alte Reich, bei dem von Plan und Zweck gar nicht hatte die Rede sein können. Was 1806 aufgelöst wurde, war ein überaus schlecht organisierter, mit allerlei irrealem, veraltetem Plunder belasteter Bund deutscher Staaten. Was 1815 wiedererstand, war ein besser organisierter Bund deutscher Staaten, der die wirklichen Verhältnisse in seine Verfassung hineinnahm, anstatt sie unter Fiktionen zu verbergen. Daher war er für die Erhaltung nicht bloß der »äußeren und inneren Sicherheit Deutschlands«, sondern ausdrücklich auch der »Unabhängigkeit und Unverletzlichkeit der einzelnen deutschen Staaten« bestimmt. Was der Sachlage entsprach. Es sollte einen Bundestag in Frankfurt geben, der alten Krönungsstadt und wiederhergestellten Freien Stadt, von den Regierungen durch ihre Gesandten beschickt und so eingerichtet, daß weder die beiden größten Staaten die kleineren sollten überstimmen können, noch umgekehrt die kleinen die großen. Der Bundestag sollte über eine gemeinsame Wirtschafts- und Zollpolitik, Angleichungen des Rechtswesens, gemeinsame Organisation der Verteidigung beschließen können, wenn es ihm beliebte. Für die innere Regierungsform, die politischen Rechte der Bürger, wurden den Mitgliedstaaten in der »Bundes-Akte« Ratschläge von nicht ganz eindeutig bindender Kraft gemacht. »Souverän« waren diese Mitgliedstaaten jetzt ; aber tatsächlich waren sie in den kommenden Jahrzehnten bundestreuer, als sie im 18. Jahrhundert reichstreu gewesen waren. Die Bundesverfassung entsprach ihrem Interesse, ihren Gesinnungen. Die Gleichung zwischen dem Geschriebenen und dem Wirklichen stimmte – eine Zeitlang.

Einige innerdeutsche territoriale Veränderungen waren dem Verfassungswerk vorausgegangen. Nur eine einzige großen Stiles eigentlich, die in unserem Zusammenhang erwähnenswert ist: die Neuformierung des preußischen Staates. Weil der Sieger von 1812, der Befreier Europas, der russische Zar, Polen haben wollte und wohl haben wollen mußte, so hatte Preußen auf seinen polnischen Beuteanteil von 1795 noch einmal zu verzichten. Da es als Siegermacht über wenigstens so viele »Seelen« gebieten sollte wie vor 1806, so hatte man ihm in Deutschland Ersatz zu finden. Da das Rheinland nicht bei

Frankreich bleiben durfte, aber auch wohl nicht zu seiner vorrevolutionären, gar zu veralteten Verfassung zurückkehren konnte, so wurde den Rheinländern kurz und bündig mitgeteilt, daß sie von nun an Preußen seien. Die gleiche Benachrichtigung erhielten die Einwohner des westlichen Teiles von Sachsen. Beide Vergrößerungen, die preußische »Rheinprovinz« und die preußische »Provinz Sachsen«, haben aus Preußen erst eigentlich einen überwiegend deutschen, quer durch ganz Deutschland liegenden, tief nach Süden ausgreifenden Staat gemacht und ihm so das Präsidium über die deutsche Geschichte im 19. Jahrhundert in die Hände gespielt. Ob das schon 1814 hätte vorausgesehen werden können und sollen, ist schwer zu sagen. Ein paar Kassandren sahen es voraus.
1814 galt es aber nicht, Deutschland vor Preußen oder Europa vor Deutschland, sondern Deutschland und Europa vor einer Erneuerung des französisch-revolutionären Angriffs zu schützen. Dem dienten ein starkes Königreich der Niederlande – die Vereinigung Belgiens mit Holland – und ein starkes Preußen am Rhein.
Nachträglich mag man leicht prophezeien und den handelnden Diplomaten ihre Fehler beweisen. Diese, im Drang der Gegenwart, haben es schwerer. Richtig können sie es auf die Dauer niemals machen, irgendwann, irgendwie entstehen dem, was sie entschieden, doch immer unwillkommene Folgen. Besonders schwierig ist die Lage nach dem Sieg von Alliierten über einen feindlichen Eroberer. Bauen sie die neue Ordnung entschieden gegen den Besiegten auf, um einer Erneuerung der Gefahr von dieser Seite vorzubeugen, so wirft man ihnen nachmals vor, sie hätten doch sehen müssen, daß nun die Drohung von einer ganz anderen Seite kam. Wenden sie sich aber alsbald gegen die neue Gefahr, so werden sie dem Vorwurf nicht entgehen, die große Allianz, welche die Menschheit hätte dauernd befrieden und beglücken können, gleich nach Erreichung ihres ersten, dürftigsten Zweckes aufgelöst und verraten zu haben.
Der »Länderschacher«, der auf dem Wiener Friedenskongreß betrieben wurde, ist später der Gegenstand liberalen Abscheus

geworden. Die Völker, hieß es, wurden nicht gefragt, bevor man ihre Staaten zerteilte und Landverlust durch Landgewinn kompensierte. Spätere Erfahrungen haben uns dann gelehrt, daß Volksbefragungen kein unbedingt zuverlässiges Mittel zum Ziehen von Grenzen oder Gründen von Staaten sind, und Volksaustreibungen noch weniger. Die Methoden von 1815 kommen nicht zu schlecht weg, wenn man sie mit den künstlichen von 1919 und den barbarischen von 1945 vergleicht. 1815 wurde kein Volk befragt, zu welchem Staat es gehören wollte, aber es wurde auch keines ausgetrieben. Befragt wurden die Interessen des europäischen wie des innerdeutschen Gleichgewichts oder Friedens; und schließlich gab es andere Wege als propaganda-gefälschte Plebiszite, um die Gesinnung der Menschen ins Gewicht fallen zu lassen. Für die Mehrzahl erwiesen die neuen Staatszugehörigkeiten sich als wohltätig oder gleichgültig; für eine Minderheit, später, als ärgerlich oder kaum erträglich. Das letztere hatten die Friedensmacher von 1815 nicht vorgesehen; und keine Revision ihres Werkes. Es war statisch und vernünftig gedacht, nicht dynamisch und »geschichtlich«. Nach langer böser Unordnung wollten sie endlich dauernde Ordnung haben, wäre es selbst eine solche, die nicht alle befriedigte. Wozu man sagen muß: daß unsere Welt wohl auch nicht so ist, daß irgendeine Ordnung alle immer ganz befriedigen könnte.

Unter den drei deutschen Staatsprinzipien, dem österreichischen, dem preußischen und dem »dritten«, »mittelstaatlichen«, »rheinbündischen«, ging das preußische als das volksnaheste, populärste aus der Katastrophe Napoleons hervor. Das ist insofern merkwürdig, als die längste Zeit, nämlich bis 1809, keineswegs Preußen, sondern Österreich das Herz des germanischen Widerstandes gegen Napoleon gewesen war und auf das alte Reichserbe den gültigsten Anspruch erheben konnte. Entscheidend war aber zunächst nicht die längste Zeit, sondern der Eindruck der letzten, jüngsten. Das, was im Befreiungskrieg begeisternd wirkte, trug preußische, nicht österreichische Farben. Die preußischen Armeeführer überschatteten den diplomatisierenden österreichischen Generalissimus;

Freiherr vom Stein selber, wiewohl er jetzt im Grunde staatenlos war und blieb, hatte doch einmal, zu guter Stunde, in preußischen Diensten gestanden. Das Hauptquartier der Blücherschen sogenannten »schlesischen« Armee war auch das Hauptquartier der nationalen Schriftstellerei; hier wurden die Forderungen nach einer groben Bestrafung Frankreichs, nach dem »Rhein, Deutschlands Strom, nicht Deutschlands Grenze« am kräftigsten erhoben. Es hat aber der preußische Staat von dieser rasch erworbenen Chance damals keinen Gebrauch gemacht. So wie Österreich seine europäischen Interessen weit über seine deutschen stellte, auf den Wiedererwerb ehemaliger deutscher Besitzungen verzichtete und sich statt dessen in Italien schadlos hielt, wie es nun ganz als europäische Macht auftrat, die nur mit einer Hand auch in den deutschen Angelegenheiten waltete, so gebärdete das offizielle Preußen sich als Staat, nicht als Teil oder Anführer der deutschen Nation; und überwarf sich schnell mit den »Teutomanen«, welche auf es gesetzt hatten. Die Vorbedingung für Erfolg und bare Existenz des »deutschen Bundes« war, daß Österreich und Preußen sich als zwei europäische Staaten vertrügen; eine stillschweigende Übereinkunft, zu der im Jahre 1815 die preußische so gut wie die österreichische Staatsleitung stand. Die Erinnerung an das, was der preußische Staat eine kurze Zeit geleistet und versprochen hatte, ist aber nie ganz gestorben und unter tief veränderten Zeitumständen wiederaufgelebt; sie verband sich dann mit der Legende, daß man 1814 um eine große Hoffnung betrogen worden sei und nachgeholt werden müßte, was damals versäumt worden.

Zwischenbetrachtung

Kein neues Prinzip siegt je ganz und mit einem Schlag; immer muß die Welt sich gleichzeitig mehrerlei Tendenzen, mehrerlei Wirklichkeiten und Träume gefallen lassen. Wer möchte auch in einer Epoche leben, in der alles nach einem einzigen Gedanken ausgerichtet, alles über einen Kamm geschoren wäre? Die Französische Revolution bedeutete den Durchbruch neuer Bestrebungen, die nun nicht wieder zur Ruhe kamen; die liberale, die demokratische, die nationalistische. Keine dieser Bestrebungen besitzt eine feste, sich selbst gleiche Wesenheit; eben das hatten die zweieinhalb Jahrzehnte seit 1789 gelehrt. Der Liberale fordert die Freiheit des einzelnen, sich sein Leben unbehindert von Einmischungen des Staates zu gestalten. Diese Forderung klingt gut, wird aber jederzeit an Grenzen stoßen, die einmal weiter, einmal enger gezogen sind. Der Demokrat fordert die Gleichheit aller und die Herrschaft der Mehrheit, aus der er etwas sein Recht in sich selber Tragendes, nahezu Heiliges macht. Ein so sicheres Medium zum Finden des Wahren, Guten ist aber die Mehrheit nicht. Demokratie und Liberalismus mäßigen sich wechselseitig. Das liberale Prinzip, dem demokratischen zugesetzt, bedeutet Schutz der Minderheit gegenüber der Mehrheit und Schutz des einzelnen vor dem Zugriff des Staates; das demokratische Prinzip, dem liberalen zugesetzt, bedeutet Schutz der Mehrheit gegegenüber den zu starken oder erfolgreichen, das Gemeinwohl nicht achtenden einzelnen. Desgleichen können beide Prinzipien einander erschlagen. Hinter liberalen Schlagworten verbirgt sich leicht die Herrschaft zahlenmäßig geringer, wirtschaftlich überstarker Gruppen; hinter der Regierung durch die Mehrheit leicht die Tyrannei eines einzigen Willenszentrums, Wohlfahrtsausschusses, Diktators, dem die Massen sich anvertrauen. Besonders ist das demokratische Militärwesen antiliberal, zunächst, weil es jeden zwingt zu tun, was nur die wenigsten tun wollen, dann, weil es dem ganzen Staat ein militärisches Gepräge gibt und Volkserziehung, Wissenschaftsbetrieb, Wirtschaftspolitik dem militärischen Interesse in steigendem Maße unterwirft. Das Prinzip des Nationalstaates war als ein gerechtes, älteren, kosmopolitischen Friedenshoffnungen nicht zuwideres, sondern sie im Gegenteil stärkendes gemeint. Völker würden einander nicht antun, was Despoten sich angetan hatten, das nationale Selbstbestimmungsrecht des einen würde das Selbstbestimmungsrecht des anderen, demokratischen Frieden zwischen beiden und über allen bedeuten. Die Erfahrung des Revolutionszeitalters war aber enttäuschend. Der demokratisierte, militarisierte Nationalstaat erwies sich als Machtstaat nach innen und außen. Er konnte die Grundsätze Machiavellis so gut anwenden, wie je ein absoluter Fürst gekonnt hatte, und besser: mit reinerem Gewissen und größerer Durchschlagskraft.

Dies war der Lehrgang des Napoleonischen Zeitalters, ein erster konzentrierter Lehrgang dessen, was im Laufe des 19. und 20. Jahrhunderts oft gelernt und repetiert werden mußte. Er hatte die neuen Ideen nicht erschöpft. Sie waren nun da und mächtig und blieben mächtig. Aber es war kein Verlaß auf sie. Nicht auf dem Papier, weil jede von ihnen, zu Ende gedacht, sich selber aufhob und zum Absurden führte. Nicht in der Wirklichkeit, weil Ideen in ihrer Verwirklichung von Menschen abhängen und weil auf Menschen kein Verlaß ist. Sie machen aus den Ideen, was ihnen beliebt oder im Drang der Umstände passend erscheint.

Obgleich nun der Wiener Kongreß 25 Jahre nach den Anfängen der Französischen Revolution stattfand, war sein Geist vorrevolutionär. Er war eine Zusammenkunft des alten Europa, nachdem ein neues sich bereits überlaut vorgestellt hatte. In Wien war nicht von Volkssouveränität die Rede, sondern von legitimen Monarchien, wie wenig »legitim« auch die Zustände waren, die man wohl oder übel übernommen hatte; nicht von Nationen, sondern von Staaten, die alle mehr oder weniger dieselbe Gesellschaft repräsentierten; nicht von nationalem, sondern von europäischem Interesse. Der »Deutsche Bund« war ein vornehmes Produkt dieses Geistes, seine Verfassung ein Kapitel der Kongreßakte, die selber etwas wie eine europäische Verfassung darstellen sollte. Deutschland war also wieder wie in der alten Zeit ein Bestandteil Europas, vornehmer als die anderen, weil auf mannigfache Weise mit fremden Geschicken verflochten und als Herzstück Europas anerkannt. Es war auch weniger als die anderen, weil nicht als Nationalstaat, mit der vollen Schlagkraft eines solchen existierend. Fremde Potentaten waren Mitglieder des Bundes; der König von England für sein deutsches Königreich Hannover, der König von Dänemark für Holstein, der König der Niederlande für Luxemburg. Umgekehrt waren deutsche Potentaten nicht für alle ihre Besitzungen Mitglieder; der König von Preußen nicht für Ostpreußen und Posen; der Kaiser von Österreich nicht für Italien und für Ungarn. Die formale Isolierung konnte aber nicht hindern, daß polnische wie italienische Schicksale mit den deutschen eng verbunden waren. Polen blieb geteilt zwischen Rußland, Preußen und Österreich; Österreich, das dem Bundestag präsidierte, war die Vormacht in Süddeutschland wie in Italien. Wenn zur nationalen Existenz die Trennung von anderen Nationen gehört, so war den Deutschen eine solche Trennung und Selbstverwirklichung auch diesmal nicht gelungen. Der Deutsche Bund war immer noch ein europäischer, sein Zweck die Bewahrung des europäischen wie des innerdeutschen Gleichgewichts. Stärkeres sollte er gar nicht leisten. »Man muß«, schrieb Wilhelm von Humboldt, »auf keine Weise den wahren und eigentlichen Zweck des Deutschen Bundes vergessen, insofern er mit der europäischen Politik zusammenhängt. Sein Zweck ist Sicherung der Ruhe; das ganze Dasein des Bundes ist mithin auf Erhaltung des Gleichgewichts durch innewohnende Schwerkraft berechnet; diesem würde nun durchaus entgegengearbeitet, wenn in der Reihe der europäischen Staaten außer den größeren deutschen einzeln genommen noch ein neuer kollektiver in einer, nicht durch gestörtes Gleichgewicht aufgeregten, sondern gleichsam willkürlichen Tätigkeit eingeführt würde. Niemand könnte dann hindern, daß Deutschland, als Deutschland, auch ein erobernder Staat würde, was kein guter Deutscher wollen kann; da man bis jetzt wohl weiß, welche bedeutenden Vorzüge in geistiger und wissenschaftlicher Bildung die deutsche Nation, solange sie keine politische Richtung nach außen hatte, erreicht hat, aber es noch nicht ausgemacht ist, wie eine solche Richtung auch in dieser Rücksicht wirken würde...« Das war die Idee. Deutschland war zu groß und reich in seiner Mannigfaltigkeit, um ein Staat zu werden wie die anderen. Als geeinte Macht würde es zu groß sein für die anderen Mächte und zu mächtig für sein eigenes Glück. Aber es konnte etwas Besseres sein: Treuhänder Europas, unangreifbar und dennoch ungefürchtet, geeint zur Verteidigung, ungeeignet zu Expansion, vielfältig und zufrieden, der Wissenschaft, der Bildung und Kultur ergeben. – Ein schöner Gedanke. Aber auch ein kunstlicher Gedanke, kunstvoll ausgedrückt. Ein durchaus statischer, ordnungserhaltender Gedanke, mit dem man die Menschen weder aufwiegeln noch begeistern konnte. Trat man ein in ein Zeitalter der Ruhe – und dies war die Absicht der Friedensmacher –, so war er gut. Trat man aber ein in ein dynamisch vereinfachendes Zeitalter, so würde man einen schweren Stand mit ihm haben.

Hegel

Der Mann, der den Deutschen nun auf das nachdrücklichste sagte, in welchem Zeitalter sie lebten, war der Philosoph Georg Wilhelm Friedrich Hegel. Er zwang in seinem Geist zusammen alles, was damals erfahren und gedacht wurde, alles, was überhaupt je gedacht worden war. Dies kunstvoll-gewalttätige Denkgebilde, das Hegelsche »System«, ist nachher wieder zerfallen; aber die einzelnen Gedanken und Lehrstücke konnten nie wieder sein, was sie vor ihm waren, blieben geformt und getönt, wie Hegel sie hinterlassen hatte. So wie die

politische Geschichte der Zeit durch Napoleon geht, so geht die geistige Geschichte der Zeit durch Hegel.
Er war nur ein Jahr jünger als Napoleon, aber brauchte länger, um zu werden, was er war. Hierzu braucht der geistige Mensch gewöhnlich länger als der Mann des Schwertes; zudem machte Napoleon den deutschen Philosophen das Leben sauer. Hegel ernährte sich als Provinzredakteur und Schuldirektor, indes der Kaiser über Europa waltete. Er kam zu Ehren erst, als es keine Schlachtenbulletins und neuen Staatsgründungen mehr gab. Die Jahre seines gewaltigen Einflusses als Professor der Philosophie in Berlin sind die anderhalb Jahrzehnte nach Napoleons Fall. Man könnte ihn insofern mehr als den Philosophen der Restauration denn als den der Napoleonischen Epoche ansehen. Nun, die Epochen fließen ineinander – es gibt sie klar begrenzt ja nur in unserem Geist. Hegels Philosophie war reif und fertig, als Napoleon fiel. Was er seitdem tat, war nur noch, sie auszugestalten, auf verschiedene Wissensgebiete anzuwenden und neue Erfahrungen so gut es ging in sie hineinzunehmen. Die Zeit des Ruhmes und der vollen Wirkung ist meist nicht die Zeit, in der der Mensch sein Wesentlichstes vollbringt.
Württemberger von Geburt, Zögling der Tübinger Stiftsschule, begann Hegel als Theologe; gottessehnsüchtig und grüblerisch. Der Erfahrung der Einsamkeit, der Trennung, daß jeder für sich allein ein Ganzes sein muß, dachte er nach mit leidendem Staunen. Aber dieser zarte schwäbische Gottsucher war gleichzeitig begabt mit einem harten Sinn für das Politische, für das, was ein Staat ist. Sein philosophisches Denken bildete er am Studium der deutschen Philosophie, Kants, Fichtes, Schellings; seinem historischen, politischen Sinn gaben die Zeitereignisse reichliche Nahrung. Aus beiden Quellen wie aus enormen Bildungskenntnissen, die er sich aneignete, entstand durch die gestaltende Macht seines schwerringenden Genius die Hegelsche Philosophie der Geschichte.
Sie war ein unerhörter, nahezu verrückter, nahezu gelungener Versuch, alles zu beantworten, was je gefragt worden, und jeder Antwort, die bisher auf jede Frage gegeben worden war,

einen geschichtlichen Platz innerhalb der eigenen großen, endgültigen Antwort anzuweisen. Ein Versuch, das Sein aus dem Denken dialektisch herauszugebären, Idee und Wirklichkeit zu versöhnen, die Trennung zwischen Ich und Nicht-Ich zu überwinden. Von der Trennung, dem Fremdsein in der Welt ging Hegel aus; was er fand, war die Identität von allen mit allem, Gottes mit der Welt, der Logik mit der Wirklichkeit, der Bewegung mit der Ruhe, der Notwendigkeit mit der Freiheit. Der Weltgeist ist überall, in der Natur, im Menschen, in der Geschichte des Menschen. Der Geist, in der Natur sich entfremdet, kommt im Menschen zu sich selbst. Dieser Prozeß findet einerseits in der wirklichen Geschichte der Völker und Staaten statt, andererseits in der Kunst, der Religion, der Philosophie. Alle diese Bereiche entsprechen einander. Man leistet in jedem einzelnen, was zum Ganzen gehört, mit ihm zusammenstimmt, oder man leistet gar nichts. »Was das Individuum betrifft, so ist ohnehin ein jedes der Sohn seiner Zeit. So ist auch die Philosophie ihrer Zeit in Gedanken ausgedrückt.« »Wer, was seine Zeit will, ausdrückt, ihr sagt und vollbringt, ist der große Mann seiner Zeit.« Alle Gegenwart ist jeweils ein Ganzes, so wie die Geschichte der Menschheit ein in seinen Linien erkennbares Ganzes ist. Sie artikuliert sich in Völkern, Staaten, Kulturen; von denen die westeuropäische oder, wie Hegel sie nennt, die germanische die höchste bisher erreichte ist. Werden noch höhere kommen? Hierüber schweigt der Philosoph. Man kann nur die Vergangenheit verstehen und die Gegenwart, insofern sie das Endprodukt aller Vergangenheiten ist, welche in ihr aufgehoben sind. Die Zukunft kann man nicht erforschen, nicht verstehen; es gibt sie für den Geist nicht. Kein anderer geschichtlicher Denker hat sich so wenig um die Zukunft gekümmert wie Hegel. Nur so viel deutete er an oder ergab sich aus seiner Lehre: daß sie etwas von der Vergangenheit ganz Verschiedenes sein werde. Denn Philosophie kommt spät, sie kommt am Ende einer Epoche. Sie kommt nicht, um zu verändern, zu verbessern, sondern nur noch, um zu verstehen und auszusprechen; sie baut im Reich des Geistes, was im Reich des Wirklichen bereits gebaut wurde. »Wenn die Philosophie ihr Grau in Grau malt, dann ist eine Gestalt des Lebens alt geworden und durch Grau in Grau läßt sie sich nicht verjüngen, sondern nur erkennen...« Das gilt für alle echte Philosophie; und ist am gültigsten für die Philosophie aller Philosophien, eben die Hegelsche, welche die Epoche aller Epochen abschließt: das Zeitalter des Protestantismus, der Aufklärung, der Revolution. Was danach noch kommen würde? Hegel zuckte trübe die Achseln bei dieser Frage. Vielleicht Amerika, vielleicht Rußand, vielleicht gar nichts. Seine Philosophie beantwortete das nicht, konnte, ihrer Anlage nach, nicht den schwächsten Versuch einer Antwort wagen. »Der Geist ist wesentlich itzt...« In dieser Philosophie der Vollendung, diesem Hohenlied vom Menschen-Gott, ist dennoch ein Element des Pessimismus verborgen. Es wird, seit 1815, nichts mehr erwartet.

Wenn aber Hegels Philosophie als Ganzes Ruhe, Vollendung, Ende ist, so tobt es doch innerhalb ihrer von ständiger Unruhe und Kampf. So im Reich des Geistes, so im Reich der Wirklichkeit. Nie ist der Geist mit dem schon Erreichten zufrieden, immer treibt es ihn zu neuen Widersprüchen, muß er ringen, sich neu zu finden und auszudrücken. Nie kommen die Staaten, die Völker zur Ruhe, eines trifft auf das andere, muß schließlich dem anderen weichen; der Weltgeist schreitet in Katastrophen vorwärts; verbrauchte, entleerte, hingeopferte Gestalten bezeichnen seine Bahn. Ruhe ist hier Scheinruhe, Stille vor neuem Sturm; als bloße Ruhe interessiert sie den Historiker nicht. »Die Epochen des Glücks sind in der Weltgeschichte leere Blätter.« Die Geschichte ist nicht für das Glück, die idyllische Zufriedenheit des einzelnen dar. Das Ziel ist groß: die Versöhnung aller Widersprüche, die vollendete Gerechtigkeit, das höchste Wissen, die verwirklichte Vernunft auf Erden, die Gegenwart Gottes. Der Weg ist Anstrengung und immer erneute Verwirrung. Aber geschehen konnte nur das, was geschah. Und so wie es geschah, war es recht. Es war wohl furchtbar; furchtbar der Aufbau des Römerreiches, furchtbar sein Zerfall. Aber es hatte doch alles einen Zweck und ging alles mit rechten Dingen zu. Julius Cäsar wurde ermordet, nachdem er getan hatte, was die Zeit von ihm wollte; das Römerreich zerfiel, nachdem es seine historischen Aufgaben erfüllt hatte. Wie, andernfalls, hätte es fallen können? Unnütz, über die Abgründe der Geschichte zu jammern, die Verbrechen der Macht, die Leiden der Guten. Der Weltgeist behält recht, seinem Willen wird pariert, sein Zweck erfüllt; was fragt er nach Glück und Unglück der Individuen? »Was wirklich ist, das ist vernünftig, und was vernünftig ist, ist wirklich.« Wenn es aufhört, vernünftig zu sein, wenn der Geist in seinem Lauf schon darüber hinaus ist – nun, dann wird es absterben und untergehen. Und mag dann freilich sein Schicksal nicht verstehen, weil der einzelne sich gern überschätzt und glaubt, die Geschichte habe sich um ihn gedreht. Der Philosoph, der in der bunten Rinde des Geschehens den Kern erkennt, wird das Verstehen nachtragen.

Die Macht und das, was Macht schafft und vergrößert, der Krieg, sind aus alledem nicht wegzulassen. Der Mensch findet seine Verwirklichung nur im Staat, und Staat ist nur, wo Macht zur Verteidigung und zum Angriff ist. Die Macht gibt Recht. Es ist nicht anzunehmen, es ist buchstäblich unmöglich, daß der Staat gewinnen wird, auf dessen Seite das Recht nicht ist. Was für ein Recht? Nun, nicht ein überall gültiges, blasses, von stoischen Philosophen ausgeheccktes, sondern eben das historische Recht, die Überlegenheit des historischen Auftrags. So waren die Spanier im Recht gegenüber den Peruanern trotz aller ihrer Grausamkeit und Hinterlist. So war Napoleon im Recht gegenüber dem veralteten Deutschen Reich. So war aber auch, später, das alliierte Europa im Recht gegenüber Napoleon; denn, beschloß der Professor nach langem Staunen in seiner Studierstube, nur dadurch, daß der übermütige, nun seinerseits veraltete Kaiser den Alliierten das Recht gab, ihn zu besiegen, und sich schuldig machte, konnte er besiegt werden. Der Erfolg, der Ausgang geben recht. In der Macht liegt Wahrheit. Als Anfänger hatte Hegel geschrieben: »So töricht sind die Menschen, über ihren idealischen Gesichten der uneigennützigen Rechnung von Gewissens- und politischer Freiheit und in der inneren Hitze der Begeisterung die Wahrheit, die in der Macht liegt, zu übersehen... Es sind die Menschenfreunde und Moralisten, welche die Politik als ein Bestreben und eine Kunst verschreien, den eigenen Nutzen auf Kosten des Rechts zu suchen, als ein System und Werk der Ungerechtigkeit, und das kannegießernde, unparteiische Publikum, d. h. eine interesse- und vaterlandslose Menge, deren Ideal von Ruhe die Bierschenke ist, klagt die Politik einer Unsicherheit in Treue und einer rechtlosen Unstetigkeit an...« Die Interessen des Staates seien aber die Kraft, die erst bestimmt, was recht ist. – So Hegel, als er dreißig war; und dabei ist auch der Sechzigjährige geblieben. Noch in seiner späten »Rechtsphilosophie« macht er sich über die Pazifisten lustig. »Trotzdem finden Kriege, wo sie in der Natur der Dinge liegen, statt; die Saaten schießen wieder auf, und das Gerede verstummt vor den ernsten Wiederholungen der Geschichte.«

All das war mit einer ursprünglichen Kraft und Tiefe entwikkelt, mit einem Reichtum an Gestalten illustriert, mit einer schöpferisch-ringenden Gewalt der Sprache vorgetragen, wie sie deutsche Philosophie seither nicht wieder erreichte. Es war nicht eng, sondern weltweit – eine in zwanzig Bänden verwirklichte »Geschichte der Menschheit in weltbürgerlicher Absicht«, zu der Kant nur den Vorschlag unterbreitet hatte. Es war nicht antiliberal; der Staat, den Hegel in seiner Philosophie des Rechtes entwarf, war ein Rechtsstaat, ein konstitutioneller, obgleich kein parlamentarischer Staat. Es war nicht zynisch, sondern von hohem Ernst, nahm die Geschichte ernst, den Menschen und seine Aufgabe. Es war der Toleranz, der Menschlichkeit nicht feindlich. Wenn Hegel das Individuum, zumal das große, seinem »Weltgeist« aufopferte, so hatte er doch den hellsten Sinn für individuelle Größe und Tragik; wenn er den einzelnen vor allem als Bürger, als Mitglied einer Gemeinschaft sah, so wollte er ihm doch auch seinen gesicherten privaten Bereich zuerkennen. Gegen die sentimentalen Egoisten, die unzuverlässigen, mit Gott und Welt und Kunst nur spielenden Romantiker, gegen geistige Willkür und Spekulation höhnte er streng; aber eben, weil er solche Versuchungen am eigenen Leibe erfahren hatte. Von der Einsamkeit des einzelnen im Wirbel des Alls war er ausgegangen; und obgleich er endete bei der Verherrlichung des Staates, so lebt doch der ursprüngliche Sinn für die Spannung zwischen Ich und Welt, Ich und Du noch in seinen gemeinschaftsbewußten Schriften. Sein Werk ist eines der überwundenen und aufbewahrten Gegensätze. Es ist das reichste, listenreichste, gewaltigste philosophische Kunstwerk, das je erbaut wurde.

Auch das gefährlichste. Der große Professor maßte sich an, uns zu sagen, was die Welt sei, sie aus dem Nichts oder dem »reinen Sein« zu konstruieren in einem System von Gleichungen, das gar nichts, weder Sterne noch Steine, keine Wissenschaft und keine Wirklichkeit auszulassen versprach. Er maßte sich an, Ursprung, Hergang und Ziel der Geschichte zu verstehen. Der Philosoph wußte, was gespielt wurde; die Spieler selber wußten es nicht. Mißbrauchte Figürlein, arme Marionetten, hingen sie an den Fäden, die der Weltgeist hielt, und gestikulierten, wie er wollte, indessen sie sich einbildeten, ihrem eigenen Willen zu folgen. Für Hegel war alles stimmig; ingrimmig bestätigend nickte er mit dem Kopf zu jeder Nachricht, die auf sein Pult flatterte. Wieder einmal war das Notwendige und Verständliche geschehen. – So ist seitdem oft gedacht worden von anmaßenden Gelehrten und quacksalbernden Propheten, in Deutschland wie auch außerhalb. Sie taten freilich, was Hegel nicht tat, sie wandten ihre Doktrin auf die Zukunft an, deren unvermeidlichen Gang sie voraussagten. Sie waren kleiner als er, geringere, plumpere Genien zuerst, boshafte Literaten zuletzt. Das Laster aber, das sie übten, hat Hegel in die Welt gebracht. Er zuerst entdeckte, daß allen, die im Leben scheiterten, recht geschah und es nicht schade um sie sei; daß nur die oben bleiben sollten, welche die Forderungen des »Weltgeistes« erfüllten. Er zuerst erdreistete sich, zu verstehen, was immer geschah, es zu billigen, es mit allgemeinen Namen zu benennen und das Wirkliche dem Begrifflichen gleichzusetzen. Er verteidigte die Macht und die Kunst, sie ruchlos zu üben, den Machiavellismus. Er verachtete die Moralisten, die jammernden Besserwisser, die »Intellektuellen«, die der Geschichte vorschrieben, wie sie hätte verlaufen sollen, anstatt im Wirklichen das Gute und Wahre zu erkennen. Zu ihnen hatte noch Kant gehört, wenn er traurig meinte: »Es ist nicht zu erwarten, daß Recht vor Macht gehen werde. Es soll so sein; aber es ist nicht so.« Hegel verwarf diese Zweiheit und Verzweiflung. Und wiederum: im höchsten Sinn, nach schweren inneren Kämpfen. Aber wie leicht konnten andere die Geste übernehmen, die bei ihnen zur kalten Unverschämtheit wurde, ohne den lebendigen Genius Hegels. Er sprach viel von Freiheit, im bürgerlichen wie im philosophischen Sinn; vom Bei-sich-selber-Sein des Geistes, von Versöhnung des Ideellen mit dem Wirklichen, und mit alledem war es ihm Ernst. Trotzdem half er denen, die nach ihm den Begriff der Freiheit verfälschten, wie schon vor ihm Rousseau getan. Denn da der Bürger seine Freiheit nur im Staat findet, dem Staat aber Mittel des Zwanges nicht fehlen dürfen, so findet man zuletzt Freiheit nur im Gezwungensein. Der Verbrecher, schreibt Hegel, den die Todesstrafe trifft, erfährt dadurch nur seine Freiheit und Menschenehre. Es sind solche Spitzfindigkeiten der Hegelschen Dialektik, die von späteren Sophisten, deutschen und nichtdeutschen, gebraucht wurden, um die schlechtere Sache als die bessere erscheinen zu lassen und im Gewande der Staatsphilosophie unsinnige Gaukeleien feilzubieten.

Mit Hegel auch kam das Bewußtsein in die deutsche Welt, daß immer »Geschichte« sei, daß man selber Geschichte erlebe und große Entscheidungen bevorstünden. Nicht durch Hegel allein; Hegels Geist wirkte ja wie eine Schleuse, durch die der ganze bewegte Strom des Denkens in seiner Zeit gezwungen wurde. Daß man in einer ungewöhnlichen Zeit lebte, hatte man schon im späten 18. Jahrhundert geglaubt; aber damals hatte es sich um den einmaligen Schritt gehandelt, von einer mittelalterlich-unvernünftigen in die vernünftig geordnete Welt. Jetzt war immer Krise; jetzt hatte jede Zeit ihr eigenes Gesetz, um dessen Erfüllung sie rang, und so auch jedes Volk, jeder »Volksgeist«. Von hier aus ist die Geschichtswissenschaft gewaltig gefördert worden; die Sehweise, die jedes Produkt des Menschengeistes, Staat, Recht, Sitte, Kultur, aus seinen geschichtlichen Bedingungen heraus verstehen will.

Dieser sogenannte »Historismus« hat sein Gutes und sein Gefährliches. Er trennt die Völker, deren jedem er einzigartige Existenz zuerkennt, wie auch das abolute Recht, sie durchzusetzen. Das überall Gültige macht Platz dem nur Relativen, geschichtlich Bedingten; »die Weltgeschichte ist das Weltgericht.«

Auch sein Gefährliches: diesen Zusatz werden wir gelegentlich der meisten Neuerungen, von denen unser Buch handelt, noch anbringen müssen. Der Mensch ist sich selber Freund und Feind. Noch aus dem Höchsten und Bestgemeinten gewinnt er Mittel der Zerstörung. So unsicher sind alle seine Schöpfungen, daß es nur einer geringen Übertreibung, Steigerung, Verfälschung bedarf, um aus Rousseaus Lehre die Mordpraxis Robespierres zu machen oder aus Hegels Philosophie den nationalistischen Machtstaat. Soll man deswegen sagen, es wäre besser gewesen, wenn diese großen Denker nicht gelebt hätten? Wenn der Mensch nicht gefährlich lebte, was hätte er je zuwege gebracht?

DRITTES KAPITEL

Alte und neue Götter (1815-1848)

Napoleon hat gesagt, der alte Kontinent sei ein Maulwurfshaufen, der ihn langweile und seinem Begriff von Größe nicht genüge. Trotzdem war unsere Halbinsel noch schön und weit damals und weit waren auch ihre deutschsprachigen Gebiete. Liest man Napoleons Briefe oder Gespräche, so staunt man wohl über ihre Nähe zu unserer Zeit, ihre Modernität. Versucht man aber, die Länder, über die er einige Jahre geherrscht hatte, sich vorzustellen, so wie sie damals aussahen und waren, so kommt man zu einem Bild, das dem Mittelalter viel ähnlicher ist als dem, was uns heute umgibt. Noch immer trennten Tage und Wochen eine Stadt von der anderen. Noch immer waren jene, die Europa, die ihr Land, die auch nur einen Teil ihres Landes gesehen hatten und nicht in den Umkreis ihrer Stadt, ihres Dorfes ihr Leben lang gebannt waren, eine winzige Minderzahl. Napoleon hatte die Einheit Europas einen Augenblick lang aufleuchten lassen, dies Licht wirkte nach. Aber er hatte es mit den gleichen Mitteln getan, mit denen die Römer ihr Reich zusammengehalten hatten, mit Pferd und Wagen.

Das Hauptgeschäft der deutschen Nation war dasselbe, was es tausend Jahre früher gewesen war – Landwirtschaft. Dreiviertel der Bevölkerung lebte auf dem Lande, und vom Lande die meisten Städter. Die Städte waren klein, ihr Lebensstil von dem des Landes kaum verschieden. Produkte der Landwirtschaft waren Deutschlands gewichtigster Export: danach Produkte des Handwerks. Industrie, sogenannte, war handwerklich; Hausindustrie, vervielfachtes Handwerk. Patriarchalisch wie in der Residenzstadt waren die Dinge auf dem Lande.

Beim Essen saß der Bauer den Knechten vor, der Meister den Gesellen; das Tischgebet fehlte nicht; und nur der Großknecht oder der Altgeselle durfte reden, ohne daß das Wort an ihn gerichtet war.
Dem einfachen Stand der wirtschaftlichen Dinge entsprach die Unterteilung der Bevölkerungsklassen: »Adel«, »Bürgertum«, »Volk«. Adelige waren Landbesitzer, Privilegierte in Armee- und Beamtenlaufbahn. Zum Bürgertum zählte man die akademischen und freien Berufe, die mittlere Beamtenschaft, Kaufleute, erfolgreiche Handwerksunternehmer, bürgerliche Landbesitzer. Der Rest war »Volk« – große und kleine Bauern, Handwerker und Händler, Soldaten und Arbeiter für Lohn, die man – aber erst in den vierziger Jahren – »Proletarier« zu nennen anfing. Darüber thronten die Fürsten, die regierenden und die »mediatisierten«, solche, die bis zum Beginn des Jahrhunderts regiert hatten und denen man noch immer gewisse Rechte, an ihrem Orte besondere Verehrung zugestand. Die Deutschen waren ein anhängliches Volk, zäh am Hergebrachten haltend; wie treu, das ist kaum zu sagen. Es jubelten die Untertanen dem Kurfürsten von Hessen zu, als er 1814, nach achtjähriger Verbannung, in seine Residenz zurückkehrte, obgleich eigentlich jeder wissen konnte, daß er ein ungewöhnlich geldgieriger Fürst war, und den Zeiten entfremdet, im Charakter nicht unähnlich seinem Vater, der einst seine Landeskinder als Soldaten nach England verkauft hatte. Das verminderte den Jubel nicht. In selbstvergessener Freude zogen die Bürger den Wagen des schlimmen Heimgekehrten, unter ihnen Gelehrte von Bildung und freiestem Geist (die Brüder Grimm).
Eine solche Gesellschaft, geteilt und separiert in sechsunddreißig Staaten, war im Grunde leicht zu regieren, nämlich solange sie so blieb, wie sie war. Die Geschichte der folgenden dreiunddreißig Jahre ist nicht vor allem die Geschichte eines Vordringens von Ideen. Ideen sind mächtig, aber nur dann, wenn sie zu den veränderten Umständen passen. Das, was den Ideen neue Kraft, neuen Gehalt, veränderte Akzente gab, was schließlich das »Volk« zur aktiven Teilnahme an der Politik

brachte, war eine langsame, unwiderstehlich wirksame Veränderung der Gesellschaft. Es heißt, man kann nicht gegen Ideen kämpfen. Doch, man kann, solange es nur Ideen sind. Machtlos wird konservative Staatskunst gegenüber dem heimlich und unbewußt, Tag für Tag, Jahr für Jahr, statthabenden gesellschaftlichen Prozeß, der aus Kleinstädten Großstädte, aus Handwerkern Unternehmer und Arbeiter machte. Heutzutage will man wohl den gesellschaftlichen Prozeß selber planen und meistern. Daran war kein Gedanke im frühen 19. Jahrhundert. Diese Dinge ließ man gehen, wie sie gingen. Und so geschah es, daß eine politische Ordnung, die um 1816 der gesellschaftlichen Wirklichkeit leidlich adäquat war, im Laufe der Jahrzehnte ihre Nützlichkeit mehr und mehr einbüßte; bis, um die Mitte des Jahrhunderts, eine tiefe Unruhe entstand. Steter Tropfen, nicht kurzer Wolkenbruch, höhlt den Stein. Von der Postkutsche zu Eisenbahn und Dampfschiff und Telegraph; vom Glauben der Väter zum nackt sich hervorwagenden Atheismus und Materialismus; von Goethe zu Heine, von Hegel zu Marx, vom »Faust« zum »Kommunistischen Manifest« – das ist eine ungeheure Bewegung der Gesellschaft und des Geistes.

Kongreß-Europa

Aus der Koalition gegen Napoleon ging zunächst etwas wie ein europäisches System hervor; eine dauernde Verbindung der Großmächte England, Rußland, Österreich und Preußen. Ihr durfte auch der Besiegte, Frankreich, sich anschließen. Der Deutsche Bund als Ganzes war kein Mitglied dieses Pan-Europa, wohl aber in ihm vertreten durch seine beiden Hauptmächte, er war selber die Schöpfung des ersten der Kongresse, durch welche die Großmächte auf ihre Weise für den Frieden

der Alten Welt sorgten. Ein denkwürdiger Versuch. Man traf sich periodisch, nicht in regelmäßigen Zeitabständen, sondern wenn genügend schwieriger Verhandlungsstoff sich angesammelt hatte, in geeignet gelegenen Städten Deutschlands, Österreichs, Italiens. Man schlichtete Streitigkeiten zwischen den kleineren Staaten, sah in Frankreich nach dem Rechten, wagte sich auch wohl an solche moralischen Fragen wie die Abschaffung des Sklavenhandels heran. Man wollte der Gefahr neuer Katastrophen im Keim begegnen, dem Frieden, dem Wohlstand dienen. Eine kurze Weile ging es gut. Dann, bald, kam heraus, daß die Mächte, wie sehr sie auch das Allgemeinwohl im Munde führten, doch ihre eigenen Interessen hatten und sie unter dem Deckmantel des Allgemeinwohles zu befriedigen gedachten. Man tat wohl, als habe man nur Gerechtigkeit und das Große, Ganze im Sinn, und konnte doch nicht hindern, daß man selber nur ein Teil, vereinzelt, und ungerecht war; die eigenen, noch dazu oft nur eingebildeten Interessen wurden mit dem Großen, Ganzen verwechselt.
Die Vormacht in Deutschland und in Italien, der habsburgische Vielvölkerstaat, Österreich, hatte nichts als Ruhe im Sinn. Der Staat; oder, da Staaten ja keine Wesen sind, welche denken können, sagen wir besser: die Männer, welche für den Staat sprachen und handelten. Unter ihnen war der bedeutendste der Außenminister oder Staatskanzler, Clemens von Metternich. Das war ein Mann von der alten Schule, schön, eitel, gebildet und klug; vergnügt und genußsüchtig für seine Person, aber pessimistisch als Staatsmann und nur auf Verteidigung des Bestehenden bedacht. Ein Westeuropäer im Dienst des großen, bunten Staatswesens, das an Rußland und an die Türkei grenzte, ein Deutscher aus dem Rheinland, aristokratisch erzogen, französisch gebildet, europäisch orientiert. Wenn einer behaupten konnte, sich um das Große, Ganze zu sorgen, so war es Herr von Metternich. Der Staat, dem er diente und von dessen Bestand sein eigenes glanzvolles Leben abhing, war in das Große, Ganze untrennbar verwoben: ein Stück von Deutschland, von Italien, von Polen, von Südosteuropa. Es war ein Gebilde, das gefährlich zitterte, sobald etwas im Großen,

Ganzen sich bewegte. Folglich war Metternich ein Feind jeder Bewegung, jedes plötzlichen, merklichen »Fortschrittes«. Er hielt nichts von den »neuen Ideen«, dem Nationalstaat, der Volkssouveränität, der konstitutionellen Monarchie. Der österreichische Kaiserstaat konnte nicht bestehen, wenn sie triumphierten. England, Rußland, Frankriech, selbst Preußen konnten durch neue Bewegungen vielleicht etwas gewinnen; Österreich nicht. Und nicht die gesellschaftliche Ordnung, die im österreichischen Europa waltete, und unter der er selber, Fürst Clemens, vortrefflich gedieh.
An Metternich ist einiges zu loben. Er sah die zerstörenden Wirren voraus, die der Nationalismus den Europäern bescheren würde, und besaß einen hellen Sinn für gemeinsame europäische Verantwortlichkeiten. Daß 1814 ein vernünftiger Friede gemacht wurde, ist sein Verdienst. Aber er war ohne Hoffnung. Er versprach sich nichts von der Zukunft, er hatte Furcht vor ihr; er wollte nicht Neues schaffen, sondern bloß, was er selber für unvermeidlich hielt, noch eine Weile hintanhalten. Er traute den Menschen wenig Vernunft zu, obgleich sich selber eine ganze Menge, und nannte sich den »Arzt im Weltspital«; so als ob alles Treiben der Geschichte, zumal alles doktrinäre, idealistische, nichts anderes wäre als Krankheit und Narretei. Tolerant und freundlich, wenn auch lieblos, von Hause aus, wurde er grausam aus Staatsräson; daß in österreichischen Festungen edle Träumer angekettet lagen, bekümmerte ihn nicht über Gebühr. Er war betont gegen jedes Dramatisieren der Dinge; »nur kein Pathos«, schrieb er unter sein Bild. Und doch hat er durch seine angstvolle Defensive manches erst tragisch gemacht, was, hätte man ihm nur seinen natürlichen Lauf gelassen, am Ende gar nicht so furchtbar gewesen wäre. Nachdem er der Mehrzahl der Geschichtsschreiber lange verhaßt und der Gottseibeiuns aller Fortschrittsfreunde gewesen war, ist es heutzutage üblich geworden, das herauszuarbeiten, was Metternich gut gemacht hat. Zieht man aber die ganze Rechnung seines Wirkens, und schlägt man auch das, was der geschichtlich Handelnde tun kann, als sehr gering an, so möchte das Soll doch größer sein als das Haben.

Die Politik der europäischen Kongresse, insofern Metternich sie beeinflußte, erhielt einen bewegungsfeindlichen, angstvollen, gehässigen Akzent. Man muß das bedauern. Es brachte das Prinzip selber, das gemeinsame europäische Handeln, in Verruf und ließ die Ichsucht der einzelnen Macht als das vergleichsweise Fortschrittliche erscheinen. Der russische Zar hätte wohl gern den spanischen Liberalismus, die Unabhängigkeitsbewegung der Südamerikaner unterdrückt; aber er half den griechischen Rebellen gegen ihre türkischen Herren, weil er selber sich zum Erben der Türkei, zum Meister über den Balkan und Konstantinopel zu machen gedachte. Österreich war für gemeinsamen Kampf gegen die Revolution überall, am stärksten aber da, wo seine eigenen Grenzen bedroht waren, in Italien. Dort handelte es auch, mit oder ohne Auftrag Europas, und stellte die absolute Macht boshafter Zwergdespoten wieder her. Das gleiche tat Frankreich in Spanien. England allein verneinte das Prinzip der Intervention. Gegen die Wiederkehr eines Napoleon, eines revolutionären Imperialismus müsse man sich allerdings zur Wehr setzen; sich aber in die inneren Angelegenheiten fremder Staaten einzumischen, den Liberalismus überall blindlings zu bekämpfen, ohne auch nur zu fragen, zu wessen Gunsten man da einschreite und ob das zu Rettende überhaupt rettenswert sei – einer solchen Interventionspolitik könne Großbritannien sich nicht verschreiben. England widerlegte so den Fürsten Metternich auf moralischer Ebene, während es gleichzeitig wacker seine eigenen Interessen wahrnahm. Denn es hatte weder von der liberalen noch von der nationalen Forderung viel zu fürchten. Die Unabhängigkeit Südamerikas konnte ihm eben recht sein, so auch die Unabhängigkeit Griechenlands, vorausgesetzt, daß es keine Unabhängigkeit von Rußlands Gnaden wäre. – Indem so jede Macht etwas anderes wollte und die Prinzipien nach ihren Interessen bog, fiel das Kongreßsystem von selber auseinander. Zuerst in zwei Teile, die beiden Westmächte auf der einen Seite, die »drei östlichen Despotien«, Rußland, Österreich und Preußen, auf der anderen; dann in einzelne Stücke, Planeten eines Systems ohne Zentralsonne, die wirr umeinander kreisten, sich zu raschen Verbindungen einten und alsbald wieder trennten und auseinander, gegeneinander strebten, während sie noch beisammen waren. Am treuesten hielt Preußen zu Österreich sowohl wie zu Rußland. Denn Preußen war die geringste der Mächte, ohne große europäische, viel weniger Weltinteressen, und sehr mit seinem inneren Aufbau beschäftigt.

Metternich-Deutschland

Deutschland war ein Stück Kongreß-Europa, mit dem Unterschied, daß hier das Metternichsche System ungleich länger dauerte. Das österreichisch-englische Einvernehmen bestand schon seit den frühen achtzehnhundertzwanziger Jahren nicht mehr, das österreichisch-russische scheiterte an dem Konflikt um die griechische Unabhängigkeit, um nur gelegentlich wiederaufzuleben. Preußen und Österreich fanden unter sich mehr Verbindendes als Trennendes bis in die vierziger Jahre und darüber hinaus. Der Rahmen ihrer gemeinsamen Existenz war der »Deutsche Bund«, der bis 1866 existierte.
Er war ein Kongreß-Europa im kleineren; von derselben Macht, Österreich, geführt, vom gleichen Geist regiert und, leider, ebenso unfruchtbar. Auch er, insofern er überhaupt etwas tat, tat es im Negativen, in der Verteidigung. Gegen die »neuen Ideen« wurden hoffnungsarme Feldzüge unternommen. Die Gegenstände, die der Zeit am Herzen lagen, wurden nicht angepackt, nicht von Bundes wegen; die Bestimmungen der Bundesakte, welche gesamtdeutsche Schöpfungen auf dem Gebiete des Rechts, der Wirtschaft, des Verteidigungswesens immerhin ermöglicht hätten, blieben unbenutzt. So entsprach es dem Geist der Metternich-Ära; so wohl auch der Bundesverfassung, deren Stimmsystem es auf eine Lähmung der Beschlußfähigkeit abgesehen zu haben schien. Die Frage, was ein

Bund souveräner Staaten allenfalls zu leisten vermag, hat bis heute keine positive Antwort erhalten. Leistet er Großes, so werden seine Mitglieder bald in der Wirklichkeit aufhören, souverän zu sein, wie es bei den amerikanischen Staaten der Fall war. Die deutschen Staaten blieben auf ihre Souveränität emsig bedacht. Der Bund, den sie bildeten, erwies sich geeignet allenfalls als Wächter, als Verhinderer, nicht als Beweger. Das hieß, er erwies sich als geschichtlich ungeeignet. Denn Bewegung, das ist Geschichte wohl. Was die Bewegung nicht übernehmen kann, was auseinanderfällt, wenn Bewegung stattfindet, lebt nicht.

Wenn man trotzdem später mit einer gewissen Wehmut auf die Zeiten des Deutschen Bundes zurückblickte, so darum, weil es vergleichsweise harmlose, sturmfreie Zeiten waren. Beinahe fünfzig Jahre lang hat Deutschland damals keine ernsthaften Kriege geführt – ein seltener Segen. Der Geist der Zeit war unkriegerisch. Und nur der Geist der Zeit produzierte die Gegensätze, die dann, angeblich, den Krieg unvermeidlich machen. Wie im Ernstfall die aus Staatenkontingenten bestehende Bundesarmee sich bewährt haben würde, darüber wäre es müßig, zu spekulieren.

Das alte Reich war plötzlich in drei Gebiete zerfallen, Österreich, Preußen und das »eigentliche« Reich. Vom Bund galt unvermeidlich dasselbe. Wieder müßte man im »eigentlichen« Bund unterscheiden zwischen den drei süddeutschen Staaten, die seit 1818/19 sich rühmen konnten, Verfassungsstaaten zu sein, Mitteldeutschland und Sachsen, Hannover, den norddeutschen Kleinstaaten. Tief waren die Unterschiede innerhalb jeder Gruppe; zwischen dem modern aufstrebenden, Kontakt mit England suchenden Hamburg und dem mittelalterlich ständischen, erzkonservativen Mecklenburg, zwischen dem über den Rhein nach Frankreich schauenden, politisch lebendigen Baden und dem scheinkonstitutionellen, kultur-gastlichen, aber von Fragen der Macht nur wenig bewegten Bayern. Noch immer war Deutschland ohne Zentrum, noch immer bot es ein Bild bunten, vielgestalten Lebens.

Wann »Österreich« aufhörte, als einfach »deutsch« zu gelten, dafür läßt ein bestimmtes Jahr sich nicht angeben. Die Gattin des Ministers Humboldt schrieb schon 1815: »Österreich ist so verschiedenartig und heterogen in seinen Kräften gemischt, in den Nationalitäten, aus denen es besteht, daß ich alles wetten möchte, daß es noch in diesem Jahrhundert aufhören wird, eine deutsche Macht zu sein. Die nationelle Deutschheit ist offenbar noch im Wachsen und damit hält Österreich nicht Schritt. Den Geist der Zeiten anzuhalten, dazu ist offenbar keine Macht stark genug...« Dreißig Jahre später unterschied Österreichs edelster Dichter, Franz Grillparzer, schärfstens zwischen Deutschland und Österreich. Er habe, bekannte er stolz, nie im Auslande veröffentlicht, nie in deutschen Journalen geschrieben; womit er seine Heimat als ein in sich geschlossenes Ganzes dem übrigen Deutschland gegenübertreten ließ. Nicht alle waren so habsburgisch gesinnt, so fremd der Forderung des Nationalstaates wie Grillparzer, nicht allen gelang die Trennung von Deutschland so leicht und selbstverständlich... Metternich selber hielt die »Monarchie« für ein vorwiegend deutsches Staatswesen, ohne großen Wert darauf zu legen; deutsch die Hauptstadt, deutsch die Dynastie, deutschsprechend auch die Armee, die hohe Bürokratie. Gleichzeitig förderte er die kulturellen Bestrebungen der Tschechen und Kroaten, die Pflege ihrer Sprachen; ein Eigenleben der alten Provinzen des Reiches hätte er, des Gleichgewichts halber, gern gesehen. Ungarn ging für sich, ein Reich für sich; Eigentum einer einheimischen Aristokratie, den deutschen, den europäischen Dingen fern.

Hohe Mauern trennten das danubische Kaiserreich von dem »übrigen Deutschland«; Zollmauern; eine Zensur von Büchern und Zeitschriften, die wenig durchließ. Keine politische Publizistik hier, außer jener, welche die Regierung veranlaßte und die von kultivierten Fremden mit Talent ausgeübt wurde. Kein aufgeregtes geistiges Leben – man möchte sagen, keine Öffentlichkeit. Die Polizei allmächtig und allwissend, die Universitäten als Schulen zur Ausbildung von Staatsdienern geplant, die katholische Kirche dem Staat unterworfen. Keine konstitutionelle Beschränkung der monarchischen

Macht. Hier tat man, oder versuchte man zu tun, als sei die Französische Revolution nicht gewesen. An der Spitze der Pyramide der Kaiser, Franz I., ein hart arbeitender Ehrenmann, so wie er sich selber sah, und nicht ohne geduldige Staatsschlauheit, aber kalt, geistlos, hartherzig und das Wohl der Untertanen mit der Größe seines Hauses bedenkenlos identifizierend, nicht von einem Hauch der »modernen Ideen« berührt. »Ich brauche keine Gelehrten, sondern gehorsame Untertanen«, redete er die Professoren der Grazer Hochschule an. »Wer nicht mit mir übereinstimmt, der mag sich einen anderen Brotherrn suchen.« Dann die zahlreiche Familie des Kaisers mit ihren Sinekuren, Vizekönigtümern, italienischen Thronen; der hohe Adel, international oder interösterreichisch, nämlich deutsch, tschechisch, ungarisch, italienisch, belgisch, spanisch, doch immer und vor allem österreichisch, reich, lebenslustig, urban; die hohe Bürokratie, der Klerus, die provinziellen Honoratioren; dann das »Volk«. Die Musik blühte, Oper, Ballett, Zauberstück, demnächst – aber das war schon ein Zeichen beginnender Unruhe – das Lustspiel. Dies Österreich war ein herrlich schönes, weites Land, und obwohl der Staat beständig mit Geldschwierigkeiten kämpfte, war das Land nicht arm. Aber es war kein aktives Gemeinwesen, kein Staat in dem Sinn, den das Wort in den letzten fünfzig Jahren angenommen hatte. Es hatte kaum Anteil am geistigen Leben Westeuropas. Börne, der Frankfurter Literat, nannte es das »China Europas«, womit er auf seine Abgetrenntheit, Bewegungslosigkeit, Geschichtslosigkeit anspielte. Konnte es immer so gehen, konnte man so im 19. Jahrhundert europäische Völker regieren, und mit diesem Österreich den Deutschen Bund? Ein Franzose schrieb in den dreißiger Jahren: »Das 19. Jahrhundert wird für die österreichische Monarchie tödlich sein.«
Ebensowenig kann man genau sagen, wann vereinzelten Voraussehern, Wollenden oder Fürchtenden, zuerst der Gedanke kam, Preußen könnte am Ende der Einiger Deutschlands werden. Im 18. Jahrhundert wäre es eine lächerliche Vorstellung gewesen; da war Preußen der Störenfried, der Sprenger der Reichseinheit. So in der späteren Zeit der Revolution. Damals,

wie wir sahen, ging Preußen selbstische Wege, während Österreich nicht aufhörte, sich zu schlagen, für sich selber und für das »Reich«, und trotz aller Niederlagen eine erstaunliche Widerstandskraft bewies. Während der Reformjahre schien dann zum erstenmal ein über die bloße Teilmacht hinausgehender nationaler und humaner Geist in Preußen die Oberhand zu gewinnen. Daß man in Preußen »deutscher« sei als in Österreich, fiel auch dem Freiherrn vom Stein nicht ein; der hoffte noch, die beiden würden sich in die Führung des Gesamtvaterlandes teilen. Nationaler, besser und zukünftiger als in Österreich dünkte man sich zum erstenmal während des Befreiungskrieges im preußischen Hauptquartier. Auf dem Wiener Kongreß warnten erfahrene Diplomaten vor Preußen, Talleyrand, auch Gentz; es sei im Begriff, ein Bündnis mit den Nationalisten oder »Teutomanen« zu schließen, und habe den Ehrgeiz, sich ganz Deutschland zu unterwerfen. Hiergegen sahen die neuen Landverteilungen nichts vor; sie zogen Preußen tief nach Westen und Süden, gaben ihm den Rhein, den Fluß, mit dem es nun einen wunderlich heidnischen Kult zu treiben anfing. Dann wurde es ruhig. Die Reformer verschwanden, der alte preußische Adel drang wieder vor im Staat; eng war das Einvernehmen zwischen Metternich und dem preußischen König. Trotzdem war, selbst während dieser Friedensjahre, die preußische Zollpolitik bewußt auf eine wirtschaftliche Beherrschung Deutschlands ausgerichtet. Daß Preußens Probleme lösbar seien, Österreichs eigentlich nicht, daß es der straffer und besser regierte, der modernere, aktivere Staat sei, ein Kleindeutschland, Österreich aber nur ein Kleineuropa – soviel sahen nachdenkliche Leute in den zwanziger Jahren, und daraus ergab sich beinahe alles. Seit 1830 mehrten sich die Prophezeiungen: Preußen werde Österreich aus dem deutschen Verband hinausdrängen und die Nation einigen, sei es mit gütlichen Mitteln, sei es mit Gewalt... Das war nicht das bewußte Ziel der preußischen Staatsführung. Man wird aber auch nicht sagen können, daß die späteren Ereignisse und Taten überraschende widernatürliche Improvisationen gewesen seien. Die Möglichkeiten verdichteten sich langsam. Man rätselte über die Gestalten, die am äußersten Horizont allmählich sichtbar wurden, vermutete dies und das und manchmal auch das Richtige.

In Österreich war die Problematik des modernen Staates von Amts wegen unbekannt; in Preußen wurde sie nicht bestritten. Hier wehte ein kräftigerer Wind, hier, vor allem in den neuerworbenen westlichen Provinzen, gab es unruhige Geister. Mehrfach – fünfmal, wie man bitter errechnete – hatte der Monarch versprochen, seine Regierung auf das Mitspracherecht einer Volksrepräsentation zu gründen. Das Versprechen wurde weder gehalten noch zurückgezogen, wodurch ein Gefühl des Provisorischen entstand. Ständische Vertretungen gab es in den Provinzen, aber unkräftiger Art, überwiegend aristokratisch; geeignet, um politische Forderungen wachzuhalten, nicht um sie zu erfüllen. Die Berliner Hochschule stand als Springquell und Zentrum geistiger Anregungen hoch über der Wiener; und wenn auch der große Philosophieprofessor Hegel sein Fach jetzt ganz auf den Staat, so wie er war, stellte und Gehorsam lehrte, so waren Bewegung und Unruhe doch seinem ungeheuren Denkanspruch inhärent. Daneben gab es die Universitäten von Königsberg, Breslau und demnächst Bonn; akademische Lehrer hochfliegend-schroffen Geistes wie Ernst Moritz Arndt; gewaltige Publizisten wie Joseph Görres. König Friedrich Wilhelm III., eine norddeutsche Spielart des Habsburgers, hielt es ganz mit Metternich und mit seinem Schwiegersohn, dem Hort der Reaktion, dem Despoten aller Despoten, Großfürst, dann Zar, Nikolaus von Rußland. Hier aber, in Preußen, so zu tun als sei die Französische Revolution nicht gewesen, hier Geschichts- und Bewegungslosigkeit zu spielen, war schwieriger als in Österreich. Folglich wurde die Unterdrückung gehässiger sowohl wie vergeblicher.

Im Deutschen Bunde machten die beiden Großmächte gemeinsame Sache – unabdingbare Voraussetzung für seinen Erfolg und für seine bare Existenz. Sie fanden sich in der Verneinung. Der Kampf galt dem Liberalismus des süddeutschen Verfassungslebens, neu, künstlich und harmlos, wie es war. Er galt, ernsthafter, dem allgemeinen »Geist der Unruhe«, der

»Neuerungssucht«, den »Demagogen«. Das ist das eigentliche politische Thema der Jahre um 1820. Und man muß gestehen, daß es eine tatenarme Epoche war, in welcher die Staatsmänner sich die Verfolgung romantischer Studenten, braver, wenn auch nicht sehr denkscharfer Jungen, zur vornehmsten Aufgabe erwählten.
Was Metternich und seine Bundesgenossen den Deutschen boten, war Ruhe und Ordnung, das Altgewohnte, Gewöhnliche, Geschichtslose. Es war so lange donnernde Geschichte gewesen, jetzt sollte eine Zeit keine sein und der einzelne nichts anderes mit den Gesetzen zu tun haben, als ihnen zu gehorchen. Der wirtschaftliche Existenzkampf sollte seine Sache sein; das übrige werde ein Kongreß von Diplomaten in Frankfurt, würden Fürsten und Minister, Hofräte und Polizeipräsidenten in aller Diskretion besorgen. Den jungen Leuten, die aus dem Krieg heimkamen, gefiel das nicht. Begeistert durch das gemeinsame Erlebnis, durch Texte und Lieder der Freiheitsdichter, schönen darunter, hatten sie es anders erwartet. Sie konnten wohl selber nicht genau sagen, was; das ist ja das Charakteristische solcher Jugendbewegungen, daß es sich selber laut behauptende, gemeinschaftsbildende Energien sind, die sich in keinem gegenständlichen oder durchdachten Programm ausdrücken. »Wir sind da, wir sind besser als die Alten, wir wollen zusammenbleiben« – darauf läuft es hinaus. Und das ist das Charakteristische der Politik, daß sie so große, ungenaue Hoffnungen und Forderungen auf die Dauer nie befriedigen kann. Metternich wußte das und gefiel sich in seiner kühlen Weisheit. Die Alten, die an der Macht waren, hatten die Französische Revolution erlebt und nichts im Sinn, als wie sie ihrer Wiederholung vorbeugen könnten. Die Jungen hatten nur den Befreiungskrieg erlebt und ihn schön gefunden.
Die Studentenvereinigung der »Burschenschaften«, die sich von Jena aus über Nord- und Mitteldeutschland verbreitete, war christlich und national, für ein gemeinsames, großes deutsches Vaterland, gegen ausländische, besonders französische Einflüsse, gegen das Judentum, das in der jüngsten Zeit sich literarisch bemerkbar gemacht hatte und dessen bürgerliche

Gleichberechtigung sich vorbereitete. Die Studenten waren nicht »liberal« in dem Sinn des Wortes, der etwas später, in den zwanziger Jahren, aufkam. An Verfassungen des süddeutschen Typus lag ihnen nichts; im Gegenteil, sie hatten das Gefühl, daß solche Volksrepräsentationen aus England und Frankreich eingeführte Kunstprodukte seien, worin sie ja wohl nicht ganz unrecht hatten. Sie waren aber auch nicht für die absolute Monarchie; unter den Büchern, die während des großen Studententreffens auf der Wartburg 1817 feierlich verbrannt wurden, sah man die Werke absolutistischer Staatsphilosophen so gut wie das liberale Gesetzeswerk, den Code Napoléon. Eine solche Doppelgegnerschaft zeigt an, wie schwer die politischen Willensmeinungen der Burschenschaften den damals obwaltenden Begriffen und Gegensätzen unterzuordnen waren. Ihr Ideal lag in der Vergangenheit; die Kleidung, die sie sich wählten, die Bärte und frei wallenden Haare hielten sie für »altdeutsch«, ihre Farben, Schwarz, Rot und Gold, für die Farben des alten Reiches. Ihr Haß galt den Franzosen, die sich der Welt als Nation des Fortschrittes hatten aufdrängen wollen; auch der deutschen vor-revolutionären Vergangenheit, dem Rokoko, dem Zopf, den Zier-Uniformen, aber nicht, weil sie die Vergangenheit, sondern eben wieder, weil sie eine pervertierte, französisch verkünstelte Epoche symbolisierten. Von Jahn kam ihnen das Turnen, die Kraftmeierei, auch ein entschiedener Sinn für Gleichheit, ein Protest gegen erbliche Standesunterschiede. Jahn und seine Schüler innerhalb der Burschenschaften trieben den Franzosenhaß ins Närrisch-Widerliche: »Wer seine Tochter Französisch lernen läßt, tut nichts Besseres, als wer sie Hurerei lehrt.« Von anderen »Altburschen«, Arndt, Luden, Fries, konnten die Studenten Besseres lernen, Lebensernst, Schicklichkeit, Glauben an Gott und Glauben an den Menschen; wie denn das Ganze eine unauflösbare Mischung von Edlem und Törichtem, von Gesundem und fratzenhaft Übertriebenem gewesen sein muß. Keine politisch-moralische Bewegung entspricht in ihrer Wirklichkeit den sauberen Unterscheidungen der Lehrbücher. Jede ist ein Amalgam, vieldeutig, widerspruchsvoll, sich selber die unliebsamsten Überraschungen bereitend. Diese erste deutsche Jugendbewegung aber übertraf an verwirrender Unvergleichlichkeit alles, was seit Rousseau in der europäischen Politik erschienen war. Sie ließ sich besonders mit Begriffen der französischen oder englischen, selbst der südeuropäischen Politik unmöglich identifizieren, und wollte es nicht. Görres, der ihr nahe-, aber gleichzeitig hoch über ihr stand, suchte ihr Treiben dem französischen Publikum mit den folgenden Worten begreiflich zu machen: »In Deutschland ist es nicht der Dritte Stand, der die Revolution gemacht hat; die Regierungen haben sie unter dem Schutz einer fremden Macht (Napoleons) gemacht... Bei uns bedienen sich die Anhänger des Despotismus jakobinischer Formen und Praktiken, während umgekehrt die Freiheitsfreunde teilweise die Grundsätze der französischen Reaktionäre verteidigen. Das ist die Verwirrung, die den ausländischen Beobachter zunächst vor ein dunkles Rätsel stellt...« Schwierige, wichtige Sätze. Mit den klaren Begriffen, an denen der politische Geist Frankreichs sich ausrichtete, reaktionär, konservativ, fortschrittlich, revolutionär, rechts, links, konnte man die deutschen Dinge nicht verstehen.

Harmlos waren doch im Grunde diese Knaben, harmlos, gut und allenfalls geschmacklos; man hätte sie unbehelligt lassen können. Nun geschah es aber, daß einer von ihnen, ein Bursche von krankhafter Natur, den Dolch, der ihnen allen am Gürtel hing, gar zu ernst nahm. Er gehörte einem engeren Kreis an, der sich der »Bund der Unbedingten« nannte und unter dem Einfluß eines dämonischen Privatdozenten stand. Er beging einen politischen Mord; warf sich auf einen Lustspieldichter, der aus Berichten an den russischen Zaren ein Taschengeld gewann, und brachte ihn um. O Zeiten, in denen eine solche blutige Albernheit »Geschichte« machen konnte! In denen sie die Herzen der Bürger begeisterte, empörte, tief bewegte. Aus dem Mörder Karl Ludwig Sand, der enthauptet wurde, machten die Leute einen Blutzeugen der nationalen Sache, einen verirrten Heiligen. Aus dem Morde machte der Fürst von Metternich ein Ereignis, beinahe so bedrohlich wie der Bastillensturm, und das nun nach den allerenergischsten

Maßnahmen rief, wenn Deutschland vor dem Chaos errettet werden sollte. Diese Generation von Regenten lauerte immer auf Gefahren, war immer in der Verteidigung. Sie dachte, daß die Französische Revolution hätte verhindert werden können, wenn nur der Hof beizeiten zugeschlagen hätte, und wollte es besser machen.

Es begann eine unerfreuliche Epoche politischer Verfolgungen. Man nennt die Richtlinien, nach denen sie ins Werk gesetzt wurden, die »Karlsbader Beschlüsse«, weil in vertrauten Ministerbesprechungen in Karlsbad Metternich das Programm durchsetzte, welches der Bundestag insgesamt guthieß. Es gab eine Kommission zur Untersuchung staatsgefährlicher Umtriebe, deren Befunde von den einzelnen Staaten nach ihren Gutdünken zu verwerten waren; die Auflösung der Burschenschaften und politische Überwachung der Hochschulen; eine Vorzensur oder Kontrolle aller Druckschriften unter zwanzig Bogen – das war es im wesentlichen. Und wieder ist man versucht zu urteilen: harmlose, glückliche Zeiten, in denen dergleichen als finsterer Despotismus gelten konnte. Aber jede Zeit will mit ihrem eigenen Maßstab gemessen sein. Das frühe 19. Jahrhundert wollte überall in Europa und Amerika auf bürgerliche Freiheit hinaus, was freie Diskussion der Angelegenheiten des Staates mit einschloß. Wer diesen Willen zu ersticken versuchte, sündigte gegen den Geist der Zeit. Desto schlimmer, wenn es ihm gelang; er beging dann, wie es in der Sprache der Justiz heißt, ein »Verbrechen gegen das keimende Leben«. Dem Fürsten Metternich gelang es nur halb. Er war zu kultiviert, im Grunde seines Herzens selber zu »liberal«, als daß er auf der Schärfe der Beschlüsse mit ganzem Ernst hätte bestehen können. Zudem hatte er ja keine positive Lehre zu bieten, den Leuten keinen Glauben aufzudrängen; was er bot und verlangte, war nur Mäßigung. Für Mäßigung läßt sich aber schwer mit unmäßigen Mitteln streiten. Um das zu erreichen, was man in unseren Tagen »totalitäre« Macht nennt, muß man selber fanatischen Willen und Glauben haben – was dem Fürsten und seinen Freunden fehlte. Auch kam die deutsche Vielstaatlichkeit der Freiheit zu Hilfe.

Einzelne deutsche Staaten, zumal die süddeutschen, fanden, daß die Karlsbader und Wiener Beschlüsse ihrer Souveränität zuwiderliefen, und ließen etwelche von ihnen unausgeführt. Verfolgungen gab es trotzdem; den Ruin unschuldiger Menschen. Geistiges Leben wurde beengt, eingeschüchtert, aus dem Lande getrieben. Das war dumm um 1820; schlimmer wurde es in den dreißiger Jahren. Damals hat der Glaube der Regierungen, man könne durch Gesetze und polizeiliche Verfolgung starke geistige Tendenzen der Zeit ausstampfen, manches Leid verursacht, manch gutes Leben aus seiner Bahn geworfen.
Daß der Deutsche Bund nichts anderes zuwege brachte als die Karlsbader Beschlüsse, kam, so früh schon, einem Bankerott gleich. Er nahm sich recht unbedeutend aus auf dem Papier. Aber er fand seine Wirklichkeit nur in gehässiger, biedermeierlich verklausulierter Verneinung.

Ein Beispiel: Joseph Görres

Görres ist uns auf diesen Blättern schon mehrmals vorgekommen; als junger, übermütiger Geistes-Abenteurer zur Zeit der Französischen Revolution, als gereifter, aber grimmig-zorniger Mann während der dramatischen Monate von Napoleons Fall. Nun begegnen wir ihm noch einmal. Ohne ungewöhnlich alt zu werden, durchlebte er auch die ganze Epoche noch, von der in diesem Kapitel die Rede ist; so viele historische Gestalten muß eine einzige Generation schauen und, so gut sie kann, sich ihren Reim auf sie machen. Görres mag uns zum Beispiel dafür dienen, wie ein starker, wacher Geist seinen Weg durch die Wirrnisse der Zeit suchte.
Er gehörte zu denen, die über den Ausgang der letzten Napoleon-Krise tief enttäuscht waren. Ein deutsches Reich hatte er sich erhofft, mächtig nach außen, frei nach innen. Statt des-

sen gab es Metternichs vornehme Leisetreterei. Preußen, nach kurzem Schwanken, machte das mit. Die Männer, die sich eine kräftige Führung Deutschlands durch Preußen erträumt hatten, mußten sich ins Privatleben zurückziehen; Stein zuerst, später Humboldt. So auch Görres, dessen »Rheinischer Merkur« verboten wurde, nachdem er gewagt hatte, die »Reaktion in Preußen« anzugreifen.

Görres war preußischer Untertan jetzt; seine Heimat, das Rheinland, war ja auf dem Wiener Kongreß zu Preußen geschlagen worden. Die Neugestaltung der Provinz, ihre Vereinigung mit den so wesensverschiedenen Ländern Alt-Preußens ging nicht ohne schwere Verdrießlichkeiten vor sich, wobei er sich zum Verteidiger seiner Landsleute machte. Seine These war, daß die Rheinprovinz nicht erobert, sondern durch Vertrag mit Preußen vereinigt worden sei, daß also in Sachen ständischer Vertretung, wirtschaftlicher Interessen, der Freiheit und Gleichberechtigung der Konfessionen die Bürger dem König gegenüber ihre Rechte hätten. Darüber hinaus nahm er die Partei der enttäuschten Hoffnungen, der unterdrückten Unruhe. Seine Schrift »Teutschland und die Revolution« erschien 1819, nach der Ermordung Kotzebues und nach den Karlsbader Beschlüssen.

Hier entwickelte Görres: 1815, auf dem Wiener Kongreß, seien geschichtlich falsche Entscheidungen getroffen worden. Deutschland wurde um eine neue Gestaltung betrogen. Der Deutsche Bund taugte nicht; er war nur die »Heilige Allianz« auf deutschem Boden, ein Spiel Europas und Europa-Spielen, kein Ding, das aus eigener, freier Kraft existierte. »Der Teutsche sey darauf angewiesen, in schöner Universalität allen Völkern anzugehören, ist die Lehre des Tages; zugleich Schweizer, Trödeljude, Lakay und Klopffechter der ganzen Welt, soll er des Vaterlandes, das sie in Fezzen gerissen, nimmer gedenken unter Strafe und schwerer Ahndung. Alle Frazzen des Auslandes mag er sich umhängen; als aber die Jugend versuchte, die eigne alte Sitte und Tracht zurückzuführen, da wurde es als die tollste Teutschtümeley gescholten und verhöhnt.« Die Freiheit, die man in Süddeutschland allenfalls duldete, war nicht

»jene teutsche, die zu gründlicher Freyheit noch die verhaßte Einheit fügte«; es war nur »französische Liberalität, die mit Napoleon sich ausgesöhnt«. Man haßte unter den Regenten Bayerns, Württembergs, Badens die Erinnerung an das alte Reich; ihre Staaten waren kalte Mechanismen, welche alles aus der Geschichte Überkommene, natürlich Gewachsene ausmerzten. »Ihre Verfassungen sind nicht gesellige Vereine, von selbständigen Menschen zu wechselseitiger Bindung und Befreyung eingegangen; es sind Bücher, deren Blätter einst gegrünt, dann zu Lumpen zerrieben, zerstampft und zu Papier gegossen, mit ihren ordinären Gedanken beschrieben, dann beziffert und eingebunden mit goldenem Schnitt, wenn vergriffen, jedesmal in neuer Auflage wiedererstehen. So ist all ihr Tun ohne Segen, weil es allein auf den Dünkel aufgebaut...« Österreich glaubte bloß der Ruhe zu pflegen, von der geistigen Bewegung Deutschlands sich ganz abschließen zu können; »aber so wohlfeilen Kaufes, bloß den Gewinn einstreichend, kömmt keiner von einer historisch gewordenen Verbindung los«. Preußen hätte dank seiner ruhmreichen Leistungen im 18. Jahrhundert und wieder 1813 seinen Teil zur nationalen Neugestaltung leisten können. Aber man ergab sich in Berlin einer selbstsüchtigen, nichts als preußischen Politik, dazu, wie in Österreich, der Gespensterseherei, einer bleichen Furcht vor der Revolution. Durch linkische, bösartige Unterdrükkungsmaßnahmen stärkte man nur, was man aus der Welt schaffen wollte. »Nach vier Jahren eines heftigen Parteykampfes, eines unsinnigen Widerstandes gegen die Ansprüche der Zeit und theilweise Einräumungen von der einen Seite, und mancherley Übertreibungen von der anderen, ist es endlich dahin gediehen, daß eine allgemeine Gährung der Gemüther durch ganz Teutschland sich bemeistert, und eine Stimmung eingetreten, wie sie wohl großen Catastrophen in der Geschichte vorabzugehen pflegt. Was den thätigsten, ränkevollsten und verschmitztesten demagogischen Umtrieben für sich von unten herauf nimmer gelungen wäre, das friedliche, ruheliebende, nüchterne und gemäßigte teutsche Volk in allen seinen Elementen und Tiefen aufzuregen und zu erbittern, das haben die, so von oben die Sache bey dem langen Arme des Hebels angegriffen, durch behändes Entgegenkommen glücklich zu Stande gebracht...« Und weiter: »Nicht darum sind so furchtbare Stürme über Europa hergezogen, daß schon, während sie noch nachdonnernd am fernen Gesichtskreis stehen, jenes Reich der Mittelmäßigkeit, das sie zersprengt, sich wieder zusammenfinde, in dem jede Kraft ein Mißklang ist, jedes Talent eine gefährliche Gewalt, jede Idee als eine Plage gilt und jede Erhebung und Begeisterung als eine gefährliche Narrheit behandelt wird. – Nicht flache, abgegriffene und verschlissene Höflinge, die die Unbedeutendheit treiben wie ein Studium, und das Nichtige wie ein Geschäft, kann fortan die Geschichte brauchen...« Die Bewegung der Studenten bezeichnete Görres als eine natürliche Reaktion gegen all das Falsche; als guten Versuch, doch wenigstens in einem Bereich, dem akademischen, zuwege zu bringen, was im politischen jämmerlich verfehlt worden war. Selbst die Tat des Studenten Sand wollte er verstehen, nicht die Tat, aber die Motive billigen. Für die Karlsbader Beschlüsse zeigte er noch mehr Verachtung als Haß; den »Lärm erbrochener Kisten und Kasten«, das »Gehen und Kommen der Gensdarmen und Polizeyhäscher«, das »hastige Überrennen aller rechtlichen Formen«, das »Verhören und Verriegeln, Verhaften und der Haft entlassen«. Mit solchen Mitteln, prophezeite er, könne man den Strom der Geschichte nicht aufhalten. Die Revolution konnte man verhindern und sollte es auch; denn Revolutionen waren furchtbar. Eine deutsche würde wenigstens so schlimm und kriegerisch werden wie die französische. Sie würde »mit der Vertreibung aller herrschenden Dynastien, mit der Zerbrechung aller kirchlichen Formen, mit der Ausrottung des Adels, mit der Einführung einer republikanischen Verfassung unausbleiblich endigen; sie würde dann, wenn sie ihren glücklicheren Wallenstein gefunden, weil jedes revolutionierte Volk notwendig ein eroberndes wird, über ihre Gränze treten und das ganze morsche europäische Staatsgebäude, bis an die Gränze Asiens niederwerfen...« Das sollte nicht sein, aber auch nicht törichter Widerstand gegen den Willen der Zeit. Reform sollte sein; dahin mußte man

zurückkehren, wo man vor vier Jahren in Wien von dem rechten Weg abgewichen war. Nicht um eine einzige Theorie, wie die von Rousseau, konsequent zu verwirklichen; das lag den Deutschen nicht, lag überhaupt den Menschen nicht. »...die Theorie ist scharf wie Schwertes Schneide und wie Feuers Flamme fressend; alles Menschliche aber ist aus Entgegengesetztem gemischt, und in milden Übergängen temperiert, und seine Natur haßt wie das Gift alles Unmäßige.« Kein jakobinischer Staat, kein nach einem einzigen Plan konstruierter. Deutschland brauchte Monarchie und Adel, wie es ein kräftiges, freies Bürgertum, eine ständische Vertretung der ganzen Nation, Freiheit der Meinung und Lehren brauchte. Maß, nicht revolutionäres Unmaß, Versöhnung, nicht Kampf. Aber zur Versöhnung gehörten zwei... Nachdem Görres so gewaltig zum Guten geredet, befahl der König von Preußen seine Verhaftung. Der große Publizist mußte fliehen. Da kein deutscher Staat ihm Sicherheit gewährte, ging er nach Frankreich, ins Elsaß.
Im Denken von Görres finden wir manches für jenen Augenglick Charakteristische, wohl auch manches charakteristisch Deutsche. Liberal war er, aber nicht im Sinn des Liberalismus, der jetzt, unter der wiederhergestellten Monarchie, in Frankreich praktiziert wurde und den er für eine korrupte hauptstädtische Komödie hielt. Eine Neugestaltung der deutschen Dinge wollte er, aber sich anlehnend an uralte Überlieferung: Nährstand, Wehrstand und Lehrstand, ein Parlament, geteilt in Kurien, Bürgertum, Adel, Geistlichkeit. – Gab es aber solche Stände noch, nach den Jahrhunderten des Absolutismus, im Jahrhundert des Bürgertums; wenn es sie noch gab, würden sie die Träger einer zukünftigen Gesellschaft sein? Verlangte Görres, der so sehr an den Strom der Geschichte glaubte, hier nicht ein Umkehren, ein Gegen-sich-selber-Fließen des Stromes? – Darin ist er bezeichnend, daß er zwar den »Fortschritt«, eine Beimischung von Demokratie wollte, aber beileibe nicht nach dem Vorbild jener, die sich in Frankreich allmählich herausbildete; eine germanische Demokratie, eine eigentliche Volksgemeinschaft. Dazu hätte es eines starken, guten Geistes

bedurft, nicht bloß im einzelnen Publizisten, sondern in der Masse der Menschen, welche »Deutschland« ausmachten. Mit einer solchen dauernden Begeisterung, der Selbstüberwindung aller egoistischen Interessen – der Adel, forderte Görres, sollte freiwillig und freudig so viele Steuern zahlen, wie er nur eben könnte – darf der Staatsphilosoph wohl nicht rechnen.
In Straßburg, wo Görres mehrere Jahre als Emigrant lebte, kehrte er zum Glauben seiner Kindheit zurück. Er, der als junger Mensch die »einträglichen Alfanzereien« der »schwarzen Zauberer« verhöhnt hatte, wurde zum Streiter für die katholische Kirche. Der Heimatlose sehnte sich nach festem, zugleich diesseitigem und transzendentem Halt. Die Rückkehr wurde ihm erleichtert durch eine demokratisch-katholische Bewegung, die damals von Frankreich ausging, in Rom freilich kein Lob erntete. Der neue katholische Charakter seines Wirkens führte ihn schließlich nach Deutschland zurück. 1827 wurde er an die Universität München berufen. Preußen protestierte gegen die Anstellung des »Demagogen« und verlangte seine Auslieferung, aber Bayern ließ sich nicht dareinreden. Görres lernte so die Vorzüge der deutschen Vielstaatlichkeit kennen. Man konnte in Berlin vogelfrei sein und in München Professor, geadelt sogar, ein hochangesehener Mann.
Im Alter arbeitete Görres viele Jahre lang an einem vierbändigen Riesenwerk, genannt »Die christliche Mystik«. Es enthielt schöne und tiefe, aber auch wunderliche Dinge; so wunderliche, daß die Kirche selber von ihm abrückte. Görres kämpfte jetzt gegen die stärkste Tendenz der Zeit, wie er sie sah; den »frechen Bettelstolz«, die »nüchternste, flachste Geistesarmut«. Was die Naturwissenschaft begreifen konnte, gab dem Leben keinen Sinn, war nicht alles, durfte nicht beanspruchen, alles zu sein. Es gab ein anderes, höheres Wissen, beweisbar wie das physische. »Leugnet mir, was die Beteuerung der Besten und Glaubwürdigsten in allen Zeitaltern wiederholt festgestellt, und ich leugne euch die ganze Weltgeschichte...« Das bezog sich auf Teufels- und Gespensterspuk, den guten und den bösen Blick, die erprobte Wirkung von Weihwasser. Der Rationalist und Revolutionsvergötterer von 1793, der

deutschtümelnde Romantiker von 1806 wurde zum Mystiker auf seine alten Tage; nicht zum Mystiker nur, zum Lehrer aus Wissenschaft und halsbrecherischer Spekulation gemischter Meinungen, die man nicht anders als abergläubisch nennen kann. Von einem Extrem hatte Görres sich endlich zum anderen fortbewegt und war doch immer derselbe geblieben, ein redlicher Kämpfer für das Recht, ein Wahrheitsucher.

Perioden und Ereignisse

Dreiunddreißig Jahre sind eine lange Zeit; im Leben der Nationen wie der einzelnen. Sie verändern. Von diesen dreiunddreißig Jahren, 1815–1848, sagt man wohl, sie seien arm an Ereignissen gewesen, und wenn man darunter Kriege, Revolutionen, Großkonflikte versteht, so ist das ganz wahr. Vor 1815, und wieder seit 1848, konnten die Zeitungen aufregenderen Lesestoff bieten. Verändert aber haben sich Europa und sein deutschsprechender Teil in jenen Jahren, so gut wie vorher oder nachher (wenn man das Maß der Veränderung überhaupt bestimmen könnte). Es waren Veränderungen von der Art, gegen welche die Regierungen nichts tun können, es wäre denn, sie sperrten ihr Land von der Weltgeschichte ab, wie Japan das zweihundert Jahre lang getan hat. Wie Fürst Metternich es in Österreich versuchte. Aber der versuchte es ja nicht ernsthaft. Er förderte den Bau von Straßen und Eisenbahnen. Wien wurde zur großen Industriestadt, während er regierte. Was konnte demgegenüber die »Verteidigung des Bestehenden« auf die Dauer fruchten? Auch waren ja gerade Metternich und seine Freunde nicht so blind, als daß sie nicht den Rückzugsgefechts-Charakter ihrer Politik wohl erkannt hätten. »Die Zeit schreitet in Stürmen vorwärts«, schrieb der Staatskanzler, »ihren ungestümen Gang gewaltsam aufhalten zu wollen, wäre ein eitles Unternehmen... Ihre verheerenden Wirkungen zu mildern: das allein ist den Beschützern und Freunden der Ordnung noch übriggeblieben...« Die Zeit schritt vorwärts im Ökonomischen, in der Errichtung von Fabriken, von Banken, von Versicherungsgesellschaften. Sie schritt vorwärts in den Zahlen der Bevölkerung, die während der drei Jahrzehnte nach Napoleons Sturz im nicht-österreichischen Deutschland von 24 auf 36 Millionen anschwoll. Auch in der Mode, im Lebensstil, der zusehends sich verbürgerlichte; wenn das Farben-Unfreudige, Graue, Gleiche, der Sakko-Anzug mit langen Hosen und Stiefeln, die Brille, die Zigarre bürgerlich sind. Sie schritt vorwärts im Geistigen, in der Auflockerung der Sprache. »Vorwärts« – wir meinen damit nicht notwendig: besser. Dem Worte »Vorwärts« haftet eine positive, erfreuliche Bedeutung an, die wohl aus dem Kriege kommt, dort ist das Vorwärtsgehen besser als das Zurückgehen. Weil nun die Zeit in einer einzigen Richtung verläuft, die man sich nach »vorwärts« vorstellt, so wird man leicht verführt, auch den Inhalt der Zeit, die Veränderungen, welche sie zeitigt, als »Fortschritt« zu empfinden. Nie war der Fortschrittsglaube stärker, selbstsicherer als im 19. Jahrhundert. Er kam aus dem 17. und 18. Jahrhundert; er hatte zu tun mit dem Fortschreiten der Wissenschaft, und die schritt ja eindeutig und gewaltig vorwärts; er verband sich mit der politischen Geschichte, in der man ein Fortschreiten zur Freiheit, Selbstregierung zu bürgerlich-vernünftiger Ordnung sah. Wir setzen Fortschritt auch wohl gleich mit erwünschter Vermehrung. In der Zeit, von der die Rede ist, haben wir es mit einer Vermehrung von Energie zu tun, die sich dann immer nur beschleunigen sollte: Erhöhung der Produktion, Beschleunigung des Verkehrs, Wachstum der Bevölkerung. In alledem stürmte die Zeit in der Tat »vorwärts«. Was die Vermehrung des Guten und Schönen, des menschlichen Glücks betrifft, so bringt jede Veränderung Verlust und Gewinn. In diesem Sinn gibt es keinen eindeutigen Fortschritt. Im Jahre 1840 war das den Leuten nicht so selbstverständlich wie es uns heute ist.

Die wesentlichen Veränderungen sind die allmählichen, un-

dramatischen; die jeden Tag geschehen und zur großen Summe werden. Plötzliche Revolutionen, wenn sie überhaupt etwas taugen, können nur dem freien Lauf geben, was sich jahrzehntelang Tag für Tag angesammelt hatte. Ähnliches gilt für die sogenannten Generations-Ablösungen, die im öffentlichen Leben ja nicht wirklich vorkommen, durch das Hinscheiden der einen oder anderen hervorragenden Persönlichkeit zu geschehen nur scheinen. Zu Beginn der achtzehnhundertdreißiger Jahre starben in Deutschland zwei Männer, die in ihrer Sphäre lange geherrscht hatten, Goethe und Hegel. Damals hatte man das Gefühl, als sei mit ihnen eine Epoche zu Ende gegangen und beginne nun eine andere, geringere sowohl wie aktivere Zeit. Es kann aber das Hinschwinden zweier Individuen eine solche Zeitenwende nicht bewirken, nur sie symbolisieren. Das, was nun in der deutschen Literatur sich breitmacht, war schon vorher da und hatte den »Dichterfürsten« längst für veraltet gehalten.
Schließlich wird sich nie bestimmen lassen, inwieweit die Revolution von 1848 aus einer Veränderung der Gesellschaft stammte und inwieweit sie eine spontane, eine Sache der »Intellektuellen« und vom Ausland, von Frankreich, von Vorwegnahmen und irrtümlichen Vergleichen angeregt war. Das letztere war sie gewiß auch, und stark. Die alten Führer waren Männer aus der Napoleonzeit und hatten noch dieselben Ideen, die 1818 in Deutschland rumort hatten. Die Jüngeren dachten anders und waren anders. Anders war auch die deutsche Gesellschaft geworden, sah viel moderner aus; und da an den Herrschaftsverhältnissen sich beinahe gar nichts geändert hatte, so waren sie 1848 klärlich veralteter als 1815. Aber die Industrialisierung war doch selbst 1848 noch in ihren Anfängen; die Städte, im Durchschnitt, hatten nur eben mit dem Gesamtwachstum der Bevölkerung Schritt gehalten; und der irrte, der, wie Karl Marx, aus französischen Erfahrungen gewonnene Begriffe glatt auf Deutschland übertrug.
1830, Juli. Die Stadt Paris, Arbeiter und Studenten, erhebt sich gegen den Bourbonenkönig Karl X., der die Verfassung umzustoßen im Begriff war. Barrikadenkämpfe, Flucht des

unbelehrbaren alten Herrn; kluge Bürger, denen der Aufruhr zu weit zu gehen droht, erheben auf den Thron den Verwandten des Königshauses, Louis Philippe von Orleans. Tiefer Eindruck in Europa. Die Verjagung der Bourbonen ist das Ende der »Restauration«, ein Schlag gegen das Gesamtwerk des Wiener Kongresses. Wenn die Herrschenden das durchgehen lassen, so ist's ein Präzedenzfall von unabsehbaren Folgen. Sie lassen es durchgehen; sie können jetzt, nach fünfzehn Jahren, nicht zur Wiederherstellung der Bourbonen Krieg führen; England denkt nicht daran, und dann auch Österreich und Preußen nicht, höchstens der Zar, der aber bald anderswo zu tun bekommt. Funkenflug von einem Zentrum zum anderen. Im August Revolution in Brüssel, Aufstand der Belgier gegen die landfremde Bürokratie des Königs der Niederlande; im November der Polen gegen die russische Herrschaft, im Februar der Römer gegen den Papst, ihren veralteten Souverän. In England im Laufe des Jahres 1831 gesteigerte, oft gewalttätige Agitation für eine »Parlamentsreform«. Die alte Ordnung, »das Bestehende«, wie Metternich es nennt, scheint überall zusammenzubrechen. Aber es steht geschrieben, daß nicht der internationale Liberalismus in Europa siegen soll, sondern andere, schwerer zu beschreibende Kräfte. In Belgien fängt Staatskunst die Katastrophe ab; die Großmächte entschließen sich, ein selbständiges, ewig neutrales Königreich der Belgier entstehen zu lassen. Das neue Land wird bald ein Modell der Selbstverwaltung in Staat und Kommunen; hier schafft eine Verfassung den Thron, nicht der Thron, gnadenhalber, die Verfassung. Die Polen überläßt man ihrem Schicksal, den Kanonen und Galgen des Kaisers Nikolaus, wobei Preußen aktiv mithilft; es mobilisiert an seinen Ostgrenzen, um ein Übergreifen des Aufstandes auf seine polnische Provinz, Posen, zu verhindern und polnische Flüchtlinge ins Feuer zurückzutreiben. In Rom gibt es die österreichische Armee und gute Ratschläge für den Papst, es nun mit ein klein wenig Modernismus zu versuchen. 1833 ist Europa zur »Normalität« zurückgekehrt. Daran, daß die neue französische Regierung rechtmäßig sei, zweifeln bald nur noch einige wenige Prinzipienritter.

Auch Deutschland ist ein Teil der Welt, in der diese Ereignisfolge stattfindet. In einigen Staaten des Bundes, Hessen, Hannover, Sachsen, kommt es zu Pressionen der Bevölkerung, die ein Staatsgrundgesetz im Sinn des modernen Staatsbegriffs erzwingt. Groß ist die Begeisterung für den Freiheitskampf der Polen, groß auch für das Wiedererscheinen der alten Helden aus sagenhafter Revolutionsvorzeit in Paris – solange es noch nicht klar ist, daß der »König-Bürger«, Louis Philippe, einen sehr nüchternen, um nicht zu sagen, unedlen Kurs zu steuern gedenkt. Das hat einen anderen Ton als die Feiern der Burschenschaften zwölf oder vierzehn Jahre früher. Es ist radikaler, internationaler, der gesamteuropäischen Bewegung des Liberalismus angepaßter. Schwarz-Rot-Gold, ja; aber nichts mehr von »altdeutscher« Kleidung, von Franzosenhaß. Im Gegenteil, es ist jetzt gerade Frankreich, wie vordem um 1790, an dem man sich ausrichten will. Auf einer politischen Kundgebung zu Hambach in der Pfalz (1832) werden Reden gehalten, wie sie französische oder italienische »Volksmänner« nicht anders hätten halten können. »In einem Augenblick, wo die deutsche Volkshoheit in ihr gutes Recht eingesetzt wird, in dem Augenblick ist der innigste Völkerbund geschlossen, denn das Volk liebt, wo Könige hassen, das Volk verteidigt, wo Könige verfolgen, das Volk gönnt das, was es selbst mit seinem Herzblut zu erringen trachtet und was ihm das Teuerste ist, die Freiheit, Aufklärung, Nationalität und Volkshoheit, auch dem Brudervolke; das deutsche Volk gönnt daher diese hohen, unschätzbaren Güter auch seinen Brüdern in Polen, Ungarn, Italien und Spanien... Hoch! Dreimal hoch leben die vereinigten Freistaaten Deutschlands! Hoch! Dreimal hoch das konföderierte, republikanische Europa!«... Es ist der unbeschwerte Optimismus derer, die sich nur mit Ideen befassen, die selber noch nichts erfahren haben; und die der großen Erfahrung der Französischen Revolution niemals nachdachten. Die Völker sind gut, laßt sie heran und jagt die Fürsten fort; das übrige findet sich von alleine. Etwa dadurch, wie einer in Hambach vorschlägt, daß die Franzosen den Deutschen Elsaß und Lothringen geben und sich mit dem franzö-

sisch sprechenden Teil der Niederlande dafür schadlos halten...
Es ist eine kleine Minderzahl, die so denkt und redet und über die Forderungen des Konstitutionalismus hinaus zum Gedanken der demokratischen Republik vordringt. Der Weg zu ihr scheint glatt, weil die Sache logisch ist, weil der gesunde Menschenverstand sie zu diktieren scheint. Die Hindernisse, die auf dem Weg liegen, sind freilich nicht logisch; aber zäh. Die Geschichte hat sie gemacht. Was fragt die Geschichte nach gesundem Menschenverstand?
Man nimmt die Radikalen ernst genug, um sie zu fürchten. Eine neue Welle von Verfolgungen beginnt, bösartiger als die von 1819; in Preußen, in Hessen, selbst im gemütlichen Bayern. Hunderte von Todesurteilen werden gefällt, zwar nicht vollstreckt, aber die Verurteilten in Zuchthäusern und Festungen in ihrem Lebensmut gebrochen. In fremden Hauptstädten, London, Paris, Brüssel, Zürich, treffen sich deutsche Flüchtlinge. Viele, nicht die Schlechtesten, kehren ihrer Heimat für immer den Rücken und wandern nach Amerika aus. Tief ist der Gegensatz zwischen der bestehenden politischen Ordnung und der Intelligenz des Landes. Daß es so, wie es ist, nicht bleiben kann, eine monarchische, bürokratisch-militärische Herrschaftsform dem Geist der Zeit nicht mehr entspricht, daran zweifelt eigentlich niemand, der über diese Dinge überhaupt nachdenkt (was immer nur eine Minderzahl ist). Durch wen aber, wie, wann, in welchem Sinn eine Veränderung stattfinden soll, darüber gibt es nur die unbestimmtesten Vorstellungen.
Schöpferische Leistungen werden auf anderem Gebiet vollbracht und von anderen Menschen. Seit 1818 ist der preußische Staat ein einheitliches Zollgebiet. Es ist die Politik der preußischen Minister, den Deutschen Bund vor vollzogene Tatsachen zu stellen, durch hohe Durchfahrtszölle die von Preußen eingeschlossenen Kleinstaaten zum Anschluß an das preußische Wirtschaftssystem zu zwingen, nebenbei, durch niedere, dem Freihandel nahe kommende Einfuhrzölle die Interessen der Landwirtschaft zu fördern. Nacheinander treten erst einige norddeutsche Zwergstaaten, dann Hessen, dann Bayern und

Württemberg, dann Baden, Sachsen dem »Zollverein« bei; die binnendeutschen Zollschranken verschwinden; die Regierungen der »Mittelstaaten« überlassen die Führung ihrer Handelspolitik, trotz formalen Mitspracherechts, von nun an im wesentlichen den Regenten Preußens. Nur einige norddeutsche, nach dem Meer und nach England orientierte Staaten, Hannover, Hamburg, halten sich draußen. Die Absichten des Zollvereins sind wirtschaftliche, entsprechen der Natur der Dinge und werden von einem so unpreußischen, so ideenreichen, zukunfts- und freiheitsfreudigen Schriftsteller wie dem württembergischen Nationalökonomen Friedrich List propagiert. Wie kann das deutsche Wirtschaftsleben so werden wie das englische, das französische, das amerikanische schon ist, solange Schlagbäume Anhalt-Köthen von Anhalt-Dessau trennen?... Die Absichten sind aber nebenher auch politische. Die Wichtigkeit des Zollverbandes zwischen Preußen und Süddeutschland, schreibt der preußische Finanzminister, liege darin, daß »Einigung dieser Staaten zu einem Zoll- und Handelsverbande zugleich auch Einigung zu einem und demselben politischen System mit sich führt«. Metternich versteht das gut, versteht, was der Ausschluß Österreichs aus dem von Preußen geführten, geeinten Wirtschaftsgebiet bedeutet, und sucht ihn zu verhindern; aber seine diplomatischen Mittel halten den Strom der Waren nicht auf, sowenig wie seine polizeilichen den Strom der Gedanken. – Das Wirtschaftliche ist nicht dasselbe wie das Politische, und wir wollen uns hüten, zu sagen, daß von da an, vom 1. Januar 1834 an, der Gang der deutschen Geschichte vorgezeichnet sei. In jeder Krise aber muß die Tatsache der wirtschaftlichen Einheit und Abhängigkeit von nun an heimlich und mächtig wirken. Sie schafft nichts Unabwendbares. Aber sie zieht gewaltig nach einer Seite. Übrigens sind die süddeutschen Liberalen gegen den Zollverein. Sie sehen in ihm eine Unterwerfung des Südens unter das reaktionäre Preußen, was er in gewissem Sinn ja auch ist. Könnte aber die wirtschaftliche Einheit und Blüte zuletzt sich nicht auch gerade gegen jene Mächte auswirken, vor denen die Liberalen sich fürchten? Die Geschichte birgt Überraschungen auch für den Sieger, und oft die unliebsamsten gerade für ihn.

Den Rahmen, den der Zollverein schafft, füllen die Eisenbahnen. Wieder ist Friedrich List der Rufer im Streit für sie, und die erste große Linie, Leipzig–Dresden, seiner drängenden Initiative zu danken. Es folgen München–Augsburg, Frankfurt–Mainz, Berlin–Anhalt; 1845 gibt es etwa 2000 Kilometer Schienenstränge in Deutschland; zehn Jahre später sind es schon nahezu 8000 und ist der Bau der großen Linie in vollem Gang. Ist er nicht das Geheimnis, der Kern der Geschichte dieses und der folgenden Jahrzehnte? Ist nicht er es, der Deutschland verändert, tiefer, unwiderstehlicher als alle Revolutionen, Kriege, Staatsränke zusammengenommen? Die Eisenbahnen produzieren, verschlingen, reproduzieren das Kapital, das in mehr Eisenbahnen angelegt wird, lassen Banken und Börsen entstehen, geben der Montan- und Maschinenindustrie den entscheidenden Auftrieb. Sie schaffen den neuen Typus, der sie schafft und verwaltet: Unternehmer, Arbeiter, Ingenieure, Beamte. Sie wirbeln die Menschen durcheinander, beschleunigen das Nachrichtenwesen, noch bevor der elektrische Telegraph in Funktion tritt, vervielfachen die Dichte des Personen- und Güterverkehrs – sie vertausendfachen sie buchstäblich. Sie revolutionieren die Kriegskunst. Sie verändern das Gesicht der Städte, den Lebensrhythmus des Landes, reißen die einsamen Dörfer in den Kreis städtischen Lebens. Sie machen reich, sie machen arm und die Armen zu dem, was man nun die »Proletarier« nennt. Sie machen das Land klein, das früher so weit und so schön war... Von alledem ist 1840 der geringste Anfang zu spüren. In Deutschland ist es überwiegend das private Kapital, das die Eisenbahnen baut und aus ihnen jährlich Dividenden von 15 und mehr Prozent zieht; in Österreich ist es der Staat. Aber Metternichs Österreich, sind einmal die Eisenbahnen da, kann nicht Metternichs Österreich bleiben. Der Poet Heinrich Heine spricht dieses Geheimnis in einem Gedicht aus, der Fabel vom Pferd und vom Esel. Beide Tiere sehen zusammen

Auf eisernen Schienen, so schnell wie der Blitz
Dampfwagen und Dampfkutschen
Mit dem schwarzbewimpelten Rauchfangmast
Prasselnd vorüberrutschen.

Worauf das Pferd sich entsetzt: seine Zeit sei vorbei, der Mensch werde es nicht mehr brauchen, nicht mehr füttern und zum Teufel jagen. Jedoch der Esel bleibt munterer Dinge; er, das schlichte, anspruchslose, nützliche Arbeitstier, habe von der neuen Zeit nichts zu fürchten, ihn würden die Menschen immer benötigen. Moral:

Die Ritterzeit hat aufgehört
Und hungern muß das stolze Pferd.
Dem armen Luder, dem Esel aber
Wird niemals fehlen sein Heu und Haber...

»Die Ritterzeit hat aufgehört« – daß die »Ritter«, die Regenten Deutschlands sich weigern, es anzuerkennen, darauf beruhen die politischen Kämpfe der folgenden Jahrzehnte. Freilich vollziehen sich die Dinge in der Wirklichkeit viel, viel langsamer als im Denken. Sowenig der Zollverein von heute auf morgen die politische Einheit Deutschlands schafft, die gleichwohl in ihm angelegt ist, sowenig bewirkt die neue Industrie, welche um die Eisenbahn herum entsteht, von heute auf morgen jene Vermengung oder Aufhebung sozialer Klassen, welche sich gewisse Theoretiker von ihr erwarten. Mittlerweile geht der Gymnasiast Friedrich Engels in seiner Heimatstadt Barmen täglich an Fabriken vorbei, wo die Arbeiter in den niederen, von keinen Gewerbeinspektoren kontrollierten Räumen »mehr Kohlendampf und Staub einatmen als Sauerstoff« – unter ihnen sechsjährige Kinder. Und ihm und anderen kommt die Idee, die in solchen Zeiten den Leuten wohl kommen mußte: Der Kern aller Geschichte ist Wirtschaftsgeschichte. Politische Kämpfe sind nur der Ausdruck dessen, was im Bereich der Arbeit und des Erwerbs vor sich geht; Politiker nur Hampelmänner an Fäden, die sie selber nicht spüren...

1837. Ein Potentat der zweiten Größenordnung, der König von Hannover, Engländer von Geburt und durch dynastischen Zufall nach Hannover verschlagen, stößt dort das Grundgesetz um, das einige Jahre früher noch unter dem Eindruck der Pariser Juli-Revolution verkündet worden war. Er will selber entscheiden, unbelästigt von der neumodischen Krankheit des Parlamentarismus. Sieben Professoren der Universität Göttingen protestieren. Es sind berühmte Gelehrte darunter, der liberale Historiker Dahlmann, die gefeierten Germanisten, Sprachforscher, Märchensammler, die Brüder Grimm. Der König entläßt sie. Wieder ist der Fall bescheidener Art, verglichen mit dem, woran spätere Generationen sich gewöhnen werden. Aber das, was ein Element anrichtet, hängt von der chemischen Lösung ab, mit der man es mischt. So sehr ist Deutschland ein Rechtsstaat, so tief ist überall der Respekt vor den Meistern des gelehrten, schönen Wortes, daß die Absetzung der sieben Unabsetzbaren einen Entrüstungssturm entfacht, als sei im hellen 19. Jahrhundert, mitten in unserer glücklichen »Jetztzeit« (wie der neue Ausdruck ist) ein Kaiser Nero erschienen.

Man reißt sich die Protestschriften der Grimm und Dahlmann aus den Händen. Ein Verein wird gegründet, der den Entamteten ihr Gehalt weiterzahlt. So groß ist die Erregung, daß die süddeutschen Staaten beim Bunde vorstellig werden: der hannoveranische Verfassungsbruch sei von Bundes wegen rückgängig zu machen. Der königliche Don Quichotte hat den Professoren zeigen wollen, wer der Meister sei: »Professoren, Schauspieler und Huren kann man immer haben.« Nun zeigen die Professoren, daß sie die Meister sind, der geachtetste Stand im Lande; daß die Macht der öffentlichen Meinung jetzt größer ist als die Macht der traditionellen Autorität. Der Mittelstand, meint um diese Zeit der junge Friedrich Engels, regiert in England und Frankreich direkt, in Deutschland indirekt, durch die öffentliche Meinung. Daran ist etwas, trotz Zeitungszensur und Hochschulüberwachung, trotz des Mangels eines großen Forums, wie es in Westeuropa die Parlamente abgeben.

Die Entlassung der »Göttinger Sieben« wird in demselben Jahr durch ein Ereignis übertrumpft, das die öffentliche Meinung in tieferen Aufruhr bringt: die Verhaftung des Erzbischofs von Köln, Droste, durch preußische Polizei. Dem ist ein langes Verhandeln zwischen dem Staat und dem kirchlichen Würdenträger vorhergegangen. Gegenstand ist die Ausbildung der Priester, die der Staat durch seine, die neugegründete Bonner Universität geschehen lassen will, wozu dort liberale, der historischen Forschung freundlich gesinnte Theologen zur Verfügung stünden, während der Bischof auf der Erziehung der Priester in seinem Seminar beharrt. Es soll der Staat seine Hände von diesen eigensten Dingen der Kirche lassen. Gegenstand ist ferner die konfessionell gemischte Ehe. Der Bischof, einem päpstlichen Befehl folgend, will deren Einsegnung nur vornehmen, wenn die Eheschließenden sich verpflichten, ihre Kinder katholisch zu erziehen. Der Staat wünscht eine Milderung des Grundsatzes, erhält sie auch von dem Vorgänger Drostes zugestanden; der Nachfolger, ein frommer, asketischer und starrer Mann, hält sich an das päpstliche Breve, nicht an die Vereinbarung mit dem Staat. Darüber kommt es zur Krise. Preußen ist nicht gewohnt, eine ihm fremde, unabhängige Macht in seinen Grenzen zu dulden. Der Erzbischof, der sich nicht fügen will, wird ausgehoben und auf die Festung Minden gebracht. Nicht, seit Napoleon den Papst nach Frankreich entführen ließ, ist dergleichen gegen einen hohen Kirchenfürsten gewagt worden. Hier wagt es nicht ein revolutionärer Diktator, sondern der fromme, konservative preußische Staat. Empörung geht durch das katholische Deutschland. Gierig greift die öffentliche Meinung den Konflikt auf, der ein gesamtdeutscher ist und eine gesamtdeutsche Diskussion ermöglicht, wenn sie sich auch auf geistlicher Ebene bewegen muß. Dutzende von Pamphleten erscheinen. In München interveniert mit gewaltiger Stimme der alte Görres. Seine Schrift »Athanasius« ist die Rache des Rheinländers am preußischen Staat, der ihn verfolgen ließ und sein Leben gebrochen hätte, wenn es ein weniger starkes Leben gewesen wäre. Es sind innere Widersprüche, die Görres da entwickelt. Die Kirche, fordert er, muß

frei sein vom Staat, Herrin in ihrem eigenen heiligen Hause. Gleichzeitig muß der Staat sie als die große, geistige Macht im Leben des Volkes anerkennen. Weder darf der Staat die Kirche bemeistern, noch auch taugt die Trennung beider voneinander; als ob die Bereiche des Lebens sich säuberlich trennen ließen, anstatt sich zu durchdringen und eben darin ihrer Würde und Selbständigkeit zu genießen, als ob nicht diese angebliche Trennung zur Herrschaft des Staates über die Kirche, dann aber zur Herrschaft der Revolution über den Staat führen müßte. Absoluter preußischer Staat, bürokratischer Fürstenstaat, Rationalismus, Atheismus und Revolution – in alledem sieht Görres nur eine einzige Kette von Gefahr, im Grunde ein und denselben Gegner, den Gegner deutscher Freiheit, Frömmigkeit und Ordnung. – Seine Schrift schlägt ein, bewegt die Gemüter wie noch alles, was der große Publizist geschrieben hat. Im Jahr darauf gründet er in München die »Historisch-Politischen Blätter für das Katholische Deutschland«, eine konservative, gesamtdeutsche sowohl wie entschieden bayerische, entschieden antipreußische Zeitschrift. Sie wird später gegen die Einigung Deutschlands durch Preußen kämpfen, solange sie es mit einem Funken von Hoffnung tun kann.
1840. Es stirbt der letzte Monarch der Napoleonzeit, der alte Friedrich Wilhelm III. von Preußen. Als absoluter Herrscher über fünfzehn Millionen preußischer Bürger folgt ihm, nach den Regeln der Erbmonarchie, sein ältester Sohn, Friedrich Wilhelm IV. Hier ist ein Generationswechsel von historischer Bedeutung. Das lastende Symbol der alten Zeit ist tot und begraben; von dem neuen Mann weiß man, daß er begabter als sein Vater sei und kein Freund von dessen »aufgeklärter« Bürokratenherrschaft. »Auf allen Seiten war man einig, daß das alte System überlebt und bankerott sei und aufgegeben werden müsse, und was man unter dem alten König schweigend ertragen, wurde nun laut für unerträglich erklärt... In dilettantischer Weise hatte er sich mit den Elementen der meisten Wissenschaften bekannt gemacht und hielt sich daher für kenntnisreich genug, sein Urteil in jeder Sache für entscheidend anzusehen. Er war überzeugt, er sei ein Redner ersten

Ranges, und es gab sicher keinen Handlungsreisenden in Berlin, der ihn an Fülle vermeintlichen Witzes und an Geläufigkeit im Sprechen übertreffen konnte... Kaum war das Mundwerk des neuen Königs durch den Tod seines Vaters entfesselt, da machte er sich auch schon daran, seine Intentionen in Reden ohne Zahl zu verkündigen...« (Karl Marx) Das ist mit Marxscher Bosheit gesehen. Aber Marxsche Bosheit trifft manchmal den Kern der Sache.

Friedrich Wilhelm IV. ist eine der Persönlichkeiten, die der Zufall an eine Weiche der geschichtlichen Bahn gestellt hat. Er kann sie so oder so stellen. Er ist kein »großer Mann«, nichts weniger als das; aber so placiert, daß sein Charakter entscheidend wirkt durch Tun oder Nichttun. Er ist geistreich, auch guten Willens, gebildet, liebebedürftig, schönheitsbegeistert. Aber schwach. Beherrscht von der Macht des Augenblicks, selbstgefällig improvisierend, abhängig von Ratgebern, die er übers Ohr zu hauen liebt, abergläubisch, hochmütig, treulos. Zum Schluß wird er geisteskrank, ein Leiden, von dem man treffend sagt, daß es »ausbreche«; was in uns ausbricht, hat schon immer in uns gelegen. Seine Ideen sind die des Romantikers, der mit seinem Zeitalter zerfallen ist. Mit der liebevollen Zustimmung des Volkes möchte er wohl regieren; aber es soll sich diese Zustimmung auf mittelalterliche Weise ausdrükken und die Gesellschaft prachtvoll hierarchisch geordnet sein: dienende, fröhliche Bauern, biedere Bürger, frommer Klerus, treuer Adel, der Fürst im Kreise seiner Vasallen. Um 1845 geht das nicht. Die Liberalen wollen etwas anderes; es widert den Monarchen an, daß sie sein hohes Ziel mißachten. »Die schnöde Judenclique«, schreibt er an einen Freund, »legt täglich durch Wort, Schrift und Bild die Axt an die Wurzel des deutschen Wesens; sie will nicht (wie ich) Veredelung und freies Übereinanderstellen der Stände, die allein ein deutsches Volk bilden, sie will: Zusammensudeln aller Stände...« Auch von einem geeinten Deutschland träumt Friedrich Wilhelm IV. – meist schreibt er »Teutschland«, nach einer Patriotenmode, die um 1813 aufkam. Es soll, unter den Habsburgern, das Reich in alter Pracht sein, in dem der König von Preußen als

»Reichs-Erzfeldherr« ein passendes Amt finden könnte... Dergleichen ist in den achtzehnhundertvierziger Jahren noch närrischer als es heute klingen mag. Unsere Zeit, die Zeit, in der dies niedergeschrieben wird, ist ratlos und ideenmüde; sie weiß nicht, worauf sie hinaus will. Folglich scheint alles in ihr möglich. Aber 1845 weiß man sehr wohl, worauf man hinaus will. Man hat Ideen, an die man glaubt, eminent bürgerliche, nüchterne Ideen. Was soll man da mit Reichs-Erzfeldherrn und Grafenbänken?
Die neue Regierung beginnt gut. Eine Amnestie entläßt die politischen Strafgefangenen, Opfer der Verfolgungen von 1819 werden in Ehren aufgenommen. Gegenüber Frankreich, das eben damals seine unglückliche Forderung nach dem Rheinland aufleben läßt, nimmt Friedrich Wilhelm eine betont nationaldeutsche Haltung ein. Der katholischen Kirche werden Zugeständnisse gemacht, die den Konflikt zwischen Kirche und Staat vorläufig beschwichtigen; Erzbischof Droste darf nach Köln zurückkehren. Die Provinzial-Landtage, die Zeitungen werden freier. Nicht länger sind Metternich und der Zar die Leitsterne, nach denen Berlin seinen Kurs ausrichtet; zum erstenmal seit 1815 scheint Preußen im Politischen, Moralischen die Führung Deutschlands zu verdienen. Aber dann geschieht nichts. Der König temporisiert, banquettiert, redet. »Das Kind«, urteilt ein Freund von ihm, »freut sich, wenn der Vogel, den es am Bande flattern läßt, sich recht gebärdet wie ein wirklich freier Vogel; aber um keinen Preis würde es den Faden zerschneiden und den Schein zur Wahrheit machen.« So vergehen sechs Jahre. Jahre des Orakulierens, Versprechens und wieder Zurückziehens; Jahre des Gründens und Bauens; Jahre auch der Mißernte, der Hungersnot. 1843 wird die »Rheinische Zeitung« eines Doktor Marx, die in Köln erscheint, »wegen Zügellosigkeit des Ausdrucks und der Gesinnung« verboten. Zeitungen kann man leicht verbieten; das, was sich in Zeitungen ausdrückt, manchmal weniger leicht. Im Sommer des Jahres 1844 benehmen die Leineweber in dem schlesischen Städtchen Peterswaldau sich sonderbar und erschreckend. Sie rotten sich zusammen, zweitausend von

ihnen, verwüsten die Häuser der reichen Fabrikanten, demolieren die Fabriken und verlangen höheren Lohn. Die Untersuchungen decken die entsetzlichen Bedingungen auf, unter denen sie leben. Daran schuld sind der Weltmarkt und der Arbeitsmarkt, welch letzterer die Unternehmer nur allzusehr begünstigt. Wie sie ihren Vorteil wahrnehmen, darüber berichtet das Lied der Weber, das »Blutgericht«, von dem niemand weiß, wer es gemacht hat.

> Ihr Schurken all, ihr Satansbrut,
> Ihr höllischen Dämone,
> Ihr freßt der Armen Hab und Gut,
> Und Fluch wird Euch zum Lohne...

So geht es durch vierundzwanzig Strophen; die stärkste Anklage des frühen Kapitalismus, die je gereimt wurde. In Paris dichtet Heinrich Heine sein Lied »Die schlesischen Weber«:

> Ein Fluch dem König, dem König der Reichen,
> Den unser Elend nicht konnte erweichen,
> Der den letzten Groschen von uns erpreßt
> Und der uns wie Hunde erschießen läßt,
> Wir weben, wir weben...

In Wahrheit ist Friedrich Wilhelm erweicht von dem Elend, über das man ihm berichtet, und er spendet aus seiner eigenen Schatulle. Auch wohltätige Vereine bemühen sich. Aber das ist Symptompfuscherei. Die preußische Bürokratie versagt gegenüber dem Problem, wie gegenüber der Hungersnot, die im Winter 1847 in Schlesien und Ostpreußen wütet. Der Staat hat noch keine parlamentarischen Institutionen, aber im Felde der Wirtschaft ist er nur allzu liberal. Löhne, wie andere Preise, werden von Angebot und Nachfrage bestimmt. Was hier wirklich vorgeht und wirklich not täte, bleibt unbegriffen. Auf ihre Art begreifen es die unheimlichen Leute, die man neuerdings die »Sekte der Kommunisten« nennt – eine schwer greifbare Gruppe mit ausschweifenden Zielen.

1847. Endlich entschließt sich der König von Preußen, einen Schritt in der Verfassungsfrage zu tun. Er ruft Vertreter der Nation nach Berlin. Aber es ist nicht die Art von Volksvertretungen, von der die öffentliche Meinung sich das Heil verspricht; nicht einmal die, an sich sehr bescheidener Art, an die die Süddeutschen seit Jahrzehnten gewöhnt sind. Es sind nur Vertreter der Provinzen, die »Vereinigten Stände«; die Oberhäupter ehemals reichsunmittelbarer, »mediatisierter« Adelsfamilien, die erwählten Vertreter des kleineren Adels, der Städte, der Bauern. Aus dem Adel macht der König zudem noch eine getrennte »Herrenkurie«, eine Nachahmung des englischen Oberhauses. Nur Finanzfragen sollen gemeinsam von allen Ständen besprochen werden. Es ist aber im Grunde wohl nicht entscheidend, auf welche Weise ein Parlament gewählt wird; seine besseren Mitglieder werden immer, wenn nicht das »Volk«, so doch die Meinungen vertreten, die im Augenblick an der Tagesordnung sind... Der »Vereinigte Landtag« gefällt der öffentlichen Meinung nicht. »Mit den Bedürfnissen der Zeit«, so berichtet der österreichische Gesandte in Berlin, »ist die Verfügung schon darum nicht in Einklang, weil dem ständischen Statut die Grundbedingungen einer modernen Konstitution fehlt.« Wichtiger: Der Vereinigte Landtat gefällt sich selber nicht; und eben darin beweisen seine Mitglieder, daß sie, obwohl auf barocke Weise gewählt, im Grunde doch die politisch interessierten Klassen der Nation vertreten. Es sind hohe Beamte, Bürgermeister, Kaufleute und Bankiers – »rheinische Weinreisende« nennt sie höhnisch ein preußischer Rittergutsbesitzer, der zusammen mit solchem Gesindel Politik treiben muß –, auch liberale Aristokraten; eine Versammlung von hohem Niveau alles in allem, wie die Zeit ja überhaupt durch ein hohes Bildungsniveau charakterisiert wird. Außerhalb der »Herrenkurie« sprechen und stimmen nur ganz wenige im Sinn des Königs von Gottes Gnaden. Die Mehrheit präsentiert die klassischen liberalen Forderungen: sie seien noch gar nicht die Reichsstände, die der verstorbene König so oft versprochen; solange ihre Rechte, vor allem das der periodischen Einberufung, der Steuer- und Anleihebewil-

ligung nicht klar umschrieben seien, könnten sie keine Verantwortung oder Halbverantwortung übernehmen. Die entscheidende Abstimmung ist die über die sogenannte »Ostbahn«, die Bahnlinie Berlin–Königsberg, welche die Regierung selber zu bauen wünscht, weil sich für das unrentable Unternehmen, trotz aller Staatsgarantien, keine private Gesellschaft bereit findet. Dazu ist eine Anleihe von dreißig Millionen Talern notwendig. Die Versammlung verweigert sie, sogar eine Mehrheit der Abgeordneten aus Ostpreußen; sie setzen das Prinzip höher als die materiellen Interessen ihrer Provinz. Etwas später wird der Landtag durch allerhöchsten Entscheid ungnädig nach Hause geschickt. Er hat manches diskutiert, manches vorbereitet; die bloße Tatsache, daß seine Verhandlungen unzensuriert in der Presse wiedergegeben werden durften, hat das Tempo der öffentlichen Meinung beträchtlich beschleunigt. Gelöst hat er nichts; unerfüllt bleibt die Prophezeiung des französischen Ministers Guizot, der Vereinigte Landtag in Preußen werde »die Welt verändern«.
Verändert – insofern Politik das überhaupt vermag – wird die europäische Welt demnächst durch eine Ereigniskette, deren Beginn noch einmal, wieder noch einmal, in Paris liegt.

Deutschland und seine Nachbarn

Im 19. Jahrhundert hat man unter »Geschichte« vor allem Geschichte der Diplomatie verstanden – Leopold Ranke, der große Initiator archivalischer Studien, war ein Meister in diesem Fach. Die europäischen Völker oder Staaten wurden als eine Gruppe von Mächten angesehen, die sich beständig aneinander maßen, sich bekämpften und, indem sie Schlachten schlugen, gleichzeitig sich »im Reich der Ideen« bewährten. Es standen katholische gegen protestantische Mächte, despoti-

sche gegen freiheitliche, das Prinzip der Hegemonie und des Imperiums gegen das Prinzip vielfältiger Unabhängigkeit. Für Ranke und seine Schüler war der Kampf der Mächte nicht blöde, nicht sinnlos; Gott war hier im Spiel, und der Staatenlenker, der eine neue Großmacht schuf, stand mit einem Fuß in der Ewigkeit. Spanien, Österreich, Frankreich, England, Rußland, Schweden, Bayern, Holland und dann Preußen und wieder Preußen – majestätische Figuren auf Gottes Schachbrett; und die Virtuosen kriegerischer Außenpolitik, Richelieu, Wallenstein, Oxenstierna, Mazarin, Ludwig von Frankreich, Wilhelm von England, Eugen von Savoyen, Marlborough, Pitt, Kaunitz, Friedrich von Preußen, die Heroen, deren Denken und Handeln es wissenschaftlich zu ergründen galt. Das bloß Gesellschaftliche, Wirtschaftliche war Kleinkram dagegen, Mittel zum Zweck, der in der Außenpolitik lag.
Während der hier in Rede stehenden Jahre war aber die Außenpolitik nicht die Hauptsorge der europäischen Staaten. Sie waren kriegsmüde; das Bewußtsein, ein nie unterbrochenes, gefährlich-lustvolles Spiel gegeneinander zu spielen, das die Regierungen früher gehabt hatten und auch später wieder haben sollten, war ihnen nach 1815 fremd. Wie lange es damals keine diplomatische Krise großen Stils gab, das ist, mit den Augen unserer eigenen Zeit gesehen, wahrhaft erstaunlich. Zuerst existierte das gesamteuropäische System der Kongresse. Später sprach man von einer englisch-französischen »liberalen« Front gegen die drei absolutistischen Mächte des Ostens, Österreich, Preußen und Rußland. Aber diese Fronten waren vage und keine Rede von unversöhnlichen Gegensätzen oder ideologischen Kreuzzügen. Es konnte wohl geschehen, daß England und Rußland zusammen gingen, etwa in der Frage der griechischen Unabhängigkeit, und wieder England, Österreich und Preußen. Interessen schwankten und wechselten ohne den grimmigen Ernst, der zu Beginn des Jahrhunderts die europäische Politik zum eigentlichen Drama gemacht hatte.
Drei Mächte vor allem fungierten als Hüter des Friedens, die drei Hauptbesieger Napoleons, England, Rußland, Österreich. England überschwemmte den Kontinent mit den Pro-

dukten seiner Industrie und herrschte auf den sieben Meeren; es entschied den Streit um die Unabhängigkeit Südamerikas, ließ aber Frankreich in Spanien, Österreich in Italien gewähren. Zar Nikolaus I. wachte über die Kirchhofsruhe von Osteuropa; nach ihm schauten auch die deutschen, die italienischen Fürsten. Die Hauptstadt der europäischen Monarchie, ihr Hort, das Modell ihres Lebensstiles war nicht Potsdam, nicht Wien; es war St. Petersburg. Nur zu gern hätte der Despot 1830 auch in Frankreich, in den Niederlanden seine Ordnung gemacht, woran der polnische Aufstand ihn hindert... Ein Hüter der bestehenden Ordnung war auch Österreich, aber auf undynamische Weise. Rußland war erweiterungsfähig, erweiterungswillig und potentiell riesenstark. Es fehlte seit 1815 nicht an Propheten, die ihm den Willen wie auch die Fähigkeit zur eigentlichen Weltherrschaft schaudernd zuschrieben. Bei Österreich war hiervon nicht im entferntesten die Rede. Das Reich der Habsburger war unzentriert, keiner Nation dienend, in beständiger Geldnot, sein Leiter, der kluge, helle Pessimist Metternich, nur auf Erhaltung des Bestehenden bedacht. Er war der letzte, der in die Fußstapfen Napoleons hätte treten wollen. Österreich kommandierte in Italien durch seine Armeen; in Deutschland führte es durch sein Prestige, durch die Künste und Ränke des Außenministers. Aber es führte zu nichts. Es wollte nichts, als daß die Dinge so blieben, wie sie waren. Taten sie's nicht, so griff Metternich ein, wo er es mit Sicherheit konnte, in Italien. Die Revolutionen Südamerikas, Griechenlands, Frankreichs, Belgiens ließ er geschehen. Gegen Ende seiner langen Regierung, alt, hochmütig und verzweifelt, ließ er beinahe alles geschehen.
Daß Österreich die Polizierung Italiens als seine militärische Hauptaufgabe ansah, übrigens seinen militärischen Apparat verrotten ließ, hätte dem besser regierten preußischen Staat in Deutschland gewisse Chancen gegeben. Aber das Preußen Friedrich Wilhelms III. war ebenso abenteuer-unlustig wie das Österreich Metternichs. Auch Preußen sah nach dem Zaren bei jedem Schritt, den es tat; der Zar duldete keine umstürzlerischen Experimente in Deutschland. Zweimal nötigten

Ereignisse in Frankreich der preußischen Armee eine Haltung auf, die auf den Schutz Gesamtdeutschlands hinauslief; 1830, als man noch nicht wußte, wie die Nutznießer der Pariser Juli-Revolution sich auf der europäischen Bühne benehmen würden, und wieder 1840. Louis Philippe war kein Revolutionär und kein Imperialist, vielmehr ein ängstlicher und sehr friedliebender Staatsmann. Selber zum Hohen Rat der konservativen Mächte zu gehören, war ihm lieber, als ihn herauszufordern. Nur war der »König-Bürger« in heikler Lage während aller achtzehn Jahre, die er die konstitutionelle Dornenkrone trug. Die nationale Revolution hatte ihn zum König gemacht. Die nationale Revolution hatte er enttäuscht durch das volksfremde Großbürger-Regime, das er führte; dem französischen Nationalismus war er daher begierig zu schmeicheln, wenn es sich ohne großes Risiko tun ließ. Daher die diplomatische Krise von 1840. Sie zentrierte im Orient, ein Vorbote späterer orientalischer Krisen. Hier machte Frankreich gemeinsame Sache mit dem Pascha von Ägypten, der im Begriff war, sich gegen seinen türkischen Oberherrn zu erheben und ihm Syrien zu entreißen. England reagierte; Frankreich in Ägypten war ihm jetzt so unerwünscht wie zu Bonapartes Zeiten. Was die Juli-Revolution nicht zuwege gebracht hatte, das leistete nun Louis Philippes orientalische Politik; im Nu stand Frankreich wie 1814 den vereinten Großmächten gegenüber, England, Rußland, auch Österreich, selbst Preußen. Sonderbare, närrische Kunst der Außenpolitik. Jetzt bedrohten Rußland und England Frankreich mit Krieg um der Türkei willen; und vierzehn Jahre später führte England zusammen mit Frankreich gegen Rußland Krieg, wieder um der Türkei willen! – Mit Ägypten und Syrien hatte das Rheinland nichts zu tun; aber kriegerische Stimmungen auch nichts mit Vernunft und Logik. Im östlichen Mittelmeer zum Nachgeben gezwungen, ließ der französische Nationalismus durch seine Zeitungen wissen, der Rhein sei noch immer Frankreichs natürliche Grenze und ehe er es nicht auch auf der Landkarte sei, sei kein dauernder Friede in Europa. Thiers, der Ministerpräsident, ein Napoleonbewunderer von Beruf, distanzierte sich nicht von dieser Ansicht. Die deutsche Reaktion war überraschend. Es war das Aufwallen eines Gefühls deutscher Gemeinsamkeit, Bedrohtheit, begeisterte Bereitschaft, das Bedrohte zu verteidigen, wie es seit 1813 nicht stattgefunden hatte, und so das ganze Land ergreifend vielleicht nicht einmal damals. Lieder, im rechten Augenblick gedichtet, gaben der Sache Ausdruck: »Sie sollen ihn nicht haben, den freien deutschen Rhein«, und: »Es braust ein Ruf wie Donnerhall, zum Rhein, zum deutschen deutschen Rhein...« Neue Töne; schriller als die 1813 angeschlagenen. Mit dem Kult des Rheines als einer Art von Nationalgott, als einem majestätischen Symbol deutscher Herrlichkeit hatten es vereinzelte Schriftsteller schon damals versucht – »der Rhein Deutschlands Strom, nicht Deutschlands Grenze«; jetzt fand er Anklang bei den Massen. Der neue deutsche Stromkult traf zusammen mit der älteren französischen Idee, die sich vernünftig gab, aber um nichts weniger wunderlich war: der Rhein sei die »natürliche Grenze« und die unabdingbare strategische Grenze Frankreichs. Die Kriegsereignisse von 1814 hätten die Franzosen freilich eines Besseren belehren können; da hatten die Alliierten den Rhein, eben als er Frankreichs Grenze war, mit leichter Mühe überquert und waren geradewegs nach Paris gezogen. Aber fixe Ideen lassen sich nicht so schnell widerlegen. Wenn der Aberglaube an »strategische Grenzen«, Flüsse, Hügelketten heute noch umgeht, was dürften wir da von unseren Ururgroßvätern verlangen! – Nun war man in Frankreich geschmerzt und verwundert. Man hatte es nicht so gemeint. Besonders die Liberalen hatten es nicht so gemeint, die im deutschen Liberalismus von je ihren brüderlichen Bundesgenossen erblickt hatten. Warum sich so über ein Stück Land aufregen, das die Natur nun einmal Frankreich zugewiesen hatte? Konnte Preußen sich nicht an der Nordsee, in Niedersachsen, Gesamtdeutschland, sich nicht an der Donau dafür schadlos halten? – Lamartine dichtete seine »Friedensmarseillaise«:

Nationen! Pomphaft Wort, um Barbarei zu sagen!
Macht denn die Liebe an dem Grenzpfahl halt?

Zerreißt die Fahnen! Folgt der besseren Stimme:
Ichsucht und Haß nur hat ein Vaterland...

Er schickte das wohlgemeinte Produkt an Nikolaus Becker, den Dichter von »Sie sollen ihn nicht haben«, der, ungerührt, mit der Übersendung seines eigenen Liedes dankte... Es war ein recht ungeschicktes Zusammentreffen, daß beide Nachbarvölker sich denselben Gegenstand, den Rhein, zum Symbol ihres Nationalgefühls wählten, da doch die beiden im Inneren ihrer Länder viele andere schöne Dinge, welche niemand bedrohte, Wälder, Flüsse und Berge, hätten wählen können. Folglich wurde der Rhein zum Symbol der Feindschaft zwischen beiden, später »Erbfeindschaft«, benannt. Und da Preußen die deutsche Militärmacht am Rhein war, und auch während der Krise von 1840 eine feste Sprache redete, so erntete Preußen, und nicht Österreich, den nationalen Ruhm der »Wacht am Rhein«. Für diesmal ging die Gefahr vorüber. Louis Philippe, ein Pazifist von Hause aus, zog zurück. Er entließ seinen kriegerischen Minister. Ein Nachhall der aufgeregten Episode blieb aber zurück. Oder war es ein Vorhallen, törichtes Unheil künftiger Tage, das hier drängte sich anzumelden? Zwischen den beiden Völkern, durch ihr Schicksal so eng miteinander verwoben, ineinander übergehend, zusammen existierend von den Ursprüngen an, stimmte gefühlsmäßig etwas nicht. Nur gefühlsmäßig. Aber Außenpolitik ist ja wesentlich gefühlsmäßig; ohne die Sympathie und Antipathien, welche von einzelnen erfunden werden und den Massen sich mitteilen, ohne sportlichen Wettbewerb, Stolz, Furcht, Haß, der auf barer Unkenntnis beruht, gäbe es ja keine außenpolitischen Konflikte. Man behauptet, sie seien »wirtschaftlichen« Charakters. Aber das ist Humbug, Rationalisierung des Irrationalen. Welche wirtschaftlichen Interessen hetzten Franzosen und Deutsche gegeneinander?
Es ist eine merkwürdige, bittere Geschichte, diese Geschichte der Beziehungen zwischen den beiden Nachbarvölkern und der Meinungen, die sie sich übereinander machten. Die längste Zeit hat Frankreich Deutschland nicht als seinen Feind an-

gesehen. Der Feind, im 16., 17. Jahrhundert, war das Haus Habsburg, war die Verbindung von Spanien, Italien, Burgund und Österreich, wogegen das eigentliche Deutschland, zumal das protestantische, als der natürliche Bundesgenosse erschien. Der Feind im 18. Jahrhundert war das meerbeherrschende England und Habsburg noch weiterhin. Preußen erschien als die fortschrittliche Macht, deren Bundesgenossenschaft man erstrebte. Das blieb so zur Zeit der Revolution und blieb im Grunde auch so zur Zeit Napoleons. Welches andere Volk verhielt sich so gelehrig in des Kaisers rauher Schule, erhob sich so spät und zögernd gegen ihn? Den Engländern und den Russen trugen die französischen Patrioten seit 1814 ihren Fall von den Höhen des Imperiums nach; nicht den Deutschen. Geistig war der deutsche Einfluß in Frankreich nie stärker als seit Napoleons Fall; eine Entwicklung, die zu tun haben mochte mit der eigenen Verwirrtheit und Müdigkeit nach Waterloo und durch Bücher wie Madame de Staëls »Über Deutschland« gewaltig gefördert wurde. Man warf sich auf die deutsche Philosophie, auf Kant und Hegel, Goethe, Schiller, die Romantiker. Man sah in Deutschland das Land, in dem diese Genien hatten erblühen können; das philosophische, das poetische, musikalische, das unpolitische Land. Und da das doch schöne Eigenschaften sind, die selber der Politik und den Tätigkeiten des Verstandes aufgeopfert zu haben man sich bewußt war, so war man damals keinesweg deutschfeindlich in Frankreich.
Als seit 1830 die europäischen Dinge wieder in Bewegung gerieten, fehlte es in Paris nicht an Schriftstellern, die sich über die Zukunft Deutschlands Gedanken machten. Auch Deutschland mußte und würde in die Politik eintreten, es würde nicht immer Frau von Staëls romantisches Märchenland bleiben. Es würde eins werden, ein Nationalstaat wie die anderen. Aber diese Einheit, kam sie durch die edelsten, freiesten Mittel, kam sie selbst unter preußischer Führung zustande, brauchte keine Gefahr für Frankreich zu bedeuten. Waren nicht im Gegenteil beide Nationen so recht füreinander bestimmt? War es nicht ihre gemeinsame Aufgabe, die Kernmacht Europas zu

bilden und Rußland die Waage zu halten? Wenn Deutschland sich nicht mit Frankreich verbündete, so meinte im Jahre 1835 Eugène Lerminier, so würde es in den Bannkreis Rußlands geraten... So, ungefähr, dachten die berühmtesten Liberalen, Lamartine, Victor Hugo, Alexis de Tocqueville. Eine einzige scharfe Gegenstimme fällt in diesen Jahren auf. Es ist die des Geschichtsphilosophen Edgar Quinet. Er war als Liebhaber der deutschen Philosophie in den zwanziger Jahren nach Heidelberg gekommen, wo er zehn Jahre lebte und die Tochter eines deutschen Professors heiratete. Als er 1837 nach Frankreich zurückkehrte, war er ein Feind. Deutschland, behauptete er, sei nicht mehr das Land, das Frau von Staël gar zu liebevoll beschrieben, das Land der Metaphysiker und der Träumer. Es sei ein materialistisches und politisches Land. Und zwar habe es sich einem Nationalismus ergeben, von dem man sich in Frankreich überhaupt keine Vorstellung machen könne. »... die Deutschen, durch ihre Dichter erweckt, haben sich in der letzten Zeit zum Gegenstand einer Selbstvergötzung gemacht, die dazu führen wird, sie zugrunde zu richten.« Besonders in Preußen habe die »alte kosmopolitische Unparteilichkeit« einem »reizbaren, kolerischen Nationalismus« Platz gemacht, und eben der preußische Staat werde dank seiner Tüchtigkeit, seiner emsigen, den Aufgaben einer modernen Gesellschaft zugewandten Tätigkeit das übrige Deutschland früher oder später sich gleichmachen. Dazu sei alles bereit, nur der große Mann fehle noch. Und dann, wenn er einmal erschienen sei, wehe Frankreich! Ein dünkelhaftes, aller höheren Ideen bares, aber praktisches überlegenes Deutschland werde dann sich auf seinen westlichen Nachbarn stürzen und alle seine seit dem Mittelalter verlorenen Provinzen zurückfordern...

Hatte Quinet recht? War das Deutschland des ausgehenden Biedermeier so gehässig-selbstvergötzend, wie er behauptete? Etwas Wirkliches muß der enttäuschte Liebhaber gesehen haben, denn wir Späteren wissen ja gut, wie seine Voraussagen sich bewahrheiteten. Wer in der Geschichte etwas richtig voraussagt, der sieht, was schon ist, was aber die meisten noch nicht sehen, weil es erst im Keim da ist und von anderen Wirklichkeiten verdeckt wird. Gerade in den achtzehnhundertdreißiger Jahren schien der Geist Deutschlands durchaus keine für seine Nachbarn gefährliche Entwicklung zu nehmen. Im Gegenteil. Antifranzösisch waren die Burschenschaften um 1814 gewesen. Der deutsche Liberalismus war es nicht. Der Radikalismus, wie er etwa auf dem Hambacher Fest zu Worte kam, war es erst recht nicht. Der wollte eine Republik im Stil der französischen von 1792, einen europäischen, republikanischen Völkerbund, und sah in Frankreich den großen Freund und Lehrmeister. »Hoch leben die Franken, der Deutschen Brüder, die unsere Nationalität und Selbständigkeit achten!« – schloß eine der markantesten Hambacher Reden. So klang es den Radikalen gut, den französichen wie den deutschen. Nur wenige sahen andere Bündnisse, andere Gegensätze voraus.

Geist und Staat

Keine Zeit will auf einen einzigen Nenner gebracht sein. Keine Gestalt oder Gruppe von Gestalten beherrscht die dreißiger und vierziger Jahre. Der eine treibt nahe dem Zentrum des geschichtlichen Stromes, wenn der andere wie eine Insel oder wie ein Fels am Rande ist. Die Stillen im Lande, die unabhängigen, ruhigen Schöpfer, Franz Grillparzer, der Dramatiker, Adalbert Stifter, der Erzähler, mögen uns heute mehr bedeuten als die politisch-philosophischen Schriftsteller, die Literaten, die um 1840 in Deutschland eine so bezeichnende Rolle spielten. Aber die ersteren können in einer politischen Geschichte kaum ein Gegenstand der Betrachtung sein; die letzteren, obgleich oft geringer an menschlicher Substanz, zeigen geschichtliches Schicksal an. Übrigens waren auch unter ihnen Männer von Genius, Heinrich Heine zum Beispiel oder Karl Marx (wie später Nietzsche).

Es gab das offizielle Deutschland, das Deutschland der Könige. Hier fühlte man sich froh und ziemlich sicher; hier wurde gedeutschtümelt und gräzisiert, wurde große Oper und romantische Dichtung protegiert, wurden Hauptstädte verschönert durch griechische Tempel, italienische Renaissance-Paläste, mittelalterliche Bildersammlungen. Man war hier der Vergangenheit zugekehrt, der fernsten, der Antike, und der jüngsten, deren großer Name Goethe hieß. Im 18. Jahrhundert waren Monarchen ihrer Zeit voraus gewesen, Friedrich der Große, Joseph II. Das hatte dem monarchischen Prinzip wohl nicht gutgetan. Könige müssen erhaltend sein. Ihre Zeit sollen sie repräsentieren; aber die Gegenwart, welche geronnene Vergangenheit ist, nicht jene, welche die Zukunft vorbereitet.

Nahe der höfischen Sphäre hielten sich die konservativen Gelehrten, die Ratgeber der Könige, der Historiker Leopold von Ranke, der Staatsrechtler Friedrich Julius Stahl; christliche, monarchisch gesinnte, obgleich nicht unbedingt antikonstitutionelle Denker. Ranke wurde sehr alt, er lebte bis gegen Ende des Jahrhunderts, aber mit seiner Bildung und geistigen Haltung stammte er aus dessen Anfang; ein Feind der scharfen Gegensätze, zugleich Kosmopolit, deutscher Patriot und Anhänger der Teilmächte, denen er diente, Preußen, Bayern, ein Königsdiener durch und durch, tolerant, verstehens-bemüht, weltoffen, den letzten, härtesten Fragen gern aus dem Wege gehend, stets bereit, zu glauben, daß die Geschichte es recht machte und Sieg und Macht den Guten zufiel. Als Historiker wußte er, daß die Ordnungen seiner Zeit historisch geworden und nicht vom Himmel gefallen waren. Aber da sie nun so waren, mußte man sie ehren und nur milde Veränderungen allmählich und weise zulassen.

Deutschland hat im 19. Jahrhundert keine große konservative Philosophie von Staat und Gesellschaft hervorgebracht, wie sie England, seit Edmund Burke, besaß. Das hängt damit zusammen, daß die deutsche Nation keinen Staat hatte. Sprach einer im Namen aller Deutschen, bot er ein gesamtdeutsches Programm, so war er schon damit kein bloß »erhaltender« Denker mehr. Denn er wollte ja auf etwas hinaus, was es nicht gab. So die großen Donnerer in der Zeit des Befreiungskrieges, die Stein, Arndt und Görres. Konservativ war damals der Kreis um Metternich gewesen und war es in seinen überlebenden Mitgliedern noch. Der war aber so österreich-europäisch und international, daß man hier kaum von deutschem Konservativismus reden kann. Dann wieder gab es die Publizisten, die Professoren und Schriftsteller, die in ihrer Wirkung wesentlich auf ein deutsches Teilgebiet, auf Österreich, Bayern, Preußen, Württemberg beschränkt blieben. So war Görres, der Rheinländer, auf seine alten Tage zum Bayern geworden und war ein erhaltender Denker jetzt, für Bayern, nicht für Preußen. Denn Görres, der Katholik, kämpfte mit seiner Feder wacker gegen die Übergriffe, welche der preußische Staat sich gegen die katholische Kirche herausnahm. Das war ein anderes Hindernis für die Bildung einer gesamtdeutschen konservativen Denkschule. In katholischen Monarchien wie Bayern und Österreich konnte der Katholik wohl zufrieden und erhaltend gesinnt sein. Schwerer vertrug er sich mit Preußens protestantischer Obrigkeit. Hier kam es wieder und wieder zum Streit; hier lag für die Katholiken die Versuchung nahe, mit anderen rebellischen Kräften unzuverlässige Zweckbündnisse einzugehen. Religion ist Bindung durch alten Glauben, durch Autorität. Insofern ist jede Religion erhaltend, selbst Ersatzreligionen wie die kommunistische, wenn sie sich einmal durchgesetzt haben. Der Liberalismus war an sich nicht antireligiös. Aber antiautoritär; er neigte zur Entbindung von Kräften und letzthin dazu, Religion zur »Privatsache« zu machen. Vor allem, er glaubte an Wissenschaft. Wenn man sich der Bewegung positiven Wissens einmal ganz anvertraut hat, so ist nicht vorauszusagen, wohin man von ihr getragen werden wird. In diesem Sinn hatte die Religion in allen ihren kirchlichen Formen Streit mit dem Liberalismus. Aber Deutschlands konfessionelle Spaltung verhinderte klare Fronten. Indem der protestantische Staat, welchen der alte Friedrich Wilhelm noch als einen religiös gebundenen, autoritäts-gelenkten sich wünschte, mit der katholischen Kirche in Konflikt geriet, empörte das katholische Deutschland sich gegen Preußen, das doch, im Kampf gegen den Liberalismus, eigentlich sein Bundesgenosse war oder hätte sein sollen. Beide Parteien warfen einander Unbotmäßigkeit, Rechtsbrüche, friedenstörendes Machtstreben vor. Unvermeidlich gerieten beide in allerlei Berührung mit dem gemeinsamen Gegner. Preußen, weil es die Kontrolle der Kirche durch den Staat, die Allmacht des Staates auch im Felde der Moral und Sittlichkeit verfocht – eine spätliberale These; der Katholizismus, weil er, aus welchem Grund auch immer, gegen die Autorität des Königs von Preußen rebellierte.

In den überwiegend protestantischen Teilen Preußens, im hierarchischen Aufbau des Königreiches, wirkte Luthers Erbe im erhaltenden Sinn. Sagen wir besser: im Sinn des Staates, dem der Untertan blinden Gehorsam schuldete, selbst dann, wenn der Staat Dinge tat, die gar nicht rechtlich und gar nicht erhaltend waren. Der Christ, hatte Luther gelehrt, hat sein Gewissen vor Gott. Die Obrigkeit hatte ein anderes. Sie mußte ein scharfes Schwert führen in dieser Welt, in der das Ideal nicht zu erreichen war, in der aber, selbst um einen hohen Preis, Ordnung sein mußte wegen der vielen Unbotmäßigen und Schlechten. – Eine entfaltete politische Philosophie war das nicht. Es war einfacher Glaube, gewordener Instinkt; in den selbstsicheren, bedrohlichen Reden, die der junge Abgeordnete von Bismarck im »Vereinigten Landtag« hielt, kam es stärker zum Ausdruck als in staatsphilosophischen Schriften. Es verstand sich denen von selbst, die sich daran hielten. Im Grunde muß ja konservativer Geist sich von selbst verstehen. Zur bewußten, entwickelten Philosophie kann er erst werden, wenn schon die Gefahr der Revolution da ist, wenn er also in Zweifel gezogen wird und sich verteidigen muß.

Das mußte er nun, gegen die Liberalen. Die, obgleich sie nur in den süddeutschen Verfassungsstaaten ex officio zu Wort kamen, konnten doch für das ganze Deutschland sprechen; sie waren auf das Bestehende nicht eingeschworen und neigten zu einer Reform des Deutschen Bundes im Sinn stärkerer staatlicher Zusammenfassung. Sie schauten nach Frankreich, zumal in Baden, in Norddeutschland mehr nach England. Die Grundforderungen waren die gleichen. Die Nation sollte ein Wort mitzusprechen haben bei der Gestaltung ihres Schicksals und sollte es durch eine geeignete Repräsentation. Nicht so sehr, um einen starken, tätigen Staat selber zu lenken; mehr, um ihn in seiner Tätigkeit zu beschränken, damit man fürderhin von ihm möglichst in Ruhe gelassen, beschützt, aber unbehindert und in völliger Rechtssicherheit seinen eigenen Interessen nachgehen könnte. Das Ideal war Freiheit vom Staat mehr noch als die Autorität, die von unten, vom Volk anstatt von der Spitze kam. Der Mensch, hatten die Ahnen der Liberalen, die »Aufklärer« des 18. Jahrhunderts geglaubt, war gut, und Gott war auch gut; so gut, daß man ihn einen guten Mann sein lassen und sich aufs Irdische, Praktische konzentrieren konnte. Es war keine unchristliche Haltung. Nur, von lutherischer Gottesfurcht und lutherischem Pessimismus, vom Glauben an die Sündhaftigkeit des Menschen war nicht mehr viel in ihr. Ohne allzu harte Kämpfe, ohne Tragödien versprachen sich die Liberalen die schönsten Verwirklichungen auf Erden. – Vom liberalen Deutschland spaltete sich das radikale ab: Republikaner, Demokraten und, wie wir sahen, internationale Nationalisten.

Die Uhr der Zeit, die in solchen Gruppen und Parteiungen dröhnend schlug, tickte leiser in den Studierstuben einsamer Gesellschaftsdenker und philosophischer Literaten. Die waren nicht zu festlichen Aufmärschen geneigt. Sie lebten für sich oder in engen Klüngeln, oft in Unsicherheit und Armut, oft im Zanke miteinander. Aber auch ihr Tun hatte ernste Folgen. Oder – da man ja selten beweisen kann, was der einzelne Schriftsteller selber wirkt – sagen wir besser: es zeigte sehr ernste Entwicklungen an.

Wir sprachen von den offiziellen, den Hof- und Staatsprofessoren, deren gefeiertster von den vierziger bis zu den siebziger Jahren Leopold von Ranke war. In den zwanziger, bis zu seinem Tode, 1831, war es Hegel, Professor der Philosophie an der Universität Berlin. Das Erbe dieses großen Denkers, des

»preußischen Staatsphilosophen«, wie man ihn so oft genannt hat, geriet in sonderbare Hände. Der zu Lebzeiten der Lehrer des Gehorsams gewesen war, wurde im Tode der Lehrer der Revolution; und das war keine bloße Laune der Geistesgeschichte (die ja reich an Überraschungen und paradoxalen Gefolgschaften ist). Hegels Werk war vieldeutig und sprengkräftig. Und so war die Zeit, die philosophisch auszudrücken es beanspruchte, und auf die es trotz aller Phantastereien auch wirklich einen nahen Bezug hatte. Hegel war zeitbewußt. Er ist der Urvater aller derer, die von Berufs wegen über ihre Zeit reden, das, was in ihrer Zeit geschieht, insgesamt zu entschlüsseln versuchen.

Zudem waltet eine tiefe Traurigkeit in seinen späten Veröffentlichungen. Sein Werk sollte das Ende einer sehr langen Entwicklung markieren, einer Epoche nicht nur, sondern einer Epoche von Epochen, eines Äons, sollte Höhepunkt, Erfüllung und Ende sein. Verbraucht hatte sich die Religion. Verbraucht hatte sich die Kunst. Nicht durch sie wurden jetzt des Menschen höchste Anliegen bewältigt, sondern durch die Philosophie. Da nun aber auch die Philosophie, eben im Werk Hegels, ihr letztes Wort gesagt hatte – was blieb nach ihm noch zu tun? Gar nichts; oder etwas völlig anderes, Neues, für das seine Schüler vorzubereiten Hegel, mit dem Egoismus des großen Mannes, sich keine Mühe gab. Ihm selber war düster zumute, besonders seit der Juli-Revolution; er hatte das Gefühl, die Herrlichkeit eines Jahrtausends mit sich ins Grab zu nehmen. Das galt für ihn, das galt für seine Philosophie. Das mußte aber, wenn seine Philosophie aus echtem Stoff war, auch für die Wirklichkeit gelten, denn eben dies war die These: geschichtliche Wirklichkeit und Philosophie entsprachen sich, sie waren ein und dasselbe. Wir lebten an der Grenze zu einer neuen Zeit. Die Französische Revolution selber war nur ein Vorspiel anderer, unvorstellbarer Veränderungen gewesen.

Den Schülern, nach des Meisters Tode, blieb es überlassen, auf die neue Zeit sich ihren Reim zu machen. Gerade wenn Hegels Philosophie wahr gewesen war, konnte sie nicht wahr bleiben; man mußte mit ihr machen, was Hegel mit aller früheren Phi-

losophie gemacht hatte, sie »aufheben«, zugleich sie bewahren und widerlegen. Hegel war von Haus aus ein protestantischer Christ gewesen und hatte das Christentum, wenn auch mit Kunst und List, noch in seine reife Philosophie eingebaut. Seine Schüler oder Schülers-Schüler brachen mit dem Christentum; wie wurden Gottesleugner – eine Haltung, die sich aus Hegels Philosophie, zog man ihre letzten Konsequenzen, wohl gewinnen ließ. Sie unternahmen es, das Christentum, wie jeden religiösen Glauben, als eine Spiegelung der gesellschaftlichen Wirklichkeit, ein menschliches Selbstmißverständnis, historisch zu erklären. Hegel hatte viel von der Versöhnung des Gedankens mit der Wirklichkeit gesprochen. Aber diese Versöhnung hatte er nur im Geist, durch seine Philosophie vollzogen; die Philosophie hatte nachträglich zu erkennen, daß, was in der Wirklichkeit geschah, auch das Vernünftige war. Jetzt las man es anders. Das Wirkliche war auf die Ebene des Vernünftigen zu heben, es war nicht vernünftig, aber es sollte vernünftig *gemacht* werden; und das konnte nicht durch bloße Träumereien, es mußte durch politische Tat geschehen. So daß Politik, recht verstanden, am Ende die wahre Philosophie war. Hegel hatte von der »Wahrheit der Macht« gesprochen und dabei die Macht des Staates, der Könige, der siegreichen Heere gemeint. Jetzt sprach man von der Wahrheit der Revolutionen, der Mehrheit, der Wahrheit, die im Zuschlagen der Volksmassen lag. Die sollte man nicht fürchten, wie Hegel sie noch gefürchtet hatte. An den gesicherten Rechten des einzelnen, Privaten war nicht soviel gelegen, wie die Liberalen glaubten. Der Staat konnte nicht mächtig genug sein; vorausgesetzt, daß es ein wissenschaftlich geleiteter, von allem Aberglauben freier Staat war. Der würde die Menschen von den Überresten des Mittelalters befreien, sie frei, gleich und brüderlich machen.
So, in größten Zügen, die »Junghegelianer« (Ludwig Feuerbach, Arnold Ruge, Bruno Bauer). Wir wissen nicht, ob die Hegelsche Philosophie ihnen und ihrer Sache eigentlich guttat.
Glaube an die befreiende Macht der Naturwissenschaft, Republikanismus, Sozialismus, das gab es auch anderswo, in

England, in Frankreich, in Deutschland. Aber man liest einen Sozialisten der achtzehnhundertdreißiger Jahre wie den hessischen Medizinstudenten Georg Büchner, der Hegels Dialektik verachtete, heutzutage viel lieber, als man die Junghegelianer liest. Jener, ein Dichter von Genie, ging geradewegs auf sein Ziel los; in seinen Pamphleten (dem »Hessischen Landboten«) war von wirklichen Dingen stark und einfach die Rede. Diese hatten die Weisheit mit Löffeln gegessen. Sie wußten Bescheid. Sie besaßen, dank Hegel, den Schlüssel zu allen Rätseln. Aber sie waren Schüler. Das subtile geistige Rüstzeug, mit dem sie hantierten, hatten sie nicht selber gemacht, nicht die schöpferischen Leiden erlebt, durch die der junge Hegel sich hatte hindurchkämpfen müssen. Also entsprach ihr Anspruch nicht ihrer eigenen geistigen, menschlichen Leistung. Sie waren selbstsicher, wie die Schüler eines großen Meisters sind, rechthaberisch, immer begierig, einander zu übertrumpfen, unter sich Bundesgenossen, dann wieder bittere, hämische Feinde. Ein neuer Typ kam mit ihnen auf: der des »Intellektuellen«, des Schriftstellers, der mit der großen Öffentlichkeit, dem Staat, der bestehenden Ordnung im bitteren Zerwürfnis lebt. Später, als Deutschland liberal war, ließ man solche Leute in Ruhe. Damals mußten sie sich mit dem Zensor herumschlagen, und binnen kurzem waren ihre Zeitschriften verboten, denn so klug waren die Regierungen doch, um zu merken, daß hier etwas Unheimliches vorging; worauf es wieder für ein paar Jahre eine neue Heimat zu finden galt.

Die Sekte der »Kommunisten« war geistig bescheidener und hatte mit den »Junghegelianern« zunächst nichts zu tun. Es waren Arbeiter und Handwerker, die aus ihren eigenen Erfahrungen und Beobachtungen, aus christlicher Tradition, aus Schriften französischer und englischer Sozialisten sich ihren einfachen Reim machten: das schreckliche Elend in der industrialisierten Welt sei zu beheben durch Abschaffung des Privateigentums. Das lag in der Luft. Man fürchtete es nicht so sehr, weil es eine starke kommunistische Organisation gegeben hätte – die gab es nicht –, sondern weil es in der Luft lag; weil die Not der Fabrikarbeiter nach Abhilfe schrie und der

Staat ihnen keine gewährte. Die Furcht vor dem Kommunismus während der vierziger Jahre stammte aus dem bösen Gewissen der Gesellschaft.

Heinrich Heine

Der Dichter Heinrich Heine wird gewöhnlich zu der literarischen Gruppe des »Jungen Deutschland« gerechnet. So nannte sie sich oder so wurde sie genannt; zum Beispiel in einem Beschluß des Deutschen Bundes aus dem Jahre 1835, welcher die Mitglieder dieser Gruppe mit der Schärfe des Gesetzes bedrohte, da »ihre Bemühungen unverhohlen dahin« gingen, »in belletristischen, für alle Klassen von Lesern zugänglichen Schriften die christliche Religion auf die frechste Weise anzugreifen, die bestehenden Verhältnisse herabzuwürdigen und alle Zucht und Sittlichkeit zu zerstören«. Das Junge Deutschland ist ein wenig älter als die Junghegelianer. Seine Blütezeit fällt in die dreißiger Jahre. Auch waren seine Mitglieder äußerlich erfolgreicher, weniger asketisch, weniger wissenschaftlich; seine Ausdrucksmittel neben politischem Journalismus, Lyrik, Reisebeschreibung, Erzählung, Drama. Lebendig geblieben ist auch von dem Werk dieser Schule nicht viel; wie denn das Zeitgebundene, von der Zeit Aufgeregte meistens schal wird mit dem Wechsel der Zeiten. Unsterblich ist nur Heinrich Heine. Wer sich mit moderner deutscher Geschichte befaßt, der muß sein Wesen und Denken so gut es geht zu beschreiben versuchen. Man sagt, es hat reinere deutsche Dichter gegeben. Sicher. Seine Zeitgenossen, die Rückert, Eichendorff, Uhland waren unschuldiger als Heine, volksnäher, glücklicher; als Künstler bescheidener, aber zuverlässiger. Heine, dem das Dichten leichtfiel, konnte sich zu Geschmacklosigkeiten hinreißen lassen. Wer sind wir aber, um über den Genius zu Gericht zu sit-

zen? Daß er, in aller seiner Menschlichkeit, das Große ihm Aufgegebene treu erfüllte, bewies er gegen Ende seines Lebens; als er sechs Jahre auf dem Krankenbett lag, langsam, qualvoll verzehrt von der Rückenmarksschwindsucht, und während dieser Zeit seine glänzendste Prosa, seine tiefsten, traurig-schönsten Gedichte schrieb.
Er war ein Jude aus dem Rheinland. Kurz nach der Juli-Revolution kam er nach Paris, als geborener Rebell begeistert von der großen Nachricht. Dort blieb er bis zu seinem Tode. Da man von Gedichten nicht leben kann, so lebte er hauptsächlich als Journalist, von Pariser Tages- oder Wochenberichten, die in der großen liberalen Zeitung Süddeutschlands, der »Augsburger Allgemeinen« erschienen. Auch interpretierte er deutsche Literatur und Philosophie für das französische Publikum. Von der journalistischen Arbeit fließt manches Spielerische, leichthin Gesagte, Unverantwortliche mit unter. Man muß dem Geschmack der Leser Rechnung tragen und es ihnen nicht zu schwer machen. Heine machte das Schwierige leicht. Man hat ihm das als Frivolität angekreidet, wohl nicht ganz zu Unrecht. Frivol, oder sagen wir modern, war er, insofern er von den ernstesten Ansichten handelte, ohne sich zwischen ihnen zu entscheiden. Er war gescheit wie der Tag, er war hellsichtig, aber er entschied sich nicht. Einmal war er ein deutscher Patriot, den nächsten Tag Emigrant, der Frankreich vor der deutschen Gefahr warnte; einmal ein Konservativer, dann Revolutionär, Sozialist, und wieder Aristokrat, dem vor plebejischer Zukunft graute. Er wußte schön zu reden von zwei Prinzipien auf der Welt, der Lebensfreude, dem »Lustsinn« der Griechen und dem ernsten, asketischen Gottesglauben der Juden (zu denen er auch die echten Christen rechnete), und er hatte selber an beiden Prinzipien teil. Seine entschiedeneren Freunde und Kritiker und Neider, fanatische Republikaner, wackere Fortschrittsmänner, warfen ihm das vor: es sei kein Verlaß auf Heine. Aber vielleicht war er ernster in seinem wissenden Unernst als sie mit ihrem durch Zweifel und Einsicht nicht belasteten Ernst. Sie sprachen für den Tag. Heine sprach für ein Jahrhundert. Nebenbei sprach er sehr schön. »Und wie

er das Deutsche handhabt!« meinte Friedrich Nietzsche, fünfzig Jahre später. »Man wird einmal sagen, daß Heine und ich bei weitem die ersten Artisten der deutschen Sprache gewesen sind...« Heine hat die deutsche Prosa bereichert, sie aufgelockert, sie mit einem Schlag modern gemacht.

Als Sozialkritiker war er beeinflußt von der Lehre des französischen Schriftstellers Graf de Saint-Simon. Dieser, einer der frühesten modernen Sozialisten, besaß einen frohen Glauben an die Zukunft der Menschheit. Das goldene Zeitalter lag ihm nicht in sagenhafter Vergangenheit, sondern in der Zukunft, und in naher Zukunft. Naturwissenschaft, angewendet auf die Bedürfnisse des Menschen, würde es herbeiführen. Alle würden dann arbeiten, alle schön behaust und bekleidet sein und essen und trinken nach Herzenslust. Regieren würden die Besten, eine Elite von Gelehrten und wissenschaftlichen Arbeitsplanern, von Technokraten (wie wir heute sagen würden). Das gefiel Heine, der selber gern aß und trank und ein Herz für die Armen hatte. Er drückte es aus auf seine Weise, wenn er die asketischen Lehren der katholischen Kirche verhöhnte:

... Das Eiapopaia vom Himmel
Mit dem man einlullt, wenn es greint,
Das Volk, den großen Lümmel –

und dagegen sein eigenes Lied stellte:

Ein neues Lied, ein besseres Lied,
O Freunde, will ich euch dichten:
Wir wollen hier auf Erden schon
Das Himmelreich errichten.

Wir wollen auf Erden glücklich sein,
Und wollen nicht mehr darben;
Verschlemmen soll nicht der faule Bauch,
Was fleißige Hände erwarben.

Es wächst hienieden Brot genug
Für alle Menschenkinder,
Auch Rosen und Myrten, Schönheit und Lust,
Und Zuckererbsten nicht minder.

Ja, Zuckererbsten für Jedermann,
Sobald die Schoten platzen!
Den Himmel überlassen wir
Den Engeln und den Spatzen.

Ähnliches konnte Heine auch mit drohendem, höhnischem Akzent sagen:

Es gibt zwei Arten von Ratten,
Die hungrigen und die satten...

worauf er die Armee der hungrigen Ratten beschreibt, anarchistischer, gottloser, rasender Bestien, die die Welt aufs neue zu teilen verlangen:

Sie lassen nicht taufen ihre Brut,
Die Weiber sind Gemeindegut...

Wo die Wanderratten erscheinen, da greift die Bürgerschaft zu den Waffen, Obrigkeit und Kirche treffen verzweifelte Maßregeln zum Schutze des Eigentums, Panik greift um sich, vergebens:

Nicht Glockengeläute, nicht Pfaffengebete,
Nicht hochwohlweise Staatsdekrete,
Auch nicht Kanonen, viel Hundertpfünder,
Sie helfen euch heute, liebe Kinder!

Heut helfen euch nicht die Wortgespinste
Der abgelebten Redekünste,
Man fängt nicht Ratten mit Syllogismen,
Sie springen über die feinsten Sophismen.

Im hungrigen Magen Eingang finden
Nur Suppenlogik mit Knödelgründen,
Nur Argumente von Rinderbraten
Begleitet mit Göttinger Wurst-Zitaten.

Ein schweigender Stockfisch, in Butter gesotten,
Behagt den radikalen Rotten
Viel besser als ein Mirabeau
Und alle Redner seit Cicero. –

Es ist die Vision einer unvermeidlich kommenden Vernichtung der Reichen und ihres Staates durch die Armen, die »gefährlichen Klassen«, wie man sie damals in Frankreich nannte; erlebt von jemandem, der sich seines Vorwissens nicht freut, aber auch wieder die bestehende Gesellschaftsordnung verachtet; der selber darüber oder außerhalb steht. Vom Kommunismus war Heine wie behext. In seinen Artikeln sprach er beständig davon, zu einer Zeit als noch die wenigsten sich darum kümmerten. Er sprach davon mit Grauen mehr als mit Hoffnung, als von einer elementaren Bewegung der Zeit, der mit bloßer Politik nicht beizukommen war. »Kommunismus ist der geheime Name des furchtbaren Antagonisten, der die Proletarierherrschaft in allen ihren Konsequenzen dem heutigen Bourgeoisie-Regime entgegensetzt. Es wird ein furchtbarer Zweikampf sein... Der Kommunismus, obgleich er jetzt so wenig besprochen wird und in verborgenen Dachstuben auf seinem elenden Strohlager hinlungert, so ist er doch der düstere Held, dem eine große, wenn auch nur vorübergehende Rolle beschieden in der modernen Tragödie...« (20. Juni 1842). Drei Wochen später prophezeite er, ein europäischer Krieg würde sich in eine soziale Weltrevolution verwandeln und aus dieser eine eiserne kommunistische Diktatur hervorgehen, »die alte, absolute Tradition... aber in einem neuen Kostüm und mit neuen Stich- und Schlagwörtern... Es wird vielleicht alsdann nur *einen* Hirten und *eine* Herde geben, ein freier Hirt mit einem eisernen Hirtenstab und eine gleichgeschorene, gleichblökende Menschenherde! Wilde, düstere Zeiten dröhnen heran, und der Prophet, der eine neue Apokalypse schreiben wollte, müßte ganz neue Bestien erfinden, und zwar so erschreckliche, daß die älteren Johannitischen Tiersymbole dagegen nur sanfte Tauben und Amoretten wären... Ich rate unseren Enkeln, mit einer sehr dicken Rückenhaut zur Welt zu kommen.« Dann wieder sah er im Kommunismus die Herrschaft, nicht der materialistischen Sinnesfreude, sondern der finsteren Arbeitsmonotonie; ja einmal meinte er sogar, die katholische Kirche werde sich mit den Kommunisten verbünden, und ein Reich der Askese, der Freudlosigkeit und der strengen Gedankenkontrolle das Kind dieser Ehe sein... Heine gewann sich wenig Freunde mit solchen Prophezeiungen. Den Konservativen, den guten deutschen Bürgern erschien er als Rebell und frivoler Witzbold. Für die Linke war er ein treuloser Bundesgenosse, ein Sozialist, der sich vor der Revolution fürchtete, heute zurücknahm, was er gestern gesagt hatte und sich als Aristokrat gab. Und wirklich, Heine, der Künstler, war Aristokrat zugleich und Rebell; er haßte die Herrschaft der alten Militär- und Adelskaste, zumal in Preußen, verachtete die Herrschaft der Finanziers, zumal in Frankreich, und fürchtete doch den zukünftigen Terror einer gleichmacherischen Volksherrschaft. Die konstitutionelle oder parlamentarische Monarchie war ihm recht, dem König Louis Philippe machte er Komplimente, die ihm von dem Minister des König-Bürgers zeitweise mit einer Pension vergütet wurden. Das, was ihn allein vital interessierte, war die Freiheit, so ernst zu scherzen, wie er es selber tat; die Freiheit zur Wahrheit und ihrem schönen Ausdruck. Auf das Unechte, Häßliche, parteiisch Übertriebene zielte sein Haß. Sein Dichterroß, sein »geliebter Pegasus« sei

Kein nützlich tugendhafter
Karrengaul des Bürgertums.
Noch ein Schlachtpferd der Parteiwut,
Das pathetisch stampft und wiehert!

Als Freund alles dessen, was man unter dem Begriff »Fortschritt« zusammenfaßte, mochte Heine wohl gelten: Industrie und Technik, Liberalismus, Demokratie, Sozialismus. Aber indem er noch dafür galt und das offizielle Deutschland ihn eben deswegen verfolgte, gab er seinen Gesinnungsgenossen doch plötzlich zu verstehen, daß er doch gar nicht der Ihre sei, weil er, der Künstler, andere Werte zu verteidigen hätte und weil er weiter sah als sie. Dem Modernen gefiel die moderne Zeit nicht, und er sehnte sich nach fernen Märcheninseln:

Niemals ankert dort die Sorge,
Niemals landet dort ein Dampfschiff
Mit neugierigen Philistern,
Tabackspfeifen in den Mäulern.

Er, der Kämpfer für die »Freiheit«, gegen die »Reaktion«, traute doch auch der Freiheit, dem kommenden »Völkerfrühling«, der nationalen Demokratie nicht, weil er die Widersprüchlichkeit dieser ihren Anhängern so einfach und glückbringend erscheinenden Bewegung durchschaute. Würde sie nicht Krieg bringen anstatt des versprochenen Friedens? Nicht lauten, rohen Lärm anstatt eines gediegenen, ruhigen, dauernden Lebensstils? Und wie würde seine Kunst, sein Lied, inmitten all der Politisierung bestehen können?

Ach, es ist vielleicht das letzte
Freie Waldlied der Romantik!
In des Tages Brand – und Schlachtlärm
Wird es kümmerlich verhallen.

Andre Zeiten, andre Vögel!
Andre Vögel, andre Lieder!
Welch ein Schnattern, wie von Gänsen,
Die das Kapitol gerettet!

Welch ein Zwitschern! Das sind Spatzen,
Pfennigslichtchen in den Krallen;
Sie gebärden sich wie Jovis
Adler mit dem Donnerkeil!

Welch ein Gurren! Turteltauben,
Liebessatt, sie wollen hassen,
Und hinfüro, statt der Venus
Nur Bellonas Wagen ziehen!

Welch ein Sumsen, welterschütternd,
Das sind ja des Völkerfrühlings
Kolossale Maienkäfer,
Von Berserkerwut ergriffen!

Andre Zeiten, andre Vögel!
Andre Vögel, andre Lieder!
Sie gefielen mir vielleicht,
wenn ich andre Ohren hätte!

Der Mann, der diese leichten Verse schrieb, sah schon die Ereignisse des Jahres 1848 voraus, noch mehr; die europäische Geschichte der nächsten hundert Jahre.

So konnte Heine mit keiner der großen Sachen, für die seine Landsleute zu Haus oder in der Emigration sich erregten, sich so recht identifizieren; wer dem Geist und der Schönheit dient, der kann das nicht. Er konnte die Dinge nur *sehen,* mit heiteren, spöttischen oder traurigen Augen, nicht sie *sein.* Aber eben weil er, manchmal bis zum Verräterischen, über dem stand, was er sah, ist sein Werk so sehr viel lebendiger geblieben als das seiner gesinnungsfesteren Zeitgenossen.

Wer es mit dem Eindeutigen, Zuverlässigen hielt, den mußte auch die Haltung reizen, die Heine Deutschland gegenüber einnahm. Einmal liebte er es, und wie sollte er nicht. Er kam aus seiner Landschaft, er sprach seine Sprache; als jungem Menschen noch glückten ihm die Gedichte, die von den Deutschen als Volkslieder angenommen wurden. Nach der Heimat sehnte sich der kranke, vereinsamte Emigrant:

Mancher freilich wurde lahm,
Der nicht mehr nach Hause kam.
Streckt verlangend seine Arme –
Daß der Herr sich sein erbarme!

Dann wieder verspottete er seine Landsleute auf eine Weise, die sie ihm nicht verziehen; ihre harmlose, unpolitische Biedermeierei, ihre Provinzialität, ihre Schwäche für Titel, Beamtentum, Militär, ihre sechsunddreißig Monarchen. Sollte es je zu einer deutschen Revolution kommen, meint er in einem höchst witzigen Gedicht, so würden die Deutschen ihre Könige doch nicht so rauh behandeln, wie Engländer und Franzosen die ihren behandelt hatten:

Franzosen und Briten sind von Natur
Ganz ohne Gemüt; Gemüt hat nur
Der Deutsche, er wird gemütlich bleiben
Sogar im terroristischen Treiben.
Der Deutsche wird die Majestät
Behandeln stets mit Pietät.
In einer sechsspännigen Hofkarrosse
Schwarz panaschiert und beflort die Rosse,
Hoch auf dem Bock mit der Trauerpeitsche
Der weinende Kutscher – so wird der deutsche
Monarch einst nach dem Richtplatz kutschiert
Und untertänigst guillotiniert.

Kaum aber hatte er dergleichen gedichtet und die Deutschen wegen ihrer unpolitischen Lammesgeduld verhöhnt, so warnte er die Franzosen: die deutsche Revolution der Zukunft werde die französische an Furchtbarkeit bei weitem übertreffen. »Es wird ein Stück aufgeführt werden in Deutschland, wogegen die Französische Revolution nur wie eine harmlose Idylle erscheinen möchte. Das Christentum hat die brutale Kampfeslust der Germanen zeitweise gebändigt, aber nicht zerstört; und da nun der zähmende Talisman, das Kreuz, morsch wurde, so wird die alte Berserkerwut wieder hervorbrechen.« Die Franzosen dürfen nur ja nicht glauben, daß es eine frankreichfreundliche Revolution sein wird, mag sie sich auch republikanisch und radikal geben. Der deutsche Nationalismus ist anders als der französische. Er ist nicht weltoffen, weltbrüderlich und missionsbegeistert, sondern verneinend und aggressiv,

aggressiv besonders gegen Frankreich. »Ich meine es gut mit euch, und deshalb sage ich euch die bittere Wahrheit. Ihr habt von dem befreiten Deutschland mehr zu fürchten, als von der ganzen heiligen Allianz mitsamt allen Kroaten und Kosaken...« So spielte Heine mit den Dingen, genial, scharfsichtig und unverantwortlich. Es war damals die Meinung, in Frankreich, in Italien, auch in Deutschland, daß der Nationalismus eine internationale Sache sei, nahe verwandt der republikanischen und demokratischen; daß die Nationen, wenn sie erst im Innern frei und einig wären, sich zu einem großen Völkerbunde vereinen würden. Heine glaubte das nicht. Er hielt den Nationalismus, besonders den deutschen, für einheitssprengend, eine dumme, zerstörende Macht, deren Herz der Haß sei:

Aber wir verstehen uns baß,
Wir Germanen auf den Haß.
Aus Gemütes Tiefen quillt er,
Deutscher Haß! Doch riesig schwillt er,
Und mit seinem Gifte füllt er
Schier das Heidelberger Faß.

Lächelnd, so wie sie ihm kamen, warf er seine Erkenntnisse und Ahnungen auf den literarischen Markt; noch das Ernsteste, scheinbar, unernst behandelnd, aus Frivolität, wie man glaubte, oder wohl eigentlich aus Scheu, die ihn alles Feierliche, Pathetische, Pedantische meiden ließ. Nur Europa war seine Heimat, und das war keine rechte. Der Heimatlose, Ungebundene kann nicht wirken, aber er kann sehen und sagen. Das tat Heine. Sein Werk, reich an Schönem, Tiefem, Leidenschaftlich-Verhaltenem, wie an überglücklich und überleicht Gereimtem, kündigt die Krise des Abendlandes an. Fünfzig Jahre später hat Nietzsche mit blutigem Ernst von ihr gehandelt, und wieder fünfzig Jahre später mußten wir sie alle erfahren. Der Genius kam früh. Er entschied nichts, er wirkte nichts, er half nur durch das heitere Sich-darüber-Schwingen, das Verstehen, den vollkommenen, versöhnenden Ausdruck. Diese Hilfe gibt Heine uns heute noch.

Karl Marx

Heine spricht einmal von seinen deutschen Landsleuten in Paris, »darunter der entschiedenste und geistreichste, Dr. Marx«. Der war entschieden und hat entschieden. Er war so geistreich wie Heine und, obgleich kein Dichter, doch ein Schriftsteller von hohem Rang. Aber er zwang seinen Geist auf eine einzige enge Bahn. Er nahm Partei. Er schuf eine Partei. Er wollte die Weltgeschichte mit seinem Geist bezwingen, sie auf die Bahn zwingen, die sein eigener Geist nahm. Gewirkt hat Marx und wirkt noch heute, aber nicht das, was er erwartete, errechnete, ist aus seinem Werk herausgekommen.

Er war ein Jude aus dem Rheinland, wie Heine, aber ein Vierteljahrhundert jünger, ohne die Erfahrungen der Napoleonischen Zeit. Alte Leute der Napoleongeneration waren noch an der Macht, als er ins Leben eintrat; da war er jung und verachtungsvoll, im sicheren Gefühl, daß ihm und seiner Art zu denken die Zukunft gehöre. Er studierte in Bonn und Berlin, redigierte 1842 die »Rheinische Zeitung« in Köln, welche verboten wurde, ging 1843 nach Paris, 1845 nach Brüssel. Dann, 1848, kehrte er vorübergehend nach Deutschland zurück, eben dreißigjährig. Die politische Philosophie und revolutionäre Strategie, welche nach ihm benannt wurde, war schon fertig in seinem Geist.

Ein Russe, der ihn auf einer Sozialistenversammlung in Brüssel traf, schildert ihn: »Eine dichte, schwarze Mähne auf dem Kopf, die Hände mit Haaren bedeckt, den Rock schief zugeknöpft, hatte er dennoch das Aussehen eines Mannes, der das Recht und die Macht hat, Achtung zu fordern... Seine Bewegungen waren eckig, aber kühn und selbstbewußt. Seine Manieren liefen geradezu allen gesellschaftlichen Umgangsformen zuwider. Aber sie waren stolz, mit einem Anflug von Verachtung, und seine scharfe Stimme, die wie Metall klang, stimmte merkwürdig überein mit den radikalen Urteilen über Menschen und Dinge, die er fällte. Er sprach nicht anders als in imperativen, keinen Widerstand duldenden Worten, die übrigens noch durch einen mich fast schmerzlich berührenden Ton, welcher alles, was er sprach, durchdrang, verschärft wurden.« Ähnlich sah ihn ein paar Jahre später ein deutscher Student, dem seinerseits gute Augen, heller Verstand und kräftige Gesinnung eigen waren, Carl Schurz: »Was Marx sagte, war in der Tat gehaltreich, logisch und klar. Aber niemals habe ich einen Menschen gesehen von so verletzender, unerträglicher Arroganz des Auftretens. Keiner Meinung, die von der seinigen wesentlich abwich, gewährte er die Ehre einer einigermaßen respektvollen Erwägung. Jeden, der ihm widersprach, behandelte er mit kaum verhüllter Verachtung. Jedes ihm mißliebige Argument beantwortete er entweder mit beißendem Spott über die bemitleidenswerte Unwissenheit oder mit ehrenrühriger Verdächtigung der Motive dessen, der es vorgebracht. Ich erinnere mich noch wohl des schneidend höhnischen, ich möchte sagen, des ausspuckenden Tones, mit welchem er das Wort ›Bourgeois‹ aussprach; und als ›Bourgeois‹, das heißt, als ein unverkennbares Beispiel einer tiefen geistlichen und sittlichen Versumpfung, denunzierte er jeden, der seinen Meinungen zu widersprechen wagte.« Es ist kein Zweifel, daß er den Leuten so erschien, die Zeugen sind gar zu zahlreich, gar zu übereinstimmend; und ist wohl kein Zweifel, daß er so war. Er war gesegnet und geschlagen mit einem ungeheuren Verstand, der ihn vereinsamte und ihn hochfahrend machte. Liebe hatte er wohl, für seine Frau, seine Kinder, auch Mitleid; es empörte ihn das Elend, das mit der Industrie hereingebrochen war. Sein Charakter war unbeugsam in der Not, vollständig die Treue zu der titanischen Arbeit, die er sich selber auferlegt hatte. Das sind preisenswerte Tugenden. Sie wurden überwuchert von einem furchtbaren Willen zur Macht; von dem Willen, recht zu behalten und allein recht zu behalten. Die Gegner, die Kritiker, die Andersdenkenden wollte er vernichten, mit dem Schwert oder, solange das noch nicht anging, mit der Feder, die in Gift getaucht war. Ein solcher kann die Welt nicht besser machen.

Marx war ein Sohn seiner Zeit und mannigfachen Einflüssen ausgesetzt. Der Mythos, den er schuf, war nicht so originell, wie er wohl selber sich zutraute. Die Erwartung der großen Revolution, die eines Tages die Welt ganz anders und endgültig gutmachen würde, kam ihm aus dem 18. Jahrhundert, aus Frankreich. Politik und Gesellschaft *geschichtlich* zu sehen, als ein Gewordenes, ein Werden und Vergehen – dies hatte er mit den deutschen Geschichtsdenkern seiner Zeit gemein, mit der Schule, die man später »Historismus« genannt hat. Daß die Geschichte sich nach einigen wenigen Gesetzen, wenn nicht einem einzigen großen Gesetz verhalte und dies Gesetz auffindbar sei, dies wieder war eine Übertragung des naturwissenschaftlichen Anspruchs der Zeit auf die Gesellschaftswissenschaft; Marx war bei weitem nicht der einzige, der sie vornahm. Der Glaube an den Fortschritt, so stark und sicher in seinen Schriften, war ein Erbstück des vorigen Jahrhunderts, bürgerliches Gedankengut par excellence. Der Gedanke des »Klassenkampfes«, oder des geschichtlichen Aufeinanderfolgens der sozialen Klassen lag in der Luft, als Marx jung war: der dänisch-deutsche Gelehrte Lorenz von Stein gab ihm wissenschaftliche Form in einer Schrift, die zuerst 1842 erschien. Die Französische Revolution, so hieß es, hatte nicht das Volk, sondern nur das besitzende Bürgertum an die Macht gebracht, die es nun in seinem Interesse schamlos verwaltete; das nächste Mal würde das Volk, das Proletariat, an die Reihe kommen. Wir haben gesehen, wie sehr Heinrich Heine von dieser Aussicht fasziniert war. Atheismus, Erklärung der Religion aus Unwissenheit, Aberglauben, menschlicher »Selbstentfremdung«; Utopismus, die Hoffnung, daß nach der letzten, der sozialistischen Revolution der Staat selber mit allen seinen Instrumenten des Zwanges entfallen und nichts übrigbleiben würde als eine frei produzierende, glücklich-anarchische Gesellschaft; der Begriff einer großen Krise, durch welche die Menschheit ging, und der Lenkbarkeit solcher Krise durch Wissenschaft – Denkmoden, alles das, welche in den dreißiger Jahren von einem Geist zum andern sprangen und die man keinem einzelnen Denker als seine Schöpfung zuschreiben kann. Nehmen wir sie aber alle zusammen, so haben wir beinahe schon den ganzen »Marxismus«.

Dazu kam der stärkste geistige Einfluß, dem Marx unterlag: der Einfluß Hegels. Das hatte er mit den »Junghegelianern« gemein; von ihnen, von Arnold Ruge etwa, war er nicht so weit entfernt, wie seine höhnische Polemik glauben machen wollte. Die Philosophie Hegels – eine Versuchung für einen starken, einsamen, von wütendem Ehrgeiz getriebenen Geist. Denn sie war selber so enorm gescheit, so reich und auch so gewalttätig, verbogen und verrückt in ihrem Anspruch. Wenn man ungefähr so gescheit war wie Hegel, wenn man aber *nach* ihm kam, ihn korrigierte, es besser machte als er – so konnte man wohl glauben, man sei dazu auserwählt, dem Menschen endlich zu sagen, was seine Geschichte sei und wie seine Geschichte zukünftig zu *machen* sei. Den ersten Anspruch übernahm Marx von Hegel; den zweiten fügte er auf eigene Faust hinzu. Hegel, so argumentierte er, hatte sich wesentlich nur mit der geistigen Geschichte des Menschen befaßt, seine Geschichte zu einer geistigen gemacht und aus ihr die wirklichen sozialen Verhältnisse in ihrer Veränderung erklärt. Das war eine Umkehrung des wahren Sachverhalts. Man mußte mit der sozialen Wirklichkeit beginnen, dem Wirtschaftsleben, den Macht- und Rechtsverhältnissen, und das Geistige, Religion, Philosophie im Zusammenhang mit ihnen sehen. Ja, man mußte fragen, warum überhaupt der Mensch sich solche Reiche in den Wolken erbaute. Tat er es, weil in seiner wirklichen Welt etwas nicht stimmte? Es gab Herrschaft von Menschen über Menschen, Ausbeutung von Menschen durch Menschen, Reiche und Arme, Elend trotz allen Reichtums und wachsendes Elend trotz wachsenden Reichtums. Der Mensch beherrschte die soziale Wirklichkeit nicht, die er doch selber, aber unbewußt, planlos, geschaffen, er war sich selber fremd. Darum, in seiner Not, erdachte er sich Götter, Erlöser, philosophische Systeme, welche die entfremdete, wirre, leidensreiche Wirklichkeit erklären sollten. Aber diese Wolkenkuckucksheime, von denen das Hegelsche System das letzte, kunstvollste war, halfen nichts, wirkten nichts. Man mußte sie selber kritisch zerstören. Das konnte man nicht, ohne zugleich die soziale Wirklichkeit zu erkennen, aus der jene Geisteswolken aufgestiegen waren; ohne sie selber zu verändern und in Ordnung zu bringen. Folglich war es, nach Hegels Tod, nicht mehr die Aufgabe der Philosopie, das Hegelsche System mit einem noch kunstvolleren zu übertrumpfen. Die Wirklichkeit zu erkennen und zu *verändern* – wissenschaftlich die Revolution vorzubereiten, war jetzt die Aufgabe der Philosophie, die eben darum keine bloße Philosopie mehr sein durfte, sondern Gedanke und Tat, Tat aus dem Gedanken. »Die Philosophen haben die Welt nur verschieden *erklärt*; es kommt aber darauf an, sie zu *verändern*.« So kam Marx zu einer Verneinung der Philosopie, die für ihn in der Hegelschen gipfelte, und von der Philosopie zur Politik. Aber, und dies ist wichtig: Es war eine philosophische Politik, die er treiben wollte. Er verneinte die Philosopie auf ihrem eigenen Boden, in ihrem eigenen Jargon, den er nur zu gut beherrschte. Später ist er wohl auch gelegentlich mit der Welt der Arbeit in Berührung gekommen, hauptsächlich durch seinen Freund Engels. Er kannte sie nicht, als er die Grundzüge seiner Theorie entwarf. Hegel kannte er, und die Philosephen vor Hegel, und die Junghegelianer. Das ganze Abrakadabra der Hegelschen Dialektik findet sich in seinen Schriften wieder: die Spannung zwischen Sein und Bewußtsein, das »Zu-sich-selber-Kommen« des Bewußtseins, die »Negation der Negation«, der Sprung von der Quantität zur Qualität, und so fort – alle diese tiefsinnigen, oft auch spielerischen, bis zu Verdrehung und Wortwitz gehenden Denkfunde. »Es ist also die Aufgabe der Geschichte«, schreibt der junge Marx, »nachdem das Jenseits der Wahrheit verschwunden ist, die Wahrheit des Diesseits zu etablieren. Es ist zunächst die Aufgabe der Philosophie, die im Dienst der Geschichte steht, nachdem die Heiligengestalt der menschlichen Selbstentfremdung entlarvt ist, die Selbstentfremdung in ihren unheiligen Gestalten zu entlarven. Die Kritik des Himmels verwandelt sich damit in die Kritik der Erde, die Kritik der Religion in die Kritik des Rechts, die Kritik der Theologie in die Kritik der Politik.« Scharfe, zischende Sätze, die noch beim Lesen so klingen, wie Carl Schurz die Sprache von Marx beschrieb, bohrend, übergescheit, eine unlautere Freude am Denken und am Herrschen verratend. Hegel hatte doch nicht herrschen wollen. Er hatte sich wohl gehütet, seine Philosophie auf die Zukunft anzuwenden, er hatte gar nichts vorausgesagt. Er hatte nur Vergangenheit interpretiert. Seine Philosophenkunst war eigentlich nur, was nach Friedrich Schiller alle Kunst sein mußte: Spiel, ein erhabenes Gedankenspiel. Ein solches ist nicht Wissenschaft, ist weder wahr noch falsch; es ist nur schön oder nicht schön, tief oder untief, uns ansprechend oder uns nicht ansprechend. Marx wollte aus dem Hegelschen Kunstwerk eine politische *Wissenschaft* machen, die praktisch anwendbar sein sollte, wie Naturwissenschaft. Sie sollte gebraucht werden zu Voraussagen und praktischen Anleitungen für den revolutionären Politiker. Marx löste die wirkliche Welt der Politik in Allgemeinbegriffe auf: »die Bourgeoisie«, »das Proletariat«, »das Kleinbürgertum«, »die Revolution«, »die Ideologie«. »Das Proletariat« hatte »zum Bewußtsein seiner selbst« zu kommen, um seinen Gegensatz, die Bourgeoisie, und gleichzeitig sich selber »aufzuheben«; ein Vorgang, der, wie jede Bewegung, von der die Hegelsche Philosophie erzählt, zugleich logische Entwicklung und Ereignis, zugleich unvermeidlich und frei sein sollte. – So vernünftig ist aber die politische Welt nicht, daß sie sich in ein solches Begriffsspiel auflösen ließe. Sie ist nicht dafür da, damit einer recht behält. Die Philosophie, vollends die überkluge, überkunstvolle Hegelsche, war nicht geschickt, um mit ihr Politik zu machen.

Wie aber spätere Kommunistenführer manches Mal – nicht immer – erfolgreiche Politik machten trotz des Hokuspokus, den sie für realistische Wissenschaft hielten, so war Marx manchmal – nicht immer – ein erfolgreicher Beurteiler der Gegenwart und der Zukunft. Sein Werk, in dem es an abstrusem Unsinn nicht fehlte, war gleichzeitig reich an wahren Einsichten und Voraussagen, die eingetroffen sind. Propheten irren sich, die Geschichte in ihrer Gänze ist nicht vorhersagbar; immerhin hat der Prophet Marx mehr richtig vorausgesagt als die meisten seiner Art. Ob ihm das dank seiner halb wahren, halb unsinnigen Wissenschaft gelang, oder trotz ihrer, kann man nicht entscheiden. Intuition besaß er. Als politischer Jour-

nalist und Historiker der eigenen Zeit hat er Großartiges geleistet: zornig, witzig, begabt mit einem Scharfblick des Hasses, überwältigend intelligent. Auf diesem Feld liegen seine Leistungen, die am lebendigsten blieben.
Friedrich Engels, mit dem er in den vierziger Jahren zusammentraf und ein Bündnis fürs Leben schloß, war eine andere Natur; ein Industriellensohn aus dem Wuppertal, Sportsmann, Frauenfreund, Jäger, Weinkenner und Soldat, ritterlich und lebensfroh. Mit der Hegelei fing auch Engels an, kam aber, im Gegensatz zu Marx, als Industrieller bald zu praktischen Erfahrungen. Sein erstes Buch, »Die Lage der arbeitenden Klassen in England« (erschienen 1845) ist wirklich, wie es im Untertitel heißt, »nach eigner Anschauung« geschrieben. Irrig in seinen politischen Voraussagen, ein wenig einseitig selbst in seinen sozialen Schilderungen, ist es doch nur allzu wahr in dem, was es schildert. Eine stärkere, warmblütigere Anklage des ungezähmten Kapitalismus hat keiner geschrieben. So empörend und herzzerbrechend sind die Dinge, die Engels erzählt, die Lebensbedingungen der Arbeiter und Arbeiterinnen und Arbeitskinder, daß man den Fehlschluß des Autors noch heute begreifen und mitfühlen wird: so *kann* es nicht bleiben, das *muß* sich rächen, muß zu einer entsetzlichen sozialen Explosion führen. Dünkelhaft war auf seine Art auch Engels; das mit großer Selbstsicherheit Sprechen und Absprechen praktizierte er schon lustig, bevor er Marx kennenlernte. Nur Marx, den er für ein Genie hielt, ordnete er sich unter, stützte und pries ihn mit ritterlicher Selbstlosigkeit. Die beiden haben sich dann ergänzt und ihre Arbeit so zusammengetan, daß man oft nicht sagen kann, was vom einen und was vom andern kommt. Marx lernte von Engels etwas über das wirkliche »Volk«, von dem Herr Doktor nicht viel wußte. Engels lernte von Marx das Auflösen der Wirklichkeit in Begriffe, das »dialektische« Denken; demnächst die spezielleren ökonomischen Theorien, die Marx entwickelte; auch wohl die giftige Kunst der Polemik, die aber bei Engels immer einen herzhafteren, übermütigeren Charakter behielt. Zusammen organisierten sie während der Jahre 1843 bis 1847 in Paris und Brüs-

sel ihr Denken durch Kritik an den Junghegelianern und »utopischen« Sozialisten; zusammen schrieben sie in den ersten Tagen des Jahres 1848 die Flugschrift, die die halbe Welt erobern sollte: das Kommunistische Manifest. Es enthält die Quintessenz des »Marxismus«. Was danach noch kam, war Anwendung, ökonomische Unterbauung, Illustrierung, Verteidigung; keine lebendige Entwicklung mehr. Das »Manifest« ist eine Schrift von unerhörter Überzeugungskraft, einfach und wie aus einem Guß trotz all der komplizierten Gedankenstücke, die darin verarbeitet wurden. Die ersten, die es überwältigte, so daß sie nie wieder etwas *anderes* denken konnten, waren seine Verfasser.

Der Kern der Geschichte des Menschen ist das Wirtschaften, die Befriedigung der Bedürfnisse des Lebens. Von der Weise, in der produziert und das Produkt verteilt wird, werden die Formen der Herrschaft, des Staates und Rechts, weiter auch die Formen des Denkens, Philosophie, Moral, Religion bestimmt. Seitdem es Eigentum gab, seit der Auflösung der primitiven Stammesgemeinschaften, gab es soziale Klassen; eine, welche herrschte und wirtschaftlichen Gewinn aus ihrer Herrschaft zog, andere, welche beherrscht wurden, sich aber gegen die ihnen auferlegten Lebensbedingungen früher oder später auflehnten. Die Geschichte ist also eine Geschichte von Klassenkämpfen. Die Klasse, die in Westeuropa seit dem 18. Jahrhundert, vor allem durch die Revolution von 1789 und die von 1830, zur Macht kam, ist die Bourgeoisie, die Kapitalistenklasse. Alle neuen Herrenklassen leisten zunächst, was die Geschichte von ihnen verlangt; andernfalls können sie gar nicht Herrenklassen werden. Die Bourgeoisie hat Ungeheures geleistet. »Erst sie hat bewiesen, was die Tätigkeit des Menschen zustande bringen kann. Sie hat ganz andere Wunderwerke vollbracht als ägyptische Pyramiden, römische Wasserleitungen und gotische Kathedralen, sie hat ganz andere Züge ausgeführt, als Völkerwanderungen und Kreuzzüge... Die Bourgeoisie hat das Land der Stadt unterworfen. Sie hat enorme Städte geschaffen, sie hat die Zahl der städtischen Bevölkerung gegenüber der ländlichen in hohem Grade vermehrt und so einen bedeutenden Teil der Bevölkerung dem Idiotismus des Landlebens entrissen... Die Bourgeoisie hat in ihrer kaum hundertjährigen Klassenherrschaft massenhaftere und kolossalere Produktionskräfte geschaffen als alle vergangenen Nationen zusammen. Unterjochung der Naturkräfte, Maschinerie, Anwendung der Chemie auf Industrie und Ackerbau, Dampfschiffahrt, Eisenbahnen, elektrische Telegraphen, Urbarmachung ganzer Weltteile, Schiffbarmachung der Flüsse, ganze aus dem Boden gestampfte Bevölkerungen – welches frühere Jahrhundert ahnte, daß solche Produktionskräfte im Schoße der gesellschaftlichen Arbeit schlummerten?« Die Klasse, die so Gewaltiges vollbracht hat, wird aber bei weitem nicht so lange regieren, wie vor ihr der Feudaladel regierte. Denn die Bourgeoisie produziert gleichzeitig eine Menschenklasse, die ihr sehr bald den Garaus machen wird. Wie das? Im Zeichen des Kapitalismus wird alles zur Ware, zum Tausch; wie die Liebe, welche die Gattin dem Gatten verkauft, so auch die Arbeitskraft, welche der Proletarier auf dem Markt feilbietet. Für sie wird er auf die Dauer nie mehr bekommen, als es bedarf, um sie zu »reproduzieren«, das ist, ihn und seine Familie am schieren Leben zu erhalten. Aber er schafft mehr, als dieser Lohn wert ist, und in eben diesem »Mehr« besteht der Gewinn des Kapitalisten. »Mehrwert« ist die Quelle, aus der das Kapital wächst und wächst. Je mehr aber das Kapital wächst, die großen unabhängigen Kapitalisten ihren Besitz erweitern, desto mehr kleine unabhängige Existenzen werden zur Masse der Lohnarbeiter herabgedrückt, zu der Masse eben jener, die nichts anderes bestreiten können als das bare Leben und unter menschenunwürdigen Bedingungen leben. Gleichzeitig intensivieren sich die periodisch wiederkehrenden wirtschaftlichen Krisen, welche darauf beruhen, daß die Arbeiter den Großteil des von ihnen Produzierten nicht genießen dürfen. Immer mehr wächst das Elend und die Zahl derer, die im Elend sind bei wachsendem Reichtum der Gesellschaft. Immer weniger wird die Zahl der Reichen. Immer häufiger und wütender werden die Absatzkrisen mit ihren Folgeerscheinungen, Arbeitslosigkeit und Hungersnot. Bedarf es da vieles Scharfblicks, um das unvermeidliche Ende vorauszusehen? Eines Tages, bald, wird das große Heer der Proletarier die kleine Schar der Kapitalisten vom Gipfel der Macht stürzen. Die großen Räuber, die das ganze Volk zu enteignen im Begriff waren, werden selber enteignet werden. Der private Besitz der Produktionsmittel, die Verneinung aller echten Gemeinschaft und Freiheit, wird selber verneint werden. Die große Revolution wird eine politische sein, denn die Kapitalisten beherrschen den Staat durch ihre Parlamente, ihre Justiz, ihre Armeen, Kirchen, Schulen, selbst, wie im Frankreich Louis Philippes, durch ihre Könige. Sie wird aber über das nur Politische weit hinausgehen, die Lebensformen der Gesellschaft von Grund auf verändern.

Es wird die letzte Revolution sein. Denn während alle bisherigen revolutionären Klassen kleine Minderheiten waren und eben dadurch zu *herrschenden* Klassen wurden, sind die Proletarier die überwältigende Mehrheit, sind sie praktisch das Volk, oder stehen sie doch für das Volk als dessen fortgeschrittenste Spitze. Sie werden die Macht ausüben nicht im eigenen Interesse, sondern zum Guten aller, sie werden niemanden ausbeuten. Allerdings wird man mit einer Periode des Widerstandes seitens der Gestürzten, Enteigneten rechnen müssen; und solange sie dauert, wird eine eiserne »Diktatur des Proletariats« notwendig sein. Offenbar bedarf es einer starken Hand, um die ehemals Privilegierten niederzuhalten, revolutionäre Justiz zu üben und die neuen Formen der Gesellschaft herzustellen. Ist das aber einmal vollendet, dann entfällt nicht nur die Diktatur; es entfällt der Staat selber mit allen seinen Zwangsmitteln, die ihn seit den ägyptischen Pharaonen bezeichneten. Was war der Staat anderes als eine Maschine der Unterdrückung, deren Räder sich zugunsten der herrschenden Klasse drehten? Gibt es keine herrschende Klasse mehr, nicht Ausbeuter, nicht Ausgebeutete, so muß klärlich der Staat selber verschwinden. In freier Gemeinschaft werden dann die Menschen ihre Angelegenheiten verwalten, unbehindert durch Könige, Krieger und Pfaffen, durch Streit und Furcht und religiösen Aberglauben. Wissenschaft, planvoll angewendet, wird sie zu ungeahnten Höhen des Wohlstandes und Glückes tragen. Alle Widersprüche sind aufgehoben. Das, was Hegel nur auf philosophischem Papier vollzog, die Versöhnung zwischen Bewußtsein und Wirklichkeit, ist endlich erreicht. Die Welt ist im reinen, der Mensch ist er selber.

Was nun die Kommunisten betrifft, so sind sie die Spitze des Proletariats, ganz so, wie das Proletariat die Spitze der Menschheit oder des Volkes. Sie sind das zum Bewußtsein gekommene Proletariat, und nur durch Bewußtsein ist ja das Ziel zu erreichen, ja Klassenbewußtsein und Revolution sind überhaupt ein und dasselbe. Es ist die Aufgabe der Kommunisten, die Revolution wissenschaftlich vorzubereiten. Sie müssen alle anderen sozialistischen Theorien und Schulen durch ihre Kritik vernichten, denn es gibt nur *einen* wahren, wissenschaftlichen Sozialismus, eben den ihren. Sie werden sich andererseits mit *allen* irgendwie revolutionär wirkenden Gruppen verbünden – selbst mit der Bourgeoisie; nämlich dort, wo, wie etwa in Deutschland, die bürgerliche Revolution noch gar nicht vollendet ist. Gegen den Feudalismus sind Kapitalisten und Proletarier Bundesgenossen. Die bürgerliche Revolution wird aber dann gnadenlos weiterzutreiben sein zur proletarischen; sei es sofort, sei es nach einer kurzen Periode der nackten, schamlosen, nun nicht mehr hinter monarchischen oder feudalen Formen versteckten Kapitalistenherrschaft. Lange würde es auf keinen Fall dauern. »Die Kapitalisten«, schrieb Engels im Januar 1848 in der Deutsch-Brüsseler Zeitung, »mögen es vorher wissen, daß sie nur in unserem Interesse arbeiten... Ja, in sehr kurzer Zeit werden sie in Deutschland sogar unseren Beistand anrufen müssen. Kämpft also nur mutig fort, ihr gnädigen Herren vom Kapital! Wir haben euch vor der Hand nötig, wir haben sogar hier und da eure Herrschaft nötig. Ihr müßt uns die Reste des Mittelalters und die absolute Monarchie aus dem Wege schaffen, ihr müßt den Patriarchalismus vernichten, ihr müßt zentralisieren, ihr müßt alle mehr oder weniger besitzlosen Klassen in wirkliche Proletarier, in Rekruten für uns verwandeln, ihr müßt uns durch eure Fabriken und Handelsverbindungen die Grundlage der materiellen Mit-

tel liefern, derer das Proletariat zu seiner Befreiung bedarf, zum Lohn dafür sollt ihr eine kurze Zeit herrschen... aber vergeßt es nicht! – der Henker steht vor der Tür.«
So der Gedankengang des »Manifests«. Soll man ihn genial nennen? Oder staunen über die enorme Anmaßung, in deren Dienst hier so viel gescheite Geschicklichkeit gestellt wurde? Das Erstaunlichste an dem geistigen Abenteuer der beiden arroganten Jünglinge ist seine lang nachhallende, weltbeherrschende Wirkung. Der Geist des »Kommunistischen Manifests« hat, wie später gezeigt werden soll, in der deutschen Sozialdemokratie nie so recht leben wollen. Gelebt hat er in den kommunistischen Parteien Rußlands und Asiens, da lebt er heute noch. Und zwar sind dies die beiden aus dem Manifest auf unsere Zeit gekommenen und sie vergiftenden Elemente: die Sicherheit, den Schlüssel zur Zukunft zu besitzen, die unbedingte Sicherheit, allein, ganz allein im Recht zu sein; und die Bereitschaft, mit anderen Gruppen – jenen, die im Unrecht sind – Bündnisse zu schließen, aber nur, um sie zu benutzen, übers Ohr zu hauen, und sie ehetunlichst zu verderben. »Gerne«, schrieb Lenin, »stützen wir uns auf andere linke Parteien, aber so wie der Strick den Gehängten stützt.« – Diesen Fluch der Falschheit haben Marx und Engels in die Welt gebracht. Sie sahen viel. Manches, was sie schrieben, haben die nächsten hundert Jahre bestätigt und manches schon, schlagend, die nächsten sechs Monate. Der Klassenkampf zwischen Bourgeoisie und Proletariat war in der Tat ein Schlüssel zum Verständnis der jüngsten europäischen Geschichte; vor allem der französischen, die sie für das Modell aller europäischen Geschichte hielten. Das sahen auch andere. Das lag als Gedanke in der Luft und wurde schlimme Wirklichkeit im kommenden Juni, 1848, wurde um so prompter Wirklichkeit, *weil* es als Gedanke in der Luft lag. Dieser Versuchung sind auch andere historische Denker erlegen: das, was sie in ihrer eigenen Gegenwart erlebten, auf alle Vergangenheit zu übertragen und nun zu glauben, sie hätten das Gesetz, nach dem Geschichte geschieht. Daß aber die Geschichte doch den Lauf nicht genommen hat, den Marx prophezeite, das wissen wir, und müßig wäre es,

sein Werk durch eine Aufzählung aller der Dinge zu widerlegen, die nach ihm, ohne ihn, gegen ihn Wirklichkeit wurden. Jeder Prophet wird von der Zukunft widerlegt. Marx ist in mehr Einsichten bestätigt worden als beinahe alle anderen, die sich in jenem zweifelhaften Handwerk versuchten. Vielleicht der erfolgreichste Paragraph im »Manifest« ist der, in dem er die Leistungen des Kapitalismus beschreibt. Denn was er da beschreibt, gab es ja 1848 noch kaum, es kam erst um 1900 zur Reife. In ihren Anfängen schon sah Marx die ganze schwere Bedeutung der kapitalistischen Weltwirtschaft. Und das allein würde genügen, um eine denkwürdige Figur aus ihm zu machen. Aber weder seine gegenständlichen Einsichten noch seine gegenständlichen Irrtümer sind es, worüber man sich heute zu erregen braucht; sie sind abgetan. Was waren die Grundfehler, die sein Denken und sein politisches Programm verfälschten?

Marx verachtete die Politik. Folglich verkannte er die Möglichkeiten, welche sie hatte, den Kampf der Klassen zu mildern, und welche das Proletariat hatte, seine Lebensbedingungen eben durch politische Aktion zu verbessern. Daß er später, für sein »Kapital« – wie schon Engels für seine »Lage der arbeitenden Klassen« – so viel aus den Reporten der englischen Fabrikinspektoren zog, hätte ihn wohl stutzig machen können. Diese Inspektoren waren vom »bürgerlichen«, »kapitalistischen« Staat bezahlt, um die Wahrheit über die Lebensbedingungen der Arbeiter zu erforschen, und doch berichteten sie mit schonungsloser Objektivität. Politik brachte das zuwege; Politik konnte, vielleicht, im sozialen Bereich noch ganz andere Dinge zuwege bringen. Sie hing wohl mit dem wirtschaftlichen Kampf zusammen, aber war nicht identisch mit ihm und konnte sich von ihm lösen. Marx kümmerte sich nicht darum. Zusammen mit der Politik verachtete er die Philosophie oder Wissenschaft von der Politik. Die Theorie der Verfassungen, der Beschränkung der Macht, der Gewaltenteilung, des Rechtsstaates, all das, was seit Jahrhunderten darüber gedacht und dafür getan worden war, hielt er für Hokuspokus. Auf die wirtschaftlich herrschende Klasse allein kam es ihm an;

das übrige war ideologisches Hirngespinst, im Interesse der Herrschenden ausgeheckt, um ihre Stellung zugleich zu stützen und zu verbergen. Darum findet man in den Werken von Marx und Engels nicht eine Zeile über die Frage, wie wohl die Macht des kommunistischen Staates einmal zu beschränken wäre, in welchen Formen sie ausgeübt werden sollte. Die Frage war ihnen widersinnig: politische Macht, wie sie auch legal aufgeputzt erschien, war wirtschaftliche Ausbeutung, und wo es das eine nicht gab, konnte es auch das andere nicht geben. Auch dies schwere Versehen, die einfache Gleichsetzung von Politik mit »wirtschaftlicher Basis«, den Besitzverhältnissen, wirkt nach. Noch heute wird ein Kommunist uns sagen, ein Staat, in welchem die Produktivmittel nicht in privaten Händen seien, ein kommunistischer Staat also, *könnte* niemals imperialistisch sein, *könnte* nach innen nicht despotisch sein, *könnte* Arbeiter und Bauern nicht ausbeuten und so fort.

Übrigens wandte Marx wenig Nachdenken selbst auf die wirtschaftlichen Bedingungen und Regeln, welche sich der siegreiche Kommunismus einmal setzen würde. Die »Expropriation der Expropriateure«, der Vergemeinschaftung der Produktionsmittel, die Befreiung und wissenschaftliche Lenkung der Produktivkräfte – das genügte ihm. Mit dem Weg zum Ziel, mit dem Niedergang der Kapitalistenklasse, dem Kampf, der Technik der Revolution, befaßte er sich Jahrzehnte lang auf das intensivste; mit dem Ziel überhaupt nicht, so daß sein größter Schüler, Lenin, sich nach dem endlichen Sieg in einiger Verlegenheit befand; *jetzt* erst begann man zu überlegen, wie nun der Kommunismus eigentlich aussehen sollte, so daß der Streit darüber, was wahrer Sozialismus oder Kommunismus in der Praxis sei, niemals aufhörte; man fand bei dem Meister nichts darüber.

In der Politik erscheint der Mensch als das, was er ist, mit seinen guten und bösen Möglichkeiten, mit Mißtrauen, Furcht und Haß, mit Egoismus und Altruismus, sportlichem Wetteifer, Freude am hilfreichen Werk, Machtgier, Sicherheitsbedürfnis, Grausamkeit, mit hohen Idealen und niederen Leidenschaften. Marx verachtete die Politik, weil er das menschliche Problem zu einem bloß natürlichen zurückführte und seine moralische Seite bestritt. Wenn seine Ökonomie in Ordnung war, so *mußte* alles andere von selbst in Ordnung kommen. Daß es noch immer der Mensch war, der seine Ökonomie in Ordnung bringen sollte, der Mensch mit allen Schwächen des Fleisches und der Seele, daß er der Mensch bleiben würde auch nach jenem ökonomischen Befreiungsakt – den Einwand tat er als pfäffisches Geschwätz ab. Er konnte wohl sich über die hartherzige Gier der englischen Kapitalisten empören, mit gutem Grund; systematisch aber war für den Unterschied zwischen Gut und Böse kein Platz in seiner Philosophie. Man handelte, wie man mußte; würden die ökonomischen Zustände anders, so würde man zuverlässig anders handeln. Es ist dieser Optimismus, den Marx von der »Aufklärung« erbte, und an dem die Gesellschaftswissenschaft des Westens noch heute hängt; er nimmt das Problem des Menschen als ein nur gegenständliches, wissenschaftlich zu lösendes, nicht als ein moralisches, das ewig in der Schwebe bleiben muß. Einfacher ausgedrückt: er übersieht, daß jene, die das menschliche Problem lösen sollen, auch Menschen sind; und daß auf den Menschen kein Verlaß ist.

Im selben Zusammenhang steht, daß Marx alle Religion verneint. Philosophisch nahm er sie als Ausdruck der menschlichen »Selbstentfremdung«; praktisch als feile Dienerin der herrschenden Ordnung. Und wer will leugnen, daß daran etwas war? Der widerlich heruntergekommene, von österreichischen Soldaten und Rothschildschem Geld verteidigte römische Kirchenstaat; die englische Hochkirche, die es mit den Tories hielt und in der bescheidensten Parlamentsreform schon den Weltuntergang sah; das christlich-germanische Gespreize der Könige von Preußen oder Bayern, das beinahe überall herrschende Bündnis von »Thron und Altar« – dergleichen konnte den Revolutionär wohl zur Feindschaft gegen alle organisierte Religion verführen. In New York gab es einen großen Prediger, welcher von seiner Kanzel donnerte, der Arbeiter, der nicht fähig sei, seine Familie mit einem Dollar den Tag durchzubringen, verdiente nicht zu leben. Dieser Gottesmann scheffelte selber Tausende im Monat und konnte nicht predigen,

ohne daß ihm lose Edelsteine in der Tasche klimperten. Er war in Amerika nicht untypisch. Da nun aber hier von den Marxschen Grundirrtümern die Rede ist, so muß der Erzähler Farbe bekennen; und es muß erinnert werden, daß ein Unterschied ist zwischen der Organisation und ihrem Ziel oder höchstem Gegenstande. In allem, was der Mensch macht, haust das Menschliche; in der kirchlichen wie in jeder anderen Organisation. Und es mag sein, wie die Römer sagten: die Korruption des Besten ist das Schlimmste. Aber die Korruption der Kirchen beweist nichts gegen ihre Mission. Im Gegenteil. Daß auf den Menschen kein Verlaß ist, daß er der Gnade bedarf, gerade diese Erkenntnis haben alle christlichen Konfessionen gemeinsam. Edmund Burke, der Begründer des modernen Konservativismus, war kein über alle Korruption erhabener Politiker. Das nimmt aber seinen Ansichten nicht die Wahrheit. Er war es, der schrieb: »Wir wissen, und was noch besser ist, wir fühlen, daß Religion die Grundlage der Gesellschaft und die große Quelle alles Segens und alles Trostes in jeder menschlichen Verbindung ist. In England sind wir von dieser Wahrheit so innig überzeugt, daß der dickste Rost des Aberglaubens, womit Jahrhunderte voll der ausschweifendsten Verirrungen des menschlichen Geistes die Gemüter überzogen haben, uns noch immer lieber ist, als gänzlicher Mangel an Religion... Wir wissen, und setzen unseren Stolz darein zu wissen, daß der Mensch ein zur Religion geschaffenes Wesen ist, daß der Atheismus nicht allein mit unserer Vernunft, sondern mit unseren Instinkten streitet, und daß er nicht lange bestehen kann. Wenn wir also... eine Religion von uns stießen, die bisher unser Ruhm und unsere Stütze und eine machtvolle Quelle der Kultur bei uns und bei vielen anderen Nationen war, so würden wir fürchten (denn eine gänzliche Leere würde der Geist nicht ertragen), daß irgendein roher, erniedrigender Aberglaube sich einfände, um von ihrer Stelle Besitz zu nemen.«
So Burke; während Marx die Religion »Opium fürs Volk« nannte und uns von ihr für immer zu befreien gedachte. Es ist die Überzeugung des Schreibers dieser Zeilen, daß Burke

der menschlichen Situation gerechter wurde – also der Wahrheit näher war – als Marx.
Womit wir die Hauptsachen betrachtet hätten, in denen das Urteil dieses großen Denkers der Kritik offen liegt. Ihn und seinen Freund Engels werden wir im Lauf des Jahrhunderts noch oft am Werk sehen.
Das »Kommunistische Manifest« wurde in den ersten Tagen des Jahres 1848 vollendet. Drei Monate später eilten seine Verfasser nach Deutschland, wo, wie sie glaubten, jetzt die Stunde geschlagen hatte, den Gedanken in die Tat umzusetzen.

VIERTES KAPITEL

Achtzehnhundertachtundvierzig

ERSTER TEIL: DER HERGANG

»Eines Morgens gegen Ende Februar des Jahres 1848«, so erinnert sich aus seiner deutschen Jugendzeit der amerikanische Politiker Carl Schurz, »saß ich ruhig in meinem Dachzimmer, am Ulrich von Hutten arbeitend, als plötzlich einer meiner Freunde fast atemlos zu mir hereinstürzte und rief: ›Da sitzt du! Weißt du es denn noch nicht?‹ ›Nun, was denn?‹ ›Die Franzosen haben den Louis Philippe fortgejagt und die Republik proklamiert!‹ Ich warf die Feder hin – und der Ulrich Hutten ist seitdem nie wieder berührt worden. Wir sprangen die Treppe hinunter, auf die Straße. Wohin nun?...« So stark wirkte die Nachricht von der Pariser Februar-Revolution auf das Gemüt junger Deutscher.

Der europäische Aufruhr gegen die Ordnung der Dinge, welche nun, mit immer geringerem Glauben an sich selbst, seit dreiunddreißig Jahren geherrscht hatte, begann im Januar in Sizilien und Süditalien. Im Februar sprang er nach Frankreich über, kaum zur Überraschung derer, die das korrupte, volksfremde Regime des König-Bürgers lange seinen vereinsamten Weg hatten bergab gehen sehen. Auch in Deutschland stand ein großes Ereignis auf der Tagesordnung. Längst war es unter nachdenklichen Menschen Mode, es zu erwarten, zu erhoffen, zu befürchten. Was man erwartet, das kommt dann meistens auch, denn, bewußt oder nicht, man handelt der Erwartung entsprechend. Wahlsiege der Liberalen in Süddeutschland zeigten, wohin der Wind wehte. Das preußische Verfassungsproblem drängte auf ein Lösung. In Österreich konnte der Staatskanzler Metternich wohl nicht ewig leben; selbst die kaisertreuesten Patrioten gestanden, daß sein »System« zum erstorbenen Anachronismus geworden war. In Gesamt-Deutschland, vor allem im Westen und Süden rumorte stärker und stärker die Forderung nach einer Reorganisation des Bundes, nach einem deutschen Reich. Dazu kam die sozialistische oder kommunistische Bewegung, ungreifbar, ganz gering an Zahl, aber gern besprochen und gefürchtet; der Prinz Wilhelm von Preußen warnte vor »liberalen und kommunistischen Einflüssen« sogar in der preußischen Armee. Das Jahr 1847 hatte eine jener periodisch wiederkehrenden Handelskrisen gebracht, von deren Wesen man wenig wußte und deren Folgen man nur mit den kümmerlichsten Palliativen zu bekämpfen verstand. Geschehen also wäre etwas, wenn nicht in diesem Jahr, dann etwas später. Aber Deutschland gehörte zu Europa. Der Anstoß, der aus den romanischen Ländern kam, brachte die deutschen Dinge ins Rollen. Und nun rollten sie mit Leichtigkeit.

Märzrevolution

Ein Sturm von Versammlungen, Straßenkundgebungen, Delegationen, getragen vom Bürgertum, verstärkt und vorwärtsgetrieben von den kleinen Leuten, Bauern, Handwerkern, Arbeitern, brachte während der ersten Märzwochen die Führer der liberalen Opposition an die Spitze der Regierungen in Baden, Württemberg, Bayern, in Darmstadt, Nassau, Kassel, Sachsen, Hannover. Es waren überall dieselben Forderungen, getönt und gesteigert je nach der Eigenart der bisherigen Mißwirtschaft; überall wurde ihnen mit der gleichen Bereitwilligkeit nachgegeben, so als seien die Herrschenden heimlich längst von der Unhaltbarkeit ihrer seitherigen Gewohnheiten überzeugt gewesen. Freiheit der Presse und der Versammlungen, Bewaffnung des Volkes oder Bürgerwehr, Geschworenengerichte, Reform des Wahlrechts, wo es eines gab, Mitarbeit am Aufbau eines deutschen Bundesstaates, all das wurde zugesagt, süddeutsche Parlamentarier, die sich in Heidelberg trafen, gingen so weit, auf eigene Faust die Einberufung einer deutschen Nationalversammlung in Frankfurt am Main zu beschließen »im Interesse des Schutzes des gesamten deutschen Vaterlandes und der Throne«, wie es in ihrem Aufruf hieß. Auch der Throne – man wollte es nicht machen wie die Franzosen. Das März-Erlebnis – so nannte man es später – sollte niemandem wehe tun. Jubel, Verbrüderung, Versöhnung mit Fürsten, die ihren Irrtum einsahen, Fahnen, Fackeln, Triumphpforten – das war die Stimmung. Kein mörderischer Zusammenbruch wie in Frankreich im Jahre 1792, kein Neubeginn der deutschen Geschichte. Gar keine Gewaltanwendung womöglich, nur Überredung, verstärkt durch ein wenig revolutionäre Schaustellung.

Mittlerweile konnte das, was in Stuttgart oder Darmstadt vor sich ging, die Geschicke der Nation nicht entscheiden. Das »dritte Deutschland«, insgesamt genommen, hatte wohl Gewicht. Das erste und zweite, Österreich und Preußen, hatten mehr.

Am dreizehnten März zog Fürst Metternich sich von seinen Ämtern zurück und entwich, immer noch redend, immer noch philosophierend, nach England. Die Bewegung, die das zuwege brachte, erschien in ihrer Einmütigkeit zunächst im Stil der süd- und westdeutschen, war aber aus stärkeren Quellen gespeist. Wien hatte vierhunderttausend Einwohner, unter ihnen eine standesbewußte, intelligente Industriearbeiterschaft, politisch informierte, von hellen Köpfen geführte Studenten, dann allerlei Organisationen, Gewerbe- und Kulturvereine, und sehr viele Fremde aus den Provinzen des Habsburger Reiches, Polen, Tschechen, Ungarn, Italiener. Auch hier wurde schleunigst »alles bewilligt«, die Entlassung des Staatskanzlers zuerst, dann das Zauberding, dem man damals eine beinahe unbeschränkte Heilkraft zutraute, die »Konstitution«. Nicht so klar war, wie sie gestaltet sein sollte, um die vielen Völker des Reiches gleichmäßig zu befriedigen. In Wien war man öster-

reichisch, sehr kaisertreu und auch sehr deutsch und wollte den »Anschluß« – dies Wort kam nun auf – an ein großes Deutschland. Mailand und Venedig waren in hellem Aufruhr; nichts Geringeres als die völlige Trennung von Österreich konnte jetzt den demokratischen Nationalismus der Italiener befriedigen. Eine südslawische, »illyrische« oder kroatische Bewegung bedrohte die Vorherrschaft der magyarischen Aristokratie innerhalb des Königreichs Ungarn. In Prag meldeten tschechische Wortführer ihre Forderungen an, die sie nicht sosehr gegen den Kaiserstaat selber wie gegen seinen vorwiegend deutschen Charakter richteten; man hatte sich dort ausgerechnet, daß es mehr Slawen als Deutsche im Reich der Habsburger gab. Wie sollte alledem eine bändigende Form gegeben werden? Ein großes Schiff ohne Steuer, so schwankte in den Frühlings- und Frühsommermonaten des Jahres 1848 die österreichische Monarchie; es fehlte nicht an Beobachtern, die diesem ehemals prachtvollen aber veralteten Staatswesen den Untergang prophezeiten.
Weder in den letzten Tagen Metternichs, noch nach seinem Sturz war Österreich imstande, die revolutionäre Entwicklung in Deutschland für sich zu nutzen und ihr Führung zu geben. In besserer Lage befand sich noch in den ersten Märzwochen das Königreich Preußen. Führung mußte ja wohl sein, wenn plötzliche Veränderung sein sollte; sei es durch eine starke revolutionäre Organisation – aber sie gab es nicht –, sei es durch einen der großen deutschen Staaten und jene, die dort Macht hatten. Das, was Paris für Frankreich war, konnten nur Wien oder Berlin für Deutschland sein, wenn überhaupt eine deutsche Stadt es konnte. Später, im Herbst, hat wohl einer versucht, die deutsche Republik in Lörrach gegenüber von Basel, in der äußersten Ecke von Südbaden, auszurufen; Lörrach war hierfür nicht der geeignete Ort. Auf die Hauptstädte und Hauptmächte kam es an. Die Hauptmächte selber zu überwältigen und einzuschmelzen, dazu war die liberale Bewegung bei weitem nicht stark, nicht ruchlos genug. Sie wartete auf Führung, sie flehte darum. Eine Mission kleinstaatlicher Liberaler ging nach Berlin ab, um den König, Friedrich Wilhelm IV.,

von der Chance zu überzeugen, die seinem Ehrgeiz blühte. Dieser krankhafte, durch allerlei unzeitgemäße Träumereien paralysierte Selbstherrscher war aber nicht der Mann, die Gelegenheit zu ergreifen.
Eine große Geschichtstat hätte er gern getan, nur dann zwar, wenn sie ganz in seinem Sinn getan werden konnte, den Pomp des Königtums ungeschmälert ließ und übrigens ungefährlich war – schwer zu erfüllende Bedingungen. Was er zunächst für sein Preußen zugestand, die periodische Einberufung des »Vereinigten Landtags«, reichte jetzt nicht mehr aus. Preußen gehörte zu Deutschland so wie Deutschland zu Europa; das »Märzerlebnis« wollte auch in Preußen erlebt sein. Vom allmächtigen »Zeitgeist« sprachen die Bürger viel; Unruhen in den großen Provinzstädten, Köln, Breslau, Königsberg, dann in Berlin selbst sorgten dafür, daß auch in Preußen der Zeitgeist triumphierte. Sie waren harmlos genug, diese Unruhen, aber nahmen sich ernster aus dadurch, daß das Militär sich nach altem, grimmigem Brauch verhielt. Das steigerte sich. Friedrich Wilhelm ließ sich bereden, daß es hohe Zeit sei, dem Zeitgeist nachzugeben. Nur fünf Tage nach Metternichs Sturz wurde auch in Preußen »alles bewilligt«, Pressefreiheit und freisinnige Verfassung für Gesamtdeutschland sowohl wie für Preußen. Womit vernünftigerweise das Märzerlebnis erfüllt gewesen wäre. Trotzdem kam es in Berlin zu einer ernsthaften Straßenschlacht zwischen Bevölkerung und Truppe. Vielleicht, daß ein guter politischer Instinkt der Kampfeslust, der Panik, dem Mißverstehen irgendeines Kommandos zu Hilfe kam. Vielleicht, daß die Berliner einmal zeigen wollten, sie seien die Herren über ihre Stadt, nicht das Militär. Das war die Forderung; daß die Soldaten fort müßten. Nachdem man einige Hundert Menschen totgeschossen hatte, gab die Majestät auch dieser Forderung nach. Die Regimenter wurden aus der Stadt zurückgezogen; eine hastig organisierte Bürgerwehr versorgte an ihrer Stelle den Wach- und Ordnungsdienst. Das war ein Sieg des liberalen Bürgergeistes, gerade hier, am Hauptort des Staates, der von Anfang an seiner Armee gehört hatte. Er wurde bekräftigt durch die eilige Flucht des Prinzen Wilhelm,

Bruder des Königs, der als Erzmilitarist und Scharfmacher, als »Russe« galt; durch die Reverenz, die der König den Leichen der Erschlagenen, in den Hof des Schlosses Gekarrten zu erweisen gezwungen wurde (»jetzt fehlt nur noch die Guillotine«, bemerkte bei dieser sehr düsteren Gelegenheit die Königin); durch den wunderlichen Umzug endlich, den Friedrich Wilhelm am einundzwanzigsten März durch die Stadt unternahm, zu Pferde, eine schwarzrotgoldene Schärpe umgetan, verkündend: Er stelle sich jetzt an die Spitze Deutschlands. Bürgerwehr zog hinter dem verwirrten Potentaten drein, gefeierte Kämpfer der vorigen Tage, und dahinter »Volk«, das die Würdenträger des Staates lustig mit sich riß. »Is man jut, daß Ihr Bruder Friede jemacht hat«, bemerkte ein Arbeiter zu einem der königlichen Prinzen, »ich sag Ihnen, et wäre sonst eklig, äußerst eklig jeworden. Wir waren alle für die Republik, wenn det Schießen nicht ufjehört hädde. Na, nu is ja allens jut und wir denken, et wird ja woll jeder sein Wort halten, denn wer'n wir janz jemütlich bleiben.« – Das war die Frage – ob jeder sein Wort halten würde.
Sprecher für die bisherige liberale Opposition wurden an die Spitze der Regierung gerufen, zwei Geschäftsleute aus dem Rheinland, Ludolf Camphausen und David Hansemann. Der Vereinigte Landtag, zum letztenmal zusammengetreten, erkannte sich nur noch eine Pflicht zu: die jüngsten Geschehnisse zu sanktionieren und ein Wahlgesetz anzunehmen, nach welchem, so der Wortlaut, die »zur Vereinbarung der preußischen Staatsverfassung zu berufende Versammlung« zu wählen war. Das Wahlrecht war demokratisch im Prinzip; und solche Zugeständnisse des Königs wie Pressefreiheit, Schwurgerichte, unabhängiger Richterstand, Bürgerwehrverfassung, Aufhebung der feudalen Gerichtsbarkeit mußten nur alle erfüllt werden, um das große norddeutsche Staatswesen zu einem zeitgemäßen, bürgerlichen zu machen.
In Wirklichkeit war nichts entschieden. Und so widerspenstig verknäuelt lagen die Dinge, daß man noch, ein Jahrhundert später auf sie zurückblickend, kaum sieht, wie sie hätten entschieden werden können. Wir sagen Dinge und meinen Men-

schen. Aber für den Erzähler sind ja auch Menschen und ihre Gedanken, Vorstellungen, Willensbildungen – Dinge. Er muß sie so nehmen, wie er sie findet. Er muß nicht fragen, wie es hätte kommen können, wenn sie alle ganz anders gewesen wären.

Ungelöste Fragen

Die alten Mächte, Höfe, Armeen, Bürokratien waren nicht besiegt. Wo der Kampf nicht ernsthaft war, da konnte auch der Sieg es nicht sein; weder in Wien noch in Berlin hatten im März die Kräfte sich ernsthaft aneinander gemessen. Die »März-Errungenschaften« waren einem momentanen Nervenzusammenbruch der Herrschenden zu danken, nicht ihrer entscheidenden Niederlage. Noch mehr: die Sieger selber wünschten eine solche Niederlage nicht. Man wollte keine Revolution im Sinn der französischen. Die Worte »es ist alles bewilligt«, welche damals in Deutschland so oft mit Jubel gehört wurden, zeigen es an: man wollte sich die Freiheit von der traditionellen Autorität bewilligen lassen. Reform, Kompromiß, »Vereinbarung« waren die bevorzugten Begriffe der deutschen Liberalen; und nur wenige radikale Demokraten stellten die Frage, was denn geschehen sollte, wenn beide Partner, »Krone« und »Volk«, sich nicht vereinbaren könnten. Als man einem berühmten westfälischen Liberalen nach dem Sturz Louis Philippes von der Möglichkeit sprach, dergleichen könnte sich in Deutschland wiederholen, rief er: »Wie Revolution? In Preußen? Das ist ganz ausgeschlossen. Wir wollen in Preußen friedliche, volkstümliche Reform und eine liberale Verfassung, aber unter keinen Umständen Revolution!« Und ähnlich der hessische »März«-Minister von Gagern, der demnächst Präsident der deutschen Nationalversammlung wurde und, mit seinen Tugenden wie seinen Schwächen, der typische Repräsentant der ganzen Bewegung war: »Sprechen Sie die Absicht dieser Versammlung aus, damit sie in Deutschland widerhalle... die Absicht, daß wir an der Monarchie festhalten, daß wir zwar eine Versammlung bilden, die die Freiheit will und um des Volkes und der Volkssouveränität willen erstrebt, aber dem Prinzip der Monarchie im Staate treu bleibe und zugleich der Notwendigkeit der Durchführung der Einheit huldige.« Die Volkssouveränität und dennoch die Monarchie. Und wohlgemerkt: nicht die Monarchie, wie wir sie aus dem England unserer Tage kennen, die Monarchie, die einmal zerschmettert worden war, um als freundliches, geliebtes Symbol der nationalen Gemeinschaft aufzuerstehen, sondern die Monarchie, wie sie eben damals in der deutschen Wirklichkeit existierte: zäh, selbstisch und mit starken gesellschaftlichen Kräften eng verbunden. Man wollte die gründliche politische Veränderung, aber nicht die groben Mittel, durch welche dergleichen in anderen Ländern zustande gekommen war, denn man haßte die gesetzlose Unordnung über alles. Ein solches vertrauensvolles Spiel konnte nur dann gelingen, wenn alle Partner sich an seine Regeln hielten. In Armee und Verwaltung wurde nichts geändert. Neue, unerfahrene Minister hatten einem feindlichen, nach dem guten Alten schielenden Personal vorzustehen. Ihrerseits meinten die Fürsten es im März mit ihren Zugeständnissen wahrscheinlich ehrlich (es gab Ausnahmen). Selbst einer der schärfsten Konservativen und vergleichsweise Gescheitesten unter ihnen, der Prinz Wilhelm von Preußen, glaubte einige Wochen lang vom Zeitgeist geschlagen zu sein und die neue Lage anerkennen zu müssen. Man ist selten von so folgerichtiger Tücke, daß man, während man das eine tut, bereits das andere plant. Als sie aber merkten, daß der Zeitgeist ein so gefährlicher Geselle nicht sei, und daß sie am Ende wohl gar nicht hätten nachzugeben brauchen, begannen die Herren auf ihre reaktionären Ratgeber zu hören.

Die Liberalen wollten friedliche Reform und rechtliche Kontinuität, worauf ihnen viel ankam. Sie wollten sich nicht selber ernennen, sondern von den bisherigen Machthabern mit einer beschränkten Macht betraut werden. Sofort trennte sich von ihnen eine Gruppe, die eine solche Bewahrung der alten Legalität nicht für möglich oder nicht für wünschenswert hielt, oder beides nicht. Man nannte sie Demokraten, Republikaner, Sozialrepublikaner, je nachdem. In Berlin, in Wien, demnächst in Frankfurt, in West- und Südwestdeutschland, überall standen sie bald im scharfen Gegensatz zu den Liberalen. Eine solche Bewegung nach links, das Erscheinen einer neuen, radikaleren Opposition neben der alten, jetzt zur Macht gelangten ist das, in Revolutionszeiten, Gewöhnliche; so war es in Frankreich im 18. Jahrhundert gewesen, so auch in England im 17. Jahrhundert. In Frankreich aber, wo man die Dinge mit blutigem Ernst betrieb, wurde jeweils eine Partei beiseite geschafft, bevor die verbleibende Mehrheit sich spaltete; als Girondisten und Jakobiner einander gegenüberstanden, gab es die Anhänger der Monarchie als politische Macht nicht mehr. In Deutschland gab es die Verteidiger der alten Ordnung allerdings noch, ihnen, der Rechten, wurde die liberale Mitte in dem Maße zugetrieben, in dem die Linke sich radikalisierte. Die Liberalen wollten das Bürgerkönigtum, die konstitutionelle Monarchie; ehe sie sich aber von den Demokraten überspielen ließen, ergaben sie sich dem Prinzen von Preußen. Folglich schwächte der Radikalismus die Revolution. Er hätte sie nur dann vorwärtstreiben können, wenn er sehr stark und ruchlos gewesen wäre.

Zu der neuen Aufspaltung der Nation in Parteien kam die alte, die Existenz der Teilstaaten. Sie waren zäh; viel lebenskräftiger, als man im Moment glaubte. Wohl hatte sich im März etwas Gemeinsames, Gesamtdeutsches gezeigt, das von langer Hand vorbereitet war. Aber das bedeutete noch nicht das Ende der Teilmächte. Auch Europa zeigte sich 1848 als ein Ganzes, in dem eines zum anderen gehörte; Revolution war gleichzeitig in Paris und in Budapest, in Palermo und in Posen. Diese Gemeinsamkeit schaffte aber die Nationen und ihren lauten Drang zur Selbstverwirklichung nicht aus der Welt, ganz im Gegenteil. Ebensowenig hörte Deutschland auf, in Staaten zu zerfallen, weil überall die gleiche liberale Bewegung momentan triumphiert hatte. Wir verbinden die Existenz dieser Staaten mit gewissen Ständen und ihren Interessen, den Fürsten, Großgrundbesitzern, den Offizieren, Beamten, Hoflieferanten und so fort. Der irrte sich aber, der ihr Wesen nur auf solche materiellen Interessen zurückführen wollte. Staaten haben ihren Lebenswillen, ihre Idee, die von Generation zu Generation vererbt wird und tief in der Vergangenheit wurzelt. Wir sind sentimentale Wesen und stolz auf die Gemeinschaft, zu der wir gehören. So gab es die österreichische Staatsidee, die preußische, bayerische, selbst die württembergische, hannoveranische, hamburgische. Wer einem dieser Staaten loyal anhing – und das taten im Grunde die meisten, nur die ganz Freien, ganz Gescheiten, Entwurzelten nicht – und wer zugleich die deutsche Einheit wollte, der wollte sich Widersprechendes, schwierig zu Vereinigendes. In gewissen Gegenden, zum Beispiel in Altbayern – so nannte man die Landkreise, die schon vor Napoleon zu Bayern gehört hatten –, war die Loyalität zum eigenen Staat klärlich stärker als der gesamtdeutsche Patriotismus.

Nicht nur war Deutschland politisch vielfach in sich gespalten; es war auch durch allerlei höchst komplizierte Verhältnisse mit nichtdeutschen Staaten und Völkern verknüpft. Zum Deutschen Bund gehörten deutsche, halbdeutsche oder angeblich deutsche Staatsgebilde, welche gleichzeitig anderen Kronen untertan waren: das holländische Luxemburg und Limburg, das dänische Holstein, von den habsburgischen Landen neben den deutsch-österreichischen Gebieten auch das italienische Südtirol und das überwiegend tschechische Königreich Böhmen. Zum Deutschen Bund gehörten *nicht* einige Gebiete, die gleichwohl einem deutschen Staat untertan und wenigstens teilweise von Deutschen bewohnt waren, die preußischen Provinzen Ost- und Westpreußen und Posen. Bestand man auf einem Reich *aller* Deutschen – und das war der Ehrgeiz –, so fehlte es nicht an Patrioten, welche an die Existenz so vieler Deutscher im eigentlichen Ausland erinnerten: im französischen Elsaß, im dänischen Schleswig, in den baltischen Provinzen Rußlands und in den Städten des Habsburger Reiches, die Donau hinunter fast bis zum Schwarzen Meer. Das moderne, ein wenig rauhe Mittel des »Bevölkerungsaustausches« oder der »Rücksiedelung« war im 19. Jahrhundert noch unbekannt. Ein deutsches Reich, ein deutscher Nationalstaat konnte also nur dann zustande kommen, wenn man entweder sehr viele Nichtdeutsche mit hinein nahm oder sehr viele Deutsche davon ausschloß oder zwischen beiden Extremen einen schwierigen Mittelweg wählte.

Schließlich war das Erscheinen eines neuen Nationalstaates in der Mitte Europas ein Gegenstand der Außenpolitik, welcher alle europäischen Großmächte anging. Sie – England, Frankreich, Rußland – konnten dafür sein oder dagegen, gleichgültig konnte es ihnen nicht sein, ob und in welcher Form, mit welchen Grenzen ein solcher Staat entstehen würde. Das galt für jede beträchtliche Veränderung des politischen Gleichgewichts. Es mußte besonders hier gelten, weil, wie wir sahen, die deutsche Frage von jeher als eine europäische behandelt und noch die Verfassung des Deutschen Bundes von 1815 in die Schlußakte des Wiener Kongresses aufgenommen worden war.

Volkssouveränität gegen historisches oder monarchisches Recht, soziale Demokratie gegen Liberalismus, dynastische Staaten gegen das Bundesreich, Nationalstaat und fremde Nationalitäten, Großmächte gegen die neue Großmacht – keiner dieser Konflikte ist in den Jahren 1848 und 1849 eigentlich zu Ende gedacht und zu Ende durchgefochten worden. In chaotischem Zusammenspiel beherrschten, verwirrten und verdarben sie den großen Versuch.

Revolutionär war, rechtlich gesehen, noch die Versammlung deutscher Politiker, die sich Ende März in Frankfurt traf, um die Einberufung eines Nationalparlamentes vorzubereiten. Revolutionär, insofern keine der bestehenden Autoritäten sie eingeladen hatte. Aber schon dies »Vorparlament« knüpfte enge Beziehungen zum Bundestag, und der Bundestag – noch immer die einzige rechtliche Vertretung des Bundes – beeilte sich, seinen Ratschlägen nachzukommen. Wahlen für ein Parlament, welches eine Verfassung für Gesamtdeutschland schaffen sollte, wurden denn auch ausdrücklich vom Bundestag gutgeheißen; womit die Rechtskontinuität bewahrt oder wieder hergestellt erschien. Jene, die aus dem »Vorparlament« eine revolutionäre Regierung im französischen Stil, einen »Konvent« zu machen planten, die ein entschieden soziales Programm vorlegten und das Eisen der Demokratie schmieden wollten, solange es heiß war, verfügten über kaum ein Zehntel der Versammlung. Es sollte, das war der Sinn, von nun an die Mehrheit friedlich herrschen im Auftrage der versöhnten alten Autorität; es sollte nicht an Stelle der alten privilegierten Minderheit eine neue, revolutionäre treten. Nach einigen stürmischen Sitzungen löste das Vorparlament sich auf; am Orte blieb ein Ausschuß von fünfzig seiner Mitglieder, der dem alten Bundestag so lange auf die Finger zu sehen hatte, bis endlich die wahre Nationalversammlung ihre Arbeit aufnehmen würde. Die Wahlen zu ihr waren für den ersten Mai festgesetzt.

Das Unerwartete, im liberalen Lehrbuch Nichtvorgesehene begann schon, während der Fünfzigerausschuß seines rechtlich unklaren, aber gewichtigen Amtes waltete.

Ein radikaler Republikaner aus Baden, Friedrich Hecker, kräftiger rotbärtiger Räuberhauptmann, der die jungen Leute anzog, schloß, daß in Frankfurt nichts zu machen sei und daß man auf eigene Faust handeln müsse. In Konstanz rief er die Republik aus; von dort mit seinen Freischaren nordwärts rükkend, hoffte er die Massen zu sich herüberzuziehen. Gleichzeitig operierte von Frankreich aus eine »deutsche Legion«, reisende Handwerker, Privatiers und Literaten unter der Führung des Poeten Georg Herwegh, ein paar Hundert insgesamt. Hirnlose, melodramatische Unternehmungen, die der Ausschuß in Frankfurt nicht dulden, gegen die er aber auch nichts tun konnte, weil keine physische Macht ihm zur Verfügung stand. Hessische Truppen machten dem Spuk ein Ende. Das Resultat war unerfreulich; eine Vertiefung des Streites zwischen Liberalen und Radikalen, das Eingeständnis der Versammlung in Frankfurt, daß sie sich jetzt gegen »Links« wenden müßte, der Ruf des Gefährlichen, auch wohl Lächerlichen, der sich an radikales Literatentum heftete.

Zu der Sorge, welche radikale Ausbrüche und Handstreiche bereiteten, kam eine andere, verwirrende: das Problem der fremden Nationalitäten.

Man hatte den Fünfzigerausschuß ergänzen, ihn repräsentativer für Deutschland machen wollen und darum auch einige Österreicher dazu gebeten, darunter den Prager Publizisten, Professor Palacký. Die Voraussetzung war, daß Böhmen, wie von alters her, zu Deutschland gehörte. Palacký antwortete, er sei Tscheche und nicht Deutscher. Die Deutschen könnten ihre Republik machen, das sollte ihm willkommen sein; er aber als Tscheche habe nichts damit zu tun. Er sei übrigens nicht bloß Tscheche, sondern Österreicher; Österreich sei das Reich, das den kleinen west- und südslawischen Völkern einen gemeinsamen Schutz gewährte und durchaus nicht zerstört werden dürfte. Vielmehr, es müsse so bleiben wie es sei, und die deutschen Österreicher gehörten unzertrennlich zur großen Familie des Donaureiches. »Wahrlich, existierte der österreichische Kaiserstaat nicht schon längst, man müßte im Interesse Europas, im Interesse der Humanität selbst sich beeilen, ihn zu schaffen...« Der Brief kam den Männern in Frankfurt befremdend. Er ist denkwürdig. Der Sprecher des tschechischen Nationalismus erklärte es feierlich: die Tschechen waren eine andere Nation als die Deutschen, und folglich konnte das Deutsche Reich nicht das große des Mittelalters, welches Böhmen umfaßte, sondern im glücklichsten Falle etwas viel Beschränkteres sein. Noch mehr: der Tscheche sprach auch gleichzeitig schon ein Veto gegen den Anschluß des deutschsprechenden Österreichs an das Reich aus; er wünschte keine Umklammerung Böhmens durch ein deutsches Großreich, und während er mit dem neuen Begriff einer tschechischen Nationalität arbeitete, arbeitete er gleichzeitig mit dem alten einer historisch gewordenen, unzerstörbaren österreichischen Monarchie. Palacký war ein Politiker ohne Amt und Auftrag und hatte dergleichen nicht zu entscheiden. Dennoch, in welches Nest von Fragen und Widersprüchen hatte er gestochen.

Dann die Polen. Von jeher galten sie als die edelsten Opfer absolutistischer Ländergier, die brüderlichen Bundesgenossen allen Freiheitsstrebens. Daß die Revolution auch den Polen zugute kommen, daß endlich ihnen ihr eigener Staat, ihre große alte Republik wiedergegeben werden sollte, war im März die Ansicht der deutschen Liberalen. Aber wie? Der Großteil des ehemaligen Polens gehörte dem Zaren, und Zar Nikolaus spaßte nicht, wenn es um die Sicherheit seiner Herrschaft ging. Selbst die Errichtung eines Fragments polnischer Selbständigkeit auf preußischem Boden würde er nicht hinnehmen. Die Befreiung Polens ließ sich nicht anders erreichen als durch einen Krieg gegen die wohlgedrillte Millionenarmee des Zaren. Es gab Deutsche, die einen solchen Krieg freudig ins Auge faßten; sei es, daß sie seine möglichen Folgen überhaupt nicht durchdacht hatten – das dürfte für gewisse liberale Kriegsplaner zutreffen –, sei es, daß sie sie nur zu gründlich durchdacht hatten und von einem Weltkrieg sich erst die echte Revolution erhofften. Der König von Preußen wollte einen solchen Krieg allerdings nicht, am wenigsten gegen seinen Schwager in St. Petersburg, den starren, stolzen Hort allen Monarchentums. Zudem war die russische Sorge nicht die einzige. In der preußischen Provinz Posen – dem sogenannten Großherzogtum – lebten Polen und auch Deutsche, etwa eine halbe Million Deutsche, etwas mehr Polen; teils getrennt, teils auch eng zusammen. Sobald nun der preußische Staat den Polen politische Rechte zugestand, die sie bisher nicht besaßen,

begannen sie sich als die Herren der Provinz aufzuspielen, errichteten ihre eigene Regierung, drangsalierten Deutsche und Juden. Der Befreite, bisher Entrechtete, nimmt sich mehr als ihm zukommt und tut gegen andere, was ihm bisher getan wurde. So begann auch der Tschechenführer, Palacký, bereits von einer Rückgewinnung Sachsens zu faseln, das ehedem tschechisch oder doch irgendwie slawisch gewesen sei und in dem die Deutschen sich verbotenerweise eingenistet hätten. In Prag war das nur Rederei; in Posen waren es Taten, Konfiskationen, Plünderungen. Die Deutschen reagierten. Berlin griff ein. Zuerst noch, voll liberalen Willens, suchte es zu vermitteln, beide Nationalitäten freundlich auseinanderzuhalten; das Ende war, daß es auf deutscher Seite in den Bürgerkrieg gezwungen wurde und preußische Truppen den Aufruhr der Polen niederschlugen. Der preußische General, scheint es, war bösen Willens; die Polen, angefeuert von ihren Edelleuten, ihrem Bischof, waren nicht guten Willens. Es war ein Sieg der preußischen Truppen, die wohl oder übel die polnischen Revolutionäre entwaffneten und die alte Ordnung wieder herstellten; unter dem Beifall der Deutschen. Ein Sieg der Revolution war es nicht; auch nicht der deutschen Revolution.
Indem noch die ungeklärte polnische Frage Verwirrung stiftete, brach die dänische auf; so als hätten sich Deutschlands Nachbarn verschworen, ihm sein wohlgemeintes, hoffnungsvolles Nationalunternehmen so sauer wie möglich zu machen. Es gab keine solche Verschwörung. Gerade weil die nationalliberale Bewegung eine europäische war und in verschiedenen Ländern die gleichen Motive wirkten, gerieten die Nationen aneinander. Die Dänen wollten ihr Groß-Dänemark eben in dem Moment, in dem die Deutschen ihr großes, geeintes Deutschland wollten; darum der Zusammenstoß.
Die schleswig-holsteinische Sache war vital und einfach und doch auch unsagbar kompliziert. Seit dem späten Mittelalter regierte der König von Dänemark über die beiden Herzogtümer, die, gleichfalls einem uralten Vertrage gemäß, nie voneinander getrennt werden durften. Holstein gehörte zum Heiligen Römischen Reich und, seit 1815, zum Deutschen Bund;

Schleswig nicht. Der Nationalität oder Sprache nach war Holstein ganz deutsch, Schleswig etwa zu dreiviertel; im nördlichen Schleswig ging das Plattdeutsche ins Dänische über. Nun war die Sache die, daß die Dänen, Patrioten wie die Deutschen, ihrem Staat eine zeitgemäßere, straffere Form zu geben wünschten und die Einverleibung des ganzen Schleswig forderten. Das hatte Eile aus einem kuriosen Rechtsgrund. Der dänische König hatte keine Söhne, und da in den Herzogtümern die männliche, in Kopenhagen aber die weibliche Erbfolge galt, so mußte, hielt man sich an das historische Recht, die Personalunion zwischen Schleswig und Dänemark nach dem Tode Friedrichs VII. aufgehoben werden. Für Dänemark war das ein herber Verlust; für das werdende Deutschland ein bedeutender Gewinn, die Möglichkeit, an Nord- und Ostsee eine maritime Wirtschaftsmacht zu werden. Lange vor 1848 wandten der deutsche und der dänische Nationalismus ihre Aufmerksamkeit auf die Entwicklung in Schleswig-Holstein.
Im März wollten die Herzogtümer, was die Bürger der anderen deutschen Staaten auch wollten, vom gleichen frohen Tatendrang gepackt; und wollten, ihrer besonderen Lage gemäß, noch mehr, nämlich Aufnahme Schleswigs in den Deutschen Bund, praktische Unabhägigkeit von Kopenhagen. Der Dänenkönig verstand es anders: »Daß wir unser Herzogtum Schleswig dem Deutschen Bund einzuverleiben weder das Recht noch die Macht noch den Willen haben, dagegen die unzertrennliche Verbindung Schleswigs mit Dänemark durch eine gemeinsame Verfassung bekräftigen wollen.« Es folgte ein Aufstand der Schleswiger, die Errichtung einer provisorischen Regierung in Rendsburg – viel provisorische Regierungen gab es dieser Tage –, der Hilferuf der Schleswig-Holsteiner an das gemeinsame deutsche Vaterland und dessen mächtigsten Fürsten, den König von Preußen. Und während dänische Truppen in Schleswig einrückten, gab Friedrich Wilhelm IV. dem nationalen Kriegsdrange nach. Sein liberales Ministerium wollte Preußen einsetzen für eine große deutsche Tat und Deutschland durch einen gemeinsamen Krieg gegen das Unrecht einen. Der Ausschuß in Frankfurt rief zur Bildung von Frei-

scharen auf. Dem preußischen Ansturm hielten die Dänen nicht stand; der Siegeszug ging durch Schleswig und über Schleswig hinaus, ins eigentliche Dänische, nach Jütland. Gefährliches Spiel, gefährlich, wie sehr man sich auch im Recht zu glauben Grund hatte. Im Recht glaubten sich auch die Dänen. Und dann, was hieß Recht, wo Interesse gegen Interesse, Lebenswille gegen Lebenswille stand? Dänemark war ein kleines Land. Aber Schleswig-Holstein lag an der Ost- und Nordsee; und die große Ostseemacht war Rußland, die große Nordseemacht England. Wer gegen Dänemark Krieg führte, mußte über kurz oder lang den Großmächten begegnen.

Die Paulskirche

So stehen die Dinge an dem 18. Mai, an dem endlich die lange verheißene deutsche Nationalversammlung in Frankfurt am Main ihr Werk beginnt. Sie stehen nicht zum besten, längst nicht mehr so gut wie nur zwei Monate früher; die Versammlung muß es sehr gut machen, wenn sie gewinnen will. Die Revolution siegreich, aber ohne je eine eigentliche Schlacht gewonnen zu haben, die Volksmassen – bei denen der Theorie nach die Souveränität liegen soll – schon lauer, schon halb enttäuscht und in ihrem Interesse erlahmend, die alten Mächte schon wieder sich auf sich selbst besinnend und noch immer Inhaber der physischen, militärischen Macht; der triumphierende Liberalismus nun von »Links«, von der radikalen Demokratie bedroht und darum nur um so abhängiger von den alten Mächten, mit denen er zu einer »Vereinbarung« gelangen will; ungeklärt und schon vergiftet die Frage, was aus nichtdeutschen, aber eng mit deutschem Schicksal verknüpften Völkern in einem deutschen Nationalstaat denn eigentlich werden soll; die internationale Lage gespannt und zu allerlei be-

drohlichen Vermutungen Anlaß gebend, *vielleicht* Krieg gegen Rußland, *vielleicht* Krieg gegen Frankreich, und ein wirklicher Krieg gegen Dänemark, schon im Gang – das ist nicht, wie die liberalen Planer es sich Anfang März gedacht hatten. Gleichzeitig mit der deutschen Nationalversammlung wird auch eine preußische gewählt, die nun in Berlin tagt; einige Wochen später tritt in Wien ein verfassunggebender Reichstag zusammen. So daß es denn drei ineinander verschlungene Kreise gibt, den österreichischen, den preußischen und den deutschen. Dieser soll die beiden anderen decken, die Frankfurter Versammlung beschließt die bedingungslose Gültigkeit ihres Gesetzwerkes für alle deutschen Saaten, also auch Österreich, insofern es deutsch ist oder sein will. Die Lage ist aber in Wirklichkeit umgekehrt; es sind nicht Wien und Berlin von Frankfurt, es ist Frankfurt von Wien und Berlin abhängig. Auch von Prag, von München und Stuttgart, von Paris, von London, von St. Petersburg; vor allem aber von Berlin und Wien. Die deutsche Nationalversammlung hat Macht oder scheint sie zu haben, nur solange der österreichische und der preußische Staat durch innere Unordnung gelähmt sind.
Würdig muß man die Versammlung nennen, die im kahlen Rundtempel der Frankfurter Paulskirche ihre Beratungen aufnimmt. Nie gab es auf Erden ein gebildeteres Parlament. Über hundert Professoren, über zweihundert gelehrte Juristen, dann Schriftsteller, Geistliche, Ärzte, Bürgermeister, hohe Verwaltungsbeamte, Fabrikanten, Bankiers, Gutsbesitzer, sogar ein paar Handwerksmeister und Kleinpächter – kein Arbeiter. Greise aus der Napoleonzeit und junge Leute, die noch das zwanzigste Jahrhunder sehen werden; Honoratioren aus der Kleinstadt und weithin geliebte und berühmte Dichter, Rhetoren, Geschichtskenner, Politiker. Viel Idealismus ist hier versammelt und darf laut werden, der in Metternichs Deutschland leise sein mußte; viel Optimismus. Die Welt ist gut, das deutsche Volk groß und gut; so schlecht sind auch seine alten Regenten nicht, als daß man nicht mit ihnen auskommen könnte, wenn man es gerecht anstellt. Da man so schöne, große Ideen hat, so schätzt man wohl auch jene hoch, welche die Trä-

ger dieser Ideen sind, nämlich sich selber und die Versammlung, der man angehört. Zum Präsidenten wird der Hesse Heinrich von Gagern gewählt, ein schöner, feierlicher Mann, wortgewaltig, ein Freund des goldenen Mittelweges. Darum wird er gewählt. Denn die Versammlung will den goldenen Mittelweg gehen, und die Mitte ist bei weitem die stärkste Gruppe.
Parteien, die es anfangs nicht gab und nicht geben konnte, stellen sich her; die Linke, die Rechte, die Mitte und Brücken von der Mitte nach rechts und nach links. Die Rechte will die Arbeit strikt auf den Entwurf einer Verfassung beschränken, ohne den deutschen Regierungen ins Handwerk zu pfuschen; und will die Verfassung gemäßigt, balanciert, die Rechte der Fürsten und Staaten und privilegierten Klassen tunlich schonend. Die Linke will die wirkliche Volkssouveränität und als ihren Träger die Versammlung, welche nicht nur diskutieren, sondern gleichzeitig auch schon regieren soll; sie will Gesetze zur Einebnung der alten Ungleichheit. Die extreme Linke fordert die eine und unteilbare Republik, wenn sie zu haben ist. Die Linke ist ferner sehr nationalstolz und aggressiv im Felde der Außenpolitik: »Was soll vierzig Millionen Deutschen unmöglich sein?« Die Mitte nimmt etwas von der Rechten und etwas von der Linken und ist selber mittendurch gespalten – das gewöhnliche Los der Mitte. Die Parteien behandeln einander mit Achtung, ihre Wortführer sprechen gut, und neben den konventionellen werden entschieden persönliche, abweichende Ansichten geäußert. In der Paulskirche gibt es echte Diskussion, Redesiege und Niederlagen.
Es ist ein Sieg der Linken, daß, ehe noch das Deutsche Reich begründet ist, die Bestellung einer Reichsregierung, einer »provisorischen Zentralgewalt« beschlossen wird. Auf welchem Wege sie ernannt, wie sie eingerichtet werden soll, darüber wird lange verhandelt, öffentlich wie geheim. Die Rechte will ein Direktorium von Fürsten, die Linke, ein Vollzugsausschuß der Versammlung selbst, reine Parlamentsherrschaft. Das Resultat ist ein Kompromiß: die Versammlung schafft die Zentralgewalt selbst, sie wählt den »Reichsverweser«, aber der Mann, den sie wählt, ist ein Fürst, ein Habsburger, der Erzher-

zog Johann von Österreich. Eine überschlaue Politik, auf die Gagern und seine Freunde sich da eingelassen haben. Einen Prinzen aus berühmter Familie werden die alten Mächte akzeptieren. Ein Österreicher kann als Morgengabe sein Österreich, wenigstens das deutsche, bieten, das sich schon als ein schwieriger, eigenwilliger Partner erwiesen hat. Der Prinz ist von der Versammlung gewählt, ohne die Einzelstaaten um Erlaubnis zu fragen, und dies kann der Linken gefallen. Er ist übrigens populär, seit langem mit Metternich verfeindet, liberal, was man so nennt, und verheiratet mit einer Postmeisterstochter, deren Nachkommen er gern eine schöne Stellung sichern würde. Glücklich ist die Wahl trotz allem nicht. Damit, daß sie sich den Habsburger zum Regenten wählte, hat sich die deutsche Nationalversammlung auf Gedeih und Verderb mit Österreich verbunden; von nun an sitzen Österreicher an den unsicheren Hebeln der Macht, welche Frankfurt zu vergeben hat, und werden sie, kommt es zur Krise, doch letzthin immer im Interesse Österreichs gebrauchen. Johann ist nicht mehr der Jüngste; er hat in den Kriegen gegen die Französische Revolution kommandiert und im Jahre 1800 eine Schlacht verloren. Das ist eine Weile her. Den Ton der neuen Zeit trifft der alte Herr vortrefflich, den Biedermann spielt er gut. Viel wird von ihm im Laufe unserer Erzählung nicht mehr die Rede sein, denn er wird ein falsches, aber schwaches Spiel spielen und nichts zuwege bringen. Erzherzog Johann bildet ein Kabinett, das der Versammlung verantwortlich sein soll. Ministerien werden eingerichtet, Präsidium, Justiz, Äußeres, Krieg, Marine. Es gibt sensationelle Ministerstürze, es gibt Ministerialräte, Reichsgesandte und Reichsgesetzblätter. Aber der Kriegsminister hat kein Heer, der Justizminister keine Gerichte; die Reichsgesandten werden nur in einigen Kleinstaaten anerkannt – sehr herzlich auch in Washington –, in Paris und London aber mit höchster Vorsicht empfangen; nach Petersburg wagt sich keiner. Es ist ein Reich in den Wolken, dem der fürstliche Biedermann einstweilen vorsteht; ob es je etwas Handfesteres werden kann, das hängt von Entwicklungen ab, auf die man in Frankfurt so gut wie gar keinen Einfluß hat.

Rückschläge

Weder Wien noch Berlin hatten sich seit dem Frühjahr beruhigt. In beiden Hauptstädten folgten sich Kongresse, Demonstrationen, Schießereien. In Wien ging das so weit, daß der Kaiser, der schwachsinnige Ferdinand I., einmal nach Innsbruck floh oder von seinen Beschützern entführt wurde. Die steigende Unordnung in Wien half aber den deutschen Liberalen nichts. Sie vereinsamte die rebellische Stadt inmitten der konservativen österreichischen Lande und trug dazu bei, den liberalen Gedanken bei allen Ordnungsfreunden zu kompromittieren. Die preußische Nationalversammlung tat gute Arbeit. Sie besaß mehr Jugend als die gesamtdeutsche, auch mehr Radikalismus – der wieder dem deutschen Nationalunternehmen nicht zugute kam. Denn gerade die Preußen, die es ernst meinten mit ihrem eigenen neuen Staat, konnten es mit dem Deutschen Reich so ernst nicht meinen. Es entwickelte sich etwas wie eine Konkurrenz der Parlamente, der Staatsideen – worauf es mit der Einberufung der preußischen Versammlung wohl auch abgesehen war.

Im Juni erfuhr die europäische, also auch die deutsche Revolution ihre ersten großen Rückschläge. In Prag hatte sich ein »Slawenkongreß« aufgetan, Tschechen, österreichische Südslawen und Polen. Er war als ein Konkurrenzunternehmen gegen die deutsche Nationalversammlung gemeint, indem er den slawischen Charakter des Habsburger Reiches unterstrich und für einen innerösterreichischen Föderalismus agitierte. An sich gefiel das den konservativen Nur-Österreichern; denn es hatte eine Spitze gegen das deutsche, schwarz-rot-goldene und rote Wien. Mit den »Austro-Slawen« ließ sich am Ende arbeiten. Jedoch artete der Kongreß aus in einen etwas ziellosen Aufruhr der Tschechen, mit Barrikaden, Ruf nach Volksbewaffnung und dem nun schon Üblichen. Der Kommandant der Stadt, Fürst Windisch-Graetz, fühlte sich seines Handwerks sicher; nichts als Aristokrat, nichts als Soldat, nichts als kaisertreuer Österreicher, selbst jetzt noch, als es praktisch weder

Kaiser noch Österreich gab. Er zog seine Truppen über die Moldau zurück, begann ein Bombardement des Stadtzentrums und zwang so die tschechische Bevölkerung zur schnellen Kapitulation. Der Slawenkongreß zerstreute sich in alle Winde. Die kaiserlich-österreichische Ordnung war wiederhergestellt. Das konnten die alten Waffen also noch, wenn man es wagte, sie zu gebrauchen.

Die Deutschen waren nicht unzufrieden mit dem schmählichen Ende der tschechischen und allslawischen Bewegung; uneingedenk der Gefahr, daß die Mittel, welche gegen die Tschechen eingesetzt worden waren, wohl auch gegen sie selber gekehrt werden konnten. Ein paar Wochen später zog ein anderer österreichischer General, Radetzky, in das zum Gehorsam zurückgezwungene Mailand ein. Der österreichische Reichskoloß, der im April in ein Dutzend Stücke zu zerfallen schien, begann im Sommer die alte Form sichtlich zurückzugewinnen. Man konnte eine Völkerschaft gegen die andere ausspielen, Deutsche gegen Italiener, Slawen gegen Magyaren und Deutsche; und die gesamtösterreichische Tradition war zäher, als die Demokraten glaubten. Übrigens hatten die deutschen Liberalen es von Anfang an abgelehnt, die um ihre nationale Unabhängigkeit kämpfenden Lombarden als ihre Bundesgenossen anzuerkennen. Das war Österreichs Sache, das durfte Deutschland nichts angehen.

Auf Prag folgte Paris. Hier lag ja vieles ganz anders als in Deutschland, grimmiger, düsterer. Hier hatte Karl Marx ungefähr recht; der Kampf der Klassen »Bourgeoisie« und »Proletariat« rückte mehr und mehr ins Zentrum des Geschehens. Das Bündnis zwischen Bürgertum und großstädtischem Proletariat begann auseinanderzufallen, sobald der gemeinsame Gegner, der alte König, verschwunden war. Als man daranging, die »Nationalwerkstätten«, große staatliche Unternehmungen für Arbeitslose, zu schließen, geschah die lang erwartete Explosion. Es war eine Stadtschlacht, wie das moderne Europa sie noch nicht gesehen hatte. Die rote Festung fiel. General Cavaignac, der Diktator der Ordnungspartei, wandte eine neue Umgehungsstrategie an, welche die Barrikaden brach; und das war das Ende dieser Art von Bürgerkriegführung. Pardon wurde von keiner Seite gegeben; in drei Tagen kamen mehr Menschen um als in der ganzen deutschen Revolution. Das Ergebnis war die völlige, über Jahrzehnte hinaus wirkende Niederlage des Sozialismus, dort wo er sich am stärksten entwickelt hatte, und, momentan, die Diktatur des Siegers, Cavaignac. Hinter ihm, gegen ihn, lauerte schon ein glücklicherer Machtanwärter, dessen Wahlschlager demnächst die Wände zieren sollte: »Si vous voulez un bon – Prenez Napoléon!« Wieder war man in Deutschland nicht unzufrieden mit dem Ausgang der Schlächterei. In der preußischen Nationalversammlung nannte es ein Abgeordneter »eines der glücklichsten Ereignisse in ganz Europa«, daß diese Frage – die Rote Gefahr – »in Frankreich so glänzend zu Grabe getragen« worden sei. Das konnte man so oder so sehen. Tatsache war, daß die europäische Revolution in Frankreich begonnen und daß sie nun eben dort ihren Höhepunkt weithin sichtbar überschritten hatte.

Schleswig-Holstein

In Deutschland ließ die Krise nicht auf sich warten. Längst hatte das Unternehmen, von dem man sich so schöne Früchte für die Einigung und Erweiterung des Reiches versprach, der Krieg wegen Schleswig-Holstein, sich als gefährliche Belastung erwiesen. Nicht militärisch; daß die Deutschen den Dänen zu Lande überlegen waren, verstand sich von selbst. Aber noch gab es die Großmächte, und die Halbinsel war ein Gegenstand von europäischem Interesse. Daß gewisse Deutsche, leichtsinnige Liberale sowohl wie philosophisch-blutdürstige Kommunisten den Krieg gegen Rußland wollten, haben wir gesehen; das preußische Kabinett beschloß aber schon im April, daß ein solcher Krieg nicht tunlich sei. Dagegen war der Zar bereit, es

darauf ankommen zu lassen; und dies allein hätte genügt, um die nordischen Wirren zugunsten Dänemarks zu entscheiden. Dazu kam die Haltung Englands, liberaler zwar, gerechter, vermittelnder als die russische, aber doch entschieden auf eine gütliche Beilegung des Streites drängend. Wie kompliziert nun auch das Recht hier verteilt lag: es war doch so, daß Preußen-Deutschland in rascher Begeisterung einen schwächeren Nachbarn angefallen und durch die Aufnahme der Abgeordneten aus Schleswig seinerseits Recht gebrochen hatte. Und dann, von Recht und Moral abgesehen – am Ende war es auch politisch nicht so sehr wünschenswert, daß die »Dardanellen des Nordens« unter die Kontrolle einer werdenden deutschen Großmacht und Seemacht fielen. Dieser Meinung schloß auch Frankreich sich an. Dem Druck der drei Großmächte gab Preußen nach. Nach langen Verhandlungen, Verhandlungsabbrüchen und -wiederaufnahmen schloß es im August den Waffenstillstand von Malmö, welcher die endgültige Entscheidung der Sache zwar einem künftigen Friedensvertrag überließ, aber die militärische Räumung der Herzogtümer sowohl wie die Aufhebung alles dessen stipulierte, was dort seit März im Sinn der deutschen Revolution geschehen war. Den Krieg hatte Preußen, zusammen mit anderen deutschen Truppen, im Auftrag des werdenden Deutschland geführt. Den Waffenstillstand schloß es auf eigene Faust, ohne die Vertreter der Zentralgewalt um ihre Meinung zu fragen, ja, ohne Frankfurt beizeiten über seinen Entschluß zu informieren.
In der Paulskirche gingen die Wogen der Erregung hoch. Der König von Preußen hatte die Nationalversammlung brüskiert, sich schrecken lassen von einer Verschwörung der internationalen Diplomatie, die Ehre Deutschlands verraten. Wenn man das sich bieten ließ, die deutschesten aller deutschen Länder dem Dänen preisgab, so konnte man den Tempel der deutschen Einheit ebensogut schließen. Man durfte es sich nicht bieten lassen. »Möge«, so rief ein Abgeordneter der extremen Linken, »möge es Frankreich, möge es England, möge es Rußland wagen, uns dreinzureden in unsere gerechte Sache. Wir wollen ihnen antworten mit eineinhalb Millionen bewaffneter Män-

ner.« Aber sie werden es nicht wagen; und warum? »Deshalb, weil sie klug sind, weil sie wissen, daß, wenn sie einen ungerechten Angriff auf Deutschland unternehmen, dies eine deutsche nationale Erhebung herbeiführen würde, wie sie vielleicht die Weltgeschichte noch nicht gesehen hat.« Karl Marx, der von der Redaktionsstube seiner »Neuen Rheinischen Zeitung« aus die Entwicklung mit furchtbarer Gescheitheit beobachtete, meinte dazu: »Die Bourgeois und die Junker in Frankfurt mögen sich keine Illusionen machen: beschließen sie, den Waffenstillstand zu verwerfen, so beschließen sie ihren eigenen Sturz, geradeso wie die Girondins in der ersten Revolution, die am 10. August tätig waren und für den Tod des Exkönigs stimmten, damit ihren eigenen Sturz... vorbereiteten. Nehmen sie dagegen den Waffenstillstand an, so beschließen sie ebenfalls ihren eigenen Sturz, so begeben sie sich unter die Botmäßigkeit von Preußen und haben gar nichts mehr zu sagen. Sie mögen wählen.« Hilfreich war die Stellung dieser Alternativen wohl eben nicht. Marx glaubte, ein gegen den Willen Preußens geführter Volkskrieg würde schnell zur eigentlichen, sozialen Revolution führen und dann auch das deutsche Bürgertum, die Liberalen, die Gemäßigten mit auskehren. Angesichts der intakten Armeen Preußens, Bayerns, nun auch Österreichs lag aber ein solcher Volkskrieg nicht im Bereich des Möglichen. Eitel ist Zorn ohne Macht. Die Nationalversammlung stand nicht ernsthaft vor der schlimmen Wahl zwischen rechts und links, die Marx ihr zumutete. Sie hatte keine Macht und vermochte keine zu mobilisieren. Der Vergleich mit der Großen Französischen Revolution traf nicht zu; das deutsche Volk war im Jahre 1848 nicht, was das französische im Jahre 1793 gewesen war.
Also wählte die Nationalversammlung zuerst links und dann rechts. Am 4. September beschloß sie mit knapper Mehrheit, daß der Waffenstillstand von Malmö nicht gültig sei; das war ein Sieg der Linken. Da dieser Beschluß sich wohl mit donnernden Reden begründen, nicht aber verwirklichen ließ, so beschloß sie acht Tage später mit beinahe derselben Mehrheit, daß der Waffenstillstand dennoch gültig sei. Was folgte, war

noch nicht die Marxsche Revolution, wohl aber ein grimmiger Volksaufruhr in Frankfurt und der hessischen Umgegend. Seine Ursachen sind schwer zu beschreiben. War den Teilnehmern die »Ehre Deutschlands« so teuer? Hatten sie das dumpfe Gefühl, daß die Nationalversammlung, war sie auch vom Volke gewählt, sie nicht wirklich vertrat, daß sie, die gewöhnlichen Leute, wieder einmal leer ausgehen würden? War auch bloße Sensations- und Mordlust im Spiel, taten Hetzer ihr Werk, rasende Literaten, Affen der Französischen Revolution? Man wird keine dieser Fragen ganz verneinen können. Wenn ein Abgeordneter der extremen Linken meinte, die neuen Unruhen in Frankfurt, auch im Rheinland, in Baden seien die Zuckungen einer schon wieder verdrängten, verleugneten Revolution, dann traf er wohl den Kern; das ist, einer Revolution, die nicht stark genug war, sich voll zu verwirklichen und so sich in allerlei häßlichen Aufruhrversuchen verzettelte. Jetzt wurden denn auch im behäbigen Frankfurt Barrikaden gebaut, die Lokale einiger Paulskirchen-Parteien zerstört, die Versammlung selber bedroht, zwei konservative Abgeordnete greulich umgebracht, während andere – so der greise Turnvater Jahn, der freilich die Zeiten nicht mehr verstand – mit knapper Not dem gleichen Schicksal entgingen. Was blieb der unseligen »Reichsregierung« unter solchen Umständen zu tun übrig? Sollte sie, im Bunde mit jenen, die eben den Abgeordneten Fürst Lichnowsky mit Regenschirmen totgeschlagen hatten, den Volkskrieg gegen Dänemark, Rußland und Frankreich eröffnen? Sie bat um Schutz, dort wo Schutz gegeben werden konnte, bei der in der Bundesfestung Mainz garnisonierten preußischen Armee; königlich-preußische Truppen, anstatt gegen die Dänen zu kämpfen, kümmerten sich um die Ordnung im deutschen Frankfurt. »Es war die wunderlichste Lage einer Revolutionsschlacht, die man sich denken kann«, schrieb der Schriftsteller Heinrich Laube, der dabei war. »Die Aufständischen fochten gegen Behörden, welche eben erst aus dem allgemeinen Stimmrecht der Nation hervorgegangen waren. Die Angegriffenen aber verteidigten sich mit Truppen, deren ursprüngliche Befehlsgewalt kurz vorher noch Widersa-

cher der jetzt Angegriffenen waren, und – wahrscheinlich in kurzem wieder sein würden.«
Die Frankfurter Wirren brachten die Ohnmacht der Nationalversammlung vollends an den Tag. Die Ohnmacht; nicht so sehr die Charakterschwäche oder Unfähigkeit. Das Reich der Liberalen war eine Illusion seiner Anlage nach und konnte über reale Dinge wie Krieg und Frieden nicht entscheiden. Solange Preußen und Österreich echte Staaten waren, war Deutschland kein Staat. Preußen hatte im Grunde nie aufgehört, einer zu sein; daß man auch das Ende des Habsburger Reiches zu früh proklamiert hatte, war wahrscheinlich schon seit dem Frühsommer, sicher seit dem Spätherbst.

Wien und Berlin

Hier war das politische Geschick der Deutschen zu einem kaum noch zu durchdenkenden Wirrsal verwoben mit jenem der anderen Völker Mittel- und Südost-Europas, Slawen, Romanen, Magyaren. Ungarn besaß die Rechte eines sich selber regierenden Staates seit dem März. Wenn aber schon der deutsche und polnische Nationalismus sich nicht so gut vertrugen, wie die liberale Theorie es vorsah, so vertrugen sich die Nationalitäten ungleich schlechter in dem alten Königreich, in dem das herrschaftsgewohnte Volk der Magyaren gegen die »Untertanenvölker«, die Rumänen, Slowaken, Slowenen, Kroaten stand. In Westeuropa hielt man Kossuth, den Führer des neuen Ungarn, für einen guten Liberalen, in Amerika wohl gar für einen Demokraten. In Wahrheit war dieser mitreißende, allzusehr von sich eingenommene Revolutionär der verrückteste Nationalist, der bis dahin erschienen war. Die nichtmagyarischen Völker Ungarns stellte er vor die Wahl zwischen völliger Unterwerfung ohne politische Existenz oder Ausrottung. Sie wählten den Kampf. Der Völkerfrühling der Freiheit artete so in Ungarn gar bald aus in einen mörderischen Völker- und Rassenkreig, den die Kroaten und Slowenen unter der Führung ihres Markgrafen oder Banus, des Barons Jellačić, gegen die Magyaren führten. Den Anhängern Gesamtösterreichs war das willkommen. Der Krieg in Ungarn bedeutete die Möglichkeit, den Separatismus der Magyaren zu brechen. Gegen die Magyaren waren alle die, die aus dem einen oder anderen Grunde die große Monarchie erhalten wissen wollten; die Generäle der kaiserlichen Armee, die internationalen Feudalherren, die Tschechen, weil, wie sie es sahen, Österreich sie vor Deutschland schützte, die kaisertreuen Alpenvölker, die konservativen Schwarz-Gelben überhaupt. Für die Ungarn waren die Schwarz-Rot-Goldenen, die deutsch gesinnten Wiener, die sich nach Frankfurt orientierten, und um so mehr, je radikaler sie dachten. Machte Ungarn sich selbständig, fiel die Habsburger Monarchie auseinander, so konnte Deutsch-Österreich ein Mitgliedstaat des Deutschen Reiches werden, und dabei Böhmen mit sich reißen. In dem Reichstag, der in Wien seit Juli sich mit einer Konstitution für Österreich befassen sollte, waren die Anhänger eines großen Deutschlands in der Minderheit; die Mehrheit lag bei den Slawen und den kaisertreuen Österreichern. Der Reichstag, eine wilde, vielsprachige Versammlung, erwarb sich wenigstens ein bleibendes Verdienst; er schaffte die Reste der Erbuntertänigkeit, die noch übrigen feudalen Dienstleistungspflichten der Bauern aus der Welt, wodurch er den zahlreichsten Stand des Landes leidlich befriedigte.

Nicht so die Hauptstadt Wien. Hier herrschte Revolution, ein immer sich steigernder Nationalismus, der deutsch-nationale Forderungen mit sozialen verband, daher er denn auch laut und drohend mit Ungarn sympathisierte. Niemand hat die Schwarz-Rot-Goldenen und niemand die Schwarz-Gelben in Wien gezählt; vielleicht waren auch hier die guten Österreicher in der Mehrheit. Die von der allgemeinen Lähmung der Wirtschaft hart betroffenen Arbeiter und Arbeitslosen, ein politisches, leidenschaftliches Kleinbürgertum, die Studenten, jung, romantisch, hahnenhaft geschmückt mit Federhüten, Schärpen und Schleppsäbeln, sie wollten etwas ganz anderes, Neues: das große demokratische und soziale Deutschland, vielleicht als Monarchie unter dem guten Erzherzog Johann, vielleicht als Republik, gleichviel. Mehr und mehr geriet Wien seit dem Sommer unter die Kontrolle der Demokraten. Ein revolutionäres Zentralkomitee, ein Sicherheitsausschuß verwaltete die Stadt; Bürgergarden, Studentenlegion, Arbeiterbataillone organisierten sich; die kaiserliche Regierung war unauffindbar; Zeitungen wie »Der Mann des Volkes«, »Die Rote Mütze«, »Der Ohnehose«, »Der Proletarier« ließen eine dramatische Sprache hören. Stärker als Baden oder das Rheinland war Wien im Frühherbst die Hoffnung aller derer, welche die in Deutschland ins Stocken geratene Revolution weitertreiben wollten. Karl Marx in Person erschien einmal dort, um seine wissenschaftlichen Ratschläge zu erteilen. Der Ausbruch kam, als ein deutsches Regiment sich dem Befehl widersetzte, gegen die Ungarn zu marschieren. Der Kriegsminister wurde in seinem Amtsgebäude massakriert; der blöde Kaiser entwich zum zweiten Mal; das rote Wien, unter einem vom Gemeinderat gewählten Stadtkommandanten, machte sich bereit, auf sich selber zu stehen.

Aber wem sollte es die Hand reichen, mit wem sich verbünden? Man hat nach hundert Jahren leicht reden, wenn man diese blutigen Geschichten nacherzählt; dann sind sie übersehbar, voraussehbar. Die Ungarn waren weit, und dazwischen lagen Jellačićs Kroaten. Die Frankfurter Nationalversammlung fühlte sich in Wien noch ohnmächtiger als in der dänischen Sache; sie tagte jetzt ja selber unter dem Schutz der preußischen Kanonen und fürchtete die radikale Demokratie mehr als die Reaktion in Preußen und Österreich. Die französische Revolution war am Ende, in Paris herrschte die Armee als Hort des konservativen Bürger- und Bauerntums. Im Osten lauerte Zar Nikolaus mit 500 000 Soldaten. Für den Augenblick bedurfte man der russischen Hilfe nicht einmal. Das rote Wien fand sich isoliert in den konservativen deutsch-österreichischen und slawischen Landen, isoliert selbst von einem guten Teil seiner eigenen Bevölkerung. Vom Südosten marschierten kaisertreue Truppen gegen die rebellische Hauptstadt, »wilde Völker«, wie ihre Anführer warnten; Regimenter unter ihnen, die dem preußischen Gesandten »mehr türkisch-asiatisch als europäisch aussahen« – und sich so verhalten sollten. Aus Böhmen kam Fürst Windisch-Graetz heran, derselbe, der Prag unterworfen hatte und der nun begierig war, nach seinem Ausdruck, der Wiener »Rotzbubenherrschaft« ein Ende zu machen. Die Tschechen, seine Feinde von gestern, gaben ihm ausdrücklich ihren Segen dazu; solange er gegen die Wiener Großdeutschen kämpfte, wollten sie ihm ganz bestimmt nicht in den Rücken fallen. Die Eroberung der Stadt wurde methodisch betrieben, erbarmungslos ausgeführt; und was an Hoffnung, Idealismus, gutem Willen, Jugend, auch an ausschweifender Torheit und Wut sich ein halbes Jahr lang hier breitgemacht hatte, war in wenigen Tagen ausgestampft und zerstoben. Dem roten Terror folgte der weiße, der um kein Haar besser ist, und oft noch gemeiner.

Unter den Opfern der Kriegsgerichte war ein Mitglied der Paulskirche, der populäre und redliche Führer der Linken, Robert Blum. Er war nach Österreich gekommen im Auftrag seiner Partei, um zu sehen, zu klären, zu helfen. Blum war seit dem September tief entmutigt über die Entwicklung der deutschen Dinge, für die er alles aufs Spiel gesetzt hatte; schon dachte er daran, auszuwandern oder sich für immer von der Politik zurückzuziehen. Aus Pflichttreue, ohne Hoffnung, blieb er bei der Sache. Mitten in die Schlacht um die Verteidigung Wiens geraten, übernahm er ein Kommando und machte sich so, juristisch gesprochen, schuldig. Seine Erschießung war aber ein politischer, zwischen Windisch-Graetz und dem neuen österreichischen Regierungschef, Fürst zu Schwarzenberg, verabredeter Akt. Man wollte der deutschen Nationalversammlung zeigen, was man von ihr hielt und wie die Machtverhältnisse nun in Wirklichkeit lagen.

Mit dem Fall Wiens war das alte österreichische Staatswesen für diesmal gerettet. Die Armeeführer, schlanke, graue, eisenköpfige Magnaten, Windisch-Graetz, Schwarzenberg, Radetzky, Jellačič, hatten die auseinanderberstende Monarchie zusammengezwungen. Wem zuliebe? Sich selber? Sie hätten wohl auch in den neuen Nationalstaaten das Ihre bewahren können. Den Deutschen zuliebe? Windisch-Graetz sprach gelegentlich von dem »germanischen Interesse«, dem mit der Erhaltung der Donaumonarchie am besten gedient sie; aber deutsche Patrioten waren diese feudalen österreichischen Europäer nicht ernsthaft. Dem Haus Habsburg zuliebe? Den Kaiser verachteten sie; die Erzherzoge spielten mit Deutschland und hatten schon die Stücke Österreichs unter sich verteilt. Der Weltordnung zuliebe, in die sie geboren waren und die sie sich ohne den Kaiserstaat nicht vorstellen konnten? Das wäre wohl noch die gerechteste Antwort. Der neue Ministerpräsident, Felix Schwarzenberg, war ein Meister des Machtspieles, ein Mann von Kühnheit und kühler Dreistigkeit, der seinen politischen Charakter demnächst offenbaren sollte. Er schickte den Reichstag in die Provinz, nach Kremsier, dort mochte er noch eine Weile diskutieren; solange es die Frankfurter Versammlung gab, hatte er seine Nützlichkeit als österreichische Gegenversammlung. Auf dem ungarischen Kriegsschauplatz erhielt Windisch-Graetz das Kommando. Da der schwachsinnige Kaiser in die neue Ordnung nicht mehr paßte, so jagte Schwarzenberg ihn im Dezember davon; an seine Stelle trat sein Neffe, der achtzehnjährige Erzherzog Franz, oder wie er nun in Erinnerung an den guten Kaiser Joseph genannt wurde, Franz Joseph. Im selben Monat Dezember wurde Louis Napoléon Bonaparte mit überwältigender Mehrheit zum Präsidenten der französischen Republik gewählt; so daß denn Franz Joseph und Napoleon III. sich Europa gleichzeitig vorstellten, zwei Symbole und Helfer der wiederhergestellten Ordnung.

Jubelnd verkündete die »Kreuz-Zeitung«, das Blatt der preußischen Reaktion, ihren Lesern den Umschwung der österreichischen Dinge in einer Extraausgabe. »In der vergangenen Nacht ist Wien im Sturm genommen worden. Die meisten Anführer der Aula und der Volkshaufen sind feig entflohen und haben die Verführten im Stich gelassen!... Die Herrschaft der Anarchie und der roten Republik ist somit gestürzt, die gesetzliche Macht hat gesiegt. Möge die Hydra nie und nirgends wieder ihr fluchbeladenes Haupt erheben.« Preußen durfte nicht zurückbleiben, wo Österreich voranging. Nicht so bald waren die ersten Schritte der Schwarzenbergschen Säbelherrschaft in Berlin bekanntgeworden, als auch König Friedrich Wilhelm IV. beschloß, ein Ende zu machen. Berlin war weniger radikal als Wien. Zu einer Normalisierung der Verhältnisse war es aber auch hier zwischen Frühling und Spätherbst nicht gekommen. Ein begabter, aber halbwegs geisteskranker, treuloser, noch immer von einer Wiederbelebung des Mittelalters schwatzender Monarch; schwache, schwankende, schnell sich ablösende Ministerien; eine verfassunggebende Versammlung, entschieden »linker« als die deutsche; auf der anderen Seite eine eisern altpreußische, intakte, auf dem Junkertum, auch wohl dem Großteil der Landbevölkerung beruhende Armee; eine zu allem entschlossene, machtgewohnte, wohl organisierte Reaktionspartei, die jetzt auch das moderne Handwerk der Propaganda erlernte; der Mittelstand, organisiert in der Berliner Bürgerwehr, geängstigt durch die Arbeiterschaft, häufig mit ihr zusammenstoßend und um so mehr nach rechts getrieben; Sprache und Gesten der Radikalen, der »Demokratenkongresse«, sich in dem Maße verschärfend, in dem das politische Interesse der Gesamtbevölkerung erlahmte und der Sehnsucht nach Ruhe und Ordnung wich – eine so gespannte, trübe, aussichtslose Situation legte den Staatsstreich nahe. Zu einer Wiederholung der Wiener Ereignisse brauchte es hier erst gar nicht zu kommen, zumal die Niederlage der Wiener das entmutigende Beispiel gab. Am zweiten November wurde dem Lande ein energischer Konservativer, der General Graf Brandenburg als Erstminister präsentiert; am neunten die Nationalversammlung in die Provinz verlegt; am vierzehnten über Berlin der Belagerungszustand verhängt; am fünften Dezember von den Ministern eine Verfassung verkündet, welche sie selber hastig zusammengeschrieben hatten, und die Nationalversammlung für aufgelöst erklärt. All das ging unter nur symbolischer Gewaltanwendung vor sich. Was in

Österreich blutiges Drama gewesen war, wurde in Preußen zur Tragikomödie. Die Parlamentarier übten passiven Widerstand, ließen sich ein paar Tage lang von Gebäude zu Gebäude jagen und forderten das Volk zur Nichtbezahlung der Steuern auf. Dann war Ruhe in Preußen. Die »oktroyierte« Verfassung erschien auf den ersten Blick liberaler, als man wohl hätte erwarten können; manches, was die Nationalversammlung erarbeitet hatte, wurde ihr einverleibt.

Großdeutsch und kleindeutsch

So Österreich, so Preußen. Was war nun mit dem Deutschen Reich? Die Versammlung in der Paulskirche hatte es gründlich gemacht und bis Spätherbst sich hauptsächlich mit den der Verfassung voranzustellenden Grundrechten des Bürgers beschäftigt. Sie waren schön, diese Grundrechte. Zwar, von einer sozialen Verantwortung des Staates wußten sie beinahe nichts; aber beinahe alles von der gesicherten Freiheit, Freizügigkeit und Rechtsgleichheit, deren der einzelne bedurfte, um für sich selber zu sorgen. Den Rechtsstaat, den Staat der freien Politik, freien Wissenschaft, freien Initiative in allen Bereichen hätten sie immerhin begründet, und über einen so ernsten Versuch soll man sich nicht lustig machen. Nur war die Versammlung in der Lage, daß immer, wenn sie etwas Wirkliches zuwege bringen wollte, ihre eigene Unwirklichkeit an den Tag kam. Die »Grundrechte« erschienen prompt im »Reichsgesetzblatt«; aber keiner der großen deutschen Staaten, Preußen, Bayern, von Österreich zu schweigen, nahm sie an. Die Herren in Frankfurt mußten in der Tat viel von sich halten, um unter solchen Umständen des quälenden Verdachtes, in einem Wolkenkuckucksheim zu leben, sich so lange glücklich zu erwehren.

Nachdem die Grundrechte in der Scheuer waren, schritt man rüstig zur Diskussion der eigentlichen Verfassung fort. Hier war nun die unvermeidliche Frage, was denn die Grenzen des Reiches sein sollten. Die Mitglieder der Verfassungskommission fanden die Antwort: »Kein Teil des Deutschen Reiches darf mit nichtdeutschen Ländern zu einem Staat vereinigt sein.« Das hieß die Deutsch-Österreicher vor die Tatsache stellen, daß sie entweder sich mit Deutschland vereinigen oder mit Ungarn, Südslawien, Norditalien vereinigt bleiben konnten; daß aber beides zusammen nicht zu haben war. Im Winter kamen die Worte »großdeutsch« und »kleindeutsch« auf; die Einigung Deutschlands ohne Österreich war die kleindeutsche, mit Österreich die großdeutsche Lösung. Eigentlich kleindeutsche und großdeutsche Parteien hat es aber niemals gegeben. Denn die Kleindeutschen hätten Österreich nur zu gern in das neue Vaterland hineingenommen, wenn Österreich in das dazu nötige Opfer willigte – wer wäre nicht lieber »groß« als »klein«, nicht lieber ganz als verstümmelt? Genau dasselbe wollten die Großdeutschen, solange man mit einem Verfall des Habsburger Reiches rechnete. Nachdem aber das österreichische Kaiserreich wieder hergestellt war, wollten die Großdeutschen ernsthaft gar nichts mehr, außer daß sie etwa die kleindeutsche Lösung zu verhindern oder zu verwässern gedachten. Das gesamte Österreich konnte sich nicht mit Deutschland vereinigen; ein deutscher Nationalstaat mit Mailand, Venedig, Agram, Budapest, Krakau war Unsinn. Eine solche Gesamtvereinigung war aber alles, was Felix Schwarzenberg anbot; sei es, weil er sie wirklich für möglich hielt, sei es aus bloßem Hohn. Am siebenundzwanzigsten November erklärte er, die Erhaltung der österreichischen Monarchie sei eine europäische Notwendigkeit und so wie sie sei, werde sie bleiben. Am vierten März, 1849, schickte er den österreichischen Reichstag nach Hause und dekretierte die Verfassung eines zentralistischen Einheitsstaates. Mit einem Federzug wurden die historischen Rechte der Magyaren, der Kroaten, der Lombarden und auch der Deutschen unterdrückt; der vielsprachige Koloß sollte fortan *ein* Staat sein wie Frankreich. Am neunten März

ließ der eiserne Fürst wissen, daß dieser Staat in das neue deutsche Bundesreich aufgenommen zu werden verlangte, und zwar so, daß er im Bundes- oder Staatenhaus mehr Stimmen haben sollte als das ganze übrige Deutschland einschließlich Preußens. Nun war der Fall klar, mit Österreich ging es nicht. Also mußte man jetzt die kleindeutsche Lösung, die preußische Führung wollen, oder gar nichts. Gar nichts – das heißt, man konnte freilich eine neue scharfschießende Revolution wollen, welche Österreich und Preußen hinwegfegen würde. Wollen konnte man das schon. Aber wenn es nicht sehr, sehr viele wollten und wenn diese vielen nicht sehr gut organisiert, bewaffnet und geführt waren, so war es nicht auszuführen; man konnte auch den Mond erobern wollen. Noch vergnügten bayerische Katholiken und südwestdeutsche demokratische Preußenhasser sich daran, Kunstlösungen *mit* Österreich zu suchen; die aber, wie man sie auch benannte, doch auf eine Rückkehr zum alten Deutschen Reich hinausgelaufen wären.
So wurde die Mehrheit der Nationalversammlung im Vorfrühling des Jahres 1849 wohl oder übel »kleindeutsch«, die Rechte sowohl wie die Linke; und beide Flügel arbeiteten jetzt besser zusammen als je zuvor. Der Linken wurde manches eingeräumt: das allgemeine, gleiche und direkte Wahlrecht, ein dem Reichstag verantwortliches, also parlamentarisches Ministerium, ein Reichspräsident oder Kaiser, der den Beschlüssen des Reichstages gegenüber nur ein aufschiebendes Veto haben sollte. Die Linke ihrerseits nahm seufzend das Prinzip der erblichen Monarchie an; das preußische Königshaus sollte den Kaiser stellen. Ist ja doch Politik Kunst des Möglichen, des Kompromisses, und um Preußen kam man nicht herum. Die Verfassung wurde angenommen, man schritt zur Kaiserwahl; mit nicht sehr imponierender Mehrheit ging der König von Preußen aus ihr hervor. Die Minderheit hatte gar niemanden gewählt. Das war bezeichnend. Die »Großdeutschen« konnten keine Alternative mehr bieten. Blieb die Frage, ob der papierene Beschluß diesmal Wirklichkeit werden würde.
Die preußische Staatsregierung – die Staatsstreichregierung – hatte im Winter verheißungsvolle Andeutungen gemacht: ein

engerer deutscher Bund unter preußischer Führung komme sehr wohl in Frage; mit Österreich könnte man sich dann in einem weiteren Bund irgendwie vertragen. Das war die Ansicht der Regierung, der neuen preußischen Volksvertretung, die Ansicht sogar des erzkonservativen Prinzen Wilhelm. Die Entscheidung lag beim König. Friedrich Wilhelm IV. hätte gern etwas Großes, Historisches für »Teutschland« getan; er schwankte zwischen seinem Ehrgeiz und seinem Haß gegen alles Moderne, Liberale, Demokratische. Der letztere überwog. Der Deputation, welche ihm die Krone antrug, hielt er eine seiner prunkvollsten Reden; die Herren aus Frankfurt mußten sie nachher erst gründlich studieren, um das »Nein« herauszufinden. Unter seinen Freunden sprach der geisteskranke Aristokrat deutlicher von der »Schweinskrone«, der »Wurstprezel«, dem »Hundehalsband«, der »Krone von Bäckers und Metzgers Gnaden«. Dies sei der Sinn seiner Rede gewesen: »Ich kann Euch weder ja noch nein antworten. Man nimmt nur an und schlägt nur aus eine Sache, die geboten werden kann – und Ihr da, habt gar nichts zu bieten: das mach' ich mit meinesgleichen ab; jedoch zum Abschied die Wahrheit: Gegen Demokraten helfen nur Soldaten; Adieu!«

Kummervolle, kläglich zu erzählende Geschichte. Noch einmal, zum letzten Mal, stand die deutsche Nationalversammlung vor der Entdeckung, daß ihre ganze Revolution ein Aprilscherz gewesen war. Umsonst beschwor Reichsministerpräsident von Gagern den König, doch kundzutun, welche Artikel der Verfassung ihm anstößig seien; man sei bereit zu jeder Revision. Umsonst erklärten nicht weniger als achtundzwanzig deutsche Kleinstaaten unter dem Druck ihrer Bevölkerung sich mit Verfassung und Kaiser einverstanden. Preußen blieb starr und im Gefolge Preußens auch die wichtigeren Mittelstaaten, Bayern, Sachsen, Hannover. Sollte man ein Jahr lang für den Papierkorb gearbeitet haben, sollten die großen Hoffnungen des März 1848 so in gar nichts enden? Die Versammlung beschloß, daß ihr Werk gleichwohl gültig sei, und schrieb im ganzen Reich Wahlen für den verfassungsmäßigen Reichstag aus. Das war ein revolutionärer Schritt; oder gar keiner.

Der Bürgerkrieg

So viel Zündstoff war noch immer in Deutschland aufgehäuft, so viel Leidenschaft für die Sache der Einheit, so viel Wut über den Verrat der Regierungen, daß im Mai tatsächlich etwas wie eine zweite Revolution den ratlosen Volksvertretern zu Hilfe kam. Es war die Revolution, die schon im März 1848 ganz anders gehaust hätte, hätten damals nicht die Fürsten in ihrer Not alles »bewilligt«. Mittlerweile hatten die alten Mächte sich erholt und reorganisiert; und da sie nun zurücknahmen, was sie im Vorjahr zugestanden, so erhob sich das betrogene Volk an vielen Orten zugleich oder kurz nacheinander; in Sachsen, im preußischen Rheinland, in Baden, in der bayerischen Pfalz. Erwuchs hier der Nationalversammlung eine letzte, unverhoffte Chance? Sie konnte, meinen gewisse Kritiker, sich an die Spitze dieser der Führung nur zu bedürftigen Bewegung stellen, ihr Legitimität verleihen, sich mit aufständischen Truppen umgeben und das Land überrennen. Eine österreichische Intervention war im Augenblick nicht zu fürchten; noch standen ja die Ungarn im erfolgreichen Kampf gegen Wien. So lesen wir. Die deutsche Nationalversammlung hat diese Chance nicht genutzt. Sie handelte nach dem Gesetz, nach dem sie angetreten. Im hohen Alter ändert man sich nicht mehr; die Versammlung war alt nach einem vertanen Jahr. Die Grundfrage aller Machtkämpfe – kannst du mich töten oder kann ich dich töten? – hatte sie den deutschen Fürsten nie gestellt. Sich vertragen, das Alte mit dem Neuen versöhnen, das war ihr Ziel, ihre Sprache, ihr Lebensstil gewesen. Sie konnte nicht jetzt, unter viel ungünstigeren Umständen, es auf die ernsthafte, ruchlose Machtprobe ankommen lassen, die sie im Vorjahr verpaßt hatte. Sie konnte nicht; jedenfalls, sie tat es nicht. Sie gab die erhoffte Führung nicht. Sie protestierte nur, verhandelte ein wenig, indes nacheinander erst die österreichischen, dann die preußischen, dann alle Abgeordneten der Rechten und Mitte sich aus dem Staube machten. Der Rest, das sogenannte »Rumpfparlament«, kaum hundert

Mann, siedelte Anfang Juni nach Stuttgart über, wo der König von Württemberg, bedrängt von der Reichsbegeisterung seiner Untertanen, eine zögernde, zweideutige Haltung einnahm. Er brauchte sie nicht lange zu bewahren. Am achtzehnten Juni ließ er den Sitzungssaal schließen und die deutsche Nationalversammlung, was von ihr noch übrig war, durch berittene Polizisten auseinanderjagen.
Die revolutionäre Energie, die zugunsten der Reichsverfassung verspätet durchbrach, wurde blutig verzettelt und mit einem gewaltigen Überschuß von militärischer Macht unterdrückt. Zuerst in Dresden, dann im Rheinland, in der Pfalz und Baden. Demselben Prinzen Wilhelm von Preußen, der im Vorjahr so hastig vor der Revolution nach England enteilt war, wurde nun die Genugtuung vergönnt, zwei volle preußische Armeekorps nach dem deutschen Südwesten zu führen. Nun ging es wie im vergangenen Oktober in Wien; und ähnlich melancholische Betrachtungen wären darüber anzustellen. Schön ist weder die Revolution noch die Konterrevolution. Die eine hat für sich den Idealismus, die brave, humane Hoffnung, und gegen sich den Dilettantismus, das melodramatische Getue, das Gezänk zwischen den Führern, die Roheit der Auflösung. Die andere hat für sich die Tatsache, daß sie Ordnung bringt, das, was Hegel die »Wahrheit der Macht« nannte; gegen sich die selbstgerechte Brutalität, die Rachsucht der Sieger, die Sterilität des Sieges. All dies erfuhr das gequälte Land Baden von Mai bis Juni 1849 und danach. Der genaue Erzähler müßte beides berichten: wie tapfer die aufständischen badischen Truppen sich gegen die Preußen schlugen, und auch, wie zänkisch und kindisch die provisorische Revolutionsregierung verfuhr, welches Chaos sie zurückließ; wie dankbar mancher Badener den Preußen für die Wiederherstellung des Ordnungsstaates war und wieder, wie andere den norddeutschen Unterdrücker haßten. Selten erlaubt die Geschichte das eindeutige Schwarzweißurteil, so wie der Leser es gern hätte. Das Ende waren standrechtliche Erschießungen. Der preußische Sieger kannte keine Gnade; keine Gnade gegenüber den Leuten, die doch für eine Reichsverfassung gekämpft hatten,

welche den preußischen König zum Kaiser hatte machen sollen. Blindes Unrecht, blutige, verschuldete Verwirrung. In einer endlosen Kette von Hochverratsprozessen endete die deutsche Revolution, die anders hatte sein wollen als andere Revolutionen; freundlich, tolerant, gesetzlich. Es ist ihr übel bekommen.

Ein paar Monate später, im August, kamen die Ungarn an die Reihe; nicht ohne Beihilfe des russischen Zaren. Nikolaus I. tat nun endlich, was er seit anderthalb Jahren in seinem rohen Herrschergeist herumgewälzt hatte. Er schickte dem Kaiser Franz Joseph eine Armee zu Hilfe, die der revolutionären, heroischen, nur leider nicht gerechten Sache der Magyaren den Garaus machte. »Es muß der Held nach altem Brauch – den tierisch rohen Mächten unterliegen«, dichtete Heinrich Heine in Paris. Das Gedicht hat den Titel: »Im Oktober 1849« und beginnt:

Gelegt hat sich der starke Wind
Und wieder stille wird's daheime,
Germania, das große Kind,
Erfreut sich wieder seiner Weihnachtsbäume.

Wir treiben jetzt Familienglück. –
Was höher strebt, das ist vom Übel –
Die Friedensschwalbe kehrt zurück,
Die einst genistet in des Hauses Giebel.

Gemütlich ruhen Wald und Fluß,
Von sanftem Mondlicht übergossen;
Nur manchmal knallt's – ist das ein Schuß? –
Es ist vielleicht ein Freund, den man erschossen...

Heine lag damals schon auf seinem letzten Krankenbett, hatte aber noch immer die Gabe, die Geschichte seiner Zeit zu sehen, zu erleiden und in Reimen schön auszudrücken.

Die preußische Union

Dem Drama folgte das Satyrspiel. Friedrich Wilhelm IV., nachdem er alle auf ihn gesetzten Hoffnungen verraten und durch seine Truppen zermalmt hatte, wollte doch gar zu gern den Ruhm des Deutschlandeinigers oder so etwas Ähnliches im Fluge erhaschen, versteht sich, ohne Demokratie, so daß er es »mit seinesgleichen abmachte«, anstatt daß Volksvertreter es ihm antrugen. Dem diente schon im Mai 1849 das sogenannte Dreikönigsbündnis zwischen Preußen, Sachsen und Hannover; andere norddeutsche Kleinstaaten schlossen sich an. Der Gedanke stammte von einem Abgeordneten der Frankfurter Rechten und Freund Friedrich Wilhelms, dem General von Radowitz, einem konservativen, aber einfallsreichen und entschieden auf das Wohl Deutschlands bedachten Mann. Er wollte aus dem Bankerott der Paulskirche retten, was zu retten war, sei es auch nur einen »engeren Bund« Norddeutschlands. Für kurze Zeit ließ der flackernde Geist des Königs sich dem Projekt gewinnen, wie er sich schon manchem anderen hatte gewinnen lassen. Es spricht nicht sehr für Einsicht und Würde der Frankfurter Liberalen oder »Konstitutionellen«, daß auch sie nach diesem Rettungsseile griffen, eben in dem Moment, in dem preußische Truppen Südwestdeutschland eroberten; daß sie noch einmal und wieder noch einmal auf den Gaukler in Potsdam hereinfielen. Das preußische Parlament stimmte zu; die Frankfurter Verfassung wurde ausgeborgt und im Sinne monarchischer Autorität gebührend verbessert; nach langem Hin und Her berief Preußen im März 1850 einen »Reichstag« aus den Staaten der »Norddeutschen Union« nach Erfurt, wo denn die liberalen Koryphäen der Paulskirche, Gagern, Dahlmann, Simson sich noch einmal in ihrer Wichtigkeit sonnen durften. Sie waren nun mit wenigem vergnügt. Ein witziger junger Reaktionär, der auch in Erfurt erschien, der preußische Abgeordnete von Bismarck-Schönhausen, nannte die Union »ein zwitterhaftes Produkt furchtsamer Herrschsucht und zahmer Revolution«. Herrschen wollte der

König, wenn es ohne Gefahr geschehen konnte, und gezähmt waren die Liberalen allerdings. Nur war jetzt die Sache ohne große Gefahr nicht mehr zu machen. Im März 1848, selbst noch im März 1849 wäre, vielleicht, das Ganze der deutschen Einheit zu haben gewesen; jetzt war selbst das dürftige Stück davon nicht mehr zu haben, nach dem Friedrich Wilhelm lüstern griff. Denn Österreich konnte jetzt tun, was es weder 1848 noch selbst 1849 hätte tun können. Es sprach sein Veto gegen jeden »engeren Bund« aus. Hinter diesem Veto stand der stählerne Wille des Fürsten Felix Schwarzenberg (»Aus Deutschland hinauswerfen lassen wir uns nicht!«); eine österreichische Armee, die als überlegen galt; und der mächtige Bundesgenosse Österreichs, Zar Nikolaus. Selbst wenn Österreich allein den Fall nicht hätte entscheiden können, der Wille des Zaren genügte dazu. Wie Karl Marx in seinem Londoner Exil es mit dem ihm eigenen hellen Sinn für Machtfragen voraussagte: »Um Preußen wieder in den Bundestag hineinzudrohen, stellen sich jetzt österreichische und süddeutsche Truppen in Franken und Böhmen auf. Preußen rüstet ebenfalls... Aber dieser Lärm wird zu nichts führen... Weder der König von Preußen noch der Kaiser von Österreich ist souverän, sondern allein der Zar. Vor seinem Befehl wird das rebellische Preußen sich schließlich beugen...«

Genauso geschah es. Der befreiende »Volkskrieg«, den vor zwei Jahren die deutschen Radikalen gegen Rußland hatten führen wollen – für das reaktionäre Preußen war er keine reale Möglichkeit. Es gab klein bei. Es gab alles zu, was Schwarzenberg verlangte: Die Wiederherstellung des Deutschen Bundes, so wie er 1815 eingerichtet worden war, Österreichs Präsidialstellung, Dänemarks Herrschaft über Schleswig-Holstein – alles. Drei Jahre nach dem März 1848 besaßen Kaiser Franz Joseph und sein Minister Schwarzenberg eine Stellung in Deutschland, wie der alte Metternich sie nie besessen hatte. Längst waren damals die »März-Minister« aus den deutschen Kleinstaaten verschwunden, die März-Errungenschaften verwässert oder unterdrückt. Ein paar tausend schöne Reden, ein paar tausend Tote und ein paar tausend Prozesse – das war die Ernte der Jahre 1848 und 1849. Von der großen hoffnungsvollen Unruhe schien nichts übrigzubleiben als Enttäuschung, Scham und Spott.

ZWEITER TEIL: BETRACHTUNG

Deutsche und Französische Revolution

Man sagt, die Revolution hätte im Jahre 1848 in Deutschland siegen können, wenn sie dann und dann das und das getan hätte.

Was sind nun aber das überhaupt: »Revolutionen«? Ist es wünschenswert, daß es sie ab und zu gebe, und ist ihr Sieg wünschenswert? Man darf dieser allgemeinen Frage nicht aus dem Wege gehen, wenn man über die eben berichteten Ereignisse sich ein Urteil bilden will.

Nach der Marxschen Lehre müssen Revolutionen periodisch vorkommen. Und zwar immer dann, wenn die Macht der Produktionsmittel zu groß geworden ist für den Apparat, innerhalb dessen sie wirken; anders ausgedrückt, wenn die politisch und wirtschaftlich herrschende Klasse ihre Aufgabe nicht mehr bewältigt. Sie muß dann abtreten. Da aber eine herrschende Klasse nicht freiwillig abtritt, so treibt sie es weiter fort, bis die ganze alte Ordnung zusammenbricht und gewaltsam weggefegt wird; Herrschaftsapparat, Rechtsverhältnisse und alles, was dazu gehört. Das ist die Revolution; aus ihr erhebt sich die neue herrschende Klasse... Dieser Marxsche Revolutionsbegriff hat nur einen geringen Teil Wahrheit, die wirkliche Geschichte geht in seiner Theorie nicht auf. Allerdings gibt es so etwas, wie sozial oder wirtschaftlich bestimmte »Klassen«; aber sie sind längst nicht die geschlossenen und klar voneinander abgegrenzten Gruppen, die Marx in ihnen sieht. Auch kommen sie nicht so plötzlich an die Macht und treten nicht so plötzlich von ihr ab. Der Aufstieg des europäischen Bürgertums ist ein sehr langwieriger Prozeß, der sich bis ins Mittelalter zurückverfolgen läßt. Das sagt nicht, daß nicht *auch* die Große Französische Revolution, welche 1789 begann, etwas mit den Forderungen des Bürger- und Bauerntums zu tun gehabt hätte. Sie richtete sich aber nicht so sehr gegen den Adel, der damals längst nicht mehr die herrschende Klasse war, sondern gegen ein zugleich schwaches und lästiges, veraltetes und bankerottes Regierungssystem. Eine Modernisierung des französischen Staates war gewiß wünschenswert; daß sie in einen blutigen Bürgerkrieg ausartete, war anfangs vor allem die Schuld des Hofes und seines törichten Widerstandes. Je mehr dann die Entwicklung sich verkrampfte, desto mehr eigentlich sachfremde Elemente gerieten in sie hinein; ein überspannter Idealismus, die Furcht und Leidenschaft, welche der europäische Krieg erzeugte, die Machtgier von Gruppen und Personen, allerlei blutige Quacksalberei, die wenig Reelles zuwege brachte. Was die Französische Revolution leisten konnte, hatte sie bereits 1792 geleistet. Auf den Stand von 1792 ist dann auch Napoleon im wesentlichen zurückgegangen. Notwendig ist in der Geschichte Veränderung, Reform, Anpassung des Rechts an neue wirtschaftliche und moralische Bedingungen. Revolutionen als blutige Dramen, plötzliche gewalttätige Gesamtumstürze sind weder notwendig noch wünschenswert. Sie führen auch nie zu dem, wozu sie nach der Idee ihrer Antreiber führen sollten. England zum Beispiel ist bis zum heutigen Tag ohne Revolution ausgekommen, obwohl es an sozialen Veränderungen dort wahrlich nicht gefehlt hat. Die sogenannten englischen Revolutionen des siebzehnten Jahrhunderts waren bestimmt keine Revolutionen im Marxschen Sinn. Sie waren eher noch – Konterrevolutionen. Hier waren es die Könige, die einen dem Lande fremden Absolutismus einzuführen versuchten; wogegen sich im Bürgerkrieg der sechzehnhundertvierziger Jahre und wieder 1688 die *alte* Parlamentsherrschaft durchsetzte.

Die Französische Revolution war nun ein so ungeheuer dra-

matisches, eindrucksvolles Ereignis, daß sie Politik und Geschichtsauffassung noch in der Mitte des neunzehnten Jahrhunderts wesentlich beherrschte. Marx und Engels haben ihre ganze Theorie der Revolution auf ihr aufgebaut. Sie taten zwar so, als ob sie sehr viele Beispiele für ihre Theorie hätten, aber es ist kein Zufall, daß sie immer wieder dasselbe eine wählten, denn ein anderes hatten sie eben in Wirklichkeit nicht. Sie kannten im Grunde nur zwei Revolutionen; die bürgerliche oder französische, die unlängst stattgefunden hatte, und die proletarische, die demnächst stattfinden würde. Auch die Masse der deutschen Demokraten und Radikalen stand stark unter dem Einfluß der Französischen Revolution, deren Sprache und Gesten sie nachahmten. In Baden sprach man sich während des Bürgerkrieges von 1848–49 mit »Bürger« und »Bürgerin« an, wie in Paris zur Zeit Robespierres.
Aber die wirklichen deutschen Verhältnisse im Jahre 1848 waren von den französischen des späten achtzehnten Jahrhunderts grundverschieden. Es gab keine zusammenbrechende, bankerotte Verwaltung. Die österreichische Verwaltung war nicht schlecht, die preußische gut. Hier rief kein ratloser Monarch die alten Stände zusammen, weil er finanziell nicht mehr weiter wußte. Es war gerade der wirksame, oft überwirksame Obrigkeits- und Beamtenstaat, wogegen die Deutschen rebellierten. Die Forderung ging auf größere Aktionsfreiheit, Rechtssicherheit, politische Beteiligung, das hieß Kontrolle der Regierung durch Volksvertreter, vor allem: auf nationale Einheit, gesamtnationale Beteiligung im Weiten und Großen. Diese Sehnsucht war da; und obgleich wir heute über die Idee des Nationalstaates nicht mehr so hoffnungsfroh denken können wie vor hundert Jahren, so können wir doch verstehen, warum sie da war. Die Deutschen spürten, daß sie in der Welt nicht die Stellung besaßen, die ihrer Kraft entsprach, und daß Metternichs »Bund« nicht das rechte Organ war, sie ihnen zu erwerben. Eine Nation wird dadurch eine, daß sie sich als solche fühlt. Das war bei den Deutschen in der Mitte des neunzehnten Jahrhunderts offenbar der Fall; und was sich als zahlreiches, starkes Volk mit rühmlicher Vergangenheit fühlt, das

möchte auch außerhalb seiner Grenzen etwas darstellen und leisten. Die Niederlage der Revolution gab jenen recht, die einen solchen Versuch für Unsinn hielten und nur an die Gewalt glaubten; an die Gewalt der preußischen Armee oder der revolutionären Arbeiterklasse. Sie gab auch jenen recht, die sich nun weniger denn je um Politik kümmerten, um sich besseren Dingen zuzuwenden, dem Geldverdienen, der Wirtschaft; auch wohl der Literatur und einer geschichtsverachtenden Metaphysik.

Die Großmächte und die deutsche Revolution

Von Geschichtsschreibern ist unlängst die Ansicht geäußert worden, die deutsche Einheitsbewegung sei 1848/49 an der äußeren Lage, an der Außenpolitik gescheitert; die drei Großmächte, England, Rußland, Frankreich seien dagegen gewesen und dies, nicht staatsphilosophische Bedenken, sei der wahre Grund für die Ablehnung der Kaiserkrone durch Friedrich Wilhelm IV. Das Argument ist schwer zu widerlegen, da man in der Geschichte ja kaum je mit Bestimmtheit sagen kann, was geschehen wäre, wenn... Wahrscheinlich war aber damals die große Koalition, welche Deutschland 1914 zum Verhängnis wurde, keineswegs. Ja, man kann sagen, es ist vollkommen ausgeschlossen, daß England einen Krieg geführt hätte, um eine mit Takt und Maß durchgeführte deutsche Einigung zu hintertreiben. Selbst in der schwierigen Schleswig-Holstein-Sache machte schließlich der englische Außenminister, Palmerston, den vernünftigsten Vorschlag: der nördliche, überwiegend dänische Teil von Schleswig sollte zu Dänemark, alles übrige aber zu Deutschland kommen. Wohl erhoben sich in London einzelne Stimmen gegen die deutsche Einheit, aber die Ansicht dieses oder jenes Abgeordneten hat nicht die Beweiskraft, welche die Verteidiger des oben erwähnten Arguments ihr zutrauen. Die Haltung der Regierung und des Landes im ganzen war abwartend-freundlich. Frankreich war selber in den Wirren einer Revolution und in den entscheidenden Frühlingsmonaten des Jahres 1848 gar nicht fähig, einzugreifen. Auch dort war die Stimmung geteilt. Der eigenen national-revolutionären und demokratischen Theorie nach mußte man die deutsche Einheit ebenso wie die italienische begrüßen, obgleich uralte machtpolitische Bedenken dagegen standen. Tatsächlich kam es im Frühling zu einem Gedankenaustausch zwischen dem französischen Außenminister und dem russischen Staatskanzler über die Frage, ob ein geeintes Deutschland von vierzig oder – mit Österreich – gar siebzig Millionen Menschen nicht eine Gefahr für beide Flügelmächte sei? Gleichzeitig wurden aber auch ganz andere Kombinationen erwogen; eine französisch-preußisch-englische, eine polnisch-deutsch-französische. In so wirren Zeiten schien alles möglich; die wenigen Figuren, die es auf dem europäischen Schachbrett gab, wurden in den Köpfen aufgeregter Diplomaten und Journalisten zu allen nur erdenklichen Verbindungen hin und her geschoben. Aber eben nur in den Köpfen. Zu Ende gedacht wurde nichts, in Wirklichkeit geschah nichts. Nur im Krieg gegen Dänemark fand Preußen sich schließlich einer Front der Großmächte gegenüber. Das Argument aber: wenn man Deutschland schon das kleine Schleswig nicht gönnte, um wieviel weniger hätte man ihm dann seine Einigung gegönnt, hält nicht Stich. Es war ein Unglück, daß Deutschland sich provozieren ließ und sein inneres Einigungswerk mit einem Krieg nach außen begann. Der Aufbau einer neuen Großmacht im Zentrum Europas forderte Vorsicht, Mäßigung, staatsmännische Führung.

Die Ansicht, es habe sich Europa gegen das »gute Deutschland« der Achtzehnhundertachtundvierziger verschworen, und es sei danach nichts anderes mehr möglich gewesen als das »böse« Preußen-Deutschland, welches Bismarck schuf, kann daher nicht genügend begründet werden. Sie wird übrigens von Bismarck selber abgelehnt, der doch kein schlechter Kenner der europäischen Diplomatie war. In seinen Erinnerungen spricht er ausführlich von den Klippen, an denen die Revolution scheiterte. Die äußere Lage erwähnt er nicht. Im Gegenteil, er meint, daß Preußen im März 1848, und noch einmal im Frühling 1849 die Möglichkeit zu entscheidendem Handeln gehabt hätte. Es wollte aber nicht. Bismarck selber auch nicht; aber nicht aus außenpolitischen Motiven.

Die Frage der Nationalitäten

1848 wurde nichts zu Ende gedacht, nichts zu Ende getan. Aber manches zeigte sich damals zum ersten Male, worüber später viel Blut vergossen wurde, woran später Denken und Tun scheitern sollten. Es zeigte sich, wie furchtbar schwer das deutsche Geschick von den Geschicken anderer Nationen zu trennen, wie schwer also ein deutscher Nationalstaat zu errichten war. Bis 1848 hatte man geglaubt, die unterdrückten oder zersplitterten Völker, Deutsche, Italiener, Polen hätten dasselbe Ziel und würden nach ihrer Befreiung brüderlich zusammenleben. »Europa rekonstruiert sich nach Nationalitäten«, schrieb der spätere Feldmarschall von Moltke im März 1848, »alles Fremde wird abfallen, mögten wir nur alles Deutsche wiederbekommen, so wären wir reichlich entschädigt.« Das reinliche Abtrennen alles Nicht-Deutschen, das Wiederbekommen alles Deutschen, das war die Schwierigkeit; in Posen, in Böhmen, im ganzen österreichischen Kaiserstaat. Zu den Völkern, denen man bisher, in der Theorie, ihre Freiheit gegönnt hatte, kamen nun plötzlich solche, an die man bisher überhaupt nicht gedacht hatte. Tschechen und Südslawen. Und als offenbar wurde, daß die befreiten Völker sich durchaus nicht wie liebende Schwestern zueinander verhalten würden und daß ihre rechte, klare Scheidung voneinander gar nicht möglich sei, da waren auch die deutschen Liberalen schnell bereit, Macht vor Recht gehen zu lassen oder das eigene Recht vor dem Recht der anderen. In der großen Polen-Debatte der Paulskirche siegte die Partei, die, wenn schon zwischen beiden gewählt werden mußte, das deutsche Interesse über das polnische stellte. »Es ist hohe Zeit für uns, endlich einmal zu erwachen aus jener träumerischen Selbstvergessenheit, in der wir schwärmten für alle möglichen Nationalitäten, während wir selbst in schmachvoller Unfreiheit daniederlagen und von aller Welt mit Füßen getreten wurden, zu erwachen zu einem gesunden Volksegoismus, um das Wort einmal gerade heraus zu sagen, welcher die Wohlfahrt und Ehre des Vaterlandes in allen Fragen obenanstellt... Ich gebe ohne Winkelzüge zu: Unser Recht ist kein anderes als das Recht des Stärkeren, als das Recht des Eroberers...« So erklärte der Abgeordnete Jordan, wohl der beste Kenner der Lage in Polen. Dahlmann, ein großer liberaler Professor, sprach von der *Macht,* nach der das deutsche Volk sich eigentlich sehne. Und Heinrich von Gagern, der Verfechter der kleindeutschen Lösung, hätte doch selber lieber die großdeutsche, vielmehr größtdeutsche und eigentlich phantastische gesehen: »Ich frage, können wir im nationalen Interesse... die außerdeutschen Provinzen Österreichs für die Zukunft sich selbst und dem Zufall überlassen? Ich habe den Beruf des deutschen Volkes als einen großen, weltgebietenden aufgefaßt... Welche Einheit haben wir zu erstreben? Daß wir der Bestimmung nachleben können, die uns nach dem Orient zu gesteckt ist; daß wir diejenigen Völker, die längs der Donau zur Selbständigkeit weder Beruf noch Anrecht haben, wie Trabanten in unser Planetensystem einfangen.«

Es geht hier nicht um eine einfache Verdammung der deutschen Liberal-Nationalisten. Die Deutschen in Posen der ungebärdigen, zivilisatorisch wohl nicht eben überlegenen polnischen Mehrheit preiszugeben, war ja am Ende wirklich etwas viel verlangt. Und solange Macht Macht war und überall auf der Welt das Recht des Stärkeren galt, mußten Deutsche *ihr*

Recht dem slawischen vorziehen. Nicht das Denken dieser Männer ist zu verdammen, so leichtfertig und ohne Ahnung der unermeßlichen Schwierigkeiten des Gegenstandes es uns heute auch erscheint. Die Sache selber war das unentwirrbar Widerspruchsvolle; das Problem der mittel- und osteuropäischen Nationalitäten, wie es nun einmal lag. Gelöst hat es seitdem keiner. Darum dürfen wir auch von den Achtundvierzigern keine Lösung verlangen. Es war ihr Unglück, daß sie zuerst das Problem entdeckten und mit naivem Optimismus geradewegs in es hineinrannten.
1848 kam auch zum ersten Male an den Tag, daß der Begriff des Nationalstaates die österreichische Monarchie früher oder später zerstören würde; eine Aussicht, welche für Deutschland verschiedenerlei Gefahren und gefährliche Versuchungen bedeuten mußte. Der tschechische Nationalismus war eine Nachahmung des deutschen, war unoriginell bis zum Kindischen gerade da, wo er ganz original sein wollte. »Glücklicherweise«, schrieb der Dichter Franz Grillparzer, »ist Herrn Palachýs Gesinnung nicht die der Mehrheit seiner Landsleute, sondern nur einer kleineren Fraktion, der Partei der *germanisierten* Tschechen. Nachdem sie alles, was sie wissen und können, von den Deutschen gelernt haben, ahmen sie ihnen, zum schuldigen Dank, auch ihre neuesten Narrheiten nach. Denn woher stammt dies Geschrei von Nationalität, dies Voranstellen von einheimischer Sprach- und Altertumswissenschaft anders als von den deutschen Lehrkanzeln, auf denen gelehrte Toren den Geist einer ruhigen, verständigen Nation bis zum Wahnsinn und Verbrechen gesteigert haben? Das ist die Wiege eurer Slawomanie, und wenn der Böhme am lautesten gegen den Deutschen eifert, so ist er nichts als ein Deutscher ins Böhmische übersetzt.« Wahr, wahr gesprochen! Und doch, wenn die Deutschen nationalistisch wurden, und zwar nicht nur in »Kleindeutschland«, sondern auch auf habsburgischem Gebiet, so blieb am Ende den Slawen nichts anderes übrig, als sich zu verteidigen durch Nachahmung. Grillparzer, der Österreicher von altem Schrot und Korn, verachtete folgerichtig den deutschen Nationalismus so sehr wie den slawischen. Er spottete 1848:

O Herr, laß Dich herbei,
Und mach die Deutschen frei,
Daß endlich das Geschrei
Danach zu Ende sei!

Und prophezeite noch grimmiger:

Der Weg der neueren Menschheit geht
Von der Humanität
Durch die Nationalität
Zur Bestialität.

Es konnte aber ein einsamer Wiener Poet von mittlerem Beamtenrang die welthistorische Verwirrung nicht aufhalten.

Der Klassenkampf

Eine andere, besonders von Marx und seinen Schülern vertretene These ist die, wonach die Revolution am Kampf der Klassen gescheitert sei. Die liberale Bourgeoisie fürchtete sich vor dem demokratischen Kleinbürgertum und beide fürchteten sich vor dem Proletariat. So gab es keine gemeinsame Front gegen die alten Mächte Monarchie, Adel und Heer. Weil Schwarz-Rot-Gold sich vor Rot fürchtete, mußte es weichen vor dem preußischen Schwarz-Weiß und dem österreichischen Schwarz-Gelb. Auch diese, von Marx und Engels in ihrer Schrift »Revolution und Konterrevolution in Deutschland« überaus brillant dargetane Meinung müssen wir kurz betrachten.

Die deutsche Revolution war eine politische, keine soziale oder wirtschaftlich bestimmte. Wohl gab es in den vierziger Jahren einige lokal begrenzte soziale Unruhen; aber nicht sie haben zu den Ereignissen des März 1848 geführt. Damals erhob sich das Bürgertum gegen den absoluten Fürstenstaat, der ihnen nicht mehr zeitgemäß erschien. Man hat die Revolution schon bald danach ganz mit Recht die »bürgerliche« genannt; neuerdings die »Revolution der Intellektuellen«. Auch dieser Ausdruck trifft zu, denn Professoren und Schriftsteller haben bei ihrer Vorbereitung, wie auch in der Paulskirche, eine große Rolle gespielt. Erst nachdem die Revolution im Gang war, haben sich dann verschiedene oppositionelle Gruppen voneinander getrennt; von den Liberalen die Demokraten und von ihnen wieder eine Gruppe, die man als radikale Republikaner oder Sozialdemokraten bezeichnen mag.

Nun darf man aber hierbei nicht an eine große proletarische Partei denken, so wie sie sich gegen Ende des Jahrhunderts bildete. Dazu bestand im Deutschland von 1848 nicht die entfernteste Möglichkeit. Es gab damals noch weit mehr Handwerker als Arbeiter und noch weit mehr Bauern als Handwerker und Arbeiter zusammen. Von den letzteren höchstens eine Million; unter ihnen noch viele, die sich als Handwerker fühlten und sich nach dem Schutz und den Ehren des Handwerkerstandes zurücksehnten. Auf den Arbeiterkongressen, die 1848 in Berlin und in Frankfurt stattfanden, ist denn auch nicht von der Diktatur des Proletariats gesprochen worden, sondern von gewerkschaftlichen und handwerklichen Interessen: Schutz des Handwerks, der Handwerksburschen und Gesellen, Förderung der kleinen Industrie durch Patentgesetzgebung, Ausfuhrprämien, verbilligte Rohstoffeinfuhr, auch von unentgeltlicher Volkserziehung, progressiver Einkommensteuer, Sorge für das Alter und so fort. Es waren die Grundzüge einer fortschrittlichen Sozialpolitik, nichts weiter. Der erfolgreichste Arbeiterführer des Revolutionsjahres, Stephan Born, mußte, obgleich er Marx kannte und schätzte, die Lehre des Meisters fallenlassen, sobald er an die praktische Arbeit ging. »Man hätte«, so erzählt er in seinen Erinnerungen, »mich ausgelacht oder bemitleidet, hätte ich mich als Kommunist gegeben. Das war ich auch nicht mehr. Was kümmerten mich entfernte Jahrhunderte, wo jene Stunde mir Aufgaben und Arbeit die Fülle bot.«

Born hat dann, zwar nicht die Weltrevolution, wohl aber eine Gewerkschaft der Buchdrucker organisiert, die überall in Deutschland im Lohnkampf bald gute Erfolge zu verzeichnen hatte. Auch ging er an die Gründung einer großen Arbeiter-»Verbrüderung«, deren lokale Komitees bei Lohnverhandlungen eingreifen, Kreditkassen für den Bau von Wohnungen einrichten, für politische und allgemeine Bildung arbeiten sollten. Zahlreiche solche Vereine wurden gegründet; die Reaktion der fünfziger Jahre hat sie dann alle wieder unterdrückt. Von den Anfängen dieser praktischen Arbeiterbewegung hatten die liberalen oder demokratischen Bürger im Grunde nichts zu fürchten. Was aber die Theorien von Marx und seines in London, Paris und Köln beheimateten Kommunistenbundes betrifft, so hatten sie in Deutschland höchstens ein paar hundert Anhänger. Woher dann die Angst vor den »Roten«, von der Engels spricht und die unleugbar schon lange vor 1848 bestand?

Nun, vielleicht machten die deutschen Bürger denselben Fehler, den Marx machte und zu dem Marx sie fleißig anspornte; sie übertrugen die Klassenkampfverhältnisse, die in England und Paris bestanden, auf Deutschland, wo es sie nicht gab. In Paris ist im Juni 1848 ja wirklich der nackte, schamlose Klassenkampf furchtbar ausgetragen worden, und von dort war die ganze Theorie hergenommen. Für nicht sehr genau denkende Menschen lag es nahe, anzunehmen, daß dergleichen auch in Deutschland kommen würde oder gar schon da sei. Hieraus mag es sich erklären, daß das Bürgertum tatsächlich in gewissen kritischen Momenten sich vor den Roten fürchtete, daß die Bürgerwehr in Berlin sich weigerte, die Arbeiter in ihre Reihen zu lassen, und in Wien im Oktober auf Übergabe der Stadt drängte, während die Arbeiter noch weiter kämpfen wollten. Der Reaktion war diese Furcht willkommen. »Demokratie«, »Sozialismus«, »Kommunismus« und Weltuntergang wurden zu einem einzigen Angstbegriff verwirrt; ein Trick, der bis zum heutigen Tag überall auf der Welt mit Erfolg wiederholt werden sollte.

Einen scharfen, bewußten Klassenkampf hat es 1848 in

Deutschland nicht gegeben. Wohl aber war die Bewegungspartei sehr bald gespalten; und es versteht sich, daß diese Spaltung die Stoßkraft des Ganzen schwächen mußte. Für ihre lähmenden Folgen wird man beide Extreme verantwortlich machen müssen; die allzu zahmen Schönredner in der Paulskirche auf der einen Seite, die leichtsinnigen Putschisten vom Schlage der Hecker und Struve, die champagnertrinkenden Revolutionsliteraten vom Schlage Georg Herweghs auf der anderen.

Marx und Engels haben während der beiden Revolutionsjahre keine glückliche Rolle gespielt. Das Beste, was man über sie sagen kann, ist, daß sie so gut wie gar keinen Einfluß hatten. Ihre ganze Theorie, wonach jetzt die Bourgeoisie und das Kleinbürgertum an die Macht sollten, nur um dann von den Proletariern beiseite geschafft zu werden, war eine für Deutschland nicht passende und in hohem Grade erkünstelte. Wie konnte man einer Bewegung helfen, die man nur siegen lassen wollte, um sie dann gleich zu überrennen und auszutilgen? Wer sich nur für Revolution Nummer zwei interessierte, der konnte für Revolution Nummer eins nichts Nützliches tun. Als, nach dem Sieg der alten Mächte, in Köln ein Prozeß gegen Kommunisten stattfand, protestierte Marx in der amerikanischen Zeitung »New York Tribune« gegen das ungeheuerliche Vorgehen der preußischen Regierung: »Wie könnte man sie, die Kommunisten, Verschwörer gegen den preußischen Staat nennen, da sie doch nur Verschwörer gegen *den* Staat seien, der *nach* dem jetzigen kommen würde, gegen die bürgerliche Republik...« Nichts ist charakteristischer als die Verbogenheit dieses Arguments. Neun von zehn Deutschen waren um die Jahrhundertmitte »Kleinbürger«, Bauern, Handwerker, kleine Geschäftsleute, Lehrer und so fort. Wer diese neun Zehntel aller Deutschen so gründlich verachtete wie Marx und Engels, der konnte nicht deutsche Politik machen. Er konnte nur die Schwächen der bürgerlichen Revolution *sehen,* und das haben die beiden mit Adlerblick getan. Nur war es eine Kritik, die nichts half. Ihre positiven Vorschläge waren wilder, bedenklicher Natur. Im August 1848 etwa, während der

Schleswig-Holstein-Krise, forderte Marx nichts Geringeres als den deutschen Weltkrieg gegen die drei Großmächte, England, Rußland und Frankreich, aus dem allein eine echte Revolution erblühen könnte. Dänemark wie auch Schweden und Norwegen gehörten von Rechts wegen unter deutsche Botmäßigkeit, da Deutschland immerhin revolutionärer sei als diese Länder, deren Kultur Marx als »Roheit gegen Frauen, permanente Betrunkenheit und mit tränenreicher Sentimentalität abwechselnde Berserkerwut« beschrieb. Auch für die nationalen Bestrebungen der österreichischen Slawen, vorab der Tschechen, hatten die beiden nur Spott und Hohn; unter deutscher Herrschaft seien sie, unter deutscher Herrschaft müßten sie bleiben. Und sollte das Slawentum weiterhin die Revolution verraten, dann: »Vernichtungskampf und rücksichtsloser Terrorismus – nicht im Interesse Deutschlands, sondern im Interesse der Revolution!«... Deutschland, dies Deutschland, das er in der großen Mehrzahl seiner Bewohner so sehr verachtete, war für Marx trotzdem das Vaterland der abstrakten, aber furchtbaren Göttin, »Revolution« genannt, und darum zum Herrschen berufen. Diese Philosophie ist später von einer osteuropäischen Großmacht übernommen worden. Es läßt sich manches gegen sie einwenden.

Als dann aus der Weltrevolution zunächst nichts wurde, waren die beiden Freunde tief enttäuscht. Einem Freunde, Techow, der sie im August 1850 in London sah, erklärten sie geradezu, sie würden demnächst nach Amerika auswandern; »es sei ihnen auch ganz gleichgültig, ob dieses erbärmliche Europa zugrunde gehe, was ohne soziale Revolution unvermeidlich sei.«

Führer und Geführte

Die Revolution hat keine gute Führung gehabt. In der Paulskirche saßen Gelehrte von hohem Rang, tüchtige Verwalter, ein paar erfolgreiche Wirtschaftsleute, geistreiche Schriftsteller. Es wurden schöne Reden gehalten, gute Dinge gesagt. Daß aber Politik immer ein Element des Kampfes enthält und in aufgeregten Zeiten, wenn der gemeinsame Gesetzesboden schwankt, unvermeidlich des ruchlosen Kampfes, das wußten die Liberalen nicht; nur auf der extremen Rechten und Linken hatte man eine Ahnung davon. Der Fall jenes großen Geschichtsprofessors Dahlmann, dessen Agitation im September 1848 die »Reichsregierung« stürzte, weil er den Krieg wegen Schleswig auch ohne Preußen weiterführen wollte, der sich aber gar nicht überlegte, wie das eigentlich zu machen sei, so daß er nach ein paar Tagen sich den Verteidigern des Waffenstillstandes kleinlaut anschloß – ein solcher Fall kompromittierte die ganze große Partei, der Dahlmann angehörte. Von Heinrich von Gagern, dem ersten Präsidenten der Nationalversammlung und dritten »Reichs-Ministerpräsidenten« hat Bismarck ein boshaftes Porträt entworfen. Die Herren trafen sich 1850 in Erfurt; es liegt etwas Ironisches in der turmhoch überlegenen Feierlichkeit, mit der der verunglückte Reichsgründer von 1848 dem glücklichen Reichsgründer von 1871 gegenübertrat. »Die Phrasen-Gießkanne«, meinte Bismarck, »hat zu mir gesprochen, als sei ich eine Volksversammlung.«

»Phrasen-Gießkanne« – der Audruck, gegen den Mann der Paulskirche gerichtet, hätte von Marx stammen können. Tatsächlich haben der Kommunist und der Junker in ihrer Beurteilung des Jahres 1848 manches gemeinsam. Für beide war es das erste große politische Erlebnis, ein Lehrjahr. Bismarck wollte schon im März 1848 einen reaktionären Staatsstreich, eine Gegenrevolution organisieren, Marx die Revolution zum radikalen Ende weitertreiben. Beider Stellung war noch längst nicht so, daß sie etwas so Einschneidendes hätten leisten können; sie blieben im Hintergrunde, Personen der Zukunft, noch nicht der Gegenwart. Beide zogen sie den Schluß, daß es in Zukunft ganz anders gemacht werden müßte. »Nicht durch Reden und Majoritätsbeschlüsse«, sagte Bismarck 1862, »werden die großen Fragen der Zeit entschieden – das ist der große Fehler von 1848 und 1849 gewesen –, sondern durch Blut und Eisen.« Durch Blut und Eisen –, das ist ungefähr die Lehre, die Marx aus den »Fehlern von 1848« gewann. Sein Leben lang wartete er auf die wahre, die soziale Revolution, die 1848 nicht kam und die, wenn sie kommen würde, nun ganz anders geführt werden müßte; ohne Erbarmen, nicht bloß gegen Monarchie und Bourgeoisie, sondern auch gegen das Kleinbürgertum, mit wissenschaftlicher Gründlichkeit. Die Wissenschaft, die Strategie der Revolution – sie hat Marx aus dem Zusammenbruch von 1849 aufgelesen, und von ihm hat dann Lenin sie übernommen und 1917 erfolgreich angewandt. Selbst Lenins geschichtliche Leistung geht so, indirekt, noch auf die Niederlage der Achtundvierziger zurück.

Nun, das ist die Zukunft, davon wußte man damals noch nichts. Die unmittelbaren Sieger waren Männer von anderem Typus, Glücksritter der Macht, energische, zynische Abenteurer mit einem Einschlag von Phantastischem, Felix Schwarzenberg in Österreich, Louis Napoleon in Frankreich; Nutznießer der allgemeinen Ernüchterung, Enttäuschung, moralischen Ratlosigkeit – und auch der seit dem Sommer 1849 einsetzenden wirtschaftlichen Prosperität.

Besiegt waren die vielen Namenlosen, die gekämpft und gehofft hatten, gehofft auf ein würdigeres, freieres Leben. Viele von ihnen wanderten aus, meist nach Amerika. Aus Baden sind in der Folge des Aufstandes von 1849 nicht weniger als 80 000 Menschen ausgewandert, mehr als ein Zwanzigstel der Bevölkerung des kleinen Landes. Die Zahl der Auswanderer aus Gesamtdeutschland, die in den vierziger Jahren etwa Hunderttausend im Jahr ausgemacht hatte, im Revolutionsjahr auf die Hälfte gesunken war, stieg nach 1849 auf etwa 250 000 jährlich. Es waren die Tätigsten, Mutigsten, die den Schritt ins Unbekannte wagten; auch geborene Menschenführer darunter, die dann im amerikanischen öffentlichen Leben sich ruhmreich durchzusetzen vermochten. Für die Vereinigten Staaten war dieser deutsche Einwandererstrom ein unermeßlicher Gewinn.

Was blieb

Veränderungen haben die Ereignisse von 1848/49 dennoch gebracht, Veränderungen zum Guten und zum Bösen. Vor 1848 hatte es ein politisches Leben, der obrigkeitlichen Theorie nach, gar nicht gegeben, wenn man von dem scheinkonstitutionellen Treiben einiger Mittel- und Kleinstaaten absieht. Seit 1850 ist die Politik aus dem deutschen Bewußtsein nicht mehr verschwunden. Wie eng und illiberal auch die preußische »oktroyierte« Verfassung ihrem Buchstaben nach war, sie gab doch den Boden, auf dem ernste politische Kämpfe sich abspielen konnten, und manches bildete sich heraus, was die Verfassung nicht vorsah. Auch Österreich kam nicht wieder zur Metternichschen Ruhe. Vor 1848 war es eine große geschichtliche Tatsache gewesen, die niemand bezweifelte. Seit 1848 war Österreich ein beständig sich neu definierendes, prüfendes und verwerfendes Staatswesen, wie ein Kranker, der auf seinem Bett immer nach neuen Lagen sucht. Eine Krankheit des Staates, nie geheilt, immer mit neuen Mitteln traktiert und dann wieder hoffnungslos ihrem eigenen Gesetz überlassen – das ist die Geschichte der langen, langen Regierungszeit Kaiser Franz Josephs (1848–1916). Politische Unschuld und Unbewußtheit blieben verloren.

Mit ihr auch ein guter Teil des Idealismus, der sich im Frühling von 1848 mit jubelnder Selbstgewißheit zum Wort gemeldet hatte. Die Idealpolitik war daneben geraten; jetzt würde man es mit Realpolitik versuchen. Freilich ist das nicht bloß die Folge von 1848. Eine Revolution *macht* ja viel weniger, als man oft glaubt. Sie ist nur ein Ausdruck, eine plötzliche explosive Zusammenfassung gewisser Tendenzen der Zeit. Und manches, was 1848 zu Worte kam, war damals schon im Veralten. Daß Deutschland in der Politik wie in Literatur und Philosophie im Begriff sei, sich einem starken Realismus und Materialismus zuzuwenden, haben kluge französische Beobachter schon in den dreißiger Jahren gesehen. Kurz vor 1848 notierte sich der preußische Schriftsteller-Diplomat Varnhagen von Ense das folgende, merkwürdige Wort eines Bekannten in sein Tagebuch: »In der Hauptstadt merkt man das noch nicht so, aber in den Handels- und Provinzstädten wächst ein Geschlecht heran, das, alle idealen Bestrebungen vergessend oder gar ihnen feindlich, dreist und roh auf das rohe Wirkliche hinstürmt und bald nichts wird gelten lassen, als was die äußeren Bedürfnisse und Genüsse betrifft.« Diese Generation war 1848 noch gar nicht zum Zuge gelangt. Sie kam daran in den fünfziger und sechziger Jahren; sie machte Deutschland zum Industriestaat; für sie, in ihrem Sinn wurde das Reich gegründet, dessen Charakter sich dann von dem Traum der besten Achtundvierziger recht wesentlich unterscheiden sollte.

FÜNFTES KAPITEL

Noch einmal Restauration (1849–1862)

Wie sah in den fünfziger Jahren ein kluger Deutscher die Welt, Europa, das Vaterland? Wir greifen aufs Geratewohl einen Schriftsteller heraus, der damals zur Reife seines Wirkens kam, den preußischen Historiker Johann Gustav Droysen. Der Artikel, über den hier berichtet wird, erschien im Juni 1854. Damals tobte ein Krieg, der sich nicht ausdehnen konnte infolge der Neutralität Deutschlands und so kein europäischer, sondern ein bloßer »Krimkrieg« war; um die Entscheidung wurde zwischen den beiden Westmächten und den Russen auf der Halbinsel Krim gerungen. Auf diesen Krieg, die »europäische Krise«, wie er sie nennt, nimmt Droysen Bezug. Er führt aus: Der Krieg ist nicht durch den tiefen, unvermeidlichen Weltgegensatz zwischen England und Rußland verursacht. Keine der beiden Mächte wollte ihn. Es wollte ihn der Mann, der jetzt in Paris regiert und Europa in Unruhe hält, der Kaiser Napoleon III. Wer ist das? Er ist ein Abenteurer, begierig, das europäische System von 1815 zu zerstören und darum jene Macht zu demütigen, die immer der Hauptträger dieses Systems war: Rußland. »Der Kaiser der Franzosen ist wie ein Spieler am Pharotisch; er setzt immer wieder seinen ganzen Gewinn; noch ein glücklicher Wurf und er hat die Bank gesprengt.« Sein Thron ist das einzig Wirkliche, das von der Revolution von 1848 übrigblieb. »Überall sonst hat die große europäische Reaktion gesiegt, nur in Frankreich hat sich die wilde Bewegung zu einer neuen positiven Gründung konzentriert.« Mag Bonaparte den alten Monarchien als Bändiger der Revolution willkommen sein, mag er ihre Regierungsmethoden nachahmen – er kann die demokratische Basis seiner

Macht nie ganz verleugnen. Die gute alte Zeit, von deren Wiederherstellung die Reaktionäre träumen, ist unwiederbringlich verloren. Übrigens ist auf Napoleon als Bundesgenosse kein Verlaß. Er wird Rußland Frieden anbieten, sobald er es gedemütigt hat, und mit dem Feind von gestern gemeinsame Sache machen zu neuer Unruhe.

Die europäischen Staaten sollen sich nicht überschätzen. Sie sind klein geworden. So wie zu Beginn des 16. Jahrhunderts ein europäisches Staatensystem entgegen und über dem alten italienischen, so entsteht jetzt ein Weltstaatensystem; im Vergleich mit ihm wird Europa sein, was damals Florenz, Mailand, Venedig im Vergleich mit Spanien, Frankreich, England waren. Da ist das »maßlos wachsende demokratische Nordamerika«; da ist »das ungeheure kontinentale Rußland mit seinem cäsarischen Absolutismus«, da ist das Britische Reich, da wird bald China sein. Diese Giganten werden in Zukunft um die Herrschaft über die Erde fechten. »Es ist schon erkennbar, daß zwischen Nordamerika und Rußland, zwischen China und England ein ganz anderer Gegensatz der Lebensprinzipien ist, als in der verschliffenen, in ihren Kristallisationen immer wieder gestörten Völker- und Staatenwelt des alten Europa.« England weiß das. Daher bewegt es sich so behutsam. Es muß als Weltmacht auf dem Posten sein und darf sich nicht an Europa verlieren.

Was ist nun, unter so neuen Bedingungen, »unser armes, müdes, vielgeteiltes Deutschland«? Es ist noch nicht einmal eine europäische Macht, geschweige denn eine Weltmacht. In der tiefsten Krise der modernen Geschichte wird es geführt, beraten, vertreten von einem Staatswesen, das, obgleich es neuerdings zu kecker Tätigkeit galvanisiert wurde, mit den neuen geschichtlichen Kräften nie etwas Rechtes wird anfangen können, Österreich. Ihm ordnet Preußen sich unter. Auch in Preußen regiert die reaktionäre, bewegungsfeindliche Partei. Aber eine solche Politik der konservativen Gemeinschaft ist nicht im Interesse der Nation, auch nicht im wahren Interesse Preußens, das allein der Nation eine zeitgemäße Führung geben kann. Nicht, um abstrakte Theorien von Gleichheit und jakobinischer Massenherrschaft zu verwirklichen. Wohl aber, um Deutschland nach innen und außen unabhängig zu machen, um »in den ungeheuren Umwandlungen, die oben bezeichnet sind, in der unermeßlichen Gärung aller Verhältnisse und aller Anschauungen, die jetzt Europa in Fiebergluten sich schütteln machen, Gesundes, Wahrhaftiges, Zukunftsreiches« zu gestalten. Das kann nur der protestantisch-deutsche Geist und, insoweit äußere Macht not tut, nur der »altgesunde Machtkern« des preußischen Staates. Preußen muß Deutschland führen.

Es war von großen Wandlungen die Rede. Sie gibt es nicht nur in der Staatenwelt, sondern tiefer, umstürzender noch, im Gesellschaftlichen und Geistigen. Hin ist die alte europäische Zivilisation, die auf der Naturalwirtschaft, dem Handwerk, dem Feudalsystem beruhte. So wie die Industrie das selbständige Handwerk zerstört, so zerstört der Staat die alten selbständigen Lebenskreise. Er war einst der Inbegriff vieler in sich ruhender Rechtszustände; jetzt ist er ein Institut, um Macht und immer noch mehr Macht zu erzeugen. Er braucht keine freie Bildung mehr, er braucht fachlich ausgebildete Diener, und der Geist der Zeit selber sorgt dafür, daß er sie bekommt. Die Triumphe der Naturwissenschaft bewirken, daß ihre Methoden überall zur Anwendung kommen. Der alte Glaube verschwindet. Nur das Positive gilt. »Das Niveau unseres geistigen Lebens sinkt reißend schnell; es schwindet die Hoheit, die Idealität, die Gedankenmächtigkeit, in der es sich bewegte... Inzwischen wächst die Popularität und die Verbreitung der Realien, es blühen die Anstalten, deren Zöglinge dereinst als Landwirte, Fabrikanten, Techniker usw. den höheren unabhängigen Mittelstand bilden, mit ihrer ganzen Bildungs- und Anschauungsweise in dem Niveau der materiellen Interessen stehen werden. In demselben Maße sinken die Universitäten...«

»So ist die Gegenwart: Alles im Wanken, in unermeßlicher Zerrüttung, Gärung, Verwilderung. Alles Alte verbraucht, gefälscht, wurmstichig, rettungslos. Und das Neue noch formlos, ziellos, chaotisch, nur zerstörend... wir stehen in einer jener großen Krisen, welche von einer Weltepoche zu einer neuen hinüberleiten, einer Krisis, ähnlich der der Kreuzzüge, die das wilde Rittertum mit dem Kampfe für das Heilige Grab weihte, der der Reformationszeit, mit der Amerika in den Horizont der Geschichte trat.«

Nun hat es, nach Droysen, keinen Sinn, eine solche Entwicklung bloß zu bejammern, sie bloß aufhalten oder gar rückgängig machen zu wollen. Hierin irrt die große europäische Reaktion, in Berlin so sehr wie in Wien und St. Petersburg. Denn jene Umwandlungen sind historische Tatsachen, und was tatsächlich ist, hat auch recht, und was historisch recht hat, hat auch Macht, und zwar unüberwindliche Macht. Vergebens, sich ihm entgegenzuwerfen!... Heißt das, daß auch die radikalen Demokraten und Sozialisten recht haben? Nicht notwendigerweise. Nicht alles ist gut, was im Strom schwimmt, was geschickt in ihm abenteuert. Nur eben: gegen den geschichtlichen Strom kann man nicht schwimmen. Man muß mitmachen. Man muß den neuen Kräften Form zu geben versuchen, aufrecht erhalten den Zusammenhang zwischen Vergangenheit und Zukunft, retten, was vom Guten Alten zu leben verdient...

So Johann Gustav Droysen im Jahre 1854. Er gehörte zu einer Gruppe von Historikern gemäßigt liberaler Richtung, die auf ein preußisch geführtes Klein-Deutschland, auf eine Versöhnung Preußens mit der Neuzeit energisch hinarbeiteten; womit sie sich in den Dienst einer demnächst siegreichen Sache stellten. Kein vorausschauender Genius, kein Prophet, nur ein politisierender Professor. Was er aber hier, im Jahre 1854, bespricht, sind die geschichtlichen Themen der fünfziger Jahre, das Rumoren Napoleons III., der Konflikt zwischen Rußland und den Westmächten, die Neugestaltung Italiens; dann das Thema der sechziger Jahre, Preußens »große Erfolge«; endlich das Thema der Jahrhunderte, des 19. und 20., welches alle nur-europäischen Ereignisse als vergleichsweise unbedeutend erscheinen läßt: die Entstehung des »Weltstaatensystems« und der Niedergang Europas als Machtmitte der Welt. Von dem wurde schon um 1850 gesprochen; im Zeitalter des Imperialismus und des deutschen Glanzes verbarg es sich der Welt noch einmal. Dann die Umschichtung der Gesellschaft, die werdende Allmacht des Staates, das Hinschwinden der alten Glaubenstraditionen, die Anarchie der Werte – alles Dinge, von denen die nächsten hundert Jahre lang die Rede sein sollte. So alt ist die »Krise des modernen Menschen«. So wurde eine Zeit, die im Rückblick als harmlos, reaktionär und bürgerlich-langweilig bis zum Widerlichen erschien – Nietzsche spricht später von der »Sumpfluft der fünfziger Jahre« – von jenen, die sie durchlebten, schon als chaotische Übergangszeit, als anarchisches Niemandsland zwischen Gestern und Morgen empfunden.

Reaktionsjahre

Die »große europäische Reaktion«, von der Droysen spricht, dauerte nur wenige Jahre. In Europa geschieht immer wieder etwas Unerwartetes, das die bestehenden Verhältnisse wandelt, die Kugeln des Spieles wieder ins Rollen bringt. Man kann es sich nicht vorstellen, so lange es nicht da ist, so wie man bei schlechtem Wetter nicht an gutes glaubt; aber Verlaß ist darauf. Zudem sind die nachrevolutionären Jahre Jahre der Prosperität, der gesteigerten industriellen Entwicklung; und die muß an sich schon Veränderungen in allen Bereiche des Lebens bedeuten, wie keiner besser weiß als Karl Marx: Veränderungen im Aufbau der Gesellschaft, im Bildungswesen, in Diplomatie und Kriegführung, früher oder später auch in der inneren Politik. Es ist eine Zeit technischer und industrieller Gründungen. In zehn Jahren verfünffacht sich die Produktion von Roheisen in den Rheinlanden, verdreifacht sich die Kohlenförderung; Eisenbahn- und Schiffsbau halten Schritt; die Brüder Siemens legen den Grundstein einer deutschen Elektroindustrie, die ersten Großbanken entstehen. Die Londoner Weltausstellung von 1851 zeigt ihren Besuchern die Wunder der neuen Technik, welche, so versichert der britische Prinzgemahl in seiner Eröffnungsrede, auch zu einer neuen, glücklicheren Politik, einer Weltgemeinschaft der Staaten führen wird. Wie sollten die Völker noch in blinder Unkenntnis übereinander bleiben im Zeitalter der Dampfschiffe, wie sich unheilbringend mißverstehen im Zeitalter des elektrischen Telegraphen?...

1851 – das ist das Jahr, in dem Präsident Bonaparte sich durch Staatsstreich zum Diktator über Frankreich macht, um demnächst mit dem Kaisertitel die Verwirklichung seines lange geträumten Jugendtraumes zu vollenden. Die Welt, meint ein guter Beobachter, der Historiker Tocqueville, ist ein wunderliches Theater, und dem Mittelmäßigen gelingt das scheinbar Großartige, wenn nur die Umstände günstig zusammenspielen. Karl Marx schreibt sein blendendstes politisches Pamphlet »Der 18. Brumaire des Louis Bonaparte«, in dem er den Aufstieg des Diktators aus der Klassenkampfsituation erklärt: das Bürgertum, nicht mehr fähig, im Rahmen seiner liberalen Institutionen der Arbeiterschaft Herr zu werden, hat politisch abgedankt und sich dem demagogischen Schwindler unterworfen, der es beschützen wird, freilich um teuren Preis. Ebenso, gut marxistisch und hegelisch, der junge Ferdinand Lassalle: »In ihrem letzten Todeskampf faßt sich das Bourgeoisie-Regiment und der Privaterwerb in die einfache Allgemeinheit all ihrer Fraktionen, in den Militärdespotismus und in die Gewaltherrschaft zusammen. Während sein Onkel, mit dem er sich beständig verwechselt, eine eminent revolutionäre Sendung hatte, ist dieser Tölpel nichts als das leer-allgemeine Wesen der sterbenden Reaktion.« Der »Tölpel« bleibt einstweilen an der Macht; und wenn man ihm sagte, er sei nur von der Bourgeoisie ausgehalten, um die soziale Revolution hinauszuschieben, so würde er kaum begreifen, wovon die Rede sei. Als »Retter der Ordnung« läßt er sich feiern. Aber auch als Kaiser der Bauern, der Arbeiter will er gefeiert sein; auch als Befreier der Völker, der Italiener und, wenn es ohne großes Risiko zu machen wäre, der Polen. Vergebens sucht man das Wesen eines solchen begabten Abenteurers, glanzlüsternen Genießers, Schwärmers, Träumers und Fanatikers auf einen einzigen

Nenner zu bringen. Im Zeichen der großen europäischen Reaktion ist er hochgekommen und daran, daß die Könige Europas ihn als ihresgleichen annehmen, ist ihm alles gelegen. So auch meint ein preußischer Reaktionär, von Bismarck mit Namen, Napoleon III. bereite ihm in den dunklen Winkeln seines Herzens ein uneingestandenes Behagen. Aber dann ist er auch wieder ein Produkt der Revolution – so sieht ihn Droysen –, der Mann des allgemeinen Wahlrechts, der Volksbefragungen und Volksbefreiungen. Vor allem: er ist der Mann der Unruhe, so gerne er sich auf seinen Schlössern einer wollüstigen Fürstenexistenz erfreuen würde. Verschwörer als Jüngling, kann er als gekrönte Majestät nicht aufhören, Verschwörer zu sein. Mit seinen Augen, die der General Moltke als »wie erloschen« beschreibt, späht er emsig umher nach Chancen, die europäische Karte zu verändern, Triumphe einzuheimsen, nie gelöste Probleme zu lösen. Prestige, das braucht er; die Welt muß von ihm sprechen. Und tatsächlich spricht man auch wieder von Frankreich und seinem neuen Herrn; noch einmal ist es vor allen anderen die Macht, auf die man in Deutschland blickt, die den Ton angibt in der Politik, wie in der Kunst und der Mode.

Das erste Ziel Louis Napoleons ist, das Einvernehmen zu sprengen, das, mit Unterbrechungen, nun seit 1813 zwischen Rußland, Österreich und Preußen bestanden hat, die »Heilige Allianz«, und damit die russische Halbdiktatur über Europa zu brechen. Durchaus kein reaktionäres Ziel.

Im österreichischen Kaiserreich versucht man es zunächst mit einem System, das dem bonapartischen nicht unähnlich ist: mit der modernen, um Traditionen und Vorurteile unbekümmerten Diktatur. Bis zu seinem plötzlichen Tod im Frühling 1852 wird sie, unter der nominellen Oberleitung des jungen Franz Joseph, von Felix Schwarzenberg ausgeübt. Auch dieser Edelmann ist ein Abenteurer, der seine Standesgenossen verachtet und sich merkwürdige Mitarbeiter erwählt: einen rheinischen Großkaufmann, der den Hafen von Triest geschaffen hat, Baron Bruck, und einen revolutionären Rechtsanwalt aus Wien, Alexander Bach. Die drei Männer versuchen, aus den habsburgischen Landen einen Einheitsstaat zu machen, politisch und, was wichtiger ist, wirtschaftlich; auch Ungarn wird in das österreichische Zollsystem gezwungen. Daß die im Jahre 1848 dekretierte Verfassung im Dezember 1851, ein paar Tage nach Napoleons Staatsstreich, wieder aufgegeben wird, bedeutet an sich nichts; die Verfassung hat immer nur auf dem Papier gestanden. Nur läßt sich ohne ein kräftiges Mitmachen des Bürgertums, vor allem der Deutsch-Österreicher, wohl der große Plan nicht verwirklichen, den der Kaufmann Bruck entwirft und Schwarzenberg annimmt: die Aufnahme Gesamtösterreichs in den deutschen Zollverein, der Wirtschaftsraum »der siebzig Millionen«. Der Plan ist denkwürdig. Schon sieht Bruck die Schweiz, Belgien, Dänemark an ein solches System angeschlossen, sieht er die deutsche Industrie die Donau hinunter tief in den Orient vordringen und in Mitteleuropa ein zweites Amerika entstehen. Fürst Schwarzenberg denkt weniger ökonomisch; ihm ist das Projekt lieb, weil es Preußens Machtstellung schmälern könnte. Aber eben darum kommt es nicht zustande. Es rechnet nicht mit der Politik. Das Reich aller Deutschen, und viel mehr noch als das Reich aller Deutschen, läßt sich nicht so von ungefähr durch das Hintertürchen gewinnen. Weder nähme Europa eine so ungeheure Machtkonzentration gleichgültig hin, noch wäre es den deutschen Mittelstaaten willkommen, in ihr unterzugehen. Wie sie in den Vorjahren sich auf Österreich stützten gegen Preußen, so stützen sie sich jetzt auf Preußen gegen Österreich. Das ist die Größe und der Fluch Europas: daß der Wettkampf zwischen staatlichem Lebenswillen, das Ringen um Macht immer wieder sich als das stärkste Element erweist, welches die anderen unter sein Gesetz zwingt. Noch das Vernünftige wird übersetzt in die Sprache des Unvernünftigen. Ein Mitteleuropa, wirtschaftlich geeinigt von Hamburg bis zur Donaumündung, wäre wohl gut und würde die Lebensbedingungen des deutschen wie mancher nichtdeutschen Völker verbessern. Aber im Interesse welcher Macht, welchen Staates würde eine solche Vereinigung sich auswirken? Welche Mächte würden Grund haben, sich durch sie bedroht zu fühlen? Österreich wäre der

Nutznießer. Preußen und dann Rußland und Frankreich wären die Bedrohten... Das »Reich der siebzig Millionen« kommt nicht zustande; Preußen bleibt Meister des deutschen Zollvereins.
Nach dem Tode Schwarzenbergs, dem Rücktritt Brucks sinkt Österreich in einen Absolutismus zurück, der sich von dem des alten Metternich nur durch eine etwas straffere Wirksamkeit unterscheidet. Der Kaiser ist sein eigener erster Minister, der Schein einer »Volksvertretung« wird als überflüssig erachtet, die Bürokratie regiert. Daß Österreich der katholischen Kirche durch ein Konkordat Rechte gewährt, welche sie seit dem 17. Jahrhundert nicht besaß, fast vollständige Oberaufsicht über Erziehung und Unterricht, Buchzensur, eigene Gerichtsbarkeit – und dies in einem Moment, in dem Pius IX. seinen großen Feldzug gegen »Liberalismus, Fortschritt und moderne Zivilisation« eröffnet – kann seine Anziehungskraft auf das protestantische Deutschland nicht erhöhen. Es ist buchstäblich Reaktion, was dort herrscht; wie will man mit Reaktion die Zukunft gewinnen? Österreich hat 1849 gesiegt, erst über die auflösenden Kräfte im eigenen Land, dann über Preußen. Aber es nützt diesen Sieg nicht. Kann es ihn nicht nützen? Ist das Reich der vielen Völker, trotz allem, was sich zu seinen Gunsten sagen läßt, nur auf eine Weise zusammenzuhalten, die ihm ein schöpferisches Gebaren in Deutschland unmöglich macht?

Reaktion in Preußen

Reaktion herrscht auch in dem anderen wunderlichen Machtgebilde, das der Wille der Geschichte auf deutschem Boden sich hat ausdehnen lassen. Zwar, Preußen hat nun, was Österreich seit 1852 zu haben nicht mehr prätendiert, eine »Verfassung«, und sie nimmt sich auf dem Papier gar nicht so übel aus. Die

Wirklichkeit ist anders. Man soll nicht sagen, eine papierene Verfassung sei gar nichts. Sie kann etwas werden, wenn die Kräfte genügen, die wollen, daß sie etwas wird, und es mag dann sehr wohl auf ihren Wortlaut, auf ihre einzelnen Vorkehrungen etwas ankommen. Wenn aber das Wasser ausbleibt, das den Kanal durchströmen soll, so ist er unnütz und verfällt. Wie Ferdinand Lassalle es einmal ausdrückt: »Verfassungsfragen sind ursprünglich nicht Rechts-, sondern Machtfragen; die wirkliche Verfassung eines Landes existiert nur in den reellen tatsächlichen Machtverhältnissen, die in einem Lande bestehen; geschriebene Verfassungen sind nur dann von Wert und Dauer, wenn sie der genaue Ausdruck der wirklichen, in der Gesellschaft bestehenden Machtverhältnisse sind.« Die Machtverhältnisse liegen nun so, daß die Minderheiten, welche den preußischen Staat seither als ihre Domäne betrachteten, Bürokratie, Militär, Junker und über ihnen allen die Dynastie, einen Einfluß ausüben können, wie er in der Verfassung nicht vorgesehen ist und der Zahl, der wirtschaftlichen Bedeutung dieser Gruppen bei weitem nicht entspricht.
Das Wahlrecht ist allgemein aber indirekt – es werden Wahlmänner gewählt – und weder geheim noch gleich. Die Bevölkerung wird nach ihrer Steuerleistung in drei Klassen eingeteilt, deren Gesamtstimmen gleiches Gewicht haben, so daß tausend Reiche soviel gelten wie hunderttausend Arme. Das Prinzip, wonach Stimmen nicht bloß gezählt, sondern gewogen werden sollen, mag nachdenkenswert sein, und es sind hier manche Kriterien der Auslese vorgeschlagen worden: die Leistung im Beruf, die Unterscheidung zwischen Familienvätern und Unverheirateten, und so fort. Das preußische Dreiklassenwahlrecht ist aber einfach plutokratischen Charakters; es gibt dem mehr Stimmen, der mehr Geld hat, dem erfolgreichen Bordellbesitzer mehr als dem Arzt oder Lehrer. Seine Folge, noch mehr eine Folge der allgemeinen politischen Entmutigung, ist der reaktionäre und unterwürfige Charakter des preußischen Parlaments in den fünfziger Jahren. Es tut, was von ihm verlangt wird, soweit die Regierung es nicht auf »administrativem Wege« tut. Die schönsten »März-Errungen-

schaften« werden verwässert oder abgetan; Presse-, Vereins- und Versammlungsfreiheit, Bürgerwehr, Ministerverantwortlichkeit. An Stelle der Ersten Kammer, die eine Art von Senat sein sollte, tritt das »Herrenhaus«, Nachahmung des englischen, eine Versammlung von Häuptern der großen Adelsfamilien und vom Monarchen zu ernennender Persönlichkeiten. Eine Gewaltenteilung soll es geben, Krone, Herrenhaus, Abgeordnetenhaus zur Gesetzgebung zusammenstimmen; bei der wirklichen Teilung nimmt jeder sich so viel, wie er kann, wobei das Können sehr wesentlich auf dem Mut, dem Selbstvertrauen, dem Willen zur Macht beruht.

Den stärksten Willen zur Macht haben die Junker, die alteingesessenen Rittergutsbesitzer aus dem östlichen Teil der Monarchie. Sie verwirklichen ihn nicht so sehr durch Parteiherrschaft – von keiner parlamentarischen Partei kann man sagen, sie sei am Ruder – wie durch direktere Mittel: ihre Besitz- und Rechtstitel auf dem Lande, ihre Stellung in Heer und Beamtentum, ihren Einfluß bei Hofe. Sie wissen, wie man sich durchsetzt, von alters her haben sie das, was dem Bürgertum bisher so sehr fehlte: Machtinstinkt. Sie wissen auch, daß sie bedroht sind, daß die Zeit gegen sie arbeitet, daß Angriff die beste Verteidigung ist. Man soll keine Menschenklasse ganz verdammen. In der Welt geht es meistens ungerecht zu, und die Gerechten, wenn sie nach oben kommen, sind dann meist nicht so gerecht wie sie als Unterdrückte zu sein versprachen. Unter den Junkern finden sich sehr achtenswerte Gestalten; Rebellen, die sich gegen ihren eigenen Stand wenden; brave Leute, die um ihre wirtschaftliche Existenz ringen und deren Häuser auf dem Lande Zentren tief verwurzelter lutherischer Kultur abgeben. Als Ganzes aber, als Klasse und gar als herrschende Klasse genommen, ist die Junkerklasse selbstisch und ungenügend. Ihre Interessen sind zu eng, als daß sie mit denen des Staates identifiziert werden dürften. Die Junker sind zu arm, um herrschende Klasse zu sein; durch Pressionen aller Art müssen sie ersetzen, was ihnen an wirtschaftlicher Macht fehlt. Fremd ist ihnen der größere Teil Deutschlands, selbst Preußens; das Rheinland, die katholischen Gebiete. Sie sind kein deutscher Adel, so wie der englische Adel englisch ist; eine regional beschränkte Klasse ohne Weitblick, die doch, um nur sich selber zu erhalten, das Ganze beherrschen möchte. 1848 hat sich ein Abgrund vor ihnen aufgetan, dem sie noch einmal entgingen, und dies Erlebnis hat sie noch trotziger, noch dreister gemacht.

Einen hohen deutschen Adel gibt es wohl auch, und da Preußen ein großer Teil Deutschlands ist, so gibt es ihn auch in Neu-Preußen, im Westen und in Schlesien. Das ist ein anderer Menschenschlag. Manche der Herren sind so reich, daß sie die wirtschaftliche Sorge nicht kennen, die Verwaltung ihrer Güter den Rentämtern überlassen. Befriedigt sie der bloße Müßiggang nicht, so betätigen sie sich politisch, im diplomatischen Dienst, neuerdings in den Parlamenten. Ihr Besitz liegt zerstreut in den deutschen Staaten, so daß sie, wie es ihnen beliebt, diese oder jene Staatsangehörigkeit herauskehren können, ohne sich ernsthaft als Preuße oder Badener zu fühlen. Das gibt ihrer Stellung einen gesamtdeutschen Charakter, so wie sie etwa, auf der bürgerlichen Seite, die von einer Universität zur anderen wechselnden Professoren einnehmen. Auf die regierenden Dynastien schauen sie als auf ihresgleichen; haben ihre Häuser nicht selber regiert, bis man sie vor fünfzig Jahren ihrer Städtlein beraubte? Unter den Mitgliedern dieser Familien finden sich Männer von Intelligenz und Bildung, von weitem Horizont, Ehrgeiz und gutem Willen; die Leiningen, Hohenlohe, Fürstenberg treten in der preußischen wie in der gesamtdeutschen Geschichte der Epoche hin und wieder wohltuend hervor. Eine Führungsschicht kann man sie aber nicht nennen. Dazu sind diese Aristokraten zu verwöhnt, zu sehr in der Luft schwebend, man möchte sagen: zu unbeteiligt. Ihr Glaube ist schwach. Sie leben in einem gepflegten Niemandsland; weder Bürger noch Junker, weder Könige noch Untertanen. Auch sind ihrer nicht viele.

Ein Erbe der Revolution sind die politischen Parteien, die im Parlament als Fraktionen erscheinen. Die überwältigende Mehrheit liegt bei den Konservativen. »Gemäßigte Liberale«, die in der Nationalversammlung von 1848 ganz rechts saßen,

sitzen nun ganz links. Dazwischen gibt es eine besondere »katholische Fraktion«, welche die Interessen der Glaubensgemeinschaft wahrnimmt und damit in dem überwiegend protestantischen Staat gute Erfolge erzielt. Später nimmt sie den Namen »Fraktion des Zentrums« an.
Sehr ernsthaft ist das Ringen zwischen diesen Gruppen zunächst nicht. Gekämpft, verhandelt, intrigiert wird allerdings; aber nicht so sehr zwischen den parlamentarischen Parteien wie zwischen den Cliquen, auf die der König hört, der legalen Regierung, der außerlegalen »Kamarilla«, den Bürokraten, den Erzreaktionären und den Halb-Liberalen, den nur-preußisch Gesinnten und den preußisch-deutsch Gesinnten, den Strebern und den Prinzipienreitern. Hier ist beinahe jeder gegen jeden, der Prinz Wilhelm gegen seinen Bruder den König, der konservative Parteiführer gegen den konservativen Ministerpräsidenten, der Gesandte beim Frankfurter Bundestag gegen den Gesandten in London, die Junker gegen den strengen, aber ehrlichen Polizeipräsidenten von Berlin.
Es ist eine alte, schon von Ranke aufgestellte und auch in unseren Tagen oft gehörte Behauptung, daß Außenpolitik nur von unabhängigen Fachleuten gemacht werden könne und eine parlamentarische, von den Parteien und Wählermassen hin- und hergezerrte Regierung zu dieser wichtigen Aufgabe nicht tauge. Solche Thesen lassen sich ganz schön begründen; ihr Gegenteil aber auch. Die Regierung Friedrich Wilhelms IV. kann, was das eigene Volk betrifft, die Außenpolitik machen, die ihr beliebt; kein Parlament, keine wankelmütigen Volksstimmungen reden ihr darein, und an geschulten Beratern hat sie keinen Mangel. Wenn es aber etwas zu entscheiden gibt, so heben die Programme, Intrigen, Phantasien, zwischen denen der König nicht zu wählen vermag, sich wechselseitig auf. Das Resultat ist so, daß das parteilich zerrissene Parlament es nicht schlechter machen könnte.

Krimkrieg

Der Krimkrieg bringt die erste schwere Prüfung dieses Systems oder Nicht-Systems. Sonderbarster aller Kriege des 19. Jahrhunderts! Verdrängter Weltkrieg und strikt lokalisierter Krieg, verworrenes, durch gelegentliche Schlachten unterstrichenes nie abreißendes diplomatisches Spiel. Krieg aus tiefsten, uneingestandenen Ursachen und aus den albernsten Anlässen; phantastische Kriegsziele und gar keine.

Den Krieg führen England und Frankreich angeblich, um das Türkische Reich zu retten und Rußland aus den Donauländern – Rumänien – zu vertreiben. Für England handelt es sich um das Gleichgewicht, eine Umschränkung der expansiven russischen Macht. Dagegen gelüstet es Louis Napoleon nach einer Störung des Gleichgewichts, nach Volkskrieg gegen Zarenmacht, nach neuen Aktionsmöglichkeiten, worauf Frankreich dann mit einem geschwächten, belehrten Rußland gemeinsame Sache machen könnte. Die deutschen Mächte liegen zwischen den Kriegführenden. Dies ist die Situation Österreichs: es kann Rußlands Vordringen an der unteren Donau um keinen Preis akzeptieren, fürchtet aber den Krieg mit Rußland, in dem es in Galizien die Hauptlast zu tragen hätte, während dann Preußen in Deutschland tun könnte, was es wollte; es fürchtet andererseits, sich Frankreich zum Feind zu machen, weil gegen den Willen Frankreichs seine Herrschaft über Norditalien nicht zu halten ist. Österreich hat zu viele, zu gefährdete Stellungen zu halten: in Italien, in Deutschland, im Südosten. Es mobilisiert seine Armee in Galizien, und das ist für den Krieg entscheidend, weil es Rußland daran hindert, seine Hauptmacht nach der Krim zu schicken. Österreich nötigt Rußland, die Donau-Fürstentümer zu räumen, und läßt seine eigenen Truppen einrücken; aber es darf Rumänien beim Friedensschluß nicht behalten, weil es im Kriege nichts tat und in Italien sich dem Zeitgeist gegenüber von eiserner Unnachgiebigkeit erweist. Im preußischen Intrigenzentrum gibt es eine reaktionäre und entschieden russische Partei, eine liberale und entschieden englische Partei, zwischen denen der König hin- und hergezerrt wird; dazu noch allerlei Einzelgänger und Frondeure, welche die Gelegenheit wahrnehmen wollen, um Preußens Machtbereich in Deutschland zu erweitern, auf ein französisch-preußisch-russisches Bündnis hinauswollen, während noch Franzosen und Russen sich auf der Krim totschießen. Unnötig, den einzelnen Schritten und Rückziehern, den Minen und Gegenminen nachzugehen. Das Resultat ist glücklicher, als man von einer solchen Wirrnis der Bestrebungen erwarten könnte. Preußen bleibt neutral, aber anders als Österreich. Österreich entfremdet sich allen Mächten, besonders Rußland; Preußen entfremdet sich keine, besonders Rußland nicht, das es, zum Nutzen seiner Geschäftswelt, mit Kriegsmaterial beliefert. Es erscheint unsicher, aufgeregt, beinahe nichtexistent während des Krimkrieges. Aber ohne sein Verdienst gewinnt Preußen mehr durch den Krimkrieg als die Siegermächte. Es wird von der russischen Vormundschaft befreit. Es ist nicht mehr der dritte, letzte Partner in der »Heiligen Allianz« der Ostmächte, die nun für immer tot ist. Rußlands Schwäche, industriell, militärisch, moralisch, hat sich während des Krieges vor aller Welt gezeigt; vorbei ist es mit dem Schiedsrichteramt, das der Zar 1851 in Olmütz usurpierte. Das bleibt die gewichtige Folge des Krimkrieges; es werden durch ihn ganz andere Entwicklungen in Europa möglich, die bisher durch das bloße furchtbare Sein Rußlands unterdrückt waren. Dagegen sind die Direktergebnisse des Krieges ephemer, und das ganze Elend des politischen Spieles erscheint in der Tatsache, daß um solcher Zwecke willen eine halbe Million junger Soldaten zugrunde ging. Der Sultan muß versprechen, von jetzt ab sein Reich zeitgemäßer zu regieren; Rumänien wird unabhängig – nun, das bleibt es immerhin etwa achtzig Jahre lang; im Schwarzen Meer dürfen die Russen keine Kriegsflotte mehr halten, das Meer wird »neutralisiert«. Solche erzwungenen Abrüstungen dauern aber nie länger als die Machtsituation, in der sie diktiert wurden.

Nur fünf Jahre nach dem Scheitern der europäischen Revolution von 1848 schafft der Krimkrieg Raum und Luft für neue

Bewegung, indem er den Niedergang der reaktionärsten Großmacht offenbart. Er bedeutet im Grunde schon das Ende der »zweiten Restauration«, einer flüchtigen Episode. Das kaum unterbrochene Turnier zwischen Völkern, Staaten, Klassen, Ideen geht nun wieder weiter; Europa bleibt seinem Lebensgesetz treu.

Staat und Nation in Deutschland

Das Turnier zwischen den Staaten – von ihm war oben die Rede, als seien es nicht Zusammenfassungen von Millionen von Menschen, Arbeitsprozessen und Dingen, sondern einzelne Personen. »Österreich fühlte sich bedroht«, »Preußen verfehlte seine Chance« und so fort. Man mag diese Ausdrucksweisen als bloße Abkürzungen entschuldigen, zumal es ja umständlich wäre, anstatt Preußen jedesmal zu sagen, »die für die Außenpolitik des preußischen Staates verantwortlichen Diplomaten«. Historiker helfen sich auch gern damit, daß sie statt des Staates die Adresse des betreffenden Auswärtigen Amtes nennen, so daß bei ihnen »Ballhausplatz«, »Wilhelmstraße«, »Quai d'Orsay« auftreten und sprechen, als seien es lebendige Menschen. Solche verkürzten Schreibarten haben aber doch mehr als nur einen praktischen Sinn. Staaten sind etwas anderes als bloße Organisationen von Menschenmassen zu gewissen Zwecken. Es sind Traditionen von Macht und Weisen der Macht, von Erfolg und Triumph – über andere Staaten –, von Wetteifer, Drohen und Bedrohtwerden, Gewinnen oder Verlieren – Traditionen, deren Sein man nicht dadurch widerlegt, daß man sagt, sie bestünden nur in den Köpfen von Menschen. Freilich, nur dort bestehen sie, nur dort ist ihre Wirklichkeit; aber für diese fiktive Wirklichkeit und Größe gingen jene fünfhunderttausend Russen, Franzosen, Engländer und

Piemontesen auf der Krim zugrunde. Was war Preußen? Es war nicht einfach ein Stück Land. Man würde richtiger sagen, daß Land »zu Preußen gehörte«, und zwar einmal dies und einmal jenes; einmal ein großes Stück Polen, dann wieder Polen nicht, dafür aber das Rheinland. Es war ein ererbter, durch die Jahrhunderte andauernder Wille, Wille zur Herrschaft, zur Ausdehnung. Dieser Wille wurde vor allem von gewissen Klassen und Kreisen vererbt, der Dynastie, dem Offizierskorps, den Junkern, der hohen Beamtenschaft, der evangelischen Staatskirche. Materielle Interessen waren im Spiel; je besser es »Preußen« ging, desto besser ging es diesen Gruppen. Glaubt aber nicht, daß es nur um materielle Interessen ging, für welche »Preußen« ein Vorwand war; so ist der Mensch nicht gemacht.

Für die Größe, die Ehre Preußens hat mancher mit Freude sein Leben gegeben; und wenn der preußische Gesandte am Frankfurter Bundestag, von Bismarck, wegen einer geringfügigen Schlappe Preußens an »Anfällen gallichten Erbrechens« litt, so war es nicht, weil das Ereignis sein eigenes wirtschaftliches Interesse oder das seiner Klasse bedroht hätte. Die »Größe« Preußens lag ihm am Herzen. Wir müssen in unserer Erzählung von den Menschen handeln, wie sie waren und sind und nicht, wie sie, dem Denken scharfsinniger Philosophen zufolge, sein sollen. Was für Preußen gilt, das gilt für Österreich, mit dem Unterschied, daß der Seinswille Österreichs noch stärker als der Preußens auf der herrschenden Familie beruhte. Preußen hatte immerhin einen Namen, wenn auch einen zufällig-wunderlichen, der östlichsten Provinz und einem ausgerotteten heidnischen Volksstamm entlehnten. Österreich hatte nicht einmal den; »Die Länder des Hauses Österreich« wäre noch der zutreffendste gewesen. Die Hohenzollern dienten »Preußen«; die Habsburger dienten der Größe ihres Hauses. Preußen übte seine Herrschaft nur über Teile von zwei Völkern aus, Deutsche und Polen; Österreich gebot über unzählige Völkerschaften. Aber selbst in Österreich gab es einen vom Hause Habsburg unabhängigen Herrschaftswillen; 1848 war die Dynastie bereit, aufzugeben und aufzutei-

len, während ein paar feudale Soldaten, im Grunde aus eigenem Auftrag, das Reich zusammenhielten.
Dergleichen Götter sind nicht unsterblich, obgleich zu ihren Lebzeiten ihre Priester versichern müssen, daß sie es seien. Preußen und Österreich existieren heute alle beide nicht mehr. Das erschwert unsere Erzählung; wir reden von zwei Staatswillen, die lange Zeit die Energien der deutschen Nation polarisierten, miteinander wetteiferten, sich bekriegten, verbündeten und wieder bekriegten, schließlich aber in Dunst zergingen. Was das einmal war, Preußen, Österreich, das sich vorzustellen erfordert Phantasie, denn sie sind nicht mehr; selbst die prahlerischen Monumente aus Stein, Paläste und Denkmäler, die sie sich setzten, sind zu einem guten Teil dem Erdboden gleichgemacht. Aber lange Jahrhunderte gab es, während derer die Zaren von Rußland die Könige von Preußen als ihre Ebenbürtigen betrachteten, und es kam vor, daß ein König von Preußen eine Koalition zum Frieden nötigte, die aus Rußland, Österreich und Frankreich bestand. Österreich und Preußen – wie sie waren, sich verteidigten und angriffen, das eine anschwoll, das andere schrumpfte, und wie beide sich schließlich auflösten – dieser Hergang muß ein Bestandteil unserer Erzählung sein, obgleich sie von den Deutschen und nicht von dynastischen Staatswesen handelt. Beide waren sie oder beherrschten sie große Stücke von Deutschland.
Beide hatten versäumt, sich dauerhaft zu machen dadurch, daß sie sich zur rechten Zeit mit einer Nation identifizierten. Zur rechten Zeit – im 18., 17., 16. Jahrhundert und noch früher. Auch Frankreich und Spanien waren ursprünglich nicht Nationen gewesen, sondern dynastische Herrschaftswillen; das Haus Spanien hatte eine Milchstraße von Königreichen in der alten wie in der neuen Welt beherrscht. Innerhalb des Rahmens, den die Dynastie bestimmte und an deren Erweiterung sie emsig arbeitete, waren allmählich, trotz aller bleibenden inneren Unterschiede, die Nationen entstanden, die spanische, die französische. Aus dem dynastischen Staat wurde der Nationalstaat, längst bevor es seine Theorie gab. So daß, als die Dynastien wechselten oder vertrieben wurden, doch der Staats-

wille übrigblieb, der ursprünglich ihr Herrschaftswille gewesen war: so gibt es Frankreich heute noch. In Deutschland lagen die Dinge nicht so, daß Österreich oder Preußen sich mit ihm identifizieren konnten; schon allein darum nicht, weil dies nur einem von beiden möglich gewesen wäre und einer den anderen daran hinderte. Wozu kam, daß Österreich, seiner Anlage, der Verwirklichung seines Herrschaftswillens unter vielen Völkern nach, eine Identifikation mit Deutschland allein gar nicht wollen konnte; daß auch Preußen sie die längste Zeit nicht wollte, sondern bleiben wollte, was es war: Preußen; daß übrigens zahlreiche andere, zu geringerer Verwirklichung gediehene Staatswillen ihr entgegenstanden: Bayern, Sachsen, Hannover und so fort. Eine deutsche Nation gab es trotzdem, das hatte sich 1848 gezeigt, und schon 1814, und viel früher schon, zu Luthers Zeiten. Aber sie war ohne Staat entstanden. Die Staaten dienten keiner Nation zur Selbstverwirklichung. Die Nation hatte keinen Staat.

Nun mochte es wohl vorkommen, daß der Staat die Nation schuf, selbst da, wo er mehrere Nationalitäten oder Angehörige mehrerer Sprachgebiete in seinen Grenzen vereinigte. So war es in der Schweiz geschehen und geschah dort eben jetzt, als unter ihrer neuen demokratischen Verfassung die Schweizer sich stärker als je zur gesonderten, gefestigten Nation entwickelten. Aber die Dinge lagen hier unvergleichlich. Die Schweiz war immer ein freier, in sich balancierter Bund gewesen, kein ausgreifender Herrschaftswille; den hatten ehedem einzelne ihrer Mitgliedstaaten gehabt, Bern vor allem, aber nicht die Eidgenossenschaft. Von der Schweiz wurde niemand erobert oder annektiert, in die Schweiz wurde man aufgenommen; und es konnte geschehen, daß einem Land die Aufnahme glatt verweigert wurde, das gerne schweizerisch hätte werden wollen. Hier gab es keine Dynastie, keine Herrscher und Untertanen, nur Eidgenossen; hier traf einmal zu, was Kant von allen Republiken erhofft hatte, was aber leider nicht für alle zutraf: Das Schweizervolk wollte nur in Ruhe gelassen werden und wollte niemandes Ruhe stören. Eben dadurch wurde es zur Nation von entschiedener Eigenart; und mußte

es um so bewußter werden, mußte die Reste seines ursprünglichen Deutschtums um so rascher abwerfen, je lauter »draußen« der Ruf nach staatlicher Vereinigung aller Deutschen wurde.
Der Ruf war laut und stark. Wie stark er war, wie viele den deutschen Nationalstaat wollten im Vergleich mit denen, die sich diesem Streben gegenüber gleichgültig oder feindlich verhielten, das ist im Grunde nicht zu bestimmen. Eine Volksbefragung darüber hat nie stattgefunden, und auch die würde uns nicht viel helfen, denn wir wissen ja, was Volksbefragungen für eine zweifelhafte Sache sind. Große, entscheidende Dinge in der Geschichte sind oft von Minderheiten vollbracht worden, ohne, selbst gegen den Willen der Mehrheit; waren sie dann vollbracht und geschichtlich bewährt, so konnte leicht die Legende entstehen, es seien beinahe alle dafür gewesen, nur einige Verräter nicht. Das gilt zum Beispiel für die amerikanische Revolution. Es liegt in der Natur politischer Bewegungen, daß sie von Minderheiten geführt und getrieben werden, da die Mehrzahl der Menschen mit ihren eigenen Sorgen fast immer vollauf beschäftigt ist. Damit ist über das geschichtliche Recht der Bewegung noch kein Urteil gesprochen. Die erst noch zu prüfende Frage wäre: gab es einen Gegenwillen, der etwas anderes Tragfähiges aus guten Gründen wollte und dem die Sieger Gewalt antaten? Wünschten etwa die meisten Amerikaner im Jahre 1776 mit Leidenschaft, britische Untertanen zu bleiben, und wenn ja, was war der lebendige Sinn, was waren die zukünftigen Möglichkeiten solchen Wunsches? Wenn man diese Frage nicht positiv beantworten kann, dann wird die Leistung der amerikanischen Revolution nicht dadurch geschmälert, daß man feststellt, eine Minderheit habe sie gemacht.
In Deutschland war es jedenfalls eine sehr starke Minderheit, die den Nationalstaat wollte. Wie, in welcher Form, in welchen Grenzen, darüber gingen die Meinungen arg auseinander, aber nicht über den Kern der Sache, die Reform des »Bundes«, der so wie er war, nicht bleiben konnte. Darum mußte eine doppelte, schwierige Auseinandersetzung vor sich gehen:

zwischen dem preußischen und österreichischen Herrschaftswillen sowohl wie zwischen jedem von ihnen und dem noch unfertigen gesamtdeutschen. Die kleineren Staaten kamen hier im Grunde nicht in Betracht, sie konnten keinen Widerstand leisten.

Die bloßen Zahlen zeigen uns das nicht. Es gab im Deutschen Bund mehr Nicht-Preußen und Nicht-Österreicher als es Österreicher und Preußen gab, etwa achtzehn Millionen Bürger in den Kleinstaaten gegen je etwa vierzehn Millionen Preußen und Österreicher. Aber so viel kleine, zerstreute Existenzen ließen sich zu keinem politischen Willen summieren. Der Gedanke der »Trias«, eines »dritten«, »reinen« Deutschlands, das sich zusammentun und den beiden deutsch-slawischen Großmächten die Waage halten sollte, ist während dieser Jahrzehnte immer wieder aufgetaucht, aber etwas Wirkliches ist nie daraus geworden. Die deutschen Kleinstaaten konnten den Gang der Ereignisse nicht lenken, noch auch sich ihm erfolgreich widersetzen, sie konnten nur wohl oder übel mitmachen, zögernd und bremsend sich mitreißen lassen. Sie waren passiv. Das gilt sogar für den respektabelsten unter ihnen, für Bayern.

Es gab etwas wie einen bayrischen Staatswillen. Er war alt und zäh. Im wesentlichen auf der Landschaft, dem Stamm, dem kirchlichen Glauben Alt-Bayerns beruhend, war er nicht einmal so sehr von der Dynastie abhängig wie Preußen oder Österreich; obwohl auch er sich mit einer Dynastie, dem Hause Wittelsbach, eng befreundet hatte. Er war, wie wir wissen, stark genug, die schlimmsten Stürme zu überdauern, nach langer Nacht plötzlich wieder dazusein, so als ob gar nichts geschehen wäre. Aber er war politisch nicht stark genug, um sich gegenüber Österreich und Preußen durchzusetzen, moralisch nicht stark genug, um das Schicksal Bayerns von dem deutschen abzutrennen. Persönlich konnten die Könige von Bayern, Ludwig I., Max II., das um so weniger, als sie in der enthusiastischen Betonung ihres Deutschtums sich von niemandem überbieten ließen. Bayern mußte den Weg Deutschlands gehen damals wie immer, und konnte zur Bestimmung des

Weges beinahe gar nichts beitragen. Schließlich waren die deutschen Staaten wirtschaftlich schon völlig in die Abhängigkeit vom deutschen Zollverein und von dessen leitendem Mitglied geraten. Sie wußten das selber nicht, da für konservative Diplomatie das Wirtschaftsleben immer eine Sache dritten Ranges war. Aber in den politischen Krisen kam es allgewaltig zum Vorschein.

Das heißt nicht, daß die deutschen Staaten gar nichts Wirkliches gewesen wären. Die Nation hatte keine Hauptstadt, aber das Land war übersät mit Hauptstädten, die in kulturellen, akademischen Bestrebungen miteinander wetteiferten. Sie waren eklektisch in ihren Stilen, die italienische Renaissance, das französische Rokoko und Empire, die griechische Antike nachahmend, aber einzigartig in ihrer bunten Zahl; und von wohltätigem Einfluß auf den Formsinn der Bürger. Heute, wo alles das größtenteils zerstört ist, die deutschen Stämme durcheinandergewirbelt sind, die Städte einander so ähnlich werden, wie die amerikanischen, können wir rückblickend den Wert des verlorenen Reichtums ermessen. Was dann die innere Regierung oder Verwaltung dieser Staaten betrifft, so war sie so vielfältig, wie die Staaten, von Bayern bis zu den Operettenhöfen Thüringens, ihrer Größe nach verschieden waren. In einigen, wie Hessen-Kassel, ging es immer wieder abscheulich zu. In anderen wie Baden, welches 1849 ein so unglückliches Schauspiel geboten hatte, wurde nun im Sinn der Selbstverwaltung der mittleren Verwaltungseinheiten eine erfreuliche Reformarbeit geleistet. Es läßt sich viel gegen die deutsche Kleinstaaterei sagen, aber auch viel für sie. Sie war die originalste politisch-kulturelle Schöpfung, die Deutschland zu bieten hatte. Die Zeit arbeitete gegen sie. Wenn es zu den geschichtlichen Entscheidungen kommt, muß der Erzähler von Wien und Berlin sprechen, nicht von Altenburg, nicht von Karlsruhe, nicht einmal von München, Dresden, Stuttgart.

Obgleich nun fast überall in Europa die »Reaktion« herrschte, so kam doch das politische Denken nicht zum Stillstand. Und so bürgerlich waren im Grunde die Zeiten, so sehr bedacht auf geistige Rechtfertigung, daß die Reaktion selber sich in allerlei wohlklingende Theorien kleidete und sie darbot im Parlament, in Zeitungen, in gelehrten Büchern.

Die große soziale Tatsache seit der Jahrhundertmitte war die immer intensivere Entwicklung der Industrie; die große politische Tatsache zunächst die, daß die vorindustriellen Mächte dem Bürgertum die Rolle im Staatsleben nicht gönnen wollten, welche seinem wachsenden Reichtum entsprach. Hierbei wurde den alten Mächten das Spiel erleichtert durch die Angst des Bürgertums vor der »roten Revolution«, dem nachdrängenden Arbeiterstande, dessen Zahl und Gewicht sich in dem Maße vermehren mußte, in dem der Reichtum des Bürgertums sich vermehrte. Soweit stimmte die Marxsche Analyse. Die Theorie der alten Mächte war konservativ; die des Bürgertums liberal; die der Arbeiterschaft – insofern sie schon eine vom »fortschrittlichen« Bürgertum getrennte Theorie besaß – sozialistisch.

In einer solchen dreifachen Gleichung ging aber weder die Wirklichkeit noch das Denken auf. Das Leben war reicher, mannigfaltiger. Zum Gegensatz der Klassen kam der der Staaten, der Nationen, besonders jener, die noch keine Staatsnationen waren, und der religiösen Bekenntnisse. Zu den bloßen, brutalen Gegensätzen in den Sachen kam das Denken jener, die die Gegensätze zu versöhnen und über ihnen etwas Höheres, Verbindendes zu errichten versuchten. Solches Denken konnte stark und schöpferisch sein oder schwach, ehrlich oder unehrlich.

Das nie aufhörende, schweigende Ringen der Staaten miteinander betreffend, so beruhigten in deutschen Landen die Machthaber sich noch eine Weile mit dem Glauben, daß die staatlichen und sozialen Gegensätze sich deckten. Die drei östlichen Monarchien, Rußland, Österreich und Preußen, waren die konservativen Staaten und sollten in einem aus ideellen Gründen natürlichen Bündnis vereinigt sein. Das Frankreich Napoleons III. war der revolutionäre Staat, gegen den die Konservativen Front zu machen hatten. England war in diesem System nicht so recht unterzubringen, neigte aber praktisch doch eher zu Frankreich als zur »Heiligen Allianz«... Die Rechnung stimmte nicht. Während des Krimkrieges zeigte sich, daß die Konkurrenz, welche Österreich und Rußland einander auf dem Balkan machten, schwerer wog als die antiliberale Gesinnung des jungen Franz Joseph und des alten Nikolaus; und damit war die Allianz der konservativen Mächte am Ende. Etwas später schämte der Zar, aus Bosheit gegen Österreich, sich gar nicht, mit dem französischen Diktator-Kaiser diplomatisch zusammenzuarbeiten. Übrigens haperte es mit dem revolutionären Charakter von Napoleons Regierung. Er war der Mann der Volksabstimmung, der »Erwählte der sieben Millionen«, wie er sich gerne nannte, der Kronenräuber, der Nachfolger des ersten Napoleon und des revolutionären Chaos, dem dieser entstiegen war. Aber dann war er auch wieder der Mann der Ordnung, des durch eine schlagkräftige Armee und Bürokratie beschützten sozialen Friedens, der Autorität; dergleichen war den Konservativen an sich gar nicht zuwider. Konnten sie konsequent gegen einen Herrscher sein, der als Zerstörer parlamentarischer Freiheit und Selbstbestimmung bei den Liberalen so allgemein verhaßt war und dem vollends der machtvolle Sprecher des Sozialismus, Karl Marx, weißglühenden Haß geschworen hatte? Der überdies sich als fleißiger Bundesgenosse der katholischen Kirche erwies, dergestalt, daß der Papst es nicht verschmähte, als Taufpate des kaiserlichen Söhnchens zu dienen? Bonaparte erschien manchmal nahezu als ein Hort der konservativen Sache. Wenn er nur nicht – Verwirrung der Verwirrungen – auch wieder imstande gewesen wäre, sich mit seinen Todfeinden, den Liberalen zu verbinden, wie demnächst in Italien geschehen sollte. Das war das Leidige für jeden, der auf ideelle Ordnung hielt: Die Wirklichkeit wollte den Ideen nie so recht sauber entsprechen. Der Fall des opportunistischen Träumers in Paris war ein besonders krasser; über den Klassen, über den »Ismen« thronend, wie er sich glaubte, konnte er nach einer Seite handeln und gleichzeitig auch nach der entgegengesetzten. Mehr oder weniger war das überall so. Ideen mochten beanspruchen, die Wirklichkeit zu gestalten. Aber die Wirklichkeit hatte eine Messung mehr als der Gedanke. Sie gehorchte ihm nicht.

Damals sammelte der Papst Pius IX. die Kräfte seiner Kirche zu einem Kreuzzug gegen den Geist der Zeit, der in den sechziger Jahren seinen Höhepunkt erreichen sollte. Je bedrohter die geistliche Autorität erschien, desto schroffer machte dieser Fürst sie geltend. Keine Versöhnung der Kirche »mit dem Fortschritt, mit dem Liberalismus, mit der modernen Zivilisation!« Das war die geistige Grundhaltung, aus der Dogmen wie jenes von der unbefleckten Empfängnis Mariä und später das von der päpstlichen Unfehlbarkeit folgten. Eine Haltung des Trotzes, des kompromißlosen Kampfes gegen beinahe alles, was in der zweiten Häfte des Jahrhunderts mächtig war. Da Papst Pius gleichzeitig in der praktischen Politik als Verbündeter der italienischen Fürsten und des Hauses Habsburg auftrat, so muß man hier wohl von einer »reaktionären« Politik der römischen Kirche reden, wenn dies Wort überhaupt einen Sinn haben soll. Aber damit ist über den Katholizismus der Epoche nicht alles gesagt. In Deutschland hatte in den Revolutionsjahren etwas wie ein Bündnis der Liberalen mit Vertretern des kirchlichen Interesses stattgefunden, weil damals beide frei werden wollten von der Bevormundung durch den Fürstenstaat. Dies Bündnis war bedingt durch die Kampfkonstellation der Zeit; es mußte sich auflösen, wenn die Liberalen einmal selber sich des Staates bemächtigt hätten. Wesentlicher, unabhängiger von der Politik des Tages war der Versuch einiger katholischer Denker und Organisatoren, recht eigentlich ins Volk zu gehen und die soziale Grundlage der Kirche zu erweitern. Das liberale Prinzip hieß: Jeder für sich. Die Kirche lehrte die Gemeinschaft der Christen und fand im Schatz ihrer Tradition genug, was auf die Mängel einer zunehmend industriellen Zivilisation sich wohltätig anwenden ließ. So entstand ein weitverzweigtes katholisches Vereinsleben; so, dank der Initiative Adolf Kolpings und Wilhelm Kettelers, seit 1850 Bischof von Mainz, die Organisation katholischer Handwerksgesellen, welche materielle Vorsorge für Krankheit und Alter mit christlicher Bildungspflege verband. Diese Bewegung ist später von einer anders gearteten überflügelt worden. Man darf sie deswegen nicht eine verfehlte nennen. Daß die katholischen Handwerkervereine ihren Mitgliedern viel Gutes taten, bezeugt uns einer, der in den fünfziger Jahren in Freiburg und Salzburg ihr Mitglied war, der Drechslergeselle August Bebel. Und schließlich ist zupackende Hilfe besser als die scharfsinnigste Theorie.

Eine Welt liegt zwischen Pfarrer Kolpings bescheidener, wirksamer Tätigkeit und der christlichen Staatsphilosophie, die gleichzeitig in Preußen von den Konservativen verkündet wurde. Mit dieser wurde nichts geleistet; es wurde nur, was in Wirklichkeit war, und gar nicht schön war, durch Denkgebilde pomphaft ausgeschmückt. Vielfältig ist das Verhältnis des Geistigen zum Wirklichen. Einer stellt eine einzige, tiefdurchdachte Gleichung auf, schafft ein System von Begriffen, dem die Wirklichkeit entsprechen soll, und unternimmt es nun, dafür zu sorgen, daß die Wirklichkeit sich dem Begriff entsprechend verhalte. Das tut sie aber niemals, die Gleichung sei so gescheit, wie sie sei. Ein anderer, weniger hochfliegenden Denkermutes, müht sich geradewegs Gutes zu wirken, indem er sich ausrichtet an einfachen Lebensbeobachtungen, an alten Geboten der Moral oder der Religion. Ein dritter schert sich den Teufel um alle Theorie, tut, was der Augenblick eingibt und was Erfolg verspricht. Ein vierter denkt sich schöne Dinge aus und versucht das Wirkliche in ihrem Sinn zu erklären, auch wohl, wenn es angeht, zu ändern. So leicht ändern aber läßt das Wirkliche sich nicht; die Auslegung wird zur Schönrednerei, zum dünnwebigen Feierkleid, welches das Wirkliche sich nur so eben gefallen läßt, solange es nichts dafür zu bezahlen braucht.

Ein solcher Ausleger war der Staatsphilosoph Julius Stahl, in den fünfziger Jahren Führer der Konservativen im Herrenhaus zu Berlin. Man sagt diesem Manne einen bedeutenden Einfluß nach; die Dinge wären aber gewiß nicht anders gekommen, wenn Stahl nicht gelebt hätte. Er beredete sie nur, wenn auch auf gescheite, wohlwollende und wohlklingende Weise. So sehr respektierte die Epoche den Geist, daß selbst die groben, wesentlich für ihre materiellen Interessen kämpfenden Junker sich zu ihrem Sprecher einen profunden Literaten bestellten, der obendrein ein getaufter Jude aus Süddeutschland war, ein gelehrtes, feines und bemühtes Männlein. Stahl fand in den meisten Haltungen etwas Wahres, Halbwahrheiten, die er zu einer höheren Gesamtwahrheit zusammenzufassen suchte. Dies schien ihm verwirklicht in der preußischen Monarchie. Sie war nicht absolut, das war gut; auch nicht parlamentarisch, das war auch gut, und parlamentarisch durfte sie nicht werden. Sie war beschränkt durch Tradition, Sitte, christlichen Glauben. Unterschiedene Stände waren gut, aber die stärkere, höhere Einheit über ihnen mußte der Staat sein. Freiheit, geschützt durch Autorität und Recht war auch gut; nur durfte sie sich nicht erkühnen, mit kaltem Verstand die geschichtlich gewordene, natürliche, gottgewollte Ordnung der Gesellschaft willkürlich abzuändern. Was wiederum Reformen nicht ausschloß; »falsche Reaktion« war beinahe so tadelnswert wie Revolution und Demokratie. Christlich vor allem mußte der Staat sein, ein »göttlich-menschliches Reich«. »Es ist unsere politische und unsere religiöse Stellung nicht voneinander zu trennen; man kann nicht konservativ im Staat und destruktiv in der Kirche sein – nicht zugleich für die Ordnung, die von Gott ist, und gegen den Glauben, der von Gott ist. Trotz aller wirklichen Schattierungen und scheinbaren Vermittlungen gibt es nur zwei Pole der Parteistellung – der eine: für Thron und Altar ungetrennt – der andere: für die Revolution.« Also mußte man Christ und königstreu sein oder keines von beiden; in welchem Fall man keinerlei Halt mehr besaß und vom Demokratismus zum Nihilismus und den schwärzesten Verbrechen fortzutaumeln in Gefahr schwebte... Stahl war kein großer Denker, nur ein geschickter Gedankenarrangeur. Wenn die Weltgeschichte

stillgestanden hätte und alle die tiefen Veränderungen des 19. Jahrhunderts nicht stattgefunden hätten, wenn der König und alle seine Diener und Beamten, Offiziere, Junker, streng moralische Charaktere und christliche Herzen gewesen wären, dann hätte er vielleicht recht gehabt. So aber sprach er von gottgewollter Ordnung, treuen Untertanen, christlicher Demut; worauf das preußische Herrenhaus dem Herrn von Rochow, der in der Folge eines Spielhöllenskandals den Berliner Polizeipräsidenten im Duell totgeschossen hatte, eine brausende Ovation spendete. Armer Philosoph! Er muß trübe dreingeschaut haben in solchen Momenten, unter solchen Bundesgenossen.
Die Gedanken wohnen leicht beieinander, und aus konservativen, liberalen, sozialistischen Lehren auszuwählen, was man hübsch findet, ist keine Kunst. Auch liegt es im Wesen abstrakten Denkens, daß das Gedachte schwankt, umkippt, sich verwandelt; man sieht einen konservativen Gedanken genau an und schon ist's ein liberaler, wo nicht gar ein sozialistischer, oder umgekehrt. Hier fließt alles. Doch hart im Raume stoßen sich die Sachen. Sie taten es in Deutschland, während Stahl seine philosophischen Reden drechselte. Die Frage ist dann, was einer wirkt, und wie er zu den wirklichen Kämpfen der Zeit steht. Stahl wirkte nicht, er beredete bloß und leistete den Machthabern durch seine Dialektik willkommene Dienste.
Der konsequente Wirtschaftsliberalismus, das sogenannte Manchestertum, hat in Deutschland keine bedeutenden theoretischen Vertreter gefunden. Die preußischen Kapitalisten waren für eine völlige Entfesselung der wirtschaftlichen Initiative, das verstand sich; und gegen jede Fabrik- und Arbeiterschutzgesetzgebung, mit welcher der Staat in den fünfziger Jahren einen bescheidenen Anfang machte. Sie waren damals auch, im Gegensatz zu ihren süddeutschen Konkurrenten, überwiegend für den Freihandel nach außen. Eine Philosophie aber wie in England wurde daraus nicht gemacht. Als, gegen Ende der Reaktionszeit, das liberale Bürgertum sich wieder politisch sammelte, waren es in erster Linie nationalpolitische und konstitutionelle Wünsche, mit denen es hervortrat; wirt-

schaftliche nur nebenher. Es ging der Industrie gut in den letzten Jahren Friedrich Wilhelms IV. Wenn einzelne Industrielle von Regierungs wegen verfolgt und belästigt wurden, so geschah es ihnen nicht als Angehörigen ihrer Berufsklasse, sondern weil sie sich in den Revolutionsjahren als Liberale zu energisch betätigt hatten.

Trotzdem ist liberales Denken in jenen Jahren in Deutschland origineller gewesen als das konservative, das jeder Frische entbehrte. »Liberal« – solch allgemeines Wort sagt freilich wenig, und englische liberale Denker wie Mill und Spencer hätten sich geweigert, in den Mitgliedern der preußisch-deutschen historischen Schule Gesinnungsgenossen zu sehen. Das war eine Gruppe von Professoren, die in den späteren fünfziger Jahren zuerst hervortrat, um von nun an mehrere Jahrzehnte lang einen beachtlichen Einfluß auszuüben. Die Droysen, Haym, Sybel und, als jüngster von ihnen, Heinrich von Treitschke, haben etwas Wirkliches zuwege gebracht. Sie machten nicht die Geschichte, nicht die Politik, das taten andere; aber als diese anderen endlich auf dem Plan erschienen und als sie ihr Spiel endlich erkennen ließen, da wurde ihnen von der liberalen Professoren-Publizistik sehr wesentlich weitergeholfen. Liberal konnte man diese Männer wohl nennen. Sie forderten den Staat der Bürger, den konstitutionellen Staat. Sie haßten das pfäffische Österreich, das demokratisch-absolutistische oder cäsaristische Frankreich und die deutsche Kleinstaaterei; und da sie radikale Umstürzler nicht waren, so blieb ihnen als Gegenstand liebender Hoffnung nur Preußen. Darauf setzten sie. Aber nicht das Preußen der Reaktionszeit. Preußen mußte sich wandeln, um segensreich an die Spitze der Nation treten zu können; wozu die kräftige Mitwirkung des Parlaments und fortschrittlicher Parteien notwendig war. Soweit ging der Liberalismus dieser energischen Gelehrten. Ein gewisser Bildungs- oder Elitenhochmut, der sie von den Demokraten sich unterscheiden ließ, fügt sich in das Bild der »Alt-Liberalen«, sowie es schon vor 1848 gewesen war. Jedoch kam Neues dazu. Die Gründer der »Preußischen Jahrbücher« und der »Historischen Zeitschrift« waren keine Freunde Frankreichs mehr. Sie fanden in dem, was jenseits des Rheines sich seit 1789 abgespielt hatte, hauptsächlich Irrwege, Krankheit, Schwindel. Das Romanische, das Pfäffische, das Despotische, das Jakobinisch-Ultrademokratische – das hing für sie alles zusammen, und das war alles dem deutschen Geiste gottlob fremd. Wenn es ein Land gab, von dem sie etwas lernen zu können glaubten, so war es das auch »germanische« England. Im übrigen sollte der deutsche Michel aufhören, bewundernd nach anderen Völkern zu schielen, sollte er selber darstellen, was die Welt gern oder ungern würde annehmen müssen. Dazu brauchte er den nationalen Staat, rechtlich nach innen, kräftig nach außen. Sehr kräftig nach außen. Wenn im Inneren Recht Recht bleiben mußte, so war es zwischen den Staaten am Ende doch Macht, was Recht schuf und Recht aufhob; daher der Staat so mächtig wie nur mäglich ein Machtstaat sein mußte. Realistisch mußte seine Außenpolitik sein, nicht auf das Rechtsgefühl der Gegner bauen, nicht angekränkelt von Sentimentalität: »Realpolitik«. Schon zu Beginn der fünfziger Jahre erschien das Wort auf dem Plan. Freiheit, als Verpflichtung und Erfüllung, war nur in einem solchen Staat zu finden, dem Born und Hort aller Sittlichkeit, dem Pfleger der Bildung, dem Beschützer der Volkswirtschaft, dem höchsten, größten Ganzen. Ihm zu dienen, in ihm seinen Platz zu finden, war Freiheit; nicht aber, nur ungehemmt persönlichem Gewinne nachzujagen, was ein Nachtwächterideal war... Diese Gelehrten waren durchweg Historiker. Noch nicht Nationalökonomen, nicht mehr reine Philosophen, sondern Meister der Geschichtswissenschaft. Das war konsequent; die Geschichte erzählt nicht von Theorien, nicht, wie es hätte sein sollen, sondern von Tatsachen, wirklichen Erfolgen, wirklichen Niederlagen. Der Schwächling sank unter, der Starke hielt sich oben; wer auf Gerechtigkeit baute, ohne Macht, erhielt der Narren Lohn. Geschichtlich zu verstehen, nämlich aus ihren Ursprüngen heraus, waren alle Staaten, Einrichtungen, Rechtsbegriffe, Lebensweisen; Verwirklichungen, nicht allgemeiner ewiger Wahrheiten, sondern völkischer Eigenarten unter Bedingungen, die so nicht wiederkehren würden. Die Geschichte bewies auch und zeigte klar, daß der preußische Staat schon lange auf die Einigung und Führung der deutschen Nation hinausgewollt hatte. Sie mußte es zeigen; zu welchem Beruf ihr denn die Herren mit gutem Mut ziemlich kräftig Gewalt antaten... Es waren energische, geistvolle Schriftsteller. Darauf kommt es an. Ideen kann sich jeder machen. Es ist die Energie des Schriftstellers, was ihnen Kraft gibt, fast möchte man sagen, die physische Energie; Mut, Wille zum Glauben, Phantasie, Kühnheit. Sie findet man nicht in der Abstraktion, dem »Ideengehalt«, sondern in der Entfaltung der Idee in Artikeln, Reden, Büchern. Ein kräftiger, schöner Stil wird denn auch nicht fehlen, denn Stil, Energie, Geist, das ist alles eins. Selbst Heinrich von Treitschke, der Entschiedenste, Einseitigste unter den national-liberalen Historikern, schrieb schön. Noch heute ist, wer ihn liest, berührt von der Kraft seines Glaubens und Zornes; findet ihn auch nicht so verblendet und ungerecht, wie sein Ruf ihn in späteren Zeiten wohl gemacht hat.

Ihre Grundgedanken kamen ihnen aus der Vergangenheit, vor allem von den deutschen Philosophen, Fichte, Hegel, den idealistischen Staatsvergötterern, die auch schon die »Wahrheit« in der »Macht« und in der Geschichte gefunden hatten. Den Staat verbanden sie mit der Nation zum Nationalstaat (das hatte Hegel noch nicht getan). Daß sie Deutschland ungeheuer ernst nahmen, als Forscher wie als Politiker sich fast nur für Deutschland interessierten, dürfte man ihnen insofern nicht übelnehmen, als die nationalistische Unsitte allgemein im Schwange war. Auch die französichen Historiker befaßten sich mit beinahe nichts anderem als der Geschichte Frankreichs; während russische Gelehrte an der Frage, was Rußland war, und nicht war, und sein sollte, sich neuerdings fast verrückt dachten. Die Russen ahmten die Deutschen nach, ihre Philosophie, Hegel vor allem, den sie in die falsche Kehle bekommen hatten, die Deutschen die Franzosen. Man wollte anders sein als der Nachbar, sich von ihm abheben; und tat es, indem man seine nationale Beschränktheit und Introversion nachahmte. Wie gering an Zahl und Raum die europäischen

Völker eigentlich waren – Deutsche, Franzosen, Italiener, von solchen Völkerschaften wie den Tschechen zu schweigen – wie sehr ihr Schicksal immer ein gemeinsames gewesen war und immer bleiben mußte – diese Erkenntnis ging dabei verloren.

Lassalle

Auch die Konservativen dachten geschichtlich, auch aus ihren Reihen sind profunde Historiker hervorgegangen. Ihre Folgerungen waren andere. Für sie war das Gegenwärtige ehrwürdig und nur mit weisester Vorsicht anzufassen, eben weil die Geschichte es, so wie es nun war, gemacht hatte. Wir sagten das schon: man mußte einem Gedanken nur eine leichte Drehung geben, und schon kam etwas ganz anderes dabei heraus. Die national-liberalen Historiker zogen aus der Geschichte den Drang zur Tat. Verändert hatten sich die Dinge bisher noch stets; unter dem mutigen Zugriff derer, die sich auf Geschichte verstanden, würden sie sich auch weiter verändern. Geschichte war immer und über allem, Geschichte war gerade jetzt. Man selber erlebte sie und wollte sie erleben und sah begierig nach dem großen Manne aus, der sie machen würde. Den Glauben an die Geschichte, die aufgeregte Erwartung großer geschichtlicher Ereignisse hatten die liberalen Historiker mit Marx gemeinsam. Etwas Gedankliches gemeinsam zu haben, das können Zeitgenossen selten vermeiden.
Geschichtlich dachte auch ein junger Sozialist und Marx-Schüler, dessen Geist in den fünfziger Jahren zur Reife kam: Ferdinand Lassalle. Der Sozialismus trat damals auf der Stelle; die Reaktion war zu stark, die allgemeine Entmutigung zu tief, als daß er äußerlich hätte vorwärts kommen können. Marx in London widmete sich den theoretischen Studien, die die Grundlage liefern sollten für spätere Aktion; Engels, im Hauptberuf

Textilindustrieller, hielt die Personalregister des Kommunistenbundes in Ordnung. In Berlin wirkte ein sozialer Demokrat völlig anderen Schlages auf eine Weise, in der man selbst damals dort wirken konnte: der Gründer der deutschen Kredit- und Konsumvereinsbewegung, Schulze-Delitzsch. Ein warmherziger, tätiger, in den Grenzen seiner Arbeit sehr hilfreicher Mann. In der Literatur sozialistischer Theoretiker kommt er meistens schlecht weg, weil er nicht wollte, was sie wollten, und die Frage, welche sie stellten, gar nicht beantwortete. Schulze-Delitzsch war ein demokratischer Bürger, kein Revolutionär. Dem Problem des neuen »vierten Standes« widmete er sich nicht oder sah es nicht. Was ihn kümmerte, war das Nahe, Bescheidene, Praktische. Er kannte die kleinen Gewerbetreibenden, die Handwerker, die der Konkurrenz der Industrie erlagen, die verhärmten Hausfrauen. Für sie hat er etwas geleistet, indem er sie Selbsthilfe lehrte. Das philosophisch-politische Denken in größten Zügen überließ er jenen, die dafür begabter waren. Lassalle spürte die Begabung dazu.
Er war der Sohn eines Kaufmanns aus Breslau; ein ehrgeiziger Jüngling, tatendurstig, denkscharf, furchtlos, von unfehlbarer Geistesgegenwart, dabei nie vergessend, daß er ein Emporkömmling war, auch wohl gerne sich in Szene setzend – wie sollte ein solcher Typ diese Schwäche vermeiden. Wenn er die Sache bei Licht betrachte, so schreibt er als junger Gymnasiast in sein Tagebuch, so sei er ein Egoist. »Wäre ich als Prinz oder Fürst geboren, so würde ich mit Leib und Seele Aristokrat sein. So aber, da ich bloß ein schlichter Bürgerssohn bin, werde ich zu seiner Zeit Demokrat sein.« Die Berliner Gesellschaft verwöhnte ihn wegen seiner erarbeiteten Bildung und seines Geistes; er nahm das mit Achselzucken hin, sicher, daß noch ganz andere Triumphe ihn im Leben erwarteten. In Paris, einundzwanzigjährig, lernte er Heine kennen, der über so viel Begabung, Witz und Willenskraft die Hände über dem Kopf zusammenschlug. Im gleichen Jahr wurde er in das Schicksal einer nicht mehr jungen, reichen Dame der höchsten Gesellschaftsklasse verwickelt, einer Gräfin Hatzfeldt, die mit ihrem Gatten in sensationsreichem Streite lag. Die Freundschaft mit

der Gräfin entschied über Lassalles äußeres Leben, zog ihn in ein Dickicht von Skandalen, von Intrigen, wie kein Unterhaltungsschriftsteller sie grotesker hätte ersinnen können, von nicht abreißenden Prozessen, aus denen er, der Schutzherr seiner Dame, als überaus blendender und dreister Gerichtsredner hervorging. Jahre hat er diesem sonderbaren Handel aufgeopfert und zumindest so viele Energien an ihn gewandt, wie nur je an die Politik. Als endlich alles gewonnen war und der Gatte der Gräfin ihr den ihr gebührenden Vermögensanteil herausgerückt hatte, stellte sich für Lassalle ein unerwartetes Nebenprodukt heraus: eine beträchtliche Lebensrente, welche die dankbare Siegerin ihm nun aussetzte. Lassalle lebte gut und mit Geschmack. Aber er wußte seine Muße für ernsthafte Zwecke zu nutzen.
Als die Unruhen von 1848 begannen, war er wegen eines der ärgsten Hatzfeldt-Skandale zu Köln im Gefängnis, aus dem er erst im August entlassen wurde. Nun warf er sich in die Politik. Nun lernte er Marx und Engels kennen, agitierte und plante mit ihnen für die demokratische Republik, wie er es sich als Knabe vorgenommen; er ergab sich dem Genie von Marx. Schon im November mußte er wieder ins Gefängnis wandern, diesmal als politischer Aufwiegler. Zu seinem Glück; denn so konnte er bei der zweiten, der gefährlicheren Revolution von 1849 nicht mitmachen und mußte nicht ins Exil, wie so viele seiner demokratischen und sozialistischen Gesinnungsgenossen. Er blieb in Deutschland, am Rhein, als einer von Marx' Statthaltern, immer hilfsbereit, immer noch für die sozialistische Sache werbend, trotz Reaktion und staatlicher Überwachung. Die Düsseldorfer Polizei wußte über ihn zu berichten, durch seine »außerordentlichen geistigen Fähigkeiten, eine hinreißende Beredsamkeit, eine unermüdliche Tätigkeit, große Entschlossenheit, exaltierte Freiheitsideen, die ausgedehntesten Bekanntschaften, ein sehr gewandtes Benehmen und durch die bedeutenden Geldmittel seiner Klientin« sei er eines der gefährlichsten Häupter der Umsturzpartei. Trotzdem wurde schließlich von höchster Stelle verfügt, »daß die von dem Literaten Ferdinand Lassalle beantragte Niederlassung

in Berlin polizeilich nicht weiter gehindert werde«. Lassalle besaß ein Talent, sich mit den Behörden erfolgreich herumzuschlagen. Diese wieder wollten kein Recht brechen und bequemten sich gern oder ungern, auch einen notorischen Feind der bestehenden Ordnung ungeschoren zu lassen, solange ihm im Sinne des Strafgesetzes nichts nachzuweisen war.
In Marx glaubte Lassalle seinen besten Freund zu besitzen. Immer half er ihm so, wie er konnte, verschaffte ihm Verleger und Absatz für seine Artikel, sah in ihm ohne Reserve das geistige Haupt der Partei. Seinerseits war der große Verbannte ein zu guter Menschenkenner, um nicht die Begabung Lassalles richtig einzuschätzen. Trotzdem mochte er ihn im Grunde nicht. Das lag an den persönlichsten Dingen wie an den unpersönlichsten. Lassalle war glücklich und tat sich leicht. Marx machte es sich furchtbar schwer. Lassalle, wie warm auch sein Herz für die Armen schlug, fühlte sich doch von der aristokratischen Gesellschaft angezogen und spielte, wie Engels höhnisch bemerkte, den Kavalier. Marx bezog keine Rente von einer reichen Gräfin, weit entfernt davon. Ferner war Lassalle nicht bloß materiell, sondern auch geistig unabhängig. So sehr er Marx bewunderte, blind folgen tat er ihm nicht, und mehr und mehr produzierte er in den fünfziger Jahren Gedanken, die mit denen des Meisters nicht übereinstimmten. Das befremdete Marx, der für geistige Unabhängigkeit der anderen wenig Sinn hatte. In seinen Briefen an Engels nennt er Lassalle gern »den Menschen« oder »den Kerl«. »Was macht der Kerl für ein Gerede!«... »Nun sieh den gespreizten Menschen!« Beide waren Hegelianer von Haus aus, aber Lassalle hatte Marxens materialistische Umkehrung nicht mit vollzogen. Er blieb ein Idealist. Praktisch: er glaubte, ganz anders als Marx, an freies menschliches Tun, an die Gestaltung der Geschichte durch den Menschen. Er glaubte auch, wie Hegel, aber nicht wie Marx, an die allumfassende Macht und Aufgabe des Staates. Für Marx war der Staat nur »Überbau« der gesellschaftlichen Verhältnisse, mit denen allein sich zu befassen wahrhaft lohnte. Lassalle hielt es für der Mühe wert, den Staat politisch zu erobern; darum maß er dem allgemeinen

Stimmrecht entscheidende Bedeutung bei. Schließlich war Lassalle ein deutscher Sozialpolitiker und deutscher Patriot in einem anderen Sinn als Marx. Freilich, auch der konnte sein Deutschtum plötzlich und schroff herauskehren. Sein Revolutionsgedanke aber war international von Anfang an und wurde es noch mehr, als er nun in London saß und englische Brokken in seine deutschen Briefe mischte. Der Wettstreit der Staaten und Nationen interessierte ihn nicht, der im Kampf der Klassen den Schlüssel zu aller Geschichte sah. Eben darum warf er die Dänen oder Tschechen so leicht den Deutschen vor; nicht aus Liebe zu seinen Landsleuten, sondern aus Verachtung für das Problem der Nationalität. Lassalle lebte in Deutschland und konnte nicht umhin, den stärksten Anliegen der Zeit, eben den nationalen, seine Aufmerksamkeit zu schenken. Er war nicht allein Sozialist, er war auch Demokrat; und Demokratie und Nationalstaat, das schien damals beinahe ein und dasselbe. Näher den stärksten Strömungen der Zeit, war er seinem Denken wie seinem Wesen nach weniger einsam als Marx; und das ist es, was Marx ihm nicht verzieh. Er konnte mit Mächten anknüpfen, in denen Marx im besten Fall wirre Quertreiber sah; am Ende sogar mit Männern, die, dem Meister zufolge, nichts anderes als die grimmigsten Feinde des Proletariats sein konnten. Lassalle hatte Freude am Spiel mit den Dingen, am großen Abenteuer. Solche Freuden kannte Marx nicht.

Im Grunde waren beide Rivalen, was Marx, der ältere und bedeutendere, schärfer empfand. Es ging ihnen wohl um die Sache, die Gerechtigkeit und die soziale Revolution, der Marx sein Leben opferte. Aber ganz selbstlose politische Arbeit gibt es nicht. Je größer die Konzeption, desto größer der Ehrgeiz, der sich ihr widmet. In Marx lebte ein furchtbarer Machtwille. Daß er arm und einsam an seinem Pult im Britischen Museum saß, indes andere, geringeren Geistes, die Welt regierten, war bitter genug, aber erträglich, insofern es sich mit seiner Theorie begründen ließ. Hier kam nun einer, der sein Feuer stahl, um damit seinen eigenen Brand zu entzünden; der Marx' wesentlichste Ansichten, die Lehren vom Mehrwert, vom Klassenkampf, von der unvermeidlichen Revolution, vom Proletariat als der das Ganze vertretenden Klasse der Zukunft, übernahm und dennoch etwas vom Meister nicht Vorgeschriebenes damit anstellte, ohne ihn auch nur um Erlaubnis zu fragen. Das war gegen die Spielregeln. »Es ist gut, daß er weg ist«, sagte Wallenstein, als er vom Tode des Schwedenkönigs Gustav Adolf hörte, »denn es können doch zwei Hähne auf einem Mist nicht krähen.« Ähnlich mag Marx gefühlt haben, als Lassalle, noch nicht vierzigjährig, in einem Duell ums Leben kam; bis zuletzt Kavalier, Mann der Leidenschaft, des Stolzes, des unbändigen Willens; und Don Quijote.

Arthur Schopenhauer

Dann mag es auch wieder vorkommen, daß einer gegen seine Zeit steht, so daß seine Zeitzugehörigkeit sich nicht im großen Gemeinsamen ausdrückt, sondern durch den Gegensatz. Es kann die Haltung eines Rebellen und Warners sein; auch wohl die eines Kauzes, der seine Bildung aus uralten Büchern schöpft und ruhig, in völliger Unabhängigkeit, sich das Treiben des Tages besieht, als gehörte er selber nicht dazu. Der Philosoph Arthur Schopenhauer war von der letzteren Art. Lange Zeit hatte man sich um seine Schriftstellerei gar nicht gekümmert. Daß der alte Herr nun, zu seinem tiefen Wohlbehagen, plötzlich berühmt wurde, war historischen Stimmungen zuzuschreiben, die er selber verachtet hätte, wäre er sich über sie klar gewesen; der nachrevolutionären Enttäuschung des Bürgertums, einer momentanen Abwendung von der Politik. Sie kam dem Verächter von Geschichte und Politik zugute. Aber Schopenhauer war nicht der Mann, vorübergehenden Stimmungen zu schmeicheln. Er schrieb, wie er immer geschrieben hatte: zu alt, zu starr, zu stolz und viel zu tief von der Wahr-

heit seines Werkes überzeugt, um jetzt sich noch ein neues auszudenken. Mochten die Menschen es annehmen oder liegen lassen.
Ein großer Schriftsteller. Seine Sprache war männlich klar und kraftvoll, sein Denken genährt durch lebendiges Wissen; auch wer mit seiner Gesamtkonzeption nichts anzufangen weiß, wird in seinem Werk kluge Lebensregeln und tiefe, wahre Beobachtungen die Fülle finden. Zu philosophieren hatte er als junger Mensch in der Napoleonzeit begonnen, und seine Anfangsfragen waren noch die der klassischen deutschen Philosophie: was können wir wissen, was ist Erkenntnis, was ist Wirklichkeit? Im Grunde aber wollte er auf etwas anderes hinaus. Von den beiden Thesen, die schon im Namen seines Hauptwerkes vorkommen – »Die Welt als Wille und Vorstellung« – können wir die zweite wohl außer acht lassen. Daß die Wirklichkeit nur Vorstellung, nur im Geiste des Beobachters sei und kein Sein sei ohne Denken – nicht diese kauzische, ewig unwiderlegliche und ewig unnütze Ansicht ist der Kern von Schopenhauers Metaphysik. Die Welt als Wille – darauf kam es ihm an. Die Welt als Wille zu sein, zum Leben, der in jeder Kreatur ganz da ist mit schrecklicher Kraft und Angst, in jeder Kreatur sich auch heimlich für das Ganze hält, so daß die Vielheit der Individuen in Raum und Zeit im Grunde Traum und Illusion ist und trotzdem ein Kampf aller gegen alle ist, ein Überlebenwollen jedes um jeden Preis auf Kosten der anderen; und so die Welt nichts anderes ist als ein Fressen und Gefressen-werden – das ist Schopenhauers Vision. Die Welt ist Wille zum Leben. Aber es wäre besser, wenn dieser Wille nicht wäre, wenn nichts wäre. Denn es ist mehr Leid als Lust auf der Welt, alle Befriedigung ist nur vorübergehend, neue Begierde und Not erzeugend, und die Qual des gefressenen Tieres ist größer als die Lust des fressenden. So unter Tieren, so unter Menschen. Freilich, der Mensch hat, was dem Tier fehlt, Vernunft; aber auch diese muß dem Willen dienen, ist nur eine Magd des Hungers und des Geschlechtstriebes. Auch der Mensch, so klug er sich dünkt, wird beherrscht von den Begierden, sie seien bewußte oder unbewußte. Nur in der Philoso-

phie ist Heil. Nur in ihr erkennt der Wille, wie es mit ihm steht, nämlich schlecht, so daß er sich selber und die ganze Welt nicht mehr will. Aber das ist »Sache der Gnade«. Das kommt selten vor, bei den Heiligen, den Einsiedlern und Asketen. Die meisten bleiben an das sinnlos sich drehende Rad des Willens gekettet in Ewigkeit; sie sterben, andere kommen nach und sind dasselbe, was ihre Vorgänger waren, Wille.
Man hat diese Philosophie Pessimismus genannt nach dem lateinischen Wort pessimum, welches »das Schlechteste« bedeutet; Schopenhauers Welt war nicht die beste, sondern die schlechtest-mögliche. Wäre sie noch etwas schlechter, als sie ist, argumentierte er, so könnte sie gar nicht sein, so wurde der Wille zum Leben den Spaß an der Sache verlieren. Von dort her ist das Wort »pessimistisch« in den allgemeinen Sprachgebrauch übergegangen, eine Wortprägung der Bürgerzeit.
Pessimist war Schopenhauer auch der Geschichte gegenüber. Er erhoffte sich nichts von ihr. Wie hätte er sich etwas von ihr erhoffen können, da doch, nach seiner Philosophie, das Wesen der Welt immer dasselbe blieb und so auch der Mensch mit seinen Begierden und Lastern? Kennt man die Geschichte eines Staates, so kennt man die aller Staaten und aller Zeiten, es ist immer dasselbe. Auch die Gegenwart, die Droysen mit so erregtem Staunen beschrieb, konnte Schopenhauer in dieser Überzeugung nicht irre machen. Er schickte wohl Telegramme, fuhr in der neuen Eisenbahn; aber daß in solchen technischen Erfindungen etwas wirklich Neues liege, bestritt er. So können in einem Lande wie Deutschland einander geradewegs entgegengesetzte Anschauungen gleichzeitig auftreten und beide charakteristisch sein. Es war in den fünfziger Jahren »typisch deutsch«, so zu denken wie Droysen und seine Gesinnungsgenossen; die Weltgeschichte zu verehren als das Weltgericht, und vom protestantischen Geist, Deutschland, dem preußischen Staat befreiende Geschichtstaten zu erhoffen. Aber Schopenhauer, der den Gedanken des Fortschritts mit grimmigem Hohn verwarf, auch er muß ein Repräsentant seiner Zeit und Nation gewesen sein. Die Leute lasen ihn mit Lust. Auch er, der antihistorische, antipolitische, der pessimi-

stische, metaphysische Denker ließ etwas anklingen, das in der deutschen Seele verborgen lag, und sein größter Schüler, Richard Wagner, wurde zum geliebtesten, auch wohl »deutschesten« Komponisten. Wir wissen es schon: Zeit und Volk lassen sich nie auf einen einzigen geistigen Nenner bringen. Immer sind mehrere Tendenzen am Werk, fordert die eine die andere heraus und macht ihr die Alleinherrschaft streitig.

Es versteht sich nach dem bisher Gesagten, daß Schopenhauer ein Konservativer war und von Revolutionen gar nichts hielt. Es bedurfte einer kräftigen, unbezweifelten Autorität, um die Bestie Mensch an der Kandare zu halten. Die Schweiz, meinte er, sollte die einzige Republik in Europa bleiben, als abschreckendes Beispiel für die anderen Völker. Die Frankfurter Straßenkämpfe im September 1848 erlebte er und freute sich von Herzen über die Niederlage der »Schurken« – der Aufständischen. Er selber war ein Bürger, Besitzer eines kleinen Kapitals, von dessen Zinsen er vorsichtig-bequem lebte und dem er seine Unabhängigkeit als Schriftsteller zu verdanken glaubte; er brauchte nicht zu schreiben, um einer Regierung oder dem Publikum zu gefallen. Täglich speiste er im gediegensten Hotel zu Mittag, und zwar mußte er den doppelten Preis bezahlen, da er einen ungeheuren Appetit hatte. Nur für wenige Gebildete wollte er schreiben; von dem Durchschnittsmenschen, der »Fabrikware der Natur« sprach er mit Geringschätzung. Kein Wunder, daß der Kreis um Marx ihn nicht leiden konnte, nachdem er auf seine alten Tage berühmt geworden war. Engels spottete über den »verrückten Dr. Schopenhauer«; noch Franz Mehring, in seiner Geschichte der deutschen Sozialdemokratie, nennt ihn einen »spießbürgerlichen Rentner«. Den Kern der Sache trifft das kaum. Wenn Schopenhauer kein Freund der Sozialisten war, so war er auch kein Freund der neuen Kapitalistenklasse, die er recht unfreundlich beschrieb als »die Söhne der Jetztzeit, mit Brillen statt der Augen, als Resultat der Gedanken den Cigaro im tierischen Maul«. Das hieß, er war überhaupt kein Freund seiner Zeit und trotz des Erfolges, der dem Greise zuteil wurde, ein Fremdling in ihr. Er war noch einer von der alten Schule; ein

Bildungsbürger und Aristokrat, der altgriechisch und lateinisch so gut las wie deutsch, dazu fast noch alle lebendigen Sprachen Europas, und der mit Vorliebe die Alten zitierte: Aristoteles, Horaz, Cicero. Arthur Schopenhauer war einer der letzten seiner Art, die aussterben mußte im industriellen, demokratischen Zeitalter.

Zum Menschenfeind dürfen wir ihn nicht vorschnell machen. Er traute den Völkern nicht zu, daß sie sich selber frei regieren könnten, aber, ungefähr wie Voltaire, wünschte er ihnen doch die wohltätigste, aufgeklärteste Regierung. Maßnahmen wie der Abschaffung der Sklaverei im britischen Weltreich gab er freudigen Beifall. Sein Haß galt der katholischen Kirche, der »Paffenwut« als einer Macht der geistigen Unterdrückung und Verdummung; darin war der Alte noch ein Sohn des 18. Jahrhunderts. Und trotz allem war er ein Christ. Zwei Grundtendenzen unterschied er im Christentum: eine optimistische, das Paradies auf Erden versprechende, die er in ihrem Ursprung für jüdisch hielt, und eine asketische, vom Elend und Schein dieser Welt wissende, Entsagung und Mitleid lehrende. Er fand sie am schönsten ausgedrückt im Pantheismus der Inder. Hiervon ist etwas in seinem eigenen Werk, und so kommt es, daß ein Hasser der Politik und der modernen Gesellschaft, ein christlicher Kommunist wie Leo Tolstoj zu Schopenhauer als zu seinem Meister aufblickte.

In den fünfziger Jahren wurde er vom deutschen Bürgertum begierig gelesen; jetzt, nach den Enttäuschungen von 1848 war man aufnahmebereit für seine Lehren. Er verdient aber, noch heute gelesen zu werden, unabhängig von der historischen Situation. Nicht, weil er die Wahrheit böte, die bietet keiner. Was immer wir ausschließend sagen, geht auf Kosten des Ausgeschlossenen, das auch wahr ist. Einen philosophischen Schriftsteller, der die Geschichte, die politische und soziale Tat verachtet, werden wir nicht als genügend ansehen können. Aber auch Marx hat nicht genügt, auch er hat gewisse Wahrheiten, Weisen und Werte menschlicher Existenz mißachtet. Die Welt hat viele Ansichten. Die kontemplative Haltung zu verachten, weil sie nicht aktivistisch ist, wäre ebenso töricht wie das umgekehrte Urteil. Der Ernst entscheidet. Schopenhauer hat ihn gehabt, seine Philosophie ist hohe Kunst und hat die Wahrheit, der Kunst. Sie ist übrigens, darf man hinzufügen, deutsche Kunst. Zwar, ihr Schöpfer stand der Forderung nach einem deutschen Nationalstaat eiskalt gegenüber, fühlte sich wohl in der verzopften Freien Stadt Frankfurt und verkehrte am liebsten mit Engländern. Aber er schrieb ein Deutsch so schön und kraftvoll, wie nach ihm keiner mehr; aus Tiefen deutscher Tradition, der Mystik, der Romantik, der Musik kamen ihm die Stimmungen, die er zu der viersätzigen Symphonie seines Hauptwerkes kunstvoll verband. Außerhalb Deutschlands hat er stärker gewirkt als irgendein anderer deutscher Philosoph (es sei denn, wir rechneten Marx zu den Philosophen). Das verdankte er seinem Stil, denn er war zur Abwechslung einmal ein Philosoph, der sich mit Genuß lesen ließ. Er verdankte es auch den tiefen Einsichten seiner Psychologie, die lange vor Sigmund Freud das Unterbewußtsein entdeckte; und seiner ganzen, einzigartigen Stellung im Geistesleben der Zeit. Er focht ein Rückzugsgefecht echter Philosophie im Zeitalter der Politik, des werdenden Hochkapitalismus, des werdenden Nationalstaates; und focht es gut.

Was er lehrte, ist abgetan,
Was er lebte wird bleiben stahn.
Schaut ihn nur an,
Niemandem war er untertan. –

So hat später Friedrich Nietzsche über ihn gedichtet.

Preußisches Zwischenspiel

Noch im späteren 19. Jahrhundert konnte die Person des Monarchen in Deutschland eine entscheidende Rolle spielen. Nicht bloß als Symbol einer Epoche, die mit seinem Tode feierlich zu Ende ging, sondern durch seinen wirklichen Charakter, durch das, was er tat und nicht tat, verbot und gestattete. So hatte man in den Jahren vor 1840 dem Tode eines Königs von Preußen erwartungsvoll entgegengesehen. Und da sein Nachfolger, Friedrich Wilhelm IV. so sehr enttäuscht hatte, so atmete man noch stärker auf bei seinem düsteren Abgang als damals bei seinem Kommen. Die Geisteskrankheit, in Friedrich Wilhelm schon lange latent, machte sich im Jahre 1857 in einer Weise geltend, die kein Verbergen mehr zuließ. Sein Bruder, der Prinz von Preußen, wurde mit der Vertretung des Königs betraut, nach einem weiteren Jahr vergeblichen Hinausschiebens trat er mit dem Titel eines Prinzregenten an die Spitze des Staates.

Prinz Wilhelm galt lange Zeit als reaktionärer als sein Bruder. Vor 1848 hatten seine Feinde ihn den »Russen« genannt, 1849 den »Kartätschenprinzen«. In den fünfziger Jahren entwikkelte er einen entschiedenen Widerwillen gegen die korrupte Wirtschaft der Reaktionsregierung, die Rechtsbrüche, die offizielle Frömmelei. Während des Krimkrieges war er »westlich« gesinnt. Es gab eine Zeit, in der die Männer der »Kamarilla« und der »Kreuz-Zeitung« seiner Familie geradezu den Beinamen »die Demokratenfamilie: gaben; was arg über das Ziel hinausgeschossen war. Zum Demokraten fehlte dem alternden Thronfolger beinahe alles. Aber er war ein Ehrenmann, so wie er es verstand, von nüchterner Intelligenz, praktischem Sinn, schlichter Gläubigkeit; bemüht, sein Wort zu halten, wenn es ohne allzu schwere Opfer geschehen konnte. Galanterie, vornehme Zurückhaltung, Dankbarkeit, solche sysmpathischen Eigenschaften besaß er. Seiner Bildung konnte es nicht schaden, daß sie stark französisch versetzt war und daß der im 18. Jahrhundert Geborene noch immer französische Brocken

in sein Deutsch mischte. Aus der Vergangenheit stammten die Begriffe, in denen er dachte; aus sehr grauer Vergangenheit, wenn man genau zusieht. Die Funktionäre des Staates betrachtete er als Diener des Königs; den König als den Mann hoch zu Roß, den Heerkönig, den Gebieter. Die Armee gehörte ihm, nicht dem Staat, auch der Staat gehörte letzthin ihm; der höchste Moment seines Lebens war, wie vor dreitausend Jahren, die Schlacht, der ritterliche Sieg, die Eroberung, durch welche sein Ruhm gemehrt wurde. Daher auch die beiden Dinge, von denen er etwas zu verstehen glaubte, nur diese waren: das Heer und die Außenpolitik. Daß eine industrielle Gesellschaft für sich selber dasein wollte, nicht für den Staat und den behelmten, christlichen Kronenritter, dies ging weit über seinen Verstand. Die Verfassung wollte er ehren, nicht weil er sie gut fand, sondern weil der König zu seinem heiligen Wort stehen mußte, selbst wenn es sich auf eine so lästige, überflüssige Modesache bezog. »Ich will nicht untersuchen«, bemerkte er, »ob Konstitutionen heilsam sind. Aber wo sie existieren, soll man sie halten und nicht durch gezwungene Interpretationen verfälschen.« In seiner ersten Thronrede vor dem Landtag verkündete er diese Grundsätze: »Königtum von Gottes Gnaden, Festhalten an Gesetz und Verfassung, Treue des Volkes und des siegbewußten Heeres, Gerechtigkeit, Wahrheit, Vertrauen, Gottesfurcht«. Dergleichen glaubte er in seiner einfachen, standesverwöhnten Seele und hielt es für genug, um damit die Aufgaben der Zeit zu meistern. Worin er irrte.
Dem Sechzigjährigen, als er nun die Befehlsgewalt in Preußen ererbte, kam die Nation, auch außerhalb Preußens, mit hoffnungsvollem Vertrauen entgegen. Schnell griff das Gefühl um sich, daß nun, wenn auch auf anderem Wege, die großen Ziele von 1848 doch erreicht werden würden, durch Mithilfe des alten Herrn, der 1849 beim Niederschlagen der Revolution so rüstig mitgewirkt hatte. Eine »neue Ära« – dies der beliebte Ausdruck – war angebrochen. Tatsächlich sprach Wilhelm von in Deutschland zu machenden »moralischen Eroberungen« und vom Schutze des Rechtes durch Preußen, was auf gewisse, in deutschen Kleinstaaten begangene Verfassungsbrüche ging.

Er berief ein liberales Ministerium. Überwältigend liberal war auch der neugewählte preußische Landtag, liberal, aber beileibe nicht mehr als das. Die bekanntesten demokratischen Politiker hatten sich absichtlich nicht wählen lassen, um den neuen, so vielversprechenden Herrn nicht unzeitig kopfscheu zu machen. Wenn aber der Prinzregent die »von mir gezogenen unverrückbaren Grenzen« betonte, innerhalb derer die preußische Politik sich bewegen müsse, so erfuhr er bald, daß kein Herrscher, konstitutionell oder absolut, solche Grenzen ziehen kann. Schon das erste Jahr seiner Regierung brachte ein neue europäische Krise, die er in seinem Programm nicht vorgesehen hatte.

Einigung Italiens

Der italienische Krieg von 1859 – Frankreich und Piemont gegen Österreich – ist eine Folge des Krimkrieges; ist der zweite in jener Kette von sonderbar begrenzten hastigen Waffengängen, in denen Europa während zweier Jahrzehnte gewalttätig besorgte, was es 1848 nicht hatte auf freie und edle Weise besorgen können. Napoleon III., stets begierig, die Welt in Unruhe zu halten, alte Träume zu verwirklichen und neue Prestigegewinne einzuheimsen, war wieder der Anstifter der Sache. Der Anstifter, aber nicht der wahre Nutznießer; viel weniger die lebendige Kraft, die hinter der Sache stand. Diese war italienisch. Der Drang nach Freiheit von der veralteten österreichischen Herrschaft und den an Österreich angelehnten heimischen Zwergdespotien war jetzt sehr stark in Italien; und da es dem klugen Minister des Königs von Sardinien-Piemont gelang, seinen Staat mit der allgemeinen Sache zu verbünden und den Kaiser der Franzosen zu ihrem Protektor zu machen, so kam der Ausbruch diesmal in der Form eines nach den Regeln der Diplomatie begonnenen Staatenkrieges.

Im Kriege, so hören wir oft, kämpfen Ideen gegeneinander, die Demokratie gegen die Autokratie, die Friedliebenden gegen die Angreifer, die Konservativen gegen den Umsturz, das Gute gegen das Schlechte. Solcher, von der Publizistik genährten Vorstellung entspricht aber die Wirklichkeit nicht gar oft. Der Krieg von 1859, was war er? Ein Krieg der Umsturzpartei gegen das gute, nur auf seine Verteidigung bedachte Recht? Frankreich und Sardinien hatten angegriffen, Österreich verteidigte die Verträge von 1815, die bestehende Ordnung. Ein Krieg des ländergierigen Frankreich gegen einen deutschen Staat, ein bonapartischer Krieg, der am Po begann, aber am Rhein enden würde? Daß Louis Napoleon Frankreichs »natürliche Grenzen« nur allzu gerne wiedergewinnen würde, war ein offenes Geheimnis. Oder umgekehrt, ein gerechter Freiheitskrieg des italienischen Volkes, in dem das deutsche, in so vergleichbarer Lage befindliche, nach denselben Verwirklichungen sich sehnende, die Partei Italiens zu nehmen hatte, wäre auch Italien mit dem Teufel verbündet? Man konnte es auch so sehen. Wie man es sehen und was man tun sollte, darüber entstand nun in Deutschland ein leidenschaftlicher Streit; und dank der »neuen Ära« konnte er mit völliger Freiheit geführt werden. Er ging durch alle Parteien und Gruppen. Der Prinzregent von Preußen, der als junger Mensch den Befreiungskrieg gegen Napoleon miterlebt hatte, konnte sich nichts Schöneres vorstellen, als eine Wiederkehr dieser großen Zeit. Die Freiheit Italiens kümmerte ihn keinen Deut; noch weniger dachte er daran, Preußen in Deutschland die Rolle zu geben, die Piemont nun in Italien zu spielen sich anschickte. Mit ihm stimmten die altpreußischen Konservativen überein, auch die katholischen Wortführer Nord- und Süddeutschlands, die es mit Österreich, und mit dem in seiner weltlichen Herrschaft bedrohten Papst hielten. Von den alten »Achtundvierzigern«, Liberalen wie Demokraten, Emigranten wie Daheimgebliebenen, waren die einen für Österreich und einen Volkskrieg gegen Bonaparte, die anderen für Frankreich oder wenigstens für eine bewaffnete Neutralität, die sich zugunsten Italiens auswirken mußte. Von London aus suchten Marx und Engels klärend in den Streit einzugreifen, aber klären konnten trotz aller Schärfe ihrer Analysen auch sie ihn nicht. Sie sprachen mit Verachtung von Österreich, mit noch größerem Haß von Napoleon, dessen Sturz die erste, allem anderen vorangehende Bedingung der Revolution sei. So daß praktisch und für den Augenblick die Politik der Weltrevolution mit der Politik des »Kartätschenprinzen« übereinstimmte. Umgekehrt erklärte Lassalle in einer blendend geschriebenen Flugschrift Österreich für den wahren Feind der italienischen, der deutschen und aller Freiheit. Es müsse zerfetzt, zerstückt, vernichtet, zermalmt werden. Sei der Fluch Habsburgs von Europa genommen, dann hörten die deutschen Fürstenstaaten von selber zu existieren auf und dann sei auch Preußen nicht mehr Preußen, dann sei ein freies Deutsches Reich da wie durch Zauberschlag. Führte man aber statt dessen die Deutschen in einen Nationalkrieg gegen Frankreich, so wäre damit die europäische Atmosphäre für unabsehbare Zeit vergiftet. »Wie ist es nun möglich, von demokratischer Seite her nicht zu sehen, daß dieser Krieg das kulturfeindlichste Ereignis wäre, das gedacht werden kann? Das gute Einverständnis... zwischen den beiden großen Kulturvölkern, Deutschen und Franzosen, das ist der Punkt, von welchem die politische Freiheit, aller zivilisatorische Fortschritt in Europa, alle Vermehrung und Verwirklichung der geistigen Ideenmasse, kurz alle demokratische Entwicklung und somit alle Kulturentwicklung überhaupt unwiderruflich abhängt!... Der endlich gebändigte blutdürstige Tiger des Nationalhasses zwischen diesen beiden Völkern wieder aus seiner Höhle geweckt – und auf vielleicht drei Dezennien hinaus ist jeder Kulturschritt geknickt, jede politische Fortbildung gehemmt, jede Verwirrung der Geister ermöglicht, jeder finsteren und machiavellistischen Kabinettspolitik wieder Tür und Tor geöffnet, und die Barbarei gegenseitiger Eroberungs- und Vernichtungswut an Stelle der inneren Entwicklung auf die Fahne der Völker geschrieben. Es wäre der weitaus ungeheuerste und unübersehbarste Sieg des reaktionären Prinzips, den dasselbe seit dem März 1848 erfochten!« – So Lassalle.

Jeder dachte sich die Zukunft anders als die Bundesgenossen des Augenblicks, mit deren praktischer Politik er ungefähr übereinstimmte, jedem lag etwas anderes am Herzen. Dem einen die Größe Preußens, dem zweiten die Einigung Deutschlands, dem dritten die soziale Revolution. Wir können wohl dies oder jenes leidenschaftlich empfehlen, wir können, wenn wir Politiker sind, sogar dies oder jenes tun. Aber wir sind der Folgen dessen, was wir empfehlen oder was wir tun, nicht Herr, obgleich wir uns das einbilden. Wir denken uns unseren Teil, der Gott der Geschichte denkt sich den seinen, und er ist immer der Stärkere. Das ist das Elend aller politischen Arbeit im Großen. Marx und Lassalle lag beiden die soziale Revolution am Herzen. Marx wollte zu ihr gelangen durch internationalen Klassenkampf; als der gefährlichste Weltfeind und zugleich Betrüger der Arbeiterklasse erschien ihm Louis Napoleon. Die Habsburger mochten später darankommen. Lassalle sah in der Selbstverwirklichung der Nationen im freien Staat schon ein großes Stück Revolution. Hierin stand er der humanistischen, nationaldemokratischen Bewegung der Zeit näher, den Italienern vor allem, wie er denn den Freiheitskämpfer Garibaldi, den Eroberer Süditaliens, später persönlich besuchte, um über revolutionäre Taktik mit ihm zu sprechen. Lassalle konnte mit mehrerlei Leuten verhandeln, obgleich er nicht ihrer Meinung und Partei war; es gingen Fäden von seinem erfindungsreichen, offenen Geist zu den ihren. Marx konnte, wollte das nicht. Wer von den beiden recht hatte, ist unmöglich zu sagen, weil es in Wirklichkeit so kam, wie keiner von beiden und eigentlich niemand auf der Welt vorausgesagt hatte.
Für den Augenblick wurde den Deutschen ihre große Diskussion plötzlich wieder abgeschnitten. Man hatte sich um des Kaisers Bart gestritten – die Bärte von zwei Kaisern, um das Bild zu verbessern. Louis Napoleon fürchtete das Eingreifen Preußens, zumal der Prinzregent schon seine Armee am Rhein hatte mobilisieren lassen und von bewaffneter Vermittlung sprach. Franz Joseph fürchtete den Preis, den Preußen für seine Hilfe fordern würde. Folglich faßten beide Autokraten einen persönlichen Entschluß und machten Frieden nach einem

Feldzug von drei Monaten. Österreich verzichtete auf die Lombardei, die mit Piemont vereinigt wurde, aber durfte Venetien behalten, womit es seinen Willen, eine italienische Macht zu bleiben, dennoch kundgab. Ein unabsehbares Unternehmen war plötzlich abgebremst; und war, wieder einmal, so durchgeführt worden, als ob es Deutschland gar nicht gäbe.

Trotzdem ging die italienische Sache weiter fort. Der eine Stoß, den Napoleon ihr gegeben hatte, war genug, um sie ihre innere Kraft entfalten zu lassen. In den mittelitalienischen Kleinstaaten vertrieb das Volk seine Fürsten, unbeholfene Fremdlinge zumeist; die Vereinigung dieser Staaten konnte ausgesprochen und durch Plebiszite bestätigt werden. Es war die Zeit des Plebiszits, der enthusiastischen Volksbefragung, die nach dem fragte, was schon feststand, so daß nur eigensinnige Käuze mit Nein stimmten. Es folgte Garibaldis Fahrt nach Sizilien, die Revolutionisierung Neapels, der Einmarsch der piemontesischen Truppen dort. Im Frühling 1861 nahm Victor Emanuel von Savoyen den Titel eines Königs von Italien an, womit sein eigenes Königreich Sardinien-Piemont zu existieren aufhörte. Prunkvoll, übergroß, häßlich und beengend steht sein Denkmal in der Stadt Rom, wohin es nicht paßt.

Das Königreich Italien war etwas Unerhörtes in der Politik Europas. Es war nicht die Wiederherstellung von etwas Gewesenem, denn nie, solange die Welt steht, hatte es einen Staat Italien gegeben. Victor Emanuel gestand das selber ein: Italien sei nicht mehr das Land der alten Römer, nicht mehr das Italien des Mittelalters, sondern »das Italien der Italiener«. Es war der Nationalstaat, den die revolutionäre Theorie gefordert und den zu hindern Österreich wieder und wieder mit dem Schwerte eingegriffen hatte. Wenn die Italiener das fertig- oder doch beinahe fertiggebracht hatten – Venedig und die Hauptstadt Rom fehlten dem Königreich noch –, warum sollten andere Völker es nicht fertigbringen; zum Beispiel nicht die Deutschen? Und das war die Lehre: Sie hatten es fertiggebracht, nicht wie revolutionäre Enthusiasten vom Schlage Mazzinis es sich vorgestellt hatten, sondern durch eine hoch originelle Verbindung von Staatsräson und Volksbewegung, geplanter militärischer Diplomatie und ungeplanter, begeisterter Improvisation. Camillo Cavour, Sardiniens großer Minister, war kein Demokrat, viel weniger ein Demagoge und nicht einmal ein Fanatiker der Einheit Gesamtitaliens. Er war nur ein Liberaler, ein Freund der freien weltlichen Bildung, Wissenschaft und Industrie, des starken, tätigen Staates, der kontrolliert und belebt sein sollte durch Parlament, Parteien, freie Presse, freien Geist, freien Besitz. Das hatte er in seinem Piemont zuwege gebracht, bevor er das außenpolitische Abenteuer wagte, die Befreiung Oberitaliens von der Fremdherrschaft. Für diesen Zweck hatte er es nicht verschmäht, ein Bündnis mit Bonaparte abzuschließen, dem zu mißtrauen er guten Grund hatte; und über diesen Zweck wollte er zunächst überhaupt nicht hinausgehen. Der Rest kam von allein, »von unten«. Und das eigentlich Bewunderungswürdige war, wie diese beiden Bewegungen, die liberale, diplomatisch-militärische, geführt durch Cavour, und die radikale, demokratisch-nationale, geführt durch Garibaldi, einander auffingen und sich miteinander vereinigten. Das Ergebnis war das liberale Gesamtkönigreich – das dann freilich nicht so glücklich sein sollte, wie seine Gründung glücklich gewesen war.

Nationalverein und Fortschrittspartei

Der Vergleich zwischen Preußen und Piemont drängte sich auf und wurde schnell zum Gemeinplatz. Dem Prinzregenten gefiel das nicht. Er ließ erklären, daß Sardinien den Weg der Revolution beschritten zu haben scheine und daß seine Regierung demgegenüber ihre schärfste Mißbilligung aussprechen müsse. Cavour entgegnete: Für das von ihm gegebene Beispiel werde Preußen bald dankbar sein.

Aber selbst, wenn Preußen einen Cavour gehabt hätte, den es nicht hatte und niemals haben sollte, so war doch der Vergleich

zwischen beiden Staaten im besten Fall so richtig wie falsch. Ein starker Drang, eins zu werden, lebte in der deutschen wie in der italienischen Nation. Beide wurden daran gehindert durch Habsburg-Österreich. Beide besaßen Führungsstaaten der Möglichkeit nach, Turin und Berlin. Hier hörte die Wahrheit des Vergleiches auf. In gewisser Weise war die wirkliche, materielle Einigung Italiens viel schwieriger als die Einigung Deutschlands, weil die inneritalienischen Gegensätze, die Unterschiede der Geographie, der Bildung, des Wirtschaftslebens, der Volkscharaktere viel tiefer waren als die innerdeutschen. Sizilien und die Lombardei waren zwei Welten; Baden und Sachsen waren das nicht. Andererseits spielte Österreich in Deutschland nicht die Rolle, die es in Italien spielte. In Italien war es der Feind, der Fremde; in Deutschland uralt-ehrwürdige deutsche Macht; wie denn die Italiener ihren Bedrücker auch gar nicht »die Österreicher«, sondern »die Deutschen« genannt hatten. In Italien besaß Österreich so gut wie gar keine Freunde mehr, in Deutschland viele; wahrscheinlich, wenn man sie gezählt hätte, immer noch mehr als Preußen hatte. Was dann die deutschen Staaten betraf, so waren sie keine so verrotteten Gebilde, wie Modena, Parma, der Kirchenstaat es zuletzt gewesen waren. Bayern war nicht Neapel; es gab nicht Tausende von bayrischen Flüchtlingen in Berlin, wie es Tausende von neapolitanischen in Turin gegeben hatte. Und schließlich war Preußen nicht Piemont. Es stand größer da und weniger beliebt, weniger harmlos; seine stärksten, beinahe seine einzigen Staatstraditionen warnten vor dem Bündnis, das Piemont mit dem Liberalismus geschlossen hatte.
Trotzdem, eine tiefe, geheimnisvolle Beziehung und Nachbarschaft hatte zwischen den Schicksalen beider Völker von jeher bestanden. Nun, unter dem jubelnden Beifall der Briten, der Amerikaner und des nichtkatholischen Teiles von Frankreich, hatten die Italiener sich ihren Nationalstaat erworben. Sollte Deutschland zurückbleiben?
Der deutsche »Nationalverein«, der im Herbst 1859 gegründet wurde, war ein Echo der gleichnamigen italienischen Organisation. Liberale und Demokraten fanden sich hier »zum Zweck

der Einigung und freiheitlichen Entwicklung des deutschen Vaterlandes« zusammen, wie sie das ja schon während der letzten Monate der Frankfurter Nationalversammlung wohl oder übel getan hatten. Und, wie damals, setzen sie ihre Hoffnungen auf Preußen. »Die Ziele der preußischen Politik fallen mit denen Deutschlands im wesentlichen zusammen. Die deutschen Bundesregierungen werden freilich dem Ganzen Opfer bringen müssen, wenn eine mehr konzentrierte Verfassung in Deutschland eingeführt werden soll...« Ein durchschlagender Erfolg war der Verein nicht, seine Mitgliedschaft hauptsächlich auf Norddeutschland beschränkt. Zudem mußte er selber die Annehmlichkeiten der Kleinstaaterei akzeptieren, die er zu überwinden hoffte. Kein größerer Staat, auch nicht Preußen, wollte ihn in seinen Grenzen dulden. Schließlich nahm er seinen Sitz in Coburg-Gotha, dessen Herzog, Verwandter und Gesinnungsgenosse des englischen Königspaares, sich in der Haltung des National-Liberalen gefiel.
Bedeutungsvoller für die nahe Zukunft war die Gründung der »Fortschrittspartei« in Preußen, die aus einer Spaltung der Liberalen hervorging. In ihr fanden sich solche Volksvertreter zusammen, die, nach drei Jahren Regentschaft, nun doch fanden, daß die Minister der »Neuen Ära« sich mit der Verwirklichung ihres Versprechens etwas beeilen könnten. Ihr Programm war bürgerlich-liberal; ein Ernstnehmen der Konstitution, die von der reaktionären Beamtenschaft noch immer nicht ernst genommen wurde, gerechtere Verteilung der Steuerlasten, vor allem Beseitigung der Grundsteuerfreiheit der Rittergutsbesitzer, genauere Kontrolle des Budgets durch den Landtag, Reform des Herrenhauses – dessen Veto bisher noch alle liberalisierenden Versuche des Ministeriums im Keim erstickt hatte –, Sparsamkeit im Militärwesen, Gewerbefreiheit und so fort. Die Partei hatte ursprünglich »Demokratische Partei« getauft werden sollen. Auf Vorschlag des Elektroingenieurs, Erfinders und Unternehmers Werner Siemens einigte man sich aber auf den Namen »Fortschritts-Partei«, da, so berichtete Siemens in seinen Erinnerungen, »es mir angemessener erschien, die Tätigkeitsrichtung als die Gesinnung durch den

Parteinamen zu bezeichnen«. Obgleich wenigstens ein Demokrat von entschieden sozialer Richtung, Schulze-Delitzsch, zu den Gründern gehörte, hielt die neue Partei sich ängstlich entfernt von allem, was ihr als Radikalismus hätte vorgeworfen werden können. Sie war bürgerlich, und die Furcht des Bürgertums vor der »roten Revolution« war jetzt nicht geringer als vierzehn Jahre früher. Die Forderung nach dem gleichen Wahlrecht wurde unterdrückt; von der Industriearbeiterschaft, deren Interesse mit jenem des Bürgertums am Ende nicht überall zusammenfiel, war mit keinem Wort die Rede. Daß aber die Fortschrittspartei das preußische Bürgertum mit Recht zu vertreten behauptete, zeigten die nächsten Wahlen. Sie wurde alsbald zur stärksten Partei und besaß seit 1862 zusammen mit dem ihr nahestehenden »Linken Zentrum« im Landtag die absolute Mehrheit.

Eine deutschnationale Politik Preußens, die Einigung des Vaterlandes unter Preußens Führung – hierin dienten Fortschrittspartei und Nationalverein demselben Ziel. Der gewerbliche Mittelstand, hinauf bis zum kapitalistischen Großbürgertum, wollte nun endlich den geeinten Staat, den freien inneren Markt, die überall gleiche Handelsgesetzgebung, eine deutsche Geldwährung, eine Handelsflotte unter deutscher Flagge – alle die Vorteile und Sicherheiten, welche die Industrie der Westmächte seit Jahrhunderten genossen und die jetzt selbst das italienische Bürgertum zu genießen begann. Auch das, was man Patriotismus nennt, war im Spiel, der Wille, so würdig in der Welt dazustehen wie die anderen Nationen – wer will das leugnen? Auch der kollektive Wille zur Macht. »Die deutsche Nation«, schrieb der Publizist Julius Fröbel 1859, »ist der Prinzipien und Doktrinen, der literarischen Größe und der theoretischen Existenz satt. Was sie verlangt, ist Macht – Macht – Macht. Und wer ihr Macht gibt, dem wird sie Ehre geben, mehr Ehre als er sich ausdenken kann.«

Wieder, wie 1849, schieden sich die »Großdeutschen« von den »Kleindeutschen«. Geändert hatte sich ja im Grunde nichts; das Kernproblem war das gleiche, solange es Österreich, Preußen und die Mittelstaaten gab. Wieder, wie 1849, waren die

Großdeutschen in der Mehrzahl in Süddeutschland, unter den Katholiken, in den kleinen Städten und auf dem Lande. Wieder war der kleindeutsche Wille der überlegene, denn er wußte, was er wollte und hatte die kommerzielle wie den aktivsten Teil der akademischen Welt für sich. Der großdeutsche Wille – man kann hier von Willen eigentlich nicht sprechen. Vielerlei Willen und Widerwillen, Wünsche, Gedanken und Träume ergeben zusammengenommen noch keinen Willen, der sein Ziel kennt und sich ihm mit den rechten Mitteln zu nähern weiß. Unter den Großdeutschen waren bayrische Aristokraten, die den Lauf der Geschichte am liebsten aufgehalten hätten, weil jetzt alles gut war und immer so bleiben sollte; schwäbische Demokraten, die den Preußen mißtrauten; Sozialisten, die Habsburg wie Wittelsbach wie Hohenzollern zum Teufel wünschten; Fürsten, die von ihrer Souveränität in Großdeutschland mehr zu retten hofften als in Kleindeutschland; Nationalisten, denen der Nationalstaat häßlich verkrüppelt schien, wenn man die Deutsch-Österreicher von ihm ausschloß; profunde Staatsdenker, die im Gegenteil das Prinzip des Nationalstaates verdammten und seine Anwendung auf Mitteleuropa für ein Unglück hielten. Konstantin Frantz war einer von diesen; und was er über den Bund der deutschen Völker und der kleinen Völker um Deutschland herum, über europäischen Föderalismus, sittliche Ordnung, soziale Gemeinschaft zu sagen hatte, war sehr schön. Wenn alles so gekommen wäre, wie er es sich dachte, wie glücklich wären wir heute! Aber Frantz war ein politischer Philosoph, kein Staatsmann. Er dachte es sich nur aus; er tat nichts zu seiner Verwirklichung, noch auch konnte er zeigen, wie es, so wie die Dinge nun einmal lagen, verwirklicht werden könnte. Nicht nur war die harte preußische Nuß durch menschenfreundliche Träume nicht zu knacken; auch Österreich hatte noch unlängst durch sein widernatürliches, auf den toten Buchstaben uralter Raubverträge pochendes, stures Festhalten an seiner letzten rein italienischen Provinz Venedig, gezeigt, wie wenig es für freie, großzügige Veränderungen zu haben war.

Die Schriftsteller, die sich in jenem verhängnisvollen Jahrzehnt gegen den Grundsatz des Nationalstaates erhoben, lesen wir heute mit Bewunderung. Sie prophezeiten viel Schlimmes, was später eingetroffen ist. So Konstantin Frantz; so Lord Acton, der englisch-deutsche Historiker; so Jacob Burckhardt, der schweizerische Kunstgelehrte. Der Nationalismus, warnte Acton, sei gegen Gottes Gebot. Er vergötze etwas bloß Natürlich-Biologisches; die Rasse oder eine Masse von Menschen, die durch nichts als das Ausdrucksmittel der Sprache bestimmt sei. Er zerstöre alle geschichtlich gewordenen Ordnungen, sprenge die europäische Kultur, trenne die Völker, hetze sie gegeneinander in selbsttrunkenem Dünkel und Haß und werde schließlich enden in einer Orgie wechselseitiger barbarischer Vernichtung... Burckhardt, der Kenner der italienischen Geschichte und Kunst, staunte über die »enorme Falschheit«, welche darin lag, daß sein geliebtes, idyllisches Italien nun ein ordinärer Staat werden sollte, wie die anderen, all die herrlichen alten Städte und Republiken, die ungeheuren Erinnerungen, Rom, Venedig, Florenz und hundert andere sich zusammentun sollten zu einer Gernegroß-Macht, die im besten Fall doch nur eine Karikatur Frankreichs sein würde... Das befremdete Gefühl des Patrizier-Gelehrten ist gut zu verstehen. Wo es »Geschichte« gibt, da geht Neues auf Kosten von Altem. Das Neue war in diesem Fall noch schrill, unbewiesen in seinem Wert, offenkundig in seiner Gefährlichkeit; der Nationalstaat ein Nest von Widersprüchen. Die Liberalen predigten Freiheit, aber die Konsequenz ihres Strebens machte den Staat allmächtig. Sie verherrlichten die Nation, das gute, das unfehlbare Volk, aber in Wirklichkeit trauten sie den Massen nicht und vertraten das Interesse der Wohlhabenden, die doch nur eine kleine Minderheit waren. Sie wiegelten die Menschen auf und wünschten doch, so gut wie der preußische Prinzregent, ihrer Revolution strenge Grenzen zu ziehen, so daß sie schon vor dem allgemeinen und gleichen Wahlrecht zurückscheuten. Ihre Religion war flach, undurchdacht und ungenügend; christlich, aber nicht im Ernst, vom Bösen nichts wissen, optimistisch-friedselig, und dann auch wieder kriegerisch, schönrednerisch und gewalttätig. Jacob Burckhardt durchschaute das alles und sah noch weiter in eine wüste Zukunft und sah eilends wieder davon weg, um sich in die geliebte, gestaltenreiche Vergangenheit zu vertiefen... Nur: von den großen Erinnerungen an das Römische Reich oder die Glorie der Renaissance konnten die Italiener nicht leben. Ihre Staaten mochten sich im 15. Jahrhundert als prachtvolle Lebewesen gezeigt haben; jetzt, in der Mitte des neunzehnten, waren sie miserabel. Sie gaben dem Menschen nichts, sie nahmen und hinderten nur. Sie erfüllten nicht, was die Gesellschaft jetzt wollte und brauchte. Also mußten sie verschwinden, mußten ihre Bürger sich im Größeren, Weiteren organisieren. Aber an wen sollten sie sich anschließen? An die Menschheit? Die gab es in der politischen Wirklichkeit nicht. »Europa« auch nicht. Der Zusammenschluß aller derer, die wenigstens gemeinsam hatten, daß sie italienisch sprachen und sich als Italiener fühlten, war also so unvernünftig nicht, selbst wenn man ihn unter dem Gesichtspunkt praktischer Zwecke sah. Ferner war der Nationalismus natürlich nicht bloß ein Mittel zum Zweck. Er war da, eine elementare Kraft, eine Summe von Gefühlen, guten und bösen, bejahenden und verneinenden. Ein Philosoph konnte ihn beklagen, sich bessere Ziele ausdenken. Aber wenn er nicht gleichzeitig ein Prophet war, der die Menschen mit sich riß und die Kräfte schuf, deren es zur Verwirklichung des Zieles bedurfte, so richtete er nichts aus, wie sehr auch seine Warnungen Hand und Fuß haben mochten. Auch mit Unterdrückung war es nicht getan. Lange genug hatte ja, in Deutschland wie in Italien, die Polizei gegen den Nationalismus gewütet und viel Leiden verursacht; vergebens. Er war immer noch da. Und da er nun in Italien sein Ziel endlich erreicht hatte, so konnte überhaupt kein Zweifel mehr sein, daß er es binnen kurzem auch in Deutschland erreichen würde. Die Frage war nur noch, wie. Der gute Politiker mußte das hinnehmen und das Maßvollste, Stimmigste, Dauerhafteste daraus zu machen suchen. Der Politiker muß mit dem Material arbeiten, das er hat. Zu wünschen, daß es anders wäre, sich auszudenken, wie es sein sollte, um die höchsten Ideale zu erfüllen – dies überläßt er dem Philosophen.

Verfassungskonflikt

Die »Neue Ära« in Preußen war von Anfang an eine ungeklärte Sache gewesen. Der Prinzregent – seit 1861 König – Wilhelm wünschte rechtlich und verfassungstreu zu regieren. Die Verfassung, so wie sie auf dem Papier stand, war keine fertige Sache, die man einfach hätte »durchführen« können. Was sie war, was in ihrem formalen Rahmen der gesellschaftlichen Wirklichkeit entsprach, mußte sich erst herausstellen. In England regierte das Parlament durch seinen Exekutiv-Ausschuß, das Kabinett, und der König besaß nur noch formgebende, allenfalls beratende Funktionen. Das war das Ergebnis von Machtkämpfen, die nun in grauer Vorzeit lagen. Man nannte es die parlamentarische Regierungsform. In Österreich und Frankreich regierten die Monarchen, gestützt auf Heer, Beamtentum, Kirche; die beratenden Körperschaften waren zur Zierde da. In Preußen sollten sie immerhin etwas Besseres sein. Was, darüber bestand keine Klarheit. Dachten sie konsequent, so mußten die bürgerlichen Liberalen auf die eine Parlamentsregierung hinauswollen, wie sie das 1848 auch gewollt hatten. Gezähmt durch Niederlagen, waren sie mittlerweile zu älteren Vorstellungen einer Herrschaftsteilung zurückgekehrt, so wie sie in vorabsolutistischen Zeiten zwischen den Fürsten und den Ständen im Schwange gewesen war. Krone und bürgerliche Volksvertretung sollten sich in die Regierung teilen, sich wechselseitig ergänzen. Eine solche Teilung entsprach aber der Wirklichkeit des modernen Staates nicht, der ein Ganzes sein mußte. Sie entsprach zudem dem Willen der Krone nicht, die im Grunde immer noch das Ganze darstellen wollte, wenn auch, wie der König es ausdrückte, »umgeben von neuen, zeitgemäßen Einrichtungen«. Was der Sinn, die Macht dieser Einrichtungen sein sollte, mußte sich zeigen, sobald einmal, in einer ernsthaften Angelegenheit, die Parlamentarier anders wollten als der Fürst und seine der Junkerkaste entstammenden Ratgeber.

Der Verfassungsbetrieb – die angebliche Herrschaftsteilung –

wurde kompliziert durch die Existenz eines Dritten im Bunde, des »Herrenhauses«. Bestehend aus adeligen Grundbesitzern und vom König ernannten Würdenträgern, war es allzu offenbar die Vertretung der alten Oberklasse, als daß es sich bei den Bürgern großen Vertrauens hätte erfreuen können. Technisch war sein Mitspielen so notwendig wie das der beiden anderen Faktoren: »Krone« und »Volk«. Zuverlässig spielte es mit der Krone, solange beide das alte, junkerliche Preußen verteidigten. Versuchten die Minister gewisse Minimalforderungen des modernen Staates im Sinne des Bürgertums zu erfüllen, so konnte das Herrenhaus den Willen der Krone ebensogut lehmlegen wie den des Landtages. Allenfalls vermochte dann der König sich durch einen der englischen Praxis nachgeahmten sogenannten »Pairschub« zu helfen; die Ernennung so vieler neuer Mitglieder, wie notwendig waren, um einem Gesetz die Annahme zu sichern. Auf diese Weise wurde die Grundsteuerbefreiung der Junker im Jahre 1861 tatsächlich aus der Welt geschafft. Der merkwürdige Konflikt aber, der nun begann, spielte sich zwischen Krone und Landtag ab. Hier können wir das Herrenhaus außer acht lassen.
Das preußische Heer war reformbedürftig. Das hatte sich gelegentlich der letzten Mobilisierungen, 1850, 1859, gezeigt. Die Zahl der Rekrutenaushebungen war seit 1815 dieselbe geblieben, während die Bevölkerung des Staates sich seither nahezu verdoppelt hatte. Die allgemeine Wehrpflicht stand also nur auf dem Papier. Da aber, wer einmal Soldat war, nicht nur zwei Jahre diente, und zwei Jahre zur Reserve gehörte, sondern auch noch als Landwehrmann des »ersten Aufgebotes« aktiven Kriegsdienst leisten mußte, so geschah es, daß bei der Mobilisierung des Heeres gereifte Familienväter zu den Fahnen gerufen wurden, während junge Leute zu Hause blieben – eine unpraktische Situation. Dazu kam, daß politisch oder, vom Standpunkt der Heeresleitung aus gesprochen, moralisch mit der Landwehr etwas nicht stimmte. Der Landwehrmann war Bürger, Wähler, durch zivile Tätigkeit der Armee entfremdet, bürgerlich waren seine Offiziere. Er gehörte seinem obersten Kriegsherrn nicht so mit Haut und Haar wie die

Linientruppe. Das politische Argument wurde von den Planern der nun eingeleiteten Reform von der Öffentlichkeit nicht erwähnt; daß sie es aber im Kopfe hätten, diesen Verdacht faßte der Landtag schnell, und es ist auch aus ihren geheimen oder privaten Äußerungen leicht zu erweisen. Die Landwehr, schrieb des Königs Kriegsminister, der General von Roon, sei »eine politisch falsche Institution« und, in einem persönlichen Brief: »In dem Prozeß der allgemeinen Zersetzung vermag ich nur noch einen widerstandsfähigen Organismus zu erkennen, die Armee. Sie unverfault zu erhalten: das ist die Aufgabe, die ich noch für löslich erachte, als freilich auch nur noch für einige Zeit.« Werde sie nicht erfüllt, so werde man »mit vollen Segeln in das Schlamm-Meer des parlamentarischen Regiments« treiben. Der Regent selber mag sich dieser politischen Motive nicht so klar bewußt gewesen sein wie sein Ratgeber. Jedenfalls lief die Reform, die unter seiner tätigen Mitwirkung projektiert wurde, auf eine Auflösung der Landwehr ersten Aufgebotes hinaus. Dies war der Plan: die Zahl der jährlich auszuhebenden Rekruten etwa um die Hälfte zu vermehren, die Dauer der aktiven Dienstpflicht auf drei Jahre zu erhöhen und die drei jüngsten Jahrgänge der Landwehr zur Reserve zu schlagen, während die älteren mit der nur zum Festungsdienst verpflichteten Landwehr zweiten Aufgebotes vereinigt werden sollten. Die Reform, zumal die Aufstellung neuer Regimenter, kostete Geld, und dies hatte der Landtag zu bewilligen.

Für ihre technische Seite ließ sich manches sagen. Auch bestritten die Liberalen nicht, daß der Staat eines schlagkräftigen Heeres bedurfte, dann und gerade dann, wenn er in Deutsch-Europa jene konstruktive, fortschrittliche Politik machen sollte, die er bisher nicht gemacht hatte, die aber eben die Linke zu machen wünschte. Daß ein echter Staat auch eine echte Wehrmacht haben müsse, wenigstens so gut wie seine Nachbarn, über diese alte Weisheit sind wir, scheint es, selbst in der zweiten Hälfte des 20. Jahrhunderts nicht hinausgekommen. Viel weniger wurde sie um 1861 bezweifelt. »Wenn wir angegriffen werden, dann wehren wir uns«, hatte Friedrich Engels

1859 geschrieben. Wie sollte Preußen-Deutschland sich verteidigen gegen die Massenheere Frankreichs oder Rußlands, wenn es nicht ein ebenso gutes, modernes Massenheer besaß? Im Machtwettbewerb steigerte einer den anderen. Wie die Bevölkerungszahlen, die Industrien wuchsen, so mußten die Armeen wachsen. Die Frage war dann: wer würde das neue Massenheer kontrollieren? Wer es nach seinem Bilde formen? Wes Geistes Kind würde es sein?
Für den König und seine politischen Generale, Roon, Alvensleben, Edwin von Manteuffel, stand die Antwort fest. Die Armee mußte ein zuverlässiges Instrument in der Hand des Monarchen bleiben. Ein Massenheer mußte es sein, so waren die Zeiten, aber es durfte nicht die Demokratie, es mußte die Krone stärken. Der eigentliche preußische Staat sollte es sein, wie von alters her, und der König der Soldatenkönig. Solange das so blieb, konnte man das Bürgertum ohne allzu viel Schaden Parlament spielen lassen. Roon ging weiter: er hätte den »Konstitutionsschwindel« am liebsten völlig beseitigt und hoffte eben dies gelegentlich des nun aufsteigenden Konfliktes zu erreichen. So weit ging der redliche Wilhelm nicht.
Etwas zu glauben ist besser, als gar nichts zu glauben, und Albrecht von Roon war ein Mann von Grundsätzen, ein Lutheraner alten Schlages. Worte wie »Pflicht«, »Vaterland«, »Gehorsam«, »König« bedeuteten ihm das Wahrste, Lebendigste, Heiligste. Sein Christentum war militanter und nicht eben barmherziger Art, und schon hatte er sich genau ausgerechnet, wie der Widerstand der Hauptstadt Berlin mit eiserner Hand niederzuschlagen wäre. »Der Prozeß«, bemerkte er, »durch dessen Gewinn Ansprüche an Thron und Krone entschieden werden, pflegt mit Kanonen und Schwertern, nicht mit den Schreibfedern geführt zu werden.« Auch eignete ihm ein Zug, den man bei deutschen Konservativen häufig findet: Er hielt viel von dem moralischen Charakter seiner Gesinnungsgenossen, während er im Wesen seiner Gegner nichts fand als Verfall, Verderb, schmutzige Geldherrschaft, zersetzende Intelligenz und schwindelhafte Wortklauberei, zu welcher, und zu nichts anderem, die »Quatschbude« des Landtages diente. Wäre

dies Gesindel erst auseinandergejagt – das echte preußische Volk, so wie es auf dem Lande noch war, würde man dann wohl an die Kandare nehmen können. Die hochfahrende Überzeugung von der Güte, und zwar der ausschließlichen Güte, der eigenen Sache ließ Roon und seine Freunde auch vor Intrigen unsoldatischer Art nicht zurückschrecken. Wie sollte der Gerechte, im Dienste seines Königs, unrecht tun?... Schließlich war der General, obwohl er in der Jugend seinen Hegel gelesen hatte, kein Gesellschaftswissenschaftler; dies neue Gebiet überließ er den Liberalen. Daß das, was er für bloßen Verfall hielt, ein Wachsen und Sichumschichten der Gesellschaft war, unvermeidlich wie ein Naturprozeß, daß dem auch politische Veränderungen entsprechen mußten und ihm gegenüber kein Gott das Preußen König Friedrich Wilhelms I. aufrechterhalten oder wiederbringen konnte, daß jeder Versuch dazu, selbst wenn er zu gelingen schien, nur zu den unnatürlichsten Verkrampfungen führen konnte – mit solchen Gedanken war von Roon nicht vertraut. Die vielen Dinge, welche seine neue Massenarmee benötigte, strategische Eisenbahnen, fahrbare Brücken, um auf ihnen die Flüsse des Feindes zu überschreiten, Artillerie und Munition in nie gekannten Massen, pharmazeutische Produkte aller Art, die mußten ihm von Menschenklassen geliefert werden, die es in der guten alten Zeit nicht gab: von Bergarbeitern und Stahlarbeitern, Chemikern und Ingenieuren, Unternehmern und Bankiers. Aber Roon sah keinen Zusammenhang zwischen dieser Tatsache und den politischen Schwierigkeiten, in die er nun geriet. Wie hätte er sonst mit so dreister, provokatorischer Sicherheit auftreten können?

Der Landtag war der Landtag der »Neuen Ära«, liberal, aber gemäßigt bis zum Entwaffnenden, bis zur Selbstentwaffnung. Von der »Neuen Ära« erwartete er sich Gutes. Da er beinahe gar nichts erhielt, so wurde er ungeduldig; wir haben gesehen, wie im Zeichen dieser Ungeduld sich im Sommer des Jahres 1861 die Fortschrittspartei bildete. Nun bekam er es mit der Heeresreform zu tun.

Lassalle schrieb damals an Marx: »Das Gesetz ist schmachvoll!

Aufhebung – völlige, nur verkappte – der Landwehr als letztem demokratischen Rest der Zeit von 1810, Schöpfung eines immensen Machtmittels für Absolutismus und Junkertum ist in zwei Worten der Zweck desselben.« Ganz so schroff hätten es die Liberalen nicht formuliert; aber ungefähr so war ihre Ansicht. Sie lehnten die Vorlage ab und bestanden auf der Trennung von Landwehr und Linie sowie der zweijährigen Dienstzeit. Mittlerweile aber, vernünftige Männer die sie waren, bewilligten sie einen außerordentlichen Kredit, damit die Armee, angesichts der kritischen Weltlage, in gutem Zustande erhalten werden könnte. Sofort gingen hierauf der König und sein Minister an die Ausführung der geplanten Reform; überzeugt, daß, wenn 189 neue Bataillone und Schwadronen erst einmal fertig daständen, eine Abstimmung des Landtages sie nicht mehr würde aus der Welt schaffen können.
Hierüber wurden die Abgeordneten nervös. Sie bewilligten im zweiten Jahr die Heereskredite nur noch mit sehr geringer Mehrheit und forderten zu Beginn des dritten inskünftig eine genaue Aufstellung der einzelnen Posten, damit sie wüßten, was sie bewilligten. Der König, noch immer geneigt, den verfassungstreuen Ehrenmann zu spielen, aber ergrimmt über die Widerborstigkeit der Volksvertreter und längst viel tiefer, als ihm selber bewußt war, unter den Einfluß seiner Generals-Intriganten geraten, ließ sich hierauf bereden, das Gros seiner liberalen Minister zu entlassen und durch reaktionäre Beamte zu ersetzen; womit die »Neue Ära« ein Ende hatte. Der Landtag wurde aufgelöst; sei es, weil man mit den alten Tricks der Wahlbeeinflussung durch die Obrigkeit eine gefügigere Versammlung zu erhalten hoffte; sei es, um auf beiden Seiten die Kampfstimmung zu reizen und zur eigentlichen Krise zu kommen. Diese blieb nicht aus. Eine Wahlbeteiligung, wie sie das Königreich Preußen noch nicht erlebt hatte und nie wieder erleben sollte, bewies die Erregung der Wählermassen; mit überwältigender Mehrheit zog die Fortschrittspartei in den neuen Landtag ein, während die Konservativen auf zehn Mann reduziert wurden. »Was nun?« jammerte der Kriegsminister. »Keine regierungsfähige Partei! Die Demokraten sind selbst-

verständlich ausgeschlossen, aber die große Mehrheit besteht aus Demokraten und solchen, die es werden wollen... Welche Partei kann bei dieser Gruppierung regieren, außer den Demokraten, und diese können es, dürfen es erst recht nicht.« Wer sollte dann aber und wie, ohne die Verfassung in die Luft zu sprengen.
Man gewinnt nicht den Eindruck, daß die Herren auf der Regierungsseite ihren Weg genau planten. Der Monarch hätte gern beides gehabt, seinen Willen und auch den Ruf eines Ehrenmannes, der seinen Verfassungseid hielt. Die Generale wünschten den Staatsstreich. Im Kabinett gab es immer noch einige politisch hellere Köpfe, die es nicht für möglich hielten, das Land ohne einen vom Parlament bewilligten Etat, ohne einen Schein von Konstitutionalismus zu regieren. Roon selber schwankte; er war in den kritischen Wochen des September 1862 nicht der Mann von Eisen, als welchen er sich so gerne gab. Auf der anderen Seite überwogen in der Landtagsmehrheit bei weitem jene, die nichts lieber gehabt hätten als einen Kompromiß; jeden Kompromiß, wenn er ihnen nur das Recht bestätigte, in den Militärfragen doch wenigstens mitzusprechen. Das neue Heer war da, die Verschmelzung von Landwehr und Linie eine vollzogene Tatsache. Konnte man nicht wenigstens die Bagatelle der zweijährigen Dienstpflicht retten und so einen parlamentarischen Halbsieg gewinnen? Wilhelm wies auch diesen Kompromiß zurück. Darauf verwarf der Landtag die Regierungsvorlage mit 308 gegen 11 Stimmen, strich die Kosten für die Heeresreform aus dem Etat und stellte so die Regierung vor die Alternative, entweder die neuen Regimenter wieder nach Hause zu schicken oder ohne Etat zu regieren.
Daß das Letztere auf Regieren gegen die Verfassung hinauslaufen würde, verbarg sich niemand, der Fragen des öffentlichen Rechts ernst zu nehmen gewillt war. Zwar entwickelte neuerdings eine reaktionäre Zeitung die Theorie, die Verfassung schreibe die Mitwirkung der drei Machtfaktoren Landtag, Herrenhaus und Krone für das Zustandekommen des Etats vor, sage aber nicht, was geschehen solle, wenn die drei

sich nicht einigen könnten. Es war die »Lückentheorie« – ein juristischer Scherz, den das Kabinett selber nicht ernst zu nehmen wagte. In England hatte sich seit 150 Jahren der Weg fest herausgebildet, der unter solchen Umständen zu beschreiten war, und die neuesten europäischen Verfassungen hatten ihn nachgeahmt: aus der Mehrheit des Parlaments selber war die neue Regierung zu bilden. Das wäre die parlamentarische Regierungsform gewesen, die der König nicht weniger verabscheute als Albrecht von Roon. Wilhelm befand sich nun in einer Lage, in der er weder vorwärts noch rückwärts konnte. Nicht vorwärts, denn seine militärischen Einflüsterer hatten wohl das Notwendige für die Niederschlagung eines Aufstandes des Berliner Volkes vorbereitet, aber von einem solchen Aufstand war weit und breit nichts zu spüren, und gegen den auf sein Recht pochenden Landtag war mit Kanonen nichts zu machen. Wozu kam, daß nun seine wichtigsten Minister, die Vorsteher des Äußeren und des Finanzressorts, ihm den Dienst aufkündigten: sie könnten gegen den Willen des Landtags ihres Amtes nicht walten. Noch weniger wollte der starrsinnige alte Herr nachgeben. Er besaß Fachkenntnisse, auf Grund derer er sich einredete, daß die dreijährige Dienstpflicht angesichts der französischen und russischen Berufsarmee ein unabdingbares Minimum sei; sollte eine Ansammlung von Zivilisten und Untertanen das wirklich besser wissen dürfen als er, der König und Soldat? Preußen, so ließen sich die wortgewaltigen Konservativen von der »Kreuzzeitung« warnend hören, sei als Militärstaat groß geworden und müsse seinem inneren Gesetz treu bleiben oder untergehen. Das war nach dem Sinn des Königs gesprochen. Sauber und rechtlich hatte er regieren wollen, auch die Konstitution achten als ein Spielzeug, das man dem Zeitgeist nun leider einmal hatte zugestehen müssen. So aber, daß politische Parteien, gestikulierende Schönredner, Demokraten, Katholiken, Polen, Juden ihm vorschreiben würden, wie das preußische Heer in Zukunft aussehen sollte – so hatte er sich das nicht vorgestellt. Wenn das wirklich die neue Zeit war, so hatte er nichts mehr in ihr zu suchen. Besser, abzudanken. Mochte sein Sohn, der die übliche kronprinzliche Opposition gegen den Vater übte und englisch-liberal verheiratet war, sich mit der Fortschrittspartei auseinandersetzen, wie er konnte. Der König entwarf eine feierliche Abdankungsurkunde.

Wir dürfen das historische Gewicht der Entscheidung, um die es ging, nicht gar zu schwer machen. Der gesellschaftliche Aufbau Preußens und seine Sonderheiten, der Geist des Offizierskorps, des Adels, der Kirchen, der Beamtenschaft, des Bürgertums selbst waren so, wie sie waren; eine einzige dramatische Niederlage der Monarchie hätte das nicht aus der Welt geschafft. Die Bevölkerung war noch überwältigend königstreu gesinnt, gleichgültig wie sie wählte. (Lassalle an Marx im Jahre 1859: »Ihr scheint dort, zehn Jahre fern von hier, wirklich noch gar keine Ahnung zu haben, wie wenig entmonarchisiert unser Volk ist.«) Der bittere Abgang des alten Herrn, der vor nur vier Jahren so hoffnungsvoll ans Werk geschritten war, hätte die Leute erschüttert, im Landtag selber so manchen zu Tränen gerührt, die Parteien wohl eher noch nachgiebiger gemacht. Trotzdem: für das junge, unsichere Verfassungsleben Preußen-Deutschlands wäre die Abdankung Wilhelms I. ein ernstes Ereignis gewesen; ein weithin sichtbares, feierliches Anzeichen dessen, daß nun die Zeit des Soldatenkönigtums um war und nicht der König, nicht das Herrenhaus, nicht die Generalität der Hauptträger der staatlichen Verantwortung war, sondern der Bürger. Wie das auf den Macht- und Verantwortungssinn des Bürgertums gewirkt haben würde, wie auf Preußens Verhältnis zu Deutschland, auf Deutschlands Verhältnis zur nichtdeutschen Welt, wer kann das sagen?

Aus des Königs Abdankung wurde nichts. Statt dessen stand am Abend des 23. September 1862 in den Zeitungen zu lesen, der preußische Gesandte in Paris, von Bismarck-Schönhausen, sei zum Staatsminister und interimistischen Vorsitzenden des Staatsministeriums ernannt.

SECHSTES KAPITEL

Preußen erobert Deutschland (1861–1871)

Der Mann, der nun die politische Bühne betrat, hat in der modernen deutschen Geschichte eine unvergleichliche Rolle gespielt. Es gibt in der Entwicklung der westeuropäischen Völker keinen zweiten so persönlichen Eingriff. In der englischen sicher nicht, da ist alles natürlicher, regelmäßiger verlaufen: und wohl nicht einmal in der französischen. Denn Napoleon I., wie leuchtend uns auch sein Lebensabenteuer erscheint, war doch nur eine Episode; als sie zu Ende war, fiel Frankreich in die ihm vorgezeichnete geschichtliche Wirklichkeit zurück. Übrig blieben die von Napoleon vollendete, nicht erfundene Eigenart des französischen Verwaltungssystems und die Legende von Kriegsruhm, Ausschweifung und plötzlichem Untergang. Die russische Geschichte weiß von einem Mann, der im zweiten Jahrzehnt unseres Jahrhunderts einen unberechenbar folgenschweren persönlichen Eingriff unternahm, Lenin. Dieser, obgleich er sich einbildete, nur das wissenschaftlich als richtig und unvermeidlich Erkannte zu vollziehen, war selber eine geschichtliche Kraft; die kommunistische Revolution, der er zu dienen glaubte, hat er erfunden, erzwungen, gemacht, geleitet. Bismarck war eine solche Kraft nicht. Er wußte, daß er es nicht sei, denn im Grunde war er bescheiden. Die Kräfte, die er zusammenschirrte, waren alle schon da; der Machtwille der alten Herrenklasse in Preußen, die vorwärtsdrängende bürgerliche Industrie, Nationalismus, Liberalismus, Demokratie, Materialismus. Er gab ihnen die Form, die sie zwingend verband. Sie sprengten endlich diese Form, wie der Greis wohl erkannte, daß sie es tun würden. Aber noch die Art, in der sie ihm und dann seinen Nachfolgern über den Kopf wuchsen, war mitbestimmt durch den Zwang, den er ihnen drei Jahrzehnte lang angetan hatte. Alles, was er zu verhindern oder aufzuschieben versucht hatte, das Schlimmste, was er fürchtete, kam schließlich doch: Weltkriege, Weltrevolution, die buchstäbliche Vernichtung seines Staatsidols, so daß die Jugend, die heute heranwächst, den Namen Preußens kaum mehr kennt. Und kam schließlich nicht so sehr lange nach seinem Tod. Menschen, die ihn gut kannten, haben es noch erlebt; die Frau seines Sohnes zum Beispiel, die sich 1945 vergiftete, wenige Stunden bevor Soldaten der Roten Armee vor dem Schloß der Familie anlangten. Ein Schicksal, das die Vergeblichkeit alles politischen Mühens wohl illustrieren mag. Sollen wir sagen: die Vergeblichkeit falschen, ungerechten, letzthin unnatürlichen politischen Mühens? Unsere Erzählung muß eine Antwort auf diese Frage suchen. Mit einem klaren Ja oder Nein ist sie aber nicht zu beantworten.

Porträt Bismarcks

Er war der Sohn eines märkischen Adligen, aus alter, im ostelbischen Preußen wohlbekannten, mittelmäßig begüterter Familie. Seine Mutter war bürgerlicher Herkunft, Tochter eines politischen Geheimrats, Enkelin und Urenkelin von Professoren. Im Alter hat er behauptet, er gehöre im Grunde gar nicht zur preußischen Adelskaste, seine Standesgenossen hätten ihn, wegen der Mutter, nie ganz vollgenommen. Daran ist etwas. Der Junker befremdete die simplen Gutsnachbarn durch seine Gescheitheit, den Witz und die Gewähltheit seiner Sprache, seine Lektüren, wie durch einen Zug ins Wilde, Erstaunlich-Unzuverlässige. Auch machte er sich von Jugend auf über den Lebensstil von seinesgleichen lustig, als etwas, dem er selber weit überlegen war. Andererseits markierte er gern das Wesen des schlichten Landedelmannes, dem Pferde und Bäume lieber sind als aller erkünstelter Reichtum der Städte; wobei er nur wieder durch die Schärfe seiner Formulierungen das nicht ganz Stimmige seines Charakters zu erkennen gab. Zu einem liberalen Politiker bemerkte er: »Ich bin ein Junker und will auch etwas davon haben« – ein gewöhnlicher Junker hätte das nicht gesagt. Einmal, als junger Parlamentarier, drohte er geradezu, das Landvolk werde die revolutionär verderbten Großstädte zum Gehorsam zwingen, »und sollte es sie vom Erdboden tilgen«. Oft, besonders in jüngeren Jahren, äußerte er einen dreisten, fast humoristisch karikierten Standeshochmut, nannte alle bürgerlichen Politiker, die »links« von ihm standen, »Schneider« und höhnte, wenn er bei diplomatischen Diners neben einer Kaufmannsgattin zu sitzen kam. Wenn das übertrieben war, wenn er in seinem Auftreten den Reiter und Jäger, den Soldaten, den Herrn vom Lande bewußt spielte, so war er es auch wieder seiner wahren Natur nach. Bildung, Klugheit, Ehrgeiz, Weltläufigkeit, Geschäftsgewandtheit mag man mit dem Milieu der Mutter in Zusammenhang bringen. Was aber seinen Talenten wirkende Einheit gab, die untergründige Kraft, der Wille, die Roheit, deren er fähig war, die unersättliche Erwerbsgier, die sich nicht so sehr auf Geld wie auf Land und Wald richteten, sie waren bismarckischer Natur. Einen intellektuellen Bürger aus ihm zu machen, der sich als Baron maskierte, hieße das großartig-wirre Bild seines Charakters vereinfachen. Landkind war er wirklich, ein Liebhaber des Waldes und der Tiere; seine Grundansichten über Mensch und Gesellschaft blieben bis zuletzt von den ländlich-patriarchalischen Eindrücken seiner Jugend mitbestimmt. Übrigens ist die Frage, was Bismarck von der väterlichen und was er von der mütterlichen Familie hatte, doch nur in unsicheren Grenzen sinnvoll. Sein Bruder Bernhard war ein durchschnittlicher Krautjunker. Der Genius kommt von nirgendwo.

Er war groß und in seiner Jugend schlank, wurde aber später dick, da er ungeheuer viel aß und trank, so daß seine ausdrucksvollen Rundaugen den feuchten Glanz annahmen, den der Alkohol verursacht. Seine Stimme war hoch und zart, wie man es von der Masse seines Körpers nicht erwartet hätte. Vor dem Publikum sprach er stockend, die Worte suchend und hervorstoßend; er verachtete die guten Redner. »Sie reden gern, Ihnen macht das Reden Vergnügen«, pflegte er später seinen parlamentarischen Gegnern zu sagen. »Für Sie ist das Reden Beruf, für mich ist es eine Qual.« Was er zu sagen hatte, war aber immer interessant, persönlich, wohlgeformt; herrlich ist der Stil seiner Briefe und Staatsschriften. Er findet immer das richtige Wort, den schlagenden Vergleich, den erleuchtenden Witz, er weiß Landschaften zu malen, Stimmungen zu beschwören, Gedanken zu präzisieren, Personen zu erfassen – das letztere meist mit mehr Bosheit als Gerechtigkeit. Ewig bleibt wahr, daß der Stil der Mensch ist; in dem, was einer schreibt, ist sein Geist, sein Wille, seine Seele – alles. Eben damit hängt zusammen, daß, wenn man viel in Bismarcks Schriften liest, man auch wohl von ihnen befremdet, ja manchmal fast abgestoßen werden mag. Es ist etwas Schroffes, Trockenes in der Präzision seines Ausdrucks, etwas Kaltbeherrschendes in der Kunst seiner Satzrhythmen. Er schrieb für Leser, die er nicht liebte, selten auch nur hochachtete... Seine Bildung war die eines wohlerzogenen Bürgersohnes in gebildeter Zeit. Man mußte damals viel lernen an preußischen Gymnasien. Er konnte Griechisch und Lateinisch, schrieb französisch wie ein Franzose und englisch nicht schlecht; später lernte er Russisch. Seine Sprache und Schriftstellerei war mit Fremdworten, meist französischen, reichlich durchsetzt, auch illustriert durch Zitate aus dem Lateinischen, aus Shakespeare und Schiller, die er beide sehr liebte. Er las aber nur, was ihn interessierte, was er brauchen konnte. Eine rechte Bibliothek hat er auch als reicher Mann nicht gesammelt, und seine Wohnungen sollen ohne Geschmack eingerichtet gewesen sein. Die deutsche Literatur seiner eigenen Zeit interessierte ihn wenig, auch dann nicht, als sie, in den letzten Jahrzehnten des Jahrhunderts, wieder sehr lesenswert zu werden anfing. An geistvollen Leuten, jüdischen Journalisten etwa, hatte er seine Freude, da er selber geistreich, aber von Standes und Berufs wegen gezwungen war, meist mit Menschen von beschränktem Horizont umzugehen.

Von Jugend auf war er sich eines mächtigen Ehrgeizes, wie auch der Fähigkeit, ihn zu befriedigen, bewußt, und er war nur Anfang der Dreißig, als die Politik sein beherrschendes Interesse wurde. Man darf nicht sagen: sein ausschließliches. Er war kein Fanatiker, kein Asket. Immer bewahrte er sich eine persönliche Sphäre trotz der öffentlichen; ein gemütliches Familienleben. Schön ist sein Verhältnis zu seiner Frau, obgleich Johanna von Bismarck nicht gerade von hohem Geist gewesen zu sein scheint. Solche privaten Züge unterscheiden ihn von Napoleon, auch von Lenin, den beiden anderen politischen Giganten, mit denen er wohl verglichen wird. Auch sein Humor, seine Selbstironie. Trotz der Ungebrochenheit seiner Instinkte kannte er sich gut und meinte, es gäbe Falten in seiner Seele, in die er nie einen anderen habe blicken lassen.

Als junger Mensch zu zeitgemäßer Freigeistigkeit geneigt, kehrte er kurz vor seiner Heirat zum Glauben seiner Väter zurück. Es war ihm ein natürlicher, angestammter Glaube, nicht der eines Konvertiten. Er las viel in der Bibel und trug während der großen Krisen seines Lebens erbauliche Schriften mit sich herum, deren Ermahnungen er sich im Sinn seiner Situation tröstlich interpretierte. Man hat viel Wesens von dem Widerspruch gemacht, der bestand zwischen seinem Christentum und seiner politischen Praxis, den Lügenkünsten, den zynischen Tricks, den Kriegen, die er herbeiführte, der Grausamkeit, mit der er so mancher Laufbahn ein Ende setzte. Er selber kannte den Widerspruch, ohne ihn als Vorwurf zu empfinden. Es sei ein Unterschied zwischen dem Privaten und dem Öffentlichen; das Material schreibe dem Handwerker seine Technik vor, und wer für Wohl und Wehe eines Staates verantwortlich sei, dürfe sein Tun nicht mit dem Maßstab bürgerlicher Moral messen. Hierüber trennte er sich von den konservativen Freunden seiner Frühzeit, Professor Stahl und den Brüdern Gerlach, die eben diesen Unterschied bestritten und eine in jedem Sinn christliche Politik predigten. Trotzdem blieb etwas Lutherisches noch in den Grundquellen von Bismarcks

Politik; seine Hartherzigkeit, sein ausgeprägter Sinn für Gesetz, Eigentum, Obrigkeit, die gottgewollten Unterschiede zwischen Berufen und Ständen, zwischen arm und reich. Daß die Obrigkeit ein scharfes Schwert führen müsse, hatte Luther gefordert, und Bismarck folgte ihm darin, wenn er als Minister die Beibehaltung der Todesstrafe empfahl. Noch im Alter bemerkte er zu seinem Arzt, Mördern gegenüber dürfe man mildernde Umstände grundsätzlich nicht anerkennen, auch Kinder, die gemordet hätten, seien an Leib und Leben zu strafen. Als er aber die Erschießung Robert Blums billigte mit den Worten: »Wenn ich einen Feind in der Gewalt habe, muß ich ihn vernichten«, da sprach er nicht als Lutheraner – ein Übeltäter war Blum ja nicht –, sondern als politischer Gegner ohne Gnade; als Barbar.

Ein Barbar – es war einer in ihm, dem großen Schriftsteller, dem feinen Produkt deutsch-europäischer Zivilisation. Ein nervöser Barbar, den Körpermaße und Wagemut nicht vor zuckenden Weinkrämpfen schützten. Venenentzündungen, Schlaflosigkeit, nervöse Gesichtsschmerzen – an solchen Gebrechen litt er während der längsten Zeit seiner politischen Tätigkeit und machte auch eine Menge Aufhebens davon. Stieß er auf Widerstand, so bekam er Gallenfieber, Gelbsucht und Krämpfe. In späteren Jahren war er etwa imstande, über den Besuch eines führenden liberalen Politikers zu berichten: »Ich geriet in eine Nervenaufregung, daß ich ihm endlich sagen mußte: Herr... schonen Sie mich, ich bin krank. Bis 7 Uhr morgens schlief ich dann aus Ärger nicht und hätte mit einer Flinte nach dem Mann geschossen, wenn er noch einmal über meine Schwelle gekommen wäre...« Er haßte noch stärker als er liebte, und wen er haßte, den wünschte er zu vernichten. Manchmal hat er es wirklich getan und wohl noch häufiger in der Einbildung. Wenn es Photographien von ihm gibt, die uns eine ernste, großartige Persönlichkeit zeigen, so gibt es auch solche, auf denen er sehr böse aussieht. Daß er überwältigend herrschsüchtig sei und mit der Rolle des »Zweiten« sich nie zufrieden geben würde, hatten erfahrene Psychologen früh erkannt; später konnte er auch keine »Zweiten« um sich brau-

chen, nur noch verläßliche Befehlsausführer, Instrumente, Diener. Beleidigungen vergaß er nicht, wie er selber eingestand; und fast immer war er beleidigt, mißverstanden, das Opfer dunkler, nur in seinem Geiste existierender Intrigen. Selber verschmähte er das Mittel der Intrige keineswegs; zu täuschen, Fallen zu legen, Gegner im Garn zu fangen, machte ihm ebensolchen Spaß wie umgekehrt die brutale Offenheit, mit der er verblüffte, verwirrte, erschreckte. Die eigene Edelmannsehre war ihm teuer, die seiner Partner und Gegner billig, und der Reiz seiner Briefe liegt nicht zuletzt in der witzigen, aber tief ungerechten Bosheit, mit der er sich über die Menschen äußerte. Selbst über die Könige von Preußen, denen er diente, über Friedrich Wilhelm IV., dann über den Kronprinzen Friedrich, zuletzt über Wilhelm II. Nur für seinen eigentlichen »Herrn«, Wilhelm I., fühlte er Treue und Zärtlichkeit – Sympathien, in die sich eine gute Dosis Verachtung mischte. Was vollends die königlichen Damen betrifft, so verfolgte er sie zeit seines öffentlichen Lebens mit nahezu komischem Haß; nie kam er darüber hinweg, daß ihnen Künste und Chancen der Beeinflussung gegeben waren, die auch der gewaltigste Minister sich nicht beilegen konnte. Es war viel Haß in Bismarck, viel ungeduldige, nervöse Überlegenheit, wenig Liebe; und mehr Liebe zur Natur, zu Tieren und Bäumen als zu Menschen. Unbeantwortbar, obgleich nachdenkenswert, wäre die Frage: inwieweit dies sein Wesen in die Gründungen einging, die mit seinem Namen verbunden werden.
Den Junker trieb es in die Politik, weil er fühlte, daß er der Rechte für sie sei und in ihr, durch sie zu Macht und Ruhm würde kommen können. Auch wohl, weil er die Privilegien seiner Klasse bedroht wußte, seinen plumpen Standesgenossen aber deren wirkungsvolle Verteidigung nicht zutraute. Bald war seine Liebe zum Landleben mehr Theorie als Wirklichkeit, denn er gefiel sich im politischen Gewühle von Berlin. Im Vereinigten Landtag von 1847 trat er frech, witzig und aggressiv auf, seine Reden mit ehrgeiziger Mühe vorbereitend; und da an solchen Talenten unter den Konservativen kein Überfluß war, so wurde er bald etwas wie ein parlamentari-

scher Führer. Er ging bei Hofe aus und ein, politisierte mit den königlichen Prinzen; überzeugt zu wissen, wie man mit der Kanaille umgehen müsse, wollte er im März 1848 nichts Geringeres als einen gegenrevolutionären Staatsstreich ins Werk setzen. Woraus nichts wurde. Aber auch nach des Königs schwarzrotgoldenem Umritt gab Bismarck die preußisch-junkerliche Sache nicht verloren. Er schrieb Artikel gegen die »Frankfurterei« und für die Rechte der Rittergutsbesitzer in der »Kreuzzeitung«; wirkte mit bei der Gründung der Konservativen Partei, intrigierte gegen die liberalen Ministerien des Revolutionsjahres, zusammen mit den Freunden und Einflüsterern Friedrich Wilhelms IV., dem er selber wegen seiner Nachgiebigkeit die schärfsten Vorwürfe zu machen sich erkühnte. Dem König imponierte das; ein aufrechter, geistreich-trutziger Vasall, der in Königstreue nur eben ein wenig zu weit ging, war nach seinem romantischen Geschmack. 1849 finden wir Bismarck wieder als Mitglied des nach dem Dreiklassenrecht gewählten Landtages, 1850 in der Versammlung der verunglückten preußischen »Union« in Erfurt; immer provozierend, am Redekampf sich freuend, die paradoxalsten Ansichten der Reaktion mit funkelndem Geist formulierend. Die großdeutsche, die kleindeutsche Einheit, die Grundsätze der Frankfurter Reichsverfassung, das allgemeine und gleiche Wahlrecht, niemand trat diese Dinge mit so souveräner Sicherheit in den Staub wie der junge, lange Abgeordnete mit der hohen Stimme und dem kurzgeschnittenen Kinnbart. Als es galt, den Vertrag von Olmütz zu verteidigen, die Preisgabe der »Union«, schickten die Konservativen ihn vor als die stärkste Kanone, die sie hatten; Bismarck-Schönhausen bewältigte auch diese heikle Aufgabe mit Meisterschaft. Die Christlich-Konservativen, die Brüder Gerlach und Professor Stahl, hielten ihn für den ihren, ihren Freund und Schüler, was er auch war. Aber doch nicht ganz war. Nicht ganz ihr Schüler, denn er war und fühlte sich ihnen überlegen; nicht ganz ihr Freund, denn ein treuer Freund war er überhaupt nicht, wenn es um Politik ging. Hätten sie genau aufgepaßt, so hätten sie auch früher gemerkt, daß er nicht ganz ihr Gesinnungsgenosse war. Sie dachten in den Begriffen alter, universaler Ordnung: Europa, die Christenheit, die Monarchie von Gottes Gnaden, das Bündnis rechtlich handelnder Könige, welches, da England für sich allein existierte und Frankreich leider in den Teufelskrallen der Revolution zuckte, auf die frommen Herrscher des Ostens, Rußland, Österreich und Preußen, beschränkt bleiben mußte. Das war ihre Ansicht von »Olmütz«. Bismarck sprach nicht von Europa und der Christenheit, auch nicht davon, daß es einen Krieg zwischen den konservativen Mächten um jeden Preis zu vermeiden gälte. Krieg, unter Umständen ja, aber nur, wenn der Gegenstand ihn lohnend machte; die norddeutsche Union war ihm kein solcher Gegenstand. »Die einzige gesunde Grundlage eines großen Staates, und dadurch unterscheidet er sich wesentlich von einem kleinen Staate, ist der staatliche Egoismus und nicht die Romantik, und es ist eines großen Staates unwürdig, für eine Sache zu streiten, die nicht seinem eigenen Interesse angehört.« Das war mehr im Sinne Machiavellis als im Sinn Professor Stahls gesprochen. Schon im allerersten Jahr seiner politischen Karriere, 1847, hatte er wissen lassen: »An Grundsätzen hält man nur fest, solange sie nicht auf die Probe gestellt werden; geschieht das, so wirft man sie fort, wie der Bauer die Pantoffeln, und läuft, wie einem die Beine von Natur gewachsen sind...« So war es seiner blanken, direkten Intelligenz von früh auf eigen: ein Verachten der theoretischen Konstruktion, der Doktrinen, des Redens überhaupt, ein Hantieren mit den Gewichten wirklicher Macht, die letztlich immer die Macht war, zu töten. Diskutieren konnte er wohl, aber hauptsächlich, um sich über die Diskussion lustig zu machen; daher die Wut, die er in parlamentarischen Versammlungen erregte, solange die Vitalität der Jugend, der besseren Mannesjahre in ihm war. 1849 schrieb er an seine Frau: »Die deutsche Frage wird nicht in den Parlamenten, sondern in der Diplomatie und im Felde entschieden, und alles, was wir darüber schwatzen und beschließen, hat nicht mehr Wert als die Mondscheinbetrachtungen eines sentimentalen Jünglings, der Luftschlösser baut und denkt, daß irgendein unverhofftes Ereignis ihn zum großen Mann machen werde...« 1862, in der er-

sten Woche seines Ministeriums, hat er denselben Gedanken in Worten, die eine arge Berühmtheit erlangten, ausgedrückt. Mit der Entwicklung eines Menschen ist es eine merkwürdige Sache. Bismarck war überaus entwicklungsfähig; er hat seine Politik, seine Ansichten und Urteile wieder und wieder geändert und war mit siebzig ein ungleich reiferer, maßvollerer Mann als mit fünfzig. Dann aber findet man auch wieder in dem jungen Menschen angelegt und von ihm ausgedrückt, was er noch als Greis bösartig wiederholte.
Daß ein solcher seine Parteifreunde, die konservativen Glaubensritter, einmal im Stich lassen würde, hätten sie billig voraussehen können. Er selber sah es schon 1850 voraus.
»Olmütz« erweis sich als ein Glück für ihn persönlich. Nachdem Preußen sich zur Anerkennung des wiederbelebten Deutschen Bundes bequemt hatte, wurde er zum Gesandten beim Frankfurter Bundestag ernannt; ein nach den Regeln des preußischen Staatsdienstes unerhörtes Ereignis, da er keinerlei diplomatische Erfahrungen besaß und bisher sich nur als Parlamentarier hervorgetan hatte. In Frankfurt blieb er acht Jahre, an seinem hohen Gehalt und gesellschaftlicher Prachtentfaltung, an Reisen, Intrigen und dem politischen Spiel vor und hinter den Kulissen sich ergötzend. Bald war er ein Meister in dem neuen Handwerk, seinen Partnern turmhoch überlegen durch Einsicht, Witz, Mut, Willen, immer verläßliche Geistesgegenwart. Frankfurt war der Posten, an dem man die deutschen Verhältnisse am gründlichsten studieren konnte. Dazu kamen Reisen in die europäischen Hauptstädte – Bismarck fuhr leidenschaftlich gern Eisenbahn, wobei er die Zigarre nie ausgehen ließ. Er verstand es, mit den verschiedenen Cliquen der preußischen Reaktion sich gleich gutzustellen, ohne sich mit einer geradezu zu identifizieren; ein Einzelgänger, der sich als Bundesgenosse gab. Preußischer Minister des Äußeren hätte er schon in dieser Epoche werden können, wollte aber nicht, da er unter Friedrich Wilhelm IV. nichts Großes ausrichten zu können meinte. Geschickt hielt er sich nahe den höfischen, bürokratischen Zentren der Macht, ohne doch nach außen verantwortlich zu erscheinen. Wenige wußten, daß er

einer der einflußreichsten Männer im Staate sei; die Öffentlichkeit kannte ihn kaum.

Noch immer fühlte er sich als Preuße, nicht als Deutscher, dachte er staatlich, nicht national, zumal es ja eine preußische Nation nicht gab. Man sieht nicht, warum die Rheinländer, die preußische Untertanen waren, seinem Herzen näher gestanden haben sollten als die Pfälzer oder Badener. Das »Volk« stand seinem Herzen überhaupt nicht nahe. Volk und Nation, das war ein und dasselbe, und ein Nationalstaat hätte mehr oder weniger von einem Volksstaat werden müssen, wie 1848 sich gezeigt hatte. Das, womit er sich eins fühlte, war der Staat als geschichtliches Wesen, als Machtorganisation, als Prinzip von Ordnung und Herrschaft, welch letztere in Preußen von seiner eigenen Gesellschaftsklasse ausgeübt wurde. Wenn er »wir« schrieb, so meinte er die preußische Macht; für sie war er ebenso ehrgeizig wie für sich selber. Europa, das war ihm ein Bündel von Staaten, teils unabhängigen, echten Zentren der Macht, begierig, sich zu erweitern, Rußland, Frankreich, Österreich, England, teils nicht durch ihr eigenes Machtgewicht, sondern dank dem allgemeinen Gleichgewicht existierenden wie Belgien oder Bayern. Keine Großmacht schenkte der anderen etwas oder wollte ihr wirklich wohl, jeder wollte nehmen, keiner geben. Bündnisse waren Zweckbündnisse, die nicht länger dauern konnten als ihr Zweck, gemeinsame Verteidigungs- oder Raubunternehmen. Was Preußen betraf, so war es behindert durch den Deutschen Bund, dem Österreich präsidierte und in dem Österreich, zusammen mit den deutschen Mittelstaaten, Preußen jederzeit überstimmen konnte; das wirkliche Machtverhältnis wurde verfälscht durch ein Zählen der Stimmen. Behindert war Preußen ferner durch gewisse fromme, von der inneren auf die äußere Politik übertragene Vorteile. Es hieß, daß man sich nicht mit der Revolution, mit dem demokratischen Kaiser Napoleon verbinden dürfte, daß man der christlisch-germanischen Schwestermacht, dem Hause Habsburg, Treue schuldig sei. Bismarck verneinte das. Österreich, entdeckte er in Frankfurt, war die Macht, welche Preußen am meisten belästigte, beengte, befeindete und hierzu sich der Mechanismen des Deutschen Bundes heuchlerisch bediente. Ein Staat war ihm so gut oder so schlecht wie ein anderer, die Legitimität der europäischen Fürstenhäuser zudem überall eine zweifelhafte; man konnte keine freie, starke Politik machen, wenn man, konservativen Schrullen zuliebe, einem Staat, nämlich Frankreich, die Bündnisfähigkeit, einem anderen, Österreich, aber die Feindfähigkeit absprach. Nach innen mochte man mit eiserner Hand regieren, ja mußte es gerade um der Außenpolitik willen, welche von »Parlamentsschwätzern« nie erfolgreich geführt werden konnte; aber das hatte nichts mit Bündnissen zu tun. Der Moment, in dem man mit Frankreich ein Bündnis schließen würde, mochte ebensowohl kommen wie jener, in dem man die preußischen Armeen über den Rhein schicken müßte. – Der Deutsche Bund war Lüge, von Österreich erfunden, um Preußen zu kujonieren, um der Milchstraße kleiner deutscher Stätlein ein Gewicht zu geben, das ihnen nicht zukam, um der selbstischen Habsburger Macht Vorteile zu verschaffen, welche den Regeln echter Machtpolitik zuwiderliefen. Gelang es nicht, den Bund so zu reformieren, daß in ihm jeder der beiden Großmächte ein Veto zustand, so mußte man ihn sprengen. Wenn übrigens Preußen einen natürlichen Alliierten hatte, so war es nicht Österreich, viel weniger Süddeutschland, sondern Rußland – nicht so sehr, weil es die reaktionärste Macht war, obgleich auch dies mitspielte – Bismarck fand die St. Petersburger Autokratie recht sympathisch –, sondern vor allem, weil das geteilte und gemarterte Polen die beiden Nutznießer der Teilung verband. Niemals, unter keinen Umständen, konnte Preußen eine Wiedererrichtung des polnischen Staates dulden. Rußland war in der gleichen Lage.

Das war die Welt, wie der Gesandte von Bismarck sie sah; eine Welt der Machtstaaten, in welcher auch die Wirtschaft, zumal die Zollpolitik, der Diplomatie zu dienen hatte, eine Welt der blanken Säbel, in der Etwasgelten und Gefürchtetwerden eine und dieselbe Sache war. Keine bürgerliche Welt. Nicht die Welt, so wie sie sich im Geiste englischer Nützlichkeitsphilosophen, französischer Positivisten, wohl auch deutscher Liberaler malte. Nicht die Welt des 19. Jahrhunderts, des Friedens, der Wissenschaft, der Industrie, des Fortschritts. Viel weniger die Welt von Karl Marx. Bismarck, trotz seiner herrlich überlegenen Intelligenz, dachte anachronistisch, und es ist selten ein Glück, wenn anachronistisches Denken in der Wirklichkeit triumphiert. Zu genau festlegen darf man diesen großen Mann jedoch nicht. Er war bereit, zu lernen und mit neuen Mächten kalte Zweckbündnisse zu schließen.

Während des Krimkrieges gehörte er zu jenen, die eine Anlehnung Preußens an die Westmächte verhinderten, wobei er den engsten, nahezu verräterischen Kontakt zur russischen Diplomatie pflegte. Er bestritt energisch, daß Österreich auf dem Balkan deutsche Interessen gegen Rußland verteidige: »Die Donaumündung hat sehr wenig Interesse für Deutschland.« Preußen hatte keinen Grund, Österreich zu helfen, »ein paar stinkende Wallachen zu ergaunern«. Vielmehr müsse es Österreichs Schwierigkeiten benutzen, um seine eigene Machtstellung in Deutschland zu verbessern. »Die großen Krisen bilden das Wetter, welches Preußens Wachstum fördert, indem sie furchtlos, vielleicht auch sehr rücksichtslos von uns benutzt werden.« Was er, emsig in Deutschland umherreisend, allmählich verstand, war, daß zu einem solchen rücksichtslosen Ausnutzen früher oder später auch eine Zusammenarbeit – ein Zweckbündnis – Preußens mit dem nationalen Einheitswillen der Deutschen würde treten müssen. Nicht, daß sein Herz nun für die deutsche Sache schlug. Er, der Herr Gesandte, war nicht »Volk«. Er fand es ärgerlich, daß »die Völker« aufbegehrten und etwas forderten, was sie nicht hatten. Trotzdem, sie begehrten auf. Wer ein wenig Wirklichkeitsgefühl hatte, konnte sich nicht verbergen, daß das ungelöste Problem von 1848 noch lebte und immer weiterleben würde, daß es nach einer Lösung schrie. Wenn es aber schon würde gelöst werden müssen, konnte es dann nicht so gelöst werden, daß die herrschende Klasse Preußens auch weiterhin sich ihren Spaß am Leben bewahren würde? Daß der preußische Staat keinen Nachteil von der Sache hätte, sondern Gewinn, und den Nachteil Österreich? War das nicht, was der gesunde Menschenverstand gebot: das wilde Pferd einzufangen, zu zähmen, an den eigenen Wagen zu schirren? Zu einem liberalen Politiker und Industriellen bemerkte Bismarck im Jahre 1859: »Der alleinige, zuverlässige, ausdauernde Alliierte, welchen Preußen haben kann, wenn es sich danach benimmt, ist das – deutsche Volk. – Nun, was denken Sie denn«, fügte er hinzu, als der andere den berüchtigten Reaktionär mit großen Augen ansah, »ich bin derselbe Junker wie vor zehn Jahren, als wir uns in der Kammer kennenlernten, aber ich müßte kein Auge und keinen Verstand im Kopfe haben, wenn ich die wirkliche Lage der Verhältnisse nicht klar erkennen könnte.« Der Nationalismus mochte ein Bundesgenosse Preußens werden, so gut wie Napoleon III.; am Ende mochte es gar gelingen, ihn von seiner Schwesterbewegung, dem Liberalismus, zu trennen.

Die Regentschaft des Prinzen von Preußen war ein Schlag für Bismarck, weil er ein Günstling des nun geisteskranken Königs gewesen war und im Rufe eines fanatischen Reaktionärs stand, welcher Preußens neue liberale Politik in Frankfurt nicht vertreten konnte. Er wurde nach St. Petersburg versetzt, eine Art von ehrenvoller Kaltstellung. »Er ist die verkörperte Politik«, schrieb sein dortiger Legationssekretär, Kurd von Schlözer, »alles gärt in ihm, drängt nach Betätigung und Gestaltung. Er sucht der politischen Verhältnisse Herr zu werden, das Chaos in Berlin zu meistern, weiß aber noch nicht wie.« Etwas später: »Er erzählt mir viel, fabelhaft offen, interessant, sprunghaft, revolutionär, wirft alle Theorie über den Haufen. Und der in der Wilhelmstraße – Donnerwetter!« Während des Krieges zwischen Österreich und Frankreich riet Bismarck, die preußischen Grenzpfähle in Mitteldeutschland auszureißen und am Bodensee, oder dort, wo das protestantische Deutschland aufhörte, wieder einzupflanzen; würde man dann noch aus Preußen ein Königreich Deutschland machen, so würde die Bevölkerung es mit Freuden hinnehmen. Dem König Wilhelm gegenüber sprach er gemäßigter, aber im selben Sinn: von einer selbständigen deutschen Politik Preußens, einer notwendigen Reform des Bundes, einer von Preußen vorzuschlagenden Vertretung der Gesamtnation beim Bundestag. Der

alte Herr konnte sich für ein solches Experiment nicht entscheiden. Zudem hatte er keine hohe Meinung von Bismarck, den er für einen unberechenbaren Fanatiker und Phantasten hielt.
Wenn nun Bismarck von seinem Botschafteramt – zuletzt in Paris – am Ende doch nach Berlin gerufen wurde, wenn er sich dem König anbot und seine Ernennung zum Erstminister erhielt, so war es nicht wegen der von ihm neuerdings propagierten preußisch-deutschen Politik. Von dieser war nicht die Rede. Es war wegen des unlösbaren Konflikts mit dem Landtag, in den die Krone geraten war. Bismarck hatte ihn aus der Ferne mit tiefem Vergnügen verfolgt, überzeugt, daß er der Mann sei, ihn zu meistern; und hatte in diesem Sinn mit seinem Freunde, dem Kriegsminister Roon, emsig korrespondiert. Vor allem galt es, den rechten Moment abzupassen. »Je länger sich die Sache hinzieht, desto mehr sinkt die Kammer in der öffentlichen Achtung... Wenn sie mürbe wird, fühlt, daß sich das Land langweilt, dringend auf Konzessionen seitens der Regierung hofft, um aus der schiefen Stellung erlöst zu werden, dann ist meines Erachtens der Moment gekommen, ihr durch meine Ernennung zu zeigen, daß man weit davon entfernt ist, den Kampf aufzugeben, sondern ihn mit frischen Kräften aufnimmt. Das Zeigen eines neuen Bataillons in der ministeriellen Schlachtordnung macht dann vielleicht den Eindruck, der jetzt nicht erreicht würde; besonders wenn vorher etwas mit Redensarten von Oktroyieren und Staatsstreichen gerasselt ist, so hilft mir meine alte Reputation von leichtfertiger Gewalttätigkeit, und man denkt, ›nanu geht's los‹. Dann sind alle Zentralen und Halben zum Unterhandeln geneigt...« Roon rief ihn nach Berlin keinen Tag zu früh, keinen zu spät. Er erhielt Audienz, fand den König in der rechten Verzweiflung, bot sich an, den Kampf gegen das Parlament bis zum bitteren Ende zu führen und empfing seine Ernennung, wie er sagte, »nicht als konstitutioneller Minister im üblichen Sinn des Wortes, sondern als Euer Majestät Diener«. Wilhelm empfand Abneigung gegen den geistreichen, wilden Mann. Er nahm ihn nicht als den gereiften Diplomaten, der sich seinen eigenen

Reim auf die europäische Situation gemacht hatte. Er nahm ihn in der Not, weil kein anderer Ausweg mehr offen schien, als den »tollen Bismarck«, den berüchtigten reaktionären Junker, so wie er sich 1849 gezeigt hatte; ein letzter Versuch, die Demokraten Mores zu lehren. So wurde auch seine Ernennung vom Publikum verstanden. Im Ausland traute man seinem Ministerium keine lange Dauer zu. »Diese Junker möchten wohl«, meinte eine Schweizer Zeitung – »aber mit dem Können ist es etwas anderes. Habe man nur keine Besorgnis vor Fettgänsen, daß sie Adlerflüge ausführen!«

Bismarck, die Fortschrittspartei, Lassalle

Europa besaß in der zweiten Hälfte des 19. Jahrhunderts einen starken Fonds von Rechtlichkeit und Mäßigung; manches, was damals als unerhört empfunden wurde, erscheint im Rückblick, von einer verwilderteren Zeit hergesehen, als harmlos. So der preußische Verfassungskonflikt. Er war Bismarck zugleich angenehm und unangenehm. Angenehm, weil seine Unentbehrlichkeit auf ihm beruhte und übrigens der Kampf, das Verhöhnen zahmer Abgeordneter, welche die Volkstribunen spielten, ihn tief amüsierte. Unangenehm, weil er wußte, daß es ohne wenigstens einen Schein von Verfassung auf die Dauer doch nicht mehr ging. Um dies zu verstehen, dazu hatte der Junker mittlerweile die bürgerliche Welt, auch die Finanzwelt, gründlich genug kennengelernt. Regierte nicht sogar sein Freund, und in mancher Beziehung sein Lehrmeister, der Kaiser Napoleon, mit Hilfe eines Scheinparlaments? Bedingte nicht die deutsche Politik, die ihm vorschwebte, ein von Preußen zu gebendes Beispiel rechtlichen, fortschrittlichen Gebarens? Ein Kompromiß wäre ihm lieb gewesen, derart, daß die Militärmonarchie den Kern erhielte, das Bürgertum aber die

Schale akzeptierte, den Schein konstitutioneller Rechtlichkeit beisteuerte. So trat er zunächst verbindlich auf, ließ durchblikken, daß er große Pläne für Deutschland habe, wofür eben die neue, stärkere Armee benötigt werde, und konnte in der ganzen Sache nichts so sehr Tragisches finden. Da aber die Fortschrittspartei auf dem Rechtsstandpunkt beharrte, wurde er schneidender. Die Verfassung, dozierte er, sei keine tote, ein für allemal konstruierte Maschine, sondern etwas Lebendiges; und was sie eigentlich sei, müsse sich erst noch herausstellen. Alles Verfassungsleben sei Kompromiß. »Wird der Kompromiß dadurch vereitelt, daß eine der beteiligten Gewalten ihre eigene Absicht mit doktrinärem Absolutismus durchführen will, so wird die Reihe der Kompromisse durchbrochen, und an ihre Stelle treten Konflikte, und Konflikte, da das Staatsleben nicht stillzustehen vermag, werden zu Machtfragen; wer die Macht in Händen hat, geht dann in seinem Sinne vor...« Das tat er nach Kräften. So »lebendig«, so unbestimmt noch war ihm die Verfassung, daß er nicht nur ohne Budget regierte, sondern auch solche Paragraphen verletzte, die mit dem Streit an sich nichts zu tun hatten. Der Presse wurde jede Kritik der Regierung verboten, Beamten ihr politisches Verhalten als mit Entlassung zu bestrafendes Vergehen ausgelegt, die Macht des Staates eingesetzt gegen die öffenltiche Meinung. Das waren zwei verschiedene Dinge: der Staat, die Armee, die gehorsame Bürokratie auf der einen Seite, die überwältigende Zahl der Wähler auf der anderen. Wäre den Wählern, vielmehr ihren Vertretern, die Sache von letztem Ernst gewesen, so wären sie stärker gewesen als der Staat, so hätten sie ihn zwingen können. Aber dieser Ernst, wenn er je bestanden hatte, war ihnen seit 1848 vergangen. Sie beharrten auf ihrem Recht in Adressen, Petitionen, flammenden Protesten, aber vermieden alles, was im entferntesten nach Unrecht, Druck, Drohung von ihrer Seite aussehen konnte. Sie wollten, konnten nicht die Demokratie mobilisieren gegen den Absolutismus. Schließlich waren sie selber nach dem Dreiklassenwahlrecht gewählt, das schon ein Bruch, der früheste, der Verfassung gewesen war; aber dieser Bruch, der die Massen politisch nahezu entrechtete,

war ihnen angenehm, und diese Erbsünde lähmte ihre Opposition. Reden wurden in der Kammer gegen Bismarcks rechtloses Regime gehalten, durchglüht von sittlicher Entrüstung, Verfassungstreue, dem Gedanken des Rechtsstaates; Reden war aber genau das, was auf Bismarck keinen Eindruck machte. Die Maschine des Staates war fest gebaut und diente dem, der an ihrem zentralen Hebel stand, gleichgültig, was liberale Professoren und Industrielle im Parlament donnerten.
Einer glaubte damals zu wissen, wie man die Staatsmacht bezwingen könnte: Ferdinand Lassalle. Das waren die letzten und höchsten Jahre seines Lebens. Sein Denken, Reden ist erzählenswert nicht sosehr wegen dessen, was dabei herauskam, denn für den Augenblick kam nicht viel dabei heraus; obwohl hier immerhin ein historischer Ursprung der deutschen Sozialdemokratie zu finden ist. Vor allem aber: es wirft ein Licht auf die gesamte, kritische Entwicklung Deutsch-Europas damals, so wie nur der Genius es ausstrahlen kann... Lassalle riet der Fortschrittspartei zu einem politischen Generalstreik. Das Parlament sollte sich weigern, zu tagen, solange die Regierung gegen die Verfassung regierte. Dadurch würde es den Schleier von den Dingen ziehen und zeigen, daß die Verfassung eine hundertmal gebrochene Scheinverfassung sei. Dann würde nicht mehr im ungleichen Kampfe Recht gegen Macht kämpfen, sondern Macht gegen Macht; und zwar würde sich die Macht des Bürgertums, hinter dem in dieser Sache das ganze Volk stand, der Macht des alten Staates überlegen erweisen. Aus dem wirklichen Siege würde dann eine wirkliche Verfassung hervorgehen, deren Eckpfeiler das allgemeine und gleiche Wahlrecht sein mußte. Ein Machtkampf, nicht ein Rechtskampf – sah es nicht der Herr Ministerpräsident selber so? War es ein Verbrechen, der Regierung mit ihren eigenen Gedanken und Waffen zu begegnen? –
Dem Agitator antworteten die Liberalen, daß sie nicht daran dächten, einen solchen erpresserischen Weg einzuschlagen. Sie seien Männer des Rechts, keine Revolutionäre; eine Politik, an deren Ende folgerichtig die Revolution stünde, könnte der Reaktion das Spiel nur erleichtern. Lassalle scheine ihnen ein

Schüler Bismarcks zu sein, oder umgekehrt Bismarck ein Schüler Lassalles... Tatsächlich hatte sich Lassalles Definition von Verfassungsfragen als Machtfragen schnell herumgesprochen, und Bismarck sowohl wie Roon gebrauchten im Parlament ähnliche Ausdrücke.
Darauf brach Lassalle mit der Fortschrittspartei. Längst hatte er ja, als Marx' gelehriger Schüler, in der Industriearbeiterschaft die Klasse der Zukunft, die für das ganze Volk stehende, wahrhaft demokratische Klasse gesehen. Nun beschloß er, daß dieser Klasse auch eine Partei, eine vom liberalen Bürgertum gesonderte, organisierte Macht entsprechen müsse, da das Bürgertum seine historische Aufgabe verriet. Indem sie den Staatsstreich von 1848, das Dreiklassenwahlrecht von 1849 annahmen, hätten die Liberalen längst »das Recht aufgegeben, um ein Stück Macht in diesem Handel zu erlangen. Und indem sie das Recht aufgaben, haben sie natürlich von der Macht, die sie für dasselbe eintauschen wollten, nichts anderes bekommen, als – wie es gebührt – die Fußtritte. Bei der Demokratie ist alles Recht, und bei ihr allein wird die Macht sein.«
Es war die Zeit der großen Vereine. Der italienische Nationalverein hatte erfolgreich mitgewirkt bei der Entstehung des neuen Königreiches. Unter seinem Einfluß war der deutsche Nationalverein entstanden und wiederum, gegen ihn, der »Reform-Verein«, der eine Reform des Deutschen Bundes, aber im großdeutschen Sinn, unter Einschluß Österreichs erstrebte. Konnten nicht auch die deutschen Arbeiter sich in einem Verein organisieren, der, wenn er auch nur hunderttausend Mitglieder hätte, zur Großmacht im Staate werden würde, weit überlegen den zahmen Schönrednern der Bourgeoisie? Lassalle glaubte es. Als gewisse sächsische Radikale, die mit dem Leipziger Arbeiterbildungsverein in Verbindung standen, seinen Rat erbaten, antwortete er ihnen, er sei der rechte Mann, »die Führung der Arbeiterbewegung in die Hand zu nehmen«. Dies war sein Programm: Die Arbeiter mußten durch eine starke, obgleich gesetzliche Agitation das allgemeine, gleiche Wahlrecht erzwingen. Sie waren die überwältigende Mehrheit des Volkes, und Volk und Staat mußten eins werden. Wenn

einmal der Staat mit dem Stimmzettel erobert war, dann mußte er tun, was allein der Staat tun konnte: er mußte die ausgebeutete, überarbeitete, unterzahlte Industriearbeiterschaft auf das Niveau freier Menschen heben, die große wirtschaftliche und politische, die menschliche Aufgabe der Zeit lösen. Wie? Durch Gründung riesiger »Produktiv-Assoziationen«, von Fabriken, deren Besitzer die Arbeiter selber wären und für die der Staat den Anfangskredit geben mußte. Zunächst einmal etwa hundert Millionen Taler – weniger als der lumpigste Krieg kostete. Aber doch so viel, wie nur der Staat geben konnte. Ohne ihn, mithin ohne seine politische Eroberung durch die Arbeiterschaft, ging es nicht. Professor Schulze-Delitzschs auf sich selber stehende Einkaufs- und Konsum- und Krankenpflegevereine waren wohl ganz hübsch, aber hübsch hauptsächlich für die kleinen Gewerbetreibenden, nicht für die Industriearbeiter. Sie widerstrebten dem Willen der Zeit, die auf große Industrie, nicht auf kleine Handwerksbetriebe hinauswollte. Man konnte sie wohl bestehen lassen, aber nicht sie, diese wohlgemeinten kleinbürgerlichen Gründungen, durften beanspruchen, die Arbeiterfrage zu lösen. Noch auch konnte das Bürgertum die unmittelbare politische Aufgabe, den preußischen Militärstaat zu zerbrechen, lösen. Darum nicht, weil es dem Kapitalismus gut ging unter dem Schutz des Militärstaates, weil das Bürgertum wohl politisch verärgert, wirtschaftlich aber gesättigt war. Die Satten setzten im Kampfe nimmermehr ihr Leben ein. Sie spielten kein großes Spiel; sie hofften bloß, wider alle Hoffnung, die Junker könnten ihnen vielleicht doch ein klein wenig nachgeben, wenn sie sich nur recht ordentlich aufführten. Aufs Ganze konnte nur die Klasse gehen, deren wirtschaftliches Lebensinteresse mit dem politischen zusammenfiel, die Klasse der Arbeiter. Auf ihr beruhte die Zukunft, die Hoffnung der Menschheit. Sie, die jetzt die Niedrigsten waren, würden die Höchsten werden, eine Gemeinschaft freier Produzenten in einem freien, starken deutschen Staat.

So Lassalles Programm. Man hat ihm nachgerechnet, daß es in einzelnen Stücken nicht originell war. Das meiste kam ihm von Marx, der Klassenkampf, das Ineinssetzen von Wirtschaft und Politik, der Begriff der Arbeiterklasse als der allmenschlichen Klasse, die nach ihrer Befreiung gar keine Klasse mehr, sondern das freie Volk sein werde. Anderes von den englischen Ökonomen, das eherne Lohngesetz; wieder anderes von den vormarxistischen Sozialisten, von den deutschen Staatsphilosophen, von Fichte und Hegel. Ohne Zweifel. Originell waren nicht die einzelnen Lehrstücke, originell war ihre Verbindung, war der Mensch und der Politiker. Wie er seine Ziele entwikkelte in schönen, geschickten und dreisten Reden vor Gericht – er stand immer unter irgendwelchen Anklagen –, in Flugschriften, in Vorträgen vor Arbeiterversammlungen in Berlin, Leipzig, Frankfurt, Düsseldorf; immer der feine verwöhnte Gelehrte, nie sich künstlich bei den einfachen Leuten anbiedernd, vielmehr zu ihnen sprechend, als seien sie geistig seinesgleichen, und gerade dadurch sie gewinnend; wie er nun im Mai 1863 in Leipzig zur Gründung des »Allgemeinen Deutschen Arbeitervereins« schritt und sich, scheinbar widerstrebend, die diktaturähnliche Präsidentenstellung aufnötigen ließ, die er geplant hatte – das war originell. Karl Marx in London mochte noch so befremdet, ja angewidert von dem Treiben seines ehemaligen Schülers sprechen. Lassalle hatte etwas hingestellt, was der schwerringende Buchgelehrte, als Geist ihm turmhoch überlegen, in seinem Britischen Museum bisher nicht erreicht hatte. Eine allzu kurze Zeit war sein Name in aller Munde.

Den Herren von der Fortschrittspartei war seine Agitation unangenehm. Sie wollten doch für das ganze Volk stehen gegen den schlimmen Bismarck. Hier nun kam einer, der sich anmaßte, die Arbeiter, ein ohnehin nicht ganz ungefährliches Geschlecht, zu trennen von ihrer natürlichen Führung, der Bourgeoisie, ohne die sie imstande waren, allerlei Unfug anzurichten. So fehlte es nicht an Bemühungen, die Leute bei der Stange zu halten. Lassalle triumphierte, wo er persönlich auftrat. Aber die Mehrheit der Arbeitervereine gewann er nicht. Sie blieben, wie sich auf einem großen Vereinstag in Frankfurt im Frühsommer 1863 zeigte, dem Bündnis mit dem liberalen

Bürgertum treu, eine Haltung, die nicht nur von den Alten, sondern auch von solchen jungen, temperamentvollen Vertretern wie dem Leipziger Drechslermeister August Bebel gebilligt wurde. Würde dies Bündnis eines Tages scheitern, würden Klassenparteien an Stelle der einen großen demokratischen Partei treten, so lag dies nicht an den Arbeitern, sondern am Bürgertum. Einstweilen weigerte sich die Fortschrittspartei, selbst eine so elementare Forderung wie die nach dem gleichen Wahlrecht auf ihre Fahne zu schreiben.

»Der Kerl arbeitet rein im Dienst von Bismarck«, meinte Marx über Lassalles Agitation. Es ist ja eine alte Sache, daß gemeinsame Feinde ein, wenn auch noch so wenig zuverlässiges, Bündnis schaffen. Der Sozialist und der feudale Minister lagen beide im Kampf gegen das liberale Bürgertum. Und tatsächlich fiel auf, daß Lassalle Bismarck mit Schonung behandelte, als einen Gegner, den man achten mußte. »Und wenn wir Flintenschüsse mit Herrn von Bismarck wechselten, so würde die Gerechtigkeit erfordern, noch während der Salven einzugestehen: er ist ein Mann, jene aber (die Fortschrittler) sind – alte Weiber!« Kein Zweifel, daß die Polizei ihrem Obermeister solche Bemerkungen zutrug und Bismarck Gefallen fand an dem kühnen jungen Demagogen, der es den Liberalen noch schärfer gab, als er selber es konnte und durfte. Immer suchte sein abenteuerlicher Geist nach neuen Kombinationen. Da nun das Bündnis mit den Liberalen, das ihm zeitweise vorgeschwebt hatte, am Verfassungskonflikt gescheitert war, konnte man sich nicht am Ende mit der Macht verbinden, die links von Liberalen zu erscheinen begann und die – was rechts und was links! – wohl im Herzen königstreuer war als die übergescheite Bourgeoisie? ... Es ist nicht ganz sicher, wann Bismarck und Lassalle sich zum erstenmal begegneten, auf wessen Initiative hin und wie oft. Wahrscheinlich im Spätherbst 1863. Bebel behauptet, viermal in der Woche während des nächsten Halbjahres, Bismarck, viermal im ganzen; die Wahrheit mag in der Mitte liegen. Lange Jahre später, als der Kanzler seinen Feldzug gegen die Sozialdemokratie führte, war er genötigt, im Reichstag auf sein Verhältnis zu dem Verstorbenen zu sprechen zu kommen. Er zog sich aus der Affäre, indem er den Gesprächen den Charakter politischer Verhandlungen bestritt – der arme Kerl hatte ja nichts hinter sich, meinte er –, gleichzeitig aber über den Menschen Lassalle nahezu eine Liebeserklärung abgab. »Was er hatte, war etwas, was mich als Privatmann außerordentlich anzog: er war einer der geistreichsten und liebenswürdigsten Menschen, mit denen ich je verkehrt habe, ein Mann, der ehrgeizig im großen Stil war.« »Lassalle war ein energischer und sehr geistreicher Mensch, mit dem zu sprechen sehr lehrreich war; unsere Unterredungen haben stundenlang gedauert, und ich habe immer bedauert, wenn sie beendet waren.« »Ich bedaure, daß seine politische Stellung und die meinige mir nicht gestatteten, viel mit ihm zu verkehren, aber ich würde mich gefreut haben, einen ähnlichen Mann von dieser Begabung und geistreichen Natur als Gutsnachbarn zu haben...« Privatmann, Gutsnachbar, geistreiche Gespräche – so ganz frei von Absichten ist dies sonderbare Verhältnis gewiß nicht gewesen. Bismarck war kein Privatmann im Jahre 1863, hatte keine Zeit sich zu amüsieren, und was immer er tat, sprach, sich anhörte, das hatte einen Zweck. Möglich, daß er Lassalle in seinen Dienst zu ziehen wünschte, wie er es ja später sogar mit Marx versucht hat. Sicher, daß vom gleichen Wahlrecht die Rede war, dem großen Wagnis, das damals in den Köpfen beider Politiker nistete, obwohl sie sehr verschiedene Hoffnungen damit verbanden; von möglichen Wahlbündnissen zwischen Konservativen und Sozialisten; von Produktivassoziationen der Arbeiter; von einem sozialen Königtum, einer Königsdiktatur im Sinne und zugunsten der Massen. Die Arbeiter, sagte Lassalle, hätten eine natürliche Neigung zur Diktatur, wenn sie eine sei, die für sie und das große Ganze etwas leistete. Dem schwerringenden Halbdiktator, der seine Kraft in Reden vor den liberalen »Kammerschwätzern« vergeuden mußte, gefiel es.

Geworden ist aus alledem nichts oder beinahe nichts. Wohl schrieb Bismarck: »der Staat kann!« – als seine Gehilfen ihn warnten, es sei nicht ratsam, den notleidenden schlesischen Webern zu helfen. Der Staat, Bismarcks Staat, konnte aber

dann nicht viel. Er war damals im Tiefsten liberaler, bürgerlicher, kapitalistischer, als der souveräne Diplomat am Steuer wohl wußte. Seine Versuche, in Schlesien Produktivvereinigungen im Sinn von Lassalle erstehen zu lassen, fanden zähen Widerstand; und gar viel hat der Minister dann auch nicht getan, diesen Widerstand zu überwinden. Es waren dürftige Experimente, nicht im großen Stil, von dem Lassalle geträumt hatte. Bald wurde Bismarck ins außenpolitische Spiel gerissen, dessen Einsatz nun alles andere zurücktreten ließ. Die Erfolge, die er hier davontrug, machten es ihm möglich, mit den Liberalen einen Kompromiß zu schließen, der, lau und flau wie er war, doch für lange Zeit die Basis seiner Politik wurde.
Lassalle hat das nicht mehr erlebt. August 1864 ließ er sich in der Nähe von Genf in einer Ehren- und Liebessache im Duell tödlich verwunden. Sein Arbeiterverein war damals nicht, was der sanguinische Gründer sich von ihm erhofft hatte; er hatte nur wenige Tausend Mitglieder. Aber ein Anfang war gemacht, und zwar, im Gegensatz zu dem weltweiten Vorhaben der beiden Revolutionsväter in England, ein praktisch begrenzter, der Lage in Deutschland angemessener Anfang. Marx gab das später mehr oder weniger zu; er hat über den Toten milder geurteilt als über den Lebenden. Merkwürdig ist sein Wort aus dem Jahre 1866: »Welcher Verlust für Lassalle, daß er maustot ist! Den hätte Bismarck jetzt Rolle spielen lassen!«
Das wissen wir freilich nicht, welche Rolle Lassalle im Bismarckschen Deutschland gespielt hätte, und unsere Phantasie ist frei, es sich auszumalen. War er der Mann, eine große sozialistische Partei in den Staat hineinzuzwingen, Bismarcks falschen Kompromiß mit der Demokratie zu einem echten zu machen? Es ist denkbar. Hätte er im Gegenteil der eigenen Laufbahn die Sache geopfert, wie ein anderer Marx-Freund, Johannes Miquel, dem Sozialismus Lebewohl gesagt, um ein großer Herr im nationalen Staate zu werden? Wer sich in sein Werk vertieft, kann es nicht glauben. Lassalle war aus anderem Holz geschnitzt als die exkommunistischen Streber, die in Bismarcks Dienst übertraten. Dienen, das konnte er überhaupt

nicht, und sein Geist war weit, hochfliegend, generös. Wahrscheinlich also, daß er Bismarck mehr zum Tort als zu Gefallen getan hätte, nachdem des Reichsgründers Pakt mit dem kapitalistischen Bürgertum geschlossen war... Aber wir reden von dem, was nicht geschehen ist, und von solchem kann man ernsthaft eigentlich nicht reden. Was blieb, war die Erinnerung an einen politischen Genius, der eine ganz kurze Zeit über Norddeutschland leuchtete, um wieder zu verschwinden wie ein Meteor; und um dieserorts nie wieder seinesgleichen zu finden.

Krisen-Diplomatie

Noch immer war es die erstickte Revolution von 1848, die im Leibe Deutschlands und Europas rumorte. Nichts war damals gelöst worden, aber eine Frage unterdrücken, heißt nicht, sie aus der Welt schaffen. Was 1848 nicht im ganzen getan wurde, wurde in den fünfziger und sechziger Jahren stückweise getan. Schlecht und recht; nicht in dem weltverbindenden Sinn, in dem die Achtundvierziger es sich vorgestellt hatten.
Das Gesellschafts- und Verfassungsproblem Frankreichs wurde unter der Diktatur Napoleons III. in der Schwebe gehalten. Das ging, solange es ging, und einige Gesellschaftsklassen fuhren gar nicht übel dabei. Aber es war politisch nicht fruchtbar: Ferien von der Politik, kontrolliert von Gendarmen. Deutlich kam das Ferienende näher; die Zeit, in der die Leute sich wohl oder übel wieder um ihre echten Gegensätze und Verantwortlichkeiten würden kümmern müssen.
Italien, das sich 1848 nicht zum Nationalstaat hatte gestalten dürfen, tat es zwölf Jahre später dennoch; nicht mehr zu den noblen, weltdemokratischen Zwecken, die Mazzini vorgeschwebt hatten. Der revolutionäre Geist hatte es nicht geschafft. Nun schafften es kühle Staatsräson und Kanonen;

was auf dem Plan erschien, war eine neue Großmacht oder Gernegroß-Macht, kein enthusiastischer Bundesgenosse im Kampf um menschliche Freiheit. Venedig war noch immer österreichisch, Rom noch immer päpstlich; auch diese Überbleibsel abgestorbener Rechtsverhältnisse mußten von dem neuen Nationalstaat eingeschluckt werden. Aber wer tut freiwillig, wozu er gezwungen werden kann? Franz Joseph hielt an Venetien fest und Pius IX. an dem Reste seines verrotteten Kirchenstaates.

Auf verdrängter Revolution beruhte die Ordnung Österreichs in den fünfziger Jahren; waren doch seine drei Hauptstädte, Prag, Wien und Budapest, von den Armeen des Kaisers nacheinander regelrecht erobert worden. Wie ein Eroberer residierte der junge Franz Joseph in seinen eigenen Staaten. Das war ihm vielleicht so verwunderlich nicht, denn er dachte in der alten Tradition von Herr und Untertan, und die Länder, die er behielt, notgedrungen abgab oder allenfalls einzutauschen bereit war, gehörten ihm oder seinem Erzhause. Aber so waren die Begriffe der Zeit nicht mehr. Hierüber, über diesen Gegensatz, war es 1848 im Kaiserstaat zu Kriegen und Bürgerkriegen gekommen, und ob sie gleich alle vom Kaiser gewonnen worden waren, so war damit die Sache nicht bereinigt. Noch auch konnte die aufgeklärte Säbelherrschaft des Fürsten Schwarzenberg aus dem Reich der vielen Völker einen echten Einheitsstaat machen. Der Kranke war nicht geheilt, es war nur eine feste Binde um ihn geschlungen; die alten Schmerzen regten sich, sobald das Wetter sich änderte. Unnötig, für unsere Zwecke, alle die verschiedenen Verfassungsexperimente herzuzählen, in denen Franz Joseph die Lösung suchte, um sie nach ein paar Jahren wieder aufzugeben. Wäre er Herr der Lage gewesen wie seine Vorfahren, so hätte er nichts versucht und alles beim guten Alten gelassen. Finanzmisere, bürgerliche Unruhe, ungarische Widerborstigkeit, schließlich die äußere Niederlage von 1859 brachten auch die österreichischen Dinge wieder ins Rollen. Im Februar 1861 versuchte Franz Joseph es mit dem leider immer noch und immer wieder modischen Ding, Liberalismus: Parlament mit zwei Häusern,

»Reichsrat« von den Landtagen der einzelnen »Königreiche und Länder« zu wählen, aber so, daß durch allerlei Künste den Deutschen die Führung oder Mehrheit zugespielt wurde. Noch immer die Fiktion des Einheitsstaates – das »Februar-Patent« wußte nichts von Nationalitäten –, des überwiegend deutschen Staates, dazu nun: des liberalen Staates. Der Absichten dabei waren mehrere. Eine aber war die, Österreich bereit zu machen für den Endkampf in Deutschland. Ein liberales Österreich hatte hier bessere Chancen als ein despotisch-fremdes; in einem Augenblick zumal, in dem der preußische Erstminister es darauf anzulegen schien, seinen Staat unter den deutschen Liberalen verhaßt zu machen.
So waren es denn auch in Deutschland die wohlbekannten Stellungen und Gegenstellungen: Großdeutsche und Kleindeutsche, Liberale und Demokraten, Reform des Bundes oder Beseitigung des Bundes; sogar Schleswig-Holstein geriet im Herbst 1863 plötzlich wieder ins Zentrum des nationalen Interesses. Es kann wohl geschehen, daß eine Frage, um deren Lösung man sich drückte, allmählich veraltet und abstirbt. Aber das ist nicht oft so. Meist kommen die verdrängten Probleme wieder herauf und quälen ihre nachlässigen Sachverwalter so lange, bis sie in leidliche Ordnung gebracht sind.
Was für die Revolution von 1848 gilt, daß ihre Aufgaben in den folgenden beiden Jahrzehnten stückweise vollbracht wurden, das gilt auch für den europäischen Krieg, der 1848 zu drohen schien. Auch der wurde in den folgenden Jahrzehnten stückweise gemacht. Jede Macht war gegen jede andere. Folglich auch gegen jene, mit der sie sich verband, um eine dritte zu bezwingen; während sie gleichzeitig auch schon wieder gemeinsame Interessen erwog, die sie mit jener dritten verband oder demnächst verbinden würde. Der Krimkrieg wurde nicht zum europäischen Gesamtkrieg, weil die deutschen Mächte sich weigerten, mitzumachen. Die folgenden Kriege waren Duelle zwischen zwei oder zweieinhalb Mächten, um welche die anderen einen Ring von neutralen Zuschauern bildeten, kurze, rasch abgebrochene Operationen: Frankreich gegen Österreich, 1859; Preußen gegen Österreich, 1866. Dabei ging

es regelmäßig um eine Erbschaft von 1848, um Rußlands reaktionäre Hegemonie, die sich 1849 als unerträglich erwiesen hatte und 1854–56 gebrochen wurde, um Österreichs veraltete Stellung in Italien, um Schleswig-Holstein, um die politische Gestaltung Deutschlands. Der Krieg von 1870 bildet eine Ausnahme; der wurde um keine Erbschaft von 1848 geführt, sondern – für nichts und wieder nichts. Dergleichen Duelle zwischen zwei europäischen Mächten, bei denen die anderen neutral sind und die mit einem raschen, maßvollen Friedensschluß, ja wohl gar mit einer diplomatischen Zusammenarbeit der Feinde von gestern enden, erscheinen uns als etwas Fremdartiges. Heutzutage sind ja die Staaten Europas keine solchen absoluten, selbständigen Einheiten mehr, daß ein »lokalisierter« Konflikt zwischen zweien von ihnen möglich wäre. Auch im sechzehnten, siebzehnten, achtzehnten Jahrhundert waren sie es nicht. Auch da wurde jeder Krieg zwischen zwei von den Größeren zum Gesamtkrieg oder Koalitionskrieg. In der diplomatischen Geschichte Europas sind die zwanzig Jahre von 1850 bis 1870 einzigartig. Technisch gesprochen mag die Lokalisierung der Kriege in jener Epoche damit erklärt werden, daß das allgemeine Gleichgewicht niemals bedroht schien; die Frage, wer siegen würde, war für die neutralen Mächte wohl interessant, aber nicht von lebensgefährdender Bedeutung, und gleichzeitig verbürgte eben die Existenz mächtiger Neutraler, daß der Friedensschluß gemäßigt ausfallen würde. Kein Sieger konnte sich gar zu unverschämte Forderungen gestatten; meist mußte er sich eilen, eine bescheidene Ernte in die Scheuer zu bringen, weil von einer anderen Seite schon wieder neues Unwetter drohte. In lokalisierten Kriegen werden die Regeln des Spieles treuer gehalten als in solchen, bei denen es keine neutralen Zuschauer oder Schiedsrichter mehr gibt.

Nie auch, in neuerer Zeit, hat man leichtsinniger Krieg geredet und Krieg geplant als damals. Sollten die Dinge, in Italien, in Deutschland, »sich erhitzen«, sollte man eingreifen, aktiv werden, die politische Karte ein wenig verändern? Davon war unter Monarchen und Chefdiplomaten beständig die Rede. Viel mehr als wirklich geschah, wurde gedacht und spekulativ vorgeschlagen, die Aufteilung Österreichs oder der Türkei, die Wiederherstellung Polens, die Abschaffung Belgiens. Im Endergebnis sah das Europa von 1871 jenem von 1814 ähnlicher, als es sich in der Phantasie Napoleons III. oder selbst Bismarcks gelegentlich ausgenommen hatte.

Bei weitem der ernsteste Krieg der Epoche war der amerikanische Bürgerkrieg. Er wurde nicht zwischen Staatswesen geführt, von denen das eine sich mit der Existenz des anderen abzufinden bereit gewesen wäre, und es gab in Nordamerika keine ins Gewicht fallenden, vermittelnden Neutralen. Der Gegenstand dieses Krieges aber war nicht so sehr verschieden von jenem der gleichzeitigen europäischen: Einheit, neue, von einer einzigen Region beherrschte, verstärkte Einheit der Nation. Die Abschaffung der Neger-Sklaverei in den Vereinigten Staaten fand statt, während in Rußland die Leibeigenschaft der Bauern fiel; und das war auch die Zeit, in der die Japaner ihr Reich der Welt öffneten und mit seiner Modernisierung begannen. Alle diese Entwicklungen, Konflikte, Reformen gehören geschichtlich zusammen; ein Sichbefreien von veralteten Unterschieden, Grenzen, Fesseln, ein Sich-stark-und-zeitgemäß-Machen, Bereitmachen für die großen Aufgaben des 20. Jahrhunderts.

Bismarcks Kriege

Von Anfang an hielt Bismarck sich den Partnern, mit denen er es freundlich oder feindlich zu tun hatte, für weit überlegen, und mit Recht; wozu nicht einmal gar so viel gehörte. Diplomaten sind ja im allgemeinen keine sehr bedeutenden Menschen; in der Wissenschaft wird schwieriger gedacht, in der Kunst schöpferischer gehandelt als in der Politik. Napoleon III., kraft blinden Glaubens an seinen Stern, durch Glück, Schwindel und Dreistigkeit auf den Thron Frankreichs gelangt, war nur ein milde begabter Mann. Hätte er die Kraft besessen, seinen brauchbarsten Ideen ganz treu zu bleiben, so hätte, denkbarerweise, Europas Schicksal einen schöneren Lauf genommen bis zum heutigen Tag. Nur schafft man selten Rechtes, wenn man selber in einer grundschiefen Situation ist. Louis Napoleons fixe Idee war die Neuordnung Europas in Nationalstaaten. Es komme, meinte er in seinen klarsten Augenblicken, nicht auf kleinlichen Landgewinn an, sondern auf die Großzügigkeit der Lösung; Frankreich habe von freien, zufriedenen Schwesternationen, den Deutschen, den Italienern nichts zu fürchten; nur in gemeinsamer Freiheit könne Westeuropa den Weltmächten der Zukunft, Rußland und Nordamerika, die Waage halten. Gute Einblicke, goldene Worte. Aber der Diktator war schwach und untertan den alten Sünden, auf denen seine Diktatur beruhte. Seine abenteuernden Ratgeber zischelten ihm etwas von den Prestigebedürfnissen seines Theaterthrones, von Frankreichs natürlichen Grenzen, von schiedsrichterlichen Kompensationen, Gewinsten, Triumphen. Der kränkelnde Träumer hörte ihnen zu. Er versuchte das eine und das andere, umgarnt von Widersprüchen, an denen er zugrunde ging. Sie kamen Bismarck sehr zugute.

Franz Joseph von Österreich, dem im Alter lange, schlimme Erfahrungen eine gewisse Weisheit gaben, war ein starrer und beschränkter Mann. Er konnte nichts hergeben, es wäre denn, die Niederlage zwang ihn dazu. Durchschnittliche Leute waren seine Vertreter und Ratgeber. Das Reich, das sie nach außen zu vertreten hatten, war jedoch gar nicht durchschnittlich in seiner Gefährdung, seiner immer wachsenden inneren Verlegenheit. Es war nicht allzu schwer, ein solches Reich diplomatisch zu überspielen.

Rußland fiel nahezu aus seit dem Krimkrieg. Zudem war man in St. Petersburg Preußen wohlgesinnt, besonders jetzt, da jener Balkankonflikt zwischen Österreich und Rußland an den Tag gekommen war, der zu Lebzeiten beider Reiche nicht mehr enden sollte.

England fiel aus, solange das, was es als Europas Gleichgewicht ansah, ihm nicht bedroht schien. England betrachtete Rußland

als seinen Feind Nummer eins und Frankreich als den möglichen Feind Nummer zwei. Mitteleuropa erstarken zu sehen zwischen den beiden unruhigen Flankenmächten war ihm willkommen; willkommen auch, wenn seine Zusammenraffung von den liberalen, protestantischen Preußen geführt würde, anstatt vom reaktionären, völkerfeindlichen Österreich.
Um es kurz zu sagen: die Legende, wonach mißgünstige Großmächte das gute Deutschland umdrängten, entschlossen, seine Einigung zu hindern, und Bismarcks Zauberstab die wilden Bestien nur eben zähmte, während er sein Werk vollbrachte, ist in der Tat eine Legende. Sie ist später entstanden, in einer Zeit, als Deutschland seine Nachbarn nervös zu machen begann. Das war so 1900, aber nicht 1865. Hätten die alten Mächte vorausgesehen, wie Deutschland sich entwickeln würde, so hätten sie seine Einigung – vielleicht – zu hindern gesucht. Aber man sieht ja in der Politik beinahe gar nichts voraus. Man hat mit den handfesten Sorgen der Gegenwart zu tun, nicht mit ungewissen Phantasmen der Zukunft. Im neunzehnten Jahrhundert war viel von einer russischen Gefahr die Rede, von einer französischen, von einer revolutionären; von der deutschen nie. Damals trieben viel freundliche Wasser die deutsche Mühle.
Die zähesten Widerstände kamen nicht von außen, sie kamen aus dem eigenen Haus. Österreich konnte den deutschen Nationalstaat nicht wollen, sah man genau zu, nicht einmal in der großdeutschen Form, welche ihm angeblich genehm war. Preußen hatte ihn seither weder in der großdeutschen noch in der kleindeutschen Form gewollt; der Gedanke, daß die letztere am Ende nicht zu vermeiden sein werde, um die erste und noch manches andere zu vermeiden, war erst vor kurzem einigen preußischen Politikern vertraut geworden. Dem Minister von Bismarck zum Beispiel; in dessen Geist aber trotzdem die alten Widerstände weiter nisteten. Seine Meisterleistung besteht nicht darin, daß er die deutsche Einheit schuf; die war seit fünfzig Jahren ersehnt und zerredet worden. Das ungeheuer Geschickte, Kühne, Widernatürliche seiner Leistung liegt darin, daß er die deutsche Einheit zuwege brachte ohne

die Elemente, die man seit fünfzig Jahren mit ihr verbunden hatte: Parlamentsherrschaft, Demokratie, Demagogie. Das, was ein halbes Jahrhundert lang der Traum des Bürgertums gewesen war, wurde nun ohne, ja zeitweise gegen das Bürgertum gemacht; das Deutsche Reich wurde schließlich proklamiert unter Fürsten und Generalen, im Heerlager, in dem eine Bürgerdeputation sich grau und schüchtern ausnahm.

In Bismarcks Seele waltete mancherlei nebeneinander. Er war ein, den Mächten der Geschichte gegenüber, sehr bescheidener Mann. Oft hat er gesagt, wie wenig der einzelne tun könnte, wie man warten müßte, bis die Dinge sich vollzögen, wie es doch immer ganz anders käme, als man es sich vorgestellt hatte. Aber dann war er auch wieder ungeduldig, arrogant und zum Bluff geneigt; sowohl in der Gegenwart wie auch, rückblickend, der Vergangenheit gegenüber. Gerne richtete er später in Memoiren, Reden, Gesprächen die Dinge so zu, als ob er alles geplant und vorausgesehen hätte, während er in Wahrheit die Gelegenheiten ergriff, so wie sie kamen. Das, was einer in der Politik tut, hängt von dem ab, was der andere tut, wie im Schachspiel; mit dem Unterschied, daß es in der Politik sehr viele Spieler gibt. Höchstens kann man ein paar Züge im Kopf haben, während einer der Partner am Ziehen ist. Als Bismarck Minister wurde, wollte er wahrscheinlich ungefähr dies: Preußen sollte Preußen bleiben und an Macht gewinnen, und seine Klasse sollte in Preußen herrschen wie zuvor. Dem Bürgertum war ein notwendiges Minimum von Konzessionen zu machen, wenn sich das durch einen für die herrschende Klasse tragbaren Vergleich erreichen ließ. Deutschland mochte zwischen Österreich und Preußen geteilt werden, wenn das ging. Ging es nicht – so gab es andere Möglichkeiten. Bismarck sah das Mögliche, wenn es auftauchte, und verwarf das Unmögliche. Er war fähig, in der Ausübung seines Berufes zu lügen, nicht aber, sich selber doktrinären Dunst vorzumachen. Er sprach aus, was war, mit Ernst, mit Humor, mit Brutalität, je nachdem; wobei er, im Verkehr zwischen Staaten, bereit war, das Interesse der anderen Seite zu verstehen und ein derbes Tauschgeschäft vorzuschlagen. Kam es nicht zustande, und ging es um eine für die preußische Großmacht lebenswichtige Sache, nun, so mußten die Waffen entscheiden. Eine dritte Möglichkeit gab es dann nicht. Bismarcks Genius war gesunder Menschenverstand, Mut, Erbarmungslosigkeit. Zudem gaben damals die wenigsten sich mit ihrer Politik so Mühe wie er. Wenn die anderen ein mattes Gesellschaftsspiel spielen, einer aber blutigen Ernst macht, so wird er wahrscheinlich gewinnen.

Wir machen es kurz mit dem, womit man es ehedem lang zu machen pflegte, mit dem Ursprung und Ergebnis der Bismarckschen Kriege.

Es begann mit der leidigen Schleswig-Holstein-Sache. Die europäischen Mächte hatten 1852 den dänischen Thronfolger als den zukünftigen Monarchen auch in den beiden Herzogtümern anerkannt, wogegen Dänemark sich verpflichtete, die deutschen Länder, unter ihrer eigenen Verfassung, von dem Hauptstaate getrennt zu halten. Unter dem neuen König beging man in Kopenhagen den Fehler, sich über diese Verpflichtung hinwegzusetzen und Schleswig mit Dänemark zu vereinen. Das war dasselbe, was schon einmal, 1848, geschehen war, und nicht anders war die Wirkung auf Deutschland. An dem Schleswig angetanen Unrecht steigerte sich das ohnehin jüngst wieder verstärkte, nie zur Ruhe gekommene deutsche Nationalgefühl. Es gab einen norddeutschen Dynasten, der, gelehrten Juristen zufolge, auf Schleswig-Holstein ein besseres Erbrecht hatte als der König von Dänemark; dieser Fürst, von Augustenburg, wurde zum Symbol deutschen Rechtes in der nordischen Streitsache. Das Londoner Protokoll, ein Werk der Reaktionszeit, durfte keine Geltung mehr haben. Schleswig-Holstein war nun dem Dänen zu entreißen und heimzubringen nach Deutschland. So die Forderung der Liberalen, des Nationalvereins, sogar der Mehrzahl der Staaten, die im Deutschen Bunde vertreten waren. Er beschloß die »Bundes-Execution« gegen Dänemark.

Ein im »Bier-Enthusiasmus« der Demokraten gegründetes neues deutsches Großherzogtum war nicht im Sinne des Ministers von Bismarck. Er spielte den Eiskalten gegenüber der nationalen Begeisterung, und das war ehrlich; die »deutsche Aufregung« lag ihm nicht. Nicht so ehrlich war er, wenn er nichts anderes zu erstreben behauptete als die Aufrechterhaltung des Londoner Protokolls: es gelte nicht, deutscher Demagogie nachzugeben, wohl aber, verbrieftes europäisches Recht zu verteidigen. Kehrten die Dänen zum Rechte zurück, so sei für Preußen die Angelegenheit bestens erledigt. Die Dänen taten das nicht, zu Bismarcks Glück. Denn was er sich heimlich in den Kopf gesetzt hatte, war dies: die Annexion Schleswig-Holsteins nicht durch das liberale Deutschland, sondern durch Preußen. Das konnte nicht in Zusammenarbeit mit dem verachteten Bund geschehen. Die ersten entscheidenden Schritte dazu konnten aber, ja mußten in Zusammenarbeit mit der anderen deutschen Großmacht geschehen. Sie brachte Bismarck zustande. Es gelang ihm, Österreich von dessen natürlicher Basis in Deutschland, vom Bunde und den Mittelstaaten zu trennen, ein Ziel, für das er mehr Charme und Witz und verbergende Kunst anwandte als für jede andere Leistung seines tatenreichen Lebens. Die österreichischen Politiker, unbeholfene, redliche Durchschnittsmenschen, gingen auf den Leim. Nicht der Bund führte im Frühling 1864 Krieg gegen Dänemark. Die beiden konservativen Mächte, Preußen und Österreich, taten es auf eigene Faust, wobei die endgültige Lösung der Frage, was denn nun mit den Herzogtümern zu machen sei, späteren Verhandlungen vorbehalten blieb. Es versteht sich, daß Dänemark den Armeen der Großmächte nicht gewachsen war. Im Vertrag von Wien mußte es auf die uralte Verbindung des Inselreiches mit der nordischen Halbinsel für immer verzichten. Das war ein Erfolg, errungen von der Staatskunst des Ministers, gegen den Willen der Nation, im Streit mit dem preußischen Abgeordnetenhaus, das von einem *solchen* Krieg gegen Dänemark nichts hatte wissen wollen, mit Truppen, deren Bezahlung das Abgeordnetenhaus verweigert hatte. (Bismarck: »Wenn wir es nötig finden, Krieg zu führen, so werden wir ihn führen, mit oder ohne Ihr Gutheißen.«) Erfolg verwirrt und gewinnt die Herzen. War der Mann vielleicht doch auf dem richtigen Weg? Die Mehrzahl der Liberalen weigerte sich, es zu glauben, vom Siegesschwindel sich hinreißen zu lassen. Der Verfassungskonflikt ging weiter. Dem Minister war das so unlieb nicht, denn auf ihm beruhte seine Unentbehrlichkeit, sein Einfluß auf den König, den er in naher Zukunft gar sehr würde brauchen können.

Es wäre falsch, zu sagen, daß Bismarck den österreichischen Krieg beschlossen hatte, noch ehe der dänische beendet war. Ehe er nicht wirklich da war, war selbst Napoleon zum Krieg nie mit Sicherheit entschlossen. Da mag immer noch allerlei dazwischenkommen, und Bismarck war, im Gegensatz zu Napoleon, nie Herr im eigenen Haus; den Landtag konnte er mißachten, aber die konservative Partei, die Hof- und Militärcliquen und den König selbst, einen störrischen, ängstlichen und, solange es nicht zuviel kostete, auch rechtlich gesinnten alten Herrn, mußte er unter furchtbaren Nervenanstrengungen mitschleppen und für jeden einzelnen Schritt sie aufs neue überzeugen. Sicher ist, daß er Österreich in der Schleswig-Holstein-Sache zum Narren halten und die beiden Länder für Preußen annektieren wollte. Sicher ist auch, daß er den Krieg gegen Österreich seit zehn Jahren in Rechnung stellte und daß er in der Logik seiner Politik lag. »Ich zweifle nicht daran«, schrieb der bayrische Minister von der Pfordten schon im Jahre 1862, »daß Bismarck die Auflösung des Deutschen Bundes, die Trennung Deutschlands von Österreich und die Unterwerfung der deutschen Staaten unter Preußen anstrebt... ich glaube, daß er in der Wahl der Mittel hierfür nicht skrupulös sei und etwas Revolution im Inneren unter Hilfe von außen nicht scheuen wird.« Wenn man von einem Partner immer nur nahm und forderte, ohne ihm etwas zu bieten, und wenn dieser Partner obendrein so geartet war, daß er ungern selbst die gerechteste Einräumung machte, geschweige denn ungerechte, so trieb man auf Krieg hin. Jedoch spielte Bismarck, Spieler, der er damals war, bis zuletzt mit anderen, verwegenen Möglichkeiten.

Was allmählich an den Tag kam, war, daß er dem betrogenen Augustenburger die befreiten oder eroberten Herzogtümer nicht gönnen wollte, selbst nicht unter Bedingungen, welche aus dem Herzog einen preußischen Statthalter eher denn einen Souverän gemacht hätten. Was ferner an den Tag kam, war, daß die gemeinsame Verwaltung der Nordländer durch Österreich und Preußen eine zänkische Chimäre war. Schließlich einigte man sich auf Gütertrennung, Schleswig als preußisches, Holstein als österreichisches Verwaltungsgebiet. Das löste die Frage nicht, was denn eigentlich Österreich dort unten zu suchen hätte, und schaffte Bismarcks Ziel, beide Länder einzuschlucken, nicht aus der Welt. Liest man heute über diese verstaubten Staatsränke, so staunt man immer wieder, wie leicht die Leute, Österreicher wie Franzosen, sich von ihm betrügen ließen. »Die Welt will betrogen sein«, ist ein lateinisches Sprichwort. Nie kam Bismarck diesem Wunsche herzhafter nach als in den Jahren 1864 bis 1866. Er war damals um die fünfzig herum, also das, was man »in den besten Jahren« nennt.

Preußens Krieg gegen Österreich-Deutschland war nicht ein Krieg um die nordische Beute. Es war ein Krieg um die Vorherrschaft in Deutschland, der durch das gemeinsame Unternehmen gegen Dänemark eher hinausgeschoben als verursacht wurde; wobei denn der Streit um die Siegesbeute noch allenfalls ein zusätzlicher Kriegsgrund wurde. Abgetrennt von allem anderen hätten die beiden Mächte sich über die Nordmarken einigen können; daß sie an Preußen grenzten, von Österreich aber, nach dem Maßstabe der Zeit, sehr weit entfernt waren, verbarg man sich wohl auch in Wien nicht. Es konnten die beiden Mächte sich über Schleswig-Holstein nicht einigen, weil sie sich über Deutschland nicht einigen konnten. Und das hatten sie schon vor dem dänischen Krieg nicht gekonnt. Österreich, am Ende seiner Geduld, provoziert, gepeinigt, hinters Licht geführt, brach schließlich den Teilungsvertrag und rief den Deutschen Bund auf, die nordische Frage zu regeln, da es sich doch zu seinem Schaden verpflichtet hatte, den Zankapfel einen Gegenstand nur zwischen den beiden Großmächten sein zu lassen.

Die Frage der Bundesreform hatte in den letzten Jahren nicht aufgehört zu rumoren. Daß sie überreif sei, bestritt niemand;

und wenn auch die Regierungen sich nur ungern an sie wagten, so wurde sie doch wach und immer wacher gehalten durch allerlei Vereine und Kongresse, Nationalverein, Reformverein, durch Treffen von Abgeordneten aus verschiedenen deutschen Parlamenten, durch die öffentliche Meinung. Der Streit zwischen Österreich und Preußen spornte beide an, Angebote auf Deutschland zu machen. Einmal, Herbst 1863, hielt Franz Joseph in Frankfurt einen Kongreß deutscher Fürsten ab, dem er ein kunstvolles, im Grunde unkräftiges Reformprojekt vorlegte. Es gelang Bismarck, seinen König am Besuche des Kongresses zu hindern, wodurch derselbe zum Schlag ins Wasser wurde. Er wünschte keine Reform des Bundes, sondern seine Auflösung und Ersetzung durch etwas anderes: den Verzicht Österreichs auf seine Stellung in Kleindeutschland, die preußische Vorherrschaft. Diese aber, so wußte er längst, und die ganze Zeit während er sich mit seinem persönlichen Krieg gegen die preußischen Liberalen amüsierte, war nur durch ein Bündnis Preußens mit dem deutschen Liberalismus und Nationalismus zu erreichen. Preußen würde stark genug sein, dies Bündnis auszuhalten. Was er daher schon 1863 vorschlug und nun, im Frühling 1866, den österreichischen Künsteleien abermals entgegenhielt, war ein nach dem allgemeinen und gleichen Wahlrecht zu wählendes deutsches Parlament in Frankfurt, bei oder neben dem Bundestag. Hierüber schlug man die Hände über dem Kopf zusammen. Wie konnte doch der Mann, der in Preußen seit drei Jahren gegen die Verfassung regierte und seit zwanzig für das Prinzip parlamentarischer Regierung und Diskussion nur Spott und Hohn gehabt hatte, nun an freie Vertreter der Nation appellieren? Ein Berliner Witzblatt erklärte, sein Erscheinen einstellen zu müssen, denn bessere Witze als Herr von Bismarck könne es nicht machen... Demagogie, Übertrumpfen der matten österreichischen Versuche war im Spiel. Aber nicht nur dies. Bismarck traute dem allgemeinen und gleichen Wahlrecht eine konservative Wirkung zu; darin irrte er auf die Dauer. Er fühlte ferner, daß der Stier bei den Hörnern zu packen sei, daß man im Machtkampf nicht gewinnen könne gegen die großen Tendenzen der Zeit, Nationalismus und Demokratie. Man konnte sie ausnutzen, beherrschen, betrügen, man konnte sie nicht mehr unterdrücken. Das sah er; die braven Edelleute in Wien sahen es nicht.

Näher und näher trieben die deutsche Frage und die Schleswig-Holstein-Sache Österreich und Preußen zu dem Punkt, auf dem, gutem alten Brauch zufolge, dem »Gott der Waffen« die Entscheidung zu überlassen war. Näher und näher trieb der Minister den schweren, in allen Fugen preußischen Staatskarren diesem Punkt zu; überzeugt, daß ohne Krieg sein Ziel nicht zu erreichen, seine eigene Stellung nicht lange mehr zu halten sei. Er war damals im eigenen Lande so verhaßt, daß, als ein junger Fanatiker auf ihn schoß und ihn leicht verwundete, die Berliner ihrem Bedauern über das Mißlingen des Attentats offenen Ausdruck gaben.

Internationale Diplomatie gab den Ausschlag. Noch immer sahen die Leiter Italiens sehnsüchtig nach der Provinz, die dem neuen Königreich fehlte, Venedig. Noch immer brütete Napoleon III. über der Landkarte, Veränderungen, Gewinne, endgültige Befriedungen ersinnend. Der Kaiser glaubte nicht an Österreich. Es glaubte an den Nationalstaat, Italien, Deutschland. Er sah auch, daß Preußen der Staat sei, Deutschland zu »machen«, und daß es eher im Interesse Frankreichs liege, diese ohnehin unvermeidliche Entwicklung zu unterstützen, als sich ihr entgegenzuwerfen. Wenn nur die Franzosen, auf deren Beifall der schwache Cäsar immer dringender angewiesen war, es auch so sähen! Wenn nur irgendwie, irgendwo bei der großen Veränderung ein kleiner Gewinn auch für Frankreich zu erzielen wäre! Nun, wenn der Krieg lange dauerte, die Entscheidung in blutiger Schwebe blieb, so konnte Paris eine schiedsrichterliche Stellung winken; und irgend etwas Gutes würde dann wohl auch abfallen für den Schiedsrichter... Zögernd vermittelte Napoleon das Bündnis zwischen Italien und Preußen; ungewiß, ob er das Rechte täte, ob es nicht vielleicht besser sei, in Preußen den Gegner zu sehen und zwischen Österreich und Italien zu vermitteln. Ungewiß waren alle, gierig, aber angstvoll und unklar über die eigenen

Ziele, nur einer nicht. Er habe, prahlte Bismarck, den konservativsten aller Könige dazu gebracht, die Sache des deutschen Nationalismus zu seiner eigenen zu machen, ein Bündnis mit dem revolutionären Italien zu schließen und die Zusammenarbeit mit Bonaparte zu akzeptieren. Konservativ war diese Politik allerdings nicht.
Rüstungen und Gegenrüstungen, letzte Scheinangebote, Ehrenworte, Beteuerungen zur Verständigungsbereitschaft. Die Krise vor dem Krieg dauerte länger als der Krieg selber; lange genug, um den Regierungen Deutschlands Zeit zu Beschlüssen zu geben. Sie beschlossen in ihrer überwältigenden Mehrzahl, daß sie auf die Seite des Bundes, also Österreichs, gehörten. Nur ein paar Kleinnachbarn Preußens schlossen sich aus, und auch von ihnen, zu ihrem Unglück, nicht alle. Das entsprach der Volksstimmung. Reform des Bundes ja, ein deutsches Reich ja; aber keine Verpreußung unter dem wilden Mann, der in Berlin ein ungesetzliches, verhaßtes Regiment führte. Bayern, Württemberg, Sachsen, selbst das liberale Baden schlossen sich Österreich an. Hannover, das Neutralität vorgezogen hätte, wurde von Bismarck keine Wahl gelassen. Als der Bund beschloß, alle nicht-preußischen und nicht-österreichischen Armeekorps zu mobilisieren, erklärte Preußen die Bundesakte für gebrochen, den Deutschen Bund für aufgelöst. Die preußischen Armeen marschierten ohne Kriegserklärung. Friedrich Engels, ein Militärfachmann auf seine Art, schwor, daß Österreich siegen werde, schrieb auch viel von einer Revolution, einer Rebellion der Armee, die in Preußen im Werden sei. »Der Krieg«, meinte der bayrische Politiker Fürst Hohenlohe in seinem Tagebuch, »wird lang und blutig werden.« Ähnlich muß es sich wohl auch Louis Napoleon vorgestellt haben. Aber wie irrt man sich doch so oft in diesen Dingen, die Fachleute zumeist. Blutig war er freilich, wie alle Kriege, aber gar nicht lang. Die Armeen der Mittelstaaten manövrierten ohne Plan, jede für sich, und kamen fast gar nicht zum Zuge. Den Österreichern genügte eine Schlacht in Böhmen, Königgrätz. So wie Bismarck den Diplomaten, so erwies sich die preußische Kriegsmaschine, jüngst überholt, blitzschnell

und vorzüglich gesteuert wie sie war, der veralteten Armada des Bundes überlegen. Der Überlegene greift an, der Angreifer ist überlegen, fast immer; nur muß er wissen, ein Ende zu machen, solange die Überlegenheit anhält.
Bismarck wußte das. Wenn er nie dreister, man ist versucht zu sagen, verbrecherischer handelte als während der Monate vor diesem seinem entscheidenden Triumph, wenn er alles, auch wohl sein eigenes Leben dabei aufs Spiel setzte, so war er nie weiser als nach dem Siege. Er ließ sich nicht ins Maßlose treiben, wie Napoleon I. Kriegen und Siegen wurde ihm, der zu seinem Glück ein Zivilist war, nie zum Selbstzweck. Das berühmte Wort des Generals Clausewitz, wonach Krieg die »Fortsetzung der Politik mit anderen Mitteln« sei, war wie auf seine Staatskunst geprägt. Er beherrschte die Sache, sie beherrschte nicht ihn. Nachdem er seinen König mit der emsigsten List und nervenpeinigender Geduld in den Krieg gegen Österreich gezerrt hatte, zerrte er ihn nun, wiederum unter den entsetzlichsten Nervenstrapazen, aus dem Kriege heraus. Der gute Monarch wäre nur zu gern als Sieger in Wien eingezogen und hätte dem Feinde nur zu gern nach altem Brauch ein fettes Stück Land weggenommen. Bismarck sah nach St. Petersburg, wo man unruhig wurde. Er sah nach Paris, wo man sehr unruhig wurde und die Friedensvermittlung bot, um welche Österreich ersuchte. Er dachte, trotz des Siegesrausches der Gegenwart, an Gefahren und Wünschbarkeiten der Zukunft. Der Friede, den er durchsetzte, beruhte auf einfachen Bedingungen. Österreich verzichtete auf den Deutschen Bund und auf jeden rechtlich definierten Einfluß in Kleindeutschland. Preußen vereinigte die Fürstentümer Hannover, Schleswig-Holstein, Hessen-Kassel, das Herzogtum Nassau und die Freie Stadt Frankfurt mit seinem Staatsgebiet. Es war ferner berechtigt, mit den verbleibenden deutschen Staaten nördlich des Mains einen »Norddeutschen Bund« zu schließen. Im Süden mochten sie einen Süddeutschen Bund schließen oder jeder für sich existieren, wie es ihnen beliebte. Dem Belieben setzte die neue Wirklichkeit enge Grenzen. So das Ergebnis des Sommerkrieges, deutschen Bruderkrieges,

oder wie er genannt wird. Was siebenmal sieben Jahre zerredet und immer wieder als unentscheidbar aufgezeigt worden war, hatten sieben Wochen entschieden. Ein Zauberschlag. Und weil der Erfolg recht gibt, so empfing brausender Jubel den Ministerpräsidenten, als er von Böhmen nach Berlin zurückkehrte. Der Verfassungskonflikt, die Jahre ungesetzlichen Drauflosregierens – man mußte sehr rechtliebend und rechthaberisch sein, um jetzt noch danach zu fragen.

Verwirrung und Neugruppierung

Das war das Unnatürliche, das Konzeptwidrige der Situation. Die deutsche Frage hatte der Wille und Plan eines einzelnen entschieden. Dieser einzelne war kein Idealist, kein Volksmann, kein berühmter Liberaler. Der verhaßte Krautjunker hatte es geleistet, kraft der Regimenter und neuen Infanteriegewehre, die es der preußischen Verfassung gemäß gar nicht hätte geben dürfen. Niemand sonst. Fürsten und Bürger, Großdeutsche und Kleindeutsche, Konservative, Liberale, Demokraten, Sozialisten hatten alle nichts dazu getan oder doch nur von ferne vorbereitende Arbeit. Daß Süddeutschland sich dem »Norddeutschen Bund« nicht lange würde fernhalten können, sah jeder, der es sehen wollte. Seinen Nationalstaat also, verkürzt um Deutsch-Österreich, würde das deutsche Volk nun doch endlich haben. Aber es würde kein Volksstaat sein, denn er war ohne, ja gegen das Volk gemacht. Nun mußten die Leute sich irgendwie stellen zu dem, was sie weder getan noch vorausgesehen hatten, was ihre Wünsche erfüllte und doch nicht erfüllte. Wundersame Verwirrung herrschte in den Köpfen politisch denkender Deutscher, schon während der Monate vor dem Sommerkriege, und noch mehr danach.

Bei den preußischen Liberalen, der Fortschrittspartei und ihren Nachbarn zur Rechten herrschte zugleich Ostersonntags- und Aschermittwochsstimmung. Das eine, weil nun die deutsche Einheit zum Greifen nahe war; das andere, weil sie selber so wenig dazu beigetragen und ihre Sache offenbar schlecht gemacht hatten. Es meinte nun der preußenbegeisterte aber entschieden liberale junge Historiker aus Sachsen, Heinrich von Treitschke: »Der Liberalismus soll endlich sich nüchtern Rechenschaft geben über den bescheidenen Umfang seiner Macht, er soll seine Wünsche herabstimmen und nicht mehr wähnen, dieses Preußen, in dessen werdendem Staatsbau die Krone, das Heer und die Selbstverwaltung der Gemeinden die bestgesicherten Pfeiler bilden, lasse sich ohne weiteres nach englisch-belgischem Muster umgestalten.« Sich »nüchtern Rechenschaft geben«, »sich umdenken«, sich »auf den Boden der neuen Tatsachen stellen«, das war das Gebot der Stunde. Ein anderer liberaler Historiker trieb die »Selbstkritik« so weit, daß er jetzt eine nahezu bedingungslose Unterwerfung unter die preußische Machtpolitik forderte; das Bürgertum habe sich unfähig erwiesen für die Politik, man müsse sie dem Adel überlassen.
An einem Verfassungskompromiß, einer Versöhnung mit den Machthabern hatten gewisse liberale Politiker schon vor dem Kriege gearbeitet. Ihnen kam der Minister entgegen, anstatt, wie ihm jetzt wohl möglich gewesen wäre, seinen Triumph auszunutzen zur Vernichtung der konstitutionellen Partei. Bismarck hatte begriffen, daß es in seinen Tagen ganz ohne Verfassung, ohne Parlament nicht mehr ging; er brauchte es jetzt um so dringender, weil es zur Assimilierung der neuen Provinzen – der eroberten Staaten – einen Beitrag leisten konnte. Also bat er um »Indemnität«, ein nachträgliches Gutheißen aller Ausgaben, die seit 1862 vom Staate ungesetzlich gemacht worden waren. Die Bitte enthielt kein Schuldbekenntnis; der König ließ es sich nicht nehmen, noch eigens zu versichern, er habe recht gehandelt und würde in ähnlicher Lage noch einmal so handeln. Es war der Schein der Legalität, den man dem Landtag einräumte oder den man dem Landtag erlaubte,

seinerseits einzuräumen; womit die ganze Angelegenheit nachträglich in glimpfliche Ordnung kommen würde.

Über die Frage, ob diese Indemnität zu gewähren sei, geriet die große Fortschrittspartei in die Brüche. Ja sagen hieß, Unrecht zum Recht machen, weil es Erfolg gehabt hatte. Nein sagen hieß, weiter in Opposition verharren und sich ausschalten bei dem Werk, das nun beginnen sollte, der Gestaltung des Norddeutschen Bundes. Ja sagten die Realpolitiker oder solche, die es nun werden wollten und die längst über die Praktizität ihrer Stellung sich ihre Gedanken gemacht hatten. Nein sagten die unbedingten Anhänger des Rechtsgrundsatzes. So entstand rechts von den Fortschrittlern eine neue Partei, welche demnächst sich die »Nationalliberale« nannte. National, denn sie wollte ein Deutsches Reich, und ihr stärkster Zuzug kam ihr aus den neuen, den unpreußischen Provinzen. Liberal, denn ihr Programm enthielt die klassischen Forderungen des Liberalismus, freie Wirtschaft, Freihandel, Rechtsstaat, Verfassungsstaat – wobei man es nur eben mit der jüngsten Vergangenheit nicht zu genau nehmen durfte. Ihr Verfassungsstaat aber durfte und sollte nach außen hin Machtstaat sein. Die Nationalliberalen boten Bismarck begeisterte Anerkennung seines außenpolitischen Werkes, im Inneren Zusammenarbeit und, wo es nottat, »wachsame, loyale Opposition«.

Derselbe Magnet, der die Fortschrittspartei auseinanderriß, spaltete auch die preußischen Konservativen. Sie waren gern mit Bismarck gegangen, solange er die Verfassung brach, sie waren ihm auch in den Krieg gegen Österreich gefolgt, trotz allem, was sie fünfzig Jahre lang zugunsten der christlich-konservativen Allianz der Ostmächte gepredigt hatten. Ganz glaubenstreue Prinzipienritter waren ihm freilich auch da nicht gefolgt: konservative Politik sei rechtliche Politik, wer zu Machiavellis Mittel greife, wer Bonaparte überbonapartisiere und die europäische Gemeinschaft ruchlos zerstöre, der sei kein Konservativer mehr. So, ohne Zweifel, hätte der gute Professor Stahl gedacht. Aber Stahl war tot und sein Geist in Berlin nie allzu lebendig gewesen. Was nun viele Konservative Bis-

marck verübelten, war sein neues Spiel mit den Liberalen und Nationalen. Sie konnten sich nicht mit dem Norddeutschen Bund versöhnen, nicht mit dem kleindeutschen Reich, für welches der Bund die Vorstufe war, viel weniger mit dem gleichen Wahlrecht, das Bismarck nun, seinem Versprechen getreu, im neuen Bunde wollte gelten lassen. Da aber andere Konservative, ebenso wie andere Liberale, bereit waren, sich »auf den Boden der Tatsachen zu stellen«, so entstand links von der Konservativen Partei die »Freikonservative« oder, wie sie sich später in Deutschland nennen sollte, die »Deutsche Reichspartei«.
Beide Gruppen waren die, auf die Bismarck sich in den kommenden Jahren vornehmlich stutzte; Professoren, für welche die Geschichte schließlich doch immer recht behalten mußte und welche nun Deutschlands Größe über legalistisches Kleingezänk stellen wollten, liberaler Adel aus Schlesien und dem Rheinland, Industrielle, für die der König noch eine Zeitlang Herr im preußischen Hause sein mochte, solange er sie Herr in ihrem eigenen Hause, in Fabriken und Banken sein ließ, nobelgesinnte Patrioten und praktisch-gieriges Bürgertum. Es waren keine einheitlichen Gefüge, die beiden Bismarck-Parteien. Doch möchte das Wort für sie am bezeichnendsten sein, das einer aus ihren Reihen, der Hannoveraner Johannes Miquel, im Dezember 1866 sprach: »Die Zeit der Ideale ist vorüber. Die deutsche Einheit ist aus der Traumwelt in die prosaische Welt der Wirklichkeit hinuntergestiegen. Politiker haben heute weniger als je zu fragen, was wünschenswert, als was erreichbar ist.« Miquel war ein alter Anhänger von Marx, hatte aber mittlerweile sich längst »auf den Boden der Tatsachen gestellt« und war zum Bürgermeister von Osnabrück und Führer der liberalen Opposition in Hannover aufgestiegen. Er war nicht der einzige der Exkommunisten, mit dem es eine so respektabel-bürgerliche Entwicklung nahm.
In Preußen führte der Sturm von 1866 schnell zu neuen Willensbildungen; politische Gruppierungen, die dem siegreichen Minister seinen Willen taten und sich praktischen Dank dafür erhofften. Schlimmer war die Verwirrung außerhalb Preußens, wobei man Preußen als Territorium, wie als geistigen Bann-

kreis verstehen mag. Denn es gab auch innerhalb des preußischen Staates lebendige Interessen, die man nicht preußische nennen kann: katholische, demokratische, sozialistische.
Der Widerstand gegen Preußen, gegen die kleindeutsche Lösung der deutschen Frage überhaupt war von alters her auch ein katholisch-akzentuierter gewesen. Der preußische Staat war protestantisch, trotz Schlesiens, des Rheinlandes und der polnischen Provinzen, die doch nur Zuwachs, nicht Kernland waren. Protestantisch – oder heidnisch – war die Vergötzung des Staates und seiner Autorität, die in Preußen im Schwange gewesen war, lange bevor seine gefeiertsten Philosophen sie theoretisch gerechtfertigt hatten. Erzkatholisch war das geschlagene Haus Habsburg, katholisch waren Österreich und, überwiegend, Süd- und Südwestdeutschland. Ohne Österreich wurden die deutschen Katholiken zur Minderheit. Daß Bismarck sich nun mit den Liberalen zu versöhnen schien, war zweifelhafter Trost. »Liberal« – das kann vielerlei bedeuten. Die katholische Kirche war in Deutschland liberal auf ihre Art; sie wünschte sich Freiheit vom Staat und Schutz durch den Staat, der ihr helfen sollte bei der wirkungsvollen Verkündung ihrer Botschaft. Der Staat, so wie die Nationalliberalen ihn sich vorstellten, war allmächtig und ausschließlich, allein Herr über Volkserziehung und Bildung, Quelle der Sittlichkeit, Bestimmer aller moralischen Begriffe. Wenn nun Preupen-Deutschland auf die Bahn des Liberalismus einlenkte, so würde es gar manchen fortschrittsbegeisterten, wissenschaftsgläubigen, materialistisch gesinnten Weggenossen finden; und das in einer Zeit, in der der Papst in Rom der modernen Zivilisation unversöhnlichen Kampf ansagte. Eben damals sollte ein Staat, welcher der Ehe zwischen Liberalismus und Altpreußentum entsproß, die Herrschaft über Deutschland antreten? »Es fällt schwer«, schrieb der katholische Parlamentarier August Reichensperger, »sich in solche Ratschläge Gottes zu fügen.« Dagegen meinte ein anderer Kirchenführer, der kluge Bischof Ketteler von Mainz, es gelte jede göttliche Zulassung hinzunehmen und das beste Mögliche aus ihr zu machen...
Ungefähr wie Ketteler, wenn auch mit weniger religiösem Ak-

zent, urteilen die beiden Weltrevolutionäre in England. Marx und Engels hatten sich zunächst über Bismarcks verwegene Politik königlich amüsiert, einen Sieg der Österreicher und im Anschluß daran eine Revolution in Berlin für das Wahrscheinliche gehalten. Nun suchten sie in den neuen Tatsachen das Gute, das vielleicht doch in ihnen zu finden war. »Die Geschichte in Deutschland«, meinte Engels, »scheint mir jetzt ziemlich einfach. Von dem Augenblick an, wo Bismarck den kleindeutschen Bourgeois-Plan mit der preußischen Armee und so kolossalem Succès durchführte, hat die Entwicklung in Deutschland diese Richtung so entschieden genommen, daß wir ebensogut wie andere das fait accompli anerkennen müssen, wie may like it or not. Was die *nationale* Seite der Sache angeht, so wird Bismarck jedenfalls das kleindeutsche Kaisertum in dem von den Bourgeois beabsichtigten Umfang, das heißt inclusive Südwestdeutschlands herstellen, denn die Redensarten von der Mainlinie... sind jedenfalls nur für die Franzosen berechnet... Politisch wird Bismarck genötigt sein, sich auf die Bourgeoisie zu stützen, die er gegen die Reichsfürsten braucht. Vielleicht nicht in diesem Augenblick, da jetzt noch das Prestige und die Armee hinreichen. Aber schon, um sich vom Parlament die nötigen Bedingnisse für die Zentralgewalt zu sichern, muß er den Bürgern etwas geben... so daß, wenn Bismarck auch möglicherweise jetzt den Bürgern nicht mehr gibt als er eben *muß,* er doch in das Bürgerliche mehr und mehr hineingetrieben wird. Die Sache hat das Gute, daß sie die Situation vereinfacht... Am Ende ist doch ein deutsches Parlament ein ganz anderes Ding als eine preußische Kammer. Die ganze Kleinstaaterei wird in die Bewegung hereingerissen, die schlimmsten lokalisierenden Einflüsse hören auf, und die Parteien werden endlich wirklich nationale, anstatt bloß lokale. Der Hauptnachteil ist die unvermeidliche Überflutung Deutschlands durch das Preußentum, und das ist ein sehr großer...« Übrigens werde gewiß noch ein Zusammenstoß zwischen Deutschland und Frankreich folgen, da die französische Bourgeoisie den deutschen Machtgewinn nicht verschmerzen könne und ein Krieg gegen Preußen »auch beim

Bauer und dummen Arbeiter populär« sei. Marx antwortete: »Ich bin ganz Deiner Ansicht, daß man den Dreck nehmen muß, wie er ist... für die Arbeiter ist natürlich alles günstig, was die Bourgeoisie zentralisiert.«
Weniger klar waren sich die Anhänger oder Noch-nicht-Anhänger der beiden Altmeister in Deutschland. Die Geschichte der deutschen Sozialdemokratie seit Lassalles Tod ist eine wirrenreiche, und genau entwirren müssen wir sie für unseren Zweck nicht. Der Familienzwist im Hause des früh gestorbenen Götterjünglings, die politischen Intrigen seiner Lebensgenossin, der Gräfin Hatzfeldt, ihrer Anhänger und Gegner – dergleichen gehört in eine Geschichte der Partei, nicht in eine allgemeine deutsche Geschichte. Die dominierende Gestalt in dem Verein war einige Jahre lang der süddeutsche Rechtsanwalt Johann Baptist von Schweitzer, ein wenig liebenswürdiger, aber intelligenter Mann, der die Sache der Arbeiter wohl mehr aus Ehrgeiz als aus warmer Menschenliebe zu der seinen gemacht hatte. Er redigierte die Zeitschrift des Vereins, »Sozialdemokrat« genannt, welche in Berlin erschien. Hier setzte er ungefähr die Politik Lassalles fort, obgleich mit weniger Enthusiasmus für Preußen, Bismarck, das »soziale Königtum«, als der Gründer ihn zuletzt gelegentlich an den Tag gelegt hatte. Ein preußisches Deutschland böte für die Revolution der Zukunft bessere Aussichten als ein österreichisches; wenn preußische Bajonette die deutsche Einheit schüfen, so sei das hinzunehmen und aus solchen von Bismarck zu erhoffenden Zugeständnissen wie dem gleichen Wahlrecht und der Koalitionsfreiheit das Beste zu machen. Während der Krise redete Schweitzer geradezu von dem »Banner Bismarcks und Garibaldis«, so als ob der italienische Revolutionär im roten Hemd und der machiavellistische Salondiplomat ein und dieselbe Sache seien. Nach dem Krieg hat denn auch Schweitzer, der von den Anhängern des Allgemeinen Deutschen Arbeitervereins in den Reichstag gewählt wurde, den Norddeutschen Bund als etwas anerkannt, an dessen Ausbau man sich, da er nun einmal da sei, beteiligen müsse. Wir sahen, daß dies ungefähr der Meinung von Marx entsprach, obgleich Marx und Engels von

Schweitzers allzu freundlicher Beurteilung Bismarcks energisch abrückten.
Demgegenüber gab es von alters her eine radikal-demokratische, großdeutsche, entschieden antipreußische Tradition. Sie war die eigentliche linke Tradition, viel breiter und tiefer im Volke wurzelnd als die Lassallesche, die neu, realistisch und übergescheit war. Preußen war der Feind und konnte sein Wesen nicht ändern, solange es Preußen war; ein Ausschluß Österreichs war Verrat am deutschen Volk. So dachte Wilhelm Liebknecht, ein alter Kämpfer von 1848; so der Drechslermeister August Bebel, Leiter des Arbeiterbildungsvereins in Leipzig, ein Mann, auf den die Leute im Königreich Sachsen gerne hörten. So dachte man in den Arbeiterbildungsvereinen, in der »Sächsischen Volkspartei« und in der »Deutschen Volkspartei«, neuen improvisierten Gruppierungen der Krisenzeit. Es hieß wohl, man sei weder für Habsburg noch für Hohenzollern, man fordere den Volksstaat anstatt des dynastischen; praktisch wurde aber doch Preußen die ganze Schuld an dem drohenden Bürgerkrieg gegeben, die Neutralität abgelehnt und die Verteidigung Deutschlands gegenüber dem preußischen Angreifer bejaht. Deutschland – das hieß die Staaten, die sich im Sommer 1866 im Kriege gegen Preußen befanden, Österreich, Sachsen, Hannover, Bayern und so fort. So kam es, daß Bebel und Liebknecht später in den Ruf kamen, sie seien Anhänger des deutschen Partikularismus, der noch fortbestehenden, vielleicht gar der eben abgeschafften Fürstenstaaten. Eigentlich waren sie das nicht. Aber die Politik schafft wunderliche Bettgenossen. Manches, was die großdeutschen Sozialisten damals meinten und empfahlen, hätte sich wirklich zugunsten Österreichs und der Fürsten ausgewirkt, wenn es sich überhaupt ausgewirkt hätte. So blieben es Warn- und Notrufe des letzten Augenblicks. Es stand noch keine schlagkräftige Organisation, keine Macht dahinter – das einzige, womit Herr von Bismarck zu beeindrucken gewesen wäre. Aber noch nahezu ein halbes Jahrhundert später hat Bebel an seiner Stellung während der Krise von 1866 nichts zu korrigieren gefunden. Er schreibt in seinen Erinnerungen: »Man hat Liebknecht und

mir öfter die Frage gestellt, was geworden wäre, wenn statt Preußen Österreich siegte. Traurig genug, daß nach den damaligen Verhältnissen nur noch diese Alternative vorhanden war und eine Parteinahme *gegen* den einen als Parteinahme *für* den anderen angesehen wurde. Aber die Dinge lagen so.« Preußens Niederlage hätte den Zusammenbruch des Bismarck-Systems und der Junkerherrschaft, deswegen aber noch lange nicht eine dauernde Hegemonie Österreichs bedeutet, denn Österreich sei innerlich sehr schwach gewesen und hätte Deutschland doch nicht zusammengehalten, so daß nach Jahren der Wirrnis wirkliche demokratische Selbstbestimmung das Ende hätte sein können. –

Im Grunde war der Streit unter den Sozialisten nicht unähnlich jenen unter den Liberalen und Konservativen. Wirkungsvoll gehandelt hatte keine dieser Gruppen; die Sozialisten nicht, weil sie ihrer Zahl nach noch viel zu gering waren, die anderen nicht aus weniger ehrenwerten Gründen. Gehandelt hatte trotz der Parteien, trotz der öffentlichen Meinung, trotz Deutschland, trotz seines eigenen Königs, trotz der ganzen Welt der einzige Politiker; gewagt, gewonnen und die große Veränderung blitzschnell herbeigeführt. Nun war für alle die Frage die, ob man das Geschehene anerkennen sollte oder nicht. Der Erfolg ist noch immer ein starkes Argument gewesen.

Das lehrt etwa ein Blick in die Schweizer Zeitungen jener Tage. Sie, welche die Ereignisse in Deutschland von neutraler Warte beobachten konnten und noch unlängst für Bismarck nichts als Hohn und Haß gehabt hatten, dachten sich nun um mit wundersamer Eile: »Als Abenteurer ist Bismarck wohl nicht mehr anzusehen, wenn man erwägt, wie große und wie viele Schwierigkeiten der Minister zu überwinden hatte und wie er sie überwunden hat.« Oder: Bismarck »kannte seine Pappenheimer und hatte von politischer Praxis mehr los als einige hundert Parlamentsprofessoren...« Seit dem Sommer 1866 galt Bismarck als der größte Staatsmann der Zeit. Hätte Preußen die Schlacht von Königgrätz verloren – dazu fehlte aber gar nicht viel –, so wäre er als entlarvter Abenteurer im blutigen Nebel der Niederlage verschwunden.

Der Norddeutsche Bund

Der Norddeutsche Bund bildet die Grundlage des Deutschen Reiches, so wie es bis 1918 bestand, und noch die »Weimarer« Republik der 1920er Jahre hat einige seiner wesentlichsten Charakterzüge nicht loswerden können. Wir müssen ihn darum genauer betrachten. Er war das Werk des preußischen Staates, nicht des deutschen Volkes, dem nur von Obrigkeits wegen erlaubt war, mit Hand anzulegen. Es sollte den größtmöglichen Einfluß zu haben scheinen, in Wirklichkeit aber den geringstmöglichen Einfluß haben. Ehrliche Kompromisse sind im Verfassungsleben gut und notwendig. Dieser Kompromiß war aber im Grunde unehrlich. Daher viel Wirrsal, Streit und Versagen später. Der Gegensatz lag nicht zwischen dem preußischen und dem deutschen Volk, denn ein preußisches Volk gab es nicht. Er lag zwischen deutschem Volk und preußischem Staat, Mehrheit und Autorität, Regierten und Regenten –.

Der Bund bestand aus Preußen, dem Königreich Sachsen und den Kleinstaaten Nord- und Mitteldeutschlands, Mecklenburg, Oldenburg, Weimar und so fort. Einige dieser Kleinstaaten wurden, wie wir sahen, Preußen direkt einverleibt – ein auf die Dauer wenig folgenschwerer aber doch bezeichnender häßlicher Akt. Und völlig unnötig. Den alten Bund in Frankfurt hatte Preußen nicht beherrscht, wegen Österreich. Den Norddeutschen Bund beherrschte es so oder so: den Hannoveranern und Holsteinern wäre nie etwas anderes übriggeblieben, als sich der preußischen Führung zu fügen. Die traditionellen Symbole ihrer kleinstaatlichen Eigenexistenz aber hätten sie gerne behalten, »Preußen« zu werden wünschten sie nicht. Die Gründung des deutschen Nationalstaates begann mit einem Zwang, einem Akt der Eroberung, der besonders in der freien Stadt Frankfurt auf widerwärtige Weise vollzogen wurde. Sollte er übrigens etwas Sinnvolles anzeigen, dann nur dies: der preußische Staat gedachte nicht in Deutschland »aufzugehen«, sondern als er selber weiterzuexistieren, und zwar ge-

schlossener, »mächtiger« als je zuvor. Vielleicht aber darf man nicht einmal diesen Sinn in ihm sehen, und war er bloßer Unsinn. Wilhelm I. dachte in uralten Begriffen. Ein siegreicher Krieg ohne eine Eroberung, eine Mehrung des Staates, erschien ihm ein Verzicht von schmählicher Unnatur. Da er nun schon von Österreich nichts abzwicken durfte, so mußten wenigstens einige Stücklein der norddeutschen Landkarte mit den preußischen Farben übermalt werden. Und das gefiel sogar der unversöhnten Opposition im preußischen Landtag. Die Annexionen wurden mit überwältigender Mehrheit gutgeheißen.
In der Folge haben sie *dem* Preußen, das nichts war als der größere Teil Deutschlands, mehr genützt als dem königlichen, dem Bismarckischen Preußen. Sie waren ein neues Kapitel in dem Prozeß, in dem der preußische Staat durch allzu gierige Erweiterung seine Identität verlor. Schon die Erwerbung des Rheinlandes war ein solches Kapitel gewesen, schon damals waren Menschen von unpreußischem Typus in die Wirtschaft, die Wissenschaft, die Verwaltung, schließlich auch die Politik des Staates eingedrungen. Das wiederholte sich nun. Aus Hannover kamen Parlamentarier markanten Gepräges nach Berlin: die Liberalen Bennigsen und Miquel und der Katholik Windthorst, der demnächst zum Gründer der neuen Zentrumspartei wurde. Die Einräumungen, die Bismarck dem Liberalismus machte, machte er nicht zuletzt den Liberalen aus den annektierten Provinzen; so wie vor fünfzig Jahren die süddeutschen Staaten ihre Verfassungen eingeführt hatten, um ihre neuen Besitzungen desto besser mit den alten zu verbinden. »Liberalismus« aber und »Preußen« – daß diese beiden nicht recht zusammengingen, darin hatten die Feinde Preußens wohl recht. Das ist die wunderliche Dialektik der preußischen Geschichte. Bismarck, heißt es, war Stockpreuße und wollte nichts machen als preußische Großmachtpolitik. Es war aber kein Platz für Preußen, sich auszudehnen, außer in Deutschland, denn alle anderen Länder hatten ihren Herrn. Indem so Preußen sich in Deutschland ausdehnte und, um sich das Ausdehnen bequemer zu machen, auch ein wenig deutschen

Nationalismus mit darein gab, wurde es zuletzt doch zu Deutschland schlechthin, ob es wollte oder nicht.
Die Verfassung des Norddeutschen Bundes wurde hastig zusammengestellt aus Stücken von Metternichs Bundesakte und der Reichsverfassung von 1849, aus Kompromissen zwischen der preußischen Tradition, dem Machtwillen Bismarcks, dem Machtwillen der Nationalliberalen. Sie sollte so entworfen sein, daß es auch den süddeutschen Staaten möglich wäre, sie ohne große Veränderung anzunehmen. Darin liegt ihre Bedeutung; nur für die Zwergstaaten, mit denen Preußen im Augenblick »verbündet« war, hätte der Aufwand sich kaum gelohnt. Tatsächlich hat sie volle fünfzig Jahre lang schlecht und recht gehalten, und haben auch die Weimarer Verfassung wie das Bonner Grundgesetz starke Anleihen bei ihr gemacht, so wie sie ihrerseits bei der Vergangenheit. Man könnte insofern, trotz allen wüsten Wechsels der Staatsformen, von einer gewissen Kontinuität der deutschen Verfassungsgeschichte sprechen.
Die Souveränität lag bei den »verbündeten Regierungen«. Sie ließen sich vertreten durch einen Bundesrat, der klärlich der Nachfolger von Metternichs Bundestag war; mit dem Unterschied, daß die neue Präsidialmacht ganz andere formale und mehr noch tatsächliche Rechte erhielt, als Österreich sie in Frankfurt ausgeübt hatte. Es konnte im Bundestag nichts gegen den Willen Preußens geschehen, und praktisch konnte Preußen jederzeit durchsetzen, was ihm gut dünkte. Dem Bundestag gegenüber stand der nach dem allgemeinen und gleichen Wahlrecht gewählte Reichstag, der die gesamte »norddeutsche Nation« repräsentierte. Der Name Reichstag verwies auf das, worauf man hinauswollte; es gab einen Bund, bald sollte es ein Reich geben. Der Reichstag war das Paradestück des neuen liberalen Kurses, die Einlösung des Versprechens von 1863, die Verwirklichung eines Grundsatzes von 1849. Über die Rechte dieser Volksvertretung wurde im »konstituierenden Reichstag« (Februar bis April 1867) debattiert, und obgleich Bismarck seinen Entwurf mit gewohnter Energie verteidigte und die Drohung, das ganze Unternehmen zum Scheitern zu bringen, jederzeit zur Hand hatte, so ließ er sich doch

zu einigen Konzessionen bewegen. Der Bereich, in dem dem Parlament die Gesetzgebung zustand, wurde bedeutend ausgedehnt, das Recht der Einnahmen- und Ausgabenkontrolle festgelegt. Für das Heerwesen wurde ein Kompromiß dahingehend geschlossen, daß seine Kosten für eine Übergangszeit endgültig fixiert, dann aber wie jeder andere Budgetposten behandelt werden sollte. Hieraus wurde nach 1871 das »Septennat« –, die Festlegung des Heeresbudgets auf je sieben Jahre. Von zwei seiner fixen Ideen gab Bismarck eine preis, um die andere durchzusetzen; er bequemte sich der Wählbarkeit von Staatsbeamten an, die er hatte ausschalten wollen, hielt aber starr daran fest, daß die Abgeordneten keinerlei Geldentschädigung zu erhalten hätten. Wenn er damit irgend etwas Sinnvolles bewirken wollte, etwa die Verhinderung eines Berufspolitikertums als bezahlten Gewerbes, so erreichte er es nicht. Aber das sind Nebensachen. Wesentlicher war die Frage, ob es eine verantwortliche Regierung geben sollte, einen Rat von Reichsministern samt ihrem Vorsitzenden. Bismarck verneinte das. Das Regieren sei Sache des Bundesrates; ein Reichsministerium würde der föderalistischen Struktur des Bundes nicht entsprechen. Der Bundesrat sollte mit unverantwortlicher Mehrheit entscheiden, deren Preußen allemal gewiß war; der Bundeskanzler nichts sein als der preußische Vertreter im Bundesrat, der nach Bismarcks Instruktionen stimmte. Demgegenüber setzten die Nationalliberalen einen »verantwortlichen« Bundeskanzler durch, dessen Gegenzeichnung unter allen Gesetzen nötig wäre und der die Politik des Bundes im Reichstag zu vertreten hätte. Nachdem Bismarck diese zunächst noch vage, aber offenbar bedeutende Funktion akzeptiert hatte, blieb ihm nichts anderes übrig, als sie selber auf sich zu nehmen, denn dergleichen konnte er keinem anderen lassen. Das Amt des Bundeskanzlers, demnächst Reichskanzlers, ist so eigentlich gegen Bismarcks Willen geschaffen worden. Mit der Zeit gefiel es ihm viel besser als das Amt des preußischen Ministerpräsidenten. Als Minister hatte er Kollegen, als Kanzler nur untergeordnete Gehilfen. Als Kanzler war er allein die Regierung. »Verantwortlich« wurde er genannt, aber es wurde

nicht gesagt wem, und davon, daß er etwa des Vertrauens des Reichstages bedürfte, war keine Rede. Tatsächlich waren die deutschen Kanzler bis 1918 niemand anderem verantwortlich als dem König-Kaiser, der sie ernannte und entließ.
Das Ganze war eine hastige Improvisation. Bismarck glaubte nicht an ausgeklügelte Verfassungen. Er glaubte wie Lassalle an die Wirklichkeit, die erst noch zeigen würde, was die Verfassung war und sein konnte. Diesen Prozeß aber würde er selber leiten. Das waren die beiden Wirklichkeiten, die er vor allem im Auge hatte: die preußische Staatsmacht und seine eigene Stellung. Wo es um bloße Worte ging, war er konziliant, aus denen machte er sich nichts. Doktrinen verwarf er mit Ungedult; die Verfassung zählte keine Grundrechte auf, beschrieb keine prinzipielle Gewaltenteilung, ließ Fragen wie jene, wo die Souveränität eigentlich liege, im Unbestimmten. Wahrscheinlich war der Mann ehrlich, wenn er in schönen und klugen Reden von der Notwendigkeit eines Einverständnisses zwischen Volksvertretung und Regierung sprach; wenn er aber, unter Freunden, sagte, er gedächte den Parlamentarismus durch den Parlamentarismus zu stürzen, das hieß ein bloßes Scheinparlament zuzulassen, so war er auch ehrlich. Menschen sind ja nicht Ideen gleich; sie *haben* bloß welche und oft die widersprechendsten Ideen und Wünsche gleichzeitig. Praktisch spielte er die verschiedenen Interessen und Willenszentren gegeneinander aus; Reichstag und »Volk« gegen die fürstlichen Regierungen und diese gegen jene. Er ließ den preußischen, nach dem Dreiklassenrecht gewählten Landtag fortbestehen, so daß es fortan zwei große deutsche Parlamente gab, wie im Jahre 1848; eine Ungeschicklichkeit, die sich bis 1933 erhalten hat. Er ließ die Fürsten bestehen, die er alle hätte in Pension schicken können so gut wie den König von Hannover; damit der Hohenzollern-Thron nicht zu einsam auf demokratischem Boden stünde und er Preußen desto energischer ausspielen könnte gegen das »Volk« wie gegen die »verbündeten« Regierungen. Er nahm die Mitarbeit der Parteien gerne an und brauchte sie; aber er identifizierte sich mit keiner. Wenn das kein doktrinäres Spiel war, so war es dennoch ein sehr kompli-

ziertes Spiel, das in Bismarcks kahlem Schädel vor sich ging und aus ihm sich auf die Wirklichkeit übertrug. Was immer getan wurde, wurde mit ausgesprochenen oder hiemlichen Reserven, mit Kriegslisten, mit Hintergedanken getan.

Konstituierender Reichstag sowohl wie preußischer Landtag nahmen die Verfassung mit großer Mehrheit an. Dafür stimmten die Nationalliberalen, die Freikonservativen und – ungern – die Konservativen; dagegen der Rest der zerschlagenen Fortschrittspartei, dann einige Polen, Dänen aus Schleswig, unversöhnte Hannoveraner und der Sozialist August Bebel.

Süddeutschland

Von Österreich meinte Karl Marx während des Sommerkrieges, es werde wohl nun ungarisch werden müssen. Daran war etwas; längst hatten die Magyaren in den Deutschen ihre Verbündeten gesehen; ein deutscher Sieg – eine habsburgische Niederlage – war ein magyarischer Sieg. 1862 hatte Bismarck dem Kaiserstaat geraten, »sein Schwergewicht nach Ofen zu verlegen«. Nun wurde es zwischen Budapest und Wien kunstvoll verteilt. Der »Ausgleich« von 1867 gab den Magyaren ungefähr den Staat, um den sie 1849 gekämpft hatten: ein Groß-Ungarn, regiert von Magyaren und mit der anderen Reichshälfte durch die Person des Kaisers, eine gemeinsame äußere und Zollpolitik verbunden. Der Rest blieb ohne Namen. Man nennt es »Österreich«, aber das ist nicht korrekt. Für die Deutschen war es noch immer Deutsch-Österreich, obwohl die Deutschen auch in dieser Reichshälfte in der Minderheit waren und die Tschechen nun ihren Anspruch auf das historische Königreich Böhmen laut verkündeten. An der Verfassung wurde herumgebessert; wobei der österreichische Bürger alle die Freiheiten und Rechtssicherheiten erhielt, die in den fortgeschrittensten Ländern bestanden. Dies und gute zivilisierte Verwaltung war es, was Österreich seinen Bewohnern zu bieten hatte und was sie seither beinahe überall wieder verloren haben. Aber das Gezänk zwischen den Nationalitäten konnte nur sich steigern, nicht sich legen, indem die Politik entfesselt wurde. Über dem Gezänk thronte der Kaiser, pflichttreu, kühl und traurig, noch immer sein eigener Erstminister, Herr in letzter Instanz über alle Entscheidungen – insofern Österreich noch Herr über sie war.

Das glaubte es zunächst noch zu sein. Zwischen 1866 und 1870 hat Österreich mit dem Gedanken gespielt, die Entscheidung von Königgrätz wieder rückgängig zu machen, noch einen Krieg gegen Preußen zu führen, im Bunde mit Frankreich, mit Italien. Es kam aber nicht dazu. Und es sind wohl nicht nur oberflächlich diplomatische Gründe, um derentwillen es nicht dazu kam. Die Magyaren, die ihre neue Herrlichkeit dem preußischen Sieg verdankten, hätten es nicht zugelassen. Italien hatte kein echtes Interesse daran. Und was hätte Österreich selbst mit einem Sieg angefangen; was hatte der Sieg von Olmütz, Anno 50, ihm genützt? Als die Krise von 1870 herankam, handelte es nicht; womit es die Entscheidung von 1866 als endgültig anerkannte. Es existierte fortan, weil Bismarck ihm erlaubt hatte, fortzuexistieren, weil er seine Existenz aus guten Gründen wünschte, aber es existierte in den Grenzen, die Bismarck ihm zugewiesen hatte.

Zwischen einem unsicheren, seine inneren Krankheiten pflegenden Österreich und einem ruhelosen, immer nach Veränderungen Ausschau haltenden Frankreich, zwischen der demokratisch wohlgeordneten, aber nachgerade ein wenig nervösen, die deutschen Dinge genauestens verfolgenden Schweiz und dem erfolgreichen, dynamisch vorwärtsschreitenden Norddeutschen Bund lag Süddeutschland. Süddeutschland – allein im Kalten gelassen durch den Prager Frieden, bewegt von Wünschen und Gegenwünschen, von wirklichen Notwendigkeiten und erträumten Möglichkeiten. Wir wissen, wie es ausgegangen ist, und sind darum versucht, zu glauben, daß es so habe ausgehen müssen; die Phantasie des Geschichtsschreibers ist nicht groß, und das, was wirklich geschah, nehmen wir meist nachträglich als das Unvermeidliche hin. In diesem Fall sahen es aber die Denkenden schon vorher als das Unvermeidliche an. Der Anschluß Süddeutschlands an den Norddeutschen Bund, die Vollendung des kleindeutschen Nationalstaates hatte im Grunde wenig Begeisterndes. Sie war jetzt nüchterne Notwendigkeit. Es gab keine echte Alternative mehr. Die Geschichte fuhr hier auf Gleisen, die bis zum Ziele hin bereits fest gebaut waren. Wo buchstäblich nichts anderes übrigbleibt, da ist Notwendigkeit.

Süddeutschland – wir müssen, wo von Politik die Rede ist, genauer sagen, die süddeutschen Staaten Bayern, Württemberg, Baden und Hessen. Das waren Länder, in denen es sich in den letzten Jahrzehnten gemütlich gelebt hatte; geringe Steuern, keine Überlastung durch ein allzu schlagfertiges Heer, Rechtssicherheit, gutmütige Monarchen, kunstsinnige Hauptstädte, im Vergleich mit dem Norden noch geringfügige Industrie. Baden, das 1848–1849 eine so traurige Rolle spielte, hatte seitdem eine erfreulich liberale Entwicklung genommen. Württemberg nannte man in Paris eine »gekrönte Schweiz« – kein übler Ausdruck. Das bayrische Beamtentum galt mit Recht als vorzüglich; die Hauptstadt München war im Laufe des Jahrhunderts zu einer der sehenswertesten Städte Europas geworden. Daß ihr Staat ein echter sei, kein Gebilde napoleonischer Willkür, das glaubten die Bayern, und Bismarck stimmte mit ihnen darin überein. Der bayrischen Tradition, dem Staatswillen des alt-bayrischen Stammes hat er zeit seines Lebens einen betonten Respekt entgegengebracht. Ein Staat ja; aber doch keiner, der sich von der gesamtdeutschen Entwicklung isolieren konnte oder wollte; wobei Können und Wollen hier ein und dasselbe bedeuteten.

Der preußisch-österreichische Konflikt hatte diese Märchenstaaten in seinen Wirbel gerissen und dreimal herumgedreht. Dann fanden sie sich zur eigenen Überraschung wieder auf ihren Füßen. Der Prager Friede stipulierte: die süddeutschen Staaten dürften unter sich einen Bund begründen und überdies mit den Norddeutschen eine Art von Verbindung einge-

hen, derart, daß ihre internationale Existenz oder Unabhängigkeit durch sie nicht geschmälert würde. Mit Souveränitäten ist es aber ähnlich wie mit Verfassungen; die Wirklichkeit bestimmt, ob sie sind und was sie sind. Heimlich schloß Bismarck gleich Schutz-und-Trutz-Bündnisse mit den süddeutschen Staaten ab, welche ihre Armeen im Kriegsfall preußischem Befehl unterstellten. Soviel über die Wirklichkeit.
Aus dem süddeutschen Bunde wurde nichts. Süddeutschland war keine politische Einheit und wollte keine werden. Norddeutschland auch nicht; aber Norddeutschland wurde von Preußen gezwungen. Außerdem empfahl sich der Norddeutsche Bund dadurch, daß er eine Vorstufe des deutschen Nationalstaates war, während der süddeutsche ein Hindernis auf dem Wege dazu sein sollte. Also kein »Winkel-Deutschland«, wie die Kritiker das Projekt nannten.
Konnten diese Staaten für sich selber existieren? Am Münchener Hofe hätte man dies am liebsten geglaubt, getraute sich aber nicht, es laut zu sagen, und verfolgte mittlerweile mit vielen Reserven und Klauseln eine pro-preußische Politik, weil man mußte. Dann gab es die »Bayrisch-Patriotische Partei«, die im Jahre 1869 einen gewaltigen Wahlerfolg errang. Es war die Partei der Nur-Bayern, demokratisch-konservativ, ländlich und erzkatholisch. Man liest die Reden ihres kräftigen Wortführers Doktor Jörg noch heute mit Rührung und Zustimmung; wie er gegen den preußischen Militarismus wetterte, gegen die gesteigerten Lasten, welche das Bündnis mit Preußen brachte, gegen die Staatsvergötzung des Liberalismus. »Wir wollen bleiben, was wir sind«, darauf lief es hinaus, und das ist ein Kernspruch, dem der Erzähler seine Sympathie nicht versagen kann. Aber ach, es gibt Zeiten, in denen man nicht bleiben kann, was man ist. Kann man es je? Ist es nicht das Wesen der Geschichte, daß sie ständigen Wechsel bringt und den Stein höhlt, auch wenn der Tropfen sich seiner Arbeit nicht bewußt ist? Wenn die Bayern nicht hätten Deutsche sein wollen, so hätten sie das viel, viel früher beginnen müssen.
Das liberale Bürgertum war für Anschluß an Preußen; aus wirtschaftlichen Gründen, und weil auch hier und jetzt der

Wille zum Nationalstaat seine Wirkung tat. Der leitende bayrische Minister, Hohenlohe, ein skeptischer, aber kluger, vernünftiger Mann, projektierte irgendeine Verbindung zwischen Nord-Bund und Süden; nicht den Eintritt des Südens in den Bund, sondern einen weiteren Bund zwischen beiden. Die Nationalliberalen in Berlin sagten ihm gerade heraus, etwas anderes als völlige Verschmelzung beider Regionen werde nicht in Frage kommen. Ob Hohenlohes Pläne, wären sie verwirklicht worden, den Lauf der deutschen Geschichte geändert hätten, mag man bezweifeln. Der Kräfte, die auf einen deutschen Staat hinwirkten, waren viele und starke, sie kümmerten sich um unterschriebene Verträge so wenig wie um projektierte; auch um die Sonderrechte, die Bayern sich 1870 vorbehielt, haben sie sich nicht gekümmert.
War in Bayern der Widerstand gegen den norddeutschen Strom aus katholischen, oder, wie man damals sagte, ultramontanen Quellen genährt, so war er im guten Württemberg demokratisch; der alte schwäbisch-großdeutsch-demokratische Widerwille, sich den Pickelhauben unterzuordnen, den wir schon von 1848 her kennen. Hier gab es Leute, die von einer süddeutschen republikanischen Föderation nach dem Muster der schweizerischen träumten; was nun wieder mit den bayrischen Bestrebungen keinen Reim ergab. In Baden überwogen die liberalen Preußenfreunde; und zwar wurden sie vom Großherzog selbst geführt, einem jener verzichtbereiten, bürgerlich gesinnten Fürsten, wie sie aus der Schule des englischen Prinzgemahls, Albert von Coburg, hervorgegangen waren. Zu ihnen zählte auch der preußische Kronprinz Friedrich – »dieser Dummkopf von Kronprinz«, wie Bismarck ihn titulierte.
Der spielte Süddeutschland gegenüber sein Doppelspiel wie gewöhnlich. Wenn im Reichstag die Liberalen auf schleunigen Anschluß des Südens drängten, gab er sich als den Geduldigen, Weisen: man könnte die Geschichte nicht *machen,* sondern müßte warten, bis sie sich von selbst vollziehe, in der Reife der Zeit werde der Süden seinen Weg nach Deutschland schon finden und so fort. So redete er, der sich der Welt als furchtbar ungeduldiger, arroganter Politiker gezeigt, der Geschichte ge-

macht und erzwungen hatte, wie selten einer. Wir reden oft am besten von den Tugenden, die wir nicht haben. Süddeutschen Politikern gegenüber tat er wohl auch uninteressiert; Berlin brauche Süddeutschland nicht und wolle es gar nicht haben. Heimlich wußte er wohl, daß das süddeutsche Provisorium nicht lange dauern könne. Die Natur der Politik duldet kein Leeres, kein Machtvakuum. Die Militär-Allianzen waren gut, aber nicht gut genug, solange Österreich und Frankreich die süddeutschen Staaten zu versuchen und zu bedrohen vermochten. Bald mußte Preußen seine schwere Hand ganz auf den Süden legen. Der Macht zuliebe oder dem »deutschen Gedanken« zuliebe; das kam nun praktisch auf dasselbe heraus. Im Sommer des Jahres 1867 ließ der Bundeskanzler wissen, eine Reform des Deutschen Zollvereins sei dringende Notwendigkeit. Die Nation selber müsse ihren Anteil an der Zollgesetzgebung haben, und es sei daher der Norddeutsche Reichstag durch eine entsprechende Zahl von Abgeordneten aus dem Süden zu erweitern. Ein so warmer Freund parlamentarischer Diskussion war Bismarck nun freilich nicht, als daß es ihm am Herzen gelegen hätte, wegen der Höhe des Kaffeezolls die deutsche Nation umständlich um Rat zu fragen. Die Bayern erkannten den wahren Zweck des »Zoll-Parlaments« und wehrten sich – vergebens wie immer, gegenüber einem so erprobten Zwickmühlenspieler. Komme kein Zollparlament zustande, erwiderte Bismarck mit kühlem Bedauern, so sei der Zollverein aufgelöst; Süddeutschland müsse dann zusehen, wie es seine Wirtschaft auf eigene Faust in Gang hielte. Die Drohung wirkte. Die Wahlen zum Zoll-Parlament schienen dann einen Rückschlag gegen die bismarckisch-nationalliberale Politik zu bedeuten. Denn da nach dem norddeutschen, also allgemeinen und gleichen Wahlrecht gewählt wurde, im Süden aber die armen Leute, Arbeiter und Kleinbauern, preußenfeindlicher waren als das wohlhabende Bürgertum, so wurde eine enttäuschend große Zahl von Gegnern, katholischen oder demokratischen Partikularisten, nach Berlin geschickt. Wirkungsvolle gesamtdeutsche Kundgebungen wurden die Zoll-Parlamente trotzdem, durch ihr bloßes Dasein. Es mußte ein Abgeordneter

ein Herz aus Stein haben, um sich dem Eindruck der Festessen und Bankettreden, des ganzen in Berlin zur Schau gestellten nationalen Prachtwesens, zu entziehen.
Süddeutschland durch eine gemeinsame Wirtschaftspolitik unlösbar an den Norden gebunden, sein Militärwesen dem preußischen angepaßt und im Kriegsfalle untergeordnet, regelmäßige Treffen deutscher Parlamentarier, starke politische Parteien auch im Süden für Einigung agitierend und jene, die sich dagegen auflehnten, eben nur erhaltend, nur Gegner, aber ohne ein tragfähiges Zukunftsprogramm, eine deutsch-nationale öffentliche Meinung begeistert aufflammend, wenn immer sich Gelegenheit dazu ergab, das Ganze seit dreißig Jahren zerredet, zertan, überreif – der hätte blind und taub sein müssen, der unter solchen Umständen nicht wußte, wohin die Reise ging. Ihr Ziel war nahe und sicher; es im Frieden zu erreichen, dazu schien es nun keiner gewaltigen Staatskunst mehr zu bedürfen:

> Das bißchen Deutschland zusammenzuschweißen
> Das lag in der Zeit, das will nicht viel heißen…

– wie Theodor Fontane einen Kritiker sagen läßt.

Aber dann wurde es nicht im Frieden erreicht.

1870

Das ist eine blöde Geschichte von lang nachwirkenden schädlichen Folgen. Die »Kriegsschuldfrage« von 1870 ist, wie eine spätere, überaus gründlich durchleuchtet worden. Mit dem zu erwartenden Ergebnis: es sind beide Seiten schuld.
Die Politik Napoleons III. war immer eine der »Nationalitä-

ten« gewesen: proitalienisch, prodeutsch wenn es sein konnte; propolnisch. Er hatte jahrelang, wie Marx das ausdrückte, »mit Bismarck gemogelt«, hatte ihm 1866 den italienischen Bundesgenossen verschafft und die preußischen Annexionen gutgeheißen. Daß diese in der Errichtung des kleindeutschen Nationalstaates ihr logisches Ende finden würden, mußte er wissen; und wenn ein solcher Staat mit einiger Freiheit, ohne allzu offene königlich-preußische Gewalt entstünde, so *konnte* er, seiner oft verkündeten Grundkonzeption nach, nichts dagegen tun. Schon 1862 hatte er zu Bismarck gesagt: Deutschland sollte mit sich anfangen, was es wollte; unerträglich wäre für Frankreich allein die Vereinigung des ganzen österreichischen Kaiserreiches mit Preußen. Kleindeutschland ja; ein Großdeutschland, das Mittel- und Südosteuropa beherrschen würde, nein... Aber weise Redensarten sind eines; eine feste, klare, mutige Politik ist etwas anderes.
Die fehlte dem armen Mann. Kaiser und Kaiserreich verfielen. Der Kränkelnde hatte den alten Griff auf das Land nicht mehr. Der Laden war falsch aufgezogen, war Bluff; die öffentliche Meinung verfälscht, das Parlament mit Ja-Männern künstlich aufgefüllt, der schwache Diktator umgeben von prestige- und geldgierigen Abenteurern. Eine Schicht von glänzendem, aber totem Polizeistaat, unterhalb derer unheimliches Leben sich fühlbar machte. Ihm legale Ventile zu geben, versuchte es Napoleon 1870 mit dem »liberalen Kaisertum«: Entfesselung der Opposition, Regierung durch Kammermehrheit. Die Sache wurde aber nicht ganz getan, so wenig wie die Politik zugunsten der »Nationalitäten«; unter dem Staatsstreich-Regenten von 1851 konnte beides nicht ganz getan werden.
Die öffentliche Meinung Frankreichs war nun nicht prodeutsch wie der Kaiser, der seine Kindheit in Bayern verbracht hatte und mit dürftiger Stimme deutsche Lieder zur Pianobegleitung sang. »Die Dinge des deutschen Reiches in der größtmöglichen Unordnung zu halten« war uralte Bourbonentradition. Davon lebte noch etwas im Geist der Franzosen. Die Nationalitätenpolitik wurde nicht verstanden. Manchmal verstand Louis Napoleon sie selber nicht und handelte selber gegen sie;

teils aus eigenem Zweifel, teils angetrieben von seinen Abenteurern, welche die öffentliche Meinung behorchten. Er gab sich als den wahren Sieger von 1866, den Leiter der europäischen Revolution; Volksstaaten, so wie Frankreich sie liebte, seien nun an Stelle der verhaßten Despotismen von 1815 getreten. Die Leute sahen es anders. Die Verträge von 1815 aufzuheben war wohl ein altes Ideal gewesen, aber zugunsten Frankreichs, nicht zugunsten Italiens und Deutschlands. Neue Großmächte als Nachbarn, indes Frankreich in den Grenzen von 1815 blieb, und gar keinen Dank – das war das Ideal nicht. Zumal der deutsche Nationalismus die antifranzösischen Töne, die er sich seit 1813 angewöhnt hatte, auch jetzt nicht los wurde. Daher – was Bismarck die französische »Politik der Trinkgelder« nannte – die Forderung nach Kompensationen, Zahlungen für geleistete Dienste oder Zulassungen. Napoleons Herz war nicht bei diesen Forderungen, aber seine Gehilfen drängten ihn dazu oder meldeten sie ohne ihn an, immer unsicher, immer zu spät und ohne rechten Mut: die Pfalz, das Saargebiet, Belgien. Politische Dienste muß man sich vorher, nicht nachher bezahlen lassen. Während des Sommerkrieges war Frankreichs wohlwollende Neutralität kostbar für Bismarck, und er hatte mehrmals herrlichen Lohn dafür in verlockend-unbestimmten Worten angeboten. Nach dem Frieden von Prag wurde seine Miene steinern. Damit doch irgendein Gewinn zu buchen sei, bemühte sich Napoleon, das kleine Herzogtum Luxemburg von Holland zu kaufen. Es scheint, daß Bismarck diesmal seine Augen abzuwenden bereit gewesen wäre. Die deutsche Öffentlichkeit reagierte unerwartet stark: kein Quadratmeter uralten deutschen Landes den Welschen! Der Minister, sonst nicht eben der Knecht der öffentlichen Meinung, paßte sich augenblicklich an, und Holland wagte nicht zu verkaufen. Die preußischen, noch von deutschen Bundeszeiten her in Luxemburg stationierten Truppen wurden zurückgezogen, das Ländchen »neutralisiert«. Sich als »deutsch« zu fühlen, hat es bald aufgehört. Später ist es zweimal von den Deutschen besetzt und lange Jahre gequält worden, aber nie wieder von Frankreich. – Bonaparte ging leer aus.

Ob Bismarck die Kandidatur eines Prinzen von Hohenzollern für den spanischen Thron von vornherein betrieb, um Napoleon eine Kriegsfalle zu stellen, wie dies sein bewundernder Gehilfe Lothar Bucher später behauptet hat; ob er nur die Gelegenheit ergriff, um Preußens Glorie zu mehren, und dann auch im Juli 1870 die Gelegenheit zum Kriege, die Frankreich ihm verblendet bot, lieber ergriff als eine diplomatische Niederlage – diese tausendmal erörterte Frage können wir getrost auf sich beruhen lassen. Im Juli 1870 stand ein Trumpfen gegen das andere; eine ihrem Inhalt nach völlig gewichtlose, aber törichte französische Forderung beantwortete Bismarck mit einer Pressenotiz, die uns in unseren verwilderten Zeiten bis zum Lachhaften harmlos vorkommt, nach dem damals noch bestehenden Ritterkodex jedoch einer Kriegserklärung gleichkam. Die Bonapartisten, in ihrer selbstverschuldeten Not, wollten eine billige Demütigung Preußens oder, wenn diese nicht zu haben war, Krieg; Bismarck wollte ihn auch oder jedenfalls lieber als diese Demütigung; um so mehr wollte er ihn, weil er ihn sowieso für unvermeidlich hielt und weil der Krieg für seine ins Stocken geratene Politik eine momentane Bequemlichkeit bedeutete. Einen echten Gegenstand hatte der Krieg von 1870 aber nicht. Die Kriegsziele, die Louis Napoleon gesprächsweise entwickelte, waren anachronistisch und erbärmlich; für das preußische Ziel, Kleindeutschland, war kein Krieg gegen Frankreich notwendig oder hätte keiner notwendig sein sollen.

Frankreich war schwach, Preußen stark. Die preußischen Heerführer wußten das; die Franzosen wußten es nicht, obgleich Napoleon es ahnte. Drei Wochen nach Kriegsausbruch wußte es jedermann. Die Präzision und Wucht der preußischen Kriegsmaschine übertraf alles, was man auf diesem Gebiet bisher erlebt hatte. Seit Jahren hatten preußische Stabsoffiziere, als malfreudige Touristen verkleidet, die Schauplätze zukünftiger Schlachten studiert; den Armeen folgten eiserne Brücken in der Länge, welche den zu überquerenden Flüssen entsprach. Nie war ein Krieg mit so viel Liebe vorbereitet worden. Nie wurde er so begeistert geführt. 1854, 1859, 1866 waren dumpfe, unwirkliche Kabinettsschlachtereien gewesen im Vergleich mit 1870. Was die beiden Revolutionsjahre nicht zuwege gebracht hatten und fünfzig schleppende Friedensjahre nicht, drei Tage Krieg gegen Frankreich brachten es zuwege. Daß die süddeutschen Staaten zu der preußischen Allianz standen, war nicht einen Augenblick fraglich; die Fürsten wären weggefegt worden, die es nicht getan hätten. Noch mehr: nach ein paar Kriegswochen stand fest, daß der Süden dem norddeutschen Bunde beitreten würde. So war die Stimmung; beide Regionen berauscht von dem gleichen frisch-fröhlichen Kriegserlebnis. So war auch, für jene, die kühler rechneten, die politische Lage. Denn Frankreich, das bisher ein Garant der »Mainlinie« gewesen war, fiel nun aus; und indem die anderen Großmächte, England, Rußland, selbst Österreich, Deutsche und Franzosen allein im Kampfring ließen, ohne sich um den Ausgang zu kümmern, fielen auch jene aus. Folglich waren Preußens Bundesgenossen ihm auf Gnade und Ungnade ergeben, und um nichts weniger, weil es seine Bundesgenossen waren. Wir dürfen daher den beiden Entschließungen des Königs von Bayern: erst den Krieg an Preußens Seite mitzumachen, dann die deutsche Kaiserkrone dem König von Preußen anzubieten, nicht die Würde eines freien Entschlusses beilegen. »Könnte Bayern allein frei vom Bunde stehen«, schrieb Ludwig II. an seinen Bruder, »dann wäre es gleichgültig, da dies aber geradezu eine politische Unmöglichkeit wäre, da Volk und Armee sich dagegenstemmen würden und die Krone mithin allen Halt im Lande verlöre, so ist es, so schauderhaft und entsetzlich es immerhin bleibt, ein Akt von politischer Klugheit, ja von Notwendigkeit..., wenn der König von Bayern jenes Anerbieten stellt... jammervoll ist es, daß es so kam, aber nicht mehr zu ändern.« Auf der französischen Seite mangelnde Vorbereitung, Zerfahrenheit, Debakel über Debakel. Das änderte sich nach der Gefangennahme und Absetzung des Kaisers. Das republikanische Frankreich nahm sich des Krieges mit verzweifeltem Ernste an, nun bewies sich der alte kriegerische Genius in Improvisationen von großartiger Energie, und nicht erfolglos. Gleichzeitig brachen die Regeln des Kriegsspieles zusam-

men. Bis Sedan war es eine Sache zwischen Kavalieren gewesen, und ritterlich war der siegreiche Monarch den Besiegten begegnet. Nun wurde es zur Sache zwischen Völkern im Urzustande; die große Hauptstadt erbarmungslos ausgehungert, eingeäscherte Dörfer, erschossene Partisanen. Den Deutschen ist aber nicht der harte Winterfeldzug im Gedächtnis geblieben, sondern die Kette der Siege im Sommer. Andere Völker hatten ihre bezeichnenden nationalen Feiertage; Frankreich den 14. Juli, der an den Sturz des absoluten Königtums erinnerte, Amerika seinen Unabhängigkeitstag. Für das neue Deutsche Reich wurde es der Sedanstag; der Tag des Gottesgerichts über die Franzosenbrut, Sieges deutscher Treue über welsche Tücke.
Nach Sedan hätte das republikanische Frankreich gerne Frieden geschlossen, wenn er ohne Verlust französischen Landes zu haben war. Und das war zunächst auch die preußische Haltung gewesen: man führte Krieg nicht gegen die Nation, sondern gegen den unschuldigen Einen, den Kaiser, und wollte von Frankreich nichts, außer von ihm in Ruhe gelassen zu werden. Der Krieg entwickelt aber seine eigene Dynamik, wenn er einmal da ist. 1859, 1866 war es gelungen, ihn unter Kontrolle zu halten und zeitig abzubrechen. 1870 gelang das nicht. Der deutsch-französische Gegensatz zeigte sich als reichlicher genährt von populärer Leidenschaft als der österreich-preußische, der bloße Kabinettspolitik gewesen war. Schon im Sommer begannen die Nationalliberalen die Annexion des Elsaß und Lothringens zu fordern, und dies Kriegsziel wurde schnell zum allgemeinen anerkannten, unbezweifelten. Man durfte nicht umsonst diese blutigen Opfer gebracht haben, mußte von jetzt ab strategisch sichere Grenzen haben gegen den ewig kriegslüsternen Nachbarn, mußte uralt-deutsches Land heimbringen ins neue Reich und gutmachen, was 1814 versäumt worden war. Ob die Elsässer denn auch heim ins Reich wollten, war dabei gleichgültig. Dieser Verbindung von historisch-sentimentalen, von militärischen, von unvernünftig stolzen, rachedurstigen Argumenten leistete der Staatsmann keinen Widerstand. Er hat später wohl durchblicken lassen, er sei im

Grund nicht so sehr für die Sache gewesen; aber er unternahm nichts dagegen, unternahm vielmehr durch die Art, in der er nach dem 2. September den Krieg weiterführte, alles Nötige dafür.

Gegen die geplanten Annexionen erhoben sich die Volksparteiler, oder wie sie neuerdings hießen, die Sozialdemokraten im Norddeutschen Reichstag, Liebknecht und Bebel. Dies allein, und wenn es die einzige Leistung ihres Lebens gewesen wäre, würde ihnen unsterbliche Ehre machen. Auch Marx in London sagte die vergiftenden Folgen voraus, welche eine Amputation des französischen Körpers haben würde; wie Bebel, so verlangte jetzt Marx' »Internationale Arbeiter-Assoziation« den sofortigen Friedensschluß. Den deutschen Verteidigungskrieg gegen bonapartische Unverschämtheit hatten auch Marx und Engels gebilligt, ja Engels hatte sich herzlich gefreut über die deutschen Siege im August, über die Schneidigkeit von Moltkes Armee. Im Herbst wollten sie ein Ende sehen. Dies ist ein Erbgut Marxschen und von Marx beeinflußten Denkens geblieben: die Lenkbarkeit von Kriegen zu überschätzen. Das Prinzip, wonach ein »Verteidigungskrieg« geführt werden darf, aber abgebrochen werden muß, sobald er aufhört, der Verteidigung zu dienen, ist freilich ein lobenswertes. Nur sind erstens die Grenzen zwischen Verteidigung und Angriff ungewiß; und gewinnt zweitens das Ungeheuer Krieg, wenn es einmal geboren ist, ein Eigenleben, das parteipolitische Strategie nicht so leicht zu bändigen vermag. Des Kriegsproblems ist der europäische Sozialismus im Grunde nie Herr geworden; 1870 nicht, als er noch schwach war, aber auch später nicht, als er stark war und wirklichen Einfluß hatte.

Im Spätherbst, während die Belagerung der Festung Paris vor sich ging, wurde zu Versailles über den Eintritt der Südstaaten in den Bund verhandelt. Eine echte Karte hatten sie nicht mehr auszuspielen; die Trümpfe waren alle in Bismarcks Hand. Es war aber hier sein Grundsatz, nur das notwendige Minimum zu fordern; teils, weil er überzeugt war, der Rest werde dann mit der Zeit schon selber kommen; teils auch wieder, weil er diesen Rest gar nicht wünschte und monarchische Bundesstaaten brauchte, damit Preußen – *seine* Art von Preußen – nicht vom »Reich« verschlungen würde. Eine echte geschichtliche Bedeutung haben aber die »Reservatrechte«, die er Bayern zugestand – eigenes Heer, diplomatischer Dienst, Eisenbahn und Postwesen, Vorsitz im diplomatischen Ausschuß des Bundesrates – nicht gehabt. Wie sehr auch alle Ränke und ungeheuren Anstrengungen Bismarcks dem Zwecke gedient hatten, die nationale Bewegung dem Staate unterzuordnen, wie sehr er bei dem Bündnis zwischen deutschem Volk und preußischem Staat dem Staat den Löwenanteil jetzt gesichert zu haben schien: es war zuletzt doch alles vergebliche Mühe. Trotz aller Bündnisformeln und süddeutschen Reservatrechte war es Preußen, das das neue Reich kommandierte. Und trotz dieser, seiner Kommandostellung, welche die Bundesstaaten zugleich zu beherrschen und in einer gewissen Halbselbständigkeit zu erhalten bestimmt war, waren es zuletzt doch alle übrigen Bundesstaaten *und* Preußen, welche im Deutschen Reich ihren Charakter verloren; Preußen sogar noch mehr als die anderen, eben weil hier der Schwerpunkt des »Reiches« lag. Dieser Auflösungsprozeß war durch allerlei kluge Formalismen ein wenig zu verzögern; hindern konnte ihn kein Genius mehr. Mit dem spartanischen, schmalen, blanken Preußen, dem Lande von König, Ritter und Untertan, war es vorbei.

Auch dann wäre es damit vorbei gewesen, wenn Bismarck nichts anderes verfolgt hätte als preußische Ziele. Denn es war in Deutschland nur Platz für eine einzige Großmacht, und wenn es diese gab, so war für gar keine anderen echten Staaten mehr Platz. Folglich mußte Preußen zu Deutschland werden, auch und gerade, wenn es nichts als die Großmacht Preußen sein wollte; in welchem Fall es so oder so aufhörte, Preußen zu sein. Um was es sich dann noch handelte, war nur noch eine Frage der Art und Weise; Akzente der Herrschaft, des öffentlichen Geistes, der Verfassung und inneren Machtverteilung. Dergleichen ist aber nie endgültig, am wenigsten in einem so dynamischen Staat, wie das neue Duetschland zu sein sich bald herausstellte.

Insofern bewies der König Wilhelm den besseren Instinkt, als er am Tage vor der Kaiser-Proklamation in lautes Weinen ausbrach. Er könnte, rief er seinen engsten Beratern zu, gar nicht schildern, in welcher Verzweiflung er sich befände, da er morgen vom alten Preußen, an welchem er allein festhielte, Abschied nehmen müßte. Ebenso merkwürdig in seinem Jammern ist der Brief, den nach der Proklamation im Spiegelsaal ein Prinz von Bayern an seinen Bruder schrieb: »Ach, Ludwig, ich kann Dir gar nicht beschreiben, wie unendlich weh und schmerzlich es mir während dieser Zeremonie zumute war, wie sich jede Faser in meinem Inneren sträubte und empörte gegen all das, was ich mit ansah. Alles so kalt, so stolz, so glänzend, so prunkend und großtuerisch und herzlos und leer. Mir war so eng und schal in diesem Saale.« Klagelied der guten alten Zeit über die neue, die preußisch sein würde und deutsch, vor allem aber neu; arbeitsam, laut und hart, und fremd für morbide Märchenprinzen. – Der Jammer der Könige, die gedrückte Stimmung im Spiegelsaal werden sonderbar bestätigt durch Marx und Engels, die damals in der besten Laune waren: Bismarck tue, ohne es zu wissen, einen historisch-notwendigen Schritt in Richtung auf die Revolution, und das erkläre auch, warum ihm bisher alles so glatt gegangen sei. Ein Esel sei er bei alledem.

Die Warner, die Traurigen, die Heimlich-Widerwilligen hat niemand gezählt. Im norddeutschen Reichstag stimmte eine Zahl von Abgeordneten gegen die neue Reichsverfassung, meinte aber damit nicht das Reich, vielmehr die bayrischen Reservatrechte, deren Bedeutung sie überschätzten. In den süddeutschen Landtagen erhoben sich noch einmal die Stimmen der Preußengegner, der Großdeutschen, Klerikalen, Heimattreuen, Demokraten; vergebens. Das Unvermeidliche war noch unvermeidbarer, nun es nicht mehr in der Zukunft stand, sondern sich unter Siegesjubel vollzogen hatte. Dem sich fernzuhalten, war Sache des Charakters, des Eigensinnes, der Prinzipientreue einzelner, konnte aber keinen praktischen Zweck mehr haben. Das neue Deutsche Reich begann am 1. Januar 1871 vertragsgemäß zu existieren. Im Februar vermehrte der vorläufige Friedensschluß zu Versailles es durch die Provinzen

Elsaß und Lothringen, welche nun »Reichslande« sein sollten. Am 21. März trat in Berlin der nach dem allgemeinen, gleichen Wahlrecht gewählte deutsche Reichstag zusammen. Am gleichen Tag wurde der Reichskanzler zum Fürsten erhoben. Fürst Bismarck – eine sonderbare Namensverbindung, unter welcher er der Welt vertraut wurde. Wäre er damals abgetreten, wie der Kaiser Diokletian auf der Höhe seines Ruhmes, es wäre trotz allem ein reinerer, tönenderer Name geblieben. Aber der freiwillige Rücktritt, der heitere Ruhestand, die Kontemplation waren nicht Bismarcks Sache. Noch neunzehn Jahre sollte seine schwere und nervöse Hand über dem Werk liegen, das er in sechs oder acht zuwege gebracht; ein Unglück für sein Werk, und kaum eine Quelle des Glücks für ihn selber.

Betrachtung

Es ist ein eigenartiger Vorgang, die Gründung dieses neuen Deutschen Reiches, für den man in der Geschichte vergebens nach Vergleichen sucht. Hier ist alles unrein, nichts eindeutig zu benennen. Es war das Volk, das die Einigung in irgendeiner Form wollte und längst gewollt hatte. Aber es war nicht das Volk, das die Einigung vollzog. Sie wurde unter Staaten vollzogen, indem der eine große Staat, Preußen, die kleinen zwang; welcher Zwang dadurch verborgen blieb, daß große Teile des Volkes bei der Sache mitmachten. Mit dem Resultat waren die wenigsten voll zufrieden. Die einen beklagten die gewalttätige preußische Führung, die anderen die Sonderrechte, welche Bismarck den Süddeutschen zugestanden hatte; glücklich waren selbst die Vertreter und Träger der Macht nicht, die zuletzt alles entschied.
Es ist die alte Weisheit, daß wir nicht frei sind, eine Sache zu wollen, sie aber samt einer Reihe von widersprechenden, uns

am Herzen liegenden Annehmlichkeiten zu wollen. Die preußischen Machthaber waren in diesem Fall. Das gab der Reichsgründung das Verkrampfte, Schiefe, welches sie bis 1918 und darüber hinaus belastete. Sie hatten sich wohl oder übel zum »Reich« entschlossen, aber sie wollten es derart, daß sie selber im Sattel blieben – ein Widerspruch, der nur unter gewalttätigen Verrenkungen vorläufig erfüllt werden konnte. Neu war er nicht. Schon 1849 hatte der König von Preußen den Aufstand zugunsten der Reichsverfassung durch seine Truppen niederschlagen lassen, gleichzeitig aber etwas wie eine »verbesserte« Reichsverfassung, die Preußische Union, angestrebt. Das Reich oder der engere Bund, jedenfalls eine gestrafftere Reform politischer Existenz Deutschlands ohne Österreich, sollte sein, aber auf preußische Art.

Hätte es gar nicht sein sollen? Ist im Rückblick eine andere Entwicklung denkbar oder wünschbar?

»Der Deutsche Bund«, schrieb Alexander von Villers im Sommer des Jahres 1870, »der letzte staatsmännische Gedanke der europäischen Diplomatie, und ein gediegenes Werk staatsrechtlicher und völkerrechtlicher Weisheit, war defensiver Natur. Preußen darin, die offensive Hefe, die den wohlgekneteten Teig in Gärung versetzt hat. Deutschland lebte nicht nur in Frieden mit seinen Nachbarn, es war auch der Hemmschuh für jeden anderen europäischen Staat, den es gelüsten mochte, den Weltfrieden zu brechen. Der einzige, aber unvermeidliche Fehler in dem Organismus war die Voraussetzung sittlicher Größe bei allen seinen Gliedern... Preußen hatte es längst ausgesprochen, es lasse sich nicht majorisieren. An dem Tage, wo das Wort fiel, hätte der Bund es für ewig ersticken müssen. Da hatte man aber Rücksichten, und daran ging der Bund zugrunde.« Ein gedankenreicher Passus, aber doch sehr im Metternichschen Sinn geschrieben und nicht als die ganze Wahrheit zu nehmen. Wo einige wenige echte Mächte mit zahlreichen unechten einen Bund eingehen, da ist es mit der Majorisierung, der Staatendemokratie wirklich eine heikle Sache. Wir erfahren das heutzutage in den Vereinten Nationen. Die österreichische Großmacht benutzte den Bund für ihre eigenen Zwecke, was nicht sittlicher war als Preußens Reaktion dagegen. Ob diese rein preußischen Machtwillens war oder in ihr, durch sie, auch deutsche Energien gegen den Bund rebellierten, diese Frage mag man je nach Geschmack beantworten. Beliebt war Preußen unter den Deutschen allerdings nicht. Der Bund aber auch nicht; am wenigsten unter den Gegnern Preußens, den linken Liberalen und Demokraten. Denn er verhalf der wesentlichsten deutschen Aspiration nicht zur Verwirklichung.

Die wesentlichste Aspiration der Zeit – das war jene nach dem nationalen Freistaat oder Verfassungsstaat in irgendeiner Form. Sie war da, sie hatte sich während eines halben Jahrhunderts unter allen Rückschlägen, Unterdrückungen, Verfolgungen als unaustilgbar erwiesen. Eben darum beschloß Bismarck, so fremd seinem Herzen der »Nationalitätsschwindel« war, zweifelhaft-gemeinsame Sache mit ihr zu machen. Fragen mag man, ob es ein Glück gewesen wäre, wenn die Deutschen sich den Nationalstaat französischen Stils nie gewünscht hätten. Der Historiker, der später kommt, darf es besser wissen. Er kann zum Beispiel zeigen, daß der Gedanke des tschechischen Nationalstaates ein Unfug war, obwohl die Tschechen ihn schließlich auch bekamen. Mit dem deutschen ist es aber doch etwas anderes. Seine Verwirklichung, innere Gestaltung, äußere Begrenzung brachte Probleme mit sich, die nie gut gelöst wurden bis zum heutigen Tag und die man jetzt auch nicht mehr lösen wird. Deswegen aber auf das verzichten, was im 19. Jahrhundert machtpolitisch, wirtschaftlich und geistig so sehr natürlich schien und was gleichzeitig in Italien, in Skandinavien, in Amerika geschah, das wäre mehr selbstverleugnende Weisheit gewesen, als man einer Nation von der Dichte und dem Tätigkeitsdrang wie der deutschen zumuten durfte. Das Merkwürdige ist nun, daß, sobald man diese Prämisse akzeptiert, man in Gedanken auf die kleindeutsch-preußische Lösung gedrängt wird, so verbogen, begrenzt und unbefriedigend sie auch war. Der Geist kann hier nur noch einmal durchexerzieren, was in der Wirklichkeit zweimal durchexerziert wurde: 1848/49 und 1866 bis 1870. Schon die Kleindeutschen in der Paulskirche waren es fast durchweg wider Willen gewesen. Ein wie großdeutsches Herz Heinrich von Gagern im Grunde hatte, zeigte er schon 1848 in gelegentlichen imperialistischen Phantasien und zeigte es später noch deutlicher. Die nicht wegzudiskutierende Tatsache war die, daß ein deutscher Nationalstaat einschließlich der Deutschösterreicher sich mit der Existenz der Habsburgischen Großmacht nicht vertrug. Solange es das eine gab, konnte es das andere nicht geben. Daher haben alle Bundesreformpläne, die in den sechziger Jahren von österreichischer oder deutsch-mittelstaatlicher Seite ausgeheckt wurden, etwas dermaßen Gekünsteltes, daß die Bismarckische Lösung im Vergleich damit noch als die natürliche wirkt. Dies war die Einsicht süddeutscher Politiker wie Chlodwig Hohenlohe, die sich ohne viel Freude der preußischen Führung frühzeitig ergaben. Sie wußten, darauf hinauslaufen würde es doch. Die Großdeutschen scheiterten an der österreichischen Tatsache. Die ihnen verwandten süddeutschen Patrioten, Partikularisten, oder wie sie genannt wurden, wünschten ihre Länder aus dem Strom der deutschen Geschichte draußenzuhalten. Wäre das möglich gewesen? Man hat in Süddeutschland während der sechziger Jahre gern auf das Beispiel der Schweiz verwiesen, eines Kleinstaates, der in Europa einen würdigen Platz behauptete. Ob Württemberg und Bayern das nicht auch könnten? Unter schwäbischen Demokraten war die Lust groß, es den republikanischen Schweizern gleichzutun. Nun war allerdings die Schweiz ehedem so deutsch, wie Bayern und Schwaben, aber das war lange her. Begünstigt durch Fügungen der Geographie und Geschichte hatte sie, sehr allmählich, eine eigene Nationalität entwickelt; und jeder Schritt, den die Deutschen zu ihrer neuen Einheit hin machten, führte die Schweiz einen Schritt weiter von Deutschland fort. Eben auf dieser Abtrennung beruht zu einem guten Teil ihr Selbstgefühl. Alt-Bayern war wohl auch zeitweise, etwa im 18. Jahrhundert, von dem übrigen Deutschland ziemlich isoliert gewesen, hatte aber nichts dem schweizerischen Abtrennungsprozeß, der zugleich ein schöpferischer Konsolidierungsprozeß war, Vergleichbares erlebt. Seine neuen Besitzungen hatten es dann noch tiefer nach Gesamtdeutschland hineingerissen. Man war sehr deutsch in München seit dem Sturz Napoleons, bestritt keinen Augenblick, ein deutsches Kernland zu sein und an allem Ruhm und Glanz rüstig Anteil zu haben. Wie sollte man jetzt plötzlich wahrhaben, man sei ein europäischer Staat für sich und habe mit dem deutschen Schicksal nichts zu tun?

So kommt man, wie man es auch dreht und wendet, doch zu dem Verdacht, daß die preußische Lösung seit dem Scheitern des ersten großdeutschen Revolutionsversuches etwas Vorgegebenes, nur noch Einzuholendes war. Und das gilt selbst für den Konflikt von 1866. Auch bei dessen Ende ging es mit rechren Dingen zu; was erklären mag, daß die Geschlagenen, die Süddeutschen, sich der neuen Situation ohne große Geistesanstrengung augenblicklich anpaßten.

Etwas anderes ist 1870. Wenn eine Nation sich einen Staat gründen will, dann soll sie es bei sich zu Hause vornehmen. Es jenseits der eigenen Grenzen, im Prunkschloß des Nachbarn zu tun, gegen ihn, auf seine Kosten, ist ein ungeschickter Anfang. Zwischen Preußen und Österreich war es immerhin um die Vorherrschaft in Deutschland, um einen klassischen Gegenstand der Politik gegangen. Zwischen Preußen und Frankreich ging es um gar nichts weiter als um die Frage, wer von ihnen der Stärkere sei; eine Frage mehr für böse Buben denn für reife Völker.

Die Argumente, welche für Bismarcks Verantwortung an dieser Kalamität sprechen, sind von Erich Eyck noch einmal sehr eindrucksvoll zusammengefaßt worden. An ihnen hat A.J.P. Taylor in seiner Geschichte der europäischen Diplomatie neuerdings skeptisch Kritik geübt: nicht unschuldiger als er war, habe Bismarck sich später gemacht, sondern im Gegenteil schuldiger, planender, allwissender. Besonders sei die These von der »Falle«, die er Napoleon mit der spanischen Thronkandidatur habe stellen wollen, nichts als nachträgliche Großsprecherei. Man wird das ewig dahingestellt sein lassen müssen. Es gibt sehr weise wie auch sehr häßliche Zeugnisse Bismarckschen Geistes in den Jahren zwischen 1866 und 1870.

Weise Redensarten sind so billig wie bösartige, und ein überlegener, übrigens redseliger Mensch wird mit beiden nicht sparen. Je nachdem man die einen oder die anderen sammelt, kann man einen Engel der Weisheit oder einen machiavellistischen Schurken aus ihm machen, was mit Bismarck beides geschehen ist. Es kommt aber nicht auf die eine oder andere Redensart an, sondern auf die Summe dessen, was einer lebt und wirkt.

Kunstvoller »Fallen« bedurfte es 1870 nicht, um Frankreich zu provozieren, so verzweifelt nervös wie die Stimmung damals dort war. Den Zusammenstoß zwischen dem neuerdings glücksverwöhnten, selbstsicheren, in seinen Nähten berstenden Preußen-Deutschland und dem tief unsicheren, dem Scheine nach noch immer dem europäischen Konzert vorsitzenden, aber heimlich verfallenen französischen Kaiserreich zu vermeiden, den Anschluß der süddeutschen Staaten an den Norddeutschen Bund allmählich zuwege zu bringen ohne Krieg – *das* hätte wahrer Staatskunst bedurft; jener Kunst des Maßes, des taktvollen Schonens, die Bismarck so gut anzuwenden wußte, wenn es ihm in den Kram paßte. Eine ehrliche, klare Sprache, ein Appellieren an den Grundsatz der nationalen Selbstbestimmung, den gerade das bonapartistische Frankreich nicht verleugnen konnte, verbunden mit höchster Vorsicht, eine dargebotene Garantie dafür, daß ein kleindeutsches Bundesreich kein Störenfried sein werde – man möchte noch heute glauben, so wäre es gegangen. Aber davon war nicht die Rede. Die nationalliberalen Historiker haben sich redlich bemüht, Bismarcks formelle Unschuld zu beweisen. Daß er aber sein Ingenium eingesetzt habe, um den Krieg zu vermeiden, das hat noch keiner behauptet. Eben hierin läge seine Schuld, die folgenschwerste seines Lebens, ob er nun »Fallen« gestellt hat oder keine.

Anstatt der Einigung nach innen, gab es die nach außen; den »Aufbruch« der Nation, wie später noch mehrmals, das Kampferlebnis als Gemeinschaft stiftend, Kriegsfahnen, geschwungene Säbel, Rache für teils längst überwundene, teils eingebildete Demütigungen, plumpe Spottlieder auf den geschlagenen

Feind. Anstatt an 1848 wurde an 1813 angeknüpft, wie ja auch der deutsche Geschichtsunterricht im Kaiserreich von 1813 meist direkt auf 1870 übersprang. Als ob dazwischen nichts geschehen wäre; als ob nicht *ein* 1813 genügt und völlig ausgegeben wäre. Was für ein falscher Ton ist von dieser Parallelisierung oder angeblichen Wiederholung ausgegangen; die permanente Sonntags- und Festredenstimmung, der mit dem großen Einen verbundene Erfolgsmythos, die Kraftprotzerei, auch, trotz aller Friedensdiplomatie, die dauernde Kriegsbereitschaft. Nach einer Tagebuchnotiz des Fürsten Hohenlohe soll Bismarck im Frühling 1870 gesagt haben, man müsse sich nicht auf einen, sondern auf eine Kette von vier Kriegen gefaßt machen. Das ist keineswegs ausgeschlossen; denn noch 18 Jahre später, in seinem Gutachten über das Tagebuch des Kaisers Friedrich, schreibt er, daß der Deutsch-Französische Krieg eine Reihe von Kriegen, ein »kriegerisches Jahrhundert« einleite, sei damals die allgemeine Überzeugung gewesen.
Ob das so gekommen ist, darüber mag man streiten. Die alten Generale von 1914 waren die Leutnants von 1870; dazwischen liegt ein langes Leben, während dessen sie, zumal in den achtziger Jahren, wohl kaum glaubten, noch einmal daranzukommen. 1914 verhält sich zu 1870 nicht so eindeutig, wie 1939 zu 1914. Wiederholung, Fortsetzung, Gegenschlag, das sind in der politischen Geschichte unsichere, stets einzuschränkende Begriffe, zumal wenn dreiundvierzig Jahre zwischen dem ersten und dem zweiten Ereignis liegen. Stimmungsmäßig hat 1870 viel mehr mit 1840, mit »Es braust ein Ruf wie Donnerhall« und »Sie sollen ihn nicht haben« zu tun als mit 1914. 1914 haben nur die ganz Alten ein zweites 1870 wohlig zu erleben geglaubt; die Geschichte ist über sie schnell zu einer völlig neuen Tagesordnung übergegangen.
War die Anknüpfung an die Befreiungskriege eine Unwahrhaftigkeit und Kalamität, so muß man diejenige an das alte »Reich« als unvermeidlich ansehen. Das Ende des Heiligen Römischen Reiches war damals so lange nicht her, die ältesten Leute hatten es noch erlebt; dazwischen lagen der Rheinbund, der Deutsche Bund und das Reich von 1849, welche alle eine

gewisse Kontinuität bedeuteten; und gerne sehen die Menschen in der Neugründung die Wiederherstellung. Ohne die Worte »Kaiser«, »Reich«, »Kanzler« hätte die Einigung nur den halben Spaß gemacht. Man muß hinzufügen, daß es wirklich nur solche Worte waren, welche das Hohenzollern-Reich mit dem Heiligen Römischen Reich verbanden. Kein Hauch vom Geist des alten wehte in dem neuen, wie er noch in den Träumen des Freiherrn vom Stein gelebt hatte. Freilich, Stein hatte als Politiker schon vor sechzig Jahren keinen wirklichen Erfolg gehabt, und was ihn scheitern ließ, das Prinzip des Machtstaates, war seither nur stärker geworden. Jetzt zurückzukehren zu einem über das Deutsche hinausgehenden, christlichen, universalen Institut, zum »Reich«, war bare Unmöglichkeit. Und am wenigsten war Bismarck der Mann, sich um schöner Unmöglichkeiten willen abzumühen. Er hatte nicht Steins hohen Begriff vom Menschen und den Formen politischer Gemeinschaft; solange sie »gottgegeben« waren, mochten sie übrigens roh und praktisch gezimmert, provisorisch und dürftig sein. Eine Verantwortung über den eigenen Staat hinaus verneinte er mit Ungeduld; das Hantieren mit dem Begriff »Europa« hat er zeit seines Lebens für einen Betrug erklärt. Wie sollte ein solcher etwas zustande bringen, das mit dem alten Reich in einem echten Zusammenhang gestanden hätte? Wie sollte es die sehr unträumerisch, sehr wirtschaftlich gesinnte nationale Bourgeoisie, mit der er sich nun versöhnt hatte?

Der erfinderischste Publizist unter den Kritikern Bismarcks, Konstantin Frantz, hat damals allerlei Projekte vorgelegt, durch die das falsche Reich noch zu einem echten sollte umgestaltet werden können: ein engerer Bund westdeutscher Staaten, dem auch etwa die Schweiz und die Niederlande freiwillig beitreten würden; dieser verbündet mit den zwei nach Osten ausgreifenden halbdeutschen Staaten, Österreich und Preußen, die ihrerseits wieder Ungarn und Polen mit dem West-Bund völkerrechtlich zu verknüpfen hätten; das Ganze ohne Hauptstadt, schwebend zwischen Bundesstaat und europäischem Völkerbund, bestimmt, den engen Begriff des Nationalstaates, der für Deutschland und Mitteleuropa nimmermehr taugte, zu überwinden. Man liest dergleichen heute mit gerührter Zustimmung, mit dem Gefühl: wünschbar wäre das allerdings gewesen. Die Frantzsche Kritik an Preußen-Deutschland, am unhistorisch-widernatürlichen Charakter der neuen Reichshauptstadt, an der falschen Fassade des Bundesstaates hat Hand und Fuß. Es war ja aber nicht Deutschland allein, das damals auf den *Staat,* den nach außen scharf begrenzten, nach innen allmächtigen, hinauswollte, es hat es anderen nur nachgemacht. Unter lauter Staaten konnte es kein »Reich« geben. Die Einladung, sich Frantz' West-Bunde anzuschließen, hätten die Schweiz und Belgien gewiß schaudernd abgelehnt. Damals waren das papierene Träume. Heute ist es etwas anderes, da lohnt es sich, zu den Schriften von Frantz zurückzukehren.

Bismarcks Werk erscheint kompliziert, wenn man es herkömmlichen staatsphilosophischen Begriffen unterordnen will. Das neue Reich war kein Reich. Es war auch kein echter Bundesstaat, weil es über den »Verbündeten Regierungen« keine Zentralgewalt gab und das Machtgewicht eines der Verbündeten die Ebenbürtigkeit der anderen zur bloßen Höflichkeitsformel machte. Es war auch kein echter Nationalstaat, insofern ein beträchtlicher Teil der Nation außerhalb blieb und nach dem Willen des Gründers für immer außerhalb bleiben sollte. Es war, was es war; schwierig zu benennen, aber einfach seiner wirklichen Entstehung nach. Der Gründung der Amerikanischen Union sind die prachtvollsten theoretischen Eröterungen, die profundesten staatsphilosophischen Untersuchungen vorausgegangen. Der Gründung des Deutschen Reiches gingen nichts als die – wie man damals sagte – »großen Erfolge« Bismarcks voraus; der Krieg gegen Österreich, die Annexionen, der Norddeutsche Bund, die Militär-Allianzen mit den Südstaaten, das durch Erpressung erzwungene »Zollparlament«, schließlich die während des Siegestaumels von 1870 geschlossenen »Bündnisverträge«. Zuviel kunstvolle Theorie mag einer Sache schaden, wie sie dem amerikanischen Verfassungsleben wohl bis heute geschadet hat. Zuviel gewalttätiger Pragmatismus aber auch: das hastig-rohe Zusammenwerfen von Stükken, die kein Ganzes ergaben, preußisches Soldatenkönigtum, Staatenbund und allgemeines Wahlrecht. Bismarck hat die Theorie verachtet und sich auf die Macht der Tatsachen verlassen, des Wachsens und Werdens, das sich theoretischen Formeln entzieht. Es ist dann aber so gekommen, daß das, was in Deutschland *wurde,* sich der Konstruktion von 1870 nicht einfügen konnte, wodurch die schädlichsten Spannungen entstanden. Bismarck zog den Erfolg an, aber nicht den Segen; es war im Grunde kein Segen über seinem Werk. Als Politiker kannte er weder Mitleid noch Träume. Nur mit wirklichen Dingen hantierte er, mit realen, sich aufdrängenden Möglichkeiten, und zwar erbarmungslos. Das ist das Untransparente seines politischen Wesens, das es verbietet, sein Denken wie seine Verwirklichungen den herkömmlichen Begriffen unterzuordnen. Daher andererseits sein Erfolg. Wäre er ein Idealist gewesen, wie Stein, so hätte er den Gang der Ereignisse nicht in einer geschichtlich so beispiellosen Weise, wie es von 1863 bis 1870 der Fall war, unter Kontrolle gehabt.

Er selber hat diese Kontrolle in schöner Bescheidenheit oft bestritten; der Staatsmann könne viel, viel weniger tun, als das Publikum glaube. Jedenfalls konnte er sich seinen Gegenstand nicht wählen. Er handelte unter Zwang. Irgendeine Art von Einigung der Nation war unvermeidlich, weil die Leute es so wollten und zu wollen nie aufgehört hätten; es war, wie sich zeigen sollte, eine Kraft in deutschen Landen, die nach Organisation, nach freier expansiver Tätigkeit gebieterisch verlangte. Bismarck gab das Minimum: das Bündnis des alten Preußen mit den liberalen Mittel- und Kleinstaaten. Wenn in dieser Lösung etwas Verkrampftes, Undauerhaftes lag, so war ihr auch wieder die leidliche Ordnung zu verdanken, die nun vierzig Jahre lang in Mittel- und Osteuropa herrschen sollte, die friedliche Koexistenz der drei Kaiserreiche und der mannigfachen, von ihnen behausten Völker. Vierzig Jahre — man mag das für lange halten oder für kurz. Heutzutage haben wir leider Grund, es für lang zu halten. Auf die Dauer behält niemand recht. Ob die großdeutsche imperialistische Demokratie um wüste Katastrophen herumgekommen wäre, wenn sie, was freilich schwer vorzustellen ist, 1848 gesiegt hätte; ob der Gedanke, die Schleusen der nationalen Revolution in Ungarn, Böhmen und Polen zu öffnen, mit dem Bismarck 1866 momentweise spielte, damals heilbringender gewesen wäre, als er sich 1918 erwies; ob von Bismarcks deutschen Nachfolgern noch etwas besser zu machen gewesen wäre, als wirklich geschah – über solche Fragen nachzudenken, darf man sich von den Positivisten nicht verbieten lassen. Aber in der Schwebe müssen sie bleiben; ein lehrreiches, nie zu entscheidendes Spiel.

SIEBENTES KAPITEL

Im neuen Reich (1871–1888)

Der Held unserer Erzählung ist das deutsche Volk. Ist das aber *ein* Held? Eine, trotz aller Veränderungen, immer mit sich selber eins bleibende Gestalt, deren Geschichte geschrieben werden kann wie die Biographie des einzelnen?

Der hat seine klaren Grenzen. Ein Volk hat das nicht. Er entsteht und vergeht in Momenten, die eindeutig bestimmbar sind. Bei einem Volk kann man nicht sagen, seit wann es aufhört zu sein. Der einzelne, auch wenn er sich entwickelt, seine Anschauungen ändert, reift, verfällt, bleibt dies eine Ich, solange er blüht. Ein Volk mag in seiner Geschichte so einschneidende Veränderungen erfahren, daß man es zum Schluß mit einem anderen Volke zu tun hat. Das ihm zugewiesene Stück Erde, die Sprache, auch gewisse Erinnerungen, Neigungen, Versuchungen sind dann wohl noch die gleichen, aber die Lebensart ist eine völlig andere geworden; die Arbeit, die Wünsche und Befriedigungen, der Glaube, die Feindschaften, die Ängste, Träume und Lüste der Existenz. Das Neue wird stärker als das Alte, verdrängt es, setzt sich ganz an seinen Platz. Die Geschichte bricht ab. Man tut wohl noch so, als sei sie aus einem Stück seit grauer Vorzeit bis zum heutigen Tag, ein Held, ein Sinn, ein Schicksal, aber in Wahrheit ist sie's nicht mehr.

Dergleichen geschah auf deutschem Boden, ungefähr in der Zeit, von der wir in diesem Kapitel und im folgenden handeln müssen.

Nicht nur auf deutschem Boden, natürlich. Auch im übrigen Europa und in Amerika; heute geschieht es überall auf der Welt. Die große Veränderung, die mit den Schlagworten Indu-

strialisierung, Urbanisierung, Zeitalter der Massen benannt wird, duldet keinen ausgenommenen Erdteil. Sie ist überall dieselbe; und ist überall eine ganz andere; je nachdem, was sie vorfindet. Sie hat damals in Frankreich nicht ganz so tief gegraben wie in Deutschland, die Franzosen sind dem, was sie früher waren, ein wenig ähnlicher geblieben als die Deutschen. In England ist sie vergleichsweise allmählich vor sich gegangen und es ist dort glücklicher als anderswo gelungen, die geschichtliche Kontinuität zu wahren. Amerika hatte es besser, dank seinem weiten Raume und Besitz und dank dem, daß es sich schon früher, noch ehe die industrielle Revolution ernsthaft begann, von der europäischen Vergangenheit losgerissen hatte. Deutschland war belastet durch die Enge seines Raumes, seine aus der Vergangenheit überkommenen Machtgebilde und inneren Gegensätze, seine alten Tugenden und alten Untugenden. Hier fand nun, während der Jahrzehnte, die im täuschenden Rückblick als glückliche, unschuldige Friedensjahrzehnte erscheinen, eine Erweiterung nach innen statt, die man einer Explosion vergleichen mag: Bevölkerungsvermehrung, Entstehung großer Städte, soziale Umschichtung, Schrumpfung der Landwirtschaft, Abhängigwerden der Nation von Außenhandel und alle die unermeßlichen Folgen davon, im Felde der Politik, des Parteiwesens, der staatlichen, rechtlichen, militärischen Organisation, im Raume des Geistes, der Kultur, des Glaubens oder Unglaubens.
Das ist das Eigentliche, der Kern, und ihm gegenüber wiegen die Ministerwechsel und Parteienränke leicht. In den letzten Kapiteln war vor allem von Politik die Rede; während der sechziger Jahre war sie es, welche die Zukunft gestaltete. Das verwegene Spiel Bismarcks bestimmte die Grenzen und die Formen der Herrschaft, in denen die Nation in Zukunft leben würde. Nach 1870 wurde das anders. Die Zeiten der dramatischen Entscheidungen, der lang ersehnten, endlich erreichten Ziele waren vorüber, und erfüllte Wünsche sind in der Geschichte der Völker dasselbe, was sie im Leben des einzelnen sind, nämlich, sie sind nicht so schön, wie sie, unerfüllt, sich ausnahmen. Der kluge, selbstische, hartherzige, nervenleiden-

de alte Mann blieb wohl noch zwanzig Jahre im Amt, aber er wußte nicht mehr, die wohlgezielten Schläge zu geben, welche die Ereignisse auf der von ihm gewünschten Bahn hielten. Er bedrückte nur noch, balancierte und schwankte, indem er sich oben zu halten versuchte. Die große Veränderung, der er als »Reichskanzler« präsidierte, verstand er kaum. Sie vollzog sich kraft eigenen Gesetzes und, soweit er sie überhaupt sah, gegen seinen Willen. Bismarck wollte jetzt Ruhe und hätte die Geschichte stillstehen gemacht, wenn er es gekonnt hätte.
Das Eigentliche nun, die Geschichte der großen Veränderung, die aus einem Volk von Bauern ein Volk von Arbeitern und Angestellten machte, weiß nichts von Kapiteln. Es hat keinen eindeutig bestimmbaren Beginn, es hat keine Unterbrechungen, durch die es sich sinnvoll gliedern ließe. Die Anfänge der deutschen Industrie liegen weit zurück. Die vierziger Jahre brachten einen Ruck vorwärts, noch mehr die fünfziger. Selbst für das Jahr 1870 kann man noch nicht sagen, daß die deutsche Industrie der französischen überlegen war; die bessere Heeresorganisation, nicht die überlegene Industrie, brachte damals den Sieg. Dann steigt die Kurve, die längst nach aufwärts ging, zusehends steiler an; steil unter Bismarck, noch steiler, noch rascher unter Wilhelm II. Wie ein Fettauge auf der Suppe, so schwamm das pomphafte Regiment des Kaisers auf dem Strom von Prosperität, den andere geschaffen.
Weil man nicht immer so forterzählen kann, die Gesellschaftsgeschichte uns aber eine Gliederung nicht gibt, so nehmen wir sie von der Politik. Wir handeln in einem Kapitel von Deutschland unter Bismarck, im nächsten von Deutschland zur Zeit Wilhelms II. Für das Wirtschaftliche gilt diese Gliederung nicht; es wird unvermeidlich sein, gleich jetzt von Entwicklungstendenzen zu sprechen, die ihren Höhepunkt erst später erreichten.

Die Gesellschaft und ihre Klassen

Die deutsche Erde ist vergleichsweise unergiebig; der Boden reich an einigen Grundstoffen, Kohle, Eisen, Pottasche, aber arm an anderen, für eine industrielle Entwicklung großen Stils nicht minder notwendigen, Blei, Zink, Kupfer. Nicht die Natur des Landes hat seine Bewohner zu einem führenden Industrievolk prädestiniert. Die Anstrengung ist eine geistige, eine Sache des Willens, des Selbstvertrauens, der Lust am Tun und Gewinnen; in dem Maße, in dem die Bevölkerung sich vermehrt, und die Landwirtschaft sie nicht mehr ernähren kann, der unentrinnbaren Notwendigkeit.
Arbeiter sind da, seit die Gesetzgebung des frühen 19. Jahrhunderts die alte Dorfgemeinschaft zerschlug. Die Landlosen, und gerade die Tüchtigsten, Lebensmutigsten unter ihnen, zieht es in die Städte. Je mehr gebraucht werden, desto mehr strömen nach; Fortschritte der medizinischen Wissenschaft und Hygiene versprechen, daß neue Generationen zahlreicher sein werden als die alten. Bevölkerungsvermehrung; industrielle Expansion; noch stärkere Bevölkerungsvermehrung. Deutschland hatte um 1800 nicht wesentlich mehr Bewohner als vor dem Dreißigjährigen Krieg; um 1900 aber gut dreimal soviel. Es ist nicht die Landbevölkerung, die zunimmt, es ist die Zahl der Städter. Um die alten Stadtkerne bilden sich riesige Vorstädte; gleichförmige, traurige Straßenzeilen, benannt nach den Schlachten der deutsch-französischen Kriege, aber bewohnt von Menschen, die sich um vaterländischen Ruhm wenig kümmern. Mit der Sache kommt der Name »Großstadt« auf; die Berliner sprechen in den siebziger Jahren mit Stolz von ihrer »Weltstadt«. Zwischen 1848 und 1914 verzehnfacht Berlin seine Einwohnerschaft (von vierhunderttausend auf vier Millionen); so die andern großen Städte im Reich: Hamburg, Köln, München, Leipzig, Frankfurt. Was haben diese neuen Städte, ihrem Bild und Lebensstil nach, noch mit den alten gemein, deren Namen sie tragen?
Der Staat, autoritär im Politischen, aber liberal im Wirtschaft-

lichen, gibt dem Kapitalismus, was er haben will: Aktien- und Wechselrecht, einheitliche Handelsgesetzgebung, Konzentration der Banknotenausgabe, Vereinfachung des Münzwesens, der Maße und Gewichte. Dann wirken die Milliarden der französischen Kriegsentschädigung wie eine aufpeitschende Droge im Blut der deutschen Volkswirtschaft. Tolle Erwerbsgier erfaßt breite Schichten des Bürgertums und der Aristokratie. Es sind die »Gründerjahre« 1871 bis 1874, während derer nicht weniger als achthundertsiebenundfünfzig Aktiengesellschaften mit einem Kapitel von über vier Milliarden Mark gegründet wurden, und viele schwindelhafte Gründungen darunter. Dem folgte ein Aschermittwoch der Zusammenbrüche, eine Periode des harten wirtschaftlichen Existenzkampfes. Aber das Gründen geht fort, das Erweitern, das Konsolidieren, das Schöpfen neuer Industrien und neuer Bedürfnisse.

Es ist das Zeitalter der Großbanken. Meist schon vor 1870 gegründet, werden sie zu Großbanken erst jetzt; zu Organisationen mit Tausenden von Angestellten, mit Marmorpalästen in der Berliner Friedrichstadt, Tempeln des neuen Gottes: Deutsche Bank, Dresdner Bank, Darmstädter Bank, Disconto-Gesellschaft, Berliner Handelsgesellschaft. Sie wachsen an der Industrie, deren Wachstum sie fördern; finanzieren ihre Expansion, beteiligen sich an Neugründungen, gründen selber. Ihre Direktoren sitzen, mitkontrollierend, in den Aufsichtsräten der industriellen Unternehmungen. In keinem anderen Land, sagen uns die Fachleute, besitzen einige wenige Großbanken einen so entscheidenden Einfluß auf die Steuerung der Wirtschaft wie in Deutschland; dergestalt, daß schließlich beide Machtbereiche, Industrie und Finanz, wie zu einem einzigen werden. In Amerika kommt es vor, daß ein Großunternehmer die eine oder andere Bank besitzt. In Deutschland ist es umgekehrt; Banken kontrollieren einen Großteil der industriellen Unternehmungen. An der Spitze der deutschen Banken steht seit 1875 die Reichsbank; Hüterin der neuen Reichswährung, mit dem Monopol oder Beinahe-Monopol der Banknotenausgabe, zugleich größtes, mit Vorsicht geleitetes Institut für Kreditschöpfung. Das Gründungskapital der Reichsbank gehört

privaten Interessen, die in einem Zentralausschuß vertreten sind; gleichzeitig ist sie ein staatliches Institut, ihre Direktoren ernennt der Kaiser.
Es ist das Zeitalter der Großindustrie. Getrieben durch die Bedürfnisse des Eisenbahnnetzes, das erst nach 1870 seine Vollendung erfährt, des Straßen- und Wasserstraßenbaues, durch die Bedürfnisse der Armee, der werdenden Handelsflotte, endlich – aber das kommt später – der Kriegsmarine; durch die wachsenden Bedürfnisse des inneren Marktes, der neuen Städte; nur zu bald aber auch angewiesen auf die Belieferung fremder Völker oder Regierungen, in enger Anlehnung an die Großbanken, im Besitz von Aktiengesellschaften, im bürgerlichen Einzelbesitz, in Ostdeutschland auch im Besitz von Grundherren, die ihren Adel zeitgemäß machen mit dem Glanz aus Kohle und Eisen; gelenkt von überaus fähigen, aber – im Durchschnitt – harten, starrköpfigen Fabrikherren, aufgebaut von Ingenieuren, die von den neuen technischen Schulen in Masse geliefert werden, und betrieben von der immer wachsenden Millionenschar der Fabrikarbeiter und -arbeiterinnen –, so entsteht in der Wirklichkeit die deutsche Industrie, die wenige Jahrzehnte früher nur ein Traum von Friedrich List und Karl Marx war: Montanindustrie, Maschinenindustrie, Textilindustrie, Chemische Industrie, endlich, beginnend in den achtziger Jahren, später die riesigen Kapitalkonzentrationen erreichend, elektrische Industrie. Die deutsche industrielle Gesamtproduktion überflügelt in den siebziger Jahren die französische, erreicht die englische etwa um 1900, übertrifft sie 1919 um ein Beträchtliches; damals steht sie nur der nordamerikanischen nach. In Deutschland leben um 1830 vier Fünftel der Bevölkerung auf dem Lande und von der Landwirtschaft; 1860 drei Fünftel, 1882 zwei Fünftel, 1895 kaum mehr als eines. In dem Staatswesen, dem man nie auch nur die Kraft industrieller Organisation zutraute, welche Frankreich bewies, ist binnen vierzig Jahren die zweitstärkste Energiequelle der Erde entstanden. Das ist der Kern der deutschen Geschichte in jener Zeit. Das andere, um hier einmal das berüchtigte Marxsche Wort zu gebrauchen, ist »Überbau«.

Aber der Überbau ist wichtig. Denn die große Frage ist eben: was wird das Volk mit dieser, seiner neuen Energie anfangen? Wie sie begrenzen und nützlich machen in dem Raum des schmalen Kontinents, in dem es mit vielen Nachbarn leben muß? Wie seine politische Existenz in Einklang bringen mit der tiefsten gesellschaftlichen Veränderung, die es je erfuhr? Zur modernen Industrie gehört die Demokratie, die politische und dann die wirtschaftliche. Wer diese nicht will, darf folgerichtig jene nicht wollen. Aber sie nicht zu wollen, das ändert nicht viel. Sie folgt ihren eigenen Gesetzen, die kein Salonpolitiker zu durchkreuzen vermag.

Der Aufstieg des Hauses Krupp fällt in diese Epoche; den Namen Krupp muß man in einer deutschen Geschichte doch erwähnen, weil er für eine Zeit zum Weltsymbol der deutschen Industrie wurde.

Die Geschichte Krupps ist durch lange Jahrhunderte ehrliche, bescheidene Familiengeschichte. Im neunzehnten Jahrhundert wird sie Industriegeschichte; schließlich, unter Wilhelm II. auch politische Geschichte. Die industrielle Macht vermischt sich unheilvoll mit der politischen.

Familiengeschichte: die Geschichte eines geld-tüchtigen, handelnden, stadtpolitisierenden Patriziergeschlechtes in Essen, welches sich gelegentlich mit der Fabrikation von Flinten befaßt, im allgemeinen aber den Handel der Produktion vorzieht. Dann Industriegeschichte: im Zusammenhang mit den großen Erfindungen der Zeit, mit den großen Nachfragen, mit den politischen Ereignissen, dem Zollverein, den Kriegen. Ihre personellen Träger: Friedrich Krupp, erfinderischer Spekulant, zu Napoleons Zeiten französisch orientiert; und sein Sohn Alfred, der eigentliche Gründer, recht ein Mann des 19. Jahrhunderts, geboren, als sein Vater Napoleon diente, gestorben, als es galt, die Gunst des preußisch-deutschen Erbprinzen Wilhelm zu gewinnen und als seine Unternehmungen mehr als fünfzigtausend Arbeiter beschäftigten. Alfred Krupp: als Kaufmann und Organisator ohnegleichen, genau fühlend, wo eine politische Macht im Steigen, wo gute Beziehungen sich lohnen, feinnervig und brutal, ein gnadenloser Konkur-

rent, ein zorniger Patriarch unter seinen Leuten, sehr gut aussehend mit schönem Vollbart und wehem Mund; begierig, die ganze Welt, Freund wie Feind mit Kanonen zu versorgen, in Preußen-Deutschland ein Monopol ohne Erfolg beanspruchend, immer bereit, dem Staat mit dem Verkauf der Firma an Frankreich oder mit der Auswanderung nach Rußland zu drohen, ein Argument, das er selbst als »sicherstes Druckmittel« und als »starken Tobak« bezeichnet. Dem König Wilhelm I., der ihm wegen Belieferung des feindlichen Österreich Vorwürfe macht, antwortet er gerade heraus: »von Preußen allein können wir nicht leben«. In England läßt er eine Broschüre verteilen, welche kündet, daß im letzten Russisch-Türkischen Krieg beide Parteien zu ihrer Zufriedenheit von ihm beliefert worden seien. Wenn Krupp trotzdem manchmal mit der patriotischen Ablehnung außerdeutscher Angebote prahlt oder der preußischen Regierung die ihm selber vorteilhaftesten Projekte im Schein vaterländischer Gesinnung unterbreitet, entgegnet ihm der Kriegsminister von Roon mit kaum verhehltem Spott: »Wenn ich auch für jetzt davon abstehe, den von Euer Hochwohlgeboren erörterten Vorschlägen sachlich näherzutreten, so kann ich doch der Leichtigkeit, mit der Wohldieselben Ihre eigenen finanziellen Interessen an dieser Angelegenheit behandeln, meine volle Anerkennung nicht versagen.« Die Sozialdemokraten haßt Alfred Krupp mit ganzer Seele. »Ich wollte«, schreibt er einmal, »daß jemand mit großer Begabung eine Gegenrevolte inszenierte«; in den Wohnkolonien, die er seinen Arbeitern baut, fehlt es nicht an Gesinnungsüberwachern und Spionen.
Politische Geschichte: schlimm wird es, wenn wechselseitige Durchdringung des rüstungsindustriellen Unternehmens und der Staatsmacht stattfindet, und zwar nicht so, wie es sein soll und auch sein kann, daß der Staat die Rüstungsindustrie kontrolliert, sondern umgekehrt so, daß die Rüstungsindustrie sich in die Dinge des Staates mischt. Das gilt für Krupp im Deutschland Wilhelms II.; wir nehmen das vorweg. Damals beruht die Größe des Hauses nicht mehr auf der Dynamik einer Persönlichkeit; der letzte Krupp, Friedrich Alfred, ist ein

Melancholiker ohne Beziehung zu seinem Beruf. Es ist die Sache, der riesige Komplex der Familien-Aktiengesellschaft, welcher wirkt und wachsen will und an dem eine Armee von Generaldirektoren, von Ober- und Unter-Agenten, Industriespionen, Botschaftern, Exministern, Exgeneralen und Großwürdenträgervettern hängt. In Deutschland werden durch Aktienaufkauf die unangenehmsten Konkurrenten beseitigt; in den Mittelpunkt tritt der mit höchster Unterstützung geführte Kampf um den Welt-Waffenmarkt, gegen englischen und französischen Wettbewerb. Krupp übt seinen Einfluß auf die deutsche Diplomatie in Afrika und Asien aus. Er findet seinen Gewinn beim deutschen Flottenbau und auch seinen Vorteil bei der englischen Reaktion dagegen; denn man arbeitet auch in England mit Krupplizenzen, so daß die Firma am Wachsen der deutschen wie der nicht- oder antideutschen Rüstungsproduktion interessiert ist. Kein Wunder, daß Krupp den »Flottenverein« finanzieren hilft, daß er gegen Abrüstungspläne agitieren läßt. Es ist industrielle Macht, eng verschwistert mit der politischen; Macht nicht eines Individuums, kaum auch noch einer Familie – das sind hier unbedeutende Menschen –, sondern industrielle Macht an sich, die immer nur wachsen will und muß im Frieden und noch mehr im Krieg. Zwei Gesetze vor allem hat der junge Marx beschrieben: das der unvermeidlichen Expansion und das der unvermeidlichen, nie endenden Konzentration. Für die Wahrheit beider Prophezeiungen wird nun Deutschland das klassische Beispiel. Expansion: 1875 vierunddreißig Millionen Tonnen Steinkohle, 1895 vierundsiebzig Millionen Tonnen, 1900 einhundertneun Millionen Tonnen, 1910 einhundertfünfzig Millionen Tonnen; und in entsprechenden Maßen die Steigerung der Produktion von Eisen und Stahl, von Maschinen und Apparaten. Damit zusammengehend das Suchen nach neuen Märkten, erst aufs Geratewohl, dann mit wissenschaftlicher Systematik betrieben und unterstützt von der Politik. Konzentration: immer mehr Menschen arbeiten in Großbetrieben, immer weniger Menschen kontrollieren immer größere Kombinationen: innerhalb einzelner Betriebe, welche wachsen und die kleineren verschlingen, in »organischen« oder »vertikalen Verbindungen«, Erz- und Kohlengruben, Hochöfen, Stahlwerke, Gießereien in einem Unternehmen vereint, durch die Kontrollmacht der Banken, durch die Kartelle, welche, beginnend in den achtziger Jahren, fast alle Zweige der Rohstoff- und Halbfabrikate-Industrien erst durch lose Preis-Verabredungen, dann durch immer genauere Festlegungen der Produktionsmengen und Verteilung der Absatzgebiete organisieren. Und über allen diesen Konzentrationen die größte von allen: der Staat. Der Staat, sei es in seiner »preußischen«, sei es in seiner »Reichs«-Gestalt. Durch die Aufträge, die er zu vergeben hat; durch die Unternehmungen, die er selber besitzt; durch die wirtschaftliche, die soziale und Zollgesetzgebung, die ihm obliegt; durch die engen persönlichen Beziehungen, welche sich spinnen zwischen Regierungsmacht, parlamentarischer Halb-Macht und Geld-Macht – durch all dies wird der Staat zum Zentralorgan des kapitalistischen Wirtschaftskörpers. Weshalb es denn auch zu einem Hauptanliegen jedes großen Wirtschaftsinteresses werden muß, Einfluß auf den Staat zu gewinnen. Parlament, Bürokratie oder lichtscheuere Medien dienen diesem Zweck. Der Staat, wie tief verschieden ist er nun von der »aufgeklärten« Biedermeier-Obrigkeit König Friedrich Wilhelms III., die ein paar Millionen Taler zu verwalten hatte; wie tief verschieden auch von dem Traum des freien, ideen-gelenkten Volksstaates, den die Achtundvierziger geträumt hatten. Ludwig Uhland würde sich nicht wohl fühlen im neuen Reich, und fremd fühlen sich in ihm die Überlebenden der Paulskirche. Ja, der Reichskanzler selber, der die Paulskirchen-Versammlung verachtete und Metternichs Deutschen Bund als unbrauchbares, veraltetes Instrument zerschlug, selbst er wird sich zusehends fremder fühlen im Reich, dessen Form er geschaffen, dessen innere Dynamik er sich aber so nicht vorgestellt hat. Im Grunde, klagt Bismarck schon in den siebziger Jahren, sei er nicht mehr der rechte Mann für die neuen Aufgaben. Von Wirtschaftsfragen verstehe er nichts, und was anderes von Bedeutung gebe es jetzt noch zu tun? Und als der Greis noch spät den Hamburger Hafen besucht, hinunterblickt auf das Gewimmel der Schiffe und Krane und arbeitenden Menschen, da kommt ihn ein Schaudern an. »Es ist ein neues Zeitalter«, murmelte er vor sich hin. Das ist es in der Tat. Für jemanden, der in seiner Jugend die Hofbälle Friedrich Wilhelms III. besuchte, muß es ein fremdes, unheimliches, letzthin unbegreifliches sein. Neue Zeitalter entstehen freilich nicht von heute auf morgen. Dieses hat sich immerhin in wenigen Jahrzehnten gemacht; erst vorbereitend, allmählich; dann immer schneller, fast explosionsartig; das Tempo der Veränderung hat seither bis zum heutigen Tag nicht nachgelassen.

Das andere, was Marx vorausgesagt hatte, war dies: der Konzentration des Kapitals würde die wachsende, zusammengeballte Macht der Proletarier entsprechen. Immer weniger, immer reichere Ausbeuter auf dem einen Pol; immer mehr, immer ärmere Ausgebeutete auf dem anderen. Im gewissen Sinn trifft auch diese Prophezeiung zu. Die Zahl der eigentlichen Fabrikarbeiter wächst schnell; 1895 sind es etwa sechs Millionen. 1907 etwa achteinhalb. Zählt man zum »Proletariat« alle die, die auf der untersten Stufe der Gesellschaft für ihrer Hände Arbeit kärglich entlohnt werden, Fabrikarbeiter, Landarbeiter, kleine Angestellte und so fort, so gelten gegen Ende des Jahrhunderts mehr als zwei Drittel der Bevölkerung oder fünfunddreißig Millionen Menschen als Proletarier. Die Reichen sind eine verschwindende Minderzahl; nur ein Viertel der Nation wird statistisch zu den leidlich Wohlhabenden, dem »Mittelstand«, gerechnet.

Soweit behält Marx recht. Aber nur soweit. Sein vereinfachender Blick hat manches übersehen, manches nicht sehen wollen, manches nicht voraussehen können. Es ist im Zeitalter Bismarcks, im Zeitalter Wilhelms II. nicht so, daß die deutsche Gesellschaft aus sehr wenigen Kapitalisten und aus sehr, sehr vielen verelendeten Proletariern besteht. Und selbst wenn es rein ökonomisch betrachtet so wäre, so wäre damit noch nicht alles gesagt. Die ökonomische Lage eines Menschen, seine Art zu arbeiten und zu leben, bestimmt seine politische und moralische Existenz nicht völlig. Es sprechen da noch andere Dinge mit. Glaubenstraditionen, Wertungen, Wünsche, Träume,

Abhängigkeiten. Marx kannte diese Einflüsse. Insofern sie die Zugehörigkeit zur ökonomisch bestimmbaren Klasse verdunkeln, nannte er sie das »falsche Bewußtsein«. »Falsch«, weil es ihm nicht in den Kram paßte. Aber »wahr«, insofern es da ist und wirkt.

Vom Aufstieg der Sozialdemokratischen Partei soll demnächst die Rede sein. Zwischen 1871 und 1914 beansprucht sie, die einzig gültige politische Sammlung der Arbeiterklasse zu sein, die Partei des »klassenbewußten Proletariats« im Marxschen Sinn. Anfangs hat sie es sehr schwer, allmählich wächst sie, endlich wird sie zur zahlenmäßig stärksten Partei des Landes. Aber selbst auf dem Höhepunkt ihres Erfolges vor 1914 gewinnt sie doch nur vier Millionen Stimmen, während es damals acht Millionen deutsche Fabrikarbeiter gibt. Wenigstens die Hälfte von ihnen hält das Wählen nicht der Mühe wert oder wählt eine andere Partei, das katholische Zentrum etwa oder die liberalen »Freisinnigen«. Das heißt: es ist den sozialdemokratischen Führern nie gelungen, die gesamte deutsche Arbeiterschaft so »klassenbewußt« zu machen, wie Marx es sich vorgestellt hatte. Dasselbe zeigt die Entwicklung der Gewerkschaften, insofern hier den mit den Sozialdemokraten verbundenen »freien« Gewerkschaften eine Reihe von entschieden nicht an der Idee des Klassenkampfes sich ausrichtenden Gewerkschaften den Rang streitig macht.

Der Klassenkampf – den gibt es. Es gäbe ihn auch, wenn Karl Marx das Wort nie geprägt, den Begriff nie zum Mittelpunkt seiner politischen Theorie gemacht hätte. Die Gründung einer großen Industrie da, wo keine ist, wo nur geringes Gründungskapital ist, wird immer mit dem bezahlt, was Marx den Mehrwert nennt. So war es fünfzig Jahre früher in England; so wird es fünfzig Jahre später in Rußland sein, gleichgültig, ob der Staat das Werk betreibt und erzwingt oder der einzelne Unternehmer für seinen Gewinn im freien Wettbewerb. So ist es in Deutschland in den letzten Jahrzehnten des Jahrhunderts. Noch immer wird elf, zwölf, dreizehn Stunden gearbeitet und verbürgt kein Gesetz die Sonntagsruhe. Noch immer sind die Löhne tief und die Preise hoch, am höchsten für Wohnungen in den neuen Städten, weil der Bau von Arbeiterwohnungen das Kapital nicht interessiert. Unterdessen steigt der Luxus der Oberschicht und leben die Reichen wie die Renaissance-Fürsten, obgleich weniger geschmackvoll. 1870 fährt noch der König von Preußen im gewöhnlichen Eisenbahnwagen; 1900 muß man dem Großindustriellen seinen eigenen Salonwagen an den Zug hängen, weil der Mann in fremder Bettwäsche nicht schlafen kann. Im Berliner Tiergartenviertel bauen die neuen Millionäre ihre Prunkvillen; falscher Adel, der prahlerisch vor aller Augen ausbreitet, was er besitzt und, so berichten gern die Zeitungen, bei seinen Gartenfesten Goldfischbassins mit Champagner füllen läßt. Im einzelnen gibt es Unternehmer, denen am Werk mehr liegt als am Wohlleben und die sich für ihre Arbeiter verantwortlich fühlen; besonders da, wo die Unternehmungen noch nicht ins unmenschlich Große gewachsen sind, etwa in Württemberg. Im allgemeinen, im Durchschnitt, ist der deutsche Unternehmer eisern entschlossen, »Herr im Hause« zu bleiben. Er gibt nur, was er muß. Und da der Staat – der Staat, von dem Lassalle sich soviel erhofft hatte – ihn zu beinahe gar nichts zwingt, so bleibt nur die Organisierung der Arbeiter selber. Die gewerkschaftliche Organisierung und der Streik, den sie in der Frühzeit nur zu oft verlieren; politische Organisierung durch die Partei. Nur Blinde können hier die Wirklichkeit des Klassenkampfes bestreiten, nur Heuchler verkennen, auf welcher Seite der Staat samt allen seinen Machtmitteln zu finden ist. Soweit behält Marx recht.

Nicht so ganz stimmt es mit der »Verelendungstheorie«, auf die der Meister so entscheidendes Gewicht legte. Das Land wird reicher. Die Reichen werden mehr, nicht weniger. Und obwohl Armut etwas Relatives ist und man den Lebensstil eines Volkes von Arbeitern mit dem Lebensstil eines Volkes von Bauern gar nicht vergleichen kann, weil seine Bedürfnisse und Leiden und Befriedigungen ganz anders sind, so wird man doch nicht sagen können, daß in Deutschland um 1900 schlimmeres Elend herrschte als um 1850. Keinesfalls, wenn man die Zahl derer, welche äußerste Not leiden, vergleicht mit der Zahl derer, welche nicht äußerste Not leiden. Es gibt ja viel mehr Menschen um 1900, nahezu doppelt soviel. Ihre überwältigende Mehrzahl leidet nicht äußerste Not. Wie glücklich sie sind, das ist eine andere, eigentlich unbeantwortbare Frage; Glück und Unglück lassen sich nicht messen. Ist es gut, daß es mehr Menschen gibt, wo es weniger gab? Sollen wir die neue Industrie loben oder tadeln dafür, daß sie dies Mehr möglich machte? ... Man kann nur dies sagen: ein gelernter Arbeiter, der in Arbeit ist, führt in Deutschland um 1890 kein dumpfes, hoffnungsloses Leben. Er hat noch viel zu gewinnen. Aber er weiß, daß er etwas wert ist. Langsam gewinnt er sich einen gerechteren Anteil an dem, was seine Arbeit zuwege bringt. Und eigentliche Hungersnot, wie sie 1847 in Schlesien und Ostpreußen wütete, gibt es nicht mehr.

Der Aufbau der Gesellschaft vereinfacht sich nicht in dem Sinn, den Marx als Geschichtsgesetz bestimmt hatte. Er wird komplizierter. Der gelernte Arbeiter steht über dem ungelernten; er steht sogar, was sein Einkommen betrifft, oft über dem kleinen Handwerksmeister mit ungewisser Kundschaft. Dann die Vormänner und Aufseher, die Verwalter und Speditoren, die Laboranten und Ingenieure, die Einkäufer und Verkäufer und Abteilungsleiter, die immer wachsende Masse der Büroarbeiter aller Grade in der Industrie, im Handel, wie in den Riesenbetrieben des Staates, Eisenbahn und Post und Zollverwaltung – überall entstehen Stufenleitern von Einkommen, Verantwortung, Rang. Das ist nicht eine einzige Masse und ihr gegenüber einige wenige Zwingherren. Es sind Hierarchien, vergleichbar der des Heeres vom Gemeinen bis zum General. Unzählbar die neuen Berufe und neuen Titel; unzählbar die kleinen, persönlichen Befriedigungen, welche das Vorwärtskommen im Berufe bedeutet. Gewaltig erschwert dieser Umstand die soziale Revolution, so wie Karl Marx sie sich vorstellte. Er macht sie unmöglich. Das Insichdurchgebildete, unsagbar Komplizierte und Funktionierende kann man nicht umwerfen. Verändern wohl, fördern in gewissen schon vorhandenen Entwicklungstendenzen; aber nicht von heute auf morgen abschaffen oder auf den Kopf stellen. Die Marxsche Revolution wird am Ende nur dort kommen, wo die Gesellschaft amorph und unausgebildet ist. Und dort, natürlich, kann sie nicht bringen, was Marx sich von ihr versprach. Da bringt sie etwas ganz anderes.

Es ist das Zeitalter des Kapitalismus, und solange es dauert, gibt es, der Marxschen Theorie zufolge, zwei Klassen, Bourgeoisie und Proletariat. Die gibt es wirklich, aber nicht so klar voneinander abgegrenzt, nicht so abstrakt gegeneinander stehend; ungezählte Übergänge vermitteln zwischen den Extremen von reich und arm. Dazu kommen die Volksklassen, die in das Zeitalter des Kapitalismus eigentlich nicht gehören, aber noch da sind, weil keine Form des Wirtschaftens ein Zeitalter völlig beherrscht. Die Bauern, die Handwerker, die Krämer, Wirte, Haushälter hat man früher zum »Volk« gerechnet. Jetzt, seit das kapitalistische Bürgertum zur herrschenden Klasse aufgerückt ist, nennt man sie gern den »Mittelstand«. Marx hatte ihnen ein Absinken ins Proletariat vorausgesagt, und das ist auch vielen von ihnen geschehen. Die Klasse aber oder die Gruppe von Klassen ist noch da und für die Nation als Ganzes von gar nicht zu überschätzender, wesentlich erhaltender, konservativer Bedeutung. Daß viel sentimentaler Schwindel getrieben wird mit den Tugenden biederer Handwerksmeister und frommer Bäuerinnen, das ist wahr, es ist aber auch etwas Wahres mit diesen Tugenden, wie sehr auch schlechte Schriftsteller sich an ihnen versündigen mögen. An der festen Tradition eines oberbayrischen Bauernhofes hat manches Übel der Zeiten sich gebrochen, im neunzehnten Jahrhundert, später noch im zwanzigsten.

Innerhalb des Bürgertums nehmen noch immer eine Sonderstellung die akademisch Gebildeten ein. Im Lande des von keiner starken Vergangenheit modifizierten, des vollständigen, nackten Kapitalismus, in Amerika, gelten die Gelehrten nicht viel, es sei denn, es gelingt ihnen als Erfinder oder Anwälte, sich ein großes Einkommen zu gewinnen. Da gilt nur der finanzielle Erfolg. Aber Deutschland hat eine starke vorkapitalistische Vergangenheit, die es so leicht nicht los wird. Aus dem achtzehnten, dem frühen neunzehnten Jahrhundert, aus der Zeit Hegels und Humboldts stammt die Ehre, in welcher der »Gebildete« steht, der reine Theoretiker wie der gelehrte Praktiker, der Philosophieprofessor wie der Chemiker. »Besitz und Bildung« sollen die beiden Säulen der Gesellschaft sein. Freilich, auch die Bildung kann zu etwas Gehässigem werden, was sie in der guten alten Zeit nicht war, zu einem Mittel der Klassenunterscheidung. Mancher Vater schickt seinen Sohn aufs Gymnasium nicht um der Sache, der alten humanistischen Bildung willen, sondern weil es standesgemäß ist. Mancher Herr Doktor bleibt ein törichter, ungebildeter Grobian sein Leben lang. Mancher aber auch beweist Unabhängigkeit des Geistes und Herzens und vermag trotzdem sich durchzusetzen. Die Professoren der Nationalökonomie zum Beispiel sind nicht durchweg »Ideologen der herrschenden Klasse«, welche der ungerechte Doktrinarismus von Karl Marx aus ihnen macht.

Hat das kaiserliche Deutschland überhaupt eine herrschende Klasse? Und wenn ja, welche ist es? Marx selber gibt darauf eine Antwort, wie nur der geniale, boshafte Beobachter sie aus der Ferne geben kann. Bismarcks »Reich«, schreibt er, ist »ein mit parlamentarischen Formen verbrämter, mit feudalem Beisatz vermischter, schon von der Bourgeoisie beeinflußter, bürokratisch gezimmerter, polizeilich gehüteter Militärdespotismus«.

Die Klasse, die nun das Wirtschaftsleben der Nation auf ihre Weise gestaltet, ist die kapitalistische, die Herren von Finanz, Industrie und Handel. Aber diese Klasse herrscht nicht politisch, obgleich ihre Vertreter von der Regierung gehört werden, im Parlament oder außerhalb. Sie macht nicht die äußere Politik, hat die Verwaltung des Landes nicht in der Hand, nicht die Armee, sie kann auch nicht bestimmen, was vornehm ist, was zum guten Ton gehört. Alle diese Vorrechte hat in Preußen-Deutschland noch immer der vorkapitalistische Adel inne. Sie ihm zu erhalten, das war ja ein Ziel, das der größte aller Junker sich gesetzt hatte, und nur auf diese Bedingung hin hatte das alte Preußen ihm erlaubt, das Reich zu gründen und mit Nationalismus, Liberalismus, Kapitalismus seine begrenzten Tauschgeschäfte abzuschließen. Wirtschaftlich ist

der preußische Grundbesitz der neuen Industrie weit unterlegen, es geht ihm nicht gut, er ist bedroht von der Konkurrenz größerer, fruchtbarerer Länder, er bedarf der Hilfe des Staates. Der ist er um so sicherer, weil seine Vertreter an den Hebeln der Staatsmacht sitzen; in Regierung und Verwaltung, im Heer, in der Diplomatie und bei Hofe. Vor allem auch bei Hofe, im Schloß des Königs-Kaisers; dem Ort, in dem formal alle letzten Entscheidungen getroffen werden und manche folgenschwere auch in Wirklichkeit. Die Junker – sie sind noch immer die politisch herrschende Klasse, wenn es überhaupt eine gibt. Einige von ihnen, deren Landbesitz sich dazu eignet, mögen selber zu Großindustriellen werden, die Pleß, Henckel-Donnersmarck, Hohenlohe-Ratibor. Häufiger ist es umgekehrt: Reiche Bürger erfahren die Krönung ihrer Lebensarbeit, wenn sie in den Adelsstand erhoben werden, dessen Stil sie bewundernd nachahmen. Es ist eigentlich jetzt erst ein Klassenstil, herausfordernd und in den liberalen Witzblättern freudig karikiert; der Stil der privilegierten Studentenkorporationen, der Offizierskasinos, ein Reiter- und Jagd- und Herren-Stil ins Städtische übertragen. Der Adel war früher ein Stand gewesen, keine Klasse; damals als Deutschland ein Ständestaat, kein Klassenstaat war und keine Hauptstadt, keine Gesellschaft hatte. Indem Bürgertum und Arbeiterschaft zur Klasse werden, wird auch der Adel zur Klasse; um so herausfordernder in seinem Stil, weil er sich der Bedrohtheit seiner herrschenden Stellung bewußt ist.
Man soll keine historische Klasse in Bausch und Bogen verdammen. Immer besteht sie aus Menschen von Fleisch und Blut, die frei sind, sich über den Geist ihrer Klasse zu erheben oder von ihm abzufallen. Große Dichter wie Heinrich von Kleist waren Junker; tätige Idealisten und Pazifisten gar nicht junkerlichen Geistes kamen aus dem vielgeschmähten Stand. In unserer eigenen Zeit haben wir erlebt, daß eine Reihe von Trägern der berühmtesten preußischen Adelsnamen sich zur Rettung ihres Vaterlandes vergeblich opferten. Auch als Ganzes hat die preußische Adelskaste ihre Tugenden gehabt, Tugenden der Nüchternheit, der Tatkraft, der protestantischen

Frömmigkeit, der bescheidenen Sicherheit. Selbst ihren scharfen Machtinstinkt, egoistisch wie er war – aber welcher Machtinstinkt wäre es nicht? – mag man im Sinne des Staates als Tugend oder doch als Stärke ansehen. Historische Macht ist nie ohne historische Schuld. Gönnen wir also den Junkern ihre Verdienste, wie wir ihnen ihre Schuld ankreiden.

Gegen Ende des Jahrhunderts überwiegt die letztere. Weder die Basis ihres Wirtschaftens noch ihre geistige Haltung gibt den Junkern ein Recht auf Führung in neuer, industriell-demokratischer Zeit. Aber sie können nicht abdanken. Sie finden nicht den Weg der Anpassung, des allmählichen Nachgebens und Rückzuges, den der englische Adel mit so viel Weisheit wie Eleganz gefunden hat. Auch, wie der französische, sich in stolze Isolierung zurückzuziehen vermögen sie nicht; dazu ist ihr Machtwille zu stark und ihr Reichtum zu gering. Gestützt auf den König, der von seiner Seite sich auf sie stützt, werden sie dem Lande zur Last. Sie stehen der politischen Erziehung des Bürgertums hindernd im Wege. Sie lassen es nicht heran; das Bürgertum ist schwach genug, sich das gefallen zu lassen und sich mit wirtschaftlichem Vorteil zu begnügen. Selbst ihr Bismarck macht es ihnen nicht recht, weil er mit der neuen Zeit Kompromisse schließt, welche sie nicht verstehen; obgleich doch diese Kompromisse dazu bestimmt sind, ihren eigenen politischen Untergang noch eine Weile hinauszuschieben. Daher das Verkrampfte, Unzeitgemäße, Ungelöste des deutschen politischen Lebens. Die Junker versagen, weil sie die Macht nicht aufgeben können; die bürgerlichen Klassen, weil sie nicht nach ihr greifen können.

Als junger Mann hat Bismarck einmal die patriarchalischen Verhältnisse auf seinem Gut beschrieben:

»Die Luft hier konserviert das Gesinde. Bellin ist ein Bauernsohn hier aus dem Dorf, fing als Reitknecht an bei meinem Vater, und ist nun vierzig Jahre im Dienst, davon 32 als Inspektor; seine Frau ist in unserem Dienst geboren, Tochter des vorigen, Schwester des jetzigen Schäfers; letzterer und der Ziegelmeister, der auch bald sechzig Jahre ist, dienen schon als zweite Generation hier, und haben ihre Väter bei meinem

Großvater und Vater schon dieselben Stellen bekleidet. Die Gärtnerfamilie ist leider im vorigen Jahr mit einem kinderlosen fünfundsiebziger, der den Posten von seinem Vater geerbt hatte, ausgestorben... Ich kann nicht leugnen, daß ich einigermaßen stolz bin auf dieses langjährige Walten des konservativen Prinzips hier im Hause, in welchem meine Väter seit Jahrhunderten in denselben Zimmern gewohnt haben, geboren und gestorben sind...« Das kam dem Junker von Herzen; in dieser Erfahrung, diesen Sympathien lagen die Wurzeln seiner Kraft. Ein halbes Jahrhundert später (1895) beschreibt ein junger Professor der Nationalökonomie, Max Weber, in seiner Freiburger Antrittsrede »den ökonomischen Todeskampf« des Junkertums. Nun ist es vorbei mit den patriarchalischen Lebensbedingungen östlich der Elbe. Die deutschen Landarbeiter drängt es nach den Städten. »Das alte patriarchalische Gutshintersassenverhältnis, welches den Tagelöhner als einen anteilsberechtigten Kleinwirt mit den landwirtschaftlichen Produktionsinteressen unmittelbar verknüpfte, schwindet. Die Saisonarbeit in den Rübenbezirken fordert Saisonarbeiter und Geldlohn. Eine rein proletarische Existenz steht ihnen in Aussicht, aber ohne die Möglichkeit jenes kraftvollen Aufschwungs zur ökonomischen Selbständigkeit, welche das in den Städten örtlich zusammengeschlossene Industrieproletariat mit Selbstbewußtsein erfüllt.« Polnische Wanderarbeiter verdrängen die Deutschen; sie nehmen mit dem vorlieb, was der Grundherr noch bieten kann. »Auf den Zuckerrübengütern tritt an die Stelle des patriarchalisch schaltenden Gutsherrn ein Stand industrieller Geschäftsleute – und auf der Höhe bröckelt unter dem Druck der landwirtschaftlichen Notlage das Areal der Güter von außen her ab, Parzellenpächter- und Kleinbauernkolonien entstehen auf ihren Außenschlägen. Die ökonomischen Fundamente der Machtstellung des alten Grundadels schwinden, er selbst wird zu etwas anderem, als er war.«

Eine solche Entwicklung, so fährt Max Weber mit der ihm eigenen wahrheitstreuen Härte fort, ist von mehr als nur wirtschaftlicher Bedeutung. »Großbetriebe, welche nur auf Kosten des Deutschtums zu erhalten sind, sind vom Standpunkt der Nation wert, daß sie zugrunde gehen...« Wie steht es ferner mit dem politischen Anspruch ihrer Besitzer? »Gefährlich und auf die Dauer mit dem Interesse der Nation unvereinbar ist es, wenn eine ökonomisch sinkende Klasse die politische Herrschaft in Händen hat.« Die Junker können die Aufgaben der Gegenwart nicht mehr lösen. Nicht einmal der größte der Junker hat es gekommt: »Die Tragik, welche seiner staatsmännischen Leistung neben ihrer unvergleichlichen Größe anhaftet... wird die Zukunft wohl darin finden, daß unter ihm das Werk seiner Hände, die Nation, der er die Einheit gab, langsam und unwiderstehlich ihre ökonomische Struktur veränderte und eine andere wurde, ein Volk, das andere Ordnungen fordern mußte, als solche, die er ihm geben und denen seine cäsarische Natur sich einfügen konnte. Im letzten Grund ist eben dies es gewesen, was das teilweise Scheitern seines Lebenswerkes herbeigeführt hat.«

Und die Klassen, welche den Junkern die Bürde der Macht abzunehmen berufen wären? Der Gesellschaftsforscher beurteilt sie mit tiefem Pessimismus. Das deutsche Bürgertum ist nicht reif zur Leitung des Staates, und die lange Regierung des großen Mannes hat es nicht reifer dazu gemacht – eher im Gegenteil. »Nur allzu offenkundig sehnt sich ein Teil des Großbürgertums nach dem Erscheinen eines neuen Cäsars, der sie schirme – nach unten gegen aufsteigende Volksklassen – nach oben gegen sozialpolitische Anwandlungen, deren ihnen die deutschen Dynastien verdächtig sind. Und ein anderer Teil ist längst versunken in jene politische Spießbürgerei, aus welcher die breiten Schichten des Kleinbürgertums noch niemals erwacht sind.« Was die deutsche Arbeiterklasse betrifft, so ist sie ökonomisch »weit reifer, als der Egoismus der besitzenden Klassen zugeben möchte, und mit Recht fordert sie die Freiheit, auch in der Form des offenen organisierten ökonomischen Machtkampfes ihre Interessen zu vertreten. *Politisch* ist sie unendlich unreifer, als eine Journalistenclique, welche ihre Führung monopolisieren möchte, sie glauben machen will.« Auch die Arbeiter seien im Grund Kleinbürger. Sie verstünden nichts von der Frage der Macht: wie man sie erobert und wie man sie verwendet.

Max Weber hat einen sehr harten Begriff vom Kampf ums Dasein im Leben der einzelnen wie im Leben der Völker. Für ihn ist der Weltlauf ein ständiger erbarmungsloser Krieg und müssen Deutsche und Slawen miteinander um Raum zum Leben ringen wie Raubtiere. Darin spricht er Wahrheit und Irrtum seiner Generation aus. Seine Behauptung, daß Deutschland nur als Weltmacht mit großer, kühner Weltpolitik leben könne, wird nur zu bald von Leuten aufgegriffen werden, die ihre Hände lieber von solchem Spiele ließen. Aber seine Analyse der deutschen Klassengesellschaft ist denkwürdig. Mit seiner akademischen Antrittsrede steht er wie auf einer hohen Grenzscheide zwischen den Zeiten; auf der einen Seite hinunterblickend nach dem eben abgeschlossenen Zeitalter Bismarcks, auf der anderen nach der jetzt beginnenden »Vorkriegszeit«, und beides, Vergangenheit und Zukunft, mit gleich prophetischem Scharfblick erfassend.

Parteien

In einer Gesellschaft, wie jener, zu der das deutsche Volk sich nun entwickelt, herrscht beständiger Kampf um die Ämter und Pfründen, die der Staat zu vergeben hat, Kampf um Macht und das, was mit der Macht getan werden kann, wirtschaftliche und kulturelle Richtlinien, Gesetze, Geldzuteilungen. Das ist der politische Kampf, und seine Agenten sind die Parteien. Auch sie müssen sich ändern zusammen mit der Gesellschaft, die sie vertreten und um deren Beifall sie werben. Gleichzeitig werden sie geprägt von dem Staatssystem, mit dem sie es zu tun haben, es sei denn, es gelänge ihnen, den Staat nach ihrem gegenwärtigen Willen zu formen. Den deutschen Parteien gelingt das nicht. Die Tradition des Staates, den sie vorfinden, ist zu stark. Der eine Mann ist zu stark, der Reichskanzler, der sie braucht und mit ihnen spielt, und doch sie schwächt und verdirbt, wo er immer kann.

Wir reden vom »Reich«. Es kompliziert die deutsche Geschichte, daß Preußen zwei Drittel des Reiches ist, die politischen Dinge im Reich und in Preußen sich aber niemals dekken. Preußen ist anders; technisch durch sein Dreiklassenwahlrecht, der Sache nach durch das Wesen seiner Gesellschaft und alten Herrschaftsklasse. Anders sind auch die süddeutschen Staaten, in mancher Beziehung liberaler als das Reich, allmählich der parlamentarischen Regierungsform sich annähernd. Aber das sind regionale Entwicklungen, von geringer Bedeutung für das Ganze. Preußen ist nichts Regionales. Daß es mit dem Reich aufs engste verbunden ist, durch die Hauptstadt, durch Monarch, Armee, einen großen Teil der Regierungsmaschinerie samt dem Kanzler-Ministerpräsidenten, daß es, noch einmal gesagt, zwei Drittel des Reiches ist und dennoch etwas anderes ist, anders regiert wird, ein anderes Parteiengefüge aufweist, das gibt der Reichspolitik etwas Schiefes, Vexatorisches, mit keinem anderen Staatswesen auf Erden Vergleichbares. Trotzdem müssen wir von jetzt an vor allem vom Reich sprechen, nicht von Preußen, viel weniger von den »Mittelstaaten«, die fortfahren, eine wohltuend unterschiedene, harmlose Existenz zu führen. Die entscheidenden Dinge werden nun im Reich gemacht, von der Gesetzgebung der siebziger Jahre bis zu den Kriegserklärungen von August 1914.

Was nun die politischen Parteien im Reich betrifft, so mag man zwischen alten und neuen unterscheiden. Die alten sind Honoratioren-Parteien, entstanden in einer Zeit, als die Zahl der Wähler gering, als das »Volk« politisch noch nicht mobilisiert war: Konservative, Nationalliberale, selbst »Fortschritt«, obgleich ja in den sechziger Jahren die preußische Fortschrittspartei das Volk mit viel Pathos zu vertreten beanspruchte. Die neuen Parteien werden echte Volksparteien sein, riesige, in die Massen gehende, im Leben der Massen eine Rolle spielende Organisationen: Zentrum und Sozialdemokratie.

Die Konservativen sind wesentlich preußisch. Im Abgeordnetenhaus und Herrenhaus können sie das große Wort führen, im Reichstag aber nicht. Sie waren nicht glücklich über den Norddeutschen Bund, über die »Indemnität« von 1866, über die Reichsgründung; sie sind jetzt nichts weniger als glücklich über die Einräumungen, die Bismarck dem Grundsatz des liberalen, keinen anderen Gott neben sich duldenden Nationalstaates macht. Ihre Opposition gegen den Kanzler, der einer von ihnen war, aber so sonderbar über sie hinauswuchs, nimmt gelegentlich den Charakter höchster, verleumderischer Bosheit an, und Bismarck ist nicht der Mann, ihnen die Antwort schuldig zu bleiben.
Von den Konservativen spaltet sich eine Gruppe ab, welche sich die »Freikonservative« nennt. Sie ist zahlenmäßig gering, eine Partei der Reichen, zumal der adligen Großunternehmer. Die sind konservativ, insofern sie das eben Erreichte erhalten wollen, die Vorrechte des Kapitals. Das Reich ist ihnen recht, sie stehen, wie der neudeutsche Ausdruck heißt, auf dem Boden der Tatsachen. Bismarck ist ihnen völlig und in jedem Falle recht.
Links von den Freikonservativen die Nationalliberalen, die Partei, die sich 1866 vom »Fortschritt« abspaltete, um Frieden mit dem Sieger zu machen. Das ist die eigentliche Reichspartei, die Erbin des National-Vereins. Ihre Leute kommen aus dem westlichen Preußen, aus den annektierten Provinzen, aus Süddeutschland. Wie jede große Partei hat sie ihre Flügel und ihre vermittelnden Zentralfiguren; ihre Grundsatzpolitiker, ihre Interessenverfechter, ihre Opportunisten. Ihr Ideal ist der Rechtsstaat, der nach vorwärts sich entwickelnde Verfassungs- und Nationalstaat, dessen föderativer Charakter nicht verstärkt werden darf, letzthin auch der parlamentarisch regierte Staat. Ihre Stars neigen zur schönen Rede und schönen Geste – Paulskirchen-Erbe. Für die soziale Frage haben sie ein geringes Interesse, da denken sie beinahe so, wie ihre Nachbarn zur »freikonservativen« Rechten, die von Kardorff und von Stumm. Aber unleugbar werden sie von guten deutschen Patrioten und echten Parlamentariern geführt. Auf die Nationalliberalen

der siebziger Jahre könnte ein Staatsmann, der es ernsthaft wünschte, eine parlamentarische Regierung aufbauen, so, daß die größte Partei auch die Verantwortung übernehme. Aber Bismarck will das nicht.
Links von den Nationalliberalen die Unversöhnten, die alte Fortschrittspartei. Hier ist man prinzipienbewußter als bei den Liberalen, erinnert sich des Konfliktes von Anno 62, betrachtet die Regierung als fremde, streng zu beschränkende Macht solange, bis man selber die Regierung, bis Deutschland ein parlamentarischer Staat sein wird. Bismarck behauptet, die Fortschrittler wollten auf die Republik hinaus, aber dafür fehlen die Beweise. Es ist nur, daß die Partei den Reichskanzler entschieden nicht mag und ihm opponiert – eine Haltung, die Bismarck nie zögert, »reichsfeindlich« zu nennen. Massenpartei, irgendwie nach dem Sozialismus hinneigende Partei ist Eugen Richters Fortschrittspartei gewiß nicht. Fortschritt, ja; aber nur im Verfassungswesen; der soziale Fortschritt kommt von allein, wenn man den Lauf der Natur nicht behindert.
Zwischen allen diesen Gruppen spielen Beziehungen hin und her. Der rechte Flügel der Nationalliberalen neigt zu den Freikonservativen; der linke steht auf gesellschaftlichem Fuße mit dem »Fortschritt«, mit dem er sich auch tatsächlich 1884 zu einer neuen Partei vereinigt. Diese heißt die »Deutsche Freisinnige«. In Bismarcks Spätzeit wird die Zusammenarbeit zwischen Nationalliberalen, Freikonservativen und Altkonservativen eng und wahltechnisch vorübergehend erfolgreich.
Bismarck, der an sich für Parteien wenig Sinn hat, meint in seinem Erinnerungsbuch, es gehe »den meisten Fraktionsmitgliedern wie den meisten Bekennern verschiedener Konfessionen; sie geraten in Verlegenheit, wenn man sie bittet, die unterscheidenden Merkmale der eigenen Überzeugung den anderen konkurrierenden gegenüber anzuführen. In unseren Fraktionen ist der eigentliche Kristallisationspunkt nicht ein Programm, sondern eine Person, ein parlamentarischer Kondottiere.« Zu einem ähnlichen Urteil kommt ein Vierteljahrhundert später Max Weber: das, was die Parteien voneinander getrennt halte, seien nicht so sehr grundsätzliche Meinungs-

verschiedenheit wie die persönlichen Stäbe, die »Vertrauensmänner-Maschinerien«, die den einzelnen führenden Politikern zur Verfügung stehen. Wirklich sind die »weltanschaulichen« Motive, welche die zahlreichen liberalen oder halbliberalen Gruppen voneinander trennen sollen, schwer zu beschreiben. Kommt es zu konkreten Fragen, walten die Meinungsverschiedenheiten meist nicht zwischen den Parteien, sondern innerhalb ihrer, wobei dann die Fraktionsführer Mühe haben, einen tragbaren Kompromiß auszubieten und ihre Leute zusammenzuhalten. Das ganze Spiel wiegt geistig nicht schwer. Die Zeiten sind undramatisch, nachdem das langwierige Drama, welches zu der Reichsgründung führte, abgeschlossen ist oder scheint: es kann den Geschichts-Studenten heutzutage wohl das Gefühl ankommen, er möchte gern die Sorgen dieser Leute gehabt haben. Trotzdem gelten die siebziger Jahre als die Blütezeit des deutschen Parlamentarismus. Das rednerische Niveau ist hoch; im Reichstag lassen sich Männer wie Treitschke, der geistvolle Prophet des nationalen Einheits- und Machtstaates, wie Mommsen, der Altertumsforscher und wortgewaltige Historiker Roms, wie Virchow, der bedeutende Mediziner, rüstige Verteidiger des Verfassungsstaates und positivistische Verspotter der Religion, vernehmen. Später, als der Reichstag einen größeren politischen Einfluß hat, sinkt sein geistiges Niveau; Geist und Macht, das ist nicht notwendig ein und dasselbe. Die Paulskirche, die sich als politisch ohnmächtig erwies, war eine Versammlung sehr hochstehender Männer. Und vielleicht war der preußische »Vereinigte Landtag« von 1847 das würdigste, klügste Parlament, das Deutschland je erlebte, trotz der Unbestimmtheit und des völligen Ungenügens seiner Rechte. Ein Parlament wird schließlich doch das sein, was das Volk ist, wird seine Fähigkeiten, Interessen und Werte widerspiegeln. Da nun die Blütezeit der deutschen Literatur in der ersten Hälfte des 19. Jahrhunderts liegt, nicht in der zweiten oder im zwanzigsten; so geht es mit rechten Dingen zu, wenn die frühesten Parlamente geistig – oder sagen wir literarisch – höher standen als die späteren.

Gegenüber den alten, nun die neuen Parteien, die den Frieden stören. Sie beginnen gering, aber sind trächtig mit Zukunft. Bismarck, der das ahnen mag, haßt sie und sucht sie zu zerschlagen. Denn Bismarck liebt die Zukunft, *diese* Zukunft, nicht.

Die Zentrumspartei ist ein merkwürdiges Produkt der deutschen Geschichte wie auch der europäischen Verhältnisse um 1870. Der deutschen Geschichte – es gibt kein anderes großes europäisches Land, in dem die Katholiken eine Minderheit, gleichzeitig aber eine so sehr starke Minderheit sind. Es ist, im hellen 19. Jahrhundert, eine Folge von Entscheidungen, die im 16. Jahrhundert fielen. Da nun aber der Protestantismus neuerdings einen großen Sieg errungen zu haben scheint, da es der protestantische preußische Staat ist, der den Nationalstaat errichtete, und zwar im Bunde mit der unkatholischen Geistesmacht des Liberalismus – so drängt der Gedanke sich auf, daß auch die deutschen Katholiken nach den neuen Waffen der Parteipolitik greifen müssen, um nicht ihr altes Erbe an eine entfremdete Welt zu verlieren. Die Kirche muß freibleiben vom immer mächtiger werdenden Staat. Sie muß ungehindert wirken können von Kanzel und Lehrerpult, muß ihren Einfluß auf die Seelen bewahren durch die alten Mittel und erneuern durch zeitgemäße Gründungen, Anstalten für das Wohl der arbeitenden Massen, Zeitungen, Klubs. Für all das tut jetzt politischer Kampf not. Verfassungen sind gut, wenn man sie richtig ausnutzt; wenn man die Erfindung des Liberalismus benutzt, um ihm Grenzen zu setzen. Die preußische Verfassung zählt unter den Grundrechten des Bürgers auch jenes der Religionsfreiheit auf, und der preußische Staat hat bisher alle großen Religionsgemeinschaften mit beispielhafter Gerechtigkeit behandelt. Es besteht aber Anlaß, zu glauben, daß die Dinge unter dem »evangelischen Kaisertum«, wie man es nun gerne nennt, nicht so glatt gehen werden.

Denn, es ist der Geist der Zeit, es sind gewisse Ereignisse der Zeit, welche der katholischen Kirche tief bedenklich scheinen; und die Gründung des deutschen Reiches ist selber ein typisches Zeitereignis. Sie folgt der Gründung des Königreichs Italien. Dieses wieder wird vollständig durch die Proklamierung

Roms zur nationalen Hauptstadt während des Deutsch-Französischen Krieges. Und wenige Wochen vorher hat noch Pius IX. durch das Dogma päpstlicher Unfehlbarkeit, welches er der großen Bischofs-Versammlung, dem vatikanischen Konzil, abrang, sein bedingungsloses geistiges Herrscherrecht mit nie zuvor erreichter Klarheit verkündet. Es ist derselbe Papst, der im Jahre 1864 etwas wie eine Kriegserklärung gegen den Zeitgeist erließ: ein Irrtum sei es zu glauben, daß der Papst sich »mit dem Fortschritt, mit dem Liberalismus, mit der modernen Kultur versöhnen könne und müsse«. Dies auf der einen Seite, auf der anderen der Sturz des Kirchenstaates, der Triumph Preußens über die katholischen Mächte Österreich und Frankreich, revolutionäre Unruhen selbst im erzkatholischen Spanien. Kein Wunder, daß die Kirche sich bedroht fühlt vom liberalen Staat, der liberale Staat sich bedroht fühlt von der Ecclesia militans, der kämpferischen, ihre Ansprüche aus grauer Vorzeit erneuernden Kirche. Beide Gegner überschätzen einander; es überschätzt einer die Gefahr, die ihm von dem anderen droht. Wie es zwischen wesensfremden, sich im Grunde gar nicht verstehenden Gegnern zu geschehen pflegt.
Unter solchen Umständen wird im Spätherbst 1870 die Zentrumspartei gegründet oder erneuert. Zuerst nur in Preußen; die Parteiorganisation, die sich über das ganze Reich erstreckt, ist das Ergebnis viele Jahre dauernder Entwicklungen, Verbindungen, Verschmelzungen. Es soll auch zuerst gar keine nurkatholische Partei sein; die Gründer – Peter Reichensperger, von Mallinckrodt, Bischof Ketteler – haben auf einen evangelischen Flügel gehofft. Christentum gegenüber religiöser Indifferenz, religiöse und naturrechtliche Bindung gegenüber dem Neu-Machiavellismus des Staates, soziale Verantwortlichkeit gegenüber entfesseltem »Manchestertum«, die historischen Rechte der deutschen Einzelstaaten gegenüber der ausgreifenden Macht des Preußenreiches – das sind die Motive, die Gegensätze, welche die Gründer der Partei inspirieren. Von ihnen haben einige schon gegen die Verfassung des Norddeutschen Bundes gestimmt, auch gegen die Bündnisverträge von 1870, und zwar mit der Begründung, daß »in den Verträgen nicht

die gleichen Garantien für die Religionsfreiheit vorgesehen seien wie in der preußischen Verfassung, weil nicht genügend scharf die Scheidung zwischen Reichsgewalt und Staatsgewalt gezogen sei und weil mit diesen Verträgen der sichere Weg zum Militarismus und Imperialismus betreten werde«. Der Militarismus, heißt es in einer anderen Kundgebung, gefährde den Frieden viel mehr, als er ihn je sichern könne.

Zu den deutschen Katholiken, den alten »Großdeutschen«, den Heimattreuen, denen das gemütliche Idyll des deutschen Kleinstaates am Herzen liegt, stoßen allerlei protestierende Bundesgenossen: katholische Abgeordnete aus Elsaß und Lothringen, katholische Polen, unversöhnte Hannoveraner oder, wie man sie nach ihrem vertriebenen Königshaus nennt: »Welfen«. Ein Welfe schwingt sich bald zum Führer der neuen Partei auf. Es ist Ludwig Windthorst, der genialste Parlamentarier, den Deutschland je besaß. Ein geriebener Idealist, ein frommer Fuchs, ein Mann der Grundsätze und erzschlauer Politikus, würdig und pfiffig, so bereitet Windthorst sich den ersten Platz in einer Versammlung, der es an guten Namen nicht fehlt; so gewinnt er seiner Partei, einer Kombination von Minderheiten, die Schlüsselstellung in der deutschen Politik. Er tut es gegen den Haß, unter den wiederholten Keulenschlägen Bismarcks, der hier zum erstenmal die Überlegenheit organisierten Geistes erfährt, oder erfahren könnte; der große Mann versteht bis zum bitteren Ende nicht, was ihm da geschieht.

Die Klugheit Windthorsts und seiner Freunde ist nicht die einzige Quelle der unüberwindlichen Zentrumsmacht. Die Partei, in enger Zusammenarbeit mit der katholischen Kirche, vermag ins Volk zu gehen und den Leuten etwas zu bieten, was die Seelen wärmt. Sie appelliert an den Menschen, nicht bloß an einseitiges Interesse. Sie steht übrigens buchstäblich im Zentrum, nicht so sehr *zwischen* Rechts und Links wie derart, daß sie konservative und sozialistische Tendenzen in sich aufnimmt. Mit den Konservativen verbindet sie die Heimattreue, die Gegnerschaft gegen den Einheitsstaat, der Glaube an die Notwendigkeit geschichtlicher, jenseits der bloßen Vernunft liegender

Bindungen. Die Philosophie der Liberalen läuft für die Zentrumsmänner auf dies hinaus: die schrankenlose Freiheit der Individuen und über ihnen, unvermittelt, die Allmacht des Staates. Demgegenüber fordert katholische Politik: den Staat, der mehr ist als bloßer Nachtwächter-Staat, der seinen Bürgern Schutz gibt, für ihre materielle und moralische Wohlfahrt sich tätig sorgt, gleichzeitig aber die Eigenständigkeit der innerhalb seiner Grenzen blühenden Korporationen und Verbindungen anerkennt, zum Beispiel der Religionsgesellschaften. Das kann man konservativ nennen. Wie aber im Gedankenreich die politischen Ideen leicht beieinander wohnen und man der einen nur einen geringen Druck zu geben braucht, um eine andere, der landläufigen Meinung nach wohl gar entgegengesetzte zu gewinnen, so hat die Staatsphilosophie des Zentrums auch wieder ihre sozialistischen Aspekte. Sie glaubt an *Rechte,* natürliche oder gottgegebene. Das kann zu konservativen wie zu revolutionären Forderungen führen, je nachdem, ob man sich für Rechte ereifert, die schon wirklich sind oder erst verwirklicht werden sollen. Der Arbeiter hat ein Recht auf Arbeit, ein Recht auf Lohn, der ihm eine menschenwürdige Existenz sichert. Wenn der Mechanismus von Angebot und Nachfrage ihm diese Rechte nicht gewährt, dann muß in ihn eingegriffen werden, sei es von oben durch Gesetzgebung, sei es von unten durch gewerkschaftlichen Zusammenschluß. Wir erinnern uns ja, wie schon in der Frühzeit des deutschen Sozialismus merkwürdige Beziehungen spielten zwischen aktiven Christen und Sozialisten, zwischen Lassalle und Bischof Ketteler. Gewiß, auch mit dem Konservativen, mit Bismarck hat Lassalle gespielt, aber aus diesem Spiel ist nichts geworden. Es war beiderseits bloße Taktik. Das Bündnis zwischen Konservativen und Sozialisten, im Reich der Gedanken wohl möglich und immer wieder versucht, hat es in der Wirklichkeit der deutschen bürgerlichen Gesellschaft zu nichts Solidem gebracht; auch nicht nach der Auflösung der deutschen bürgerlichen Gesellschaft. Nur in der Zentrumspartei bleibt der Gedanke der konservativsozialistischen Querverbindung nicht bloße Spekulation, nur da wird er auch nicht zur Lüge, welche

alle Ideen-Positionen durcheinanderwirft und verdirbt. Christliche Gewerkschaften werden gegründet. Bald sitzen Arbeiter oder ehemalige Arbeiter unter den Zentrumsabgeordneten des Reichstags.
In einer Gesellschaft, die immer schärfer in Klassen zerfällt, vermag das Zentrum sich an alle Klassen zu wenden, denn gläubige Katholiken gibt es überall. Unter den bürgerlichen Parteien, welche starren wirtschaftlichen Doktrinen frönen, gleichzeitig aber sich massiven wirtschaftlichen Interessen verschreiben, beurteilt sie als einzige die Fragen des Wirtschaftslebens nach Gesichtspunkten der christlichen Ethik, einer Ethik des Maßes und des gesunden Menschenverstandes. Daher ihre überlegene Bewegungsfreiheit. Sie wählt aus. Bismarck nennt sie »reichsfeindlich«, aber sie ist nur reichs-kritisch; sie kann ja wie nein sagen, und zu solchen Bismarckischen Projetken wie der Sozial- und der Schutzzoll-Gesetzgebung sagt sie ja. Da, wo sie nicht unmittelbar interessiert ist, kann sie ferner die Stimmen ihrer Abgeordneten verkaufen und sich mit Konzessionen auf anderen Gebieten bezahlen lassen. Obwohl sie eine Minderheit ist und zur Mehrheit ihrer ganzen Anlage nach in Deutschland nie werden kann, ist sie auf die Dauer doch die erfolgreichste Gruppe des Reichstages, die eigentliche Schicksalspartei des Bismarckischen, des Wilhelminischen und des Weimarischen Reiches. So auch heftet allmählich der Ruf der Treulosigkeit und des Opportunismus sich an ihre Fahne. Sie kann mit der Rechten wie mit der Linken zusammenarbeiten, kann mit jedem ihre Tauschgeschäfte schließen, weil jeder sie braucht. Auf den Großteil ihrer Wähler kann sie sich unbedingt verlassen. Sie stürzt nicht mit, wenn ihre Partner von gestern stürzen. Und ihr eigenes ruhmloses Ende im Jahre 1933 wird ein Zeichen dafür sein, daß eine lange Epoche der deutschen politischen Geschichte zu Ende gegangen ist.
Eng mit der katholischen Kirche verbündet und in ihren lokalen Organisationen von Priestern kräftig mitkontrolliert, trägt das Zentrum zu dem besonderen deutschen Herkommen bei, wonach eine politische Partei eine »Weltanschauung« haben muß; ein Grundsatz, der den Parlamenten Westeuropas weni-

ger vertraut ist. Weltanschaulich mitgeformt ist auch die zweite große Massenpartei, die im Reiche Bismarcks entsteht und die es überleben wird: die Sozialdemokratie. Sie ist ungefähr gleichaltrig mit dem Zentrum, auch sie ein Produkt der Zeitbewegung seit der Mitte des Jahrhunderts. Ihre Vorgeschichte beginnt mit dem Werk des jungen Marx, ihre Geschichte als Partei mit der Gründung des Allgemeinen Deutschen Arbeitervereins durch Lassalle, mit der Gründung der Sozialdemokratischen Arbeiterpartei durch Liebknecht und Bebel (1869) und mit der Vereinigung beider Gruppen zur »Sozialistischen Arbeiterpartei Deutschlands« (1875). Sie breitet sich nicht so rasch aus wie das Zentrum. Obgleich sie ihm schließlich über den Kopf wächst und zur größten politischen Organisation des Volkes wird, spielt sie doch im Kaiserreich nicht die Rolle, welche das Zentrum spielt. Das Zentrum kann beides, Opposition und staatsbejahende Mitarbeit. Die Sozialdemokratie, so wie das Reich und so wie sie selber konstituiert ist, kann eigentlich nur eines. Sie arbeitet für die Zukunft, für den Tag der sozialen Befreiung, den sie verspricht. Sie verneint das Bismarckreich ganz, und sie wird ganz von ihm verneint. Dies Neinsagen kann ihr zum höchsten Ruhm werden; so, wenn ihre Vertreter gegen die Annexion Elsaß-Lothringens protestieren. Aber es beraubt sie der politischen Geschäftsmöglichkeiten, welche das Zentrum so emsig wahrzunehmen weiß.

Eine Schicksalspartei des neuen Reiches ist die Sozialdemokratie trotzdem von Anfang an. Sie ist die Hauptquelle aller politischen Bildung, welche die deutsche Arbeiterschaft gewinnt, durch sie wird diese neue Gesellschaftsklasse politisch bewußt und politisch tätig. Sie ist die negative Macht im Kaiserreich, die es zu seinen bezeichnendsten Handlungen provoziert: zur sozialen Gesetzgebung und zu den Verfolgungen des »Sozialistengesetzes«. Die Sozialdemokratie zwingt Bismarck-Deutschland, zu zeigen, was es ist. Indem sie diese Funktion jahrzehntelang ausübt und immer nur dabei wächst, verändert sie sich selber. Kann man die Geschichte des Kaiserreiches nicht verstehen ohne die Sozialdemokratie, so auch nicht die Sozialdemokratie von 1919 ohne die Geschichte des Kaiserreiches. Das ist eine beispiellose Erscheinung: eine große, großartig organisierte Partei, bei weitem die zahlreichste der Nation, tief im Volke verwurzelt, wetterfest dank ihrer Theorie und dank Zehntausenden von treuen, gläubigen Helfern – und doch immer außerhalb des eigentlichen politischen Spieles, weder willens noch imstande, positiv mitzubestimmen, was sein soll. Als die Sozialdemokraten endlich die Verantwortung auf sich laden, die ihnen schon dreißig Jahre früher zugekommen wäre, ist die Partei alt. Es geht ihr wie dem Thronfolger, der als alter Mann und unter den widrigsten Umständen König wird.

In den Gründungsaufrufen der Partei kommt der Name Marx nicht vor. Marx hat ihre Programme nicht geschrieben, er hat sogar das von 1875 scharf und bitter kritisiert. Trotzdem ist Marxsches Denken in ihrer Politik lebendig; durch Lassalle, der, anders geartet als Marx, doch auch ein Schüler von Marx war, und durch den langsam wachsenden Einfluß der Marx-Engelsschen Schriften selber. Persönlich haben »die beiden Alten« in London nur indirekt mit der Partei zu tun. Sie gehören nicht zum Parteivorstand, oft irren sie über die deutschen Verhältnisse, die sie nicht gut kennen. Aber die Deutschen fahren nach England, um sich Rat zu holen. Sie sehen in Marx den wissenschaftlichen Begründer und Kritiker, den großen Gelehrten der Revolution, in Engels den immer lustigen, lebensmutigen, hilfsbereiten Freund.

Als 1875 die Vereinigung der beiden Flügel stattfindet, sind die Lassallianer noch die Stärkeren an Zahl und Organisation. Trotzdem versinkt allmählich das Lassallesche Erbe. Lassalle war kein Schulmann, kein großer Theoretiker, er war der persönliche, elektrisierende Führer, der Ergreifer von Gelegenheiten, der heute dies tut und morgen das. Ein solcher ist tot, wenn er tot ist; eine Partei Lassalle kann es auf die Dauer nicht geben ohne ihn, obwohl seine Bewunderer das Banner aufrecht zu halten versuchen. Die Marxschen Schriften dagegen sind für die Dauer gemacht, die können wirken ohne den Meister. Lassalles staatlich gestützte »Produktiv-Assoziationen« figurieren höflichkeitshalber noch eine Weile in den

sozialdemokratischen Kundgebungen, um schließlich zu verschwinden. Über Lassalle siegt Marx.
Weil aber die Vergesellschaftung der Produktionsmittel, die »Expropriation der Expropriateure«, der rauhe Umsturz von Staat und Gesellschaft sich als Nahziele einer im Rahmen der Gesetze wirkenden Partei etwas ungeschickt ausnehmen, zerfällt das Programm der Sozialdemokraten regelmäßig in zwei Teile. Der erste handelt von dem, was einmal geschehen wird und muß; der zweite von dem, was zunächst zu fordern ist. Einmal wird die Lohnsklaverei ersetzt werden durch die kommunistitsche Gesellschaft; zunächst zu erreichen gilt es das allgemeine und gleiche Wahlrecht überall, den Achtstundentag, wirkungsvolle Überwachung aller Betriebe, ungehinderte Tätigkeit der Gewerkschaften, progressive Einkommensteuer und Erbschaftssteuer und so fort. Der erste Teil handel von der Weltrevolution; der zweite ist das Programm einer demokratischen Arbeiter- oder Volkspartei, wie es wohl auch ohne den Einfluß von Marx hätte zustande kommen können. Der Unterschied zwischen beiden wird auf die Dauer nicht stumpf, sondern schärfer. Der praktische Teil des Programmes gewinnt an Gewicht in dem Maße, in dem die Sozialdemokratie wächst und die Zeit eines kräftigen Einflusses auf Regierung und Gesetzgebung in greifbare Nähe rückt. Gleichzeitig aber wird die Wirkung des längst verstorbenen Marx nicht schwächer, sondern stärker. Dies zeigt ein Vergleich des Gothaer Programms von 1875 mit dem Erfurter von 1891. 1875 wird die Notwendigkeit einer tiefgreifenden Veränderung noch ethisch begründet: die Arbeit ist die Quelle allen Reichtums und aller Kultur und darum fordert die Gerechtigkeit, daß das Arbeitsprodukt den arbeitenden Mitgliedern der Gesellschaft zu gleichen Anteilen gehöre. 1891 ist nicht mehr von dem Gerechten und Wünschbaren die Rede, sondern von einer dynamischen, unvermeidlichen Entwicklung des Kapitalismus zum Sozialismus. Es wird hier, im theoretischen Teil eigentlich nichts anderes geboten als das Kommunistische Manifest von 1848. Dann, »ausgehend von diesen Grundsätzen« – in Wirklichkeit aber ohne erkennbaren Zusammenhang mit ihnen –, folgen

jene praktischen Programmpunkte, die auch ein nicht-marxistischer Anhänger der industriellen Demokratie ohne Zögern unterzeichnen kann. Es ist im Grunde ein Selbstmißverständnis der breiten und tiefen, der gesunden und praktischen sozialdemokratischen Bewegung. Sie hält sich für etwas, was sie gar nicht ist, die Erfüllung der uralten Marxschen Prophezeiung von 1848. Und darüber kommt das, was sie wirklich ist und sein kann, zu kurz, wird verbogen durch die Theorie, in die man es zwingt. Um es mit einem Bild auszudrücken: Revolutionen, schrieb Marx einmal, sind die Lokomotiven der Weltgeschichte. Aber die Lokomotive, auf die Marx im Jahre 1848 begierig wartete, ist nie gekommen. Statt ihrer erschien, Jahrzehnte später, ein guter Eisenbahnzug, den andere Menschen zu anderen Zwecken bauten, die deutsche Sozialdemokratie. Den Zug bestiegen nun die beiden Alten in London, hörten aber nicht auf, die Zugführer ärgerlich zu bekritteln, die ihrerseits glauben wollten, das von ihnen erstrebte Ziel sei auch das von Marx prophezeite.

Es ist keine glückliche Verbindung, dies Nebeneinander von revolutionärer Utopie, von allwissender, schwer gepanzerter Geschichts-Philosophie – und praktisch arbeitender Demokratie. Sie macht den Gegnern das Spiel zu leicht, sie wird später Verwirrung in die eigenen Reihen tragen. Unentscheidbar wird für die Anhänger zu lange die Frage bleiben: ob das schon Gewonnene nun eigentlich der Mühe wert sei oder ob das Eigentliche, der »große Kladderadatsch«, erst noch kommen werde. – Demgegenüber muß freilich gesagt werden, daß es die Marxsche Wissenschaft ist, welche den deutschen Arbeitern Selbstbewußtsein und Selbstsicherheit verleiht. In Zeiten der wirtschaftlichen Not und Arbeitslosigkeit, in den schweren Zeiten der Verfolgung, ist das nicht zu verachten. Ohne den Marxschen Glauben hätten die deutschen Arbeiterführer kaum den Mut gefunden, dessen sie zu ihrer Aufgabe des Erziehens, Agitierens und Organisierens bedurften.

Die deutschen Sozialdemokraten des späten 19. Jahrhunderts sind nicht das, was die Kommunisten im 20. Jahrhundert sein werden. Die orthodox-marxistische Partei sind sie oder wollen

sie sein, es gibt nichts »linkeres« als sie. Liest man Bismarcks Äußerungen über die »rote Gefahr«, »diese bedrohlichen Räuber, mit denen gemeinsam wir unsere größeren Städte bewohnen«, so könnte man denn auch glauben, man habe es mit Männern von blutdürstiger Radikalität zu tun, aber wie grundfalsch wäre diese Vorstellung! Jede Zeit hat ihren eigenen Charakter. Das 19. Jahrhundert ist in seinem Kern liberal, nicht totalitär, nicht terroristisch. Sowenig Bismarck den weißen Terror in der Art organisieren kann oder will, in der ihn das 20. Jahrhundert erlebte, sowenig ist August Bebel ein Lenin. Er ist ein guter deutscher Mann seiner Zeit, klug, warmherzig, hart arbeitend, von starkem, unbeugsamem Charakter, ehrlich durch und durch, alle heimtückischen oder grausamen Mittel verschmähend, ein schlagfertiger, witziger Redner, über den Bismarck sich zu schriller Wut ärgern kann, aber im Grunde von schlichter Geistigkeit. Sosehr ihn das Marxsche Gedankengut gefangennimmt, so hat er in seinem Menschentum von Marx sehr wenig, von Engels etwas mehr; von den Tyrannen und Götzen einer späteren Epoche überhaupt gar nichts.
Die deutschen Sozialdemokraten sind Demokraten so gut wie Sozialisten, und den Marxschen Ausdruck von der »Diktatur des Proletarias« gebrauchen sie in ihren Programmen nicht. Die Rechte freier Menschen liegen ihnen am Herzen; sie zweifeln nicht, daß soziale Gerechtigkeit sich mit persönlicher Freiheit werde vereinigen lassen. Insofern sind sie liberal; auch darin, daß sie gegenüber der Religion eine gleichgültige, aber nicht feindliche Stellung einnehmen. Religion ist Privatsache. Wissenschaft ist der Allgemeinbesitz der Gesellschaft, um ihre Verbreitung im Volk, um ihren Fortschritt hat der Staat sich tätig zu kümmern. Man sehe sich die imponierende Liste von Büchern an, die Bebel während seiner Festungshaft studiert. Es sind darunter: das »Kapital« von Marx, John Stuart Mills »Politische Okonomie«, Lorenz Steins »Geschichte des französischen Sozialismus und Kommunismus«, Platos »Staat«, Aristoteles' »Politik«, Darwins »Enstehung der Arten«, Haekkels »Natürliche Schöpfungsgeschichte«, Ludwig Büchners

»Kraft und Stoff«, Liebigs »Chemische Briefe«. Hier verwirklicht sich der Drang des deutschen Arbeiters nach Bildung, sein Glaube an Befreiung durch Wissenschaft. Es war im 18. Jahrhundert der Drang und der Glaube des europäischen Bürgertums, als dessen Erben die Sozialdemokraten sich mit gutem Recht ansehn, nun, da das Bürgertum aggressiv und feige geworden ist. Sie sind Humanisten wie Voltaire einer war; wollen die Frauen den Männern gleichstellen, die Rechtspflege humanisieren, die Todesstrafe abschaffen. Sie sind Internationalisten. Das hat bei ihnen einen besonderen Akzent, weil es die Proletarier, nicht die Bürger aller Länder sind, die sich vereinigen sollen. Praktisch aber läuft es doch auf eine Milderung der Gegensätze zwischen den Staaten hinaus: Miliz anstatt stehender Heere, kein Wettrüsten, keine Angriffs- und Eroberungs-Kriege, Recht jeder Nation, über ihr eigenes Schicksal zu bestimmen. Auch das ist bürgerliches Erbe. So haben die deutschen Liberalen noch 1848 gedacht, ehe die Erfahrung sie verwirrte, der große Mann sie in Versuchung führte.
Daß die Sozialdemokraten sich zu dem Ideal internationaler Verbrüderung bekennen, wird es ihren Gegnern leicht machen, sie erst als »Reichsfeinde«, später als »vaterlandslose Gesellen« anzuprangern. Natürlich sind sie das nicht. Sie sind gute Deutsche, Patrioten, wie der Mann aus dem Volk das immer und von Natur ist, ohne viel Aufhebens davon zu machen. Ihre Tätigkeit ist beinahe ausschließlich auf Deutschland beschränkt und von deutschen Bedingungen geformt. Wir sahen ja, daß selbst Marx auf seine Art ein deutscher Nationalist war. Wenn aber Marx' deutsche Politik einen gewissen überklugen Hochmut nie ganz los wurde, ist der Patriotismus des durchschnittlichen Sozialdemokraten gemütlicherer, man möchte sagen vor-marxistischer Art. Die Erinnerungen der älteren Parteigründer, Wilhelm Liebknechts zum Beispiel, gehen ja auf vormarxistische Zeiten zurück; auf die großdeutsche, demokratische Idee von 1848. Sie sind »Reichsfeinde«, weil Bismarcks Reich ihnen zu klein ist, zu viele Deutsche außerhalb seiner Grenzen ließ. Weil es ihnen zu preußisch ist. Und auch wieder: weil es ihnen zu zentralistisch ist. Von alters

her besteht eine innere Verwandtschaft zwischen dem großdeutschen Ideal und der Anhänglichkeit an den deutschen Einzelstaat, der Heimattreue, wie jetzt der höhnische Ausdruck ist, dem »Partikularismus«. Demokratisch, großdeutsch und partikularistisch waren die alten »Volksparteien«, die sächsische, die süddeutschen, deren Anhänger nun zu den Sozialdemokraten gestoßen sind. Dieser volkstümlich-partikularistische Zug wird in der Partei weiterleben, in veränderter Gestalt aufs neue erscheinen und mit dem anderen, zentralistischen und unitarischen Zug sich streiten. Keine große, lebendige Partei wird je von einem einheitlichen Willen ganz beherrscht. Keine lebt nur unter der Macht des Augenblicks. Immer ist Vergangenheit da, die nachwirkt, und Zukunft, die werden will. Um 1880 gibt es bei den deutschen Sozialdemokraten ältere Männer, die sich an 1848 erinnern, und junge, die 1919 erleben werden. Das, was vor Marx war, das was durch Marx ist, das was über Marx hinausgeht, verschmilzt zu einer einzigen Gegenwart.

Es sind ehrenwerte, tapfere Leute, diese deutschen Sozialdemokraten. Ihr Leben ist hart; Agitationsreisen mit geringen Mitteln durchgeführt, kurze Wochen der Freiheit zwischen zwei Perioden im Gefängnis, Handwerk oder Kleingewerbe neben der politischen Arbeit, von der sie weder existieren können noch wollen; keine Diäten für die Abgeordneten, so daß sie neben den reichen Leuten sitzen müssen, selber angewiesen auf Lebensmittelpakete und kleine Unterstützungen der Genossen; gehetzt vom Staatsanwalt, boykottiert von der bürgerlichen Wirtschaft – Opfer über Opfer. Die Marxsche Philosophie leugnet die Macht der Ideen, aber unter den sogenannten Marxisten lebt etwas von dem alten Idealismus, den das Bürgertum zu verraten im Begriff ist. Den Millionen, die nach der Überzeugung der von Stumm und von Kardorff auf ewig geduckte, schwer arbeitende Untertanen bleiben sollen, bringt die Sozialdemokratie Hoffnung, Selbstbewußtsein, unterscheidenden Lebensstil.

Auch diese Partei müßte ein gesundes Gemeinwesen in sich hineinnehmen, ihr eine positive Aufgabe zuweisen können.

Bismarcks Politik versucht das nicht. Und wie sollte sie wohl, sie, die nicht einmal die Nationalliberalen als verantwortliche Staatspartei dulden will; die alle Parteien zur Nichtigkeit zurückzwingen will, sei es durch rohes Gesetz, sei es durch subtilere Praktiken. Wir haben die deutschen Parteien betrachtet, so als seien sie nur von innen heraus ein für allemal bestimmte Gebilde. In Wirklichkeit sind sie in Bewegung. Ihre Erfolge und Niederlagen, Spaltungen und Vereinigungen, Unterwerfungen und Rebellionen sind aber nur ihr eigenes Werk. Sie sind auch das Werk des Diktators oder Halb-Diktators, der an der Spitze des Reiches steht. Seiner Tätigkeit müssen wir uns jetzt zuwenden.

Das System Bismarck

Bismarck wurde mit 35 Jahren Bundestags-Gesandter, mit 47 Minister; seinen Abschied erhielt er mit 75. Nahezu dreißig ununterbrochene Jahre lang präsidierte er der deutschen Entwicklung. Das ist etwa ein Fünftel des Zeitraums, mit dem unser Buch sich beschäftigt, und obendrein die Mitte, die entscheidende Zeit. Vor ihm war alles fraglich, nach ihm war alles eingefahren und festgefahren. Vor ihm war Biedermeier; nach ihm kamen Weltpolitik, Weltkrieg und Revolution. So kann es denn nicht anders sein: seine Person muß uns immer wieder beschäftigen, sein Name in unserer Erzählung vorkommen fast bis zum Überdruß. Es kam die Zeit, in der Deutschland des noch Lebenden überdrüssig wurde, zu spät für seinen Ruhm und für das glückliche Gedeihen der Sache, die – muß man annehmen – ihm am Herzen lag.
Er war ein herrschsüchtiger Mann. Die »großen Erfolge«, deren er sich gern erinnerte, hatten ihn noch herrschsüchtiger gestimmt. Er konnte sich selbst nicht mehr vorstellen ohne Macht, sich nicht vorstellen, daß andere, ohne ihn, das neue

Reich leidlich würden steuern können. Und wie es bei Menschenverächtern zu gehen pflegt: er umgab sich mit solchen, die Verachtung mehr oder weniger verdienten und stieß die Selbständigen, die Charakterfesten, die bedeutenden Köpfe zurück. Den Cäsarenposten des Reichskanzlers hatte er für sich selber ausgestaltet. Nun tat er nichts, um sich Nachfolger zu erziehen. Ohne Erbarmen verfolgte er jene, von denen er, meist zu Unrecht, argwöhnte, sie hätten es auf seine Nachfolge abgesehen. Denn er wollte das Heft in Händen halten, solange er lebte. Und was dann eigentlich nach ihm werden sollte, scheint er sich mit praktischem Ernst gar nicht gefragt zu haben. Das ist der Egoismus, der mit der Größe geht. Selber ein Mensch von vollendeten Manieren und höchstem geistigem Niveau, litt er an allem Gemeinen, an der Art, in der der Ton des politischen Kampfes allmählich herunterkam. Aber er trug sein gerüttelt Maß von Schuld daran. Denn nie schonte er die anderen, von denen er Schonung beanspruchte, griff sie in seinen Reden auf das boshafteste an und beleidigte sie in Artikeln, die er selber anonym verfaßte oder von seinen journalistischen Gehilfen schreiben ließ. Wieviel Haß in diesem großen Mann, wieviel Ranküne und Verfolgungswahn, wie wenig Generosität und Liebe! Seinerseits bemühte er den Staatsanwalt, wenn immer er sich in seiner Ehre attackiert glaubte, so daß die Beleidigungsprozesse nie aufhörten. Kamen der Widerstand oder die eingebildete Kränkung von oben, vom Kaiser, von den Kollegen, so reichte er sein Entlassungsgesuch ein, dessen Ablehnung er stets sicher war oder doch bis zum bitteren Ende sicher sein zu können glaubte. Es ist kein erfreulicher Eindruck, den das Studium seiner Spätzeit macht. Bis 1870 war er der kühne Weichensteller gewesen; nun führte er den rumpelnden Zug unter beständigem Gezänk mit seinen Mitfahrern und oft das Ganze zum Stocken und Stehen bringend.

Freund der Natur noch immer viel mehr als Menschenfreund, verbrachte er einen großen Teil des Jahres auf den riesigen Besitzungen, die der König ihm geschenkt hatte; Varzin in Hinterpommern, Friedrichsruh bei Hamburg. Da führte er das Leben des reichen Landjunkers, das ihm behagte; mit freiem Umherschweifen in den Wäldern und ungeheuren Mahlzeiten; mit der langen Tabakspfeife, den gemütlichen Lektüren; umgeben von Söhnen, einer Tochter, Schwiegerkindern, Sekretären und Satelliten. Nach Varzin mußte dann pilgern, wer etwas von ihm wollte. Von dort schleuderte er seine Blitze nach Berlin, spann er seine Fäden nach den europäischen Hauptstädten. Und wenn damals ein Hellseher zu seinem jüngeren Sohn Bill gesagt hätte: »Hier in Varzin wird Ihre Gattin sich im Jahre 1945 vergiften, ein paar Tage vor der Ankunft der Roten Armee, dem Untergang des Junkertums, der Teilung Deutschlands« – aber solche Prophezeiungen gibt es nicht.

Bismarck war entschlossen, niemals als Vertreter einer Partei zu regieren. Er selber gehörte längst keiner der Parteien an. Daß das Zeitalter der Volksvertretungen nun wohl eine Weile dauern werde und daß man sich mit ihm einrichten müßte, dies zu erkennen, war er klug genug; man wird ihm glauben, daß er über die »Kammerschwätzer« nicht mehr mit derselben übermütigen Verachtung urteilte wie in seiner Frühzeit. Reichstag und Abgeordnetenhaus kosteten ihn einen guten Teil seiner Energie, und manche geistvolle, ja großartige Rede zu halten, hat er der Mühe wert gefunden. Aber Parteienherrschaft, Mehrheitsherrschaft, etwas, was der parlamentarischen Regierung nahekäme – niemals. Hätte er sich mit einer ihm noch so gehorsamen Mehrheit identifiziert, so wäre er von ihr abhängig erschienen; wurde dann die Mehrheit bei den nächsten Wahlen zur Minderheit, so mußte auch die Regierung wechseln, wie das in England, in Belgien, in Frankreich Gesetz war. Eine solche Entwicklung im Reich mit allen Mitteln zu verhindern, war Bismarcks Ziel. Eine Mehrheit mußte er haben, ohne die ging es einstweilen nicht. Aber nicht nur sollte es eine ihm unbedingt gefügige Mehrheit von Jasagern sein; es sollte auch der Regierung freibleiben, sich ihre parlamentarischen Hilfsgruppen plötzlich anderswo zu suchen, wenn ihr dies so paßte. Mehrheiten mochten wechseln; derselbe bleiben würde der Reichskanzler, gestützt auf das Prestige seines Namens und auf das Vertrauen Seiner Majestät. Das letztere sich zu erhalten, den Einfluß der Kaiserin, des liberalen Kronprinzen Friedrich, allerlei wirkliche oder eingebildete Feinde bei Hofe durch giftige Gegenminen lahmzulegen und sich dem alten Monarchen wieder und wieder unentbehrlich zu machen, war daher für Bismarck wenigstens so wichtig wie das Parlament zu zähmen. Vom König von Preußen, nicht von den Parlamenten, kam sein Auftrag in Preußen wie im Reich. Den Reichstag konnte man nach Hause schicken, wenn er nicht parierte, Kaiser und Höflinge nicht. Aufzulösen im rechten Moment und den Wahlkampf unter der rechten demagogischen Parole zu führen, erwies Bismarck sich als geschickter, als man seiner altväterischen, so gar nicht demokratischen Bildung wohl hätte zutrauen können. Brachten aber auch die Neuwahlen kein gefügiges Parlament, drohten die »Reichsfeinde« der Obrigkeit gar zu sehr über den Kopf zu wachsen, nun, dann gab es zuletzt andere Mittel, um Herr im Haus zu bleiben. Es liegt in der Logik des Bismarckschen Systems, daß sein Begründer es nicht als etwas Endgültiges auffaßte. Nicht die Nation hatte Reich und Verfassung gemacht. Diese waren Geschenke der Obrigkeit, technisch ausgedrückt in Verträgen der »verbündeten Regierungen«. Geschenke konnten aber schließlich zurückgenommen werden, wenn die Nation nicht die rechte Dankbarkeit zeigte.

So Bismarcks Vorstellung von der Sache. Die Obrigkeit war nicht der Exekutivausschuß der Nation, im Kern identisch mit ihr, sondern eine Macht für sich, die mit der Nation allenfalls verhandelte. Die Obrigkeit waren die »verbündeten Regierungen«. Kam es aber vor – und das kam nur sehr selten vor und konnte in keiner wichtigen Frage vorkommen –, daß im Bundesrat das preußische Votum überstimmt wurde, dann erinnerte der Reichskanzler wohl daran, daß die Obrigkeit im Reich in Wahrheit der Preußische Staat war, der über weit mehr Bürger herrschte als die anderen deutschen Staaten zusammen. Nicht genug damit. Selbst den Anspruch, das Volk zu vertreten gegen die Obrigkeit, bestritt Bismarck dem Reichstag, wenn es ihm so gefiel. Was, argumentierte er dann, hatte wohl das arbeitende, produktive Volk zu tun mit den Partei-

Ideologen, den rechthaberischen Theoretikern, den Wichtigmachern, die im Reichstag das große Wort führten, mit den Herren, »die unsere Sonne nicht wärmt, die unser Regen nicht naß macht, wenn sie nicht zufällig ohne Regenschirm ausgegangen sind?«... Monarchische Obrigkeit gegen Volk, verbündete Regierungen, Reich gegen Reichsfeinde, nützliches Volk gegen unnütze Partei – nie fehlte es ihm an dergleichen Gegensätzen, um in sie seine persönliche Macht zu kleiden und jederzeit aus dem einen in den anderen zu schlüpfen.

Schließlich: Parteien gegen Parteien. Im Grunde hielt er sie alle für illegitim. Aber er brauchte sie, um Budget und Gesetze unter Dach und Fach zu bringen, und er ruinierte sie, indem er sie gebrauchte. Denn er wollte gehorsame, nicht in sich selbständige und verhandlungsfähige Parteien. So ruinierte er, indem er sie gegeneinander ausspielte, die beiden Parteien, die ihm beide zu einer Zeit sehr weit entgegenkamen, Konservative und Nationalliberale, um sie beide später als schwache, aber gefügige Gefolgschaften wieder aufleben zu lassen. Es waren Pyrrhus-Siege. Eben durch sie geriet er in eine parlamentarische Abhängigkeit vom Zentrum, das er haßte, weil er ihm seine innere Selbständigkeit nicht nehmen konnte, und das ihm den Haß mit Zinsen zurückgab. Die Sozialdemokratie wollte er mit Keulenschlägen vernichten.

Gesund, fruchtbar war dies System wohl nicht. Es wurde nicht besser durch die Dimension des Menschlichen, die man sich zu dem eben gebotenen, flachen Bild hinzuzudenken hat. Von der harten, gierigen und zynischen Persönlichkeit des alternden Fürst-Reichskanzlers, über die preußischen Minister und Staatssekretäre der Reichsverwaltung, über die Botschafter, Oberpräsidenten, Oberstaatsanwälte, Hof-Generale, Hof-Prediger bis zu den aus Bismarcks Geheimfonds bezahlten Winkeljournalisten und Polizeispitzeln, ein beständiges Sichsorgen um die eigene Stellung und ein Schielen nach der Förderung, ein Manövrieren und Intrigieren, ein Verleumden und Schmeicheln – die ganze verfilzte, tausendfach verästelte Korruption eines persönlichen Machtsystems, das, immer sich weiter ausbreitend und tiefer eingrabend, jahrzehntelang gedauert hatte.

»Was haben wir unter diesem Regime gelitten! Wie hat sein (Bismarcks) Einfluß seine ganze Schule korrumpiert – seine Angestellten, das politische Leben Deutschlands! Es hat das Leben in Berlin beinahe unerträglich gemacht, wenn man nicht sein verworfener Sklave sein will! Seine Partei, seine Gefolgsleute und Bewunderer sind fünfzigmal schlimmer als er selber ist. Einen Schrei nach Befreiung möchte man ausstoßen und würde er erhört, was für ein tiefer Seufzer der Erleichterung würde die Antwort sein. All den getanen Schaden zu reparieren wird Jahre kosten. Wer nur die Außenseite der Sache sieht, der findet Deutschland stark, groß und geeint, mit einer riesigen Armee, ... der findet einen Minister, der der Welt befehlen kann, einen mit Lorbeer gekrönten Monarchen, einen Handel, der Anstrengung macht, alle anderen zu übertreffen, und das Deutsche Element überall in der Welt tätig (wenn schon es wenig Liebe und Vertrauen erweckt). Da meint man dann wohl, wir hätten keinen Grund zu klagen und sollten dankbar sein. Wenn nur auch der Preis bekannt wäre, den das alles gekostet hat!...« Wer das schreibt ist kein Sozialdemokrat, kein »Reichsfeind« – es ist die Kronprinzessin von Preußen. Wir dürfen die andere Seite der Sache nicht übersehen. Bismarck genoß jetzt ein Ansehen in der Welt, wie vor ihm kein deutscher Staatsmann, vielleicht überhaupt keinner, und er wußte es sich zu erhalten durch die feste aber maßvolle, tief erfahrene Führung seiner Außenpolitik seit 1871. Sinn für die Würde des Staates und der Nation unter anderen Nationen, Autorität, Takt, Weltklugheit und Kenntnis, Witz, Phantasie und durchdringenden Verstand – er bewies, daß ein deutscher Sieger solche Begabungen zu verwalten, solche Tugenden zu üben vermochte. Er bot das Bild dessen, was man einen großen Mann nennt, nicht einmal so sehr durch sein Werk wie durch sein Wesen. Das Bezaubernde, das noch heute von seinen Staats-Schriften, Reden und Briefen ausgeht, muß in dem Lebenden hundertmal stärker gegenwärtig gewesen sein. Das deutsche politische Leben, das er erniedrigte, erhöhte er auch wieder durch sein Dasein und Auftreten. Der Historiker, der vor allem Ästhet ist, der glaubt, der Sinn der Geschichte gipfele in wenigen jupitergleichen Persönlichkeiten, wird darum Bismarckianer sein. In den grauen Alltag des Weltlaufs trägt eine Erscheinung wie die seine ihr faszinierendes Licht. Eine solche vorwiegend ästhetische Betrachtung liegt aber nicht in der Linie unserer Aufgabe. Wir haben zu fragen, was der große Mann gewirkt hat, und die Freude an der Persönlichkeit den bewundernden Biographen zu überlassen.

Seine Ablehnung des demokratischen, parlamentarischen Systems hat Bismarck stets geistvoll verteidigt, wobei er jedoch die widersprechendsten Argumente ins Feld führte. Einmal blickte er wehmütig nach England: Ja, wenn wir in Deutschland so glücklich von der Geschichte gemachte Verhältnisse hätten wie dort, so wäre auch er für eine Parlamentsregierung! Dann wieder sprach er von den englischen Dingen mit Hohn, besonders von dem liberalen Minister Gladstone, den er als eitlen Idealisten verachtete. Einmal verwarf er den Grundsatz der Majorität: Man müsse seinen eigenen pflichtgemäßen Weg gehen, ohne vor unwissenden, wetterwendischen Mehrheiten zu liebedienern. Im nächsten Augenblick warf er den deutschen Parteien vor, sie seien zu viele und zu sehr untereinander verfeindet, um je eine kompakte Mehrheit bilden zu können; gäbe es eine, so würde er herzlich gern mit ihr regieren, aber es sei eben keine da und könne keine dasein. Dann wieder redete er sich auf den alten Kaiser hinaus: mit Vergnügen würde er zurücktreten und den Abgeordneten Windthorst und Bebel eine Chance geben, einmal als Minister zu zeigen, was sie könnten; ein solcher Kabinettswechsel wäre auch an sich eine gesunde Sache; nur leider habe er Seine Majestät nie von dessen Nützlichkeit überzeugen können. Um bei nächster Gelegenheit das monarchische Prinzip zu preisen: der wahre Ministerpräsident in Preußen sei noch immer der König, der gebe seine Befehle, welchen er selber wie alle seine Kollegen zu parieren habe, und ohne eine solche einzige, von Wählern und Parteien unabhängige Befehlsgewalt gehe es nicht. Nach seiner Entlassung endlich, als der Kaiser wirklich sein eigener Reichskanzler sein wollte, schlug er um und rief nun nach einem starken Parlament... Den Eindruck einer rationalen, planenden Überzeugung gewinnt man aus all dem nicht. Die Quelle unserer angeblich theoretischen Urteile ist oft ein heimlicher Wille, und Bismarcks Wille gehört nicht zu den schwachen. Er wollte regieren. Trotz begründeter Klagen über seine Gesundheit, trotz verbrauchter Kräfte, gepeinigter Nerven, schlafloser Nächte voller Haß und ehrlicher Sehnsucht nach Ruhe wollte er die Last des Atlas nicht abgeben. Warum er es nicht könnte, erklärte er einmal so, und einmal anders, und da er ein kluger Mann war, so hatten seine Gründe immer irgendwie Hand und Fuß.

Die ideale Regierungsform gibt es nicht. Es wird immer und überall mit Wasser gekocht. Das politische Problem war in Deutschland nicht gelöst, in Frankreich, Italien, Spanien aber auch nicht, von Rußland ganz zu schweigen. Wenn die Bürger eines Landes in leidlichem Frieden zusammenleben, ohne einander allzusehr zu quälen, so wird man mehr nicht verlangen. Englands Parlamentarismus war in der Tat einem Glücksfall und Meisterwerk der Geschichte zu danken und nicht einfach nachzuahmen, darin hatte Bismarck recht. Nur: er tat nichts, um der politischen Entwicklung weiterzuhelfen. Gegner aller künstlichen, gewaltsamen Experimente, Freund des natürlichen, von der Geschichte diktierten Laufes der Dinge, war im Grunde doch er es, der ein gewaltsames Experiment machte und die natürliche Entwicklung behinderte. Die Stellung des König-Kaisers, die Stellung der Junker, Bismarcks eigene Stellung war um 1885 ein mit List und verschleierter Gewalt aufrechtzuerhaltender, durch alte Legenden und neue Erfolge zu rechtfertigender Anachronismus. Man weiß nicht, wie es zugegangen wäre ohne ihn, sicher auch nicht ideal; aber doch wohl natürlicher und freier. Der Zauberkünstler, der den Anachronismus geschaffen hatte, war auch der Mann, seine Folgen zu mildern, solange er im Amt war. So lange ging es in leidlicher Ordnung und scheinbarer Herrlichkeit. Das bittere Ende kennen wir Nachlebenden. Bismarcks System war nicht wet-

terfest in einer ernsten Krise und mußte sie früher oder später selber herbeiführen.
Bis zum Jahre 1878 regierte Bismarck mit Hilfe der Nationalliberalen. Trotz beständiger Reibereien mit dem linken Flügel der großen Partei – der Kanzler nannte ihn den »roten« – wurden damals die wichtigsten Neuerungen, deren ein moderner Staat bedurfte, unter Dach und Fach gebracht; die Vereinheitlichung der Rechtspflege, Auswärtiges Amt, Reichsbank und Reichswährung. Das, was der Epoche ihr politisches Gesicht gibt, sind aber nicht so sehr ihre nüchtern-praktischen Gründungen, wie der sogenannte »Kulturkampf«, der Konflikt zwischen Staatsmacht und liberaler Partei auf der einen Seite und der politisch durch das Zentrum vertretenen katholischen Kirche auf der anderen. Dieser Konflikt hat viel Unordnung und seelische Verwirrung hervorgerufen und in der von ihm erzeugten Hitze wurde die Zentrumspartei, was sie das nächste halbe Jahrhundert blieb. Trotzdem kann man über den berühmten Streit heute nur die Achseln zucken. Wie wenig er von Grund auf notwendig war, zeigt die Leichtigkeit, mit der Bismarck ihn abbrach, als es ihm in den Kram paßte. Es war kein Streit zwischen den beiden christlichen Konfessionen; der preußische Protestantismus wollte ihn und seine Gesetzgebung nicht, und eben dies brachte die preußischen Konservativen mit Bismarck auseinander. Es war auch kein Kampf zwischen zwei Religionen. Der Liberalismus, so wie er in Deutschland wirkte, war keine Religion oder Pseudo-Religion nach der Art der totalitären Staats-Ideologien des 20. Jahrhunderts. Mit solchen löblichen Dingen wie Freihandel, Gewerbefreiheit, Rechtsgleichheit oder parlamentarischem Budget-Recht konnte er das nicht ersetzen, was die Kirche hungernden Seelen bot. Und trotz der streitbaren Kundgebung Papst Pius IX. war die katholische Kirche kein Ungeheuer der Vorzeit, mit dem der moderne Staat nicht hätte existieren können. Bald kam die Zeit, in der die katholische Partei, ohne ihren Glauben oder die Interessen ihrer Kirche zu verraten, im Staat eine wirksam-positive Rolle spielte. Insofern war der ganze Konflikt Unsinn. Die Menschen streiten sich gern. Und wenn

die schweren Gewitterwolken am Himmel fehlen, dann ist jedes Wölklein recht, um schlecht Wetter zu spielen. Bismarck fand nach 1870 eine Zeitlang im politischen Katholizismus den Feind, dessen er bedurfte. Und wie es so geht: eine Kampfhandlung provoziert die andere, der Angreifer ist bald auch der Angegriffene; er findet in der Haltung des Gegners seinen ursprünglichen Verdacht bestätigt. In der so entstehenden Atmosphäre wird bald jede Verständigung unmöglich und wird vergessen, was der ursprüngliche Anlaß zu allem war. Das steigert sich, bis Langeweile einsetzt und beiden Gegnern die Kampflust vergeht. Worauf plötzlich lösbar scheint, was jahrelang, angeblich, unlösbar war.
Wir können dem Leser die Einzelheiten der Kulturkampf-Gesetzgebung ersparen. Sie fand teilweise im Reich statt – obligatorische Zivilehe, Verbot des Jesuitenordens – überwiegend aber in Preußen, zumal ja Kultus und Erziehung der Sorge des deutschen Gliedstaates anvertraut blieben. Es hatte diese Gesetzgebung ihren Sinn, insoweit sie eine Grenzlinie zwischen Staat und Kirche zu ziehen versuchte. Soweit sie aber täppisch zu kontrollieren beanspruchte, was Sache der Kirche war, den Bildungsgang der Geistlichen, die Ernennung der Pfarrer, die kirchliche Disziplinargewalt, ist fast gar nichts von ihr übriggeblieben; sei es, daß das Gesetz nach Jahren kummervoller Wirren aus der Welt geschafft, sei es, daß es praktisch verharmlost oder nicht mehr angewandt wurde. Denn die Kirche schlug zurück und nahm nicht an, was sich mit ihrem innersten Wesen nicht vereinbaren ließ. So gab es eine Zeit, in der die Mehrzahl der preußischen Bischöfe im Gefängnis saß, Tausende von Pfarreien verwaist waren und die ihnen Zugehörigen ohne priesterlichen Beistand sterben mußten. Damals war Bismarck den deutschen Katholiken der Gottseibeiuns, und das war kein glückliches Beginnen der neuen deutschen Einheit. Ein paar Jahre später – und Papst Leo XIII. verlieh dem Reichskanzler seinen höchsten Orden in Brillanten und nannte ihn einen großen, guten Mann. Wenn der Streit zwischen Staaten meistens Unfug ist und, wenn die Partner des Spiels nur wollten, ebensogut abgebrochen wer-

den könnte, so mag dasselbe wohl auch gelten, wo geistige Mächte miteinander ringen. Denn Geist kämpft nicht mit Geist. Er ist das Positive. Was miteinander kämpft, das sind Menschen, und da geht es dann freilich menschlicher her.

Die Geschichtsschreiber der Zeit haben allerlei Motive zusammengestellt, welche Bismarck bewogen, den Kulturkampf und seine rücksichtslose Führung für so notwendig zu halten – denselben Kulturkampf, den er ein paar Jahre später dann gar nicht mehr für notwendig hielt. Der Konflikt stiftete ein Band zwischen Regierung und Liberalen. Er paßte ferner in seine außenpolitischen Kreise. Katholisch, glaubte er, waren die Feinde des Reichs, die außerhalb seiner Grenzen lebten, französische Monarchisten, unversöhnte Habsburg-Österreicher. Katholisch waren auch mehrere Gruppen von »Reichsfeinden« innerhalb; die Polen; die Elsässer. Indem man etwa die Schulen in polnischen Gegenden Preußens dem Priester wegnahm und dem Staate übergab, konnte man sie zu Agenten der Germanisierung machen; so daß hier der Kampf gegen die Kirche mit dem Kampf zwischen Nationalitäten zusammenfloß. Solche Argumente und Zwecke wurden vereint unter dem Banner einer kämpferischen Staatsräson: die mittelalterlich-imperialen Ansprüche der Kirche seien unerträglich, im Reiche dieser Welt habe der Staat das Regiment und den Vortritt, Königtum dürfe nicht weichen vor Priestertum und so fort – pompöse, die Sache ins Große und Tragische aufblähende Redensarten.

Es ist dann auch Sitte, den Abbruch des Kulturkampfes, wie er seit 1878 allmählich durchgeführt wurde, mit rationalen Gründen zu erklären. 1878 fürchtete Bismarck eine »katholische Koalition« gegen Deutschland nicht mehr; nun wußte er Österreich an das Reich gebunden und in Paris das unkatholische, republikanische Regime fest im Sattel. Im Inneren hatte das Bündnis mit den Liberalen sich verbraucht; er strebte zurück zu den Konservativen, mit denen allein er aber nicht regieren konnte, so daß die Möglichkeit einer Querverbindung zwischen Konservativen und Zentrum ihm willkommen sein mußte. Besonders brauchte er die Stimme des Zentrums für seine wirtschafts- und finanzpolitischen Pläne: Schutzzölle, indirekte Steuern als neue Einnahmequellen für das Reich, vielleicht Staatsmonopole. Ferner stand er im Begriff, den Sozialdemokraten den Krieg bis aufs Messer zu erklären; und zwei solche Feldzüge auf einmal gegen beide deutschen Volksparteien zu führen, war auch für Bismarck zuviel des Schönen... All das klingt plausibel und gewiß ist etwas daran. Nur setzt es voraus, daß der ganze Konflikt »vernünftig» war, und eben dazu können wir uns nicht überreden. Vernünftig wäre ein so schädliches, vergiftendes Unternehmen doch nur dann gewesen, wenn man seine Unvermeidlichkeit zeigen könnte. Und wie soll das unvermeidlich gewesen sein, was so schnell aufgegeben wurde, als habe es sich bei dem Ganzen nur um ein Mißverständnis, einen üblen Aprilscherz gehandelt?

Zwei Attentate auf das Leben des alten Kaisers schufen 1878 die Stimmung, die der Kanzler brauchte, um seinen durch plänkelnde Vorgefechte längst eingeleiteten Vernichtungsschlag gegen die Sozialdemokratie zu führen. Die Partei hatte mit den hirnlosen Mordversuchen natürlich nichts zu tun und konnte ihre Unschuld beweisen. Im politischen Kampf hat aber die Wahrheit meist nur eine dünne Stimme. Ihrerseits fühlten die Nationalliberalen recht wohl, daß die Ächtung einer großen Partei kein Mittel zur Festigung des Verfassungsstaates war, daß ein Liberalismus, der Ausnahmegesetze und polizeiliche Willkür guthieß, sich selber verriet, und die Methoden, die jetzt den Gegner treffen sollten, früher oder später sich auch gegen die eigene Sache richten konnten. Eben darum wollte Bismarck das Ausnahmegesetz und nicht die etwas milderen, im Rahmen des Rechtsstaates erträglicheren Maßnahmen, welche die Liberalen vorgezogen hätten. Ein Wahlkampf brachte die Dinge auf den von den Machthabern gewünschten Punkt. Die Konservativen gewannen, die Liberalen verloren. Worauf die Letzteren das »Sozialistengesetz« in Bausch und Bogen akzeptierten.

Es war kein echter Kompromiß zwischen Bismarck und dem Reichstag. Eher könnte man sagen, daß es ein Kompromiß zwischen Bismarck und dem Geist der Zeit war; daß er, so be-

reit er auch war, mit dem Säbel dreinzufahren, doch in sich selber den liberalen, humanen Geist der Zeit nie ganz ersticken konnte.
Weil man aber eine lebendige politische Bewegung nur mit den Mitteln des 20. Jahrhunderts, mit Konzentrationslagern und Massenmorden unterdrücken kann – und letzthin nicht einmal mit ihnen –, aber nicht mit Pressegesetzen, Ausweisungen, »kleinen Ausnahmezuständen«, so war das Sozialistengesetz ein Schlag ins Wasser. Es verbot nicht einmal die Partei, sondern ermöglichte nur die Unterdrückung ihrer Vereins-Organisationen, Zeitungen, Versammlungen. Das legte ihren Agitatoren die äußerste Vorsicht auf, zwang die Partei, ihre Kongresse im Ausland abzuhalten, und ließ, solange das Gesetz in Gültigkeit war, etwa 1500 ihrer Mitglieder mit dem Gefängnis Bekanntschaft machen. Für einen Verfassungsstaat war das eine Schande; für einen niedertrampelnden totalitären Staat aber bei weitem nicht genug. Es gab Richter, die ihren Eid ernst nahmen, Gefängniswärter, die mit ihren Gefangenen sympathisierten; wenn Bebel sich in seine Festungshaft begab, so standen die Eisenbahnschaffner entlang des Zuges, um ihm mit der Hand an der Mütze zu salutieren. Ein Bild der Bürgerzeit: der allgemein geachtete, geliebte Volksvertreter, der ins Gefängnis muß, ausgerüstet mit viel Büchern und einem Kanarienvogel, und die schnauzbärtigen Beamten, die treu ihre Pflicht tun, aber sozialdemokratisch wählen und ihren großen Freund auf die Weise ehren, welche der Staat sie gelehrt hat... Trotz der Behinderung ihrer Propaganda hörte die Partei nicht auf zu wachsen. Sie hatte etwa eine halbe Million Wähler, als das Gesetz zu wirken begann; 1890, zur Zeit seiner Aufhebung, gut dreimal soviel. Der allmächtige Reichskanzler, der die Sozialdemokraten vernichten wollte, fand sich doch stets in der Lage, sich im Reichstag mit ihren Abgeordneten herumzanken zu müssen; wobei sie denn nicht verfehlten, ihm seine Beziehungen zu dem verstorbenen Lassalle höhnisch vorzuhalten.
Die Epoche war im Grunde eine des Friedens, im Äußeren wie im Inneren. Friedlich hätte es auch mit der Entwicklung der

neuen Parteien zugehen können, der sozialistischen wie der katholischen. Was, mehr als alles andere, den Kampf provozierte, war Bismarcks kampfbedürftiger, nervöser und brutaler Geist. Nie war ein Kampf vergeblicher. Zentrum und Sozialdemokratie überlebten Reichskanzler und Reich. Daß sie die Psychologie der Kampfperiode lange Zeit nicht überwanden, hat ihnen als Parteien nicht geschadet; weniger gut bekam es dem Ganzen, Volk und Staat.

1879 ging die Reichsregierung – die verbündeten Regierungen – zu einer Wirtschaftspolitik erhöhter Zölle über; teils, um dem Reich selbständige Einnahmequellen zu verschaffen, teils auch, weil Industrie und Landwirtschaft neuerdings nach Schutz gegen überlegene ausländische Konkurrenz riefen. Die Zölle waren mäßig. Bismarck setzte sie durch mit Hilfe der Konservativen und des Zentrums. Die nationalliberale Partei ging darüber in die Brüche, da sie teils freihändlerisch, teils schutzzöllnerisch war. Die alte Verbindung zwischen der Regierung und den Liberalen kam damit zu ihrem Ende. Von nun an hantierte der Kanzler mit unsicheren, wechselnden Mehrheiten; Zentrum und Konservativen, Konservativen und Liberalen, wie es gerade ging und ausreichte. Es war die Zeit, in der er sich dem Parlament mehr und mehr entfremdete, sich immer bitterer mit ihm herumzankte. Er sprach dann lieber von der Vergangenheit, vom »Konflikt« von 1862, von den jetzt schon beinahe sagenhaften »großen Erfolgen». Was er sich von der deutschen Einheit einst erhoffte, habe sie leider nicht gebracht. Als ihm ein Abgeordneter einmal »pfui« zurief, antwortete er: »Pfui ist ein Ausdruck des Ekels und der Verachtung. Meine Herren, glauben Sie nicht, daß mir diese Gefühle fernliegen, ich bin nur zu höflich, um sie auszusprechen.« Das war in den achtziger Jahren wohl sein vorherrschendes Gefühl dem Reichstag gegenüber, den er gleichwohl noch immer zur Plattform für seine großartigen politischen Kundgebungen oder Überblicke machte. Die liberale Partei, mit der sich im Sinn des bürgerlichen Zeitalters konsequent hätte regieren lassen, hatte er selber geschwächt und gesprengt; das Zentrum, von dem er eben hierdurch abhängig wurde, sich

zum unversöhnlichen Feind gemacht; die Sozialdemokraten in die Illegalität gezwungen. Was Wunder, daß er sich einsam fühlte unter all den fremden, jüngeren Gesichtern? Das, was er wollte, den bedingungslos gehorsamen Reichstag, hatte er nicht zuwege gebracht; der Grimm, den er hierüber empfand, verbitterte ihm und allen den parlamentarischen Betrieb, so wie es in der Schule zugeht, wenn der Lehrer seine Klasse haßt.
Die positive Leistung der achtziger Jahre war das System der Sozialversicherungen. Ein Produkt, ein praktisches, nützliches Überbleibsel von Plänen, die bedeutend weiter reichten. Die Arbeiter, denen der Staat etwas Handfestes gab, sollten auf diese Weise mit ihm versöhnt und von ihren eigenen politischen Führern getrennt werden. Die Sozialdemokraten selber fürchteten aber das Unternehmen nicht; sie bemühten sich, es im Sinn der Arbeiter zu verbessern. Denn sie wußten, was Bismarck nicht wissen wollte, nicht verstehen konnte: die sozialistische Bewegung war eine nicht nur materielle, sondern politische und moralische. Ein paar Wohltaten von oben konnten sie nicht aus der Welt schaffen... Übrigblieben die konkreten Schöpfungen: Zwangsversicherung gegen Unfälle, gegen Invalidität und Alter, die Kosten von Arbeitgebern und Versicherten zu tragen. Das war gut, soweit es ging, ein Unternehmen, das später fortgesetzt und vielfach verbessert werden konnte. England ist dem deutschen Beispiel zwanzig Jahre später nachgefolgt, Frankreich und die Vereinigten Staaten erst in den 1950er Jahren.
Das Versicherungssystem war ein Anfang. Aber ein Anfang nur in einer Richtung. In der anderen wollte Bismarck keinen Schritt machen. Nichts geschah für die gesunden Arbeiter; nichts zur Begrenzung der Arbeitszeit, zur Festlegung von Mindestlöhnen, nichts, um die auf dem Papier längst bestehenden Fabrikinspektionen wirksam zu machen. Das, behauptete er, müßte man der Natur überlassen, um die deutsche Industrie konkurrenzfähig zu halten. Die Arbeiter selber würden sich doch nicht vorschreiben lassen wollen, wieviel Stunden sie arbeiten dürften... Versicherung ja; Eingreifen des Staates in den industriellen Prozeß selber, nein. Über diese starre Grenze

wollte der alte Diplomat, der selber unter die Fabrikanten gegangen war, nicht hinausgehen. – Enttäuschung auch hier; Mißverstehen der neuen Dinge auch hier. Die Arbeiter nahmen an, was der Staat ihnen bot und blieben den Dank schuldig.

Schließlich der sich in Perioden wiederholende Streit um das Heer. Er gehörte zu Bismarcks System, er war einer seiner Eckpfeiler so gut wie der Kampf gegen die neuen Massenparteien – und wirkt ebenso überflüssig, sobald man das System mit seinen persönlichen und Klassenzwecken sich wegdenkt. Die Nation war bereit, dem Staat zu geben, wessen er zu seiner Verteidigung bedurfte. Sie hatte seit 1866 die Vorzüge einer schlagfertigen Armee schätzengelernt, eher zu sehr als zu wenig. So war der Reichstag wehrwillig von den Konservativen bis zu den Freisinnigen, ja, in einem anderen Sinn, bis zu den Sozialdemokraten. Hätte man ihm die Sorge um die Armee anvertraut, so hätte Deutschland sich deswegen nicht entwaffnet. Nur hätte das nicht in Bismarcks System gepaßt. Der König von Preußen war der Heerkönig, der »seine Regimenter« besitzen wollte wie ein Bankier sein Geld, unabhängig von der Laune der Demagogen. Bismarck war der Konflikt-Minister von 1862, auch noch ein Vierteljahrhundert später. Sein Durchhalten des »Konflikts«, das war das Gesetz, nach dem er angetreten, das war die Leistung, welche das Band der Dankbarkeit zwischen ihm und dem alten Wilhelm geknüpft hatte. Gefahr und Stimmung von 1862 galt es von Zeit zu Zeit zu erneuern. Darum durften die Kosten für das Heer nicht ein Posten im Budget werden wie die anderen, jährlich zu bewilligenden. Darum war aber die endgültige Festsetzung des Verhältnisses von Bevölkerungszahl und Zahl der Regimenter im Grunde nicht gar so wünschenswert, obgleich Bismarck sich für dies sogenannte »Aeternat« einsetzte. Ideal war für ihn der Kompromiß, auf den man sich 1874 einigte: das Septennat, die Bewilligung des Heeresbudgets auf sieben Jahre. Dank dieser Lösung konnte man alle sieben Jahre einer parlamentarischen Krise sicher sein, einer Wiederholung des altvertrauten Konfliktes. Alle sieben Jahre mußte auch, wohl oder übel, dem

Vaterland äußere Gefahr drohen, die eine Verstärkung des Heeres dringend fordern ließ. Als im Winter 1887 der Reichstag wegen eines neuen Septennates Schwierigkeiten machte, löste Bismarck ihn auf, führte den Wahlkampf im Zeichen eines angeblich drohenden Krieges mit Frankreich gegen alle Verneiner eines starken Siebenjahr-Heeres und erreichte sein Ziel. Die Konservativen, zusammen mit den nun bezähmten, unterwürfigen Nationalliberalen trugen einen beträchtlichen Wahlsieg davon. Das neue Septennat wurde bewilligt.
Damals schien es, als sei der Minister auf lange Zeit Herr der Lage, so sehr, wie er es seit der Reichsgründung nicht gewesen war.

Diplomatie

Nach den Stürmen der sechziger Jahre hatte ein neues europäisches Gleichgewicht sich hergestellt. Wer daran rühren wollte, mußte wissen, was er riskierte. Je länger der Friede dauerte, desto weniger ratsam wurde es, ihn zu stören, weil das Anwachsen der Bevölkerungen und der von ihnen getragenen Armeen, die Fortschritte der Wissenschaft und Technik den »nächsten Krieg« zu einer mehr und mehr phantastischen, unvorstellbaren Sache machten. Die neuen Nationalstaaten hatten ungefähr erreicht, was sie wollten; die alten hatten es längst und waren nun geneigt, auf hegemoniale Träume der Vergangenheit allmählich zu verzichten. Eine beispiellose, durch Krisen und »Krache« nur vorübergehend unterbrochene Prosperität erschien den meisten nachgerade interessanter als siegreiche Schlachten. Wollte man nationalen Ruhm und Machterweiterung, so waren sie in Asien und Afrika nun billiger zu haben als am Rhein. Europa war besetzt, verteilt, geordnet und sehr eng. In Übersee winkten leichtere, lohnendere Ziele.

Es hieße aber das Verdienst Bismarcks verkleinern, wollte man den langen Frieden nur durch den natürlichen Lauf der Dinge erklären. Einen solchen natürlichen Lauf gibt es nicht. Unter souveränen Staaten gibt es »Außenpolitik«, ein ständiges einander Belauern, Herausfordern und Vorbereitungen für den Ernstfall treffen. Männer machen diese Außenpolitik, manchmal gut, meistens schlecht. Bismarck machte sie gut. Daß er in der Führung der deutschen Innenpolitik versagte, daß er hier mehr Unheil schuf als Heil, haben wir gesehen. Ein großer Diplomat war er, und es besteht ein Zusammenhang zwischen seiner guten Diplomatie und seiner schlechten Innenpolitik. Er behandelte die deutschen Parteien, als seien sie Staaten, manövrierte sie hin und her, schloß Bündnisse und brach sie. Wenn er ferner keine Demokratie in Deutschland aufkommen lassen wollte, dann spielten auch hier außenpolitische Beweggründe mit. Das ist, er traute der deutschen Demokratie eine revolutionäre, imperialistische, groß- und größt-deutsche Außenpolitik zu, unter deren Erfolgen, wie unter ihren Niederlagen, der preußische Staats- und Gesellschaftsaufbau würde begraben werden. Das Wetterleuchten einer solchen Außenpolitik hatte sich schon 1848 am Horizont gezeigt und Bismarck konnte 1848 nicht vergessen. Auch nach 1871 war sie nicht unmöglich. Treitschke, Nationalist, Fanatiker der deutschen Einheit, aber kein Narr, sprach schon im Jahr der Reichsgründung von der Gefahr, die Nation könnte im Übermut ihrer Siege und jüngst erfahrenen Macht sich zu den Imperialträumen der Hohenstaufenzeit versteigen. Daß sie es nicht tat, daß das siegreiche Deutschland Maß hielt und seine konzentrierte Kraft zur Erhaltung des Friedens wieder und wieder kunstvoll einsetzte, bleibt die Großtat von Bismarcks Alter. Man mag sie erklären, wie man will: aus seniler Ruhesehnsucht – aber Bismarck war noch kein Greis in den siebziger Jahren und unlustig zum Kampf auch als Greis nicht –, aus Klassen-Egoismus, aus aristokratischer, kalter Gleichgültigkeit am Schicksal der Nation außerhalb der Reichsgrenze, – das alles schmälert doch das Verdienst nicht. Motive gibt es viele, man mag über sie herumraten, wie man will. Die Taten und Wirkungen zählen.

Von den verschiedenen Kreisen der deutschen Außenpolitik kamen die engsten teilweise innerhalb des Reiches zu liegen. Ein Teil Polens, Posen, Westpreußen, war von alters her preußisch. Ein Teil Frankreichs, Elsaß und Lothringen, war neuerdings deutsch.

Daß sie im achtzehnten Jahrhundert Polen unter sich geteilt hatten, darauf vor allem beruhte die Freundschaft zwischen Rußland und Preußen, die für Bismarck von allen deutschen Freundschaften die gemäßeste war und blieb. Er war kein Freund der Polen. Nirgends zeigte sich so sehr wie ihnen gegenüber das Harte, Pessimistische in seinem Charakter. Man konnte sich nicht um das Glück aller Nationen und Rassen sorgen.

> Wo Eines Platz will, muß das Andere rücken,
> Wer nicht vertrieben sein will, muß vertreiben,
> Hier herrscht der Kampf und nur die Stärke siegt.

So stand es in Schillers »Wallenstein«, dem Drama, das er über alles liebte. Es war das Pech der Polen, daß sie zwischen zwei mächtigen Völkern wohnten und zur Gestaltung eines modernen Staates sich im 18. Jahrhundert unfähig erwiesen hatten. Der Rest ergab sich von selber. Niederhaltung der bedenklich sich vermehrenden polnischen Nationalität durch Schließen der Grenzen, Ansiedlung von deutschen Bauern in den polnischen Gebieten, Germanisierung mit allen Mitteln. Enge, gnadenlose Zusammenarbeit mit Rußland, wenn immer der polnische Nationalismus in einem Aufruhr explodierte. Vermeidung eines Krieges mit Rußland um hohen Preis; was konnte selbst ein Sieg über den Zaren anderes bringen als die unwillkommene Befreiung des russischen Polen? Daß Deutschland Polen *und* Rußland sich unterwerfen könnte – ein Gedanke so rasenden Übermaßes lag Bismarck weltenfern... Friede im Osten auf Kosten der Polen, das ging solange es ging und war für Rußland und Deutschland und den europäischen Frieden nicht übel, solange es ging. Schwere Schuld war dabei; die Schuld, die in der Unterdrückung einer selbstbewußten histo-

rischen Nationalität liegt, wie die polnische sie immer war. Aber diese Schuld stammte aus der Vorzeit.
Ungeschickter lagen die Dinge im Westen. Eine gerechte Lösung der polnischen Frage hätte Deutschland damals mit dem besten Willen nicht finden können, diese hing weit mehr von Rußland als von Deutschland ab. Elsaß und Lothringen hätte eine weise Politik nie annektiert. Bismarck ahnte das. Dem deutschen Nationalismus, dem er so manches vorzuenthalten gedachte, auch noch diesen alten Herzenswunsch, das Elsaß zu verweigern, war jedoch mehr als er konnte; wozu 1870 die strategischen Argumente der Generale kamen; nicht zuletzt auch seine eigene alte Neigung zum Annektieren und Einschlingen. Die Folge davon war das »Reichsland Elsaß-Lothringen»; eine Kombination französischer Provinzen oder Provinzteile, die unter sich nur dies Eine gemeinsam hatten, daß sie nicht zum Deutschen Reich zu gehören wünschten. Deutschland gab ihnen, was es geben konnte: tüchtige Verwaltung, eine reich dotierte Universität in Straßburg, nützliche und pomphafte Baulichkeiten, wirtschaftliche Blüte. Im Politischen wurden die groben Fehler des Anfanges allmählich korrigiert; das Reichsland erhielt, arg verspätet, nahezu alle Rechte eines deutschen Bundesstaates. Zufrieden waren die Leute trotzdem niemals. Die Bürger blieben französisch, die Bauern blieben elsässisch, im Herzen reichsdeutsch wurde niemand. Kenner versichern uns, daß trotz aller deutschen Leistungen und Reformen das Land kurz vor 1914 noch frankreichfreundlicher war als vorher. Das wäre an sich eine ärgerliche Belastung der deutschen Politik gewesen, aber keine Tragödie. Unzufriedene Provinzen gab es überall in Europa. Die Dinge standen nicht zum besten im schwedischen Norwegen, im italienischen Neapel, im spanischen Katalonien, und ungleich schlimmer im russischen Finnland, im britischen Irland. Sie schrien nicht zum Himmel in Elsaß-Lothringen. Was die Frage dieses Grenzlandes zu einer weltpolitisch vergiftenden machte, war die Tatsache, daß die Franzosen sich einredeten, sie könnten seinen Verlust niemals verschmerzen. »Verlust« war in dem freien, zivilisierten Europa des späten

19. Jahrhunderts freilich ein Ausdruck von unsicherer Bedeutung. Straßburg war nicht weiter von Paris fort als vorher, man konnte in beiden Richtungen reisen, konnte im »verlorenen« Land französische Zeitschriften herausgeben und jede beliebige »Kulturpropaganda« machen, was auch nach Kräften geschah. Wäre es zwischen Deutschland und Frankreich vernünftig zugegangen, die Staatszugehörigkeit Elsaß-Lothringens hätte allmählich gleichgültig werden können. Aber gäbe es überhaupt »Politik«, wenn es vernünftig zuginge? Das Reichsland war zu einem Symbol der Feindschaft zwischen den beiden Völkern geworden; zu einem Symbol des Sieges und der Niederlage. »Seht, wir haben es!« klang es herausfordernd von der einen Seite; und »seht, wir haben es nicht, o unvergeßlicher Schmerz!« klagend von der anderen. Es gefiel den Franzosen, zu fühlen, daß mit dem Elsaß ihnen ein Stück ihrer Seele abgeschnitten sei, das nun blutend nach Wiedervereinigung mit dem mystischen Mutterkörper seufzte. Poincaré, nachmals französischer Staatspräsident, erzählt uns in seinen Erinnerungen: wie er als junger Mensch von seinen heimatlichen Hügeln nach dem verlorenen Lothringen hinübersah mit dem heiligen Entschluß, es einmal zurückzugewinnen, wenn nicht, dann sei sein Leben nicht wert, gelebt zu werden. – Wir finden herzliche Freude an der Empörung, und wo wir nicht Sieger sein können, da hat auch das Besiegt- und Beraubt-Sein seine Genugtuung.
Die Annexion Elsaß-Lothringens machte Deutschland und Frankreich zu »Erbfeinden«, machte jedes dauerhaft-gute Einvernehmen zwischen ihnen unmöglich. Einen solchen Preis war die Sache nicht wert.
Dagegen wurde eingewendet: Elsaß-Lothringen war das Symbol mehr als die Ursache des mißlichen Verhältnisses. Das, womit Frankreich sich nicht aussöhnen konnte, waren der verlorene Krieg und die neue deutsche Vormachtstellung in Europa. Seine Liebe zum Nachbarn östlich des Rheins wäre nicht wärmer gewesen, hätte es selbst die Provinzen behalten dürfen; wie ja auch ihre Rückgewinnung 1918 am Kern der Sache leider wenig änderte... So argumentierte man, um den Unfug

der Annexion zu bagatellisieren. Beweisen läßt sich dergleichen nicht. Der Krieg von 1870 machte an sich selbst ein gutnachbarliches Verhältnis zwischen beiden Völkern zu einer sehr heiklen Aufgabe. Die Annexion, so wie die Menschen einmal sind, machte es unmöglich. Folglich wurde es zum Grundsatz der deutschen Außenpolitik, Frankreich isoliert zu halten, selber aber beizeiten Bundesgenossen zu suchen, erstens, damit die Franzosen sie nicht bekämen, zweitens, um im Ernstfall einer gleichwohl zustande gekommenen französischen Kombination gewachsen zu sein. Von den beiden Zwecken war der erste, die Isolierung Frankreichs, der wichtigere, und war auf die Dauer natürlich nicht zu erreichen. Solange es Diplomatie gibt, haben Bündnisse Gegenbündnisse provoziert.

Das Verhältnis zwischen dem Deutschen Reich und Österreich-Ungarn betrachtete Bismarck als ein gewissermaßen innerdeutsches, nicht als ein »europäisches«. Er hatte den Deutschen Bund zerstört; war aber doch so sehr an ihn gewöhnt, so sehr ein Kind der Metternich-Zeit, daß er seine Erneuerung in irgendeiner Form immer für das Natürliche hielt. Also ein Bündnis zwischen Österreich und Deutschland. Es würde vom Frankfurter Bund sich dadurch unterscheiden, daß Preußen nun die Oberhand hatte. Es würde sich von allen großdeutsch-imperialen Phantasien dadurch unterscheiden, daß es nicht die Verwirklichung des *einen* deutschen Nationalismus war, sondern die Allianz eines Reiches mit einem anderen, von ihm sauber getrennten; nicht mit den Deutschen Österreichs, sondern mit den Habsburgern, und wem immer die Habsburger in ihrem Reich eine führende Stellung einzuräumen beliebten. Dies war die Idee. Die Sprengung der Donaumonarchie, der Anschluß der Deutschen Österreichs und Böhmens an das Reich mußte eine europäische Revolution zur Folge haben; er würde, meinte Bismarck, eher Krieg gegen die Deutsch-Österreicher führen, denn eine solche Entwicklung hinnehmen. Das europäische Gleichgewicht beruht auf der Existenz des Vielvölkerstaates, der nun, nach allen erlittenen Verlusten, so bleiben sollte, wie er war; reduziert, aber immer noch »Großmacht«; nicht zu deutsch – das hätte ihn der nationalistischen, demokratisch-großdeutschen Revolution nahegebracht; auch nicht zu slawisch – das hätte ihn dem Deutschen Reich entfremdet, vielleicht einer gefährlichen Russenfreundschaft ausgeliefert. Die Vergangenheit wußte von nur wenigen Kombinationen der europäischen Mächte, und Bismarck hörte nie auf, ihre Wiederholung zu befürchten. Es gab die Koalition Österreichs mit den Westmächten gegen Rußland; sie konnte sich gegen Preußen-Deutschland wenden und Deutschland in Rußlands Arme zwingen. Es gab die Kombination Frankreich-Österreich-Rußland gegen Preußen; auch ihre Wiederholung war denkbar. Es gab die Gefahr einer Entwicklung, die bisher noch immer hintan gehalten war, auf die aber nun so manches Zeichen der Zeit verwies: die Gefahr eines Konfliktes zwischen Österreich und Rußland allein, eines Kampfes um den Balkan, in dem Deutschland gezwungen sein würde, Partei zu ergreifen. Schließlich gab es die Erinnerung an Metternichs Heilige Allianz, an den Bund der drei Konservativen. Ihn, unter tief veränderten Umständen, zu erneuern, schien dem Staatskünstler in Berlin das Wünschenswerteste.

Daher die »Dreikaiser-Abkommen« von 1873 und 1881, Dokumente voll konservativer, friedliebender Floskeln im Metternich-Stil. Solange sie der Wirklichkeit entsprachen, war großes kriegerisches Unheil in Europa nicht zu befürchten. Aber sie entsprachen der Wirklichkeit nie ganz und endlich gar nicht mehr. Explosivere Kräfte waren jetzt am Werk als zur Zeit der klassischen Romanow-Hohenzollern-Freundschaft; durch konservative Monarchen-Bündnisse nicht mehr zu bändigende. Bismarck, der selber auf der Unruhe der Zeit zum Siege geritten war, war jetzt der Mann der Ruhe, der Nachfolger Metternichs. Die Jungen von einst werden alt und matt und von erhaltender Gesinnung. Aber dann gibt es die neuen Jungen, welche die Sache anders verstehen.

Was den Italienern und Deutschen in den sechziger Jahren recht gewesen war, war in den siebzigern und achtzigern den Balkanslawen billig. Auch sie wollten nun Freiheit vom Türkischen Reich, ihre eigene nationale Existenz, ihre Staaten. Rußland, regiert von seinem dekrepiden, vielfach bedrohten

Zarentum, aufgewühlt von der halbnationalistischen, halbreligiösen, mystischen Bewegung des Panslawismus, glaubte seine »kleinen slawischen Brüder« nicht im Stich lassen zu dürfen. Dagegen fürchtete Österreich das Ende des Türkischen Reiches, den Aufruhr der Klein-Völker außerhalb und dann innerhalb der eigenen Grenzen, Rußlands Festsetzung auf der Halbinsel, die ihm, nicht Rußland vorgelagert war und durch die sein Strom, die Donau, zum Meer floß. Der Konflikt war alt. Im 18. Jahrhundert war er in der Schwebe gehalten worden durch gemeinsame Teilung oder Teilungsprojekte nach polnischem Vorbild; in der Mitte des 19. Jahrhunderts dadurch, daß die Westmächte, nicht Österreich, es auf sich nahmen, Rußland im Schwarzen Meer einzuschließen. Kam der Moment, in welchem England diese Sorge Österreich allein überließ, und hinter Österreich Deutschland, dann war es aus mit dem konservativen Drei-Kaiser-Bündnis; dann war die Situation von 1914 gegeben.
Bismarck verstand die Gefahr. Was Worte, gute oder höhnische, tun konnten, sie zu verringern, das ließ er sie tun. Das Glück südslawischer Hammeldiebe, versicherte er hundertmal, sei ihm vollständig gleichgültig; der ganze Nahe Osten für Deutschland nicht die Knochen eines einzigen pommerschen Grenadiers wert. In einer seiner letzten und großartigsten Reichstagsreden (Februar 1888) heißt es: »Bulgarien, das Ländchen zwischen Donau und Balkan, ist überhaupt kein Subjekt von hinreichender Größe, um daran die Konsequenzen zu knüpfen, um seinetwillen Europa von Moskau bis an die Pyrenäen und von der Nordsee bis Palermo hin in einen Krieg zu stürzen, dessen Ausgang kein Mensch voraussehen kann; man würde am Ende nach dem Kriege kaum mehr wissen, warum man sich geschlagen hat.« Goldene Worte. Aber es ist schließlich so gekommen; daß das Ländchen, worum es sich dann handelte, nicht Bulgarien, sondern Serbien hieß, macht, philosophisch betrachtet, keinen Unterschied.
Einstweilen war Österreich nicht allein in seinem Widerstand gegen Rußlands imperialistischen Erlöserdrang. Als es 1877 abermals zum Krieg zwischen Rußland und der Türkei kam,

der zur Errichtung eines russischen Protektorats über Bulgarien führte, nahm man in London eine noch drohendere Haltung an als in Wien. Die Vermittlung mußte wohl oder übel Berlin übernehmen. Nun machten die Deutschen die Erfahrung, daß ihrer neuen Macht eine neue Verantwortung wie Gefährdung entsprach. Während des Krimkrieges hatten sie die Uninteressierten gespielt, jetzt mußten sie sich aktiv ins Zentrum stellen, um den Frieden zu erhalten. So präsidierte Bismarck 1878 dem großen Diplomaten-Kongreß von Berlin als »ehrlicher Makler«, wie er es nannte; Lösungen suchend, die allen halbwegs genehm wären. Bulgarien, Rußlands neuer Schützling, wurde in drei Teile geteilt, einer davon den Türken zurückerstattet, den beiden anderen verboten, sich zu verschmelzen, Österreich erlaubt, das türkische Bosnien zu verwalten, aber einstweilen nicht zu annektieren, usw. usw. Diplomatenkunststücke, denen der undauerhafte, unheilbringende Charakter an der Stirn geschrieben stand. Recht zufrieden war keiner, Rußland, das einen so großen Teil seiner Siegesbeute hatte herausrücken müssen, aber noch weniger als die anderen.

Im Jahr darauf schloß Bismarck das Verteidigungsbündnis mit Österreich-Ungarn ab, das Schicksalsbündnis des deutschen Kaiserreiches. Er sah darin ein »Optieren« zwischen Rußland und Österreich für das letztere, zu dem die Entwicklung der Dinge ihn zwang. Ein Optieren – das dennoch im Grunde keines sein sollte. Denn wenn die beiden Monarchien einander auch im Notfall Hilfe gegen Rußland versprachen, so durfte doch Österreich auf dem Balkan keinen Unfug treiben, in den Deutschland gezogen werden konnte; die Idee war, es zu stärken gegen Rußland, gleichzeitig aber es selber zu binden und in Ruhe zu halten. Kaum auch war der Vertrag unter Dach und Fach gebracht, so fing das Verhandeln mit Rußland wieder an. Das Drei-Kaiser-Abkommen wurde 1881 erneuert. So daß jetzt zwei Bündnisse bestanden, eines zwischen Österreich und Deutschland gegen Rußland, eines zwischen Deutschland und Rußland und Österreich gegen Unbekannt. Dies war nur der erste der Allianz-Irrgärten, die Bismarck in den achtziger

Jahren schuf, immer darauf bedacht, feindliche Mächte auseinanderzuhalten oder sie durch eine freundliche Querverpflichtung zusammenzubringen, Deutschland durch die eine zu decken gegen die andere und, etwas später, auch durch diese gegen jene. 1881 gab es den deutsch-österreich-italienischen Dreibund, ein Instrument von schwindelnder Kompliziertheit, hauptsächlich dazu bestimmt, den alten Gegensatz zwischen Österreich und Italien in der Schwebe zu halten. 1887 wurde das österreich-italienische Einverständnis gestärkt durch ein englisch-italienisch-österreichisches für die Aufrechterhaltung der bestehenden Ordnung im Mittelmeer und den angrenzenden Gebieten einschließlich des Schwarzen Meeres. Das Abkommen war gegen Rußland gerichtet. Zur selben Zeit arbeitete Bismarck, der es betrieb und als Verbündeter Österreichs und Italiens sein Partner war, an einer neuen freundlichen Verbindung zwischen Rußland und Deutschland, um das alte Drei-Kaiser-Bündnis zu ersetzen. Das Resultat war der sogenannte Rückversicherungsvertrag; ein abermaliges wechselseitiges Neutralitätsversprechen, das aber im Falle eines russischen Angriffs gegen Österreich oder eines deutschen gegen Frankreich nicht gültig sein sollte, sowie die ausdrückliche Anerkennung von Rußlands »geschichtlich erworbenen« Interessen auf der Balkan-Halbinsel. Während noch dieser Vertrag lief und er ihn auch zu erneuern gedachte, schlug der Staatsmann, der ihn ersonnen hatte, England ein Verteidigungsbündnis gegen Frankreich vor – demselben Egnland, das im nahen Osten bis dahin der zäheste Gegner Rußlands gewesen war, gegen dasselbe Frankreich, das, wie wohl bekannt war, sich Rußland anzunähern im Begriff stand. Zu dem deutsch-englischen Bündnis ist es nicht gekommen. Deutschland wollte es gegen Frankreich, England wollte es gegen Rußland. Folglich kam man über den Austausch von Versicherungen guten Willens nicht hinaus.

So ist zu keiner anderen Zeit Politik getrieben worden, nie vorher, nie nachher. Es war europäische Politik mit dem einen Zweck der Erhaltung des Friedens; Metternichsche Politik insofern, aber nicht in Metternichs Geist. Den gab es gegen Ende des 19. Jahrhunderts nicht mehr. Bismarck, der zum Friedenspolitiker geworden war, hat doch bis zu seinem Ende nicht an »Europa« geglaubt und alles Reden vom europäischen Interesse als Heuchelei verachtet. Das Reich, das er selber vertrat, war konzentrierter als das gebrechliche Klein-Europa, dessen vielfältige Interessen Metternich wahrzunehmen gehabt hatte. Nicht Europa handelte auf dem Berliner Kongreß; es verhandelten dort die dynamischen, spröden Machtstaaten, in die Europa, nicht ohne Bismarcks eigenes gewaltiges Zutun, auseinandergefallen war. Nun wollte er Frieden zwischen diesen Staaten, wissend, daß die Zeit der Teilkriege vorbei war, daß Deutschland in einem Konflikt nicht mehr würde neutral bleiben können und in einem Krieg gegen Rußland allemal die Hauptlast ohne Lohn und Dank würde tragen müssen. Er sagte: »Wir Deutsche fürchten Gott, aber sonst nichts auf der Welt.« Trotzdem war Furcht der Urquell seiner Diplomatie seit 1871; Furcht vor einem Überborden der deutschen Nationalkraft, die er gebändigt hatte – er wußte vom undauerhaften Charakter solcher Siege –; Furcht vor Koalitionen gegen seine Schöpfung, die deutsche Großmacht. Daher nun die nach allen Seiten übernommenen Bindungen, die nach allen Seiten hin gegebenen Versprechungen, öffentliche, halb oder ganz geheime, neutralisiert dadurch, daß dem Staat, gegen den sie gerichtet waren, alsbald ähnliche Versprechungen gegeben und ähnliche von ihm genommen wurden; harmlos gemacht auch dadurch, daß es sich immer um Versicherungen gegen sogenannte »unprovozierte Angriffe« handelte, wobei es im Ernstfall den Partnern freiblieb, zu entscheiden, wer der Angegriffene sei und wer der Angreifer. Hier gab es überhaupt keine Kombination, mit der nicht gespielt wurde; Frankreich selber, gegen die sie alle gerichtet waren, hat Bismarck in den achtziger Jahren in eine von ihnen hineinzuziehen gesucht. Inwieweit dies schwindelnd virtuose System dem Frieden wirklich diente, ist schwer zu sagen. Einige glauben, die »Großmächte« wären sich schon dreißig Jahre vor 1914 in die Haare geraten ohne den alten Meister, der durch die ausgeklügelten Verrenkungen seiner Politik sie immer wieder trennte und immer wieder zusammenband. Andere glauben, sein Vertragsnetz sei in Wahrheit ein ohnmächtiges Spinngewebe gewesen, scheinbar wirksam nur dadurch, daß dies Zeitalter an sich selbst ein Zeitalter des Friedens und der wirtschaftlichen Expansion war; und schon die Tatsache, daß er beständig an seinem Werk flickte und einen Vertrag ergänzte oder ersetzte durch einen anderen, beweise, daß sie im Grunde alle nichts taugten... Übrigblieb von allen diesen Verträgen zum Schluß nur der erste, der die Ursache für die folgenden gewesen war, der österreichisch-deutsche – der blieb leider übrig.

Bürgerzeit

Als das napoleonische Frankreich 1870 zusammenbrach, schrieb Thomas Carlyle, großer englischer Schriftsteller und Historiker, einen Brief an die »Times«, in welchem er sich gratulierte, dies beglückende Ereignis noch erleben zu dürfen: an Stelle des nervösen, zappelnden, großtuerischen hohlen Frankreich trete nun Deutschland, das fromme, ernste, philosophische, hartarbeitende Deutschland, als Königin des Kontinents... Ein paar Monate später wurde ein anderer Brief geschrieben, der ebenso berühmt geworden ist, von dem französischen Theologen Ernest Renan an seinen deutschen Kollegen David Friedrich Strauß. Renan war Partei; er war unglücklich über die französische Niederlage und den Verlust Elsaß-Lothringens, in dem der gute Mann nichts Geringeres sah, als ein Verbrechen wider die Natur, eine Störung der Weltharmonie. Aber nicht darum wollte er die Sache anders sehen als Carlyle. Manche Völker, schrieb er, hätten ehedem Siege errungen und Imperien gegründet: Spanier, Franzosen, Briten. Jedesmal habe der politischen Herrschaft eine Ausstrahlung des Geistes entsprochen; der Welt, den Besiegten selbst hätten die Sieger etwas geboten durch ihre ordnende Kraft, ihren Glauben, ihre Kunst, ihren Stil. Dies sei nun das Erschreckende an dem deutschen Sieg: Neu-Deutschland zeige nur Macht, blanke, wirksame, schneidende Macht ohne jede frohe Botschaft. Sein Triumph sei ein materieller und nichts weiter, und solche Triumphe brächten keinen Segen... Carlyle war älter als Renan. Er hatte in seiner Jugend Schillers Leben beschrieben, den »Wilhelm Meister« übersetzt, mit Goethe Briefe gewechselt; das Deutschland, das er kannte und liebte, war das Deutschland der Klassiker und Romantiker, das Deutschland der kleinen Universitäten und kleinen Residenzen, aus denen ein Born geistigen Lebens quoll. Dies Deutschland gab es nun kaum mehr, es war im Schwinden. Der alte Herr wußte das nicht. Völker verändern sich, aber verändern sich langsam; noch länger dauert es, bis die Welt die Veränderung bemerkt und sie auf einen Begriff bringt. Renan war jetzt der Wahrheit näher als Carlyle, wie sehr auch der Kummer des Besiegten sein Urteil färbte.

Große Wünsche sind nach ihrer Erfüllung selten so schön wie vorher. Dieser, der Wunsch der deutschen Einheit, war noch darum weit weniger schön, als er ehedem zu sein versprochen hatte, weil die Deutschen Pech hatten mit der Zeit seiner Erfüllung. Es war je kein hochfliegendes, geistig produktives Zeitalter, dies späte 19. Jahrhundert, auch anderswo nicht. Immerhin, aus Frankreich kamen nun die impressionistische Malerei, die Dichtung Verlaines, der soziale Roman, aus Rußland die gewaltigsten Romanwerke des Jahrhunderts. Aus Deutschland kamen industrieller Fortschritt, militärische Trompetenstöße und Politik. Läßt man das Gesamtbild wie von ferne auf sich wirken, ohne noch die einzelnen Figuren zu betrachten, so bleibt ein fatal gemischter Eindruck: hartgesottene »Realpolitik« und schwüle Religiosität, prunkende Theatralik, selbstgerechter Nationalismus, bei allem inneren Zank, Materialismus, überwältigt von den Erfolgen der Naturwissenschaft und doch bereit, in billigen Mystizismus umzuschlagen.

Welch ein Unterschied schon zwischen dem großen Mann, dessen Namen wir so oft wiederholen müssen, weil er damals so sehr in aller Munde war, und dem deutschen Nationalisten der Frühzeit, dem Freiherrn vom Stein. Dieser lebte in Ideen und hatte einen hohen Begriff vom Menschen, den Aufgaben menschlicher Gemeinschaft; jener verachtete die Menschen, fand schlau seinen Weg zwischen niederdrückenden Wirklichkeiten, hielt den Idealisten sein höhnisches »da lach' ick oever« entgegen. Damit hatte er gewonnen; und ja auch dank den neuen materiellen Mächten, den Eisenbahnen, der wirtschaftlichen Einheit Deutschlands, die schon bestand, der technisch militärischen Schlagkraft.

So war der Liberalismus nicht mehr, was er in den vierziger Jahren gewesen war; ein Liberalismus der Interessen, nicht mehr der humanen Idee. Von dem edlen Dichter Uhland zu dem harten, klugen Parlamentarier Johannes Miquel, das ist ein Weg bergab. Die nationalliberalen Historiker, die Droysen, Sybel, Treitschke hatten noch als Rebellen angefangen, wenn auch als ziemlich zahme. Jetzt wurde ihr Kult der Geschichte zum Kult des Erfolges, und hörten sie nicht auf zu besingen, wie wir es doch herrlich weit gebracht, Lobredner der neuen Ordnung; hatten sie noch etwas Kritisches zu sagen, so ging's gegen den Franzmann, gegen das liberale England, gegen die Sozialdemokratie oder gegen die eigene Vergangenheit. Muß ja jeder Schriftsteller herunterkommen, der mit sich selbst und den Dingen um sich herum zufrieden ist, er sei Bismarckianer, oder Amerikaner oder Kommunist oder was sonst. Die Literatur wird dann zur Festrednerei. Solche Werke wie Sybels »Die Begründung des Deutschen Reiches durch Wilhelm I.« sind eine einzige vielbändige Festrede.

Zufrieden mit sich war die vom Staat unterstützte, repräsentative Literatur und Kunst; die Emanuel Geibel und Paul Heyse, die Felix Dahn und Viktor von Scheffel, die Karl von Piloty oder Anton von Werner. Mag ihnen manches anständige Gemälde, manches prunkvolle, selbst schöne Gedicht oder erzählende Werk noch gelungen sein, es war doch Epigonentum, verspäteter Klassizismus, falsche Renaissance; kein eigenständiger Stil, wie er veränderten Zeiten gemäß gewesen wäre. So auch war das Bauen. Nie ist unwahrhaftiger gebaut worden;

Bahnhöfe und Kasernen als gotische Burgen, Fabrikantenvillen als Rokoko-Schlößchen oder Renaissance-Paläste, wie die Laune es eingab.
Das eben gegebene rasche Gesamturteil müssen wir uns beeilen zu korrigieren. Reine Geister gibt es zu jeder Zeit. Die »falsche Renaissance« konnte so vornehme Blüten treiben wie die Dichtung des Schweizers Conrad Ferdinand Meyer oder die Porträtmalerei des Bayern Franz Lenbach. Das Hohenzollerntum fand in dem Maler Adolf von Menzel einen Verherrlicher von feinstem Geschmack. In Berlin schrieb Theodor Fontane seine Romane, kritische zugleich und verklärende, die enge Standesgesellschaft Ost-Elbiens durch die eigene kluge Psychologie und Weltläufigkeit veredelnd. Aber der Adel dankte es ihm schlecht, daß er sein Leben mit so viel Kenntnis und noch mehr Sympathie als Kenntnis in Erzählungen von liebenswerter Reinheit des Stiles und der Sprache beschrieb. Das Bürgertum fuhr fort, Scheffels »Ekkehard« und Dahns »Kampf um Rom« herzlich zu genießen, nicht den »Stechlin« und die »Effi Briest«. Der noble Fontane starb als ein Fremdling in seiner Zeit, zuletzt zweifelnd, ob er je der rechten Sache gedient hätte.
Die populärste Musik war die von Johann Strauß, die aus Österreich herüberkam; beglückend in der unerschöpflichen Fülle ihrer Melodien und Rhythmen, lustig, süß und sentimental, schon mit einem Hauch des Abschiednehmens von der guten alten Zeit, vom kaiserlichen Wien und Österreich-Ungarn, dessen bestes Wesen sie genial zum Klingen brachte. Fontane, noch von der alten Schule, war schockiert von diesem »Tingeltangel«: In Berlin werde die »Fledermaus« schon zum hundertsten Male gegeben. Nun, das war die musikalische Kost, derer die neuen Städte bedurften, oder war selber bald schon zu geistreich und fein; mit dem »Tingeltangel« sollte es noch anders kommen.
Einen anders gearteten, schärferen Spiegel hielt der Hannoveraner Wilhelm Busch dem Bürgertum vor. Die Leute genossen die Werke des nur scheinbar heiteren, unergründlich boshaften, menschenfeindlichen Humoristen mit nie versiegender

Freude. Sie fühlten sich von ihm erkannt, aber auf eine Weise, die ihnen gefiel. Busch kämpfte mit Bismarck gegen Frankreich, dessen Niederlage er häßlich belachte; mit ihm gegen seine heimattreuen Hannoveraner, die er als »Partikularisten« verhöhnte; mit ihm gegen die katholische Kirche, indem er nie aufhörte, auf Pfaffen, ausgepichte Jesuiten, alkoholische Eremiten, heuchlerische Pilger, Kirchgeher, alte Jungfern seinen gezeichneten und gereimten Spott auszugießen. Sein tiefster lachender Haß galt dem deutschen Bürgertum, dem biederen Kleinbürger auf dem Lande wie dem städtischen, wohlhabenden, von anderer Leute Arbeit lebenden, den sittlichen Verfall der Zeit bejammernden, in Bade- und Kurorten Sichherumlangweilenden. Aber fähig zum Ekel wie er war, ein Verehrer der Schopenhauerschen Philosopie, ein selbstquälerischer, grundgescheiter, mitleidender Sadist – seine Leser merkten das nicht. Er wußte es gar zu lustig zu sagen in seinen Vers-Geschichten und gab auch um des lieben Friedens willen das Happy-End mit darein.... Wer etwas erfahren will vom Geist des deutschen Bürgertums in der Bismarckzeit, der kann es in den Busch-Alben besser als in manchen gesellschaftswissenschaftlichen Traktaten.

Von der großen anti-bürgerlichen Organisation kann man nicht sagen, daß ihre schweren Kanonen Geist verbreiteten. Die Sozialdemokratie führte einen politischen Kampf; eine kulturschöpfende Bewegung war sie damals nicht und konnte sie der Lage der Dinge nach nicht sein. Ihre Philosopie war der Marxismus. Diese gedankenschwere, überscharfe Ladung für die Waffen des politischen Alltags gerecht zu machen, war die Aufgabe ihrer Schriftsteller; eine notwendige, da man sich nun einmal auf Marx eingelassen hatte, aber kaum eine, die der Nation neuen Geistesraum hätte gewinnen können. Geist muß frei sein. Was an die Zwecke einer politischen Partei gebunden ist, gehört in die politische, nicht in die Geistesgeschichte. Sozialer Protest, unabhängig von Parteizwecken und Doktrinen – der konnte wohl einen neuen, starken Wind in die Literatur bringen. In England, in Frankreich tat er das schon in den siebziger, in Deutschland erst in den neunziger Jahren.

Zur politischen Geschichte, wohl aber auch zum geistigen Bilde der Zeit, gehört ein Unternehmen der Massenbeeinflussung, das 1878 in Berlin begonnen wurde, um seither unter verschiedenen Namen und Zeichen immer wieder aufzuleben. Zuerst hieß es die »Christlich-soziale Partei«; ihr Begründer war der königliche Hof- und Domprediger Adolf Stoecker. Dieser, ein intriganter Mann und beträchtlicher Demagoge, hatte sich ausgerechnet, man müsse den Sozialdemokraten den Wind aus den Segeln nehmen, auch die protestantische Kirche müsse ins Volk gehen und den armen Leuten etwas bieten, wie es die katholische längst mit so gutem Erfolg getan hatte. Der König selber müsse die »berechtigten Forderungen« der Arbeiter erfüllen, der Thron, der Altar sich verbünden mit dem in jedem Fall unvermeidlichen Sozialismus, und so fort – Gedankengänge, die von ferne an das alte Bismarck-Lassalle-Bündnis erinnerten. Als Parteigründung mißlang der Versuch. Die Berliner Arbeiter ließen wissen, mit von oben dargereichten kleinen Vorteilen oder Almosen seien sie nicht zu befriedigen; ihr Ziel sei ein ihnen eigenes: politische Freiheit, Aktion, schließlich Herrschaft, nicht ein Geführtwerden ins Gelobte Land von Hofpfarrern. Bezeichnend für den Geist der Sozialdemokratie, der im Grunde doch der Geist des aufklärerischen Fortschritts-Bürgertums blieb, ist eine von der Berliner »Freien Presse« den Christlich-Sozialen erteilte Antwort:

»In einer öffentlichen Versammlung haben Mucker und Finsterlinge gewagt, vor dem Volke aufzutreten, und in heuchlerischer Liebe zum Volk den Versuch gemacht, die Massen von ihrem heiligen Emanzipationskampf abtrünnig zu machen. Die wundergläubigen Bekenner eines persönlichen Herrgotts wie eines gehörnten und geschwänzten Teufels glauben die Not des armen Mannes, die Verzweiflung des Fabriksklaven zu einem ergiebigen Raubzug für die schwarze Rotte säulenheiliger Priesterknechte ausbeuten zu können. Noch nie ist dem intelligenten, arbeitenden und gewerbsfleißigen Volke Berlins eine größere Beleidigung zugefügt worden.«

Die Arbeiter wurden der Sozialdemokratischen Partei nicht abtrünnig. Das Element aber, das Stoecker zu mobilisieren wußte und was nun eine unheimliche Triebkraft der deutschen Politik blieb, war der Antesemitismus. Eine uralte, böse Kraft seit christlichen, je vorchristlichen Zeiten, latent immer vorhanden, manchmal gebändigt und nahezu vergessen, dann wieder ausbrechend zu gemeinen Untaten. War nicht jetzt der Jude der typische Vertreter des liberalen Wirtschaftssystems? War er nicht der reiche Bankier – Mendelssohn, Bleichröder –, nicht sogar der linksliberale Abgeordnete im Parlament – Lasker, Bamberger? War er nicht der Wucherer auf dem Lande, der Viehhändler und Beleiher, in dessen Netzen die Bauern sich verfingen? Und nicht, auf der anderen Seite, der gottlose Agitator, der die Leute zum falschen Sozialismus verhetzte, um Macht für seinesgleichen zu gewinnen? Vieles stimmte nicht mit unserer modernen Wirtschaft und Politik und Sittlichkeit; es galt nur den Schuldigen zu finden, die Schuld vom König und von seinen Dienern, vom produktiven Kapitalisten abzuwälzen auf den Juden an der Börse, im Pfandbüro, in der Redaktionsstube... Stoecker brachte das auf, oder fand es, denn dergleichen liegt in der Luft; andere, roheren Geistes als er, trugen es weiter. Ein Feind, ein Haß, ein Teufel, das bringt Leben in die Politik. Bosheit schlummert in uns allen, und wer auf ihr zu spielen, sie energisch in eine einzige Richtung zu wenden weiß, darf sich ein Echo versprechen. Es ist eine Schuld der deutschen Konservativen, daß sie, um ihre an sich wenig volkstümliche Politik volkstümlicher zu machen, ein Bündnis mit den Judenhetzern eingingen. Sie taten das schon in Stoeckers Tagen und wieder, auf noch tieferer Stufe, in den neunziger Jahren.

In Zeiten echter Bindungen hätten sie im Antisemitismus nicht ihre Zuflucht gesucht. In Zeiten gefestigter Gesittung hätte der Antisemitismus nicht blühen können. Aber das waren geistig dürftige Zeiten. Die deutsche Philosopie, die einst einen so großartigen Schwung genommen hatte, lebte nun davon, ihre eigene Geschichte zu studieren; Professoren von selbstkarikierendem Pomp oder oberflächlicher Glätte saßen auf den Lehrstühlen Fichtes und Hegels. Naturwissenschaft war Trumpf. Ihre Überlegenheit wurde auch von denen aner-

kannt, die nicht an ihr teilhatten, Philosophen und Historiker. Naturwissenschaft ist eine gewaltige Sache. Aber Maßstäbe des Sinnes und Wertes kann sie nicht geben. Wo solche von ihr erwartet werden, da bleiben die falschen Idole nicht aus.
Auch der Antisemitismus, an sich eine viel ältere menschliche Unart, wurde jetzt in der Form falscher Wissenschaftlichkeit geboten, als Lehre vom Wert und Unwert menschlicher Rassen, die ein französischer Edelmann auskochte und die von deutschen Bildungsphilistern übernommen wurde. Seine Bequemlichkeit und verführerische Anziehungskraft lag anderswo. Im Zeichen des Antisemitismus ließen sich alle Gefühle der Unsicherheit und Unzufriedenheit, des Stolzes, der Furcht und des Hasses auf einen einzigen Nenner zusammensudeln. Man konnte gegen den Liberalismus sein – es gab liberale Juden. Gegen den Kapitalismus – es gab jüdische Finanziers. Gegen den Sozialismus – Marx und Lassalle waren Juden gewesen. Gegen jede Form von Internationalismus – in dem waren die Juden von alters her zu Hause. Gegen die österreichische Monarchie – in Wien, Prag, Budapest gab es viele Juden und erfolgreiche unter ihnen. Auch gegen Bismarck – der Fürst ließ sein Vermögen von einem jüdischen Bankier verwalten. Der Antisemit brauchte sich so nicht die Mühe zu nehmen, in seiner Zeit sich einen Gegner zu wählen; er konnte, vage, gegen seine ganze Zeit sein, insofern sie vom Judentum angeblich repräsentiert wurde, vage etwas anderes und Schöneres wollen, mit seinem Haß und seiner Sehnsucht sich außerhalb jedes bestehenden Gegensatzes stellen. Das ist auch ein halbes Jahrhundert später noch so gewesen, als der Antisemit Kapitalismus und Kommunismus, Friedensliebe und Kriegsverherrlichung, Internationalismus und Nationalismus zu einem einzigen Gegenstand seiner Verneinung zusammensudelte. Eine denkfaule Feindschaft. Aber stark.
Bismarck war kein Antisemit; dafür war er zu klug, zu kultiviert, zu hochmütig. Er hielt nichts von der Bewegung Hofprediger Stoeckers und war sehr ärgerlich, als der Prinz Wilhelm sich mit ihr einließ. So waren gerade die bedeutendsten Antisemiten zugleich Kritiker Bismarcks; zum Beispiel der

Orientalist und politische Schriftsteller Paul de Lagarde. Ein merkwürdiger Kauz und nicht ohne Tiefe; er hat schöne Gedichte gemacht. Merkwürdig aber vor allem als grauer, verwitterter Wegweiser zu Irrwegen, die später beschritten wurden. Lagarde hielt den Liberalismus für undeutsch und warf Bismarck vor, er habe »Liberalismus und Despotismus zu einer Masse geknetet«. Widerlich war ihm der parlamentarische Betrieb, die Großindustrie, die das Land von fremden Märkten abhängig machte, das Judentum, welches dem Mammon diente; ungenügend schien ihm Bismarcks Werk nach innen und außen, das kleindeutsche Reich. Österreich mußte dazu kommen, das ganze Österreich, was, prophezeite Lagarde, ohne einen großen Krieg sich nicht machen lassen werde. Dazu auch noch große Teile Rußlands, die mußte man mit gesunden deutschen Bauern besiedeln. Das Ganze sollte Germanien heißen. – Trotz so phantastischer Ansichten war Lagarde ein guter Preuße. »Germanien« würde nach altpreußischen Grundsätzen verwaltet werden, der Känig von Preußen Oberherr sein über die deutschen Prinzen, die als seine Vasallen die Fremdstämme im Osten regieren mochten... So gehen frühe schon die Gedanken um und belagern den krausen Kopf eines Einzelgängers, die später, wenn die Umstände sie begünstigen, zur geschichtsbewegenden, menschenmordenden Gewalt werden können.
Der Genius schöpft aus Tiefen der Menschheit, der Geschichte, der eigenen Seele, die mit dem öffentlichen Treiben nichts zu tun haben. Trotzdem muß man Richard Wagners in einem Kapitel über das Zeitalter Bismarcks gedenken, wie man anderer deutscher Musiker der Zeit, Bruckners oder Brahms', in diesem Zusammenhang nicht gedenken muß. Er stand darüber; er stand aber auch mitten darin, kraft seines Ehrgeizes, nicht nur das Schöne zu schaffen, sondern die moralischen, ja die politischen Grundlagen nationaler Existenz umschaffen zu helfen. Die Periode seines letzten steilen Aufstieges zu deutschem und europäischem Ruhm fällt in die siebziger Jahre.
Als Revolutionär, Schwärmer für den freien Menschen, der nach seinem eigenen Gesetz lebt, hatte er begonnen. Der Zu-

sammenbruch des Dresdner Aufstandes von 1849 trieb den jungen Kapellmeister ins Exil. Lange Zeit lebte er in der Schweiz; erst 1861 durfte er sich wieder in Deutschland niederlassen. In der Revolution von 1848 waren völkerverbrüdernde und nationalistische Kräfte untrennbar miteinander verbunden. Beide lebten in Wagners Brust. Seine Bildung war eine kosmopolitisch-musikalische, gesättigt mit italienischen und französischen Einflüssen. Er wählte die Stoffe für seine Operndichtungen aus vieler Herren Ländern, dem Italienischen, dem Keltischen. Er bewunderte Heinrich Heine, von dem er sich zum »Fliegenden Holländer« inspirieren ließ. Sein unruhiges Leben war das eines großen Europäers im 19. Jahrhundert, mit Stationen in Riga, Dresden, Zürich, Venedig; sein wärmster Bewunderer und schärfster Kritiker zählte ihn zu den Erscheinungen der französischen Romantik. Wer aber nicht umhergetriebener Abenteurer, wer Künstler und Erzieher des Volkes sein wollte, der brauchte ein Volk; wer den Ehrgeiz hatte, Europa durch seine Kunst zu erobern, der konnte es nur auf dem Umweg über ein Land, das eigene. Gerade im Exil wurde Wagner zum Patrioten, aus Ehrgeiz, Sehnsucht, Liebe, wer will das unterscheiden. Der Held seiner in der Schweiz entstandenen Tetralogie, Siegfried, war ein Revolutionär, aber ein deutscher Revolutionär, und ein deutscher Held; das Riesenwerk des »Ringes« genährt mit Säften, die aus germanischer Urzeit kamen oder kommen sollten. In den sechziger Jahren wurde Wagner Schützling und Günstling des Königs von Bayern, den er auch politisch beriet. Damals produzierte er Aufsätze wie »Was ist deutsch?« und »Deutsche Politik«. 1871 komponierte er einen Siegesmarsch zu Ehren des Einzugs deutscher Truppen in Paris, das doch lange ein Teil seiner geistigen Heimat gewesen war. So wie die Liberalen, so wie manche heimgekehrten und begnadigten Kämpfer von 1848 sich mit Bismarcks Reich versöhnten, so, auf einer anderen Ebene, versöhnte sich auch Wagner mit ihm. 1872 begann er den Bau seines Festspielhauses in Bayreuth.

Es sollte ein Tempel deutscher Kunst, ein Mittelpunkt der Volksgemeinschaft sein. Wagner war ein Demokrat auf seine

Art und blieb es in der Theorie. In seinem Theater fehlten die Logen und Ränge, welche die Unterschiede der Gesellschaft darstellen; so wie im Amphitheater der Alten sollte die Menge ringsum sitzen, in weihevoller Einheit mit dem, was auf der Bühne und im Orchester geschah. Nicht kommerzielle Unterhaltung sollte hier geboten werden, sondern Feier; nicht eine willkürlich beschränkte Art von Kunst, sondern alle Künste in dramatischem Einem, Dichtung und Musik und Malerei und Philosopie und Gottesdienst. So war Wagners Idee; er wollte für Deutschland leisten, was Sophokles für Athen geleistet hatte. Aber Deutschland war nicht Athen. Noch weiter als Bismarcks Reich sich von den Träumen der Achtundvierziger entfernte, war Bayreuths soziale Wirklichkeit von Wagners höchsten Zielen entfernt. Dergleichen kostete in Wirklichkeit viel Geld; um so mehr, als eine fürstliche Lebenshaltung zu Wagners Ehrgeiz gehörte. Um des Geldes willen galt es, die Reichen anzulocken, die sich von dem neuartigen Reiz der Sache gern anlocken ließen. Orientalische Potentaten, neudeutsche Millionäre steuerten bei und kamen herbei und wurden von den Wagners bei prunkvollen Gartenfesten bewirtet. Bayreuth wurde nicht zum Mittelpunkt einer geläuterten, vom Fluch des Goldes befreiten Volksgemeinschaft, wie Wagner es sich erträumt hatte. So war die Wirklichkeit der deutschen Gesellschaft nicht. Viel eher wurde es zum sensationellen Sommertreffpunkt der europäischen Plutokratie. »National« wohl; es sollte deutsche Kunst sein, die hier geboten wurde. National war auf ihre Art auch die Hauptstadt Berlin, die »Weltstadt«, der Mittelpunkt europäischer Politik und Finanz.
Über die Herrlichkeiten von Wagners Musik und gerade über die höchsten und letzten in der Bayreuther Zeit entstandenen, den »Parsifal«, dürfen wir nicht reden; das kommt dem allgemeinen Historiker nicht zu. Nur als gesellschaftliche Erscheinung, als ein Ding der Bismarckzeit darf Bayreuth uns angehen. Der Schriftsteller Wagner, der den Einfluß des Judentums in der Musik geißelte, der Paul de Lagarde mit Hochachtung nannte, und in dessen »Bayreuther Blättern« eigentliche Antisemiten zu Worte kamen; der Philosoph, der sich von Gobi-

neaus Rassenlehre überzeugen ließ und eine Regeneration der Menschheit versprach; der Musiker, der die wahre Volksgemeinschaft schaffen und sich selber zu ihrem künstlerischen Gesetzgeber aufschwingen wollte; der Metaphysiker, dessen Denken durch den Begriff der Erlösung beherrscht wurde, Erlösung des Volkes durch den Helden, Erlösung des Mannes durch das Weib, Erlösung des Lebens durch den Tod, und der zugleich ein Meister der Inszenierung, der raffiniertesten Theatralik war – dieser Wagner gehört in die deutsche Geschichte nach 1870 und weit, sehr weit, über 1870 hinaus.

Ein Rebell: Friedrich Nietzsche

Bei der Eröffnung des Bayreuther Festspielhauses waren zwei Bewunderer Wagners zugegen, die beide sich, abgestoßen von dem prunkenden Betriebe, rasch und wie fluchtartig entfernten. Der eine war des Komponisten Protektor und Retter, der König von Bayern, ein romantischer, weltscheuer und kranker Mann, eben derselbe, der über Bismarcks Reichsgründung so bitteren Kummer empfunden hatte. Der andere der Altphilologe Dr. Friedrich Nietzsche, Professor an der Universität Basel, wegen eines Leidens frühzeitig auf magere Pension gesetzt. Von dem müssen wir nun handeln. Der war unabhängig; kein erfolgsumrauschter Repräsentant seiner Zeit, sondern ihr Kritiker. Und einen hellsichtigeren Kritiker hat es nie, zu keiner Zeit, in keinem anderen Land gegeben.
Nietzsche war Sohn und Enkel sächsischer Pfarrer, ein ernster, braver Junge in seiner Kindheit, ein Musterschüler. Als Student wechselte er von der Theologie zur Philologie und wurde schon mit fünfundzwanzig Jahren Professor. Nach zehn Jahren zwang ihn dieselbe Krankheit, der er später zum Opfer fiel und der wohl eine syphilitische Ansteckung zugrunde lag,

seine Lehrtätigkeit aufzugeben. Seitdem lebte er als wandernder Schriftsteller in Oberitalien, in Südfrankreich, im Engadin. Deutschland mied er. Er schrieb seine extremsten, spannungsgeladensten Werke in dem Jahr, in dem die beiden Kaiser starben: 1888. Zu Ende des gleichen Jahres brach er zusammen. Erst auf den geisteskranken Invaliden, der nun in der Obhut seiner Schwester dahindämmerte, wurde das deutsche Publikum allmählich aufmerksam.

Die beiden Meister seiner Jugend waren Schopenhauer, der Philosoph, und Wagner. Schopenhauer kannte er nicht mehr persönlich. Wagner kannte er und bewunderte er herzlich, kam aber dann von ihm zurück, wie von Schopenhauer; in den Argumenten, mit denen er sich nun kritisch gegen die beiden wandte, liegt seine eigene Philosophie, die Geschichte seines eigenen edlen und gequälten Geistes.

Nietzsches Schriftstellerei war anfangs ausgewogen, gemäßigt noch, voll guten erzieherischen Willens. So in den vier Betrachtungen, die er »unzeitgemäße« nannte. Dann wurde sein Ton der eines einsamen Mannes, der weiß, daß man ihn nicht hört; schriller, böser, von oben herab. An die Stelle ausgewogener Essays traten kurze, wie Befehle hingeschleuderte Aphorismen, eine Kunstform, die er von französischen Schriftstellern des 18. Jahrhunderts übernahm. Zum Schluß kichert schon der Wahnsinn in der schneidenden, überhitzten Gescheitheit des Gesagten, wie in der Präzision, mit der es gesagt wird. Die deutsche Sprache trug Nietzsche so hoch, wie sie getragen werden kann. Es hat niemand ein besseres Deutsch geschrieben. Auch schöne Gedichte sind dem einsamen Professor gelungen. Manchmal vermischte er Prosa und Dichtung zu Gebilden von letzter Ausdruckskraft.

Es ist eine persönliche Philosopie, was freilich eine jede mehr oder weniger ist. Der Philosoph findet, entdeckt nicht nur, wie der reine Wissenschaftler, er schöpft. Doch ist dann meistens das fertige Werk wie eine Entäußerung, wir können über ihm den Schöpfer vergessen. Bei Nietzsche nicht. Es ist immer *er*, der spricht, eine Persönlichkeit von vexatorischer Intensität. Oft sagt er, was er nicht meint, oder meint er, was er nicht sagt, oder sagt es mit doppelter und dreifacher Meinung. Er hat kein System geschaffen, wie das Kantische oder Hegelsche. Das konnte ein echter Philosoph um 1880 nicht mehr, das konnten damals nur noch Epigonen versuchen. Nietzsches Werk ist sein Leben, das in seinem Werke pulst. Sein Werk war eine persönliche Katastrophe, die die allgemeine Katastrophe Europas anzeigte und vorwegnahm. Und das war er selber, eine Katastrophe. Manches prophezeite er, indem er sich darauf zu freuen behauptete, während ihm in Wahrheit davor graute.

Er prophezeite ein Jahrhundert der Weltkriege, der Revolutionen und Erdkonvulsionen. In ihnen würde alles Falsche, Kranke, ausgestampft, würden die Schwachen unterworfen werden oder untergehen; aus ihnen sich erheben würde neue Macht, die Herrschaft der Starken, Erbarmungslosen. Denn Leben sei Wille zur Macht, Kampf um Macht; und alle christliche Tugend nur der Schwindel derer, bei denen es zum Kampf nicht ausreichte... Inwieweit Nietzsche das letztere ernsthaft geglaubt hat, weiß ich nicht. Es ist die positive Seite seiner Philosophie, denn etwas Positives mußte er bieten wollen, und ihre schwache Seite. Nietzsche, dieser Kenner des Feinen, Vornehmen entging manchmal nicht dem, was er am meisten haßte: geschmacklosem Bombast. So voller Widersprüche war er, so widerspruchsvoll ist sein Werk.

Prophet der Kriege, Verherrlicher der Macht, hätte er nun eigentlich ein Anhänger des neuen Deutschland sein müssen. Das war er aber gar nicht. Er war ein Liebhaber des alten, des goethischen Deutschland, nicht des bismarckischen. Die Politisierung des deutschen Volkes, so fand er, ging vor sich auf Kosten seiner alten Tugenden. »Es zahlt sich teurer, zur Macht zu kommen; die Macht *verdummt*... die Deutschen – man hieß sie einst das Volk der Denker; denken sie heute überhaupt noch? Die Deutschen langweilen sich jetzt am Geiste, die Politik verschlingt allen Ernst für wirklich geistige Dinge. ›Deutschland, Deutschland über alles‹, ich fürchte, das war das Ende der deutschen Philosophie... ›Gibt es deutsche Philosophen, gibt es deutsche Dichter, gibt es gute deutsche Bücher?‹ – fragt man mich im Ausland. Ich erröte; aber mit der Tapferkeit, die mir auch in verzweifelten Fällen eigen ist, antworte ich: ›Ja, *Bismarck!*‹« Und wieder: »Es ist das Zeitalter der Massen: sie liegen vor allem Massenhaften auf dem Bauch. Und so auch in politicis. Ein Staatsmann, der ihnen einen neuen Turm von Babel, irgendein Ungeheuer von Reich und Macht auftürmt, heißt ihnen ›groß‹: – was liegt daran, daß wir Vorsichtigeren und Zurückhaltenderen einstweilen noch nicht von dem alten Glauben lassen, es sei allein der große Gedanke, der einer Tat und Sache Größe gibt. Gesetzt, ein Staatsmann brächte sein Volk in die Lage, fürderhin ›große Politik‹ treiben zu müssen, für welche es von Natur schlecht angelegt und vorbereitet ist: so daß es nötig hätte, einer neuen zweifelhaften Mittelmäßigkeit zuliebe seine alten und sicheren Tugenden zu opfern, – gesetzt, ein Staatsmann verurteilt sein Volk zum ›Politisieren‹ überhaupt, während dasselbe bisher Besseres zu tun und im Grunde seiner Seele einen vorsichtigen Ekel vor der Unruhe, Leere und lärmenden Zankteufelei der eigentlich politisierenden Völker nicht los wurde: – gesetzt, ein solcher Staatsmann stachele die eingeschlafenen Leidenschaften und Begehrlichkeiten seines Volkes auf, mache ihm aus seiner bisherigen Schüchternheit und Lust am Danebenstehen einen Flecken, aus seiner Ausländerei und heimlichen Unendlichkeit eine Verschuldung, entwerte ihm seine herzlichsten Hänge, drehe sein Gewissen um, mache seinen Geist eng, seinen Geschmack ›national‹ – wie! ein Staatsmann, der dies Alles täte, den sein Volk in alle Zukunft hinein, falls es Zukunft hat, abbüßen müßte, ein solcher Staatsmann wäre *groß?«* Dabei war es nicht einmal eine echte Politisierung; denn wann hatte je eine große Nation sich so sehr in die Hand eines einzigen Mannes begeben? Nietzsche glaubte an große Männer. Dem einzigen, der damals in Europa sein Wesen trieb, der in Kürassierstiefeln vor dem Parlament erschien, um es zu verhöhnen – ihm brachte er tiefe Abneigung entgegen... So auch dem deutschen Nationalismus, in dem er einen Verrat an allen besseren Traditionen Europas sah; eine gehässige, muffige

Krähwinkelei, in der kein freier Geist atmen konnte: »Man muß es in Kauf nehmen, wenn einem Volke, das am nationalen Nervenfieber und politischen Ehrgeiz leidet, leiden *will*, mancherlei Wolken und Störungen über den Geist ziehen, kurz, kleine Anfälle von Verdummung: zum Beispiel bei den Deutschen von heute bald die antifranzösische Dummheit, bald die antipolnische, bald die christlich-romantische, bald die Wagnerianische, bald die teutomanische, bald die preußische (man sehe sich diese armen Historiker, diese Sybel und Treitschke und ihre dickverbundenen Köpfe an –) und wie sie alle heißen mögen, diese kleinen Benebelungen des deutschen Geistes und Gewissens.« Was vollends die Judenhetze betraf – Nietzsches Ekel vor der war ein nahezu körperlicher; es schauderte ihn bei der Berührung mit Leuten, die einen so schmutzigen Trieb zur Weltanschauung erhoben. »Wieviel Verlogenheit und Sumpf gehört dazu, um im heutigen Mischmasch-Europa Rassenfragen aufzuwerfen! (Gesetzt nämlich, daß man nicht seine Herkunft in Borneo und Horneo hat.)« »Maxime: mit keinem Menschen umgehen, der an dem verlogenen Rassen-Schwindel Anteil hat.« – Wo waren jetzt die Deutschen, die auf den Höhen des europäischen Gebietes gewandelt waren, die Goethe, Schopenhauer, Heinrich Heine? Die tiefen Psychologen, die Meister reiner Prosa, die Kenner und Schöpfer dessen, was Rang hatte? Man mußte sie in Paris suchen; im »Reich« gab es das nicht mehr. Aber lärmende Betriebsamkeit, aber Selbst-Anpreisung der Industrie und der akademischen Wissenschaft, törichte Unkenntnis des »Auslandes«, Liebedienerei vor der Kaisermacht und dem Erfolg und allem, was Sporen trug. Nietzsche nannte sich einen »guten Europäer«. Wenn er Kriege prophezeite und angeblich sie wünschte – aber das tat er in Wirklichkeit nicht –, so hätten es Kriege für Europa sein sollen, nicht Kriege des Nationalismus. So wäre ihm der endgültige Triumph Napoleons I. recht gewesen, in dem er, zu Unrecht, einen Kämpfer für Pan-Europa sah. »Über alle diese nationalen Kriege, neuen ›Reiche‹ und was sonst im Vordergrund steht, sehe ich hinweg. Was mich angeht – denn ich sehe es langsam und zögernd sich vorbereiten – das ist das eine Europa.« »Dank der krankhaften Entfremdung, welche der Nationalitätswahnsinn zwischen den Völkern Europas gelegt hat und noch legt, dank ebenfalls den Politikern des kurzen Blickes und der raschen Hand, die heute mit seiner Hilfe obenauf sind und gar nicht ahnen, wie sehr die auseinanderlösende Politik, welche sie treiben, notwendig nur Zwischenakts-Politik sein kann, – dank alledem und manchem heute ganz Unaussprechbaren werden jetzt die unzweideutigsten Anzeichen übersehen oder willkürlich und lügenhaft umgedeutet, in denen sich ausspricht, daß *Europa eins* werden will.«

So verzieh Nietzsche denn auch Richard Wagner nicht, daß er sein Europäertum verriet, daß er »reichsdeutsch« wurde. Noch in seiner letzten Bekenntnisschrift, »Ecce Homo«, schildert er, wie er bei seinem Besuch der Bayreuther Festspiele aus allen Wolken gefallen sei. *»Was war geschehen?* – Man hatte Wagner ins Deutsche übersetzt! Der Wagnerianer war Herr über Wagner geworden! – Die Deutsche Kunst! Der Deutsche Meister! Das Deutsche Bier!... Wir anderen, die wir nur zu gut wissen, zu was für raffinierten Artisten, zu welchem Kosmopolitismus des Geschmacks Wagners Kunst allein redet, waren außer uns, Wagnern ›mit deutschen Tugenden‹ behängt wiederzufinden. – Ich denke, ich kenne die Wagnerianer... Keine Mißgeburt fehlte darunter, nicht einmal der Antisemit.« Er verzieh ihm nicht, daß er mit seiner Kunst um die Massen warb: »Wozu also Schönheit? Warum nicht lieber das Große, das Erhabene, das Gigantische, das, was die *Massen* bewegt... Wir kennen die Massen, wir kennen das Theater. Das Beste, was darin sitzt, deutsche Jünglinge, gehörnte Siegfriede und andere Wagnerianer, bedarf des Erhabenen, des Tiefen, des Überwältigenden. Soviel vermögen wir noch. Und das andere, das auch darin sitzt, die Bildungs-Kretins, die kleinen Blasierten, die Ewig-Weiblichen, die Glücklich-Verdauenden, kurz – das Volk – bedarf ebenfalls des Erhabenen, des Tiefen, des Überwältigenden. Das hat alles einerlei Logik. ›Wer uns umwirft, der ist stark; wer uns erhebt, der ist göttlich; wer uns ahnen macht, der ist tief.‹« Fast scheint Nietzsche hier, in-

dem er das Wagner-Publikum der 1880er Jahre höhnisch beschreibt, schon den Geist einer politischen Massenversammlung von 1930 mit der hysterischen Voraussicht des Propheten zu spüren.
Seine Kritik an Wagner überschlug sich, nahm schließlich alles in sich hinein, was er ehedem bewundert hatte. Die Schriftstellerei des Einsamen wurde zur schrillen, maßlosen Polemik. Er verdammte das Christentum und alle die Glaubenshaltungen, Lehrsätze, Wertungen, die mit dem Christentum irgendwie zu tun hatten. Alles philosophische oder religiöse Denken, das hinter unserer wirklichen Welt eine andere, wahre suchte und das Leben zum Schein, zum Unwahren, Vergänglichen erniedrigte. Die christlichen Tugenden: Mitleid, Nächstenliebe, Sorge für die Schwachen. Im Politischen die Lehre von der Gleichheit und Brüderlichkeit, die Demokratie, den Sozialismus. – Aber war denn nicht gerade das neue Deutschland ein »realpolitisches«, den christlichen Glauben weniger und weniger ernstnehmendes? War es nicht ganz auf das Diesseits gerichtet, auf Wissenschaft, Erfolg, materiellen Gewinn und Macht? Und war es nicht eben dies, was Nietzsche ihm vorwarf? Er schrieb gegen die Romantiker, die Beladenen, Zuviel-Wissenden, deren geistige Geschichte eine Krankheitsgeschichte war; und war trotzdem unzufrieden mit Deutschland, weil es nun solche Typen nicht mehr aufzuweisen hatte, dafür aber kerngesunde Generale und Fabrikdirektoren. Er schrieb gegen »deutsche Tiefe« und warf doch den Deutschen vor, daß sie keine tiefen Denker mehr hervorbrachten. Was wollte er denn?... Ach, er wußte nicht, was er wollte. Er war nicht konsequent, und er konnte es nicht sein. Das, was er anderen vorwarf, hatte er selber in sich, sonst hätte er nicht so gut darüber schreiben können. Wo es fehlte, wie im neuen Deutschland, wo an die Stelle morbiden Künstlertums blanke, schneidige Lebenstüchtigkeit trat, da war er angeekelt. Das, was er selber nicht besaß, verherrlichte er, die ruchlose Lebenskraft des Renaissance-Fürsten, des Preußen-Offiziers, der »blonden Bestie« des Übermenschen. Und weil er es so gar nicht besaß, schrieb er auch nicht gut darüber: es bleibt die peinliche Seite

seiner Schriftstellerei. »Kranke Spinneweber« nannte er die Philosophien der Vergangenheit, nur, der kränkste war er selber; krank an Einsamkeit, krank als Feind seines Zeitalters und physisch vergiftet von Jugend an. Niemand hat so sehr gelitten wie dieser Prophet freudiger Machtfülle; niemand war zum Schluß der christlichen Nächstenliebe so bedürftig wie dieser Feind des Christentums. Darum darf man seine Lehre nie buchstäblich nehmen, die positive nicht und nicht einmal die negative. Sein Werk ist ein lebendiger Prozeß, der verfeinert; kein Lehrsaal, aus dem man etwas Handfestes mitnehmen kann.
Seine frühe, noch in maßvollem Ton vorgetragene Kritik des deutschen Erziehungswesens, das die Werte freier Bildung mehr und mehr zurücktreten ließ im Interesse des Staates, zu Zwecken der Fachausbildung und Tüchtigkeit, im Sinne bürgerlicher und militärischer Klassenvorteile, das ließ sich wohl hören. Nietzsche hat, als einer der ersten, von der »Vermassung« der Kultur gesagt, was später tausendmal wiederholt wurde. Was half es? Solche Entwicklungen lassen sich bis zu einem gewissen Grad lenken, durch gute Führung sich fruchtbar machen. Sie lassen sich nicht hindern, und wer nur über sie abspricht, erreicht nicht viel. Nietzsche hat weder die Demokratie noch den Sozialismus widerlegt. Widerlegt hat er auch das Christentum nicht als geschichtliche, zivilisierende Macht. Zu glauben, die westliche Menschheit habe sich zweitausend Jahre lang auf Abwegen befunden, von denen sie nun demnächst zum Rechten zurückfinden werde, bedeutet eine unvernünftige Überschätzung des Augenblicks und der eigenen Person. Nietzsche besaß keinen Sinn für Maß, selbst in seiner gesündesten Zeit nicht. Er ist dafür schwer bestraft worden durch den Gebrauch, den man von seinem Werke machte. Er lebte noch oder existierte noch, als Damen der deutschen Großbourgeoisie, die sich etwas auf ihre Freigeistigkeit zugute taten, mit seinem »Zarathustra« als ihrer Ersatzbibel spazieren gingen. Dem folgten allerlei Sektierer-Kränzchen dünkelhafter Literaten und Dichter; auch ihnen war das Werk Nietzsches die Leiter, auf der sie, hoch erhaben über den ordinären

Volksmassen, ihre Prophetentürme bestiegen. Schließlich hat dann ein großer Verbrecher, der sich in den 1930er Jahren Deutschlands bemächtigte, sich selber wohl für den von Nietzsche gefeierten »Übermenschen« gehalten, und seine literarischen Ratgeber haben fleißig aus Nietzsches Werken geschöpft... Diese Dinge wären wohl auch ohne Nietzsche so gekommen, nicht ihm dürfen wir daran Schuld geben. Daß er aber überhaupt mit ihnen in Zusammenhang gebracht werden konnte, ist schwere Strafe für ihn. Strafe dafür, daß er seine Worte nicht wog, nicht nach möglichen Auslegungen fragte. Er, der Menschenkenner und Verächter, hätte mit dem Publikum rechnen müssen, wie es ist, nicht mit Göttern.

Er löste nichts. Daß er der tiefe Hasser jener Tendenz des neudeutschen Wesens war, die später im »Nationalsozialismus« ihren scheußlichsten Ausdruck fand und zugleich mit ihm als sein schuldhafter Vorläufer in Zusammenhang gebracht werden muß, dies zeigt, wie wenig er löste. Es war Schicksal in ihm; nicht Lösung, nicht Wahrheit. Die großen Katastrophen, die Kriege und Revolutionen lösen im Grunde nichts, das haben wir erfahren. So ist es wohl auch mit den persönlichen, geistigen Katastrophen; sie stellen nur dar, vertreten, machen bewußt, aber lösen nichts. Sie warnen.

Warnend – das sind schlimme Aussagen über die Zukunft des Menschen immer. Denn da steht im voraus nie etwas fest. Nietzsche, ein anmaßender Genius, maßte im Grunde sich doch nicht an, die Entwicklung der Zukunft als etwas Unvermeidliches vorauszusagen. Das letztere taten seine Epigonen im 20. Jahrhundert, die mit plumpen Händen aus Nietzsches Arsenal schöpften. Er spürte nur Krise, wie ein Seismograph, der ein Erdbeben anzeigt, litt an ihr, ohne zu wissen, worauf sie hinauswollte; die Freudenschreie, die er über sie ausstieß, waren wie das Pfeifen des Kindes im Dunklen.

Auch als Kritiker des kaiserlichen Deutschland war er ungerecht und ohne Maß, wie in beinahe allem, was er schrieb. Den Kern der Sache traf er und damals er allein. Daher die Einsamkeit, die ihn erwürgte. Es bleibt ein nachdenkenswerter Zufall in der deutschen Geschichte, daß sein Zusammenbruch in eben dem Jahr geschah, in dem Wilhelm II. den Thron bestieg. Dessen Charakter hatte er längst durchschaut, ohne ihn zu kennen, als ein Ingrediens des neudeutschen Wesens im allgemeinen: das Schauspielerische, nach Beifall Gierende, nach Sensationen Haschende, Hohle, Prahlerische. In den Briefen, die Nietzsche in den ersten Tagen seines Wahnsinns unter seinen Bekannten ausstreute, hieß es: er habe einen Fürsten-Kongreß nach Rom einberufen, um den jungen Kaiser verhaften zu lassen; und: er habe soeben die Erschießung aller Antisemiten befohlen.

ACHTES KAPITEL

Kaiserzeit (1888-1914)

Henry Adams, ein amerikanischer Historiker, der sich gern in Europa herumtrieb, berichtete im Jahre 1897 aus Paris:
»Das Zentrum der Weltbewegung liegt, meiner Meinung nach, nicht in Rußland und nicht bei uns, sondern in Deutschland. Seit 1865 war Deutschland das große Störungselement, und so lange seine expansive Kraft nicht erschöpft ist, gibt es keine Ruhe, weder politisch noch wirtschaftlich. Rußland kann sich ausdehnen, ohne die bestehende Ordnung zu sprengen. Deutschland nicht. Rußland ist in mancher Hinsicht schwach und verfault. Deutschland ist ungeheuer stark und konzentriert. Es hat im politischen und wirtschaftlichen Kampf alle Vorteile in der Hand...«
Vier Jahre später aus Petersburg:
»Deutschland ist ein Pulverfaß, von hier aus gesehen. Alle seine Nachbarn zittern vor seiner Explosion, und früher oder später muß es explodieren.«
Solche Beobachtungen und Voraussagen wurden oft gemacht, wir könnten mehr von ihnen zitieren. Demnach wäre Deutschland um die Jahrhundertwende eine neue Großmacht gewesen, die auf ihrem Wege im Sturmschritt vorwärtsschreiten mußte, aber nicht konnte, ohne früher oder später zu »explodieren«, und die einen echten, dauerhaften Lebensstil nicht fand. Traf das zu, dann war der Ausbruch des deutschen Weltkrieges nur eine Frage der Zeit; und dann müßte die Geschichte im Zeitalter Wilhelms II. gesehen werden wie ein Strom, der dem großen Katarakt unaufhaltsam zufloß.
So ist sie auch oft gesehen worden. Nicht zwar von deutschen Schriftstellern, denen daran lag, den Krieg von 1914 als einen

vermeidbaren, dummen Zufall, oder als eine Verschwörung von Deutschlands Feinden zu verstehen. Wohl aber von Kritikern, welche den Ehrgeiz hatten, tiefer zu graben, deutschen sowohl wie nichtdeutschen. Nach ihrer Meinung war alles vorher bestimmt, lag alles Unglück im Wesen des Reiches, so wie es von Bismarck begründet war und unter dem Kaiser auf seinen schwindelnden Höhepunkt geriet. Noch mehr. War nicht der Zweite Weltkrieg eine Folge des Ersten, ein neues Glied der Unheilskette? Waren nicht die Männer der Kaiserzeit auch noch in den zwanziger Jahren am Ruder, trotz Republik und Scheindemokratie? Hat dann der Nationalsozialismus nicht die Gedanken und Ziele der »Alldeutschen« verwirklicht, die schon um 1900 so laut am Werke waren? Muß man nicht also die deutsche Geschichte von Bismarcks Sturz bis zu Hitlers Ende als einen einzigen Block ansehen, in dem eines sich unvermeidlich ans andere fügt, und den sogar gewisse Persönlichkeiten, zum Beispiel der alldeutsche Führer Alfred Hugenberg, von Anfang bis zu Ende miterlebt haben?... Auch das ist geschehen, auch aus dem Zeitraum zwischen 1890 und 1945 hat man ein einziges, von Deutschland beherrschtes Kapitel der Geschichte gemacht, in welchem alles innerlich stimmt, alles vorauszusehen war. – Dergleichen geht nicht ohne grobe Vereinfachungen.

Freilich fällt nichts vom Himmel. Es gibt keinen Anfang aus dem Nichts. Und je näher es zur Reife einer Sache kommt, desto deutlicher werden, im Rückblick, die Formen, in denen sie schon vorgebildet lag. So steht es mit dem Krieg von 1914, so mit dem Nationalsozialismus, so auch mit der Weimarer Republik. Alle drei bereiten sich vor in der Kaiserzeit. Deswegen dürfen wir aber die Kaiserzeit nicht nur als die Epoche beschreiben, in der jene Dinge sich vorbereiteten. Sie war auch an sich selber etwas, eine Epoche mit ihrem eigenen Stil, ihren eigenen Leistungen. Und manches bereitete sich in ihr vor, was leider nicht zur Reife kam oder abgelenkt wurde. Am Ende hätte manches ganz anders kommen können.

Das nachträgliche Prophezeien kann der Historiker nie ganz unterlassen, denn er weiß, wie es ausgegangen ist. Daß er aber *jetzt*, für die Zukunft, die vor ihm selber liegt, so wenig voraussieht und seine Voraussagen, wenn er einmal eine macht, meist nicht eintreffen, sollte uns auch bei der Betrachtung der Vergangenheit bescheiden stimmen.

»So ist es gekommen« – allerdings. »So hat es kommen *müssen*« – nein. »Das Spätere war schon im Früheren, es gibt nichts Neues unter der Sonne« – nein. Es gibt sehr wohl Neues in der Geschichte; und wie es aus dem Alten kommt, in ihm vorgeformt war und doch, wenn es kommt, seinen ganz eigenen Charakter hat, wie es sich vermischt mit Weltumständen, die niemand voraussehen konnte, mit den Zufällen der Personen, mit den Gewaltleistungen des einzelnen Willens – das eben ist der Gegenstand historischer Darstellung.

Der Ausgang Bismarcks

Der Kaiser Wilhelm I. starb im März 1888, einundneunzig Jahre alt. Sein Sohn und Nachfolger, Friedrich III., war ein wohlmeinender, ernsthaft strebender Mann, ein Feind Bismarcks, welch letzterer diese Antipathie mit der ihm eigenen Stärke erwiderte. Seine politische Bildung war britisch-liberal gefärbt, denn er stand unter dem Einfluß seiner Frau, Tochter der Konigin Viktoria, einer weit über fürstlichen Durchschnitt gescheiten Person. Das kronprinzliche Paar hatte sich lange auf seinen hohen Beruf vorbereitet, studiert, Pläne geschmiedet, Manifeste entworfen und auf den Tod des Greises gewartet, der nicht sterben wollte. Bismarck seinerseits hatte der Gefahr des Thronwechsels durch allerlei Sicherungen zu parieren versucht; diesem Zweck auch dienten die erzwungenen Reichstagswahlen von 1887, die ihm einen so willkommenen Sieg gebracht hatten. All das erwies sich dann als unnotwendig. Friedrich war, als er in Berlin ankam, ein todkranker

Mann, der seine Befehle nicht mehr aussprechen, nur noch auf einem Blatt Papier niederschreiben konnte. Bald kamen gar keine Befehle mehr von seinem Krankenbett. Im Juni starb er, Hoffnungen und Enttäuschungen stumm mit sich nehmend in den würgenden Tod. – Soll man es ein deutsches Schicksal nennen? Es wird gesagt, gar zu viel Gutes hätte auch der Kaiser Friedrich nicht leisten können. Erstens nicht, weil er trotz einer gewissen liberalen Zeitgemäßheit seiner Ansichten doch auch ein im Standesdünkel beschränkter Mensch war, zweitens nicht, weil das Verfehlte des preußisch-deutschen Verfassungs- und Gesellschaftsaufbaues von einem Einzelnen, der obendrein die Spitze und der Hauptnutznießer dieses Aufbaues war, nicht zurechtgebogen werden konnte. Die falschen Einrichtungen, nicht die falschen Menschen, seien das Entscheidende gewesen... Das hat Hand und Fuß. Wer aber der Meinung ist, daß der Kaiser Wilhelm II. kraft seines persönlichen Charakters viel Unfug angerichtet hat, der wird auch gestehen müssen, daß ein festerer und weiserer Charakter in der gleichen Stellung Gutes hätte tun können.

Die Demokraten, die »Freisinnigen« waren tiefbetrübt über den Tod Friedrichs. Sie hatten noch einmal ihre Hoffnungen auf den neuen Monarchen gesetzt, wie ihre Älteren 1840 und 1862. Die Sozialdemokraten blieben kühl – allzuviel durfte sie ja ein Thronwechsel nicht angehen –, fanden aber würdige, menschliche Worte für den Verstorbenen. Die konservativen Parteien waren froh, daß er fort war. Froh war auch Bismarck, obgleich zu wohlerzogen, es laut zu sagen. Sein Sohn Herbert, neuerdings Staatssekretär im Reichsamt des Äußeren, legte sich weniger Zwang an. – Daß das kummervolle Ende des Kaisers so viel wohlige Erleichterung, so viel häßliches Feixen hervorrief, zeigt das Unstimmige der Situation. Bismarck hatte den Staat geeinigt, aber nicht das Volk.

Auf dem preußischen Thron und im Präsidium des Reiches folgte nun die dritte Generation auf die erste. Man könnte sagen: das 20. Jahrhundert folgte auf das 18. Denn Wilhelm I., elf Jahre nach dem Tod Friedrichs des Großen geboren, war in der Tat von Männern des 18. Jahrhunderts erzogen worden, im klassizistischen, noch stark französischen und sehr sparsamen Geist. Wilhelm II., der 1941 starb, mag man einen Mann des 20. Jahrhunderts nennen. Übersprungen wurde die treueste Generation des 19. Jahrhunderts, eines unverfälschten Liberalismus.

Der Reichskanzler, Fürst Bismarck, stand zwischen den drei Generationen der Hohenzollern; jünger als Wilhelm I., älter als Friedrich; für Wilhelm II. ein Greis aus sagenhafter Vorzeit. Weil er Ideen nicht ernst nahm, so war er auch einer ideellen Entwicklung eigentlich nicht fähig. Praktiken konnte er ändern; denken, fühlen, leben tat er, wie er es immer getan hatte. Die beiden Erfahrungen, die seinen politischen Charakter am stärksten geprägt hatten, waren die Revolution von 1848 und der Konflikt von 1862. Jene gedachte er mit den ihm gemäßen Mitteln niederzuschlagen, wenn sie sich wiederholen sollte; dieser hatte seine Stellung begründet und seine Weise des Machtgebrauchs zu inspirieren nie aufgehört. Er war das Gesetz, nach dem er angetreten.

Die Macht gedachte der Dreiundsiebzigjährige auch weiterhin in Händen zu halten. Das war natürlich; die Macht ist eine Droge, die freiwillig aufzugeben den wenigsten je gelungen ist. Bismarck war gewiß ein Patriot, der sich um sein Preußen sorgte, allmählich auch um sein eigenstes Werk, das Reich. Aber er konnte sich das Wohl des Reiches nicht vorstellen ohne sich selber als obersten Machthaber. Mit dieser Gleichsetzung fügte er dem Reich Schaden zu, indem er die Talente, welche allenfalls geeignet gewesen wären, die Last nach ihm zu übernehmen, zurückstieß und unterdrückte. So weit trieb er den Egoismus, daß er ihn gar auf seine Familie übertrug. Der einzige, den er sich zum Nachfolger erziehen wollte, war der unbegabte Grobian, sein Sohn Herbert.

Mit dem neuen Monarchen glaubte er, sich einrichten zu können. Wilhelm II. hatte seine Eltern gehaßt, die ihrerseits ihn mit liebloser, scharfer Kritik erfaßten. Er hatte mit schlimmer Ungeduld auf den Tod des Vaters gewartet. Er glaubte, ganz von der altpreußischen, konservativen Partei zu sein, entgegen der liberalisierenden, englandfreundlichen des Verstorbenen. Er verhimmelte seinen Großvater. Also mußte er wohl auch seines Großvaters überlebenden Berater verehren und tat es, insoweit er der Verehrung fähig war.

Was folgte, ist oft erzählt worden; bleibt aber immer erzählenswert.

Bismarck war nie das gewesen, was man »beliebt« nennt, weder beim Volke noch bei den Volksvertretern. Beliebt war er selbst im eigensten Kreise nicht; der alte Herr saß einsam unter seinen Kreaturen, die ihn fürchteten, ohne Sympathie und ohne Treue. Das machten sein Hochmut und die selbstische Gewalt seiner Persönlichkeit.

Während des Jahres 1889 hieß es, daß er schnell alterte, die Angelegenheiten des Staates schleifen ließ, auch, daß es zwischen ihm und der neuen Majestät nicht zum besten stünde. Im Reichstag erschien er kaum noch; einen Großteil des Jahres verbrachte er auf seinem Gut Friedrichsruh, von wo aus er mit ein paar Beamten die Regierungsgeschäfte besorgen zu können glaubte. Die Wahlen von 1887 hatten ihm ein gefügiges Parlament gebracht, eine Mehrheit von ihm und unter sich verbündeten Konservativen, Freikonservativen, Nationalliberalen. Indem er aber um Parlament und Parteien sich nicht kümmerte, ging dies Bündnis auseinander. Der rechte Flügel der Konservativen, die Christlichsozialen und Antisemiten waren ihm längst feind, da sie ihn für einen Judenfreund, einen Feind der Kirche, den Verhinderer eines kräftigen, volkstümlichen und sozialen Königstums hielten. Auch den Nationalliberalen kamen unfreundliche Erinnerungen. Ihr Führer, Miquel, merkte übrigens, daß das große alte Schiff langsam sank; Miquel war kein Freund sinkender Schiffe.

Die Feindschaft oder Gleichgültigkeit der Parteien konnte Bismarck nicht stürzen. So war das preußisch-deutsche System nicht – *sein* System. Sein Amt hing allein vom Vertrauen der Majestät ab. Andererseits besaß Wilhelm II. einen Instinkt für das, was die Leute wollten und nicht wollten. Gegen den Willen der Parteien, gegen die Sympathien der Volksmassen hätte der junge Mensch den Schritt nicht gewagt, zu welchem er im Laufe des Jahres 1889 langsam den Entschluß faßte.

Die Krise, unvermeidlich kraft der Natur der beiden Protagonisten, geriet auf ihren Höhepunkt im Zeichen der sogenannten sozialen Frage. Hier war der Kaiser voll guten Willens. Es müßte etwas für die ausgebeuteten Arbeiter getan werden, er sei auch der König der Ärmsten, der roten Revolution gelte es durch vernünftige Konzessionen vorzubeugen, und so weiser zu sein als die berühmten Könige, die durch Starrsinn ihren Kopf verloren. Bismarck hielt das für Hokuspokus. Die sozialdemokratische Gefahr sei eine Macht- und Kriegsfrage, die man mit Milde nicht lösen könne. Je mehr man den Leuten böte, desto mehr wollten sie haben. Übrigens sei der dem Kaiser am Herzen liegende Arbeiterschutz viel eher ein Zwang, da die meisten Arbeiter gar nicht wünschten, ihre Arbeitszeit gesetzlich eingeschränkt zu sehen, und so fort – Argumente, die zeigen, daß der Fürst in der Tat für den Ruhestand reif war. Unmöglich zu sagen, wie ernst er sie nahm. Sicher war boshafter Starrsinn gegenüber dem nach Popularität haschenden, unerfahrenen, tatengierigen Kaiser im Spiel. Auch die alte Technik, sich im Amt zu halten durch die Gefahr der Revolution, die er, und nur er, zu bändigen imstande sei. Aber der übermütige, griffsichere Sieger von 1862 war merkwürdig unsicher jetzt, im Winter 1890, als er den Trick zu wiederholen versuchte; schwankend, schwatzhaft, Pläne schmiedend und wieder verwerfend: nahezu weltfremd. Einmal fand man ihn in Tränen auf dem Sofa liegen: Er sei von allen verlassen, es sei aus mit ihm.

Das »Sozialistengesetz«, das Deutschland zwölf Jahre lang Unehre gemacht hatte, fiel im Januar 1890 im Reichstag. Bismarck war das recht: die Sache, erklärte er dem Kaiser, müßte auf die Spitze getrieben werden, so oder so werde Blut fließen, dann sei es Zeit für ein ungleich schärferes Gesetz. Wilhelm wehrte sich gegen eine so blutdürstige Auffassung der Lage. Daß sie, selbst vom Standpunkt der Konservativen aus, jeden realistischen Sinnes entbehrte, lehrte die Zukunft: Von der »roten Revolution«, so wie das verschreckte Bürgertum sie einst sich vorgestellt hatte, war Deutschland 1890 viel weiter entfernt als 1848. Wenn Bismarck jetzt mit Kanonen

gegen die Sozialdemokraten vorgehen wollte, so lebte er in einer Welt der Halluzinationen.
Im Februar brachten die Reichtagswahlen ihm die schlimmste Niederlage, die er je erfahren hatte. Die Kartellparteien verloren mehr als ein Drittel ihrer Sitze, während Freisinnige und Sozialdemokraten die ihren verdoppelten. Die Gegner des Bismarckschen Systems hatten nun eine klare Mehrheit. Es war mehr als nur eine Wahlepisode; ein Zusammenbruch des parlamentarischen Spiels, das er seit 1866 gespielt hatte. Der alte Minister wußte sich keinen echten Reim auf die neue Konstellation. Er dachte an eine Verbindung von Zentrum und Konservativen, der aber, um sie der Zahl nach arbeitsfähig zu machen, sogar solche »Reichsfeinde« wie Polen und Elsässer hätten zu Hilfe kommen müssen; an eine Verfassungsänderung, die Unterdrückung des allgemeinen und gleichen Wahlrechts; an einen Feldzug gegen die Sozialdemokratie, in dessen blutigem Lärm das Fragen nach parlamentarischer Taktik und Legalität verstummen würde. Daß er Staatsstreichpläne erwog, ist außer Zweifel, aber sie waren ungar; er brachte sie dem Kaiser gegenüber auf und vergaß sie wieder. Die kaiserlichen Arbeiterschutzprojekte sabotierte er zäh. Er wollte an der Macht bleiben, aber an der echten; sein Amt zu retten durch Anpassung, durch Unterwerfung unter den Willen des jungen Mannes lag nicht in seiner Natur.
In den letzten Wochen vor seiner Entlassung – achtzehnter März 1890 – muß er gewußt haben, daß er sich nicht würde halten können. Sein Gebaren wurde nun starrer, herausfordernder, boshafter. Aber es war die Bosheit der Ohnmacht. Intrigen und Nadelstiche, das war alles, womit er bis zuletzt sich wehren konnte.
Seit fünfundzwanzig Jahren war Bismarck der erste Staatsmann Europas gewesen, zeitweise sein Schiedsrichter. Seinen persönlichen Gaben nach gehörte er in die Reihe der großen Machthaber der Vorzeit, Wallenstein, Cromwell, Napoleon. Während aber jene in vergleichbaren Krisen vor dem Äußersten nicht zurückschreckten, vor Bürgerkriegen und Rebellion, konnte der preußische Minister nichts anderes tun, als ar-

tig sein Abschiedsgesuch verfassen in dem Augenblick, in dem ein junger, verdienstloser Mensch es von ihm forderte. Die Armee war königstreu – nicht ohne sein starkes Zutun. Der Reichstag war ohnmächtig – durch seine Schuld. Er war ihm übrigens spinnefeind. Hätte er die Parteiführer zu Hilfe gerufen, sie hätten die Achseln gezuckt oder ihn ausgelacht. Windthorst, den Zentrumsführer, ließ er in der Tat kommen; der aber gar bald des Reichskanzlers Haus wieder verließ. Ein konservativer Parteiführer, der auch gebeten war, ging gleich gar nicht hin: Was lohne es, jemanden zu besuchen, mit dem es zu Ende sei? Schließlich das Volk – auf das Volk wollte Bismarck schießen lassen; aber nicht im Stil des 20. Jahrhunderts, indem er etwa eine Massenpartei gegen die andere geführt hätte, sondern im Stil des frühen 19. Jahrhunderts: Garderegimenter gegen Demokraten. Bismarck war der letzte Mensch auf der Welt, der gegen den König an das Volk appellieren konnte.

Noch auch half ihm der persönliche Apparat, den er in Jahrzehnten aufgebaut hatte. Die Leute duckten sich, kehrten sich von ihm ab, kehrten sich gegen ihn. Der österreichische Botschafter in Berlin berichtete: »Ein ganz widerwärtiges Schauspiel gewähren hier aber eine Menge Menschen, die noch vor kurzem vor dem Fürsten Bismarck, wie vor allem, was Bismarck heißt, auf dem Bauche lagen, nunmehr auf das unverschämteste förmlich das Seziermesser an seine Vergangenheit legen, um aus derselben seine untergeordneten Fehlgriffe und kleinen Schwächen herauszuschälen.«

Wer die Menschen verachtet und so sie behandelt, der wird dann auch die entsprechenden Erfahrungen machen. – Von den Mitarbeitern Bismarcks folgte ihm nur einer ins Exil, sein Sohn Herbert. Alle anderen waren glücklich, wenn der Nachfolger, General Caprivi, ihnen erlaubte, ihren Dienst zu verrichten wie vorher.

So verschwand er denn. Der unmittelbare Anlaß tut uns nichts zur Sache, er war vergänglicher, oberflächlicher Natur. Seit einem Jahr hatten die Anlässe sich gehäuft. Seine letzte Amtshandlung war sein Entlassungsgesuch, in dem Würde,

Kummer und Bosheit eine künstlerisch großartige Verbindung eingingen. Die Berliner Parlamente nahmen die Kunde mit eisigem Schweigen entgegen; kein Wort des Abschiedes, des Dankes, geschweige denn der Mißbilligung des Geschehenen. Wilhelm II. konnte sich sagen, daß er nicht nur richtig, sondern auch im Sinne des Volkes gehandelt habe – insofern das Volk in dieser großen Sache überhaupt einen Sinn hatte. In der Welt ist die stumpfe Gleichgültigkeit, mit der die Bürger des Reiches den Reichsgründer scheiden sahen, als Zeichen niedriger Gesinnung empfunden worden. Und doch liegt die Erklärung viel mehr in der Geschichte Bismarcks als im deutschen Volkscharakter. Welchen Grund hatten sozialdemokratische Arbeiter, katholische Pfarrer oder Lehrer oder Bauern, ja selbst aufrechte liberale Bürger, dem Manne zum Abschied Blumen zu streuen?

Das änderte sich im Laufe der folgenden Jahre. Die Geschichte Bismarcks ist noch nicht zu Ende. Der Name, der unsere Erzählung so lange beschäftigt hat, läßt uns auch jetzt noch nicht los. Diese Naturkraft konnte erst im Tode zur Ruhe kommen. Und dann selbst im Tode nicht.

Er hatte es bis zuletzt nicht glauben, nicht fassen können, daß er, nach solchen Leistungen, nach solchen Jahren einmal so enden würde. Und nun waren sein Zorn, sein Ressentiment, seine Rachsucht nicht zu stillen. Später fanden wohl Versöhnungen zwischen ihm und dem Kaiser statt, wechselseitige Besuche, Ehrungen, Umarmungen, aber das änderte im Grunde nichts. Das Unverzeihliche verzeiht man nicht, sooft man sich und den anderen auch einredet, man täte es. Bismarck war zeit seines Lebens ein schlechter Verzeiher.

Er war übrigens mit seinen fünfundsiebzig Jahren noch voller Tätigkeitsbedürfnisse und wollte den schönen Schein, es habe seine Pensionierung etwas mit seiner Gesundheit zu tun, keineswegs gelten lassen. Für die Politik hatte er seit einem halben Jahrhundert gelebt, für die Politik wollte er weiterleben. Daher nun das gierige Zeitunglesen und Zeitungschreiben. Hunderte von Artikeln im Jahr, das Geben von Interviews, das Reorganisieren seines journalistischen Hilfsstabes. Mit gnadenlosem Blick verfolgte er das Tun und Lassen seiner Nachfolger, Caprivi, Hohenlohe, und dessen vor allem, der sich sein wahrer Nachfolger dünkte. Napoleon, auf St. Helena, ließ die Gegenwart auf sich beruhen, er blickte nur in die Vergangenheit, zimmerte nur an seiner Legende. Das tat Bismarck auch, mit der Geschicklichkeit, die man von ihm erwarten konnte, hauptsächlich durch das Diktieren seiner Erinnerungen. Aber sie gingen über in die Gegenwart; und in der Gegenwart fuhr er fort zu wirken. Friedrichsruh wurde zu einem Mittelpunkt der Opposition, den die Regenten in Berlin mehr fürchteten als Sozialdemokratie und Freisinn zusammengenommen.

Der Greis hielt Reden. Er reiste. Er zeigte sich in Gegenden, wo er sich ehedem nie gezeigt, wo man ihn nie geliebt und zum Lieben keine Ursache gehabt hatte, in Wien, in München. Und siehe, jetzt liebte man ihn dort. Jetzt war er zum ersten Male in seinem Leben populär. Jetzt wirkte die Größe seiner Vergangenheit ohne das Gehässige, was seinem gegenwärtigen Handeln so oft angehaftet hatte. Jetzt auch kam alle Unzufriedenheit ihm zugute, die das persönliche Regiment Wilhelms II. mehr und mehr hervorrief. Er spielte auf dieser Unzufriedenheit, wärmte an ihr seine einsame, rachedurstige Seele, indem er gleichzeitig den Schein der Treue nie aufgab: der Kaiser sei gut, nur leider seine Umgebung nicht. Ja, Bismarck wurde zum Demagogen auf seine ältesten Tage, nahezu zum Demokraten. Es gelte, sagte er wieder und wieder, die Verfassung zu stärken, den Einfluß des Parlaments zu heben, das unbewußt er wohl selber gelegentlich leider etwas herabgedrückt habe. Das seien aber eben andere Zeiten gewesen...

Die große Reise, die er im Sommer 1892 durch Deutschland machte, ist nicht das am wenigsten erstaunliche Ereignis in diesem ereignisreichen Leben. Die Monarchen entflohen, um den großen Verbannten nicht empfangen zu müssen; die Bürgermeister und Bürger empfingen ihn, als hielte das langersehnte Heldenkind Einzug. Von da ab datierten die Pilgerfahrten nach Friedrichsruh, die nun gar nicht mehr aufhörten;

die aus allen Ecken des Reiches herankommenden Extrazüge, Studenten, Schützenvereine, Bürgerdeputationen. Pflichtgemäß erschien der Fürst auf der Terrasse, grau und müde zunächst; leerte einen riesigen Champagnerpokal, den man ihm verehrt hatte, und wachte auf; improvisierte eine Ansprache, in der er die Verfassung pries und der Regierung Bosheiten sagte. Dann »Deutschland, Deutschland über alles« und die »Wacht am Rhein«; abends ein Fackelzug.

Der Erzähler schämt sich nicht, zu gestehen, daß er gern mitmarschiert wäre. Die Gelegenheit, diesen sehr merkwürdigen Mann noch mit eigenen Augen zu sehen, durfte man sich nicht entgehen lassen; und Bewunderung des Großen ist kein schlechter menschlicher Zug. Trotzdem hatte der neue Kult etwas Unwahrhaftiges. Er kam durchaus nur von rechts: Die Massenparteien waren nach wie vor antibismarckisch; der Reichstag, mit der Stimmenmehrheit von Zentrum, Freisinn und Sozialdemokratie, verweigerte ihm den Glückwunsch zum achtzigsten Geburtstag. Dagegen appellierten an Bismarck alle, die mit Hof und Regierung unzufrieden waren, ohne deswegen mit der Linken zu fühlen; junkerliche Reaktionäre sowohl wie bürgerliche Nationalisten eines neuen, nur allzu zukunftsreichen Typus.

»Dahin hätte Bismarck es nicht kommen lassen!« »Wie anders hätte Bismarck es gemacht!«... Dergleichen wurde zu Schlagworten, wenn immer irgend etwas, das in Berlin getan wurde, irgendwen nicht befriedigte. Der »eiserne Kanzler« – so nannte er sich selber in seinen Artikeln –, der eiserne Kanzler hätte Rußland dem Deutschen Reich nicht entfremdet, hätte die Landwirtschaft nicht durch liberale Handelsverträge geschädigt, der eiserne Kanzler hätte Zentrum und Sozialdemokratie und alle Reichsfeinde zum Teufel gejagt, das deutsche Volk Mores gelehrt und ihm in der Welt noch erst den Lebensraum verschafft, den es brauchte. Der eiserne Kanzler, der treue Eckart der Deutschen, der Alte im Sachsenwald, Barbarossa, Wotan. Noch zu Lebzeiten wurde Bismarck zum Mythos; gleichzeitig aber zum hochpolitischen Urbild dessen, was man später »nationale Opposition« nannte: eine Opposition, die, im Gegensatz zu jener der »Reichsfeinde«, es mit dem Reich gut und groß meinte und an deren Spitze ein großer Mann stand. Es schmiegten sich an sein Bild die Antisemiten, die Nationalisten, die Alldeutschen, die von einem germanischen Großreich träumten. Bismarck, der aristokratische, spottende Volksfeind von 1848, der Mann des Staates und der Gesellschaft, nicht des Volkes, der Beschützer der Fürsten, Metternichs später Schüler, der ein konservatives Kleindeutschland nur gegründet hatte, um ein radikales Großdeutschland zu verhindern, und seither eine vorsichtig eindämmende Politik der internationalen Erhaltung trieb – Bismarck wurde nun zum Symbol der im Inneren mit eiserner Hand zusammengehaltenen, nach außen aber ins Ungemessene erobernden pandeutschen Volksgemeinschaft. Hoch über den deutschen Städten erinnerten die Bismarcktürme an das, was er war, und was das deutsche Volk, seinem Gedächtnis dienend, sein sollte. Sein Tod änderte daran wenig, der Mythos stirbt nicht. An ihm gemessen erschien die Wirklichkeit immer klein, immer unbefriedigend, zerrissen, erbärmlich; die kaiserliche, die republikanische. So haben Wilhelm II. und seine Diener von Anfang bis zu Ende im Schatten Bismarcks gestanden und nach ihm die Regenten der Weimarer Republik. Bis einer kam, der sich weit, weit größer als Bismarck dünkte –... Danach fing man an, hinter dem Mythos den wirklichen Politiker zu suchen. Was hatte der falsch gemacht? Was richtig? Fort von ihm? Zurück zu ihm? Was konnte man im einen oder anderen Sinn von ihm lernen?... Ich glaube, darüber sprechen sie heute noch.

Kaiser und Reich

Die deutschen Dinge sind nach 1890 nicht sehr gut gegangen, und es ist daraus von vielen Historikern der Schluß gezogen worden, daß Bismarcks Sturz ein Unglück und der Anfang von allem Übel gewesen sei. Aber es bedarf geringen Scharfsinns, um das Irrtümliche dieser Auffassung zu erweisen. Denn schließlich war der Mann bei seiner Entlassung fünfundsiebzig Jahre alt. Mit dreiundachtzig starb er, längst an den Rollstuhl gebannt, zu keiner Arbeit mehr fähig. Was konnte es im besten Fall ändern, wenn er noch ein paar Jahre im Amt geblieben wäre? Noch dazu haben wir keinen Grund, den besten Fall anzunehmen. Es ging der deutschen öffentlichen Sache nicht gut unter Bismarck, es ging ihr in seinen letzten Regierungsjahren zusehends schlechter, und im Februar 1890 war er am Ende seines Lateins. Darum fiel er. Die persönlichen Motive, die den Kaiser zu dem Schritt bewegten, tun hier nichts zur Sache. Ein weiser Regent hätte nichts anderes tun können. Bismarck verschwand nicht zu früh, er verschwand viel zu spät. Die Beseitigung dieses lastenden Anachronismus war das Mutigste, an sich selbst betrachtet das Beste, was Wilhelm II. je getan hat. Nur begriff er nicht, was er tat. Er war selber Bismarckianer. Gerade in den Fragen, in denen er mit Bismarck Zank hatte – Sozialdemokratie, deutsche Ostpolitik –, nahm er später eine überbismarckische Haltung ein. Er hielt Bismarcks politische Konstruktion für richtig und so zuverlässig, daß sie des Architekten nun nicht mehr bedurfte; es fiel ihm gar nicht ein, daß irgend etwas daran geändert werden müßte oder könnte. Nur, daß er selber an Bismarcks Stelle treten wollte. Infolgedessen blieb die Entfernung des greisen Tyrannen eine nur negative Operation; notwendig als solche, aber ohne heilende Folgen.

Über den Kaiser ist so viel Unfreundliches geschrieben worden, daß man zögert, dem noch etwas hinzuzufügen. Auch ist alles, was man gegen ihn sagt, ja schließlich gegen Deutschland gesagt; gegen den deutschen Adel, gegen das deutsche Bürgertum, gegen die ganze falsche Entwicklung der deutschen Dinge seit 1848, deren äußerste Folge und dürftige Spitze er war. Und nicht zuletzt: gegen Bismarck. Denn der hatte ja »Seine Majestät den König« zum »wahren preußischen Ministerpräsidenten« gemacht und unter gewaltigen Anstrengungen ihn in dieser unmöglichen Stellung erhalten. Für all das konnte Wilhelm nichts. Um nun sich auch nur leidlich aus der Affäre zu ziehen, hätte er ein Weiser sein müssen. Gerecht meinte ein elsässischer Sozialdemokrat von ihm: »'sisch e Produekt von sine Milieu.« Keinem einfachen Milieu. In der Seele Wilhelms bekämpften sich die Einflüsse, die Traditionen, die Träume; Englisches und Preußisches, Liberalismus und Absolutismus, Friedensliebe und Waffengepränge, Kaiserromantik und moderner Industriegeist.

Das Deutschland der neunziger Jahre war auch das Deutschland Gerhart Hauptmanns, Richard Dehmels, Max Webers. Das politische Deutschland aber und das industrielle Deutschland, Deutschland als Machtgebilde, repräsentierte der junge Kaiser nur allzu gut. Das Kraftstrotzende, Expansive, Prahlerische, das von Gefahren nichts Wissende, über dünne Eisdecken Stapfende, als sei der Boden aus lauter Kruppstahl, eben jenes, wovon der amerikanische Beobachter meinte, es müsse früher oder später explodieren – dies Element wußte der Kaiser glänzend darzustellen. Seine Schmeichler hatten insofern so unrecht nicht, wenn sie ihm sagten, er sei ein moderner Mensch. Mochten die Eingeweihten unter sich von Unverantwortlichkeit, ja von beginnender Geisteskrankheit tuscheln; die Bürger von Berlin schwenkten doch ihre Zylinderhüte, wenn der Schwanenritter aus dem Schloßhof trabte, und schrien: »Wir danken dir! Wir danken dir!« Er gab ihnen, was sie gerne hatten.

Er war kein böser Mensch. Er wollte geliebt werden, nicht Leid verursachen. Zu blutrünstigen Reden konnte er sich verirren; blutiges Handeln lag ihm gar nicht. Überhaupt das Handeln nicht. Er war faul und vergnügungssüchtig. Feste feiern, reisen, sich den Leuten zeigen, hoch zu Roß seine Garden zum Manöversturme führen, mit seinesgleichen bei fürstlichen Banketten Toaste wechseln, in der Hofloge sitzen, angetan wie ein Pfau, mit den Blicken ins Publikum, Schnurrbart streichend, huldvoll strahlend, das war seine Art. Und so hätte er es gern bis ans Ende seiner Tage getrieben: ein ewiges, goldenes, militärisches, friedliches Schauspiel das öffentliche Leben, und er im Mittelpunkt. Er war ein guter Schauspieler. Die flüchtig mit ihm in Berührung kamen, die bezauberte er; nicht deutsche Professoren nur, auch amerikanische Millionäre, englische Staatsmänner sogar (Sir Winston Churchill unter ihnen). Er besaß eine schnelle Auffassungsgabe, ein gutes Gedächtnis, eine besser als mittelmäßige Intelligenz. Selbst königliche Würde konnte er zeigen; wie man denn sagen muß, daß er das lange Exil nach seiner Abdankung nicht ohne Würde verbracht hat. Sein Humor freilich war taktlos (»Taktlosigkeit ist männlich«, meinte entschuldigend einer seiner Freunde); die Stimme schnarrend, das Lachen unangenehm; seine Augen wichen aus, wenn man ihn fixierte. Die ihn näher kannten, wußten, wieviel mit ihm nicht stimmte, wie sehr er belastet war durch frühe Erfahrungen in der Familie, Überwertigkeits- und Unterwertigkeitsgefühle, Größenwahnsinn, Depressionen. Das Ungesunde seines Wesens teilte sich seinem Umkreise mit; etwas Übermännlich-Unmännliches, Überhitztes, Sentimentales, Gespreiztes. Nie, bis dahin, hatte es einen so unecht zusammengesetzten Königsstil gegeben; die Verbindung von preußischem Militär, von romantischer Phantasterei, feudalem, barockem Kostümgepränge und nur allzu zeitgemäßem Geldprotzentum... Diesem jungen Mann, der die Welt nicht kannte, und dem man jede Gelegenheit, sie kennenzulernen, sorgfältig nahm, dessen Bildung dem Potsdamer Offizierskasino entstammte, der nie auch nur den staatsrechtlichen Charakter der eigenen Stellung ernsthaft studiert hatte, war nun, wie der Ausdruck lautet, »das Schicksal des deutschen Volkes anvertraut«. Das bleibt das Schlimmste, was gegen Bismarcks Werk gesagt werden kann. Erfährt man aus den Dokumenten, wie der Kaiser das Regieren verstand, liest man die Randbemerkungen, mit denen er die Berichte seiner Diplomaten zu versehen liebte, so kann man sich noch heute, nach so langer Zeit, des Mitleids nicht erwehren.

Wilhelm II. wußte nichts von den Gefahren, denen das königliche, junkerliche Preußen im 19. Jahrhundert beinahe erlegen wäre. Er hatte weder 1848 noch 1862 erlebt. Seine Erinnerungen begannen mit 1870. Das Amt, das er den genialsten Künsteleien und Gewalttaten verdankte, hielt er für ein Geschenk Gottes, für die natürliche rechte Ordnung. Es mußte so bleiben, wie es war, und dann immer noch schöner kommen. Aber Bismarcks schiefer Bau war auf Erfolgen errichtet, und neuer Erfolge bedurfte es, um ihn zu erhalten. Wilhelm fühlte das. Man mußte den Leuten etwas Begeisterndes bieten, es mußte immer Sonntag sein im Deutschen Reich, sensationelle Neuerwerbungen, Kampf gegen irgendwen, Sieg über irgendwas. Solche Erfolge konnten nur noch Reichserfolge sein, nicht preußische Erfolge. Das hieß, sie mußten das Verhältnis zwischen dem Reich und Preußen, das Bismarck ein für allemal zu fixieren versucht hatte, unvermeidlich ändern. Das Reich, nicht Preußen beherrschte Phantasie und Wirklichkeit. Was hatte Preußen mit Afrika zu tun, was mit China, was mit dem Balkan und Kleinasien, was selbst mit dem »Reichslande« Elsaß-Lothringen? Was mit einer großen Flotte? Das waren deutsche Unternehmungen, deutsche Interessensphären, nicht altpreußische. Der Großvater hatte das Reich für eine lästige, neumodische Sache genommen, für falsches Metall, mit dem man das Gold der preußischen Krone nicht vermischen durfte. Der Enkel fühlte sich vor allem als Kaiser. So auch verstand ihn die Welt; wobei die Tatsache, daß er nicht »Kaiser von Deutschland«, sondern nur Präsident eines Fürstenbundes, nur »Deutscher Kaiser« war, keiner Beachtung mehr wert schien. So auch sahen es, mehr und mehr, die nichtpreußischen Deutschen. Die Staatsgrenzen verschwammen. Mochten die größeren Bundesstaaten im Inneren noch einen Lebensstil wahren, der sich von dem preußischen in manchem wohltuend unterschied, die öffentliche Sache aller Deutschen wurde nun doch in Berlin gestaltet oder nirgends. Der Kaiser galt

ihnen als *der* deutsche Regent, dem gegenüber die Bundesfürsten eine nicht recht bestimmbare, unbedeutende Rolle spielten. Die Klügeren von ihnen wußten, daß mit Wilhelm nicht viel los war, ja, es wurde unter den hohen Herren wohl gelegentlich von der Wünschbarkeit seiner Absetzung gesprochen. Aber das half ihnen nichts. Ins Reich war ihr Schicksal einmal hineingedreht worden, aus dem Reich konnten sie nicht mehr heraus. Sogar ahnten sie, daß, wenn der Kaiser fiele, auch sie fallen würden, daß die geringfügige Existenz, welche die Hohenzollern ihnen gelassen hatten, nun mit den Hohenzollern auf Gedeih und Verderb verbunden war.
Die Könige von Preußen hatten ihr Volk von Bauern, Beamten und Soldaten schlecht und recht regiert. Dem Deutschen Reich, seinen gewaltigen inneren Antrieben und Gegensätzen persönlich vorzustehen, war eine andere Sache. Die Stellung des Kaisers war darum eine neuartige, unhistorische, welcher die preußische Königstradition nicht mehr als Basis dienen konnte. In ihrem Charakter kam sie dem wurzellosen Cäsarentum Napoleons III. näher als der Monarchie Friedrich Wilhelms III. Wie vornehm-sparsam war damals der preußische Hof gewesen! Nun war er verschwenderisch und exzentrisch, finanziert von einer geschwollenen Zivilliste und den heimlichen industriellen Investierungen des Königshauses, besucht von den Geldmagnaten Europas und Amerikas, Bankiers und Spekulanten, deren vulgärer Aufwand mit dem der Majestät wetteiferte. Nur *einen* solchen Kaiser hat Deutschland gehabt. Geschichtlich gesehen ist Wilhelm nicht so sehr der letzte König von Preußen wie vielmehr der erste in einer Reihe von Machthabern, die sich im 20. Jahrhundert an der Regierung Deutschlands versuchten und scheiterten.
Nun wäre es sehr falsch, sich das öffentliche Leben unter Wilhelm II. als eine dauernde Krise vorzustellen. Es lebte sich bequem unter des Kaisers persönlichem Regimente. Die wirtschaftliche Blüte kam, so lange sie dauerte, den breiten Volksmassen wie den Reichen zugute. Bewundernswertes in der Förderung des Gesunden und Schönen leistete die Selbstverwaltung der Kommunen. Von weither kamen die Fremden,

die in der geistreichen Arbeitswelt Berlins, in der behaglich freieren, gastlichen Atmosphäre Münchens oder Dresdens zu leben wünschten. Auf die Errungenschaften des liberalen Zeitalters war Verlaß. Mochte das Beamtentum rauhbeinig sein, es kannte seine Pflichten und die Rechte der Bürger. Eben dies gab Wilhelms Cäsarengesten den Anschein harmloser Lächerlichkeit. Wie bedrohlich er sich auch vernehmen ließ gegen »Schwarzseher« und »Reichsfeinde«, gegen die »rote Rotte« der Sozialdemokratie, gegen impressionistsche Malerei und naturalistisches Theater – er kam doch nicht an gegen die festgefügten Sicherungen des Rechtsstaates und wollte gar nicht ernsthaft dagegen ankommen. Der Geist war frei. Mit ein klein wenig Vorsicht konnte man drucken lassen, was man wollte, und selbst in einen Prozeß wegen Majestätsbeleidigung verwickelt zu sein, brachte dem Angeklagten mehr Ruhm und Spaß als wirkliches Leid. Es ist damals niemand wegen seiner öffentlichen, politischen, geistigen Haltung ruiniert worden. Was Wunder, daß man sich später dieses Vierteljahrhunderts, 1890 bis 1914, als der guten alten Zeit mit Wehmut erinnerte? – Die Frage ist dann nur, warum es mit dieser glücklichen Epoche ein so rauhes Ende nahm.
Das Deutsche Reich war in seiner Wirklichkeit ein ungeheuer starker, konzentrierter, von dem Motor einer machtvollen Industrie vorwärtsgetriebener Nationalstaat. Der Theorie nach war es ein loser Bundesstaat oder Fürstenbund, innerhalb dessen dem Hegemonialstaat Preußen die Führung oblag. Wirklichkeit und Theorie sind nie in Übereinstimmung gebracht worden.
Preußen war zwei Drittel des Reiches; aber es wurde noch immer anders regiert als das Reich. Der König war nahezu absolut; der Kaiser besaß gegenüber der Gesetzgebung von Reichstag und Bundesrat nicht einmal das aufschiebende Veto. Der Landtag, nach dem Dreiklassenrecht gewählt, war konservativ; der Reichstag war überwiegend liberal oder »links«. Der Reichskanzler, als »einziger verantwortlicher Beamter des Reiches«, mußte mit beiden auskommen, hatte aber seinen Auftrag von keinem von beiden. Er hatte ihn von dem

König-Kaiser und vertrat dem Reichstag gegenüber die »verbündeten Regierungen«.
Eine eigentliche Reichsregierung gab es nicht, obgleich zur Bismarckzeit die Liberalen nie aufgehört hatten, nach ihr zu verlangen. Die Reichsämter, die allmählich entstanden, wurden von Staatssekretären verwaltet, teils in Personalunion mit preußischen Ministerien (Inneres, Äußeres), teils selbständig, Marine, Kolonien. Die Staatssekretäre waren Vertreter oder Delegierte des Reichskanzlers, nicht seine Kollegen. Praktisch machte jeder seinen eigenen Kram, zumal, wenn er starken Willens war und sich direkter Beziehungen zum Kaiser erfreute. Bismarck hatte dem ganzen irrationalen Apparat noch leidliche Einheit gegeben; nach ihm fiel alles auseinander. Einen Versuch, die preußischen von den Reichsangelegenheiten zu trennen, machte sein erster Nachfolger, Caprivi, indem er auf das Ministerpräsidium verzichtete. Es stellte sich aber bald heraus, daß Preußen und Reich nicht neben- oder gegeneinander regiert werden konnten. Unter dem zweiten Nachfolger, Hohenlohe, wurde die Union der Ämter wiederhergestellt.
Der Bundesrat vertrat die verbündeten Regierungen. Nach der Konzeption Bismarcks hätte er selber etwas wie eine Regierung des Reiches sein sollen. Tatsächlich verlor er zusehends an Bedeutung. Die Hauptinitiativen lagen bei Preußen oder bei den Reichsämtern; der Bundesrat gab sein Ja und Amen; die Kritik lieferte der Reichstag. Wenn das der allgemeinen Entwicklung entsprach, die dem nationalen Einheitsstaat zustrebte, so war es auch die Schuld des Bundesrates. Mit seinen Rechten wäre etwas anzufangen gewesen. Bayern zumal hätte mit seinem Vorsitz im diplomatischen Ausschuß etwas Nützliches anfangen können. Es fing aber gar nichts damit an, sondern ließ die Dinge laufen.
Ungleich mächtiger, lebendiger war der Reichstag. Ohne ihn ging es nicht mehr. Wem er die Mitarbeit in gewichtigen Fragen mehrmals versagte, der mußte abdanken. Die Reichskanzler Bismarck, Caprivi, Bülow, Bethmann sind zwar nicht vom Reichstag gestürzt worden, das gab es nicht; aber doch

so, daß Niederlagen der Regierung, antigouvernementale Beschlüsse und Stimmungen mit ihrem Sturz unmittelbar zu tun hatten. Einen wirklich populären Reichskanzler mit einer festen parlamentarischen Mehrheit hinter sich hätte der Kaiser nicht entlassen können. Einen solchen hat allerdings das Kaiserreich niemals gehabt. Trotzdem war selbst die Funktion des Reichstages eine vorwiegend negative. Er konnte mit wechselnden Mehrheiten ja oder nein sagen, sein Ja sich durch allerlei Konzessionen abkaufen lassen, Korruptionsskandale an den Tag bringen, allgemeinen Proteststimmungen Ausdruck geben. Er konnte debattieren, und manchmal hat er recht eindrucksvoll debattiert. Er konnte nicht deutsche Politik machen. Man sagt freilich heute, daß gesetzgebende Versammlungen dies auch gar nicht sollen noch können, daß Regieren Sache der Regierung ist und dem Parlament nur eine wachsame Kontrolle obliegt. Das ist je nachdem; es liegt anders zum Beispiel da, wo die Regierung aus dem Parlament hervorgeht und zwischen beiden ein organischer Zusammenhang besteht. Übrigens gibt es keine immer und überall befriedigenden Regierungsformen. Eine jede hat ihre Zeit und ihren Ort; der Obrigkeitsstaat machte seine Sache gut, zuzeiten. Das Ungeschickte der deutschen Situation lag hierin: Man glaubte nicht mehr an die Obrigkeit und gehorchte ihr doch. Man lebte im Zeitalter der Demokratie und besaß demokratische Institutionen, aber sie waren verbogen und erfüllten ihren angeblichen Zweck nicht. Folglich war nirgends klare Verantwortung; überall Scheinmacht, Ohnmacht, geteilte oder verborgene Macht.

Unser Charakter wird durch die Wirklichkeit, in der wir leben, durch die uns gestellten Aufgaben mitbestimmt. Nie erzogen durch eigene Verantwortung und Pflicht zur Macht, längst gewohnt, untereinander und mit den Männern des königlichen Vertrauens ihre Tauschgeschäfte zu machen, verharrten die Reichstagsfraktionen bei dem alten Spiel auch jetzt, da Bismarcks lastendes Gewicht nicht mehr war und die Verfahrenheit der Machtsituation nach einem starken Parlament dringend verlangte. Die innerlich integerste, am kräftigsten organisierte und demnächst größte deutsche Partei, die Sozialdemokratie, war von positiven Aufgaben nahezu völlig ausgeschaltet durch ihre eigene Philosophie und weil es die Obrigkeit auch jetzt noch, nach dem Fall des Sozialistengesetzes, so zu sehen liebte. Die anderen Parteien wurden mehr und mehr zu Vertretern bestimmter Teilinteressen. Und, als ob die Interessenverbindung zwischen Zentrum und katholischer Kirche, zwischen den Nationalliberalen und der Industrie, zwischen Konservativen und Landwirtschaft nicht genügt hätte, entstanden seit den achtziger Jahren noch die großen Interessenverbände, welche durch die Parteien, durch höfische Einflüsse, durch direkte demagogische Propaganda zu wirken suchten: Zentralverband Deutscher Industrieller, Bund der Landwirte, Kolonialgesellschaft, Deutscher Bauernbund. Streitende wirtschaftliche Interessen gibt es überall, wo Menschen zusammen wohnen. Auch geht es mit rechten Dingen zu, wenn sie sich organisieren, und es ist nur gut, wenn sie es in aller Öffentlichkeit tun, anstatt heimlich. In Deutschland erreichte seit den neunziger Jahren der wirtschaftliche Interessenkampf Grade der Hitze wie der Offenheit, wie sie sonst wohl nur in den Vereinigten Staaten erreicht wurden. Die ungeheuer rasche Entwicklung der deutschen Industrie brachte starke Reibungen, und trotz aller patriotischen Reden war das Gefühl für die gemeinsame Sache, das Vaterland, eher geringer als anderswo.

Den General von Caprivi hatte Bismarck zu seinem Nachfolger in Preußen vorgeschlagen, als er während der Wochen seines Endkampfes momentweise daran dachte, sich auf das »Altenteil« des Reichskanzlers und der Außenpolitik zurückzuziehen. Der Gedanke war, daß ein unpolitischer Haudegen sich zu Gewaltmaßnahmen gegen die Sozialdemokraten am besten würde gebrauchen lassen. Als dann aus Bismarcks letzten Plänen nichts wurde, griff Wilhelm II. auf seinen Vorschlag zurück, obgleich in anderem Sinn und zu anderen Zwecken. Caprivi besaß sowohl einen klaren wie eigensinnigen Kopf, eine schöne Unvoreingenommenheit und Unbestechlichkeit; in der Reihe der deutschen Kanzler zwischen 1890 und 1918 war

er der beste. Er wollte nichts, als das Rechte tun, das dem Gesamtvaterlande und allen seinen Bevölkerungsklassen Nützliche, und wollte es tun im Bunde mit all denen, die ihm dabei zu helfen bereit waren, mit Freisinnigen, Zentrumsleuten, Polen, wer weiß, sogar mit den Sozialdemokraten. Nur war er unschuldig – das Wort in seiner Doppelbedeutung genommen; rein, integer sowohl wie politisch unerfahren. Er rechnete auf die Unterstützung aller Guten, uneingedenk dabei, daß in der Politik die wenigsten Leute »gut« sind und gut sein können. Die deutsch-preußische Situation, dies Labyrinth von verkrüppelter Demokratie und blühendem Byzantinismus, von Junkermacht, industrieller Macht, Soldatenmacht, Parteienmacht, beherrschte er nicht.
Caprivi brachte das Arbeiterschutzgesetz zustande, um das die Wogen in Bismarcks letzten Tagen so hoch gegangen waren; gesetzliche Sonntagsruhe, Einschränkung der Frauen- und Kinderarbeit, Festlegung von Kündigungsfristen und so fort. Er kam den Polen entgegen, indem er auf Bismarcks Praxis des Landkaufs zugunsten der deutschen Nationalität in den polnischen Gebieten verzichtete. Damit hing seine unpreußische, liberaldeutsche Außenpolitik zusammen: Annäherung an England, eine kühle Haltung gegenüber dem Zarentum. Vor allem suchte er den deutschen Außenhandel zu steigern, nicht als doktrinärer Freihändler – er war kein Doktrinär –, sondern, weil er sich ausgerechnet hatte, daß Deutschland exportieren müßte, um leben zu können, und daß es Export ohne Import auf die Dauer nicht gäbe. Daher seine Handelsverträge mit Österreich, Italien, Rumänien, schließlich mit Rußland. Sie brachten ihn in Konflikt mit den Konservativen, wie man sie jetzt nannte, den »Agrariern«. Ihr neues Kampforgan war der »Bund der Landwirte«, der nach Zollschutz, nach Steuererleichterungen, schließlich nach einem Getreidemonopol des Staates und eigentlichen Subsidien rief, nebenher sich bei den Massen der Kleinbauern durch eine energische Judenhetze einzuschmeicheln versuchte.
Max Weber sprach damals von der »vernichtenden Kritik, welche die Grundbesitzer selber an dem Fortbestand ihres Privat-

eigentums üben, durch das Verlangen, in Gestalt des Getreidemonopols und einer Kontribution von einer halben Milliarde jährlich, ihnen das Risiko, die Selbstverantwortlichkeit für ihren Besitz, seinen einzigen Rechtfertigungsgrund, abzunehmen«. Caprivi, freundlicheren, weniger scharfen Geistes, appellierte an den Idealismus aller Bürger:
»... je mehr unser Parteileben von wirtschaftlichen Interessen bedingt wird, um so mehr muß die Regierung sich einen freien Überblick über weite Verhältnisse, über den Staat und das Reich zu erhalten suchen, um diesen zu ihrem Recht zu verhelfen... Wirtschaftliche Interessen basieren immer mehr oder weniger auf Egoismus – man pflegt zu sagen: gesundem Egoismus, während der Staat Anforderungen an die Opferfähigkeit und den Idealismus seiner Bürger stellt.« Der Staat müsse jeden Besitz schützen, den industriellen wie den agrarischen, und schulde auch den Besitzlosen Fürsorge... In der gleichen Rede sprach der brave Mann eine denkwürdige Warnung vor dem Antisemitismus aus: »Welche Garantien haben denn die Wähler, die die Geister wachrufen, dafür, daß der Strom, von dem sie nun vorwärtsgetrieben werden, nicht schließlich mit anderen Strömen zusammenfließt, die sich gegen den Besitz und die staatliche Ordnung richten? Ich habe die feste Überzeugung, daß die Dinge, die jetzt vorgehen, für Deutschland nach innen und außen von einer Bedeutung sind und Gefahren in sich schließen, von denen, wie ich fürchte, ein großer Teil derer, die jetzt die Schleusen aufziehen, nicht ahnt, wohin sie führen.«
Wilhelm II. hatte seinen Kanzler zunächst gestützt, hatte es entschieden abgelehnt, »Brotwucher zu treiben«, und der konservativen Opposition seine Mißbilligung ausgesprochen. Aber er war feige und schwach. Er prahlte wohl gern, der Wille des Königs müßte oberstes Gesetz sein, war aber unfähig, auch nur den bescheidenen, echten und stetigen Einfluß auszuüben, über den ein konstitutioneller Monarch, wie der König von England, damals noch verfügte. Er ließ sich treiben, immer denen nachgehend, die besser mit ihm zu operieren wußten und die er darum für die stärkeren hielt. Nachdem er sich von

den Konservativen entfernt hatte, näherte er sich ihnen wieder. So war er 1894 wieder auf dem Punkt, auf dem er sich 1890 von Bismarck getrennt hatte: die Hauptgefahren für das Reich seien die Mächte des Umsturzes, die Sozialdemokratie, das gleiche Wahlrecht und was noch. Der preußische Minister, Graf Eulenburg, machte diese kaiserlichen Phantasien eifernd mit, indem er sie zu eigentlichen Staatsstreichplänen verdichtete. Caprivi hielt sie für Unfug. Nachdem er seinen Standpunkt mit der ihm eigenen Klarheit und Würde dargelegt hatte, zog er sich zurück, und es ist seitdem kein öffentliches Wort mehr von ihm gehört worden. Sein Sturz war eine Lektion: guter Wille allein genügte nicht, um Bismarcks verbogenes Erbe geradezubiegen.

Der nächste, der sich an diesem Erbe versuchen durfte, war Fürst Chlodwig Hohenlohe. Die Wahl hätte schlechter sein können. Hohenlohe war so unabhängig wie Caprivi; dieser weil er arm und stolz, jener weil er reich und vornehm war und sich vom Hof zu Potsdam nicht imponieren ließ. Als Diplomat des verunglückten Reiches von 1848 hatte er angefangen, dann in Bayern parlamentarische Erfahrungen gesammelt und dort der bismarckischen Politik Hilfsdienste geleistet, wofür er später mit hohen Reichsämtern belohnt wurde; zuletzt mit dem Statthalterposten in Straßburg. Selbst zum bösen Spiel der elsässischen Politik hatte er gute Reden zu halten gewußt. Ein Bismarckianer auf seine Art, aber von der milden Observanz, ganz ohne die bismarckische Kampfeslust und politisch weiser, klein, fein, kühl und müde – so trat der greise Aristokrat an die Spitze der Reichsgeschäfte. Der Sinn seiner Ernennung, wenn sie einen haben sollte, konnte nur der sein, daß es mit dem Versuch, der Linken zu gefallen und das »Volk« zu gewinnen, nun wieder vorbei war. Man würde zurückkehren zu Bismarcks statischer, diplomatischer Innenpolitik über den Parteien, aber vornehmlich mit den konservativen Parteien; man würde den »Reichsfeinden« wie von alters her die kalte Schulter zeigen. Nur rechnete Hohenlohe, selber bayrischer Katholik, das Zentrum nicht mehr zu den Reichsfeinden; er verstand es als Interessenpartei wie die an-

deren, deren Stimmen man kaufen konnte. Diese Auffassung bestätigte die Partei ihm um so bereitwilliger, als der große Feldzug gegen die Sozialdemokratie abermals ins Wasser fiel. Der Reichstag verweigerte den ohne viel Glauben vorgeschlagenen antirevolutionären und Antistreikgesetzen seine Zustimmung; der Kaiser begnügte sich mit verbalem Donner gegen »vaterlandslose Gesellen« – der einzigen Waffe, denen seine Nerven gewachsen waren. Der Rückkehr zu Bismarcks Politik der inneren Kirchhofsruhe schien zunächst auch der Kurs der Außenpolitik zu entsprechen: Annäherung an Rußland, Scharfmacherei gegenüber den Polen – preußische Außenpolitik, mit einem Wort. Aber nicht für lange.
Die Halbdiktatur, welche Bismarck ausgeübt hatte, um den Frieden zu erhalten, die deutsche Entwicklung um ihre Dynamik zu betrügen und die Zeit stillestehen zu machen, war 1890 gescheitert. Das Urteil war endgültig. Es konnte fünf Jahre später nicht aufgehoben werden. Die Energien des Deutschen Reiches ließen sich nicht mehr neutralisieren, so als sei es Metternichzeit. Etwas mußte mit ihnen geschehen.

Weltpolitik

Große Staaten, solche nämlich, die sich unter gegebenen Verhältnissen für groß halten, wollen etwas wirken auch außerhalb ihrer eigenen Grenzen. Die Geschichte bestätigt es uns hundertmal. Dem einzelnen Bürger mag an seinem eigenen Vorwärtskommen viel mehr gelegen sein als an der Größe des Vaterlandes; insofern er teilhat am Staat, will er, daß sein Staat sich vor anderen Staaten auszeichnet durch Leistungen der Herrschaft, der Wissenschaft, der Wirtschaft, des Sportes. Sportlich ist wohl letzten Endes der nationale Ehrgeiz in allen diesen Gebieten, auch da, wo von Spiel nicht die Rede ist.

Wie die Geschichte des englischen Weltreiches lehrt, kann es ein schöpferischer Ehrgeiz sein.
In den 1880er Jahren erlebte die europäische Staatengesellschaft eine Periode solchen expansiven, abenteuerlichen Ehrgeizes. Sie mochte damit zusammenhängen, daß nun in Europa wieder Friede war, derart zwar, daß ihn zu stören und sich auf Kosten europäischer Nachbarn zu vergrößern ein furchtbares Risiko bedeutete. Viel billiger war Erweiterung dort zu haben, wo man nur eingeborene Häuptlinge übers Ohr zu hauen, nicht aber sich mit europäischen Massenarmeen zu schlagen brauchte. Imperialismus, genauer Kolonialismus, wäre insofern das Merkmal einer friedlichen, nicht ci ner kriegerischen Epoche. Tatsächlich haben große Kriege um Kolonien zwischen europäischen Mächten im 19. und 20. Jahrhundert nicht stattgefunden, und man hat sich über koloniale Gegensätze schließlich immer einigen können.
Wir wissen heute, daß die letzte große Expansion Europas, die Aufteilung Afrikas und Asiens, illusionär war. Sie war zu leicht, zu rasch, zu oberflächlich, um auf große Kontinente einen dauerhaften Besitztitel zu begründen; das Werk nicht von Massen der Einwanderer, sondern einzelner abenteuernder Erwerbsleute und dünner Militärbürokratien. Damals, im Überschwange zivilisatorischer Überlegenheit, hielt man die »Europäisierung der Welt« für endgültig.
Das Deutsche Reich hat unter Bismarcks Leitung diese Expansion nur spät und nur sehr mit der linken Hand mitgemacht. Wer schon kein Interesse Deutschlands an der unteren Donau fand, der konnte es noch weniger in Südafrika suchen. Bismarck nahm Kolonien nicht ernst, weswegen er auch die französischen Kolonialbestrebungen stets ermunterte. Zur Errichtung deutscher Protektorate in Afrika kam es aber schließlich doch. Einzelne Reeder, Kaufleute, Forscher, Abenteurer fingen es an; ihnen glaubte das neue Reich seinen Schutz nicht versagen zu können. Da keine Privatgesellschaft fähig war, ihr unredlich erworbenes Gebiet zu halten, erschien in allen Gebieten unter deutschem Schutz bald ein spärliches Kolonialbeamtentum, gestütz auf Militär. Es machte seine Sache

grob genug, aber keineswegs böser als andere Kolonialvölker. Nur war der Vorteil ein viel geringerer. Die deutschen Kolonien kosteten weit mehr, als sie einbrachten, und haben nur wenigen tausend Deutschen zu dauernder Ansiedlung gedient. Einzelne Gesellschaften und ihre Teilhaber, Reedereien zumal, wurden allerdings reich an dem kolonialen Abenteuer. Aber es war kein wirklich aus den Schutzgebieten gezogener Reichtum; er kam aus den Taschen der deutschen Steuerzahler. Seufzend bewilligte der Reichstag die steigenden Ausgaben, wobei Abgeordnete des Zentrums und Freisinns häufig zu verstehen gaben, das beste wäre es, die ganze Sache wieder aufzugeben. Kleinmütig meinte der Reichskanzler Caprivi: »Es ist bei der Entstehung unserer Kolonien, die zum großen Teil Kinder des Gefühls und der Phantasie sind, nur zu natürlich, daß plötzliche Umschwünge in der Wertschätzung kommen.« Was in den achtziger Jahren die Improvisation Einzelner war, deren die Staaten sich nachträglich annahmen, wurde in den neunzigern zur öffentlichen Philosophie. Der Ton änderte sich. Allerlei schrille Theorien kamen auf, wonach die Erde jetzt in einige wenige Großreiche geteilt wurde und, wer da nicht mitmachte, bald überhaupt nichts mehr darstellen konnte. Unermeßliche Veränderungen standen vor der Tür. Weltmächte traten an Stelle der europäischen; europäische Mächte mußten zu Weltmächten werden oder ihre Selbständigkeit verlieren. – Solche Theorien wurden genährt durch dramatische Erfahrungen: den Chinesisch-Japanischen Krieg von 1895; den Bau der Transsibirischen Eisenbahn; den Spanisch-Amerikanischen Krieg von 1898 und das plötzliche Erscheinen der Vereinigten Staaten als imperialistische »Weltmacht«. Was würden die Machtzentren der Zukunft sein? Washington anstatt London? Berlin anstatt Paris? Und dann Petersburg, Tokio, vielleicht Peking? Was waren die Waffen, mit denen man die Erde erobern konnte? Welches Volk, welche Rasse oder Verbindung von Völkern sollte die Erde beherrschen? Solche verwilderten Fragen wurden lüstern diskutiert. Die Angelsachsen gingen voran. Ein Amerikaner, Admiral Mahan, begründete die neue Lehre, wonach die großen Machtfragen noch immer

zur See entschieden worden seien. Aus England kam die Wissenschaft der »Geopolitik«: Wer die und die Gebiete kontrollierte, der würde die Welt beherrschen. Aus England auch der neue Kult harter, strahlender, ordnungsstiftender Macht. Ihm dienten Schriftsteller wie Rudyard Kipling, phantastische Realisten, Diamantenkönige und Staatengründer wie Cecil Rhodes. Aus Amerika replizierte der Gouverneur von New York, dann Präsident der Vereinigten Staaten, Theodore Roosevelt: Handeln, Macht entfalten, Forschen, Erobern, Gefahren bestehen, Zivilisieren, das sei die Aufgabe, das gebe dem Leben einen schönen männlichen Sinn. Rassenwahn mischte sich mit ein. Einmal waren es die Weißen überhaupt, einmal im besonderen die germanischen Völker, die zum Herrschen bestimmt sein sollten, Amerikaner, Briten, Deutsche. Rhodes, der Eroberer Südafrikas, war ausdrücklich dieser Ansicht.
Sie fand ein Echo in Deutschland; und die verschiedensten Variationen. Der Kaiser, halber Engländer von Geburt, der Heimat seiner Mutter mit bewundernder Haßliebe zugetan, hatte Kiplings hohes Lied der Macht und des Erfolges über seinem Schreibtisch hängen. Begierig las er die Schriften Houston Stewart Chamberlains, eines Wahldeutschen, der die Überlegenheit der nordischen Rasse verkündete und den Heiland zu einem Germanen machte... Nach England blickten auch die Propagandisten der deutschen Kolonialbewegung, wobei sie es freilich etwas plumper anstellten. Das englische Weltreich war das unbewußte Werk der Jahrhunderte; im allmählichen Werden, längst bevor modische Theorie und dichterische Phantasie sich seiner bemächtigten. In Deutschland sollte nun beides auf einmal kommen, das Reich und die Philosophie, und beides sehr plötzlich. »Der Kolonialzweck«, so schrieb einer dieser Begeisterten, »ist die rücksichtslose und entschlossene Bereicherung des eigenen Volkes auf anderer, schwächerer Völker Unkosten.« Das hätte ein Engländer nicht gesagt, oder doch viel hübscher, nicht mit so wenigen, rauhen Worten.
Internationale Ereignisse und Stimmungen mögen erklären

helfen, warum das Wörtlein »Welt« in Deutschland nun so manchem Hauptwort wohlgefällig vorgesetzt wurde. Die Weltstadt Berlin, deutscher Welthandel, deutsches Ansehen in der Welt, Weltpolitik, Weltmacht. Dahin war es mit Bismarcks Fürstenbund, dieser losen Vereinigung friedlich provinzieller Idylle, Bayern und Braunschweig und Bückeburg, in weniger als drei Jahrzehnten gekommen. »Aus dem Deutschen Reich ist ein Weltreich geworden«, gratulierte sich der Kaiser am fünfundzwanzigsten Jahrestag der Reichsgründung. »Überall in fernen Teilen der Erde wohnen Tausende unserer Landsleute. Deutsche Güter, deutsches Wissen, deutsche Betriebsamkeit gehen über den Ozean. Nach Tausenden von Millionen beziffern sich die Werte, die Deutschland auf der See zu fahren hat. An Sie, meine Herren, tritt die ernste Pflicht heran, mit zu helfen, dieses größere Deutsche Reich auch fest an unser heimisches zu gliedern.«

Der »Alldeutsche Verband« folgte dem kaiserlichen Ruf. Diese sehr merkwürdige Vereinigung von Männern der Öffentlichkeit, Parlamentariern, Schriftstellern, Gelehrten, Gewerbetreibenden brachte es nie auf eine imponierende Mitgliederzahl, zehn- oder zwölftausend im Durchschnitt. Aber sie war einflußreich. Vertreten in den rechten und Mittelparteien des Reichstages, geführt von begabten, in ihrer Art sich um die deutsche Sache ernsthaft sorgenden Politikern – Hugenberg, Hasse, Claß –, verbündet mit einem Teil der Presse, in enger Zusammenarbeit mit verwandten Unternehmungen, Flottenverein, Wehrverein, Kolonialgesellschaft, war der Alldeutsche Verein so recht der Ort, an dem die Herrschaftsideen der Zeit gesammelt und ins Deutsche übertragen wurden und von dem aus sie über das Land hin ausstrahlten. Nationale Politik, Kampf ums nationale Dasein, Kampf um Lebensraum, große Politik, Weltpolitik! Dem vielbewunderten, vielgehaßten britischen Todfeind es gleichzutun! Auf allen Kontinenten als Deutscher stolz zu Hause zu sein, überall Zentren deutscher Macht und Sendung zu errichten! Im Interesse des Deutschtums, auch der Menschheit: »denn unsere deutsche Kultur bedeutet den idealen Kern menschlicher Denkarbeit,

und jeder Schritt, welcher für das Deutschtum errungen wird, gehört demnach der Menschheit als solcher...«
Idealistischer Glaube lebte in solchen Anmaßungen, und wenn Großkapital hinter dem Alldeutschen Verbande stand oder später zu ihm stieß, wird man die Bewegung doch nicht als wesentlich von privater Gewinnsucht bestimmt ansehen dürfen. Die größte Zahl ihrer Anhänger waren Menschen, die von kleinen Arbeitseinkommen lebten und nie anders zu leben Hoffnung hatten. Einer großen Sache, der deutschen Sache, wollten sie dienen. »Wir sind bereit, auf den Ruf unseres Kaisers in Reih und Glied zu treten,... aber wir können dafür auch verlangen, daß uns ein Preis zufalle, der des Opfers wert ist: einem Herrenvolk anzugehören, das seinen Anteil an der Welt sich selber nimmt und nicht von der Gnade und dem Wohlwollen eines anderen Volkes zu empfangen sucht. *Deutschland, wach auf!«*
Es kam den Alldeutschen nicht darauf an, verschiedene Ideen, die historisch oder geographisch einander schlugen, gleichzeitig zu propagieren. Sie waren Bismarckianer; aber Bismarcks Begriff vom satten – »saturierten« – Deutschland stellten sie den ihren gegenüber von einem Volke, dessen Drang die Erde gerade groß genug war. Sie dachten »völkisch«; die Gegenden außerhalb des Reiches, in welchen Deutsche wohnten, Österreich, die Schweiz, Holland sogar waren mit dem Reich zu verbinden, so daß endlich der Staat aller Deutschen entstünde. Sie dachten aber auch imperialistisch, denn die Deutschen sollten über fremde Völker herrschen; zumal über »solche minderwertigen Völkchen, wie Tschechen, Slowenen und Slowaken«, die »ihr für die Zivilisation unnützes Dasein« immerhin einbüßen mochten. In Preußen standen sie für die traditionelle antipolnische Politik; an der unteren Donau und nach Kleinasien hinein für jene großdeutsche Politik, deren Schlagworte Heinrich von Gagern fünfzig Jahre früher so verlockend hatte erklingen lassen; in Südafrika für ein deutsches Kolonialreich, gestützt auf die germanischen Vettern, die Buren; in Südamerika für den energischen Zusammenschluß aller deutschen Einwanderer. Ruhe-

los, wie behext, wanderten die Augen dieser Menschen auf der Weltkarte umher. Asien, Afrika, der Balkan, der Stille Ozean, Westeuropa – alles war ihnen recht: nur Ländererwerb, nur Entfaltung der deutschen Kriegs- und Seemacht! – Daß sie zugleich von einem Deutschen Reich in Europa und in Übersee träumten, diesen Widerspruch mag man, wenn man will, durch die Wirklichkeit der deutschen Lage erklären. Andere europäische Staaten konnten Weltreiche gründen, ohne Europa zu beherrschen, weil sie am Rande Europas oder nur teilweise in Europa lagen: England, Rußland, selbst Frankreich. Deutschland, das binneneuropäische Land mit geringfügigen Küsten, eingeklemmt wie es war, zwischen Rußland und Frankreich, mußte in Europa sicher sein, mußte Europa beherrschen, ehe es zur Weltmacht werden konnte. Beherrschte es Europa nicht, so waren seine überseeischen Besitzungen bloßer Schein, wie sich später ja auch in der großen Krise zeigte. Die Frage war dann nur, ob Deutschland überhaupt »Weltmacht« sein konnte und welche Alternative es gegeben hätte. Die Alldeutschen sahen nur eine einzige: die Verkümmerung der Nation zum abhängigen Kleinvolk, das bei fremden Völkern arbeiten ging.

Dem Verein floß gelegentlich Geld aus den Fonds des Auswärtigen Amtes zu, und es konnte dann hoch hergehen auf seinen jährlichen Tagungen und in der Ausstattung seiner Propaganda. Im wesentlichen aber war er unabhängig, und gerade darauf beruhte der Einfluß, den er durch die Presse, die Schulen und Hochschulen, die Parteien, selbst durch gewisse ihm befreundete Regierungsstellen ausüben konnte. Er schuf das geistige Klima oder half es schaffen, in dem die Unternehmungen der neuen »Weltpolitik« gewagt wurden. Er gedieh in diesem Klima. Denn wenn auch die Alldeutschen weiter gingen als die anderen, wenn Kaiser und Kanzler ihnen oft zu vorsichtig und friedliebend, zu englandfreundlich erschienen, so gingen sie eben doch nur weiter, sprachen sie lauter und dreister. Der Zeitgeist war mit ihnen. Nicht bloß das kleine Häuflein der Vereinsmitglieder, das deutsche Bürgertum dachte imperialistisch im Zeitalter Wilhelms II. und spendete der »Weltpolitik« seinen Beifall.

Dem Bau der Schlachtflotte vor allem. – Admiral von Tirpitz, seit 1897 Staatssekretär im Reichsmarineamt, war erfüllt von einer schönen Liebe zum Meer und echter Leidenschaft für seine Aufgabe. Jene, die etwas davon verstehen, meinen, er sei ein genialer Organisator gewesen, und wenn man liest, wie er in wenigen Jahren mit knappsten Mitteln die zweitstärkste Flotte der Erde schuf, dann ist man geneigt, es zu glauben. Nebenbei verstand er etwas von parlamentarischer Taktik, Demagogie, Publizität; wahrhaft amerikanisch muten die Methoden an, mit denen er seine Flotte unter den Deutschen populär zu machen wußte. Eine eigene Nachrichtenabteilung war seinem Amt angegliedert; Vereine, bezahlte und unbezahlte Propagandisten, Redner, Professoren, Romanschriftsteller kamen ihm zu Hilfe; selbst sozialdemokratische Abgeordnete lud der kluge Mann ein, seine Schiffe zu inspizieren. Seine hinterlassenen Schriften imponieren durch die Klarheit und Sachlichkeit ihres Stils; von den argen Phantastereien der Alldeutschen ist da nichts zu spüren. Auch ist Tirpitz der Meinung, daß, wenn man ihn alles hätte entscheiden und machen lassen, Britannien mit der deutschen Seemacht versöhnt und der Weltkrieg vermieden worden wäre. Das glauben die meisten, die mit diesem Drama irgend zu tun hatten. Aber niemand kontrolliert den Lauf der Dinge allein, und das politische Handeln ist nicht nach dem Willen, sondern nach den wirklichen Folgen zu bewerten. Was Tirpitz mit seiner Kriegsflotte wollte, ist eine Sache; was sie im Getriebe der Weltpolitik, der Reaktionen und Gegenreaktionen bewirkte, ist eine andere.

Er glaubte weder an starken Küstenschutz noch an die Kreuzer, die der Kaiser sich wünschte, um sie die sieben Meere befahren zu lassen. An aggressive Seemacht glaubte er, an die Fähigkeit zur Entscheidungsschlacht, an die in den Heimathäfen stationierte Schlachtflotte.

Sie mußte für Deutschland zur See das werden, was seine Armee zu Lande war. Nicht um Krieg zu führen. Tirpitz wollte den Krieg noch weniger, als die deutschen Generale ihn wollten. Diese, wenn sie ihn auch nicht wünschten, hielten ihn doch früher oder später für unvermeidlich, all die langen Jahre zwischen 1871 und 1914; Tirpitz tat das nicht. Im Gegenteil, die Flotte, indem sie Deutschland »Seegeltung« gab, es »bündnisfähig« machte, sollte ein Gleichgewicht auch zur See herstellen und so den Frieden sichern. Einen stolzen Frieden, keinen von Britanniens Gnaden. »Unsere Weltlage war doch so eindeutig«, klagt im Rückblick der Admiral. »Wir hörten ohne eine durch Seemacht gedeckte Industrie auch auf, eine festländische Großmacht zu sein...« »Ohne Seemacht blieb die deutsche Weltgeltung wie ein Weichtier ohne Schale.« Bisher hatte Deutschlands Machtentfaltung »auf dem breiten Rücken des britischen Welthandels und der britischen Weltherrschaft sich auf Widerruf« vollzogen; so lange gab es keine wahre deutsche Autonomie. »... nur eine Flotte, welche *Bündniswert* für andere Großmächte darstellte, also eine leistungsfähige Schlachtflotte, konnte unserer Diplomatie dasjenige Werkzeug an die Hand geben, das, *zweckentsprechend genützt,* unsere festländische Macht ergänzte. Ziel mußte sein, die Errichtung einer Mächtekonstellation zur See, die Schädigungen und Angriffe auf unsere wirtschaftliche Blüte unwahrscheinlich machen und den trügerischen Glanz unserer damaligen Weltpolitik zu einer wirklich selbständigen Weltstellung umwandeln würde.«

Eine abschreckende Waffe, von der Diplomatie zweckentsprechend zu nutzen. Etwa das, was heutzutage gewisse Bomben sein sollen; und immer um den Frieden zu sichern; nur daß die andere Seite es meistens anders versteht. Sich selber traut man; der andere traut einem nicht. Der hält sich an die äußeren Tatsachen. In der Nordsee erschien eine deutsche Flotte, beschränkt auf die Nordsee und mit der einzigen erkennbaren Aufgabe, es mit der englischen Flotte aufzunehmen. Die englischen Politiker vermerkten es mit Mißbehagen. Daß Tirpitz es anders herum verstand, daß er nur eine Macht schaffen wollte, die England nicht ohne Risiko würde angreifen können – sein »Risikogedanke« –, daß er Deutschland nur »bündnisfähig« machen wollte – solche Finessen änderten an der Tatsache nichts. Noch weniger konnten es die psychologischen

Motive, die allenfalls mit dem Flottenbau zu tun hatten. Für sie ist das von Tirpitz gewählte Wort »ebenbürtig« bezeichnend. Deutschland sollte eine ebenbürtige Flotte haben, sollte selber ebenbürtig werden durch eine Flotte. Der Admiral war schon Anno 1870 auf preußischen Schiffen gefahren und hatte damals mit Kummer beobachtet, wie wenig ernst die Briten die deutsche Seemacht nahmen. So auch der Kaiser. Das würde ein herrlicher Tag sein, an dem eine ebenbürtige deutsche Flotte der englischen in gemeinsamen Manövern prachtvoll begegnen könnte; da würden Admiralsuniformen ausgetauscht und Trinksprüche gewechselt werden und in ritterlicher Hochschätzung würden die königlichen Seeherren auseinandergehen... Ein Spiel. Aber mit schwerem Spielzeug.

Nicht bloß die Vielen, die andere für sich denken lassen, auch Menschen ganz selbständigen Geistes und Charakters sind den Behexungen der Zeit untertan. Das Flottenprogramm fand beim breiten Bürgertum begeisterte Aufnahme; bei dem großen Gelehrten, Professor Max Weber, ebenso. Weber dachte hier wie Tirpitz: Daß Macht und wieder Macht, jetzt aber, in der eisernen Weltzeit, die heraufdämmerte, weltpolitische Macht, also Seemacht, notwendig sei, um die deutsche Wirtschaft zu schützen. »Nur völlige politische Verlogenheit und naiver Optimismus können verkennen, daß das unumgängliche handelspolitische Ausdehnungsstreben aller bürgerlich organisierten Völker, nach einer Zwischenperiode äußerlich friedlichen Konkurrierens, sich jetzt mit Sicherheit dem Zeitpunkt wieder nähert, wo nur die Macht über das Maß des Anteils der Einzelnen an der ökonomischen Beherrschung der Erde und damit über den Erwerbsspielraum ihrer Bevölkerung speziell auch ihrer Arbeiterschaft, entscheidend wird.« Der soziale Demokrat, als den Max Weber sich sah, gab dem Kult der Macht sich ebenso sehr hin, wie der kaiserliche Admiral, wie die Besitzer und Leiter der Schwerindustrie, wie die Journalisten der von ihr finanzierten Blätter, die Pastoren, die Turnlehrer, die Kaiser-Geburtstags-Redner.

Es versteht sich von selbst, daß die Bauaufträge der deutschen Industrie gewaltig zugute kamen; und rüstig betrieb die Industrie durch alle ihre verfügbaren Einflußkanäle die Annahme der Programme durch den Reichstag. »... dadurch, daß der Bau der durch die letzte Marinevorlage bewilligten Schiffe so beschleunigt würde, wie die deutschen Werften es überhaupt leisten könnten«, so schrieb im Jahre 1901 der Präsident des Flottenvereins, »würden nicht nur viele Industriezweige neue Aufträge erhalten, wodurch diese über Wasser gehalten, sondern auch in den Stand gesetzt werden, ihre Arbeiter zu beschäftigen, und bereits Entlassene wieder einzustellen. Einer der wichtigsten Faktoren aber, die hier zur Sprache kommen, wäre der, daß durch den Auftrag neuer Kriegsschiffe und die dadurch herbeigeführte Belebung von Handel und Industrie die betreffenden Börsenkurse steigen, viel Werte gerettet und eine Konsolidierung des Marktes eintreten würde.« Dergleichen läßt an Deutlichkeit nichts zu wünschen übrig. Was bei der Sache stärker wog, die Spielsucht des Kaisers, der ernstere Ehrgeiz der Admirale, die geistigen Modestimmungen oder die Interessen der Panzerplattenproduzenten, weiß ich nicht. Es gehörte wohl alles zusammen, bildete eine Einheit, aus der sich nichts ausscheiden läßt... In die Flotte ist Ingenium und große Arbeit gegangen, und es hat sich in ihrem Bau das deutsche technische Können bewährt. Leider nur dieses. In der Politik hat sie Unheil angerichtet. Als dann die Krise kam, zu der sie selbst so viel beigetragen, wurde sie, zur Verzweiflung ihres Gründers, überhaupt nicht eingesetzt; weder zum Schutz des deutschen »Weltreiches«, das im Nu verlorenging, noch zur Entscheidungsschlacht gegen England. Sie blieb eine der enormen Vergeudungen von Arbeit und Gut, zu denen die Völker sich so oft überreden lassen.

Und nun die hastigen Landnahmen, die dem Geist des Flottenbaues entsprachen, neue Protektorate, wirtschaftliche »Einflußsphären«, »Kohlenstationen«. 1898 Kiautschou an der chinesischen Küste. Im gleichen Jahr ein Versuch, die spanische Erbschaft im Pazifik anzutreten und die Philippinen zu besetzen, der von den Vereinigten Staaten vereitelt wird; statt dessen Kauf der kleinen spanischen Inselgruppen, der Karolinen und Marianen. 1899 Erwerbung eines Teiles der Samoainseln durch Vertrag mit England und Nordamerika. Lohnt es sich, diese Dinge überhaupt zu erwähnen? Die Herrlichkeit hat nur fünfzehn Jahre gedauert, sie *konnte* im Ernstfall nicht dauern. Sie war dazu bestimmt, die Flotte zu rechtfertigen, die ihrerseits jene Erwerbungen notwendig machen sollte. Noch der alte Wilhelm Liebknecht sprach es aus: »Es handelt sich hier nicht um die Zwecke, welche öffentlich dargelegt sind, nicht darum, daß wir ein kleines bißchen Land mehr haben, sondern darum, der unheilvollen Flottenpolitik, den ausschweifenden Flottenplänen, welche jetzt keine Basis haben, eine Basis zu geben.« Ein Scheinweltreich, ein Spielimperium, nicht unähnlich jenem, das Italien sich dreißig Jahre später gewann. Ein Mißverstehen der deutschen wie der europäischen Möglichkeiten. Ein Nachahmen der anderen neuen »Weltstaaten«, deren Gründungen ein wenig, aber freilich auch nur ein wenig solider waren. Es gab keine deutsche Autonomie, noch weniger als eine französische oder englische, die es im Grunde auch nicht gab. Aus dem engen Mittelgebiet Europas konnte nicht über die Ozeane eine Kraft ausstrahlen, die, über Zehntausende von Meilen hinweg, allerlei Inselchen, Buchten und kontinentale Fetzen zu einem deutschen Weltreich vereinigte. Es gab auch nicht das gefürchtete »Zuspätkommen« bei der Teilung der Welt. Denn diese Teilung der Welt, Afrikas, Chinas, des Pazifik, unter den europäischen Mächten war illusorisch.

Wir sehen das nachträglich, durch Erfahrung belehrt und frei von der alten Behexung (vielleicht um einer neuen zu erliegen, die das Staunen der Späteren ganz ebenso erregen wird?). Nichts, was damals durch die Köpfe deutscher »Weltpolitiker« ging, war spezifisch deutsch; es war die Anwendung einer überall herrschenden Denkmode auf deutsche Verhältnisse. Andere waren längst »Weltmacht«, suchten nur, sich passend zu arrondieren. Deutschland mußte es erst noch werden, sehr sehr spät beginnend, beinahe aus dem Nichts; mußte es werden, um nicht als völlig bedeutungslos auf der Strecke zu bleiben. »Ungeheuere Ländermassen kommen in den verschiedenen Weltteilen in den nächsten Jahrzehnten zur Verteilung. Die

Nationalität, die dabei leer ausgeht, ist in der darauffolgenden Generation aus der Reihe der großen Völker, die dem Menschengeist seine Prägung geben, ausgeschieden.« Solange diese Ansicht galt – sie wurde hier von einem anderen bedeutenden und noblen Gelehrten, dem Historiker Hans Delbrück geäußert – mußte auch die Folgerung gelten. Sehen wir nicht heute in der Weltraumforschung und allem, was dazu gehört, den gleichen fiebernden Drang, an der Spitze zu sein, wenigstens aber mit dabei zu sein, um nicht »in der folgenden Generation aus der Reihe der großen Völker, die dem Menschengeist seine Prägung geben, auszuscheiden«?

Solider, sinnvoller nahm auf der Landkarte sich die deutsche Interessensphäre aus, die mit dem Schlagwort »Bagdadbahn« bezeichnet wurde. Eine Bahn, mit deutschem Kapital gebaut und quer durch das Türkische Reich geführt, Mesopotamien und Kleinasen mit dem Balkan, mit Österreich, mit Deutschland – »Berlin–Bagdad« – verbindend und neue Märkte erschließend, das war etwas Großartig-Kompaktes und ganz im Sinn der schönsten Träume von 1848; das schien auch im Notfall ungleich haltbarer als Reiche im Pazifik. Wenn Deutschlands Zukunft auf dem Wasser, in der Weltpolitik, überall lag, dann sollte sie auch und besonders im Nahen Osten liegen. Deutschlands Mission im Orient – populäre Schriften wußten schön von ihr zu handeln, kaiserliche Gesten sie dramatisch zu unterstreichen. Aber auch hier entsprach die Wirklichkeit nicht den begeisterten Vorstellungen. »Unsere Bagdadbahn« war nur auf türkischem Gebiet ein deutsches oder halbdeutsches Unternehmen; Deutschland kontrollierte weder das Eisenbahnnetz noch den Handel der Balkanstaaten. In ihrer Bedeutung als Handelswege blieben Donau und Ostbahn bis 1914 weit hinter der ungleich billigeren Seeverbindung zurück, so daß die Türkei richtiger zu Deutschlands überseeischem Handelsgebiet als zu seinem kontinentalen gezählt werden mußte. Zudem kam 1914 der deutsche Handel mit der Türkei noch an vierter Stelle, weit hinter dem englischen und französischen. Die Idee des geschlossenen Großraumes, vom Rhein zur Donau, zum Balkan und nach Kleinasien kam später, eine Frucht des Krieges. Einstweilen trieb man »Weltpolitik«, hier wie dort und überall; dieselben Journalisten begeisterten sich für die Bagdadbahn und für das deutsche Kolonialreich in Afrika.

Meister der neuen Weltpolitik war Bernhard von Bülow, seit 1897 Staatssekretär des Äußeren, deutscher Reichskanzler von 1900–1909. Ein Mann von Welt, dieser Weltpolitiker. Bülow besaß reiche diplomatische Erfahrung, die verbindlichsten Manieren, gute Nerven, dreiste Selbstsicherheit, Autorität, Intelligenz, Witz, den kalten Egoismus des Höflings. Geheimrat Holstein, der Tyrann des Auswärtigen Amtes, charakterisiert in seinem Tagebuch den Rivalen und späteren Vorgesetzten mit diesen Worten: »Bernhard Bülow ist bartlos und teigig, mit unaufrichtigem Blick und meistens lächelnd. Hat keineswegs Gedanken in Vorrat für alle vorkommenden Fälle, eignet sich aber die Gedanken anderer an und gibt sie mit Gewandtheit wieder... Wenn Bülow einen gegen den andern hetzen will, sagt er mit einschmeichelndem Lächeln: ›Der mag Sie nicht.‹ Das Mittel ist einfach und fast unfehlbar in der Wirkung.« Selbstgefällig, wollte er allen gefallen und glaubte, daß es in der Politik nichts gäbe, was sich mit einiger Gefälligkeit nicht machen ließe. »Wie Euer Majestät eben so richtig bemerkten«, so begann er seine Vorträge für den Kaiser, welche dann oft das genaue Gegenteil von dem enthielten, was Seine Majestät bemerkt hatte. Man mußte Wilhelms Prahlereien zurechtbiegen, ohne ihn zu kränken, dem Parlament schmeicheln, ohne die schweren Gebrechen des deutschen Verfassungslebens zu heilen, das Deutsche Reich durch die »Gefahrenzone« in den Hafen einer gesicherten Weltmachtstellung führen, ohne die alten Weltmächte zu tief zu verdrießen. Das würde alles irgendwie gehen. Und wie Tirpitz glaubte Bülow bis zu seiner Tage Ende, daß es gegangen wäre, wenn man ihn hätte machen lassen, daß er selbst die Verfassungsfrage allmählich gelöst hätte.

Aber er löste nichts. Er hielt nur einen in sich unhaltbaren Zustand aufrecht mit Geschicklichkeit; seine achtenswerteste Leistung ist, daß er neun Jahre lang Reichskanzler blieb. Bismarcks Platz konnte niemand ausfüllen. Die Aufgabe war, Bismarcks Konstruktion zu ändern und dem Reich eine verantwortliche Regierung zu geben, die im 20. Jahrhundert eine parlamentarische sein mußte. Vielleicht war diese Aufgabe jetzt unlösbar. Bülow, der zugleich den byzantinischen Diener Allerhöchst seines Herrn und den jovialen Volksmann spielte, ein verklatschter, boshafter Diplomat, war keinesfalls der Mann für die Aufgabe. Wie hätte er es sein können? Wie hätte Wilhelm II. einen Mann, der ihr gewachsen wäre, berufen können? Wo war er jetzt auch nur zu finden?

Statt dessen gab es Außenpolitik. Sie nahm die Phantasie der Nation im neuen Jahrhundert mehr und mehr in Anspruch. Sie kitzelte die Nerven. Mit Gradunterschieden war das auch bei anderen Nationen Europas so. Nachdem man sich einmal auf das Mißverständnis eingelassen hatte, den Nationalstaat als die höchste und letzte Einheit der Menschheit und seine »Größe« als den absoluten Zweck anzusehen, war aus dem aufreibenden Spiel kein Entkommen mehr: Drohungen und Anbiederungen, Expansionsversuche und Rückzüge, ständig wechselnde, spekulative Kombinationen, und am Horizont immer und immer das, woran alle glaubten und niemand, der Krieg.

Schon seit Beginn der neunziger Jahre zerfiel der Kontinent in zwei Bündnissysteme: das deutsch-österreichisch-italienische und das französisch-russische. Dieses war die Antwort auf jenes und sollte auch vertraglich nicht länger dauern. Es lag in der Logik der Dinge. Man hat viel daraus gemacht, daß es Bismarck gelungen sei, die beiden Flügelmächte voneinander getrennt zu halten und durch einen Geheimvertrag aus dem Jahre 1887 »Rückversicherung« bei Rußland zu suchen. Leider hätten dann Bismarcks unfähige Nachfolger den Vertrag nicht erneuert, so sei der »Draht nach Rußland abgerissen« und der Zar habe wohl oder übel sein Heil in Paris suchen müssen. Und dies sei der Anfang alles Unglücks, welches nachkam... So gefiel es Bismarck, so Bülow die Sache zu sehen, und so wird sie uns selbst heute noch von Historikern der Diplomatie gern dargestellt. Viel ist nicht daran. Rußland und Frankreich waren schon zu Bismarcks Zeiten längst zueinander unterwegs. Auf diesen Weg trieb sie der Bismarckblock der Mittelmächte; wie denn eine Allianz, sei sie auch noch so friedlich gemeint, immer eine andere provozieren und so die Gefahr steigern wird, deren Beschwörung ihre Absicht war. Wenn Bismarck dieser Gefahr zu entgehen suchte, indem er selber immer auch gleich die Gegenallianz schloß, so konnte dies Spiel zu nichts Rechtem führen; man hatte Allianzen oder keine. Hatte Deutschland eine ernste Allianz, so war es die mit Österreich-Ungarn; dann konnten keine Verrenkungen auf die Dauer über ihre Folgen hinwegtäuschen. Zudem leistete ein Papier wie der »Rückversicherungsvertrag« im besten Fall wenig. Seine Existenz gab keine Sicherung gegenüber den wirklichen oder eingebildeten Interessen, Begierden, Leidenschaften der russischen Macht; sein Wegfallen hinderte die deutsche Diplomatie nicht, neue Kontakte mit Rußland zu suchen, was auch zwischen 1890 und 1909 noch reichlich geschah. Wenn diese zum Schluß alle versagten, warum würde dann das kunstvolle Geheimverträglein von 1887 im Ernstfall gehalten haben? Nicht Verträge bestimmten das Verhältnis zwischen beiden Mächten. Interessen taten es oder das, was Diplomaten und Strategen als Lebensinteressen ansahen. Leidenschaften taten es; der lüsterne Glaube, der sich auf beiden Seiten in vielen Köpfen einnistete, wonach ein Entscheidungskampf zwischen Slawen und Germanen unvermeidlich sei. Da nun die deutsche industrielle, militärische Macht der russischen bei weitem überlegen war, da ferner ein deutscher Sieg über Rußland das Gleichgewicht der Kräfte völlig zerstören und Deutschland zum Herrn über Europa machen mußte, so war es unvermeidlich, daß Rußland und Frankreich zusammenhielten. Unvermeidlich, solange man überhaupt in den Begriffen von Gleichgewicht, Staat, Macht, Prestige und Größe dachte. Aus diesem Zauberkreis wollten allein die Sozialisten heraus, indem sie die Verbrüderung der Völker forderten und jene der internationalen Arbeiterschaft als schon gegeben annahmen. Aber ihr politischer Einfluß entsprach nicht der Größe ihres Versprechens.

Um die Jahrhundertwende begannen englische Politiker zu denken, daß die Welt zu gefährlich geworden sei, um ganz allein in ihr zu wirtschaften und daß allianzartige Anlehnungen gesucht werden müßten. Frankreich schien aber als Bundesgenosse sich nicht anzubieten, mit dem hatte man in Afrika einen scharfen Interessenkonflikt, Rußland, der alte Gegner im Nahen und Fernen Osten, noch weniger. Also Deutschland. Das deutsche Flottenprogramm war damals noch nicht so weit vorgeschritten, um in London panische Stimmungen zu verursachen, und wenn zwischen England und Deutschland koloniale Streitigkeiten bestanden, so waren sie, verglichen mit dem russisch-englischen Weltkonflikt, sehr harmloser Natur. Hier schien eine große Gelegenheit. Die deutsche Diplomatie, unter der Leitung Bülows, entzog sich den englischen Angeboten. Bülow sagte niemals nein; er sagte nicht ja. Er ließ Rückfragen stellen und wieder Rückfragen; forderte, was England nicht geben mochte, seinen einfachen, vollen Anschluß an den Dreibund; ließ die Sache im Sand verlaufen. In Berlin hielt man den englisch-russischen Konflikt für unlösbar, so daß man nie zwischen beiden Mächten würde zu wählen brauchen. Man wollte von allen geliebt, von allen gefürchtet sein, ganz unabhängig, Weltmacht. Man befürchtete übrigens, als Englands kontinentale Schutzmacht gegen Rußland mißbraucht zu werden, und diese Furcht war nicht ohne Grund. Die großen Entscheidungen im Leben sind ja mit Gefahren verbunden. Aber Weltstunden gibt es, in denen das Sichnichtentscheiden das Gefährlichste ist, und die Historiker haben wohl recht, welche meinen, daß das englische Bündnisangebot, trotz der Unbestimmtheit seiner Form, in einer solchen Weltstunde geschah. Das Deutsche Reich begab sich in »splendid isolation« eben in dem Augenblick, in dem England sie aus gutem Grunde aufgab.
Von Deutschland zurückgewiesen, schloß es mit anderen Mächten ab; 1901 mit Japan; 1904 mit Frankreich; 1907 mit Rußland. Die beiden letzteren Abkommen waren keine Bündnisverträge. Sie waren eher noch bescheidener als das, was England zwischen 1898 und 1901 den Deutschen geboten hat-

te; bloße Bereinigungen imperialer Streitigkeiten, in Ägypten und Marokko hier, in Persien dort. Wenn aber in der verhexten Geschichte, welche mit der Explosion von 1914 endete, je eine Entscheidung fiel, so fiel sie damals. Geheime französisch-englische Militärabmachungen folgten denn auch nach. Keine bindenden; aber wirkliche. In Angst gejagt durch den deutschen Schlachtflottenbau, den es so verstand, wie mißtrauische Menschen ihn verstehen mußten, abgestoßen durch die Prahlereien des Kaisers, das Wühlen der Alldeutschen, verhetzt auch durch den Schwindel und die Panikmacherei einer üblen Sensationspresse zu Hause, glitt England mählich ins französisch-russische Lager. Seit 1907, seit 1911 stand dem Dreibund die Triple Entente gegenüber. Die Triple Entente gab es nicht auf dem Papier. Aber es gab sie, insofern sie wirkte und, wenn es zur Krise kam, wirken würde. Den Dreibund gab es auf dem Papier. In Wirklichkeit war's ein Zweibund; denn über Italiens Bundestreue, seine Sympathien und Begierden machte niemand sich Illusionen. Und sieht man über die Staatsgrenzen hinweg, so muß man sagen, daß die deutsche Nation gegen Ende des ersten Jahrzehnts nur noch einen einzigen Bundesgenossen hatte: die Ungarn, die Magyaren. Eine sehr alte Schicksalsverbindung.

Alles andere war Schemen geblieben; Ideen, die man aufgriff und wieder fallenließ; Gelegenheiten, die man sich ansah, bis sie vorübergingen. Die kontinentale Liga, Frankreich-Rußland-Deutschland, die eine Lieblingsidee des Kaisers gewesen war; das englisch-deutsche Bündnis, das russisch-deutsche, 1905 entworfen, aber nicht ratifiziert, von alledem blieb nur kahle Enttäuschung übrig. Als die Nebel der Pläne und Möglichkeiten sich lichteten, als die politische Landschaft harte Formen annahm, da lag die deutsche Zentralmacht allein und ringsherum feindliche Höhen.

War das notwendig?

Der Erzähler steht hier vor Kernfragen, die man nie bestimmt beantworten kann, die aber doch nie aufhören, uns zu beschäftigen. Sie betreffen den Sinn oder Unsinn der Geschichte selber. Gab es wirklich etwas wie einen unvermeidlichen

Zweikampf zwischen Deutschland und England, in dem es nicht um spezielle Interessen ging, sondern um die Frage: Kannst du mich töten, oder kann ich dich töten? Anders gefragt: *Mußte* Deutschland sich isolieren, weil es sich in das feine Gleichgewichtsspiel nicht mehr einfügen *konnte,* weil es in der Tat Europa und durch Europa einen Teil der nichteuropäischen Welt beherrschen wollte und beherrschen wollen mußte? So daß die Diplomaten, deren Stümperei die deutsche Isolierung widerwillig verursachte, doch unbewußt das taten, was in der Natur der Sache lag? Oder war das Ganze eine vermeidbare Eselei? Man kann nur *meinen* angesichst solcher Fragen... Eines ist sicher: Es war nicht »britischer Handelsneid«, der England in das französische Lager trieb. Allerdings tat die deutsche Konkurrenz den englischen Kaufleuten weh. Aber Deutschland war selbst der beste Abnehmer der englischen Industrie und umgekehrt. Ferner waren die englischen Politiker ökonomisch längst nicht so ungebildet, um zu glauben, die Vernichtung eines Konkurrenten würde die eigene Wirtschaftslage verbessern und ein europäischer Krieg auf Leben und Tod könnte ein gutes Geschäft sein. Noch auch gab es eine ursprüngliche Feindschaft gegen die Deutschen, eine Verschwörung, sie »nicht hochkommen zu lassen«. Im Gegenteil; Deutschland war unter Angelsachsen im 19. Jahrhundert ganz ausgesprochen beliebt gewesen. Die unbeliebten Länder waren Frankreich und Rußland: Frankreich, das revolutionär-imperialistische, ruhelose; Rußland, das fremde, barbarische, despotische. Wenn die angelsächsischen Sympathien zunächst noch dem romantischen, idyllischen, zivilisatorisch ein wenig zurückgebliebenen Deutschland galten, so galten sie später auch dem Lande der Wissenschaft, des Fortschritts, der verläßlichen Leistung, nachdem die großen Veränderungen des deutschen Lebens allmählich bekanntgeworden waren. Immer war es Sitte, Deutschland zu bewundern; gegen Ende des 19. Jahrhunderts, wieder in den 1920er Jahren; ich glaube auch im Moment, in dem dies niedergeschrieben wird. Erst in den letzten zehn oder zwölf Jahren vor 1914 hat Deutschland sich dies Plus in England verscherzt. Die Deutschen verloren ihre Sym-

pathien in der Welt, weil sie glaubten, sie nicht zu besitzen, und prahlerisch versicherten, ihrer nicht zu bedürfen.
Sie taten nichts Böseres, als was die anderen auch taten. Sich in China festzusetzen – Pachtgebiet an der Küste, mit dahinterliegender »Einflußzone« – war die Mode. Rußland, Frankreich, England hielten sich an sie so gut wie Deutschland. Das deutsche »Weltreich im Pazifik« war mehr oder weniger eine Spielerei, aber eine harmlose; sogar konnte es den Engländern willkommen sein, weil es, völlig abhängig von Englands gutem Willen wie es war, ein Pfand für das gute deutsche Verhalten bot. Der Bau der Bagdadbahn war eine jener Leistungen des Wirtschaftsimperialismus, die man nur positiv bewerten kann. Es gab keinen Rechtsgrund, keinen moralischen Grund, warum deutsche Industrie sich nicht in der Türkei sollte nützlich machen dürfen zu ihrem eigenen und anderer Leute Vorteil; wie denn auch fremdes Kapital an dem Unternehmen beteiligt war. Wenn Deutschland zweimal, 1905 und 1911, auf seiner wirtschaftlichen Gleichberechtigung in Marokko bestand, das allmählich zur französischen Einflußzone wurde, so waren hier seine Methoden dramatischer als gerade notwendig; aber warum sollte der deutsche Handel, der nun an sich entschieden mehr zu bieten hatte als der französische, von Nordafrika ausgeschlossen werden? Auch die sogenannte bosnische Krise von 1908/09 war, betrachtet man sie mit der Unparteilichkeit, welche der zeitliche Abstand von diesen verstaubten Sensationen doch nun wohl mit sich bringt, keine so überaus böse deutsche Machination. Die ehemals türkischen Provinzen Bosnien und Herzegowina befanden sich seit vollen dreißig Jahren unter der Verwaltung des Habsburger Reiches, ein Zustand, der vom Berliner Kongreß herstammte und damals von allen Großmächten bestätigt worden war. Ihre Annexion durch Österreich schuf keine neue Tatsache, sie gab nur dem längst Vertrauten einen endgültigen Namen. Zudem erfolgte sie auf Grund einer geheimen österreich-russischen Abmachung. Diese brachte den Russen den erhofften Tauschpreis – Freiheit, jederzeit Kriegsschiffe durch die Dardanellen zu schicken – nicht ein; aber nicht durch deutsche Schuld, son-

dern weil England von einer Veränderung des Meerengenstatuts nichts wissen wollte. Daß die Annexion von Bosnien so ungeheure Aufregung in Serbien und Rußland und selbst in Frankreich hervorrief, daß monatelang um ihretwillen von einer allgemeinen Kriegsgefahr die Rede sein konnte, zeigt uns, wie erhitzt und verdummt die europäische Atmosphäre schon geworden war; schließlich stellte sich die deutsche Diplomatie hinter Österreich mit einer so drohenden Bestimmtheit, daß sich Rußland zur Anerkennung des Schrittes bequemte. – Es war die letzte politische Handlung des Reichskanzlers Bülow, und er scheint gespürt zu haben, daß man ein solches Auftrumpfen nicht unbegrenzt wiederholen konnte. Denn er sagte bei seiner Abschiedsaudienz zu Wilhelm: »Wiederholen Sie nicht die Bosnische Aktion.« – Er meinte die Aktion, in irgendeiner Sache, bedeutend oder nicht, den deutschen Willen durchzusetzen, die deutsche Macht zu erproben. Darauf lief es jedesmal hinaus. Die marokkanische Frage war materiell für Deutschland so wichtig nicht; es ging darum, zu beweisen, daß keine ernsthafte Frage in der Welt »ohne den deutschen Kaiser entschieden werden« konnte. Das war das wiederkehrende Motiv. Es wurde um so stärker, je isolierter Deutschland sich fühlte. Das Resultat waren Pyrrhussiege, Halbsiege; mehr oder weniger wertlose Konzessionen, die man ihm in Afrika machte, der Rücktritt eines feindlich gesinnten Außenministers in Paris, und so fort, verbunden mit dem heimlichen Entschluß auf der Gegenseite, das nächste Mal besser aufzupassen, gegen das Auftrumpfen der überenergischen Zentralmacht geeignete Vorkehrungen zu treffen. In jedem einzelnen Fall ließ sich für die deutschen Forderungen etwas sagen. Es waren keine unmäßigen. Andere forderten mehr und bekamen mehr. Welchen Gewinn hatte Deutschland aufzuweisen, der sich auch nur mit den neuesten französischen Erwerbungen, Tunis und Marokko, vergleichen ließ? Das war die Ungunst der deutschen Lage. Es war nun stärker, konzentrierter als alle seine Nachbarn, aber es lag in der Mitte; es konnte sich nicht ausdehnen, ohne die alte Ordnung zu sprengen. Krieg wollte es nicht. Hätte es den Krieg gewollt, hätte es ihn auch nur für an sich wahrscheinlich gehalten, so hätte es um 1900 seinen Pakt mit England gemacht; den es nicht machte, gerade weil es fürchtete, von England in den Krieg gegen Rußland gezwungen zu werden. Hätte es auf Krieg gegen die Westmächte hingesteuert, so gab es 1905 dazu die schönste Gelegenheit; damals war Rußland durch seine Niederlage im Osten und durch innere Revolution völlig paralysiert. Aber kein Gedanke daran. Genauer gesagt: Gedanken wohl, Reden über Krieg und Kriegsmöglichkeiten wohl; aber kein Schritt zur ruchloskühnen Tat in einem Moment, wo sie Erfolg versprechen konnte. Nur diplomatische Siege oder Scheinsiege. Nur beweisen, daß man da war und kräftig mitsprechen konnte trotz der Vereinsamung, in die man sich endlich manövriert hatte. – Das war die Lage; und blieb es bis tief in den Monat Juli des Jahres 1914 hinein.

Sie wurde verschlimmert durch das persönliche Treiben des Kaisers, der, vergnügungssüchtig und arbeitsscheu wie er war, sich in der Außenpolitik doch oft das letzte Wort vorbehielt; noch häufiger das erste und zweite; improvisierte, hineinpfuschende Worte. Seine Reden, Interviews, Telegramme waren Katastrophen der Diplomatie. Was er daherschnarrte gegen »Schwarzseher« und die »Scheelsucht des Auslandes«, von schimmernder Wehr, Weltmacht, trockenem Pulver und scharfen Schwertern, machte das Land gefürchtet und unbeliebt; es machte es lächerlich. Ein ernster Patriot, Professor Max Weber, schrieb im Jahre 1906 an seinen Freund Friedrich Naumann: »Das Maß von Verachtung, welches uns als Nation im Ausland (Italien, Amerika, überall!) nachgerade – mit Recht! das ist das Entscheidende – entgegengebracht wird, weil wir uns *dieses* Regime *dieses* Mannes gefallen lassen, ist nachgerade ein Machtfaktor von erstklassiger ›weltpolitischer‹ Bedeutung für uns geworden. Jeder, der einige Monate lang die fremde Presse liest, muß das bemerken. Wir werden ›isoliert‹, weil dieser Mann uns in dieser Weise regiert *und wir es dulden und beschönigen*...«

Das schlimmste war, daß der Kaiser und sein Admiral die britischen Versuche, zu einer Begrenzung des Wettrüstens zur

See zu gelangen, unbeirrbar vereitelten. »Ich kann und will John Bull nicht erlauben, mir das Tempo meiner Schiffsbauten vorzuschreiben.« Auch das war nicht böse gemeint; vom Kaiser im Sinn eines veralteten Ehrenkodex, des reizbaren Eigensinns, der Freude am Spielzeug; von Tirpitz aus dem brennenden Ehrgeiz des Mannes, der Deutschland die Seemacht, die Seemacht und wieder die Seemacht schaffen wollte, wobei er allenfalls bereit war, England einen bescheidenen Vorsprung einzuräumen. Den Engländern genügte das nicht.

Es gehören zwei Seiten zu jedem Konflikt, und grundfalsch wäre es, allein die deutsche Diplomatie verantwortlich zu machen für die Machinationen und Ängste, welche in dem Jahrzehnt vor 1914 die europäische Atmosphäre vergifteten. Das außenpolitische Machtstreben ist wesentlich irrational und stößt sich an Fremdem, welches ebenso irrational ist. Irrational – nicht vernünftig. Wären sie vernünftig, stünden dahinter nicht immer Spieltrieb, Machtwille und Todesangst, so könnte ein Kompromiß zwischen ihnen gefunden werden. Der Wettbewerb von Kaufleuten läßt sich regeln, durch vernünftige Abmachungen begrenzen, weil er dem an sich vernünftigen Zweck des Geldgewinns dient; der Wettbewerb von Machtstaaten nicht. Aber zum Wettbewerb zwischen Machtstaaten gehören mehrere, die alle auf ungefähr gleichem moralischem Niveau stehen. Deutschland war nicht weise vor 1914. Wären die anderen weiser gewesen, so hätten sie sich aus dem verhexten Kreis des Macht- und Ehrenstreites erheben und Deutschland mit sich reißen können. Nur dadurch, daß mehr als nur einer um Herrschaftserweiterung und Ehre sich ereifert, werden Herrschaft und Ehre zu begehrenswerten Gegenständen. Den Franzosen war ihre »Größe« so heilig wie den Deutschen die ihre. Und sie agierten ebenso rüstig für sie, nur mit etwas mehr Geschicklichkeit und mit besserem Erfolg. Das russische Machtstreben vollends war um kein Haar besser als das deutsche. Es war viel wüster, viel maßloser, und es wuchsen ihm trübe Kräfte zu aus einer inneren Gärung und Verrottung, im Vergleich mit der das deutsche Verfassungsleben als Gesundheit selbst erschien. So waren sie alle; die neuen Großmächte und die alten, die Gernegroßmächte und die Zwergstaaten, Deutschland und Rußland, Italien und Serbien und Montenegro. Sie alle wollten ihren Nachbarn diplomatische Niederlagen beibringen, ihre Herrschaftsgebiete erweitern, hier mit diesem und dort mit jenem Vorwande, ihre Schützlinge schützen, ihre unerlösten Brüder erlösen, ihre Nationalhymnen erklingen lassen, wo sie bisher nicht erklingen durften, ihre Fahnen aufpflanzen, wo sie bisher nicht wehten, ihre Polizei kommandieren lassen, wo sie bisher die Leute nicht drangsalieren durfte. Sie alle wollten ihre Armeen vergrößern und ihre Kanonen verbessern und für den Krieg, der ja doch einmal kommen mußte, alle ausdenkbaren Vorbereitungen treffen.

Schwach war die Gegenbewegung. Es gab sie überall, gute, wohlmeinende, wohlredende Pazifisten, in Rußland, Europa, Amerika; nicht zuletzt in Deutschland. Aber wenn ein russischer Außenminister sie als »Sozialisten, Juden und hysterische Weiber« bezeichnete, so hatte er das Bürgertum überall auf seiner Seite. Nahm die Diplomatie pazifistische Bestrebungen auf, traf sie sich zu internationalen »Friedenskonferenzen« – in Haag 1899 und wieder dort 1907 –, so war sie nicht ernsthaft, sondern mit Zynismus oder Heuchelei bei der Sache. Die Russen fingen das Ding an, teilweise, um aus einer vorübergehenden internationalen Rüstungsbegrenzung finanzielle Vorteile zu ziehen; falls aber nichts daraus würde, anderen Mächten das Odium des Scheiterns zuzuschreiben und selber in edlem Licht zu erscheinen. Die Ergebnisse beider Konferenzen waren dann auch danach. Ein Schiedsgerichtshof, dem die Mächte ihre Streitfragen vorlegen durften, aber nicht mußten, und falls ihre Ehre engagiert wäre, vorzulegen sich ausdrücklich weigerten; die Verdammung gewisser grausamer Waffen, um die im Ernstfall sich niemand kümmerte. Beide Male lehnten die Deutschen es ab, Rüstungsbeschränkungen auch nur zu diskutieren, womit sie einen diplomatischen Fehler begingen. Sie taten das, was im Sinn aller war, aber ehrlicher, gröber, entschiedener als die anderen. – Die deutsche Macht fühlte sich erst noch im Kommen, nicht schon lange da und wesentlich erfüllt wie die englische. Dauernde Rüstungsbeschränkungen hätten den Sinn gehabt, die Verteilung der Gewichte und Rechte auf Erden, so wie sie im Augenblick war, künstlich zu fixieren. Das wünschte im Grunde niemand, aber die Deutschen am wenigsten. So war ihre Lage. Darum verneinten sie derb und offen, was andere heuchlerisch bejahten. Als man einen sehr freisinnigen und kritischen deutschen Historiker, Hans Delbrück, Jahrzehnte später fragte, warum er sich nicht für die Ziele der Haager Friedenskonferenz eingesetzt hätte, gab er die bezeichnende Antwort: »Das haben wir absichtlich unterlassen, denn wir waren in Deutschland noch ein junges Volk, das eine große Zukunft hatte und das sich seine Zukunftsmöglichkeiten nicht durch derartige Institutionen abschneiden lassen zu können glaubte.«

Parlament und Macht

Unmittelbar wurde die äußere Politik von einigen wenigen Menschen bestimmt; vom Kaiser und jenen, die sein Ohr hatten, vom Reichskanzler, vom Staatssekretär des Äußeren, von einigen Räten des Auswärtigen Amtes. Unter ihnen besaß in der Zeit von Bismarcks Sturz bis zu seiner eigenen Entlassung im Jahre 1906 den stärksten Einfluß der Geheimrat von Holstein, ein intriganter, lichtscheuer Mann. Es ist später Mode gewesen, diesem heimlichen Tyrannen die Hauptschuld an der Katastrophe der deutschen Außenpolitik zuzuweisen. Hierzu kann aber der Erzähler sich unmöglich überreden. Die deutsche Diplomatie schwebte nicht in der Luft, ein leichtes, leeres Ding, welches ein grauer Beamter hierin und dorthin hätte stoßen können. Die großen, wirklichen Energien der Nation, ihre wirtschaftliche Macht, ihr Geist gingen in sie ein und machten sie zu dem, was sie war. Nicht einzelne Beamtenirr-

tümer sind es gewesen, was schließlich zur Isolierung des Reiches führte, weder die Auflösung des »Rückversicherungsvertrages«, noch das Nichteingehen auf ein englisches Bündnisangebot – die beiden Fehler, die allenfalls auf Herrn von Holsteins Schuldkonto kommen. Eine lange Kette von Erfahrungen, von Pressionen und eigenen Reaktionen, ein tiefer, breiter allmählicher Prozeß hat England, zu seiner eigenen Überraschung, reif gemacht für den Entschluß von 1914, der dann ein Vierteljahrhundert später wiederholt werden sollte. Eben dies, daß er nicht einmal, sondern zweimal gefaßt wurde, allen guten Vorsätzen zum Trotz, zeigt uns, daß es kein willkürlicher Entschluß war und daß er auch nicht deutscherseits durch ein paar oberflächliche, falsche Diplomatenschachzüge verursacht wurde.
Überhaupt war es ja nicht so, daß ein tyrannisches, volksfremdes Regiment einem weisen Volk gegenübergestanden und es, wider seinen Willen, auf der Bahn des Verderbens vorwärtsgestoßen hätte. Dergleichen gab es im frühen 20. Jahrhundert unter so wohlhabenden, zivilisierten, gebildeten Menschen wie den Deutschen nicht. Erlaubte auch das preußische Staatsrecht noch dem König von Preußen, sich als Monarch von Gottes Gnaden darzustellen, gab das Spiel des preußischen Verfassungslebens dem Adel Einflußmöglichkeiten, die im Glauben des Volkes längst keine Rechtfertigung mehr fanden: es spielten doch tausend Fäden zwischen Regierenden und Regierten. Von Wilhelm II. kann man wohl sagen, daß er nicht *den* Geist, aber doch *einen* Geist, der damals im Volke umging, genau und glänzend repräsentierte. Mit dem Reichstag ferner stand es so, daß, wenn er das Zeug dazu gehabt hätte, er das parlamentarische oder demokratische Regierungssystem jetzt hätte erzwingen können. Das Zeug fehlte ihm. Er war längst heruntergekommen, durch Schuld des Bismarckschen Systems, des öffentlichen Geistes, der Wähler, gleichviel. Er war in sich zerteilt, gewohnt, nur noch nach den materiellen Interessen seiner Auftraggeber zu schauen und das übrige »denen da oben« zu überlassen, nicht gewohnt, die Macht auszuüben, viel weniger, kühn nach ihr zu greifen. Man kann

das auch umkehren und sagen: Hätte er selbst die ganze Macht gewonnen, so hätte dies, so wie er nun einmal war, noch längst keine glückliche Führung des Reiches garantiert. Eine nicht allzu ferne Zukunft sollte es lehren.
Die Reichskanzler suchten sich ihre Mehrheiten, wie sie konnten. Die Parteien ließen sich ihre Mitarbeit bezahlen, wenn nicht im Felde der Gesetzgebung, dann durch Vergebung von Stellen an ihre Mitglieder. Wie zu Bismarcks Zeiten gab es wesentlich zwei Kombinationsmöglichkeiten: Konservative und Zentrum, Konservative und Liberale. Zu der letzteren Verbindung mußten nun auch die Linksliberalen genommen werden, Freisinnige oder Fortschritt, wie sie abwechselnd hießen. Mit diesem Block regierte Bülow von 1906 bis 1909, wobei er eine scharfe, wie immer vergebliche Wendung gegen Zentrum und Sozialdemokraten nahm. Eine dritte Möglichkeit wurde von nachdenklichen Leuten propagiert: das Bündnis aller Liberalen mit den Sozialdemokraten – ungefähr das, was in den zwanziger Jahren die »große Koalition« genannt wurde. Sie hofften auf diese Weise zu einer Parlamentarisierung, einer faktischen Änderung der Reichsverfassung zu gelangen. Hindernisse von arger Zähigkeit wären immer zu überwinden gewesen. Noch waren ja die Dinge des Reiches mit den preußischen auf das engste verflochten. In Preußen aber genossen, dank der erblichen Mitgliedschaft im Herrenhaus und dank dem Dreiklassenwahlrecht, die Konservativen eine Stellung, welche dem Monopol der Macht nahekam. In Preußen mit den Konservativen, im Reich mit den Sozialdemokraten zu regieren, das hätte auch ein Politiker von der Wendigkeit Bülows nicht fertiggebracht. Auch dachte er nicht daran, wenngleich er es nicht unter seiner Würde erachtete, die Führer des rechten Flügels der Partei gelegentlich in ein huldvolles Gespräch zu ziehen.
Des rechten Flügels – den gab es; die Sozialdemokratie war nun nicht mehr das Kampfinstrument aus einem Guß, das sie unter den Hammerschlägen der Bismarckzeit gewesen war. Eine riesige, in sich sehr vielfältige Organisation war sie geworden, die auf ihren Parteitagen zwischen Persönlichkeiten,

Auffassungen und Richtungen kunstvolle Brücken schlagen mußte. Der sogenannte »Revisionismus« erschien um die Jahrhundertwende, in seiner theoretischen Form hauptsächlich in den Schriften von Eduard Bernstein. Revisionismus – zu revidieren galt es die marxistische Unterlage des Programms. Man müsse nun, meinte Bernstein, gewisse Irrtümer der wirtschaftlichen und politischen Doktrin als solche anerkennen und daraus die praktischen Folgerungen ziehen. Es sei nicht wahr, daß die Lebensbedingungen der Arbeiter sich unter dem Kapitalismus immer nur verschlechterten; im Gegenteil, es gehe ihnen dank ihrer eigenen Anstrengungen zusehends besser. Es sei nicht wahr, daß die kapitalistische Entwicklung alle Mittel- und Kleinbetriebe vernichte; es gebe deren noch immer so viele wie ehedem, wenn auch teilweise in anderen oder neuen Gebieten der Produktion. Es sei nicht wahr, daß die Reichen immer weniger, die Armen immer mehr und immer ärmer würden, und so fort. Es sei kurzum nicht wahr, daß der große Zusammenbruch unvermeidlich herannahe. Die Folgerung? Man müsse den Gedanken der plötzlichen, gewaltsamen Gesamtveränderung, der kommunistischen Revolution, fahrenlassen und sich auf ergiebige praktische Arbeit innerhalb der bestehenden Ordnung konzentrieren, welche so allmählich sich in eine sozialistische verwandeln werde.

Als Theorie hat der Revisionismus sich nicht durchsetzen können. Gar zu bestechend in ihrer allumfassenden, allwissenden Einfachheit war die Marxsche Lehre. Vor aller Welt einzugestehen, daß sie falsch war – darauf lief es hinaus – und daß der deutsche Arbeiter, um sich selber zu helfen, des ganzen gelehrten Rüstzeugs der Marxschen Philosophie nicht bedurfte – das war mehr, als die alten Führer der Partei vermochten; zumal ja in Deutschland noch immer viel geschah, was die Lehre vom Klassenkampf zu bestätigen schien. Zum Marxismus hatte Bebel sich spät bekehrt; er war nicht der Mann, nun auf seine ältesten Tage noch umzulernen. Und er hatte seine Leute fest in der Hand. Auf dem Dresdener Parteitag, 1903, wurde Bernsteins Kritik von der großen Mehrheit der Delegierten verworfen. Aber wirkliche Klarheit schaffte das nicht. Indem die Verurteilung der Ketzer sich gegen etwas richtete, was sie nicht empfohlen hatten, die Teilnahme von Sozialdemokraten an den Regierungen der Bundesstaaten, konnten selbst die Revisionisten für den Beschluß stimmen, von dem sie sich gar nicht betroffen fühlten. Was sie versucht hatten, war, die Theorie in Einklang mit der sich verändernden Praxis zu bringen. Die Theorie blieb die alte; aber die Praxis entsprach ihr nicht und konnte ihr nicht entsprechen. Revolutionär war die Theorie; die Praxis revisionistisch oder gar nichts.

Wie sollte es anders sein? Wie sollte eine Partei, zu der nun nahezu ein Drittel aller Deutschen sich mit dem Wahlzettel bekannte, sich mit der bloß negativen Rolle begnügen können, die Bourgeoisie als Menetekel zu schrecken? Die taktische Lage in den Bundesstaaten führte zu Wahlbündnissen, einmal mit den Fortschrittlern, einmal mit dem Zentrum. Wahlbündnisse brachten Siege und Siege Verpflichtungen. Man mußte das Budget verabschieden, in den Präsidien der Landtage Platz nehmen, sogar zu Hofe gehen; man mußte in den Kommissionen der Parlamente, in den Stadträten sich mit tausend notwendigen und nützlichen Dingen befassen. Und man mußte ein Herz aus Stein haben, um bei solcher Tätigkeit Doktrinär der kommenden Revolution zu bleiben und nichts weiter. Im Reich lag es etwas anders. Hier gab es bis 1912 keine Wahlbündnisse und war die Stimmung intransigenter. Scheidemann, 1912 in das Präsidium des Reichstags gewählt, erregte einen Sturm dadurch, daß er sich weigerte, dem Kaiser den üblichen Besuch abzustatten. Trotzdem legte selbst Bebel, bei aller Unbeugsamkeit seiner Grundsätze, Wert darauf, daß der neue Vizepräsident sich seiner Aufgabe würdig unterzöge. (»Haben Sie denn einen anständigen Gehrock?«) Auch im Reichstag war die Partei längst zur positiven Detailarbeit, zum Studium und zur Kritik der einzelnen Budgetposten übergegangen. Es war die zweite Generation, die sich hier hervortat; Männer, die in der Epoche des Sozialistengesetzes jung gewesen und nicht mehr völlig von ihr geprägt worden waren: Ebert, Scheidemann, Noske, Otto Braun. Noske, Reichstagsabgeordneter seit 1906, hat sich später gerühmt, das Wort »Marxismus« in seinen Reden und Artikeln überhaupt nie in den Mund genommen zu haben. Er war nicht einmal »Revisionist«, weil das, was es zu revidieren gab, die Theorie, ihn gar nicht interessierte. Die praktische Arbeit interessierte ihn, der Heeresetat, der Marineetat, die Kolonien, alles das, womit er als fleißiger Volksvertreter sich zu befassen hatte. Wenn sein Fall ein extremer war und auch später bleiben sollte, so kam doch der Typ des jüngeren sozialdemokratischen Politikers oder Gewerkschaftlers ihm näher als er dem Typ des radikalen Doktrinärs. Bebel starb 1913. Sein Nachfolger als Parteivorsitzender wurde Friedrich Ebert, kein Revisionist dem Namen nach, aber ganz der Praktiker, der zwischen den streitenden Richtungen vermittelte, weil der Streit ihm nicht der Mühe wert schien... Der Mühe wert war der Streit wohl. Es wäre besser gewesen, wenn die Partei auf die veralteten theoretischen Grundlagen ihres Programms mit mutiger Klarheit verzichtet hätte. Das dringend Wünschbare und Erreichbare, die Demokratisierung des Staates und der Ausbau der öffentlichen Wohlfahrt waren eine Sache. Die »Weltrevolution« war eine andere, den wirklichen deutschen Zuständen schlechterdings nicht bekömmliche. Man lebte ja nicht mehr im Jahre 1847, als solche großen vagen Träume dem Zeitgeist und der noch unentwickelten Realität entsprochen hatten. Und es tut uns nie gut, das eine praktisch zu tun, das andere zu glauben oder nicht einmal zu glauben, sondern mit ungeglaubten, ererbten Worten zu bekennen. Die deutschen Liberalen hatten versagt. In die Sozialdemokratie gingen nun ungeheure Energien. Sie vereinigte bei weitem die größte Zahl der Wähler auf sich, ihr Versprechen war es, die deutschen Dinge in Ordnung zu bringen. Das hätte sie trotz aller Widerstände vielleicht gekonnt, wenn sie sich als demokratische Partei des sozialen Fortschritts konstituiert hätte. Oder wäre dann auch sie den kümmerlichen Weg der alten Fortschrittspartei gegangen? War es eben ihr Charakter als doktrinäre geschlossene antibürgerliche Arbeiterpartei, was ihr Stoßkraft gab? So daß derselbe Wind, der ihre Segel schwellte, auch ihre Fahrt hemmte, ihre Energien lähmte? Das sind, im Rückblick, Fragen zum Nachdenken; nicht zum Entscheiden. So wenig wie andere Parteien hatten die Sozialdemokraten die deutsche Außenpolitik zu lenken. Sie konnten sie nur mittelbar beeinflussen durch Kritik, Verweigerung und Budgetposten, Bewegen der öffentlichen Meinung. Kritik aber, von einer so gewaltigen Organisation kommend, hatte auf die Dauer konstruktiv zu sein, sie mußte durchblicken lassen, wie man es selber denn machen würde, wenn man die Verantwortung trüge. Und wieder reichte zu einer solchen positiven Durchdringung von Deutschlands politischen Sorgen die alte Marxsche Theorie keineswegs aus. Was sich von Marx allenfalls ableiten ließ, und was Lenin damals aus ihm ableitete, war ein Verstehen der Weltpolitik und des Imperialismus aus zwangsläufig so und nicht anders sich auswirkenden wirtschaftlichen Interessen. Die Sozialdemokraten verwiesen denn auch wacker auf die propagandistischen Machenschaften der Schwerindustrie, auf die übertriebenen Gewinne, welche sie aus dem Flottenbau zog, auf die korrupte Verwaltung der Kolonien. Die Unvermeidlichkeit aber von Korruption, Imperialismus, imperialistischen Zusammenstößen, welche in der Marxschen Theorie lag, nahmen sie nicht hin. Im Gegenteil, sie redeten mit kräftiger Stimme zum Guten. Derselbe Mann, August Bebel, der 1870 sich gegen die Annexion von Elsaß-Lothringen mit prophetischen Worten erhoben hatte, eiferte 1903 gegen die Tirpitzsche Flottenpolitik, gegen den sich in Deutschland breitmachenden Englandhaß; er geißelte noch 1911 das deutsche Auftrumpfen in Marokko. Er sah nichts Unvermeidliches in alledem, er wünschte Freundschaft zwischen England und Deutschland, ganz ebenso wie liberale Finanzleute, Exporteure, Aristokraten und Professoren sie wünschten. Er war nicht schadenfroher Beobachter, wie der folgerichtige Marxist inmitten der kapitalistischen Gesellschaft hätte sein müssen, sondern Warner und Helfer. Ein wohltuender Widerspruch, aber ein Widerspruch doch. Die Sozialdemokraten bekannten sich zum Vaterland – nach Marx ein bürgerlicher Schwindel – und, trotz ihrer Kritik einzelner Militärvorlagen, zur Landesverteidigung. Zwar hielten sie engen Kontakt mit ihren Schwesterparteien im Westen und galt ihnen noch der alte Plan, wonach im Ernstfall ein internationaler Generalstreik die Kriegsmaschinen lähmen sollte. Für den noch ernsteren Fall aber, etwa für den Fall eines russischen Angriffs, waren sie auch zu kämpfen bereit; eine Tradition, die sich wohl auch auf Engels berufen konnte. »Sollte es jemals gegen Rußland losgehen«, versicherte Bebel, »so werden wir Sozialisten marschieren wie eine Knoche.« Worte eines Mannes, der geistig noch mit dem Jahre 1848 in Verbindung stand; aber nun bezogen auf eine Situation, in der Rußland mit Frankreich militärisch verbündet war. 1913 stimmten die Sozialdemokraten im Reichstag für das »Wehropfer«, eine Vermögenssteuer, durch welche die Kosten einer neuen Heereserweiterung gedeckt werden sollten. Das war damals nichts grundstürzend Neues mehr; es floß aus einer Haltung, die längst und allmählich sich in der Partei eingebürgert hatte. Deutschland war vielfach geteilt. Es war nicht zwiefach geteilt in Sozialisten hier und alle anderen dort. Eine solche Zweiteilung hätte der Marxschen Theorie entsprochen; aber nicht dem Geist des Volkes, nicht der reichen gesellschaftlichen Wirklichkeit.

So sind die Sozialdemokraten denn auch von der imperialistischen Welle schließlich nicht ganz unberührt geblieben. Von ihrer grundsätzlichen Ablehnung des Kolonialismus gingen sie über zu seiner Kritik im einzelnen; was bedeutete, daß einzelnes besser gemacht werden sollte und konnte. Es hat sich dann auch, nicht zuletzt dank sozialdemokratischer Kritik, in der Verwaltung der deutschen Kolonien manches gebessert. Die »Verelendungstheorie« stimmte nicht einmal dort, viel weniger zu Hause. Der deutsche Arbeiter lebte besser, als er je gelebt hatte. Das hing zusammen mit, hing ab von den Erfolgen und Gewinnen der deutschen Industrie. Wenn es nun zutraf, was damals beinahe alle Welt glaubte, daß die deutsche Industrie möglichst unabhängig sein mußte vom politisch stets bedrohten, stets schwankenden Weltmarkt, daß ihre Rohstoffzufuhr und Absatzmärkte durch das Deutsche Reich gesichert werden mußten, dann konnten die Vertreter der Arbei-

terschaft »Schutzgebiete« und »Einflußzonen« kaum noch unbedingt ablehnen. Es hieß dann: besser machen, gerechter machen, möglichst ohne Säbelrasseln machen; aber es hieß nicht mehr: gar nichts machen. So sehen wir denn Männer wie Gustav Noske das deutsche Kolonialreich geradezu bejahen; Männer wie Philipp Scheidemann sich für die Bagdadbahn begeistern, die dereinst das deutsche Arbeitsvolk mit Getreide werde versorgen müssen. – Hier war kein absoluter Gegensatz mehr zwischen dem Gebaren des Deutschen Reiches und seinen innerdeutschen Kritikern. Gefordert wurde die Demokratisierung des Staates, nicht völliger Umsturz und Neubeginn.
Die Demokratisierung des Staates – im Spätherbst des Jahres 1908 konnte es ein paar Tage lang den Anschein haben, als ob sie auf schnellem Wege sei. Der Anlaß war ein trivialer: eine jener Äußerungen des Kaisers, wie er in achtzehn Jahren so manche getan hatte. Es handelte sich um ein Interview mit Vertretern einer Londoner Zeitung. Wilhelm beklagte die mangelnde Verständnisbereitschaft der Engländer und den schweren Stand, den er selber, indem er sich um eine Annäherung zwischen beiden Nationen bemühte, in Deutschland hätte, usw. – milde Geschmacklosigkeiten gemessen an dem, was man von dem hohen Herrn gewohnt war. Nur scheint der psychologische Moment eigenartig gewesen zu sein. Jedenfalls brach ein Sturm der Entrüstung in Deutschland los, wie seit dem März 1848 ihn kein König von Preußen erlebt hatte. Die Konservativen machten ihn nicht weniger mit als die Sozialdemokraten. Das Maß sei nun voll, das Vertrauen des Volkes in seinen Monarchen auf den Tiefpunkt gesunken, dem unverantwortlichen Gehabe müsse ein Ende gesetzt werden – so erklang es aus den Zeitungen und im Parlament. Die Sozialdemokraten riefen auf zur Tat. »Wirkliche Ministerverantwortlichkeit und die tatsächliche Ernennung der Minister durch das Parlament ist das Gebot der Stunde... Meine Herren, Sie haben die Möglichkeit, infolge der überall im Volke herrschenden Mißstimmung eine wirklich demokratisch-parlamentarische Regierung zu erlangen, und da Sie die Möglichkeit in der Hand haben, müssen Sie sie auch benutzen...

Wenn Sie doch nur den Mut hätten, sich endlich mit dem Selbstbewußtsein freier Männer zu erfüllen!« (Rede Georg Ledebours)
Sehr ungern mußte der Reichskanzler Bülow seine Wahl zwischen dem Kaiser und dem Reichstag treffen. Er wählte den Reichstag, wie sehr er sich auch wand und krümmte: Die kaiserliche Entgleisung, gestand er, sei ein Unglück, sei tief bedauerlich, und so könnte niemand regieren; aber getrost, es werde nicht wieder vorkommen. »Sorgen Sie dafür, daß aus dem Unglück keine Katastrophe wird!« – Wilhelm II. lebte in einem Wolkenkuckucksheim, ein Prahlhans, aber betrübt und ängstlich, sobald er mit der rauhen Wirklichkeit zusammenstieß. Er machte sich klein während des Novembersturms, verschwand für eine Weile, dachte an Abdankung und überließ es Bülow, ihn und sich selber, so gut es ging, aus der Affäre zu ziehen.
Bald war alles wieder beim alten. Während der Krise hatte »Die Hilfe«, die Zeitschrift Friedrich Naumanns, geschrieben: »So viel ist heute schon klar, daß ein entscheidender verfassungsrechtlicher Schritt nicht geschehen wird.« »Es fehlt infolge der Zerfahrenheit unseres Parteiwesens bei den meisten Volksvertretern überhaupt der Wille zur Macht. Das ist die traurige Erfahrung dieser Woche...« Nichts änderte sich in der Reichsverfassung, nichts im Charakter des Monarchen. Bülow mußte demnächst seinen Abschied nehmen. Er tat es, weil seine Koalition auseinanderbrach; die Konservativen versagten ihm die Gefolgschaft, als er bescheidene Erbschaftssteuern zum Bestandteil einer notwendig gewordenen Finanzreform machen wollte. Das Bündnis zwischen Konservativen und Freisinnigen versagte, als es auf eine auch nur halbwegs ernste Probe gestellt wurde. Daß Bülow daraufhin sich zurückzog, könnte man als einen Sieg des parlamentarischen Prinzips deuten. Nur war es wieder ein nur negativer Sieg. Denn erstens stand keine Mehrheit bereit, einen Nachfolger zu tragen. Die Konservativen in ihrem Klassenegoismus, verdrossen durch Maßnahmen Bülows, welche sie als »links« ansahen, hatten ihm ihre Mitarbeit verweigert; kein irgendwie konstruktiver Akt. Auch

war es ja nicht der Reichstag, der Bülow stürzte. Was der Reichstag bewirkte, war nur, den Kanzler völlig vom Belieben des Kaisers abhängig zu machen. Vergnügt nahm Wilhelm nun seine Rache für das, was er Bülows Verräterei in der Daily-Telegraph-Affäre hielt. Er entließ ihn. Es war wie eine Parodie auf Bismarcks Sturz. Beide Male war der Reichstag beteiligt, aber formal nicht entscheidend. Beide Male hätte der Vorgang nur dann etwas Nützliches versprochen, wenn eine parlamentarische Regierung dem gestürzten Minister gefolgt wäre. Beide Male geschah das nicht. Der Sturz Bülows wie der Sturz Bismarcks erhöhten nur die Stellung des Kaisers. Der Sturz Bismarcks die Stellung des jungen Kaisers, der sich selber und über den das Volk sich die schönsten Illusionen machte. Der Sturz Bülows die Stellung des alternden Kaisers, den große Teile des Volks längst durchschauten und dessen Prestige unlängst einen schlimmen Stoß erlitten hatte. Folglich löste der Sturz Bülows nicht das mindeste. Er hatte, neun Jahre lang, noch einen Schatten der Bismarckschen Macht mit einem Schatten der Bismarckschen Geschicklichkeit verteidigt. Nach ihm war nur noch Konfusion. Daß die Parteien des Reichstags sich in einer unkoordinierten Rebellion gegen die Bismarck-Hohenzollernsche Ordnung befanden, die einen aus diesem, die anderen aus jenem Grunde, gab dem Land noch keine Regierung. Es lähmte die einzige, die Deutschland hatte und die eben Bismarck-Hohenzollernschen Ursprungs war. Tatsächlich hatte Wilhelm 1909 das stolze Gefühl, als sei ihm abermals, wie 1890, »das Steuer zugefallen«. Als Bülow ihn warnte, sein Nachfolger, Bethmann Hollweg, verstünde nichts von Außenpolitik, schmunzelte er überlegen: die Außenpolitik werde in Zukunft wieder er selber führen. Übrigens sei Bethmann Hollweg ganz der Rechte, um die Herren Volksvertreter zurück in ihre Mäuselöcher zu treiben... Der Kaiser gedachte persönlicher zu regieren als bisher.

Bethmann Hollweg war ein Bürokrat, der die Karriere vom Landrat zum Staatssekretär des Innern mit Auszeichnung hinter sich gebracht hatte. Ein Ehrenmann, ein wohlmeinender Mann, ein fleißiger, vernünftiger, in seinem Fach durchaus

fähiger Mann. Vom Diplomaten fast gar nichts. Vom Parlamentarier, vom Politiker, Machthaber und Machtausüber keine Spur. Pessimistisch, zum Grübeln geneigt, unsicher der eigenen Gaben, aber der eigenen Tugendhaftigkeit sehr bewußt, gelegentlich fähig zu Zorn und dann noch am ehesten überzeugend, dabei überempfindlich und nicht ganz frei von liebedienerischen Gewohnheiten – daß dieser graubärtige, lange Fremdling sich nun der Nation als ihr einziger verantwortlicher Minister vorstellen durfte, kam einer Bankrotterklärung der deutschen Innenpolitik gleich. Was sollte Bethmann mit einem Staatswesen anfangen, das unzeitgemäß und schlecht geordnet war? Was mit dem unzufriedenen, nach allen Seiten zerrenden Parlament? Was mit dem Volk, das mit seiner übergroßen wirtschaftlichen und militärischen Kraft das Rechte nicht anzufangen wußte? Was mit der nun tief mißtrauisch gewordenen, trotz aller schönen Friedensreden sich gegen das Reich der Mitte sammelnden Außenwelt?
Bethmann Hollweg versuchte einiges. Er hätte sich gern mit den Sozialdemokraten vertragen, deren Führer er zu resultatlosen Beratungen einlud. Er spielte mit einer milden Wahlrechtsreform in Preußen. Aber er konnte sie nicht durchsetzen in dem von den Konservativen beherrschten Abgeordnetenhaus und gab die Sache wieder auf. Das geschah eben damals, als das englische Oberhaus, wenn auch sehr widerwillig, in die eigene Entmachtung willigte. In England ging es. In Preußen-Deutschland ging es nicht; da gab es keine zeitige Reform, keine freiwillige Abdankung. – Für Elsaß-Lothringen brachte Bethmann eine Verfassung zustande, welche das Reichsland ungefähr zur Gleichberechtigung mit den Bundesstaaten erhob, unleugbar ein Fortschritt. Es spricht manches dafür, daß, wenn Friede geblieben wäre, die Elsässer sich an ihre Zugehörigkeit zum Reich schließlich doch gewöhnt hätten. Wenn Friede geblieben wäre – nun, vielleicht wäre dann das ganze deutsche Staatsgeschäft allmählich in Ordnung gebracht worden. Die Frage aller Fragen ist nur, warum nicht Friede blieb. Das deutsche Bürgertum, so wie es in seiner Presse, in den Reden seiner Abgeordneten sich äußerte, war

nicht friedliebender als seine Regierung. Der Mittelkurs, den Bethmann Hollweg steuerte – wenn man noch »steuern« nennen kann, was der gute Mann tat –, führte ihn leicht zwischen zwei Feuer. Den Sozialdemokraten war er zu unruhig und provokatorisch; der Rechten war er zu vorsichtig. Ja, selbst dem Admiral von Tirpitz konnte es geschehen, daß die Alldeutschen seine Haltung zu diplomatisch fanden. Deutschland hatte keine echte, das heiß demokratisch gebildete verantwortliche Regierung; ein Konstruktionsfehler. So wie die Dinge sich aber einmal entwickelt hatten, könnte nicht einmal gezeigt werden, daß eine parlamentarische Regierung es besser gemacht hätte. – Es gab Situationen, aus denen eher das Gegenteil zu schließen wäre.
Als Beispiel dafür, als Symptom, nicht weil ihr echte geschichtliche Bedeutung zukäme, nennen wir die »zweite Marokkokrise«. Es geschah im Jahre 1911, daß Frankreich Schritte tat, welche die Errichtung eines Protektorats über den afrikanischen Staat vorzubereiten schienen. Die deutsche Diplomatie, um wirkliche oder angebliche Wirtschaftsinteressen zu schützen, antwortete mit einer der jetzt in Berlin beliebten dramatischen Gesten: ein deutsches Kanonenboot erschien im Hafen von Agadir an der Küste Westmarokkos. Das rief im deutschen Bürgertum helle Begeisterung hervor. »Westmarokko deutsch!«, »Hurra, eine Tat!«, »Wann werden wir marschieren?« – so klang es aus den Zeitungen. Man nahm im Kreise der Schwerindustrie die Kraftprobe ernster, als das Auswärtige Amt sie wohl gemeint hatte. Dieses trat den Rückzug an, als England mit scharfer Rhetorik eingriff und sich hinter Frankreich stellte. Das Ergebnis war ein Tauschgeschäft, wie es die imperialistischen Konflikte so oft beendete. Frankreich durfte seine eingebildete Beute, Marokko, davontragen, dafür trat es dem Deutschen Reich ein Stück seiner Kongokolonie ab. Der Friede, monatelang bedroht, war wieder einmal gerettet, ein bescheidener Gewinn erzielt. Aber in der nachfolgenden Reichstagsdebatte waren jene in der Mehrheit, die es auf das Äußerste gerne hätten ankommen lassen und der Regierung »Schlappheit« zum Vorwurf machten. Der Reichskanzler fand

sich in der wunderlichen Lage, sich allein von dem greisen Bebel verteidigt zu sehen; von einer Partei, auf die er seine Politik nicht stützen konnte. Die kaiserliche Obrigkeit verlor ihren festen Griff auf die Nation, sie hatte ihn schon verloren. Aber dieser Autoritätsschwund bedeutete nicht, daß Nachfolger zur Übernahme der Verantwortung bereitstanden. Es war Autoritätsschwund an sich und überhaupt. Hohenzollern-Deutschland, einmal dieser, dann wieder der entgegengesetzten Tendenz nachgebend, wurde der auseinanderzerrenden Interessen und Leidenschaften nicht Herr; 1911 sowenig wie sechs Jahre später.

Die nächsten Reichstagswahlen, 1912, brachten einen Sieg der Sozialdemokratie, die zur weitaus stärksten Partei wurde. Ein gutes Drittel der Wähler hatte sich für sie entschieden, dazu noch eine stattliche Zahl für die Freisinnigen. Das hieß, daß wohl die Hälfte der Deutschen die Politik des Säbelrasselns nicht billigte, nicht die Agitation der Alldeutschen, welche aus den Kassen des Auswärtigen Amts finanziert wurde, nicht das Wettrüsten zur See, nicht das Bramarbasieren des Kaisers, nicht die unhaltbare Ordnung in Preußen. Das hieß es; aber das änderte nichts. Die Zahl kam nicht einmal in der Stärke der Fraktionen zu ihrem wahren Ausdruck, da eine veraltete Wahlkreiseinteilung das Land gegenüber den großen Städten begünstigte. Und was hätte selbst eine Änderung dieses Zustandes geholfen, solange die Machtstruktur so war, wie sie war? Solange jene, die mit der Machstruktur unzufrieden zu sein Grund hatten, nicht ihrerseits einen aktionsfähigen Verband ausmachten, bereit, das Machterbe zu übernehmen und besser zu verwalten? – Im Herbst 1913 erlaubte deutsches Militär in einer kleinen Stadt des Elsaß sich Provokationen gegen die Einwohnerschaft, die zu der ungesetzlichen Inhaftierung einiger Bürger führten – für eine einzige Nacht. Wieder war der Anlaß gering, wieder gab er Gelegenheit zum Hervorbrechen zorniger Stimmungen. Vor dem Reichstag verteidigte Bethmann die Armee mit bösem Gewissen, tadelte sie milde, milde auch die Elsässer, und redete zum Guten, wie das seine Art war. Er wurde verhöhnt, niedergeschrien – »Schämen

Sie sich nicht, in einer so ernsten Sache solchen Kohl hervorzubringen?« – schließlich niedergestimmt; mit erdrückender Mehrheit, zweihundertdreiundneunzig gegen vierundfünfzig, beschloß das Parlament, daß die Behandlung der Angelegenheit durch den Kanzler es nicht befriedigte. Es war eine Wiederholung der Daily-Telegraph-Affäre, des Mißtrauensvotums, des Protestes der Parteien, der diesmal sich nicht gegen den Kaiser, sondern gegen die Armee, die feixenden, schnarrenden, über alle Zivilbevölkerung sich weit erhaben dünkenden Offiziere richtete. Ein in seiner Einmütigkeit sehr respektabler Protest. Nur, daß er wieder nichts änderte. Die schuldhaften Offiziere wurden nicht im Ernst zur Rechenschaft gezogen, der Kriegsminister, der sich jede parlamentarische Kritik an der Armee verbeten hatte, blieb im Amt, der Kaiser, der törichte junge Kronprinz, der unbegnadete Kanzler, sie alle trieben ihr Handwerk oder ihren königlichen Unfug weiter wie vorher. Wahlen wie die von 1912, Parlamentsbeschlüsse wie die vom Dezember 1913 zeigten, daß Hohenzollern-Deutschland sich in einer inneren Krise befand. Aber sie ließen keine Schlüsse auf den Ausgang der Krise zu. Der Schreiber dieser Zeilen hat öfters alte Leute gefragt, wie sie sich im Jahre 1913 die Zukunft eigentlich vorgestellt, was sie gewünscht, was sie erwartet hätten; hat aber bestimmte Antworten nie erhalten können.

Krisen – die gab es nun freilich auch bei anderen Völkern. England war 1909/10 durch einen Verfassungsstreit gegangen, um nach seiner Überwindung erbitterte Kämpfe zwischen Kapital und Arbeit zu erleben. In Irland drohte Bürgerkrieg. Dazu kam die Bewegung der Frauenrechtler, deren verrückte Intensität als ein Ausdruck der allgemeinen Erregbarkeit, des geschwächten europäischen Nervenzustandes anzusehen ist. In Frankreich war der große Rechtsstreit um Hauptmann Dreyfus, der kalte Bürgerkrieg, der um die Jahrhundertwende das Land glatt in zwei Hälften gespalten hatte, noch in aller Erinnerung. Das Königreich Italien war nie zum Frieden mit sich selbst, über Korruption und Scheinparlamentarismus, verschleierte Diktatur, schleichende Anarchie nie hinausgekommen. In Rußland kämpfte der Zarismus seinen schweren, häßlichen Todeskampf. Ein Paradies der Gesittung, der Freiheit und Rechtssicherheit erschien das Deutsche Reich, verglichen mit seinem unheimlichen Nachbarn im Osten.

Das sagt nicht alles. Wenn jeder Staat seine ungelösten Probleme mit sich herumschleppte, so waren die deutschen Schwierigkeiten eigener Art. Frankreich besaß eine alte Identität, auch wenn dort Parteien und Weltanschauungen um die Führung rangen; Deutschland besaß sie nicht. Hier wurde aneinander vorbeigeredet, aneinander vorbeigekämpft. Hier gab es keine echte Opposition, weil es keine echte Regierung gab. Der Gegensatz zwischen Preußen und dem Reich, der in Wahrheit ein sozialer war, drapierte sich als Gegensatz zwischen Staatswesen, die zugleich sich deckten und nicht deckten. Die Parteien fanden sich nicht im Wettbewerb um die Macht, nicht einmal in klarer Gegnerschaft. Jeder machte seine eigene Sache; Bürokratie, Heer, Flotte, Außenamt; Agrarier, Industrielle, Handwerker, Bauern, Arbeiter; Zentrum, Konservative, Sozialdemokraten. Fast möchte man sagen: Es gab im Grunde noch immer keine Nation, so wie die älteren Nationalstaaten sie geprägt hatten. Daher das ungestüme Sichsuchen, das nationalistische Lärmen, die phantastischen Forderungen und Pläne der Alldeutschen. Daher andererseits die Weigerung, einander als zur Nation gehörig anzuerkennen, wie sie das Verhältnis zwischen den Parteien der äußersten Rechten und Linken charakterisierte. Aber dieser Nationalstaat ohne verantwortliche Regierung, ohne Einheit mit sich selber, stellte zugleich eines der stärksten Energiezentren dar, die es je gab: eine Bevölkerung, die jährlich um nahezu eine Million zunahm, eine Industrie, die nur von der amerikanischen übertroffen wurde, ein Heer von unvergleichlicher Schlagkraft.

Geist und Ohnmacht

Am Ende seines kurz vor dem Weltkrieg abgeschlossenen Buches »Die Deutsche Volkswirtschaft im 19. Jahrhundert« stellt Werner Sombart, einer der berühmtesten Nationalökonomen des Kaiserreichs, die Frage: Wie es denn nun eigentlich mit dem Geist dieses bewundernswerten Industriestaates beschaffen sei? Die Antwort des Professors ist pessimistisch. Etwa heißt es da:

»Die großen Ideale, die noch unsere Väter und Großväter begeisterten, sind verblaßt; die nationale Idee ist verbraucht, nachdem in mächtig aufflammender Begeisterung das Deutsche Reich errichtet ist. Was uns heute an Nationalismus geboten wird, ist ein schaler zweiter Aufguß, der niemand mehr so recht zu erwärmen vermag. Die hohle Phrase muß die innere Öde verdecken. Dasselbe gilt von den großen politischen Idealen, um die unsere Vorfahren in den Tod gegangen sind. Teils sind sie verwirklicht, teils in ihrer Belanglosigkeit erkannt worden. Die junge Generation lächelt überlegen, wenn sie von dem Kampfe um die politischen Freiheitsrechte liest, und die Erinnerungsfeiern der großen Begeisterungszeiten werden zu lächerlichen Farcen. Neue politische Ideale sind aber nicht erstanden... So endigt das 19. Jahrhundert mit einem ungeheueren Defizit an idealer Begeisterung, an der gerade die letztvergangen Zeiten so überreich gewesen waren. Und nun in dem Maße, wie die idealen Güter schwinden, treten naturgemäß die materiellen Interessen in den Vordergrund, und die Massen, die von keiner Idee mehr gefesselt werden, scharen sich um die Fahne der sozialen Klasse, wenn sie nicht vorübergehende wirtschaftliche Interessen zu gelegentlichen Sonderverbänden zusammenführt, wie augenblicklich die ›Agrarier‹ im Bund der Landwirte, der mit der ungünstigen Konjunktur auf dem Agrarproduktenmarkte entstanden ist und verschwinden wird. Aber auch diese gewaltige Massenorganisation ist aus rein ökonomischem Geiste geboren... Und wie es nicht anders zu erwarten ist: mit der Fä-

higkeit, sich für große Ideale zu begeistern, ist in unserem öffentlichen Leben auch die Freude an der Vertretung großer politischer Grundsätze verschwunden. Ein prinzipienloser, öder Opportunismus, eine schwunglose Geschäftsmäßigkeit haben die Herrschaft über unsere Politik errungen. Wer mag heute noch über die prinzipielle Berechtigung des Staatsbetriebes, des Arbeiterschutzes, der Gewerbefreiheit, der Genossenschaftsorganisation, des Freihandels mit Feuer streiten?... Man möchte es fast für unmöglich halten, daß dasselbe Volk, in dem vor hundert Jahren die Stein, Hardenberg, Schön und Thaer Gesetze machten, in dem in den 1820er und 1830er Jahren Männer wie Nebenius, Humboldt, List den Ton angaben, in dem vor einem halben Jahrhundert eine Versammlung wie die der Männer der Paulskirche die Geschicke der Nation berieten, in dem vor einem Menschenalter noch ein Treitschke und ein Lassalle am politischen Horizont wetterleuchteten, in dessen Parlamente vor wenigen Jahrzehnten Männer wie Bennigsen, Lasker, Bamberger, Windthorst, Reichensperger mit einem Bismarck die Klinge kreuzten, daß dasselbe Volk, sage ich, einen solchen Tiefstand des politischen Lebens erreicht hat, wie ihn uns die Gegenwart erleben läßt.«
Bewunderer der guten alten Zeit auf Kosten des Gegenwärtigen hat es immer gegeben. So sah man in den 1920er Jahren mit Neid auf das hohe Niveau des deutschen Parlamentarismus in der Kaiserzeit; so in der Kaiserzeit mit selbstkritischer Wehmut auf die politischen Kämpfe Bismarcks und gegen Bismarck, während dem Erzähler schon das Bismarckreich geistig heruntergekommen schien, wenn man es maß an den Versprechen von 1808 oder 1848. Optische Täuschung läuft da immer mit; aus der Ferne sieht man die Spitzen, nicht den mittelmäßigen Durchschnitt. Und doch glauben wir, Niedergang zu erkennen, auch wenn wir dies Element der Täuschung in Rechnung bringen. Der Nationalismus als schnarrende Phrase, in der kein großes Herz mehr schlägt, die nur noch den Dünkel nährt, materielle Bereicherung verbirgt und fördert, die Korruption, der öde Kampf der Interessen, die Glaubenslosigkeit trotz allen christlichen Geredes, die Vergottung

des Erfolges. – Sombart, ein Bewunderer des deutschen Bürgertums, muß es ebenso sehen, wie ungefähr gleichzeitig der satirische Schriftsteller Heinrich Mann es in seinem Roman »Der Untertan« mit hellsichtiger Bosheit zeichnete, und wie schon eine Generation vor ihnen Nietzsches schrille, einsame Notizen es erkannt hatten. Es war kein guter Stil, der Stil des Kaiserreiches mit seinen Hofpoeten, Hofmalern, Hofpredigern, seinen Kaisergeburtstagsreden und Sedanfeiern, seinen Prunkbauten, Kasernen, renovierten und gefälschten Burgen. Auch Fremde sahen es so. Zitieren wir noch einmal den alten, feinen Henry Adams: »Vierzig Jahre haben eine neue Schicht von schlechtem Geschmack zu allem Vorigen gefügt. Es macht mich krank, wenn ich bedenke, daß dies das ganze Ergebnis meiner Lebenszeit ist. In Italien sah ich dasselbe, aber doch nicht in so riesigen Dimensionen. Hier in Nürnberg fühle ich's besonders, weil ich hier im Jahre 1859 einen meiner ersten künstlerischen Genüsse erlebte... Alles in allem macht Deutschland mir den Eindruck eines hoffnungslosen Versagens...« (geschrieben 1901).

Geist und Staat lebten getrennt voneinander. Beide lebten auf ihre Weise, aber kannten sich nicht. Das Falscheste entstand neben dem Richtigen und Wahren. Die Feldherrngemälde, billige Prunkstücke, wie der Kaiser sie liebte, konnten die kraftvolle Malerei der Impressionisten, Max Liebermanns, Slevogts, nicht vertreiben. Gerhart Hauptmanns Dramen, Protest – und Wahrheit – und Mitglied – schwere Naturgedichte, eroberten die freien Bühnen, auch wenn die Hoftheater sich ihnen verschlossen. Dasselbe Bürgertum, das sich an flauen, schönfärberischen Unterhaltungsromanen weidete, las wohl auch Thomas Manns »Buddenbrooks« – Produkt einer reifen, an der Weltliteratur, den russischen, skandinavischen, englischen, französischen Erzählern gebildeten, bürgerlichen Kunst. In der Nähe des Hofes zu Potsdam gab es schlechte Dichter, Epigonen der Epigonen; in weiter Entfernung davon fügten die Liliencron und Dehmel, etwas später die Ricarda Huch und Hugo von Hofmannsthal dem ewigen Vorrat deutscher Poesie noch einmal die Gedanken, die echten Klänge, die wohltuenden, ordnunggebenden Reime ihrer Seele hinzu... Es war eine glänzende, freie Zeit für Kunst und Künstlertum; für Essays, Kritik, Experiment; für den Spott. Auch für den Spott. Nie ist ein Machthaber witziger verspottet worden als der deutsche Kaiser im Münchener »Simplicissimus«, im Bänkelsang von Frank Wedekind, nie treffender, heiterer, sorgloser. Ja, die Kaiserzeit, die so schwer mit Sorgen war wie alle Zeiten, in der das Bürgertum die Sozialdemokraten haßte, in der die Landwirte um ihre Preise, die Industriellen um ihre Märkte bangten, in der die diplomatischen Krisen nicht abrissen, das Reden vom kommenden Krieg nicht verstummte – die Kaiserzeit war auch eine harmlose und sorglose Zeit. Im Rückblick wirkt sie so; jene, die sie erlebten, haben sich später mit Wehmut an sie erinnert. Das machte die allgemeine Wohlhabenheit und daß die Stützen des Staates, der Ordnung und Gesittung ziemlich fest schienen. Die im Reiche des Geistes wohnten, fanden das Treiben des Kaisers zu komisch oder ekelhaft, um es sehr ernst zu nehmen. Auch die Bemühungen der politischen Parteien, bürokratischer, geistloser Organisationen, ließen sie gleichgültig. Es war bisher gegangen. Es würde irgendwie weitergehen.

Der ernsteste Versuch, einer deutschen Politik edleren Sinn zu geben, ist von dem Kreis um den Frankfurter Pfarrer Friedrich Naumann gemacht worden. Naumann war mehrfach Reichstagsabgeordneter, versuchte sich an der Gründung einer neuen Partei oder parteiähnlichen Organisation, des »Nationalsozialen Vereins« (1896–1903), und wirkte publizistisch in seiner Zeitschrift, der »Hilfe«. Wo immer man mit seinen Schriften in Berührung kommt, zur Sozialpolitik, Parlamentspolitik und zur Außenpolitik, zur Malerei und zur Architektur, gewinnt man den Eindruck männlicher Klugheit und Güte, eines mutigen, freien Willens zum Zeitgemäßen. Protestantischer Christ, Liberaler und Demokrat, Sozialist wohl auch, aber denkbar weit entfernt von den Marxschen Irrtümern, wünschte Naumann die große Sozialdemokratische Partei endlich an der politischen Verantwortung beteiligt zu sehen. Er bejahte die »Weltpolitik«, die Kolonialpolitik, die Militär- und

Flottenpolitik, was alles er für die Bewahrung und Entfaltung deutschen Lebens für notwendig hielt. So war einmal der Geist der Zeit, in Deutschland wie anderwärts, dem er sich nicht entzog. Aber er wünschte, daß das Volk mit dabei sie, was praktisch nicht anders als durch die parlamentarische Regierungsform geschehen konnte, daß der Kaiser sich zum geliebten Wächter eines demokratischen Gemeinwesens machte, daß Deutschland etwas Besseres sein sollte als ein bloßer Brocken Macht nach außen, nach innen eine Schicht stillos veralteter, vorwiegend militärischer Repräsentation, unter der es von Klassenfeindschaft und interessenbedingten Zänkereien wimmelte. Naumann erwarb sich Achtung im Land und in der Hauptstadt. Daß er eine geschichtlich durchdringende Wirkung gehabt hat, könnte man nicht sagen. Nicht die Wirkung, welche, in der gleichen Zeit, dem ihm von ferne vergleichbaren französischen Sozialisten Jean Jaurès immerhin zuteil wurde. Die Masse der deutschen Widersprüche war zäh und träge. Der Geist Naumanns konnte sie wohl begreifen, wohl über das, was sie werden *sollte* oder *könnte,* sich gute Dinge ausdenken; nicht sich ihrer wirklich bemächtigen. So war der Geist ohnmächtig, trotz seines Blühens. Er lebte getrennt vom Staat und fühlte sich wohl dabei. Dem Schönen und Wahren zu dienen, die Urgeschichte des Menschen zu erforschen und die Geheimnisse des Seelenlebens – das erschien ihm unendlich wichtiger als Marokkokrisen oder Wahlen für den Reichstag.

Nicht, daß er sich um die Gesellschaft, um Zeitprobleme gar nicht gekümmert hätte. »Der Geist«, sagt Hegel, »ist wesentlich itzt«, mit dem, was gegenwärtig ist, muß er, wenn er selber lebendig ist, sich befassen. Wir finden die soziale Anklage nicht nur bei den Naturalisten wie Arno Holz, auch bei Künstlern wie Hauptmann und Dehmel, welche über den Naturalismus hinausgingen. Wir finden schon in den frühen Romanen Thomas Manns geschichtliche Themen anklingen; den Niedergang des alten Patriziats in einer Hansestadt; die wehmütigreizvollen Anachronismen der konstitutionellen Monarchie in einem deutschen Kleinstaat. Aber das waren nur die

Themen. Der Zweck war nicht, zu wirken, sondern Bildung, Gestaltung: Spiel. Die andererseits wirken wollten oder wirken zu wollen vorgaben, die im französischen Stil Gesellschaftskritik trieben, wie Heinrich Mann in seinen satirischen Romanen der Kaiserzeit, die wurden in Deutschland im Grunde als fremd empfunden; und das ist ja unleugbar, daß sie sich an ausländische Vorbilder anlehnten und für ihre Landsleute warme Liebe nicht empfanden.

Das Sichhinwegwenden von der Zeit, das Thronen über ihr, der vulgären, gierigen, stillosen, konnte selber zu einer charakteristischen Zeiterscheinung werden. Bei Stefan George war das so, einem Dichter von höchstem Ehrgeiz und Stilwillen, der die deutsche Sprache steile, manchmal berückend schöne Künste lehrte. Aber von unbekömmlichem Hochmut. Und herrschsüchtig, kreisbildend, geheimnistuerisch. Wenn wir heute die ungetümen Prachtbände sehen, in denen Georges Gedichte aufgelegt wurden, die überladenen Kunstdrucke auf Büttenpapier, bemerken wir lächelnd: Das war selber der Geschmack der Zeit und kein guter. Auch von Georges Kult der Jugend, des Schönen, des Adels, der Herrschaft, der Grausamkeit führen Fäden zum Krieg, den er gleich, als er kam, vorwegnehmend den »ersten Weltkrieg« nannte. Vornehmer sein zu wollen als seine Zeit, mit Priestergesten über sie zu Gericht sitzen, dafür wird man früh oder spät bestraft.

Die »Jugendbewegung« war besser, weil sie dem jungen Volk überall helfen wollte, nicht der Besitz von ein paar stolzen Kunstpriestern blieb. Vage in ihrer Philosophie, half sie durch das Praktische; die Weisen des Zusammenlebens, die sie lehrte und vorlebte, das Heraus aus der Großstadt und Zurück zur Natur, den Protest gegen Konvention, Klassendünkel, Philistertum. Es war im Grunde eine Wiederholung dessen, was die Burschenschaften hundert Jahre früher getan hatten, nur daß jetzt ein viel dringenderes Bedürfnis nach Befriedigung verlangte. Was der Staat mit seinen verknöcherten Schulen und seinem Kasernendrill, was die Wirtschaft im Zeitalter der Großindustrie nicht geben konnte, das gab die Jugend sich auf eigene Faust: freiwillige Disziplin, Sport und Wandern, Lagerfeuer, alte Lieder. Desto besser für alle, die hierin einen Lebensinhalt fanden. Sie erfreuten sich an demselben Irrtum, an dem schon die Burschenschaften sich erfreut hatten: An dem Glauben, ihr Treiben könnte Deutschland verändern, das Volk zur Gemeinschaft verkären. Die Blöcke, die auf dem geschichtlichen Weg der Nation lagen, waren viel zu schwer, als daß jugendlicher Idealismus allein sie hätte heben können. Das ist der Kummer aller Jugendbewegungen: Sie halten ihr Versprechen nicht, wie herzlich sie sich's auch vornehmen. Die deutsche Jugend hatte wohl Ideale, die sich auf Volk und Staat bezogen, die aber, so wie die moderne Gesellschaft nun einmal war, sich doch nur in kleinem, jungem Kreise pflegen ließen. Daraus Enttäuschungen; daraus später wohl auch politische Verirrungen... Anstatt der Lagerfeuer und der alten Lieder gab es dann 1914 andere Lieder und andere Feuer. Der deutschen Jugend, auch denen, die vorher die Jugendbewegung getragen hatten, ist der Krieg willkommen gewesen. Sie fand in ihm Erfüllungen, welche die bürgerliche Gesellschaft im Frieden ihr nicht geben konnte. Auch dem deutschen Geist war der Krieg letzthin willkommen, allen den feinen, abseits und darüberstehenden Herren, Dichtern, Schriftstellern und Philosophen, der großen Mehrzahl von ihnen. Sie waren glücklich, in der allgemeinen Not nun endlich ja sagen und dienen und mit dabeisein und Volk unter Volk sein zu können. Auf die lange Trennung zwischen Geist und Staat folgte eine plötzliche Vermählung. Die aber wohl auf einem Mißverständnis beruhte. Wenn der moderne Industriestaat den Rittern von Geist keine geeignete Arena bot, so tat der Krieg es noch weniger. Wie sollten sie jetzt das unter ungeheurem Zwang Geschehende lenken und ihm einen beherrschenden Sinn geben, sie, die vom politischen Geschehen weggeblickt und sich nicht darum gekümmert hatten, als es noch in vergleichsweiser Freiheit geschah?

Ein Blick auf Österreich

Vergänglich ist alles, was der Staatsmann leistet, und jede Entscheidung ist auf die Dauer falsch. Es gäbe keine »Geschichte«, wenn dem nicht so wäre. Dem einen glückt das etwas Dauerhaftere, dem anderen nur das Stückwerk für den Tag. Das aber, wovon man sagen könnte: hier hat einer endgültig recht gehandelt, daraus ist nur Gutes, daraus ist kein Widerspruch und kein Schaden gekommen – das glückt niemandem.

Wir haben gesehen, wie Bismarck den kleinen Nationalstaat schuf, um den größeren zu verhindern, und das alte Reich der Habsburger zu einer von Deutschland getrennten Eigenexistenz zwang. Die Lösung nahm sich auf der Landkarte sauber genug aus. Noch immer zeigte ein großes, von Rußland abgesehen, in der Tat ihr größtes Stück die österreichischen Farben; nur ein wenig geringer an Umfang dehnte sich westlich und nördlich davon das neue Deutsche Reich. Aber dieser Akt der Trennung konnte die Bande der Geschichte, der Sprach- und Kulturgemeinschaft, der Wirtschafts- und Machtinteressen nicht auflösen. Zwei Reiche, das eine ein deutscher Nationalstaat, das andere teilweise deutsch, deutsch seinem Ursprung, seiner Dynastie, seiner Behauptung nach, gleichzeitig aber ein paar Dutzend nichtdeutschen Völkern, Slawen, Magyaren, Italienern, ein labyrinthisch gebautes Heim gewährend – im Zeitalter des Nationalismus konnte das wohl keine endgültige Ordnung der Dinge sein. Wohl hatten die Deutschen sich mit einem fragmentarischen Nationalstaat begnügt und darüber die Träume von 1848 fast vergessen. Wohl trieben sie jetzt »Weltpolitik« eher denn »großdeutsche« Politik, richteten sich ihre Energien, die wirtschaftlichen, die politischen, auf die sieben Meere eher denn auf das Donautal. Trotzdem kamen Deutschland und Österreich nicht voneinander los. Indem er in die Allianz von 1879 eintrat, hatte schon Bismarck selber das eingestehen müssen. Ob Österreich Deutschland in den Abgrund des Weltkrieges zog oder Deutschland Österreich, diese Frage hat Sinn nur für die oberflächliche Sphäre der Diplomatie; und da trifft Österreich die direktere Schuld. In anderem Sinn aber war die Grenze zwischen beiden Staatswesen fiktiv. Die deutsche Nation kam von sich selber nicht los und nicht von ihrer Verhängtheit in das Schicksal der Nationalitäten Mittel- und Südosteuropas. Die Schweizer waren eine Nation für sich geworden. Die Österreicher nicht; so vielfältig, wie sie innerhalb der »Monarchie« gruppiert waren, in Tirol, im alten Erzherzogtum, in Schlesien, Böhmen und Mähren, in Kärnten und Steiermark, in den deutschen Sprachinseln Ungarns, konnten sie das auch gar nicht. Ein »Staatsvolk«, das konnten sie sein als loyale Österreicher, loyale Untertanen des Kaisers Franz Joseph. Als »Nation« mußten sie über Grenzen nach Deutschland schauen. Der Begriff der Nation ließ im Reich der Habsburger sich nicht folgerichtig unterbringen.

Die deutsche Nation hatte sich in mehreren politischen Formen verwirklicht, nicht, wie die französische, in einer einzigen. Den verschiedenen Formen entsprachen verschiedene Nachbarschaften, Verbindungen, Spannungen. In ihrer preußischen Organisation konnte die Nation mit Rußland in friedlicher Nachbarschaft leben, nicht mehr in ihrer österreichischen. In ihrer österreichischen konnte sie zu einem erträglichen Zusammenleben mit den Polen kommen; nicht in ihrer preußischen. Im Frieden galten solche Unterschiede. Kam es zu einer großen Krise, so brachen sie zusammen; dann wurde Österreich in den deutsch-englischen und deutsch-französischen Konflikt gerissen, der es als »Österreich« gar nichts anging, und umgekehrt Preußen-Deutschland in den österreich-russischen Konflikt. Dann erschien das Schicksal der deutschen Nation als einer trotz aller Staatsgrenzen einzigen, nach allen Seiten drohenden, von allen Seiten bedrohten.

Die Habsburger Monarchie war ein Überbleibsel aus der Vergangenheit, der einzige nicht-nationale Großstaat im Zeitalter des Nationalismus. Sie hatte einmal enge Verbindungen mit Spanien unterhalten, hatte Italien beherrscht und Deutschland, Burgund, Belgien – das war alles nicht mehr. Statt dessen hatte sie längs der Donau und auf der Balkanhalbinsel ihr Herrschaftsgebiet ausgedehnt – immer das gleiche Machtzentrum, die gleiche Hauptstadt, das gleiche regierende Haus. Dieses gab dem österreichischen Staatswesen seine Einheit, eigentlich seinen Daseinszweck, daher es denn auch gewöhnlich »die Monarchie« genannt wurde. Ein bloßer Zufall war die politische Sammlung von Landschaften und Völkerschaften, Österreich genannt, trotzdem nicht. Sonst hätte sie nicht so lange gehalten. Sonst hätte ihr Ende nicht so wüste Erschütterungen, nicht so viel dauernde Unordnung mit sich gebracht. Ganz hübsch muß auch das Leben im alten Österreich während der letzten Jahrzehnte des Kaisers Franz Joseph gewesen sein. Auch hier gab es steigende Wohlhabenheit, politische Freiheit, Rechtssicherheit; eine tüchtige, wenn auch etwas umständliche Verwaltung; eine reife, noch immer schöpferische Kultur. Sie war überwiegend deutsch, diese Kultur, aber doch von einem Deutschtum eigener Art; noch genährt von alten kosmopolitischen Traditionen; geöffnet den Einflüssen des Südens und Südostens; weniger aggressiv als die nationale Kultur des Bismarckreiches. Daneben wuchs das Streben der kleineren Völker nach kultureller Selbstverwirklichung, der Tschechen, der Polen, der Magyaren, der Kroaten und Südslawen. All das traf sich im alten Wien, das deutsch war und auch nicht, seinen Lebenssaft aus allen Teilen der Monarchie ziehend. Über seinen Völkerschaften thronte der Kaiser, ein Mann aus sagenhafter Vorwelt, der junge Herr der Gegenrevolution von 1848, der alt, erfahren und pessimistisch geworden war. Die Leute liebten ihn jetzt oder bewunderten ihn doch, seinen strengen Lebensstil, sein würdiges, pflichttreues Arbeitsdasein. Keine prahlerischen Reden hier, keine schillernden Taktlosigkeiten, aber sommers und winters Aufstehen um fünf Uhr und Arbeit bis in die Nacht für das Wohl seiner Völker, so wie der Greis es verstand. Franz Joseph und sein Wien; »Kaiserwalzer« und »Geschichten aus dem Wiener Wald«; die k. u. k. Armee, dieselbe Armee in Südtirol, in Galizien und in der Bukowina; Feldmarschalleutnants, Hofräte, Kommerzialräte; Burgtheater und Café; die Dichtungen Hugo von Hofmannsthals, zart, reich, nobel und geistesschwer, die Dra-

men Arthur Schnitzlers, die bahnbrechende Seelenforschung Sigmund Freuds – alten Leuten, welche diese Epoche erlebt haben, kommen noch heute die Tränen, wenn sie im Film sentimental beschworen wird. Wie konnte das nicht dauern? Warum hat gerade hier das Unheil seinen Anfang genommen, das Europa so tief veränderte? Warum ist das österreichische Staatswesen, das viele sympathische, tolerante Züge aufwies, dann doch so schuldig geworden? Ach, es gab auch viel Haß im alten Österreich, und Wien selber, das goldene Wien, brütete ihn aus wie ein Sumpf Fieberkrankheiten. Haß der kleinen Leute gegen die Juden, deren es in der Hauptstadt viele und wohlhabende gab, aufgepeitscht von Demagogen, gern benutzt selbst von einer der großen Parteien; Haß des Bürgertums gegen die Sozialdemokraten; Haß der Nationalitäten, der Deutschen und Slawen gegeneinander; Haß der Erfolglosen gegen jene, denen es besser erging: Haß. Wir werden dem Wiener Haß noch in einem der letzten Kapitel unserer Erzählung begegnen. – Politische Probleme sind menschliche Probleme. Wären die Menschen anders gewesen, dann hätten die Probleme der Habsburger Monarchie wohl gelöst werden können, vielmehr, dann hätten sie gar nicht bestanden.
Nach der österreichischen Niederlage von 1866 hatte Franz Joseph Frieden mit seinen magyarischen Untertanen gemacht. Das Resultat war der »Ausgleich«, ein Vertrag, der die Monarchie in zwei ungleiche Hälften teilte. Die eine war Ungarn, die andere alles übrige. Die Monarchie hieß nun »Österreich-Ungarn«. Ungarn, das war ein Reich, in dem die Magyaren in der Minderzahl waren gegenüber den nichtmagyarischen Völkern, Rumänen, Kroaten, Slowaken, Deutschen, Juden. Hier verteidigte die magyarische Aristokratie die Herrschaft einer Nationalität und einer Klasse mit Mühe und Kunst. Dafür brauchte sie den Schutz des Kaisers und darum hatte sie sich endlich mit der Habsburger Monarchie versöhnt. Daß aber Franz Joseph den magyarischen Baronen Ungarn rechtens übergeben hatte, indem er dem Gesamtstaat nur Außenpolitik und Armee vorbehielt, das verdankten sie dem preußischen Sieg über Österreich; wie denn auch ihre Stellung in Ungarn

mit jener der Junker in Preußen wohl zu vergleichen war. Daher Bismarcks Bündnis mit Ungarn, dem Habsburg-Österreich sich als ein Dritter zugesellte. So war die Habsburger Monarchie seit 1867 von zwei ihr eigentlich fremden Mächten abhängig: von Preußen, welches sie 1866 besiegt und dann begnadigt hatte; von Ungarn. Beide Abhängigkeiten waren ungünstig für die Monarchie. Beide Bundesgenossen, Deutsche und Ungarn, hinderten sie daran, sich zu reformieren, wie sie wohl es hätte müssen, um im 20. Jahrhundert bestehen zu können. Eine Föderation gleichberechtigter Völker, in der Deutsche und Magyaren in der Minderzahl gewesen wären, gegenüber den Slawen, konnte weder Berlin noch Budapest zulassen.
Während nun in Ungarn die rumänischen, slowakischen, kroatischen Intellektuellen Ärger hatten von den rauhen Praktiken des Regierungsvolkes, ging es den Leuten in der österreichischen Reichshälfte, den Deutschen, den Polen, Tschechen, Italienern recht gut. Sie waren im gesicherten Besitz aller Errungenschaften des liberalen Staates. Sie waren alle im Parlament – Reichsrat – vertreten, seit 1907 nach dem allgemeinen und gleichen Wahlrecht. Sie hatten die Provinzverwaltungen in ihrer eigenen Hand, worauf es ihnen vor allem ankam, da hier die Tausende von Beamtenposten zu vergeben waren; ihre eigene Sprache und Kultur zu pflegen in Schulen, Hochschulen, Kunstinstituten hinderte sie niemand. Sie walteten, dort wo sie in der Mehrheit waren, in Prag die Tschechen, in Nordböhmen die Deutschen, in Galizien die Polen, in Triest die Italiener. Nur leider gab es ihnen größere Befriedigung, sich untereinander zu zanken und anzuhassen, als anständig zusammenzuleben. Gegen diese Krankheit war kein Kraut gewachsen. – Daß die Italiener sich von ihrem neuen nationalen Heim, dem Königreich Italien, angezogen fühlten und keinen rechten Grund mehr für ihr Verbleiben in der »Monarchie« sahen, wird man ihnen noch am wenigsten verübeln. Ebenso natürlich wäre es im Falle der Polen gewesen, wenn es außerhalb Österreichs einen polnischen Staat gegeben hätte. Aber es gab ihn nicht, und es ging den Polen in Österreich

besser als den Polen in Rußland und in Preußen. Sie gehörten so zu den habsburgtreuesten Völkern der Monarchie. Die Deutschen waren geteilt; habsburgisch in den katholischen und ländlichen Gegenden, Vorarlberg, Tirol, Kärnten; habsburgisch, aber auch von deutschem Ehrgeiz berührt in der Hauptstadt Wien; in Böhmen, in Nieder-Österreich schauten sie mit gierigen Augen über die Grenzen ins Bismarckreich hinüber. In seiner milderen Form wollte der deutsche Nationalismus den deutschen Charakter des Gesamtstaates erhalten und stärken; in seiner schärferen war er bereit, die Monarchie der Auflösung preiszugeben und Anschluß an das Deutsche Reich zu suchen – wobei dann alles übrige doch unter deutsche und magyarische Oberhoheit fallen würde. Für die Tschechen besaß diese Aussicht keine Attraktion. Sie hatten im 19. Jahrhundert eine nationale Kultur entwickelt, ein wenig künstlich, ein wenig der deutschen nachgeahmt und mit französischen Zutaten gewürzt, aber doch schätzenswert. Der Kultur sollte der Staat folgen, eine Wiedererrichtung des alten Königreichs Böhmen, so wie es bis ins 17. Jahrhundert existiert hatte, im Rahmen der Monarchie zwar, aber so, daß die Tschechen das »Staatsvolk«, die Deutschen eine geduldete Minderheit wären. Die Deutschen hatten Böhmen von alters her als einen Teil des Reiches angesehen und kamen von dieser Tradition auch jetzt nicht los. Die Tschechen wollten dort ihren eigenen Nationalstaat gründen, wobei sich Altertumskrämerei, die Erinnerung an das mittelalterliche Königreich, mit modernstem Nationalismus verbanden. Beide Begehrungen widersprachen einander schnurstracks; beide waren gleich töricht, mit den Wirklichkeiten des 20. Jahrhunderts gleichermaßen im Widerspruch.

Wie tief das alles ging? Es ist schwer zu sagen. Die österreichische Monarchie war selber eine Wirklichkeit des Lebens; ein weiter Raum, in dem man sich frei bewegen konnte, ein riesiges Straßen- und Eisenbahnnetz durch Ebenen und Hochgebirge, zur See, die Schiffahrt auf der Donau, der Hafen von Triest; große wirtschaftliche Zusammenhänge und kleine Gewohnheiten des Lebensstils, Familienverbindungen über die

Nationalitätsgrenzen hinweg, hunderttausend schlecht und recht bezahlte Posten und Pöstchen, eine Hauptstadt, in der alle Völker zusammen wohnten, eine Armee, in der es jeder zu Ehren bringen konnte, eine Kirche, die dem Gesamtstaatswesen eng verbündet war. So etwas hat sein Schwergewicht, das gründet, das zerstört man nicht an einem Tag; eine Ordnung der Dinge, welche den meisten, ohne daß sie es selber wußten, in Fleisch und Blut übergegangen war. Dagegen belferten die unzufriedenen Intellektuellen, die Professoren des Nationalismus, die ränkesüchtigen Anwälte der Mittelklassen, warfen einander im Parlament Tintenfässer an den Kopf, überlärmten sich mit Blasinstrumenten wie die schlimmsten Lausbuben, zankten sich um eine neue Schule für Slowenen oder Ukrainer, als ginge es um eine weltgeschichtliche Entscheidung. Ein paar Minuten vom Parlament saß der alte Kaiser in seinem Schloß, erfahren in diesen Dingen seit einem halben Jahrhundert, pflichttreu und hoffnungslos. Das Verhalten der Volksvertreter konnte ihn kaum ermutigen, ihnen mehr Rechte, als sie schon hatten, einzuräumen. Gemäß der Konstitution, die gewährt worden war, hätte er gern regiert. Weil aber das Parlament zu keinem positiven Entschluß imstande war, regierten die Minister mit Hilfe von Notverordnungen; graue Verwaltungsmänner, welche die Abgeordneten im Plenum toben ließen, um in Nebenzimmern mit den Parteiführern kleine Tauschhändel zu arrangieren. – Die Außenpolitik war etwas für sich. Die lag in den Händen des Kaisers, der aristokratischen Berufsdiplomaten, der Generäle wie eh und je. Die Außenpolitik brachte schließlich das Ende. Die inneren Konflikte allein hätten es nicht gekonnt. Allerdings gingen äußere und innere Politik in Österreich-Ungarn ineinander über.
Die Monarchie war seit 1866, seit 1871 ein Gefangener Deutschlands. Sie wurde es noch mehr in dem Maße, in dem die russische Macht wuchs, England aber seine alten Interessen im Nahen Osten preisgab, so daß die ganze Last der Verteidigung Südosteuropas gegenüber Rußland den Österreichern zufiel. Sie konnten das nie leisten, ohne deutsche Hilfe.

Seinerseits brauchte Deutschland Österreich, weil durch Österreich der Weg nach dem Balkan und nach Kleinasien ging, Gegenden, welche der deutsche Imperialismus zu seinem Hinterland zu machen den Ehrgeiz hatte. Seit 1904, 1907 brauchte Deutschland Österreich auch aus einem böseren Grunde: weil es nun sein einziger Bundesgenosse war. Kein sehr starker, kein sehr zuverlässiger, aber der einzige. Das gab den österreichischen Diplomaten eine Chance für dreistes Spiel, wie ja der Schwächere in einer Partnerschaft oft die Oberhand hat. Sie konnten sich nicht von Deutschland trennen, wohl aber es gelegentlich in unerwünschte Abenteuer ziehen, da Deutschland sich jetzt auch nicht mehr von ihnen trennen konnte. Sie dachten in den alten Begriffen: nicht Völker, sondern Großmächte, Kaisermächte, Prestige, diplomatische Triumphe. Etwas anderes hatten sie nicht gelernt und durfte man von Menschen ihres Typs wohl nicht verlangen. Die russischen Diplomaten dachten nicht anders; kaum auch nur die französischen.

Im Norden der Balkanhalbinsel, Ungarn und Bosnien benachbart, hauste der Volksstamm der Serben, welcher im 19. Jahrhundert allmählich seine Unabhängigkeit von den Türken erkämpft katte. Ein wildes, tapferes Volk; ein winziges Königreich von Bauern, Soldaten und Polizisten. Es ging barbarisch zu in Serbien mit Palastrevolutionen und Morden, und viel war dort nicht zu holen. Aber die serbischen Politiker hatten große Dinge vor. Auch sie wollten ihren Staat zu dem machen, was er etwa im Mittelalter einmal gewesen war. Serben gab es auch in Bosnien, dem österreichisch verwalteten oder seit 1908 österreichischen. Die Kroaten ferner und Slowenen, die Untertanen des Kaisers Franz Joseph, konnte man ihrer Sprache nach wohl den Serben zuordnen. Gab es da nicht etwas wie eine große südslawische Nation, und gehörten sie nicht von Rechts wegen alle in *einen* Staat? – Eigentlich war das Unsinn. Die Kroaten hatten eine andere Geschichte als die Serben, hatten ein Jahrtausend lang in loser Gemeinschaft mit Ungarn gelebt, nach Westen geschaut, nach Rom, nach Österreich; ihre Religion war die römisch-katholische. Zivilisatorisch waren sie viel weiter vorgeschritten als die Serben. Unzufriedenheit jedoch gab es auch unter den Kroaten, unzufriedene Intellektuelle heckten die Idee von einer jugoslawischen Nation aus. Den serbischen Nationalisten war das lieb, die Idee ließ sich für eine Erweiterung Serbiens wohl benutzen. Denn da Serbien der einzige unabhängige südslawische Staat war, einen König, eine Hauptstadt, Heer, Verwaltung hatte, so mußte ihm die Führung der jugoslawischen Sache zufallen. Serbien als das »Piemont der Südslawen« – dies Schlagwort wurde populär; für Jugoslawien würde Serbien leisten, was fünfzig Jahre früher Piemont für Italien leistete. In Wien und Budapest rief dieser Vergleich unangenehme Erinnerungen hervor. Hier, begriffen die kaiserlichen Diplomaten, erwuchs der Monarchie eine Gefahr, der man würde entgegentreten müssen; der südslawischen Bewegung innerhalb der österreichischen Provinzen und dem allzu lebendigen kleinen Königreich außerhalb. Kroaten, Slowenen und Serben haben später, wie wir wissen, die von ihnen ersehnte Einheit gefunden. Im jugoslawischen Reich haben dann die Serben eine eiserne Diktatur über ihre geliebten Bruderstämme ausgeübt, welche über alles, was den Kroaten im alten Österreich je zugemutet wurde, weit hinaus ging. Ihrerseits haben die Kroaten, als ihre Stunde kam, mit Vergnügen ein paar Hunderttausend Serben hingeschlachtet. Eine solche Einheit war der Mühe wert, das muß man sagen.

Das österreichische Kaiserreich glaubte seine Existenz durch die südslawische Agitation bedroht; das russische sah in ihr ein Chance für die Erweiterung seines imperialen Einflusses. Die Balkanvölker waren ja Slawen und Slawen auch die Russen. Rußland, die slawische Großmacht, hatte klärlich die Pflicht, den kleinen slawischen Brüdern beizustehen. Es gehe um die »slawische Sache«, telegraphierte einmal mahnend der Zar an die Könige von Serbien und Bulgarien... Unsinn war natürlich auch diese behauptete Gemeinschaft. Rußland hatte geschichtlich auf dem Balkan nichts zu suchen, brauchte den Balkan nicht, hatte in seinem unermeßlichen Inneren genug der Aufgaben zu erfüllen, welche eine Vergeudung seiner

Energien in Balkanfehden als höchst überflüssig hätten erscheinen lassen können. Die »slawische Sache« gab es so wenig, wie es die »germanische« gab; mit den Serben hatten Russen so wenig gemein wie Deutsche mit Norwegern oder Buren. Was nützt es aber, daß wir nachträglich den Unfug beim Namen nennen? Wenn die Menschen Krach haben wollen, so werden sie Krach haben, und jedes Professorenhirngespinst wird ihnen dann als Vorwand recht sein.

So standen die österreichischen Dinge gegen Ende des ersten Jahrzehnts. Leidlich, was die Wirklichkeiten des Lebens, aber gar nicht gut, war die Politik betraf. Beide Bereiche deckten sich nicht. Die Interessen des Lebens sind konkret und vernünftig, die Interessen der Politik aber nur zu oft abstrakt, fiktiv und verrückt. – Im Inneren Zank und Gezettel. Ein altes, dreistes Herrschaftsvolk, das von seiner Stellung nichts ablassen wollte, die Magyaren, und ein anderes Herrschaftsvolk, die Deutschen, welche nicht mehr recht wußten, ob sie nun eigentlich Österreicher bleiben wollten oder nicht. Unruhige, unzufriedene Völker mit Wünschen, die teils Erfüllung verdienten, teils auch nicht, teils nimmermehr erfüllt werden konnten: Ukrainer, Tschechen, Südslawen, Italiener. Beschützt von einem Zeremoniell aus der spanischen Gegenreformation, der Kaiser, ein uralter Mann, von dessen Tod man den Ausbruch letzter innerer Wirren erwartete. Militärs, die einen Krieg, wenigstens einen kleinen, für unvermeidlich und auch für günstig hielten, damit die Monarchie sich einmal wieder beweisen könnte. Leichtsinnige Diplomaten, ehrgeizige Herren der alten Schule, für welche Außenpolitik ein ritterliches Spiel war, aber ein den Krieg als äußerstes Mittel einschließendes. Im Süden, außerhalb der Monarchie, ein bedrohlich agitierender Kleinstaat, dessen Ehrgeiz in seinen Konsequenzen unleugbar den Bestand Österreichs bedrohte. Und dieser Kleinstaat, »beschützt« von Rußland, das, nachdem es im Fernen Osten von den Japanern blutig abgewiesen worden war, nach dem Balkan, wie der politisch gängige Ausdruck lautet, »zurückkehrte«. Denn irgendwo mußte es ja wohl seinen Einfluß ausüben und Unfug treiben. So daß hier dreifacher Unfug zusammentraf, russischer, großserbischer, magyarisch-österreichischer. Hinter Österreich stand Deutschland, manchmal es antreibend, manchmal es zurückhaltend, aber jetzt nicht mehr fähig, sich von ihm zu trennen.

Die Dauerkrise

Während des Ersten Weltkrieges fand ein Briefwechsel zwischen den Reichskanzlern Bülow und Bethmann statt, in dem beide Politiker die Schuld an der Katastrophe einander mit der verbindlichsten Höflichkeit zuzuschieben suchten. Hier sprach Bethmann einmal von dem, was »der weiter zurückliegenden Vergangenheit angehört, was mit und ohne unsere Schuld zu der großen Koalition gegen uns führte, was bei fortschreitendem Niedergang Österreichs und stetiger Erstarkung der Entente die Kräfte Deutschlands immer bedrohlicher isolierte, was uns seit dem Jahr 1905 in der Marokkofrage, später in der bosnisch-herzegowinischen Krisis, dann wiederum in der Marokkofrage zu einer Politik äußersten Risikos, und zwar eines sich mit jeder Wiederholung steigernden Risikos zwang...« Man könnte es nicht wahrhaftiger sagen. Nur das mit dem Zwang ist nicht so ganz einzusehen.
Deutschland hatte sich unbeliebt und gefürchtet gemacht. Das war nicht an sich eine Folge seiner wirtschaftlichen Expansion. Im Gegenteil, die brachte es in engere Verbindung mit Rußland, mit England und vor allem mit Frankreich. Nie waren die Kontakte zwischen den deutschen und französischen Montanindustrien so eng wie in den letzten Jahren vor 1914. Optimistische Leute sahen darin eine Garantie für den Frieden. Eine Kriegsgefahr war es ganz bestimmt nicht. Diese kam von der Politik; vom wirtschaftlichen Geschehen nur insofern, als industrielle Interessen mit dem Bau der deutschen Schlacht-

flotte zu tun hatten. Wirtschaft verbindet, Politik trennt. Politik ist Spiel des Ehrgeizes, ist Wettkampf, Bedrohung. Kannst du mich töten, oder kann ich dich töten – um diese Frage geht es unter allen Lebewesen, die unter keinem gemeinsamen Gesetz stehen und sich nicht trauen. Um sie ging es auch unter den europäischen Staaten. Es hätte nicht mehr um sie gehen sollen. Natürlich nicht. Die Staaten Europas hätten sich jetzt so weit kennen, so weit eines Sinnes sein sollen, um den blinden Unsinn des Krieges auszuschließen. Es war nicht die Schuld von Industrie und Wissenschaft, daß sie es nicht taten. Es war vielmehr die Schuld alter, aus der Ritterzeit, der Machiavellizeit ererbten Begriffe. Neue Faxen kamen hinzu, Gewäsch von dem Endkampf zwischen Germanen, Slawen und Galliern, vom Recht der größeren Gewalt, von der heilenden Kraft des Krieges, durch welches Demagogen und törichte Militärschriftsteller die Massen zu erregen versuchten. Der Kaiser Wilhelm stand manchmal unter seinem Einfluß, wie gerne der wankelmütige Mann auch wieder den Friedenskaiser spielte.

Einmal in das politische Spiel geraten, hatte Deutschland, die neueste, bald die stärkste europäische Macht, seine Nachbarn in Angst gejagt. Es hatte nichts getan, um die Bildung des Ringes um es herum zu verhindern, bevor er sich geschlossen hatte; überzeugt, daß es immer Herr der Situation bleiben und nicht zu wählen brauchte. Als der Ring geschlossen war – Frankreich, England, Rußland –, hatte es mehrfach versucht, ihn zu brechen, aber dadurch hatte es ihn nur fester gemacht. Es trumpfte auf, um zu beweisen, daß es da sei und stark sei und man nichts gegen seinen Willen tun könne. Daher die Reihenfolge der Krisen, welche Bethmann im düsteren Rückblick aufzählte. Regelmäßig ging es um nahezu belanglose Gegenstände, regelmäßig war das Recht durchaus nicht eindeutig auf der Seite der Gegner, regelmäßig gebrauchte Deutschland Methoden, die nach Bethmanns Ausdruck »das äußerste Risiko« mit einschlossen. Mit jedem Mal wurde das Risiko größer, nämlich der Krieg wahrscheinlicher. Denn »die anderen« würden sich dem deutschen Auftrumpfen nicht immer fügen, würden einmal glatt sich weigern, nachzugeben, dann würde Deutschland um seiner Ritterehre willen nicht zurückkönnen und dann würde Krieg sein. Hätten die anderen – Franzosen, Russen – moralisch auf einer höheren Stufe gestanden als die Deutschen, dann hätte es wohl Mittel gegeben, aus diesem verhexten Kreis herauszukommen. Aber sie standen nicht höher. Auch sie rechneten mit dem Krieg. Auch sie waren sicher, daß sie ihn gewinnen und nach großen Opfern große Vorteile aus ihm ziehen würden. Sie sahen es gern, daß Deutschland sich immer mehr vereinsamte und sich verrannte, sie halfen ihm nicht heraus. Nur waren sie klug genug, die Verantwortung für das, was früher oder später ja doch kommen würde, Deutschland zu überlassen.

Es würde kommen. Wer irgendwelchen Einblick hatte, Militärs, Diplomaten, Journalisten, konnte das ernsthaft nicht bezweifeln. Man hatte seit 1871 immer darauf gewartet, und je länger der Friede dauerte, desto wahrscheinlicher wurde es, daß er jetzt nicht mehr lange dauern würde. In Europa war ja immer ab und an Krieg gewesen, seit dem 16. Jahrhundert beinahe die Hälfte der Zeit. Was hatte man denn für einen Grund, anzunehmen, daß es von nun an anders sein würde? – Und doch »wollte« beinahe niemand den Krieg geradezu – die Ausnahmen sind nicht der Rede wert. Man sprach davon als von etwas, das kommen würde, nicht als von etwas, das man tun würde; uneingedenk der Wahrheit, daß Krieg doch nicht von alleine kommt und eine Seite ihn anfangen muß, wenn nicht alle beide. So sah man es kaum. Man erwartete eine Situation, in der er an sich unvermeidlich werden würde. Man wollte ihn einmal, im günstigsten Moment, und wollte ihn doch nicht; man wußte nicht, was man wollte, hatte den Mut zur Klarheit nicht.

Daß der Krieg, wenn er »käme«, anders werden würde als frühere Kriege, soviel wußte man immerhin; zerstörungsmächtiger, teurer an Gut und Blut. Ohne davon genaue Vorstellungen zu haben, ließ man es doch gelegentlich an guten, warnenden Worten nicht fehlen. Das, was man für unvermeidlich hielt, wovon man oft mit närrischem Leichtsinn geschwatzt hatte, fürchtete man auch; und fürchtete es bis zum

Entsetzen, als der so oft berufene Gast endlich im Ernst anpochte. Da stemmte man sich im letzten Moment verzweifelt gegen die Tür, da wußte man nicht, ob man öffnen solle und wolle oder nicht, da ging dann die Tür in der Tat wie von selber auf.

Nie war ein großer europäischer Krieg der Sache nach so wahrscheinlich wie in den letzten Jahren vor 1914. Die Leute wußten das auch. Jeder Bürger konnte es wissen. Trotzdem glaubten sie nicht ernsthaft daran. Der Krieg war nahe für ihren Verstand, wenn sie diesen zu gebrauchen wünschten; er war nicht nahe für ihre Vorstellungskraft. Das kam daher, weil sie lange im Frieden gelebt und sich an ihn gewöhnt hatten, an eine solide, internationale Ordnung, an Banknoten, die man überall in Gold umwechseln konnte, an Reisen ohne Paß. Würde das alles einmal plötzlich aufhören, einem unbekannten Nachtalp Platz machen? – Der Lebende weiß, daß er sterben wird, aber glaubt nicht daran, weil er sich an das Leben gewöhnt hat und nur das Leben kennt. – So, ungefähr, muß die Stimmung vor 1914 gewesen sein.

Nachdem im Jahre 1911 Marokko noch einmal zum Gegenstand einer für Deutschland leidlich siegreichen »Krise« hatte gemacht werden können, brachten die kriegerischen Balkanvölker die Initiative an sich. Verbündet, führten sie 1912 einen Krieg gegen die Türkei, in der sie erstaunliche Kraft bewiesen; die Beute, die letzten Fetzen des sterbensreifen türkischen Imperiums in Europa hatten sie im voraus verteilt. Es war alte österreichische Weisheit, daß die »Monarchie« nicht viel länger dauern würde als die Türkei. Beide Staatswesen waren übernational und wurden durch den Grundsatz des Nationalstaates widerlegt. Triumphierte der Balkannationalismus gegenüber der Türkei, so würde er auch gegen Österreich und in Österreich triumphieren. Der Ausgang des »ersten Balkankrieges« wurde daher von den Österreichern als Niederlage empfunden. Sie versuchten, ihr den Stachel zu nehmen, indem sie durch Kriegsdrohung ein Vordringen Serbiens ans Adriatische Meer verhinderten. Die Großmächte, in London versammelt, willigten darein. Die Serben hatten auf ihr Stück Adriaküste, Albanien, zu verzichten, welches zu einem eigenen Stätlein hergerichtet wurde. Das warf den alten Beuteverteilungsplan über den Haufen. Die Folge davon war der zweite Balkankrieg, in dem Serben und Bulgaren sich um Mazedonien rauften und andere Balkanvölker nicht müßig blieben. Der Hauptsieger war wiederum Serbien, das beinahe verdoppelt auf der Landkarte erschien. Rumänien sowohl wie Serbien gingen stolz aus der Sache hervor; die beiden Balkanstaaten, die an Österreich-Ungarn grenzten und die es zu beerben hofften.

Das Deutsche Reich war selber ein großer Nationalstaat und fürchtete im Grunde den Nationalismus der Balkanvölker nicht. Es hätte sich wohl mit ihm einrichten können. Die Österreicher fürchteten ihn und vor allem die Magyaren, das österreichische Herrschaftsvolk. Deutschland machte Österreichs antiserbische Politik mit, willig oder widerwillig; es hatte an sich kein Interesse daran. Wohl besaß es jetzt beträchtliche Interessen in der Türkei, wirtschaftliche sowohl wie politische. Hier stieß es direkt mit Rußland zusammen, das zwar wohl oder übel bereit war, Konstantinopel im Besitz der Türkei zu lassen, das aber keiner Großmacht erlauben wollte, sich dort festzusetzen. Die deutsche Tätigkeit in der Türkei provozierte Rußland direkt. Jeder provozierte jeden. Aber jeder brauchte auch irgendwie jeden. Der Sorge vor der deutschen Macht hatten es die Russen mit zu verdanken, daß England ihnen Nordpersien eingeräumt hatte und überall in Asien nicht mehr stark gegen sie auftrat. Entfiel die deutsche Drohung, so mußte auch das heikle und widernatürliche, beständig vom Zusammenbruch bedrohte russisch-englische Einverständnis entfallen. Der Sorge vor dem russischen Imperialismus wohl auch hatten es die Deutschen zu verdanken, wenn England sich mit ihrer Stellung in Kleinasien abfand: im Frühsommer 1914 wurde in London ein Abkommen skizziert, welches die Fortführung der deutschen »Bagdadbahn« bis nahezu an den Persischen Golf, bis Basra erlaubte. Über solche konkreten Fragen hätte man sich wohl einigen können, im Nahen Osten wie in Afrika. Noch immer war den britischen Arbeiterparteilern und Links-

liberalen, war den französischen Sozialisten das hochzivilisierte, halbdemokratische Deutschland viel lieber als der Zarismus. Noch immer gab es in Deutschland nachdenkliche Leute, die sich mit wenigstens einem der Ententepartner zu verständigen wünschten. Reichskanzler Bethmann hätte sich in der Flottenfrage herzlich gern mit den Engländern verstanden, aber das verhinderte die Admiralität. Admiral Tirpitz wünschte eine Verständigung mit Rußland, vielleicht auch mit Frankreich, aber das ging nicht, wegen der Türkei, ging nicht wegen Österreich, ging nicht, weil der Generalstab seinen Zweifrontenkriegsplan nicht umwerfen konnte. Die Abneigung der deutschen Sozialdemokraten galt Rußland, der Gedanke eines Krieges mit den Westmächten erschien ihnen Wahnwitz; aber Rußland war Frankreichs Verbündeter. Auch sie, die moralisch bei weitem Gesundesten, von den Lastern der Zeit am wenigsten Angefochtenen, wußten keinen zuverlässigen Ausweg aus dem Zauberkreis. Aber sie waren klüger als die anderen, und es gab Augenblicke, in denen sie ihrer warnenden Erkenntnis großartigen Ausdruck gaben. Gelegentlich der zweiten Marokkokrise, in der letzten außenpolitischen Rede seiner langen, ruhmreichen Laufbahn hatte Bebel gesagt:
»Es kann auch kommen, wie es zwischen Japan und Rußland gekommen ist. Eines Tages kann die eine Seite sagen: Das kann nicht so weitergehen. Sie kann auch sagen: Halt, wenn wir länger warten, dann geht es uns schlecht, dann sind wir der Schwächere statt der Stärkere. Dann kommt die Katastrophe. Alsdann wird in Europa der große Generalmarsch geschlagen, auf den hin sechzehn bis achtzehn Millionen Männer, die Blüten der verschiedenen Nationen, ausgerüstet mit den besten Mordwaffen, gegeneinander als Feinde ins Feld rücken. Aber nach meiner Überzeugung steht hinter dem großen Generalmarsch der große Kladderadatsch (Lachen) – ja, Sie haben schon manchmal darüber gelacht; aber er kommt, er ist nur vertagt (große Heiterkeit). Er kommt nicht durch uns, er kommt durch Sie selber... Sie treiben die Dinge auf die Spitze... Sie stehen heute auf dem Punkte, Ihre eigene Staats- und Gesellschaftsform zu untergraben... Was wird die Folge

sein? Hinter diesem Krieg steht der Massenbankrott, steht das Massenelend, steht die Massenarbeitslosigkeit, die große Hungersnot (Widerspruch rechts). Das wollen Sie bestreiten?« (Zuruf von rechts: nach jedem Krieg wird es besser!)

NEUNTES KAPITEL

Krieg

Maximilian Harden, kluger, wenngleich selbstisch schauspielernder Kritiker des Kaiserreiches, schrieb im Mai 1914: »In diesem Sommer wird Schicksal.«

Unvermeidlich ist nichts, ehe es nicht geschah. Daß Krieg in der Luft lag, seit Jahren, seit Jahrzehnten, daß mit jeder Wiederholung der »Politik des Risikos« der diplomatische Sport gefährlicher wurde und, wenn es so weiterging, einmal der Ball den Diplomaten entweichen und ins Spielfeld der lauernden Militärs hinübergleiten würde, dies zu sehen, bedurfte es geringen Scharfsinns. Es lag aber auch Friede in der Luft, und blieb den Menschen bis zu allerletzt die Wahl. Gewaltige Interessengegensätze wühlten zwischen den Mitgliedern des Ringes, der sich um Deutschland oder den Deutschland um sich gelegt hatte, und bis zuletzt hätte Deutschland den Ring sprengen können. Hiervon war auch die Rede, hieran wurde auch gedacht. Den Ring zu sprengen, das wäre aber nicht ohne Verzicht auf große, vage Zukunftsprojekte gegangen, das hätte bedeuten müssen, daß Deutschland sich, ungefähr, mit der europäischen Ordnung so wie sie war, zufriedengab. Es gibt Schriftsteller, die glauben, daß es einen solchen Verzicht aus dem Tiefsten heraus nicht leisten konnte; andere, denen Mangel an Entschlußkraft, an guter Führung als Erklärung genügt. Jedenfalls, es entschloß sich nicht.

Wir erzählen das oft Erzählte kurz. Um so mehr Raum wird uns für ein paar Fragen oder Gedanken bleiben.

Juli 1914

Erzherzog Franz Ferdinand von Österreich, Neffe des Kaisers und Thronfolger, war ein hochfahrender Mann, aber nicht ohne Instinkt für die Realitäten des alten Reiches, das er demnächst zu erben gedachte. Für »nationale Aspirationen«, für »Volk« überhaupt, hatte er geringe Sympathien; sein Haß jedoch galt der ungarischen Herrenklasse, deren Arroganz den Bestand Österreichs bedrohte. Mit ihr hätte er am liebsten kurzen Prozeß gemacht. Über Serbien dachte er ungefähr wie Bismarck, nämlich, daß seine Zwetschgenbäume und Schweine nicht die Knochen eines österreichischen Soldaten wert seien. Den Slawen im Reich, den Kroaten, den Tschechen wünschte er entgegenzukommen derart, daß das Reich fortan auf drei, anstatt auf zwei »Staatsnationen« ruhen würde; wobei er über das Wie sich in seinem brutalen und dumpfen Geiste wohl nicht klar war. Wenn er im Juni 1914 Militärmanöver großen Stils in Bosnien abhielt, so lag diese Provokation des separatistischen Elements in der Provinz wie der benachbarten Serben auf lange Sicht nicht einmal in der Politik des Thronfolgers. Man mußte nur einmal wieder den unruhigen Eingeborenen den Herrn zeigen; und mußte dann auch der Hauptstadt Sarajewo einen raschen Besuch machen, als Soldat und Fürst, der seine Untertanen nicht fürchtete. – Franz Ferdinand kam nicht lebend nach Hause.

Seine Mörder waren jenseits der Grenze, in Belgrad, eintrainiert und ausgestattet worden, und zwar von Männern, die der serbischen Regierung nahestanden. Das wußte man in den Tagen nach dem Attentat in Wien nicht oder konnte es nicht beweisen; wahrscheinlich war es auf jeden Fall. War doch der König von Serbien selber dank der scheußlichen Ermordung seines Vorgängers auf den Thron gekommen, übten doch noch immer dieselben Abenteurer, die im Jahre 1904 das österreichfreundliche Königspaar hatten in Stücke reißen lassen, den stärksten dunkelsten Einfluß aus. Klärlich war die Tat von Sarajewo das Werk der großserbischen, jugoslawischen Propa-

ganda, klärlich trug die Regierung, welche diese Propaganda förderte, eine wenigstens mittelbare Verantwortung daran. Darin hatten die Österreicher recht; recht auch darin – wenn es hier überhaupt noch Recht gab –, daß sie die genaueste Unterdrückung der jugoslawischen Agitation forderten. In alledem hätten sie die Welt auf ihrer Seite gehabt. Die Herren in Wien beschlossen, weiterzugehen. Das war ihr Unglück und unser aller Unglück.
Österreichs Außenminister, Graf Berchthold, ein eleganter, leichtsinniger Stümper, dachte, daß jetzt die Gelegenheit gekommen sei, mit der serbischen Gefahr für immer ein Ende zu machen. So dachte der Chef des Generalstabes, General Conrad. Nicht ohne Beihilfe von Lügen ließ der zögernde, uralte, bitter-erfahrene Franz Joseph sich für die Politik des rächenden Abenteuers gewinnen, unter der Bedingung zwar, daß der deutsche Bundesgenosse sie decken würde. Der deckte sie. Und damit war alles entschieden.
Nicht nur ließ der deutsche Kaiser wissen, daß er jede, auch die allerstärkste österreichische Maßnahme billigte; er ließ dazu anstacheln. Der Reichskanzler wurde kaum auch nur um seine Meinung gefragt. Trotz aller Schwächungen, welche die Hohenzollernmonarchie im letzten Jahrzehnt erfahren hatte, war die Stellung Wilhelms II. immer noch so, ja, war gerade seit Bülows Sturz und gerade infolge des überall in Deutschland herrschenden Mangels an verantwortlicher, verteilter Autorität so, daß er in einer so erdrückend schweren Angelegenheit dekretieren konnte, wie es ihm beliebte.
Das deutsche Votum riß Ungarn mit. Dessen leitender Minister, Tisza, sah weiter als die anderen. Er fürchtete selbst einen Sieg über Serbien, fragte sich, was die anderen nicht fragten: Was man denn mit dem leidenschaftlichen Slawenvolk anfangen sollte, wenn man es unter dem Fuß hätte? Noch mehr Slawen würde Österreich gar nicht brauchen können. Übrigens war er des Sieges nicht sicher, sondern fürchtete, wie er in einem unvergeßlichen Memorandum ausdrückte, einen europäischen Großkrieg. Tisza fügte sich, als Deutschland gebot.

Wilhelm wollte den Krieg nicht, oder wußte nicht, ob er ihn wollte, und stellte sich diese ernste Frage wohl nicht einmal in der Einsamkeit der Nacht. Er hielt ihn für unwahrscheinlich. Er nahm nur seine Möglichkeit mit prahlerischem Mut in Kauf. Weder Frankreich noch Rußland seien bereit, der Zar würde zudem nicht das Schwert ziehen, um Fürstenmörder zu retten. Würde er es aber doch tun, nun, dann besser jetzt als später. – Leichten Herzens beschwören wir Geister, an deren Kommen wir nicht glauben. Kommen sie aber zu unserer furchtbaren Überraschung doch, dann heißt es wohl oder übel den Tapferen gespielt. Vor aller Welt davonzulaufen, nachdem man sich einmal in Positur gestellt hat, ist eine heikle Sache. – So trieben Deutschland und Österreich noch einmal die Politik des Risikos. Sie hielten es nicht für größer als in den Tagen von »Agadir« oder der bosnischen Annexion, eher für geringer, denn diesmal sprach ein klarer, empörender Rechtsfall zu ihren Gunsten. Sie würden einen neuen diplomatischen Triumph davontragen, noch einmal sich als stärker erweisen als die Mächte des Ringes um sie herum. Daß ein solcher Triumph ihnen die Herrschaft über Europa gegeben hätte oder geben sollte, ist unwahr. So gewichtig war die ganze serbische Angelegenheit nicht. Auch wenn Serbien die exemplarische Strafe, die Wilhelm ihm zudachte, ohne Gegenwehr und ohne Hilfe von außen hingenommen hätte, so wären Rußland doch Rußland und Frankreich Frankreich und England England geblieben. Bei gutem Willen der anderen hätte die Bestrafung Serbiens sich auffangen und harmlos machen lassen. Das europäische Gleichgewicht war längst bedroht durch die ungeheuer konzentrierte Industrie- und Militärmacht Deutschlands, des eingeengten Landes der Mitte. Das lag nun einmal in der Natur der Dinge. Dadurch, daß ein paar österreichische Divisionen ein paar Monate lang in Belgrad Unfug trieben, um es dann doch wieder zu räumen, konnte das Gleichgewicht nur in der Phantasie dürrer Diplomatenhirne bedroht sein.
So weise kann man es nachträglich leicht sehen. Aber so sah man es nicht in der vergifteten, verblödeten Atmosphäre von Anno Domini 1914.

Nachdem das Prinzip einmal entschieden war, verfuhr man in Wien langsam und heimlich. Der Hochsommer ließ sich hübsch an; große und kleine Herren gingen auf Ferienreisen, Soldaten auf Urlaub, Flotten fuhren aus zu sommerlichen Manövern. In St. Petersburg fand ein Staatsbesuch des Präsidenten der französischen Republik statt. Man ließ das besser erst anlaufen, um das Bild friedlicher Normalität nicht zu stören. Dann, nahezu vier Wochen nach den Schüssen von Sarajewo, kam die emsig geleistete Arbeit an den Tag: Ein Ultimatum, welches die österreichische Regierung der serbischen präsentierte. Ultimatum, so hieß in der Diplomatensprache eine Forderung, deren Nichtannahme mit Krieg beantwortet werden würde. Die österreichischen Forderungen waren gepfeffert. Und zwar waren sie mit dem ausdrücklichen Vorsatz entworfen worden, sie unannehmbar zu machen; denn Berchthold und Conrad wollten den Krieg gegen Serbien, den Krieg, der das zerrüttete Ansehen der alten Großmacht neu befestigen sollte. Lesen wir das Ultimatum heute, so finden wir es freilich so schrecklich nicht. Das kommt daher, daß wir gewohnt sind, kleinere Staaten von größeren herumkommandiert zu sehen, und der Begriff der Souveränität nicht mehr die Festigkeit und Sprödigkeit besitzt, die er in jenen Zeiten besaß. – Serbien versprach, fortan sich zu bessern, nahm den Großteil des Ultimatums an, aber eine Hauptbedingung nicht: Es weigerte sich, die Vorgeschichte des Attentats auf seinem eigenen Boden durch österreichische Beamte untersuchen zu lassen. So handelte es, weil es der russischen Hilfe sicher war und von Rußland zum Widerstand angespornt wurde. Darauf erklärte Österreich seinen Krieg an Serbien; hastig, unbeirrbar, um, wie Berchthold es ausdrückte, Europa vor eine vollzogene Tatsache zu stellen.
Jetzt mischte Rußland sich ein. Die Vergewaltigung eines kleinen tapferen Volkes durch eine Großmacht, oder wie die Formeln hießen, welche Monarchen und Ministern nun aus der Feder quollen, dies durfte der selbsternannte Schutzpatron aller Slawen nicht hinnehmen. Gab Österreich nicht augenblicks seinen Krieg gegen Serbien wieder auf, so würde Rußland sei-

ne Militärmacht mobilisieren. Nur gegen Österreich, nur einen Teil seiner Militärmacht; aber dann doch die ganze, da eine nur teilweise Mobilmachung den Gesamtaufmarschplan in ruinöse Verwirrung bringen würde. Also doch ganze Mobilmachung. Auch gegen Deutschland. – War nicht Deutschland die Hauptmacht im Bunde der Zentralmächte? War nicht ohne Deutschlands Ermunterung das Auftrumpfen Österreichs gar nicht zu erklären? – In der Tat hatte Deutschland Österreich zu allem und jedem ermuntert. Jetzt, da Ultimatum und Kriegserklärung heraus waren, da schrille Warnrufe das sommerliche Europa aufstörten und das Unwahrscheinliche, Furchtbare plötzlich zum Greifen nahe erschien, jetzt unterließ man in Berlin weiteres Ermuntern. Reichskanzler von Bethmann unterließ es. Er schickte mäßigende, ja beschwörende Telegramme nach Wien. Aber diese wurden neutralisiert durch Ratschläge ganz anderen Sinnes, die der preußische Generalstabschef, von Moltke, den Österreichern depeschierte: sie sollten unverzüglich ihre ganze Armee auf Kriegsfuß bringen. »Das ist gelungen!« rief Berchthold! »Wer regiert denn in Berlin?« Da lag es. In Berlin hatten längst viele Willenszentren neben- und gegeneinander regiert. Sobald aber der Krieg sich anmeldete, regierte dieser allein, die seit Jahrzehnten vervollkommnete Maschine des Krieges und ihre Großingenieure, die Generale. Was die Zivilisten nun trieben, war, ob sie es wußten oder nicht, nur noch Schein... Sie mühten sich noch. Vermittlungsvorschläge kamen aus London, drei hintereinander: Vorschlag zu einer Konferenz der Großmächte wie während des Balkankrieges; Vorschlag, den österreichisch-serbischen Streitfall vor das Haager Schiedsgericht zu bringen; Vorschlag, direkte Verhandlungen zwischen Wien und Petersburg einzuleiten. Wenigstens diesen letzten Vorschlag lehnte man in Berlin nicht ab. Ehe er aber ins Werk gesetzt werden konnte, befahl Nikolaus II. die Mobilisierung des gesamten russischen Heeres; und ehe diese, die Wochen oder Monate dauern würde, vollendet wäre, war die deutsche militärische Führung zum Losschlagen entschlossen. Was nutzte es, daß noch brüderliche Telegramme zwischen Wilhelm und Nikolaus hin- und hergingen und einer den anderen beschwor, diesmal noch, nur ein letztes Mal noch, sich zu vertragen, klein beizugeben und den Frieden zu retten? Die Maschinen des Krieges waren stärker als Angst und Ahnung, die jetzt zu spät sich der hohen Herren bemächtigten. Am 1. August nahm, wie es in der ritterlichen Erklärung des deutschen Botschafters hieß, »der Kaiser, mein erhabener Herr, die russische Herausforderung im Namen des Reiches« an.

Der Rest war wie das Abrollen eines längst vertrauten Mechanismus. Frankreich war seit einem Vierteljahrhundert Rußlands Bundesgenosse. Der deutsche Kriegsplan sah einen überwältigenden Angriff durch Belgien und Nordfrankreich auf Paris vor; es galt, Frankreich matt zu setzen, ehe Rußland seine ganze Kraft würde entfalten können. Dann, sicher im Westen, würde man sich gegen den Osten wenden. Frankreich würde nicht neutral bleiben, mehr noch, es durfte nicht neutral bleiben, man durfte nicht im Westen einen ungeschlagenen, starken Gegner oder zweifelhaften Neutralen walten lassen. Das, was die deutsche Diplomatie in Paris notfalls fordern wollte, die Einräumung der französischen Grenzfestungen als Pfand guten Verhaltens, lief darauf hinaus, Frankreich zum Krieg zu zwingen. Dazu kam es nicht einmal. Die Antwort, die Paris auf die erste der deutschen Fragen gab, war derart zweideutig, vielmehr eindeutig, daß weiteres Wortgeplänkel sich erübrigte. Am 2. August erklärte Deutschland den Krieg an Frankreich. Eine taktische Ungeschicklichkeit, aber gleichgültig für den Freund der Wahrheit. Auch ohne die deutsche Initiative hätte Frankreich Krieg geführt.

Einen europäischen Großkrieg, in dem England nicht mitmachte, hatte es in modernen Zeiten nicht gegeben und konnte es nach den uralten Regeln der englischen Politik nicht geben. Es hätte den Krieg herzlich gern verhindert. Konnte es ihn nicht hindern, so mußte es früher oder später mit dabeisein, damit er im erwünschten Sinn ausginge. Und ziemlich früh in diesem Fall; denn es sollte ja ein rascher Krieg werden, in welchem die Entscheidungen schon in den ersten Wochen fielen. Dazu kam, daß der englische Generalstab sich

längst in allerlei Verabredungen mit dem französischen eingelassen hatte, die wohl unverbindlicher Art, der Sache nach aber engagierender waren, als die Nation wußte. Nur wäre der Eintritt in den Krieg unter anderen Bedingungen England sehr schwer geworden. Kabinett, Parlament, Wähler waren überwiegend pazifistisch und hätten die von dem Außenminister Grey heimlich eingegangenen Halbverpflichtungen nicht so ohne weiteres anerkannt. Was den erwünschten Ausgang mit einem Schlag ermöglichte, war die deutsche Invasion Belgiens. Genauer, der belgische Widerstand. Hätte Belgien sich der Übermacht unter bloßem Protest gefügt, so wäre die Empörung der Engländer nicht in so prompte Aktion umzusetzen gewesen. Aber Belgien schlug zurück und richtete herzzerbrechende Hilferufe an die Mächte, die einst bei der Gründung des neutralen Staates Pate gestanden hatten. Nun hatte England seinen anständigen Kriegsgrund.
Deutschland und Österreich; Rußland, Frankreich, England. Rußland wegen Serbien; England wegen Belgien; Frankreich, so hieß es offiziell, um zu tun, »was seine Interessen geboten«. Österreich, um seinen kleinen, lokalen, törichten Triumph auf dem Balkan davonzutragen. Deutschland, um den Krieg zu gewinnen. Es schlug los, nicht um irgend etwas zu erobern, sondern um zu gewinnen; es mußte, wenn der Krieg einmal beinahe sicher war, ihn sicher machen durch zeitiges Losschlagen, weil dies, und dies allein, ihm die erfolgreiche Durchführung seines Kriegsplanes versprach. Kanzler Bethmann gab dies Motiv in seiner Kriegsrede vor dem Reichstag offen zu. »Sollten wir«, fragte er, »weiterhin warten, bis etwa die Mächte, zwischen denen wir eingekeilt sind, den Zeitpunkt zum Losschlagen wählten? Dieser Gefahr Deutschland auszusetzen wäre ein Verbrechen gewesen.« – So zivilisiert war Europa damals und so ehrlich der Mann, daß er auch das belgische Unrecht in kernigen Worten eingestand. »Unsere Truppen haben Luxemburg besetzt, und vielleicht schon belgisches Gebiet. Das widerspricht den Geboten des Völkerrechts... Das Unrecht, das wir damit tun, werden wir wieder gutmachen, sobald unser militärisches Ziel erreicht ist. Wer so bedroht ist,

wie wir, und um sein Höchstes kämpft, der darf nur daran denken, wie er sich durchhaut.« Das Sitzungsprotokoll verzeichnet »ungeheure Bewegung, stürmischen wiederholten Beifall« nach diesen Worten.

Kriegsschuldfrage

Der Altreichskanzler Bülow, der sich in den Tagen nach dem Kriegsausbruch beschäftigungslos in Berlin herumtrieb, gibt uns in seinen Erinnerungen ein lebendiges Bild der Verantwortlichen, wie er sie fand. Er sah den Kaiser, ein »bleiches, erschrockenes, ich möchte sagen verstörtes Antlitz« mit unruhig flackernden Augen, »erregt und dabei doch abgespannt«. Er sah den »unbeschreiblich hilflosen und traurigen Ausdruck« im Blick des Reichskanzlers und fragte ihn: »Nun sagen Sie mir bloß, wie ist dies alles gekommen?« »Bethmann hob seine langen Arme gen Himmel und antwortete mit dumpfer Stimme: *›ja, wer das wüßte!‹«* – Man könnte es nicht wahrhaftiger darstellen. Sie, die der Welt als die ruchlosen Anstifter erschienen, wußten nicht, wie ihnen geschehen war.
Sie glaubten es ehrlich, wenn sie nun sagten, sie hätten es nicht gewollt. Daß es noch einmal gutgehen würde, hatten sie geglaubt und die Gefahr, es könnte schlecht ausgehen, wohl in ihre Gedanken eingeschlossen, aber nicht mit ganzem Ernst und ganzer Phantasie; selbst der schlechte Ausgang hatte ihnen Krieg nur gegen die beiden Flankenmächte, nicht aber gegen England bedeutet. Sie hatten niemanden um Rat gefragt; nicht die politischen Parteiführer, nicht die erfahreneren unter den Diplomaten, die es in Deutschland allenfalls gab, nicht die klugen, international bewanderten Köpfe in der deutschen Geschäftswelt, Ballin, Rathenau, nicht die großen politischen Professoren, Hans Delbrück, Max Weber. Monarch, Kanzler,

Staatssekretär, Unterstaatssekretär, ein paar Botschafter – heimlich, nach eigenem Belieben hatten sie gehandelt vom ersten Tage der Krise an; so lange, bis die schwere Hand des Generalstabs sich auf das Steuer des Staatsschiffes legte. Sie hätten Österreich mäßigen sollen, und natürlich hätten sie das gekonnt. Statt dessen trieben sie Österreich an, ließen es machen, sabotierten die englischen Vermittlungsvorschläge und fingen in Wien erst dann zu warnen an, als es schon zu spät war. Der Kaiser war sein eigener Herr, aber nur zu bald der Gefangene dessen, was er im ersten Augenblick leichtsinnig entschieden hatte. Als die Reaktionen der anderen nicht so waren, wie er erwartete, das Unwahrscheinliche wahrscheinlich wurde, der eine des anderen kriegerische Beschlüsse antizipierte und das Gewicht der militärischen Maschinerien die matteren und matteren diplomatischen Versuche zu erdrücken begann, fand er nicht Kraft und Mut zum Zurück, heimlich überzeugt, wie alle die anderen, daß das Gefürchtete ja doch einmal kommen mußte und ebensogut jetzt wie später kam. Daß er unglücklich bei der Sache war und über den Ausgang die düstersten Ahnungen hatte, daß er nicht das Gefühl einer deutschen Initiative hatte, ist reichlich zu belegen. Tatsächlich hatte ja Deutschland die Initiative früh aus der Hand gegeben. Seitdem bestand sein Tun nur noch darin, daß es sich weigerte, zu mäßigen oder rückgängig zu machen, was es zuerst mit veranlaßt hatte, während ringsumher Reaktionen stattfanden, in denen die Deutschen ihrerseits Initiativen sahen. Hieraus erklärt sich ihr Gefühl, daß sie angegriffen seien und zur Entstehung des Krieges nichts Aktives beigetragen hätten.

Anderswo mußte man es anders ansehen. Die deutsche These, wonach Mobilisierung gleich Krieg war und man den Russen unter keinen Umständen erlauben durfte, zu mobilisieren, war gültig nur im Sinn des deutschen Kriegsplanes; für andere Mächte, die ihre Strategie nicht auf Eile aufgebaut hatten, war es anders. Sie sahen in der hastigen deutschen Kriegserklärung an Rußland eine vorbeugende Aktion, einen Angriff. Und am Ende gab Bethmann mit seiner Frage: »Sollten wir warten, bis die anderen losschlügen«, den präventiven Charakter des deutschen Handelns selber zu. Der brave Mann ist die Gewissensqualen, welche diese Angelegenheit ihm bereitete, nie los geworden. Die Geschichte hat das militärische Argument, aus dem heraus Deutschland so eilends handelte, widerlegt. Der Kriegsplan mißlang. Frankreich wurde niemals ausgeschaltet. Trotzdem gelang es der deutschen Armee schließlich, mit Rußland fertigzuwerden – ein Beispiel für die alte Wahrheit, daß Politik nicht auf die unsicheren Berechnungen der Militärs gegründet werden darf. Hier war Wilhelm II. politisch immer noch klüger als seine Generäle. Nur allzugern hätte er im letzten Augenblick das Steuer herumgeworfen und die ganze deutsche Kriegsmacht gegen Osten gekehrt, wenn nur England ihm die Neutralität Frankreichs garantierte. Aber England tat das nicht, und der deutsche Generalstab beharrte auf der Ausführung seines Planes.

Wäre ein Kompromiß zwischen Österreich und Serbien möglich gewesen? Für den Augenblick ja. Wenn er sich ein klein wenig mäßigte, wenn er nicht geradezu den Krieg gegen Serbien wollte, von dem wir wissen, daß er ihn wollte, so war dem Grafen Berchthold ein diplomatischer Erfolg sicher. Und was wäre geschehen, wenn die serbische Regierung das österreichische Ultimatum in allen Punkten angenommen hätte? Nicht viel. Eine solche Annahme hätte den Österreichern den Krieg vor aller Welt schlechterdings unmöglich gemacht; worauf ein paar zur Untersuchung des Attentats nach Serbien entsandte österreichische Beamte dort ein Spektakel der Hilfslosigkeit gegeben hätten. Die Unvereinbarkeit eines solchen Besuches mit der serbischen Verfassung, welche vorgeschützt wurde, ist kaum ernst zu nehmen; es sind in Serbien schlimmere Dinge vorgekommen, die nicht im Einklang mit der Verfassung standen. Um die Stellung der Habsburger Monarchie zu festigen, wünschte das Österreichische Kabinett den kleinen Krieg gegen Serbien und nahm die Gefahr des großen Krieges in Kauf. Daß die Serben das österreichische Spiel mitspielten, anstatt durch ein in seiner Substanz unbedeutendes Opfer sich ihm zu entziehen, zeigt, daß auch sie den Krieg annahmen, nicht den kleinen, sondern den großen, der allein ihnen Rettung und Gewinn bringen konnte. Die Erweiterung ihrer nationalen Existenz, ihre politische Vereinigung mit Volksgruppen, mit denen sie später in nicht eben glücklicher Gemeinschaft lebten, hielten sie für lohnend genug, um einen russisch-österreichisch-deutsch-französischen Krieg damit bezahlt zu machen. Sie taten es und handelten danach, weil sie der russischen Hilfe sicher waren.

Wenn die Kette der Ursachen und Wirkungen dort am stärksten ist, wo die Krise zuerst entstand, also in Wien und Belgrad, so wird die Schuld nicht kleiner in dem Maß, in dem sie sich vom unmittelbaren Schauplatz entfernt. Bei aller Frivolität, Beschränktheit, Traditionsgebundenheit ihres Denkens konnten die österreichischen Diplomaten für sich geltend machen, daß es letztlich um den Bestand dessen ging, ohne das sie weder die Welt noch sich selber sich vorstellen konnten, der Donaumonarchie. Nichts Vergleichbares hatte das offizielle Rußland einzusetzen. Was für den österreichischen Staat Lebensfragen waren, waren für den russischen Randfragen zweiter Ordnung, Prestigefragen, fiktive Ziele. Wäre selbst das ganze Serbien vorübergehend von den Österreichern besetzt worden, so hätte dies die russische Sicherheit nicht gefährdet. Man spricht von einem vernünftigen Interesse Rußlands an der serbischen Unabhängigkeit; sie wollten die Deutschen nicht in Konstantinopel, sie wollten Pufferstaaten zwischen den deutschen Mächten und den Meerengen. In der Reaktion des russischen Nationalismus gegen Österreich wird man aber mehr wüste Hysterie, mehr falsches Gefasel von »slawischer Bruderschaft«, mehr Kriegslüsternheit als feste Vernünftigkeit finden. Der fiktive Charakter der russischen »Freundschaften« auf der Balkanhalbinsel wird durch das Beispiel Bulgariens dargetan, für dessen Gründung, Bestand und Erweiterung sich Rußland einst zu Bismarcks Zeiten so leidenschaftlich eingesetzt hatte, um dann sehr bald in Bulgarien seinen Gegner auf dem Balkan zu entdecken und Serbien zu umarmen. Nur für verblendete, verdummte, verängstigte Politiker können solche Freundschaften einen Krieg wert sein.

Frankreichs Haltung war von eisiger Korrektheit. Die französischen Staatsmänner legten den englischen Vermittlungsversuchen kein Hindernis in den Weg. Sie taten aber auch nichts, um die hastige russische Mobilmachung hintanzuhalten, von der es heißt, sie hätten sie bedauert. Sie zogen den Krieg einer diplomatischen Niederlage vor, taten nichts, um eine solche Niederlage beizeiten zu mäßigen, zu bagatellisieren und annehmbar zu machen. Es kam ihnen alles darauf an, in diesem Krieg die Angegriffenen, Unschuldigen zu sein. Daß sie aber viel Phantasie, Leidenschaft, menschliche Größe ins Spiel gebracht hätten, um ihn zu verhindern, das wird man beim besten Willen nicht sagen können.

Anders England. Hier allein entsprach der Ernst der Menschen ungefähr dem Ernst der Sache, hier allein wußte man ungefähr, um was es ging. Es ist später die Auffassung populär geworden, Sir Edward Grey, der Außenminister, hätte den Krieg verhindern können, wenn er beizeiten klar Stellung genommen und Deutschland abgeschreckt hätte; wogegen erinnert wird, daß er, so wie die englische Tradition und Mentalität und Verfassung nun einmal war, nicht beizeiten Stellung nehmen konnte. Er mußte übrigens fürchten, durch ein zu deutliches Hilfsversprechen Rußland und Frankreich zu einer noch intransigenteren Haltung zu verlocken. Das Rechte konnte er in der vergifteten Situation dieses Hochsommers nicht mehr tun; Irrtum und Gefahr lauerten, wohin er sich auch neigte. Wenigstens mühte er sich verzweifelt ab.

Niemand wußte, was der andere tun würde. Darauf beruhte das Wagnis, der Bluff, das sportliche Vergnügen bei der Sache; darauf hatte das politische Spiel von jeher beruht. Würde ja nicht einmal eine Schachpartie zustande kommen, wenn die Partner ihre Pläne nicht in Geheimnis hüllten. Wenn Völker, Staaten keine Figuren sind, mit denen man spielen sollte, so spricht das gegen das Wesen des souveränen Staates und die Gewohnheiten einer sogenannten äußeren Politik selbst; um deren Abschaffung man sich in unserer Zeit bemüht, ohne sie bisher erreicht zu haben. So viel wissen wir übrigens heute, daß das bloße Ankündigen dessen, was man tun wird, zur

Lösung des außenpolitischen Problems und zur Verhinderung von Kriegen nicht genügt. Im Lichte der Erfahrungen von 1914 ist es seit den dreißiger Jahren Mode geworden, ständig und laut alle die Fälle herzuzählen, in denen man Krieg machen wird. Das hat uns 1939 nicht geholfen und hilft uns wohl auch heute nicht viel.

Während des Krieges sind in Deutschland die ausschweifendsten Kriegsziele entwickelt worden, gelegentlich von der Reichsleitung und ihren Beamten selbst, häufiger von politisch unverantwortlichen Stellen, Verbänden, Publizisten, Generalen. Ausschweifend waren auch die Verwirklichungen des Vertrages von Brest-Litovsk. Der Schluß liegt nahe, es müßte ein Zusammenhang bestehen zwischen Kriegszielen und Kriegsverursachung. Hat man einen Zweck, dann greift man vernünftigerweise nach den Mitteln, die, und die allein, ihn erfüllen können. Um den Schluß bündig zu machen, muß man nur noch nachweisen, daß auf expansive Ziele – wenn auch nicht identisch mit den im Krieg ausgeheckten – schon vor dem Krieg in Deutschland angespielt wurde.

Aber »Zusammenhang« ist ein unsicherer Begriff. Daß das deutsche Gefühl, nicht »saturiert« zu sein, schon vor 1914 da war und stark war, daß es die Atmosphäre, die Erwartung des Krieges, die Bereitschaft für ihn mitbestimmte, leugnet niemand. Nur ist der Sprung von da zur eigentlichen Verursachung nicht zu machen. Wäre er es, so wäre er es für die anderen auch, die auch Ziele hatten; weniger ausschweifende vielleicht, aber präzisere, durch Geographie und Geschichte eindeutiger vorgezeichnete, was ihr verursachendes Gewicht nur erhöhen kann. Beweisen Kriegsziele Kriegsschuld, dann waren, vielleicht mit Gradunterschieden, alle schuldig, und fragt sich noch, zu welchen Gunsten der Gradunterschied spräche. Denn während die Russen wußten, was sie wollten, wußten die Deutschen es nicht; sie wollten einmal wenig, einmal viel, einmal hier viel und dort wenig oder umgekehrt, und stritten sich über ihre Kriegsziele mit großer Leidenschaft vier Jahre lang. In welchem anderen Land gab es überhaupt, wie in Deutschland, eine »Kriegsziel-Diskussion«?

Es wird eingewendet: Auch die anderen hatten Ziele, aber es waren Randziele und ließen sich allenfalls auch ohne Krieg verwirklichen. Deutschland, welches in der Mitte lag, »eingekeilt«, wie Bethmann Hollweg es ausdrückte, konnte seine imperialen Träume nicht verwirklichen, ohne »auszubrechen« oder zu »explodieren«, das heißt, ohne sich zum Herren über den Kontinent zu machen. Längst war prophezeit worden, daß es einmal explodieren würde. Auch solche Prophezeiungen stellen einen Zusammenhang her, oder helfen uns zu begreifen, wie der Weltkrieg möglich wurde, nicht mehr. Sie stellen keine Reihe von Ursachen und Wirkungen her.
Denn in dem ganzen deutsch-österreichischen Dialog des Juli 1914, in den Telegrammen, in den Protokollen, in den geheimsten Dokumenten kommt von Deutschlands imperialen Zielen überhaupt nichts vor. Da ist die Rede davon, daß man die unerträglichen Zustände an Österreichs Südgrenzen beenden, daß man den wankenden Bundesgenossen stützen müsse, weil man keinen anderen mehr habe. Es ist die Rede davon, daß, wenn schon Krieg sein müßte, der Moment dafür jetzt günstiger sei als später. Ganz selten, andeutungsweise, in den intimsten Gesprächen, ist die Rede davon, daß, wenn alles gut ginge, der Ring um Deutschland, das französisch-russische Bündnis gesprengt oder doch geschwächt sein würde. Es ist dann, von dem Moment an, in dem Rußland begann, seinen Kriegsapparat, zunächst noch heimlich, bereit zu machen, von der Gefahr einer ungestört und noch im Frieden ins Werk gesetzten russischen Mobilisierung die Rede. Und diese schiere Furcht überwältigte alles und entschied alles. Von imperialen Zielen nicht ein Wort. Man könnte natürlich sagen: Diese Leute verschwiegen ihre geheimsten Gedanken. Das taten sie nicht. Mit seinen unglaublichen Randbemerkungen ließ Wilhelm II. sich nie so gehen wie gerade im Juli 1914. Hätte er den Gedanken, wir brauchen den Krieg, weil wir was erobern wollen, im Kopf gehabt, er wäre der Letzte gewesen, ihn nicht niederzuschreiben; wie er denn im Krieg selber das verrückteste Zeug in diesem Sinn niederzuschreiben oder auszusprechen sich wahrlich nicht scheute. Ganz anders während der Krise. Als er

verstand, daß der Friede verloren sei, ergoß er Kummer und Wut in den Satz: Wenn Deutschland sich schon verbluten müßte, dann sollte England wenigstens Indien verlieren.
Der Mechanismus der Julikrise selber ist einfach. Und zwar sind die Faktoren, die ausreichen, ihn verstehen zu lassen, diese. Das System der Allianzen. Das Schwächerwerden der deutschen Allianz, die Gefährdung Österreich-Ungarns von außen und innen. Die allgemeine Bereitschaft zum Krieg, die allgemeine Erwartung, daß er früher oder später kommen würde, verbunden mit, und zwar besonders in Berlin verbunden mit der entgegengesetzten Erwartung, daß, weil alle vorhergehenden Krisen gut ausgegangen waren, auch diese gut ausgehen würde, verbunden mit der *Gewöhnung* an Krisen wie diese. Der deutsche, von dem Generalstabschef Schlieffen ausgearbeitete, von dessen Nachfolger Moltke unter ängstlichen Zweifeln übernommene, im wesentlichen dennoch übernommene Kriegsplan, der nur *einen* Krieg, den gegen Rußland *und* Frankreich vorsah, und zwar die Vernichtung des französischen Heeres zuerst, durch ein gewaltiges Umfassungsmanöver, während die russische Kriegsmaschine noch erst in Gang kam. Die entscheidende Bedeutung dieser politisch unschuldigen, rein technischen, technisch jedoch ins Unmögliche ausschweifenden Kriegsphantasie für die Politik der letzten Julitage hat Gerhard Ritter in einer meisterhaften Studie gezeigt. Die These, wonach Mobilmachung gleich Krieg war, galt überall, bei Russen und Franzosen auch, das läßt sich beweisen. Sie mußte aber für die Deutschen ungleich schärfer, dringender gelten, nachdem eine schwache Politik es versäumt hatte, die durch den Schlieffenplan ihr auferlegte fürchterliche Bindung zu durchschauen und sich ihrer in Friedenszeiten zu entledigen. Von dem Moment an, in dem die russische Mobilmachung befohlen war, war es dafür zu spät. Nun mußte der große Plan abrollen, nun mußten die Kriegserklärungen auch gegen den Westen heraus, um jeden Preis, mit oder ohne Provokation. Und damit war auch schon gegeben, was dann in Deutschland vier Jahre lang gegeben sein sollte: die Herrschaft des militärischen Prinzips über das politische.

Alles andere sind Spekulationen, indirekte Zusammenhänge, Hintergründe. Wir möchten sie nicht missen, weil nur sie der Katastrophe einen Sinn geben, insofern sie einen hat. Aber ihre wirkende Macht ist nicht zu greifen, nicht abzuschätzen, und nie summieren sie sich zu einem Ganzen. Zu den imperialen Zielen der Mächte – und unleugbar war Deutschlands imperialer Ehrgeiz der schärfste, weil er unbefriedigt war, während die anderen sich längst unvergleichlich üppiger versorgt hatten – müßten Motive aus den verschiedensten Sphären genommen werden. Aus der innenpolitisch-sozialen. In Deutschland wie in Rußland schwankte man, ob ein großer Krieg die alte, längst um ihr Dasein ringende Hierarchie stärken oder sie vollends ruinieren würde. Diese Frage wurde in beiden Lagern gestellt; dringender in Rußland, wo die Gefährdung der Hierarchie tiefer ging und darum sowohl die Furcht vor dem Krieg wie das Flüstern nach ihm stärker war. Aus dem Reich der Wertungen: Mit Gradunterschieden herrschte damals noch überall in Europa das militärisch-feudale Wertsystem, gleichgültig wie bedroht es schon war, und eine Generation von Offizieren, die keinen Krieg erlebt hatte, war eine betrogene Generation. Aus dem Wirtschaftlichen: Gewiß, das Reden von »englischem Handelsneid« ist keiner Diskussion wert, und die Lenin'sche Theorie vom unvermeidlichen Krieg zwischen den großen Kapitalinteressen hat vor ihm nur den Prunk der Scheinbelehrsamkeit voraus. Daß aber Industrien und Banken nicht am Krieg, jedoch an Rüstungen interessiert waren, die ihrerseits kriegstreibend wirkten, sieht der Blinde. Aus dem Psychologischen: Darüber hat Sigmund Freud seine tiefen, traurigen »Gedanken im Kriege« geschrieben, und sie gehören zum Hintergrund mindestens so sehr wie das imperialistische Geschwätz der Alldeutschen. Warum waren doch die Volksmassen in den ersten Augusttagen so sehr glücklich? Warum, von London bis Belgrad, von Paris bis Petersburg all der Jubel und, ehe noch der Krieg erklärt wurde, das drängende Kriegsgeschrei der Straße, von dem Lloyd George erzählt? Warum warf der junge Adolf Hitler, wie er uns berichtet, sich auf die Knie, um dem Allmächtigen für diese herrliche Stunde zu danken? Warum war selbst ein so bedeutender, ernster Charakter wie Max Weber, der doch *wußte,* was der Krieg bedeuten würde, und der die deutschen, zu der »unnatürlichen Koalition gegen uns« führenden Irrtümer nur zu gut kannte, glücklich wenigstens am Anfang? Warum, wenn alle Nationen sich angegriffen glaubten, um ihr Leben zu kämpfen glaubten, fühlten sie sich erlöst wie Kinder am letzten Schultag? – Der Schluß, daß zwischen so willkommenen Gefühlen und der Tatsache, die Anlaß zu ihnen gab, nämlich dem Krieg, ein ursächlicher Zusammenhang besteht, soll heißen, daß man hier sich bereitet hatte, was man *wünschte,* liegt genau so nahe wie jener, mit dem man den Expansionismus der Alldeutschen vor dem Krieg, den Krieg und die Kriegsziele verbindet.

Dann endlich die Männer, die Geschichte machten, die kleine Zahl von Individuen, die zwischen dem 4. und dem 30. Juli alles entschieden. Eine Wirkung der eben genannten Motive auf sie ist nicht nachweisbar, außer daß auch sie im Bann des feudal-militärischen Ehrenkodex standen. Die Monarchen, welche die Mobilmachungsbefehle unterzeichneten, Nikolaus, Wilhelm, Franz Joseph, die Minister, welche dazu rieten, freuten sich *nicht,* ihr Instinkt war der bessere. Sie hatten keine Eroberungspläne im Kopf; selbst die Österreicher wußten nicht, was sie mit einem geschlagenen Serbien eigentlich anfangen würden. Sie waren nicht wirtschaftlich an Rüstungen interessiert gewesen. Die Frage, ob ein Krieg die alte Ordnung begünstigen würde oder die Revolution, ging über den Horizont der Könige. Alles, was man sagen kann, ist, daß auch sie den Einflüssen ihrer Zeit ausgesetzt waren trotz ihrer goldenen Isolierung und daß sie so waren, wie sie waren:

Der Kaiser, nervös und prahlerisch, Festigkeit vortäuschend, die er nicht besaß, gewohnt, sich aufs hohe Roß zu schwingen, und zu feige, beizeiten wieder herunter zu kommen; Bethmann Hollweg, ehrgeizig und auch selbstgerecht hinter der Maske des frommen, tüchtigen Bureaukraten, in der Außenpolitik ohne Erfahrung und ohne Talent, gewillt, nun *seine* Krise durchzustehen, wie sein Vorgänger Bülow die

früheren mit leidlichem Erfolg durchgestanden hatte; Moltke, kultiviert und pessimistisch, aber von Berufs wegen nichts anderes im Kopf als Krieg, den er fürchtete, dessen dauerndes Nichtkommen aber gegen die Weltordnung wäre; Graf Berchthold, wohlerzogener, oberflächlicher Aristokrat, in den Formeln und Künsten des 18. Jahrhunderts lebend, zu handeln diesmal um so fester entschlossen, weil man ihm längst schwächliche Unentschlossenheit vorgeworfen hatte; General Conrad, großer, einfach und intuitiv denkender Soldat, seinen deutschen Kollegen durch die Stärke des Charakters überlegen; Zar Nikolaus, armer Spätling, unter einem Unglücksstern sich fühlend, viel zu schwach für die alte schwere Krone auf seinem Haupt; Sasonow, Machtpolitiker eines Reiches so schwanger mit Gefahren wie mit ausschweifenden Träumen, von Haß gegen die Österreicher brennend; Sir Edward Grey, zu philosophisch-zart für die Rolle eines imperialen Außenministers, schwankend zwischen tiefer Friedfertigkeit, Machtinteressen, heimlichen Bindungen; Winston Churchill, sehr großartig, romantisch und kriegerisch denkend; Präsident Poincaré, harter, engstirniger Jurist, Nationalist und Jakobiner, schon in der Kindheit besessen von dem Wunsch, sein Lothringen wieder nach Frankreich einzubringen, in seiner Antrittsrede betonend, daß zum Frieden allseitige Kriegsbereitschaft gehöre, Poincaré, von dem Rußlands Botschafter in London 1913 geschrieben hatte: »Wenn ich Cambons Unterredung mit mir, die gewechselten Worte kurz wiederhole und die Haltung Poincarés hinzufüge, kommt mir der Gedanke, der einer Überzeugung gleichkommt, daß von allen Mächten Frankreich die einzige ist, welche, um nicht zu sagen, daß sie den Krieg wünscht, ihn doch ohne großes Bedauern sehen würde.« Freilich, so ein Satz beweist nichts. Sätze, geäußerte Meinungen und Absichten müssen sehr dicht stehen und Taten müssen ihnen sehr dicht entsprechen, damit sie etwas beweisen. Aber sie können Atmosphäre anzeigen.
Es hätte nichts geholfen, wenn einer von all diesen Anführern anders gewesen wäre als er war. Oder wenn die Vielen eine Stufe tiefer anders gewesen wären: Die deutschen Generale,

längst zum Präventivkrieg drängend; die Iswolski und Paléologue, die, nach dem französischen Staatsbesuch in Petersburg, sich mit einem schmunzelnden »Cette fois c'est la guerre« voneinander verabschiedeten; die Botschafter, die schweren oder leichten Herzens rieten, was ihre Auftraggeber befahlen. Sie hätten alle anders sein müssen. Die Zeit hätte anders sein müssen. Dieser Krieg war nicht, wie der Zweite, ein Anachronismus, den ein einziger Verbrecher erzwang. Er ging aus dem Geist der Zeit, aus den Begriffen, in denen die Leute dachten, aus dem Stil, in dem sie lebten, stimmig hervor. Es war kein Wunder, daß er kam. Es war eines, daß er so lange *nicht* gekommen war. Darum die Freude. Endlich grüßte man das so lang Verdrängte, Überfällige mit Blumen. Keine andere geschichtliche Frage ist so gründlich durchleuchtet worden wie die Frage nach der Verantwortung am Krieg von 1914. In Deutschland gab es später eine Zeitschrift, genannt »Die Kriegsschuldfrage«, gab es Lehrstühle, deren Inhaber sich praktisch mit nichts anderem befaßten. Das erklärt sich wesentlich durch eine Taktlosigkeit der siegreichen Alliierten, die, der Forschung dreist vorgreifend und sich zum Richter in eigener Sache erhebend, die deutsche Alleinschuld am Kriege im Friedensvertrage figurieren ließen. Auf diesen Paragraphen gründeten sie ihr Verlangen nach »Wiedergutmachungen«; so daß also die deutschen Historiker nur die These von der Alleinschuld widerlegen zu müssen schienen, um damit das ganze Gebäude des Versailler Vertrages moralisch und rechtlich zu Fall zu bringen. Daher die Hitze des Kampfes, in dem die Wissenschaft auf beiden Seiten außerwissenschaftlichen Zwecken diente. Jetzt endlich sind die Schauspieler des Dramas von 1914 alle tot und sind die jungen Freiwilligen von damals alte Leute. Jetzt ist diese blutige Geschichte tief genug in den Hintergrund gerückt und von jüngerem, noch böserem Unfug überschattet, so daß es denn wohl endlich möglich ist, sie darzustellen, wie sie wirklich war, in ihrer Schuld und Halbschuld, ihrer ganzen menschlichen Unzulänglichkeit überall, ohne daß die Gelehrten sich länger darüber in die Haare geraten müßten.

Alle hielten sich für die Angegriffenen, Könige, Diplomaten, Völker. Streng logisch stimmte das nicht. Denn, wo alle angegriffen sind, da greift niemand an und da ist niemand angegriffen. Aber die Wirklichkeit hat keinen Ehrgeiz, logisch genau zu sein. Tatsächlich glaubte Rußland sich durch den österreichischen Akt gegen Serbien und tatsächlich glaubte Deutschland sich durch die russische Mobilmachung angegriffen, so daß der Brand etwas von Selbstentzündung an sich hatte, unter deren Eindruck jeder den anderen beschuldigte und alle sich als Opfer fühlten. Gleichzeitig aber fanden alle es schön, angegriffen zu sein. Jubel herrschte in Europa in den ersten Augusttagen des Jahres 1914, Jubel, Kriegswut und Kriegsfreude. Nicht überall im gleichen Maße; in Frankreich wohl etwas weniger als in Deutschland, dort etwas stärker als in England. Aber in England auch. Selbst durch die Straßen von London wälzten sich lustig die Volksmassen und schrien nach Krieg, indes das Kabinett noch letzte schwache Friedensgesten machte. Die Völker Europas waren jahrelang von Politikern und Journalisten gegeneinander aufgehetzt und betrogen worden. Daß sie aber jetzt mit ihrem Herzen am Frieden hingen, kann man nicht sagen. Der Krieg würde kurz sein und schön; ein erregendes, befreiendes Abenteuer. Und Gott würde auf allen Seiten sein; und alle würden siegen.
In Deutschland gedieh diese Stimmung noch besonders dadurch, daß wir doch immerhin als erste losgeschlagen hatten. Blitzschnell hatten wir gehandelt, ehe der Feindbund sein Netz hatte zuziehen können; wir waren die Angegriffenen, die Unschuldigen, und dennoch jene, die zuerst sich schwertklirrend erhoben. War eine edlere Kombination denkbar? Und dann, daß endlich gehandelt wurde, das seit Jahrzehnten Vorbereitete endlich erprobt wurde! Daß die Langeweile des Alltagslebens unterbrochen wurde durch die abenteuerlichen Ferien, in die der kleine Mann, der Angestellte, der junge Volksschullehrer nun plötzlich hinaus durfte und obendrein ein Held

war. Daß es wieder ein Vaterland gab, ein hochbedrohtes, für das man das Leben einsetzen durfte, anstatt im Gefängnis der kleinen selbstischen Zwecke auf ewig eingeschlossen zu bleiben! Daß es endlich wieder eine Nation gab, anstatt der Parteien und Klassen, der ausweglosen Zänkereien! Und dann bald die wogenden Fahnen, die Kanonenschüsse, welche die ersten Siege verkündeten! Wie schön, da dabeizusein, als Soldat oder wenigstens als Patriot in Bürgerkleidung! Wie traurig, da ausgeschlossen zu sein... So war die Stimmung im August 1914. Die festesten Charaktere, die gescheitesten Köpfe machten mit. Der harte, melancholische Realist, den wir schon kennen, Professor Max Weber, schrieb von »diesem großen und wunderbaren Krieg«, und daß es herrlich sei, ihn noch zu erleben, aber sehr bitter sei, wegen seiner Jahre Zahl nicht mehr an die Front zu dürfen. Philosophen, Ästheten, aristokratische Poeten, die stets sich der Masse ferngehalten hatten, fanden nun plötzlich ihren Weg zum Volk und waren glücklich darüber. Vergessen waren die langen Jahre der Trennung zwischen Staat und Geist, die Jahre des Spottes. Sie meldeten sich zum Heeresdienst, sie wollten kämpfen mit Flinte oder Feder; in groben Manifesten und feinkörnigen Essays, in schlechten oder in guten Gedichten priesen sie den »Aufbruch der Nation«.

Und wenn sie mit Eisen und Stahl Dich umklammern,
Wir schlagen die Bresche, wir brechen die Klammern,
Deutschland! Deutschland!
Wir kommen wie Geier vom Felsen gestoßen,
Wir kommen wie Wasser vom Berge geschossen,
Wie Hagel und Schlossen!
Da klirren der Stahl und das Eisen in Scherben;
Für Dich will ich leben, für Dich will ich sterben,
Deutschland, Deutschland!

R. A. Schröder

So ist der Mensch, daß er hin und her schwankt zwischen Egoismus und dem Wunsche, über sich selbst hinauszugehen, in einer großen gemeinsamen Sache sich auszulöschen. Allzusehr hatte der Friede Wilhelms II. die Sehnsucht nach dem Dienst am Ganzen ungenützt gelassen. Nun befriedigte sie der Krieg, er schien jeden brauchen zu können. Daher das Glück.

Wenige hielten sich von vornherein abseits, Halbdeutsche oder Schriftsteller, die ihrem Wesen nach zu Halbdeutschen geworden waren. Sie wurden allmählich mehr. Denn das Glück trog. Die Sehnsucht nach dem Dienst am Ganzen ist gut, aber es ist nicht ein rauschhafter Begeisterungszustand, der sie auf die Dauer erfüllen kann. Im August 1914 zeigte der Krieg sich von seiner schönsten Seite und von seiner unwahrsten. Das blieb nicht so.

Von den politischen Parteien hatte die extreme Rechte die Krise nach Kräften geschürt. Es waren dieselben Gruppen, denen die deutsche Politik unter Wilhelm II. immer »zu schlapp« gewesen war und die nun den schwachen Monarchen vorwärtstrieben; wir werden ihnen während der Kriegsjahre wieder begegnen. Die Sozialdemokraten behielten ihren klaren Kopf. Hatten sie nicht längst sich für die Stunde der Gefahr vorbereitet, auf interparlamentarischen Kongressen gegen Wettrüsten und Imperialismus ihre Stimmen erhoben, mit ihren französischen Genossen verabredet, was sie vor dem Krieg und im Krieg gemeinsam gegen den Krieg zu tun hätten? Jetzt verdammten sie das österreichische Ultimatum in Worten, die noch heute ihre Wahrheit haben. Jetzt organisierten sie Versammlungen in Berlin, die dem Toben der Kriegsfreudigen, der alldeutschen Professoren, der Turner von »Vater Jahn«, der bärtigen Veteranen von 1870 die Waage halten sollten. So weit, so gut. Aber dann kam die Nachricht von der russischen Mobilmachung, die auch ihnen, den Sozialdemokraten, einem Angriff gleichzukommen schien. Waren sie denn nicht auch Deutsche, nicht auch gute Patrioten, waren nicht auch ihre teuer erkämpften Freiheiten bedroht, wenn der Despotismus des Zaren über Deutschland siegte? Für die Fehler der Vergangenheit, der alten und der jüngsten, konnten sie nichts, gegen die hatten sie protestiert, solange es Zeit war. Aber nun war die Lage leider so, wie sie war. – Am 31. Juli schickten sie einen der ihrigen, Hermann Müller, nach Paris, um mit französischen Kollegen den verabredeten Kontakt aufzunehmen. Die Franzosen sagten ihm, ihre eigene Situation sei ganz anders als jene der Deutschen, sie seien von ihrer Regierung nicht betrogen worden, sie hätten ihren legitimen Einfluß auf das Gebaren ihrer Republik, und da nun Frankreich von Deutschland angegriffen werde, so müßten sie zu ihrem bedrohten Vaterland stehen. Die deutschen Arbeiter aber hätten sich gegen das Kriegsverbrechen ihres eigenen Staates zu erheben. Das sei nicht so, erwiderte Müller. Die Gefahr komme jetzt nicht von Berlin, sondern von St. Petersburg, und gegen die mußten wohl oder ubel auch die deutschen Arbeiter Front machen... Der gute Mann kam mit Mühe und Not noch aus Frankreich heraus; er konnte dem Berliner Parteivorstand nur Unerfreuliches erzählen. – Der Deutsche Reichstag hatte mit der Kriegserklärung nichts zu tun, sie war allein die Sache des Kaisers und seiner Ratgeber. Aber er hatte die Ausgaben, die Kredite zu bewilligen, denen das Reich zur Führung des Krieges bedürfen würde. Hierin lag sein Ja oder Nein zur Situation und den Forderungen, welche sie mit sich brachte. Die Sozialdemokraten, nach leidenschaftlich geführten Beratungen, beschlossen mit Ja zu stimmen. Die Minderheit – vierzehn Abgeordnete, die bis zuletzt anders dachten, fügten sich der Parteidisziplin. Zum Lohn für diese Entscheidung war es ihr Vertreter allein, der nach den Darlegungen des Kanzlers zu Worte kommen durfte:

»... Die Sozialdemokraten haben diese verhängnisvolle Entwicklung mit allen Kräften bekämpft, und noch bis in die letzten Stunden hinein haben sie durch machtvolle Kundgebungen in allen Ländern, namentlich in innigem Einvernehmen mit den französischen Brüdern, für Aufrechterhaltung des Friedens gewirkt. Ihre Anstrengungen sind vergeblich gewesen. Jetzt stehen wir vor der ehernen Tatsache des Krieges. Uns drohen die Schrecknisse feindlicher Invasionen... Für unser Volk und seine freiheitliche Zukunft steht bei einem Siege des russischen Despotismus, der sich mit dem Blute der Besten des eigenen Volkes befleckt hat, viel, wenn nicht alles auf dem Spiel...« Die Verteidigung des eigenen Landes, der eigenen Kultur sei im Sinn der sozialistischen Internationale. Nicht aber sei es ein Eroberungskrieg; Friede müsse gemacht werden, sobald die Gegner dazu bereit seien, und zwar ein Friede der Freundschaft und des Rechts, welcher Dauer verspräche.

Bethmann Hollweg, längst begierig, mit den Sozialdemokraten ins Gespräch zu kommen, war glücklich über ihre Haltung. Weniger glücklich waren die Konservativen über die positive und führende Stellung, die ihren linken Gegnern nun zuzuwachsen schien. »Die goldene Brücke, die wir den Sozialdemokraten für eine Haltung gebaut haben, die sie wohl doch hätten einnehmen müssen, kann ihnen später große Vorteile bringen.« (Der Fraktionsvorsitzende Graf Westarp.) Das war eines der Paradoxe, an denen die moderne deutsche Geschichte so reich ist. Der Krieg, insofern er ein deutsches Unternehmen war, kam aus der verfälschten, verkrampften Klassensituation. Sie aufrechtzuerhalten, war sein den Machthabern wohl mehr unbewußter als bewußter Zweck. Aber diesen Zweck konnte er nimmermehr erfüllen. Der Krieg der Massen konnte nicht geführt werden, ohne daß die Massen und ihre Partei, die Sozialdemokratie, mitmachte und dem Staatsunternehmen beitrat; so daß durch den Krieg eben das erreicht wurde, was durch ihn hätte verhindert werden sollen. Andererseits: Die Sozialdemokraten traten dem Staatsunternehmen nicht auf ihre eigenen Bedingungen bei. Sie konnten es jetzt nicht nach ihrem Bilde verändern. Weder Kaiser und Junker, noch Demokratie und Sozialismus gaben nun dem Staat seine Identität. Der Krieg selber tat es und würde es in den kommenden Jahren mehr und mehr tun. – Zwischen den Parteien wurde auf Betreiben Bethmanns ein »Burgfriede« verabredet. Man wollte die inneren Gegensätze vertagen, bis die äußere Not überwunden wäre.

Kritiker haben den deutschen Sozialdemokraten ihre Entscheidung vom August 1914 später als Verrat vorgehalten. Das ist nachträglich leicht behauptet. Damals gab selbst der nachmalige Kommunist Karl Liebknecht seine Stimme für die Kriegskredite. Ungern; aber er gab sie. So war die Lage, in Deutschland wie in Frankreich. Der Krieg wäre durch Diplomatie zu verhindern gewesen, und daß die deutsche Diplomatie ungefähr die schlechteste war, die es geben konnte, haben wir gesehen. Es war die Schuld der deutschen Geschichte und aller, die an ihr Anteil hatten, daß einige wenige Stümper die deutsche Außenpolitik nach eigenem Belieben hatten bestimmen dürfen. Dem Sturm des August 1914 konnte man nicht mehr Widerstand leisten. Er ging durch das ganze Volk, und zum Volk gehörten auch die deutschen Arbeiter, die sozialistisch wählten; viel stärker gehörten sie dazu und auch zum Staat, als die alte Marxsche Theorie es wahrhaben wollte. Das zeigte sich nun. Glück einigt. Der Krieg war zwar eine Not, aber zuerst eine solche, die alle von ihr Betroffenen glücklich stimmte. Der Kummer kam später; und erst dann kehrten Parteien und Klassen sich wieder gegeneinander.

Ungefähr dasselbe gilt für die deutschen Staaten, die Mitglieder von Bismarcks Bundesreich; mit dem Unterschied, daß die Staaten viel schwächer waren als Parteien und Klassen. Die Außenpolitik war längst reichsdeutsch und nicht mehr preußisch gewesen. Das Reich, nicht Preußen, war zum Gegner Rußlands geworden. Was hatte Preußen in Konstantinopel zu suchen, welche Interessen hatte Preußen an Serbien? Es wäre für einen überzeugten Föderalisten recht hübsch, wenn er sagen könnte, Preußen habe Süddeutschland in den ersten Weltkrieg gerissen. Aber das ist nicht wahr. Ganz Deutschland riß sich selber hinein, die Stimmung war in München so kriegsfreudig wie in Berlin. Die Dynastien und einzelstaatlichen Regierungen mußten das wohl oder übel mitmachen, wie sie schon 1870, schon 1813 hatten mitmachen müssen; deutsch waren schließlich auch sie. Was sie heimlich dabei dachten, wie wohl einem so klugen Mann wie dem Prinzen Rupprecht von Bayern bei der Sache war, ist schwer zu sagen. Verhindern konnte er nichts; er konnte nur später, als Befehlshaber einer Heeresgruppe, die Entartung des Krieges in ohnmächtigen Warnungen kommentieren. Die deutschen Dynastien, von Wilhelm II. abgesehen, haben keine Schuld am Weltkrieg. Er lag ihnen gar nicht, weil seine Folgen so oder so revolutionär, antihistorisch sein mußten. Es war ein deutscher, ein großdeutscher Krieg, kein bayrischer oder badischer. Wenn sie ein Vorwurf trifft, so der, daß sie nicht beizeiten versuchten, die Berliner Außenpolitik zu korrigieren; was etwa Bayern mit etwas Energie und Einsicht wohl möglich gewesen wäre. Die Staatsrechtler meinen, Föderalismus und Parlamentarismus seien einander entgegengesetzt. In der Schicksalsfrage der deutschen Außenpolitik hatten sie beide versagt, das Gesamtparlament und die Bundesstaaten. Nun mußten sie beide den Mächten folgen, die im Augenblick allein übrigblieben: der militärischen Führung und dem Volk.

Deutschlands junge Männer zogen ins Feld hinaus, Unfreiwillige und Freiwillige, reinen Herzens, wie es hieß. Das mit dem »Ins-Feld-Hinausziehen« war ein etwas romantisierender Ausdruck, denn sie fuhren in Eisenbahnzügen. Aber reinen Herzens waren sie. Daß die Politik nicht rein gewesen war, wußten sie nicht und wollten es auch später nicht wissen, als die Gelehrten es ihnen nachwiesen. Es stimmte mit ihrem eigenen Erlebnis nicht überein. Sie zogen aus, wie es weiter hieß, »gegen eine Welt von Feinden«. Warum hatte sich denn aber eine Welt von Feinden auf Deutschland gestürzt? Warum gerade auf Deutschland? – Ein amerikanischer Student, der sich auf einer Ferienreise in dem von ihm bewunderten Lande befand und in den Sturm der letzten Krise hineingeriet, schrieb am 28. Juli aus Dresden an seine Mutter: »Vergangene Nacht waren die Straßen gefüllt mit Menschenmassen, die bis um 2 Uhr mogens patriotische Lieder sangen und Österreich ›hochleben‹ ließen, das eben Krieg an Serbien erklärt hatte. Die Lage sieht sehr zweifelhaft aus, und ich fürchte, diese kriegerischen Deutschen könnten einen Konflikt beginnen, der zum furchtbarsten Krieg werden wird, den die Welt je sah.« Und er schrieb weiter: »Der drohende Krieg... macht die ganze Welt verrückt. Ich wurde sehr nachdenklich, als ich die Massen von jungen Leuten durch die Straßen paradieren, und lange nach Mitternacht, ›Die Wacht am Rhein‹ singen hörte. Es wird den Staatsmännern... eine schöne Entschuldigung für ihren eigenen Wahnsinn geben, denn nun können sie sagen, der Enthusiasmus der Massen hätte sie hineingetrieben...« Endlich, im August, als er auf der Heimfahrt war: »Das Uhrwerk Europas ist so vollständig zum Stehen gekommen, und diese Zivilisation, die ich so sehr bewunderte, reißt nun so offenbar sich selber in Stücke, daß ich an Europa überhaupt nicht mehr denken mag...«

Gescheiterte Pläne

Europa war stark damals. Es hatte über all den diplomatischen Krisen endlich die Nerven verloren und Krieg gemacht; aber es war gesund genug, um ihn zu führen, wie noch nie ein Krieg geführt worden war, seit es Menschen auf Erden gab. All das Kapital, das der reichste Kontinent der Erde in fünfzig, in hundert Friedensjahren beispiellosen industriellen Fortschritts aufgehäuft hatte, all die Wissenschaft, all der angesammelte Lebenssaft und Mut und Übermut gingen nun in das eine. Alle glaubten sich angegriffen, aber alle griffen an. Alle Generalstäbe hatten längst großartige Offensivpläne gehegt und gepflegt, die sie nun ins Werk setzten: der deutsche, der französische, der österreichische, der russische. Der deutsche Plan war so einfach wie kühn. Er sah zwei Offensiven vor; eine scheinbare, die den Gegner nur anlocken und nach sich ziehen sollte, von Lothringen aus; eine wirkliche durch Belgien und Nordfrankreich. Diese hatte Paris zu umgehen und, westlich von Paris nach Osten einschwenkend, die französischen Armeen einzukreisen. Dem entsprach hübsch der französische Plan, denn sein Glanzstück war eine Offensive gegen Elsaß-Lothringen und, womöglich, über den Rhein. Die Österreicher gedachten von Galizien aus gegen die russischen Armeen in Polen vorzustoßen, indes die Russen es auf die

österreichische Front in Galizien absahen. – Von all diesen Plänen, Elaboraten höchster strategischer Kunst, war nach sechs Wochen nichts übrig. Es heißt, daß der deutsche Plan verwässert und schlecht ausgeführt wurde, daß Generalstabschef von Moltke den rechten Flügel, von dem alles abhing, verhängnisvoll schwächte und den linken überflüssig stärkte; daß er ferner im letzten Augenblick zwei Armeekorps, die im Westen gebraucht wurden, nach Ostpreußen warf. Ob es ohne diese Fehler besser ausgegangen wäre, müssen die Kenner der Kriegskunst entscheiden. Nach Plan gegangen sind Kriege beinahe nie, immer wurden sie früher oder später, was die Strategen auf beiden Seiten nicht gemeint hatten.
Scheitern der französischen Offensive im Süden; erstes Anzeichen dafür, daß in diesem Krieg die Verteidigung stärker ist als der Angriff. Hastiges Zurücknehmen und Reorganisieren der Truppe für die Verteidigung von Paris. Erfolg, zunächst, der deutschen Offensive im Norden, Besetzung Belgiens, Besetzung Nordfrankreichs; aber dann beginnende Unordnung. Armeen zu weit voraus. Armeen zu weit zurück; mangelnder Kontakt zwischen Hauptquartier und Befehlshabern im Felde; Lücken zwischen den Armeen in Bewegung; Improvisationen; Versuch einer engeren Einkreisung des Feindes anstatt der geplanten weiteren; gesammelter französischer Gegenschlag; Rückzug. Kein panischer, räumlich bedeutender; von dem einen Flüßchen, Marne, zu dem nächsten, Aisne. »Der Feind folgt an keiner Stelle«, hieß es in dem deutschen Heeresbericht vom 10. September. »Als Siegesbeute dieser Kämpfe sind bisher fünfzig Geschütze und einige tausend Gefangene gemacht.« Das war eine höfliche Form, dem deutschen Volk zu sagen, daß der große Plan gescheitert war. An dieselbe höfliche Tradition hielt die Oberste Heeresleitung sich während der nächsten vier Jahre.
Oktober-November folgte ein deutscher Versuch, zu den Kanalhäfen vorzudringen und so Frankreich von England abzuschneiden. Auch diese Bewegung gedieh bis zu einem gewissen Punkte; worauf auch sie ins Stocken geriet.
Von da ab, November 1914 bis März 1918, geschah an der

Westfront nicht viel. Nur Offensiven und Gegenoffensiven eben dort, wo der Gegner am stärksten war; Schlächtereien mit immer wirksameren Mitteln der Massenvernichtung. Aber nie eine Bewegung der Frontlinie um mehr als zehn Kilometer.

Die Dinge, die im Westen nicht nach Plan gingen, gingen auch im Osten nicht nach Plan; hier aber zum Stolz und Jubel der Deutschen. Zwei russische Armeen, die, um Frankreich zu entlasten, eine verfrühte, übel vorbereitete Invasion Ostpreußens versucht hatten, wurden in den letzten Augusttagen mit so durchschlagendem Erfolg angegangen, daß nichts von ihnen übrigblieb. Das war noch keine Entscheidung; die Hauptmasse der Russen sollte erst noch kommen. Aber für die deutsche Moral bedeutete es viel, und der Name »Schlacht bei Tannenberg«, der auf eine uralte deutsche Niederlage im Kampf gegen die Slawen anspielte, war schön gewählt. »Tannenberg« – diesmal war es der Deutsche, der dem Slawen so die Tür gewiesen hatte, daß er es nimmer vergessen würde. Hier hörte man zum erstenmal von den riesigen Zahlen, den hundert-, den zweihundertfünfzigtausend erschlagenen und gefangenen Feinden; nun erschienen die Bilder für jung und alt, welche die verlorenen, toten, ertrinkenden, ohne Kopf und Glieder in die Luft geschleuderten Russen zeigten. Der öffentliche Geist verhärtete sich rasch; die so lange in vollendeter Zivilisation gelebt hatten, lasen gern von den Fronten, an denen es gar nicht mehr zivilisiert herging. Nun auch erschienen den Deutschen die beiden Gesichter, welche die nächsten vier Jahre lang über ihnen scheinen sollten; das eine mit dem enormen Schnurrbart, alt, viereckig, gutmütig, würdig und pfiffig, das andere durch ein schweres Kinn in die Länge gezogen, hart, scharf und sauertöpfisch: Hindenburg, der Kommandierende General in Ostpreußen, und Ludendorff, sein Stabschef. Daß Ludendorff der eigentliche Könner, der wahre »Sieger von Tannenberg« sei, wußten bald alle, die es wissen wollten; aber das tat dem entstehenden Mythos keinen Abbruch. Sie gehörten zusammen wie Blücher und Gneisenau, wie Wilhelm I. und Bismarck; und wo sie zusammenstanden, die zuversichtliche, kräftige Greisenautorität des einen und das Können des anderen, da mußte es gut ausgehen. Sie wurden zum Erben des Erfolgsmythos, der seit Bismarcks Sturz und wieder seit dem Niedergang Wilhelms II. auf eine neue Inkarnation gewartet hatte. Es war sehr bald nicht mehr der Kaiser, von dem man sich Führung und Rettung erhoffte, auch nicht der neue Stabschef des Heeres, Falkenhayn; es waren Hindenburg und Ludendorff. Die Siege im Osten, der vom August und wieder der vom Dezember, änderten nichts daran, daß der Krieg etwas zu werden im Begriff war, was kein Mensch vorausgesehen hatte. Es war auf beiden Seiten zuviel aufgestaute Macht; Industrie, Menschen, Kampfmoral. Es wurden auf beiden Seiten Massen ins Feld geführt, die an vernichtender Schlagkraft jeder bisherigen Erfahrung spotteten. Wenn man dies ungefähr erwartet hatte, so war das völlig Unerwartete dies: Die Verteidigung erwies sich als stärker als der Angriff. Nicht im Osten, wo die Russen unersetzliche Vorräte an Waffen und Munition schon verloren hatten und die Deutschen auf die Überlegenheit ihrer Industrie zählen konnten. Aber im Westen. Die zuerst improvisierten, dann mit letzter Gründlichkeit ausgebauten Verteidigungslinien, Minenfelder, Drahtverhaue, Schützengräben, gedeckt durch Artillerie, waren für diesen geschichtlichen Augenblick stärker als die Strategie des Angriffes, welche auf Erfahrungen des vorigen Jahrhunderts beruhte. Man würde weiter angreifen, jeden Frühling, jeden Herbst. Man bezweifelte im Grunde immer noch nicht, weder bei Franzosen und Briten noch bei den Deutschen, daß die Entscheidung im Westen fallen müßte. So war es ursprünglich geplant gewesen, und dabei blieb man, obgleich der alte Plan vor aller Augen in Fetzen hing. Wie aber die Entscheidungen im Westen noch fallen sollten, auf diese Frage gaben die Herren unklare Antworten.

Daher nun das Tasten nach anderen Möglichkeiten, nach neuen Kriegsschauplätzen und neuen Wegen der Kriegführung. Daher das Werben um dritte Staaten, das In-den-Krieg-Locken von Neutralen, so wie ein Morphinist andere zu seinem Laster zu verführen sucht. Es gelingt der Entente im Frühjahr

1915 mit Italien, den Deutschen im nächsten Herbst mit Bulgarien, und wieder der Entente im Sommer 1916 mit Rumänien. Dem Hinzukommenden wird Beute versprochen, und er wählt die Seite, die mehr versprechen kann, vorausgesetzt, daß sie den Sieg verspricht. Im Herbst 1915 scheinen die Bulgaren den deutschen Sieg für wahrscheinlich zu halten... Daher die grausame Vervollkommnung der wirtschaftlichen Kriegführung. Die Engländer verschärfen ihre Blockade der deutschen Häfen, erlauben den Neutralen nur die Einfuhr, die sie für sich selber brauchen, üben auf hoher See ein System der Kontrollen und Konfiskationen aus, von dem das Völkerrecht bisher nichts wußte. Das Recht erlaubte es ihnen nicht, wohl aber die Überlegenheit ihrer Flotte, gegen welche die deutsche nicht eingesetzt wird. Sie, die so viel zur Vergiftung des deutsch-englischen Verhältnisses beitrug, liegt untätig in den Häfen; Tirpitz, ihr Schöpfer, fühlt sich im kaiserlichen Hauptquartier als der unnützeste, unglücklichste Mensch von der Welt. »Meine Lage ist hier dauernd scheußlich, denn eigentlich bin ich überflüssig..., ich glaube jetzt, daß sie (die Flotte) keinen Schuß abgeben wird, und mein Lebenswerk endet mit einem Minus.« Der Kaiser tut kund, daß die Flotte doch immerhin nützlich sei, weil sie die norddeutschen Küsten verteidige. – Es bleibt den Deutschen das Unterseeboot, das Torpedieren feindlicher Schiffe. Diese Waffe wird bald auch gegen Passagierschiffe eingesetzt, welche des Transportes kriegswichtiger Güter von Amerika nach England verdächtig sind; der Krieg ist noch nicht ein Jahr alt, als die Versenkung des englischen Dampfers Lusitania, der Wassertod von 1200 Zivilisten, in der feindlichen wie der neutralen Welt Empörung hervorruft. »Es ist sehr merkwürdig, in welchem Maße wir das unbeliebteste Volk der Erde geworden sind«, schrieb Tirpitz schon im Herbst. Untaten wie die Versenkung der Lusitania erleichtern es der feindlichen Propaganda nur zu sehr, dies Wort wahrzunehmen. Ob sie an sich, von weither betrachtet, schlimmer sind als die Blockade, die das Leben in Deutschland langsam abwürgen soll, darüber läßt sich streiten; jedenfalls sind sie ungleich fürchterlicher für die Nerven einer Welt, welche die Gewohnheiten des Friedens noch nicht ganz vergessen konnte. – Einer steigert den anderen. Einer ist überzeugt, daß der andere der Barbar ist, der Todfeind, angetrieben von wahnsinnigem Vernichtungswillen; also muß man ihm gegenüber die Mittel anwenden, die er versteht, und wenn man ihm nicht mit gleichen Waffen vergelten kann, doch mit entsprechenden und wenn möglich noch schärferen. Wir haben es nicht gewollt...

Aber was soll denn das Ganze, das niemand gewollt hat? Und das an Bösartigkeit nun schon alle bisherige Menschenerfahrung übersteigt? Das Ganze mit seinen Minenfeldern und Leichenfeldern, seinen Flammenwerfern und Drahtverhauen, in denen Verwundete langsam verenden, seiner Hungerblokkade und Gegenblockade? Wie ist der Krieg zu beenden? Was sind seine Ziele, welchen Zwecken dient er? Dient er Zwecken überhaupt? – Schon seit dem Spätherbst 1914 wurde hierüber gesprochen, gedacht und gehadert.

Kriegsziele und innerer Streit

Einfach war die These der Westmächte. Sie waren angegriffen. Angegriffen von dem ruchlosesten Militärdespotismus, den es je gab. Sie bewiesen das durch die unmittelbare Vorgeschichte des Krieges, wobei sie das ihnen Nachteilige wegließen; durch Reden Wilhelms II.; durch eine Blütenlese aus der deutschen Literatur, Nietzsche, Treitschke, alldeutsche Phantasten. Auf die Wunderlichkeit der Zusammenstellung kam es ihnen nicht an; Kriegspropaganda arbeitet für derbe Mägen, sie macht keine feinen Unterschiede. Den deutschen Militarismus galt es zu brechen. Das war das Ziel, der Sinn des Krieges, alles andere war nebensächlich. Die preußisch-deutsche Politik war despotisch nicht erst seit gestern, sondern aus einem

blutigen Guß von alters her; darum galt es bei dieser Gelegenheit, auch früheres Unrecht gutzumachen: Frankreich mußte Elsaß-Lothringen zurückgewinnen. Auch daß man, um Italien in den Krieg zu locken, ihm enorme Versprechungen auf Kosten Österreichs machte, ließ der großen, edlen Sache sich allenfalls einordnen; denn Italien sollte doch nur bekommen, worauf es irgendwie geschichtliches, nationales, geographisches oder sonst ein Anrecht hatte. Andere, noch geheimere Abmachungen paßten in das schöne Bild weniger gut; nicht zum Beispiel, daß man den Russen Konstantinopel versprach, überhaupt nicht die Tatsache des Bündnisses mit der Macht des Ostens, welche auch die dreisteste Propaganda als einen Hort demokratischen Friedens nicht wohl ausgeben konnte. Nun, Rußland war eine Sache für sich, ein militärischer, kein moralischer Verbündeter. Der Krieg war doch ein Krieg zwischen der friedliebenden Demokratie des Westens und teutonischer Barbarei.
Das war wirksam. Mehr oder weniger glaubten es wohl jene selbst, die es ausheckten und in der neutralen Welt emsig verbreiteten. Daß die deutschen Truppen überall auf fremdem Boden standen und so sich verhielten, wie Truppen im Feindesland sich noch immer verhalten haben, leistete der alliierten Propaganda Vorschub. So der Unterseebootkrieg. Friedensverhandlungen mußte die englische These freilich gewaltig erschweren. Wie sollte man mit dem Gegner Frieden machen, wenn er wirklich ein »Hunne«, ein in den Annalen der Menschheit beispielloser Verbrecher war? Je mehr die Bösartigkeit des Krieges sich steigerte, desto mehr steigerte sich die Propaganda, die ihn geistig begründen und nähren mußte; desto schwieriger wurde der Friede.
Wenn dies in England und Frankreich die allgemein angenommene Ansicht der Dinge war, die auch in Amerika zusehends an Popularität gewann, gab es in Deutschland eine solche Gemeinsamkeit des Denkens nicht. Hier fiel alles auseinander. Der Ursprung des Krieges, die Mittel, mit denen er zu führen wäre, die äußeren Ziele und inneren Folgen, all das wurde beurteilt je nach Parteizugehörigkeit, Sympathien, Wünschen und Willkür.

Die Alliierten hatten nur einen Feind, Deutschland (daß Österreich die Sache eigentlich begonnen hatte, war rasch vergessen). In Deutschland entstand alsbald die Frage, wer eigentlich der Hauptfeind sei. Frankreich wohl nicht; höchstens für die Alten, die sich an 1870 erinnerten. Rußland? Dieser Meinung war die deutsche Linke, waren alle, deren Denken sich an der Tradition von 1848 inspirierte: das despotische Rußland als der Weltgegner eines fortschrittlichen, demokratischen Großdeutschland. Oder England? Das war bald die am stärksten verbreitete und erhitzte Überzeugung. Die Überzeugung der Alldeutschen, der Herren von der Flotte, der patriotischen Professoren, der Rechten überhaupt, bald, unter dem Eindruck der Blockade, wohl auch der Masse des Volkes. Den Krieg, den die Deutschen als Kontinentalkrieg im Stil des alten Moltke sich vorgestellt hatten, machte England zum Weltkrieg; es raubte den deutschen Landsiegen ihre Bedeutung, indem es sie isolierte und abriegelte. Die ganze Intaktheit seines nationalen Charakters, die ganze Macht seiner Weltorganisation und Beziehungen, seiner Dominions in Übersee brachte es ins Spiel; es war die Brücke zu Amerika; es war der Kanal, durch welchen alles zum Kriege Notwendige der feindlichen Allianz in nie unterbrochenem Strome zufloß. Frankreich und Rußland waren beide in moderner Zeit des öfteren besiegt worden und hatten sich der Niederlage anbequemt; England niemals. Das war sein Ruhm, seine Legende, und dem entsprachen seine Anstrengungen jetzt. So gesehen war es der grimmigste unter Deutschlands Feinden. Da nun Deutschland nichts besaß, das England von ihm begehren konnte, noch auch selbst die Alldeutschen auf Englands Kosten Eroberungen zu machen gedachten, so war die Folgerung diese: der Kampf zwischen England und Deutschland war einer auf Leben und Tod. Hier ging es nicht um diesen oder jenen Besitz, sondern um die Existenz. England hatte Deutschland um seinen neuen Glanz beneidet, seine Industrie, seinen Handel, seine Macht in Europa und über Europa; es gab Vorkriegszitate aus englischen Zeitschriften, mit denen es zu beweisen war. Leise, emsig, hatte England das giftige Netz der Koalition gesponnen; und unter salbungsvollen Worten hatte »Lügen-Grey« es im günstigen Augenblick zugezogen.

Was schiert uns Russe und Franzos
Schuß wider Schuß und Stoß wider Stoß.
Wir kämpfen den Kampf mit Bronze und Stahl
Und schließen Frieden irgend einmal.
Dich werden wir hassen mit langem Haß
Und werden nicht lassen von unserem Haß,
Haß zu Wasser und Haß zu Land,
Haß des Hauptes und Haß der Hand,
Haß der Hämmer und Haß der Kronen,
Drosselnder Haß von siebzig Millionen.
Sie lieben vereint, sie hassen vereint,
Sie haben alle nur einen Feind: *England!*

Es war ein Schluß von der Tatsache, die es jetzt in überwältigender Stärke gab, auf Ursachen und Motive, die es nicht gab. Im Kriege erschien England allerdings als der zäheste, selbstsicherste, gefährlichste Feind. Es war der Faszination des Krieges ebenso verfallen wie jedes andere Land. Es war weniger klug, weniger vernünftig, als die Deutschen annahmen. Um des Sieges willen vergaß es über der ephemeren deutschen Gefahr die viel dauerhaftere russische; arbeitete aus allen Kräften, den Russen zum Sieg über die Deutschen zu verhelfen, was, wenn es gelang, die furchtbarste Störung des europäischen Gleichgewichts mit sich bringen mußte; ja, ging so weit, den Russen dasselbe Konstantinopel jetzt als Geschenk anzubieten, was vor dem russischen Zugriff zu bewahren seit Jahrhunderten das konsequente Ziel seiner Politik gewesen war. All das war jetzt vergessen. Mochte Rußland die Meerengen kontrollieren, mochte es ausbrechen nach Mitteleuropa und ins Mittelmeer, wenn es nur den Westmächten zu siegen, zu siegen, zu siegen half. Das war Kriegsmentalität. Im Krieg regiert nicht Staatsweisheit, sondern der Krieg; regieren die Männer, Generale oder Zivilisten, die ihn zu machen verstehen.

Der Krieg hatte keinen Sinn. Zu dem, was Sinn hat, braucht es keinen Krieg. Ist aber der Krieg einmal da, so legen die Leute einen Sinn in ihn hinein; sie können nicht glauben, daß all die Opfer sinnlos seien. Auch sucht die Führung nach Sinn, um mit ihm das Volk zu begeistern und Mutlosigkeit oder Gleichgültigkeit hintanzuhalten. Das war denn der Sinn des deutschen Krieges; sich mit England zu messen, England dafür zu strafen, daß es Deutschlands Größe neidisch hatte ersticken wollen. Armes Volk überall! Was läßt es sich nicht vormachen, was macht es sich nicht selber vor! Und dann die Tapferkeit, mit der die Folgen getragen werden, die Geduld, der Kummer, die unermeßliche Summe des Leides!

Daß der Krieg ein Verteidigungskrieg sei, daran hielten die Deutschen von Anfang an fest, obgleich viele dies Angegriffensein jubelnd begrüßten. Bald aber fingen Leute an zu reden, daß bloße Verteidigung kein genügendes Ziel sei, daß überdies Deutschland im Siegen sei und daß positive Ziele, Ziele der Sicherung und des Landgewinns not täten. Die Erde, hieß es nun, auf der deutsches Blut geflossen sei, müßte deutsch bleiben, so große Opfer dürften nicht umsonst gewesen sein. Ähnlich dachten auch die Feinde Deutschlands, die ebenso schlimme Opfer brachten und ganz ebenso sich für die Angegriffenen hielten; so daß, da jeder sich auf Kosten des anderen zu entschädigen und gegen ihn sich in Zukunft zu sichern gedachte, eine Rückkehr zum Frieden erst recht erschwert wurde.

Die deutsche Regierung, die in den Krieg getaumelt war wie alle anderen, wußte zunächst von Kriegszielen nichts und hielt auch ihre öffentliche Erörterung nicht für wünschenswert. »Wir waren die Angegriffenen«, urteilte Bethmann Hollweg. »Behaupteten wir uns, dann gewannen wir den Krieg.« Anders die Männer der »Kriegszielbewegung«, wie sie genannt wurde. Hier waren die Alldeutschen führend. In Denkschriften, die zunächst nur privat verschickt, später auch veröffentlicht wurden, in Konferenzen und Ausschüssen »für einen deutschen Frieden« betrieb diese mächtige Gruppe die Ausarbeitung würdiger Kriegziele mit gewohnter Energie; im Einverständnis nicht bloß mit einzelnen Industriellen wie Hu-

go Stinnes, Alfred Hugenberg und Emil Kirdorf, sondern mit der Mehrzahl der großen Interessenverbände: Zentralverband Deutscher Industrieller, Bund der Landwirte, Deutscher Bauernbund, Reichsdeutscher Mittelstandsverband. Der Appetit dieser Gruppen, von alldeutschen Theoretikern angeregt und belehrt, war kein geringer. Man mußte sich gegen England sichern, indem man Belgien behielt und die französische Küste bis zur Mündung der Somme dazunahm. Hugo Stinnes verlangte auch noch die Normandie wegen der dortigen Erzvorkommen. Man mußte mit Frankreich abrechnen, indem man ihm seinen Festungsgürtel von Verdun bis Belfort nahm; auch sollte Toulon ein deutscher Hafen werden. Frankreichs und Belgiens Besitzungen in Afrika hatten gleichfalls Deutschland zuzufallen. Im Osten würde man die baltischen Provinzen und Teile des russischen Polen behalten. Über Einzelheiten mochte man streiten; zum Beispiel darüber, ob all diese Landstriche, wie der neue Ausdruck hieß, »frei von Menschen« zu übernehmen wären, oder ob man die bisherigen Bewohner als Untertanen, nicht aber als Gleichberechtigte, dort dulden würde. Das Ziel war klar: die »Autonomie«, »die Ewigkeit des von jeder Einmischung des Auslandes unabhängigen, selbstherrlichen Deutschen Reiches, das damit erst wahrhaft frei werden wird«. Strategische Sicherheit, wirtschaftliche Sicherheit, Raum und Arbeit für alle Deutschen – Lebensraum. Das Wort war damals noch nicht populär, aber das war der Gedanke.
Die preußischen Konservativen blieben hinter solchen Programmen ein wenig zurück, sei es, weil sie noch echte Preußen, sei es, weil sie in politischen Dingen ein klein wenig erfahrener waren. Er habe, schrieb von Westarp an den Fraktionsvorsitzenden von Heydebrand, dem Drängen der Alldeutschen und Industriellen nicht mehr länger standhalten können, sich aber nicht sehr wohl bei der Sache gefühlt; »wir sind wohl nach Ost und auch nach West reichlich weit gegangen«. Heydebrand sprach geradezu von den »Utopien und reinen Kannegießereien« der Alldeutschen. Zum Grundsatz des »deutschen Friedens« und der Annexionen bekannten sich aber auch die Konservativen.

Die Mehrzahl der politisch interessierten Deutschen bekannte sich dazu. Der nationalliberale Parteiführer Gustav Stresemann und der jetzt sehr einflußreiche Zentrumsabgeordnete Matthias Erzberger propagierten Kriegsziele, die sich von jenen der Alldeutschen nicht wesentlich unterschieden. Und selbst ein strenger Kritiker der »Kriegszielbewegung« wie der Historiker Hans Delbrück, ein liberaler und maßvoller Mann, bestritt nicht, daß positive Ziele not täten. »In Deutschland ist es anders. Wir sind die Sieger... Das ganze deutsche Volk ist erfüllt von der Empfindung, daß wir, erst eingeengt und dann überfallen, von einer teils neidischen, teils rachsüchtigen Koalition unseren Sieg benützen können und müssen, um unsere politische Zukunft zu sichern und unsere nationale Zukunft auf eine so breite Basis zu bringen, daß wir den anderen Weltvölkern zum mindesten ebenbürtig bleiben.«
Nicht die Ziele hatten den Krieg, der Krieg hatte, nachdem er einmal da war, die Ziele ausgeheckt. Wenn die Entschlossenheit der Franzosen, jetzt das Elsaß zurückzugewinnen, nichts für ihre Schuld am Kriege bewies, so mußte das gleiche für die deutschen Ziele gelten; auch sie waren eine Ausgeburt des aller Erfahrung spottenden Kriegserlebnisses. Wohl aber lehrt ein Vergleich der Ziele beider Gruppen etwas über die Lage, in welcher ihre Nationen sich befanden. Selbst die ausschweifendsten Wünsche der westlichen Alliierten waren negativ, sie liefen auf eine dauernde Schwächung Deutschlands hinaus. Nur Rußland begehrte nach einem großen Gegenstand, nach Konstantinopel, nach Herrschaft über den Balkan, über die Völker Österreich-Ungarns. Nur die russischen Phantasten wünschten, wie die deutschen, die Lage ihres Landes in der Welt wesentlich zu verändern; wobei die Deutschen, relativ gesehen, noch wieder die umfassenderen Pläne hegten. Nach »Weltherrschaft« strebten auch die Wildesten unter ihnen nicht; wohl aber nach Ebenbürtigkeit, strategischer, wirtschaftlicher, mit den allergrößten Mächten. Nicht *das* Weltreich wollten sie begründen, aber *eines;* im engen europäischen Raum sich unabhängig machen von Europa, es beherrschen und doch ein Nationalstaat bleiben.

Unter liberalen Professoren gehörte es zum guten Ton, zwar die Gewinnung vorteilhafterer Grenzen zu fordern, gleichzeitig aber Deutschland für die Freiheit aller Völker kämpfen zu lassen und den Vorwurf des Strebens nach Weltherrschaft den Angelsachsen zurückzugeben; dergestalt, daß der Präsident der Vereinigten Staaten, W. Wilson, mit Ironie bemerken konnte, beide Gegner kämpften offenbar für das gleiche Ziel, und da müßte sich doch wohl eine Basis des Verhandelns finden lassen... Einzig und allein die deutschen Sozialdemokraten hielten vom ersten Tage des Krieges bis zum letzten an dem Gedanken eines Friedens ohne Eroberungen fest und bewiesen damit noch einmal, wie hoch ihre politische Bildung über jener des Bürgertums stand. Für sie war der Krieg ein Verteidigungskrieg und durfte auch trotz aller Siege, trotz der riesigen Gebiete, welche deutsche Armeen in Rußland und in Polen, auf dem Balkan und in Belgien-Frankreich besetzt hielten, niemals etwas anderes werden. Zum geschicktesten Verfechter dieser Überzeugung schwang der Abgeordnete Philipp Scheidemann sich auf; kein Genius, seinen Schriften nach zu schließen, aber ein Mann von Lebenslust, Einsicht und Temperament, der dem Sturm des Annexionismus sich mutig entgegenstemmte: »Scheidemann-Frieden« nannten seine Anhänger, wofür er eintrat; »flauen Frieden«, »Verzicht-Frieden« nannten es seine Gegner.
Der hat es schwer, der inmitten einer Orgie von Unvernunft das Vernünftige will. Zu den Dingen, wie sie vor dem August 1914 gelegen hatten, zum »Status quo ante« zurückzukehren, hieß eingestehen, daß der ganze Krieg Unfug war; was keiner der Gegner einzugestehen den Mut hatte. War der Krieg einmal da – dies Gefühl ging um –, dann mußte er ausgefochten werden; man konnte nun nicht mehr so tun, als sei gar nichts gewesen. Drohte nicht auch ein »Friede ohne Sieger und Besiegte«, eine Rückkehr zur Normalität, zu gar nicht normalen Zuständen zu führen? Was würden die Völker, die »Massen« tun, wenn diese ganze ungeheure Kriegsanstrengung ihnen plötzlich als blutiger Aprilscherz erschien? Wie würde es der Monarchie dabei ergehen und der immer hinausgeschobe-

nen Reform der Verfassung? Auch, wie sollte eigentlich die ganze Sache bezahlt werden? In England wurde sie zu einem bedeutenden Teil durch Steuern bezahlt, die Leute wußten, daß der Krieg sie arm machte, wie das der Wirklichkeit entsprach. Dagegen zog die deutsche Regierung das System der »Kriegsanleihen« vor; man wahrte die schöne Illusion, als kostete all der Wahnsinn nur, was später mit Zinsen würde zurückgezahlt werden können. Wenn das überhaupt etwas hieß, so hieß es, daß die Besiegten zahlen würden; und von Entschädigungsleistungen war denn auch im Friedensprogramm der deutschen Patrioten freigebig die Rede. »Das Bleigewicht der Milliarden haben die Anstifter dieses Krieges verdient; sie mögen es durch die Jahrzehnte schleppen, nicht wir.« Wenn es aber keine Besiegten gab? Es war ein grauer Alltag, dem Deutschland nach so langen, phantastischen Ferien dann entgegenging, beladen mit Aufgaben, von denen jede einzelne den Mutigsten schrecken konnte. Bequemer war es da wohl, weiterzumachen und weiterzusiegen; und immer mehr einzusetzen, da man nun schon so viel aufs Spiel gesetzt hatte. – So war es überall; vor dem Verständigungsfrieden schauderte es im Grunde beiden Seiten, wenngleich beide es sich nicht zugeben wollten. Nur war es im Lande der Mitte noch stärker so als anderswo. Es hatte sich noch tiefer in den Krieg gestürzt als die Westmächte, es wurde noch vollständiger von seinen Dämonen beherrscht.

Zwischen den Alldeutschen und den Sozialdemokraten, dem »Deutschen« und dem »Scheidemann-Frieden«, stand das offizielle Reich, Kaiser und Kanzler. Der Stern Wilhelms II., schon lange im Sinken, verblaßte in den Kriegsjahren schnell; er wich der neuen Doppelsonne Hindenburg-Ludendorff. Der alte Prahlhans besaß nicht das Können, nicht die Nerven für das, was nun zu leisten war. Noch immer konnten Siegesnachrichten ihn übermütig stimmen, aber vorwiegend neigte er jetzt zur Depression und, wenn er Entscheidungen zu treffen hatte, zur Mäßigung; so blind war er nicht, als daß er die Folgen der verlorenen Marneschlacht nicht erkannt hätte. Als die Herren von der »Kriegszielbewegung« ihn zu gewinnen versuchten, ließ er sie ungnädig abfahren. Der Mann, der in der Welt noch immer als der deutsche Führer galt, den die alliierte Propaganda als blutdürstigen Hunnenkönig, als die »Bestie von Berlin« anprangerte, war geduckt und traurig jetzt. Ereignisse und Menschen waren ihm über den Kopf gewachsen. Solange der Kaiser überhaupt etwas zu sagen hatte, bis in das Jahr 1917 hinein, deckte er seinen verantwortlichen Berater, Herrn von Bethmann Hollweg.

Dieser wollte es allen recht machen. Er fühlte sich als der Vertrauensmann aller, zumal der Kampf der Parteien im Zeichen des »Burgfriedens« als ausgeschaltet galt. Seine Politik, erklärte er später, habe nur eine »Diagonale« zwischen den Extremen sein können. Eine schwierige Sache, zwischen dem »Deutschen« und dem »Scheidemann-Frieden« eine Diagonale zu ziehen. Von dem Inhaber von Bismarcks Amt, dem kaiserlichen Minister, erwartete man, daß er der Rechten näher stünde als der Linken. Tatsächlich stand Bethmann in den großen Fragen von Krieg und Politik jetzt der Linken näher und mühte sich ehrlich, mit den Sozialdemokraten fruchtbaren Kontakt zu halten. Zur Kriegszielbewegung sagte er ja und nein. Sein Tadel war stets milde, seine Zustimmung stets vorsichtig. Er hoffte auf eine Verständigung mit England, auf eine Verständigung mit dem Zaren, auf eine Revolution in Rußland. Er haßte den Krieg, dessen Ursachen er nicht verstand; hoffte immer, tat wenig, wählte nie zwischen den Möglichkeiten, die er alle sich offenzuhalten wünschte. Gelegentlich bramarbasierte er, um der Rechten zu gefallen: »Zu unserer Verteidigung sind wir hinausgezogen. Aber das, was war, ist nicht mehr. Die Geschichte ist mit ehernem Schritt vorwärtsgegangen; es gibt kein Zurück...« Dann wieder war Verteidigung und nichts als Verteidigung, Verständigung und nichts als Verständigung sein Ziel. Bethmann Hollweg, der es allen recht machen wollte, machte es keinem recht, galt den einen als Flaumacher, den anderen als Scharfmacher, wie dies seine Stellung ja auch schon in den Vorkriegsjahren gewesen war. Daran scheiterte der brave Mann. Nach ihm kam es aber nicht besser; ganz im Gegenteil.

In den demokratischen Staaten des Westens entschieden jene, denen es von Amts wegen oblag, Minister und Generäle, die Fragen der Strategie. Deutschland galt als das Land autoritärer Staatsführung: Aber von dem verfallenen Halb-Absolutismus der Hohenzollern strahlte weniger Autorität aus als von jedem leidlich funktionierenden Parlament. Fragen, welche in die Geheimsitzungen der Kriegsmanager gehörten, wurden hier zum Spielball von Demagogen. Vor allem ging es um das Unterseeboot, wie man damals noch sagte, das Tauchboot; um die Anwendung dieser neuen Waffe. Sie wurde mit Vorsicht gehandhabt, seit das neutrale Amerika gegen ihre unterscheidungslose Anwendung drohende Proteste hatte ergehen lassen; Bethmann Hollweg sehnte sich nach keinem neuen Feind, am wenigsten nach der Feindschaft der Vereinigten Staaten. Gegen Bethmanns Vorsicht eiferte die Admiralität, geführt von Tirpitz, dem rüstigen Minister der Flotte; eiferten bald dieselben Personenkreise, von denen die »Kriegszielbewegung« ausging. Industrielle, Professoren, Politiker, alldeutsche Projektemacher. Amerika, hieß es da, sei ein Feind ohnehin, denn es belieferte die Entente mit allem, was sie zum Krieg brauchte. Und mehr könnte es auch als Kriegsgegner nicht tun. Mit dem U-Boot besitze man die Waffe, mit der man England auf die Knie zwingen könnte; wenn man sie nämlich rücksichtslos anwandte und jedes Schiff, das sich den Küsten des Gegners zu nähern versuchte, neutral oder feindlich, ohne Warnung in den Grund bohrte. »Unbeschränkter U-Boot-Krieg«, das wurde zum populären Schlagwort. Die Mehrheit des Reichstags, von der Rechten bis zum Zentrum, hing ihm an; und auch der Mann auf der Straße, auch die Hausfrau, die um Magermilch und Rübenmarmelade beim Krämer Schlange stand, erhofften sich etwas Gutes davon. Sie glaubten, was die Kriegstechniker und die Demagogen unter ihnen verbreiteten. Der Krieg, der immer drückender wurde, mußte ja einmal enden. Wenn die U-Boot-Waffe, recht angewandt, ihn beenden konnte, warum setzte man sie da nicht ein? Warum vergalt man England nicht, was es den Deutschen mit seiner Hungerblockade antat, warum gab man ihm

nicht seine eigene Medizin zu kosten? Einer flauen Humanitätsduselei zuliebe? Oder etwa, weil der Kaiser ein halber Brite war? Weil der Reichskanzler sein Geld in der Bank von England liegen hatte? So wurde geredet. Das wuchs an; das wurde zum Sturm, wie er mit dem Begriff eines autoritär gelenkten Staatswesens übel zusammenstimmte.
Zwei Jahre lang leistete Bethmann ihm Widerstand. Er wußte, wie übertrieben die Versprechungen der U-Boot-Frohen waren; er ahnte auch etwas von der moralischen Bedeutung der Sache. Wenn Deutschland zu solchen Mitteln griffe, sagte er wohl, dann würde »die ganze Welt es totschlagen wie einen tollen Hund...« Über diesem Streit nahm Admiral von Tirpitz seinen Abschied; ein später, unfruchtbarer Triumph der zivilen Autorität.
Ein dritter Gegenstand, der, wenn nicht das Volk, so doch seine interessierten Gruppen zu beschäftigen nicht aufhörte, war die Verfassungsfrage; das, was man mit einem Schlagwort »die Neuorientierung« nannte. Die Anhänger des »Scheidemann-Friedens«, die zugleich Gegner des unbeschränkten U-Boot-Krieges waren, wollten die Neuorientierung. Die anderen nicht.
Der moderne Krieg hat etwas mit Demokratie zu tun, denn es sind die Massen, es sind vorwiegend Arbeiter, die ihn im Heer und in den Fabriken auskämpfen müssen, und wenn sie nicht mittun, dann ist er nicht zu führen. Er hatte in Deutschland angefangen als Krieg des Kaisers; aber ehe er noch im Ernst begann, hatten schon die Massen sich zum Wort gemeldet. Sie aufzupeitschen zu Begeisterung und Haß, an ihre Einsicht, ihre Geduld, ihre Tapferkeit zu appellieren, alle die Opfer ihnen zuzumuten und zum Schluß sie wieder nach Hause zu schicken – das würde wohl nicht gehen. Der Krieg würde eine Stärkung der Demokratie bringen. Auch solche meinten das, deren Herz an der alten Staatsform hing. »Der Krieg«, schrieb der General Wilhelm Groener, einer der fähigsten deutschen Offiziere, »Der Krieg ist die größte demokratische Welle, die jemals über den Planeten gegangen ist. Wer sich ihr entgegenstellt, den wird sie über den Haufen werfen; es handelt

sich darum, auf ihr zu steuern. Folglich muß Steuermann und Kurs so gewählt werden, daß wir auf dieser Welle getragen werden und in den Hafen kommen, auch wenn der Krieg schlecht ausgeht.« – Sogar Admiral Tirpitz sah das: »Mit dem bisherigen Kasten- und Klassenwesen ist es vorbei. Sieg oder Niederlage, wir bekommen die reine Demokratie.« Von solchen allgemeinen Erkenntnissen zur Verwirklichung war ein weiter Schritt.
Noch immer wurde Preußen von den Konservativen regiert, die dank ererbter Privilegien die Verwaltung und dank des Dreiklassenwahlrechts den Landtag beherrschten. Noch immer gab es keine Reichsregierung und war der Kanzler der Beauftragte des Monarchen allein. Der Drang der Zeit zwang ihn, mit den Parteien des Reichstags enge Tuchfühlung zu halten, und das entsprach den Wünschen Bethmann Hollwegs; der Mann des Parlaments war er aber nicht, nicht der Beauftragte des parlamentarischen Machtwillens, wenn es einen solchen gab. Die dritte und stärkste Macht, die aus dem Kriege allmählich heraufstieg, hatte die Bismarckverfassung nicht vorgesehen; es war die Führung der Armee, die Oberste Heeresleitung, wie sie jetzt genannt wurde. Zwischen ihr und der »Reichsleitung«, dem Kanzler, wurde beständig gekämpft; um den U-Boot-Krieg, um die Zukunft Polens, um die Kriegsziele überhaupt, um die Friedensangebote, um alle Fragen der großen Politik. Der Kanzler war schwach in diesem Kampf; um so schwächer, weil er kein starkes Parlament hinter sich hatte, auch gemäß der Eigenart der Verfassung sich auf den Reichstag gar nicht berufen konnte. Ein schwacher, jetzt nahezu vergessener, verachteter Kaiser war verfassungsrechtlich seine einzige Stütze. Es war dies nicht bloß ein papierener Fehler, sondern einer in der wirklichen Struktur. Er führte dazu, daß die politischen Parteien, zumal die Sozialdemokraten, überall mit dabei waren und mitmachen mußten, ohne doch das ihnen immer noch fremde Staatswesen eigentlich lenken zu können; daß die Verantwortung überall lag und nirgends eindeutig lag. Daher denn die beiden sozialdemokratischen Forderungen: Parlamentarisierung der Reichsregierung,

so, daß die Mehrheitsparteien sie stellten; Abschaffung des Dreiklassenwahlrechts in Preußen.
Bethmann gab die Berechtigung beider Ziele mit der ihm eigenen aufschiebenden Unbestimmtheit zu, indem er zugleich auch ihre Gegner nicht vor den Kopf zu stoßen wünschte. Reformen, gestand er, seien notwendig, zumal in Preußen; sie würden aber besser erst nach dem Krieg vollzogen; jetzt habe man doch gegen den gemeinsamen Feind genug zu tun und sollte den »Burgfrieden« der Parteien nicht brechen. – Gebrochen war der Burgfriede längst. Er war für den Sechswochenkrieg in Frankreich, den Sechsmonatekrieg in Rußland gemeint gewesen, nicht für einen Vierjahrekrieg. Es brach ihn der Streit über die Strategie, die Kriegsziele, die »Neuorientierung«. Es brachen ihn Stimmungen, die tiefer gingen; das wachsende Elend des Alltages; der Hunger der Armen, das Wohlsein der Reichen. Nach einem Jahr war von dem schönen, einigenden Rauscherlebnis des August 1914 nicht viel übrig.

Veränderungen

Was ist wichtig? Die Parteipolitik? Die Wirtschaft? Ist es das Kriegserlebnis der Hunderttausende, der Massen im Schützengraben? Oder der Krieg, wie einzelne, nachdenkliche, philosophierende, dichtende Soldaten ihn erlebten? Die Arbeiterfrau, die Trambahnschaffnerin, die Bäuerin, die allein ihren Hof versorgte? Ist die Kriegsliteratur wichtig, die subtilen Argumente, mit denen Schriftsteller von Rang sich ihren eigenen Krieg erfanden und die deutsche Kultur gegen die westliche Zivilisation stellten? Ist es wichtig, daß die Sozialdemokratische Partei sich unter dem Druck des Krieges endlich spaltete und jene, die schon 1914 nur widerwillig für die Kriegskredite gestimmt hatten, sich als »Unabhängige sozialdemokratische Partei« etablierten? Daß Bethmann Hollweg zwischen der Rechten und der Linken immer kümmerlicher hin und her lavierte?... Das wichtigste ist wohl, wie der Krieg Gesicht und Charakter Deutschlands allmählich veränderte. Aber das läßt sich besser in einem Roman als in einem Geschichtswerk beschreiben. Der Künstler ist in dem Vorteil, daß er das Ganze wiederzugeben gar nicht beansprucht, sondern eben nur eine Ansicht, eine Deutung. Der Historiker muß vom einen zum anderen springen, sonst wirft man ihm vor, sein Bild sei einseitig. Durch das Springen vom einen zum anderen erhält man aber nur zu leicht kein Bild, bloß eine Summe von einzelnen. Reden wir einen Augenblick von der wirtschaftlichen Entwicklung, der Kriegswirtschaft.

Sie wurde zur Zwangswirtschaft, weil Deutschland und Österreich nun wesentlich auf sich selber angewiesen waren und so die Produktion geplant, das Produkt sparsam verteilt werden mußte. Das hatte im Grunde niemand vorausgesehen. Der deutsche Generalstab hatte die militärische Kriegführung vorbereitet, die wirtschaftliche kein Mensch. Nicht einmal für Getreidevorräte war gesorgt. Als die große Not da war, hieß es improvisieren. Darüber entstand ein Wirtschaftssystem, wie es so in neueren Zeiten noch nie existiert hatte; nicht als Ausgeburt sozialistischer Theorie, sondern als militärische Notwendigkeit.

Für die zur Kriegführung notwendigen Rohstoffe, ihre Gewinnung, synthetische Herstellung, Bewahrung und zweckentsprechende Verteilung wurde unter der Leitung des Industriellen Walther Rathenau schon im August 1914 eine »Kriegsrohstoffabteilung« geschaffen. Was Rathenau anregte und in wenigen Monaten zustande brachte, hat die Führung des Vierjahrekrieges materiell möglich gemacht; selbst im November 1918 war Deutschland mit seinen Rohstoffen nicht am Ende. »Die Gesamtwirtschaft der Metalle ist geordnet«, konnte Rathenau schon im Oktober schreiben, »ebenso die der Chemikalien, der Textilstoffe, soweit sie auf Wolle und Jute beruhen, und eine große Anzahl anderer Produkte: Leder, Gummi, Leinen, Baumwolle steht noch bevor. Am gefährlichsten war die Lage des Salpeters, der die Basis unserer gesamten Sprengstoffe bietet und der ohne Eingreifen rettungslos in der ersten Hälfte des nächsten Jahres zu Ende gegangen wäre. Ich habe den Bau großer Salpeterfabriken in die Wege geleitet, die von der Privatindustrie mit Staatssubventionen errichtet werden sollen... Es ist der Feldzug der Materie, den wir hier in diesen sieben Wochen im Kriegsministerium organisiert haben.«

Rathenau glaubte, daß das von ihm gegründete zentrale Amt und die ihm untergeordneten Gesellschaften, welche die einzelnen Produktionszweige erfaßten, in irgendeiner Form auch nach dem Krieg fortbestehen würden. Selber einer der großen Kapitalisten Deutschlands, hielt er die freie kapitalistische Wirtschaft für am Ende, durch den Krieg, aber auch wohl schon vor dem Krieg; der Krieg beschleunigte nur und brachte an den Tag, was im Zuge der Zeit lag. Im Zuge der Zeit lag der große Plan, die Arbeit für das Gemeinwohl, der Staat, der mit Milliarden anstatt mit dürftigen Millionen produktiv umging. »Der Staat kann!« hatte Bismarck geschrieben, aber sein Versprechen nicht gehalten. Jetzt *mußte* der Staat. Rathenau glaubte, er werde von nun an immer müssen, werde der größte Arbeitgeber, Planer und Hüter der nationalen Produktion sein.

Was er für die industriellen Grundstoffe mit einem Schlage leistete, geschah für die Ernährung und die Güter des zivilen Bedarfs später, allmählich, stückweise: von den Behörden festgesetzte Höchstpreise zuerst, dann Einkaufsgesellschaften des Reiches, dann Beschlagnahmungen und Verteilungsstellen, Rationierung. Zuerst die Brotkarte, dann die Fleischkarte, zum Schluß Karten für nahezu alles. Ein komplizierter Verteilungs- und Kontrollapparat vom Kommunalverband über Kreis- und Bundesstaat zu den Zentralstellen in Berlin. Ein System, das die Massen der Verbraucher, die großen Städte, die Gewerkschaften, die Sozialdemokraten fordern und das ihnen nie streng, nie gerecht genug sein kann. Ein notwendiges System, selbst die Konservativen bestreiten das nicht. Nur läßt

die menschliche Natur sich nicht austreiben und wird im Wirtschaftsleben an Patriotismus und Nächstenliebe meist vergebens appelliert. Die »Produktionsfreudigkeit« der Bauern läßt nach, wenn der Staat ihnen in die Arbeit pfuscht, die Produktionsmengen, die Futtermittel, die Preise vorschreibt, ihnen dürftige Rationen für den eigenen Verbrauch läßt, wenn sie nicht genügend liefern, ihnen gar Soldaten ins Haus schickt. Die Ware geht dahin, wo man am meisten für sie bezahlt, und wenn das der offene Markt nicht ist, so ist es der heimliche, der »Schleichhandel«. Die auf dem Land leben besser als die in der Stadt, die Reichen viel, viel besser als die Armen. Die Schaufenster sind leer oder mit häßlichen Attrappen geziert. Das Volk steht Schlange um die neuerdings gekürzte Ration. Es gibt ein Ei in vierzehn Tagen. Der Deutsche verliert im Durchschnitt ein Fünftel seines Gewichts, und die Zahl derer, die an Hungerkrankheiten sterben, nähert sich der Million. Aber im vertrauten Hinterzimmer findet die Gattin des Heereslieferanten, was ihr Herz begehrt. Kaffee und Gänse und Butter, Wein aus Frankreich, Schokolade aus Budapest. Was bleibt da übrig von der Volksgemeinschaft, dem schönen Sommererlebnis?
Entwertung des Geldes, zweierlei Geld: das, was man gleichgültig zusammen mit den Marken gibt, die wichtiger sind, und was man, nach ganz anderen Berechnungen, im Schleichhandel bezahlt. Zuviel Geld im Umlauf. Das Reich ging schon in den ersten Kriegstagen vom Goldstandard ab und läßt nun drucken, was der Krieg kostet, drei, vier Milliarden im Monat. Das geht in die Wirtschaft hinein und soll durch freiwillige Kriegsanleihen wieder aus ihr herausgepumpt werden. Die Anleihen, abgesehen davon, daß sie selber ein Versprechen auf zukünftigen Reichtum sind, leisten das nicht. Das umlaufende Geld wird mehr, indes die angebotene Ware weniger wird; die Preise steigen und würden viel höher sein, wenn es nicht zwei Märkte gäbe, den öffentlichen kontrollierten und den heimlichen. Geld fließt in die Taschen der Fabrikanten, die, was die Gewinnspanne, die Fülle der Aufträge, die Sicherheit des Absatzes betrifft, es nie so gut hatten. Geld fließt in die Ta-

schen der Bauern, der Zwischenhändler, der Schleichhändler, all der zwielichtigen Gestalten, die zu normalen Zeiten in dürftigem Dunkel blieben. Vergleichsweise gut bezahlt werden auch, dank der Nachfrage, die Arbeiter in den Fabriken, die »Schwerarbeiter«, wie man sie jetzt nennt, weil sie höhere Nahrungsrationen bekommen. Die Verlierer sind die Angestellten mit festen Gehältern, die Rentner, die Witwen der Gefallenen, das alte Bürgertum, das der neuen, harten, gierigen Luft sich nicht hat anpassen können. Es ist eine alte Erfahrung, daß der Krieg die Starken stärker und die Schwachen, schon im Niedergang Befindlichen, noch schwächer macht. Die Starken, das sind die Fähigen, Brauchbaren. Es sind aber auch die Vulgären, Ruchlosen, Schamlosen. So kommt ein neuer Reichtum auf, ein neuer Ton, ein Stil, der dick aufträgt. »Die Kreise der Schwerindustrie«, schreibt der Kronprinz von Bayern, »sind jetzt in Deutschland die ausschlaggebenden... Alles tanzt nach dem Goldenen Kalb. Wie ein fressendes Gift hatte der Mammonismus von Berlin aus sich verbreitet und eine entsetzliche Verflachung des ganzen Denkens bewirkt. Man sprach nur von Geschäft und Vergnügen (in Berlin wenigstens). In rücksichtslosester Weise die Kriegsnot ausnutzend, haben die Berliner Geschäftsleute es verstanden, durch die Schaffung all der verschiedenen in Berlin errichteten Zentralstellen das ganze Wirtschaftsleben unter ihre Kontrolle und Gewalt zu bringen...« Alter, vornehmer Reichtum, der geht an. Aber was ist gemeiner als stilloser Neureichtum inmitten des Elends?

Die Landesregierungen werden zu bloßen Ausführungsorganen; die Macht liegt bei der Obersten Heeresleitung, bei den Berliner Zentralstellen. Drei Kriegsjahre bringen zuwege, was dreißig Friedensjahre nicht leisteten. Der gemeinsame Jubel zuerst, dann, nachdem er verstummte, die harten Zwangsveranstaltungen, unter denen alle Bürger des Reichs leben müssen, machen Deutschland jetzt praktisch zum Einheitsstaat. Aber es ist kein Glück bei der Sache. Im Süden, zumal in Bayern, macht das Gefühl sich breit, daß man durch das Reich, durch Preußen, in den Krieg gezogen worden sei, auch, daß

die Ernährung wohl ausreichen würde, wenn nicht die Kommissare aus Berlin kämen und Vieh und Getreide requirierten. Ein neuer Partikularismus der Unzufriedenheit. Weil er aus Verärgerung stammt, kann er den Dynastien nicht zugute kommen. Im Gegenteil, auch gegen sie richtet er sich, weil sie ihre Staaten nicht vor dem preußischen Zugriff beschützt hätten und zu bloßen, überflüssigen Vasallen Berlins geworden seien. Die Fürsten folgten 1914 schwächlich der Stimmung ihrer Völker, der gesamtdeutschen Stimmung. Jetzt, da die Stimmung verflogen, wirft man es ihnen vor.
Haß des Volkes gegen die »Kriegsgewinnler«. Entfremdung zwischen Bauern und Städtern. Entfremdung zwischen Süden und Norden. Entfremdung zwischen Soldaten und Zivilisten. Wie es an der Front wirklich ist, kann man denen zu Hause nicht klarmachen. Mittlerweile verdienen die Arbeiter leidlich und die Bauern und Fabrikanten, die Schleichhändler und Schieber ungewöhnlich gut, aber jene, die für das Vaterland ihre Haut zu Markte tragen, nichts als Ehre und Ehrenzeichen. Die Oberste Heeresleitung will dem steuern, indem sie die Arbeiter zu Soldaten macht, alle Deutschen vom siebzehnten bis zum sechzigsten Jahr für wehrpflichtig oder arbeitspflichtig erklärt. Das ist das Ideal des Generals Ludendorff, der auf seine Art ein Demokrat oder doch ein Gleichmacher ist, ein Fanatiker für die Volks- und Notgemeinschaft. Zu Hause sollen sie die gleichen Lasten tragen wie an der Front und für gleichen Lohn. Was wohl die Arbeiter, aber kaum die Kriegsgewinnler treffen würde. Reichstag und Gewerkschaften leisten Widerstand. Das Ergebnis ist ein Kompromiß: ein Hilfsdienstgesetz, nach welchem alle, die nicht in kriegswichtigen Betrieben stehen, zur Arbeit aufgerufen werden können, auch der Wechsel des Arbeitsplatzes gewissen Kontrollen unterstellt wird. Viel Erfolg ist dem Gesetz nicht beschieden. Die Konservativen geben dem Klassenegoismus der Gewerkschaften die Schuld daran: Es wurden so viele Sicherungen gegen Lohndruck und Arbeitszwang eingebaut, daß von der großen Absicht nichts übrigblieb.
Die Sache ist aber die, daß, wo echter Gemeinschaftsgeist nicht

besteht, wo er nie bestand, sondern nur während ein paar berauschter Monate zu bestehen schien, um dann der Düsternis kalter Interessenkämpfe Platz zu machen – daß in einem solchen Klima die Arbeiter es sich nicht leisten können, alleine den Patriotismus vor dem wirtschaftlichen Existenzkampf gehen zu lassen. Es müßten jene das Beispiel geben, denen es leichter fällt, die wirtschaftlich Stärkeren. Die tun es nicht. Ein Mann, der wie General Groener als Chef des »Kriegsamtes« sich um die Erhöhung der Waffenproduktion erfolgreich bemüht, gleichzeitig aber mit den Gewerkschaften wohl auszukommen weiß und eine Beschneidung der übertriebenen Unternehmergewinne empfiehlt, Groener vermag sich in seiner Stellung nicht zu halten und wird zurück an die Front geschickt. Er erzählt uns, warum: »Daß seit Monaten ein Kesseltreiben gegen mich im Gange war, blieb mir nicht unbekannt. Es ging aus von einem kleinen aber sehr mächtigen Kreis, der rheinisch-westfälischen Großindustrie...« Solange die Industriellen auf solche Weise Politik machen, ist es kein Wunder, daß die Arbeiter das volle Vertrauen in den »Burgfrieden« nicht haben. Es kommt denn auch im Frühling 1917 zu ernsten Streiks, welche die Gewerkschaften nicht wünschen, an denen sie sich aber beteiligen müssen, um die Kontrolle über sie nicht zu verlieren; Streiks des Hungers zunächst, aber auch nicht frei von politischen Motiven. Die Unruhe wächst. Es gibt Agitatoren, welche sie ausnutzen und steigern. Das bringt die Gewerkschaften und die Sozialdemokratische Partei in eine Zwickmühle. Sie stehen loyal zur Verteidigung des Vaterlandes, aber können nicht zusehen, wenn ihre neuen Gegner, die »Unabhängigen«, die populärsten Schlagworte über Kriegsgewinnler und Kriegsverlängerer gegen sie kehren. Sie müssen dann mitmachen und Maß zu halten versuchen.

Es ist ein verbrauchtes, nervöses Deutschland, dies Deutschland von 1917. Noch immer kommen Siegesnachrichten von den Fronten, wenn nicht vom Westen, dann vom Osten, Südosten und Süden. Noch immer erscheint der Krieg als ein ungeheures Weltabenteuer, dessen Folgen und Gewinne nicht

mehr rückgängig gemacht werden können noch dürfen. Aber das Herz, das die ungeheure Last eroberten Landes beleben soll, wird zusehends müder.
Und die Soldaten? Sie sind so geduldig wie das Volk daheim und wohl noch geduldiger. Der Spielraum, in dem der Soldat sich frei bewegen kann, ist ja geringer als der des Zivilisten. Ihm wird befohlen, für ihn wird gesorgt, einer reißt den anderen mit oder alle alle, es bleibt keine Wahl. Dann ist der Geist der Kameradschaft stärker, der Ehrbegriff bindender. Man bewährt sich, wo man muß, und bis zum Ende gibt es die Erfüllungen der Tapferkeit, der Führung im kleinen, der Samariterdienste, des Rittertums, das unerlöst in jedem Menschen schlummert. Die Arbeit zu Hause bietet das nicht. Das Heer steht treuer zum Krieg als die Heimat.
Aber das ist nicht mehr das Paradeheer Kaiser Wilhelms II. Es ist auch nicht mehr das Heer der jungen Freiwilligen, die unter dem Gesang des Deutschlandliedes gegen die feindlichen Stellungen anstürmten. Kein Fahnenschwingen, keine Reiterangriffe mehr. Die alten Soldatenlieder sind übriggeblieben und vielleicht ein paar neue, aber die patriotischen Dichter mit den gesträubten Schnurrbärten und den sadistischen Versen zum Kriegsgeschehen sind verstummt. Ein zugleich verschmutztes und verbürgerlichtes Heer, ist es längst an seine Arbeit gewohnt, so grau wie die Heimat. Wie dies Leben in Erde und Schlamm, mit dem periodischen Aufwallen des Todesfeuers, auf die Seelen der Leute wirkt, wie es sie verändert, das ist schwer zu sagen. Die meisten werden schließlich nach Hause kommen, rechte Bürger sein wie vorher, nur manchmal, und dann nicht ungern, sich an die Jahre im Feld erinnern. Andere werden sie nie überwinden.
Das Deutschland von 1917 ist nicht mehr das von 1914, in der Heimat so wenig wie an der Front. Drei Jahre haben es tiefer verändert als die vorhergehenden dreißig. Das ist der moderne Krieg oder war es, als es ihn noch gab; der große Veränderer. Wir machen ihn; aber dann werden wir von ihm gemacht und herumgewirbelt, daß uns Hören und Sehen vergeht.

1915. Die Deutschen erobern Polen. Sie könnten wahrscheinlich schon jetzt mit Rußland ein Ende machen, aber das vereitelt ihre vorsichtige Strategie; was erreicht wird, sind große Erfolge, noch keine Entscheidungen. Im Westen Offensiven der Franzosen und Engländer, Schlächtereien, die dort nichts ändern können. Italien tritt in den Krieg ein, was Österreich zwingt, Divisionen von der Ostfront nach dem Süden abzuziehen. Italien leistet nicht viel. Im Herbst schließt Bulgarien sich den Mittelmächten an. Deutsch-österreichisch-bulgarischer Feldzug gegen Serbien, Serbien wird besetzt, eine Landverbindung mit der Türkei hergestellt. Deutschland, heißt es, herrscht von der Nordsee bis zum Tigris. Die Alliierten halten sich in Saloniki; die Engländer dringen von Ägypten langsam gegen Palästina, Syrien, Mesopotamien vor.
1916. Die deutsche Führung sucht noch immer die Entscheidung im Westen. Weil man an England nicht heran kann, so muß man Englands Schwert auf dem Kontinent zerbrechen, Frankreich. Man muß die französische Armee zwingen, sich zu verbrauchen. Man muß die stärkste französische Position angreifen, den Gegner zwingen, dorthin zu werfen, was ihm an Reserven bleibt. Daher die Schlacht von Verdun, von der Hindenburg später meint, man habe das Jahr 1916 »blutig vertrödelt«. Um die Westfront zu entlasten, machen die Russen eine letzte große Offensive gegen Galizien, zeigen sich den Österreichern überlegen, werden aber schließlich von den Deutschen zurückgedrängt. Danach können sie nicht mehr, ihre Armut an Material ruiniert sie, ihr Sieg kehrt sich zur Niederlage, die dem Zusammenbruch nahekommt. Im Sommer wird der Generalstabschef Falkenhayn durch Hindenburg ersetzt. Unter ihm, als »erster Generalquartiermeister«, kommandiert Erich Ludendorff. Der ist nun in Wirklichkeit der Generalissimus, der Planer von Krieg und Frieden. In anderen Ländern bringt die Not die ruchlosesten, einfallsreichsten Politiker an die Spitze, Lloyd George in England, in Frankreich

ein Jahr später Clemenceau. In Deutschland übernimmt der General die Last; betrogen durch seine eigene starke, überhebliche und selbstisch verblendete Seele, verführt aber auch und wie gezwungen durch die Zivilisten, welche sich vor ihm ducken. Wenn der Krieg alles durchdringt und beherrscht, das ist die Logik, wenn er »total« ist, dann muß der General herrschen. Die Entartung des Abenteuers zum ganz Neuartigen, Phantastischen könnte durch nichts deutlicher angezeigt werden als durch Ludendorffs Machtstellung und Charakter. Das ist nicht mehr des alten Moltke Stellung, das ist nicht sein Charakter, der vornehme, diskrete, humane. Ein gewaltiger Arbeiter, ein Kenner der neuen Kriegsmittel, den Kopf voller Zahlen und Namen, aber nervös, aber brutal, aber in den subtileren Wirklichkeiten der Welt unerfahren wie ein Kind; schlau dabei, seinen und des alten Feldmarschalls mythischen Ruhm wohl kennend und auf ihn hin den Monarchen erpressend, so steht nun der Kriegsmanager an der Spitze des Ganzen; und geht aufs Ganze. Erich Ludendorff kennt nur zwei mögliche Ausgänge des Krieges, den ganzen Sieg oder die ganze Niederlage. Zu was der ganze Sieg eigentlich gut sein soll, kümmert ihn nicht. Die Niederlage nennt er den »Untergang«, wieder ohne sich vorzustellen, wie so ein Untergang eigentlich aussehen und was danach kommen soll. Sein Kommando markiert den Beginn eines Spieles, welches dem deutschen Charakter in der ersten Hälfte des 20. Jahrhunderts wohl irgendwie liegt, zumal es, fünfundzwanzig Jahre nach Ludendorff, noch einmal gespielt wurde: des Spieles »Sieg oder Untergang«, »Alles oder Nichts«. – Ludendorff reorganisiert die Westfront, nimmt die Armeen auf eine neue, mit Kunst ausgebaute Verteidigungslinie zurück, setzt ein Programm für die Steigerung der Kriegsproduktion durch. Im Winter wird Rumänien unterworfen, das sich unter dem Eindruck der letzten russischen Offensive in den Krieg hat locken lassen, um sich auf Kosten Ungarns zu vergrößern. Wieder eine Erweiterung der Zentralfestung, des großen Gefängnisses, das von Deutschland verteidigt wird. Aber es bleibt ein Gefängnis. Darum herum liegt die weite Welt; die Meere, die Englands

Flotte kontrolliert, die Kontinente, aus denen es neue Stärke zieht. Im November 1916 wendet General Ludendorff sich plötzlich an einen konservativen Abgeordneten, als ob der ihm die Frage beantworten könnte: »Wie soll denn der Krieg überhaupt zu Ende gebracht werden?«
Deutschland bietet, Dezember 1916, Friedensverhandlungen an. Der Kaiser meint das ehrlich, er sehnt sich nach der guten alten Zeit; die Sache ist ihm längst tief unheimlich geworden. Auf Grund des letzten siegreichen Feldzugs auf dem Balkan glaubt man, das Angebot wagen zu können. Leider wird bei seiner Formulierung »der Siegerton stark unterstrichen« (Bethmanns Ausdruck); anstatt daß es von irgendwelchen konkreten Bedingungen handelte, etwa die Freigabe Belgiens verspräche. Davon will man nicht reden, erstens, weil man auf Belgien wirklich nicht verzichten will, und zweitens, weil jeder öffentliche Verzicht die Moral des Heeres schwächen könnte. Aber dadurch wird das Friedensangebot wertlos; beinahe so wertlos wie jene, die das Deutsche Reich in einem späteren Kriege machen und wiederholen wird. Mehr noch; es verdirbt auch die Friedensvermittlung, an welcher der Präsident Wilson arbeitet. Trotzdem darf man am Scheitern dieser Friedensaktion nicht den Deutschen allein die Schuld geben. Die Alliierten fühlen sich im Moment unterlegen, im Prinzip und auf die Dauer aber doch überlegen, und in einer solchen Lage verhandelt man nicht gern. Sie glauben sich noch stärker im Recht als die Deutschen, und die Herzen ihrer Führer, deren eigene Machtstellung auf dem Kriege beruht, sind noch verhärteter. Daß der Krieg Unsinn ist, kann keine der Parteien eingestehen. Jede muß der anderen Schuld an ihm geben. Wie auch Deutschland es in seinem Friedensangebot tut. Die Alliierten bleiben die entrüstete Antwort nicht schuldig. Allein dieser klägliche Zank würde den Beginn ehrlicher Verhandlungen von gleich zu gleich unmöglich machen.
Darauf, Januar 1917, beschließen die Deutschen den unbeschränkten U-Boot-Krieg. Es ist die erste schicksalsträchtige Entscheidung, welche der Wille General Ludendorffs dem Kaiser und Kanzler aufzwingt. Die Oberste Heeresleitung befiehlt

den U-Boot-Krieg, sie braucht ihn, der Krieg muß bis zum Sommer beendet werden schon allein wegen der schwankenden Verbündeten, und das U-Boot kann ihn beenden. Die Admiralität liefert die Rechnungen, die es beweisen. Die Wirkung von Amerikas Eintritt in den Krieg, meint Admiral Capelle, Tirpitz' Nachfolger, wäre ohnehin »gleich Null«. Ehe die Vereinigten Staaten eine Armee auf den Beinen hätten, binnen sechs Monaten, würde das verhungernde England um Frieden bitten... So die Herren von Heer und Marine. So aber auch die große Mehrheit des Reichstags. Die Parteien haben sich längst für den unbeschränkten U-Boot-Krieg ausgesprochen oder doch, wie das Zentrum, die Entscheidung darüber den vergötterten Heerführern freudig überlassen. Was Hindenburg und Ludendorff wollen, das ist gut. So ungefähr denkt auch der Mann auf der Straße. Er traut niemandem mehr, nicht dem grauen, abwägenden, klagenden Kanzler, nicht dem geduckten Großmaul von einst, dem Kaiser, nicht seinem Landesfürsten, Landesminister oder Abgeordneten, alles längst gleichgültig gewordenen Leuten. Aber Hindenburg und Ludendorff, denen traut er. Hindenburg und Ludendorff wissen das. Sie wissen, daß sie das Volk hinter sich haben, wenn sie vom Kaiser etwas verlangen, was er nicht geben will; und daß Wilhelm II. nicht mehr stark genug ist, um es mit ihnen zu machen, wie er es mit Bismarck gemacht hat. Es war Bethmann selber, der den Kaiser zum Wechsel im Oberbefehl bestimmte. Seitdem gewinnt die Heeresleitung gegenüber der Reichsleitung... So also ist es nicht, daß Ludendorff ein widerwilliges Volk in den neuen Seekrieg führt. Die Autorität der Sieger von Tannenberg ist eine stark demagogische; ihr Wille berührt sich mit der Sehnsucht der Massen. Auch die Parteiführer sind »Volk«, auch sie taumeln mit, verführt von den Versprechungen der Admiralität, geschwächt von Hunger und Ungeduld, verdummt von billigen Argumenten: die grausamste Waffe sei die menschlichste, Macht gehe immer vor Recht, der Erfolg sei alles, und so fort. Nur die Sozialdemokraten warnen wie gewöhnlich. Nur der Reichskanzler zögert wie gewöhnlich, bringt seine Bedenken an, um schweren Her-

zens einzugestehen, daß diese »letzte Karte« gespielt werden müsse.
Der unbeschränkte U-Boot-Krieg wird proklamiert. Darauf brechen die Vereinigten Staaten die diplomatischen Beziehungen zu Deutschland ab und, nachdem einige amerikanische Schiffe versenkt wurden, erklären sie den Krieg an Deutschland. Amerika hat neutral bleiben wollen, aber man hat es angegriffen, hat sein heiligstes Recht verletzt; nun muß es mithelfen, um den deutschen Militärdespotismus niederzuschlagen. So die offizielle These. Sie enthält die ganze Wahrheit nicht. Längst stand Amerika den Alliierten näher als den Mittelmächten, es ist von der mit hohem Geschick geleiteten englischen Prpaganda nicht unberührt geblieben. Längst auch war man in Washington nicht unberührt von Argumenten realpolitischer Art: Ein von Deutschland beherrschtes Europa würde das Gleichgewicht der Mächte auf Erden über den Haufen werfen, Amerika müßte dann selber zu einem bewaffneten Heerlager werden, besser also, man hülfe England beizeiten, heil aus dieser Affäre herauszukommen. Aber das darf man nicht laut sagen, darf es sich selbst nicht klar zugeben. Denn die amerikanische Tradition verachtet die Künste der europäischen Diplomatie und will von »Machtpolitik« nichts wissen. Man darf sich beileibe nicht für das europäische Gleichgewicht schlagen, nur für das Recht und für die höchsten Ziele: Gerechtigkeit, Demokratie, Freiheit der Völker und was noch. Präsident Wilson ist von Anfang an für eine neue Art von Frieden gewesen und hat ihn, solange er neutral war, zu vermitteln gesucht: Einen Frieden ohne Sieger und Besiegte, Gerechtigkeit für alle. Denn wo es Besiegte gäbe, da sei Saat für neuen Krieg. Daran hält der gute Präsident auch jetzt noch fest. Nur müßte er freilich sehr aufpassen und klug handeln, damit das ungeheure amerikanische Gewicht die deutsche Waagschale nicht zu plötzlich in die Höhe schnellen läßt. Denn dann gäbe es zum Schluß doch Besiegte, und das Ziel eines gerechten, haß- und rachelosen Friedens wäre verpaßt...
Hiervon ist im März 1917 nicht die Rede. Weder die Deutschen noch die Alliierten begreifen noch recht die unermeßliche Be-

deutung des amerikanischen Beschlusses, dieser Rückkehr Amerikas nach Europa. Es wird mehr als ein Jahr dauern, ehe die ersten amerikanischen Divisionen über das Meer geschickt werden können. Einstweilen scheint der U-Boot-Krieg zu halten, was die deutsche Führung versprochen hat; und es vergeht kein Tag, an dem die Nachricht mit den Worten »spurlos versenkt« nicht die müden Herzen ermunterte. Wie lange wird England das aushalten können, den Verlust von Millionen Tonnen Schiffsraum und dem Kostbaren, was in den Schiffen war? Sechs Monate hat die Admiralität sich und dem Feind gegeben. Es geschieht manches während dieser sechs Monate. Es erscheinen Zeichen am Himmel, die auf das nahe Ende deuten.

Da ist die Russische Revolution. Gemäßigt zunächst, bürgerlich-liberal, ja aristokratisch, eröffnet sie doch Möglichkeiten für einen russischen Abfall von der großen Allianz. Die Führer wünschen eine verstärkte Kriegsanstrengung. Anders ist der Geist unter den todmüden Soldaten, unter den Bauern, den Arbeitern; es gibt Parteien, die von diesem Geist durchdrungen sind oder durch ihn zur Macht zu gelangen hoffen. Die deutsche Heeresleitung weiß das. Sie entschließt sich, nachzuhelfen. Uljanow-Lenin, der Führer der radikalen russischen Mehrheitssozialisten (Bolschewiki) wird im plombierten Eisenbahnzug aus der Schweiz durch Deutschland nach Skandinavien gebracht, von wo er die Reise nach Petersburg antreten kann. Dort empfangen ihn seine Freunde als Bringer der echten Revolution und des Friedens, seine Feinde als deutschen Agenten. Für den Augenblick ist er beides.

Der Zusammenbruch des Zarentums gibt dem politischen Leben in Deutschland neuen Auftrieb. Wenn das in Rußland, inmitten des Krieges, möglich war, dann könnte auch in Deutschland allerlei möglich sein. Dann ist es Zeit zu großen Veränderungen, sei es, um eine Entwicklung wie die russische vorbeugend zu verhindern, sei es, um auf sie hinzutreiben. Links von den »Unabhängigen« entsteht der »Spartakusbund«, der die Radikalen Leninscher Richtung zu sammeln versucht. Die Unabhängigen, selbst die Mehrheitssozialdemokraten werden in den Strom schärferer Aktivität gerissen, um nicht von ihren Rivalen überspielt zu werden. Daher ihr vorsichtiges Mittun bei den Streiks. Daher auch das Wiederaufflackern des Streites um die »Neuorientierung«. Die Frage des preußischen Wahlrechts wird zur deutschen Frage erklärt, ein Ausschuß eingesetzt, um ihre Lösung vorzubereiten. Seinerseits bequemt der Kaiser sich zu dem Versprechen, sein tapferes Volk werde fortan noch freudiger als bisher an der Gestaltung seines Geschickes mitzuarbeiten berufen sein, und dazu schicke sich das Klassenwahlrecht nicht mehr. Wohlgemeinte, späte, ungenaue Zusagen, wie sie Bethmann Hollweg liegen. Nach wie vor sind die Konservativen die unversöhnlichen Gegner jeder Reform; sie sprechen ernsthaft davon, daß es besser wäre, das Reichstagswahlrecht dem preußischen anzupassen als umgekehrt.

Im Sommer 1917 kommt es zur eigentlichen politischen Krise. Die Dinge gehen nicht mehr zwischen der starken, gewalttätigen, politisch blinden Obersten Heeresleitung, das ist Ludendorff, und der klarsichtigen, schwachen, melancholischen Reichsleitung, das ist Bethmann. Sie gehen auch zwischen dem Parlament und Bethmann nicht mehr. Der Rechten, den Konservativen und Nationalliberalen, steht er der Heeresleitung, den »positiven Kriegszielen« zu fern; der Linken, Zentrum, Freisinnigen, Sozialdemokraten, steht er ihnen nicht fern genug, nicht entschieden fern genug. Alle rufen nach neuer Führung; der General nach einer solchen, die ihm hörig ist, denn die Erfüllung der großen politischen Aufgabe traut er sich selber zu, und die Alldeutschen sehen nicht ein, warum Feldmarschall Hindenburg nicht Reichskanzler werden sollte: Es sei jetzt kein Unterschied zwischen Politik und Kriegführung mehr. Die linken Parteien wollen eine verhandlungsfähige, friedensfähige, kräftige Regierung, die im engen Kontakt mit ihnen selber steht.

Daß der Krieg »nicht mehr auf rein kriegerischem Gebiet ausgefochten werden kann«, weiß Ludendorff. Er hält ein um so stärkeres politisches Auftrumpfen für notwendig. Eine andere Konsequenz ziehen die Führer der Massenparteien, ihnen voran Matthias Erzberger, arbeitsamstes, einflußreichstes Mitglied der Zentrumsfraktion. Erzberger hat ausgerechnet, daß der U-Boot-Krieg die Ernte, welche man sich von ihm versprach, nicht gebracht hat. Dazu bedarf es nicht einmal langer Rechnungen, denn England sollte bis zum Sommer am Boden sein, und England ist nicht am Boden. Die Unruhe im Volk ist größer, trauriger, fragender als je zuvor. Alle Geduld, alle Bravheit, alles blinde Hinnehmen dessen, was die Oberen tun, hat Grenzen. Erzberger schlägt eine »Friedensresolution« des Reichstags vor. Man müsse über die Kriegszielphantasien der Jahre 1915 und 1916 hinweg zu der reinen Stimmung des Sommers 1914 zurückkehren, müsse laut sagen, daß man nie etwas anderes erstrebt habe als einen Frieden der Versöhnung; womit »erzwungene Gebietsabtretungen«, »politische und wirtschaftliche und finanzielle Vergewaltigungen« unvereinbar seien.

Über diesen Vorschlag kommt es zum Sturm. Ludendorff fordert seine Entlassung, da er mit dem Kanzler nicht mehr arbeiten könne – eine Unbotmäßigkeit, die allein genügen würde, Bethmanns Schicksal zu besiegeln. Denn Wilhelm II., welche Gesten der Autorität er sich auch noch vorbehalten mag, muß letzthin tun, was Hindenburg-Ludendorff verlangen. Gegen den Kanzler als Flau- und Schlappmacher erklären sich Konservative und Nationalliberale; gegen ihn als kompromittiert durch den bisherigen Gang der Dinge erklärt sich das Zentrum. Darauf, nach ausdrücklicher Befragung der Reichstagsfraktionen, erhält Bethmann Hollweg seinen Abschied.

Er klärt nichts. Er ist so zweideutig in seiner Bedeutung wie der Sturz Bismarcks, der Sturz Bülows gewesen war. Wer hat Bethmann gestürzt? Die Oberste Heeresleitung oder die Parteien? Und wenn die Parteien, jene, die sich mit der Obersten Heeresleitung identifizieren, oder jene, die einen »Erzbergerfrieden« erstreben? Ist Bethmanns Fall ein Sieg des parlamentarischen Prinzips? Oder des ihm genau entgegengesetzten, der Militärdiktatur? So wirr liegen die deutschen Dinge, daß es auf diese Fragen keine eindeutige Antwort gibt. Zwei ungleiche Vögel, Parlamentarismus und Militärdiktatur, wollen gleichzeitig aus dem berstenden Ei des alten Regimes heraus. So ist denn der graue, wohlmeinende, schwache Bethmann verschwunden. Allenfalls könnte sein Erbe die Bedeutung seines Verschwindens lehren. Der ist nun nicht etwa der alte Fürst Bülow, der es gern geworden wäre. Viel weniger ist es ein Parlamentarier, ein Parteiführer. Ludendorff wählte den Mann: Einen braven Beamten, der von Politik so wenig versteht wie der General selber, dem Reichstag nahezu unbekannt. Das heißt, daß mit dem Sturz Bethmanns die Macht Ludendorffs erst auf ihren Höhepunkt gelangt. Der Reichskanzler Michaelis ist seine Kreatur.

Mittlerweile wird Erzbergers Friedensresolution von einer Reichstagsmehrheit, bestehend aus Zentrum, Freisinnigen und Sozialdemokraten, gutgeheißen. Das ist eine andere Mehrheit als jene, die Bethmann stürzte. Michaelis gibt ihr gute Worte; er billigt die Resolution, »so wie er sie auffasse«. Da er den Alldeutschen nahesteht, so wird man nicht fehlgehen, wenn man seine Auffassung einer gewissen Weitherzigkeit verdächtigt. Michaelis sabotiert die Friedensvermittlung, welche der Vatikan versucht und welche diesmal, angesichts der Kriegsmüdigkeit in England und Frankreich, wohl bessere Aussichten hätte als Wilsons Versuch vom vergangenen Winter. Er mag die verlangte Erklärung über Belgiens freie Zukunft nicht geben. Er redet höflich darum herum, indem er zugleich den Reichstag glauben macht, er habe Belgiens völlige Wiederherstellung versprochen. Zweideutigkeiten, Unwahrhaftigkeiten, Deutschland will den Krieg nur zu seiner Verteidigung führen, das glauben die deutschen Massen, für das allein kann man sie noch von der Notwendigkeit des »Durchhaltens« überzeugen. Aber gleichzeitig will man nicht auf das verzichten, was man erobert hat, will sich die Möglichkeit unredlichen Gewinnes offenhalten, indem man sich selber einredet, es handle sich da um Faustpfänder, deren man zum Verhandeln bedürfe. Die Alldeutschen sind ehrlicher.

Doppeldeutig bleibt auch die innerpolitische Entwicklung. Sie treibt auf die Diktatur der Armee hin, als der einzigen Macht, welche die riesige belagerte Festung noch leidlich zu verwalten, die in allen Fugen krachende Ordnung aufrechtzuerhalten vermag. Sie treibt aber auch hin auf Parlamentarisierung, auf Demokratie. Es kann keinen Reichskanzler geben, der sich nicht mit Ludendorff versteht, aber auch keinen, dem der Reichstag nicht wenigstens freundliche Duldung gewährt. Dr. Michaelis muß das erfahren. Die Episode seiner Kanzlerschaft geht schon nach drei Monaten wieder zu Ende, und zwar weil die Linke im Reichstag ihm das Vertrauen verweigert, das er nicht verdient.

Es sind die Parteien der »Friedensresolution«, die ihn zum Rücktritt zwingen und die dem Kaiser mit gebotener Höflichkeit sagen lassen, er möge vor der Ernennung eines Nachfolgers die Meinung der Fraktionen hören. Verfassungsrechtlich ein interessanter Schritt. Seit dem Sommer gibt es im Reichstag eine eigentliche Koalition der »linken« Mehrheit, die nun auf die Bildung der Regierung positiven Einfluß zu nehmen beansprucht: den von Zentrum, Freisinnigen und Sozialdemokraten gebildeten »Interfraktionellen Ausschuß«. Gelegentlich gehören auch die Nationalliberalen ihm an. In seiner engeren und weiteren Form nimmt der Ausschuß spätere republikanische Verwirklichungen schon vorweg; einstweilen ist er ein vertraulicher Debattierclub, der Sitzungen einberuft, wenn es etwas zu debattieren gibt. Das sollte allerdings ununterbrochen der Fall sein.

Ist der neue Kanzler, Graf Hertling, Vertrauensmann dieser Mehrheit? Er tut so, als ob er es wäre, und kann so tun, denn für seine Person ist er ein uralter Parlamentarier, langjähriger bayerischer Minister, eine Säule der Zentrumspartei. Als er vor dreißig Jahren einmal meinte, Bismarck sei unersetzbar, antwortete ihm Ludwig Windthorst: »Ba, das kann jeder, das könnten Sie auch.« Nun, als Greis, soll er zeigen, ob er es kann; in einer Situation, die Bismarck nie, nie hätte entstehen lassen. Auch die Koalition tut so, als ob die Wahl Hertlings sie befriedigte; dem Kanzler werden zwei eigentliche Parteien-Vertreter, die freilich, so will es die Bismarck-Verfassung, auf ihr Mandat verzichten müssen, als Staatssekretäre bei-

gegeben. Nur leider verstehen die beiden vom Handwerk der Macht nicht viel. Hertling selber, der im bayerischen Friedensidyll genügend davon verstanden haben mochte, aber altersschwach, in Berlin als Bajuware angefeindet, der »Neuorientierung« gar nicht trauend, ist der Letzte, der die Mehrheit führen, mit ihrer Hilfe politischen Willen bilden und realisieren könnte. Er sucht, wie Bethmann, mit allen Parteien auszukommen und läßt Ludendorff einen starken Mann sein. Der Fortschritt, den seine Regierung darstellen soll, ist so noch einmal und wieder noch einmal *Schein;* in einem Moment, in dem nur die wirklichkeits-stärkste, willens-stärkste, *politische* Führung noch Rettendes vollbringen könnte.
Wie ein Bergsteiger, der sich verstiegen hat, nahe dem Gipfel an einer steilen Wand hängt, nicht hinauf kann, aber auch nicht hinunter mag, weil auch der Abstieg gefährlich ist, und weil dann alle bisherige Mühe und Qual umsonst gewesen wäre – so kann Deutschland im Jahre 1917 weder Frieden machen noch siegen. Es kann nicht Frieden machen, weil es sich für den Sieger hält und auf der Karte ja auch als Sieger erscheint, mit all den Staaten, die es bezwungen, mit all den riesigen Gebieten, die es besetzt hat; dies und der propagandaschrille Haß der Gegner hindert es, den rechten Ton der Weisheit und Demut zu finden. Es kann aber auch nicht wirklich siegen. Die feindliche Front im Westen ist undurchdringlich, die amerikanische Hilfe fließt reicher als je, und es ist der amerikanischen Seestrategie gelungen, einen entscheidenden Schlag gegen die deutschen Unterseeboote zu führen: die Minensperre zwischen Schottland und Norwegen, die ihnen den Ausbruch in den Ozean nahezu unmöglich machte. Drüben aber, in den Trainingslagern, übt nun das friedensverwöhnte, kraftstrotzende, abenteuergierige junge Volk, werden die Divisionen aufgestellt, die dem Krieg in Europa ein Ende machen sollen. Das braucht Zeit; aber weniger Zeit, als die deutschen Armeepedanten annehmen. Alle wissen es, daß jetzt die Zeit schneller und schneller gegen Deutschland arbeitet. Der Augenblick mag wohl kommen, in dem es zu spät sein wird, das Gute zu tun. Im Sommer 1917 hätte eine überlegene deutsche

Führung es wohl noch tun können. Vielleicht sogar im Winter 1917/18 noch. Aber es wird später und später, schwieriger und schwieriger. Wehe dem Volk, das sein Schicksal einem anvertraut, der nichts versteht als Krieg.
Tatsächlich erreicht Deutschlands großes Abenteuer erst jetzt, im vierten Kriegsjahr, seinen Höhepunkt. Der Tanz wird wilder und wilder, je näher das Ende.
Im September 1917 tritt die »Vaterlandspartei« ins Leben, die eine Partei über den Parteien sein will, eine rettende Nationalbewegung, rettend nämlich vor einem flauen Frieden. Es ist die ehrgeizigste Verwirklichung der Alldeutschen, und es gelingt ihnen, Herrn von Tirpitz als Parteiführer zu gewinnen. Das ist neu in Preußen: Ein Admiral im Ruhestand, der nun zum Versammlungsredner wird und mit hoher Stimme gegen das Parlament, ja gegen die eigene Regierung wettert. »Wir wissen, es geht um unseres Volkes Bestehen und Machtstellung in der Welt! Dem deutschen Volk geht es nicht wie England nur um das Geschäft! England, der Anstifter und beharrliche Schürer dieses Weltbrandes, ist in verzweifelter Lage! Zu Wasser und zu Lande sind wir die Sieger!... Wir wollen keinen Hungerfrieden! Um einen Frieden bald zu erreichen, müssen wir nach Hindenburgs Gebot die Nerven behalten. Tragen wir willig Not und Entbehrungen, so wird dem deutschen Volk ein Hindenburgfrieden zuteil werden, der den Siegespreis ungeheurer Opfer und Anstrengungen heimbringt. Jeder andere Friede bedeutet einen vernichtenden Schlag für unsere Zukunftsentwicklung...« Siegespreis oder Untergang – die Vaterlandspartei sieht kein Drittes. Wenn sie sich dabei auf Hindenburg-Ludendorff beruft, so tut sie das mehr oder weniger mit Recht.
Und nun scheinen die Ereignisse im Osten ihre Hoffnungen zu bestätigen.
Im November erobert Lenin die Macht in St. Petersburg im Sturm; veröffentlicht die imperialistischen Geheimabkommen zwischen Zarenregierung und Westalliierten; bietet der Welt einen Frieden an, der »jedem Volk die Freiheit seiner wirtschaftlichen und kulturellen Entwicklung sichert«. Einen

»Volksfrieden«, einen »Ehrenfrieden der Verständigung«. Sein Vorschlag von bestechender Einfachheit soll die Regierungen vor ihren Völkern blamieren, soll jene zwingen, Farbe zu bekennen, und den Aufstand der Massen vorbereiten. Die Westmächte, die in Lenin nur den Verräter sehen, weigern sich, seine Regierung der Volkskommissare, der Arbeiter- und Bauernräte anzuerkennen. In aller Hast läßt Präsident Wilson ein Friedensprogramm entwerfen, das mit dem Leninschen zu konkurrieren bestimmt ist; damit die Bolschewisten nicht die einzigen seien, die sich der Welt als Männer eines gerechten Friedens präsentieren. Wilsons Plan übernimmt manches von Lenin; vor allem das Recht der Völker, über ihr eigenes Schicksal zu entscheiden, das »Selbstbestimmungsrecht«. Aber Wilsons »Vierzehn Punkte« sind viel genauer als Lenins Vorschlag; und wer sie studiert – was aber Ludendorff nie der Mühe wert findet –, der muß erkennen, daß durch sie Deutschland einiges verlieren und nichts gewinnen würde. Es würde Elsaß-Lothringen an Frankreich verlieren und natürlich Belgien; es könnte wohl auch seine überwiegend polnischen Gebiete einem neuen polnischen Nationalstaat zedieren müssen. Ungewiß bleibt das Schicksal der österreichischen Monarchie, deren Auflösung Wilson zwar nicht fordert, für deren Völker er aber »Autonomie« verlangt, was dies und jenes bedeuten kann. Alle Friedensprogramme lassen Auslegungen zu, und wie sie ausgelegt werden, das hängt von der Machtposition ab, von welcher aus man verhandelt. Wenn Deutschland jetzt »Wilsons Vierzehn Punkte« als Verhandlungsbasis annähme, dann würde es wohl mehr verlieren als gewinnen, aber es erschiene als große, furchtbare Macht und könnte in mancher Frage eine ihm günstige Entscheidung durchsetzen. Aber Deutschland hält sich nicht für reif für einen Verzichtfrieden, jetzt, da Rußland ganz am Ende ist, weniger als je. Es beschließt, Lenins Vorschlag anzunehmen – und entsprechend den Machtpositionen auszulegen. Im Westen unbesiegt und im Osten Sieger, erschöpft und hungrig, aber mit ungeheuren Möglichkeiten vor sich, trifft es zu Brest Litovsk am Verhandlungstisch die neuen rätselhaften Freund-Feinde, die Bolschewisten.

Lenin dachte in internationalen Begriffen; er lebte im Dienst der Weltrevolution. Für sie sah er Deutschland, nicht Rußland, als das wichtigste Land an, so daß er wohl sagte, man müßte im Notfall Rußland opfern, um in Deutschland Revolution zu bekommen. Andererseits waren die neuen Herren Rußlands oder St. Petersburgs so imperialistisch wie die alten, wobei die Grenze zwischen dem, was altrussische und was revolutionäre Macht war, ungewiß verlief. Den nicht großrussischen Völkern des Zarenreiches, selbst den Ukrainern billigten sie das Recht zu, über ihr Schicksal selber zu bestimmen. Völker, wenn man die herrschenden, ausbeutenden Klassen abzog, konnten nichts anderes sein als sozialistisch; zum Sozialismus führte allein die bolschewistische Partei. So daß alle jene Länder, wenn man sie »sich selber« überließe, doch wieder mit Rußland gemeinsame Sache machen und Rußlands imperiale Interessen gewahrt bleiben würden.
Die Deutschen verstanden es anders. Sie beherrschten Polen und Teile der baltischen Provinzen militärisch; sie konnten, wenn sie wollten, auch den Rest, Finnland, die Ukraine, militärisch beherrschen, weil der russische Widerstand am Ende war. Staatssekretär von Kühlmann machte geltend: jene Gegenden hätten von ihrem Selbstbestimmungsrecht bereits Gebrauch gemacht und sich von Rußland getrennt, es bestünden dort schon provisorische Regierungen oder Ausschüsse, mit denen die siegreichen Verbündeten sich ohne weitere russische Einmischung vertragen würden. Hierüber, was das Prinzip nationaler Selbstbestimmung und seine wahre Anwendung sei, kam es zwischen dem russischen Chefunterhändler, Leo Trotzki, und seinem deutschen Widerpart zu den spitzigsten Wortgefechten, welche beiden superklugen Herren Spaß gemacht zu haben scheinen. Die deutsche Position war wohl nicht unehrlicher als die russische, denn »nationale Selbstbestimmung« ist eine zweifelhafte Sache und mußte im Chaos des auseinanderberstenden Zarenreiches, der gegeneinander wütenden

Nationen, nationalen Splittergruppen, Parteien, Klassen und Mörderbanden vollends Hokuspokus sein. Aber die deutschen Diplomaten ließen sich von den Kommunisten überspielen. Sie gaben keine Garantien für später in den baltischen Provinzen abzuhaltende freie Volksabstimmung; so daß Trotzki, welcher sie forderte, als Vorkämpfer des Rechts dastand, ohne irgendwelche Opfer dafür zu bringen. Hinter Deutschland stand die militärische Macht; der deutsche Diplomat, noch mehr der deutsche General, Max Hoffmann, verfehlten nicht, dies stärkste Argument ins Feld zu führen, wenn die feineren sich an Trotzkis geistvoller Unverschämtheit brachen. Es war nicht Überlegenheit der Grundsätze, sondern die Macht, was diese grotesken, grotesk sich schleppenden Verhandlungen zu Ende brachte. Als die deutschen Armeen ihren Vormarsch ins Baltikum fortsetzten, die Bolschewiken ohne viel Mühe vertrieben und bis zum Peipussee vordrangen, gab Lenin klein bei – ohne übrigens den Friedensvertrag zu lesen, den er im März unterzeichnen ließ. Er hielt ihn für bedeutungslos. Die Weltrevolution würde alle politischen Karten zerreißen.

Als ein Provisorium mußten auch die Deutschen den Frieden von Brest-Litovsk und alles, was damit zusammenhing, betrachten. Das osteuropäische Chaos konnte nicht gemeistert werden, solange der Krieg im Westen weiterging. Es zu meistern gelang den deutschen Machthabern um so weniger, als sie weder unter sich noch mit ihren Verbündeten über die Ziele einig waren.

Unter den Konservativen stritt die annexionistische Meinung, die möglichst großen, möglichst direkten Landgewinn auf Kosten Rußlands forderte, mit der anderen, wonach das russische Reich im Kern doch nicht zu erschüttern und ein Wiederaufleben der alten deutsch-russischen Freundschaft das auf die Dauer Wünschenswerte war; in welchem Fall man den Russen so lebenswichtige Landstriche wie Estland und Lettland nicht nehmen durfte. Waren denn, so wurde gefragt, diese Länder mit ihrer dünnen deutschen Oberschicht wirklich als deutsch auszugeben? Konnten sie als unabhängige Staaten existieren? Welche Form war ihrer Abhängigkeit von Deutschland zu geben? War es richtig, den Grundsatz nationaler Selbstbestimmung mit annexionistischer Praxis zu verbinden? War jener überhaupt richtig? In welcher Form war er auf Polen anzuwenden? Deutschland hatte 1916 ein polnisches Königreich proklamiert und sich davon die Ermunterung tätiger polnischer Sympathien selbst auf militärischem Gebiet erhofft; aber diese Hoffnungen hatten sich nicht erfüllt. Die Polen mißtrauten dem deutschen Befreier, der so lange ihr Mitunterdrücker gewesen war, und es war ihre Art, mehr zu fordern, als ihnen zukam. Ihr Traum einer Wiedererrichtung des alten polnischen Großreiches zwischen Ostsee und Schwarzem Meer vertrug sich weder mit der russischen noch mit der deutschen noch sonst mit irgendeiner Wirklichkeit in jenen Gegenden. Was war denn aber mit Polen zu machen? Sollte man einen breiten Streifen des russischen Polen direkt mit Deutschland verbinden, wie Ludendorff es mit dem einzig ihm vertrauten militärischen Argument forderte? Den Rest, ein verstümmeltes Königreich, zu Österreich schlagen, wie die Habsburgdiplomatie es wünschte? Oder später etwa an Rußland zurückgeben? – Fragen, die bis zum bitteren Ende diskutiert wurden. Die chaotische Gestalt Osteuropas ließ keine einheitliche Planung und Willensbildung zu – es hätte denn der allerbrutalste, dem Wirrwarr des Lebens gegenüber gleichgültige Vernichtungswille sein müssen. Den hatte Deutschland im Winter 1918 nicht. Da gab es wohl eine durch die eigene Machterfahrung und das Schauspiel der russischen Auflösung gereizte Phantasie, aber auch politische und humanitäre Skrupel, Rücksichten auf die Verbündeten und sehr viele Meinungen.

»Auch der sogenannte Ostfriede«, schrieb General Groener, »ist eine höchst problematische Sache; der Krieg geht auch hier weiter, nur in anderer Form.« Es galt, die Gebiete zu polizieren, die der Vertrag von Rußland trennte; was man sich an materieller Hilfe von ihnen erhoffte, ukrainisches Getreide, kaukasisches Öl, mußten die deutschen Truppen selber dort holen. Folglich konnten nicht so viele Truppen, wie man gehofft hatte, vom Osten nach der Westfront übergeführt werden; nur etwa eine Million. Die anderen blieben, wo sie waren, nein, rückten viel tiefer als bisher in den ehemalig russischen Herrschaftsraum vor. Und wenn hier, am Schwarzen Meer und bis zum Kaukasus, dem gierigen Blick der deutschen Oberklasse, Militärs, Wirtschaftler, Journalisten, sich schwindelnde Möglichkeiten eröffneten, so hatte diese Begegnung mit den russischen Dingen auch wieder etwas Ordnungsgefährdendes. Das Zarentum hatte beide Reiche voneinander getrennt, strenge, saubere Nachbarschaft gehalten. Nun wurde Deutschland auf doppelte Weise von Rußland versucht: verlockt zu Eroberung, Ausbeutung, Herrschaft; verwirrt durch die heißen Dämpfe der Revolution. Mit der, wie Trotzkis schneidende Stimme es verkündete, begann eine neue Epoche der Weltgeschichte. Mancher deutsche Soldat glaubte das, ahnte das, trug, was er in Rußland hörte, in seinem Geiste herum und brachte es schließlich nach Hause.

Mittlerweile erkannten die Westmächte im Frieden von Brest-Litovsk einen neuen, letzten und endgültigen Beweis für die Brutalität der deutschen Kriegsziele; worüber schrille Entrüstungsschreie sich hören ließen. Der russischen Schwesternation hatte man ein Gebiet weggenommen, das ungefähr so groß war wie Österreich-Ungarn und die Türkei zusammen, mit sechsundfünfzig Millionen Einwohnern; mit neunundsiebzig Prozent ihrer Eisen- und neunundachtzig Prozent ihrer Kohlenproduktion. War so etwas erhört? Konnte man mit einer Macht, die so dem besiegten Gegner mitspielte, überhaupt noch verhandeln? Zeigte es nicht nur zu klar, was Deutschland auch etwa Frankreich und England anzutun gedachte? »Gewalt! Gewalt bis zum Äußersten!« rief der sonst so milde Wilson angesichts solch barbarischer Tyrannei. – Der Vertrag tat der deutschen Weltstellung, seiner Verhandlungsfähigkeit nicht gut.

In Deutschland war man glücklich, einen der großen Gegner losgeworden zu sein und auf einen Zustrom von Nahrungsmitteln aus der Ukraine hoffen zu dürfen. Viel kam dann freilich nicht. Selbst die Parteien der Friedensresolution vom vorigen Sommer stimmten für den Vertrag – die Mehrheitssozialdemokraten wenigstens nicht dagegen.

Was aber Deutschlands Verhandlungsfähigkeit betraf, so war dem Manne, dessen Willen am stärksten wog, wenn immer es zu einer schweren Entscheidung kam, jetzt an Verhandlungen nichts gelegen. Im Geiste General Ludendorffs wurden Kriege auf dem Schlachtfeld entschieden. Nicht anders war er im Osten entschieden worden, so konnte er es auch im Westen, wo Deutschland jetzt, dank der herübergebrachten Divisionen, zum erstenmal seit 1914 dem Gegner zahlenmäßig überlegen war. Jetzt konnte man tun, was man nahezu vier Jahre früher hatte tun wollen: den Kampfwillen des Gegners brechen, die Verbündeten voneinander trennen, den einen ins Meer werfen, dem anderen seine Hauptstadt nehmen. Dann Friede; ein Friede, der des Kampfes wert war. – Auf den eisernen Fachmann hörten sie noch einmal und glaubten, was er sagte; Kaiser und Kanzler; Politiker und Volk. Er hatte die Kapitulation Englands nach sechs Monaten U-Boot-Krieg versprochen; eingetroffen war das nicht. Er hatte die amerikanische Intervention für nicht der Rede wert und amerikanische Truppensendungen als willkommenes Jagdwild für deutsche Torpedos erklärt; kein Transport war versenkt worden, und nun begannen die amerikanischen Divisionen in Massen zu kommen. Die Machtstellung Hindenburg-Ludendorffs war durch solche Irrtümer nicht zu schmälern; ihre Beschlüsse galten in Berlin wie ein Naturgesetz. Wenn man den beiden Feldherren nicht mehr trauen konnte, wem konnte man dann noch trauen, was war dann noch zu hoffen? – Wilhelm II. befahl, was Ludendorff ihm diktierte: Alles oder Nichts. »Und was geschieht, wenn die Offensive mißlingt?« fragte der Prinz Max von Baden den General. Großzügig antwortete Ludendorff: »Dann muß Deutschland eben zugrunde gehen.«
Der Sturm brach los am 21. März 1918: dreiviertel Million Mann und sechstausend Kanonen auf einer Front von sechzig Kilometer Länge. Gewinne wurden gemacht; an Gelände, an Material, an Gefangenen. Ende März war die Siegeszuversicht in Berlin größer als je seit dem September 1914. »Wer das gesehen hat!... die Weltherrschaft!« rief ein junger, dem Auswärtigen Amt zugeteilter Offizier. Hindenburg sprach stärker

denn je von dem Preise, den die Gegner für dieses letzte, den Deutschen aufgezwungene Blutopfer würden zahlen müssen; und erhielt das Eiserne Kreuz mit goldenen Strahlen. Aber gleichzeitig schrieb der kluge bayrische Kommandant, Prinz Rupprecht, in sein Tagebuch: »Nun haben wir den Krieg verloren.« Die Offensive, aller glorreichen Greuel ungeachtet, hatte keines ihrer Ziele erreicht.

Dann mußte man es noch einmal versuchen. Dann mußte man gegen die französische Front versuchen, was gegen die englische mißlungen war; mit geringeren Mitteln, mit müderen Soldaten. Neue Offensive Ende Mai, mit dem Ziel Paris, neue Erfolge, dann wieder Stocken und wieder Abbruch der Schlacht. Und noch immer keinerlei politische Konsequenzen daraus gezogen. Der Staatssekretär des Auswärtigen, der sie zu ziehen versuchte, im Reichstag von der Unfruchtbarkeit bloßer militärischer Siege, der Notwendigkeit neuer politischer Methoden sprach, wurde auf Befehl Ludendorffs entlassen.

Der letzte Durchbruchversuch wurde im Juli an der Marne gemacht, am 17. abgebrochen. Die Initiative ging nun an den Gegner über. Am 8. August ergriff er sie mit durchschlagendem Erfolg. Am 14. teilte Ludendorff dem Kaiser – die Oberste Heeresleitung der Reichsleitung – mit, daß man nicht mehr hoffen dürfte, »den Kriegswillen unserer Feinde durch kriegerische Handlungen zu brechen«. Die Erkenntnis war spät, ihre Formulierung vorsichtig; ein kerniges Schlußwort Hindenburgs tat noch das Seine, um sie abzuschwächen. Doch hätte sie genügen können, um nun endlich, endlich die »neuen Methoden« zu veranlassen, welche Stolz und Gier und Verblendung vier Jahre lang verhindert hatten. Hierzu war eine neue Regierung notwendig. Und man muß zugunsten Ludendorffs sagen, daß er einer solchen sich jetzt wohl nicht mehr widersetzt hätte. Er befahl nicht, er verbot nicht, er spielte nur die Verantwortung jenen zu, denen er bisher befohlen hatte. Die aber waren an seine Befehle gewöhnt und taten nichts, solange er nicht befahl. Sie grübelten nur und jammerten und warteten; unfähig zu verstehen, daß sie, gestern noch und vier Jahre lang die Sieger, nun plötzlich die Besiegten sein sollten.

Also geschah seit jenem 14. August sechs Wochen lang politisch nichts. Die Parteiführer in Berlin, siegeszuversichtlich noch im Frühsommer, begannen nur eben gerade, sich zu beunruhigen.
Während der gleichen sechs Wochen verschlechterte die militärische Lage sich reißend schnell. Deutschlands Verbündete, die alle noch vor wenigen Monaten sich um Stücke aus der russischen oder rumänischen Beute gezankt hatten, fielen nun ab, ergaben sich dem Gegner auf Gnade oder Ungnade. Bulgarien zuerst; Mitte September versuchte die österreichische Regierung die schmalen Reste ihrer Autorität zur Erlangung eines Sonderfriedens zu verwenden. Die türkische Front brach zusammen; die österreichische in Italien wankte; die deutsche im Westen hielt, aber unter den Anzeichen einer gnadenlos wachsenden Bedrohung. Was sollte geschehen? Die parlamentarischen Führer des Zentrums, der Fortschrittler, der Sozialdemokraten, selbst der unlängst noch so annexionslustigen Nationalliberalen meinte, daß etwas geschehen müßte, besprachen sich, kritisierten; aber sie stellten kein Programm auf, sie drängten sich nicht zur Macht, in der sie sich nie hatten üben dürfen und in der unter so düsteren Umständen sich erstmals zu üben, sie am wenigsten Lust verspürten. Sie erwarteten die entscheidende Tat noch jetzt vom Kaiser in seinem Großen Hauptquartier.
Die kam denn auch. Am 30. September verkündete ein Erlaß Wilhelms II., das Volk solle »wirksamer als bisher an der Bestimmung der Geschicke des Vaterlandes mitarbeiten«, »Männer, die vom Vertrauen des Volkes getragen sind«, sollten »in weitem Umfang teilnehmen an den Rechten und Pflichten der Regierung«. Hertling, der auf diese Qualifikation allerdings keinen Anspruch machen konnte, nahm seinen Abschied. Der kaiserliche Erlaß gestand das zu, was tausend ernste und kenntnisreich, aber durch ein falsches System jeder praktischen Wirksamkeit beraubte deutsche Männer seit Jahren vergeblich gefordert hatten, die parlamentarische Monarchie, die Demokratisierung.
Leider nur war der Entschluß auf das engste mit einem ande-

ren verknüpft, der am Tage vorher gefaßt worden war. Es war der, den Gegner um einen Waffenstillstand zu bitten. Sofort, ohne Aufschub, oder mit nicht mehr als vierundzwanzig Stunden Aufschub. Während des Waffenstillstandes könnte man in Friedensverhandlungen eintreten. Worauf es aber dem General Ludendorff jetzt vor allem, um jeden Preis, ankam, war der Waffenstillstand selber. Ihn nachzusuchen sollte der erste Akt der neuen, »vom Vertrauen des Volkes getragenen« Regierung sein.
An ihre Spitze trat als Reichskanzler ein süddeutscher Magnat, der Thronfolger im Lande Baden, Prinz Max. Nicht, daß die Reichstagsmehrheit ihn vorgeschlagen hatte; der Vorschlag kam noch immer von der kaiserlichen Autorität; aber der Prinz war den Parlamentariern lange bekannt, und sie nahmen ihn an, weil er unter den gegebenen Umständen der beste Vermittler zwischen den alten und den neuen Mächten, der beste Vermittler vielleicht auch zwischen Deutschland und den Gegnern schien. Das war nicht ohne. Prinz Max hatte sich durch politisch kluge und sittlich schöne Reden einen Namen gemacht. Sein Programm war gut: Mit dem Gegner ins Gespräch zu kommen, solange man noch bedrohlich dastand, und durch kluge Zugeständnisse, vor allem die Wiederherstellung Belgiens betreffend, auf die angelsächsische Mentalität einzuwirken; politische Offensiven, die, vor den militärischen ausgeführt, allenfalls Erfolg versprachen. Man hatte nicht auf den Prinzen gehört, nicht im März, als der Augenblick für eine solche Politik günstig gewesen wäre, und nicht im August. Nun war es spät; was sollten Zugeständnisse, die man nach einer Kette von Niederlagen machte, noch wirken? Prinz Max kam nach Berlin mit dem Gedanken, daß Deutschland nicht mehr siegen, den Feinden den Sieg aber noch immer sauer machen könnte; hierauf hoffte er seine Politik zu bauen, die zu einem in Grenzen zu haltenden Verlustfrieden führen würde, nicht zur Kapitulation. Er hatte sein Amt noch nicht angetreten, als er erfuhr, zu welchem Geschäft er auserlesen war. Er protestierte, verlangte Durchhalten wenigstens einen Monat länger; mit einem immer wiederholten »Ich will meine Ar-

mee reten«, bestand Ludendorff auf der Bitte um Waffenstillstand sofort. Dem gab Prinz Max nach, Verzweiflung im Herzen. Die Linie, welche er zu verfolgen gehofft hatte, war damit auf immer verloren.

Ludendorff begriff das nicht einmal. Er begriff die politische Bedeutung des von ihm geforderten Waffenstillstandes gar nicht. Er glaubte wirklich, er könnte während eines solchen seine todmüde Armee mit allem, was ihr gehörte, heil aus Frankreich und Belgien ziehen, sie stärken zu neuen Tagen; so daß, wenn die Friedensverhandlungen nicht angenehm verliefen, man mit frischen Kräften wieder würde kämpfen können. So leicht glaubte er plötzlich sich aus einer Sache zu ziehen, die er bisher – »dann muß Deutschland eben zugrunde gehen« – mit so schrecklichem Ernst geführt hatte. Anders verstanden es die Mächte der Entente. Daß sie dem Gegner jetzt endlich überlegen waren, hatten sie schon gewußt. Daß der Gegner sich ohne Waffenruhe für verloren hielt, wußten sie jetzt. Warum in aller Welt sollten sie ihm eine Waffenruhe gönnen, es wäre denn eine solche, die ihm die Wiederaufnahme des Kampfes unmöglich machte? Warum sollten sie jetzt auf das blutige Phantom verzichten, um dessentwillen sie vier Jahre lang so Fürchterliches erduldet haben: den Sieg, den vollen, ganzen? Das war ja kein ritterlicher Sport mehr, hier galt jeder Vorteil. So war auch der Eindruck unter den deutschen Parteiführern, als ein Major aus dem Großen Hauptquartier ihnen die Lage mit dürren Worten erklärte. »Jede vierundzwanzig Stunden können die Lage verschlechtern und den Feind unsere eigentliche Schwäche erkennen lassen.« Welche eine so dringende Bitte um Waffenstillstand freilich noch klarer erkennen ließ. Der Konservative von Heydebrand rief »Wir sind belogen und betrogen worden« – durch Ludendorffs Siegeszuversicht. Der Sozialdemokrat Ebert war totenblaß, der Nationalliberale Stresemann, lange Ludendorffs Bundesgenosse, rang nach Atem. Aber es war ein deutscher General, der schrieb: »Das haben wir unserer Torheit und Selbstüberhebung zuzuschreiben. Seit Jahr und Tag war meine große Sorge, daß Ludendorff den Bogen unserer Kraft überspannen würde.«

Sowenig die Oberste Heeresleitung sich seit Jahr und Tag um die Psychologie des Gegners gekümmert hatte, sowenig dachte sie an die Wirkung, welche ihr Waffenstillstandsangebot auf die Massen in Deutschland haben mußte. Man hatte noch vor wenigen Monaten im Taumel des russischen Beutefriedens gelebt, im Banne der Versprechungen und Hoffnungen. Sie allein hatten die widrige Härte des Alltags erträglich gemacht. Nun war plötzlich alles umsonst gewesen. Nun kam heraus, daß die Führer in die Irre geführt hatten, Kaiser und Fürsten, Minister und Generale; daß im Recht nur die Warner gewesen waren, selbst die und vielleicht gerade die, die wegen aufrührerischer Tätigkeit im Zuchthaus saßen, Karl Liebknecht zum Beispiel. Hatte es jetzt noch Sinn, zu kämpfen? Hatte es jetzt noch Sinn, zu hungern? – Eine Politik, wie Max von Baden sie plante, hätte die öffentliche Moral vielleicht noch eine Weile intakt halten können. Seit dem Waffenstillstandsangebot war kein Halten mehr. Innere Entmutigung und Auflösung beeinflußten von nun an die äußeren Vorgänge. Wer über diese Wirkung sich beklagte, der verlangte mehr, als man auch dem allergeduldigsten Volk zumuten darf.
Im Kabinett des Prinzen saßen die Vertreter der Parteien, die im Vorjahr die »Friedensresolution« durchgebracht hatten, Zentrum, Fortschritt, Sozialdemokratie. Den Führern der letzteren fiel es schwer, zu so später Stunde mit so übler Erbschaft sich zu kompromittieren. Dennoch glauben sie es dem Vaterland schuldig zu sein. Halb noch Opposition und halb nun mit dabei, versuchten die Sozialdemokraten ihren Wählern die Ereignisse zu erklären, Veränderungen, die noch kommen würden, in den Bahnen der Ordnung zu halten. An einem Sturz der Monarchie war ihnen nicht gelegen; sie mußten sie ihrer Theorie nach wünschen, aber wünschten sie praktisch nicht. Sie mußten andererseits genauesten Kontakt mit den Massen halten, sonst, wie Ebert es ausdrückte, »läuft uns die ganze Gesellschaft zu den Unabhängigen«. Sie arbeiteten unter schwerem Druck. Beispiel und Propaganda der russischen Bolschewisten trafen nun mit der Stimmung zusammen, die das Waffenstillstandsangebot entbunden hatte. Die unabhängigen

Sozialisten selber waren ihrer Sache nicht sicher; sie wurde ihnen von deutschen Anhängern Lenins streitig gemacht. Wer konnte unter diesen Umständen etwas Festes bauen? Die Verfassungsänderung, die im Oktober unter Dach und Fach gebracht wurde, um aus dem Deutschen Reich eine parlamentarische Monarchie im Stil der englischen zu machen, wirkte wie eine Nottaufe.

Prinz Max war gezwungen worden, den Präsidenten der Vereinigten Staaten um einen Waffenstillstand zu ersuchen. Wilson, ein profunder Gelehrter der Politik, ließ Rückfragen stellen: wie das Angebot aufzufassen sei? Ob sein, des Präsidenten, berühmtes Friedensprogramm auch ehrlich angenommen werde? Mit wem er es zu tun habe, mit den Autokraten, die bisher Deutschland unverantwortlich beherrscht hätten, oder mit wahrhaftigen Volksvertretern? Wenn mit solchen, auf welche Weise man ihm garantieren wollte, daß der König von Preußen ihnen die Macht nicht wieder nehmen würde, welche er ihnen jetzt vielleicht nur scheinheiligerweise eingeräumt hätte, und so fort – selbstgerechte, pedantische Fragen, gestützt auf ein Studium der deutschen Verhältnisse, welches der Professor Jahrzehnte früher getrieben haben mochte. Dies Hin und Her brauchte Zeit. Die Deutschen antworteten so bejahend, klar und würdig, wie sie konnten; sie gaben sogar die Aufgabe des U-Boot-Krieges zu. Am Ende kam Wilson mit der wesentlichsten Sache heraus; die Waffenstillstandsbedingungen würden sicher gründlich genug sein, um Deutschland eine Wiederaufnahme der Feindseligkeiten unmöglich zu machen. Das lag in der grausamen Logik der Dinge. Was der Präsident-Professor nicht bemerkte, war, daß eben diese Logik auch seine eigene Stellung gegenüber seinen Verbündeten entscheidend schwächte. Wilson wollte einen »gerechten« Frieden, was immer er sich auch darunter dachte. Franzosen und Briten glaubten nicht an das neue transatlantische Evangelium. Sie hatten es achselzuckend akzeptiert, solange sie Amerika gegen den gewaltigen Feind brauchten; war Deutschland völlig am Boden, so brauchten sie Wilson nicht mehr.

Während dieses Notenwechsels erhielt Ludendorff seinen Abschied. Der General spielte ein unschönes Spiel. Wochen, nachdem er den überstürzten Beginn der deutschen Kapitulation erzwungen hatte, schlug er um, wetterte gegen die Folgen seines eigenen Tuns, die allzu große deutsche Nachgiebigkeit gegenüber Wilson, sprach vom Kämpfen bis zum letzten Mann. »Das waren Worte«, meint Prinz Max in seinen Erinnerungen, »die einem Feldherrn wohl angestanden hätten, der am 29. September einer verzagenden Reichsleitung gegenüber fest geblieben wäre, nicht aber dem General Ludendorff, der eine zur nationalen Verteidigung entschlossene Regierung genötigt hatte, die weiße Fahne zu hissen.« »Ich kann nicht leugnen, daß mir die Vermutung aufstieg, daß es dem General Ludendorff weniger darauf ankam, unseren Entschluß zu ändern, als gegen ihn zu demonstrieren.« Die Demonstration – die Lüge – hat ihm und allen seinen Gesinnungsgenossen später gute Dienste geleistet.

In seiner dritten Note legte Wilson der deutschen Nation nahe, ihren Monarchen ganz loszuwerden; sie könnte dann auf eine bessere Verhandlungsposition hoffen. Das war verklausuliert ausgedrückt, aber das lag darin; das wurde so in der Welt und in Deutschland verstanden. Was half es, daß Wilhelm II. schon seit Jahren entmachtet war? Der angelsächsischen Welt galt er als der große Schuldige, und da es von den Angelsachsen abhing, ob Deutschland nun Frieden bekommen würde, und was für einen Frieden, so schien er auch vielen Deutschen nun der lästige Störenfried. Es sprach sich herum, es wurde selbst in bürgerlichen Zeitungen erörtert, daß der Kaiser verschwinden müßte, damit Deutschland einen leidlichen Frieden bekäme. Die Sozialdemokraten mußten auf diese Stimmen hören, so war ihre Lage: eine Radikalisierung, die ihrem Instinkt im Grund nicht behagte, doch halbwegs mitmachen zu müssen, um sich nicht die Massen zu entfremden. Seinerseits suchte Prinz Max den Kaiser zu einer »großen Geste«, der freiwilligen Abdankung zu bewegen, von der er hoffte, sie könnte die deutschen Dynastien am Ende noch retten. Vergebens. Wilhelm II. schien in diesen Tagen alle Torheiten seines Lebens zu einer letzten, würdelosesten zusammenfassen zu wollen. Blind gegen

das, was im Lande vorging, wie gegen seine eigene Schuld, wollte er an der Spitze zuverlässiger Truppen gegen Berlin marschieren und seinen Thron neu erobern; die Hauptstadt müsse man notfalls zusammenschießen. – Mit dem Mann war nichts zu machen.
Am 6. November trat die deutsche Waffenstillstandsdelegation, geführt von Matthias Erzberger, die Reise ins feindliche Hauptquartier an. Völker und Führer der Ententemächte wälzten sich in der traurigen, schmutzigen Illusion des Sieges.

Trübes Ende, trüber Anfang

Was für die Parteiführer galt – »Wir sind belogen und betrogen worden!« –, galt für die Massen des Volkes, und für diese mehr als für jene, welche die rechten Einsichten hätten haben können und sollen. Die Politiker hatten sich selber betrogen; die Massen waren betrogen worden. Als sie dies erkannten, war kein Halten mehr. Der Krieg, der vier Jahre lang als Angriffskrieg und Siegeskrieg geführt worden war, konnte jetzt nicht mehr als Verteidigungskrieg geführt werden, der Krieg der Obersten Heeresleitung jetzt nicht als Volkskrieg; im Massenheer hatte das Volk sich längst erschöpft.
Auf die schwache Revolution von oben, die Parlamentarisierung im Oktober, folgte in den ersten Novembertagen eine schwache Revolution von unter, ein Militärstreik. Er begann bei der Flotte in Kiel als Gehorsamsverweigerung der Matrosen, Streik der Arbeiter; sprang rasch über auf andere Seestädte, Hamburg, Bremen, Lübeck, dann auf die Hauptorte im Reich hier und da, München, Köln, Braunschweig, dann beinahe überallhin, zuletzt auf Berlin: rote Fahnen, Versammlungen auf freiem Feld, Umzüge, Geschieße und Herumgefahre. Die Sozialdemokraten wünschten die verfassungsmä-

ßige Kontinuität – die Monarchie in irgendeiner Form – zu retten. Als die revolutionäre Bewegung überhandnahm, blieb ihnen nichts übrig, als ja zu ihr zu sagen. In Berlin rief Philipp Scheidemann am 9. November von einem Fenster des Reichstagsgebäudes die Republik aus, zwei Stunden, bevor Karl Liebknecht vor dem Schloß die sozialistische Republik im russischen Sinn proklamierte. Es war ein hastiges Zuvorkommen, ein notgedrungenes Anerkennen. »Das deutsche Volk«, fügte Scheidemann hinzu, »hat auf der ganzen Linie gesiegt.« Aber was für ein später, kümmerlicher, hungriger Sieg der Besiegten.

Die Bundesfürsten entsagten ihren Thronen und verschwanden. Wilhelm begab sich nach Holland – eine Abdankungsurkunde sandte er später ein. In Berlin ernannte Max von Baden den Vorsitzenden der sozialdemokratischen Partei, Ebert, auf eigene Faust zum Reichskanzler. Den nächsten Tag bildete Ebert eine provisorische Regierung aus sechs Sozialisten, drei von der alten Partei, drei von den Unabhängigen. Er ließ sie wählen durch einen Vollzugsausschuß der Berliner Arbeiter- und Soldatenräte; so daß die preußische Hauptstadt, oder was sich als ihre Vertretung ausgab, für das ganze Deutschland zu handeln schien. Aber das war nur für den Augenblick, weil eine breitere Grundlage demokratischer Legalität nicht zu finden war. Sie sollte nach Eberts Plan von einer deutschen Nationalversammlung geboten werden.

Und die Oberste Heeresleitung? – Die Herren um den alten Feldmarschall erkannten die Lage schnell und richtig. Die Monarchie war nicht zu retten, wohl aber die Ordnung; ein geordneter Rückzug der Armeen über den Rhein; die Ordnung überhaupt, ohne die sie sich die Welt nicht vorstellen konnten. Keine russischen Zustände, kein Versinken in bolschewistisches Chaos, dem die Besetzung ganz Deutschlands durch die Entente folgen würde! Die Generäle, nachdem sie ihren Kaiser hatten ziehen lassen, mußten gemeinsame Sache machen mit den neuen Regenten in Berlin, ganz braven Leuten, wie man sich ruhig zugeben konnte, vernünftigen Leuten, mit denen man während der Kriegsjahre nicht übel ausgekommen war… In der Nacht vom 9. zum 10. November führte der Volksbeauftragte Ebert ein denkwürdiges Telefongespräch mit General Groener, Ludendorffs Nachfolger. Groener notierte am nächsten Morgen in seinem Tagebuch: »OHL stellt sich der Regierung zur Verfügung.«

Friedrich Ebert, damals noch nicht fünfzig Jahre alt, war einer der fähigsten sozialdemokratischen Politiker. Er hatte unter Bismarcks Sozialistengesetz für die Partei zu arbeiten begonnen und die klassische Bahn durchlaufen: Handwerker, Gewerkschaftler, Redakteur, Abgeordneter, schließlich Parteivorsitzender. Unbestritten waren seine Energie, der Takt und die natürliche Würde seines Auftretens, sein gesunder Menschenverstand, seine Autorität, seine Erfahrung. Er war ein Mann der goldenen Mitte, der praktischen Arbeit, fremd jeder theoretischen Haarspalterei. An Sozialismus glaubte er wohl, aber ohne über die genaue Bedeutung dieses alten Wortes sich viel Sorgen zu machen. Fester, klarer glaubte er an Demokratie. Das Volk mußte sich regieren lassen durch Männer seiner Wahl in Gemeinde und Bundesstaat und Reich und mußte sie durch seine Versammlungen kontrollieren. Unvermeidlich würden dabei die Sozialdemokraten ans Ruder kommen, und unvermeidlich würden sie tun, was dem deutschen Arbeiter und dem Vaterlande frommte; und sie würden anderen Parteien oder Gesellschaftsklassen keine demokratische Spielregel streitig machen müssen. Folgerichtig geschah das im Rahmen einer Republik; es mochte aber auch im Rahmen einer Monarchie geschehen, mit der sich abzufinden Ebert im Herbst 1918 alle Bereitschaft zeigte. Es gab keinen Widerspruch zwischen Loyalität gegenüber der Partei und Vaterlandsliebe. Ebert hatte die Partei in dem Verteidigungskrieg, wie er es sah, geführt und hatte, trotz der »Unabhängigen«, das Gros der Partei auf der im August 1914 betretenen Bahn gehalten. Dem entsprach der Entschluß vom September 1918, seine Sozialdemokraten in das Kabinett des Prinzen Max zu schicken. Er wußte damals, wozu Ludendorff die neue Regierung demnächst zwingen würde. Er stellte das Vaterland über die Partei, die Partei, trotz allem und noch einmal, in so verzweifelter Stunde in den

Dienst des Vaterlandes. Eines wußte er nicht: wie schlecht die Menschen sein können, wie schamlos die deutschen Konservativen ihm den treuen Dienst später lohnen würden. Später? Sie arbeiteten schon in jenen Tagen emsig daran.

Sosehr aber Friedrich Ebert an Demokratie glaubte, sosehr bedurfte sein Instinkt, der Instinkt eines deutschen Handwerksmeisters, der festen Ordnung. Zutiefst war seiner Seele alle Auflösung zuwider, Zusammenbruch der Autorität, Gehorsamsverweigerung, schrille Reden der Demagogen, hysterisches Gefuchtel, Plünderung, Mord. Dergleichen hielt er für undeutsch und für unerträglich. Das heißt, er war kein Revolutionär; denn Revolutionen pflegen ja eben mit solchen Erscheinungen verbunden zu sein und waren es noch jüngst in Rußland gewesen. Und daß Ebert nun, als Vorsitzender des Rates der Volksbeauftragten, sich für das Schicksal Deutschlands verantwortlich fühlte, mußte seinen antirevolutionären Instinkt noch schärfer machen. Was würde geschehen, wenn die Ordnung zusammenbrach, die Truppen, drei Millionen Mann aus dem Westen allein, als führerlose Banden heimkämen und keine Arbeit fänden? Das Reich sich in ein paar Dutzend selbständig regierende, experimentierende, verrückte Republiken aller möglichen Benennung auflöste, während westlich des Rheines der übermächtige Sieger lauerte? Wenn Transportwesen, Ernährungswesen, Kohlenversorgung versagten? Deutschland war ja nicht Rußland, es war ein ungeheuer feiner, dichter, verwundbarer Organismus. Wehe dem, der ihn verwundete! Erhaltung der Ordnung um jeden Preis! Das hatte nichts zu tun mit Preisgabe der neuen Demokratie. Im Gegenteil, es war ihre erste Vorbedingung nach Eberts Ansicht... Ungefähr gleichen Geistes waren die Männer, die ihm in den neuen Regierungsausschüssen des Reiches und Preußens am nächsten standen: Noske, H. Müller, Otto Braun, W. Heine, K. Severing – ehemalige Arbeiter, Handwerker, Angestellte, die von der Pike auf in der Partei gedient hatten, erfahrene Gemeindepolitiker und Verwalter, starke, klare und einfache Seelen, deren Sinn aufs Praktische ging, und viel mehr, als ihnen bewußt war, Produkte der reichsdeutschen Erziehung der Bismarckzeit.

Mit Ebert und seinen Freunden schloß die Oberste Heeresleitung ihr Bündnis am 10. November. »Es kann bekanntgegeben werden«, so telegraphierte Hindenburg an die Armeekommandos, »daß die OHL mit dem Reichskanzler Ebert, dem bisherigen Führer der gemäßigten Sozialdemokratischen Partei, zusammengehen will, um die Ausbreitung des terroristischen Bolschewismus in Deutschland zu verhindern.« Generäle und Sozialdemokraten hatten dies gemeinsam, daß ihnen beiden die Ordnung sehr am Herzen lag.

Dem Bürgertum war das lieb. Es fühlten die Herren von der Industrie, von der hohen Bürokratie, von der »Kriegszielbewegung«, von der Konservativen und Nationalliberalen Partei sich ohnmächtig damals; sie stellten sich für den Augenblick tot, sie waren nicht zu finden. Einer demokratisch-sozialen Ordnung, die ihnen nur einen kleinen Teil der alten Lebensannehmlichkeiten sicherte, hätten sie sich im Moment recht wohl anbequemt.

So geht es aber in Krisenzeiten niemals zu, daß *eine* Vorstellung von der Sache, wie jene Friedrich Eberts, sich ohne Widerstände durchsetzen und ebenso sauber und recht, wie sie gemeint war, verwirklicht werden könnte. Immer sind andere Willen, andere Vorstellungen da, und aus ihrem Zusammenprall geht dann hervor, was niemand so gewollt hatte. Die Generale wollten im Augenblick ungefähr das, was Ebert wollte. Die extreme Linke wollte etwas anderes. Sie glaubte, daß die Revolution weitergetrieben werden müßte und, wie das russische Beispiel lehrte, auch weitergetrieben werden könnte, bis zum Kommunismus. So wie Lenin folgte auf Kerensky, so mußte auf Ebert Karl Liebknecht folgen.

Es gab Schattierungen zwischen Ebert und der extremen Linken vom »Spartakusbund«: linke Mehrheitssozialisten, die etwa mit einer Sozialisierung der Bergwerke den Anfang zu machen wünschten, rechte »Unabhängige«, die sich mit einer parlamentarischen Demokratie begnügten, linke »Unabhängige«, welche das Parlament durch Arbeiter, Soldaten, Bauernräte ersetzen wollten, ohne deswegen eine Diktatur Leninschen Stiles zu erstreben, und so fort. Aber diese Nuancen innerhalb

der drei sozialistischen Parteien vermittelten nichts, sie erhöhten nur die Verwirrung. Anders lagen die Dinge in der Reichshauptstadt, anders im Reich, zumal in Bayern, wo unter der phantasievollen Führung eines Unabhängigen Sozialisten (Eisner) die politische Einheit der ganzen Linken für den Augenblick erreicht schien. In Berlin lebte das radikalste Volk. Hier wurde am lautesten von einer »zweiten Revolution« gesprochen. Von guten, freien, tapferen Leuten wie dem sozialistischen Heißsporn Ledebour, von feinen, zarten, bitteren Theoretikern wie Rosa Luxemburg; von Fanatikern, die von der Sache sowohl wie vom Bewußtsein ihrer eigenen Sendung besessen waren, wie Karl Liebknecht; von ernsten Leuten und von Abenteurern; von Demagogen und von Demagogisierten. Die Ebert und Scheidemann, so hieß es, hätten die Revolution an das Bürgertum verraten. Es kam zu Besetzungen öffentlicher Gebäude und Zeitungsredaktionen, zu Demonstrationen, illegalen, drohenden Gesten. Wo aber, argumentierte Ledebour, war denn noch Legalität? Verdankten die Volksbeauftragten ihren Auftrag nicht selber einer illegalen Bewegung? War nicht seit dem 9. November alles illegal und eben darum die Pflicht zur vollen und ganzen Revolution oberstes Gesetz?
Ebert und seinen Freunden mißfielen diese Argumente. Sie glaubten gute Arbeit für das Volk zu tun. Der Achtstundentag, lange ein Ziel der Gewerkschaften, wurde überall im Reich eingeführt, ein System der Erwerbslosenunterstützung errichtet, für die Wiedereinstellung der Demobilisierten, so gut es ging, Sorge getragen, Tarifverträgen zwischen Gewerkschaft und Unternehmerverband eine für den betreffenden Industriezweig bindende Gültigkeit beigelegt. Auch sollten fortan sämtliche politischen Vertretungen nach dem allgemeinen, gleichen und geheimen Wahlrecht aller Männer und Frauen über zwanzig Jahre gewählt werden. Waren das nicht nützliche Reformen, soziale und demokratische Neuerungen? Wurden sie nicht durchgeführt unter denkbar schwierigen, gefährlichen Umständen, während es gleichzeitig galt, die fürchterlichen Waffenstillstandsbedingungen zu erfüllen, die

Truppen über den Rhein zu bringen und aufzulösen, Lokomotiven, Güterwagen, Maschinen, Vieh, Schiffe, Gold dem Feind abzuliefern? Man konnte in solcher Lage keine zweite Revolution brauchen, wollte sie überhaupt in keiner Lage, wie man ja schon die Form der ersten eigentlich nicht, sondern nur die Sache, die Demokratisierung, gewollt hatte. So sahen es Ebert und Noske – so sahen es Liebknecht und Ledebour. Das Resultat waren Kämpfe. Aber die Regierung besaß keine militärische Macht. Die war beim Heer. Nein, auch nicht mehr beim alten Heer; Heereseinheiten erwiesen sich als unzuverlässig, als nicht brauchbar im Kampf gegen innere Gegner. Es mußten aus dem alten Heer heraus Trupps von Freiwilligen gebildet werden, die Lust zur Sache hatten, einsatzfähige Verbände – »Freikorps«. Die wurden denn auch gebildet unter politisch bewußten Anführern, Verächtern der Diskussion und Freunden des Schwertes, das den Knoten zerhaut. Die wurden denn auch eingesetzt gegen die Spartakisten, oder, wie sie sich neuerdings nannten, Kommunisten; im Januar in Berlin; dann in Sachsen, in Thüringen, in München. Ob sie aber gleich nominell alle, oder beinahe alle, unter der Kontrolle des Volksbeauftragten Noske standen, so waren sie in Wirklichkeit von ihrem eigenen Geist beherrscht; der nicht der Geist echter Soldaten, sondern abenteuernder Landsknechte war. Die Sozialdemokraten versäumten, sich ihre eigenen Truppen zu bilden, oder von denen Gebrauch zu machen, die sich, trotz ihrer, immerhin bildeten.
Niemand beherrschte die deutsche, die mittel- und osteuropäische Situation. Nicht die Sieger in Paris; nicht der deutsche Besiegte; nicht der besiegte Sieger im Osten. Lenin hatte alles berechnet, alle blutigen Operationen vorausgeplant; auch er bekam nicht, was er wollte. Die Revolution in Rußland sollte nur ein Mittel sein zur Entfesselung der Revolution in Europa, vor allem in Deutschland. Aber gerade das Schauspiel, welches Rußland bot, kompromittierte den europäischen Kommunismus von vornherein, ein für allemal. Alles, was Lenins Freunde und Agenten in Deutschland erreichten, war, das Land dreifach zu spalten, die Sache der Demokratie zu schwächen,

ihre Feinde zu stärken, ihre Anhänger in eine Sackgasse unheilvollen Doppelkonfliktes zu treiben.
Daher nun die rasche Verdüsterung der Atmosphäre; die Morde und »Erschießungen auf der Flucht«; die überfüllten Gefängnisse. Auch die Kommunisten mordeten, auch die rasende Menge beging Akte scheußlicher Lynchjustiz. Kommt es aber zu Zahlen, so war der weiße Terror hier der schlimmere. Das schlimmste war, daß die sozialdemokratischen Regenten mit ihm verknüpft waren, ohne die Ausübenden in der Hand zu haben. Sie waren sehr zornig über die Ermordung Karl Liebknechts und Rosa Luxemburgs durch Freikorpsmänner, aber ließen die zynisch milde Verurteilung der Mörder ohnmächtig durchgehen, so wie sie vier Monate später die Massenexekutionen in München bedauerten, ohne sie zu verhindern. Die Anwendung von Gewalt war in der Situation dieses düsteren Winters und Frühlings unvermeidlich; die Kommunisten, die zu Lenin als ihrem Vorbild aufblickten, durften sich kaum über sie beklagen. Das Unglück war, daß nicht demokratische Gewalt, sondern die Gewalt roher Söldner, welche mit der neuen Republik nichts zu tun hatten, gegen sie angewendet wurde; wodurch die demokratische Regierung so bald schon in ein schiefes Licht und in eine schiefe Machtposition geriet. Die Herren hatten das nicht gewollt, nicht vorausgesehen; und sie hatten ganz recht, wenn sie später den Kommunisten vorwarfen, den blutigen Wirrwarr angerichtet zu haben. Hätten sie ihn aber selber mit eignen Mitteln gemeistert, so wären sie, und was ihnen am Herzen lag, ungeschwächt daraus hervorgegangen; anstatt daß nun die Geschichte der ersten deutschen Republik im Zeichen blutiger, gemeiner Taten begann.
Welche Last auf den Schultern, welcher Widerspruch in den Geistern derer, die zur praktischen Arbeit, aber weniger gut zur Überwindung geistiger Widersprüche taugten, der Sozialdemokraten! Sie hatten alles Menschenmögliche getan, um die Revolution zu verhindern; aber Revolutionäre nannten sie sich früher, und die Männer, deren revolutionäre Versuche sie nun ersticken halfen, waren aus ihren eigenen Reihen hervorgegangen. Sie schlugen die rote Revolution nieder im Bunde mit

den Generälen, der Rechten; da sie aber momentweise und notgedrungen die Revolution auch mitmachten, um die unter Kontrolle zu bringen, da ferner alte Theorien und Namen sie mit ihr verbanden, so würden Generäle und Rechte ihnen später vorwerfen, daß sie die Revolution gemacht hätten; indes die radikale Linke ihnen vorwarf, daß sie die Revolution verraten hätten. Sie schienen mit ihren Gegnern im Bunde zu sein, um sich selber zu bekämpfen: den Sozialismus, den sie zu vertreten vorgaben. Aus diesem Netz von Widersprüchen gab es nur *eine* Rettung: selber stark sein und handeln. Der Starke konnte sich Widersprüche leisten; sie, die kein Denken überwand, mußten vergehen vor der erfolgreichen, schöpferischen Tat. Würde die soziale Demokratie trotz allem stark sein und handeln? – Die Wahlen für eine Nationalversammlung fanden am 19. Januar im ganzen Reiche statt, die Versammlung trat Anfang Februar in Weimar zusammen. Nicht das unruhige Berlin sollte es sein, auch nicht die Stadt der Paulskirche, sondern Goethes und Schillers Stadt. Eine wohlgemeinte Geste. Die Sozialdemokraten waren mit weitem Abstand die stärkste Fraktion, die »Unabhängigen« eine sehr geringe. Gering erschien auch die alte Konservative Partei, die sich jetzt die »Deutschnationale« nannte – die einzige, welche in ihrem Programm sich zur Monarchie bekannte. Weder Hohenzollernmonarchie noch Sowjetrepublik – dafür schien die Nation sich mit dem Wahlzettel entschieden zu haben. Also war doch Ebert im Recht, wenn er dem Volk traute, die Extreme verachtete, die Spielregeln der Demokratie einhielt?

Betrachtung

Der Strom steht nicht still. Es ist der Betrachtende, der hin und wieder haltmachen muß, und die Periode, von der wir handeln, lädt zum Haltmachen ein. Ungeklärt, unverstanden, schrecklich die jüngste Vergangenheit; die Geister verwirrt, Enttäuschung, Haß, Bosheit und Müdigkeit sich kreuzend mit vagen Hoffnungen; Rechts- und Moralbegriffe wankend, die Wirtschaft zerstört, die Staatsgrenzen unsicher; Elend an allen Enden, aber zugleich anscheinend große Möglichkeiten in der Luft, zu deren Verwirklichung es schöpferischer Kühnheit bedürfte. 1919 ist ein Schicksalsjahr: Wo Entscheidungen fallen, da stehen Entscheidungen zur Wahl. Deutschland muß mit der jüngsten Vergangenheit, Beginn, Führung und Ende des Krieges ins reine kommen, seinen Staat, seine Gesellschaft entsprechend reformieren; Europa muß den Krieg beenden durch den rechten Friedensschluß.

Tatsächlich kommt aber Deutschland über die jüngste Vergangenheit mit sich nicht ins reine. Die Schuldigsten helfen ihm am wenigsten dazu. Tirpitz, Ludendorff bringen ihre Erinnerungen schon im Frühsommer 1919 heraus, Werke voller Bitterkeit gegen jedes und jeden, nur nicht gegen sich selber. Sie haben immer alles recht gemacht, und alles wäre, wenn man nur auf sie gehört hätte, auch recht ausgegangen. So viel Egoismus, so viel unerschütterte Selbstgerechtigkeit nach solchem Sturz! Gibt es nicht Zeiten der Selbstprüfung, Zeiten, in denen man in Gottes Namen einmal versuchen sollte, über sich hinauszugehen und gerecht zu sein? – Nichts dergleichen regt sich in den Herzen der Machthaber von gestern. Sie, die froh sein sollten, nicht die Angeklagten zu sein, klagen Gott und Welt an, England, Rußland, Wilson, die Sozialdemokraten, das deutsche Volk. Es wird übersehen, verwischt, verdreht, geleugnet, was ihnen nicht in den Kram ihrer Selbstanpreisungen paßt.

Auch Hindenburg weiß seinen Ruhm durch alle Wirren der Nachkriegszeit in die republikanische Epoche hinüberzufüh-

ren. Der Oberbefehlshaber des deutschen Heeres ist nicht da, wenn die bittersten Entscheidungen über Krieg und Frieden zu fällen sind, da geht er aus dem Zimmer und läßt andere den Kopf hinhalten. Später dann war er zwar dafür, aber eigentlich eben doch dagegen, ein lebendiges Symbol der alten, unbesiegten Herrlichkeit. Blumen bedecken seinen Salonwagen, als er im Sommer 1919 in die Heimatstadt Hannover zurückkehrt. Im Herbst erscheint er vor dem Ausschuß, den die Nationalversammlung zur Untersuchung von Kriegführung und Zusammenbruch eingesetzt hat, und erklärt bündig, das deutsche Heer sei von hinten erdolcht worden. Die vielen, die auf die Niederlage sich keinen Reim machen können, hören das gern. Es ist die Idee, welche ein deutscher General, Schulenburg, schon am 9. November 1918 ausgesprochen hat: »Unter unseren Leuten wird die Parole unter allen Umständen ziehen, daß ihre Schwesterwaffe, die Marine, mit jüdischen Kriegsgewinnlern und Drückebergern ihnen in den Rükken gefallen ist...« Dagegen notiert Max Weber: »Schnöde, ungerecht und lieblos sind jetzt die billigen Urteile, die von den Anhängern der zusammengebrochenen Hasardpartei – natürlich – daran geknüpft werden. Über vier Jahre Hunger, über vier Jahre Kampfer- und Morphiumspritzen der Stimmungsmache vor allem – das hat so noch kein Volk über sich ergehen lassen müssen.« – Ein folgenschweres, gewolltes oder ungewolltes Mißverständnis, dem auch sehr brave, ritterliche Offiziere erliegen. Sie glauben, das Volk daheim habe durch sein Verhalten die Niederlage verursacht; da doch die Ereignisse vom November nur eine Reaktion auf die längst entschiedene, plötzlich eingestandene Niederlage waren.
Sie zu verstehen ist freilich schwer nach all den Siegen und Leistungen. Es ist schwer, zum Krieg das rechte Verhältnis zu finden: die Opfer zu ehren, das Land, die Nation, sich selber nicht würdelos zu beschimpfen und doch die Kritik zu üben, ohne die kein Neuanfang möglich ist. Es ist schwer, auch nur über die sogenannte Kriegsschuldfrage leidliche Klarheit zu gewinnen. Denn da nun die Entente den Paragraphen über Deutschlands »Alleinschuld« am Krieg in den Friedensvertrag

setzt – eine hirn- und sinnlose, von Wut, Leid und Übermut der Sieger eingegebene Behauptung–, so drängt aller Saft der deutschen Intelligenz und Wissenschaft in die entgegengesetzte Richtung: Wir sind nicht allein schuldig, wir sind überhaupt nicht schuldig, alle anderen sind es, aber wir nicht... Warum hat Deutschland nicht im rechten Augenblick Frieden gemacht? Auch in dieser Frage ist die Verwirrung groß. Denn Deutschland hat ja 1916 Frieden angeboten und 1917 das russische Angebot angenommen; die Entente bot nie etwas an und lehnte alles ab. Das ist wahr. Daß aber Deutschland als die strategisch-angreifende, gewinnende, überall tief im Feindesland stehende Macht nicht bloß Frieden hätte anbieten sollen, sondern eben einen auf Gewinn klar verzichtenden Frieden, daß nur ein solches genaues und ehrliches Angebot Aussicht auf Erfolg gehabt hätte, daß ihm aber auch die Gegner sich ganz bestimmt nicht hätten entziehen *können* – für diese Erkenntnis braucht es kräftigen Wahrheitswillen. Den haben wir selten. Wir glauben, was uns Freude macht, was unseren Stolz und Haß befriedigt; das ist uns Wahrheit. Ihrerseits haben die Männer, die nun im Lande Deutschlands Schuld verkünden, oft einen so schrillen und schadenfrohen Ton, daß sie den öffentlichen Geist reizen, ohne ihn zu überzeugen. Es ist ja an sich noch keine Leistung, zu sagen und schreiben, daß der Krieg Wahnsinn war. Jeder Soldat hat mehr geleistet als das. Es kommt darauf an, wer es sagt und wie. – Die Erinnerung an den Zusammenbruch, den großen Sieg, der plötzlich zur größten Niederlage wurde, wird die Nation verwirren und von schlechten Menschen zu ihrem Zweck mißbraucht werden, noch Jahrzehnte später.
Die Fürsten sind fort. Hohenzollern und Wittelsbacher, Wettiner und Welfen und Zähringer, Dynastien, die ein Jahrtausend lang das deutsche Schicksal begleiteten und so oft, noch 1848, es entschieden – in zwei Tagen sind sie alle verschwunden. Was für ein unerhörter Vorgang wäre das in weniger unerhörten Zeiten. Jetzt scheint er nicht einmal einen großen Unterschied zu machen. Man haßt sie nicht, den Württemberger, den Badener, den Hessen, und hat auch keinen Grund,

sie zu hassen. Man schickt sie fort, weil Revolution ist und weil es so sein muß. Keine Hand rührt sich für sie; königliche Minister werden sich bald um Amtspfründen in der Republik bewerben und solche auch erhalten. – Was so leicht stirbt, kann keine Lebenskraft mehr gehabt haben. Wir wissen ja, wie kraft- und harmlos die deutschen Monarchien längst geworden waren; erst alle anderen, zuletzt, während des Krieges, sogar die Hohenzollern. Man mag glauben, daß es besser gewesen wäre, sie zu erhalten. Sie konnten nicht viel leisten, nicht viel verhindern. Immerhin waren sie traditionsbewahrende, stilgebende Zentren in den deutschen Städten. Vielleicht hätten sie später die bösesten Energien doch binden können – mit Königen in München und Stuttgart ist dort ein Sieg des Nationalsozialismus schwer vorzustellen. Indessen sind das unsichere Spekulationen und Zirkelschlüsse. Denn man kann ja auch umgekehrt sagen: die Tatsache, daß der Nationalsozialismus fünfzehn Jahre später überall in Deutschland siegen konnte, zeigt, wie tief erst die Wilhelminische Ära, dann Krieg und Nachkrieg, dann die Inflation, dann die Weltwirtschaftskrise, den Charakter der Nation verändert hatten, wie schattenhaft dünn also die Verbindungen zur alten Zeit, welche die Dynastien darstellten, geworden waren. Übrigens müssen wir vom Wirklichen handeln und es, so gut es geht, zu verstehen suchen, nicht von dem, was denkbarerweise noch eine Zeitlang hätte sein können. Nehmen wir also Abschied von den Namen, die im ersten Teil unserer Erzählung eine bedeutende Rolle spielen mußten; sehen wir die Herren sich auf ihre Besitzungen zurückziehen, von wo sie noch gelegentlich auftauchen werden bei Kriegervereinsfesten und Denkmalsenthüllungen, um dann einer nach dem anderen zu sterben.
Indem die Revolution den Kaiser und die Bundesfürsten trifft, vor allem sie und beinahe nur sie, trifft sie ein Phantom. Die Fürsten hatten den Krieg nicht verursacht, viel weniger geführt; sie hatten keine Macht mehr seit 1866. Sie waren unschuldig; schuldig – insofern Schuld hier überhaupt einer bestimmten Klasse von Menschen beigelegt werden kann – waren ganz andere: die Herren von der Industrie, vom »Land-

bund«, von der »Kriegszielbewegung«, die schlechten Schriftsteller und Politiker. Sie lassen leichten Herzens die Fürsten fallen, harmlosen Ballast, auf den es ihnen nicht ankommt, so lange wichtigere Dinge wohlgesichert im Schaffsraum bleiben. Und die Leute glauben, es sei mit der bloßen Errichtung einer »Republik« schon etwas erreicht; so als lebte man noch in der Mitte des 19. Jahrhunderts, da der Sturz der Monarchie in der Tat eine schöpferische Bedeutung hätte haben können. »Das Deutsche Reich ist eine Republik«, lautet der erste Satz der neuen Verfassung. Ach, wie wenig wird damit gesagt sein!

Deutschland hat keine glückliche Hand in der Politik. Wie sollte es jetzt, unter so trüben Umständen, eine haben, nachdem es sie in den letzten Jahren so gar nicht hatte, alle seine Anstrengungen und Heldentaten dank schlechter Politik in nichts verpufften? Die »Novemberrevolution« hat keinen Sinn, sowenig wie der Nervenzusammenbruch eines einzelnen Sinn hat. Sollte das sein, was dann wirklich wurde, die parlamentarische, föderalistische Republik, so hätte man es ebensogut bei den noch ein wenig weiterzutreibenden Reformen des Oktober belassen können. Die gekrönte Republik bietet manchen Vorteil gegenüber der ungekrönten, kaum einen Nachteil. Sinn hätte die Revolution, wenn sie sich im Sinne Liebknechts entwickelte; der will ihr einen geben, einen russischen, kommunistischen Sinn. Aber könnte Deutschland das russische System denn irgend brauchen? Zu welchem Unsinn das nun wieder führen würde, zu welch neuer Qual? Wir bedauern es nicht, daß dieser Sinn erstickt wird. Wir können, wenn wir wollen, den Nervenzusammenbruch bedauern. Aber an ihm ist nicht die Leidende schuld. Die vorbeugende Behandlung, die ratsam gewesen wäre, haben die Machthaber verweigert, das Friedensangebot zur rechten Zeit; zum Schluß noch die Abdankung des Kaisers zur rechten Zeit.

Allenfalls könnte das Verschwinden der Dynastien das Verschwinden auch desjenigen bedeuten, was dynastischen Ursprungs und Charakters war: der Bundesstaaten. Aber sie verschwinden nicht. Königreiche und Großherzogtümer bleiben;

sie wechseln nur den Namen, nennen sich Freistaaten, Volksstaaten oder was noch. Es bleiben die Verwaltungsmaschinen, die Minister, die Landtage. Sogar Preußen bleibt, Hohenzollern-Preußen, der künstliche Königsstaat, dies seiner geschichtlichen Identität und Aufgabe längst verlustig gegangene, längst in Deutschland aufgegangene Preußen – es macht ohne Hohenzollern dennoch weiter fort. Und zwar in den Zufallsgrenzen, die Bismarck ihm gegeben hatte. Die Annexionen von 1815, Rheinland, Provinz Sachsen, die Annexionen von 1866, Hannover, Kassel, Frankfurt, nichts wird rückgängig gemacht. Bestrebungen, sie rückgängig zu machen, gibt es wohl, aber sie dringen nicht durch; so wie keine Bestrebung zur rationalen Neugliederung des Reiches durchdringt. So fest hat die Vergangenheit gebaut, so unschöpferisch ist die Gegenwart. Die Gebilde und Gehäuse der Fürsten bleiben, obgleich jetzt kein Fürst mehr in ihnen wohnt; politische Bürokraten müssen wohl oder übel den Landesherrn ersetzen. In einer Revolution, sei sie noch so schwach, leben immer die verschiedensten Triebkräfte. Die deutsche Republik, eine und unteilbar, das wäre im französischen Revolutionsstil, im Sinn der Extremisten von 1848, im Sinne von Lassalle. Vergessen wir aber nicht, daß selbst der alte Sozialismus sich gegenüber dem Problem deutscher Staatlichkeit zwiespältig verhielt, daß Bebel und Wilhelm Liebknecht als großdeutsche Föderalisten begannen. Jetzt richtet sich *eine* Triebkraft der Revolution gegen das preußifizierte Reich, gegen den »Berliner Zentralismus«, der sich am Kriege nährte und zum verhaßten Träger des Krieges wurde. Hierin sind die bayrischen Sozialisten eins mit den bayrischen Konservativen. Und schon vor Ende des Jahres 1918 steht es fest: die Bundesstaaten werden bleiben, sei das nun geschichtlich logisch oder nicht.
Wie aber? Ist denn nicht jetzt auch das andere uralte Hauptthindernis verschwunden, an dem 1849 die deutsche Revolution scheiterte? Ist neben den anderen deutschen Dynastien nicht auch die glanzvollste, am schwersten mit Segen und Fluch beladene verschwunden, das Haus Habsburg? Hat das Reich des Bundesgenossen nicht endlich ein seit siebzig Jahren dro-

hendes Schicksal erreicht, ist Österreich-Ungarn nicht in heller Auflösung? Und wenn Tschechen und Slowaken, Kroaten und Slowenen, Rumänen, Magyaren jetzt ihre nationalen Staaten und Stätlein sich bauen dürfen oder müssen, was bleibt dann den deutschen Österreichern anderes zu tun übrig als das, was sie, wenn nur nicht die große Monarchie gewesen wäre, schon 1848 getan hätten – sich anzuschließen an ein Deutsches Reich? Jetzt regieren allenthalben die großdeutschen Parteien, Sozialdemokraten und Katholiken. Jetzt werden wir die achtundvierziger Fahne wieder haben, schwarz, rot und gold. Kein König von Preußen, kein Windisch-Graetz und Schwarzenberg können jetzt ihr Veto aussprechen gegen das Naturgegebene. So daß der Geschlagene, Deutschland, im Grunde doch der Gewinner wäre? Westlich der russischen Grenze sind die Deutschen die stärkste Nation in Europa an Energie und an Zahl. Macht ernst mit dem Prinzip des Nationalstaates, wie man jetzt in Paris, in Washington ernst damit machen will, zieht die Staatsgrenzen überall entlang den Sprachgrenzen; und Deutschland, bereichert durch weite Alpen- und Donaugebiete, wohl auch durch das nördliche Böhmen, könnte den Verlust Posens und Elsaß-Lothringens verschmerzen. Seine neue Verfassung sieht die Vereinigung Deutsch-Österreichs mit dem Reiche vor, und beide Regierungen, die Wiener und die Berliner, machen Anstalt, sie zu vollziehen.

Aber so verstehen es die Sieger nicht. Das fehlte noch, daß ihr qualvoll errungener Triumph dem Gegner größere Beute brächte als ihnen selbst, daß er gefestigter und größer als vorher auf der Karte erschiene; so daß er die Unabhängigkeit ihrer neuen Freunde im Osten und Südosten bedrohlich beengen, umklammern, sehr bald ersticken müßte. So konsequent kann man einen Begriff wie den der nationalen Selbstbestimmung denn doch nicht anwenden. Er gilt da, wo er gegen Deutschland angewendet werden kann. Wo er aber so übermächtig für Deutschland wirken würde, da darf er nicht gelten. Den Österreichern wird die Vereinigung mit Deutschland kurzerhand verboten. – Fragt sich, was hier ein Verbot leistet. Entscheidungen des Tages und der Diplomatie gelten auf die

Dauer nur dann, wenn sie dem entsprechen, was eine stärkere Wirklichkeit will, und was die will, muß sich erst noch herausstellen. Tatsache ist, daß die Auflösung Habsburg-Österreichs den Deutschen machtpolitisch nützt. Wollen sie den ganzen Nationalstaat noch, so wie die Achtundvierziger ihn wollten? Können sie ihm den Sinn geben, den jene ihm hatten geben wollen? Wenn ja, so wäre dagegen das von einer ephemeren Machtkonstellation getragene Verbot schwerlich eine Sicherung.

Die großen Siege, die großen Niederlagen beweisen und wirken ja im Grund nicht viel, und der englische Dichter hat wohl recht, der sie als Betrüger bezeichnet:

> If you can meet with triumph and disaster
> And trust those two imposters just the same.

Entweder sie registrieren, was ohnehin in der Natur der Sache lag, wie der Verfall des spanischen Weltreiches seit dem 17. Jahrhundert; dann sind sie nur Anzeichen und nicht an sich selbst entscheidende Ereignisse. Oder sie stellen ein nur augenblickliches Kräfteverhältnis fest. Dann wird, was auf Grund seiner beschlossen und getan wird, nicht länger dauern als jenes Kräfteverhältnis – auch bloß für den Augenblick. Die Regenten Frankreichs, Clemenceau, Marschall Foch, wissen das. Sie wissen, daß nicht Frankreich Deutschland besiegt hat trotz aller seiner glorreichen Leistungen, sondern Amerika. Und daß Deutschland Rußland besiegt hat. Und daß ohne den russischen Beitrag der Westen in seiner Gesamtheit nicht hätte siegen können. Daß also das Kräfteverhältnis vom November 1918 im günstigsten Fall nur so lange dauern kann, wie die amerikanische Politik in Europa gegenwärtig und aktiv sein wird – eine unsichere Gleichung. Daher ihr tragischer, kümmerlicher Versuch, das Ephemere dauerhaft zu machen durch allerlei Tricks und zusätzliche Sicherungen, die doch auch nur ephemer sein können. Kein Vertragssystem, mit wie liebevoller Bosheit es auch ersonnen sei, kann aus dem Gewühl und Gefuchtel der aufgelösten Kaiserreiche eine feste Ordnung machen. Immer galt bisher das Recht des Stärkeren, und da, wo keine Ordnung ist, wird es noch ungezügelter gelten als zur Zeit alter Diplomatenweisheit und monarchischer Solidarität.

Der Friede von Brest-Litovsk wird der vergessene Friede genannt, aber die Deutschen haben ihn nicht vergessen. Sie wissen, daß sie Rußland geschlagen haben, manchmal betrachten sie es mit Stolz als die eigentliche, obgleich unbedankte, europäische Leistung des Krieges. »... *viel* Schlimmeres – die russische Knute! – haben wir abgewendet. Dieser Ruhm bleibt uns.« (Max Weber) Es ist ja wohl wirklich ein europäischer Ruhm. Das ist Europas selbstzerstörerischer Widerspruch: daß jenen, die im Osten seine Hüter waren gegen eine europafremde Macht, das Schwert aus der Hand geschlagen wurde von einer europäisch-westlichen Koalition im Bunde mit Rußland selber, nicht einmal, sondern zweimal; und daß, so wie die Deutschen sich verhielten, so wie sie dem Westen die Wahl stellten, dieser selbstmörderische Akt nahezu unvermeidlich war. Europa wollte weder deutsch noch russisch werden. Die deutsche Gefahr schien die nähere, direktere; so nahm man blind die andere in Kauf, bis schließlich Europa insgesamt dem russischen Gewicht nicht mehr die Waage halten konnte. Dies Verhängnis ist im Augenblick noch nicht klar, weil jetzt beide Riesen am Boden liegen, Rußland dank der Deutschen, Deutschland dank der westlichen Anstrengung. Aber einen so paradoxen Ausgang gibt es selten in der Geschichte, und so kann es nicht immer bleiben. Um noch einmal Max Weber zu zitieren: »Amerikas Weltherrschaft war so unabwendbar wie in der Antike die Roms nach dem Punischen Krieg. Hoffentlich bleibt es dabei, daß sie nicht mit Rußland geteilt wird. *Dies* ist für mich das Ziel unserer künftigen Weltpolitik, denn die russische Gefahr ist nur für jetzt, nicht für immer beschworen.«

Natürlich wissen die Friedensmacher in Paris, daß Lenins Rußland ein Feind ihres Europas ist. Sie machen selber matte, ungeeignete Versuche, den Bolschewismus niederzuschlagen. Sie haben auch momentweise nichts dagegen, daß deutsche

Freikorps im Baltikum gegen die Kommunisten kämpfen, unter der formalen Kontrolle der neuen estnischen und lettischen Staaten. Kommt es aber zu ernsten Entscheidungen, so fürchten die Franzosen Deutschland mehr, als sie Rußland fürchten. Gegen dieses wollen sie sich lieber auf ihre neuen Bundesgenossen im Osten verlassen, Polen, Tschechoslowakei, Rumänien; hastig und gierig hergestellte Gebilde, die sich erst beweisen müssen. – Gäbe es für Deutschland die Möglichkeit, mit dem andern großen Besiegten, außer dem Gesetz Stehenden gemeinsame Sache zu machen, etwa gegen Polen? Auch dieser Gedanke taucht sofort auf, muß auftauchen; es gibt ja für die Außenpolitik eines Staates nur wenige elementare Alternativen, die in veränderten Formen immer wiederkehren. Eine reale Möglichkeit ist aber auch die russische jetzt nicht. Beide Völker sind zu sehr geschwächt, das russische zudem in den Konvulsionen des entsetzlichsten Bürgerkrieges; keine Gesundheit aus der Allianz zweier Kranker. Sie würde übrigens ein Bündnis nicht bloß zwischen Staaten, sondern zwischen Gesellschaftsformen und Ideen bedeuten, Deutschland müßte sich dem Kommunismus in die Arme werfen. Das kann und will es nicht. Und wenn es wollte, so würden es die westlichen Sieger gar nicht dulden. »Bekommen die Leute (die Kommunisten) in Berlin etwa trotz allem Oberwasser, so besetzt die Entente Berlin. Schön ist diese Aussicht nicht, aber doch eine Rückversicherung.« (General Max Hoffmann) So bleibt Deutschland also auf sich selber angewiesen, allein und abgetrennt. Die Sieger beraten es nicht, dazu sind sie zu herrisch und boshaft. Die alten Bundesgenossen sind jeder für sich, gedemütigt, im Elend. Die Vergangenheit hilft nicht. Die uralte, vorbismarckische ist wohl noch da, und redliche Männer versuchen, an sie anzuknüpfen. Die Staatsschriften der Bismarckgegner, der Achtundvierziger, der Achtzehnhundertsiebener sogar werden neu herausgegeben: zurück zum Freiherrn vom Stein, zurück zu Ludwig Uhland, zurück zu Konstantin Frantz. Die edlen Verstorbenen, die zu ihren Lebzeiten Geringes wirken konnten, können es noch weniger jetzt in entfremdeter Zeit. Zwischen ihnen und der Gegenwart liegen der Block des Bismarckreiches und der blutige Traum des Vierjahrekrieges. Sehr stark, politisch und wirtschaftlich, sind jene, die ohne Kaiser doch das Wesen des Kaiserreiches weiter fortführen wollen: Industrielle und Gutsbesitzer, Professoren, Richter, Bürokraten. Eine Gesellschaft wie die deutsche, hochzivilisiert und integriert, bestehend nicht aus zwei Klassen, wie Marx es sich vorstellte, sondern aus hundert und aber hundert, läßt sich nicht umkehren durch einen Akt revolutionärer Theorie; sie wandelt sich allmählich unter dem Zwang neuer Tatsachen, aber läßt sich nicht durch freien Entschluß wandeln. Das ist die Position der Konservativen, und ohne es zu wollen, wirken die Sozialdemokraten in der gleichen Richtung. Denn sie wollen zwar soziale Demokratie, aber sie wollen auch und vor allem Ordnung, ohne die, wie sie es sehen, das furchtbar komplizierte System der Versorgung ganz zusammenbrechen, Hungersnot und Bürgerkrieg Platz greifen müßten; sie wollen das Reich zusammenhalten und zeigen, daß sie regieren können. So ist ihre Sorge und ihr Wille. Daß er es ist und sie jede theoretisch inspirierte Totalveränderung – Sozialisierung oder Enteignung, Sturz der alten Beamtenschaft, »Räte« anstatt Parlament – verneinen, macht das Treiben der Gruppen links von ihnen nur um so schriller und verwirrender. Ganz »Rechts« verschwimmt mit ganz »Links«; nachdenkliche Frontoffiziere, Abenteurer der Tat und des Geistes, dem zivilen Leben entfremdet, Feinde des bürgerlichen Kaiserreiches wie der bürgerlichen Demokratie, träumen von einer neuen Volksgemeinschaft, nationalkämpferisch, die Materie meisternd und unmaterialistisch hart und blank. Solche Ideen schwirren durch die Luft und lassen sich ganz hübsch ausdrücken, aber ihre Träger werden ganz bestimmt enttäuscht werden. Denn es läßt sich ja die Masse des Wirklichen von hochmütigen Phantastereien nicht gestalten. Die Kräfte der Praxis und der Phantasie fallen auseinander. Die Praktiker halten jede große Hoffnung für utopisch. Die Idealisten irren sich über die deutschen Möglichkeiten zu so schlechter Stunde, verlangen zuviel; wodurch sie die innere Teilung und Selbstentfremdung der Nation noch vertiefen.

Im Frühjahr 1919 beraten in Europa zwei Versammlungen. Die eine, in Paris, soll der Welt den Frieden geben, die andere, in Weimar, aus Deutschland eine Republik im westlichen Stil machen. »Aber eine Neuordnung, die Produkt dieser furchtbaren Niederlage und Schändung ist, wird schwerlich einwurzeln.« (Max Weber)

ZEHNTES KAPITEL

Weimar

Im Wirbel des Weltgeschehens im 20. Jahrhundert ist kein Volk für sich und allein Meister seines Schicksals. Es hängt ab von der Weltwirtschaft, der Weltpolitik, dem Weltgeist. Es trägt bei zu alledem, aber beherrscht es nicht. Die Lebens- und Machtkonzentration »Deutschland« hatte in den letzten Jahren aktiver zum Weltgeschehen beigetragen als jedes andere Volk, hatte während des Vierjahrekrieges die Welt in zwei Teile geteilt, einen kleineren, den es beherrschte, einen hundertmal größeren, den es bekämpfte. Eine gewaltige Überspannung der Kräfte; möglich gemacht dadurch, daß die Deutschen das stärkste Volk in Europa waren, Europa aber immer noch als der Vorzugskontinent und Mittelpunkt der Erde galt. »Vier Jahre lang kämpfte Deutschland zu Lande, zu Wasser und in der Luft gegen die fünf Kontinente der Erde. Deutsche Armeen hielten die wankenden Verbündeten aufrecht, intervenierten auf jedem Kriegsschauplatz mit Erfolg, standen überall auf erobertem Boden und brachten ihren Gegnern Blutverluste bei, doppelt so schwer als jene, die sie selber erlitten. Um die Macht ihrer Wissenschaft und Wut zu brechen, war es notwendig, alle großen Nationen der Menschheit gegen sie ins Feld zu bringen. Überwältigende Bevölkerungszahlen, unbegrenzte Hilfsmittel, unerhörte Opfer, die Blockade zur See konnte fünfzig Monate lang sie nicht bezwingen. Kleine Staaten wurden im Kampfe niedergetrampelt; ein mächtiges Reich zerschlagen, in unkenntliche Fragmente aufgelöst; nahezu 20 Millionen Menschen starben oder vergossen ihr Blut, bevor das Schwert dieser furchtbaren Hand entwunden war.

Deutsche, das ist genug für die Geschichte!« (Winston Churchill) Die Nation, die solches vollbracht hatte, mußte nun heimkehren in den verwüsteten Alltag, mit sich selber und mit der Welt in Ordnung kommen; Altes fortsetzen und dennoch neu anfangen; neuen Ausgleich schaffen zwischen ihren Klassen und Parteiungen; dem gedrängten Zusammensein von 65 Millionen Menschen Gesetz und Sinn geben. Vor allem, sie mußte *leben,* was schon längst ihre schwierigste Aufgabe gewesen war. Leben in reduzierten Grenzen und der Früchte jahrzehntelanger Arbeit beraubt; ihr Kapital im Ausland, Kolonien, Handelsbeziehungen, Handelsflotte verloren; im Inneren nichts als die grauen Überbleibsel der vierjährigen, höchst unproduktiven Verhexung. »Wir fangen noch einmal wie nach 1648 und 1807 *von vorn* an. Das ist der einfache Sachverhalt. Nur daß heute schneller gelebt, schneller gearbeitet und mit mehr Initiative gearbeitet wird.« (Max Weber)

Es sind nur seltene Augenblicke des Rausches, der Krise, der allgemeinen Wirrsal, in denen politische Leidenschaft den einzelnen packt, die öffentliche Sache ihm wichtiger dünkt als die private. So war es im August 1914 gewesen, so vielleicht im November 1918. So ist es nicht unter normalen Bedingungen. Da spürt der Bürger die Politik so wenig, wie der gesunde Mensch seinen eigenen Körper spürt; er weiß, daß er ihn hat, aber kümmert sich nicht darum, die Lebensfunktionen vollziehen sich von alleine. Zu einem normalen Dasein zurückzukehren, zu arbeiten und zu essen, das war jetzt der Wunsch der größten Zahl der Deutschen. Aber wie sie arbeiten und essen und wohnen, wie die Jungen aufwachsen, die Alten leben und sterben würden, das hing nur zu einem Teil von ihnen selber ab; es hing ab vom öffentlichen Schicksal, deutscher Politik und Weltpolitik. Zudem gab es unruhige Geister, die im eigenen Fortkommen den Hauptzweck des Lebens nicht fanden, sondern seine Erfüllung erwarteten vom Staat, in der Verwirklichung schöner oder wüster Träume. Solche Geister gibt es immer. In ruhigen Zeiten bleiben sie gebunden und ungehört; in unruhigen finden sie Spielraum. Die Zeiten, die jetzt kamen, waren unruhig und konnten nichts anderes sein als unruhig. Der Weltkrieg hatte alte Ordnungen zerstört oder geschwächt; er hatte keine neuen geschaffen.

Zwei Grunddokumente

Unter zwei Grundgesetzen sollten fortan die Deutschen stehen. Der Vertrag von Versailles regelte ihre Beziehungen zu den bisherigen Feinden, zur Außenwelt. Die Weimarer Verfassung gab dem inneren Kämpfen und Trachten neue Form. Der Friedensvertrag war ein Unglück; zu verstehen – von Entschuldigen ist hier nicht die Rede – nur dadurch, daß aus Unglück meist neues Unglück kommt, daß die Männer, welche den Krieg geführt hatten und *so* geführt hatten, sich nicht jetzt in Männer eines guten Friedens verwandeln konnten. Wilson, der Amerikaner, wollte die Kette des Bösen abbrechen und überall Recht machen, wo bisher Unrecht gewesen war. Das gelang ihm nicht. Recht hätte man nur dann machen können, wenn alle beteiligten Staaten, Völker, Menschen gerecht gewesen wären. Solange sie es nicht waren – und was gab denn Anlaß, zu erwarten, daß sie es gerade jetzt, in diesem öden, finsteren, rachsüchtigen Moment der Geschichte sein würden –, konnte es im besten Fall praktische Lösungen geben, vorsichtige Kompromisse zwischen Macht und Macht, zwischen den Wünschen der Schwächeren und den historisch gewordenen harten Tatsachen; aber kein »Recht«.
Der amerikanische Doktor, der die Welt nach einem einzigen, in dem blanken, feinen Laboratorium seines Geistes zusammengekochten Rezept kurieren wollte, geriet in Streit mit seinen europäischen Partnern; vor allem mit dem am tiefsten pessimistischen unter ihnen, dem französischen Minister Clemenceau. Wilson vertrat das naive, junge, kraftgeschwellte

Amerika, für das der Krieg nur ein Spaß gewesen war. Clémenceau vertrat das ausgeblutete, todtraurige Frankreich. Ihm die Machtposition zu erhalten, die es durch so entsetzliche Opfer erworben hatte, aber auf die Dauer, ohne die Hilfe seines Bundesgenossen, unmöglich würde halten können, durch hundert ausgeklügelte böse Tricks sie ihm möglichst lang zu sichern, war der all und eine Gedanke des alten Mannes, der 1918 nicht und nicht einmal 1871 vergessen konnte; denn er war schon damals dabei gewesen.

Das Produkt dieser sich streitenden Willensmeinungen war widerwärtig; ein dichtmaschiges Netz von Bestimmungen, das »gerecht« sein sollte und es in vielen Einzelheiten unbestreitbar war, das Ungerechte, von Bosheit, Haß und Übermut Inspirierte aber einließ, wo es nur unter irgendeinem Vorwand geschehen konnte, und zwar in dem Maße, daß das Ganze, aller einzelnen Gerechtigkeit ungeachtet, dann doch als ein ungeheueres Instrument zur Unterdrückung, Ausräuberung und dauernden Beleidigung Deutschlands erschien. Es sollte alles Unrecht wieder gutgemacht werden, das Preußen Deutschland sich seit 150 Jahren hatte zuschulden kommen lassen, die polnische Teilung von 1772 – der neue polnische Staat erhielt Posen und Westpreußen; so daß Ostpreußen, wie in der alten Zeit, vom deutschen Hauptkörper getrennt wurde; die Annexion Schleswig-Holsteins – in Nordschleswig sollte eine Volksabstimmung stattfinden und zu Dänemark kommen, wer da wollte; Elsaß-Lothringen natürlich; kleinerer, ungeschickter Grenzberichtigungen nicht zu gedenken. Volksabstimmungen sollten stattfinden, wo immer sich vielleicht eine Mehrheit fand, die bei Deutschland nicht bleiben wollte; in Oberschlesien, in Teilen Ostpreußens. In Ländern dagegen, welche nicht zu Deutschland gehörten und deren Einwohner sich jetzt in ihrer Mehrzahl wahrscheinlich Deutschland anzuschließen wünschten, in Österreich, in Nordböhmen, durften keine Volksabstimmungen stattfinden. Der neue Rechtsbegriff – daß die Völker selber über sich bestimmen sollten – wurde eingesetzt, wo er Deutschland schaden konnte, anders nicht; so, wie Deutschland ihn zu Brest-Litovsk gegen die Russen eingesetzt hatte. Die Brest-Litovsker Regelungen ließ man nur zu gern bestehen, soweit man das Chaos im Osten überhaupt zu kontrollieren vermochte; es war gut, daß Deutschland Rußland geschwächt hatte durch den Gebrauch »gerechter« Prinzipien; es war gut, jetzt Deutschland durch den Gebrauch derselben Prinzipien zu schwächen. Der Rest war Balgerei zwischen den neuen oder »Nachfolgestaaten«, die sich auf Kosten Deutschlands, auf Kosten Rußlands, auf Kosten voneinander unter Zuhilfenahme historischer, statistischer, strategischer, wirtschaftlicher, nationaler oder linguistischer Argumente oder auch des Rechtes des Stärkeren möglichst zu vergrößern suchten; wobei herauskam, daß es »Recht« auch dann nicht geben konnte, wenn kein übermächtiger Ungerechter es hinderte. Die drei großen Ungerechten, Rußland und Deutschland und Habsburg, waren am Boden; Recht aber konnten Polen und Litauer, Tschechen und Polen und Slowaken, Ungarn und Rumänen, Südslawen und Italiener unter sich deswegen noch lange nicht machen. Wie in Paris Lloyd George dem polnischen Unterhändler einmal zornig ins Gesicht sagte: »Wir haben für die Freiheit der kleinen Nationen gekämpft, auf die ihr ohne uns nicht die leiseste Hoffnung hattet, wir, Franzosen und Engländer und Italiener und Amerikaner. Sie wissen, ich gehöre selbst einer kleinen Nation an; und es schmerzt mich bitter, zu sehen, wie ihr alle, kaum daß ihr noch in das Licht der Freiheit gekrochen seid, Völker oder Teile von Völkern unterdrücken wollt, die nicht zu euch gehören. Ihr seid imperialistischer als England und Frankreich.« – Indem man gegen Deutschland politische Grenzen zog nach dem Ergebnis windiger Volksbefragungen, schuf man einen gefährlichen Präzedenzfall. Aber das fiel niemandem ein: daß Deutschland dies Prinzip wohl auch einmal für seine Zwecke anwenden könnte; und was dann aus Mittel- und Osteuropa wohl werden würde.

Einstweilen verlor es ein Zehntel seiner Bevölkerung – wovon etwa die Hälfte deutsch als Muttersprache hatte –, ein Achtel seines Gebietes, den größten Teil seiner Eisenerze und einen beträchtlichen seiner Kohlen – unermeßliche Werte, die gar

nicht errechnet wurden, weil ihr Verlust nur Wiedergutmachung alten Unrechtes sein sollte. Dasselbe galt für die Kolonien; man nahm sie dem Besiegten nicht, weil er besiegt war, sondern weil er durch seine Barbareien sich jeglichen Kolonialbesitzes als unwürdig erwiesen hatte. Weshalb auch die Sieger sich Deutschlands Kolonien nicht geradezu aneigneten; sie ließen sich nur durch den neuen Völkerbund ihre Verwaltung und Nutznießung übertragen. – Selbstgerechte, gierige, kurzsichtige Tricks; Heucheleien, deren man sich ungern erinnert und am besten vielleicht gar nicht erinnerte, aber es doch muß, weil ohne sie das Folgende nicht zu begreifen ist. Denn es hing dies Geflecht von Falschheiten wie ein Mühlstein um den Hals der neuen deutschen Republik und beschwerte die Zukunft unseres armen Europa, wie der große Krieg selber, hätte man ihn mit leidlicher Vernunft abgeschlossen, es nicht vermocht hätte. – Das so reduzierte, noch durch allerlei sofortige Ablieferungen – Lokomotiven, Schiffe, Kabel – aus seinen ohnehin kriegsruinierten Beständen heimgesuchte Land sollte nun allen Schaden, welchen der Krieg – sein Angriffskrieg – den alliierten Völkern zugefügt hatte, auf sich nehmen und, niemand wußte in welcher Höhe, niemand wußte während welcher Zeit, zurückzahlen. Niemand wußte das. Nur soviel war klar, daß es sich um Summen handelte, die je nach dem, was man den Verlusten der Staaten und der Zivilbevölkerung zurechnete, beliebig vermehrt werden konnten, und daß es sich um jede Vorstellung übersteigende Summen handelte.
Wir haben etwas gelernt seitdem, und es ist ein so gräßlicher Unfug wie jener der »Reparationen« in einer späteren Zeit, die es an Unfug doch auch nicht fehlen ließ, nicht wiederholt worden. Das wissen wir heute: die Kriege des Jahrhunderts sind ein böses Spiel für jedermann, und es kann nicht jener, der als Sieger daraus hervorgeht, seinen Schaden ungeschehen machen, indem er den des Besiegten verdoppelt oder verhundertfacht. Versucht er es, so erhöht er den eigenen auch. Sieg ist Illusion. Die Pariser Friedensmacher wußten das nicht, und wenn wir sie deswegen tadeln, so wollen wir nicht vergessen, daß sehr einflußreiche Deutsche es auch nicht gewußt und der

Entente eben die Behandlung zugedacht hatten, die jetzt Deutschland erfuhr. Halten wir uns mit Beispielen der Verblendung von Staatsmännern und Fachmännern, die hier sich in ihrer ganzen Menschlichkeit zeigten, nicht lange auf. Sagen wir nur: aus dem Grundsatz der Reparationen, so wie der Vertrag ihn anwandte, kamen Wirrsal und Narrheit dreizehn Jahre lang und konnte nichts anderes kommen. Europa war viel zu dicht in seinem Zusammenleben, viel zu klein und arm auch jetzt schon, als daß es in zwei Teile hätte geteilt werden können, einen zahlenden und einen ausgehaltenen. Das heißt nicht, daß Deutschland zum Aufbau der ruinierten französischen und belgischen Gebiete nicht einen ehrlichen Beitrag hätte leisten sollen. Das hätte es gekonnt und gesollt; dazu war es auch bereit.

Ein amerikanischer Journalist, der die Pariser Verhandlungen beobachtete, schrieb: »Wir werden einen Völkerbund haben, schwach, mißgestalt, großem Unrecht zugänglich; und so, schwanger mit neuen Kriegen, wird der Friede sein.« Und wieder, über die Friedensmacher: »Der Krieg hatte das Problem der Menschheit auf ihrem Diplomatentisch ausgebreitet. Das hätte ihnen Geist und Herz öffnen sollen, die Arbeit auf neue, große Weise zu beginnen. Sie wollten auch. Es fehlte nicht an gutem Willen. Aber ihre alten, schlechten Denkgewohnheiten, ihre gezwungene Besorgtheit um Dinge, die sie im Grunde nicht interessierten, ihr Alter, ihre Erziehung – das hat ihnen die Aufgabe unmöglich gemacht.« Nicht nur sie, die Diplomaten, auch die Völker seien an dem schlechten Vertrag schuld: »Ich sehe ganz klar, daß es sich hier um keinen bloßen Klassengegensatz handelt, sondern um eine Spaltung, die im Geist jedes einzelnen verläuft. Jeder kleine Arbeiter und Bauer will beides haben, Rache am Feind, Ersatz für seine Leiden und nie wieder Krieg.« Diese beiden Wünsche gingen aber nicht zusammen, der eine striche den anderen aus. Und so sei auch das Neue, erstmalig Gerechte, was man in Prais zu tun versprochen hatte, in Wahrheit gar nicht neu, sondern das Uralte, Schlechte: »Bewußt oder nicht, arbeiten, strampeln, putschen sie alle zu dem Punkt zurück, auf dem sie vor dem

Krieg standen... Aber die Welt kann nicht rückwärtsgehen; sie kann nicht. Fallen oder absinken, wie Griechenland oder Rom, kann sie; rückwärts gehen nie.« – Der Mann, Lincoln Steffens, ein hellsichtiger Kritiker, war nebenbei bemerkt vom Verhalten der Deutschen ebenso enttäuscht wie von dem Friedensvertrag; davon später.

Es ist alte Weisheit; daß man dem eigenen Recht, der eigenen Macht und ihrer Dauer nie weniger trauen soll, als wenn man oben ist und den Gegner unter sich hat; daß dann der Augenblick zur Demut, zum Zweifeln am eigenen Verdienst gekommen ist. Im Sieg ist immer etwas, dessen man sich schämen sollte. Die Schuld der Friedensmacher von 1919 liegt in der moralistischen Überlegenheit, mit der sie den Besiegten behandelten, da sie doch selber alle während der Kriegsjahre kräftig gesündigt hatten, wenn auch mit Gradunterschieden; da sie auch eben jetzt noch tüchtig zu sündigen im Begriff waren. Sie hatten ein Recht, dem Besiegten diese oder jene Bedingung aufzuerlegen, aber nicht, seine Alleinschuld am Krieg zu dekretieren und so der Geschichtsforschung vorzugreifen. Sie hätten übrigens keinen Völkerbund gründen sollen, an den sie nicht glaubten und für dessen Verwirklichung sie keine Opfer zu bringen, keine große moralische Anstrengung zu machen bereit waren; wodurch sie die schöne Idee für absehbare Zeit beschmutzten und verdarben. Es ist eine böse Sache: mit unreinem Herzen nach dem Höchsten zu greifen.

Die deutsche Regierung unterzeichnete den Vertrag. Der Kriegsschuld- und Reparationsparagraph, die Beschränkung der deutschen Armee und Flotte auf die Macht eines Kleinstaates, die Besetzung der Rheinlande auf fünfzehn Jahre oder länger und die Abtrennung des Saargebietes, dessen Bergwerke von Frankreich ausgebeutet werden sollten – es wurde alles akzeptiert. Aber nicht gutgeheißen. Die Deutschen unterzeichneten unter Protest, weil sie mußten. Sie nannten den Vertrag ein »Diktat«, und das war er auch; denn echte Verhandlungen hatten nur unter den Siegern, nicht zwischen Siegern und Besiegten stattgefunden. Ein solcher Vertrag dauert nicht länger als das Macht- oder Gewaltverhältnis, auf dem er beruht. Der Besiegte hält ihn nur, solange er besiegt und der schwächere ist. Er hat keine moralische Verpflichtung, ihn zu halten. Und so wie die Welt ist, wie auf die Dauer die wahren Gewichte sich doch durchzusetzen pflegen, war es nicht wahrscheinlich, daß der Versailler Vertrag lange halten würde. Die Frage war nur, in welchem Sinn, auf welche Weise man ihn revidieren würde. Das mußte von beiden Seiten, von Deutschland und den Westmächten, abhängen.

Die Empörung in Deutschland wurde noch vor allem dadurch genährt, daß man sich betrogen glaubte; man hatte sich ergeben im guten Glauben an Wilsons gerechtes Friedensprogramm und hatte nun einen Frieden bekommen, welcher den »Vierzehn Punkten« wohl in manchen Einzelheiten, in seinem Geist, seiner Gesamtheit aber ihnen nicht entsprach. Das stimmte. Was man nicht verstehen konnte und wollte, war nur dies: Als Deutschland im Oktober 1918 um Waffenstillstand bat, hatte es auf Wilsons Programm machtlogisch und moralisch keinen Anspruch mehr. Den »gerechten Frieden« hätte es annehmen müssen, solange es selber noch Unrecht tun oder auf Unrecht Verzicht leisten konnte; solange es noch eine Macht war. Seit Ludendorffs plötzlichem »Wir sind verloren!« war es keine mehr, und nun klang sein Appellieren an Wilsons hohe Grundsätze sowohl ohnmächtig wie moralisch falsch. Der gutmütige, dumme Michel wollte sich freiwillig ergeben haben im Glauben an das amerikanische Evangelium, da er doch noch hätte weiterkämpfen und gewinnen können – so ließen nun die Demagogen es den Deutschen in den Ohren klingen. Und das stimmte nicht. Aber die Wahrheit war kompliziert und unerfreulich. Warum sich um der Wahrheit willen viel Kopfzerbrechen machen?

Gerade die Schuldigsten; jene, die vier Jahre lang einen gemäßigten Frieden verachtungsvoll verworfen hatten; die entschlossen waren, dem Gegner Bedingungen aufzuerlegen, allerwenigstens so brutal wie der Vertrag von Versailles; und die dann plötzlich und im dümmsten Moment »Wir sind verloren!« gerufen hatten – sie waren nun die Lautesten in der Em-

pörung; und sie wandten ihren falschen Zorn nicht so sehr gegen die Außenwelt wie gegen einen Teil des eigenen Volkes. Gegen die »Linke«, politisch gesprochen. Gegen die Parlamentarier, die jahrelang zum Guten geredet und die man zu spät zur Verantwortung gerufen hatte; und die im Oktober 1918 die Kapitulation nicht wollten; die Männer von der Sozialdemokratischen Partei, vom Zentrum. Sie wurden nun als die eigentlichen Schuldigen ausgegeben. Fiel nicht ihr Kommen zur Macht oder Ohnmacht mit der militärischen Katastrophe zusammen? Waren sie nicht im Geist Brüder der Entente, Leute, Demokraten wie sie, Anhänger des parlamentarischen Systems und des neuen amerikanischen Evangeliums, das eben jetzt so erbärmlich versagt hatte? Hatten sie nicht den Vertrag unterzeichnet gegen die Stimmen der Konservativen oder, wie sie sich jetzt nannten, der Deutschnationalen? Daß die Oberste Heeresleitung die Unterzeichnung angeraten oder befohlen hatte, konnte man um so leichter übersehen, als Hindenburg sich gerade nicht im Zimmer befand, während Stabschef Groener des alten Heeres Willensmeinung zum letzten Male kundtat. – Die Schuldigen gaben sich als die Unschuldigen aus. Die Unschuldigen, oder viel weniger Schuldigen erschienen als die Urheber und wahren, typischen Vertreter des Versailler Systems.
Der Friedensvertrag belästigte Deutschland auf doppelte Weise. Er schuf ein schiefes, verkrampftes Verhältnis zwischen ihm und der Welt, seinen Nachbarn im Westen und Osten; er zerteilte das Volk, indem eine Gruppe von Politikern samt ihrer Gefolgschaft sich rasch die Verantwortung für alles Unheil heimtückisch aufgebürdet sah. Dagegen wehrten sie sich wohl, aber schwach, weder mit Erfolg noch mit glücklichem Talent.
Das zweite Grunddokument, unter dem Deutschland nun leben sollte, war kein Diktat, sondern von deutschen Händen frei entworfen, die Weimarer Verfassung. Sie war auf dem Papier so schön, wie der Vertrag auf dem Papier schlecht war. Verfassungen aber wie Friedensverträge werden erst im wirklichen Leben, was sie sind. Der papierene Text des Anfanges

wird das Spätere beeinflussen, ohne es vollkommen zu bestimmen.

Professor Preuß, der Autor des ersten Entwurfes, wollte etwas aus einem Guß schaffen und von der jüngsten, der Bismarck-Hohenzollern-Vergangenheit sich energisch entfernen. Es sollte jetzt das deutsche Volk ein lebendes Ganzes sein, das sich seinen Staat ordnete, wie es ihm gefiel; und kein Hokuspokus mehr von »verbündeten Regierungen«, geteilter Souveränität oder Summe von Souveränitäten. Den alten Gewalt- und Königsstaat, Preußen, galt es in seine Bestandteile aufzulösen. Die übrigen Bundesstaaten oder doch die größeren unter ihnen mochten in Gottes Namen weiterexistieren, aber nicht mehr als »Staaten«, nur als Einheiten der Selbstverwaltung, überall der Kontrolle durch das »Reich« unterworfen. Ein Reich, eine Regierung, ein Volk – und das Volk berufen, in direkten Abstimmungen zu entscheiden, wenn immer die verschiedenen Organe, die es vertraten, Reichstag, Staatenhaus, Reichspräsident, sich nicht einigen konnten. Das ging so weit, wie vor siebzig Jahren, in der Paulskirche, nur die extremsten Unitarier gegangen waren. Hugo Preuß glaubte an das Deutsche Volk und an die Weisheit der Mehrheit.

Es wurde dann einiges Wasser in seinen klaren Wein getan. Preußen blieb Preußen. Die Bundesstaaten – »Länder« – nahmen durch den »Reichstag« weiterhin an der Gesetzgebung teil, und es blieben ihnen alle die Rechte und Pflichten vorbehalten, die dem Reich nicht ausdrücklich übertragen wurden. Die letzteren waren freilich die entscheidenden, wie sie es schon zu Kaisers und Ludendorffs Zeiten praktisch geworden waren. Ein Staatsoberhaupt, der Reichspräsident, war vom ganzen Volk zu wählen. Der Name war wunderlich – »Reich« und »Präsident«, das paßte kaum zusammen. Er ernannte den Chef der Reichsregierung oder Reichskanzler und auf dessen Vorschlag die Reichsminister. Diese mußten zurücktreten, wenn der Reichstag ihnen das Vertrauen entzog, es wäre denn, der Reichspräsident löste den Reichstag auf und ließe das Volk durch neue Wahlen entscheiden. Zur Entscheidung konnte der Präsident den Wählern auch jedes Gesetzesprojekt vorlegen, indem er selber mit dem Reichstag nicht einig ging; während umgekehrt die Wähler etwas, das sie wollten, durch ein »Volksbegehren« vor den Reichstag bringen und, falls dieser Widerstand leistete, durch »Volksentscheid« herbeiführen konnten. Das Wahlrecht hatten alle ab zwanzig Jahre, Männer wie Frauen, im Reich und in allen Ländern. Es sollten freie, selbst- und pflichtbewußte Bürger sein, die da wählten. Eine Reihe von »Grundrechten und Grundpflichten der Deutschen« verlieh ihnen die guten Dinge, welche in den liberalen Staaten des Westens sich im Lauf der Jahrhunderte durchgesetzt hatten: Gleichheit aller vor dem Gesetz, Sicherheit und moralisch verpflichtender Charakter des Privateigentums, Versammlungsfreiheit, Petitionsrecht, und so fort. In dringender Notlage, »wenn im Deutschen Reiche die öffentliche Sicherheit und Ordnung erheblich gestört oder gefährdet« war, konnte der Reichspräsident von sich aus eingreifen, »erforderlichenfalls mit Hilfe der bewaffneten Macht«. Das verstand sich eigentlich von selbst; es hätte kaum der Aufnahme in die Verfassung bedurft. So wie es sich auch von selbst verstand, daß der Reichstag dergleichen improvisierte Notmaßnahmen jederzeit wieder aufzuheben das Recht hatte.

Eine wohlausgedachte Verfassung, alles in allem. Eine späte Erfüllung des Traumes, den die Männer der Paulskirche kaum zu träumen gewagt hatten. Sie konnte das von Bismarck Geschaffene nicht ganz beseitigen, sowenig Bismarck das von der Paulskirche Entworfene und das von Metternichs »Bund« Praktizierte ganz hatte beseitigen können. Das war kein Unglück, es war natürlich; keine Nation kann je ganz von vorn anfangen. Auch darf eine von anderen lernen, wie denn Anklänge an amerikanische, schweizerische, französische Traditionen der Weimarer Verfassung nicht fehlten. Sie ging davon aus, daß in der jüngsten deutschen Geschichte der Obrigkeitsstaat sich blamiert hatte, nicht das Volk; daß also jetzt der Obrigkeitsstaat ganz zu beseitigen, das Volk ganz heranzulassen war. Sie traute dem Volk alles zu. Sie wollte endlich ernst machen mit dem, was Bismarck zu einem Drittel erlaubt und zu zwei Dritteln verhindert hatte: mit der Regierung des Volkes durch das Volk, der Identität von Staat und Nation. Die Mehrheit hatte recht und sollte entscheiden. Keine Regierung ohne Mehrheit im Reichstag; keine Reichstagsmehrheit ohne Mehrheit im Volk; direkte Entscheidung durch das Volk, wenn immer Präsident und Reichstag oder Reichstag und Volk nicht dasselbe wollten. Keine Gewaltenteilung wie in Amerika, sondern unbeschränkter Parlamentarismus wie in Frankreich; mit einem starken Einschlag direkter Demokratie, wie er in der Eidgenossenschaft und in den Kantonen der Schweiz geübt wurde. Allerdings, die Schweizer hatten eine sehr alte, allmählich gewachsene Demokratie und waren sich über die Grundbegriffe ihres Zusammenlebens einig.

Dies setzte die Weimarer Verfassung eigentlich voraus: daß die Deutschen sich über die Grundbegriffe ihres Zusammenlebens einig wären. Daß man untereinander sich achtete, mit einander zu leben bereit war. Verschiedenheiten der Interessen, der Meinungen, die durfte es geben; es gab sie überall, mit ihnen konnte man fertig werden. Aber die Nation mußte in leidlichem Frieden mit sich selber und mit der Außenwelt sein. War sie das nicht, so konnte keine Verfassung ihr helfen; eine so großzügig demokratische, alles auf die Einigkeit und Weisheit des sich selbst regierenden Volkes bauende aber wohl noch weniger, als ein vorsichtig den Weg erst suchendes Provisorium es vermocht hätte. Der alte Obrigkeitsstaat war tot, nach langem Ermatten und spätem Erkalten. Von nun an sollte das Volk sich selber Autorität sein, und es gab keine andere. Konnte es das sein in dem Zustande, in dem der Obrigkeitsstaat es im Leben zurückließ? Wenn nicht – wo sollte ihm nun noch Autorität herkommen?

Unruhe, dann scheinbare Festigung

Wir gingen damals in die Schule, erhielten unsere Aufgaben, Noten und Strafen, so als ob alles in Ordnung wäre; nur daß manchmal wegen »Unruhen« oder Kohlenmangels geschlossen wurde; daß manchmal ein Minister ermordet wurde und dann die Schuljungen auf die Straße liefen und jubelten. Die Menschen arbeiteten, verbrachten, wenn sie es bezahlen konnten, ihre Ferien an der See, vergnügten sich nach der gewohnten Art und neuen Arten; mit dem Kino, das erst jetzt die Massen ergriff, dem Jazz, der aus Amerika eindrang, bald dem Radio. So ist das gesellschaftliche Leben; zäh, bei weitem die Hauptsache; ob Krieg ist oder Friede, ob der Kaiser regiert oder die Soundsopartei, ob man das Brot mit Pfennigen bezahlt oder mit Milliardenscheinen. Es läßt sich durch keine Revolution unterkriegen. Auch war in Deutschland zwischen 1919 und 1924 nicht eigentlich Revolution; nur Verlegenheit und Ohnmacht, aus der allerlei verwilderte Seelen und Gruppen ihre eigene Macht ungeschickt zu formen versuchten.

Die Nation hat in ihrer modernen Geschichte zwischen einer übertriebenen Vereinheitlichung und ihrem Gegenteil, dem Zerfall in einzelne Teile mehrfach hin und her geschwankt. Der Krieg hatte die höchste Zentralisierung mit eisernen Klammern erzwungen. Nun machten, stärker denn je seit 1866, die einzelnen Regionen sich geltend. Die Zentralmacht war neu, unerfahren und schwach, Gefahren drohten von allen Seiten; es hieß, rette sich wer kann, und wie er kann.

Die Lande westlich des Rheins waren besetzt von Franzosen, Belgiern, Engländern; um die Hotels der Offiziere warteten die Arbeitslosen, die hungrigen Kinder auf den Abfall aus reichen Küchen. Ein paar Abenteurer versuchten, das Land ganz von Deutschland zu trennen und so noch den Wunsch Clemenceaus zu erfüllen; eine Narrheit, die den Instinkten des Volkes trotz allem tief zuwider war und entsprechend endete. In Oberschlesien wollten die Polen sich mit Gewalt nehmen, was der Friedensvertrag ihnen nur nach einer Volksabstimmung in Aussicht stellte. Die Deutschen setzten sich zur Wehr; Einheiten der Armee, Freikorps, Selbstschutzorganisationen; ein Krieg im Kleinen, mit wildem Haß geführt. Die Abstimmung fand schließlich statt, worauf der Völkerbund sorgsam die Trennungslinie durch das reiche Land ziehen ließ: für die Deutschen die Orte, wo sie die Mehrheit hatten, die anderen für Polen. Gerecht – ohne Zweifel. Daß man die Provinz, die wirtschaftlich eine Einheit war und seit Jahrhunderten als Einheit mit Deutschland verbunden war, so nicht teilen konnte – wer fragte danach?... Zu Ausbrüchen im Sinn der extremen Linken neigten Sachsen, Thüringen, das Ruhrgebiet; viel Haß hier, Armut, Mißtrauen und utopische Hoffnungen. Auf den unorganisierten roten Terror folgte, wie so oft, der organisiertere weiße; auf Mord durch blindwütige Volksmassen der Gegenmord durch Reichswehr und Freikorps. Das Ergebnis war Ordnung; aber keine freie, schöne, so wie sie in der Weimarer Verfassung stand, keine, an der die Menschen ihre Freude gefunden hätten. Der innere, selbstverständliche Friede war Deutschland verlorengegangen... Das Land der extremen Rechten war Bayern, wenn »Rechts« die Reaktion gegen die Ereignisse von 1918 und 1919, den Willen zur alten Ordnung bedeutete. Klar, einheitlich war dieser Wille auch hier nicht. Denn es war zugleich nationalistisch und partikularistisch, schwarz-weiß-rot und weiß-blau. Das bayerische Bürgertum wollte einen Staat, abgehobener vom übrigen Deutschland als bisher; es wollte auch deutscher sein als das übrige, das »linke« Deutschland und am kräftigsten gegen den Versailler Vertrag aufbegehren. München wurde so zum Zentrum des bayerischen Widerstandes, wie einer gesamtdeutschen Verschwörung gegen die Berliner Demokratie; Leidenschaften, die sich nicht deckten. Es ist ja nicht die Art der politischen Leidenschaft, sich selbst kritisch zu zerlegen. Man sprach in Bayern von einer Trennung vom Reich und kam, momentweise, nahe daran heran; teils, weil man nur Bayern sein, teils, weil man von Bayern aus das alte, bessere und wahre Reich wieder herstellen wollte. Ferner trieben sich in München auch neue Politiker herum, in deren wildem Geist etwas ganz anderes als bloße

Wiederherstellung brütete. – Dies auseinanderstrebende, bedrohte, tief mit sich unzufriedene Ganze sollte Berlin zusammenhalten; Sitz des Präsidenten, der Regierung, der neuen Volksvertretung, der Parteizentralen, des Armeeoberkommandos; der Wohnort gewaltiger Menschenmassen, ein ungeheures Energiezentrum, ganz in der Gegenwart lebend, von emsiger Tätigkeit, nahezu geschichtslos jetzt, vorwiegend häßlich, vorwiegend traurig. Die Millionenstädte sind kein Glück in unserer Zeit und von Europas Millionenstädte war Berlin nicht die glücklichste.

Neue regionale Spaltungen; alte Klassengegensätze. Die deutschen Arbeiter, immer der bei weitem zahlreichste Berufsstand, hatten nun ihre Republik, die eine soziale sein sollte, und fanden sich in den Regierungen des Reichs, der Länder und Gemeinden häufig durch Männer ihrer Wahl vertreten. Ob der Staat nun der ihre sei, wußten sie trotzdem nicht recht. Die Mehrzahl wollte es glauben, jene Mehrzahl, die sich unbeirrbar zur Sozialdemokratischen Partei hielt. Eine Minderheit, schwankend, manchmal gering, manchmal beinahe die Mehrheit, glaubte es nicht; sie folgte den »Unabhängigen« und nach deren Auflösung den Kommunisten. Der Weimarer Staat war seiner Form nach demokratisch, aber nicht seiner Wirklichkeit nach sozialistisch; dies große, vage Versprechen blieb uneingelöst. In der Wirklichkeit lebten die Leute noch nicht einmal so gut wie vor 1914. Deutschland war arm jetzt; die Unternehmer, Könner in ihrem Fach, aber harte, engstirnige Menschen, durchweg aus der Kaiserzeit, konnten sich kein freies, würdiges Verhältnis zwischen Arbeit und Kapital vorstellen. Sie dachten in Begriffen der sozialen Macht und Herrschaft, nicht einer Gesellschaft von Gleichen; nicht der Produktion für einen blühenden inneren Markt, an dem die zahlreichste Berufsklasse auch den stärksten Anteil hätte... Neben den Fabrikarbeitern die Angestellten, ein Stand, um den die Soziologen sich zu kümmern begannen. Sehr zahlreich auch er, arm auch er, aber organisatorisch schwer zu fassen, weil ungleich in seinen Einkommensverhältnissen, unsicher in seinen Wünschen und Werten; der festen Tradition, welche die

Arbeiter sich langsam erkämpft hatten, entbehrend, anfälliger für unerprobte Ideen und Schlagworte. Dann das Bürgertum, noch immer stark in seinem Besitz, der Ausübung seiner akademischen, bürokratischen, technischen Berufe, noch immer sehr geneigt, sich für die wichtigste Klasse im Staat zu halten. Das wirtschaftliche Chaos der Nachkriegsjahre, die fortschreitende Entwertung des Geldes brachte eine tiefe Umschichtung mit sich. Die wurden stärker, die schon stark waren, geschickt und tätig; es verarmten jene, die es nicht sein konnten. Neuer Reichtum kam auf, alte, mäßige Wohlhabenheit verschwand. In den prunkvollen Wohnungen von einst saßen alte Leute, verwirrt und verbittert, in zwei Zimmern, während der Rest vermietet werden mußte. Grausame Welt, die dem hart und eintönig Arbeitenden nur das Allernotwendigste gewährt, die die Alten, aus der gewohnten Bahn Geworfenen ins Elend stößt und die Geriebenen, geschickt Operierenden, brutal Zupackenden ins Licht üppigen Wohlstandes sich erheben läßt! – Die vom Lande fühlten sich oft besser daran als die Städter, weil ihr Besitz keiner Entwertung verfiel und in Krieg und Nachkriegszeit man auf ihre Produkte so sehr angewiesen war. Einer bestimmten Klasse konnten die »Bauern«, vom Landarbeiter zum Gutsbesitzer, nie angehören; was vom Land lebte, reichte vom Proletariat bis zum Großbürgertum und Adel. Diesen gab es noch immer, obgleich seine Titel jetzt nur noch Bestandteile des Namens sein sollten und kein Rang. Der süd- und westdeutsche Adel lebte wie bisher, nur ohne die verlorenen Hofämter; der preußische hatte mehr verloren, sein ererbtes Recht auf die oberen Stellen in Verwaltung und Heer. Er nahm das an, weil er es annehmen mußte, aber liebte die Republik nicht und hatte keine Ursache, sie zu lieben. Die Republik, korrekt in Sachen des Privateigentums, tastete seinen Besitz nicht an, sowenig sie den der Bergwerks- und Hüttenbesitzer antastete. Die großen Industriellen waren wirtschaftlich sehr stark und darum gefährlich. Die ostelbischen Grundbesitzer waren wirtschaftlich schwach und bedroht – und darum nicht weniger gefährlich, wenn sich ihnen eine Gelegenheit dazu bot. Wir reden von der Klasse, und mit der Vorsicht,

mit der man von solchen Sammelnamen zu reden hat. Es gab vorzügliche Männer von Kultur und Charakter unter den »Junkern«, damals und später.
Neu war nicht, was wir eben beschrieben. Die Klassen der Republik waren die Klassen des Kaiserreichs, so wie zuletzt der Krieg sie getönt hatte. Die Revolution hatte die politische Ordnung verändert, nicht die Gesellschaft. Rechnen wir das der Demokratie nicht als Tadel an; die Vernichtung ganzer Klassen, so wie sie in Rußland betrieben wurde, ist eine unnatürliche, dem europäischen Geist tief zuwidere Sache. Neu war, daß es nun keine große preußische Armee mehr gab, sondern eine deutsche Reichswehr von nur 100 000 Mann. Das machte die meisten Generäle, die meisten Offiziere überflüssig; sie mußten sich nun bürgerliche Berufe suchen, in entfremdeter Gegenwart das Vergangene pflegen, Vertreter eines Geistes, den es nicht mehr geben sollte. Was Wunder, daß auch sie die Republik nicht liebten? Wenigstens war für die alten Berufsoffiziere gesorgt, sie empfingen ihre Pensionen. Nicht so die Mitglieder der Freikorps. Ihr Heim, Beruf, magere Versorgung war der Verband, dem sie angehörten; nach seiner Auflösung drohte ihnen das Nichts in der kalten, verarmten deutschen Industriewelt, die für ihren Typ keine Verwendung hatte. Nicht nur Abenteuerlust hielt diese Männer bei der Fahne, nicht nur Klassenhaß, den kannten die meisten von ihnen gar nicht, ihre Herkunft war ja nicht fern von der der Arbeiter; und vage Ideen von Herrschaft, von der Niedertrampelung der Demokratie, von einem ganz anders zu gestaltenden Reich bewegten nur wenige der Anführer, der waffentragenden, verwilderten Literaten. Furcht vor der Not des zivilen Alltags hielt den Rest der Freikorps zusammen und machte sie zum Problem für den Staat und selbst für die neue Armee.
Die wuchs langsam aus der alten. Soll man sagen, es war die alte, so wie sie gewesen war, bevor Anno 1914 der Zuzug von Millionen von Reservisten sie zum Volk in Waffen aufgebläht hatte? Die höheren Offiziere, die eigentlichen Bilder der Reichswehr, kamen aus dem alten Generalstab, wenn nicht aus Ludendorffs Oberster Heeresleitung; Könner, die sich im

Krieg bewährt hatten, Techniker der Militärmacht. Keine Freunde ausschweifender Abenteurer, disziplinlosen Söldnertums, wie es, ihnen zum Ekel, in den Freikorps erschienen war; keine politischen Phantasten. Aber auch keine Freunde dessen, was nun bestehen sollte. Sie nahmen die Republik für ein vom Feinde diktiertes Provisorium, mit dem man eine Zeitlang spielen mußte; man würde dann weitersehen. So einer war der Chef des »Truppenamtes«, General Hans von Seeckt, ein guter Befehlshaber und feiner Stilist; kühl und dreist, kultiviert, gescheit bis zu einem gewissen Grade, aber letzthin politisch unwissend – der Mann hielt den kommenden Krieg zwischen England und Frankreich für eine sichere Sache –, hochmütig und von abgründiger Frechheit im Verkehr mit den neuen demokratischen Politikern. Treue empfand er nur für seinen König, und wenn er von der Abdankung Wilhelms II. sprach, so konnten ihm hinter dem Monokel, das sein starres Gesicht kontrollierte, die Tränen kommen. Ein schöner Zug, die Treue. Aber sollte Republik sein, dann hätte ein solcher wie Seeckt nie ihr General sein dürfen. Zu sehr verachtete er seine neuen Auftraggeber, um auch nur eindeutig *gegen* sie Stellung zu nehmen, so, daß sie gewußt hätten, mit wem sie es zu tun hatten. Nicht einmal das verdienten sie in seinen Augen, sie, deren ganze Macht ja auf dem Treubruch vom November 1918 beruhte. Man ging mit ihnen um, man half ihnen sogar gelegentlich, man tat zunächst nichts gegen sie, dazu war von Seeckt zu klug; aber man war nie einer von ihnen, obgleich man doch von eben dieser Regierung ernannt worden war, von ihr seinen Sold empfing; drohte ihnen Gefahr von der extremen Rechten, den Freikorps, Teilen der Armee selbst, so ging ein schadenfrohes, sphinxisches Lächeln über das steinerne Gesicht. »Reichswehr schießt nicht auf Reichswehr«, sprach dann das Orakel, oder »die Reichswehr steht hinter *mir«,* was nicht erklärte, wo das Orakel selber stand. Wußte von Seeckt das überhaupt? Tat er nicht bloß so, als ob er es wüßte? – Es war eine schwer vermeidbare Mißlichkeit, daß Männer vom Geiste Seeckts die neue Armee formen durften. Gute Politik konnte sie mildern, nicht sie aus der Welt schaf-

fen. Keine Armee entsteht aus dem Nichts. Preußen-Deutschland hatte nur *eine* militärische Vergangenheit; wollte man überhaupt eine Armee haben, so konnte man die Vergangenheit nicht fortzaubern. Anders in Rußland, da war aus furchtbarem Bürgerkrieg zunächst in der Tat etwas Neues hervorgegangen. Indem aber Deutschland sich im Januar 1919 gegen den Kommunismus entschied – und was konnte es anderes tun? –, entschied es sich auch gegen die »Rote Armee«. Übrigens wissen wir ja, daß selbst diese, daß selbst die Armeen der Französischen Revolution so ganz neu nicht waren, wie es zeitweise den Anschein hatte.
Vermittler zwischen der Armee und der demokratischen Republik sollte der Reichswehrminister sein, Gustav Noske. Es ist gegen diesen Mann von der deutschen Linken bittere Kritik geübt worden, und er ist einer von denen, die den Erzähler nötigen, Farbe zu bekennen. Noske war kein subtiler Denker. Aber er war ein kräftiger, praktischer Mann und hatte das Herz auf dem rechten Fleck. Fast ein Wunder war es, daß dieser »Rote«, der auch jetzt seine sozialen und demokratischen Gesinnungen nicht verleugnete, sich die Achtung des Heeres, der Soldaten wie der Offiziere, trotzdem und wirklich erworben hatte. Fehler mag er gemacht haben; aber einen besseren Mann, den Generalstab zu kontrollieren, nachdem man nun einmal mit ihm paktiert hatte, besaß die Republik nicht. Und so wäre es klüger gewesen, man hätte Noske das Begonnene fortführen lassen. Aber seine Laufbahn wurde ihm früh und plötzlich abgeschnitten.
Alt waren die gesellschaftlichen Klassen, alt in seiner Leitung war das Heer; alt waren auch die politischen Parteien, die nun die Regierung nicht mehr bloß von ungefähr zu kontrollieren, sondern aus sich selbst heraus zu stellen hatten. Einige von ihnen änderten ihre Namen, hingen das Wort »Volk« sich hastig an, so daß die Konservativen nun die Deutschnationale Volkspartei, die Nationalliberalen die Deutsche Volkspartei, der bayerische Flügel des Zentrums die Bayerische Volkspartei hießen. Die Fortschrittler oder Freisinnigen nannten sich nun »Demokraten«. Sozialdemokraten und Zentrum behiel-

ten ihre guten Namen; sie, die Bismarcks Gegenparteien gewesen waren, hatten keinen Grund, ein verändertes Wesen vorzutäuschen. Parteien der Bismarckzeit aber waren auch sie, und in Bismarcks Spätzeit hatten ihre Führer die politische Feuertaufe empfangen. Nur auf der extremen Rechten und Linken gab es Neues: links die »Unabhängigen«, die bald sich ihrerseits spalteten, so daß ihr gemäßigter Flügel wieder zur Mehrheitspartei zurückfand, ihr radikaler aber zur Sekte der Kommunisten stieß und so die kommunistische Massenpartei erst ernsthaft bildete; rechts allerlei sonderbare nationalistische oder »völkische« Gruppen, deren Ziel nicht Restauration war wie das der Konservativen, sondern die Erfüllung uralter oder ganz neuer, fremder, wilder Reichs- und Rasseträume. Das war neu, das war Ausgeburt der Zeit, des Krieges und Nachkrieges. Denn man darf nicht sagen, daß die Kommunisten die konsequenten Erben der alten Sozialdemokratie gewesen wären. Das Beispiel, an dem sie sich ausrichteten, war das russische, und das war selber neu, war durch die ausschweifenden Erfahrungen des Krieges und durch den einen Geist Lenins bestimmt. Rußland war ihr Schicksal, damals und später und bis zum heutigen Tag. – Sie waren die neuen Steine auf dem Brett, Kommunisten und völkische, extreme, lästige Steine, die man beim Spiel am liebsten übersehen hätte.
Echte Revolutionen, sagten wir, sind nichts Gutes, und man sollte aus ihnen keine Philosophie, keinen höchsten Zweck machen. Sie unterbrechen die geschichtliche Kontinuität, sie teilen das Land in feindliche Lager, schaffen Kampf und Leid; das Feindliche, was sie anrichten, wird man in Jahrhunderten nicht los. Macht man dagegen eine unechte Revolution, das ist eine solche, welche nur die politische Struktur umwirft, die gesellschaftliche aber unangetastet läßt, so wird das neue Gebäude auf unsicherem Boden stehen; es wäre dann besser gewesen, das alte bestehen zu lassen und nur, vorsichtig, ein wenig anders einzurichten, so wie Max von Baden es im Oktober 1918 versucht hatte. *Mit* den Sozialdemokraten versucht hatte. Das war es ja eben; die Ereignisse des Novembers waren nicht *gemacht* worden, am wenigsten von jenen, die sich dann

wohl oder übel an ihre Spitze stellten und sie übernahmen. Sie waren ein Zusammenbruch, unvorhergesehen und unerwünscht, keine gemachte, schöpferisch geleitete Revolution. Folglich blieb der ganze Herrschafts- und Geistesapparat des Kaiserreichs erhalten: Verwaltung, Justiz, Universität, Kirchen, Wirtschaft, Generalität. Folglich war die politische Macht schwach; sie arbeitete mit Bürokraten, Richtern, Lehrern, die wohl oder übel ihren Beruf weiter ausübten, ohne an die Republik zu glauben. Folglich waren jene, die an eine echte, das hieß die gesellschaftliche Struktur verändernde Revolution glaubten, mit dem Erreichten gar nicht zufrieden; sie wollten es umstürzen von links, nach Lenins Beispiel. Folglich besaßen die Anhänger des Alten wenigstens zwei bestechende Argumente für einen Gegenschlag von »rechts«: Die neue demokratisch organisierte Macht stand nicht auf den festesten Füßen; und sie bot angeblich keine Garantie gegen die kommunistische oder anarchistische Gefahr.

Der erste, der, März 1920, solche Argumente in die Tat umzusetzen versuchte, war ein altpreußischer Bürokrat namens Kapp. Er bediente sich dabei eines bei Berlin stationierten Freikorps, das seine Auflösung befürchtete und zu jedem Abenteuer bereit war. Es gelang Kapp, die Hauptstadt zu besetzen, die Reichsregierung zur eiligen Flucht nach Süddeutschland zu nötigen und sich ein paar Tage lang als Kanzler zu gebärden. Es war in diesen Tagen, daß General von Seeckt eine ironisch-neutrale Stellung einnahm: man würde sehen, wie weit Kapp käme. – Für diesmal kam er nicht weit. Zu einem Staatsstreich bedurfte es doch gründlicherer Vorbereitungen. Das Volk macht nicht mit, nicht die Beamtenschaft; vor allem die Arbeiter nicht. Ein Generalstreik, von den Gewerkschaften kommandiert und mit Energie durchgeführt, zwang den Diktator nach vier Tagen zur Abdankung. Präsident Ebert konnte nach Berlin zurückkehren.

Ein unerfreuliches Ereignis. Nicht viele hatten für den Viertagediktator den Finger gerührt; aber daß er vielen nach dem Herzen sprach, wenn er gegen die Ohnmacht des Parlamentarismus wetterte, war offenes Geheimnis. Die Parteien der

Rechten hatten allenfalls seine Methode, nicht sein Ziel desavouiert; die Armee nicht einmal jene. Parlamentarische Demokratie setzte Einigkeit über die Grundbegriffe voraus; nun war klar, was man schon vorher hätte wissen können: Es gab keine solche Einigkeit. Eine große Minderheit erkannte die Ordnung, die jetzt sein sollte, höchstens vorläufig und bis auf weiteres an, nicht im Ernst, nicht mit dem Herzen. Zu dieser Minderheit gehörte das Heer, welchem der Schutz der neuen Ordnung anvertraut war.
Begreiflich war der Ärger, welchen die Sozialdemokraten über ihren Reichswehrminister empfanden; er hatte das Versprochene nicht geleistet, aus der Armee kein zuverlässiges Instrument der Republik gemacht. Ob er aus der Niederlage gelernt hätte? Ob sein Nachfolger es besser machen würde? Ein sozialdemokratischer Nachfolger fand sich gar nicht; ein »Bürgerlicher« übernahm den Posten, behielt ihn viele Jahre lang und ließ die Generäle walten. Erst jetzt nach Noskes Sturz erhob sich von Seeckt zum »Chef der Heeresleitung«; erst jetzt ging er im Ernst daran, aus der Armee einen Staat im Staat zu machen, preußisch der Prätention nach, aber in Wirklichkeit gar nicht preußisch; die alte preußische Armee war loyal zum Staat gewesen, während Seeckts Reichswehr die Republik als »wesensfremd« ansah und möglichst wenig Kontakt mit ihr zu haben wünschte. Ein »Eliteheer«, klein, sauber und knapp, das sollte die Reichswehr jetzt werden, eine schneidende Waffe; die Soldaten sorgfältig ausgewählt, so daß, in aller Diskretion, keine Sozialisten unter ihnen waren; die Offiziere unter sich zusammenhaltend, ein hochmütiger Orden, überzeugt, es besser zu wissen, auch wenn ihnen nicht klar war, was sie denn eigentlich wußten. Die Demokratie ließ es geschehen. Sie war gewohnt, in Opposition zum Heer zu stehen, seit 1848, seit Roon und Bismarck; nun, da sie es in anderthalb Jahren nicht ganz hatte durchdringen können, da Noskes kurzer Versuch, Heer und Volk, »Preußentum und Sozialismus« zu versöhnen, gescheitert war, stand sie in Gottes Namen wieder in Opposition zum Heer, indem sie noch gelegentlich versuchte, es zu behindern, nicht aber mehr, es zum ihren zu machen.

Man mag das psychologisch verständlich finden; wie die meisten Schildbürgerstreiche.
In die Opposition geriet die große Sozialdemokratische Partei bald auch in der Reichspolitik. Bei den Wahlen zum ersten ordentlichen Reichstag, welche bald nach dem Kapp-Putsch stattfanden, verlor sie nahezu die Hälfte ihrer Wähler, teils an die radikaleren Unabhängigen, teils an die Mitte und Rechte, welche einen gewaltigen Gewinn davontrug. Darauf geschah das im parlamentarischen Spiel Folgerichtige. Die Sozialdemokraten traten aus der Regierung aus, welche auf rein bürgerlicher Basis, mit Einschluß der ihrem Wesen nach damals antirepublikanischen Deutschen Volkspartei, umgebildet wurde. Ein Routinevorgang demokratischer Politik, konnte es scheinen; aber ein sehr weittragender für eine Demokratie, die so wenig gefestigt war die deutsche. Denn die Sozialdemokraten waren im Grunde die einzige große republikanische und demokratische Partei im Staat. Sie waren ein halbes Jahrhundert in Opposition gewesen und dann anderthalb Jahre an der Macht. Sie hatten die Macht nicht diktatorisch gefestigt, damals als nahezu die Hälfte der Nation ihnen ein Vertrauensvotum gab, hatten Lenins Beispiel verworfen, dem eine viel geringere Basis genügt hatte, um eine Parteidiktatur darauf zu bauen. Von Anfang an hatten sie die Macht geteilt mit den kleineren republik-freundlichen Parteien und die Verfassung so eingerichtet, daß wer immer die Mehrheit der Wähler gewänne, zum Regieren berechtigt sein sollte. Noble, gute Spielregeln; gut nur, wenn alle mitspielten, alle an sie glaubten. In den anderthalb Jahren ihrer Amtswaltung hatten sie die Grundlagen eines demokratischen und sozialen Gemeinwesens legen wollen, aber sich verbraucht im Kampf um die Erhaltung der Ordnung, der Ordnung und wieder der Ordnung; und ihre Leistung hatte die Massen ganz offenbar enttäuscht. Folglich traten sie jetzt schon wieder ab. Sie gerieten in Opposition zu dem Staat, der ihre eigene Schöpfung war und an den eigentlich nur sie glaubten; denn die Herren vom katholischen Zentrum glaubten dies und das, denen war die Staatsform nicht so wichtig, und die bürgerlichen »Demokraten«

wurden bald zu einer unbedeutenden Gruppe. Die Sozialdemokraten, treu den parlamentarischen Spielregeln, überließen die Republik den Händen jener, die sich nichts aus ihr machten; erst ihren lauen Freunden, dann, mehrfach, ihrem offenen Gegner. Ebert, der von der Nationalversammlung gewählte sozialdemokratische Reichspräsident, blieb im Amt, hatte aber über den Parteien zu stehen und rieb sich auf im Vermitteln zwischen falschen Freunden und Feinden, in der Abwehr von Verleumdungen, die aus dem Sumpf eines vergifteten, haßzersetzten öffentlichen Lebens gegen ihn aufstiegen. – Die Sozialdemokraten sind später noch mehrmals »in die Regierung gegangen«, wie der Ausdruck war, 1921, 1923, 1928. Einmal noch, 1928, haben sie den Reichskanzler gestellt. Aber das waren Regierungen, die ihnen keinen entscheidenden Einfluß gaben, viel weniger als »Monopol der Macht«; innerhalb derer sie sich vielmehr mit ausgesprochenen Gegnern, den Wirtschaftskonservativen von der Deutschen Volkspartei, wohl oder übel vertragen mußten und wenig ausrichteten. Die deutsche Republik, insofern sie eine sozialdemokratische sein sollte, war schon 1920 am Ende. Wenn sie das sein sollte, was sie von nun an im besten Fall sein konnte, dann wäre es in der Tat besser gewesen, die Monarchie beizubehalten. Und dies war ja auch der Grund gewesen, warum Ebert, der sein Deutschland kannte, im November 1918 die Monarchie hatte retten wollen.

Aber die Republik war noch immer das »Reich« mit seiner föderalistischen Struktur; noch gab es die Bundesstaaten. Und nun geschah das Sonderbare. Die Sozialdemokraten, die sich die Macht im Ganzen, in drei Dritteln des Reiches nicht organisieren konnten, organisierten sie sich in zwei Dritteln, im großen Bundesland Preußen; auch mehrmals in anderen Ländern, Hessen, Sachsen, Thüringen, ungezählter Stadtgemeinden nicht zu gedenken. Vor allem aber in Preußen. Manchmal im Rahmen der sogenannten »großen Koalition«, die von ihnen selber bis zur Deutschen Volkspartei reichte; meist im Bunde nur mit den beiden anderen republikanischen Parteien, dem Zentrum und den »Demokraten«. Da durften ihre fähigsten Politiker zeigen, was sie konnten; der Ministerpräsident

Braun, der Innenminister Severing. Sie konnten viel und leisteten viel. Schöpferische Stadtverwaltungen, bessere Schulen, Pflege der Kultur im volkstümlichen Sinn, Aufbau einer Verwaltung, einer Polizeimacht, die republikanisch sein sollte und es bis zu einem gewissen Grad wohl auch war – das waren durchaus beachtliche Erfolge. Hier war Stetigkeit im Gegensatz zu den allzu häufigen Regierungswechseln im Reich; hier eine Ruhe und einfache Würde des öffentlichen Gebarens, dem Otto Braun einen sowohl traditionell preußischen wie demokratischen Charakter zu geben versuchte. Trotzdem war dies sozialdemokratische Preußen im Grunde eine Illusion. Denn Preußen war längst kein echtes Staatswesen mehr. Zwei Drittel konnten ja nicht einen von Deutschland getrennten, anderen Weg gehen; Deutschlands Schicksal war Preußens Schicksal, nicht umgekehrt. Noch eher konnte Bayern, das nur ein Zehntel Deutschlands war und abseits lag, ohne oder gegen das Ganze leben; Preußen, dessen Landeshauptstadt die Reichshauptstadt war, konnte das am wenigsten. Die entscheidenden Gesetze wurden im Reich gemacht. Preußen war die Verwaltung, das Reich war die Politik, und die Politik, nicht die Verwaltung, war das Schicksal. Sich aus dem Reich zurückzuziehen und sich auf Preußen zu konzentrieren, war das im Moment Bequeme, Befriedigende; Preußen hatte viele Amtspfründen zu vergeben. Das Problem der *Macht* aber konnte diese Beschränkung auf bloße Verwaltungskünste nicht lösen; sie konnte es nur verschleiern und verwirren.

In sich geteilt und sich selber entfremdet, von schwachen oder widerwilligen Politikern geführt, hatte nun die Nation sich mit Problemen zu befassen, vor deren trostloser Verworrenheit die Seele eines Bismarck verzagt wäre. Der europäische Bürgerkrieg, der 1914 begonnen hatte, ging weiter im kalten Frieden. So wie die Herren der deutschen Industrie ihre eigene Macht bauen wollten auf der wirtschaftlichen und politischen Schwäche der Arbeiterschaft, so glaubte Frankreich gegen Deutschland leben zu können; eine starre Einheit für sich, um so blühender, je ärmer und schwächer Deutschland wäre. Es gab damals wenig Weisheit in Deutschland, und sie konnte

sich nicht durchsetzen. Wenn sie sich aber auch im Inneren hätte durchsetzen können und die Weisheit eines Gottes gewesen wäre, so hätte sie doch versagt gegenüber der Bosheit und Leidenschaft der Außenwelt.
Hier ging es vor allem um die sogenannten Reparationen. Mehrere denkbare Gründe gab es, warum Deutschland noch weiterhin welche bezahlen sollte, nachdem es gleich nach dem Krieg schon riesige Opfer gebracht hatte. Es hatte, angeblich, den Krieg verursacht. Aber das war nicht zu beweisen; die Deutschen glaubten es nicht, es entsprach ihrem eigenen Erleben nicht, es konnte auch wissenschaftlich gezeigt werden, daß es keineswegs die ganze Wahrheit war. Es hatte zweitens beim Gegner mehr Unheil angerichtet, als ihm selbst geschehen war; verbrannte Dörfer, überflutete Bergwerke, abgehauene Obstbäume. Das war richtig und hätte, wenn man es geschickt und menschlich anfing, auch die Grundlage für deutsche Reparationsleistungen sein können. Aber so fing man es nicht an. Im Gegenteil; wenn aus Deutschland Vorschläge kamen für einen Wiederaufbau zerstörter Gebiete durch deutsche Arbeit und deutsches Material, so wurden sie in Paris sehr kalt aufgenommen. Nicht dem französischen Volk, wohl aber einigen nur allzu einflußreichen Franzosen kam es weniger auf Sachhilfe als auf Schwächung der deutschen Produktivität an. Und dies war der dritte und wahre Grund, warum Deutschland Reparationen zahlen sollte; daß es den Krieg verloren hatte und diese momentane Unterlegenheit andauern sollte. Denn nur der dauernd Unterlegene tut, was er nicht tun mag; man muß ihn dazu zwingen, nicht einmal, sondern immer wieder. Seine Niederlage muß immer neu werden und ihm vordemonstriert werden. So war es nach früheren Kriegen nicht gewesen. Da gab der Besiegte gleich alles, was er geben mußte; dann waren die Partner quitt und allen wieder ebenbürtig, wie noch 1871, als Frankreich eine zwar große, aber doch erschwingliche Kontribution aufbringen mußte und in kurzer Zeit aufbrachte. Eine solche Anstrengung hätten die Deutschen mit dem besten Willen nicht machen können; ihr ganzes Land war kaum mehr wert als die verrückten Summen, die man von ihm ver-

langte und die es im Lauf des Jahrhunderts zahlen sollte. Das machte die Sache so endlos, so trostlos, so widerwärtig. Das machte jeden Politiker populär, der gegen den »Schandvertrag« und gegen den »Tribut« donnerte. Es war nicht nur, daß man nicht zahlen wollte, weder das Übertriebene, noch womöglich überhaupt etwas. Es war auch das Gefühl, daß man im Grunde nicht zahlen mußte, weil man den Krieg nicht wirklich verloren hatte; nur scheinbar, durch Verrat, aber nicht wirklich.

Daher nun die vielen internationalen Konferenzen, auf denen deutsche Zahlungsvorschläge sich an alliierten Forderungen brachen; die Ultimaten des Gegners; die Besetzung westdeutscher Städte als »Faustpfänder«; die Rücktritte ohnmächtiger, ratloser deutscher Regierungen. Daher das Schwanken der deutschen Politik zwischen Sabotage der Zahlungen und sogenannter »Erfüllung«; Erfüllung bis zum Rande des Möglichen, damit dann der Gegner ein Einsehen hätte und mit sich reden ließe. Leider hatte er dies Einsehen nicht. Er traute Deutschland nicht, hatte, so verwildert es dort aussah, auch wenig Grund, ihm zu trauen, und zog es vor, ihm, wo er nur konnte, Harm zuzufügen. Widerstand gegen die Reparationen brachte neue Repressalien; »Erfüllung« wurde nicht mit Milderung der Strafe quittiert. Wie konnte man unter solchen Umständen anständig zusammen leben? Wie sollte Europa seinen Platz in der Welt behaupten, wenn seine Mitgliedstaaten, seine wichtigsten Bürger sich so grundalbern gegeneinander verhielten? – Unnötig, auf die Details dieser Konferenzen, Forderungen und inneren Regierungswechsel einzugehen. Es kam nichts Gutes bei ihnen heraus und auf die Dauer gar nichts; es ist besser, man vergißt sie und kennt ihre Namen nicht. Aber es versteht sich, daß sie der deutschen Republik in den Augen der Deutschen selber großen Schaden taten. Man überlegte sich die Ursachen nicht, das Mögliche und Unmögliche, Verdienst und Schuld nicht. Man sah nur, daß die Dinge schlechtgingen.

Mit dem Übel der Reparationen hing die Geldentwertung zusammen. Das fremde Geld, das die Regierung dem Gegner zahlte, mußte sie kaufen mit eigenem; welches so in immer größeren Mengen auf den Markt geworfen wurde und immer tiefer im Kurs sank. Längst, schon während des Krieges, hatte das Reich sich daran gewöhnt, seine Ausgaben durch die Notenpresse anstatt durch Steuern zu begleichen; diese Kunst wurde nun zum toller und toller betriebenen Laster. Zu Beginn des Jahres 1922 besaß die Mark noch etwa ein fünfzigstel ihres Vorkriegswertes; ein Jahr später kein zehntausendstel mehr. Die neuen Herren an der Spitze glaubten von den Geheimnissen des Geldes nicht viel zu verstehen; sie ließen sich von Finanzfachleuten und Großindustriellen imponieren. Diese hatten einstweilen kein Interesse an der Rettung der Mark; sie hatten ein Interesse an ihrem Sturz; wenn er gelegentlich einmal aufgehalten wurde, wenn es zu langsam damit ging, so sorgten sie, indem sie selber große Summen deutschen Geldes auf den Markt warfen, dafür, daß der Prozeß sich beschleunigte. Aus Patriotismus, wenn man will. Der völlige Ruin der deutschen Währung sollte den Reparationszahlungen ein Ende machen. Aber auch wohl aus weniger edlen Motiven. Geld ist bedrucktes Papier; dadurch, daß Papier seinen Wert verliert, gehen keine wirklichen Werte verloren. Sie wechseln nur die Hände. Die Reichen werden reicher, die Armen ärmer. Jene, die nur Papier besaßen, den papierenen Anspruch auf wirkliche Werte, die Rentner, die kleinen Sparer, jene vor allem, die nur mit Papier bezahlt wurden, die Arbeiter, Angestellten und Beamten, ihnen wurde genommen; jene, die wirkliche Werte besaßen, die Grundstücke, die Fabriken, die Bergwerke, ihnen wurde gegeben. Die Unternehmer gaben Löhne, die, ein paar Tage früher festgesetzt, am Zahltag schon wieder auf die Hälfte zusammengeschrumpft waren. Sie nahmen Anleihen auf in Geld, das noch etwas wert war, und zahlten sie zurück mit Schund. Der Stärkere kaufte die Schwächeren aus; die deutsche Schwerindustrie, schon vor 1914 die besitztechnisch konzentrierteste auf der Welt, ballte sich zusammen zu einigen wenigen Imperien. Ein einziges – das von Hugo Stinnes – nahm Ausmaße an, wie die Welt sie noch nirgends, auch in Amerika nicht, gesehen hatte, es wuchs, je tiefer die Mark im Kurs

sank. Produziert wurde billig, billige Ware auf den Weltmarkt gebracht. Das hieß, daß es nicht an Arbeit fehlte und auch an einer gewissen hektischen Lustigkeit nicht. Wer den Trick des Spekulierens, des Kaufens und Verkaufens im rechten Moment heraushatte, der konnte gut leben und gab das leicht Erworbene mit vollen Händen aus. Die Schaufenster funkelten, Ware setzte sich um; in überfüllten Vergnügungsstätten übte man sich in neuen amerikanischen Tänzen, indes die Politiker von der Not und der verlorenen Ehre wohlig faselten. Indes wirkliche Not war der meisten; Not der Alten, der Rentner; Not der Bürger, die nichts vom Spekulieren wußten; Not aller, die für Lohn arbeiteten und weiter nichts besaßen. Ein paar Jahre früher hatte der deutsche Arbeiter sich den Achtstundentag und den Tarifvertrag gewonnen. Was machte er nun damit? Diese »Inflation«, man muß es heute aussprechen, war auch ein Instrument der großen Industrie, sich die Herrschaft wiederzugewinnen, die sie seit 1918 für kurze Zeit verloren hatte.
Vielleicht war das der Mehrzahl der Herren selber nicht klar bewußt. Die Planmäßigkeit dieser Dinge soll man nicht überschätzen. Die Wirkungen waren klar, nicht die Motive. Am wenigsten waren sie der großen Masse der Ausgeräuberten klar. Wie sollten sie verstehen, was da vorging, wenn selbst ein Walther Rathenau es nicht verstand; wie die Zauberkräfte durchschauen, die in ihren Händen Geld zu Schund machte und in wenigen glücklichen Händen Schund zu Gold? Sie fühlten nur, daß sie noch einmal die Betrogenen waren, wie vorher im Krieg; etwas Unerhörtes geschah ihnen, und die Reichsregierung, die es nicht hinderte, verstand ihr Handwerk nicht. Die Republik taugte also nicht. Ob es denn auch Republikaner waren, die da in der Regierung saßen, ob sie, selbst wenn sie in der Regierung saßen, wirkliche Macht hatten gegenüber den Magnaten von Industrie und Finanz, darüber mochten Gelehrte grübeln, das war keine Frage für den einfachen Mann. – Die Entwertung des deutschen Geldes war in ihrer Wirkung eine zweite Revolution, nach der ersten des Krieges und Nachkrieges, und wieder eine vorwiegend nega-

tive. Ganze Bevölkerungsklassen wurden enteignet, ein uraltes Vertrauen zerstört und ersetzt durch Furcht und Zynismus; auf was war noch Verlaß, auf wen konnte man bauen, wenn dergleichen möglich war? Es rächt sich, früh oder spät, wenn man den Leuten zuviel zumutet.

Die Westmächte, Frankreich zumal, hörten nicht auf, den Deutschen zu beweisen, daß sie den Krieg verloren hätten und die Unterlegenen, Schimpfierten seien. Die Deutschen antworteten mit der Entwertung ihres Geldes. Gab es auch andere, konventionellere Mittel, das Land vom Westen loszureißen und wieder politisch aktionsfähig zu machen, Mittel der Diplomatie? Westeuropa war nicht Deutschlands einzig möglicher Partner, im Osten gab es einen anderen, den alten rätselhaften Freund-Feind von Brest-Litovsk. Wenn Deutschland noch immer der Besiegte von 1918 war und nahezu außer dem Gesetz der Weltgesellschaft, so, in noch stärkerem Maße, war es Rußland. Im Inneren Deutschlands leisteten die Kommunisten der Reaktion recht gute Dienste; jedesmal, wenn Armee oder Freikorps einen kommunistischen Aufstand niederschlugen, 1919, 1920 und 1923, wurde die Demokratie schwächer und ihr Gegner auf der Rechten stärker. Wie, wenn, auf ganz andere Weise, auch der russische Staat dem deutschen einen Dienst erweisen konnte? Wenn Ost-Reich und Mitte-Reich ein wenig gemeinsame Sache machten gegen den Westen oder etwa gegen Polen? – Hierüber ist in jenen wirren Jahren allerlei geschrieben und geschwatzt worden, und einiges ist auch zustande gekommen; obgleich nicht sehr viel.

Der Vertrag von Rapallo wurde im April 1922 zwischen Deutschland und Rußland geschlossen. Er normalisierte ihre Beziehungen, sah auf beiden Seiten Verzichte auf allerlei Ansprüche vor, die doch niemals erfüllt worden wären, versprach regen Handelsaustausch nach dem Prinzip der Meistbegünstigung. In gewöhnlichen Zeiten wäre er etwas Gewöhnliches gewesen. So waren diese Zeiten nicht. Daß die beiden großen Verbrecher sich plötzlich vertrugen, rief im Westen die schreckhafteste Überraschung hervor. Verbargen sich da, hinter dem harmlosen Vertrag, nicht vielleicht weitreichende Verschwörungen? Der deutsche Außenminister, Walther Rathenau, war ein entschieden »westlich« orientierter Mann; es war, in seinem Geist, nichts als ein Akt alter, bewährter Gleichgewichtsdiplomatie, wenn er die angebotene russische Stütze nicht verschmähte. So wie der Westen mit Deutschland verfuhr, hatte es keinen Grund, ihm zuliebe auf irgend etwas zu verzichten. General von Seeckt ging weiter, meinte, Deutschland sollte im Bund mit Rußland dem polnischen Staat den Garaus machen; die Bolschewisten hätten sich schon »gemausert«; das sei der Weg zu neuer deutscher Macht. Ungare Träume; knabenhaft simpel wie alle Projekte der Machtpolitik und charakteristisch für Deutschlands dauernde, dauernd gefährliche, dauernd verführerische Lage zwischen Ost und West. Die beiden Armeen, die rote und die schwarz-rot-goldene, nahmen denn auch heimliche Kontakte auf; zum Gebrauch der Deutschen wurden in Rußland Granaten produziert; auf russischem Gebiet durften deutsche Offiziere sich in Waffen üben, die der Vertrag von Versailles der Republik verbot: Tanks, Flugzeuge, Unterseeboote. Ferner wurde von listigen russischen Füchsen gefragt: ob die Sache des armen, ausgebeuteten Deutschland nicht im Grund die sozialistische sei, ob der deutsche Nationalismus sich nicht trennen könnte von seinem ihm wesensfremden kapitalistischen Bundesgenossen, um mit den Kommunisten gemeinsame Sache zu machen gegen den französischen und amerikanischen Imperialismus? »Nationalbolschewismus« – ob das nicht die Verbindung der Zukunft sei? – Es gab Deutsche, die auf solche überschlaue Anbiederungen hörten, suchende, verwegene Geister, die mit nichts Wirklichem auf der Welt, keinem der bestehenden und propagierten Gegensätze zufrieden waren. Man tut aber gut daran, das Gewicht aller dieser Schreibereien und Redereien nicht zu überschätzen. Man tut gut daran, die bloßen Ideen dieser Zeit nicht zu überschätzen, die so reich war an unergiebigen Bluttaten und so arm an zukunftsformenden Leistungen, in der das Verwegenste möglich schien und die dann, dank amerikanischer Anleihen und der Stresemannschen Diplomatie, schnell zu einer nüchternen Normalisierung führen sollte.

Unergiebige Bluttaten – auch sie müssen erwähnt werden, weil sie nur zu sehr zum Wesen dieser Jahre gehören: Früchte der inneren Entzweiung, des rohen, hirnlosen Hasses, der übermütigen Unwissenheit. Die Anarchisten hatten einst ihre Bomben geworfen, weil sie inmitten einer noch intakten, festgeordneten Gesellschaft keinen anderen Weg fanden, um ihren selbstzerstörenden Protest anzumelden. Hier wurden die Vertreter eines neuen, schwachen, unter der Bürde seiner Aufgabe fast zusammenbrechenden Regimes ermordet, und die Mörder brauchten nicht einmal das Gefühl des eigenen Lebenseinsatzes zu haben; man würde sie schon irgendwie entwischen lassen. Was auch einigen, obgleich nicht allen gelang. Sie kamen von der extremen Rechten, verwilderte Freikorpsmänner, unreife Jünglinge, die es den Älteren gleichtun wollten. Solche ermordeten den Finanzminister Erzberger, den Zentrumsmann, der 1918, auf Befehl Hindenburgs, den Waffenstillstand unterzeichnet hatte, solche ein Jahr später den Minister des Äußeren Walther Rathenau. Sie schossen ihre Maschinenpistolen ab, warfen ihre Granaten und sausten davon. Ein Teil der Nation war ehrlich empört – die sozialdemokratischen Arbeiter vor allem, jene, die man gern wegen ihres »Materialismus« und mangelnden Christentums verachtete. Ein anderer aber und sehr beträchtlicher Teil der Nation war gar nicht empört; zuckte die Achseln; schmunzelte heimlich; jubelte laut. Es gab Damen der Großbourgeoisie, gute Christinnen, muß man annehmen, welche die Nachricht von Rathenaus Ermordung sehr lustig stimmte. War der Mann nicht Demokrat? »Erfüllungspolitiker«? Jude obendrein? ... Er war es. Daß er nebenbei der heißeste Patriot war und einer der ganz wenigen geistig schöpferischen Staatsmänner dieser Epoche, daß seine große Planleistung die deutsche Industrie 1914 erst kriegsfähig gemacht hatte – es ging unter in der entmenschten Hetze gegen ihn, fand nicht Eingang in die verrohten, vergifteten Seelen.

Man berichtet diese Dinge nicht gern; es soll ja der Historiker verstehen und durch Verstehen versöhnen helfen, eher denn alte Zwietracht wiederbeleben. Aber man muß sie doch be-

richten, weil sie Vorboten waren des Späteren, noch Schlimmeren. Was durfte man von einem Bürgertum erwarten, das feige Mordtaten an so edlen politischen Gegnern gern geschehen ließ, ja sich an ihnen ergötzte? Was konnte diesem Bürgertum *nicht* zustoßen?
Den Höhepunkt zerfahrener, tätiger Narrheit erreichte die Politik, im Inneren wie im Äußeren, während des Jahres 1923. Damals konnte es momentweise scheinen, als sei Europa im Begriff, sich auf Grund gemeinsamer konservativer oder gegenrevolutionärer Interessen zu vertragen. Schon war in Italien die Nachkriegspartei der »Faschisten« zur Regierung gelangt, brutal, prahlerisch und hohl, aber eines gewissen äußeren Glanzes nicht entbehrend und der Sache nach deutlich mit den alten feudal-kapitalistischen Mächten verbündet. In England walteten die Konservativen; in Frankreich der harte, engstirnige, tugendhafte Mann von 1914, Raymond Poincaré. Daß die Zeit der europäischen Revolution vorerst vorüber sei, begriff man selbst in Rußland; daher Lenins neue Politik des Abwartens, der Verträge mit nichtkommunistischen Staaten, der Rückkehr zu privatwirtschaftlichen Praktiken im Inneren. Entschieden konservativen, nahezu gegenrevolutionären Charakters war nun auch die Regierung des Deutschen Reiches, im engsten Kontakt mit den Männern der rheinischen Schwerindustrie und der neu-alten Armee; der Reichskanzler, Cuno, war im Hauptberuf Generaldirektor der Hamburg-Amerika-Linie. »Dein Schicksal, Deutschland, machen Industrien, die Banken und die Schiffahrtskompanien«, wie damals einer der Berliner linken Literaten in bitteren, aber nahezu wahren Versen höhnte. Konnten die Sympathien der Großeigentümer nicht zuwege bringen, was die idealistischen Redner der Linken nicht vermocht hatten, eine leidliche internationale Verständigung? Hiervon war in den letzten Monaten des Jahres 1922 die Rede gewesen; Hugo Stinnes vor allem, der gierige Erbauer des buntscheckigen, phantastisch-weitesten Industrieimperiums aller Zeiten, wirkte oder plante in diesem Sinne. Deutschland sollte seine Souveränität wiedergewinnen, indem es zahlte, lieferte, auf französischem und belgischem Boden

arbeitete; unbezahlte Mehrarbeit der deutschen Arbeiter sollte die Quelle solcher Leistungen sein. Endlich wieder ganz Herr im eigenen Haus wie in der guten alten Zeit vor 1914, würde der deutsche Großunternehmer sich mit seinen westlichen Partnern vertragen.

Die staatlichen Interessen, die nationalen Leidenschaften sind aber in Europa immer stärker gewesen als die persönlichen oder dringlichen Querverbindungen der Privatwirtschaft. So wie hundert Jahre früher die konservative Verbundenheit der Monarchien sich als Illusion erwiesen hatte, welche eine gemeinsame Politik auf die Dauer nicht tragen konnte, so hat auch wieder und wieder das große Kapital sich zur Schaffung einer internationalen Ordnung unfähig gezeigt. Die Unternehmer selber waren Nationalisten; sei es, daß sie vom eigenen Staat das Niederschlagen fremder Konkurrenz oder fremde Beute erhofften, sei es, daß Stolz und Lust des Nationalismus auch sie blind machte gegen ihre eigenen vernünftigen Interessen. Raymond Poincaré war der große Anwalt der französischen Stahlindustrie, aber das stimmte ihn nicht zum Freund der Deutschen, ganz im Gegenteil. Ihn beherrschte die Vaterlandsliebe, wie man sie nennt; ihn die Leidenschaft, das arme, blutige Phantom des französischen Sieges gegenwärtig zu halten, zu festigen, auf ewig zu sichern. Aus dem Stinnesplan wurde nichts. Statt dessen machten deutsche Industrieherren Bekanntschaft mit französischen Gefängnissen.

Es begann damit, daß Poincaré einen Rechtsvorwand ergriff, um die französische Armee in das Herz des deutschen Industrielandes, das Ruhrgebiet, zu schicken. Deutschland war mit gewissen Lieferungen, Kohle, Holz, im Rückstand. Man mußte sich holen, was es nicht freiwillig gab. Man mußte ihm noch einmal zeigen, daß es der dauerhaft Unterlegene war. Und vielleicht konnte man dann auch, was man militärisch besetzt hielt, auf die eine oder andere Weise von Deutschland trennen und so es schwächer und Frankreich stärker machen. – Torheiten, Torheiten. Ohnmacht der Gewalt, der Rechthaberei; trostlose Unfruchtbarkeit politischer Ziele, welche aus dem 17. Jahrhundert stammten und hier von Pedanten der Vorkriegs-

und Weltkriegszeit erstrebt wurden. Es war noch immer der europäische Bürgerkrieg von 1914, der neun Jahre später weitergespielt wurde, und zwar in seinem sinnleersten, provinziellsten Aspekt: jenem des deutsch-französischen Gegensatzes. Als ob die Welt, Europa und Deutsche und Franzosen damals keine anderen Sorgen gehabt hätten... In Berlin versuchte man, die Nation in eindrucksvoller Geschlossenheit reagieren zu lassen: passiver Widerstand, Streik, Verweigerung jeder Zusammenarbeit mit der Okkupationsmacht, Unterbrechung aller Reparationsleistungen. Einheitsfront war das Schlagwort, nahezu wie 1914; wobei die Sozialdemokraten, eben wie 1914, mitmachten ohne mitzubestimmen. Aber die Nation war zu tief geschwächt, wirtschaftlich, politisch, moralisch, als daß sie eine gemeinsame Front lange hätte aufrechterhalten können. Der Kohlenstreik an der Ruhr wurde nicht konsequent durchgeführt, wohl aber die völlige Abtrennung des Ruhrgebietes vom übrigen Deutschland, mit der die Franzosen den passiven Widerstand beantworteten; das Volk, nicht die fremden Soldaten, bezahlten für ihn und litten für ihn. Sabotageakte, Brückensprengungen, von bewährten Freikorpsleuten organisiert, führten zu nichts als den üblichen Repressalien. Die Lebensmittelversorgung versagte; in den Familien der Arbeiter, der Angestellten, bei denen es auch in guten Zeiten nur zum Notwendigsten reichte, brach der Hunger ein. Indem der Staat von den Schwerpunkten seiner Industrie und seines aus der Industrie stammenden Einkommens abgeschnitten war, indem er gleichzeitig die arbeitslose Bevölkerung eben dieser reichsten Gebiete mit Geld zu unterstützen hatte, brach die deutsche Währung nun völlig zusammen; war die Goldmark im Januar noch mit einigen Tausend Papiermark bewertet worden, so mußte man im Sommer Millionen, dann Milliarden, dann Billionen für sie bezahlen. Das war komisch, unglaublich, verrückt. Aber für die große Masse, die für ihre Arbeit Lohn oder Gehalt eintauschte, war es eine Heimsuchung und Qual; unheimlich wurde das Ding nun selbst für die kleine Minderheit, welche es verstand und steuerte und bisher keinen Nachteil davon gehabt hatte. Ein so intensiver, gefährdeter Organismus wie der deutsche kann nicht in so ausschweifender Unordnung leben. Ihre Nutznießer waren die Kommunisten, die nun erst zur Massenpartei wurden. Im Hochsommer begriffen dies die Herren von der Rechten, von Industrie und Finanz und machten auch den Sozialdemokraten durch ihre parlamentarische Aktion klar, daß der passive Widerstand sich nicht länger aufrechterhalten ließe. Die Titelseiten der Illustrierten Zeitungen ließen das Proträt eines neuen Reichskanzlers sehen: Gustav Stresemann.

Was nun geschah, war wie eine Wiederholung der Ereignisse des Spätherbstes von 1918. So wie Max von Baden sich zum Waffenstillstand hatte bereit erklären müssen, so erklärte Stresemann sich verhandlungsbereit, zahlungsbereit. So wie damals die Sozialdemokraten zur Regierung berufen worden waren, so traten diese guten Leute auch jetzt wieder in das Kabinett des alten Nationalliberalen ein; immer bereit, in höchster Not Verantwortung sich aufbürden zu lassen, immer ausgebootet, sobald Großbürgertum und Armee ihrer nicht mehr zu bedürfen glaubten. So wie 1918 die Niederlage zur Parlamentarisierung, dann zur Republikanisierung geführt hatten, so führte sie im Sommer 1923 abermals dazu; man möchte sagen, daß 1923 die Republik noch einmal gegründet wurde. Zu ihr, zur Verfassung bekannte sich Stresemann und bekannte sich ehrlich dazu; seine Vorgänger hatten sie nur als provisorische Übel angesehen. Noch einmal also bequemte sich Deutschland zum Friedensschluß nach außen und zur Republik nach innen. Aber eben dies, daß der äußeren Niederlage ein Sieg des republikanischen Prinzips im Inneren entsprach, 1923 wie 1918, erklärt uns, warum die Weimarer Republik nie auf festere Füße zu stehen kam. Man war dann, und nur dann republikanisch, wenn man einem widerborstigen Feinde nachgab. Wie konnten, unter solchen Umständen, die republikanischen Symbole im Land geachtet und geliebt werden?

So wie, ferner, 1918 und 1919 die neue Republik sich zunächst mit allerlei Widerstand von rechts und links hatte auseinandersetzen und ihn niederschlagen müssen, so war es noch einmal im Herbst des Jahres 1923 der Fall. Jetzt wie damals gab es

Gruppen, die sich eine andere Entwicklung erhofft hatten und nun drängten, die Ernte des Chaos unter Dach und Fach zu bringen, bevor das Chaos sich lichtete. Die Gelegenheit dazu schien die föderalistische Struktur des Reiches ihnen zu geben. Berlin war eines, das System der Bundesländer ein anderes. In Mitteldeutschland, Sachsen und Thüringen, hatten die Kommunisten sich mit ihren seitherigen Todfeinden, den Sozialdemokraten, verbündet, ein Unternehmen, wie es der neuen, den Revolutionsmythos in unbestimmte Zukunft verlagernden Politik Lenins entsprach. Regierungen, die aus diesem Bündnis hervorgingen, hielten sich im Rahmen der republikanischen Legalität, ihre Leistungen waren erbärmlich. Kommunisten an der »Macht«, sei es selbst der kümmerlichsten Scheinmacht – das war aber etwas, was das Reich Stresemanns und General von Seeckts nimmermehr zugeben konnte. Um so weniger zugeben konnte, als gleichzeitig in München eine tatendurstige Machtkonzentration der extremen Rechten bestand und die Regierungsgeschäfte verwaltete. Hier waren die Dinge von ungekärter Explosivität. Einerseits war die Regierung bayrisch-partikularistisch im guten alten Sinn und stand dem abgesetzten Königshaus nahe. Nahe aber – denn so unklar sind die Menschen sich oft über das, was sie eigentlich wollen – stand sie auch allerlei gar nicht bayrischen Gruppen und Klüngeln, heimatlosen Abenteurern, die unter der nationalistischen Flagge segelten, zugelaufenen Demagogen, Freikorpsführern, pensionierten preußischen Generälen; wie denn Erich Ludendorff selber in der bayrischen Hauptstadt sein Quartier aufgeschlagen hatte und von dort aus die Wirrsal seines Geistes in Broschüren und Reden auf das Volk entlud. Die Münchner Regierung war sowohl bayrisch als auch eine eigentliche deutsche Nebenregierung. Sie meinte das ganze, wahre Deutschland zu vertreten, entgegen der landesverräterischen Asphaltdemokratie von Berlin. Ein wilder, junger Demagoge aus dem Österreichischen, Produkt der schwülen Österreichischen Vorkriegszeit und der Kriegsjahre, ein Agitator von monströser, aus kranken Quellen gespeister Energie, war hier der stärkste Rufer im Streite. Er wollte die Münchner vorwärtstreiben zu einer Ak-

tion gegen Mitteldeutschland und gegen Berlin. Die Partei, die er sich geschaffen hatte, hieß die »nationalsozialistische«. Aber Reichskanzler Stresemann, Reichswehrminister Geßler, Reichswehrobergeneral von Seeckt, altbewährte Nationalisten, wünschten den Erfolg eines so undisziplinierten, undurchsichtigen Strebens nicht. Es entwickelte sich ein Wettlauf zwischen Berlin und München; wer würde zuerst sich als Wiederhersteller der Ordnung, als Töter des kommunistischen Drachens bewähren? Berlin schlug zu; Seeckt, ermächtigt von der obersten Reichsbehörde, schickte ohne viel Mühe die mitteldeutschen Kommunistenregierungen nach Hause. Legal war das nicht; ach, so sehr viel, was man seit Januar 1919 getan hatte, war ja von den frommen Vätern der Verfassung nicht vorgesehen gewesen. Gleichzeitig ging man nun ernsthaft daran, die Währung zu reformieren, dem Billionenspuk ein Ende zu machen. Der »Hitlerputsch« war ein Nachspiel, kein Hauptereignis in dieser unsäglich wirren und elenden Geschichte. Im November versuchte der rasende junge Mann, was ein paar Monate früher immerhin Erfolgsaussichten gehabt hätte. Die Verbündeten von gestern, Regierungsleute, Monarchisten, Führer der bayrischen Reichswehrdivision, glaubte er mit vorgehaltener Pistole zum Handeln antreiben zu können. Sie liefen ihm aber davon, sobald seine Pistole sie nicht mehr bedrohte. Schließlich, fanden sie, standen ihnen Seeckt und Geßler wohl näher als der hysterische Aufwiegler, mit dem sie Bettgenossenschaft gepflegt hatten. Ludendorff und Hitler fanden sich allein mit einer Handvoll persönlicher Anhänger, deren die Polizei mit einer einzigen Gewehrsalve Herr werden konnte. Ein paar Tage darauf verbot Seeckt die Partei Hitlers kraft der ihm vom Reich übertragenen Vollzugsgewalt. Es gebe, hatte der General einst bemerkt, nur einen einzigen Mann in Deutschland, der erfolgreich putschen könne, das sei er selber; und er werde nicht putschen.
Dem Höhepunkt der großen, häßlichen und lächerlichen Unordnung folgte dergestalt sofort das Ende.
Die alte Währung wurde kassiert und eine neue eingeführt, welche der Vorkriegswährung entsprach; für 1000 Milliarden

Reichsmark konnte man eine »Rentenmark«, demnächst eine Goldmark, eintauschen. Eine Aufgabe für Finanztechniker, jederzeit zu bewältigen, wenn Regenten von Autorität und eindeutigem Willen den Auftrag dazu gaben. Im ersten Drittel des Jahrhunderts war das noch nicht so klar, wie es heute ist; weshalb man die Schöpfer des guten Geldes, zumal den neuen Reichsbankpräsidenten Schacht, wie erfolgreiche Zauberer bewunderte. Es waren nichts als ein paar klassische Maßregeln, welche diese Männer ergriffen und welche, wenn man nur gewollt hätte, ebensogut ein paar Jahre früher hätten ergriffen werden können; strengste Kontrolle der Banknotenpresse, Sparmaßnahmen aller Art, Neuregelung des Steuer- und Zollwesens. Die Nation war immer arbeitswillig gewesen, sie war nur schlecht regiert worden. Jetzt ging sie an die Arbeit, für elende Löhne zunächst, aber wenigstens für zuverlässige. Und da die Löhne allmählich stiegen und man doch wieder auf ein klein wenig gutes Leben hoffen konnte, so kehrte bald leidliche Zufriedenheit in die Herzen ein. Sie sehnten sich nach normalen Zuständen, nach einem Ende des ruhelosen Hokuspokus, der nun zehn Jahre lang gedauert hatte; diese Sehnsucht schien Erfüllung zu finden. Sie traf mit vergleichbaren Stimmungen in der Außenwelt zusammen. In Frankreich machte Poincaré einer Regierung guter Demokraten Platz, in London kam zum erstenmal die Arbeiterpartei zur Macht, Männer, die dem Ideal der Völkerverständigung mit Ernst anhingen. Gleichzeitig entschloß sich Amerika, in die europäische Arena zurückzukehren, der es seit dem Zusammenbruch Wilsons und den Wahlen des Jahres 1920 mit dem verachtungsvollen Stolz des Glückes ferngeblieben war. Nicht im politischen Sinne; mit europäischer Diplomatie wollte man auch jetzt in Washington beileibe nichts zu tun haben. Wohl aber im wirtschaftlichen. Mit den deutschen Zahlungen an die Westmächte hingen die Zahlungen jener an Amerika zusammen; mit der Sanierung Deutschlands die Fähigkeit des europäischen Marktes, Amerikas Produkte aufzunehmen, das Funktionieren der Weltwirtschaft überhaupt. Soviel wenigstens wollte man in Washington jetzt erkennen.

So gab es seit dem Jahre 1924 überall die Bereitschaft, zu tun, was mit ein wenig Selbstkritik und Voraussicht man schon fünf Jahre früher hätte tun können: die Bereitschaft, Frieden zu schließen. Für die Reparationen wurde, unter amerikanischer Anleitung, ein Zahlungsplan ausgearbeitet, noch immer unklug im Prinzip, noch immer eine wirtschaftliche und moralische Belastung, aber doch erträglich, verglichen mit den Rasereien der früheren Jahre. Worauf Franzosen und Belgier das Ruhrgebiet wieder verließen. Dem folgte, ein Jahr später, die Aushecku ng eines wunderlich komplizierten Vertragssystems, dessen allgemeiner Zweck es war, Frankreich-Belgien Sicherheit gegen Deutschland, gleichzeitig aber Deutschland Sicherheit gegen Frankreich – eine Wiederholung des Ruhrerlebnisses – zu geben und so die Gemüter zu beruhigen. Garanten waren England und Italien; sie würden jederzeit dem Angegriffenen beistehen, gleichgültig, welche Seite es war. Eine Allianz aller mit allen gegen alle, dies ungefähr war der Vertrag von Locarno (1925). Solche Kunstwerke halten nicht, wenn es zu einem ernsthaften Streit kommt. Solange es aber nicht dazu kommt, weil keiner der Teilhaber es will, so lange kann diplomatischer Hokuspokus diesen guten Willen immerhin zum Ausdruck bringen, kann ihn, durch den Ausdruck, wohl auch wechselseitig ein wenig stärker und in ungewisse Zukunft projizieren. »Locarno« tat den Deutschen gut, weil es dem, was zu Versailles diktiert worden war, noch nachträglich den Schein des Freiwilligen gab. Viel war das nicht, aber nützlich für den Augenblick... Noch ein Jahr später, 1926, wurde das Deutsche Reich ein Mitglied des Völkerbundes, mit Sitz und Stimme in dessen Oberstem Rat. Auch das hatte wenig reale Bedeutung, denn der Völkerbund taugte nicht; er konnte nichts Wesentliches tun, lieferte nur den Ort, an dem die Sprecher der Mächte sich periodisch trafen. Aber auch das hatte immerhin symbolische Bedeutung. Seiner Idee nach, von der die Wirklichkeit sich nur allzuweit entfernte, war der Bund ein Universum aller zivilisierten Staaten der Erde; zu denen zu gehören man dem Deutschen Reich durch seine Wahl bestätigte.

Der Mann, der diesen Prozeß der Normalisierung, der Wiedereinordnung Deutschlands in die westliche Staatengesellschaft leitete, darf nicht ungenannt bleiben. Stresemann, zuerst Reichskanzler, dann während sechs Jahren Außenminister der Republik, war ein erfahrener Parlamentarier, seinem Beruf nach Syndikus in industriellen Unternehmungen, ein Nationalliberaler in der Politik. Während des Krieges hatte er zu den lautesten Agenten der »Kriegszielbewegung« und zu Ludendorffs persönlichen Zuträgern gehört. Trotzdem besaß er hohe Intelligenz; auch die Gescheiten gehen fehl in Zeiten, die alles Maß verloren haben. Zur Mäßigung wollte Stresemann in der Nachkriegszeit zurückfinden. Er war entwicklungsfähig in einem Alter noch, in dem die meisten erstarren. Sein Porträt zeigt die unschönen, aber geistvollen Züge eines Mannes, der denken und leiden konnte und der spät sich Ziele entdeckte, welche seiner Jugend hatten fremd sein müssen: Friede zwischen den Völkern wie zwischen den Klassen. Natürlich war er von Haus aus Monarchist; aber da nun mit den Hohenzollern einmal nichts zu machen war, so nahm er die republikanische Staatsform an. Natürlich hoffte er, Deutschland wieder in der Welt mächtig zu sehen und wenigstens einen Teil dessen, was es 1919 verloren hatte, wiederzugewinnen, wenn nicht im Westen, so doch im Osten. Wir tadeln ihn darum nicht. Kein Deutscher hatte einen Grund, den Versailler Vertrag als ewigen Ratschluß zu verehren. Und ein Patriot, das war Stresemann; gerieben zugleich und romantisch, ein Erzpraktikus des Parteien- und Verbändegetriebes und ein Träumer von des Reiches alter Herrlichkeit. Daß ein solcher nun ja sagte zum Völkerbund, daß er im Politischen mit den Sozialdemokraten gehen wollte, im Wirtschaftlichen mit den Gewerkschaften und nicht gegen sie – das war eine menschlich hochzuachtende Leistung. Was die erhoffte Revision der Ostgrenzen anging, so kam alles auf die Methode an. Stresemann war zu klug, um an andere als friedliche Methoden zu denken.

Stresemannjahre, 1924 bis 1929. Jahre der wirtschaftlichen Produktivität, der kulturellen Blüte. Jahre, wie es schien, der Festigung, selbst im inneren Gemeinwesen. Oder war es nicht ein Zeichen republikanischer Festigung, daß die Morde, die

Putsche jetzt aufhörten? Daß selbst die Konservativen – die »Deutschnationalen« – jetzt mehrfach in den Regierungen des Reiches saßen, während die Parteien der extremen Rechten und Linken nicht mehr vorwärtskamen? Daß Bayern, bis 1924 der Hort der Gegenrevolution, sich allmählich in die neuen Verhältnisse fand und eine vernünftige Stetigkeit entwickelte? Daß Sozialisten und Liberale, Unternehmer und Gewerkschaftsführer, sich zu friedlichen Verhandlungen trafen? Hätte das nicht ruhig so weitergehen können, wenn nicht – ja, wenn nicht. Die erste neue Republik ist an der Wirtschaftskrise von 1930 gescheitert, und man kann nicht mit Bestimmtheit sagen, daß ohne diese sie auch gescheitert wäre. Man kann nicht sagen, daß die Normalität der Jahre 1924 bis 1929 bloßer Schein war und keine echte Möglichkeit des Dauerns dahinter. Man kann nur sagen, daß der in jenen Jahren bestehende Ausgleich von innen her immer bedroht war und die Gefahrenquellen im Rückblick deutlicher sind, als sie den damals Tätigen sein konnten. Ein Mensch mag schwere Krankheiten überstehen. Kommt es aber zur letzten Krise, so wird auch seine frühere Krankheitsgeschichte sich geltend machen; der geschwächte Organismus hält nicht aus, was ein stärkerer ausgehalten hätte. So hat die Weimarer Republik die melancholischen Tatsachen ihrer Herkunft überstanden, den Versailler Vertrag, die beschränkten, aber häßlichen Bürgerkriege der ersten Jahre, den Ruhreinfall, die Inflation, das blinde Wüten der Kommunisten, das hochmütige Abseitsstehen der Armee, die verdrossene Widerspenstigkeit der oberen Stände, Bürokratie, Justiz, Universität – all das hat sie schlecht und recht überstanden und, zu ihrer eigenen Überraschung, noch eine Periode leidlicher Gesundheit erlebt. Als aber dann der zweite Wirtschaftsruin kam und alle Furien der Demagogie losbrachen – da war es zuviel.

Leistungen

Es ist unter Deutschen oft der Glaube verbreitet gewesen, daß in der Welt eine Verschwörung gegen sie bestehe, daß »man uns nicht hochkommen lassen wollte«. Eine Kräftekonzentration, wie das Reich sie nun schon seit fünfzig Jahren in der Mitte Europas darstellte, mußte freilich Unbehagen hervorrufen; das von Deutschland während des Weltkrieges im Großen und Bösen Geleistete blieb unvergessen. Unbestreitbar war es bis 1924 das Ziel französischer Politik, den furchtbaren Nachbarn zu schwächen, wo immer der Buchstabe des Versailler Vertrages eine Möglichkeit dazu ließ. England und Amerika haben diese Politik nur mit halbem Herzen oder gar nicht mitgemacht. Von 1924 an wich sie zusehends einer anderen Haltung: der Tendenz, Deutschland zu bewundern und, angeregt durch Bewunderung, auch durch Geschäftsinteresse, auch durch politisches Interesse, ihm zu helfen. Besonders die amerikanische Geschäftswelt entwickelte entschiedene Sympathien für das Volk Europas, in dem sie ihr selber verwandte Bestrebungen und Tüchtigkeiten am stärksten zu erkennen glaubte; wie man sich denn in der amerikanischen Armee schon gleich nach dem Krieg mehr für den Feldmarschall von Hindenburg begeistert hatte als für den Marschall Foch. In Deutschland interessierte man sich nicht sehr für diese fremden Sympathien. Man besaß hier einen gewaltigen Respekt vor sich selber, der durch die Leistung des Wiederaufstiegs seit 1924 abermals bestätigt wurde, und wenig Respekt vor den Leistungen anderer Völker. Was man zuwege brachte, glaubte man nicht mit, sondern trotz der Welt zuwege zu bringen. Schöpfungen der deutschen Wissenschaft und Technik erschienen als nationale Triumphe, als Siege über »das Ausland«. Tatsächlich legte »das Ausland« dem deutschen Wiederaufstieg in den Stresemannjahren kein ernstes Hindernis mehr in den Weg. Es half mehr, als daß es störte.

Beträchtlich war die Leistung der deutschen Wirtschaft seit 1924 allerdings. Ob sie größer war als die der Briten oder Japaner, brauchen wir hier nicht zu fragen. Die größte Leistung aller dieser industrialisierten, in großer Zahl auf engem Raum lebenden Völker war immer, daß sie überhaupt lebten, sich mehrten und unter allmählich verbesserten Bedingungen lebten. Gezänk und Gefuchtel gab es in der Politik; nicht in der Welt, die die politische Struktur trug und in der die Kohle gefördert, der Stahl geschmiedet, die neuen Patente studiert, die Wohnungen, die Straßen, die Schiffe gebaut wurden.

Deutschland, hatte Max Weber 1918 geschrieben, müßte von vorn anfangen wie nach dem Dreißigjährigen Krieg, nur daß heutzutage alles viel schneller ginge. Das tat es. Wenn das Einkommen der Nation gleich nach dem Krieg auf etwa die Hälfte des Vorkriegsstandes gesunken war, so hatte es zehn Jahre später die alte Höhe wieder erreicht, ja übertroffen. Das während des Krieges Heruntergewirtschaftete und Verrottete, das nach dem Krieg Ausgelieferte, es war alles wieder da: die modernste Handelsflotte, die schnellsten Eisenbahnen, ein angemessenes Straßensystem. Der Staat tat in seiner obersten politischen Sphäre so, als ob er von einer Krise zur andern taumelte, und davon kündeten die Balkenüberschriften der Zeitungen. Aber die Verwaltung war gut, die Arbeiter waren gut, die Erfinder, die Ingenieure, die Techniker waren gut. Die industrielle Planung war großartig und wirksam.

Sachkenner bezweifeln, daß sie weise war. Was seit 1924 durchgeführt wurde, war eine gewaltige Rationalisierung, Erhöhung der Produktivität durch Mechanisierung. Damit Hand in Hand ging eine abermalige Konzentration; jetzt nicht mehr wie in der Zeit der Geldentwertung zu willkürlichen »vertikalen« Besitzgebilden, sondern innerhalb einzelner Industrien. Die »I.G. Farbenindustrie AG.« kontrollierte nahezu die gesamte chemische und pharmazeutische Industrie des Landes, die »Vereinigten Stahlwerke« etwa vier Zehntel der Eisen- und Stahlerzeugung; ähnliche Mammutbildungen gab es für die Elektrizitätsindustrie, die Produktion von Zement, Gummi, Kunstseide und so fort. Was die besitztechnischen Zusammenfassungen nicht leisteten, leisteten, wie von alters her, die Kartelle, deren Zahl sich wiederum, verglichen mit der

Vorkriegszeit, vervielfachte, zum Preisschutz, zur Normisierung, zur Produktionsplanung. Dergestalt zusammengefaßt und in einem »Reichsverband« organisiert, war die Industrie noch mächtiger gegenüber dem Staat als zur Hohenzollernzeit; sie verhandelte mit ihm von gleich zu gleich und war auch wieder selber ein Teil der Staatsmacht, zumal wenn das Besitzbürgertum die Reichsregierung stellte, wie es zwischen 1924 und 1928 fast immer der Fall war. Man wird dem großen deutschen Unternehmer nicht vorwerfen können, daß er seinen Beruf nicht ernst nahm. In gewissem Sinn glaubte er sich verantwortlich für die Nation und die eigenen Arbeiter, wie dies in dem stolzen Wort »Arbeitgeber« liegt, welches im Englischen und Französischen kein Äquivalent hat. Arbeit wollte er geben, aber es sollte zu den Bedingungen dessen geschehen, der die Lage übersah und die Verantwortung trug. Die Gewerkschaften als ebenbürtige Verhandlungspartner, der Achtstundentag, die Tarifverträge als allgemeingültiges Recht, die staatliche Schiedsgerichtsbarkeit – all das war gleich nach dem Krieg wohl oder übel akzeptiert worden; es wurde abgeschwächt und durchlöchert, wo immer die Wirtschaftslage oder die politische Lage eine Möglichkeit bot. Vor allem: es ist den deutschen Unternehmern nicht klargewesen, daß die Kaufkraft der eigenen Arbeiter den wichtigsten Markt abgeben kann und auf die Dauer abgeben muß. Selbst den amerikanischen Unternehmern ist das ja erst in den zwanziger Jahren und damals noch nicht in genügendem Maß klargeworden; und Amerika war bei weitem günstiger daran, um die neue Theorie zu erproben, hier war Mangel an Menschen, hier die Arbeitskraft teuer und kein Mangel an Rohstoffen, die von Deutschland erst im Austausch gegen Fertigprodukte hereingeholt werden mußten. Die deutsche Industrie arbeitete für den Staat und für den Export, nicht für den mählich sich hebenden Wohlstand der Massen. Der Bergwerksdirektor sah es ungern, wenn sein Obersteiger ein Automobil besaß – das gehörte sich nicht für die Angehörigen des industriellen Mittelstandes. Viel weniger gehörte sich eine menschenwürdige Wohnung, ein Motorrad, ein Kühlschrank für den einfachen Arbei-

ter. Wenn der Arbeiter arbeiten und leben konnte und obendrein gegen Unfall, Krankheit, Alter gesichert war, so hatten die Unternehmer ihm gegenüber ihre Pflicht erfüllt.
Seinerseits erkannte der Staat seine soziale Allverantwortlichkeit an und versuchte, auf den drei Ebenen von »Reich«, »Land« und »Kommune« danach zu handeln. Es geschah in gerader Fortsetzung uralter, unter Bismarck wiederbelebter, im Kriege zu neuem Höhepunkt gediehener Obrigkeitstraditionen. Der Staat als Träger der Volkserziehung und Schulung, als Wächter der Moral, als zentraler Agent der wissenschaftlichen Forschung, als Auftraggeber und Förderer der Künste, als Garant vor allem, der baren Existenz seiner Bürger, das war nun alt, das verstand sich von selbst. Und auch hier trat die gefährliche Hilfe fremder Kapitalien hinzu. Gerne eilten Bürgermeister und Finanzminister nach Amerika, um dort Anleihen aufzutreiben für nützliche oder doch »werbende« Zwecke; landwirtschaftliche Meliorationen, Kanal- und Straßenbauten, Siedlungsprojekte, Ausstellungen, Grünanlagen, Schwimmbäder, Jugendherbergen. Das war konstruktiv und die Freude am öffentlichen Leben erhöhend. Muß ja doch der Staat, da er nun schon in das Leben des einzelnen so gewaltig eingreift, ihn zwingt, ihm nimmt, ihn überwacht, ihm auch etwas geben. Die Weimarer Republik tat das, solange sie konnte. Die deutschen Städte waren vor dem Krieg Lehrmeister schöpferischer Verwaltung für die ganze Welt gewesen; sie waren es noch einmal in der Weimarer Zeit.
Der Staat, um es kurz zu sagen, erfüllte auch während der Weimarer Republik schlecht und recht seine Funktionen, und diese waren in den zwanziger Jahren des Jahrhunderts angewachsen zur Allverantwortung für Wirtschaft und Kultur. Man wird das freilich nicht insgesamt der »Republik« zugute halten dürfen. Die Mauern des Staatsgebäudes waren ja die alten, hatte man auch einige Türme und Türmchen entfernt. Die Reichs- und Länderbürokratien machten weiter wie vorher, und wie vorher erzogen sie sich ihren Nachwuchs. Neuer Geist versuchte sich durchzusetzen, wo die Parteien der Linken oder linken Mitte am Zug waren; Preußen vor allem und in

einigen der wichtigsten Städte. Eine republikanische Polizei sollte zum zuverlässigen, höflichen Diener der Bürger werden, anstatt, wie früher, die Obrigkeit grimmig zu repräsentieren. In den Schulen sollte ein Vertrauensverhältnis zwischen Lehrer und Schüler, freie Mitarbeit die alte, auf Autorität und Furcht gegründete Disziplin ersetzen. Die jüngsten Universitäten – Frankfurt, Hamburg, Köln – hatten den ungeschriebenen Auftrag, den akademischen Zunftgeist ein wenig aufzulockern; »Volkshochschulen« boten Wege zu Wissen und Bildung für die vielen, denen die Universitäten verschlossen waren. Wohlgemeinte Bestrebungen, und nicht erfolglos. Aber die Materie war zäh, die der neue Geist durchdringen sollte, und jenen, die ihn vertraten, fehlte es manchmal an Takt, manchmal an gediegenem Ernst des Charakters. An einigen Fakultäten drängte fortschrittliche, »linke« Intelligenz sich zusammen; die Mehrzahl blieb der kaiserlichen Vergangenheit zugekehrt und blickte auf die Gegenwart mit hochnäsiger Verstimmtheit herab. Die Professoren hätten freilich kaum sagen können, was sie eigentlich wollten; nur daß ihnen, was jetzt war, nicht gefiel, darüber waren sie sich klar. So tolerant war auch die Republik, so gutmütig die Freiheit von Lehre und Forschung wahrend, daß die Herren dem staatlichen Brotgeber ihre Verachtung ohne jedes Risiko zur Kenntnis bringen durften. Was war der Staat? Ein geteiltes, gegen sich selbst gekehrtes Wesen, ohne starken Glauben an die eigene Sache und vielfach mit seinem Gegner im Bunde.

Spannungen und Ungleichheiten muß jede Gemeinschaft aushalten; es wäre der Tod, wenn es sie nicht gäbe. Interessen- und Klassengegensätze, regionale Unterschiede, Willen zum Neuen und Sehnsucht nach dem Guten, Alten, das gab es in England auch. Aber in England spielten diese Gegensätze auf dem Grunde eines mit sich selber Einsseins der Nation. Diese durchgehende Identität fehlte in Deutschland. Berlin war ein Beispiel dafür.

Die Hauptstadt traute sich zu, nun wirklich der Kopf des Reiches zu sein, und in gewissem Sinn war es ihre größte Zeit. München, Stuttgart, Dresden verloren durch den Fall der Mo-

narchie. Nicht so Berlin; die Hohenzollern hatten mit der großen demokratischen Stadt längst in Feindschaft gelegen, zu ihrer kulturellen Blüte vorwiegend Greuel und Albernheiten beigetragen. Das, was unter dem Kaiser Opposition gewesen war, trat nun in den Vordergrund, bildete eine gewissermaßen offizielle republikanische Geistessphäre: Literatur, bildende Kunst, Theater, Film. Hier wurde begierig experimentiert; fortschrittsfreudige Bürger des Westens, Franzosen, Briten, Amerikaner kamen in Scharen, um sich an dem neudeutschen Kunst- und Gesellschaftsgetriebe zu vergnügen. Die Stadt der Hohenzollern als freigeistigstes, aktivstes Kulturzentrum Europas – das war neu. Wachsend mit den immer wachsenden politischen, industriellen und finanziellen Bürokratien, mit den Funktionen des Reiches, welche gegenüber jenen der Bundesländer zusehends mehr überwogen, Mittelpunkt der Arbeit, der Geschäftswelt wie des reichen Müßigganges, konnte Berlin alle Arten der Repräsentanz tragen und bezahlen. Es sog die Energien der Nation, die geistig-kulturellen zumal, zu einem einzigen Mittelpunkt zusammen. Das Deutschland der Weimarer Republik hatte, eigentlich zum erstenmal in der Geschichte, etwas wie eine einzige Hauptstadt. Nicht die Weimarer, die Berliner Republik sollte es heißen.
Aber die Hauptstadt war nicht beliebt. Einmal darum nicht, weil das alte Deutschland, das föderalistische Deutschland der Bundesländer und Provinzen, im Grunde gar keine solche Hauptstadt haben wollte; den Münchnern und Hamburgern, den Junkern in Ostpreußen und den Bauern im Schwarzwald erschien Berlin als das Becken, in welchem alle ihnen fremden widerwärtigen Tendenzen zusammenflossen. Es war die Hauptstadt der Republik, es verdankte seinen neuen Charakter dem Weltkrieg und der Republik, war auch dem Geist seiner Bevölkerung nach vorwiegend republikanisch-demokratisch, sozialdemokratisch, mit einem starken kommunistischen Einschlag. Insofern Deutschland nicht republikanisch war, war es daher gegen Berlin; so wie, in noch viel gefährlicherem Maße, das konservative Österreich längst mit seiner Hauptstadt Wien überworfen war. Die große, von starkem Leben durchpulste

Stadt war der deutschen Vergangenheit fremd; sie sah Chicago viel ähnlicher als der kleinen, feinen Residenz, die sie einst selber gewesen. Sie war bei weitem die stärkste Konzentration des sich verändernden, des sich selbst entfremdeten deutschen Charakters. Deutschland, insofern es sich nicht mit sich selber vertrug, seine eigene Gegenwart haßte, vertrug sich nicht mit Berlin; unter seiner Hauptstadt liebte es sich einen Sumpf wuchernder Korruption, ein Babel aller Sünden vorzustellen. Auch andere deutsche Städte waren gewachsen, aber sie hatten von ihrem alten Stil etwas zu wahren gewußt. Berlin war ganz Gegenwart, das Amerika Deutschlands; wie es sich auch dem amerikanischen Einfluß am aufgeschlossensten zeigte, in seiner Presse, seinen Vergnügungsbetrieben, seinen Reklamepraktiken sich wohl gar noch »amerikanischer« aufspielte als das Vorbild. Immer hatte Deutschland sich an Autorität ausgerichtet, und einen Rest alter Autorität gab es noch in den Bundesländern. Das Berlin der Berliner Zeit war autoritätslos. Es schmeichelte den Massen, die sich Samstagabend durch die Hauptstraßen wälzten öden Vergnügungen nachgehend, gierig nach den ausgerufenen Extrablättern der Sensationspresse greifend. Es schmeichelte den Minderheiten durch Experimente aller und jeder Art; vielen wertvollen; vielen wertlosen, snobistisch-grellen, den Charakter toller Neuheit und Fortschrittlichkeit billig vortäuschenden.

Berlin stellte so durch seine Existenz die Frage: wie eine ihrer eigenen Vergangenheit entfremdete, autoritätslose Gesellschaft eigentlich leben sollte. In uns allen gibt es Instinkte, die uns hinunterziehen und die zu geschäftlichen oder politischen Profitzwecken auszunutzen nur zu leicht ist. Es sollte die Zeit kommen, da das demagogische Aufpeitschen von Sensationslust und Haßgefühlen alle Gegengewichte überwand, um die alte Ordnung zu zerschlagen und auf ihrem Ruin eine den Massen selber entlockte, zugleich aber menschheitsfeindliche Autorität zu errichten. Und alle die großen Gelehrten, die sich in den zwanziger Jahren mit den Problemen der Gesellschaft befaßten – keiner von ihnen sah es voraus!

Wir wollten in diesem Abschnitt von materiellen Leistungen

der Republik sprechen, sind aber unversehens schon in die Nähe eines anderen Gebietes gerückt. Trennen läßt sich hier in Wirklichkeit nichts. Es gehören das Ökonomische, das Soziale, Politische und Geistige so sehr zusammen, wie Körper und Seele. Nur der Erzähler muß trennen und Abschnitte machen, damit er überhaupt etwas erzählen kann.

Die Intellektuellen

Mit dem Geist einer großen Nation ist es jederzeit eine vielspältige Sache. Es gibt den Unterschied der Sphären: die großen Institutionen, Kirchen, Universitäten, Parteien; einzelne, welche zu den vielen sprechen und das Denken und Sein der vielen ausdrücken; einzelne, die nur zu wenigen sprechen, aber dennoch durch die Kraft ihrer eigenen Seelen so wirklich und zeitgünstig sind wie die Erfolgsautoren. Es gibt den Unterschied der Generationen, welche, obgleich im Augenblick nebeneinander existierend, doch verschiedenen Zeiten angehören. Es gibt den Unterschied der persönlichen Meinungen, Haltungen, Charaktere. Wie vielschichtig und wandlungsfähig ist nicht die einzelne Persönlichkeit! Und doch, wer dürfte von einer geschichtlichen Epoche handeln ohne den Versuch, ihren »Geist« zu beschreiben?
Den Geist der Weimarer Verfassung kennen wir schon. Er war national-demokratisch, gemildert, aber nicht verleugnet durch föderalistisches Erbe. Insofern der Gedanke des all-einigen Volkes, welches sich eine Verfassung gibt, zuerst von der Französischen Revolution verwirklicht worden war, muß man sagen, daß die offizielle Philosophie der deutschen Republik der französichen Tradition nahekam. Aber wenige glaubten daran. Von den Parteien eigentlich nur die Freisinnigen oder, wie sie jetzt hieß, die Demokratische; eine Gruppe, zu der sich Reste

des liberalen Besitzbürgertums bekannten und die auch noch in einigen großen Zeitungen zu Worte kam, ihrer Wählerzahl nach aber eine geringe Rolle spielte. Es war der bequeme Geist des Fortschritts ohne Gewalt und ohne allzu große Kosten für die Besitzenden: Humanisierung der Justiz, Reichsreform im Sinn des Einheitsstaates, Völkerverständigung, zumal die deutsch-französische, Indifferenz in religiösen Fragen. Radikale Bürgerideale aus dem vorigen Jahrhundert. Steiler, kritischer als von der Partei wurde sie von einigen Schriftstellern verfochten, die, nach langen Jahren höhnender Opposition gegen das Hohenzollernreich, nun zu halb-offiziellen Wortführern der Republik aufrückten; von Heinrich Mann etwa. Ein bezeichnendes Beispiel. Als Kritiker des Wilhelminischen Zeitalters, des Bürgertums, des »Untertans« hatte er Großartiges geleistet. Zum bejahenden Erzieher taugte er weniger; ein volksfremder Romantiker im Grunde, der den Volksmann nur spielte, unerfreulichen Wahrheiten aus dem Weg ging und ein stark idealisiertes Frankreich im gläsernen Kunststil zur Nachahmung bot. Wo es zum Anklagen kam, da blitzten noch immer edler Zorn und Wahrheit durch seine Illusionen. Aber obgleich es ihm aus weiter Ferne an intuitivem Blick nicht fehlte, spielte er nur Politik; er wirkte nicht auf sie durch Literatur wie seine französischen Vorbilder; sie selber, die Politik, die Gesellschaft wurde ihm wie etwas von Schriftstellern Erfundenes, Künstlerisch-Groteskes, an dessen Korruption und Schlechtigkeit er seine heimliche Freude hatte. Die Republik – nicht das »Reich«, aber dessen preußisches *alter ego* – machte ihn zum Festredner, zum Akademiepräsidenten. Eine Geste der Gutwilligkeit; auch ein Symbol für die Unstimmigkeit des Ganzen. Das Berlin von 1930 war nicht das Paris von 1890; »Weimar« nicht die »Dritte Republik«; Heinrich Mann, der Satiriker und prunkliebende Ästhet, nicht der Victor Hugo oder Emile Zola, der zu sein er den spielerischen Ehrgeiz hatte.

Solider, im weimarischen Rahmen, war die Stellung einiger anderer, großer, aus der Kaiserzeit herübergekommener Schriftsteller. Das Leben ist lang, da wo die geschichtlichen oder politischen Epochen kurz sind. So wie Victor Hugo von der Bourbonenrestauration gewirkt hatte bis tief in die Dritte Französische Republik hinein, so durchlebte Gerhart Hauptmann die Periode Wilhelms II. von Anfang bis zu Ende, und dann noch die republikanische, und dann noch eine andere, und fand in jeder wohl oder übel seinen Platz. Unter den Hohenzollern war er Gegner gewesen, jetzt war er der König der Literatur. Und das muß man sagen, daß die imposante Gestalt des Dramatikers dem Volke ungleich näherstand als der französierende Romancier, der die Deutschen belehrte, ohne sie leiden zu können. Darin, vor allem, heimelte Hauptmann seine Landsleute an, daß er im Grund unpolitisch war, ein Dichter, der seine Sache aufs Fühlen und Gestalten, nicht aufs scharfe Denken gestellt hatte. Das Leid der Armen, Zertretenen hatte sein Mitleid zum Klingen gebracht, mitunter, im historischen Schauspiel, sogar das leidige Schicksal der Nation. Jetzt war er alt und hatte sein bestes Werk getan; ließ sich's aber gefallen, der Dichterfürst der Republik zu sein und bei ihren Staatsakten sein majestätisches Haupt zu zeigen. Als es mit ihr zur Neige ging, schwieg er; als es sie nicht mehr gab, kam er wohl auch ohne sie und erträglich aus mit ihren Mördern.

Hauptmanns Nebenkönig war Thomas Mann – ein ungleich schwierigerer Fall von Regentschaft im Reich des deutschen Geistes. Im Übermaß genügte er der Pflicht des Denkens, welcher der Dramatiker sich entzog; und hätte er nicht den starken Willen zur künstlerischen Schöpfung gehabt, so hätte er scheitern müssen im Katarakt der Denkprobleme. Auch er stammte aus der Vorzeit. Im Todesjahre Bismarcks begann er seine lange Schriftstellerlaufbahn, als bürgerlicher Aristokrat, Dichter des Schönen, Metaphysiker, der die sozialen Fragen geringer Aufmerksamkeit für wert hielt. In seinem ersten Roman, »Buddenbrooks«, hat man später ein Stück kritischer Gesellschaftsgeschichte entdeckt, das Buch vom Niedergang des alten, echten Bürgertums, und das war auch darin, aber dem Autor selbst kaum bewußt; den interessierten damals ganz andere Dinge. Nach anderthalb Jahrzehnten nur künstlerischen, nur geistigen, träumerischen Wirkens tat er zu Beginn des Krieges seine Augen gegen die Politik auf, plötzlich und weit. Das Ergebnis war so tief und reich wie kompliziert und ungeschickt und das Deutscheste vom Deutschen. Indem er zum politischen und Kriegsschriftsteller wurde, wollte Thomas Mann doch von seiner Vergangenheit, welche er für die deutsche hielt, nicht lassen; nicht von Musik, Adel, Träumerei und Todesliebe. Nun meinte er, daß es die Aufgabe der deutschen Politik sei, unpolitisch zu sein, und der Krieg geführt werde für die deutsche Kultur gegen die politisierte, demokratisierte Zivilisation des Westens. Insofern dieser schöne, hoch gescheite, redliche Wirrwarr praktisch überhaupt einen Sinn hatte, lief er auf eine Verteidigung des längst in seinen Grundfesten erschütterten deutschen Obrigkeitsstaates hinaus; wie sein Buch – »Betrachtungen eines Unpolitischen« – denn auch direkt gegen die Verhimmelung des demokratischen Frankreich gerichtet war, die sein Bruder Heinrich betrieb. Dabei ließ er häufig durchblicken, daß er, was er bekämpfte, auch in sich selber hatte und die von ihm verfochtene Sache ohnehin eine verlorene sei. Ein paar Jahre später bekannte er sich zur Republik. So wie er aber dem Krieg einen Sinn erfunden hatte, der mit der Wirklichkeit sehr wenig zu tun haben konnte, so war auch seine geistige Begründung der Republik eine schön erdachte, aus alter deutscher Dichtung zusammengereimte; Literatur, nicht Wirklichkeit. Die Partei- und Verbandsbürokratien konnten mit so feinem Denkstoff gar nichts anfangen, die linken so wenig wie die rechten. Romantisch und der politischen Wirklichkeit fremd war allerdings auch die studentische Jugend, an die Thomas Manns Rede »von deutscher Republik« vornehmlich gerichtet war; aber die wollte damals von gar keiner Demokratie etwas wissen, von einer auf deutscher Klassik und Romantik geistig konstruierten so wenig wie von der ordinären wirklichen. Der Dichter und sein Volk redeten und hörten so immer aneinander vorbei. Thomas Mann war ein tieferer Denker als sein Bruder Heinrich. Dieser hielt den Gedanken an, wo es ihm paßte; jener dachte fort und fort und scheute auch vor der quälendsten Wahrheit nicht zurück. Er war gesegnet und belastet mit Menschensorge, und wenn er an der Wahrheit zweifelte, so tat er es aus Wahrheitsliebe. Das aber hatten beide Brüder gemeinsam, daß, wie sie sich auch verpflichtet fühlten, in die Politik klärend einzugreifen, sie im Grund doch nur mit den Produkten ihres eigenen Geistes hantierten und an die Wirklichkeit kaum herankamen... Wie wenig Thomas Mann ursprünglich dazu gemacht war, wirkliche Entscheidungen zu vollziehen, zeigte demnächst sein großer Roman »Zauberberg«; ein feingeschnitztes Puppentheater gedanklicher und historischer Möglichkeiten, eine Bühne, auf der alles diskutiert und nichts entschieden wurde. Hier gab es den Hirnfanatiker, der den Terror voraussagt und den totalen Staat; hier den liebenswürdigen Fortschrittsfreund und liberalen Optimisten; den Psychoanalytiker, der vom Zusammenhang zwischen den Krankheiten des Körpers und der Seele gescheit und lüstern schwatzt; hier auch den deutschen Offizier, der schweigt, seine Pflicht tut und stirbt. Der Dichter mochte sie alle, mehr oder weniger, und bewegte sich frei zwischen ihnen, über ihnen; der lebendigen Darstellung, dem vollkommenen Ausdruck hingegeben, aber nicht der Wahl. Im rechten Augenblick erschienen, wurde der »Zauberberg« zum repräsentativen deutschen Roman der Stresemannjahre, ein Werk, aus dem Anregung und hohe Unterhaltung die Fülle, nicht aber belehrende Entscheidung zu gewinnen war. Praktisch, aller inneren Zweifel und Gegenzweifel ungeachtet, hielt sein Autor es dennoch mit dem »Fortschritt«, fuhr er auf dem, was er für den freundlichen Strom der Zeit halten wollte, und redete er bei häufigen Anlässen zum Guten: soziale Gerechtigkeit und Klassenausgleich, deutsch-französische Verständigung, Paneuropa. Schöne Aussichten, deren Verwirklichung ihm den Frieden zur Arbeit an seinen wahren, unpolitischen Anliegen geben sollte. Zuletzt, als von der extremen Rechten her der große Angriff auf die Republik begann, wurde er zum Kämpfer. Sein »Ja« war immer nur ein halbes, von Kritik und Selbstkritik geschwächtes gewesen. Sein Nein war eindeutig und stark. Hier gab der große Bürger dem Bürgertum ein persönliches Beispiel, dem es hätte folgen können. – Es hätte ihm folgen sollen. Es ist ihm, ein Vierteljahrhundert zu spät, ja dann auch ungefähr gefolgt. Und dies bleibt die Ehre Thomas Manns, des Politikers; das, was er anriet und kommen sah, die deutsch-französische Verständigung, die Einigung Europas, die soziale Demokratie, die Versöhnung zwischen Bürgertum und »Marxismus« hat er in den letzten Jahren seines Lebens dann doch noch sich anbahnen sehen. Soll man sagen, daß er im Irrtum war, weil es sich später anbahnte, als er gehofft hatte, und davor noch faulige Ideen der achtzehnhundertneunziger Jahre, faulige Energien von 1919 und die Verzweiflung der Wirtschaftskrise von 1930 sich zu dem Rückschlag des elenden Naziabenteuers vereinten? Soll man nicht eher sagen, er war schon damals im Recht, und nicht er irrte, sondern die wirkliche Geschichte?…

Wenn Gerhart Hauptmann und die Brüder Mann ihren Ruhm herliehen zu Zwecken demokratischer Repräsentanz, so hielten andere große Schriftsteller, die in die Weimarer Epoche hinüberlebten, sich abseits. Nach wie vor sandte Hermann Hesse aus der Schweiz seine Gedichte und schwermütigen Jünglingsromane. Er erwarb sich neue Freunde damit unter der deutschen Jugend, aber zuckte gleichgültig die Achseln über das deutsche Reich; ein Fremdling in seiner Zeit, willkommen anderen Fremdlingen, in lauter, hektischer Gegenwart ohne innere Einordnung Wandelnden. Stolz und fremd in ihrer Zeit, sehnsuchtsvoll der alten deutschen Vergangenheit zugekehrt, die sie in ihren geschichtlichen Studien so schön zu beschwören wußte, lebte auch Ricarda Huch, obgleich der Staat sie in seine Akademien berief und eine öffentliche Figur aus ihr zu machen versuchte. In Wien webte Hugo von Hofmannsthal an seinen Operntexten, seinen Erzählungen aus dem 18. Jahrhundert, seinen noblen geistigen und philologischen Untersuchungen. »Was sollen wir österreichischen Schriftsteller nun machen?« hatte man ihn nach der Auflösung des alten Österreich gefragt, und der Dichter hatte geantwortet: Sterben. Gleichwohl überlebte er die Monarchie um ein Jahrzehnt, versuchte er sogar, nun da es kein Habsburger

Reich mehr gab, als Deutscher zu Gesamtdeutschland zu sprechen. Tat er das aber einmal, so tat er es nicht im Zeichen der Republik. Was hatten Lohnkämpfe und Parteienkoalitionen zu tun mit dem Geisterreich aus Schönheit und Bangigkeit, in dem der übersensitive Aristokrat sich bewegte?... Edle Namen; wir könnten sie um andere vermehren, wenn wir vornehmlich Geistes- oder Literaturgeschichte schrieben. Das war ja aber nicht unser Auftrag. Dieser ging auf das Schicksal der Nation, so wie es, obgleich von überall genährt und bestimmt, seine Zuspitzung und Entscheidung im Politischen findet.

Wir sprachen davon, daß von den politischen Parteien des Reiches sich eigentlich nur die zahlenmäßig unbedeutende »Demokratische« zum Geist der Verfassung bekannte. Praktisch taten das auch und vor allem die Sozialdemokraten. Dagegen blieb ihre theoretische Stellung ungeklärt. Denn wie sehr sie sich auch in der Wirklichkeit vom »Kommunistischen Manifest« entfernt hatten, so hatten sie es doch nie ausdrücklich verworfen. Noch immer gingen die alten Herren der Partei, die Crispin und Scheidemann, im Schlapphut und Vollbart des Marxisten aus dem vorigen Jahrhundert umher. Auch Wortführer des intellektuellen Flügels, die Breitscheidt und Hilferding, griffen bei ihren Reden noch reichlich in den Marxschen Wort- und Gedankenschatz. Aber für Marx war die »bürgerliche« Republik im besten Fall doch immer nur ein Vorspiel, ein Sprungbrett zu Weiterem gewesen. Was war dann nun eigentlich die Weimarer Republik? War sie der Staat des Volkes, der Arbeiter? Oder war sie es nicht, und sollte das Wahre, die sozialistische Revolution erst noch kommen? Verstrickt in alte Theorie und neue praktische Notwendigkeiten, haben die Weimarer Sozialdemokraten diese Frage nie klar beantwortet. Sie sprachen von der bürgerlichen Republik, aus der man zunächst einmal das Bestmögliche für die Arbeiter »herausholen« müsse. Das heiß, daß die zweite, proletarische Revolution erst noch bevorstand. Gleichzeitig aber regierten sie doch, hatten in der Hauptstadt Berlin, im großen Bundesland Preußen die Ordnung zu verteidigen und standen von Amts, wie auch von Partei wegen auf Kriegsfuß mit den Kommunisten, die Ernst machen wollten mit der zweiten Revolution. Ein ungeschickter Widerspruch. Je weniger die Marxsche Lehre zur Wirklichkeit und zu ihrem eigenen Tun paßte, desto zäher hielten die sozialdemokratischen Führer an ihr fest; aus dem Gefühl heraus, daß sie mit dem »wissenschaftlichen Sozialismus« den Boden preisgäben, auf dem sie standen. Als ob es nicht neue Aufgaben die Fülle gegeben hätte, unvorhergesehen von einer hundert Jahre alten »Wissenschaft«, als ob es zur Meisterung dieser Aufgaben nicht neuen Geistes, frischen Blutes bedurft hätte. Aber es kam wenig frisches Blut. Die Starrheit der Sozialdemokratie hielt die geistig heimatlos gewordene bürgerliche Jugend ab, zu ihr zu stoßen, und auch die jungen Arbeiter begann die ewige Wiederholung derselben abstrakten These zu langweilen. Unter den Jüngeren, der Frontkämpfergeneration, gab es Männer, die sich sehr ernsthaft mühten, den toten Punkt zu überwinden. Es galt, so meinten sie, loszukommen von der Theorie des Klassenkampfes, den es von der Unternehmerseite her freilich gab, ohne daß man ihn deswegen philosophisch zu bejahen brauchte. Es galt, die Halbwahrheiten des historischen Materialismus auf ihren rechten Platz zu stellen und neben ihnen Platz zu machen für Glauben, Freiheit, Willen, Liebe. Man sollte nicht warten auf den jüngsten Tag der Revolution, sondern verwirklichen, was jetzt und hier verwirklicht werden konnte, und den Marxismus zum Teufel schicken. Die Preußenminister, Braun und Severing, Praktiker und gute Patrioten, hätten dieser Gruppe eigentlich nahestehen müssen, hatten aber wenig Zeit und Hang, sich um Philosophie zu kümmern. Eigentlich durchgesetzt hat sie sich nie. »Die vielen theoretischen Debatten«, schreibt im Rückblick der edle Julius Leber, »drehten sich immer wieder im Kreise, an die eigentliche praktische Problematik kamen sie überhaupt nicht heran. Es war wie mit einem Schiff, das vor Anker liegt, es dreht, es wendet, es treibt vor in Wind und Strömung, nach hier und nach dort, aber immer nur in einem Kreis, dessen Radius die Ankertrosse bildet. So hingen alle sozialdemokratischen politischen An-

schauungen und Überlegungen am Anker überholter marxistischer Vorstellungen...«
Anderen war die Partei nicht marxistisch und revolutionär genug. Sie hatte, indem sie sich auf die bürgerliche Republik einließ, die große Sache verraten. Diese Anklagethese, den Kommunisten vertraut, wurde auch gern von Männern vorgebracht, denen es an der partei-kommunistischen Disziplin und Beschränkung fehlte – ungebundenen Linksliteraten. Von ihnen gab es in Berlin eine Menge und hochbegabte darunter. Die hellsichtige Bosheit, mit der Kurt Tucholsky die Republik verspottete, alle ihre Lahmheiten und Falschheiten, erinnerte von ferne an Heinrich Heine. Von Witz und Haß des großen Dichters war ein Stück in ihm, nur leider wenig von seiner Liebe. Die radikale Literatur konnte kritisieren, verhöhnen, demaskieren, und erwarb sich eine leichte, für die Gediegenheit des eigenen Charakters noch nichts beweisende Überlegenheit damit. Sie war ihr Handwerk gewöhnt von Kaisers Zeiten her und setzte es fort unter der Republik, die es an Zielscheiben für ihren Hohn auch nicht fehlen ließ. Was half es? Dann vielleicht half es etwas, wenn der Protest von einem echten Dichtergenie getragen wurde, wie dies bei Bertolt Brecht der Fall war. Schöne Gedichte helfen immer, bringen immer etwas in Ordnung, tun der Seele immer gut. Aber selbst in den Dichtungen und Theaterstücken Brechts fehlte es nicht an provozierender Frechheit und Unverantwortlichkeit, an sensationshaschenden Arrangements. Und so grimmig diese ungebundene Linke die Republik verhöhnte und so wenig sie mit der Sozialdemokratie zu tun hatte, so wurde sie auf der Rechten doch als ein typischer Ausdruck des »Systems« empfunden: »Asphaltliteratur«, »jüdisch-zersetzende Intelligenz«, oder was die gängigen Ausdrücke waren. Die radikale Literatur gehörte nicht zur Republik, wohl aber zur republikanischen Zeit, in der allein sie in den Zeitschriften und auf dem Theater so laut zu Worte kommen konnte. Sie tat der Republik doppelt weh; indem sie unbarmherzig ihre Schwächen aufdeckte; und indem sie trotzdem als gültiger Ausdruck republikanischen Geistes empfunden wurde. So als sei dieser ein rein negativer, am

besten vertreten durch Witzbolde, die ihr Vaterland und wohl gar ihre eigene Sache verhöhnten.
Ein kaum weniger fragwürdiger geistiger Bundesgenosse der Demokratie war die fortschrittliche Sozialwissenschaft, so wie sie an einigen Universitäten gelehrt werden durfte. In der Nachfolge Max Webers, der die »Wertfreiheit« oder reine Sachlichkeit der Soziologie gefordert hatte, aber kaum mit dessen menschlicher Größe. Auch in der Nachfolge von Marx. Man verfeinerte seine Methoden, hielt aber fest an seinen Grundthesen, vor allem an jener von der »Standortgebundenheit« aller sozialen und moralischen Ideen. In einfachem Deutsch: es kam Ideen und Werten keine Wahrheit zu; man mußte zeigen, welche Interessen sie maskierten, woher sie kamen und warum sie zu vergehen verurteilt waren. Auch das gab dem Lehrer eine Gelegenheit, seine Gescheitheit zu beweisen, aber sonst gab es dem Schüler nicht viel. Wie konnte man helfen, die »geistige Krise« zu überwinden, von der man so gerne sprach, wenn alle Glaubensgehalte nur als vergängliche gesellschaftliche Erscheinungen galten? Was Wunder, daß die Schüler den Lehrern davonliefen? Daß diese Soziologie, als nun die letzte, wirkliche Krise kam, offenen Mundes dastand, unfähig, die Dinge zu verstehen, was doch gerade ihr Beruf gewesen wäre, geschweige denn, zu einem Hort des Widerstandes zu werden? Um wieviel hiflreicher waren hier die alten Zentren des Glaubens und der Tradition, die christlichen Kirchen.
Weit entfernt von »Wissenssoziologie«, »Ideologenlehre«, »Krisenanalyse« oder wie sonst solche Bemühungen genannt wurden, war eine Philosophie, die gleichzeitig sich an den Universitäten erhob: die »Existenzphilosophie«. Auch sie war zeittypisch und in hohem Maße zeitbewußt, aber nicht in dem Sinn, daß sie um die neuesten Produkte der Geschichte, Republik, Demokratie, Wirtschaft und Gesellschaft sich groß gekümmert hätte. Das tat sie gar nicht. Wenn sie sich auf die Beschreibung von Staat, Kultur, Gesellschaft und Wirtschaft überhaupt einließ, so nur darum, um dem einzelnen zu zeigen, daß in dieser, der öffentlichen Sphäre, die Sinnerfüllung seines Le-

bens nicht zu finden sei. Die öffentliche Sphäre – das war Fürsorge für das Dasein der Massen, Staats- und Parteibürokratie, hohle, unehrliche Demagogie, war oberflächliche Unterhaltung, Sensation, »Gerede«. Das hatte die Geschichte so gemacht, das mußte so sein, und daran war nichts zu ändern. Aber es war kein Heil darin, keine Heimat, kein Halt. Diese Welt war entgöttert; man glaubte den Philosophen nicht mehr, die Gott in der Geschichte, im Staat gesucht hatten. Der einzelne, der sein Leben erfüllen wollte, mußte es in Freiheit, kraft eigenen Wagnisses tun, ohne sich an das Getriebe des »Man« zu verlieren; im Bündnis mit anderen einzelnen. Das kam einer Philosophie der Verzweiflung ziemlich nahe, obgleich die beiden wesentlichsten Vertreter dieser neuen Schule den Abgrund von Einsamkeit und Verlorenheit nur zeigen, nicht ihn mit Opfern füllen wollten. Von ihnen war der eine (Karl Jaspers) ein ernster, an Wissen reicher Mann, ein echter Schüler Kants; gab er seinen Schülern keine positiven Glaubensstücke, so lehrte er sie doch nützliche Unterscheidungen zwischen dem Wißbaren und dem im Glauben Erfahrbaren, zwischen Notwendigkeit und Freiheit, zwischen dem Geschichtlichen und dem Ewigen. Den anderen (Martin Heidegger) mag man den Poetischeren nennen, aber er trieb Wortgaukelei; ein Miteinander von Tiefsinn und geistigem Betrug. Beide lehrten sie in überfüllten Sälen, gaben sie der studentischen Jugend etwas, was sie seit Hegels Tod nicht mehr erhalten hatte, eine Philosophie, die sie etwas anging. Das mag man ihnen danken. Zur Politik der Gegenwart verhielten sie sich indifferent oder feindlich; wie denn auch der Zweiterwähnte sich, aus Ehrgeiz, in der nachfolgenden Epoche übel genug bewährt hat.

Berater der Nation auch im Politischen wollten die Historiker sein, aber sie machten ihren alten Kram weiter. Noch immer waren sie vorwiegend die Schüler oder Schülersschüler der alten nationalliberalen Preußenverherrlicher und Bismarckianer, wenn auch der Geist Droysens, das Feuer Treitschkes ihnen fehlte. Mit preiswürdiger wissenschaftlicher Technik und nur ein wenig getrübtem Wahrheitswillen versuchten sie wieder und wieder nachzuweisen, daß Frankreich am Krieg von 1870 schuld sei und Deutschland unschuldig am Krieg von 1914; oder daß, wenn ihm schon ein kleiner Teil der Schuld zukomme, es die Schuld der Ungeschicklichkeit, nie aber des bösen Willens gewesen sei. Einzelne kritisierten Wilhelm II., einzelne den Reichskanzler Bülow oder führten alle deutschen Irrungen zurück auf den Sturz Bismarcks; und ließen sich gar nicht ein auf die Frage, ob denn nicht manches grundfalsch gewesen sein mußte in einem Staate, in dessen Geschichte die Entlassung eines einzigen, ohnehin dem Grabe nahen Greises ein so folgenschweres Ereignis war. Die Weimarer Republik hielten sie für eine von der Geschichte noch nicht gerechtfertigte und vielleicht – wahrscheinlich – nie zu rechtfertigende Sache. Für geschichtlich legitim hielten sie dagegen die Auflösung der Habsburger Monarchie. Hatte nicht schon der junge Bismarck Preußen mit einer schmucken Fregatte, Österreich mit einem wurmstichigen alten Orlogschiff verglichen? War das Ende Habsburgs nicht eine Erfüllung früher nationaler Träume, die Weimarer Republik nicht ein, freilich unwürdiger, Erbe Preußen-Deutschlands? Den Nachfolgern der alten Kleindeutschen konnte es nur recht sein, daß es jetzt die Donaumonarchie nicht mehr gab. Der Gegensatz Großdeutsch-Kleindeutsch fiel damit dahin, aber fiel dahin im kleindeutschen Sinn. Denn es war nun die Sache Deutsch-Österreichs, sich dem Reich anzuschließen, und Wien sollte von Berlin das Gesetz annehmen, nicht umgekehrt... Die deutschen Historiker hatten, aller schönen Einzelleistungen ungeachtet, seit 1914 wenig gelernt und wenig vergessen. Sie blieben befangen in den Ideen des Nationalstaates und hielten Deutschland für mindestens so wichtig wie die gesamte übrige Welt. Fruchtbare nationale Selbstkritik ist von ihnen damals nicht viel gekommen.

Anders geartet war der geistige Irrblock, den, noch im letzten Kriegsjahr, ein Einzelgänger in den stagnierenden Strom deutschen Geschichtsdenkens warf, wo er nun lag und die Wasser teilte. Wir meinen Oswald Spenglers »Untergang des Abendlandes« und die späteren Nebenwerke des starken, wunderlichen Mannes. Der »Untergang« gehört zur Weimarer Epoche so gut wie der »Zauberberg« und noch mehr, weil er gleich am Anfang erschien und gleich am Anfang den republikanischen Versuch mit eindrucksvollen Argumenten verneinte. Wenn Spengler recht hatte, dann hatten die Demokraten nicht recht, dann standen uns ganz andere Dinge bevor als Parlamentsregierung, bürgerliche Freiheit und ewiger Friede. Spengler war so deutsch wie Thomas Mann, aber auf ganz andere Weise. Er gehörte nicht zur Gattung der Suchenden, Zarten und Scheuen. Er wußte Bescheid ein für allemal, so wie vor ihm Karl Marx Bescheid gewußt hatte. Mit furchtbarem Ehrgeiz, mit gewaltiger Schriftstellerwillenskraft unternahm er, sich ein Alleswissen und mit ihm das Publikum zu erobern. »In diesem Buch«, fing er an, »wird zum erstenmal der Versuch gemacht, Geschichte vorauszubestimmen.«

Hegel, hundert Jahre früher, hatte das nicht getan. Der hatte nur die Vergangenheit verstehen wollen und die Gegenwart, welche geronnene Vergangenheit war; über die Zukunft hatte er wohlweislich kein Wort gesagt. Spengler, wie Hegel, war sich bewußt, in einer zur Neige gehenden Epoche der Geschichte zu leben, er war so angeregt durch den Weltkrieg, wie Hegel durch die Erscheinung Napoleons. Wie Hegel wollte er einmal so recht und vollständig begreifen, was eigentlich mit seiner Zeit los war. Eine Versuchung des Denkens, zumal des deutschen Denkens, in Krisenzeiten. Vergleicht man aber beider Werke, so sieht man, wie der deutsche Geist in hundert Jahren an Feinheit und Tiefe verloren hatte. Wie war doch Hegels Philosophie noch mit griechischer und christlicher Tradition, mit Humanismus und Idealismus, mit Glauben an das Rechte und ewig Wahre gesättigt, wie brutal und simpel ist dagegen die Spenglersche. Das, was schon in Hegel Gefährliches war, übernahm Spengler; die Verherrlichung des Krieges, die Vergottung von Macht und Erfolg. Für Hegels Menschheitsglauben, die Zartheiten und Schönheiten und verdrehten Frömmigkeiten der Dialektik hatte er keinen Gebrauch. Der Mensch, bei Hegel, kam wohl aus der Natur nie los; seine Aufgabe war doch, auf der Basis des Natürlichen zu sich selber zu kommen,

Geist zu werden, den in ihn gelegten, nie erloschenen göttlichen Funken zum Feuer zu entfachen. Für Spengler war der Mensch ein Raubtier und blieb es, vor anderen hauptsächlich dadurch ausgezeichnet, daß er eine »Greifhand« besaß; und Ideen von Menschheit, Recht und Wahrheit waren faule Demokratenwitze. Daß der Mensch zum Tier werden kann und viel schlimmer als das Tier, hatte die Erfahrung des Krieges gezeigt. Auch andere hatten das bemerkt und sich ihre Gedanken darüber gemacht; Sigmund Freud zum Beispiel, der Psychologe. Der lehrte, daß der primitive Mensch ein Mörder gewesen sei, daß wir von einer »Rasse von Mördern« abstammten und die alte Mordlust, trotz aller Zivilisation, noch unterdrückt in uns lebte, um hervorzubrechen, wenn ihr eine Chance geboten war; daß Friede und Ordnung und Kultur etwas hart Erkämpftes, immer Bedrohtes, durch aufklärende Wissenschaft zu Verteidigendes waren und bleiben mußten. Spengler ließ schmunzelnd die Mordlust gelten, aber strich, was Freud über die Verteidigung und Rettung menschenwürdiger Existenz zu sagen hatte.
Sein Grundgedanke läßt sich in wenigen Sätzen ausdrücken. Kulturen, behauptete er, entstehen und vergehen wie organische Wesen. Was anderen Kulturen schon geschehen war, das stand nun der europäisch-amerikanischen bevor, der Tod. Vorher waren jedoch noch einige interessante Dinge zu erwarten. Jede Kultur ging, wenn sie dem Ende nahe kam, durch die Phase der »Zivilisation«: Technisierung, Zusammenballung der Massen in riesigen Städten, Herrschaft des Geldes. Dem entsprach im Politischen die Demokratie: eine pfiffige Erfindung der Kapitalisten, um ihre Herrschaft zu verlarven, die Massen je nach Bedarf aufzupeitschen oder zu zähmen. Da hörte man dann das Gerede von Gleichheit und Freiheit, von der Humanität, vom ewigen Frieden und anderen solchen hohlen Idealen; während gleichzeitig die höheren Leistungen der Kultur, Kunst, Musik, Dichtung, Philosophie, religiöser Glaube ganz unvermeidlich zum Teufel gingen. »Religiös ist das Abendland fertig.« Das war aber, nach Spengler, das Ende noch nicht. Gegen die Demokraten und Plutokraten erhob sich

eine neue Rasse: die echten, harten Kapitäne von Wirtschaft, Armee und Staat, die Cäsaren der Zukunft. Ihnen ging es nicht um Reichtum und Genuß, sondern um Gestaltung der Macht zu hohen, gnadenlosen Zwecken. Da würden dann Diktatoren erscheinen, von denen Napoleon und Bismarck und Ludendorff nur einen schwachen Vorgeschmack gaben. Da würde es dann Kriege geben, die den eben beendeten zum Kinderspiel machten; die Humanitätsphrasendrescher, die schöngeistigen Schwächlinge würden in diesem Sturm versinken, und das sei kein Schade. Blut würde aufstehen gegen Gold, und das Blut würde siegen. Und dann? Dann sei allerdings das Ende erreicht. Nach den Großkriegen und Siegen und geistlosen, aber vornehmen, stählernen, harten Reichen der Diktatoren komme nichts mehr. Die Europäer würden dann in das Dasein geschichtsloser Fellachen zurücksinken und Berlin und London so aussehen wie Ninive.
Eigentlich keine erfreulichen Aussichten. Jedoch verbot uns Spengler, über sie zu jammern; über das Unvermeidliche jammerte nur der Elende, während der Tapfere sich männlich dreinschickte. Er starb »prachtvoll«, nicht auf häßlich-verkümmerte Weise, und prachtvoll sollte der Untergang des Abendlandes sein... Dem Publikum, einem großen Teil von ihm, gefiel diese Aufforderung, Alten und Jungen. Was sie lasen, gab ihrem Zeiterlebnis einen Sinn, und während sie lasen, erschienen schon solche Diktatoren, wie Spengler sie prophezeite, am Horizont: Lenin in Rußland, dann Mussolini in Italien. Nicht das Ende, welches er voraussagte, interessierte die Leute, das lag ja noch im weiten Feld. Was Oswald Spengler zu einer zentralen geistigen Figur machte, war seine Charakteristik der Gegenwart und der nahen Zukunft. Auch andere verwarfen die Republik. Aber er verwarf sie anders als die anderen, stellte sich außerhalb ihrer Gegensätze, nahm eine vom Kampf der parlamentarischen Parteien gar nicht zu erfassende Position ein. Er war gegen die Monarchie, gegen jeden Versuch einer Restauration; gegen den Kapitalismus; gegen die Demokraten, die Sozialisten, die Kommunisten, und was sonst noch sich den Wählern zur Wahl bot. Das war gleich veraltet,

das gehörte alles zur Phase »Demokratie«, auch wenn es vor dem Publikum Krieg gegen sich selber spielte. Die kommende harte Zeit würde es hinwegfegen. Ein neuer Sozialismus würde eins werden mit einem Soldatentum und einem neuen, nicht »Kapitalismus«, aber starken Führertum auch in der Wirtschaft, ausgeübt durch Könner im Dienst der Gemeinschaft. Alle würden Diener sein, alle Arbeiter und Soldaten, einige wenige zugleich Herren und Diener. Auf dem Papier las sich das recht schön. »Blut gegen Gold« lehrte Spengler und

Arbeit gegen Geldsack,
Blut gegen Gold!

sangen die Nationalsozialisten. Als nun aber in den dreißiger Jahren der deutsche Cäsar erschien und daranging, das Reich des Arbeitssoldaten, den »preußischen Sozialismus« zu verwirklichen, da gefiel es dem Propheten auch wieder nicht. Er hatte sich's eleganter vorgestellt.

Indem Spengler das alte Preußen lobte und doch die Monarchisten tadelte, das Fortschrittsideal verhöhnte, den Krieg verherrlichte und doch sich als Sozialist gab, indem er so die hergebrachten Denkformen der Politik völlig durcheinanderwarf, wurde er zum Mitbegründer einer geistigen Bewegung, die der Erzähler nicht verschweigen kann, so wirr sie auch ist und so wenig Wirkliches zuletzt aus ihr wurde. Man nennt sie die »Konservative Revolution«. An sich eine wunderliche Wortverbindung. Denn Konservation heißt ja auf deutsch Erhaltung, und Revolution heißt Umsturz. »Erhaltender Umsturz« – was soll das nun heißen? Es hieß, daß seine Befürworter nicht *eine* Position innerhalb der Republik verwarfen, sondern die ganze Republik und die ganze Gegenwart; daß sie »Rechts« für so veraltet hielten wie »Links« und ganz neue Fragen stellen, ganz neue Ideale bieten wollten. Das war ihnen allen gemeinsam, wie sehr auch sonst ihre Meinungen auseinandergingen. Zu zahlenmäßig gewichtigen Organisationen eigneten sie sich schon darum nicht, weil das, was sie wollten, zu sehr auf ihrem individuellen Charakter, Talent, Erlebnis, Wunschtraum und Hochmut beruhte. Das gab kleine Gruppen und

Kreise, Zeitschriften, Gedichte, Essays – nicht Parteien. Das Antlitz der europäischen Demokratie mißfiel ihnen; der Genfer Völkerbund mit seiner ohnmächtigen Heuchelei; der Reichstag mit seinen Intrigen und Kuhhändeln; der Parlamentarier mit Zylinderhut, Zwinkerauge, Schmerbauch und gestreiften Hosen. Das war ihnen alles nichts. Ein neues Reich ohne Parteienhader wollten sie, ein Reich der Jugend und männlichen Tugend – ein großes, stolzes Lagerfeuer anstatt der Hauptstadt Berlin. Vom modernen Staat erwarteten sie viel mehr, als er im besten Fall geben kann.

Sie kamen etwa aus der Jugendbewegung der Vorkriegszeit. Aber in ihren Bünden gingen sie hinaus über Wandervogel- und Pfadfinderwesen; ihr Anspruch, ihre Sehnsucht stiegen höher. Oder sie kamen aus dem Krieg, waren, wie es hieß, geformt durch das Fronterlebnis. Hier war Ernst Jünger der bedeutendste Sprecher; glorreicher Soldat und großer Stilist, Philosoph und Ästhet und Abenteurer. Was er damals eigentlich wollte, was er mit leidensreicher Sensivität fürchtete und zu wollen nur vorgab, das können wir nicht wissen, und wahrscheinlich wußte er es selber nicht. Zweifel, die seinen feinen Geist quälten, verdeckte er hinter der Maske des stählernen Schriftstelleroffiziers, der dem Leser Befehle gibt. Und was für Befehle. Er forderte eine Revolution, um die die Jugend von 1918 betrogen worden sei, aber keine »linke« und auch keine »rechte«, sondern eben nur »Revolution«, und zwar eine gründliche. Aus ihr würde das »Reich des Arbeiters« hervorgehen, des harten, geistlosen, traumlosen Maschinenmannes, der beherrscht wird und sich selbst und alles beherrscht. Das würde der neue Aristokrat sein, ob er Kohle grub oder ein Flugzeug führte. Die Herrschaft über die Erde würde ein »Arbeitsgang von Kriegen«, von »Materialschlachten« bestimmen; zuletzt würde der Planet zur all-einen-Fabrik- und Planlandschaft werden im Zeichen neuen, unbarmherzigen Rittertums. Fort mit dem, was uns noch geisterhaft mit der alten Zeit verband, die doch nicht mehr ins Leben zurückgerufen werden konnte! Fort mit dem Museumskram, mit der humanistischen Bildung, fort mit den plätschernden Brunnen auf alten Marktplätzen, den weichlichen anachronistischen Belästigungen! Ein jedes Ding zu seiner Zeit. Der totale Staat, der heraufkam, würde keine Dichter und Träumer, keine Dorflinden und Posthornromantik, keine Boheme, keine Diskussion, natürlich auch keinen demokratischen Hokuspokus – oh, sehr viel würde er nicht mehr brauchen können!... Ein intuitiver Sinn für das, was wirklich bevorstand, mischte sich hier mit phantastischem Literatentum, mit Ästhetizismus. Aber Ernst Jünger sprach viele gescheite junge Leute an.

Sie drehte sich gegen sich selbst, diese »konservative Revolution«, und es wird uns heute noch schwindelig, wenn wir uns mit ihr beschäftigen. Die Idee vom »Arbeiterstaat« war vielen ihrer Vertreter gemeinsam, wenn sie darin auch nicht ganz so weit gingen wie Jünger. Es war eine hypermoderne Ansicht, einen dicken Strich gegen alle Vergangenheit ziehend, dem Gemütlosen, Stählernen, Gläsernen zugewandt. Aber gleichzeitig waren unsere konservativen Revolutionäre doch auch Romantiker und schwärmerische Liebhaber von Vergangenem, ein Widerspruch, den auch Jünger erlebte und nicht verbergen konnte. Sie selber, oder ihre Vorgänger, hatten ja die schönen alten Lieder wiederentdeckt, hatten gelebt wie die fahrenden Schüler im Mittelalter, waren ausgezogen zur Fahrt in die alten Städtchen und in die fremden Länder. Ihr Gemeinschaftsideal nährten sie mit Worten und Begriffen aus dem Mittelalter; Stände gegen Klassen; Gilden gegen bloße Interessenvereine, und so fort. Mittelalterlicher Herkunft war selbst die Idee des Reiches, und von alter Hohenstaufenherrlichkeit kam manches bei ihnen vor. Ihr hoher Sinn für Brüderlichkeit und Abenteuer war feindlich der modernen Welt, ihrem Geschäftsgeist, ihrer Atomisierung, ihren vulgären Vergnügungen. Nun ist freilich das geistige Leben immer voller Widerspruch, und zumal von der Jugend verlangt man vergebens, daß sie einem einzigen System stimmiger Begriffe folge. Wir erinnern uns, wie vielspältig hundert Jahre früher die Sehnsucht der »Burschenschaft« gewesen war, wie auch sie ein Zurück zur guten alten Zeit wünschte und ein Vorwärts ins Neue, wie sie zugleich die Französische Revolution haßte und manches von ihr übernahm. Das aber muß man sagen, daß die jungen und halbjungen Männer von der »Konservativen Revolution« sich eine ungewöhnliche Wirrnis ihres Wollens gestatteten. Manchmal halfen sie sich damit, daß sie durchblicken ließen, es komme gar nicht mehr auf Meinungen an, an denen hätten wir gerade genug, sondern auf den Charakter, aufs Tun und Leben – worin sie allerdings nicht fehlgehen konnten. Sie waren ein lebendiges Zeichen der Zeit, und manches war schön, was sie boten und zusammen taten. Aber zur begrifflichen Klärung leisteten sie nichts und wollten auch gar nichts dazu leisten. Sie spielten nicht mit, denn das ganze öffentliche Spiel gefiel ihnen nicht; genug, wenn sie seine Regeln erschütterten, seine Steine durcheinanderwarfen. Ihr Beitrag lag im Protest gegen Staat und Gesellschaft, so wie sie waren.

Es gab sie unter den Hochschülern, auch wohl den Professoren; unter jungen Reichswehroffizieren; in den Frontkämpferverbänden. Gelegentlich versuchte ein Durchschnittskonservativer alten Schlages um sie zu werben und ihre Sprache zu sprechen. (Zum Beispiel Franz von Papen.) Gelegentlich versuchten sie es mit einer politischen Partei, mit Splittergruppen der extremen Rechten, mit den Kommunisten. Das ging selten gut aus. Es kam die Zeit, in der sie viel von sich reden machten, weil die Menschen Rat und Hilfe brauchten und, eben weil die Parteien versagt zu haben schienen, sie nun bei jenen suchten, die früh sich gegen das alte Parteiwesen gewandt hatten. Das war die Zeit der großen Wirtschaftskrise. Danach versank die »Konservative Revolution« sehr rasch. Sie wurde aufgesogen und ruiniert von der wirklichen, gar nicht »konservativen« Revolution, die nun im Ernst begann.

Von Stresemann zu Brüning

Soll man die Vorgänge der Jahre 1918 und 1919 überhaupt einen Entschluß nennen, so hatte Deutschland sich zur Demokratie entschlossen, als der Parlamentarismus auch in seinen klassischen Ländern schon zu kränkeln begann. 1919 war die Weltstunde der Demokratie, aber keine glückliche Weltstunde. Präsident Wilsons demokratische Außenpolitik brach zusammen, und von den mannigfachen Staaten und Stätlein, die ihre Existenz ihm verdankten, waren viele nicht demokratiefähig und nicht einmal lebensfähig.

Daß in Deutschland Demokratie sein sollte, hatte die große Massenpartei, die sozialdemokratische entschieden. Das Volk sollte sich selber regieren, die Mehrheit bestimmen – gleichgültig, *was* die Mehrheit bestimmte, gleichgültig, ob es überhaupt eine bestimmungsfähige Mehrheit geben würde. Das war brav und im demokratischen Sinn gesinnungstreu. Es war optimistisch: eine Mehrheit, eine vernünftige, konstruktive Mehrheit, würde es schon geben. Es war auch bequem, wälzte die Verantwortung von den Führern zurück auf das »Volk«. Das Volk war ein Chaos widerstreitender Hoffnungen und Ängste. Chaos ordnet sich nicht von allein; dazu gehören Ideen und Willen. Auch eine niedlich entworfene Verfassung reicht dazu nicht aus. Die Leiter der Sozialdemokratie ersetzten Führungswillen durch Ordnungswillen und durch große, menschlich ergreifende Biederkeit.

Um die Ordnung aufrechtzuerhalten, fehlte es ihnen nicht an vorzüglichen Verwaltungstechnikern, wohl aber an Machtmitteln. Diese schufen sie nicht sich selber, sie liehen sie von der alten Armee. Die alte Armee hielt das Reich zusammen 1919, 1920 und wieder 1923; wobei sie brutal gegen die extreme Linke, aber milde gegen die extreme Rechte verfuhr. Aus der alten Armee ging die Reichswehr hervor. Unter ihrem Chef, von Seeckt, wurde sie aufgebaut zu einem sich so nennenden Eliteheer, das, fern von allen Parteikämpfen, politisch neutral sein sollte. Da es aber bei den Parteikämpfen nicht bloß um innerrepublikanische Gegensätze ging, sondern um die Frage, Republik oder keine, so bedeutete die angebliche Neutralität der Reichswehr auch kalte Fremdheit gegenüber der Republik und allen ihren Einrichtungen; sie diente, so hieß es, dem Volk und dem Staat, nicht der augenblicklichen vergänglichen Staatsform. Vor allem sollte sie ein schneidendes Instrument in den Händen ihres Kommandierenden bleiben. Das Weitere würde man sehen.

Die Staatsführung der Sozialdemokraten enttäuschte die Wählermassen; und da sie ihr Amt, demokratisch korrekt, vom Auftrag der Wähler herleiteten, so verloren sie es schon 1920. Seitdem wurde im Reich »bürgerlich« regiert, das hieß von Leuten, deren Glaube an die von ihnen vertretenen und verwalteten Einrichtungen ein zweifelnder, wo nicht direkter Unglaube war. Trotzdem wurden die Sozialdemokraten nicht zur starken Oppositionspartei. Daß die Mehrheit regieren müßte, daß es zu jedem Gesetz einer Mehrheit im Reichstag, mithin, indirekt, einer Mehrheit der Nation bedurfte, diese Grundregeln der Demokratie blieb vorläufig unbezweifelt. Mehrheiten ohne oder gegen die Sozialdemokratie waren jedoch schwer und häufig gar nicht zu finden, zumal die extremen Flügelparteien sich keiner Mehrheit einfügen ließen. Hier halfen die Sozialdemokraten sich, oder vielmehr dem Staat, durch die Praxis der »Tolerierung«. Sie stützten durch ihre Stimmen die »bürgerlichen« Regierungen, bei denen sie nicht aktiv mitmachen durften oder wollten; so die Reichskanzler Cuno und Stresemann im Jahre 1923, den Reichskanzler Luther im Jahre 1926. Sie bewilligten im Jahre 1923 ein »Ermächtigungsgesetz«, das es den Kanzlern Stresemann und Marx, vielmehr deren aus Industriekreisen stammenden Wirtschafts- und Finanzministern gestattete, alle die für die kleinen Leute, Arbeiter, Angestellte und Beamte sehr harten Maßnahmen zu treffen, welche die Währungsreform notwendig machte. Die Sozialdemokraten der Weimarer Zeit waren so meist in der Opposition und auch nicht, da ohne ihre passive Hilfe die Republik überhaupt nicht »regiert« werden konnte.

Noch wunderlicher wurde dies Verhältnis durch Preußen. Daß

es den preußischen Staat überhaupt noch gab, daß zwei Drittel des Reiches noch »Preußen« hießen und hier die Verwaltung auf einer von den Dingen im »Reich« getrennten politischen Willensbildung beruhte, war eines der bezeichnenden Paradoxe der Weimarer Zeit. Preußen war ja längst kein echter Staat mehr, viel weniger als Bayern oder Württemberg. Dazu war es zu groß, zu sehr eins mit dem »Reich«, das es sich geschaffen hatte. Unter dem Kaiser hatte seine Fortexistenz der Dynastie, der Armee, den herrschenden Klassen gedient. Nun existierte es weiter durch das bloße Gewicht seiner Vergangenheit, weil man 1919 zu ermattet und faul gewesen war, sich etwas Besseres auszudenken. Da es aber schon weiter existierte und hier die Wahlergebnisse ein wenig günstiger blieben, so glaubten die Sozialdemokraten, in Preußen tun zu können, was sie im Reich nicht taten; aus dem alten Königsstaat wollten sie einen demokratischen Musterstaat machen. Leicht war das nicht. Die entscheidenden Gesetze wurden im Reich gemacht: Steuern, Zölle, Arbeitsrecht, Sozialversicherung und natürlich die Außenpolitik und natürlich das Heer – alles das waren Reichssachen. Otto Braun, der langjährige preußische Ministerpräsident, verhehlt uns denn auch in seinem Erinnerungsbuch nicht, wie gründlich ihm das Reich – Reichsregierung, Reichsbank, Reichswehr – seine besten Pläne meist verdarb. Auch in Preußen konnten zudem die Sozialdemokraten nicht allein regieren. Sie arbeiteten zusammen mit dem Zentrum. Eine Verbindung der drei Oppositionsparteien der Bismarckzeit, Sozialdemokraten, Zentrum und Freisinn, das war an sich nichts Unnatürliches, damit hatte man es zunächst auch im Reich versucht; dort aber nicht für lange. Dann gab es dort den »Bürgerblock«. Und nun verhielt es sich so, daß die eigentliche Schicksalspartei der Weimarer Republik das Zentrum war. Ohne die Sozialdemokraten ging es zur Not, ohne das Zentrum ging es überhaupt nicht. Im Kleinen, wunderbar Organisierten, durch Religion fest Zusammengehaltenen, spiegelte es die deutsche Gesellschaft wider; Unternehmer und Gewerkschaften, Kleinbauern und Gutsbesitzer, Weltstädter und Hinterwäldler, im Zentrum waren sie alle vertreten. Nicht zu

Unrecht hatte die Partei ihren Mittelnamen, und die Worte ihres Gründers Windthorst »Extra Centrum Nulla Salus« sind für keine Epoche so wahr gewesen wie für die Erste Deutsche Republik. Je nachdem konnte sie sich nach rechts wenden oder nach links; für jeden Kurs hatte sie erprobte Politiker zur Verfügung, und es kam wohl auch vor, daß ein und derselbe Zentrumspolitiker sich mit beiden Richtungen zu befreunden vermochte. Im zerrissenen deutschen Vielparteienstaat, der es weder zu einer echten Mehrheit noch zu einer echten Opposition brachte, war es nützlich, solange es ging. In den preußischen zwei Dritteln des Reiches regierte das Zentrum zusammen mit den Sozialisten. In den drei Dritteln, im Reich selbst, regierte es zusammen mit den Antisozialisten von der Deutschen Volkspartei, mitunter sogar mit den Monarchisten, den Deutschnationalen. Die drei Drittel waren viel mächtiger als die zwei, viel wichtiger. Nicht das Reich mußte auf Preußen Rücksicht nehmen, sondern Preußen auf das Reich, sonst ging die preußische Regierungskoalition in Stücke. Die Regierung Preußens war viel stetiger als die Regierung des Reichs. Sie besaß Geschicklichkeit und Würde, und wo sie überhaupt handeln konnte, handelte sie mit Energie. Und doch war es nur Drittelsmacht, Scheinmacht und Ohnmacht, was die Braun und Severing sich in Preußen aufgebaut zu haben glaubten. – Die politische »Neutralität« der Reichswehr, das heikle Neben- und Miteinander von Reich und Preußen, die Tolerierung von Bürgerblockregierungen durch die Sozialdemokraten, die unermüdliche Wendigkeit des Zentrums – dies, ungefähr, waren die politischen Faktoren, welche die gute Zeit der Weimarer Republik bestimmten, 1924 bis 1928 und darüber hinaus.

Sinn erhielt die deutsche Politik jener Jahre durch den Außenminister aller der Bürgerblockregierungen, der Rechtskoalitionen und »großen Koalitionen«, Gustav Stresemann. Seine Diplomatie stützten die Sozialdemokraten, wenn sie die Kabinette des »Bürgerblockes« tolerierten. Es war die Diplomatie der Verständigung, des langsamen, friedlich-zähen Zurückgewinnens der deutschen Souveränität. Sie hatte Erfolg, wie wir schon sahen: »Locarno«, Deutschlands Eintritt in den Völkerbund, das Verschwinden der alliierten Kommission, welche bisher die deutsche Abrüstung hätte überwachen sollen, die beginnende Räumung der besetzten Gebiete westlich des Rheins. Auch die ausländischen Kredite wären nicht so reichlich zugeströmt ohne das Vertrauen, das Stresemann sich und seinen Auftraggebern erwarb. Aber unter welchen Anstrengungen! Er war nicht alt damals, er könnte im Augenblick, in dem dies niedergeschrieben wird, der Zahl seiner Jahre nach recht wohl noch leben. Wenn er dennoch leidend aussah und einen frühen Tod starb, so waren daran die Qualen seiner Arbeit schuld: die Zähigkeit der Materie, mit der er rang; Unverständnis und Bosheit eines großen Teiles seiner Landsleute. Man dankte ihm keinen seiner Erfolge, man hielt ihm alles noch nicht Erreichte höhnend vor. Den Geschäftsmann aus dem Kaiserreich, Ludendorffs Freund, der sich mit der Republik ausgesöhnt hatte und mit der Stellung der Arbeiterschaft in der Republik, man haßte und schmähte ihn beinahe so sehr wie Walther Rathenau. Weil er ein guter Parlamentarier war, durch immer neue Kompromisse die Koalitionsregierungen zusammenzuhalten sich mühte, hielt man ihn für korrupt. Weil er für Deutschlands Ebenbürtigkeit in Europa kämpfte, nicht aber für seine Überlegenheit, erschien er der extremen Rechten als Verräter.

So ist die gute Zeit der Weimarer Republik, wenn man näher zusieht, doch keine recht gute Zeit. Sie wurde auch nicht als solche empfunden. Von Krise, Schande, höchster Not schreiben die Zeitungen, als sei es nachgerade etwas Gewöhnliches. Die Regierungen, welche verfassungsgemäß einer Mehrheit im Reichstag bedurften, stürzten häufig, um in nur wenig veränderter Gestalt wiederzukehren. Das Volk gewann den Eindruck, daß ihr mühseliges Zusammenstellen nahezu so lang dauerte wie ihre Amtszeit, und fand den ganzen Betrieb unwürdig. Groß regte man sich auf über kleine Fragen: Sollten deutsche Konsulate in fremden Hafenstädten die alte schwarzweißrote Handelsflagge zeigen oder die schwarzrotgoldene der Republik? Durfte ein Enkel Wilhelms II. an Manövern der Armee teilnehmen? Törichte Streitfragen, die derselben lei-

digen Grundbedingung entstammten: man hatte eine Revolution gehabt, die keine war, man lebte angeblich in einem neuen Staat und hatte doch von dem alten sich nicht losreißen können oder wollen.
Der Unruhe, dem Gefühl des Provisorischen, das von der Rechten zum Gefühl des Unerträglichen nach Kräften aufgepeitscht wurde, waren auch die deutschen Ostgrenzen günstig. Das Verhältnis zwischen Deutschland und dem neuen polnischen Staat konnte kein gutes sein. Polen war ja auf Kosten Deutschlands entstanden, wie ehedem Preußen auf Kosten Polens. Daß polnisches Staatsgebiet die Provinz Ostpreußen vom Mutterland trennte, wäre an sich nicht so tragisch gewesen, hätten beide Völker sich verstanden und geachtet; aber da sie es nicht taten, vielmehr sich begierig auf jeden Gegenstand möglichen Ärgernisses stürzten, so wurde der »Korridor«, die Isolierung Ostpreußens und die künstliche Sonderexistenz der Freien Stadt Danzig unter Deutschen als Schande empfunden. In Locarno hatte Stresemann die Westgrenzen als endgültig anerkannt; im Osten hätte das kein deutscher Außenminister wagen können. Die Deutschen fühlten sich den kleinen slawischen Völkern überlegen in einem ganz anderen Sinn als jenem, in dem sie sich ohnehin den Franzosen überlegen fühlten. Daß Polen unter preußischer Herrschaft lebten, schien ihnen normal, der Stärkere dehnt sich aus gegen den Schwächeren; daß jetzt Hunderttausende von Deutschen in Polen leben mußten, als geschichtlich ungültig und unerträglich. Vergleichbar lagen die Dinge in dem anderen hastig gegründeten Neustaat, der Tschechoslowakei. Auch hier lebten Deutsche als sogenannte nationale Minderheit; geschützt zwar durch verbriefte Rechte und den Völkerbund, aber doch schikaniert, wo es ohne allzu derben Rechtsbruch geschehen konnte. Die Tschechoslowakei wurde nicht wie Polen von Soldaten regiert, sondern von philosophischen Schönrednern; die Verwaltung, auf Habsburgischem Fundament ruhend, war besser. Aber dieselbe wechselseitige, dünkelhafte Abneigung trennte Deutsche und Tschechen, wobei diese sich als die moralisch Überlegenen, jene sich als die im Grunde doch Mächtigeren, geschichtlich

Berechtigteren fühlten. Hatten sie nicht durch ihren Sieg über Rußland die ganze Neustaaterei im Osten erst ermöglicht? Jetzt erinnerte ein pomphafter »Siegesplatz« in Prag daran, daß die Tschechen im rechten Augenblick ins Lager der Sieger hinübermanöveriert worden waren; so als ob sie, und nicht zwei Drittel der bewohnten Erde, Deutschland zur Kapitulation gezwungen hätten. Beide, Polen und Tschechoslowakei, unterhielten mit Frankreich ein Militärbündnis eindeutigen Vorzeichens.

Dann Österreich. Auch das erschien den Deutschen als eine im Grunde ungelöste Frage. Und wieder müssen wir gestehen: nicht ganz ohne Recht. Wie konnte man vergessen, daß die Österreicher 1919 den Anschluß an das Reich hatten vollziehen wollen, aber nicht dürfen? Was war denn nun dieser österreichische Staat, desgleichen es bisher nie gegeben? »Deutsch-Österreich« nannte er sich, und er war gebildet worden, indem man um ein Zehntel der alten Monarchie, in dem Deutsch gesprochen wurde, willkürliche Grenzen zog. Das machte noch keinen echten Staat aus, sicher keinen Nationalstaat, denn es gab keine österreichische Nation. Und dies Gebiet enthielt die alte Hauptstadt Südosteuropas, den Mittelpunkt so vieler Verkehrslinien, die jetzt durch Zollmauern unterbrochen wurden, den Hort einer glorreichen Vergangenheit, welche prangte in verödeten Palästen und Museen. Wien war unter den letzten Habsburgern zu einer sehr großen Stadt geworden, und das Hinterland, das man ihm gelassen hatte, war sehr schmal. Armes, schönes Österreich, so tief heruntergekommen durch fremde Torheit und durch eigene! Das Land war vorwiegend bäuerlich, katholisch und konservativ, die große Stadt vorwiegend sozialistisch. Daher eine ungesunde Spannung zwischen Stadt und Land. Die Armut ging tiefer als im Reich; in Deutschland war man wohlhabend, verglichen mit Österreich.

Trotzdem bestand über die Frage des »Anschlusses« in den späteren zwanziger Jahren längst keine solche klare Einmütigkeit mehr wie 1919. Den beiden großen Parteien des Landes, den Sozialisten und den Christlich-Sozialen, Klerikalen, miß-

fiel die Entwicklung im Reich; es erkaltete der Wunsch, sich ihm anzuschließen und unterzuordnen. Gab es nicht doch auch andere Möglichkeiten? Gegen die Wiederherstellung der alten Einheit des Donauraumes in zeitgemäßerer Form stand die unausrottbare Angst und Abneigung aller der Völker und Klüngel und Individuen, die von der Auflösung des Habsburger Reiches den Vorteil gehabt hatten oder zu haben glaubten. In Prag fürchtet man den Geist der Habsburger mehr, als man die lebendige Macht der Deutschen fürchtete. Ein militärisches Bündnis der drei aufgeblähten Nachfolgestaaten Tschechoslowakei, Jugoslawien, Rumänien war in erster Linie gegen Ungarn und die Habsburger Vergangenheit gerichtet, nur in zweiter gegen das Deutsche Reich. Wien, wohin es sich auch wandte, fand keine guten Nachbarn... In Deutschland sah man die Dinge einfach, ohne sich um Österreichs innere Entwicklung und Dialektik zu kümmern. Es war deutsch, es hatte 1919 deutsch sein wollen, und deutsch mußte es früher oder später werden.
Das war ein Kernproblem der Weimarer Republik, des Kindes der Niederlage. Bismarcks deutscher Staat hatte nie die ganze Nation umschlossen; nicht die Habsburgdeutschen, nicht die Deutschen, die in Rußlands baltischen Provinzen die Herren waren. Solange Deutschland stark war und mit den beiden Nachbarn auf gutem Fuße stand, war kein Grund zu ernster Sorge; es ging den Deutschen gut in Österreich, es ging ihnen leidlich, obgleich schon vor 1914 zusehends weniger gut, unter dem Zaren. Jetzt war es anders. Der Triumph des Nationalismus im Osten fiel zusammen mit der deutschen Niederlage; das Reich besaß Macht und Prestige nicht mehr, um wie früher dem »Deutschtum im Ausland« seinen Schutz zu gewähren. Folglich lag der fragmentarische Charakter der Reichsgründung von 1871 nun viel klarer zu Tage als vorher. Daß Bismarcks Deutschland nicht »Großdeutschland« war, hatte man immer gewußt, ohne es im Hohenzollernglanze zu tragisch zu nehmen. Die Auflösung des Habsburger Reiches zugunsten der Slawen machte den Kompromiß von 1870 nun auch für die Deutschen ungültig, stellte alte Fragen aufs neue,

riß alte Wunden auf, sollte dem Worte »großdeutsch« einen revolutionären Sinn geben, den es 1848 nicht gehabt hatte... Wir kehren zu den Ereignissen zurück. – Der Feldmarschall von Hindenburg hatte während des Krieges einmal bemerkt, das mit Kaiser und Reich sei ja wohl ganz schön, er sei aber zu alt dafür, für ihn sei der Kaiser doch vor allem der König von Preußen. Bei einem Mann, der Bismarcks Laufbahn nahezu von Anfang an miterlebt hatte, der 1866 bei Königgrätz mit dabeigewesen war und 1871 bei der Kaiserproklamation im Spiegelsaal, waren das verständliche Gesinnungen. Immerhin, wer sich zu alt für das Kaiserreich fühlte, war wohl nicht jung genug für die Republik. Ein würdiger Ruhestand in Hannover, gelegentlich eine »Tannenbergfeier«, ein Beisammensein alter Kameraden, ein Handschreiben der verbannten Majestät – das hätte genügt für den robusten, aber der Zeit fremd gewordenen Greis.

Es kam anders. Die Weimarer Verfassung sah die Wahl des Reichspräsidenten durch das Volk, alle stimmberechtigten Männer und Frauen, vor. Der erste Präsident, Ebert, verdankte sein Amt noch keinem solchen Akt, ihn hatte die Nationalversammlung ernannt. Nach seinem Tod im Frühling 1925 mußte gewählt werden. Die vereinigte Rechte erkor sich Hindenburg zum Kandidaten, und Admiral von Tirpitz überredete ihn, die Ehre anzunehmen – ein Veteran von 1870 den anderen. Hindenburg wurde gewählt. Mit keiner bedeutenden Mehrheit. Hätten die Kommunisten nicht einen dritten Kandidaten aufgestellt, so hätte der »Volksblock«, repräsentiert durch einen milden Zentrumsrepublikaner, über Hindenburgs »Reichsblock« triumphiert. Um nur der Republik zu schaden, auch wenn das ihnen gar nichts nützen konnte, führten die Kommunisten, in der unergründlichen Verblendung und Bosheit ihres Herzens, den kaiserlichen Marschall in das Präsidentenpalais. Da saß er nun. Was konnte es bedeuten?

Nichts Eindeutiges, zunächst. Für Hindenburg hatten alle »rechten« Gegner der Republik gestimmt, die Bismarckianer und Ludendorffianer, die Alldeutschen, die von der Vaterlandspartei, auch die »Partikularisten«; alle, um sie mit ihren neuen

Namen zu nennen, von den »Nationalsozialisten« bis zur »Bayerischen Volkspartei«. Aber eben, daß vergleichsweise gemäßigte Gruppen mitgemacht hatten, nahm der Kandidatur ihre klare Bedeutung. Der alte Krieger führte den Wahlkampf auf ehrliche und maßvolle Weise. Natürlich sei er Monarchist, ließ er sagen, sei aber zu alt, um noch auf einen Umschwung zu hoffen, und werde ein gerechter Präsident und Hüter der Verfassung sein. Über diese dachte er ungefähr, wie sein König, Wilhelm I., vor zirka sechzig Jahren gedacht hatte: ob Verfassungen gut oder schlecht seien, wollte er nicht fragen, aber weil sie nun da seien, so müsse man sie auch einhalten. Das wollte Hindenburg, gleichgültig, was in Tirpitz' feinerem und böserem Geist vorging, als er den Alten einweihte. Die nach ihm kamen, mochten weitersehen.

Jahrelang ging es dann auch ganz passabel. Hindenburg repräsentierte würdig, obgleich ein wenig geizig, hielt sich streng an seine Pflichten, ging auf die Jagd, nahm Paraden ab, wie er es seit einem halben Jahrhundert gehalten, sprach auch hin und wieder mit einem Sozialdemokraten. Da waren ja ganz anständige Menschen darunter, Otto Braun, Hermann Müller und andere. Schade nur, daß sie »Sozis« waren, schade nur, daß sie nicht dort geblieben waren, wohin sie eigentlich eben doch gehörten: als tüchtige Vorarbeiter, biedere Feldwebel oder Gutsaufseher oder Schriftsetzer – das hätten sie eigentlich bleiben sollen. Aber die Zeiten waren nun einmal so, und man mußte sich dreinfügen. Hindenburg gedachte nichts gegen den Geist der Zeit zu unternehmen. Phlegmatisch, schwerfällig, beschränkt in den Begriffen seines Standes, war er keineswegs unintelligent und beweglicher, als sein großes, starres Gesicht hätte glauben machen können. Hatte er nicht 1918 seinem Kaiser zur Flucht geraten, sich nicht durch einen revolutionären Akt zum Oberbefehlshaber machen lassen? Das ging ihm nach, darüber kam er nie hinweg, aber getan hatte er's doch. So wie er auch 1919 zur Unterzeichnung des Friedensvertrages geraten hatte. Wieder mit Kümmernis; und wieder so, daß nicht recht deutlich wurde, daß er es getan hatte. Die Leute wollten es so, sie wollten den »Hindenburgmythos«. Hindenburg besaß Instinkt und Eitelkeit genug, um sein Gebaren entsprechend einzurichten. Er gab ihnen, was sie wollten. Jetzt, unter der Republik, wollten sie jemanden, der hoch über dem Sumpf der Parteihändel stand, der mit fester, väterlicher, wenn auch ein wenig verachtungsvoller Geste eingriff, wenn die Geburtswehen einer neuen Regierung zu schmählich lange dauerten – der »getreue Ekkart des deutschen Volkes«; ein Symbol des Unpolitischen, Unkorrupten in politischer, schwatzender Zeit.

In Wirklichkeit war dann Hindenburg gar nicht so ganz unkorrupt. Aber solche kleinen Schönheitsfehler der Wirklichkeit übersehen wir besser. Die Hauptsache ist, wie Hindenburg den Leuten erschien. So erschien er; so war er auch zum Teil; und dabei hätte es, wenn nur sonst alles gutging, auch bleiben können.

Die Wirkung von Hindenburgs Anwesenheit in Berlin war eine überquere, widerspruchsvolle. Einerseits schadete er der Republik, wie Tirpitz und die Kommunisten es gewollt hatten. Denn daß der Mann kein Republikaner war, wußte jeder; er bot dem Volk einen Integrationspunkt, der gewissermaßen außerhalb der Republik lag. Andererseits war er eben doch der Reichspräsident. Wenn Hindenburg die Verfassung beschwor, wenn sein Haus die schwarzrotgoldene Flagge zeigte, so hob sich das Ansehen dieser Dinge ein wenig. Man konnte über die Republik denken, wie man wollte; ihr höchstes Amt hatte nun ein echter deutscher Mann, der allverehrte Feldmarschall, und das färbte ab auf andere Ämter. Zumal er doch keinen Spaß verstand, wenn es um einen Verfassungseid ging. Der alte Herr ging nicht mehr zu Offizierstreffen, bei denen ein Hoch auf den Kaiser ausgebracht wurde, so bitter ihn das ankam. Er unterhielt korrekte Beziehungen zur Linksregierung in Preußen. Und als bei den Reichstagswahlen des Frühsommers 1928 die Sozialdemokratie noch einmal als stärkste Partei aus den Urnen hervorging, da stand er nicht an, ihrem Fraktionsvorsitzenden, Hermann Müller, die Kanzlerschaft anzubieten. Welche Müller auch annahm.

Ein normaler Vorgang. Die große alte Partei »erholte« sich in der Opposition, und wenn sie sich genügend erholt hatte, dann trat sie auch wieder einmal in die Regierung ein. Nicht um wesentliche Veränderungen in Wirtschaft und Gesellschaft vorzunehmen; das schien im Augenblick um so weniger notwenig, als die Niederlage der Rechten eine allgemeine, leidliche Zufriedenheit mit den Verhältnissen, das hieß mit der guten Wirtschaftskonjunktur hatte bemerken lassen. Sondern eben, um den Routinepflichten des Regierens würdig zu genügen und, wo es ging, etwas für die Arbeiterschaft »herauszuholen«. Sehr viel konnte das kaum werden, denn zur Mehrheit im Reichstag bedurfte es der sogenannten »Großen Koalition«, in der neben den Sozialisten Vertreter der erzkapitalistischen Deutschen Volkspartei saßen. Gewerkschaften und Großunternehmertum hatten wohl oder übel zusammen zu regieren, wie Anno 1923 zur Zeit von Stresemanns erster Kanzlerschaft, und zum letztenmal im Zeichen von Stresemanns Außenpolitik. Das Reichswehrministerium wurde dem braven Mann anvertraut, dessen wir uns von 1918 her erinnern, dem Württemberger General, Wilhelm Groener.

Trübselig ist die Geschichte dieser letzten parlamentarischen Koalition. Es ging ihr wie einem Ausflug, der bei schönem Wetter unternommen wird, worauf der Himmel sich schnell und bösartig verdüstert. Man zieht weiter, weil man einmal angefangen hat, aber der Glaube wird immer geringer, die Stimmung immer gedrückter; bis endlich das Gewitter losbricht und alles auseinanderläuft.

Die Parteien handelten und tauschten miteinander wie gewöhnlich, und wie gewöhnlich waren die Sozialdemokraten die Verlierer beim Geschäft. Während des Wahlkampfes hatten sie sich hitzig gegen den Bau der kleinen Kriegsflotte ins Zeug gelegt, die der Friedensvertrag erlaubte, mit der man aber bisher nicht begonnen hatte: das Geld sei für die Speisung hungriger Schulkinder besser zu verwenden. Nun unter dem Druck der Armee beschloß die Regierung, mit einem Panzerkreuzer den Anfang zu machen. Der Reichskanzler gab den Koalitionspartnern nach, seine Partei nicht, so daß er als Abgeordneter gegen die Vorlage stimmen mußte, die er als Regierungschef einbracht hatte. Der Bau des Schiffes wurde mit den Stimmen der Rechten bewilligt. Ein kleinlicher Vorgang, aber erwähnenswert. Die allgemeine Abrüstung war immer versprochen und nie durchgeführt worden; solange die Nachbarn sich Kriegsflotten hielten, hatte Deutschland guten Grund, es ihnen gleichzutun. Wollte man umgekehrt überhaupt keine Schiffe haben, dann hatte auch das Heer keinen Sinn. Aber solche grundsätzlichen Fragen wurden nie entschieden, es wurde nur von Fall zu Fall mit ihnen gespielt. Indem dann der Kanzler für die Flotte votierte, seine Partei aber dagegen, entstand die uns längst vertraute Situation; die Sozialisten waren, wenn sie »regierten«, zugleich auch in der Opposition, so wie sie umgekehrt in der Opposition oft zugleich auch die Regierung stützten. Das Ergebnis war eine Enttäuschung und Verwirrung ihrer Anhänger, erträglich nur darum, weil man der Treue des alten, festgefügten Wählerblocks alles zumuten konnte. Beinahe alles.

Unerfreulich wie er war, wurde der Streit um den Panzerkreuzer bald durch ernstere Probleme überschattet. Sie stiegen aus dem Wirtschaftsleben auf. Und von da ab erschienen alle Konflikte, die man sich in Zeiten leidlicher Prosperität gegönnt hatte, schwarzrotgold gegen schwarzweißrot, Konfessionsschule gegen Simultanschule, Heeresbudgets, Reichsreform und was noch, wie ein Kinderspiel.

Daß es mit der guten Wirtschaftskonjunktur zur Neige ging, dafür fehlte es schon 1928 nicht an Anzeichen. Das ausländische Kapital machte sich rar. Die Zahl der Erwerbslosen wuchs, mit ihr die finanzielle Last der Erwerbslosenversicherung; Steuereingänge schrumpften. In der Eisen- und Stahlindustrie kam es zu Aussperrungen, zu Lohnkämpfen, die nach langen schwierigen Verhandlungen durch staatlichen Schiedsspruch noch einmal geschlichtet werden konnten. Die Unternehmer begannen nun, gegen das ganze System der »politischen Löhne«, der Schiedsgerichtsbarkeit, der kollektiven, staatlich geschützten Tarifverträge im Ernst vorzugehen: das sei alles schuld am beginnenden Niedergang und wirtschaftlich nicht zu verantworten. Unvermeidlich machte der Gegensatz zwischen Kapital und Gewerkschaften sich auch innerhalb der Regierung geltend. Der Gedanke der Weimarer Republik, insofern sie einen Gedanken hatte, war der Kompromiß, der Klassenfriede, nicht der bis zum bitteren Ende durchzukämpfende Klassenkampf. Sie hatte sich die großen Wirtschaftsmächte nie unterworfen; diese waren so mächtig wie zu Kaisers Zeiten. Andererseits nahm der Staat ein viel aktiveres Interesse am Wirtschaftsleben als zu Kaisers Zeiten. Er hatte dem Arbeiter den Achtstundentag versprochen; er garantierte ihm einen Lohn, der ihm und seiner Familie ein menschenwürdiges Dasein gewähren sollte; er half ihm in der Not der Erwerbslosigkeit. Das Nebeneinander einer sehr starken, wirksam organisierten Privatwirtschaft und eines in das Wirtschaftsleben politisch eingreifenden Staates konnte nur glücken, solange auf beiden Seiten guter Wille, sich zu vertragen, bestand und die Geschäfte befriedigten. Also konnte es auf die Dauer nicht glücken. Denn die Geschäfte gingen nun nicht mehr befriedigend, und die großen Unternehmer hatten den Willen, sich zu vertragen, in der Mehrzahl nicht. Es waren harte Leute aus der Kaiserzeit, wenn nicht wie Emil Kirdorf aus der Bismarckzeit. Das ganze ihnen verhaßte Arbeitsrecht der Republik zum Teufel zu schicken, war immer ihr nur zeitweise im Hintergrund gehaltener Wunsch gewesen. Das waren Wirtschaftsfragen so gut wie politische oder Machtfragen. Man konnte ja beide Sphären nicht trennen, darin hatte Marx ganz recht. Wo es um Macht ging, da ging es auch um wirtschaftliche Interessen, wo es um wirtschaftliche Interessen ging, da ging es auch um Macht. Wenn die Unternehmer nun die Offensive ergriffen, so trieben sie nicht so sehr eigene Geschäftsschwierigkeiten dazu an wie die Tatsache, daß die steigende Erwerbslosigkeit die Kampfposition der Gewerkschaften schwächte; die Schwachen konnte man noch schwächer zu machen hoffen. Für gute Patrioten hielten sie sich trotz allem. Lag nicht auf ihren Schultern die zentnerschwere Verantwortung für die Ernährung des deutschen Arbeitervolkes? Hatten sie nicht ein Recht darauf; es zu machen, wie sie es verstanden, anstatt sich von Gewerkschaftshetzern, parlamentarischen Nichtskön-

nern und verkappten Kommunisten dreinreden zu lassen? Ihre Machtinteressen waren die Interessen der deutschen Wirtschaft, der Nation insgesamt. So ungefähr sahen sie es. Außenpolitik spielte auch hier herein. Noch immer lasteten die Reparationszahlungen auf dem Reich. Sie hatten nicht die entscheidende Rolle, welche Agitatoren der Rechten ihr zuschrieben; was Deutschland an Krediten aus dem Ausland bezog, war mehr, als was es in Form von Reparationen an das Ausland abgab. Immerhin, sie störten und waren ein wirtschaftlicher Widersinn. Je spärlicher nun die fremden Kredite flossen, desto geringer wurde die Neigung der Industrie, die Reparationszahlungen fortzusetzen oder überhaupt es bei Stresemanns Politik der internationalen Verständigung zu belassen. Der Politik des sozialen Kompromisses im Inneren entsprach eine äußere Friedenspolitik. Der Politik des Klassenkampfes, der Klassenherrschaft im Inneren entsprach nach außen eine Politik herausfordernder Stärke, die über kurz oder lang auch zu einer Vergrößerung der Armee, zu gesteigerten Rüstungsaufträgen führen mußte. Wir meinen, wenn wir von »Wirtschaft« reden, ihren mächtigsten Flügel; die rheinisch-westfälische Schwerindustrie. Die Wirtschaft kehrte sich nun ab von der Politik, die ihr liberalster Vertreter, Stresemann, fünf Jahre lang hatte betreiben dürfen.
Zu einem Vertrag oder Plan zur Regelung der Reparationszahlungen, welcher im Vergleich mit dem früheren gewisse Erleichterungen vorsah, kam es im Frühsommer 1929. Er sollte sechzig Jahre lang dauern – es scheint, daß die großen Finanziers und gelehrten Fachleute, die ihn ausarbeiteten, das tatsächlich ernst nahmen. Praktisch brachte er Vorteile; die Aufhebung aller Kontrollen durch die Siegermächte, denen das deutsche Finanzgebaren bis dahin unterworfen gewesen war. Trotzdem gab er der nationalistischen Demagogie Auftrieb; die Versklavung der deutschen Kinder und Kindeskinder für zwei Generationen war ein dankbares Thema. Ein paar Monate darauf, Anfang Oktober, erlag Gustav Stresemann einem Schlaganfall.
Ein menschlicher Verlust, wie »Weimar« ihn in diesem Augen-

blick am wenigsten brauchen konnte. Wie kein anderer hatte Stresemann den parlamentarischen Betrieb zusammengehalten, durch seine Person den Kompromiß zwischen Arbeit und Kapital getragen, durch seine Diplomatie Deutschlands Existenz als Staat unter Staaten einen Sinn gegeben. Man hat neuerdings auf Grund der Akten nachgewiesen, daß Stresemann kein folgerichtiger Pazifist, kein Internationalist, auch kein treuer Ausführer der Versailler Vertragsbestimmungen war. Wie hätte er es seiner Herkunft und Vergangenheit nach sein können? Warum hätte er es, solange die Welt so war, auch sein sollen? Er wußte von der deutschen Rüstung, die im geheimen vor sich ging; er wußte von der allmählichen Erweiterung der Armee. Deutschland wieder stark und ebenbürtig zu sehen, die Folgen der Niederlage aufzuheben, wie hätte das nicht sein Wunsch sein sollen? Wollte nicht jeder Franzose, auch der Sozialist, sein Frankreich stark und ebenbürtig sehen und jeder Brite sein England? Ein Mensch ist vieles auf einmal, aber das, wozu er sich entwickelt und erhebt, wiegt mehr als das, was er von Anfang an war und nie ganz preisgeben konnte. Auch kommt es bei der Beurteilung eines Staatsmannes nie so sehr auf geheime Machenschaften an wie auf das Wirken im großen und ganzen. Stresemann hatte den einzigen kräftigen Symbolismus der Republik geschaffen, das Ziel eines gesellschaftlichen und internationalen Friedens in Ehren. Der deutsche Industriebürger und Imperialist war zum Weltfreund geworden und immer der Deutscheste unter den Deutschen geblieben. Sein letzter Wunsch war, man möge an seinem Grab das Lied »Am Brunnen vor dem Tore« spielen – Waldhornklänge der romantischen Sehnsucht und des Todesfriedens nach heiß durchkämpftem Leben.

Nur zehn Tage später erlebte die New Yorker Finanzwelt einen Zusammenbruch der Börsenwerte, wie er seit dem achtzehnten Jahrhundert nicht erhört worden war. Es war das schlimme Ende der weltwirtschaftlichen Konjunktur, der Beginn einer Krise, die nun nacheinander alle nicht in völliger Isolierung lebenden Staaten in ihren Strudel riß. Von ihnen war Deutschland das krisenanfälligste. Indem nun die Märkte schrumpften, die kurzfristigen Kredite zurückgezogen und neue nicht mehr gefunden wurden, schwand der deutschen Prosperität die Grundlage; seine überkonzentrierte, überrationalisierte Industrie wußte nicht mehr, wohin sich wenden. Einschränkungen oder Stillegungen von Betrieben, Anschwellen der Arbeitslosen und der von der Reichsversicherungsanstalt aufzubringenden Kosten, Rückgang der Steuern, Defizit der Regierung, das war alles ein und derselbe Prozeß, der sich wie von selber weitertrieb, nachdem er einmal angefangen; und je tiefer er grub, desto mehr verhärtete sich der Streit zwischen den Parteien, welche die großen Wirtschaftsinteressen vertraten. Die Decke reichte nicht mehr für die ungleichen Bettgenossen, es mußte einer das Feld räumen. Über die Frage, ob man die Leistungen für die Arbeitslosen herabsetzen oder durch Erhöhung der Beiträge sie aufrechterhalten sollte, brach im Frühling 1930 Stresemanns »Große Koalition« auseinander. Die Weimarer Republik hatte immer durch die Mitte regiert werden müssen, hatte immer in der einen oder anderen Form der ganzen Mitte bedurft, weil die radikalen Flügelgruppen zu keinem positiven Beitrag willens waren. Aber die Mitte selber barg in sich den alten, klassischen Gegensatz zwischen Kapital und Arbeit, und stets zerrten die demagogisch konkurrierenden Flügelparteien von beiden Seiten an ihr. Der Riß quer durch die Mitte wurde nun zu tief; auch die Kunst eines Stresemann, mag man annehmen, hätte ihr Auseinanderbersten nicht lange zu hindern vermocht.

Es war der Chef des politischen oder sogenannten Ministeramtes der Armee, General von Schleicher, der den neuen Reichskanzler bei Präsident von Hindenburg in Vorschlag brachte. Schleicher trieb Politik wie andere Generäle vor ihm, aber ohne sich viel um Theorie zu kümmern. Er war der Mann der persönlichen Beziehungen, der Salongespräche und geheimen Intrigen; als Sachwalter der politischen Interessen des Heeres hatte er sich zu Zwecken der Beeinflussung und Abwehr einen beträchtlichen Apparat aufgebaut. Der Reichswehrminister Groener, der bessere Mann, aber weniger subtil, vertraute ihm blind. Auch Hindenburg, abhängig von Bera-

tern, wie er zeit seines Lebens gewesen war, hörte gern auf den eleganten, schlauen, stets wohlgelaunten und wohllebigen Offizier. Herrn von Schleicher war vor allem an der Erweiterung von Zahl und Macht der Armee gelegen. Als General, Edelmann und Freund der großen Geschäftswelt, liebte er die parlamentarische Republik nicht, die Sozialdemokraten am wenigsten; und da nun alles so schwierig ging und die Reichstagsmehrheit sich wieder einmal im Nichts aufgelöst hatte, so fand er, es sei nun der Moment für andere Methoden gekommen. Das stimmte mit Wünschen überein, die sich für Hindenburg von jeher von selbst verstanden, die er aber zu Stresemanns Zeiten nicht recht hatte zur Geltung bringen können. Tatsächlich stimmte es jetzt mit dem Denken sehr vieler Leute bis weit in die bürgerliche Mitte überein. Es ging nicht mehr mit den Koalitionsregierungen, deren Mitglieder nur Briefboten ihrer untereinander hadernden Parteien waren. Das bedrohte Land bedurfte fester Autorität, die mit dem Parlament zusammenarbeiten mochte, ohne immer und überall von ihm abzuhängen... Heinrich Brüning, seit kurzem Vorsitzender der Zentrumsfraktion, dachte so, und er war es, den Hindenburg, nicht ohne Einwirken Schleichers, zum Kanzler ernannte, mit dem Vermerk, daß sein Kabinett ohne »koalitionsmäßige Bindung« zusammenzustellen sei.
Schleicher und Brüning – keine Bundesgenossen hätten verschiedener sein können: Der joviale Intrigant und Gesellschaftslöwe und der katholische Bürger mit dem Geist eines Gelehrten, der Seele eines Mönchs zugleich und eines Soldaten. Brüning war der überall, besonders aber im Deutschland der Weimarer Republik sehr sonderbare Fall eines Politikers, der keine Klasse, keine Gruppe, keinerlei materielles Interesse vertrat. Er war die Vaterlandsliebe, die Wissenschaft, die Selbstzucht, die selbstlose Tugend inkarniert. Freilich, reine Tugend gibt es im Menschen nicht, sicher nicht im politischen Menschen, und der Psychologe, welchen wir hier nicht spielen wollen, mag erraten, welche Sympathien, Leiden und Sehnsüchte die untadelige Gestalt des neuen Kanzlers verbarg. Offenbar wurden bald seine Schwächen für das Militärische, Preußi-

sche, ihm eigentlich fremde (denn was hatte westfälischer Mittelstand mit »Preußen« zu tun?); zumal für den Greis im Präsidentenpalais. Ihm vor allem wünschte er zu »dienen«, seine Autorität vom Vertrauen Hindenburgs abzuleiten; nicht anders, wie die Stellung Bismarcks auf dem Vertrauen Wilhelms I. beruht hatte. Anders doch. Denn wir schrieben nicht mehr 1862, und das Zurück zu einem von der Geschichte längst widerlegten König-Kanzler-Verhältnis als Grundlage der Autorität konnte keine echte Wiederholung sein. Hindenburg war ein Ersatzmonarch, seine Autorität keine auf eingewurzelt-überpersönlicher Tradition beruhende. Der König, solange man an das Königtum glaubte, mußte nicht vorgeben, mehr zu sein, als er war. Von Hindenburg mußte man dem Volk einreden, daß er sei, was der arme alte Mann nimmermehr sein konnte... Es dauerte auch diese neue König-Kanzler-Treue nur knapp zwei Jahre, anstatt eines Vierteljahrhunderts. Trotzdem hatte es etwas tief Merkwürdiges; dieser mehr noch unbewußte als bewußte Versuch, in der Not zu einer längst veralteten Bahn des deutschen Verfassungslebens zurückzukehren.

Technisch lag es so, daß der Kanzler vom Vertrauen der Reichstagsmehrheit abhing, während seine Ernennung durch den Präsidenten eine bare Formalität darstellen sollte. Wie ließ sich also eine »präsidiale Regierung« mit Buchstaben und Geist der Verfassung vereinen? Längst hatten hier gewisse Diktaturliebhaber unter den deutschen Staatsrechtlern ihre Aufmerksamkeit dem Artikel 48 der Verfassung zugewandt. Wir kennen seinen begrenzten Sinn und Zweck. Er gab die rechtliche Unterlage für Maßnahmen »zur Wiederherstellung der öffentlichen Sicherheit und Ordnung«, eigentliche Polizeimaßnahmen. Keineswegs war es seine Absicht, dem Präsidenten ein Regieren ohne den Reichstag zu ermöglichen, was ja auch in dem Recht des Reichstags, jede unter Artikel 48 getroffene Regelung wieder aufzuheben, klar zum Ausdruck kam. So der Wortlaut, so der Sinn. Aber es fehlte im Land nicht an gebildeten Sophisten, gelernten Sinndeutern: was eine Verfassung wirklich bedeute, könnte nicht sie allein, sondern müßte der lebendige Mensch sagen, indem er den Wortlaut auf die Not der Gegenwart, die wirkliche Situation bezöge – oder allenfalls ohne Wortlaut auskäme. Ein Stück Papier, hatte Metternich vor hundert Jahren geschrieben, mache noch keine Verfassung; die mache allein die Zeit. Und das war ja richtig, daß die Weimarer Verfassung nicht viel Zeit und noch weniger glückliche Zeit gehabt hatte, um zu einer echten Verfassung zu werden. Was konnte man mit einem Grundgesetz anfangen, an das wohl die Hälfte des Volkes nicht glaubte; was konnte man ausdeutend nicht mit ihm anfangen?... Dies jedenfalls war Brünings wohlerwogene Absicht: mit dem Parlament zu regieren, wenn es zur Mitarbeit bereit war – wenn es parierte, hätte man in der guten alten Zeit gesagt –; oder aber auf Grund des ausdeutbaren Artikels ohne Parlament zu regieren. Man mußte den Mut haben zu unpopulären Taten. Zu Sparmaßnahmen vor allem. Hatte Deutschland nicht im Grunde seit 1914 in Illusionen gelebt, war es nicht auch nach der Währungsreform von 1923, die einen Augenblick lang die harte Wirklichkeit hatte erscheinen lassen, durch eine übertriebene Anleihepraxis der Wahrheit wieder aus dem Weg gegangen? Brüning war kein Feind irgendeiner Klasse, am wenigsten der Arbeiter; für die christlichen Gewerkschaften war er selber tätig gewesen. Aber er war der strenge, asketische Freund wissenschaftlicher Ökonomie. Es mußte alles wieder in Ordnung kommen, der Haushalt ins Gleichgewicht gebracht, die Finanzen von Reich, Ländern, Gemeinden saniert werden. Ging das nicht ohne Herabsetzungen der Sozialleistungen, dann mußten sie herabgesetzt werden, die Steuern erhöht, die Einfuhr gedrosselt. Die Löhne würden folgen, dann auch die Preise. Hatte die »Deflation« alles falsche, üppig wuchernde Unkraut weggebrannt, so würden die Nutzpflanzen ungehindert gedeihen... Das war logisch gedacht und auch herkömmlich; unter Theoretikern und Praktikern der Wirtschaft stimmte die große Mehrzahl dem tugendhaften, zarten und eisernen Regierungschef zu. Von jenen, die anders zu denken gelernt hatten, von John Maynard Keynes zum Beispiel, hatte Brüning kaum etwas gehört. Gab

es nicht Grenzen auch für das dem geduldigsten Volk Zumutbare? Würde das lebendige Fleisch nicht einmal gegen die an ihm vollzogene, qualvolle, nie endende Operation rebellieren? Er fragte es nicht, solange nur die Operation wissenschaftlich korrekt war.
Dr. Brüning brachte sein erstes Bündel von Reformgesetzen mit Hilfe der Konservativen im Reichstag durch. Das zweite nicht mehr. Nun wurde es, unter Artikel 48, als »Notverordnung« des Präsidenten eingeführt. Der Reichstag erklärte die Verordnung für null und nichtig. Darauf lösten Präsident und Kanzler den Reichstag auf. Man wußte aber nur zu gut, daß der nun folgende Wahlkampf ein ungewöhnlicher sein würde.

Krise und Auflösung der Weimarer Republik

Seit Jahren trieb eine politische Partei im Lande um, die alt war, aber dank der Umstände jetzt neu wurde und mit einer in der Geschichte der modernen Demokratie beispiellosen Virulenz unter den Menschen sich ausbreitete. Es waren die »Nationalsozialisten«.
Längst gab es sie. In Bayern hatte ihr demagogischer Anführer schon 1923 eine bedrohliche Macht repräsentiert, die auch mit norddeutschen Geistesgenossen Verbindungen herzustellen wußte. Dann war er für kurze Zeit in milde Festungshaft verschwunden; und als er daraus hervorging, konnte er zunächst nichts tun, als sein Häuflein treuer Anhänger zusammenzuhalten. Die lächerlichen Details des Bierhallenputsches hatten seiner Sache auf die Dauer nicht gutgetan; auch die allmählich sich einstellende Zufriedenheit der Stresemannjahre nicht. Im Reichstag von 1924 hatten die »Nazis« noch zweiunddreißig Abgeordnete gehabt, im Reichstag von 1928 nur zwölf.

Man nahm sie nicht ernst. Sie gehörten zu dem, was man in Amerika den »närrischen Randstreifen« nennt, die verrückten Erscheinungen am äußersten Rand des politischen Bildes. Und so wäre es wohl auch geblieben ohne die Wirtschaftskrise. Hitler war 1928 ein so guter Redner, ein so besessener, vom Willen zur Eroberung, zu Macht und Erfolg verzehrter Mensch wie zwei Jahre später. Mancher, der ihn damals in der bayerischen Hauptstadt sich anhörte, wie man eine groteske Sehenswürdigkeit besucht, spürte seine Faszination und ging für den Augenblick verwirrt und nachdenklich nach Hause. Trotzdem kam der Mann nicht weiter, solange die Dinge in Deutschland leidlich gut gingen. – Jetzt aber gingen sie nicht mehr gut. Sie gingen zusehends schlechter; wobei die Zahl der Arbeitslosen einen vollen Begriff der Not nicht gibt. Von der fortschreitenden Schrumpfung des Wirtschaftslebens waren beinahe alle betroffen; Bauern, deren Produkte keinen ausreichenden Erlös mehr brachten, Angestellte, die Entlassung zu fürchten Grund hatten, Gastwirte, die sich selber auf die Straße stellen mußten, um spärliche Kundschaft anzulocken, Studenten, die sich nicht eilten, ihre hungrige Ausbildungszeit zu beenden, weil sie vor dem Danach sich fürchteten, Handwerker, Händler – alle.

Und nun war es der Vorteil der Nazipartei, daß sie mit dem, was seit 1919 in Deutschland geschehen war, überhaupt nichts zu tun hatte. Alle anderen bürgerlichen Parteien hatten das; selbst die Konservativen, Deutschnationalen hatten doch manchmal mitregiert, mitgestimmt, sich mitkompromittiert. Nicht so die Nazis. Die hatten zehn Jahre lang angeklagt, gehaßt, verhöhnt, verflucht, nichts weiter. Sie konnten angreifen, ohne sich selber mit einem einzigen Wort verteidigen zu müssen. Wo war nun, was die anderen Parteien, rechte wie linke, zehn Jahre lang versprochen hatten? Wo die soziale Republik, der gebrochene Kapitalismus der Linken? Wo die blühende Industrie und Landwirtschaft der Rechten? An ihren Früchten sollte man das »System« erkennen, und zum System gehörten alle, die sich nicht zum Führer der Nationalsozialistischen Deutschen Arbeiterpartei bekannten. Er allein hatte gewarnt, er allein das, was nun war, vorausgesagt und die Gründe durchleuchtet: das Verbrechen vom November 1918, den internationalen Marxismus und sein Bündnis mit dem internationalen Großkapital, die korrupte Parteienwirtschaft, den Wahnwitz der Reparationen, die diabolischen Absichten des Judentums. »Volk reiße die Augen auf, erkenne den Betrug!... Schlagt die Verräter! Jagt die Bankrotteure zum Teufel!«... das war wirksam. Den Gegnern selbst verschlug es die Sprache. Denn das war ja richtig, daß sie und nicht die Nazis die Republik regiert hatten, und das war ja richtig, daß die Dinge jetzt übel standen. Die Gründe dafür? Sie waren nicht die, welche der Agitator, im Flugzeug von Versammlung zu Versammlung eilend, seinen Leuten eintrichterte. Mit den Reparationen, mit dem törichten »Young-Plan« hatte die Wirtschaftskrise wenig zu tun. Auch die reichen, siegreichen Länder waren von ihr betroffen; Amerika zuerst und vor allem; allmählich auch England; zuletzt Frankreich. Aber was kümmerte die bedrängten Wähler Frankreich, England und Amerika? Was sagten ihnen die fachwissenschaftlich-ernsten Auseinandersetzungen der Brüningschen Regierungsprogramme? Hier war einer, der die Dinge einfacher erklärte; der Leben in die stagnierte Luft der deutschen Politik brachte; der in der Kühnheit seiner Angriffe, der Dreistigkeit seiner Selbstanpreisungen, in der einfangenden, einschmeichelnden Schlauheit seiner Argumente, in Haß und Spott, der selbst in der körperlichen Intensität seines Kreischens und Heulens auf der Welt nicht seinesgleichen hatte. Was er sagte, verglichen die Leute mit der langen Kette ihrer bitteren Erfahrungen: Krieg, Niederlage, Inflation, Wirtschaftskrise; und fanden es hörenswert.

Es war normal, daß die Opposition der Regierung alle Schuld an der Krise zuschob. Das gehörte zu den Spielregeln demokratischer Politik, die überall ein harter, von wenig »Fairneß« gemilderter Sport ist. Auch in Amerika mußten nun die regierenden »Republikaner« die Verantwortung für das Trümmerfeld der Wirtschaft wohl oder übel auf sich nehmen, wodurch die »Demokraten« im nächsten Wahlkampf das Rennen gewannen. In Amerika aber und noch mehr in England waren die Leute sich über die Grundbegriffe ihres politischen Zusammenlebens einig. Hier war der Haß nicht Hauptmotor der Politik, hier das Spiel nicht letzter blutiger Ernst; es blieb umhegt von alten Verfassungstraditionen. In Deutschland wandte der Sturm sich gegen die Republik selbst, gegen das ganze »System« und alle, die an ihm Teil hatten; so daß etwa die Deutschnationalen, die wohl auch gelegentlich an ihm teilgehabt hatten, sich nun schleunigst auf einen Punkt außerhalb begaben und die Nazis nachahmten. Dasselbe konnten die Kommunisten tun; auch sie hatten ja nie mitgemacht, auch sie standen außerhalb des republikanischen Spielrings. Auch die Zahl ihrer Anhänger stieg an, aber sie waren längst nicht so gut geführt wie die Nationalsozialisten; ihre notorische Rußlandhörigkeit wie die ausschließende Starrheit ihrer Doktrinen setzte ihrem Erfolg Grenzen. Der entwurzelte deutsche Bürger wollte nicht zu den »Proletariern« gehören, auf die allein die kommunistische Lehre zugeschnitten war. Seinem Haß, seinen Sehnsüchten klang von der extremen Rechten her ein besseres Lied.

Es wurde von einer erstaunlichen Zahl fähiger Propagandisten dargeboten. Sie waren unter sich verschieden genug. Einer gab sich als überwiegend konservativ, als ordenbehängter Offizier, als dicker Scheinaristokrat. Ein anderer spielte den kräftigen Arbeitsmann, wollte sich eins fühlen mit dem echten Sinn des vom Marxismus nur betrogenen deutschen Arbeiters. Ein dritter spezialisierte sich im Aufpeitschen des uralten, in allen europäischen Völkern latenten schlechten Instinktes, des Judenhasses. Wieder ein anderer konnte alles, was er wollte: die vulgäre und boshafte, die hohe, freie und freche Intelligenz der Partei. Dies aber hatten sie alle gemeinsam: sie waren Demagogen, wie sie Deutschland noch niemals erlebt hatte. Was waren die Gründer des Sozialismus, die Bebel und Liebknecht nicht für feine, gelehrte, harmlose Leute, verglichen mit ihnen! Was der größte Rhetor, Ferdinand Lassalle, nicht für ein adliger Philosoph! Vollends die Leiter der Sozialdemokratie, die jetzt dem Sturm standhalten mußten, die Braun und

Müller und Severing, was waren sie nicht für biedere Sachwalter der Politik, gemessen an dieser Garde des Nihilismus. Unverbraucht in ihrer Nervenkraft, unerschütterlich in ihrer Geistesgegenwart, unermüdliche Studenten dessen, was sie selber die »moderne Massenpsychologie« nannten, skrupellos, schadenfroh, übermütig in ihrer von der steigenden Welle des Elends getragenen Siegeszuversicht, so hielten sie ihren Einzug in die überfüllten Säle; und die betäubende Marschmusik, die ihnen wohl vorgearbeitet hatte, die Fahnen und Transparente, die Schreie des Jubels und Hasses machten die Einheit zwischen Rednern und Angeredeten zur vollständigen. Dabei blieb stets der Abstand gewahrt zwischen ihnen und jenem, den sie den Führer nannten. Der wußte seine Autorität zu bewahren. Sie sprachen für ihn, er nicht für sie, sondern nur für sich selber.

Das einzelne Ich ist schwer und nicht völlig zu erfassen; es hat Schichten, die es selber nicht kennt, und wandelt sich, solange es lebt. Der Demagoge von 1930 war noch nicht der geisteskranke Kriegslenker und Oberhenker von 1944. Natürlich strebte er schon damals dem Ende zu, das wir nachträglich kennen, und er hat in den letzten Jahren und Tagen seines Lebens den ihm gemäßesten, heimlich immer gewünschten Lusttraum erfüllt; erst damals zeigte er völlig, was er war. Aber so dürfen wir ihn jetzt nicht beschreiben. 1930 kannte er weder sich noch die Welt so gut wie fünfzehn Jahre später, und die Welt kannte ihn nicht so gut; die Wirklichkeit dieser Katatrophe war noch nicht entfaltet. Er spielte verschiedene Rollen, manchmal die des zukünftigen Eroberers, manchmal auch die des Mannes von Maß und gesundem Menschenverstand. Man wußte nicht, was sich hinter diesen Rollen verbarg, was Heuchelei war und was echt; wahrscheinlich wußte er es selber nicht, denn um andere glauben zu machen, mußte er im Augenblick selber glauben, auch wenn er log. Die Massen, die seiner Faszination erlagen, waren für die Vernunft ohnehin verloren und gaben das Nachdenken auf. Jene aber, die ihr nicht erlagen, waren mehr über den Schwindel des Ganzen empört, als daß sie die Gefährlichkeit des Mannes durchschauten. Sie hielten ihn für einen Narren, was er ja auch war, seinen Erfolg für Spuk, der bald in Nichts zerrinnen mußte. Daß ein solcher Narr Weltgeschichte machen, zuerst ein großes Volk, dann durch dies Volk sich Europa unterwerfen und so unsere Zivilisation in ihrer Schwäche entlarven würde, das kam ihnen nicht in den Sinn. Er wußte es, und je mehr sie ihn unterschätzten, desto wütender war sein Wille, es ihnen einzutränken und ihnen den Meister zu zeigen.

Vieles wußte man schon damals über ihn oder hätte es wissen können. Er kam aus dem Zwielicht der zerfallenden Habsburger Monarchie. Da hatte er den Haß gegen die Slawen eingesogen, da den Judenhaß, Gifte, die im Grenz- und Mischland und in der Hauptstadt Wien viel bösartiger gediehen als unter Reichsdeutschen. Gelegenheitsarbeiter, Bewohner von Männerasylen, Künstler, den keine Schule aufnehmen wollte, Tagträumer, Bohemien der untersten Stufe, so schlich er damals durchs Leben; einsam, aber neugierig, voller Ressentiment gegen Staat und Gesellschaft, die sich verschworen hatten, ihn nicht hochkommen zu lassen. Von Wien ging er ins Reich, nach München, von München in den Krieg, von dem er uns erzählt, daß er ihm als Erlösung und das herrlichste Erlebnis gekommen sei. Ein guter Soldat, einer unter Millionen, scheint er gewesen zu sein, obgleich unbeliebt wegen seines Hochmuts und Strebertums. Aus dem Weltkrieg kam er zurück mit der Überzeugung, daß Deutschland bei besserer Führung hätte gewinnen können, daß es verraten worden sei von Sozialisten und Juden, und daß beim nächsten Mal er es besser machen müßte. Es war vor allem Sache der Propaganda. Man mußte das Volk anreden, so wie die Gegner, Lloyd George, Clémenceau, ihre Völker angeredet hatten. Das konnte er, das würde er lernen. Demobilisierter Soldat, aber noch immer in der Kaserne zu Hause, geriet er in das dunkle Treiben der Münchner Nachkriegspolitik: Armee in Auflösung, Freikorps und Reichswehr, Niederschlagung der Räterepublik, Spitzel- und Denunziantentum, Mord. Man ließ ihn als nationalen Erzieher zu den Soldaten sprechen, und dabei entdeckte er sein Rednertalent. Einer kleinen Verschwörergruppe, in die der

Zufall ihn brachte, der »Nationalsozialistischen Arbeiterpartei«, wurde er schnell Herr. Es begann nun sein erster schneller Aufstieg, den wir schon kennnen. Nach drei Jahren war oder schien der verkommene Wiener Kunstmaler eine Schlüsselfigur der bayerisch-deutschen Politik. Weder der »Putsch« noch der darauffolgende Prozeß konnte seinen jungen Ruhm brechen. Das Groteske des gescheiterten Unternehmens verschwand hinter der Dreistigkeit und Selbstsicherheit seiner Verteidigung; seine abgefallenen Bundesgenossen von gestern, die als Zeugen gegen ihn auftraten, machten eine viel schlechtere Figur als er. Die Richter waren auf seiner Seite; auch sie dachten »national« wie er, wenn auch der Mensch ihnen ein klein wenig zu wild war. Ehrenvoll behandelt und milde verurteilt, konnte er sich ausruhen in bequemer Festungshaft. Dort diktierte er sein Buch »Mein Kampf«.
Der Titel stimmte. In den tausend Seiten des Machwerkes war von sehr vielen Dingen die Rede, Krieg und Außenpolitik, Wirtschaft und Gesellschaft, Marxismus, Judentum, Gewerkschaften, Schulunterricht, der Kunst, der Propaganda und was noch; aber jederzeit auch von dem Autor selbst. Es war alles auf ihn bezogen, es gab diese zwei Dinge. A. H. und die Welt, und die Spannung zwischen ihnen, die gelöst werden mußte. Unter allen Individuen, die in neuerer Zeit in den Gang der Geschichte eingriffen, ist dieser der am stärksten egozentrische gewesen. Wie hätte er sonst seinen Namen zum Gruß erheben können? Schwer glaublich, daß er es wagte, und daß die Leute es annahmen. Aber beides geschah; ein Zeichen der ungeheuren Ichsucht, die aus ihm hervorbrach und die Menschen unterwarf... Von »Mein Kampf« hat man später gemeint, es sei bloße Tarnung gewesen und in seinem Inhalt viel harmloser, als der Mensch wirklich war. Wir können dem nicht beipflichten. Das Buch war ehrlich. Es ging so weit, wie sein Verfasser damals selber gelangt war. Daß immer und überall Krieg sei und im Krieg alles erlaubt; daß höherstehende Völker ein Recht hätten, sich auszubreiten auf Kosten der Minderwertigen; daß zumal in Rußland der Raum zu finden sei, den Deutschland für sein Leben brauchte, und daß die Deutschen

sich, wenn sie nur wollten, zum Herrn über die ganze Erde machen könnten – alle diese Tollheiten, vermischt mit Drittelswahrheiten und schlauen Beobachtungen, standen dort schwarz auf weiß. Noch auch machte Hitler aus seiner Verachtung der »Masse« ein Hehl. Sie sei wie eine Frau, die das Brutale und Bedrohliche anziehe, nichts sei zu plump, nichts sei zu einfach für sie, und alles müsse ihr immer und immer wiederholt werden. Solche Einsichten und Tricks gab er unbefangen preis; seine Gegner nahmen es nicht ernst, weil sie den Menschen überhaupt nicht ernst nehmen wollten, aber da stand es. Das war überhaupt das merkwürdige: die Nazis sprachen aus, was sie jetzt taten und später zu tun planten. Sie würden sich der demokratischen Einrichtungen bedienen, um die Demokratie zu stürzen, und dafür würden sie als Abgeordnete von der Demokratie auch noch bezahlt. Das sei zum Totlachen, aber wenn die Demokratie so dumm war, warum sollten sie es nicht benutzen? Hätten sie sich auf demokratischem Wege einmal die Macht erobert, dann würden sie sie nimmermehr hergeben... Dergleichen konnten sie aussprechen und ihren Spott damit treiben; so sicher waren sie der Blindheit und Hilflosigkeit ihrer Gegner. Massenmenschen waren sie selber im schlimmsten Sinn, den dieses Wort haben kann. Gleichzeitig verachteten sie die Massen. Gleichzeitig konnten sie einen großen Teil derer, die sie verachteten, für sich gewinnen und begeistern.

Darauf beruhte jetzt ihre Siegeszuversicht. Einmal, im Jahre 1923, hatte Hitler versucht, den Staat mit einer kleinen Minderheit im Sturm zu nehmen. Er war gescheitert an der gesetzlichen Obrigkeit und an der Reichswehr, die hinter der Obrigkeit stand. Er würde den Versuch nicht wiederholen. Man mußte um die Armee herummanövrieren und »legal zur Macht kommen«, wie der Ausdruck lautete, und dazu wurden die Stimmen der Massen gebraucht. Durch die Regierung, das hieß die bestehende, verfassungsmäßige Regierung, zur Auslöschung der Konstitution und zur totalen Macht. Mussolini hatte diesen Weg in Italien gewiesen, auf andere Art schon Lenin. Ihn wollte Hitler jetzt gehen und er war ehrlich genug, besessen und unverschämt genug, die Stadt und die Welt seine Absicht jederzeit wissen zu lassen. Und während man noch glaubte, der wilde Mann meinte es doch wohl nicht so, gaben ihm die Ereignisse keinen Grund, es nicht so zu meinen. Als September 1930 die Stimmen gezählt wurden, zeigte es sich, daß die Nationalsozialisten die Zahl ihrer Anhänger hatten verzehnfachen können. Von der verrückten Splittergruppe waren sie zur zweitgrößten parlamentarischen Partei geworden. Warum sollten sie nicht bald die größte sein?

Zu dem, was ein Parlament eigentlich soll, einer positiven Arbeit des Forschens und Beschließens, war der neue Reichstag schwerlich imstande. Mit den aufgeblähten Nazis auf der Rechten, den gleichfalls stark vermehrten Kommunisten auf der Linken war keine Debatte mehr möglich. Die Rechte verließ den Saal, wenn die Linke sprach; blieb sie, so war es, um Szenen der schmählichsten Verwilderung herbeizuführen. Trotzdem konnte Heinrich Brüning mit diesem Reichstag regieren und in gewissem Sinn besser als mit dem vorigen, eben weil er schwächer war und sich selber paralysierte. Noch immer gab es eine Mehrheit der Mitte, die Mehrheit der alten »Großen Koalition«. Sie war keine zum Positiven taugliche Einheit und sollte es, nach dem Wunsche des Hindenburgkreises, auch gar nicht mehr sein. Aber sie konnte das, was Brüning unter der Flagge des Artikels 48 besorgte, dulden und nachträglich gutheißen, indem sie sich weigerte, die Notverordnungen des Präsidenten wieder aufzuheben; und das geschah in der kommenden Zeit regelmäßig und mit verläßlicher, obgleich bescheidener Mehrheit. Säule dieser »Tolerierungspolitik«, wie sie genannt wurde, waren die Sozialdemokraten. Sie mußten jetzt Dinge schlucken – viel härter für ihre Arbeiterschaft als jene, um derentwillen sie im Frühjahr die letzte parlamentarische Koalition gesprengt hatten. Aber sie taten es, weil ihnen die Regierung Brüning, verglichen mit einer Regierung Hitler, das »kleinere Übel« erschien; denn daß nach dem Sturz der Mitte die an Dynamik ihr jetzt so weit überlegene extreme Rechte daran käme galt als ausgemacht. Parierte der Reichstag nicht, so konnte Hindenburg ihn abermals auflösen und eine abermals gewaltig vergrößerte Nazipartei mit der Regierungsbildung betrauen. Damit dies nicht geschähe, kehrte man so zu der in den Jahren 1923 bis 1925 schon erprobten Praxis des »Tolerierens« und passiven Mitmachens zurück, in der Hoffnung, der Sturm werde vorübergehen, die Nazilawine so schnell zerbrechen, wie sie angewachsen. Tatsächlich kehrte man zu dem Halbparlamentarismus der früheren Bismarckzeit zurück. Ein vom Vertrauen des Monarchen abhängiger Kanzler machte die Gesetze, bestimmte die Steuer- und Zollerhöhungen, die Senkungen der Gehälter und Löhne, und ließ das Parlament dazu Stellung nehmen; wobei vertrauliche Vorbesprechungen im engsten Kreise den jasagenden Parteien immerhin noch einen gewissen Einfluß auf das Regierungsprogramm gestatteten. Das ging so seit dem September 1930, anderthalb Jahre lang. Es ging, solange der Präsident bereit war, von seinen beiden Rechten, dem der Notverordnungen und dem der Parlamentsauflösung, zugunsten Brünings jederzeit Gebrauch zu machen. Das System, nach welchem Deutschland jetzt regiert wurde, beruhte auf dem Gutdünken des Präsidenten.

Hindenburg fand so sich mit einer Verantwortung beladen, von der er sich fünf Jahre früher kaum hatte träumen lassen. Kein Zweifel, daß der Greis, jetzt dreiundachtzig, vierundachtzig, fünfundachtzig Jahre alt, unter ihr litt; daß die Fragen, die man ihm zu entscheiden aufgab, ihn verwirrten und beängstigten. Er hatte das nicht gewollt. Wenn er in der Folgezeit schwere Fehler gemacht hat, so trifft die Schuld nicht so sehr den zur Größe – welche er nie besaß – hinaufgeschobenen und hinaufgeglaubten alten Mann, eher die deutsche Geschichte und die Nation in ihrer Gegenwart. Kein Zweifel aber auch, daß seine neue Unentbehrlichkeit und geheiligte Monarchenstellung der Eitelkeit des Feldmarschalls schmeichelte und daß die Machtfülle, als deren Träger er sich fand, auch wieder ihre angenehmen Kompensationen mit sich brachte. So wie einer plötzlich entdeckt, daß er zaubern kann, so entdeckte Hindenburg, daß er jetzt eigentlich befehlen konnte, was er wollte. Das war nicht gut für den Charakter des »alten Herrn«. Grei-

se Monarchen, die Geschichte hat Beispiele dafür, werden selbstsüchtig, störrisch und treulos. Und Hindenburg war sehr spät und schlecht vorbereitet zum Monarchen geworden. Unvermeidlich gewannen Ratgeber Einfluß auf ihn. So hatte er es sein Leben lang gehalten, nie sich entschlossen, ohne den Rat seiner Mitarbeiter bedächtig anzuhören, und immer sich in ihrem Sinn entschlossen. Nur daß jetzt kein Könner und Gewaltmensch wie Ludendorff zur Stelle war. Statt dessen gab es die offiziellen politischen Berater, vor allem den Kanzler und den Reichswehrminister. Dann die schon weniger offiziellen und intimeren, den Staatssekretär des Präsidialamtes, einen schlauen, alten Fuchs, der schon Ebert gedient hatte, und den General von Schleicher. Zu diesen beiden Einflüsterern gesellte sich der Sohn des Präsidenten, der sich als sein »Adjutant« bezeichnete. Es sind kleine, ungute Namen, und in einer deutschen Geschichte genannt zu werden, verdienen sie nicht. Momentweise durften sie eine entscheidende Rolle spielen. Denn auf sie hörte der Präsident. Und dahin war es nun mit Deutschland gekommen, daß die Herren, auf die der Präsident hörte, Regierungen machen und stürzen konnten. Auch eine gewisse letzte Regierung konnten sie noch machen; aber die konnten sie zu ihrer peinlichen Überraschung dann nicht mehr stürzen... Noch war die Verfassung beschworen, nach deren erstem Artikel die Staatsgewalt vom Volke ausging. Aber die Masse des Wirklichen läßt sich durch Verfassungs-Artikel nicht zwingen. Das Volk hatte mit seiner »Staatsgewalt« nichts anzufangen gewußt. Die unverantwortliche Camarilla um Hindenburg war jetzt mächtiger, als die Camarilla um Wilhelm II. je gewesen war.
Erweitert wurde sie durch ostpreußische Gutsnachbarn. Es hatte einer von diesen, ein greiser, zynischer Junker aus dem vorigen Jahrhundert, den schlauen Einfall gehabt, das verlorene Familiengut der Hindenburgs mit Hilfe der rheinischen Industrie zurückzukaufen und dem Präsidenten bei Gelegenheit seines achtzigsten Geburtstages verehren zu lassen. Dadurch war Hindenburg selbst zum ostelbischen Gutsherren geworden und lebte nun einen Teil des Jahres unter seines-

gleichen. Er lernte ihre Sorgen teilen, ihre gierigen Forderungen an den Staat billigen; er geriet in die gesellschaftliche Atmosphäre, der er von Geburt angehörte, durch seine Laufbahn aber zeitweise entfremdet worden war. Hier wurde im ganz alten, ihm urvertrauten Ton gesprochen. Hindenburg hörte zu und fühlte sich wohl. Daß der Reichstag etwas Besseres sei als eine »Quasselbude« und Demokratie, Partei, Gewerkschaften nun einmal zum modernen Leben gehörten, solche im Lauf der Jahre mühsam assimilierten Neuigkeiten verdrängte er jetzt; was er sich um so eher gestatten konnte, als die Parteien ja wirklich versagt hatten. Hieß das alles, daß der Greis erst jetzt sein wahres Gesicht zeigte? Doch wohl nicht. Seit 1925 hatte er den Versuch mit der Republik ehrlich, wenn auch gegen seine innerste Überzeugung gemacht und war nach ihren Spielgregeln verfahren. Er hatte Stresemann walten lassen. Was jetzt war, die Wirtschaftskrise, die Nazis, die Kommunisten, die ganze Verwirrung und Lähmung der deutschen Politik hatte er nicht erfunden. Da nun aber alles so stand – um wieviel bequemer war es da, in jene uralten Denkgewohnheiten zurückzufallen, welche ihm durch die jüngsten Erfahrungen bestätigt zu werden schienen. Autorität, feste, vom Parteiengetriebe unabhängige – ohne die ging es nun einmal nicht. Wenn sie nun auch seinen Gutsnachbarn ein wenig half mit Frachterleichterungen und Schuldensistierungen und, gerade heraus, mit fetten Geldgeschenken, was weiter? – Einflußreicher, als gut für ihn selber war, versank der Kreis um Hindenburg in eigentliche Korruption, ohne es zu wissen.

Die Nazis waren ihm zugleich unheimlich und willkommen. Unheimlich, denn es waren wilde Männer und Volksaufwiegler, sogar Sozialisten, ihrer eigenen Behauptung nach. Willkommen, denn sie waren die Kraft, durch die man die Sozialdemokraten vorläufig mattsetzen konnte, um sie später vielleicht ganz auszulöschen. Es seien, schrieb Schleicher noch im Jahre 1932, die Nazis wohl auch keine guten Brüder, aber froh sei er doch, daß sie ein Gegengewicht bildeten: »Wenn sie nicht da wären, müßte man sie geradezu erfinden.« Nichts und wieder nichts hatten die Sozialdemokraten dem Heer, den Junkern, den reichen Leuten getan, auch in ihrer mächtigsten Zeit nicht. Jetzt waren sie ohnehin entmachtet durch die Nazis und durch die Wirtschaftskrise. Mit was konnten die Gewerkschaften noch auftrumpfen, wenn die Hälfte ihrer Mitglieder ohne Arbeit war? Was vermochte die Waffe des Generalstreiks bei vier, fünf, sechs Millionen Arbeitslosen? Bescheiden und hilflos war die große Partei geworden, die seit 1914 dem Staat so viele rettende Hilfsdienste geleistet hatte. Im Interesse des Staates hätte jetzt sie selber Hilfe verdient. Aber die überklugen Männer um Hindenburg sahen das nicht. Sie sahen die Chance, den lästigen »Marxisten«, den hochgekommenen »Proleten« es endlich einzutränken; wozu nichts notwendig war, als die Nazibewegung einzufangen, zu »zähmen« und sich ihrer zu höheren Zwecken zu bedienen. Die wilden Männer waren schließlich auf der richtigen Seite, wenn auch ein wenig zu weit; sie waren »national«, sie waren »wehrwillig«, sie würden, einmal durch begrenzte Mitverantwortung kirre gemacht, der Vergrößerung der Armee gewiß kein Hindernis in den Weg legen...

Wir haben den Ereignissen vorgegriffen. Die eben beschriebenen Stimmungen und Motive, immer latent, kamen erst im Frühling 1932 zur vollen Wirkung. Einstweilen unterstützte Hindenburg loyal den Kanzler Brüning und gab seinen Namen für alle die grimmigen Notverordnungen »zur Behebung finanzieller, wirtschaftlicher und spezieller Notstände«, die Brüning ausarbeitete; Sparmaßnahmen; Maßnahmen zur Senkung der industriellen Gestehungskosten, der Löhne und Preise; Maßnahmen zur Unterstützung der Landwirtschaft, besonders der ostpreußischen, besonders des Großgrundbesitzes. Sehr harte Maßnahmen; Maßnahmen, die das Volk schmerzhaft spürte wie seit dem Krieg noch nie etwas, was »von oben« kam: der entlassene Junglehrer; der Arbeitslose mit gekürzter, schließlich mit gar keiner Unterstützung. Was half es, daß sie »wissenschaftlich« richtig und, in ihrer furchtbaren Unpopularität, von hohem Mut diktiert waren? Was half die Korrektheit der Operation, wenn der Patient unter dem Messer starb? Je mehr Brüning vom Körper der deutschen Wirtschaft abschnitt, um ihn der gekürzten Decke anzupassen, desto kürzer wurde die Decke. Die Hoffnungen auf eine Belebung der Weltwirtschaft, so hieß es in den tapferen, aber trostlosen Kundgebungen des Kanzlers, hätten sich leider wieder nicht erfüllt; neue Opfer seien daher notwendig, was sicher jedermann verstehen werde... Nein, die Leute verstanden es nicht. Sie sahen nur, daß die Zahl der Arbeitslosen immer weiter anstieg und die Zahl der Selbstmorde; von kinderreichen Familien las man, die der Vater umbrachte, weil er die Not nicht länger mitansehen konnte. Die Regierung, hieß es, »verordne die Not«; das war das einzige, zunächst greifbare Resultat der Notverordnungen. Noch immer gab es recht viele Menschen, die gut lebten. Wohlleben zeigte sich lustig und gern, Elend verbarg sich. Aber es stieg an. Im Jahre 1932 produzierte Deutschland kaum mehr als die Hälfte von dem, was es im Jahre 1929 produziert hatte. Das war das Unglück Brünings und des republikanisch-monarchischen, gemäßigt-demokratischen Rechtsstaates, der Brüning als Ziel vorschwebte. Die historische Schuld des Mannes ist schwer; umso trauriger, als er für seine Person so ganz unschuldig war. Zu seinen Gunsten könnte man geltend machen, daß es ihm an guten Beratern fehlte, daß besonders der Präsident der Reichsbank, Luther, keinen anderen Rat wußte, als eben den mörderischen, die Deflation durch Super-Deflation zu bekämpfen. Auch die Hochfinanz dachte so, indem sie sich an den Regeln eines Familienbudgets orientierte; wurden die Zeiten hart, so hieß es sparen, und je härter sie wurden, desto mehr sparen. Ausnahmen gab es; wenige Professoren, wenige Publizisten, welche die Funktion des Geldes, und was es mit ihrem Zusammenbruch auf sich hatte, verstanden. Sie wurden für Phantasten gehalten, im Reichstag, und gerade bei dessen staatstragenden Parteien, wie außerhalb. Und doch ist nicht erwiesen, daß, wenn der Kanzler das Steuer herumgeworfen und für Geldvermehrung, Arbeitsbeschaffung, Hebung der Preise einen großzügigen Plan vorgelegt hätte, er sich nicht hätte durchsetzen können. Seine Autorität war stark; stärker

die des Reichspräsidenten, der ihn deckte, und der seine »Notverordnungen« mit wachsenden Zweifeln unterschrieb. Schließlich ist nicht zu vergessen, daß die Klasse, welcher Hindenburg nahe stand, die Landwirte östlich der Elbe zu den am schlimmsten Betroffenen gehörten. Die »Junker« konnten so blind nicht sein, um nicht zu ahnen, woran das Unheil lag; warum ihre Produkte, Kartoffeln und Butter und Fleisch, auch zum Drittel des seitherigen Preises nicht zu verkaufen waren, während ein Drittel der Nation hungerte. Ein Programm konnten ihre eigenen Theoretiker freilich nicht liefern. Daß sie das rettende Mittel abgelehnt hätten, wäre es der Regierung eingefallen, ist doch nicht wahrscheinlich. Dem Doktor Brüning fiel es nicht ein. In tapferer, hochmütiger Einsamkeit, unbeirrbar, unberaten von den Konservativen, unberaten auch von freier »linker« Intelligenz, die in der ganzen Krise nichts anderes als eine heimtückische Verschwörung der Kapitalisten mit dem Zweck höherer Profite sehen wollte, ging er immer den gleichen Weg.
Und das war das Glück der Nationalsozialisten. Allein die Intensität des Propagandakrieges hätte es nicht geschafft; es war das Elend und die Angst vor dem Elend, was ihnen die Leute zutrieb. Sie wußten das sehr gut, daher sie denn auch die Dinge, die an sich schlimm genug waren, noch übertrieben und für den kommenden Winter mit Freude zehn und mehr Millionen Arbeitslose voraussagten. Sie machten die Lage noch schlimmer. Die sogenannte Weltwirtschaftskrise hatte keine einzige Ursache, sondern die unterschiedlichsten, die sich während der Jahre 1929 bis 1933 auf die unterschiedlichsten Weisen begegneten. Einige von ihnen konnten wohl in rein wirtschaftstheoretischen Begriffen formuliert werden, andere waren politischer Natur: die Nachwirkungen des letzten Krieges, die Furcht vor einem neuen, der schleichende Machtkampf der europäischen Staaten. Auch innenpolitischer Natur. In Deutschland drohte seit 1930 der Bürgerkrieg; das war kein Klima, in dem die Wirtschaft gedeihen konnte. Von den Nationalsozialisten vor allem ging diese Drohung aus. Aber eben sie trieb ihnen die Leute zu, die fühlten, daß es so nicht wei-

terginge und daß das Volk unter einer starken Hand einig werden müßte. Hitler selber schuf zu einem guten Teil die Krankheit, von der man bei ihm Heilung suchte. So liebt einer angeblich sein Volk – und daß Hitler viel über Deutschland nachgebrütet und sich mit Deutschlands Schicksal gequält hatte, mag man ihm glauben; und freut sich doch herzlich, wenn dies Volk leidet, weil er dadurch die Möglichkeit erhält, es sich zu unterwerfen.

Alle großen Parteien hatten nachgerade ihre Schutz- und Kampfverbände; die Kommunisten ihre »Roten Frontkämpfer«, die Sozialdemokraten ihr »Reichsbanner Schwarz-Rot-Gold«, die Deutschnationalen die ihnen verbündete Frontkämpferorganisation »Stahlhelm«. Bei weitem die militanteste Truppe aber waren die »Sturmabteilungen« – SA – der Nazipartei, eine eigentliche Bürgerkriegsarmee. Wohl war dort viel im Grunde gutmütige Jugend versammelt, junge Arbeitslose, die ihre Tage in den öffentlichen Anlagen verlungert hatten, bis die Partei sie sich holte, ihnen die braune Hemdenuniform und Essen und ihrem Leben ein wenig Stolz und Sinn gab. Der Staat, der sparsame, phantasielose, kümmerliche Staat tat das nicht, also konnte die Partei sie einfangen. Aber auch harmlose Jugend hört auf, harmlos zu sein, wenn man den brutalen Instinkten schmeichelt, die im Menschen latent sind; Übermut, Sadismus, Mordlust fanden in den SA ihren Tummelplatz. Der kommunistische Gegenverband blieb die Antwort nicht schuldig, wo er sie geben konnte. Eine Mordwelle ging über das Land; kein Wahlkampf, der nicht Dutzende von Toten gekostet hätte. Auf den Plakaten, die sein Erscheinen anzeigten, ließ ein nationalsozialistischer Redner sich stolz als Mörder Soundso einführen.

Heinrich Brüning sah von diesen Dingen weg, so gut er von ihnen wegsehen konnte. Nie gab er die Hoffnung auf, welche die Hoffnung seiner Auftraggeber war: mit der großen, ungebärdigen Partei der extremen Rechten zu Rande zu kommen, sie zum Positiven zu erziehen und seinem System irgendwie anzuschließen. Mittlerweile hatte er sich zwei Ziele gesetzt: die deutsche Wirtschaft in Ordnung zu bringen und Deutschlands äußere Gleichberechtigung völlig wiederherzustellen; Streichung der Reparationen und Rüstungsfreiheit, oder Abrüstung der anderen. Waren diese berechtigten Forderungen des deutschen Nationalismus erreicht, dann mußten, so glaubte er, die Geister sich beruhigen, die innere Krise sich meistern lassen; worauf dann gründliche Verfassungsreformen dafür sorgen würden, daß sie sich nicht wiederholte. Diese Ziele verfolgte er mit einer Zähigkeit, einer Beherrschung seiner feinen und leidenden Seele, die man bewundern mag; so wie der Ritter in Dürers Stich seinen Weg tapfer weiterreitet, trotz der greulichen Gestalten, die ihm folgen, und in der Ferne schon die heimatliche Burg liegen sieht. Die Burg glaubte Brüning zu sehen, er wollte hingelangen. Aber die Straße wurde immer wüster, Roß und Reiter schwächer.

Die »Welt« – »das Ausland«, wie man in Deutschland sagt – half dem schwer ringenden Staatsmann wenig. Die Welt war nicht klüger als Deutschland. Daß Brüning einer war, der im Interesse der europäischen Zukunft Hilfe brauchte, selbst um einen Preis, das kam ihr gar nicht in den Sinn. Im Frühjahr 1931 schlossen das Deutsche Reich und Österreich einen Zollunionsvertrag miteinander ab; im vernünftigen Wirtschaftsinteresse, aber auch zu politischen Zwecken. Es wäre endlich ein Erfolg von Brünings nationaler Politik gewesen, eine Entscheidung unter Deutschen auf eigene Faust, ein Schritt zur Erfüllung jenes »großdeutschen» Zieles, das auch Hitler, der Österreicher, zu verfolgen vorgab, getan nicht von dem wilden Mann, sondern in anständiger, maßvoller Freiheit. Frankreich wollte es nicht haben. Der »Zollverein« war der Anfang von Deutschlands Einigung gewesen; dieser neue Zollverein war folglich der Anfang der großdeutschen Einigung. Das war gegen den Friedensvertrag, der Österreich zu dauernder selbständiger Existenz verpflichtete. Es durfte nicht geduldet werden. Die Sache kam vor den Internationalen Gerichtshof im Haag; der sprach sein Urteil im Sinn der Franzosen. Was Brünings vernünftiger Diktatur der Mitte eine so dringend benötigte Stärke hätte bringen sollen, endete in beschämender Niederlage... Langsam, furchtbar langsam, kam man auch dem Ziel der militärischen »Gleichberechtigung« näher. Die Franzosen trauten Deutschland nicht, und das Schauspiel, das es jetzt bot, war ja auch geeignet, Mißtrauen zu erregen. Was sie nicht verstanden, war der Zusammenhang zwischen ihrer eigenen unschöpferisch starren Haltung und der Verwilderung des deutschen politischen Lebens. Später haben dann die Westmächte dem wilden, bösen Mann alle die Konzessionen gemacht, die sie Brüning verweigerten; sie und hundert andere. – Die einzige großzügige Geste in dieser schlimmen Zeit kam von Amerika. Der Präsident der Vereinigten Staaten, Herbert Hoover, schlug im Sommer des Jahres 1931 vor, die Bezahlung aller politischen Schulden, Reparationen sowohl wie Zahlungen der Westmächte an Amerika, ein Jahr lang auszusetzen. Daß das Unterbrochene nicht wieder aufgenommen würde, lag in der Natur der Dinge, aber noch immer verhinderten abergläubische Vorurteile, es auszusprechen. Max Webers Beschreibung politischer Arbeit wie eines »zähen Bohrens durch dicke Bretter« ist nie so wahr gewesen wie für die Laufbahn des letzten Staatsmannes der Weimarer Republik.

Unmöglich, alle die Säfte genau zu erkennen, die giftigen und auch die gesunden, welche die Nazibewegung nährten. Da war das Gefühl, daß der Weimarer Staat nichts war als eine Anstalt zur Befriedigung der elementarsten gesellschaftlichen Bedürfnisse, eine große Polizeianstalt, aber nicht der Hort begeisternden, gemeinschaftlichen Lebens, der ein deutscher Staat sein sollte. Da war das Gefühl, daß die Republik schwach war und sich nicht wehrte und immer freundlich-bewundernd herüber schielte zu jenen, die im Begriff waren, sie zu zerschlagen. Dafür brachten diese Jahre groteske Beispiele genug. Hitler tat wohl groß mit den Verfolgungen, die er hatte erleiden müssen, aber er wußte selber gut, daß das alles nichts gewesen war als Hokuspokus; daß auch das sozialdemokratische Preußen nie wirklich zuschlug und das »Reich« und andere Bundesländer ihn seit Jahr und Tag geschont und geschützt hatten, wie sie nur konnten. Da war das Gefühl, daß die Deutschen das bei weitem stärkste europäische Volk waren, trotz 1918, und daß die republikanischen Regierungen nicht verstanden hatten, diese Stärke auszunutzen. Statt dessen hatten sie auf »Verständigung« und den Völkerbund gesetzt; aber der war zu sehr ein Instrument der konservativen französischen Machtpolitik gewesen, als daß er ihre Hoffnungen hätte erfüllen können. Da waren alte großdeutsche und gesamtdeutsche Träume – viel »schwarzrotgoldener«, im Grunde, als das schwarzrotgold der Weimarer Republik. Da war der Judenhaß des Kleinbürgers, nicht sehr stark zunächst, aber aufgepeitscht durch Propaganda, welche nicht nur das Judentum als solches, sondern auch Großbanken, Großwarenhäuser, den Marxismus, den »internationalen Kapitalismus« vage zu seinem Gegenstand zu machen wußte. Da war auch, was ein Naziredner die »antikapitalistische Sehnsucht des Volkes« nannte; und die sozialdemokratische Republik hatte gegen den Kapitalismus so gut wie gar nichts getan. Auch das ging ein in die Partei und stärkte sie. Was verschlug es, daß Hitler gleichzeitig von einigen der gößten deutschen Industriellen Geld erhielt und seit dem Sommer 1931 sich emsig um die Freundschaft der rheinischen Industrie bemühte? Man konnte beides auf einmal sein, für den Kapitalismus und auch dagegen. Es ging alles in den brodelnden Topf. Die programmlose, irrationale, an ihrer eigenen Stärke sich stärkende, um der Macht und wieder nur der Macht, die durch sie erreicht werden sollte, höher und höher getriebene »Bewegung« konnte alles aufnehmen, was sie stärker machte. Sie nahm das Elend der Armen auf und den Reichtum der Reichen, die brave Sehnsucht der Jungen und die hartherzige Kalkulation der Alten, den hirnlosen Leichtsinn, der nun einmal »etwas anderes« wollte, die Leichtgläubigkeit, die Hysterie. Und sie nahm den Haß in sich auf. Haß gegen die »Novemberverbrecher«, Haß gegen die Welt, Haß gegen »das System«, die »Bonzen«, die sozialdemokratischen Amtswalter, die noch immer an den Hebeln der preußischen Verwaltung saßen und angeblich regierten; aber sie regierten nicht. Wie stark dieser Haß war und die Freude am Haß! Wer es in jungen Jahren erlebt hat, der vergißt es nicht. Wer, aufgewachsen in der freundlicheren Luft unserer Tage, es nicht erlebt hat, der kann sich gar

nicht vorstellen, zu welcher Tiefe das öffentliche Leben damals herabsank.
Was die Führer der Nazis nicht taten, weil es ihnen jetzt nur auf Stimmenfang ankam und weil sie ohnehin zynische, gegenüber jeder Unterscheidung zwischen wahr und falsch gleichgültige Menschen waren, das versuchten für sie einige gebildete politische Schriftsteller zu tun. Wir kennen schon die Gedankenwelt, welche man die »konservative Revolution« nannte. Damals standen ihre Vertreter im Zentrum des geistig-politischen Interesses. Sie untersuchten in ihren Zeitungen, was nun zu tun, zu welchen positiven Zielen die in der Nazibewegung zusammengeballten Massen zu führen seien. Sie wollten Ernst machen mit der Verbindung von Nationalismus und Sozialismus, einer, wie sie fanden, im Grund sehr natürlichen Verbindung, welche nur die Marxsche Doktrin bisher vereitelt hatte. Liberaler Kapitalismus und Marxismus seien beide am Ende. Da Deutschland durch die Reparationen und durch seine Verflechtung in die Weltwirtschaft ruiniert worden sei, so müßte es daraus die Lehre ziehen und sich unabhängig vom Weltmarkt machen: Herr über seine eigene Produktion und seinen eigenen Verbrauch. Weil aber Deutschland zu klein sei, so müßten andere Gebiete seinem wirtschaftlichen Raum angeschlossen werden, vor allem das Donautal, Südosteuropa. Das würde nicht gelingen ohne eine starke Militärmacht, nach welcher ohnehin die Sehnsucht der Jugend gehe. Es würde nicht gehen ohne zentrale wirtschaftliche Planung. Das russische Beispiel tat hier seine Wirkung; als einzige unter den Großmächten war die Sowjetunion von der Wirtschaftskrise überhaupt nicht berührt worden und verwirklichte großartig die »Fünf-Jahr-Pläne« zu ihrer Industrialisierung, was manchem nichtkommunistischen Deutschen zu denken gab. Deutschland war klein, verglichen mit Rußland. Aber nicht einmal was Deutschland selber besaß, was sein Boden hervorbrachte, was es machen konnte, wurde jetzt verbraucht, und zwar darum nicht, weil die Leute kein Geld hatten. Daß dies ein unerträglicher, den »Kapitalismus« ein für allemal widerlegender Skandal sei, diese Meinung war weit verbreitet. Ein »Umbau der

Welt« tat not, man stand an einer historischen Zeitenwende, es mußte alles ganz anders werden, wirtschaftlich, politisch und moralisch... So ließ der aufgeregte Zeitgeist sich vernehmen, und auch so nüchterne, oberflächliche Politiker wie General Kurt von Schleicher verschmähten es nicht, ihn anzuhören. Hitler selber hatte zeitweise an überquere revolutionäre Wirtschaftstheorien geglaubt, sie aber rasch fallenlassen, als er merkte, daß dergleichen ihm bei geldmächtigen Industriellen schadete. Den Opportunisten interessierte die Wirtschaft im Grunde nicht. Sie war Nebensache und mußte von Könnern besorgt werden – solchen, die sonst nichts konnten. Hauptsache war die Politik, von der alles übrige abhing. Hauptsache war die Macht.

In einer schwierigen Lage ware Preußen-Deutschlands alte Konservative, die »Deutschnationalen«. Einige ihrer klügsten Wortführer begriffen, daß jetzt die Diktatur der Mitte zum letzten Turm der Ordnung geworden war, und halfen Brüning mit schwachen Kräften. Das Gros, unter dem Parteiführer Alfred Hugenberg, verbündete sich mit den Nationalsozialisten. Sie ahmten sie nach, redeten ihnen nach, nur etwas milder, etwas gemäßigter; »Novemberverbrecher«, »Schande von Versailles«, »Verrat und Unfähigkeit der Demokratie«, alles das. Hugenberg war ein reicher Mann, Besitzer eines riesigen Verlags- und Zeitungsunternehmens; auf seine Art muß er wohl fähig gewesen sein. Aber wie blind war er, wenn er glaubte, hier mitmachen, hier konkurrieren und doch die Selbständigkeit seiner Gruppe wahren zu können! Wie verblendet war er von Eitelkeit und Haß, wenn er dies Bündnis für konservativ hielt! Man hat es nach einem Badeort, wo die ganze Bande, Industrielle, Gernerale, Bankiers und Parteiführer sich 1931 traf, die »Harzburger Front« genannt, die Konzentration aller Republikfeinde auf der Rechten. Dies, die Feindschaft gegen die Republik, hatten sie gemeinsam. Daß sie sonst nicht viel gemeinsam hatten und das politische Ingenium Hitlers allen anderen Gruppen, Parteien, Kampfverbänden zehnmal überlegen war, dafür fehlte es während des Honigmondes, welcher dieser vielfachen Hochzeit folgte, nicht an Zeichen. Er kenne,

gab Hugenberg zu verstehen, sehr wohl die Gefahren der nationalsozialistischen Bewegung. Aber so wie viele andere glaubte er, sie benutzen zu können.
Den Feldmarschall von Hindenburg kränkte diese Vereinigung der Rechten und Ultrarechten, die gegen die Republik, gegen Brüning und unleugbar auch gegen ihn, den Präsidenten der Republik und Schutzpatron der Regierung Brüning, gerichtet war. Alle oder beinahe alle, die ihn vor sieben Jahren gewählt hatten, waren nun gegen ihn, und beinahe alle, die damals gegen ihn stimmten, waren nun für ihn; die Republikaner, die katholischen Demokraten vom Zentrum, die Sozialisten, die Gewerkschaften. Ob nun die Rechte ihn verraten hatte oder er die Rechte, darüber war er sich wohl nicht klar; aber etwas stimmte da nicht und war, wenn es irgend ging, in Ordnung zu bringen. Von Alfred Hugenberg hielt er nicht viel, und eine tiefe Abneigung empfand der aus einem solideren Jahrhundert stammende Mann gegen den süd- und großdeutschen Demagogen, den »böhmischen Gefreiten«, wie er ihn nannte. Wenn aber Deutschland sich von der Demokratie abkehren wollte, war es seine, des königlich-preußischen Feldmarschalls Sache, es daran zu hindern?... Im März 1932 mußte verfassungsgemäß ein neuer Reichspäsident gewählt werden. Versuche wurden gemacht, Hindenburgs Amtszeit durch den Reichstag zu verlängern oder ihn als Kandidaten des gesamten Volkes »küren« zu lassen. Das scheiterte; die Nation war zu aufgewühlt und haßzerrissen, um sich auf ein und dasselbe Idol einigen zu können. Obwohl nun überparteiliche Ausschüsse, in denen auch konservative Politiker nicht fehlten, dem Präsidenten die Kandidatur anboten und Hindenburg auf diese Form der allergrößten Wert legte – er könne ja schließlich die Sozialisten nicht daran hindern, für ihn zu stimmen –, so wiederholte der Wahlkampf doch ungefähr den Gegensatz von 1925; Hindenburg war jetzt der Kandidat des »Volksblocks«, Hitler der des »Reichsblocks«. So verdreht lagen die Dinge. Für den wilden Österreicher stimmten die ostelbischen Junker, die rheinischen Industriellen, die Mehrheit des Adels und Bürgertums; für den preußischen General die nieder-

bayrischen Bauern, die sozialistischen Arbeiter. Um nur den gefürchteten Feind von der Macht fernzuhalten, suchte die Demokratie Schutz hinter den breiten Schultern des einzigen, mit dem sie noch hoffen konnte, Hitler im Wahlkampf zu schlagen. Sie gewann nichts, auch wenn sie die Präsidentenwahlen gewann. Hindenburg war nicht ihr Präsident; wie wenig er es war, dafür fehlte es im Winter 1932 nicht an warnenden Andeutungen. Sie hielt nur eine ihr fremde, von ihr nicht kontrollierte Front der Mitte, die ihrerseits vom guten Willen Hindenburgs und der Armee abhing. Es war der hoffnungsärmste politische Verteidigungskampf, den es je gab. Wäre eine echtere politische Teilung der Nation möglich gewesen? Gegen Hitler anstatt des alten Junkers ein sozialer Demokrat? Ja – wenn die Demokratie noch den Mut zu sich selber gehabt hätte. Aber dann wäre ja alles anders gekommen und die Sackgasse von 1932 nie begangen worden. Entmutigt, kompromittiert, vom politischen Spiel eigentlich ausgeschlossen, konnte die Linke jetzt keine politische Offensive mehr ergreifen. Zweifelhaft ist, ob auch nur die Zentrumspartei eine eigentlich demokratische Kandidatur mitgetragen hätte – sicher keine solche, die etwa auch den Kommunisten genehm gewesen wäre. Und das war es: die Kommunisten nahmen überhaupt keine demokratische Kandidatur an. Im Irrwitz ihrer brutalen und verdrehten Seelen hatten sie sich ausgerechnet, daß Deutschland durch die kurze Periode einer nationalsozialistischen Diktatur hindurch müsse, um dann um so sicherer beim Kommunismus zu landen. »Merken Sie denn nicht«, wandte sich der preußische Minister Braun einmals an sie, »daß Sie die Geschäfte derer da drüben besorgen? Sie wollen beide die demokratische Republik zertrümmern, um dann auf den Trümmern ihre Diktatur zu errichten, und zwar jeder die *seine*. Sie wollen dann *die* hängen und die *Sie*. Ich fürchte, Sie werden die Gehängten sein!« *»Dich* hängen wir zuerst!« grölten die Verblendeten Antwort. Die Kommunisten stellten denn auch diesmal wieder ihren eigenen Kandidaten auf und haben bis zum bitteren Ende mit den Nazis gegen die Republik zusammengearbeitet.

Hindenburg gewann. Die Mehrheit der Nation stimmte für ihn, für Hitler nur wenig über ein Drittel. Aber dies Drittel war Feuer und Flamme für seinen Führer, während die Wähler Hindenburgs sich nur im Nicht-Wollen einig waren. Der Greis war ein Symbol ihrer Ratlosigkeit. Sie erwählten ihn zu ihrem Schutzmann, und er ließ sich die Wahl gefallen, aber nicht die Funktion, und gab ihnen keinerlei Versprechen, daß er fortan in ihrem Sinn handeln würde. Darum hatten sie kaum ein Recht, sich über Treubruch zu beklagen, als er, kaum zwei Monate nach den Wahlen, seinen asketischen Kanzler fallen ließ und eine Regierung der Rechten bestellte.
Brüning, so machte General von Schleicher damals geltend, meistere die Wirtschaftskrise nicht, im Zeichen seiner Sparpolitik werde alles immer noch schlimmer. Auch seinen zweiten Hauptauftrag habe er nicht erfüllt, die Nazis nicht »gezähmt«. Die Partei wachse bei jeder Wahl in den Ländern; brächte man sie nicht endlich an den Staat heran und unter die Kontrolle des Staates, so werde sie ihn verschlingen... Argumente, die sich hören ließen. Es ist aber wahrscheinlich, daß sie nicht die eigentlichen waren und daß die Hindenburgintriganten nicht so sehr das Scheitern wie den endlichen Erfolg Brünings fürchteten. Erfolge in der äußeren Politik und im Wirtschaftlichen. Die Krise konnte nicht ewig dauern. Ging sie zu Ende – und dafür gab es Anzeichen –, gelang es Brüning, zu ihrer Überwindung beizutragen und doch im Rahmen republikanischer Gesetzlichkeit zu bleiben, so würde die Chance zum Sturz der Demokratie, welche die Not der Massen und die Nazibewegung boten, wohl gar noch unwiederbringlich verlorengehen... Dem Kanzler wurde keine Möglichkeit gegeben, sich zu verteidigen; so war es abgekartet. Dieselben wenigen, dank übler Gesamtumstände einflußreichen Personen, die ihn an die Spitze gebracht hatten, stürzten ihn nun; und stärker als ihre sachlichen Gründe wirkten Stimmungen und korrupte Interessen, die im Palais des Präsidenten sich breitmachten. Brüning hatte dem ostelbischen Grundbesitz bedeutende Hilfssummen zugewandt. Es bestand nun aber der Plan, Güter, welche sich gar nicht retten ließen, auf-

zuteilen und arbeitslose Städter auf ihnen anzusiedeln. Es scheint, daß mehr als alles andere dies Programm einer bescheidenen, überfälligen Landreform Brüning sein Amt kostete. Wenn dem so ist, so war es das letzte Mal, daß das preußische Junkertum – genauer: ein kleiner, energischer Teil des Junkertums – einen bösen Einfluß auf den Gang der deutschen Geschichte nehmen konnte. Es hat ihm nichts genützt. – Hindenburg verweigerte die Unterzeichnung weiterer Notverordnungen.

Eine »Entlassung« war das nicht, zu ihr hatte der Präsident keine Vollmacht. Brüning hätte vor den Reichstag treten und sagen können: »Mit den Notverordnungen geht es nun nicht mehr. Die Mitarbeit, die ihr bisher auf dem Umweg über die Notverordnungen geleistet habt, werdet ihr von nun an wieder direkt leisten müssen, so wie die Verfassung es vorsieht. Ich wende mich an die Mehrheit, die mir bisher folgte und die die Gefahren eines Regierungswechsels so gut kennt wie ich.« Jedenfalls hätte er durch einen solchen Appell an die Vernunft der Demokratie nichts verlieren können. So sehr aber hatte Brüning sein Amt als ein dem Reichspräsidenten von Hindenburg dienstbares, von Willen und Gnaden des Ersatzmonarchen abhängendes verstanden, so verblüfft und schwer gekränkt war er jetzt vom Treubruch des Alten, daß der Versuch einer Rückkehr zum parlamentarischen System überhaupt nicht in sein Denken kam. Er war »entlassen«, weil er sich entlassen fühlte, der ehemalige Oberleutnant gegen den Willen des Feldmarschalls das Kommando nicht führen zu können meinte. Sofort zog er sich zurück und hat sich in der Folgezeit in bitterem Stolz geweigert, von den neuen Machthabern irgendwelche Ämter oder Vorteile anzunehmen.

Es folgten acht wirre Monate, während derer Deutschland ununterbochen unter den grellen, ungesunden Scheinwerfern der Politik lag. Man sprach fast von nichts anderem mehr. Es war das Zögern und Zagen der Braut vor dem häßlichen Freier; sie wollte ihn nehmen und wollte doch auch wieder nicht und machte die sonderbarsten Sprünge, um ihm zu entgehen. Dabei war es so, daß die Linke, vor allem die Sozialdemokraten, auf den Gang der Ereignisse überhaupt keinen Einfluß mehr hatten. Sie waren noch da, sie hielten Parteitage ab und Wahlversammlungen, sie hielten den Kern ihrer Anhänger wohl zusammmen, sie hatten in einer »Eisernen Front« ihre Organisation noch unlängst eindrucksvoll zusammengefaßt – aber alles spielte sich ab, als ob sie gar nicht da wären, und ihrer Getreuen bemächtigte sich ein Gefühl tiefer Vereinsamung. Wie einer im Alptraum seinen Arm nicht heben kann, so konnte die große Partei von ihrer Kraft keinen Gebrauch mehr machen. Es ging nicht mehr um die Reichstagsparteien, es ging, wie Julius Leber rückblickend schrieb, nur noch um diese zwei Machtzentren: den Reichspräsidenten und die Straße. Der Letzte, der zwischen Hitler und Deutschland stand, gestützt auf seinen Krückstock, umgeben von seinen legitimen und illegitimen Beratern, war der alte Hindenburg. Das war nun seine Stellung, nachdem er selber die eine verteidigungsfähige Bastion, die Regierung Brüning, verraten und übergeben hatte. Hindenburg wollte die Nazibewegung nicht unterdrücken, was mit Hilfe des Heeres und der preußischen Polizei vielleicht noch möglich gewesen wäre. Dazu hielt er zuviel von der Partei, die, wenn sie auch wild und ungebärdig war, doch immerhin zur »Rechten« gehörte und der man die völlige Ausschaltung der »Marxisten« verdankte. Er wollte aber auch Hitler nicht zur Macht lassen, denn er traute dem Charakter des »böhmischen Gefreiten« nicht. Vor allem, er wollte ihn nicht allein zur Macht lassen. Die »Zähmung« der Partei, die Teilung der Macht zwischen ihr und den Konservativen, war noch immer, was ihm als wünschenswert vorschwebte. Es gibt die englische Redensart von einem, der »seinen Kuchen zugleich essen und aufbewahren will« – er will, was sich selber widerspricht. Mit Hitler ließ die Macht sich nicht teilen.

Man appellierte an die Geister der Vergangenheit, versuchte es mit Regierungen, die, ihrem gesellschaftlichen Charakter nach, besser in die Epoche Friedrich Wilhelms IV. gepaßt hätten. So war das »Kabinett der Barone«, die Regierung Franz von Papens, des Nachfolgers von Brüning. Wieder war Schleicher der Kanzlermacher gewesen, wieder hatte Hindenburg den Rat des politischen Generals, jetzt auch Reichswehrministers akzeptiert. Dem war eine geheime Verabredung zwischen Schleicher und Hitler vorausgegangen: die Nazis würden Papen »tolerieren«, wie die Sozialdemokraten Brüning toleriert hatten, wofür man ihnen volle Freiheit des Agitierens und Neuwahlen, also einen neuen Wahlsieg, versprach. Papen war elegant und couragiert, nicht schlecht, nicht böswillig im Grunde, aber leichtsinnig, eitel, intrigant und oberflächlich zum Gotterbarmen. Für den Verfall des öffentlichen Lebens konnte nichts bezeichnender sein als die Ernennung dieses wohlerzogenen Hansquasts, Herrenreiters und Schönredners, der von ferne etwas von »konservativer Revolution« hatte läuten hören. In dem »Machtvakuum«, welches dadurch entstand, daß die Nazis einerseits, Hindenburg und die Armee andererseits einander neutralisierten und die Linke nicht mehr zählte, war alles möglich; der charmante Edelmann wußte Hindenburg für sich einzunehmen, und das genügte für den Moment. So war man im Zeitalter des fürstlichen Absolutismus erster Minister geworden. Konnte es aber das noch geben, konnte das sich halten im Zeitalter der industriellen Demokratie, in der Fieberglut politischer Massenleidenschaft?... Eine Reihe von junkerlichen Reaktionären aus der Kaiserzeit sowie der eine oder andere Vertreter der großen Industrie assistierten dem Kanzler von Hindenburgs Gnaden.

Beherzt ging er ans Werk. Es galt, das dem Demagogen gegebene Versprechen zu halten, andererseits aber in aller Eile außen- und innenpolitische Siege zu erringen und so den Mann zu schwächen, mit dem man später würde halbpart machen müssen. In der Außenpolitik hatte Brüning gut vorbereitet, da konnte Papen ernten, was sein Vorgänger gesät hatte. Es gelang ihm, die endgültige Streichung der Reparationsschulden zu erreichen. Im Inneren spielte er gegen Hitler das Spiel, das neun Jahre früher Stresemann-Seeckt gegen ihn gespielt hatten: er tat selber den großen Schlag gegen die Linke. »Reichsexekutionen« gegen Sachsen und Thüringen waren damals nicht notwendig, kommunistische Regierungen gab es in Deutschland nicht. Wohl aber gab es in Preußen noch immer das Herz- und Kernstück der Weimarer Republik, die Koalition des Zentrums und der Sozialdemokraten, die Regierung Braun-Severing. Ein Anachronismus, unleugbar, nun da es die Weimarer Republik in Wirklichkeit nicht mehr gab; so wie ein starker Schneeblock nicht schmelzen will, wenn es um ihn herum schon warm geworden ist, und immer noch daliegt, fremd und grau, und nichts für das Wetter beweist. Auch die Regierung Braun war eine Minderheitsregierung; sie amtierte weiter, weil Nazis und Kommunisten im Landtag die Mehrheit hatten und zusammen gegen die Regierung stimmten und johlten, aber keine eigene bilden konnten. Noch immer saßen also die Sozialdemokraten in den Amtsgebäuden als Hüter der Ordnung; noch immer wurde gemunkelt von der Stärke und republikanischen Loyalität der preußischen Polizei. Was eine Überschätzung dieses Institutes war. Im Juli enthob Papen unter einem flauen Vorwand die preußischen Minister ihres Amtes und setzte eine reichskommissarische Regierung über Preußen ein. Ein Staatsstreich; ein unzweideutiger Verfassungsbruch, wie später der Reichsgerichtshof den abgesetzten Ministern in einem ohnmächtigen, vorsichtig verschleierten Urteil bestätigte. Papen war aber wohl nicht ganz im Unrecht, wenn er geltend machte, das Gerede von Verfassung hätte inmitten dieser Staatskrise keinen Sinn mehr. Die Weimarer Verfassung, von Brüning noch in ihren Rudimenten aufrechterhalten, hatte seit Brünings Sturz zu funktionieren aufgehört. Lassalles altes Wort von den Verfassungsfragen, die Machtfragen seien, galt nun ohne mildernde Korrektur. Und es zeigte sich, daß die preußischen Sozialdemokraten keine Macht mehr besaßen oder, was auf dasselbe hinauslief, nicht mehr den Mut, von ihr Gebrauch zu machen. Sie erklärten, daß sie der Gewalt wichen und daß die Stunde weltgeschichtlich sei, und verschwanden. Nach einem Jahrzehnt fruchtbarer, tüchtigster, an den höchsten Forderungen der Politik aber gescheiterter Arbeit zogen sie sich unbedankt und verhöhnt in eine Opposition zurück, von der man wußte, daß sie jetzt nicht einmal mehr als Opposition wirksam sein konnte.

Preußen war seit Wilhelm II. kein echter Staat mehr, sondern nichts als der größere Teil Deutschlands, ein Fragment, in dem politische Macht sich nicht mehr organisieren ließ. Welchen Einfluß hatte »Preußen« während der Brüningjahre, während der jüngsten Regierungskrise im Reich noch nehmen können? Welchen Einfluß auf die Außenpolitik, die Wirtschaftspolitik? Es war kaum noch ein weltgeschichtliches Ereignis, daß Preußen jetzt vom Reich übernommen wurde; formal ist es erst fünfzehn Jahre später aufgelöst worden, ohne daß dieser Rechtsvorgang noch irgendwelche Aufmerksamkeit erregt hätte. »Geschichtlich« war nicht die Kapitulation Preußens, wohl aber die letzte, kampflos hingenommene Niederlage der Sozialdemokratie. Man hat später viel darüber gestritten, ob sie unvermeidlich war, hat die Machtfaktoren und Rechtsmittel aufgezählt, welche der Regierung Braun im Juli 1932 ungenutzt zur Verfügung standen. Es ist das Geschmackssache. Wenn einer einen Weg schon sehr weit gegangen ist, dann geht er ihn gewöhnlich zu Ende, denn sollte er überhaupt umkehren, dann wäre er besser viel früher umgekehrt. Die große Partei war schon zu sehr vereinsamt und verbraucht durch die zweijährige passive »Tolerierung« Brünings, durch die betrogenen Hoffnungen, die sie noch unlängst auf Hindenburg gesetzt hatte. Dem Spieler, der schon verloren hat, nützen seine Figuren nichts mehr. Otto Braun war längst ein müder, von dem Schauspiel, das Deutschland bot, enttäuschter und angeekelter Mann. Er komme, meinte er jetzt, über die Art seiner Amtsenthebung nicht hinweg: »So wie ein Dienstbote, der gestohlen hat, weggejagt zu werden, auf Veranlassung eines Mannes, für dessen Lauterkeit und Verfassungstreue ich mich noch vor kurzem mit meiner ganzen Persönlichkeit eingesetzt habe und der dem nicht zuletzt seine Wiederwahl zum Reichspräsidenten verdankt, das ist ziemlich bitter. Aus einer vierzigjährigen politischen Tätigkeit weiß ich, daß es in der Politik keinen Dank gibt; aber ein Mindestmaß von Achtung ist doch die Vorbedingung auch einer politischen Zusammenarbeit.« So dachte er sichs und hat *seine* konservativen Gegner immer mit Achtung behandelt. Die doch darum nicht aufhörten, den emporgekommenen »Roten« in ihm zu sehen, den man in seine Grenzen verweisen müsse. Wofür auch sie später einen Preis bezahlten.

Papens Sieg über Preußen war ein Pyrrhussieg. Eine in sich schon gebrochene Autorität zu beseitigen, die aber auf einer sehr beträchtlichen Wählergruppe beruhte, und zwar auf der vernünftigsten, treuesten, solidesten, die es im Lande überhaupt gab, eben der sozialdemokratischen – das war keine Leistung. Es wurde damit nur der berstenden Ordnung ein weiterer Pfeiler entzogen, ein Pakt zwischen der Regierung und der gemäßigten Linken unmöglich gemacht, Erbitterung und Leidenschaft noch höher getrieben. Der Wahlkampf für den neuen Reichstag, der gleichzeitig tobte, nahm die Form eines beschränkten, aber abscheulichen Bürgerkrieges an. Als die Stimmen gezählt wurden, zeigte es sich, daß die Nazis die Zahl ihrer Mandate abermals hatten verdoppeln können und nun als die mit Abstand stärkste Fraktion in das Parlament einzogen. Dreister denn je wurde Hitlers Anspruch auf die Macht im Staate, die er zwar »legal« sich vom Präsidenten wollte übertragen lassen, deren Teilung im Sinne parlamentarischer Spielregeln er aber als weit unter seiner Würde erklärte. Es müsse in Deutschland werden, wie es in Italien sei. In einer dramatischen Szene lehnte Hindenburg die Forderung des Demagogen ab; mitmachen dürfe und solle er, etwa als Zweiter in einem Präsidialkabinett oder aber sich im Parlament eine Mehrheit sichern. Eine solche war nicht mehr zu finden. Die Verwilderung des öffentlichen Lebens, greuliche Morde, welche Hitler zu billigen sich nicht schämte, zwangen den Reichskanzler Papen zu energischeren Gegenmaßnahmen, Strafandrohungen, Verboten. Das Verhältnis zwischen der Regierung und den Nationalsozialisten verschlechterte sich rasch. Keine Rede war mehr von der Politik des »Tolerierens«, auf die General von Schleicher seinen Plan gebaut hatte. Brüning hatte sich noch auf mehr als die Hälfte des Reichstags stützen können; Papen hatte nicht einmal ein Zehntel für sich, und kaum trat das neugewählte Parlament im September zusammen, so wurde es auch schon wieder aufgelöst.

Ein neuer Wahlkampf, Versammlungen, Aufmärsche, schreiende Plakate, Beschimpfungen und Verleumdungen, Schlägereien, Schießereien. Es war, wenn man es zählen will, der fünfte große Wahlkampf des Jahres 1932; ein fremder Beobachter hätte glauben können, wählen und wiederwählen sei des deutschen Volkes Hauptbeschäftigung. Nie ist die ultima ratio der Demokratie, der Appell an die Wähler, so mißbraucht worden. Die beiden Wahlgänge, mit denen Hindenburgs neue Amtsperiode begann, gewann die Linke, aber der Sieg war kein echter, er entschied nichts. Der preußische Landtag, der im Mai gewählt wurde, konnte keine Regierung bilden und überhaupt nichts tun, als der Welt ein Schauspiel grölender Unfähigkeit bieten. Die Reichstagswahlen vom Juli und wieder vom November gaben der Nation keine Möglichkeit, sich für die Regierung zu erklären, da mit Ausnahme der zur Bedeutungslosigkeit zusammengeschrumpften Konservativen alle konkurrierenden Gruppen den Reichskanzler Papen bekämpften. Sie bekämpften sich untereinander mit heulender Wut, aber sie waren sich eins in dieser Feindschaft; ihr Gewühl und Gefuchtel schien an den toten Punkt, auf dem die Machthaber des Augenblicks standen, gar nicht heranzukommen. Diese glaubten nicht an Demokratie, und man muß ihnen zugute halten, daß die deutschen Dinge des Jahres 1932 auch den überzeugtesten Demokraten hätten verzweifelt stimmen können. Nicht zur Verwirklichung der Demokratie – sie konnte jetzt gar nicht verwirklicht werden –, sondern zu deren Ruin trieben sie das Volk von einem Wahlkampf in den andern. Das Volk fügte sich. So wie das Raubtier im Zirkus, das gleichwohl viel stärker ist als sein Bändiger, der Peitsche pariert, so folgten die großen revolutionären und totalitären Parteien, Nazis, Kommunisten, samt allen ihren Kampfverbänden gehorsam jeder Aufforderung, sich zu einem neuen Wahlgang bereitzumachen. So stark war noch immer der Zauber der Legalität, über den Kanzler und Präsident verfügten. Und man sieht nicht, warum selbst dieses Spiel, toll und destruktiv wie es war, verglichen mit der Politik Brünings, nicht noch eine Weile hätte weitergespielt werden können. Fünf Wahlen gab es in

einem Jahr; warum sollte es nicht noch einmal fünf geben? So war wohl auch der Plan Papens: die Nazis sich zu Tode wählen lassen.
Die Hoffnung schien nicht ganz unbegründet. Im November verlor Hitler einen beträchtlichen Teil seiner Anhänger und bei nachfolgenden Wahlen in einzelnen Ländern und Städten noch bedeutend mehr. Das Volk schien des Menschen, der es in Unruhe hielt und so sehr viel versprach, der längst so nahe der Macht war und doch nie hinkam, müde zu werden. Seine Gegner, und immer hatte er viele und ernste Gegner gehabt, atmeten auf zum erstenmal seit 1929. Sollte der Spuk doch vorübergehen, ohne je sich zur Wirklichkeit der Staatsmacht zu verdichten?... Noch immer jedoch gab es keine regierungsfähige Mehrheit, noch immer waren die Nazis die bei weitem stärkste Fraktion und konnte Papen sich auf kaum mehr als ein Zehntel des Reichstags verlassen. Rechtlich machte dieser Zustand auch das Regieren mit Notverordnungen unmöglich – es wäre denn, man löste den Reichstag jedes Mal während seiner ersten Sitzung auf, wie es im September tatsächlich geschehen war. Die Dinge drängten so einer Entscheidung, einem eigentlichen Außerkraftsetzen der Verfassung zu, und Papen hätte den Mut gehabt, es zu versuchen: Verbot der extremen Parteien auf der Rechten und Linken, Ausnahmezustand, Einsatz des Heeres. Es verlief aber diese merkwürdige und quälende Geschichte so, daß immer, wenn der eine etwas Kräftiges gegen Hitler unternehmen wollte, der andere, der auch dazu notwendig war, nicht mittat; so als hätten die Beteiligten sich heimlich verschworen, daß auch ihre energischen Gesten und Versuche zu nichts führen sollten. Im November 1932 war es der General von Schleicher, der sich weigerte, dem Kurs Papens zu folgen. Der »Herrenreiter« hatte es mit gar zu vielen verdorben und gar zu wenige gewonnen; selbst eine »autoritäre Staatsführung« bedurfte einer breiteren Grundlage im Volk, als das »Kabinett der Barone« sie bot. Die Armee, erklärte Schleicher rundheraus, sei einem gegen Kommunisten und Nationalsozialisten gleichzeitig zu führenden Bürgerkrieg nicht gewachsen. Hindenburg und die Reichswehr, das

waren seit 1930 die Stützen jeder republikanischen Regierung, und wenn auch Hindenburg für den Charme Papens noch weiterhin nur allzu empfänglich blieb, so konnte der Kanzler nicht zuschlagen, ohne des militärischen Instruments sicher zu sein. Schleichers Votum erzwang Papens Rücktritt.

Und nun lagen die Dinge so, daß der General und Reichswehrminister, der seit 1928 einen so emsigen, aber unverantwortlichen Einfluß auf die Politik genommen, der Brüning und Papen erwählt und gestürzt hatte, aus dem Halbdunkel seines Büros hervortreten und die Bürde des Kanzlers selber übernehmen mußte. Die Demokratie Stresemanns, die Halbdemokratie Brünings, das autoritäre Husarenregime Papens, sie waren alle ruiniert. Es blieb, schien es, nur noch die Armee selber, nicht mehr als diskret wirkendes Zünglein an der Waage wie bisher, sondern als letztes und volles Gewicht in der Waagschale. Von Schleicher liebte es nicht, im Rampenlicht zu stehen, und seine »überparteiliche« Reichswehr im politischen Kampf direkt einzusetzen, war ihm widerwärtig. Da es aber ein Zurück zu Brüning oder zur Sozialdemokratie nach dem Willen des Präsidenten nicht geben *sollte,* auch verfassungstechnisch jetzt gar nicht mehr geben *konnte,* weil selbst Brüning jetzt keine Mehrheit mehr im Parlament zustande gebracht hätte, da andererseits doch irgendwie regiert werden, die immer noch große Macht Hitlers irgendwie balanciert werden mußte, so blieb nichts anderes mehr übrig als eine Generalsregierung. Wohl oder übel übernahm die »Feldgraue Eminenz« den Auftrag. Auf das »Kabinett der Barone« folgte der »soziale General«.

Das ist eine der Merkwürdigkeiten dieses schlimmen Jahres; wie Deutschland, bevor es sich endlich dem großdeutschen Demagogen in die Arme warf, noch einmal eine Reihe von Regierungsformen der Vergangenheit rasch und vergebens durchprobierte. Brüning – das war die katholische konservative Demokratie und das Treueverhältnis zwischen König und Kanzler. Papen – das war ein Rückgriff auf altpreußischen Durchschnitt, verbrämt mit ein wenig »konservativer Revolution«. Schleicher wollte jetzt der demokratische Offizier sein, der über dem Klassengegensatz steht – auch dies eine Anspielung auf bewährte Vergangenheit, Scharnhorst, Gneisenau, selbst Caprivi, Bismarcks ersten Nachfolger. Er schere sich nicht um solche erstarrten Begriffe wie Kapitalismus und Sozialismus, teilte der neue Reichskanzler leichthin der gierig lauschenden Nation mit. Auch seien Verfassungsreformen jetzt nicht das Dringlichste – eine Spitze gegen Papen; und eine streng wissenschaftliche Finanzpolitik sei ja wohl ganz gut – das ging gegen Brüning –, aber was jetzt not tue, sei Arbeitsbeschaffung, Arbeitsbeschaffung und wieder Arbeitsbeschaffung. Da mußten die Leute ihm recht geben. Aus dem ermüdeten, verzweifelten Volk kam dem General eine Welle des Vertrauens entgegen. Seine dunkle Vergangenheit wurde gern vergessen, wenn er nur der starke Mann wäre, der endlich Ordnung, Frieden, Arbeit schaffte, und selbst die beiden von ihm so verräterisch behandelten Politiker, Brüning und Groener, waren bereit, ihm zu helfen. Aber Schleicher war kein starker Mann. Generäle sind das in der Politik viel seltener, als man wohl annimmt; wie soll man sicher auftreten in einer Sphäre, die man nicht kennt und deren böse Eigenarten nur durch lange Ausbildung und Erfahrung zu erlernen sind? Eines war es, von den Büros des Reichswehrministeriums aus ein wenig elegante, intrigante Personalpolitik zu betreiben, ein anderes, in diesem Winter 1932 auf 1933 an der Spitze des Deutschen Reiches zu stehen. Die Gegensätze, um die gekämpft wurde, waren blutig echt; sie waren nicht, wie Schleicher glauben wollte, derart, daß ein wenig souveränes oder nüchternes, freundliches Gerede sie aus der Welt schaffen konnte. Kaum fing er auch nur an, ein Arbeitsbeschaffungsprogramm vage zu entwickeln, so wandte sich der Reichsverband der Industrie gegen seine angeblich inflationäre und sozialistische Politik. Kaum erschien die Möglichkeit einer Rückkehr zu Brünings Siedlungsplänen am Horizont, so zeterten die Grundbesitzer vom »Landbund« gegen den Bolschewismus des Generals. Papen und Schleicher spielten beide mit Gedanken, die mit der deutschen Staats- und Gesellschaftskrise sehr wohl etwas Wichtiges zu tun hatten. Eine Verfassungsreform,

Papens Lieblingsidee, war damals in der Tat eine Notwendigkeit, gleichgültig, in welchem Sinn man sie verwirklicht wünschte. Ein großzügiger Umbau der Wirtschaft, die Verstaatlichung von Kohle und Eisen – ein flüchtiger Traum Schleichers –, auch das kam dem Nerv des deutschen Problems nahe. Verfassung aber und Wirtschaft waren beides schwierige, ernste Dinge, Reformen hier nur gegen furchtbare Widerstände durchzusetzen. Dem Ernsten, Schwierigen waren weder Papen noch Schleicher gewachsen. Beide waren sie nicht im echten politischen Kampf langsam hochgekommen, sondern dank toller Umstände leichten Sprunges an die Spitze gehüpft; so rasch sie angelangt waren, so rasch waren diese unechten Führer auch wieder zu beseitigen, der eine durch den anderen oder beide durch einen dritten.

Die Armee, seine eigentliche Stütze, wünschte Schleicher auch jetzt nicht einzusetzen; jetzt als verantwortlicher Staatsmann noch weniger als früher, als er mit der militärischen Macht immerhin von fern hatte drohen können. Er wollte nicht der auf Bajonetten sitzende Diktator sein, er fühlte, daß er es nicht konnte. Statt dessen bemühte er sich um eine breitere, sozusagen demokratische Basis seines Regierens, im Grunde eine alte Idee von ihm. Wenn es mit Hitler nicht ging, so ging es vielleicht mit gewissen starken, populären Gefolgsleuten, die eben damals mit dem Demagogen gebrochen hatten. Eine Front aller Gewerkschaften, von den arbeiterfreundlichen Gruppen innerhalb der Nazipartei über die christlichen zu den sozialdemokratischen Gewerkschaften? Dann neue Auflösung des Reichstags und Regierung ohne Parlament, aber im Bunde mit der praktisch vernünftigen, gemäßigten, vorurteilslosen Welt der Arbeit, und der soziale General an der Spitze? Hierüber wurde um die Weihnachtszeit in den Zeitungen diskutiert, allerlei möglichen, neuartigen Zusammensetzungen nachgegangen, wer wen empfangen hatte, wer etwa in wessen Kabinett eintreten würde in eingeweihten Artikelchen erörtert. Auch hier waren Möglichkeiten. Aber auch sie hätten zu ihrer Verwirklichung anderer politischer Erfahrung und persönlicher Kraft bedurft, als sie dem zögernden, kombinieren-

den und sich nach dem Halbdunkel des Reichswehrministeriums sehnenden General von Schleicher zur Verfügung standen.
Er hatte kein Glück. Die Parteien kamen seinen Bemühungen nicht entgegen, und die Parteien, wenn sie auch nicht regieren konnten, waren doch die stärksten politischen Organisationen. Die Freien Gewerkschaften hätten ganz gern mit Schleicher zusammengearbeitet. Die Sozialdemokratische Partei, durch die Erfahrungen des letzten Jahres in Mißtrauen und Verbitterung getrieben, verweigerte jedem Plan, der auf eine auch nur vorübergehende Ausschaltung des Parlamentes hinauslief, energisch ihre Zustimmung; uneingedenk der Tatsache, daß das Parlament praktisch längst ausgeschaltet war und daß jetzt ganz andere Gefahren drohten. Die Verfassung, diese längst gebrochene und ruinierte Verfassung — sie war den Wels und Breitscheidt und Braun noch immer das heilig zu Bewahrende. Ein verfassungsmäßig angetretenes Kabinett Hitler schien ihnen weniger verabscheuenswürdig als ein General, der ohne Parlament regierte und der sie unlängst noch so feindlich traktiert hatte. Verständlich das alles und billig zu entschuldigen; es ist ja auch wohl im Rückblick leichter zu sehen, wohin es führte, als es damals war. Nach sechs Wochen fand Schleicher sich in der gleichen Lage wie vor ihm Papen. Auch ihm blieb nichts als neue Reichstagsauflösung und die Armee; dieselbe Armee, von der er sechs Wochen früher erklärt hatte, daß sie zu Staatsstreich und Bürgerkrieg nicht taugte. Hätte er übrigens wirklich eine außerparlamentarische Brücke zu Zentrum und Sozialdemokratie gefunden, so ist anzunehmen, daß die Kräfte, denen er schließlich erlag, sich noch zielbewußter gegen ihn zusammengetan und ihn so oder so überwältigt hätten.
Auch der anscheinende Niedergang der Nazis erwies sich als kein Glück für den General-Reichskanzler. Von innerer Spaltung bedroht, von riesigen Geldschulden belastet und in Gefahr, um die Früchte ihres jahrelangen Wühlens in der deutschen Erde betrogen zu werden, zeigte die Partei sich nun bereiter zu einem Kompromiß als im vergangenen Sommer und

Herbst. Die größere Elastizität im Verhandeln war eine Vorbedingung für ihren Sieg, der nun einmal im Rahmen der »Legalität« stattfinden sollte und mußte. *Eine* Vorbedingung: es gehörten zwei Partner dazu, und solange Hindenburg den General schalten ließ, hatte der Demagoge keine Chance. So sehr aber hatten die Herren im Präsidentenpalais sich jetzt an das Kombinieren, Intrigieren und Regierungsstürzen gewöhnt, daß sie das Spiel weitertrieben, kaum daß Schleicher auch nur in sein Amt eingeführt worden war. Widrig sind diese Dinge zu erzählen, die Stänkereien der feinen, überklugen, der eitlen, unredlichen und verblendeten Edelleute gegeneinander, und es gälte für sie das Dichterwort »Nicht gedacht soll ihrer werden!«, wenn nun nicht ihr Resultat eine so schauerliche Bedeutung für die Welt gehabt hätte.
Es war Franz von Papen, der nun gegen seinen Freund Schleicher die Rolle übernahm, welche acht Monate vorher Schleicher gegen Brüning gespielt hatte. Ob aus vaterländischer Sorge oder aus Ehrgeiz und Rachsucht, darüber wollen wir seine Freunde mit seinen Kritikern streiten lassen; die Motive können hier gleichgültig sein, würden ja auch so oder so sich nicht beweisen lassen. Das Nachdenkliche der Situation ist nur immer wieder: daß ein Mensch von solchem Federgewicht einen kurzen Augenblick lang Weltgeschichte machen und entscheiden konnte. Papen war noch immer der intime Berater des Präsidentengreises, dessen altes, hartes Herz so wenig Menschen liebte; das genügte dazu. Ein streberischer Bankier vermittelte zwischen dem verunglückten Kanzler und dem vom Unglück bedrohten Demagogen. Die Herren trafen sich heimlich, aber ihr Treffen wurde alsbald bekannt. Sie trafen sich noch einmal und ein drittes Mal und zogen den Sohn und den Staatssekretär Hindenburgs zu ihrem Gezettel bei und erreichten langsam eine Verständigung. Sie fanden einen General des Heeres, der bereit war, in einer von Hitler geleiteten Regierung den Posten des Wehrministers zu übernehmen. Sie weihten die Herren von der Deutschnationalen Partei in ihren Plan ein und die Herren vom »Stahlhelm« und stellten so, für den Augenblick, die »Harzburger Front« wieder her. Sie ver-

teilten die Posten – nur drei für die Nationalsozialisten, neun für die Konservativen – womit die geläuterte Gesinnung Hitlers ihnen bewiesen schien. All dies geschah in der Stille der Wohnungen und Büros, aus denen nur ungewisse Gerüchte nach außen drangen. Erst als sie unter sich schon das Wesentliche abgekartet hatten, als alle Intriganten um Hindenburg für den geplanten neuen Kurs gewonnen waren, begann der Sturm auf den Präsidenten selber. Es ist eine Tatsache, daß der geistlose, nicht instinktlose alte Soldat sich bis zuletzt gegen die Ernennung Hitlers zum Kanzler gewehrt hat. Er wollte das nicht. Aber er hatte sein Leben lang sich auf seine Berater verlassen. Und nun waren alle seine Berater, die öffentlichen und die geheimen, sich einig in ihrem Rat. Es gäbe, argumentierten sie, keine andere Lösung mehr. Mit Papen als Vizekanzler und Kommisar für Preußen, mit der Reichswehr nach wie vor unter Hindenburgs eigenem Befehl, mit Außenpolitik, Wirtschaft, Landwirtschaft, Finanzen in sicheren konservativen Händen, wäre der wilde Mann »eingerahmt«, auch wenn er nun den Reichskanzlertitel erhielte; das Wünschenswerte, die Benutzung der »aufbauwilligen Kräfte« des Nationalsozialismus bei Vermeidung seiner Alleinherrschaft, wäre damit endlich erreicht. Alles andere sei unmöglich. Schleichers Pläne liefen auf Sozialismus, auf Ruin des Großgrundbesitzes hinaus; der von ihm empfohlene »Staatsnotstand« stelle einen Bruch der Verfassung dar, während Hitler die Verfassung bewahren werde; bis dann, wieder ohne Bruch der Verfassung, die Restauration der Monarchie das Lebenswerk des Feldmarschalls endlich krönen könnte... So oder so ähnlich wurde es dem Greis von seinen Intimen eingegeben, während gleichzeitig Organisationen der Öffentlichkeit, Landbund, Industrie, ihn beschworen, es doch nun endlich mit dem Führer der großen Volksbewegung zu versuchen. Isoliert, verwirrt, seines ermüdeten Geistes kaum noch mächtig, gab Hindenburg nach. Das schon vertraute Mittel, Verweigerung einer neuen Reichstagsauflösung, zwang Schleicher zum Rücktritt. Der soziale General, der starke Mann, der erfahrene Kabinettsstürzer war wehrlos gegenüber den Intrigen, die er selbst ehedem so erfolgreich gepflogen hatte, war ebenso leicht zu stürzen wie die anderen vor ihm und verschwand ohne den ernsten Gedanken an eine Auflehnung. Zwei Tage später ernannte Hindenburg den Führer der Nationalsozialistischen Deutschen Arbeiterpartei zum Reichskanzler. »Sie irren sich, wir haben ihn engagiert«, erwiderte Papen, als man ihn auf das Gefährliche dieses Staatsaktes aufmerksam machte. Und so sah es auch auf dem Papier aus, und so verstanden es auch die allermeisten; nicht nur die Chefintriganten, auch die öffentlichen Kritiker, die linken Journalisten, die Herren von den noch immer existierenden republikanischen Parteien. Die Machtverteilung, oder doch die Ämterverteilung schien in der Tat zugunsten der Konservativen innerhalb ihrer Partnerschaft mit dem Demagogen zu sprechen. Aber von all den klugen Sicherungen war nach einem halben Jahr nichts mehr übrig als letzte Schatten und Spuren, und nach wieder einem Jahr verschwanden auch die.

Betrachtung

Der dreißigste Januar 1933 war noch nicht das eindeutige Ende der Weimarer Republik; man könnte es mit ebensoviel Grund in den März verlegen. Die neue Übergangsperiode sah zunächst beinahe wie eine Rückkehr zu den Koalitionsregierungen der besten Weimarer Zeit aus; daß das, was damals anfing, etwas ganz anderes war, zeigte sich erst in den nächsten Wochen und Monaten. Hier war zunächst nur einer mehr in der kläglich langen Liste deutscher Reichskanzler seit 1917. Der aber den Titel erhielt, stand von nun an ein gutes Jahrzehnt im Mittelpunkt des deutschen Geschehens und des Weltgeschehens. Das hätte nie geschehen dürfen. Es ist eine so dumme wie schauerliche Episode und wohl könnte sie uns am Sinne der Geschichte selber zweifeln machen. Aber es ist so gewesen und hat sich in der Wirklichkeit dem, was vorher war, angefügt und ist aus ihm gekommen, so wie aus ihm selber wieder das kam, was heute ist. Also müssen wir es darzustellen und in seinem Zusammenhang zu verstehen suchen.

Die in der politischen Geschichte handelnden Menschen wollen auch im Rückblick meist nicht sehen, daß sie etwas falsch gemacht haben. Es waren immer die andern, nie sie selber. So wie in den Erinnerungsbüchern der Führer und Macher des Ersten Weltkrieges, der Tirpitz und Ludendorff, der Poincaré und Lloyd George gar nichts von Selbstkritik zu spüren ist, so zeigen auch die Akteure der Jahre 1932 und 1933 im Rückblick keine Reue. Sie haben uns ihre Memoiren geschenkt, die Franz von Papen und Staatssekretär Meißner und Reichsbankpräsident Schacht, auch die Otto Braun und Karl Severing; für andere, Alfred Hugenberg, den Deutschnationalen, den ermordeten General Schleicher haben Freunde gesprochen. Zu lernen ist aus alledem etwas. Aber es ist immer Apologie. Es ist immer eine Verzerrung der Perspektiven, ein Verschweigen des Gravierenden, ein Verschieben der Gewichte, wenn es nicht geradezu eine sogenannte Gedächtnistäuschung ist. Sie konnten nie anders handeln, als sie taten, sie wollten das Gute, sie machten es richtig; und wenn nichts Gutes dabei herauskam, dann trifft die Schuld die Verhältnisse oder die Partner im Geschäft, nie den Schreibenden selber. Daß aber einer aufsteht und sagt: hier, in diesem entscheidenden Augenblick, habe ich etwas falsch gemacht, lernt daraus und macht es besser – dies scheint gegen die menschliche Natur zu sein.

Was die Berufung Hitlers zur Macht betrifft, so verteidigen die Hindenburgintriganten sie auf simple Weise. Sie sagen: es sei alles »legal« geschehen. Es sei als eine Rückkehr zu verfassungsmäßigen Zuständen eher denn als Staatsstreich gemeint gewesen, und wenn es anders ausging, so habe niemand es vorhersehen können. Übrigens sei auch gar nicht zu zeigen, was man statt dessen eigentlich hätte tun sollen... Eine andere be-

liebte Argumentation unterstreicht die Haltung der Parteien und der Massen. Ein großer Teil des Volkes habe nun einmal Hitler zum Führer gewollt, seine Ernennung also einem Kernprinzip der Demokratie entsprochen. Das Volk sollte sich selber tadeln, anstatt einzelne Personen anzuklagen. Ferner hätten die Parteien schuld, erst, zum Beispiel während der Schleicherperiode, durch das große Ungeschick ihres Manövrierens, dann – wozu wir erst noch kommen müssen – durch die Schwäche und Feigheit, mit der sie ihre Vernichtung hinnahmen, ja, wohl gar noch eilten, sich selber zu vernichten, bevor man sie dazu zwang... Kritiker antworten: Es haben doch Intriganten die Sache entschieden: Papen, Bankier Schröder, Oskar von Hindenburg, Sekretär Meißner, Gutsnachbar von Oldenburg-Januschau, und so fort. Das Volk hatte mit der Entscheidung nichts zu tun, am wenigsten die Weimarer Parteien, die ganz ausgeschaltet waren... Was sollen wir nun denken von diesem Hin und Her der Argumente?
Ja doch, einige wenige stellten die Weiche für den dreißigsten Januar. So geheim waren die Unterhandlungen, so gering die Zahl der Eingeweihten, daß selbst der von seinen Spionen trefflich bediente General Schleicher nicht wußte, was ihm geschah und bis zuletzt eine neue Regierung Papen, nicht aber eine Regierung Hitler befürchtete. Und daß hier Ehrgeiz, Ressentiment, Streberei, Wichtigmacherei ihre menschlich allzumenschliche Rolle spielten, bedarf keines Beweises. Wie klein sind manchmal die Leute, die große Geschichte machen können, wie niedrig ihre Motive, ihr Denken, ihr Charakter!... Wieso aber konnten sie denn Geschichte machen?
Sie standen auf dem toten Punkt zwischen den Fronten, welche die großen deutschen Parteien, die Demokratie und die Nazis gegeneinander bildeten. Dies Gegeneinander, diese Lähmung der deutschen Politik durch den Konflikt der Massenparteien gab ihnen erst ihre Chance. Noch mehr. Sie selber, nämlich Hindenburg, der Kreis um ihn und die Armee bildeten den letzten Damm gegen die Flut des Nazismus. Die Demokratie konnte ihn aus ihrer eigenen Schwäche heraus nicht mehr bilden. Hätte sie es gekonnt oder gewagt, so hätte sie

sich 1932 einen eigenen Kandidaten für das entscheidende Reichspräsidentenamt suchen müssen, anstatt sich hinter dem Feldmarschall zu verstecken. Sie suchte Schutz bei Hindenburg, und die Hindenburgleute taten ihr den Dienst, aber um den bitteren Preis, daß sie selber, die Linke, sich ausschaltete, und gar nichts mehr zu sagen hatte. Indem sie dann aber allein ohne die Linke den Damm gegen die radikale Rechte bildeten, konnten sie ihn nicht halten; ihr Plan, die Nationalsozialisten zu benutzen, um durch sie die soziale Demokratie zu beseitigen, Hitler selber aber die Macht nicht einzuräumen, konnte auf die Dauer nimmermehr glücken. Eine industrielle Massengesellschaft, im Zustand höchster politischer Aufregung ließ sich demokratisch regieren oder demagogisch und tyrannisch; von ein paar volksfremden Edelleuten, die sich auf nichts stützten als auf eine gleichfalls schon politisch zersetzte Armee von 100000 Mann, ließ sie sich auf die Dauer ganz gewiß nicht regieren. Wie sollte einem Papen und Schleicher gelingen, was schon ein halbes Jahrhundert früher, unter so viel harmloseren Umständen, einem Bismarck nicht gelungen war? Auch die benachbarten Auswege, die »Zähmung« oder »Einrahmung« der Partei (Papen, Schleicher) oder ihre Spaltung (Schleicher) waren illusionär; darum, weil Hitler sowohl seinen eigenen Gefolgsleuten wie auch den konservativen Dilettanten als Politiker turmhoch überlegen war. Das wußte man damals nicht, und nachträgliche Prophezeiungen sind leicht; aber heute wissen wir es, und was man weiß, soll man aussprechen. Die Demokratie selber, und das heißt im wesentlichen die Parteien der »Weimarer Koalition«, hätten stärker sein, politisch und moralisch auf das Volk stärker wirken müssen als der Nazismus. Da sie das in den entscheidenden Jahren nicht taten, war Hitlers Sieg so gut wie unvermeidlich. Wie kann man im Ernst glauben, Männer wie Hindenburg, wie Papen und Schleicher hätten die Republik retten können? Waren *sie* dazu gemacht, war das *ihre* Funktion? Antwortet man auf diese Fragen, wie man es muß, dann verliert die ekelhafte Geschichte der Intrigen des Januar 1933 doch einen guten Teil ihrer Bedeutung. Es ging letzthin mit rechten Dingen zu, wenn Hitler an die Macht kam, weil er politisch der stärkste war und die vehementeste Volksbewegung gesammelt hatte. Ist eine solche Bewegung einmal da, dann ist ihr Sieg allemal wahrscheinlich, nach den Spielregeln der Demokratie und nach den Regeln der Geschichte. Es kommt darum auf die einzelnen Szenen des letzten Aktes nicht so sehr an. Schleicher wünschte die »Zähmung«, die Teilung der Macht mit Hitler schon im Sommer 1932, und damals wollten Hindenburg und Papen sie nicht. Wäre es aber damals, als die Nazibewegung den Punkt ihrer äußersten Energie erreicht hatte, zu einem Arrangement mit Hitler, zu einer Koalitionsregierung gekommen, sei es selbst mit Schleicher als Reichswehrminister, so ist das Wahrscheinliche dies, daß die Nazirevolution ein halbes Jahr früher begonnen hätte, als es tatsächlich geschah, und nichts anderes. Ähnliches gilt für den Fall, daß Schleicher anstatt Papen im Dezember 1932 oder Januar 1933 mit Hitler zu Rande gekommen wäre. Fast gar nichts berechtigt uns zur Annahme, der General wäre dem schlauen Teufel gewachsener gewesen als der »Herrenreiter«. Fast gar nichts berechtigt uns zu der Annahme, eine Koalitionsregierung Zentrum-Nationalsozialisten wäre im Jahre 1932 anders ausgegangen, als die Koalitionsregierung Konservative-Nationalsozialisten 1933 ausging. Die Widerstandskraft der Parteien, einschließlich des Zentrums – nämlich, daß sie sehr gering geworden war – zeigte sich 1933; und die Vehemenz, die Zielbewußtheit, die ungeheure Ruchlosigkeit der Nazis hätte sich auch schon 1932 zeigen können. Hitler wußte, was er brauchte, um Teilmacht zur totalen zu machen; den Reichskanzlerposten, die Innenministerien im Reich und in Preußen; das hätte ihm etwas früher genügt, wie es ihm etwas später genügte. So wird man auch das Verhalten der Sozialdemokraten im Januar 1933, ihre Weigerung, sich mit Schleicher zu verbünden, kaum noch als entscheidend ansehen können. Die Linke war damals verbraucht, war besiegt seit dem preußischen Staatsstreich; daß sie zur Verantwortung nicht zurückberufen wurde oder dem Ruf, der kaum ernsthaft an sie erging, sich versagte, auch das ging geschichtlich mit rechten Dingen zu. Einzig und allein das System Brüning war solide genug, ernst und gut geführt genug, daß es, isoliert betrachtet, die Krise wohl überdauern, die Brücke zu besseren Tagen hätte schlagen können. Was nützt aber die Betrachtung in Isolation, außerhalb des wirklichen Zusammenhangs? Auch zu dem System Brüning hätte es nicht kommen dürfen. Es war fehlerhaft konstruiert; das wissen wir von der Art, in der es fiel. Oder soll man das solide nennen, was wie an einem dünnen Faden vom Belieben eines einzigen kaltherzigen, seiner Zeit entfremdeten Greises abhing? Wenn Brüning uns in seinen Erinnerungen sagt, die Demokratie wäre zu retten gewesen, wenn Hindenburgs körperliche und geistige Gesundheit fünf Jahre länger ausgehalten hätte, spricht er seinem System wie der Weimarer Demokratie schon das Urteil... Der Streit über die Frage, ob Hitler durch wenige Intriganten an die Macht gebracht worden sei oder durch das Volk, ist darum eigentlich gegenstandslos. Die Form, in der er Reichskanzler wurde, verdankt er den Treibereien Franz von Papens, und diese Tatsache allein hätte genügen sollen, um dem Baron in Scham und Reue für immer den Mund zu verschließen. Aber ohne die Volksbewegung, so wie sie einmal existierte, hätte Papen weder handeln können noch wollen. Mit ihr war Hitlers Sieg allemal wahrscheinlich, ob er nun mit Hilfe Papens erfolgte oder mit Hilfe Schleichers oder etwa mit Hilfe des Prälaten Kaas von der Zentrumspartei; und der Ausgang wäre allemal der gleiche gewesen.

Schleicher- oder Papen-Kombinatiönchen boten keine echte Alternative zur demagogischen Diktatur. Es gab nur eine: die Demokratie. Sie mußte nicht notwendig in den Formen der Weimarer Verfassung bestehen, auf die Formen kam es im einzelnen nicht an; eine Monarchie englischen – oder süddeutschen – Stils hätte ihr viel besser getan als Hindenburgs Reichspräsidentenschaft. Unter Demokratie ist hier nichts anderes gemeint als das freie Mit- und Gegeneinanderspielen der großen Interessen und Meinungen der Gesellschaft nach Regeln, so daß dem Willen der Mehrheit keine andere Schranke gesetzt ist als der sichere Rechtsschutz, welchen die Minderheiten genießen. Die Deutschen waren seit den 1890er Jahren ein Volk von Arbeitern und Angestellten. Alles andere war zahlenmäßig Minderheit, insbesondere die sogenannten »besitzenden Klassen«. Das bedeutete im Rahmen der Demokratie keineswegs die Vernichtung dieser Minderheiten. Ohne Recht und Gesetz, ohne Schutz der Minderheiten, entartet die Demokratie selber zur demagogischen Diktatur. Auch nach 1919 fand sich, bei freiester Abstimmung, in Deutschland keine Mehrheit zugunsten der Enteignung der ehemaligen Landesfürsten, und das war gut so; denn es ist unschön und gar nicht demokratisch, eine kleine, nicht wesentlich schuldige Minderheit außerhalb des Gesetzes zu stellen. Dies zu verhindern, gab es genug Rechtssinn, genug regionale Überlieferungen und Anhänglichkeiten; und immer sorgten große geistige Organisationen, wie die katholische Kirche, dafür, daß die materiellen Klassengegensätze nicht zu allbeherrschenden wurden. Andererseits konnten kleine, vom wirtschaftlichen Untergang bedrohte Minderheiten wie die preußischen Grundbesitzer in einer echten Demokratie keine rettenden Privilegien, keine solchen korrupten Geldzuwendungen erhoffen, wie die »Osthilfe« von 1932 sie ihnen gewährte. Und ganz gewiß mußten in einer echten Demokratie die großen Gewerkschaften der Arbeiter und Angestellten sich einen Platz gewinnen, welcher dem der Arbeitgeber und ihrer Verbände wenigstens gleichberechtigt war. Die Nutznießer des Systems Bismarck, ostelbischer Grundbesitz und westdeutsches Großunternehmertum, wollten solche unvermeidlichen Folgen einer echten Demokratie nicht hinnehmen. Eine Rückkehr zum System Bismarck war unmöglich. Eine dritte tragfähige Lösung sich auszudenken, waren sie nicht imstande. Als aber ein Drittes erschien, kraft eigener Energie und vor ihren Augen Wirklichkeit wurde, bequemten sie sich gern oder ungern, mit ihm zu paktieren. Hätten sie die soziale Demokratie mit dem Herzen angenommen, mit ihr sich endgültig ausgesöhnt, dann wäre trotz aller im Volk wühlenden Bewegung die Katastrophe des Dritten Reiches zu verhüten gewesen; dann hätte etwa die Regierung Brüning bis zum natürlichen Niedergang der Nazipartei gehalten werden können. Aber das Großbürgertum hielt die

Entwicklung seit 1917 für illegitim, für noch rückgängig zu machen. Daher sein Pakt mit der Revolution des verzweifelten Kleinbürgertums, symbolisiert durch das berühmte Treffen im Hause des Bankiers; daher der dreißigste Januar 1933.
Otto Braun, der preußische Sozialdemokrat, hat die Gründe für das Scheitern Weimars auf zwei einfache Nenner gebracht: »Versailles« und »Moskau«. Versailles – das ist die Herkunft der deutschen Republik aus der Niederlage, welche sie samt allen ihren Symbolen einem großen Teil des Volkes von vornherein verächtlich machte. Es sind die schweren Versündigungen der französischen Politik gegenüber Deutschland wenigstens bis 1924. Moskau – das ist die alle Vorstellung übersteigende Torheit sogenannter Kommunisten, die, einen nichtigen und feindseligen Traum von Jüngstem Tag, von »Revolution« im Kopf, alles das bekämpften und begeiferten, was auf einen demokratischen und sozialen Fortschritt Hoffnung gab. Ohne die Kommunisten hätte die Republik nicht so unglücklich und blutig, wie es geschah, begonnen, wäre Hindenburg nicht Reichspräsident geworden, wäre die Demokratie nicht gleichzeitig von links und rechts bedrängt und erstickt worden; selbst noch 1933 waren die Kommunisten zu nichts anderem gut, als Hitler den willkommenen Vorwand zur Errichtung der Diktatur zu liefern. Trotzdem macht der sich die Erklärung der Katastrophe von 1933 bis 1945 zu bequem, der alles auf Versailles und Moskau schiebt und etwa noch, als auslösende Ursache, die Wirtschaftskrise hinzunimmt. Daß die Krise Deutschland härter heimsuchte als andere Völker, daß sie mit den von »Versailles« geschaffenen psychologischen Bedingungen zusammentraf und die Kommunisten mit allem nur erdenklichen Unfug der Demokratie ihr Handwerk erschwerten, das ist alles so wahr, wie es trivial ist. Warum gab es denn aber so viele Kommunisten? Warum gab es, seit 1929, so viele Nationalsozialisten? Es lag daran, daß der demokratische Staat einen großen Teil des Volkes nicht zu integrieren, sein politisches Sehnen nicht zu befriedigen verstand.
Unter der Weimarer Republik sind schöne Leistungen vollbracht worden, und es gab auch verfassungstechnisch bedeut-

same Neuerungen. Im Grunde aber und im Kern war die Republik das verstümmelte und geschwächte Kaiserreich ohne Kaiser. Zur Veränderung der deutschen Gesellschaft hatte der Krieg viel mehr getan als die Revolution von 1918 und was daraus folgte; und Hitlers »Drittes Reich« würde auch viel mehr dazu tun. Die Konservativen oder Deutschnationalen, der alte Hindenburg voran, erhofften sich vom dreißigsten Januar 1933 ein Zurück zum Geist und zu den Dingen des Kaiserreiches. Die dreißiger und vierziger Jahre brachten dann aber im Gegenteil eine sehr tief grabende Bewegung vom Kaiserreich weg. Umgekehrt erwartete man sich von den Vorgängen der Jahre 1918 und 1919 revolutionäre Veränderungen, und dann war der Weimarer Staat im wesentlichen restaurativ; ein Zwischenspiel zwischen der Revolution des Krieges und der Nazirevolution. Schon Gesichter und Namen reden eine deutliche Sprache. Sie waren alle Männer aus der Kaiserzeit, die Politiker und Wirtschaftler der Weimarer Republik; die Marx und Stegerwald, die Ebert, Müller und Braun so gut wie die Hugenberg und Westarp, die Hergt und Keudell, die Stresemann und Cuno und Rathenau, die Seeckt und Groener, die Kirdorf und Stinnes und Krupp. Alt, kaiserlich, war auch die Presse, in der für oder gegen sie argumentiert wurde: Norddeutsche Allgemeine, Frankfurter, Berliner Tageblatt, Vossische, Vorwärts. Es waren die alten Geisteshaltungen, die alten Bosheiten, die alten Gesichter. Die neuen kamen erst mit den Nazis; keine schönen, aber neue. Die »Weimarer« Parteien waren die Oppositionsparteien der Bismarckzeit. Das Zentrum rückte schon unter Wilhelm II. zur Regierung auf, die Sozialdemokraten unter Max von Baden, um nur zu bald wieder in die gewohnte Opposition zurückzufallen. Parlamentsgeschichtlich gehört so die Weimarer Republik zur selben Periode wie die Kaiserzeit. Die gleichen Begierden und Sehnsüchte wühlten in der Nation, die gleichen Gegensätze teilten sie; nur daß jetzt die Anschauung der »Reichsfeinde«, der sozialen Demokratie zur angeblich offiziellen geworden war und dieser Sieg der Linken von ihren Gegnern mit der Niederlage von 1918 verleumderisch gleichgesetzt wurde.

Wir müssen diese Dinge so kompliziert ausdrücken, weil sie an sich so verzweifelt kompliziert waren; weil die Weimarer Republik keine Identität mit sich selber hatte. Ein großer Teil der Nation erkannte sie nicht an, erkannte die Niederlage nicht an und nicht die Absage an Schwarzweißrot.
In solcher Lage hätten jene, welche die Führung übernahmen, sehr stark, sehr selbstsicher, sehr schöpferisch sein müssen, um gegen den Willen so vieler den Staat nach ihrem Willen und Bild zu formen. Man erwartete es von den Sozialdemokraten. Ihnen gaben 1919 bei den Wahlen zur Nationalversammlung mehr Deutsche ihr Vertrauen, als die Nationalsozialisten selbst zur Zeit ihres größten Volkstriumphes, Sommer 1932, zu mobilisieren vermochten. Vernünftig und friedwillig, zur Arbeit auch mit ihren Gegnern ehrlich bereit, aber pessimistisch, übervorsichtig, längst und unter dem ungünstigsten Stern zur Mitverantwortung im Kaiserreich gezwungen, hatten die Sozialdemokraten den schöpferischen Mut nicht. Sie gaben den Auftrag zur Führung an das Volk zurück, weil er ihnen nur von vierzig oder fünfundvierzig Prozent der Wähler gegeben worden war, nicht von einunfünfzig Prozent. Sie gaben ihn an die »Mehrheit« zurück. Eine echte, handlungsfähige Mehrheit hat sich dann überhaupt niemals gefunden. Handlungsfähige Mehrheiten finden sich nicht von allein. Sie sind Aufgaben der Führung, der Gestaltung; des Machtwillens, erscheine er noch so diskret, noch so rechtlich. Der Machtwille fehlte. Das enttäuschte die Leute, und bald lief ein guter Teil von ihnen den Sozialdemokraten wieder fort. Die größte Partei im Reichstag blieben sie wie von alters her; aber sie sanken zurück in die aus dem letzten Jahrzehnt des Kaiserreiches ihnen gewohnte undankbare Rolle des halben Mitmachens und halben Opponierens und überließen dem Zentrum die ihm gewohnte Rolle des Immer-und-überall-Mitmachens. So war bald alles wieder beim alten, nur daß die Autorität der Krone fehlte, welche vorher dem Staatsbetrieb Stetigkeit gegeben hatte. Die Sozialdemokraten waren wieder die »Reichsfeinde« trotz allem, was sie für das Reich getan hatten, das half ihnen nichts; der November 1918, die Lüge vom »Dolchstoß« sollte

es noch einmal bewiesen haben. Weil die Krone wegfiel, an welche die »nationale Opposition« sich doch nie mit ganzem Mut herangewagt hatte, weil nun das offizielle Deutschland demokratisch, republikanisch, pazifistisch war, so hatte die radikale Rechte einen ganz anderen Auftrieb als vor 1914. Damals hatte nur eine kleine Schar zu den »Alldeutschen« gehört; jetzt war ein guter Teil der Nation »alldeutsch« in dem Sinn, daß er das Regierungssystem nicht von links, sondern von rechts her verneinte. Die Parteien handelten miteinander ohne den Schutz der Monarchie; konnten sie sich über irgendeine Bagatelle nicht einigen, so »stürzten« Kanzler und Regierung. Diese Albernheiten stießen die Deutschen ab; zum Symbol der Republik wurde die Kabinettskrise. In Preußen gab es das nicht. Was aber die Sozialdemokraten dort besaßen, war nicht echte Regierungsmacht; es war nur der Verwaltungsapparat. Mit ihm wurden sie im größten Bundesland identisch; mit Schutzmann und Steuerbeamten, aber nicht mit dem, der die Steuern ausschrieb. Sie wurden zu bloßen Verwaltern, überaus tüchtigen ohne Zweifel, und zu bloßen Verteidigern der »Legalität«. Sie verteidigten eine Ordnung, die sie nicht gestaltet hatten, verteidigten sie auch dann noch, als sie der Mehrheit des Volkes buchstäblich verhaßt geworden war. Der Sozialdemokrat als Polizeipräsident im Zylinderhut – das war die Vorstellung, die man dem Volk in den letzten Jahren von dem »System« machen konnte. Als man sie, im Sommer 1932, aus der preußischen Verwaltung vertrieb, taten sie nichts, als sich auf das Gesetz, die Legalität zu berufen, diese dünne, unbeliebte, aus dem Umsturz von 1918 herrührende Legalität. Ende Januar 1933 fürchteten sie einen Verfassungsbruch durch General Schleicher mehr als Hitlers Berufung zur Macht. Noch zehn Jahre später ließ der alte Ministerpräsident Braun von seinem Exil aus die Amerikaner wissen, die sozialdemokratische Regierung in Preußen bestehe eigentlich noch zu Recht, und um die Legalität wiederherzustellen, brauchten die Alliierten nichts zu tun, als sie wieder einzusetzen. Das war, man muß es gestehen, ein sehr ausgeprägter Sinn für das Recht; und ein entschieden weniger ausgeprägter Sinn für die Macht, die Macht der Tatsachen, die Tatsachen der Geschichte. Bei Hitler war es dann umgekehrt. Der scherte sich um das Recht so wenig, daß er es nie für der Mühe wert hielt, die Weimarer Verfassung abzuschaffen. Aber die wirkliche Macht, die lag ihm sehr an seinem schwarzen Herzen.

Indem die Sozialdemokraten den Weimarer Staat nicht gestalteten, gestaltete ihn überhaupt niemand. Er wurde von Leuten regiert, die ihn nie gewünscht hatten, die nicht an ihn glaubten und auch, wenn sie wohl oder übel im Sattel saßen, nach anderen, vielleicht doch besseren Pferden hinüberschielten. Man ist versucht zu sagen: das, was sich seit 1930 allmählich, dann, 1933, in wenigen Wochen auflöste, die »Republik«, hat es überhaupt nicht gegeben. Merkwürdig ist nicht so sehr der Prozeß der Auflösung wie die Tatsache, daß so viele so lange nicht an ihn glauben konnten. Merkwürdig ist, daß das immerhin so lange hielt, was es in der Wirklichkeit der Macht und des Willens gar nicht gab; so wie das morsche Haus, mit dem Kant den auf bloßes Gleichgewicht gegründeten Frieden verglich: es fiel nur darum nicht um, weil es nicht wußte, nach welcher Seite es fallen sollte. Es war eine Existenz aus Verlegenheit, kein echtes Aushalten. Seit 1930 standen zwischen den Nazis und der Republik nur noch Heer und Reichspräsident – zwei gar nicht republikanische Behörden. Geht man weiter zurück, so war selbst Hitlers Niederlage 1923 kein republikanischer Sieg. Der junge Demagoge scheiterte damals an der bayerischen Reichswehr, den bayerischen Monarchisten; daran, in weiterer Sicht, daß dem General von Seeckt solche Streiche außenpolitisch verfrüht schienen. Wir wissen, wie milde der Gescheiterte dann davonkam. Er hat sich später viel auf die Verfolgungen zugute getan, denen er ausgesetzt war, und mit der Erinnerung an sie die Wollust während des Aktes der Machtergreifung noch zu steigern versucht. In Wirklichkeit hat ihn nie irgend jemand ernsthaft verfolgt und waren die Prozesse, welche das Reich oder der Freistaat Bayern gegen ihn und seine Anhänger führten, nie etwas anderes als höflicher Schein. Denn die verfolgenden Behörden bewunderten den Mann und fühlten, daß er wesentlich im Recht sei, wenn auch leider etwas ungebärdig in der Methode. Von den Putschisten der extremen Rechten ist nur Kapp halbwegs ernsthaft verfolgt worden, nur die Unterdrückung seines Staatsstreiches war ein halbwegs echter Sieg der Republik. Aber der kam früh und hatte keine nachwirkenden Folgen... So war denn der Weimarer Staat mehr ein Anhängsel des Kaiserreiches oder Bismarckreiches, als daß er eine historische Epoche eigener Prägung gebildet hätte; ein Interregnum, das durch allerlei Experimente, teils gute, teils weniger gute, selbständiges historisches Leben nur vortäuschte. Ein Interregnum zwischen zwei Epochen. Aber die folgende Epoche hat, wie wir wissen, ganz ungleich weniger getaugt. Sie war ein so wüstes Abenteuer, wie Weimar ein schwächliches war; sie hat noch kürzer gedauert. Das Versagen der Republik beweist nichts für die historische Gültigkeit dessen, was nach ihr kam, und die Geschichtsschreiber tun Hitler viel zu viel Ehre an, die uns glauben machen wollen, es habe Deutschland seit hundert Jahren nichts anderes getrieben, als sich auf das unvermeidliche Ende, den Nationalsozialismus, vorzubereiten. Einzelne Gedanken und Gefühlsstücke, mit denen er hantierte, der großdeutsche Nationalismus, Imperialismus, Sehnsucht nach dem Cäsar, Judenhaß, schwammen freilich längst in der deutschen Seele herum; aber solche Tendenzen ergaben an sich noch keine geschichtlich wirksame Macht. Wenn wir in gewissen Schlagworten der Alldeutschen schon Hitlers Stimme zu hören glauben, so machen doch die Spätbismarckianer, die Alldeutschen, die Ludendorffianer, die Vaterlandspartei, die Freikorps, wenn man sie alle zusammenzählt, noch nicht den Nationalsozialismus aus. Er wird durch sie nicht identifiziert. Für seinen Aufstieg waren noch andere Dinge notwendig: die Wirtschaftskrise und dies eine unvergleichliche Individuum. Die Wirtschaftskrise half dem Individuum zum Durchbruch; verhalf damit im Jahre 1933 Gefühlen zum Durchbruch, die aus dem Jahre 1919 stammten und 1933 im Grund schon veraltet waren. So verdreht kann es in der Geschichte zugehen. Das, was sich in der Tat seit Bismarck vorbereitete und was der Weltkrieg zur Reife brachte, war das Interregnum: die Unfähigkeit der Nation, mit ihren inneren Konflikten nach Regeln fertig zu werden und ihrem Staat einen befriedigenden Sinn zu geben. Der Rest war nicht vorbestimmt. Hätte es den einen Menschen nicht gegeben, so wäre gekommen niemand weiß was, aber nicht der Nationalsozialismus, so wie wir ihn erlebten. *Zufällig gab es ihn.* In einem Interregnum nimmt der Stärkste sich die Macht, und dieser eine, Hitler, war nun einmal der Stärkste.

Sehr viele Deutsche wollten ihn bis zuletzt nicht und auch von denen, die freiwillig für ihn stimmten, wollten die allermeisten nicht das, was er ihnen schließlich brachte. Sie wollten die Weimarer Republik nicht, ohne sich über das, was sie wollten, im klaren zu sein; oder wenn sie es selbst wußten, so hatten sie den Mut zum Tun nicht. So wie die Sozialdemokraten den Mut zum Sozialismus nicht hatten, so hatten die Deutschnationalen nicht den Mut zum wirksamen Widerstand gegen »Versailles«, so hatten die bayerischen Monarchisten nicht den Mut zur Wiederherstellung ihrer Monarchie, so hatte das Heer zu gar nichts Mut. Man hat lange geglaubt, die Reichswehr habe den Nazismus entscheidend gefördert und zur Macht gebracht. Die historische Wissenschaft hat diese Legende zerstört. Wenn viele junge Offiziere auf Hitler schworen, so war das nicht die Meinung der Verantwortlichen; es lag daran, daß die Armee trotz allem ein Teil des Volkes war und von dem, was im Volk vorging, nicht isoliert werden konnte. Die Generalität hat dem Demagogen tief mißtraut, sie wünschte ihn nicht an der Macht, viel weniger der Allmacht. Aber sie war gegen die Republik; und selber nicht fähig, die Republik durch etwas anderes zu ersetzen. Das gleiche gilt für die Industrie, zumal die rheinische Schwerindustrie. Auch sie hat Hitler nicht »gemacht«, wie Historiker marxistischer Schule uns haben einreden wollen. So phantasiebegabt waren die deutschen Stahlindustriellen gar nicht. Nur wenige Outsider unter ihnen gaben der Nazipartei Geld während der »Kampfzeit«. Hitler unternahm erst 1931 einen großzügigen Versuch, die Sympathien der »Wirtschaft« zu gewinnen, und es ist ihm nur teilweise geglückt. Erst ganz spät, zur Zeit der Schleicherepisode, sind bedeutende industrielle Gruppen in sein Lager übergegangen.

Aber auch die Industrie war gegen die Republik, gegen die Demokratie, gegen den freien Spielraum, der unter Weimar Partei und Gewerkschaften der Arbeiter gewährt wurde. Und sie ihrerseits waren zu einer konstruktiven politischen Schöpfung ganz und gar unfähig. Was blieb ihnen dann auf die Dauer übrig, als das stärkste antirepublikanische Angebot wohl oder übel zu akzeptieren? In dieser Lage waren sie alle, die dünkelhaften Professoren, die alten Bürokraten, die jugendlichen Romantiker, die Kriegerverbände, die »Herrenklubs«, alle jene, die sich weigerten, bei der Weimarer Demokratie ehrlich mitzumachen, und etwas anderes wollten, sie wußten selber nicht was, ein Zurück oder ein Vorwärts, starke Ordnung, festen Befehl, was Nationales, was Glanzvolles. So etwas wollten sie ungefähr, aber produzierten es nicht. So ließen sie sich denn in Gottes Namen von dem mitreißen, der es auf seine wilde, etwas vulgäre Weise doch immerhin zu bieten schien, teils schon vor dem Januar 1933, teils nachher. So ist Hitler, nachdem er einmal »an der Macht« war, die Eroberung der ganzen totalen Macht schauerlich leichtgefallen und sind zumal die politischen Parteien unter seinem Zugriff in nichts zerstoben. Die Überzeugung, daß er der rechte Mann auf dem rechten Wege sei, war damals tief im liberalen oder ehemals liberalen Bürgertum verbreitet; fügen wir hinzu, daß sie auch außerhalb Deutschlands verbreitet war; und gar mancher Sozialdemokrat fühlte sich besiegt, nicht bloß durch Verbrecher und Terroristen, sondern von der Geschichte. Das »System« hatte versagt; es hatte weder die außenpolitischen Fragen noch die Wirtschaftskrise gemeistert, es hatte einen bürgerkriegsähnlichen Zustand jahrelang nicht überwinden können. Was half dagegen der Einwand, daß eben die, die jetzt darankamen, diesen Zustand verursacht hatten? Daß die Sozialdemokraten das »System« überhaupt nicht kontrolliert hatten? Sie hätten vierzehn Jahre lang die Macht gehabt, rief Hitler ihnen im Reichstag höhnisch zu. Das war falsch, sie hatten die Macht seit 1920 nicht gehabt; in dem Sinn, in dem Hitler das Wort verstand, hatte überhaupt niemand sie gehabt. Wenn sie aber jetzt wie auf den Mund geschlagen waren und die Antwort schuldig blieben, so darum, weil es eben doch keine starke Antwort gewesen wäre. Wir hatten die Macht nicht, mußten sie sich sagen, aber 1919 hätten wir sie haben können. Aus Anstand, aus gutem Glauben, aus Schwäche haben wir sie nicht genommen, sondern die Dinge laufen lassen, wie sie eben liefen... Es war dies Gefühl von Hitlers historischem Recht, was einen Großteil der Nation die Scheußlichkeiten der »Machtergreifung« ignorieren ließ, was das Ermächtigungsgesetz ermöglichte und dann die Selbstauflösung der Parteien. Der stärkste Politiker des Interregnums hatte ein Recht, sich die Macht zu nehmen, nun sollte er zeigen, was er könnte; und hätte er nur ein klein wenig Maß gehalten, dann hätte 1933 eine neue, legitime Periode der deutschen Geschichte begonnen, und dann regierte er heute noch. Die Bereitschaft dafür war da. Man soll den Menschen nicht mit Napoleon vergleichen, aber vergleichen kann man doch gewisse Vorgänge im Abstrakten. Auch Napoleon schien nach dem achtzehnten Brumaire im Recht zu sein, damals glaubte Frankreich, glaubte ein guter Teil Europas, daß er im Recht wäre. Später wurde es anders; seit 1805 war die Geschichte Frankreichs nur noch das verrückte Abenteuer eines einzelnen. So im deutschen Fall. Dieselben Eigenschaften, die Hitler zum stärksten Mann des Interregnums machten, trieben ihn weiter fort. Als er erfuhr, wie furchtbar leicht es war, Deutschland zu erobern, als Europa ihm dieselbe Schwäche zeigte wie Deutschland, dieselbe Bereitschaft zu paktieren, dasselbe »Halb zog sie ihn, halb sank er hin«, verlor er vollends den Verstand, und es kamen nun die ihm selber unbekannten teuflischen Kräfte seiner Seele ganz zum Durchbruch. Was als neues Kapitel der deutschen Geschichte zu beginnen schien, wurde zum Abenteuer eines einzelnen Bösewichts, der Deutschland und durch Deutschland einem guten Teil der Welt seinen Willen aufzwang.

ELFTES KAPITEL

»Es hat nämlich«, schreibt Tacitus, »noch keiner, der die Macht durch Verbrechen erlangte, sie zu guten Zwecken ausgeübt.« Und an einer anderen Stelle: »Und so ist noch nie durch schrecklichere Niederlagen, durch gerechtere Anzeichen an den Tag gekommen, daß den Göttern nicht unsere Sicherheit am Herzen liege, sondern die Rache.« – Beobachtungen der Art, wie die römischen Historiker sie pflegten, sagen uns mehr zu dem jetzt beginnenden Teil unserer Erzählung als alle moderne Gesellschaftswissenschaft.

Schwer wird es sein, die rechte Sprache zu finden. Mit der Anklage, groben Worten der Empörung und des Ekels ist nichts geleistet. Aber im ruhigen Ton weiterzuerzählen, als handelte es sich um ein Kapitel der deutschen Geschichte, wie andere, geht auch nicht an. Es fragt sich sogar, inwieweit wir es noch mit einem Kapitel der *deutschen* Geschichte zu tun haben und inwieweit mit einer Auflösung internationalen Charakters. Seit Max Weber in den neunziger Jahren von der Sehnsucht des deutschen Bürgertums nach einem neuen Cäsar sprach, seit den Umtrieben der Alldeutschen, der Entartung des ersten Krieges trieb *eine* Strömung des deutschen Lebens dem Morast des Nazismus zu. Deutsch, nur deutsch, sollte H.s Revolution sein; im Gegensatz etwa zu der Bewegung von 1848, die eine dem Westen nachgeahmte Revolution war und von Marx mit den Augen des Westens mißverstanden wurde. Andererseits sind viele Elemente des Nazismus nicht-deutschen Ursprungs gewesen; angefangen bei dem Titel, den der Landfremde, Hergelaufene sich beilegte, dem Gruß, mit dem er sich grüßen ließ, römischer Erfindung; bis zu der ganzen Maschinerie des »totalen« Einparteistaates, die den Russen, den Italienern abge-

sehen war. Oft drängt der Verdacht sich auf, daß hier Fragen und Themen der deutschen Geschichte, der Klassenkampf, und seine Überwindung, Einheitsstaat gegen Föderalismus, Großdeutschland, nur gebraucht wurden, weil die Machtmaschine einmal auf deutschem Boden stand; und daß sie ebenso gut auch mit anderen Themen hätte geheizt werden können. Man kann auf die Frage, was hier von der deutschen Geschichte gemacht war und was international, Sache der Welt in jenem Augenblick, nur verweisen; nicht sie klar beantworten.
Auch diese andere Frage nicht: haben wir es mit der Verwirklichung einer der Demokratie im 20. Jahrhundert überall inhärenten Gefahr zu tun? Kann so etwas sich wiederholen, in Deutschland oder anderswo? Oder war es einmalig, einmalig wie die Weltwirtschaftskrise von 1930, bezeichnend für eine Gesellschaft, die zwar industrialisiert, aber noch nicht industrialisiert genug war? – Wer von unserer Erzählung zügige Thesen erwartet, der hat wohl schon längst zu lesen aufgehört. Mir scheint die Frage, ob so etwas sich wiederholen *kann,* bedeutungslos. *Wollen* wir, daß es sich wiederholt, wollen wir es nicht – das wäre eine sinnvollere Fragestellung.
Bleibt die Aufgabe, darzustellen, »wie es eigentlich gewesen ist«. An Quellen fehlt es nicht, sie fließen überreich; deutsche wie angelsächsische Forschung hat hier seit 1945 Ausgezeichnetes geleistet. Auch kann der Erzähler sich, zumal für die Ereignisse des Jahres 1933, auf eigene Erinnerungen stützen. Darin unterscheidet er sich von jenen, die heute jung sind und denen die ganze Epoche mit ihren feurig roten Balkenüberschriften, ihrem blöden Lärm um nichts, ihren Betrügereien und Mördereien fremd ist wie Tyrus und Ninive. Wohl ihnen!

Machtergreifung

Als H. am 30. Januar 1933 zum Kanzler ernannt wurde, sagten die berufsmäßigen Sprecher der deutschen öffentlichen Meinung ihm keine lange Regierungszeit voraus. Die Widersprüche innerhalb der neuen Koalition lagen klar zutage. Zu sehr hatten H., Papen und Hugenberg in den vergangenen Monaten gegeneinander geeifert und gegeifert, als daß man ihnen jetzt eine ehrliche Zusammenarbeit hätte zutrauen können. Auch waren ja die Konservativen im Kabinett entschieden die Stärkeren, erstens, weil sie weit mehr Posten innehatten, zweitens, weil hinter ihnen Hindenburg und die Armee standen, welch letztere noch immer als die bei weitem zuverlässigste Machtkonzentration im Reiche galt. Es würde dafür gesorgt werden, daß die Bäume des Demagogen nicht in den Himmel wüchsen, und wahrscheinlich würde er demnächst wieder abtreten müssen. Die wirtschaftlichen Probleme waren da, sie schrien nach Lösung. Was aber einem ernsten Ökonomen wie Brüning nicht gelungen war, würde den unwissenden Quacksalbern, die jetzt endlich ihre Kunst zu zeigen hatten, erst recht nicht gelingen. Nur zu bald würde der Kontrast zwischen ihren Versprechungen und Leistungen sich jedermann vor Augen stellen. Was dann? Man wußte es nicht. Aber jedenfalls dann keine Nazis mehr... So war eine weit verbreitete Ansicht. Sie wurde schnell erschüttert. Schon in den ersten Tagen bewiesen die neuen Leute eine Energie, wie sie seit den Anfängen deutscher Verfassungsgeschichte noch kein Inhaber der Macht je gezeigt hatte.

Der Reichstag wurde abermals aufgelöst. Der Konservative Hugenberg hatte das nicht gewollt, denn er ahnte wohl, daß es für ihn nicht gut ausgehen würde. H. wollte es. Hindenburg ließ sich noch einmal bereden; der im November gewählte Reichstag besitze keine handlungsfähige Mehrheit und dem Volk müsse Gelegenheit gegeben werden, sich für oder gegen die neue Regierung zu erklären. Dies war der Vorwand; der Zweck ein ganz anderer. Die Nazis wußten, wie sich, wenn man nur Phantasie und Frechheit besaß, die Staatsmacht im Wahlkampf gebrauchen ließ zur Begeisterung der Anhänger, zur Einschüchterung der Schwachen, zur Niederknüppelung der Gegner. »Nun ist es leicht den Kampf zu führen, denn wir können alle Mittel des Staates für uns in Anspruch nehmen«, schrieb der Propagandaleiter der Partei in sein Tagebuch. »Rundfunk und Presse stehen uns zur Verfügung, wir werden ein Meisterstück der Agitation liefern. Auch an Geld fehlt es natürlich diesmal nicht.« Wirklich nicht. Ein Kreis von Industriellen, Krupp an der Spitze, ließ sich jetzt bereden, der Regierung einen Wahlfonds von drei Millionen Mark zur Verfügung zu stellen; wobei der neue preußische Innenminister, Göring, den Herren erklärte, es handelte sich um den letzten Wahlkampf in zehn, wahrscheinlich in hundert Jahren, da lohnte sich denn doch eine gewisse Großzügigkeit... Aber es war nicht nur, daß man um die Wähler warb mit einem Wirbel von Versammlungen und Darbietungen, Versprechungen und Drohungen. Es war vor allem, daß man die Macht der neuen Machthaber, die jetzt schon sich einnistende, endgültig sich festsetzende Macht ihnen vordemonstrierte und so ihnen eine Stimmabgabe *gegen* die Macht, gegen das, was ja nun doch kam und bleiben würde, als zwecklos erscheinen ließ. Das geschah in der ersten Woche durch eine neue, von Hindenburg gezeichnete Notverordnung, welche das Recht der Versammlungs-, Rede- und Pressefreiheit schon stark beeinträchtigte. Es geschah vor allem in Preußen. Hier war nicht, wie er sich wohl eingebildet hatte, der Ministerpräsident von Papen, sondern der nationalsozialistische Innenminister, Göring, der starke Mann. Er war es, weil er es war; weil er Ruchlosigkeit, Intelligenz und Schadenfreude genug besaß, um aus den Machtmitteln, die ihm als dem Herrn der Polizei zu Gebot standen, das Äußerste herauszuholen. Er trieb die Beamten und Offiziere, die ihm nicht zuverlässig schienen, aus ihren Ämtern und ersetzte sie durch Diener seines Willens. Er befahl der Polizei, die Angehörigen der Rechten, vor allem die Nationalsozialisten, immer als Bundesgenossen des Staates zu betrachten und unbelästigt zu lassen, auf die Linke aber zu schießen. Er werde jedes zuviele Schießen entschuldigen und jedes zuwenig bestrafen. Er bildete eine Hilfspolizei aus den Parteitruppen der »SA«; Banden von Arbeitslosen in braunem Hemd, die nun von Staats wegen mit politischen Gegnern verfahren durften, wie ihnen beliebte. Das wor noch nie dagewesen: daß der Staat selber, der Schützer des Rechts, plötzlich zum Rechtsbrecher wurde, sich auf seine Gegner stürzte, nein, nicht auf *seine*, sondern auf die Gegner der regierenden Partei, ihre Versammlungen sprengte, sie zum Schweigen zwang, mißhandelte, totschlug. Aber lag es nicht in der Natur der Sache? Man hatte den Menschen zum Reichskanzler gemacht, der zwar versprochen hatte, »legal zur Macht« zu kommen, aber auch wieder und wieder versprochen hatte, die Macht, hätte er sie einmal, nimmermehr herzugeben. Was erwartete man sich denn?

Franz von Papen, dem unmittelbar Verantwortlichen für diesen neuen Zustand, war bald nicht mehr wohl dabei. Er hatte mutwillig den letzten Deich gesprengt. Jezt stemmte er sich gegen die eigene Tat, hielt den Regenschirm mit Silberknauf den eindringenden trüben, reißenden Wassern entgegen; die aber um so eleganten Widerstand sich gar nicht kümmerten. Als er sah, daß nun doch nichts mehr half, drehte er um und schwamm mit, so gut und so lange er konnte. Von einer »Kampffront *Schwarz-Weiß-Rot«*, die er mit seinen konservativen Bundesgenossen gründete und die es an versteckten Hieben auf den Regierungschef nicht fehlen ließ, war schon während des Wahlkampfes kaum die Rede; nach den Wahlen schwieg sie still.

Auf dem anderen Extrem erfuhren jetzt die Kommunisten zu spät, daß die Rechtssicherheit der Demokratie doch auch für sie ihre Vorteile gehabt hatte. Sie hatten die Sozialdemokraten als ihre Hauptfeinde behandelt, Demokratie und Faschismus für gleich geachtet, bis tief in diesen Winter 1932/33 hinein mit den Nazis praktisch und wirksam zusammengearbeitet. Sie hatten immer vom jüngsten Tag der Revolution gesprochen, aber ernsthaft dafür vorbereitet hatten sie nichts, nicht einmal für die Verteidigung ihrer eigenen Haut. Sie konnten

jetzt wohl noch zum Generalstreik aufrufen, aber man hörte sie nicht; der schwächliche Terror, den sie da und dort noch übten, war nur willkommener Vorwand für den echten, starken und siegreichen Terror der Nazis. Besser schlugen sich die alten Weimarer Parteien, Zentrum, Sozialdemokraten. Sie waren noch immer da, sie hielten ihre treuen Anhänger zusammen, sie widerlegten brav die gegen sie gerichteten giftigen Verleumdungen, aber es war eine hoffnungsarme Defensive, in der sie sich befanden. Wenn sie zum Angriff übergingen und verkündeten, siw wollten nun an »die Macht«, so klang es wie eine schale Nachahmung dessen, was die Nazis bis gestern getrieben hatten. Den Vorwurf, sie hätten die Macht ja vierzehn Jahre lang innegehabt und ihre Chance verpaßt, konnten sie nur mit allzukomplizierten Argumenten zurückweisen. Die stärkste Opposition kam aus Süddeutschland, vor allem aus Bayern. Hier hatte die regionale Abart des Zentrums, die »Bayrische Volkspartei«, seit neun Jahren ein gemäßigtes, zunehmend vernünftiges Regiment geführt, und hier war der Widerstand ein zugleich staatlich und religiös akzentuierter; staatlich, weil der Nationalsozialismus es auf die praktische Entrechtung und Abschaffung der Bundesstaaten offenbar absah, religiös, weil die katholische Kirche die Volks- und Rassenvergottung H.s als Irrlehre betrachtete. So hatten die Dinge seit 1923 sich umgekehrt. Berlin war damals bereits unter der Diktatur des Österreichers eine Höhle des Unrechts, München aber noch ein Hort der Ordnung. Wer in Deutschland sich umsah, an der Berlin-Weimarer Republik und ihren Gründern verzweifelte, der konnte wohl noch auf die weiß-blaue Fahne setzen. Byarischer Staat und Föderalismus gegen Zentralismus und Diktatur der Nazis in Berlin, das war eine Hoffnung, als die Weimarer Verfassung, die gesamtdeutsche Demokratie schon keine mehr waren.
Auf dem Höhepunkt des Wahlkampfes, am 27. Februar, wurde das Berliner Reichstagsgebäude in Brand gesteckt. Der Brandstifter, der einzige, den man am Tatort fand, war ein Holländer, der Kommunist sein und, wie es hieß, auch »seine Beziehungen zur Sozialdemokratie zugegeben« haben sollte.

In derselben Nacht wurden Tausende von kommunistischen Funktionären festgenommen, sämtliche Zeitungen auch der Sozialdemokraten verboten; am nächsten Morgen durch eine Notverordnung Hindenburgs die Grundrechte der Verfassung, Sicherheit gegen unrechtlichen Freiheitsentzug, Briefgeheimnis, Presse- und Versammlungsfreiheit außer Kraft gesetzt. Die Kommunisten, hieß es, hätten offenbar im Bunde mit den Sozialdemokraten den Bürgerkrieg, ein allgemeines Morden vorbereitet, wofür der Reichstagsbrand das »Fanal« hätte sein sollen; somit seien energische Gegenmaßnahmen gerechtfertigt... Hier hielt der Beobachter der deutschen Dinge einen Augenblick den Atem an. Wenn die Führer der Opposition diesen, jedem einsichtigen Kinde offenbaren Schwindel nicht hinnahmen, wenn sie den wahren Brandstifter, H. und seine Leute, stark und einstimmig beim Namen nannten, dann mußten Präsident und Armee und Konservative, ob sie wollten oder nicht, den Entschluß vom 30. Januar rückgängig machen. Was dann gekommen wäre, kann niemand sagen. Wenn umgekehrt Adel und Bürgertum die Untat hinnahmen, den Feuerzauber zu glauben vorgaben, dann mußten sie von nun an schlucken, was ihnen geboten wurde, selbst noch viel tollere Dinge, und waren ihre politischen Besitztümer, Parlamentarismus, Parteien, Rechte der Länder, Rechte der Beamtenschaft, Rechtssicherheit überhaupt, Geistesfreiheit und Handlungsfreiheit verloren. Sie nahmen hin. Selbst die Bayern gestanden ein, daß nun unleugbar die Kommunisten die größte Gefahr seien – die Kommunisten, die in kindlicher Unschuld sich selber auf den Polizeipräsidien meldeten, um den gegen sie erhobenen Vorwurf zu widerlegen, die jetzt, anstatt ihre famose Revolution zu beginnen, sich wie Lämmer gefangennehmen und zur Schlachtbank führen ließen. Brüning allein gab in einer Wahlrede zu verstehen, daß die offizielle Version ihn nicht ganz überzeugt habe. Das übrige war heimliches Tuscheln, heimlich zirkulierende Denkschriften sogar – wenn nicht, bei einem großen Teil des Bürgertums, heimliches Achselzucken und Schmunzeln. Der Brand, wer auch die Täter sein mochten, hatte doch seine Wirkung getan; man war

die »roten Strolche« los, Kommunisten und Sozialisten. Die letzteren verteidigten sich schwach: man dürfe sie doch nicht mit den Kommunisten in einen Topf werfen. Das sei alles eins, rief Göring ihnen höhnisch zu; die Kommunisten seien doch aus ihrem Topf gekommen. Terror und Jubel, Zynismus, Schwäche und wieder Jubel, und über allem die unermüdlich krähende, triumphierende, schmeichelnde und drohende Stimme des »Führers«, wie er sich jetzt nennen ließ – es war kein Wunder, daß in diesem einseitig gegen einen fiktiven Gegner geführten Bürgerkrieg, diesem Siegestaumel ohne vorangegangene Schlacht, die Nazis noch einmal einen Gewinn von fünf Millionen Stimmen davontrugen. Erstaunlich war es vielmehr, daß die alten Parteiblöcke, Zentrum und Sozialdemokratie, sich noch immer hielten, noch immer die Hälfte der Nation sich nicht bewegen ließ, für die Sieger zu stimmen. Im neuen Reichstag verfügten die Nazis zusammen mit ihren deutsch-nationalen Satelliten über zweiundfünfzig Prozent der Stimmen; praktisch über bedeutend mehr, da die achtzig Kommunisten nicht mehr zählten, auch von den Sozialdemokraten beliebig viel verhaftet oder notfalls umgebracht werden konnten. »...was bedeuten jetzt noch Zahlen? Wir sind die Herren im Reich und in Preußen...«
Ein paar Tage später in Süddeutschland. Auch in Bayern waren nun die Nazis bei weitem die stärkste Gruppe. Der Anspruch der bayerischen Föderalisten, für die Rechte ihres Landes zu stehen, brach an der Haltung des eigenen Volkes zusammen, nicht des ganzen, aber doch eines allzu großen Teiles. Mehr brauchte man in Berlin nicht. Wie im Vorjahr die preußische, so wurden nun die süddeutschen Regierungen durch Reichskommissare ersetzt, ihre Mitglieder verhaftet, erschlagen oder zur eiligen Flucht ins Ausland getrieben. Daß dies auch in München geschehen konnte, daß auch hier der lange vorbereitete, oft versprochene Widerstand der Staatstreuen ausblieb, war ein untrügliches Zeichen der Zeit. Nicht alle waren glücklich über den Umschwung der Dinge, aber die Traurigen schwiegen, die Lustigen waren überlaut, und viele, die es bisher mit der alten Ordnung gehalten hatten, eilten

nun, mit der neuen ihren Frieden zu machen. Ist es doch sicherer, auch angenehmer für das Gemüt, im Lager der Sieger zu sein als bei den Besiegten; kennen wir doch alle die Versuchung, dem Sieger auch das historische Recht beizumessen, den Besiegten aber zu verachten. Die gemeinsame Freude war so viel sichtbarer als der einsame Kummer und Ekel. In Gefängniszellen wurde brutalisiert, hin und wieder die Leiche eines Gefolterten aus dem Fluß gezogen; aber in den Straßen der Städte wogten die Fahnen, genossen uniformierte Parteioffiziere den Vorfrühling mit ihren Damen, fuhren die neuen Herren, die Zigarre im Mund, in gestohlenen Automobilen behaglich einher. Feststimmung, Befreiungsstimmung überwogen den schleichenden Terror bei weitem. Was den letzteren betraf, so war er ohnehin, wie die Rede ging, »nicht im Sinn des Führers«, und H. ließ Aufrufe ergehen, in denen er seinen Kameraden Mäßigung anbefahl; was an Ausschreitungen vorgekommen war, schob er »kommunistischen Provokateuren« in die Schuhe... Ein großes Volksfest der Befreiung, der Einigung, der wiederhergestellten Ehre – auch jenseits der Reichsgrenzen wirkte das stärker als Verbrechen und schwelgende, grölende Gemeinheit.
Der »Tag von Potsdam« schien optimistischer Beurteilung recht zu geben. Hier, während einer Feier in der Garnisonkirche, zu Häupten der Gruft Friedrichs des Großen, durfte der sechsundachtzigjährige Hindenburg ein letztes Mal im Mittelpunkt stehen. Der Alte war nicht unzufrieden mit der neuesten Entwicklung, weil sie »verfassungsmäßig« vor sich gegangen war, er also seinen Eid nicht gebrochen hatte, worauf dem frommen Mann alles ankam. Vom übrigen, Lüge, Mord und Qual, drang kaum noch etwas in seinen langsam verdämmernden Geist. Er sah um sich die alten Fahnen und Uniformen, auch alte Gesichter, den ehemaligen Kronprinzen, Generale aus der Vorzeit. Das gefiel ihm. Er glaubte wohl, er habe es schließlich doch gut gemacht und Deutschland zum alten Weg zurückgeführt, von dem es nie hätte abweichen sollen. Hierin bestärkte ihn H., der an diesem Tag den Verehrer des guten Alten, den Preußen, auch den Versöhnlichen, From-

men gut herauszukehren wußte. Vielleicht ehrlicherweise; denn er besaß die Gabe, im Moment selber zu glauben, was zu scheinen und zu sagen für ihn günstig war. Für den Moment brauchte er das Vertrauen des Greises, der noch immer Macht hatte, das Vertrauen oder doch wenigstens die Toleranz der Reichswehrgeneräle... Zwei Tage später, im Reichstag, der in einer Berliner Oper zusammentrat, war der Ton dann schon ein entschieden modernerer. Hier forderte H. einen Beschluß, der die Regierung ermächtigte, während voller vier Jahre, ohne Zustimmung des Parlaments Gesetze zu machen und auszuführen, und zwar auch solche, die von der Weimarer Verfassung abwichen. Zwar fügte er hinzu, daß er von der »Ermächtigung« nur selten Gebrauch machen würde, da die Regierung ohnehin eine sichere Mehrheit im Reichstag besäße, daß nicht beabsichtigt sei, die Existenz des Reichstags und Reichsrates, die Rechte der Länder, viel weniger des Reichspräsidenten, zu schmälern. Angesichts dessen aber, was in den letzten Wochen geschehen war, konnte niemand mehr die Bedeutung der Vorlage verkennen. Nichts anderes bedeutete sie als die volle und endgültige Diktatur. Daß H. jetzt drohte, er werde sich die Macht, die er brauchte, so oder so nehmen, mit Zustimmung des Parlaments oder ohne sie, daß er in der Tat jetzt volle Handlungsfreiheit besaß, mochte es als eine Geste des sinnlosen Heroismus erscheinen lassen, gegen die Vorlage zu stimmen. Auch die Polizei, die sich im Saale breitmachte, die Banden, die außerhalb des Gebäudes lärmten – »Das Gesetz oder Mord und Totschlag!« – dämpften den Mut der Opposition. Das Zentrum gab seine Ja-Stimme, welche für eine Zweidrittelmehrheit notwendig war. Der Parteiführer Heinrich Brüning hat später seine Haltung ausführlich gerechtfertigt. Es hätte, meinte er, doch nichts mehr ausgemacht, was auch seine Partei tat, denn H. konnte so viele Abgeordnete verhaften lassen, wie nötig war, um ihm auch ohne das Zentrum in einem Rumpfparlament die Zweidrittelmehrheit zu sichern. Auch sei die Diktatur im Grunde schon durch die Verordnung vom 28. Februar errichtet worden und das Ermächtigungsgesetz habe gar nicht mehr viel hinzugefügt...

Aber wenn es so stand, dann wäre es doch besser gewesen, einen letzten würdigen, wenn auch praktisch nicht mehr wirksamen Protest zu wagen, anstatt gewalttätigem Umsturz jenen Schein der Rechtskontinuität zu geben, an dem Hindenburg und, wegen Hindenburgs, auch dem Diktator so viel gelegen war. Die Sozialdemokraten, jene von ihnen, die noch in Freiheit waren, dachten so. Wels, der Fraktionsvorsitzende, hatte den Mut, das Nein seiner Partei unter diesen Umständen zu begründen; in maßvollen Worten, aber doch zu begründen. Dem »Führer« gab dies die Gelegenheit, die besiegten, ohnmächtig zusammengedrängten Gegner mit seinem hassenden Hohn zu überschütten: er bräuchte ihre Stimme nicht, er wollte sie gar nicht, sie hätten so oder so ausgespielt. Auch sollten sie sich nicht täuschen; er sei kein Bürgerlicher, der seine Feinde nur reizte, ohne sie zu vernichten... Seine Zweidrittelmehrheit bekam er, und weit mehr als sie.
Es war nicht nur der Terror, was diese Selbstabdankung der Parteien, vorab der alten, in der politischen Geschichte des neuen Deutschland so tief verwurzelten Zentrumspartei verursachte. Es war auch das Gefühl, daß sie geschlagen, gescheitert, nutzlos geworden seien und daß in der Wirrsal dieses Frühlings nichts mehr übrigblieb als die Diktatur derer, die sich, gleichgültig mit welchen Mitteln, als die Stärksten erwiesen hatten. *Welche* Mittel es gewesen waren, Heinrich Brüning wußte das sehr gut, und die Deutschnationalen wußten es auch, und der Vorsitzende ihrer Fraktion, der in einer Denkschrift die Nazis der Brandstiftung bezichtigt hatte, erschoß sich in der Verzweiflung eines jetzt nicht mehr lösbaren Gewissenskonfliktes. Das Volk in seiner Mehrheit sah weg von diesen Tragödien einzelner und sah weg von den moralischen Schönheitsfehlern der »Revolution«. Der »neue Staat« war da oder im Werden, da half nun nichts mehr, und der war ein Narr, der »sich quer stellte«: es mußte Ordnung gemacht werden, sei es auch durch die, die bisher die Bringer der schlimmsten Unordnung gewesen waren. Es mußte Arbeit für die Arbeitslosen geschaffen werden, dies schreiende Problem war ja noch immer ungelöst. Nur ein einiger Wille konnte es lösen,

die parlamentarischen Parteien hatten es nicht gekonnt und würden es jetzt erst recht nicht können. So war die Stimmung. Sie, mehr noch als alles andere, erklärt uns, warum die Abgeordneten sich mit einem letzten Gruß der Ohnmacht von der Stätte ihres seitherigen Wirkens oder Nichtwirkens verabschiedeten.
Nun ging es Schlag auf Schlag. Die Nationalsozialisten seien systematische Leute, verkündete der neue »Propagandaminister« mit der ihm eigenen höhnischen Offenheit und Schadenfreude; sie nähmen nicht mehr, als sie verdauen könnten, aber was sie verdauen könnten, nähmen sie sich Stück für Stück und so würden sie in wenigen Monaten das ganze Deutschland in sich hineingefressen haben. Was auch geschah. Wenn während der Debatte um das Ermächtigungsgesetz versprochen worden war, die Rechte der Länder und des sie vertretenden Reichsrat nicht anzutasten, so erfolgte schon eine Woche später die sogenannte »Gleichschaltung« der Länder und Gemeinden. Das Wort, technischem Vokabular entnommen, drückte den Vorgang aus; der gleiche Strom sollte durch alle Einheiten des politischen Wesens ziehen. Es begann damit, daß Landtage, Stadträte, Gemeinderäte nach einem Schlüssel umgebildet wurden, den die Reichstagswahl vom 5. März lieferte; das hieß den Nazis genehme Bürgermeister von der Großstadt bis zum Dorf. Darauf erfolgte die Ernennung von »Reichsstatthaltern« in den Ländern; hochbezahlten Parteileuten, welche die eigentlichen Chefs der Landesregierung sein sollten. Die Länder hörten damit als Staaten, Mitglieder eines Bundesstaates zu existieren auf und wurden zu bloßen Verwaltungseinheiten. Anfang 1934 wurde das durch ein neues Dekret bestätigt: »Die Volksvertretungen der Länder werden aufgehoben. Die Hoheitsrechte der Länder gehen auf das Reich über. Die Landesregierungen unterstehen der Reichsregierung.« Ein Gesetz, angeblich »zur Wiederherstellung des Berufsbeamtentums«, bestimmte die Entlassung aller »nichtarischen« Staatsbeamten. Ebenso sollten Beamte entlassen werden, von denen nach ihrem bisherigen Verhalten ein »rückhaltloses Eintreten für den nationalen Staat« nicht zu erwar-

ten war. Da nun Universitätsprofessoren, Mittelschullehrer, Kassenärzte, selbst Mitglieder staatlicher Orchester als Beamte galten, so fanden alsbald sich viele Tausende im Elend. Das war schmerzlich für sie, aber vorteilhaft für andere. Denn Deutschland war ein armer, übervölkerter Staat, der Lebenskampf des einzelnen sehr hart, für jeden Platz gab es Anwärter die Fülle; mancher, dem bisher im Leben kein Erfolg beschieden gewesen war, konnte nun einrücken und aufrücken. Ein solcher fand dann am »nationalen Staat« schwerlich etwas zu tadeln. Was das Gesetz für den Staat vorschrieb, taten private Unternehmungen auf eigene Faust, Zeitungsredaktionen zumal, Theater- und Kunstbetriebe. Unbestreitbar war in dieser Sphäre der jüdische Einfluß zu Kaisers und Weimars Zeiten stark gewesen. Nun wurde er mit einem Schlag auf Null reduziert. Auch mancher nichtjüdische, aber politisch gar zu charakterfeste Redakteur mußte das Feld räumen. Andere stellten sich um, teils mit planmäßigwürdiger Langsamkeit, teils von heute auf morgen, wenn sie nicht heimlich vorbeugend sich schon längst umgestellt hatten und nun das Parteiabzeichen im Knopfloch erscheinen ließen, das sie bis dahin in der Tasche trugen. Das ist auch zu anderen Zeiten, in anderen Ländern so gewesen. Entrüsten wir uns darum nicht allzu stolz über das Menschliche. Aber preisen wir jene, die der Gesinnung ihres Handwerks treu blieben, unbedankt, unter zusehends härteren Umständen, um einen bitteren Preis.

Vernichtung der Gewerkschaften. Ihnen hatten die Nazis ursprünglich einen gewissen Respekt entgegengebracht; sie waren geneigt gewesen, zwischen den großen Berufsorganisationen der Arbeiter und der sozialdemokratischen Partei zu unterscheiden. Man hatte von einem »Ständestaat« gesprochen, in dem die Gewerkschaften ihren Platz finden könnten. aber solche romantischen Ideen waren nicht das, worauf die neuen Machthaber eigentlich hinauswollten. Auf die ganze Macht, auf die Unterwerfung und Kontrollierung der Massen wollten sie hinaus; ein Ziel, das mit Eigendasein und Würde mittelalterlicher Berufsstände sich nicht vertrug. Es wurde daher der

Gedanke einer ständischen Gliederung rasch fallengelassen. Am 1. Mai, dem alten Feiertag des Sozialismus, gab es eine neue Volksbelustigung, den Aufmarsch aller Betriebe, privater wie staatlicher, zu Kundgebungen überall im Land, einschmeichelnde Reden zum Lob der Arbeit, Feuerwerke. Die neuen Herren verstanden sich auf die Kunst, große Massen zu bewegen, und auf den Zwang zur Freude. Mancher, der verärgert antrat, ging beeindruckt und amüsiert nach Hause; am Ende war doch etwas an H.s Arbeiterfreundlichkeit? Der folgende Tag zeigte dann freilich, daß die Lustbarkeit des 1. Mai als Vorspiel für eine Aktion ganz anderer Art gemeint gewesen war. Alle Gewerkschaften, die christlichen wie die freien, wurden für aufgelöst erklärt, ihre Besitztümer, Häuser, Banken, Schulen, Erholungsheime, besetzt und geplündert, ihre Führer verhaftet. Es war das schon Gewohnte, der heimlich vorbereitete, »schlagartige« Überfall, und er gelang auch diesmal. Was kein Hohenzoller je gewagt hätte, was im Kaiserreich den Generalstreik, die furchtbarsten Unruhen unfehlbar hervorgerufen hätte, fand jetzt nahezu keinen Widerstand. Der Kampf wurde nur von einer Seite geführt, die Schläge, bildlich und buchstäblich gesprochen, trafen Menschen, die sich nicht wehrten. So weit war die Nation drei Monate nach dem 30. Januar; indem sie teils sich besiegt, widerlegt und ausgeschaltet, teils mitgerissen, befreit und endlich recht geführt fühlte. Man soll nicht sagen, daß dieser Gefühlszwiespalt sie in zwei Teile teilte, die Sieger und die Besiegten. Denn in vielen – unmöglich, ihre Zahl zu bestimmen – lebten beide Gefühle nebeneinander oder gegeneinander. Das Ergebnis war ein passives Sichtreibenlassen, ein »Einerseits-Andererseits«... Anstelle der Gewerkschaften trat die »Arbeitsfront«, eine Zwangsorganisation aller Arbeitnehmer und aller Arbeitgeber. Ihr Zweck war, die Arbeiter zu kontrollieren und im Sinne des Staates zu beeinflussen; wobei zu den Methoden der Beeinflussung auch mancher Vorteil, manche Annehmlichkeit gehörte, die man ihnen bot. Der Nazistaat war nicht »arbeiterfeindlich«. Dies Wort, so wie es etwa für gewisse Unternehmergruppen und Parteien des neunzehnten und frühen zwanzigsten Jahrhunderts zutrifft, erfaßt seine Wesenheit nicht. Es charakterisieren ihn ganz andere Dinge.

Vernichtung der politischen Parteien. Das ging nun eigentlich von selber, so wie ein Fisch in der Luft stirbt oder Eis im Feuer schmilzt. Am ehrenvollsten noch verging die Sozialdemokratie, denn sie wurde als hochverräterische Organisation verboten. Daran war etwas; zahlreiche Führer der Partei befanden sich jetzt im Ausland und sprachen dort aus, was im Reich nicht mehr ausgesprochen werden konnte. Das Zentrum löste sich freiwillig auf: die Partei habe in sich ja nie einen Selbstzweck gesehen, und die Stellung H.s, machtvoller als je die eines deutschen Kaisers, mache nun Parteien allerdings überflüssig. Den gleichen Weg gingen die Konservativen. Hugenberg, ihr Führer und Totengräber, der schlaue, reiche und mächtige, der verblendete und erzdumme Hugenberg, sah bald sich genötigt, seinen Posten im Kabinett zu verlassen; so daß die »Koalition«, die ewig hätte währen sollen, denn knapp ein halbes Jahr gewährt hatte. Papen blieb, aber seine Vizekanzlerschaft war nur noch ein Witz. Schließlich wurde die Nationalsozialistische Deutsche Arbeiterpartei als die »Einzige politische Partei« Deutschlands proklamiert und der Versuch, andere Parteien zu erhalten oder neu zu gründen, mit schwerer Strafe bedroht. Das geschah sieben Monate, nachdem Weimarer Parteien sich geweigert hatten, dem Reichskanzler von Schleicher die so sehr bescheidenen Vollmachten – die bloße Vertagung des Parlaments! – zu bewilligen, die er von ihnen erflehte...

»Gleichschaltung« des geistigen Lebens. Wir wollen nicht sagen, daß sie vollständig gelang, weder damals noch später. Mancher Schriftsteller und Gelehrte zog sich in seine innerste Sphäre zurück, vermied Beurteilungen der Gegenwart und hielt seinem Leserkreis die Treue. Das war möglich; sehr viele hielten es indessen anders. Sie machten mit, »stellten sich um«, schrieben den Unsinn, der von ihnen erwartet wurde; sei es aus schwächlicher Begeisterung, zumal ja das bejahende Hinnehmen des Erfolges ein altes Laster des deutschen Geistes war, sei es aus bloßem Ehrgeiz oder dem Erwerbstrieb nachgebend.

Erwerbsbetriebe, das waren ja wohl Theater, Film, Rundfunk, Presse, Buchverlage in dieser Zeit; und sie waren als solche eine leichte Beute des Staates. Dieser, der Nazistaat, hatte für den Kulturbetrieb als Instrument der Macht den gleichen scharfen Sinn, den vor ihm schon die russischen Kommunisten bewiesen hatten. Es sollte nichts geschrieben, geformt, gespielt und gespaßt werden, außer was ihnen gefiel. Zunächst sorgte ein neugegründetes »Ministerium für Propaganda und Volksaufklärung« dafür, daß Presse und Rundfunk den geeigneten Ton fänden. Wenn Partei und Staat zusammenfielen, so wurde der Leiter der Parteipropaganda zum Propagandisten von Staats wegen. Eine große Zahl von Zeitungen blieb weiterhin im Privatbesitz, und die berühmten liberalen Blätter der Vergangenheit, welche fortexistierten, versuchten ein weniges von ihrer Tradition zu bewahren. Im schöngeistigen Teil ging das wohl auch noch eine Zeitlang. Im politischen konnten sie Freiheit nur vortäuschen, nicht wirklich üben. Freiheit in dieser Sphäre *mußte* Kritik bedeuten; und wer zur politischen Kritik auch nur den vorsichtigsten Versuch machte, verschwand im Konzentrationslager... Es wurde eine »Kulturkammer« gegründet mit Abteilungen für jede Art künstlerischer und geistiger Tätigkeit. Wer nicht beitreten wollte oder nicht beitreten durfte, mußte sich einen anderen Beruf suchen. Jüdischen Künstlern etwa wurde nicht bloß der Verkauf von Bildern, selbst Malen in ihrem Atelier bei Strafe untersagt... Es lag eine hohe Einschätzung ihrer politischen Wirkungsmöglichkeiten in dieser eiligen Zwangsorganisation der Künstler und »Intellektuellen«; zugleich aber auch eine tiefe Verachtung der Personen.

Versuch einer »Gleichschaltung« der Kirchen, zumal der protestantischen. Sie gelang nicht. Die Vereinigung »Deutscher Christen«, welche sich bemühten, die Quadratur des Kreises zu finden und Nazi-»Weltanschauung« mit Christentum zu verbinden, war eine Totgeburt. Die protestantische »Reichskirche« konnte nur eine kleine Minderheit der Pfarrer und Gemeinden sich unterwerfen. Die Rebellen, nicht gegen den Staat, aber gegen die Staatskirche, zu einer »Bekennenden Kirche« vereinigt, erwiesen sich als stärker. Den Pfarrer Niemöller, Inspirator und Sprecher der Bekennenden Kirche, hat H. als einen gefährlichen Gegner angesehen. Konzilianter in der Form war zunächst die katholische Kirche; ihr tausendjähriges, zugleich übernationales und tief im Volk der Gläubigen verwurzeltes Wesen erlaubte ihr wohl, sich von den Dingen des Säculums im Grunde ungefährdet zu fühlen. So ließ denn auch der Vatikan sich von katholischen deutschen Politikern bereden, als erste fremde Macht mit der Naziregierung einen Staatsvertrag, ein Konkordat abzuschließen. Aber diese Bereitschaft zu verhandeln betraf Formen und Rechtsverhältnisse, nicht die Festung selber. Sie, die Festung des Glaubens, stand inmitten des deutschen Reiches, vom jubelnden Anfang bis zum bitteren Ende, unerobert und nahezu unangreifbar.

Mittlerweile blieb die Schaffung von Arbeit für die Arbeitslosen die dringendste positive Aufgabe der neuen Machthaber. Wenn sie hier das Versprochene nicht leisteten, so hätte alles andere, Reden und Widerreden, Propagandataumel und Hinrichtungen, Jubel und Schrecken, ihr System auf die Dauer nicht sichern können. Tatsächlich leisteten sie's. Es war H.s Überzeugung, daß die Wirtschaft im Grunde eine einfache, ohne viel Theorie durch den Willen zu meisternde Sache sei; wobei der Erfolg ihm zunächst recht gab. Der »Vierjahresplan«, den er nach russischem Vorbild verkündete, existierte nicht, die Nazis hatten kein Wirtschaftsprogramm. Ohne Programm schritten sie zur Tat. Es war ihr Glück, daß sie dabei auf Arbeitsbeschaffungspläne der Hindenburg-Regierungen, Brüning, Schleicher, zurückgreifen konnten und daß die langsam aufsteigende Kurve der Weltwirtschaft ihnen zu Hilfe kam. Es ist aber alte Weisheit, daß Glück und Verdienst sich verketten. Hier erwarben sie sich unleugbar ein Verdienst und in den Augen derer, die nun endlich von der Qual elenden Herumlungerns befreit wurden, ein sehr großes. Die deutschen Unternehmer machten ihrerseits bereitwillig mit; große Staatsaufträge, welche sie als Bolschwismus verschrien hätten, wenn sie von Brüning oder Schleicher gekommen wären, gewagte »Vorfinanzierungen« Geldschöpfung, Ausgaben, welche keinen Gewinn abwerfen konnten, erschienen ihnen nun als das

Richtige oder doch Hinzunehmende. Auch ihnen kam es auf Macht- und Ranggefühle mehr an als auf Theorie. Was sie den verhaßten »Marxisten«, den Gewerkschaften, selbst dem ehrbaren, einsamen Dr. Brüning nie erlaubt hätten, erlaubten sie freudig dem »autoritären« Staat; dem Demagogen, der ihnen das Gefühl zu geben wußte, daß sie nun endlich wieder Herr im eigenen Hause seien. H. interessierte sich nicht für Wirtschaftsfragen, er interessierte sich für Macht. Wer die Macht über das Ganze besaß, der würde, von oben her, auch die Industrie beherrschen, konnte aber das langweilige Detail ruhig den Spezialisten überlassen. Quacksalberische Doktrinäre, denen er vor 1933 freies Redespiel gewährt hatte, schickte er jetzt nach Hause. Statt dessen hielt er sich an Könner. Ein solcher war unbestreitbar Hjalmar Schacht, der nun wieder an die Spitze der Reichsbank, bald auch des Wirtschaftsministeriums trat. Er besaß das Vertrauen der deutschen Industrie und der internationalen Finanz, welcher er eine gemäßigte, wenn auch nicht orthodoxe Führung der deutschen Wirtschaft zu garantieren schien. Keine orthodoxe Führung. Im Politischen opportunistisch, schlau und dreist, aber ein Mensch von Vitalität und Phantasie, hatte Schacht begriffen, was die konservativen Theoretiker der Zeit noch immer nicht begriffen hatten: daß Geld kein absoluter Wert sei, vielmehr ein Symbol und Mittel; ein Instrument zur Verteilung wirklicher Güter. Wo es nicht in genügendem Maß vorhanden war, da konnte man es sehr wohl schaffen; und handelte seinem Zweck nur dann zuwider, verursachte »Inflation« nur dann, wenn man mehr davon umlaufen ließ, als der Produktion entsprach. Schacht, in den ersten Jahren seiner Amtswaltung, verursachte keine Inflation, obwohl er Geld machte. Wie, war sein technisches Geheimnis, jedenfalls gelang es. Das Geld ging in Haus- und Maschinenreparaturen, in großartige Straßenbauten, in neue Wohnungen; auch in militärische Rüstungen, aber zunächst noch nicht hauptsächlich in diese. Es setzte sich um in Nahrung, Kleider, Lebensfreude. Arbeiter, Angestellte lebten nicht besser als 1926, aber bald viel besser als 1932. Lange Zeit hatte das Volk in seiner Gesamtheit das, was es selber besaß, ma-

chen, ernten konnte, nicht genießen dürfen. Dieser widernatürliche Skandal hörte nun auf, nicht von einem Tag auf den anderen, aber binnen zwei Jahren; die eigentlich bestechende, ja überwältigende Leistung des »Regimes« in seiner Frühzeit.
Es war kein Wunder dahinter. Auch Hitlers Vorgänger hätten sie vollbringen können. Nur hatten sie es nicht getan und so die einfache Lösung, durch welche brachliegende Arbeitskraft und notwendige Arbeit zusammenzufügen waren, dem Diktator überlassen. Ein wenig gesunder Menschenverstand gehörte dazu, den besaß er, es war eine Seite seines Wesens. Ein wenig finanztechnisches Können und Phantasie gehörten dazu, die besaß der neue Reichsbankpräsident. Es wird nichts helfen, seine Methoden der Geldbeschaffung als »zweifelhafte Manöver« zu bezeichnen, wie dies so lange geschehen ist. Es wird auch nichts helfen, das Verdienst der Naziregierung am Wieder-in-Gang-Setzen des wirtschaftlichen Apparates zu verkleinern. Sie tat damals im wesentlichen nichts anderes, als was gleichzeitig Franklin Roosevelt in den Vereinigten Staaten tat; tat es erfolgreicher und schneller, weil sie sich mit keinem auf veraltete Paragraphen pochenden Obersten Gerichtshof herumzuschlagen hatte; tat es auch richtiger, weil sie sich von vornherein nur auf Erweiterung und nicht auf künstliche Beschränkung der Produktion konzentrierte. In all dem war kein Wunder, wir wiederholen es. Kein Wunder aber auch, daß Millionen von ihrer Qual erlöster Menschen trotzdem ein Wunder darin sahen und ihm, der es vollbracht hatte, von nun an blindlings zu vertrauen geneigt waren.
H. war nun der Regent eines Staates, der bis dahin als Rechtsstaat gegolten hatte und auch jetzt noch gelten wollte, der Herr eines geordneten, im wesentlichen aus dem Kaiserreich überkommenen Beamtenapparates. Er war aber auch der Chef einer riesigen Bande von Abenteurern und Terroristen. Wäre er dies nicht gewesen, er hätte jenes nicht werden können; nackte, gesetzlose Gewalt, SA und SS, Reichstagsbrand und Konzentrationslager haben mitgewirkt bei der Errichtung der Diktatur; sie nicht allein, aber auch sie und sie sehr stark.

Das war sein Doppelgesicht: das Gesicht des Herrn Reichskanzlers, der sich im Gehrock und Zylinder zeigte, das Gesicht des Gangsters, den eine schwerbewaffnete Leibwache von Verbrechern umgab. Es war das Doppelgesicht Deutschlands damals und in der Folgezeit: ein gründlich zivilisiertes Land, das in manchem Betracht bis zum Schluß zivilisiert blieb und doch von Terroristen regiert wurde. Vom März bis zum Hochsommer 1933 fielen die beiden Seiten der Sache ungefähr zusammen; die Terroristen eroberten den Staat. Dann, nachdem die Nazipartei, wie es hieß, zum Staat geworden war, die politische Maschinerie, die Bürokratie, die Polizei sich gefügig gemacht hatte, kam eine Zeit, in welcher die Terroristen und der Staat, vorläufig wenigstens, wieder auseinanderstrebten. Zwar sollte die Diktatur bleiben mit allen den Mitteln, deren sie zu ihrer Sicherung bedurfte: mit Propagandalärm, mit der geistigen »Gleichschaltung«, den Gefängnissen, den Konzentrationslagern, dem Beil des Scharfrichters. Aber das konnte nun der Staat selber besorgen, gesetzlich, sozusagen; die wilden Parteimächte als vom Staat unterschiedene wurden dazu nicht mehr in dem Maß wie bisher benötigt. H. wollte damals Ordnung, wollte der Wirtschaft ein Gefühl leidlicher Rechtssicherheit geben; er wollte auch Frieden nach außen und wußte warum. Seit dem Sommer 1933 häuften sich die Warnungen von Staats wegen, daß die Revolution zu Ende sei und jeder sich daran zu halten habe.

Den Führern der wilden Parteitruppen gefiel das nicht. Der Staat, so wie er allmählich Form annahm, war ihnen noch zu bürgerlich, zu ordentlich, zu sehr von den alten Mächten bestimmt. Sie fanden in ihm nicht den Platz, den sie sich erträumt hatten; sie fühlten, daß sie überflüssig würden. *Was* sie eigentlich erträumt hatten, was sie meinten, wenn sie eine »zweite Revolution« forderten, hätten sie selbst nicht sagen können; man tut ihnen zuviel Ehre an, wenn man glaubt, sie hätten auf irgendeine Art von »Sozialismus« hinausgewollt. Ihr Spaß war die permanente Unordnung, das Schwelgen in Beute, das Verhaften und Plündern auf eigene Faust, das Außerhalb-des-Staates-Stehen und doch Herr über ihn sein.

Vor allem die vorzüglich disziplinierte, waffenmächtige Organisation, die Armee, war ihnen ein Dorn im Auge. Was der Führer der SA, ein Hauptmann Röhm, H.s alter Freund, zunächst wollte, war, SA und Reichswehr zu vereinen zu einem großen, abenteuerlichen Volksheer, dessen Kommandeur er selber zu werden gedachte. Die Generäle der Reichswehr wollten das nicht.

Die Reichswehr hatte H. nicht gemacht, sie hatte ihm nicht zum Kanzleramt, viel weniger zur Diktatur verholfen. H. verdankte dem neuen Reichsminister von Blomberg nicht aktive Mitwirkung bei seiner »Revolution« sondern Toleranz; dieselbe Toleranz, welche die Reichswehrführung gegenüber allen deutschen Regierungen seit dem Sturz der Hohenzollern geübt hatte. Gegen die Kommunisten hatte die Armee in der Frühzeit der Republik ein paarmal eingegriffen, sonst griff sie in die Politik nicht ein. Sie ließ Unordnung geschehen, auch wenn sie ihr widerlich war, solange nur ihr eigenes Gefüge intakt blieb. Ihre Stärke, in republikanischen Zeiten, hatte auf der Schwäche der republikanischen Regierungen beruht, aber sie war als Stärke nur erschienen, sie war im Grunde nie erprobt, nie eingesetzt worden. Die Regierung H.s war die erste starke Regierung in Deutschland seit Bismarcks Niedergang. Das schwächte die Stellung der Armee oder den Schein ihrer Stellung; denn so stark im Politischen, wie das Volk sich vorstellte, und wie wohl auch die Generäle sich einbildeten, war sie nie gewesen. Das Schicksal General von Schleichers war ein schlagender Beweis dafür. Armeen haben nie regiert und können ihrem innersten Wesen nach nicht regieren; wo Militärs erfolgreich regiert haben, haben sie bald aufgehört, die Armee zu vertreten. Ebensowenig aber läßt sich *gegen* eine intakte Armee regieren. Die Reichswehr konnte noch immer ungemütlich werden, wenn man ihre eigensten Interessen und Traditionen gefährdete. Sie konnte das um so mehr, als das Staatsoberhaupt ihr noch immer befreundet war: Präsident von Hindenburg, ein dem Grabe entgegenwankender, geistesgetrübter, vereinsamter Mann, ein stark verminderter Mythos, aber doch der Inhaber der höchsten Autorität und für Millionen von Deutschen ein geheiligter Name. H. wußte das. Seit Beginn seiner politischen Laufbahn, zumal seit seiner Niederlage von 1923, war er gewohnt, sich mit soliden Mächten gut zu stellen, der Industrie, der Armee, dem Präsidenten; Mächten, welche man überspielen und betrügen, aber nicht in offener Schlacht besiegen konnte. In dem sich entwickelnden Streit zwischen Reichswehr und SA war er daher geneigt, es mit jener zu halten, falls ein Zusammenstoß sich nicht vermeiden ließe.

Ihrerseits sahen die deutschen Konservativen in der heraufziehenden Krise des Frühsommers 1934 eine Chance, so manches von dem, was seit dem Reichstagsbrand geschehen und ihnen widerwärtig war, nun doch noch rückgängig zu machen. Ein Sieg der Armee über die SA würde ein Sieg des Staates über die Partei sein, der Ordnung über die permanente Unordnung. H. mochte dann Reichskanzler bleiben; daß er ein guter, rechter Mann sei und viel besser als der Großteil der Partei, daß man »mit H. ins vierte Reich« hinüberwechseln könnte, diese instinktlose Meinung war damals im konservativen Bürgertum weit verbreitet. H. würde dann, von seiner Partei und seinen Parteigruppen, der Quelle seiner Macht, getrennt und kein Diktator mehr sein. Seine schlimmsten Trabanten, Oberdemagogen, Judenverfolger und sadistischen Polizeigewaltigen würden verschwinden. Es würde doch noch ungefähr so werden, wie man sich's im Januar 1933 erhofft hatte. Trotz der unleugbaren Erfolge der Diktatur war damals die Unzufriedenheit im deutschen Bürgertum groß, von der Arbeiterschaft zu schweigen. Alle, die im Lande an Recht und menschlichem Anstand hingen, und das waren viele, begehrten heimlich auf gegen die prahlende, rohe Gemeinheit der Machthaber. H. stand so zwischen zwei Drohungen: der »zweiten Revolution« der Partei und dem, was der radikale Flügel der Partei die »Reaktion« nannte, das mäßigende, auf eine Schwächung der Diktatur abzielende Programm der Konservativen. Wenn er sich gegen die erste Tendenz wandte und sie unterdrückte, so schien er um so sicherer ein Gefangener der zweiten, konservativen werden zu müssen.

Die Krise wurde verstärkt und beschleunigt durch die allgemein bekannte Tatsache, daß Hindenburg nur noch wenige Monate zu leben hätte. Sein Verschwinden würde zweierlei bedeuten: man würde dann nicht mehr mit seinen verbrieften Rechten, seiner persönlichen Autorität arbeiten können; das Problem seiner Nachfolge war offen. Es mußte darum etwas geschehen, solange Hindenburg noch lebte.
Franz von Papen hielt eine Rede. Er wandte sich gegen die »zweite Revolution«; auch gegen die allgemeine Rechtsunsicherheit, die Propagandalügen, die nie aufhörenden Prahlereien und Drohungen, die Vergottung und Selbstvergottung einzelner Menschen, was alles mit wahrem Preußentum nichts zu tun hätte. Die Rede, man muß es zu Ehren des windigen Mannes sagen, war gut. Aber mehr als Reden oder heimliche Gespräche hatten die verschiedenen konservativen Kreise, der Kreis Papens, der Kreis Schleichers, der Kreis Brüning nicht vorbereitet. Nicht einmal die Leute von der »zweiten Revolution«, die ihren H. doch hätten kennen sollen, hatten die revolutionäre Tat wirklich vorbereitet. Sie drohten bloß damit, verschoben aber die Ausführung, von der sie wohl keinen genauen Begriff hatten.
Der Diktator handelte zwei Wochen später. Am 30. Juni ließ er den Hauptmann Röhm und Hunderte von seinen Freunden umbringen, die gesamte Führung der SA wobei er selber in Oberbayern die Aktion leitete. Das schien ein Sieg der Armee zu sein, sie stand in diesen Tagen in Alarmbereitschaft. Aber es sollte ihr Sieg nicht sein und war es auch nicht. Denn sie handelte nicht. H. handelte, indem er sich dazu der in der letzten Zeit aufgebauten Sondertruppen der SS bediente. Und um der Armee, die ihn zum Handeln gedrängt hatte, zu zeigen, wer der Herr sei, wurden bei der Gelegenheit auch gleich zwei hohe Offiziere ermordet, Schleicher und Bredow, die politischen Generale der Hindenburg-Zeit. Brüning entging dem gleichen Schicksal durch Flucht nach England; Papen entging ihm mit knapper Not; ermordet wurden seine Adjutanten und Freunde, die Herren, die seine Protestrede entworfen hatten. Dies war H.s Lösung der Krise, seine Antwort auf die Bedro-

hung durch die Konservativen; er ließ morden, nicht bloß nach einer Seite, was ihn zum Gefangenen der anderen gemacht hätte, sondern nach allen Seiten auf einmal, so daß er allein und sein unmittelbarer Kreis die Sieger waren. Auch wurde bei dieser Gelegenheit manches alte Rachegelüst gekühlt. In Wäldern und Sümpfen fand man die Leichen der Erschlagenen, zur Unkenntlichkeit entstellt; katholische Politiker und Administratoren, Schriftsteller, Anwälte, harmlose Bürger, die vor Jahrzehnten dem einen oder anderen unter den Naziführern sich mißliebig gemacht hatten. Wenn schon das Gesetz des Urwaldes regierte, dann konnte man es benutzen zu allerlei Mordvergnügen, vor denen man im Vorjahr noch zurückgeschreckt war. Ein paar Tage lang zeigten die Herrschenden ihr wahrstes Gesicht. Nur ein paar Tage lang; dann schlüpften sie wieder in die Röcke ehrbarer Zivilisten und begannen nun zu erklären und zu entschuldigen: Mordfälle, die mit der Hauptaktion nichts zu tun hatten, würden den Gerichten übergeben werden – aber das geschah niemals –, einige der Getöteten seien das Opfer von Mißverständnissen geworden oder hätten sich bei der Verhaftung zur Wehr gesetzt, wobei dann bedauerliche Folgen sich nicht hätten vermeiden lassen, und so fort. Das Reichskabinett, in dem noch immer ein Rudel »bürgerlicher« Minister saß, beschloß, daß die gesamte Unternehmung »Staatsnotwehr« und als solche rechtens gewesen sei. Deutschland war ein Rechtsstaat, mußte es sein, denn ohne Recht können siebzig Millionen Menschen eng zusammengedrängt nicht leben. Dann blieb ja wohl nichts anderes übrig, als das Geschehene zum Recht zu erheben, oder aber den Herrn Reichskanzler als vielfachen Mörder vor Gericht zu stellen. H. selber war offener als die anderen. Er nahm den Mord an Schleicher, der zunächst vertuscht worden war, auf sich: Männer, die sich mit fremden Diplomaten träfen und gegen ihn konspirierten, lasse er totschießen. In jenen Tagen sei er, als Führer des deutschen Volkes, auch sein oberster Gerichtsherr gewesen und habe aus eigenster Machtvollkommenheit Recht sprechen und üben dürfen.

Die Leute hörten sich das an, gläubig und ungläubig, empört

und achselzuckend, froh, daß es sie nicht selber erwischt hatte, mit dem Gefühl, daß man unter einer solchen Regierung fortan allerdings mit Worten und Blicken recht vorsichtig würde sein müssen. Daß sie die unverschämte SA losgeworden waren, mißfiel ihnen nicht; das übrige war blutig und dunkel und konnte vom einzelnen Bürger nicht geklärt werden. Ein berühmter, hochgebildeter Staatsrechtslehrer schrieb einen Aufsatz: »Der Führer schützt das Recht.«

Und Hindenburg? Der betörte alte Mann nahm auch dies noch hin: die Ermordung der Generäle, seines Freundes Schleicher, die ganze Kette viehischer Missetaten. Isoliert auf seinem ostpreußischen Gut, nahezu ein Gefangener, von treulosen Beratern irregeführt, schickte er Glückwunschtelegramme an H. und Göring:»nach den ihm vorgelegten Berichten« hätten sie ganz prachtvoll gehandelt. Es war der letzte Dienst, den der zu Ende gehende Mythos den Machthabern leistete, der letzte Strich unter der im Grunde ja längst vollzogenen moralischen Abdankung des Greises. Einen Monat später starb er; als ein Christ und mit der Würde, die sein Leben lang über die Schwächen seines Geistes und Charakters hinweggetäuscht hatte. Aber Hindenburgs Verschwinden bedeutete nun keine Krise mehr, kaum noch ein Ereignis. Indem die Armee die an ihr selbst verübten Verbrechen hingenommen und sich entehrt hatte um der Vernichtung ihrer Gegner willen, war das Bündnis zwischen Armee und Diktator besiegelt; das Bündnis oder die Unterwerfung der einen unter den anderen. Der »Oberste Gerichtsherr« des 30. Juni war Herr der Lage. Wer würde jetzt noch wagen, ihm zu opponieren? Diente nicht selbst von Papen, der Kavalier, der Ritter ohne Furcht und Tadel, dem Manne begierig weiter fort, der alle seine nächsten Mitarbeiter hatte umbringen lassen?... Durch Dekret wurden die Ämter des Präsidenten und des Kanzlers miteinander vereinigt. Das geschah, rechtstechnisch, noch immer kraft des Ermächtigungsgesetzes vom Frühling 1933. Der Reichskanzler wurde zum Staatschef, damit auch zum Oberbefehlshaber des Heeres. Eilends ließ Kriegsminister von Blomberg Offiziere und Soldaten den Treueid auf H. schwören, auf ihn persönlich. Danach wurde die Nation in »freier Abstimmung« um ihre Ansicht über den schon vollzogenen und wohlgesicherten Staatsakt gefragt – ein Trick, den auch frühere Diktatoren mit Erfolg geübt hatten. Fünf Millionen Bürger stimmten mit nein; wenigstens – allerwenigstens – fünf Millionen unerschütterlicher, mutiger Menschen hat es also damals in Deutschland gegeben. An den Tatsachen änderte sich freilich nichts. Der Prozeß der »Machtergreifung« war im August 1934 beendet.

Zwischenbetrachtung

War das alles von Anfang an geplant? Oder kam es nur so, wie es eben kam, durch Ergreifen überraschender Gelegenheiten? Goebbels hat prahlerisch das erste behauptet; andere, Hindenburgs Staatssekretär etwa, wollen uns glauben machen, H. habe ursprünglich viel maßvollere Ziele verfolgt und sei von Gefahren wie von günstigen Wendungen weit über sie hinaus getrieben worden. Es ist aber der Propagandachef, der hier die Wahrheit spricht.

Mit dem Brand begann es. Die Vermutung, jene, die so ungeheuren Vorteil aus ihm zogen, hätten ihn auch angestiftet, hat sich damals sofort verbreitet und das ist charakteristisch; man traute ihnen ein solches Verbrechen zu, mit Empörung, mit Bewunderung oder mit heimlichem Lachen. Der Prozeß, der folgte, war nichts weniger als geeignet, den Verdacht zu ersticken. Man ging nur *einer* Spur nach, und zwar einer offenbar falschen, und erfundenen. Die deutschen und bulgarischen Kommunisten, die man anklagte, bewiesen ihre Unschuld so sonnenklar, daß das Gericht, in dem Herren der alten Schule saßen, sie freisprechen mußte. Allein aber, das war die mit umständlicher Wissenschaft erhärtete These der Fachleute, konnte van der Lubbe nicht gehandelt haben. Der Eindruck, den der Holländer während des Prozesses machte, schien diese Ansicht zu bestätigen; er erklärte dem Richter, daß er den ganzen Prozeß komisch fände und zeigte statt der zu erwartenden Haltung eines Verbrechers von Tatkraft und körperlichem Geschick die eines grinsenden Idioten. Trotzdem wurden die Akten über den Fall sofort und endgültig geschlossen, keinerlei weitere Versuche zu seiner Klärung unternommen. Die Hinrichtung van der Lubbes erfolgte in Eile und Stille, die Zeitungen durften sie nicht kommentieren; was mit ungeheurer Publizität begonnen worden war, endete in Schweigen. Kein Wunder, daß die These von der Brandstiftung auf Befehl, wenn nicht Hitlers so doch seiner Gehilfen sich durch Jahrzehnte erhielt. Sie ist nie bewiesen worden und das liegt im Wesen der Sache, zumal wenn man ihr zurechnet, was seither geschah und was mit jenen geschah, die um sie gewußt haben könnten. Dagegen ist achtundzwanzig Jahre nach dem Brand ein Buch erschienen, welches die Alleintäterschaft von der Lubbes mit eben der technischen Gelehrsamkeit zu beweisen unternahm, mit der die Spezialisten 1933 das Gegenteil bewiesen hatten. Wir müssen diesen Streit den Pyrologen überlassen. Für den Historiker wird er dunkel bleiben und sein Gegenstand ist von geringem Gewicht. Hätten die Nationalsozialisten den Brand verursacht, so hätten sie sich des Mittesl bedient, dessen sie sich später so oft bedienen sollten; sie hätten selber die Gefahr fingiert, gegen die sie dann ihren prätendierten Gegenangriff, den wohlgeplanten, den in jedem Fall auszuführenden, unternahmen. Haben sie den Brand nicht verursacht, so ist ihnen das Glück zu Hilfe gekommen, wie in den Jahren ihres Aufstieges so oft. Jedenfalls mißversteht der die politische Geschichte, der sie mit Argumenten aus der Pyrologie schreiben will. Der Brand wurde politisch benutzt und noch ehe er gelöscht war von einem Hexenkreis politischer Lügen umgeben. Die Kommunisten planten einen Staatsstreich. Das war nicht wahr; die Beweise dafür, die man in ihrem Hauptquartier gefunden haben wollte, wurden nie veröffentlicht. Der Brand hatte das »Fanal« für den Staatsstreich sein sollen. Das war Unsinn; mit einer solchen Kinderei beginnt niemand einen Staatsstreich, gelehrte Marxisten am wenigsten. Die Sozialdemokraten waren mit den Kommunisten im Bunde. Die Lüge war noch dümmer; man hätte ebensowohl behaupten können, daß der Vatikan es sei. Alle Lügen nun wieder dienten zur Rechtfertigung eines Unternehmens, das längst geplant war und, wie die Planer nachmals selber prahlten, auf jeden Fall ausgeführt worden wäre. Der Sitte, das, was sie taten, tun konnten, in jedem Fall tun würden, durch Lügen zu rechtfertigen, sind sie zwölf Jahre lang treu geblieben.

Die Vernichtung, erst der radikalen Linken, dann der Linken überhaupt, dann aller politischen Parteien, war im voraus geplant oder mindestens gewollt; die Gelegenheit kam dem Willen zu Hilfe. Der permanente Ausnahmezustand war geplant. Daß er die Parteien vernichten wollte, hatte er vor dem Januar 1933 oft genug gesagt; hier gab es das russische, das italienische Vorbild; auch daß er den nächsten Krieg selber führen würde, nicht die Generäle. All das lag längst in seinem Ehrgeiz, in seinem Plan. Nie in der uns bekannten Geschichte hat ein historisches Individuum so genau das getan, was es sich zum Ziel gesetzt hatte; eine Erfahrung, die das Selbstvertrauen des Menschen zum Verrückten und Gotteslästerlichen steigern mußte. Zweifellos erwartete er im allgemeinen mehr Widerstand, als er fand. Fragt sich, wie der Weg zur persönlichen Allmacht so glatt und so kurz sein konnte; viel glatter als der Weg Lenins und Stalins; viel kürzer als der Weg Mussolinis.

Die Deutschen lieben das revolutionäre Spiel nicht und haben sich unter gesetzlosen Bedingungen meist ungeschickt benommen. Die Männer von 1848 wie die vom November 1918 standen in keiner Verfassungskontinuität, sie mußten ihre Autorität selber schaffen. 1848/49 gelang das gar nicht, 1918/19 gelang es nicht gut. Die Sozialdemokraten, eben weil ihnen ihre Autorität aus einer Revolution kam, trauten ihr nicht und wollten nichts Revolutionäres mit ihr beginnen. Sie betrachteten es als ihre dringendste Aufgabe, möglichst schnell zu einer neuen Gesetzlichkeit zu gelangen. H. stand in einer Verfassungskontinuität; er war Reichskanzler gemäß Artikel 52 der Weimarer Verfassung. Aber er, nicht Gagern, nicht Ebert, war der Revolutionär, und er bedurfte nur weniger Gesetzestricks, um »legal« Revolution zu machen. In den ersten Wochen, solange Görings Polizeiterror gegen die Verfassung verstieß, schritten die Gerichte noch pflichttreu gegen ihn ein; es wurden die Freilassungen von Verhafteten verfügt. Zeitungsverbote aufgehoben. Dann aber gab es die Notverordnung vom 28. Februar, dann das Ermächtigungsgesetz; und diese beiden Tricks genügten, um den ganzen ungeheuren Apparat des Rechtsstaates den Terroristen zu unterwerfen. Seit Jahrhunderten hatte die Bürokratie die Gewohnheit, zu gehorchen dem, der das recht zu befehlen hatte. Die Terroristen hatten nun dies Recht; selten verfehlten sie, sich auf den und den Paragraphen zu berufen. Was sollte dagegen ein Landrat, ein Ministerialdirektor, ein Polizeileutnant einwenden?... Zu der Magie von Recht und Gesetz kam der persönliche Mythos des Reichspräsidenten. Tief war im Volk der Glaube verwurzelt, daß Hindenburg und seine Reichswehr etwas eigentlich Verbrecherisches nicht hinnehmen würden, daß also, was von ihnen gebilligt wurde, nicht böse war, obgleich es so aussah. Der Greis hat so den Terroristen beim Aufbau ihrer Allmacht einen unschätzbaren Dienst geleistet und zwar genau so lang, wie sie ihn brauchten; als er sich endlich zum Sterben niederlegte, brauchten sie ihn nicht mehr.

Eine ähnliche Funktion hatten die »bürgerlichen« Minister im Reichskabinett, sei es, daß sie wirkliche Arbeit taten wie Hjalmar Schacht, sei es, daß sie nur als beruhigendes Symbol wirkten wie der Außenminister von Neurath. Sie bildeten die Brücke zwischen den Terroristen und dem friedlichen Deutschland, dem Rechts- und Beamtenstaat. Die nackte Alleinherrschaft von Gangstern hätten die Deutschen sich 1933 nicht gefallen lassen, hätte der feine Organismus ihrer zusammengedrängten Existenz nicht ausgehalten. Hier mußte das Anomale, Ungesetzliche sich hinter dem Normalen Gesetzlichen verbergen, sonst hätte die Bürokratie nicht mitgemacht, ohne die Deutschland nicht leben konnte. Der Prozeß um den Reichstagsbrand war ein merkwürdiges Beispiel dafür. Er war kein betrügerischer Schauprozeß nach russischer Art. Die Richter, welche ihn führten, waren Männer vom alten Schlage, biedere Juristen aus der Kaiserzeit. Die Verbrecher, in richtiger Einschätzung und Verachtung dieses Typs, hielten es nicht für klug, sie einzuweihen; die guten Herren würden sie und sich selber schon irgendwie aus der Affäre ziehen. Was die Herren Reichsgerichtsräte denn auch taten. Sie weigerten sich, die angeklagten Kommunisten schuldig zu sprechen, weil sie offenbar nicht schuldig waren. Sie weigerten sich ebenso, den wahren Sachverhalt zu erkennen, den sie natürlich ahnten, und bewegten sich behutsam, damit der schöne Schein des Rechtsstaates, dem sie dienten, nicht plötzlich und furchtbar zerstört würde. Das Resultat war ein vorsichtig formuliertes Nichts. Man hatte die Täter, welche man gar nicht gesucht hatte, nicht gefunden; gottlob, so hieß es, seien es anscheinend keine Deutschen gewesen... Dies Versteckspielen zwischen Recht und Unrecht, dies Weitermachen des Normalen, Gesetzlichen unter dem Dach des Verbrechens hat die ganze Epoche charakterisiert.

Es liegt auch dem deutschen Charakter der Bürgerkrieg nicht. Nie haben sie einen gehabt. Auch der Dreißigjährige war ein Krieg zwischen Fürsten, kein Bürgerkrieg. Man mag das Glück nennen. Wären die Deutschen so gewesen wie die Spanier, dann hätte es 1919 und wieder 1932 an Zündstoff für einen echten Bürgerkrieg nicht gefehlt. Aber auch den Kommunisten lag das nicht. Sie versprachen wohl ihre Revolution, machten sich aber nie eine genauere Vorstellung davon, wie sie die eigentlich anfangen würden, und verließen sich auf Recht und Gesetz und eben die Verfassung, welche sie umzustürzen gedachten. Als man sie angriff, riefen sie nach der Polizei, weil es gegen Recht und Verfassung verstieße. H. konnte so seinen Bürgerkrieg nicht bloß mit Hilfe des Staates führen, er konnte ihn auch völlig einseitig führen. Der Krieg begann mit der bedingungslosen Übergabe der Gegner, die nicht begriffen, was ihnen geschah. Der Brand sollte das »Fanal« zum Kampf sein, aber die Nazis hatten es selber fingieren müssen, weil die Gegner nichts taten. Darum hat die Diktatur von den Anfängen bis 1939 nur wenige Tausend Menschenleben gekostet, Hinrichtungen, Morde, Selbstmorde; im offenen Kampf fiel keiner. Wenn das, verglichen mit einem echten ehrlichen Bürgerkrieg, seine Vorzüge hatte, so lag auch wieder etwas ungewöhnlich Widerliches in diesem schwelgenden, unbarmherzig ausgenutzten, aber kampflosen Siege eines Teiles der Nation über den anderen.

Dieselbe Methode der Überrumpelung, die zu kampflosen Siegen führte, gebrauchte H. weiterhin. Erst in Deutschland und dann in Europa. Auch das Blutbad vom 30. Juni war kein Kampf, nur eine Schlächterei. Die neuen Gegner, Konservative und Ultra-Nazis, handelten ebenso wie vorher die Linke. Sie kündeten an, es sei Zeit, der Katze eine Schelle umzuhängen, aber machten keinen ernsthaften Schritt dazu. H. aber spaßte nicht, wo es um die Macht ging. Darin beruhte seine Überlegenheit. Er war jederzeit im Krieg, und im Krieg galt jeder Vorteil, während seine Gegner glaubten, im Frieden, unter Gesetzen zu leben. Man sehe nur, wie leicht zum Beispiel General von Schleicher sich fangen und töten ließ und nicht einmal an Warnungen glaubte, die man ihm hatte zugehen lassen. H. wußte das sehr gut, höhnte darüber, forderte die Welt auf, es ihm doch nachzumachen: Die Welt tat das sehr lange nicht, und so lange schritt er von Triumph zu Triumph. Als sie sich endlich entschloß, es ihm gleichzutun, ihm mit dem gleichen Ernst zu begegnen wie er ihr, war er verloren.

Dies kampflose Überrumpeln nahm den Siegen H.s auch einen guten Teil von ihrer Realität. So gern er die Worte Zerstören, Vernichten, Ausrotten gebrauchte, er unterdrückte nur. Die deutschen Bundesländer, selbst Bayern, das älteste, stärkste unter ihnen, schienen 1933 für immer ausgelöscht. Heute sind sie aber wieder da. So die politischen Parteien; so die Gewerkschaften. Sie waren wieder da, sie erhoben sich wieder, nicht überall identisch mit ihren Vorgängern, aber doch alte Überlieferungen fortsetzend, sobald der Spuk von ihnen genommen

war. Man hat dann in Deutschland erstaunlich wenig Nationalsozialisten finden können. Wie anders in Rußland. Dort, wo ein wirklicher, furchtbarer Bürgerkrieg stattgefunden hatte, wurden die alten Klassen und Einrichtungen in der Tat vernichtet; sie können nicht wiederkommen.
Für den Augenblick schloß ein großer Teil der Besiegten sich den Siegern an, sei es aus Opportunismus, sei es aus Überzeugung. Daß die politischen Parteien ihr Schicksal verdienten, schien ihr ruhmloses Ende zu beweisen. Die Republik selber, man mußte es zugeben, hatte nicht viel getaugt. War der Liberalismus nicht wirklich veraltet, Parteidiktatur und »totaler Staat« das Zeitgemäße? Daß man nun keine in Freiheit geschriebenen Leitartikel mehr lesen konnte, war für manchen ein Ärgernis, aber dafür ging es aufwärts mit der Wirtschaft. Es ging aufwärts auch mit der äußeren Politik – eine Entwicklung, die nicht verfehlen konnte, dem Herzen eines jeden Patrioten, Nazi oder Nicht-Nazi, wohlzutun. 1932 noch war Deutschlands Stellung in der Welt – angeblich – eine bedrohte, ohnmächtige und entehrte gewesen. Anders zwei, drei Jahre später. Da warb man um das Reich von allen Seiten und machte ihm Zugeständnisse, von denen sich zu Stresemanns, zu Brünings Zeiten kein Mensch hätte träumen lassen.

Außenpolitik

H. lebte mit wenigen einfachen Ideen. Die Natur ist grausam. Zu ihr gehört der Mensch; auch er darf grausam sein. Leben ist Krieg. Krieg ist immer; nur seine Formen wechseln. So wie ein Raubtier auf Kosten anderer Tiere, so lebt ein Volk auf Kosten anderer Völker. Was es genießen will, muß es anderen wegnehmen. Um in Sicherheit zu genießen, muß es seine Nachbarn entweder ausrotten oder, wenigstens, zu dau-

ernder Ohnmacht zwingen. Mitleid, Nächstenliebe, Wahrheitsliebe, Vertragstreue, alle die christlichen Tugenden sind Erfindungen der Feigen und Schwachen. Die Natur kennt sie nicht. Der Starke übt sie nicht. Er schlägt den Schwächeren tot; er lügt, bricht Verträge, wo es Vorteil bringt. So ist es immer gewesen, so sind alle großen Imperien entstanden, das römische, das britische, so muß das deutsche entstehen...
Wie sehr diese Ansicht der Dinge sich durch des Mannes ganzes bewußtes Leben zieht, wie offen er sie jederzeit aussprach, wie genau er nach ihr handelte, darüber kann nur staunen, wer das Staunen nicht ganz verlernt hat. Auf der ersten Seite seines ersten Buches hatte er geschrieben: »Erst wenn des Reiches Grenze auch den letzten Deutschen umschließt, ohne mehr die Sicherheit seiner Ernährung bieten zu können, ersteht aus der Not des eigenen Volkes das moralische Recht zur Erwerbung fremden Grund und Bodens. Der Pflug ist dann das Schwert, und aus den Tränen des Krieges erwächst für die Nachwelt das tägliche Brot.« Zwanzig Jahre später, wenige Monate vor dem Ende, philosophierte er in einer Rede vor deutschen Offizieren: »Zu den Vorgängen, die wesentlich unveränderlich sind, durch alle Zeiten hindurch gleich bleiben und sich nur in der Form der angewandten Mittel ändern, gehört der Krieg. Die Natur lehrt uns bei jedem Blick in ihr Walten, in ihr Geschehen hinein, daß das Prinzip der Auslese sie beherrscht, daß der Stärkere Sieger bleibt und der Schwächere unterliegt... Es ist eine andere Weltordnung und ein anderes Weltgesetz nicht denkbar, in einem Universum, in dem die Fixsterne Planeten zwingen, um sie zu kreisen, und Planeten Monde in ihre Bahn zwingen, in dem im gewaltigsten, gigantischen Geschehen Sonnen eines Tages zerstört werden und andere an ihre Stelle treten. Sie lehrt uns auch, daß, was im Großen gilt, im Kleinen genau so als Gesetz selbstverständlich ist. Sie kennt vor allem nicht den Begriff der Humanität, der besagt, daß der Schwächere unter allen Umständen zu erhalten und zu fördern sei... Diese Welt haben nicht wir Menschen geschaffen, sondern wir sind nur ganz kleine Bakterien oder Bazillen auf diesem Planeten. Wir

können diese Gesetze nicht ableugnen, wir können sie nicht beseitigen... Das, was dem Menschen als grausam erscheint, ist vom Standpunkt der Natur aus selbstverständlich weise. Ein Volk, daß sich nicht zu behaupten vermag, muß gehen und ein anderes an seine Stelle treten... Die Natur streut die Wesen auf die Welt aus und läßt sie dann um ihr Futter, um ihr tägliches Brot ringen, und der Stärkere behält oder erobert diesen Platz und der Schwächere verliert ihn oder er bekommt keinen. Mit anderen Worten, der Krieg ist selber an sich unvermeidlich. Die Kleinheit eines Staates, einer Nation oder eines Volkes bestimmt nicht etwa die Natur zu einem Mitleid, sondern im Gegenteil, was nicht stark genug ist, wird von ihr unbarmherzig beseitigt, und in dieser scheinbar unbarmherzigen Grausamkeit liegt letzten Endes die kalte Vernunft.« – Dies war die Philosophie; roher Naturalismus, von schlechten Schülers-Schülern Darwins gelernt und auf die Politik übertragen. Mit ihrem banal Richtigen und banal Falschen wäre sie nicht der Rede wert, hätte ihr Prophet, welcher der deutsche Staatschef war, sich nicht im Ernst angeschickt, europäische Völker in ihrem Sinn zu traktieren.

Was dann seinen praktischen Plan betraf, so zerfiel er ungefähr in vier Arbeitsgänge, vier Vorstöße, von denen jeder dem nachfolgenden von seiner Schwungkraft mitzuteilen hatte. Zunächst, wie es hieß, galt es, Deutschland von den »Fesseln des Versailler Vertrages« zu befreien. Das Ziel war populär und plausibel; daß am Versailler Vertrag manches falsch war, haben wir gesehen. Aber das Ziel hielt H. für völlig unzureichend; die bloße Wiedergewinnung der Reichsgrenzen von 1914 lohnte nicht die Aufopferung von Millionen deutscher Menschenleben. Zweitens mußte man Bismarcks kleindeutschen Nationalstaat zum gesamtdeutschen machen, ihn nach Österreich und Böhmen so weit ausdehnen, wie die deutsche Zunge reichte. Drittens wußte man, schon seit 1848, daß ein solches gesamtdeutsches Reich seine eigene Dynamik hätte; es würde bei ihm nicht bleiben, die kleineren slawischen und Donauvölker mußten ihm auf die eine oder andere Weise untertan werden. Endlich kam Rußland. Es hatte der Mensch

sich ausgerechnet, daß nur in Rußland der Raum zu finden sei, dessen die Deutschen bedurften, um ein Zweihundertmillionen-Volk, ein Herrenvolk, ein Weltherrschaftsvolk zu werden; und daß der Bolschewismus, den er für eine jüdische, im Grunde schwächliche Regierungsform hielt, ihnen eine willkommene Chance dazu gäbe. In Westeuropa war nicht viel zu holen. Beherrschen mußte man es wohl. Besiegen mußte man es wahrscheinlich, weil es sich Deutschlands Herrschaft nicht friedlich würde gefallen lassen. Trotzdem war Westeuropa nur ein Nebenschauplatz, die deutsch-französische Feindschaft etwas bei Gelegenheit mit der linken Hand rasch zu Erledigendes. Mit England hätte er sich am liebsten vertragen; vielleicht, wenn die Leute dort mit sich reden ließen, konnte man bis zu einem gewissen Punkt die Herrschaft mit ihnen teilen... Dies die Grundkonzeption. Sie war in dem 1925 veröffentlichten Buch »Mein Kampf« entwickelt, und H. ist in zwanzig Jahren von ihr nicht abgegangen. Drei Tage, nachdem er Kanzler geworden war, erklärte er in einer Ansprache an die Befehlshaber der Armee, » die Eroberung neuen Lebensraumes im Osten und dessen rücksichtslose Germanisierung« werde das Ziel seiner Politik sein.
Die einzelnen Gedanken und Gefühlsstücke kamen ihm alle von irgendwo her; aus Österreich Judenhaß und Slawenhaß, der großdeutsche Nationalismus; aus der Kriegszeit der Begriff des Lebensraums, das nahezu unbegrenzte Erobern nach allen Seiten und besonders im Osten; von deutschen Historikern und Philosophen das Ineinssetzen von Macht und Recht, die Verachtung des Moralischen. Sein eigener Beitrag war die Willensstärke und verrückte Konsequenz, mit der er in allen diesen Dingen Ernst machte. Dazu kamen Erlebnis und Beurteilung einer einzelnen geschichtlichen Erfahrung. Felsenfest war er davon überzeugt, daß Deutschland bei besserer Führung den Weltkrieg hätte gewinnen können, ja, daß hierzu eigentlich nichts notwendig gewesen wäre als das zeitige Niederschlagen aller »marxistischen Verräter«. Nun wollte er Deutschland so regieren, daß, wie er tausendmal sagte, »kein zweites 1918« möglich wäre.

Wir schreiben allgemeine Geschichte, nicht Biographie, und brauchen uns mit den dunklen Gründen der Person, aus denen diese Kräfte, diese Motive und Beurteilungen aufstiegen, nicht zu befassen. Der Plan war nicht nur unpraktisch, mußte, wenn man an seine Ausführung ging, früher oder später sich selbst zerstören; er war auch in sich nicht stimmig, nicht echt, er war schlechte Literatur. Wer so die Menschheit haßte und das eigene Volk auf Kosten der Menschheit wollte blühen lassen, der konnte auch das eigene Volk nicht lieben, zumal es auch aus Menschen bestand. Macht über das eigene Volk, welches zufällig das deutsche war, und durch das eigene Volk Macht über die Welt; aber nicht, wie er sich und ihm einredete, dem eigenen Volke zuliebe. Sich selber zuliebe; dem Teufel zuliebe. H. hatte viele Gesichter. Als er aber 1945 äußerte, die Deutschen seien ihm gleichgültig und wenn sie ihm nicht bis zum Ende folgen könnten, so verdienten sie unterzugehen, und als er entsprechend handelte – da zeigte er sein wahrstes Gesicht. Vorläufig, solange Deutschland nicht kriegsbereit war, mußte er vieles verbergen, nicht nur die unterste Schicht seines Planens, Wesens und Wollens, sondern auch manches mehr. Der Mann des Krieges mußte den Mann des Friedens spielen. Das war schwierig oder hätte schwierig sein sollen, weil er in früheren Jahren im Ausplaudern seiner Wunschträume ziemlich weit gegangen war; die Dinge standen da, schwarz auf weiß. Aber die Welt will betrogen sein, will es besonders dann, wenn man ihr sagt, was ihr an sich wahr, begehrenswert und vernünftig scheint. Sie vergißt dann nur zu gern, wer es ist, der es ihr sagt. Konnte der wilde Mann nicht etwa, in der Reife der Jahre und unter der Bürde der Verantwortung, vernünftig geworden sein? Offenbar, er war es; denn was er sagte, was er fünf Jahre lang in ungezählten »Friedensreden« das friedenssehnsüchtige Europa hören ließ, war alles gut und weise. Krieg sei Wahnsinn, könnte nur zur Vernichtung der Zivilisation führen; kein Volk sei friedensbedürftiger als das deutsche; es wolle nur, wie jeder Ehrenmann, die eigene Ehre wiedergewinnen und sei bereit, Ehre und Lebensinteressen anderer Nationen, der großen und kleinen, ritterlich anzuerkennen; nicht

Herrschaft, nur Gleichberechtigung sei sein Ziel und so fort – wer konnte dem widersprechen? Schritt für Schritt ging er vor, dem Ziele, dem Kriege zu. Jeder Schritt war gewagter als der vorhergehende. Nach jedem Schritt machte er Halt und sorgte durch neue Friedensreden und Angebote dafür, daß die Welt ihm noch immer glaubte, noch immer nichts Wirksames gegen ihn unternähme, indem er, war er auch tat, im Sinne ihrer eigenen Philosophie, Gerechtigkeit, wirtschaftliche Vernunft, Selbstbestimmungsrecht der Völker und so fort interpretierte. Dieser Betrug muß ihm einen enormen Spaß gemacht haben, und er hätte wohl selber nicht geglaubt, daß die Welt sich so leicht, so lange würde betrügen lassen. Ein Betrug war es auch an der eigenen Nation. Das half, denn hätten die Deutschen wissend mitgespielt, hätten sie gewußt, was gespielt wurde, dann wäre es unmöglich gewesen, die Welt zu betrügen. Ein ganzes Volk kann nicht Komödie spielen. Aber die Deutschen in ihrer überwältigenden Mehrheit, waren so friedliebend wie Franzosen und Briten. Auch sie hörten gern, was ihr Führer ihnen von Ehre, Gleichberechtigung und Aufbauarbeit schmeichelnd erzählte; und hörten es um so lieber, als er damit genau so viel männliches Auftrumpfen verband, wie er ohne Gefahr wagen konnte. Eingeweiht in die innersten Gedankengänge des Mannes war nur ein kleinster Kreis, und selbst der wurde es nur allmählich. Andere wußten, ohne eingeweiht zu sein, auf Grund von Erinnerungen an das früher Proklamierte und Gedruckte, mehr noch auf Grund unmittelbarer, untrüglicher ästhetischer und moralischer Eindrücke. Diese, ob sie nun zu Hause blieben oder in die Emigration gingen, hatten das bittere Los Kassandras.
Als H. zur Macht kam, fragte der Diktator oder Halb-Diktator Polens, Marschall Pilsudski, in Paris an, ob es nicht das beste wäre, sofort zu handeln und die hier erscheinende Gefahr im Keim zu ersticken. Die Franzosen fanden die Entschlußkraft nicht, und eine erste große »Friedensrede« des neuen Mannes erschwerte es ihnen gewaltig, sie zu finden. Damit war das Modell für alle folgenden diplomatischen Krisen zwischen 1933 und 1939 gegeben. Wenn *eine* Macht – Frankreich, Polen,

England, Rußland – wirklich oder angeblich zu handeln bereit war, waren es die anderen nicht, und da keine allein handeln wollte, so handelte keine. Nicht *gegen* Deutschland. Aber jede der europäischen Mächte fand sich hin und wieder bereit, auf eigene Faust *mit* Deutschland zu handeln, so daß die Partner, Freunde und Bundesgenossen von irgendeiner zweiseitigen Erklärung oder Abmachung unliebsam überrascht wurden; ein »Jeder-für-sich« oder »Rette-sich-wer-kann«, das die Folge der Unfähigkeit gemeinsamen Handelns war.

Frühling 1933. Das Reich gerät in Konflikt mit Österreich, der ein diplomatischer, zugleich auch ein politischer oder innenpolitischer ist. Denn in Österreich liegen die Dinge ungefähr so, wie die Lage in Bayern gewesen wäre, hätte es sich im März 1933 nicht ergeben. Auch Österreich ist oder bekennt sich als ein deutscher Staat. Aber es gehört nicht zum Reich, es ist nicht »gleichgeschaltet«. Es regieren dort die Christlich-Sozialen, eine stark österreichisch akzentuierte Abart des Zentrums. Die Spannungen sind in Österreich viel schärfer als in Bayern, und zwar nicht nur zwischen den Christlich-Sozialen und den österreichischen Nazis, die praktisch eine Vereinigung der »Ostmark« mit dem Reich erstreben, auch zwischen der Regierungspartei und den Sozialdemokraten, welche die Hauptstadt Wien verwalten. Eine doppelte Spaltung des Volkes also. Der Bundeskanzler, Dollfuß, sieht, um dem Schicksal Bayerns zu entgehen, keinen anderen Weg als den der Diktatur, ausgeübt durch seine eigene Partei. Die Organisationen der Nazis werden verboten, Deutschland antwortet mit Pressionen, mit dem Schließen der Grenzen; jeder Deutsche, der nach Österreich reisen will, muß die Erlaubnis dazu mit einer hohen Summe bezahlen. Österreich ist ärmer als Deutschland, und die Überwindung der Wirtschaftskrise geht dort viel langsamer vorwärts. Dies wie auch die alten, großdeutschen und antisemitischen Traditionen des Landes lassen die verbotene Nazi-Partei weiter ansteigen.

1933, Herbst. Eine »Abrüstungskonferenz« die in Genf tagt, bringt nichts zuwege. Im Prinzip ist Deutschland die »Gleichberechtigung« längst zugestanden. Aber Frankreich, das sich

den Deutschen an Bevölkerungszahl, Industrie und Lebenskraft weit unterlegen weiß, will nicht ernsthaft abrüsten, nur darüber reden. Das gibt H. einen willkommenen Vorwand: er habe nicht Waffen für Deutschland, nur Gleichberechtigung, nur Abrüstung der anderen gefordert. Da diese billige Forderung wieder und wieder unerfüllt geblieben sei, so müsse Deutschland leider den Genfer Völkerbund verlassen... Die Geste gefällt den Deutschen. Es ist eine Geste der Freiheit und des Stolzes, und sehr wohllautend begründet. Rasch wird die Nation gefragt, ob sie die Außenpolitik »ihrer Reichsregierung« billige, und sie antwortet mit einem überwältigenden JA, wozu diesmal nicht einmal viel Druck von oben notwendig ist ... Mittlerweile hat das heimliche oder nichtheimliche Rüsten, das Aufstellen neuer Divisionen längst begonnen.
Januar 1934. Polen und Deutschland erklären, sie würden fortan keine Gewalt gegeneinander anwenden, Schwierigkeiten, welche noch auftauchen könnten, friedlich lösen und in Freundschaft zusammen leben. Die Erklärung soll zunächst einmal für zehn Jahre gelten. Ein geschickter Schachzug. Er trägt dazu bei, das französische Allianzsystem im Osten zu unterminieren, läßt Möglichkeiten einer deutsch-polnischen Zusammenarbeit gegen Rußland am fernen Horizont erscheinen. Er zeigt – oder tut er das nicht? –, daß die neue deutsche Führung ungleich mehr Mut und Macht hat als die alte weimarische, welche niemals zu einem freundlichen Verhältnis mit Polen zu kommen gewagt hätte, solange es den »Korridor« gab und Danzig und Oberschlesien. All das scheint H. jetzt, für zehn Jahre wenigstens, hinzunehmen... Warum, fragt er im vertrauten Kreise, soll ich nicht heute einen Vertrag unterzeichnen, wenn es Vorteile bringt, und ihn morgen brechen?
1934, Februar. Der Österreicher, Dollfuß, um zu zeigen, daß auch er ein starker Mann und kein Marxistenfreund sei, holt zum Schlag gegen die Wiener Sozialdemokratie aus. Die wehrt sich, resoluter als die deutsche; aber die regierende Partei und ihre Kampfverbände sind stärker. Nun hat auch Österreich seinen Einparteistaat, seine gefüllten Gefängnisse, seine er-

mordeten Sozialisten, nur alles freilich sehr im Kleinen, Engen. Dahinter steht Mussolinis Italien, das Österreich wie Ungarn an sich zu schließen und gegen Deutschland auszuspielen sucht.

1934, Juli. Die österreichischen Nationalsozialisten schlagen los; versuchen die Macht zu erobern, nicht legal, nach der Art des Januar 1933, vielmehr nach der Art des November 1923. Dollfuß, der Diktator, wird in seiner Amtswohnung umgebracht. Aber wieder erweist sich der Staat, wenn er sich nur zu verteidigen wagt, als stärker als die Putschisten. Die Nazis mögen ein gutes Drittel aller Österreicher hinter sich haben; trotzdem läßt sich der Staat von ihnen nicht erobern. Und da nun Mussolini seine Divisionen drohend oder schützend am Brenner aufmarschieren läßt, so wagt H. es auch von außen nicht.Eilends zieht er sich aus der Affäre zurück. Mit den bedauerlichen Vorgängen in Österreich, heißt es nun, habe das Reich gar nichts zu schaffen; wer auch nur den Schein, als sei das anders, zu erwecken mitgeholfen habe, werde seiner Strafe nicht entgehen... Das rasche Nachgeben des Mannes in dieser Phase, sobald er auf festen Widerstand trifft, ist interessant, und man könnte wohl daraus lernen. Es bleibt aber das einzige Mal zwischen 1933 und 1938, daß eine fremde Macht ihm widersteht.

1935, Januar. Die Saarländer stimmen über die Frage ab, ob sie unter der Verwaltung des Völkerbundes bleiben oder zu Deutschland zurückkehren wollen. Der Versailler Vertrag hat das für fünfzehn Jahre nach dem Friedensschluß vorgesehen. Die Sozialdemokraten am Ort kämpfen für den »status quo«, von ihrem Standpunkt aus mit gutem Grund; aber das natürliche Gefühl der Zugehörigkeit zum großen, so sichtbar aufsteigenden Vaterland, zusammen mit Goebbels' Propaganda, ist stärker als alle politischen Künsteleien. Die Saar stimmt für Anschluß an Deutschland; und eine neue Welle von Emigranten, braven Arbeitern, die sich von der Politik haben ausnützen und betrügen lassen, wird nach Frankreich hinübergespült.

1934, 1935. Unter dem Eindruck der deutschen Drohung rückt

das Rußland Stalins näher an Westeuropa heran. Inwieweit das letzter Ernst ist, kann niemand sagen; so wenig man weiß, wie ernsthaft H.s rhetorische Angriffe auf den Kommunismus es sind. Jedenfalls, die Sowjetunion wird Mitglied des Völkerbundes. Sie schließt sogar, 1935, ein Verteidigungsbündnis mit Frankreich ab, so daß man denn wieder an dem Punkt angelangt wäre, den man 1917 verließ: die Flügelmächte gegen das starke Land der Mitte. Aber weder Frankreich, noch Deutschland, noch Rußland sind, was sie 1895 waren; so einfach wiederholt die Geschichte sich nicht. In Frankreich vor allem balancieren sich die politischen Blocks, Rechte und Linke, neutralisieren sich die Gesinnungen, Wünsche und Ängste derart, daß überhaupt keine Tat daraus kommen kann, weder in der einen noch in der anderen Richtung. Die Rechte ist ihrer Tradition nach nationalistisch und deutschfeindlich, aber wird angezogen von H.s Antikommunismus; den könnte man vielleicht doch mitmachen. Die Linke ist ihrer Tradition nach deutschfreundlich und pazifistisch; in dem deutschen Herrschaftssystem muß sie ihren Feind sehen; aber vieles, was H. tut oder sagt, scheint ihr trotzdem richtig; sie weiß nicht, was sie will. Innere Zwietracht, aufgeregtes Nichtstun, ein böses Ahnen, daß man in der Vergangenheit alles falsch gemacht hat und auch jetzt alles falsch macht – das ist die Erde nichtin der taugliche Allianzen wachsen. Das russisch-französische Bündnis bleibt bloßes Papier.

März 1935. H. geht einen Schritt weiter; proklamiert völlige Rüstungsfreiheit und die allgemeine Wehrpflicht. Es ist keine neue Sache; nur das dramatische Fortziehen des Schleiers von einer Sache, die es längst schon gab. Aus der Reichswehr wird die »Wehrmacht«. Sie wird dem Frieden dienen, nicht dem Krieg, wird Europa vor dem Bolschewismus schützen. Das ist ja wahr, das ist ja richtig; warum soll Deutschland alleine nicht tun dürfen, was alle anderen tun?... Die Vorstellungen der Westmächte werden mehr der Form wegen als zu einem praktischen Zweck erhoben und können die schöne, schmetternde, jubelnde Militärparade vor dem Berliner Schloß nicht verderben. Drei Monate später schließt England auf eigene

Faust einen Flottenvertrag ab: die deutsche Kriegsflotte soll sich im Prinzip zur englischen verhalten wie eins zu drei, aber wie eins zu eins für die Unterseeboote. Womit die Rüstungsbeschränkungen des Versailler Vertrages auch von der anderen, der Siegerseite, endgültig preisgegeben sind... Bekümmert, ohnmächtig schüttelt Frankreich den Kopf.
Könnte es, gegen Deutschland, nicht Italien gewinnen, dessen Regierungschef im Vorjahr in der österreichischen Sache so erfolgreiche Energie an den Tag legte? Vielleicht, aber um einen Preis. Italien will die allgemeine Unordnung, den Zusammenbruch des Versailler Systems dazu benutzen, um in Afrika sich ein Imperium zu erobern; denn, so lehrt Mussolini, ein großes Volk muß ein Imperium haben. Es soll auf dem Boden des Kaiserreiches Abessinien entstehen. Das ist gegen das Grundgesetz des Völkerbundes, zu dem Abessinien gehört. Wenn man aber Italien gegen Deutschland braucht? Man muß ihm heimlich sein Kriegsunternehmen in Afrika erlauben, gegen das man öffentlich protestiert; muß ihm erlauben, Recht zu brechen, weil man es zur Aktion gegen einen späteren deutschen Rechtsbruch zu gewinnen hofft. Mussolini schickt seine Armee nach Addis-Abeba. Der Völkerbund beschließt »wirtschaftliche Sanktionen« gegen den Angreifer, aber nur solche, die seine Kriegführung nicht ernsthaft behindern; die ihn auf willkommene Weise beleidigen, ohne ihm wehe zu tun. Die Sanktionen verleiten die Abessinier zu einem hoffnungslosen Widerstand, helfen ihnen aber nicht; Frankreich, durch seinen tatsächlichen Verrat an dem, was bisher als der Gedanke, das universale Recht des Völkerbundes galt, gewinnt den italienischen Allierten nicht, es schwächt nur die eigene Sache; und ein anderer nimmt die Gelegenheit wahr, um dem internationalen Rechtssystem einen harten Stoß zu versetzen.
Es ist der Vertrag von Locarno – wenn der Leser sich an ihn erinnert –, den H. im März 1936 zerreißt. »Locarno« hatte allerlei zusätzliche, hübsch erkünstelte Garantien gebracht, hatte aber auch eine alte, von Versailles herstammende Erfindung bestätigt, die »Demilitarisierung« des Rheinlandes: Deutschland darf westlich des Rheines keine Festungen bauen, keine

Garnisonen unterhalten. Ein Ersatz für den Pufferstaat, den Clémenceau 1919 nicht zugestanden erhielt; ein militärfreier Gürtel, dem man zutraute, Frankreich und Belgien vor überraschenden Angriffen zu sichern. Man schützt sich aber nicht durch solche angeblich neutralisierten Zonen. Nun also schickt H. ein paar Bataillone über den Rhein; ein Symbol zunächst, dem gewichtigere Dinge, der Bau von Befestigungen entlang der Grenze, folgen sollen. Es ist schon die gewohnte Vorfrühlungsüberraschung. Den Deutschen gefällt sie, und warum sollte ihnen nicht gefallen, was doch eigentlich nur Wiedergutmachung, der Bruch eines veralteten boshaften Gesetzes ist? Der Erzbischof von Köln selber feiert die deutsche Garnison mit einem herzhaften Glückwunschtelegramm.

Trotzdem war die Rheinlandbesetzung ein entscheidendes Ereignis, auf ihre Art so wegweisend wie der Reichstagsbrand Wenn die Westmächte die Zerreißung des Locarno-Vertrages hinnahmen, dann würden sie auch Weiteres hinnehmen, dann würden sie Deutschland zur Vormacht wenigstens in Mittel- und Osteuropa werden lassen. Das französische Allianzsystem würde dann schnell in Staub zerfallen. Wenn aber Frankreich jetzt handelte, drohte, marschierte, so mußte H. seine Bataillone eilends über den Rhein zurücknehmen und es war dann nahezu alles möglich, selbst der Sturz der Diktatur. Tatsächlich erwarteten die deutschen Generäle, Blomberg, Fritsch, Beck, eine französische Aktion, und tatsächlich warnten sie vor dem Abenteuer. Und drei Tage lang schien es, als habe H. diesmal zu gewagt gespielt. In Frankreich wurden Truppen zusammengezogen und zum ersten Mal seit 1933 ernsthaft drohende Reden gehalten. Aber dann ließen die französischen Politiker sich aufs Verhandeln ein, nicht mit Deutschland zunächst, sondern mit ihren englischen Freunden und dann, wie H. fröhlich beobachtete, »konnten sie es nur noch zerreden«. Wieder war das Land durch Zweifel paralysiert: Warum die Deutschen nicht sich ein Recht nehmen sollten, das allen anderen Völkern zustünde? Warum man sie daran hindern sollte, gegen Rußland zu marschieren, wenn das wirklich ihr Vorhaben sei?... Die deutsche Propaganda vollbrachte ihre bis dahin

staunenswerteste Leistung. Das Unternehmen, dessen Zweck war, Frankreich zu isolieren und von seinen Bundesgenossen im Osten zu trennen, wurde als ein Angebot ewiger Freundschaft zwischen Deutschland und den Westmächten dargestellt; als das Ausstrecken einer Bruderhand über den Rhein. Wieder, wie nach dem Austritt aus dem Völkerbund, wurde die Nation aufgefordert, in einem Plebiszit das Geschehene zu billigen; und die wahre Frage bei dieser Abstimmung sei eben, ob die Wähler die Einheit Europas, die endliche Überwindung der deutsch-französischen Erbfeindschaft wollten oder nicht. Auf dieser Basis wurde der »Wahlkampf« geführt. Nachdem das Volk ein paar Wochen lang mit »Friedensreden« überschüttet, zum Schluß noch mit einer Minute Schweigen, dann mit dem Läuten aller Glocken, dem Heulen aller Sirenen regaliert worden, schritt es zur Urne – »wer nicht zur Wahl erscheint, ist ein Landesfeind«; und was Wunder, daß neunundneunzig vom Hundert alle die schönen Dinge bejahten, um die es angeblich ging? Damals hatte die Popularität des Diktators ihren Höhepunkt erreicht. Auch der Außenwelt teilte sich das mit. Wenn man in London sich noch wenige Tage früher über scharfe, gegen das Reich zu unternehmende Schritte beraten hatte, so ging jetzt eine Welle prodeutscher Sympathie über England, von der auch die Regierung nicht unberührt blieb. Die Chance für einen blanken, konstruktiven Neubeginn sei nun endlich gegeben, ein zweites, besseres »Locarno« müsse das erste ersetzen... H. ging als Triumphator aus dem kühnsten bis dahin von ihm unternommenen Abenteuer hervor, gegen alle Welt, und besonders entgegen den Warnungen seiner eigenen Generale. Man kann nicht sagen, daß diese Erfahrung seinen Charakter verändert habe. Der war schon vorher geprägt, wie auch seine Ziele im Großen schon vorher feststanden. Aber es machte ihn noch sicherer in dem Glauben, daß er der Erwählte, Unfehlbare sei, und beschleunigte gewisse Entwicklungen.
Zuerst, wie der deutsche Außenminister bemerkte, galt es, das Rheinland zu »verdauen«, nämlich dort die Befestigungen anzulegen, welche später der »Westwall« genannt wurden; so

lange war Friede. Eine Epoche der Beruhigung, des »Appeasement« wie der neue englische Premier, Neville Chamberlain, es nannte.

Der spanische Bürgerkrieg fällt in diese Zeit. Aber er gehört nicht in eine deutsche Geschichte. Er war spanisch in seinem Charakter und hätte mit den europäischen Gegensätzen, Deutschland und die Westmächte, Deutschland und Rußland, Faschismus und Kommunismus, Kapitalismus und Sozialismus, mit diesen an sich schwankenden und vagen Gegensätzen nie identifiziert werden dürfen. Spanien war ein einsames Land, und in seiner Einsamkeit hätte man es damals lassen sollen; sein innerer, durchaus nur spanischer Konflikt wäre dann vielleicht etwas rascher und etwas weniger furchtbar ausgetragen worden. Tatsächlich halfen Deutsche und Italiener dem General Franco, Russen und Franzosen den Republikanern, einem Block, der aus gemäßigten Liberalen, Sozialdemokraten, Regionalisten, Anarchisten, Kommunisten und Mordbanden sich bunt zusammensetzte. Die Hilfe wurde nicht aus Nächstenliebe gegeben, sondern zu politischen, strategischen, auch wohl bloßen militärischen Übungszwecken. Daß es geschah, daß in Spanien Weiße und Rote einander jahrelang hinschlachteten mit europäischer Hilfe, warf ein schauerliches Licht auf die Epoche der »Beruhigung«. Trotzdem war Spanien nur ein Nebenschauplatz der deutschen, italienischen, russischen Politik; hier fielen letzthin keine europäischen, nur spanische Entscheidungen.

Mittlerweile verschoben sich die Gewichte des europäischen Mächtespiels von Monat zu Monat. Das Deutsche Reich stand wieder im Mittelpunkt, nicht passiv und jammernd wie in den zwanziger Jahren, sondern aktiv wie vor 1914; ein Zentrum der Unruhe, der Bedrohung, der Anziehung. Dies, obwohl es noch keines der 1919 verlorenen Territorien zurückgewonnen hatte, nur durch seine inneren Energien und seine Führung, deren alles daransetzende, blutig-ernste Geschicklichkeit so sehr abstach von dem schwachen, folgenlosen Gebaren der Westmächte. Noch stand Frankreichs kompliziertes Allianzsystem auf dem Papier, Polen, die Tschechoslowakei, Rumänien,

Jugoslawien waren alle mit ihm verbündet, wozu nun der französisch-russische Pakt kam. Aber dieser verwirrte das System, anstatt es zu stärken; die kleinen Oststaaten fürchteten Rußland und hatten Grund, es zu fürchten. Daß der russisch-französische Pakt selber nur auf dem Papier stand, verbesserte nichts. Je stärker Deutschlands militärische Position im Westen wurde, desto mehr verdichtete sich die Angst, es könnte Frankreich seine mitteleuropäischen Verbündeten heimlich schon aufgegeben haben; desto begieriger wurden die Donau- und Balkanstaaten, korrupte Halbdiktaturen zumeist, einst so frech, so großmannssüchtig, sich der aufsteigenden Zentralmacht gefälliger zu erweisen. Wie sollte der ein Bündnissystem aufrecht und wirksam erhalten können, der sich selber nicht traute, der nicht wußte, was er wollte, der am liebsten von aller Welt in Ruhe und allein gelassen gelebt hätte? Es bedurfte gar keiner dramatischen Schläge, um das französische Bündnissystem aufzulösen, es verfaulte allmählich. Wirtschaftliche Faktoren spielten mit hinein. Deutschland, nicht Frankreich, war seit eh und je der große Käufer und Verkäufer auf den mitteleuropäischen Märkten. Unter dem sogenannten »Neuen Plan« Hjalmar Schachts nahm dies Verhältnis merkwürdige Formen an; um die Ausgabe von fremden Geldsorten, »Devisen«, zu vermeiden, wurde eine Reihe von zweiseitigen Abkommen geschlossen, eigentlichen Tauschgeschäften, welche die Staaten Mittel- und Südosteuropas in zunehmende Abhängigkeit von Deutschland brachten. Solange Deutschland mit brauchbaren Fertigwaren bezahlte und nicht mit Plunder, war gegen diese Methode kaum etwas einzuwenden. Auch sah man etwa in England die hier vorgezeichnete Entwicklung als im Grunde natürlich an. Wenn Deutschland die eigene Wirtschaft und jene der Südoststaaten durch einen intensiven Wechselverkehr wieder belebte, meinte Neville Chamberlain gutmütig, dann sei das kein Grund zur Beunruhigung; früher oder später würde dabei auch für die englischen Exporteure etwas abfallen... Dies schien die Richtung der Ereignisse, dies der Weg in der Zeit des »Appeasement«. Die Fragestellungen und Gegensätze des Weltkrieges waren ver-

altet, längst war Deutschland nicht mehr der Besiegte von 1918. Es stand so gefürchtet und mächtig da wie unter den Hohenzollern, ja mächtiger, weil Frankreich schwächer war als ehedem, weil das ganze europäische System schwächer war, und weil man in Mitteleuropa es nicht mehr mit der Habsburg-Monarchie, sondern mit einem Rudel künstlicher, unter sich selbst mißtrauischer und neidischer Kleinstaaten zu tun hatte. Sie mußten nun alle wohl oder übel unter den politischen, wirtschaftlichen, moralischen Einfluß des deutschen Reiches geraten. Dazu bedurfte es keiner großen Krise, keines scharfen Erprobens des französischen Allianzsystems, das von selber dahinschwand. Eben die Schwäche Europas verlockte H., weiterzugehen. Der Ausblick auf eine friedliche Entwicklung, auf unspektakuläre, allmählich und indirekt errungene Siege genügte ihm nicht. Er hatte die Macht über Deutschland erobert, um den Weltkrieg noch einmal zu führen, bei Vermeidung aller der Fehler, welche seiner Überzeugung nach das erstemal begangen worden waren und mit den richtigen Zielen; nicht um seinem Nachfolger das Reich in den Grenzen von 1914, viel weniger denen von 1919 zu übergeben.
Die Haltung der Tschechen paßte ihm hier in den Kram. Sie, unter allen zwischen Rußland und Deutschland lebenden Völkern, waren die einzigen, welche die neue Entwicklung nicht mitmachten, dem neuen Ton sich nicht anpaßten. Unter ihrem Außenminister, demnächst Präsidenten, Eduard Benesch, setzten sie nach wie vor auf das französische Bündnis, schmeichelten sich, zwischen Frankreich und Rußland strategisch und geistig eine Brücke zu bilden, hielten fest an der so sichtbar und elend dahinschwindenden Tradition des Völkerbundes. Man versteht, warum. Rumänen, Serben, Polen, Staatsvölker von gewisser Erprobtheit, glaubten ihre nationale Existenz auch in einem von deutscher Macht überschatteten Europa retten zu können. Die tschechischen Politiker glaubten das nicht. Allzu neu war ihr Staat, allzu billig entstanden, allzu tief in den deutschen hineingezwängt, allzu bunt in der Zusammensetzung seiner Völkerschaften; ein Nationalstaat, dessen angeblichen Träger, die »tschechoslowakische« Nation,

es nicht gab, und dessen beherrschende nutznießende Nationalität, die tschechische, sich gegenüber den anderen Völkerschaften innerhalb der eigenen langgezogenen Staatsgrenzen, den Deutschen, Slowaken, Ukrainern, Ungarn, in der Minderheit befand. Keine sehr zuverlässige Brücke zwischen Frankreich und Rußland, man muß es gestehen. Eine Figur im europäischen Spiel vielmehr, so schwach und gespreizt dastehend, daß sie den Starken, Abenteuerlustigen wohl verführen konnte, sie umzustoßen; wobei dann das ganze Versailler Kunstsystem über den Haufen fallen mußte.
Dann gab es noch immer den österreichischen Staat. Auch er war eine Nachkriegsschöpfung; widerwillig ins Leben getreten, arm und abgeschnürt, voll böser sozialer Spannungen. Seit 1934 existierte Österreich unter einer Diktatur, welche das Reich, noch mehr Italien, nachahmte. Wieviele Anhänger H.s es dort eigentlich gab, kann man nicht sagen, denn nie wurden sie in Freiheit gezählt; auch war das ja keine ein für allemal fixierte Eigenschaft, ein »Nazi« zu sein; man war es gestern noch nicht, man war es heute, und vielleicht morgen wieder nicht, je nach den Umständen. Ungefähr mögen die österreichischen Zahlen den deutschen von vor 1933 entsprochen haben; gewisse Gegenden waren verstockter im Irrtum als etwa Bayern oder Württemberg oder Hamburg. Hieß das, daß Österreich den »Anschluß« wollte? Solche Fragen sind falsch gestellt. Ein Land ist ja kein Lebewesen mit einem einzigen klaren Willen; Österreich, zerfallen in Glaubensgruppen und Klassen, die unlängst noch buchstäblich Krieg gegeneinander geführt hatten, Proletariat, Bauern, Mittelstand, war es noch weniger als andere Länder. Soviel mag man metaphorisch sagen: 1919 hatte es den Anschluß an ein föderalistisches Deutschland in der Tat gewollt, später hatte es sich allmählich von dem Gedanken entfernt und eigene Wege gesucht. Selbst den österreichischen Faschisten kam es wohl nicht so sehr auf Vereinigung mit Deutschland an als auf den Gewinn der Macht in Österreich, von der sie sich nur eine ungefähre Verbindung mit dem Reich erwarteten. Tatsächlich befand das Land sich in einer Sackgasse. Ein großer Teil der Bevölkerung,

die Sozialdemokratie, war politisch mundtot gemacht, verbittert, für seine Verteidigung nicht mehr zu mobilisieren. Seine Regierung bestritt nicht, daß Österreich deutsch sei, der »andere deutsche Staat«, ein »unabhängiges, deutsches, christliches Österreich«, und was noch. Das war ungeschickt, denn wenn Österreich deutsch war, so gab es eigentlich keinen Grund, warum es nicht zu dem großen *einen* deutschen Staat gehören sollte, in dem nun einmal, der modischen Theorie nach, die Nation sich politisch verwirklichte. Auch verdankte es ja ursprünglich seine Existenz nicht eigenem Willen, sondern französischer Gleichgewichtsdiplomatie, dem Siegerwillen, dem Völkerbund. Nun war der Völkerbund nur noch eine Legende, Frankreich schwach, tatenunlustig und ohne Sympathie für den klerikalen Halbfaschismus, welcher in Österreich regierte. Die man anfangs zur Selbständigkeit gezwungen, denen man noch 1931 die bloße Zollunion mit Deutschland töricht verboten hatte, man ließ sie nun sich auf eigene Faust nach einem Beschützer umsehen. Zu ihrer eigenen Überraschung fanden sie ihn in Italien. So recht heimelig war das nicht, da es traditionell zwischen Italien und Österreich keine Freundschaft gab; auch war kein Verlaß auf den großsprecherischen Mussolini. Geblendet von H.s aufsteigendem Stern verband der italienische Diktator seit 1937 das Schicksal seines Landes eilends mit dem des Deutschen Reiches. Es entstand das, was die »Achse Berlin-Rom« genannt wurde, so als ob Europa sich darum drehte; noch kein Bündnisvertrag, aber die Aussicht auf einem solchen. Von da ab war es um die Chance Österreichs, die Krise der Zeit heil zu überdauern, schwach bestellt. Ein schwaches System, dies System von Staaten zwischen Rußland und Deutschland, schönrednerisch und unrecht, kraftlos von innen her, gefälschte Nationalstaaten, gefälschte Demokratien, gefälschte Monarchien, gegründet auf die vorübergehende Ohnmacht der Deutschen und Russen. Staaten, heimlich bereit, jetzt mit Deutschland zu paktieren, wenn nur dadurch die Erhaltung des ihrigen, oder ein wenig unlauterer Gewinn zu erreichen wäre. Im Osten die gewaltige Sowjetunion, von Deutschland bedroht, offenbar sich fürchtend und

Bundesgenossen suchend, aber gefürchtet auch und gründlich unbeliebt; übrigens heimgesucht von inneren Verfolgungen, Hochverrats- und Hexenprozessen, die ihre Bündniswürdigkeit in trübem Licht erscheinen lassen. Im Westen die alten Siegerstaaten, die ihren Sieg längst aufgegeben haben; England gutgläubig und rechtswillig, noch immer hoffend, daß, wenn man Deutschland nur alles ließe, worauf es irgend Anspruch hat, dann doch wohl dauernder Friede sein könnte; Frankreich in sich geteilt und zerrissen, ein Wille, der weder beizeiten etwas einräumen, noch das, was er nicht einräumen will, ernsthaft verteidigen mag, eine Diplomatie, die Bundesgenossen sammelt, aber ihnen nicht traut, die notfalls Hilfe erwartet, ohne zum Hilfegeben Lust zu haben. In der Mitte das Reich, regiert von einem, der weiß, was er will, und das Spiel mit tödlichem Ernst betreibt, dem jede Kombination offensteht und der bereit ist, sie alle nacheinander zu benutzen und wieder aufzugeben; der die Ideen wie Waffen gebraucht, je nach dem politischen Gelände, »Gleichberechtigung«, »Befreiung«, »Vereinigung aller Deutschen«, »Lebensraum«, »Europa«; der die Welt um so gründlicher verachtet, je länger er ihre Toleranz, Leichtgläubigkeit, Zerfahrenheit und Ohnmacht erfährt; das Reich, regiert von einem, für den *immer* Krieg ist, da wo die anderen glauben, daß von nun an immer Frieden sein soll, und der selbst noch mit der Friedensliebe seiner Partner und Gegner als mit einer brauchbaren Waffe operiert ... Wie schön wußte H. zu reden! Wie vernünftig und weise und ritterlich; wie wußte er den Gegnern die appetitlichsten Argumente vom Tisch zu nehmen und dann ihnen als die Produkte seiner eigensten, innersten Überzeugung zu servieren. Anders klang es, wenn er mit seinen Herren allein war. Am 5. November 1937 erklärte er vor einem kleinen Kreise militärischer und politischer Mitarbeiter: die Zeit der Entscheidungen rücke heran. Die deutsche Volksgemeinschaft brauche mehr Lebensraum, und der sei nur auf Kosten anderer Völker und nur in Europa zu gewinnen. Das werde nicht ohne Krieg zu machen sein; spätestens 1943 werde man losschlagen müssen, vielleicht aber schon viel früher, je nachdem. Die anwesenden Militärs waren von diesen Eröffnungen sehr unliebsam berührt. Als Überraschung können sie ihnen aber eigentlich nicht gekommen sein.

Der Nazistaat

Wir müssen hier noch einen Blick auf den Staat werfen, der in das große Abenteuer geführt werden sollte.

Der »Nationalsozialismus«, haben seine Wortführer oft gesagt, sei eine »Weltanschauung«. Im Grunde war er das nicht; nicht in dem Sinn, in dem etwa der Kommunismus eine war. Dieser war ein ausgeklügeltes System von Doktrinen über Welt, Mensch und Geschichte; falsche Wissenschaft, falsche Religion, die von vielen im Ernst geglaubt wurde. Viele sind für den Kommunismus wissentlich und freiwillig gestorben, auch deutsche Kommunisten; wo man ihre Partei verbot und verfolgte, da gingen sie untergrund und wenn, Jahrzehnte später, der Druck von ihnen genommen wurde, so waren sie wieder da – echte, unausrottbare Fanatiker, die sie waren. Auch die Nazis rühmten sich ihres fanatischen Glaubens, das Wort »fanatisch« gebrauchten sie sehr gern; aber es war nicht weit her damit. Fanatismus verlangt Glauben; und was glaubten sie denn? Als H.s Reich zerschlagen wurde, hat man fast gar keine Nationalsozialisten gefunden. Sie waren es nie gewesen, sie hatten nichts gewußt, sie hatten nur gezwungen mitgemacht oder mitgemacht, um zu mildern und zu verhindern, nicht, um ihren Glauben zu erfüllen. Nur in den umstrittenen Grenzgebieten, wo die Nazisache mit der großdeutsch-nationalistischen momentweise ein und dasselbe war, wie in Österreich 1934, gab es Todesbereitschaft für die Sache. Das war die Ausnahme, nicht das Typische. Demokraten, Sozialisten, Studenten, konservative Edelleute, Gewerkschaftler, haben in

Deutschland ihr Leben für die Sache menschlicher Anständigkeit gewagt. Die Nazis wollten leben und genießen.
Im Moment, in dem dies niedergeschrieben wird, sagt man, daß es in Deutschland noch oder wieder »Nationalsozialisten« geben soll. Fragt sich, warum man sie so nennt. Darum etwa, weil sie glauben, daß manches, was H. gemacht hat, doch ganz gut gewesen sei; daß Deutschland ein Recht gehabt habe, den Versailler Vertrag zu zerreißen; daß der Westen ihm nicht hätte in den Rücken fallen sollen, als es Europa gegen den Bolschewismus verteidigte; daß die Deutschen nun einmal das tüchtigste Volk in Europa seien; daß feste, dauernde Regierungsautorität nottue; und andere solche Sachen mehr? Es wären Gefühle und Meinungen, deren auch der Nationalsozialismus sich bediente. Aber es gab sie schon vorher; sie haben ihn überlebt; und wenn man sie alle zusammenzählt, dann erhält man noch lange nicht, was der Nationalsozialismus eigentlich war.
Was war er denn? Ein geschichtlich Einmaliges, an das Individuum und den Augenblick Gebundenes, das so niemals wiederkommen kann. Ein Rauschzustand, durch ein Rudel von Berauschungstechnikern hervorgerufen und wenige Jahre lang durchgehalten. Eine Maschine zur Erzeugung von Macht, Sicherung von Macht, Erweiterung von Macht. Die Maschine stand in Deutschland, folglich waren es deutsche Energien, deutsche Interessen, Leidenschaften, alte Ideen, von denen sie sich nährte. Die brauchte sie, aber gebrauchte sie nur, war nicht identisch mit ihrer Summe. »Wir wollen die Macht!« – dieser Ruf des Jahres 1932 war das Herzstück der neuen Botschaft. Macht bedeutete Organisation, Indoktrination, Befehlsgewalt; sie bedeutete Unterdrückung alles Selbständigen, Widerstandskräftigen. Sie war in diesem Sinne etwas wesentlich Negatives. Es ist denn auch die Macht des Nationalsozialismus über Deutschland erst in dem Moment vollständig geworden, als das Reich dem Zusammenbruch nahe, sein Heer schon zerschlagen war.
Die Intensität des Machtwillens war beträchtlich; die Doktrin war es nicht. Wer könnte heute auch nur sagen, was die Nazis

eigentlich »lehrten«? Die Überlegenheit der nordischen Rasse? Sie machten sich selber darüber lustig, gestanden, wenn sie unter sich waren, daß es nur eine Machtwaffe sei und keine Wahrheit. Nur wenige unter ihnen scheinen den Unfug ernsthaft geglaubt zu haben. Den Judenhaß? Der war wohl das echteste Gefühl, dessen H. fähig war, aber schwerlich eine Weltanschauung. Auch hat er die Phantasie des Volkes nicht bewegt, unter den Deutschen war der Antisemitismus nicht stärker als unter den meisten anderen Völkern. Später, als die Obrigkeit befahl, Europas Juden umzubringen, fanden sich Leute, die es taten, so wie sie jeden anderen Befehl ausgeführt hätten. Himmler selber hat kurz vor dem Ende gemeint, es sei Zeit, daß Deutsche und Juden das Kriegsbeil begrüben und wieder gut zueinander wären. Jetzt, da er sich selber retten und bei den Alliierten anbiedern wollte, gab er die ganze Judenmörderei als ein bedauerliches Mißverständnis aus. Das war kein Glaube, sondern Verbrechen durch schlechte Literatur. So mit den alten Programmpunkten der Partei, die verworfen wurden, sobald die Macht erreicht war, den wirtschaftlichen Theorien, dem Gerede von der Volksgemeinschaft. Einer von der Bande, der Präsident des Volksgerichtshofes während der Kriegsjahre, hat erklärt, der Nationalsozialismus habe das mit dem Christentum gemein, daß er den ganzen Menschen verlange. Aber auch das war nur schlechte Literatur, Prahlerei, Nachahmung der Kommunisten, der Jakobiner. Was das eigentlich war, wozu der Nationalsozialismus den ganzen Menschen verlangte, hätte er gar nicht sagen können. Die vergleichsweise interessantesten Formulierungen der Lehre stammen von Leuten, die, von außen kommend, ihr Talent rasch in den Dienst der neuen Macht stellten und ihr allerlei Finessen andichteten. So war es auch manchem deutschen Gelehrten gar nicht so schwer gefallen, sich dem ganzen blutigen Hokuspokus zu entziehen und seine Sache weiterzumachen wie vorher; weit weniger schwer, als es das unter dem Kommunismus ist. Ein Wille von furchtbarer Intensität, der nur sich selber wollte und daher eins war mit zynischem Opportunismus – dies war der »Nationalsozialismus« in seiner Spitze;

und ohne ihn war er überhaupt nicht. Deshalb ist er im Nichts verschwunden, sobald H. tot war, und es sahen damals die Leute sich verdutzt an, als erwachten sie aus langer Verzauberung. Wenn die Nazis einen Glauben hatten, so war es der an den großen Mann. Wenn er einen hatte, so war es der Glaube an sich selber; eine Überzeugung von sich, seiner Berufenheit, die in den letzten Jahren seines Lebens kaum noch menschlich zu nennende Ausmaße annahm.

In dem Opportunisten, der Ideen gebrauchte, ohne ihnen die Treue zu halten, sahen die Leute das ihnen Beliebige. Gute Bürger, welche sich, trotz leider unleugbarer Ausschreitungen, im »Dritten Reich« alles in allem recht wohlfühlten, bewunderten den Mann der Ordnung, der wiederhergestellten Disziplin. Ein preußischer Historiker von der nationalliberalen Schule, Freund und Schüler Treitschkes, der Bismarck verhimmelt und noch persönlich gekannt hatte, Erich Marcks, glaubte auf seine alten Tage einen zweiten, einen gar noch größeren Bismarck zu erleben, das Werk des Eisernen Kanzlers nun endlich prachtvoll gekrönt zu sehen. Für andere war H. der revolutionäre Nationalist, der Sozialist, der Befreier von Bürden der Vergangenheit; wieder für andere gar der große Internationalist und Einiger Europas. Für sehr viele war er einfach der Mann, der Glück hatte und der schon wissen würde, was jeweils das Rechte war, heute dies, morgen jenes. Wenn es gelang und etwas Dramatisch-Erfreuliches geschah, etwa die Annexion Österreichs, dann war tatsächlich die überwältigende Mehrheit der Deutschen »Nazi«. Ging es langweilig, dann bedrückend, dann gefährlich, dann fürchterlich zu, so war's eine schnell schrumpfende Minderheit, weit geringer als 1932. Zum Schluß war es beinahe niemand mehr.

Damals gab es in Deutschland viel Skeptizismus, viel Zynismus und Entwurzelung. Die meisten glaubten den Machthabern nicht. Wurden sie aber von Amts wegen gefragt, ob sie »die Politik ihrer Reichsregierung« billigten, dann stimmten sie doch mit Ja. Das Leben war hart, wie hart, hatte man unlängst in den Jahren der Wirtschaftskrise erfahren. Jetzt, da es wieder Arbeit und Aufstiegsmöglichkeiten und leidliche

Sicherheit gab, wäre man ja dumm gewesen, das alles zu gefährden um bloßer politischer Meinungsverschiedenheit willen. Der Erfolg gab denen da oben recht. Wer sich quer stellte und es besser wissen wollte, nun, den erwischte es eben und dem wurden dann in Konzentrationslagern oder Gestapokellern die wahren Machtverhältnisse vordemonstriert. Das war schlimm für ihn, aber warum war er auch so leichtsinnig und eigensinnig gewesen; und für die anderen, die große Mehrzahl, die so etwas nicht erlitten, war es am Ende nicht so schlimm. Mittlerweile konnte man leben, Geld verdienen und, solange die Wirtschaft noch nicht völlig in den Dienst des Krieges gezwungen war, auch hübsche Sachen dafür kaufen... Wie aber der Nazismus seine Gegner vereinsamte, entwurzelte oder aus ihrer längst geschehenen Entwurzelung seinen Vorteil zog, so gab er den Anderen auch wieder auf seine Weise einen Halt, ein Heim, eine seelische Bleibe. Wie anziehend wußte er sich etwa auf den Nürnberger Parteitagen darzustellen! Man sah Hundertrausende von gesunden jungen Leuten in Reih und Glied, Sportvorführungen in imposanten Arenen, Fahnen und Fackelzüge und Feuerwerke; die Teilnehmer mußten sich wohl lange Reden anhören, aber das schien nicht das Wichtigste an der Sache. So war der Arbeitsdienst, den die Jugend leisten mußte, für den Bürger oder Intellektuellen oft ein Erlebnis. Man erfuhr etwas von »Volksgemeinschaft« und mehr davon, als die Weimarer Demokratie geboten hatte. Es ist ja schön, irgendwo mitmachen zu können; als einer von hunderttausend Parteifunktionären, als Jugendführer, Studentenführer, »Blockwart«, »Kraft durch Freude«-Organisierer und was noch eine kleine Verantwortung zu tragen, zu gehorchen und zu befehlen. Die Natur der Jugend, die Natur der Deutschen, die Natur des Menschen, die normalerweise das Helfen mehr befriedigt als das Schinden und Quälen, war stärker als die verrückten Befehle von oben; nicht immer, aber oft und im Breiten. Die Nazis lebten im Lande wie fremde Eroberer, beuteten es aus, zeigten dem Volke, wie es stünde, durch kahle, plumpe Prachtbauten, durch Aufmärsche und Paraden, bei denen der einzelne sich sehr klein fühlen sollte, durch Kolonnen riesiger Automobile, darinnen die schwarz uniformierten Herren saßen, schließlich durch die Wachttürme und Maschinengewehre der Gefangenenlager. Sie wußten, wie man die Macht erschreckend zur Darstellung bringt. Aber dann wußten sie sich auch wieder als eins erscheinen zu lassen mit den Massen, die sie erobert hatten, wußten ihnen heisere Schreie der Begeisterung zu entlocken und der Jugend ein Gefühl des Wohlseins und Glückes zu geben. Sie konnten die finster blickenden Tyrannen spielen und die gemütlichen Volksmänner, die lustigen Hanswurste selbst, und sich beliebt machen, wie nie ein deutscher Monarch beliebt gewesen war. Sagt man, ihre Herrschaft sei im Grunde landfremd gewesen, so sagt man etwas Wahres damit. Sagt man dagegen, sie sei die am echtesten deutsche, in allen modernen Zeiten populärste Regierungsform gewesen, so sagt man auch etwas Wahres. Was sie eigentlich war und wirkte, läßt sich nicht auf einen einzigen Begriff bringen, oder allenfalls auf einen, dessen Formulierung recht künstlich klingen muß: Es war eine Verbindung von Identität und Nichtidentität. Der Nazismus war das Deutscheste vom Deutschen, hervorgebracht und getragen von einer Schicht der Nation, viel breiter als sie je zuvor ein deutsches Regierungssystem getragen hatte; das ist der schwerste Vorwurf, den man den Deutschen machen kann. Und dann war er auch wieder etwas Fremdes im eigenen Land, war wie der Hauptmann von Köpenick, der sich als Befehlshaber der Stadt verkleidete und dem die Stadt gehorchte, weil sie etwas anderes als Gehorchen nicht gewohnt war. Die Stadt, die weitere Umwelt, die Außenwelt selbst fielen auf die Verkleidung herein. Daß H. der legitime Vertreter Deutschlands sei, daß man mit ihm, nicht aber mit einer verräterischen Opposition in Deutschland sich vertragen müsse, war 1938 die energische Überzeugung des englischen Premierministers. Noch lange nach 1945 haben französische Historiker, berufsmäßige Deutschlandkenner, die profundesten Untersuchungen über die Vorgeschichte des Nationalsozialismus angestellt und beweisen wollen, daß die deutsche Geschichte seit hundert Jahren diesem Katarakt mit unbeirrbarer Sicherheit zueilte. Sie

haben die Identität gesehen; die Nicht-Identität übersahen sie... Von dieser letzteren nun ist zu sagen, daß sie den Machthabern nicht schadete; ja, daß auch sie ihnen indirekt zugute kam. Denn sehen wir ab von den eigentlichen Verschwörungen der Kriegsjahre, so ging das Gefühl der Fremdheit und des Ekels, welches viele Deutsche gegenüber ihrer Regierung empfanden, nicht ein in staatsgefährdende Tätigkeit. Es ging ein in nützliche Leistungen, weil gegenüber einer verachteten Autorität und Öffentlichkeit das private Leben, das ausgeübte Können die beste Zuflucht war. Aber dies eben brauchte der Staat zur Erfüllung seiner ausschweifendsten Pläne: Gelehrte, Bürokraten, Techniker, die ihre Pflicht taten. Die Armee ist hierfür das sprechendste Beispiel. Generäle, welche ihren neuen Oberherrn verachteten, widmeten sich nur um so ernster ihren sachlichen Aufgaben. Junge Leute, angeekelt von den Gemeinheiten des Regimes, meldeten sich freiwillig zum Heeresdienst, weil sie in dessen Bannkreis anständigere Luft zu atmen, zuverlässigeren Rechtsschutz zu genießen hofften. Da taten sie, und taten gut, was ihnen anvertraut war; das hieß, sie halfen H.s großen Krieg vorbereiten.
Die Macht sollte total sein, aus einem Guß, in Partei und Staat. Das war sie nicht. Groß war der Einfluß des Menschen an der Spitze, und jene, die ihn für das bloße Werkzeug irgendwelcher Interessen hielten, irrten sich gründlich. Die Entscheidungen über Krieg und Frieden, wie später über die Strategie im Kriege, lagen bei ihm allein. Unter ihm aber war Unordnung, wühlende Konkurrenz und nahm jeder sich soviel Macht, wie er irgend sammeln konnte. Die Höflinge um den Diktator herum und die Gewaltigen in der Provinz, Minister, Gauleiter, Statthalter, Oberpolizisten, sie alle bildeten Machtzentren, regierten gegeneinander, hatten ihre eigene Kulturpolitik, ihre eigenen Spionagesysteme, ihre eigenen Druck- und Erpressungsmittel. Bis zu einem gewissen Grad entsprach das H.s Absichten; das Gegeneinanderausspielen von Menschen und Mächten ist ja ein alter Tyrannentrick. Hier aber ging es weit über das hinaus, welches im Interesse der Zentralmacht gelegen hätte.

Die Partei war außerdem nicht die einzige Macht im Staat. Sie hatte ihn »erobert«, der Ausdruck hatte seinen guten Sinn. Aber gerade darin lag, daß das Eroberte weiterexistierte, anders als in Rußland, wo die Bolschewisten mit einem blutigen Nichts und ganz von unten neu anfingen. Mit dem durchzivilisierten deutschen Staat und allen seinen feinnervigen, lebenswichtigen Organismen konnte man das nicht machen. Trotz aller Korruption, aller »Richtlinien von oben« und Einmischungen der Partei setzte die Beamtenschaft im Kern ihre traditionelle Arbeit fort und konnte mancher tüchtige Verwaltungsmann seine Laufbahn machen, wie er sie ungefähr auch in Kaiserreich oder Republik gemacht hätte. Ähnliches gilt für die Wirtschaft. Man hat darauf hingewiesen, daß die deutsche Industrie sich unter H. in der Richtung weiterentwickelte, die sie schon in der Hohenzollern- und Weimarer Zeit genommen hatte: Rationalisierung, Konzentration, Vertrustung, Abhängigkeit von Staatsaufträgen. Man hat daraus geschlossen, daß der Nazistaat, wie wild und unabhängig er sich auch gebärdete, im Grunde doch im Dienst industrieller Interessen gestanden hätte. Ist das nicht ein Fehlschluß? Das Leben ging weiter. Es ging weiter in der alten Spur, von der war kein Wegkommen. Neu war die Politik, und sie war das, was H. interessierte. Die Wirtschaft ließ er im wesentlichen weitermachen wie vorher, solange sie ihm die für seine Politik benötigten Güter lieferte. Das beweist nichts gegen die Unabhängigkeit und gegen die entscheidende Funktion der Politik. Freilich gibt es Historiker, die glauben, der falsche Aufbau seiner Wirtschaft habe Deutschland zum Krieg gezwungen, 1914 wie 1939. Aber das ist Metaphysik. Es kann nicht bewiesen werden. Die Fäden, welche von der Industrie zu den Entscheidungen im Kopfe H.s gegangen sein sollen, können nicht gezeigt werden. Auch braucht man diese Hypothese nicht, um zu verstehen, was im Jahre 1939 und danach geschah. Die Diktatur war eine politische. Je stärker H.s persönliche Stellung wurde, desto kühner, drängender, schamloser wurde seine Politik, desto näher kam er der Ausführung seiner eigensten Pläne. Seine Stellung stärkte sich in aufeinanderfolgenden Schüben. Der Sommer 1934 brachte einen solchen Schub; dann wieder der Frühling 1936. Im Herbst des gleichen Jahres proklamierte er einen neuen »Vierjahresplan«, der Deutschland von der Einfuhr von Rohstoffen so weit unabhängig machen sollte, wie durch die heimische Produktion synthetischer oder Ersatz-Stoffe zu erreichen war. Es war inhaltlich nicht weit her mit dem Plan, und der mit seiner Durchführung beauftragte Parteimann, der korrupte Hermann Göring, verstand nichts davon. Aber er war geeignet, die Industrie noch mehr als bisher parteilichen und politischen Zwecken zu unterwerfen. Schachts »Neuer Plan« war noch von wirtschaftlichen Gesichtspunkten bestimmt gewesen: Reduktion der Einfuhr von Fertigwaren zugunsten der Einfuhr von Rohstoffen und Nahrungsmitteln, Steigerung des Exports. Auch Schachts Amtsführung diente schon der militärischen Rüstung, aber sozusagen mit der linken Hand, in den Grenzen, die er volkswirtschaftlich für erträglich hielt. Seit 1936 ging man über diese Grenzen hinaus. Es komme, hieß es in den Denkschriften und Konferenzen der Machthaber, nicht mehr darauf an, daß wirtschaftlich produziert würde, sondern daß überhaupt und um jeden Preis produziert würde; das Wort »unmöglich« gebe es im Wortschatz des Nationalsozialismus nicht; gegenüber der Notwendigkeit, Deutschland die beste Armee der Welt zu geben, müßte jedes fachmännische Bedenken schweigen; die Wirtschaft werde eingespannt werden »ohne alle Rücksicht auf Privatinteressen, Rentabilität und was sonst. Das Wirtschaftsministerium hat nur die Aufgabe zu stellen, die private Unternehmerschaft mag sich die Köpfe zerbrechen über die Möglichkeit der Durchführung. Zeigt sie sich unfähig, ihre Aufgabe zu erfüllen, so wird der nationalsozialistische Staat schon selbst die Probleme zu lösen wissen... Dann wird aber nicht Deutschland ruiniert werden, sondern nur gewisse Wirtschaftler! Binnen vier Jahren muß die deutsche Armee kampfbereit und die deutsche Wirtschaft fertig sein zur Mobilisation für den Krieg.« (Denkschrift H.s aus dem Jahre 1936.) Ungeduldige Großsprechereien, aber nicht ohne praktische Folgen. Von nun an erhielt die Industrie ihre Aufträge mehr und mehr von Göring. Riesige Summen gingen in unrentable Unternehmungen. Gebrauchswaren wurden knapp. Die »Vorfinanzierung« machte einer durch nichts mehr gehemmten Inflationsfinanzierung Platz. In alledem diktierte nicht die Wirtschaft der Politik. Die Politik diktierte der Wirtschaft; wie die Polizei mehr und mehr dem Bürger diktierte und ihn schreckte; wie die »Propaganda« mehr und mehr den öffentlichen Geist knebelte und betrog.

Indem nun der Tyrann seine wahren Pläne allmählich offenbar werden ließ, wurde eine neutrale, tolerierende und unpolitische Mitarbeit schwieriger. Die Illusionen des Anfangs fielen; heimliche Zentren der Kritik, der Abneigung, des Hasses entstanden. Wie gering die Opposition 1933, zur Zeit des Ermächtigungsgesetzes, gewesen war, haben wir gesehen; damals schlossen nur die Sozialdemokraten – die Kommunisten fragte man nicht mehr – sich von dem allgemeinen Überschwange aus. Die Konservativen machten mit, das ehemals liberale Bürgertum machte mit, die Armee machte mit. Männer wie Schacht, wie der Oberbürgermeister von Leipzig, Carl Goerdeler, machten freudig mit, und selbst der Massenmord von 1934 vermochte noch nicht, ihnen den Charakter der Diktatur im wahren Licht erscheinen zu lassen. Das änderte sich jetzt. Schacht wie Goerdeler traten 1937 von ihren Ämtern zurück und gingen zu einer Art von Opposition über. Es war ein halbes Drinnen- und ein halbes Draußenstehen, ein Spekulieren über das, was unter gewissen Umständen vielleicht zu tun sei, mit wenigen Freunden, zugleich noch ein Kontakthalten mit den Machthabern selber oder doch mit Männern, die dem inneren Machtkreis nahestanden, denen man aber ähnliche Gesinnungen zutraute: Generalen, Staatssekretären, Botschaftern, Industriellen. Wenn H. den schwachen Weimarer Staat nicht von außen hatte stürzen können, dann konnten ein paar enttäuschte Konservative, hinter denen keine Partei, keine breiten Volkssympathien standen, den starken und ruchlosen Nazistaat erst recht nicht von außen stürzen. Was sie allenfalls hoffen konnten, war, durch Warnungen, indirekte Beeinflussungen, auch durch Informationen und

Ratschläge zu Händen des Auslandes das Schlimmste, den Krieg, zu verhüten. Hier schien der Schlüssel wieder einmal bei der Generalität zu liegen, da der gesunde Menschenverstand sagte, daß man ohne gelehrte Kriegsfachmänner einen Krieg nicht führen kann.
Die Generäle wollten ihn nicht. Es war ihre berufliche Pflicht, ihn vorzubereiten, so wie es, mit mehr oder weniger Tüchtigkeit, in allen Ländern Europas geschah. Sie wollten ihn nicht, sie fürchteten, Deutschland könnte in einem Zweifrontenkrieg schlechter fahren als 1918, und den erwarteten sie von jedem neuen H.schen Abenteuer. Aber die politische Macht des Heeres war jetzt längst nicht mehr so groß wie 1933, und selbst damals hatte sie, wie wir sahen, zu einer geschichtsentscheidenden Aktion nicht ausgereicht. Die militärischen Fachleute waren dem Politiker so sehr unterlegen wie die wirtschaftlichen. Sie hatten alle Hände voll zu tun, die neuen Divisionen aufzubauen, aus dem Hunderttausendmannheer ein Millionenheer zu machen. Diese Aufgabe meisterten sie. Nicht zu ihrem eigenen Vorteil, insofern sie politischen Ehrgeiz hatten. Das neue Massenheer konnte noch weniger ein zuverlässiges Instrument in ihrer Hand sein, als die Reichswehr es gewesen war. Sie liebten die überhastete, ungründliche Aufbauarbeit nicht, zu der man sie zwang, den Bluff, das Vabanque-Spiel des »Führers« nicht und nicht die Gemeinheit der Parteibonzen. Sie tauschten besorgte Briefe miteinander, brachten bei Konferenzen ihre fachmännischen Bedenken vor. Aber sie regierten nicht; sie waren Fachleute. Sie ließen sich übrigens, wenn es dazu kam, noch immer entehrende Demütigungen gefallen.
So im Winter des Jahres 1938, der H. einen abermaligen Machtzuwachs brachte. Damals traten der Kriegsminister und der Oberbefehlshaber des Heeres, von Fritsch, von ihren Ämtern zurück; dieser auf Grund eines widerwärtigen, von der Geheimen Staatspolizei gegen ihn geführten Verleumdungsfeldzuges. Die Generäle kannten die Unschuld ihres Kameraden, aber ließen ihn gehen. Nicht ohne Zorn, nicht ohne drohendes Rumoren, so wie 1933 und wieder nach Schleichers Er-

mordung; der Stabschef des Heeres, Ludwig Beck, hätte damals einen Hauptschlag gegen die Verleumder, die Polizei- und Parteigewaltigen geführt – wenn die Generäle ihm gefolgt wären. Sie folgten nicht. Fritschs Nachfolger, von Brauchitsch, begann seine Tätigkeit damit, daß er sich von H. eine große Geldsumme schenken ließ. Der Minister hatte gar keinen Nachfolger. Anstelle des Kriegsministeriums trat ein »Oberkommando der Wehrmacht«, welches der Diktator sich selber unterstellte: »die Befehlsgewalt über die gesamte Wehrmacht übe ich von jetzt an unmittelbar persönlich aus.« Sechzig hohe Offiziere wurden in den Ruhestand versetzt. Das gleiche Los traf eine Reihe von Diplomaten, die als unzuverlässig galten. Ein dünkelhafter und törichter Nazi übernahm das Außenministerium. – Es ist eine alte Erfahrung, daß jemand einen falschen Weg, den er schon lang gegangen ist, auch zu Ende gehen wird, und das römische Sprichwort: »Wehren muß man sich am Anfang« bleibt immer wahr.

Billige Siege

Rheinlandbesetzung und Aufrüstung hatten Handelsfreiheit nach außen geschaffen, die Unterwerfung des Heeres im Innern. Nun ging es sehr schnell. Die Ziele standen fest; die Methoden nicht, die Daten nicht. So wie aber die Machtergreifung in Deutschland seit dem Reichstagsbrand rascher vor sich gegangen war, als H. erwartet hatte, so ging nun die Machtergreifung in Mitteleuropa früher und leichter vor sich, als er noch im November 1937 für wahrscheinlich hielt. Immer war es seine Art, zu warten, zu lauern, mit weisen, honigsüßen Worten zu betrügen, dann blitzschnell Gelegenheiten zu ergreifen.
Die österreichische zuerst. Sicher seiner Beute, hätte er hier

die langsame Durchsetzung des Staatsapparats der Eroberung von außen vorzogen. Die Rechnung ging nicht auf, weil die Diktatur Kurt von Schuschniggs sich allzu energisch gegen innerösterreichische Verschwörungen der Nationalsozialisten zur Wehr setzte. Im Februar wurde Schuschnigg an H.s oberbayrischen Hof zitiert. Unter letzten Drohungen zwang man ihn, das deutsche Ultimatum zu akzeptieren: Aufnahme österreichischer Nazis in das Kabinett, volle Freiheit der Agitation. Mit so verzweifelten Bedingungen in der Tasche glaubte der Bundeskanzler sein Österreich retten zu können. Als er sah, daß es nicht ging und daß die neuen Mitregenten ihm binnen weniger Wochen den Boden unter den Füßen wegzogen, rief er zu einer Volksbefragung auf: ob die Österreicher ein »freies, unabhängiges, deutsches und christliches Österreich« wollten oder nicht? Es war ein Versuch, H. mit seinen Mitteln zu schlagen: das Plebiszit, bei dem die Fragestellung selber und andere Tricks das Neinsagen schwermachten. Die Maus versuchte die Katze nachzuahmen. Als die aber sah, daß die Maus im Ernst davonlaufen wollte, sprang sie los. Verbot der Volksabstimmung; Aufstand der Nazis in Österreich; Einmarsch deutscher Truppen. Nicht einmal die österreichischen Naziführer hatten das gewollt; es ließ, was ihre »Machtergreifung« hätte sein sollen, zu sehr als Eroberung von außen erscheinen. Nun war kein Halten mehr, Täuschung, Betrug, Gewalt, Terror, die Wollust der Rache; schriller Erlösungsjubel, Fahnen und Blumen – diese für alle Triumphe des Nazismus so bezeichnende, neuartige Mischung explodierte nun endlich über dem Donaustaat. Hinter den Truppen kam Heinrich Himmlers Polizei; in Wien allein wurden 67 000 Menschen verhaftet. Was aber in Lagern und Gefängniskellern geschah, wurde leicht erstickt durch das derwischartige Geschrei der Massen – » Ein Volk, ein Reich, ein Führer!« – das dem einziehenden H. entgegenheulte. In Österreich, wir wissen das schon, gab es wenigstens so viel Nazis wie in Süddeutschland und die brutalsten, gemeinsten darunter; daß sie so lange hatten unterirdisch bleiben müssen, erhöhte die Virulenz ihres Ausbruches. Wie gewöhnlich war die Begeisterung

laut, Kummer und Qual lautlos und gingen die Neutralen und Skeptischen – in Österreich ein zahlreiches Geschlecht – schnell zum Sieger über, so daß sich ein ziemlich glattes Bild ergab. Europa stand unter dem Eindruck, daß den Österreichern nur geschah, was sie eigentlich wünschten, und daß dagegen einzuschreiten weder gerecht noch praktisch ratsam wäre. Am Brenner trafen deutsche und italienische Truppeneinheiten sich zu freundschaftlichen Zeremonien. Franzosen und Briten brachten ihre schon vertrauten, von niemandem ernst genommenen Proteste vor. Freilich: die freie, anständige Verbindung Österreichs mit einem föderalistischen Deutschland, die hatten sie 1919, noch 1931, mit eiserner Strenge verhindert. Nun, da deutsche Macht, Nazimacht sich über Österreich ergoß und im Zeichen von Morden und Selbstmorden und dem Ruin vieler Tausender geschah, was sonst friedlich und würdig geschehen wäre, nun wandten sie sich gleichmütig ab. Zwischen Großdeutschland und Großbritannien, meinte die gravitätische Londoner »Times«, sei kein Grund zur Zwietracht – eine Anspielung darauf, daß schließlich auch Schottland sich England vor 200 Jahren »angeschlossen« hatte... Was Wunder, daß viele Deutsche daraus die Lehre zogen, man dürfte es nicht so machen wie die Rathenau, Stresemann, Brüning, sondern müßte es so machen wie H.? War es nicht offenbar, daß die Leute auf vernünftige Argumente nicht hörten, vollzogene Tatsachen und Gewalt aber hinnahmen? – Als »Mehrer des Reiches« kehrte H. nach Berlin zurück. Wieder gab es eine Volksabstimmung, diesmal im »Großdeutschen Reich«, mit dem niemand überraschenden Ergebnis.
Genauer besehen ging nicht alles so schön, wie die Österreicher es sich gedacht hatten. Die Reichsdeutschen, nicht die österreichischen Nazis, zeigten sich als die Oberherren im Lande. Sie plünderten den sparsam gehorteten Goldschatz der Wiener Staatsbank; konfiszierten die bedeutenden Besitzungen österreichischer Juden zugunsten des Reiches; besetzten die interessantesten Posten. Und obwohl im alten »Reich« die Länder als Verwaltungseinheiten noch immer existierten, wurde Österreich nicht als »Land« annektiert, sondern unter dem

vage verbindenden Namen »Alpen- und Donaugaue« der Reichsregierung und ihren Satrapen direkt unterstellt. H., in dem gegen seine Heimat, zumal gegen die Stadt Wien ein alter Haß fraß, wollte den Namen Österreich selbst aus dem Gedächtnis der Menschen tilgen. Ein Schönheitsfehler, wenn nicht in den Augen der Deutschen, so doch für die Österreicher. Aber was sie empfanden, war nun nicht mehr wichtig. Sie waren erlöst, befreit, gefangen, sie mußten nun mitmachen. Auch wandte der Lichtkegel, der ein paar Wochen lang groß und grell auf ihnen geruht hatte, sich nun rasch von ihnen ab und einer anderen Gegend zu. Welche das sein würde, war leicht vorauszusagen.
Großdeutschland verwirklicht! Der Traum der Achtzehnhundertachtundvierziger endlich erfüllt! In drei Tagen getan, was Bismarck in dreißig Jahren nicht gewagt hatte! Vergleiche mit Bismarck, hatte H. unlängst gesagt, verbitte er sich; er sei vielleicht der größte Deutsche aller Zeiten, was er sich vornahm, sei ihm noch immer gelungen, und so werde es weitergehen. Warum also jetzt haltmachen, da alles so wunderbar nach Plan verlief? Zum Großdeutschland der Paulskirche hätte auch Böhmen gehören sollen. Jetzt war Böhmen das Kernstück eines Nachkriegsstaates, der den ungeschickten Namen »Tschechoslowakei« trug und in dem etwa vier Millionen Menschen deutscher Zunge lebten. Lebten als volle Staatsbürger, im Genuß aller Rechtssicherheiten, wirtschaftlicher, kultureller, politischer Entfaltungsmöglichkeiten; aber doch in keinem ihr Gemüt eigentlich befriedigenden Staatswesen. Der alte, aus dem Habsburger Reich ererbte Sport der Tschechen und Deutschen, einander nicht zu mögen, wurde in der Tschechoslowakei herzhaft fortgesetzt. Jedoch lag der Vorteil seit 1918 bei den Tschechen. Sie waren das Staatsvolk, waren in der Mehrheit; und wo sie die Deutschen, ohne gereadezu das Recht zu brechen, ein wenig schädigen konnten, da taten sie es. Das rächte sich nun. Ein großer Teil der »Sudetendeutschen« lief einem Führer nach, der, ursprünglich auf eigene Faust handelnd, rasch zum Werkzeug H.s und der Reichspolitik herabsank. Was seine Anhänger eigentlich woll-

ten, ist mit Bestimmtheit nicht zu sagen, weil man sie nie danach gefragt hat; wahrscheinlich wollten sie gar keinen »Anschluß« an Deutschland, sondern Autonomie im Rahmen eines böhmisch-mährischen Gemeinwesens. Man darf aber die Willensklarheit des Bürgers in einer solchen Krise nicht überschätzen; schließlich will er das, was eine lautstarke Führung ihm zu wollen vorschreibt. Als Eduard Benesch, Präsident der tschechoslowakischen Republik, die sudetendeutschen Führer in sein Schloß kommen ließ, um ihnen die Erfüllung aller und jeder Wünsche anzubieten, die sie etwa vorbringen wollten, entzogen sie sich den Verhandlungen und brachen sie unter einem fadenscheinigen Vorwand ab. Es war ihnen nicht mehr um Gewinne innerhalb des tschechischen Staates zu tun, sondern um Trennung von ihm.

Dem deutschen Diktator war auch an dieser, der Trennung, nichts gelegen. Der große Menschenfreund scherte sich wenig um das Glück der Sudetendeutschen und auch nicht viel um das Ideal des gesamtdeutschen Staates. Die wirkliche oder angebliche Sehnsucht der Deutschen in Böhmen, ihre wirkliche oder angebliche Bedrängnis waren ihm eine Gelegenheit, nichts weiter. Der Nationalismus war ihm ein Instrument, das man benutzte, solange es brauchbar war, in diesem Fall erst zur Zerschlagung, dann zur Verschlingung des ganzen tschechoslowakischen Staates. Das war das nächste Ziel. Mittlerweile aber mochten Europas und Amerikas Star-Journalisten nach Nordböhmen eilen, um Lebensbedingungen und Forderungen der Sudetendeutschen am Ort zu studieren, mochte der große Lichtkegel auf sie fallen und diese betrogenen Menschen sich im Mittelpunkt der Weltgeschichte fühlen, so wie ein paar Monate früher die jetzt im grauen Alltage des Nazireiches versunkenen Österreicher sich im Mittelpunkt gefühlt hatten. Übrigens lehrte ein Blick auf die Karte, daß die Loslösung der Deutschen aus dem tschechoslowakischen Staat und seine Auslöschung praktisch ein und dasselbe war. Ohne die Industrien Nord- und Ostböhmens, die Festungen, die Verbindungslinien hörte die Prager Republik allemal auf, ein Staat zu sein; sie hätte dann nur im Schatten des Reiches, nahe-

zu vollständig von ihm eingekreist, eine ohnmächtige Satelliten-Existenz fristen können. Die Westmächte hatten die Annexion Österreichs als eine innerdeutsche Angelegenheit untätig hingenommen. Im Falle der Tschechoslowakei konnten sie das nicht. Dazu war die internationale Rolle, welche die Republik 20 Jahre lang gespielt hatte, denn doch eine zu bedeutende gewesen. Eine Allianz mit Frankreich, ein bündnisähnliches Verhältnis zu Rußland, eine »Entente« mit den Balkanstaaten, eine beträchtliche Popularität in Amerika, eine schlagkräftige Armee, eine strategische Position von klassischer Bedeutung, dies alles getragen von einem Volk, das auch bei großzügigster Beurteilung als »deutsch« nicht anzusprechen war – hier konnte man nicht so tun, als ginge es im Grunde niemanden etwas an. Im Mai begann denn auch die Pariser Diplomatie wohl oder übel zu rumoren: ein Angriff auf die Tschechoslowakei würde den europäischen Krieg auslösen. Dem stimmten die Russen bei. Selbst England, durch keinen Vertrag gebunden, erhob in Berlin warnende Vorstellungen. Angesichts dieser scheinbaren Abwehrfront zuckte H. am 23. Mai zurück und ließ erklären, niemand plane einen Angriff gegen die Tschechen. Genau eine Woche später schrieb er eine Weisung an seine Generale: »Es ist mein unabänderlicher Entschluß, die Tschechoslowakei in absehbarer Zeit durch eine militärische Aktion zu zerschlagen. Den politisch und militärisch geeigneten Zeitpunkt abzuwarten oder herbeizuführen, ist Sache der politischen Führung.«
Immer war die Methode dieselbe: Unruhe zu stiften, durch Terror allenfalls einen Gegenterror hervorzurufen und dann einzugreifen, angeblich, um Bürgerkrieg und Chaos zu verhindern und den eigenen Freunden zu helfen. Sie war erst in Deutschland angewandt worden, dann in Österreich; nun wurde sie gegen die Tschechen angewandt, auch hier nicht zum letztenmal und auch hier dem lokalen, besonderen Charakter des Falles entsprechend. Die Krise erreichte im Spätsommer programmgemäß ihren Siedepunkt. Auf dem Nürnberger Parteitag Anfang September heulte der Diktator seine Drohungen gegen den verhaßten Schönredner im Hradschin:

er werde »im Herzen Deutschlands« kein zweites Palästina dulden und den bedrängten deutschen Brüdern zur Hilfe kommen, koste es, was es wolle. Am Ort selbst, in Eger, in Karlsbad, gab es Unordnung, die von den Tschechen unterdrückt wurde. Die sudetendeutschen Führer erwarteten die deutsche Intervention und mit Recht; der deutsche Angriff auf die Tschechoslowakei sollte am 28. September beginnen. Seinerseits hatte H. nicht unrecht, wenn er behauptete, die Tschechen verließen sich auf ihre westlichen Bundesgenossen und trumpften daraufhin auf. Eduard Benesch wünschte den allgemeinen Krieg, der allein jetzt sein Staatswesen retten konnte, ungefähr wie die Serben ihn 1914 gewünscht hatten. 1914 befanden die Serben sich in der Offensive, 1938 die Tschechen sich in der Defensive.

Sie irrten mit ihren Hoffnungen. Die Franzosen hatten den tschechoslowakischen Staat gründen helfen, weil er ihnen politische, militärische Vorteile zu bringen schien, und solange er das tat, war er ein braver und echter, ein notwendiger Staat. Jetzt brachte er keine Vorteile mehr. Durch die schiere Notwendigkeit, ihn zu verteidigen drohte er Frankreich in einen zweiten Weltkrieg zu ziehen, wozu die Franzosen geringe Lust hatten. Folglich erschien die Tschechoslowakei ihnen jetzt als ein reichlich unnatürliches Staatswesen. Gab es Wege, sich in Ehren oder doch nicht ganz in Unehren aus der Affäre zu ziehen, so war man begierig, sie zu wählen. Vergleichbar fühlte man in England, nur daß der öffentliche Geist hier weniger vom Augenblick korrumpiert, stärker und gerechter war. Wollte H. auf die Unterwerfung Europas hinaus, so waren die Engländer moralisch noch immer bereit, dagegen mit der Waffe zu kämpfen, so wie sie, der Tradition nach, gegen Napoleon und gegen Wilhelm II. gekämpft hatten. Aber er mußte das erst beweisen. War sein Ziel nur, wie er versicherte, die Zusammenfassung aller Deutschen, welche so *wollten,* in einem einzigen nationalen Staat, so war das eine andere Sache. Dagegen konnte man nichts tun, so leidige Folgen es für das europäische Gleichgewicht auch haben mochte. Wenn die Sudetendeutschen wirklich »heim ins Reich« wollten, dann durfte man sie nicht durch einen Weltkrieg daran hindern und war es besser, der Natur, die hier mit dem Recht vielleicht doch ein und dasselbe war, freien Lauf zu lassen. Das beste, meinte die »Times« am 7. September, wäre, das Sudetenland von der Tschechoslowakei zu trennen und zu Deutschland zu schlagen. Als Neville Chamberlain zwei Wochen später überraschend nach Berchtesgaden flog, trug er denselben Vorschlag in der Tasche.

H. hatte für wahrscheinlich gehalten, daß man ihm den Überfall auf die Tschechoslowakei erlauben würde, so wie ein halbes Jahr vorher den Überfall auf Österreich, und hatte das Risiko eines großen Krieges dabei in Kauf genommen. Nun geschah das ihn völlig Überraschende: die Westmächte mischten sich ein, zum erstenmal vorher anstatt nachher, aber nicht, um die Sache selber zu verhindern, vielmehr nur, um ihr eine friedliche Form aufzuzwingen und ihm den ungeheuersten Gewinn ohne Risiko anzubieten; jedoch um ihm mit Krieg zu drohen, wenn er das Angebot ausschlüge und auf eigene Faust handelte. Bei den nachfolgenden Besprechungen, in Berchtesgaden, in Godesberg, schließlich in München, ging es um nichts als die groteske Frage: Einmarsch der Deutschen in die überwiegend deutschsprachigen Gebiete der Tschechoslowakei im Einverständnis mit den europäischen Mächten, an bestimmten Tagen und in bestimmten Etappen, oder deutsches Losschlagen sofort, ohne Europa und gegen Europa. Diese Alternative wäre für H. die wollüstigere gewesen. Ein paar Tage sah es so aus, als würde er sie wählen. Die Besessenheit des Mannes zeigte sich im grellen Licht; er war bereit, den Krieg zu entfesseln, nicht um irgendeiner Sachfrage, sondern um winziger Einzelheiten in einer grundsätzlich schon entschiedenen Sache willen. Schon traf man auch in Frankreich und England kummervollen Herzens die verspäteten Bereitschaftsmaßnahmen, zu denen man imstande war. Auch die Deutschen sahen den Krieg nahen und sahen ihn, genauso wie Engländer und Franzosen, sehr ungern nahen; Truppen wurden, wo sie sich zeigten, nicht mit der Begeisterung von 1914 begrüßt, sondern mit stumpfer, trauri-

ger Gleichgültigkeit hingenommen. Es scheint, daß dieser Stimmungsfaktor seinen Eindruck auf den Diktator nicht verfehlte. Angesichts einer Drohung, welche zugleich ein in der diplomatischen Geschichte Europas beispielloses Angebot enthielt, auch von seinem italienischen Bundesgenossen zur Mäßigung dringend angehalten, entschloß er sich am Ende, das große Teilgeschenk anzunehmen und das übrige auf später zu verschieben, so daß man in München rasch handelseinig wurde. Die Tschechen wurden nicht gefragt. Diese falschen Sieger von 1918 mußten nun ein Diktat hinnehmen, das die Härten des Versailler Vertrages weit in den Schatten stellte. Nicht einmal die Sudetendeutschen wurden gefragt, obgleich der Vertrag von München in den umstrittenen Gebieten Volksabstimmungen versprach. Viele von ihnen wußten nicht recht, was ihnen geschah, waren verdutzt und verwirrt, als nun die mit Erlaubnis Europas bei ihnen einrückenden deutschen Truppen sie von der Tschechoslowakei befreiten. Zu trennen waren übrigens die beiden Völker keinesfalls, solange man nicht zu dem barbarischen Mittel des »Bevölkerungsaustausches« griff. Unter reichsdeutsche Hoheit kamen nun zusammen mit den »Sudetendeutschen« auch nahezu eine Million Tschechen.
So verderbt und verrückt war der Geist des Diktators, daß der Ausgang der Sache ihn tief verärgerte. Indem die Westmächte seine angeblich gerechten Forderungen im Übermaße erfüllten, waren sie ihm in den Arm gefallen bei dem, was sein wahres Anliegen war. »Der Kerl«, meinte er von Chamberlain, »hat mir meinen Einzug in Prag verdorben.« Der Kerl hatte in Wahrheit von den unglaublichen Konzessionen des Münchener Vertrages sich eine Entspannung in Europa und in Deutschland erhofft. Aber die Atmosphäre in Deutschland entspannte sich nicht. Das Heulen und Bellen und beleidigte Drohen durch die Lautsprecher der Versammlungshallen hörte nach »München« nicht auf. Und wie um zu zeigen, mit wem man es zu tun hatte, und jede Illusion über den Charakter des deutschen Regimes zu zerstören, wurden im November die bis dahin abscheulichsten Judenverfolgungen inszeniert;

in einer Nacht alle Synagogen zerstört, Tausende von Juden in Lager geschleppt und gequält, schließlich der deutschen Judenschaft eine »Buße« von einer Milliarde Mark auferlegt. Deutschland, hatte Chamberlain in München gutmütig gesagt, hätte das Staatssystem, welches ihm offenbar entspräche, so wie England das seine, und sollte es ruhig behalten. Konnte man das von einer Regierung sagen, die dergleichen tat, aus freien Stücken tat, ohne daß die Masse des Volkes, gleichgültig oder erbittert zusehend, mit diesen schändlichen Ausschreitungen etwas zu tun gehabt hätte? Schon wenige Wochen nach »München« begannen selbst die zähesten englischen Befürworter der »Beschwichtigungspolitik« Zweifel darüber zu bekommen, ob sie auf dem rechten Weg seien und ob er noch lange würde fortgesetzt werden können.
Der Münchener Vertrag war vieldeutig. Indem die Westmächte die tschechoslowakische Bastion opferten, ohne mit Frankreichs angeblichem Hauptbundesgenossen im Osten, mit Rußland, darüber irgend Kontakt zu nehmen, indem sie die »kleine Entente« der Südoststaaten praktisch aufgaben, schienen sie H. freie Hand im Osten zu geben. Ungefähr so wurde das Ereignis in Deutschland verstanden, weil man hier überhaupt nur Machtpolitik verstand. Das hieß jedoch die Konsequenz westlichen Denkens überschätzen. Die Franzosen hatten sich überhaupt nicht viel dabei gedacht, außer daß sie nicht »für die Tschechen zu sterben« wünschten; sie waren den Engländern gefolgt. Diese hatten keine bewußte machtpolitische Abdankung geleistet, sondern nur noch einmal, ein letztes Mal, gerecht sein wollen. Daß dieser Akt der Gerechtigkeit die Stellung Deutschlands gewaltig stärken würde, wußten sie gut. Seit Napoleon, ja vielleicht seit Karl dem Großen, schrieb Thomas Garwin im »Observer«, sei kein Mann in Europa so mächtig gewesen wie H. seit »München«. Es entsprach der Natur der Dinge. Die kleinen Staaten Mittel- und Osteuropas würden von nun an um Deutschland kreisen, von ihm mittelbar das Gesetz annehmen, so etwa, wie das Königreich Portugal es Jahrhunderte lang von England angenommen hatte. Solange es in zivilisierten Formen geschah, solange diese

Völker doch immerhin bei ich zuhause die Herren blieben und ein klein wenig diplomatischen Spielraum behielten, solange war das in Kauf zu nehmen. Mehr nicht. Eine natürliche, friedliche Auswirkung von Deutschlands Schwergewicht in Mittel- und Osteuropa – ja. Neue Staatsstreiche, Gewalttaten, Betrügereien und Blitzkriege – nein. Zum Schluß brach England mit H. über einer Formsache. Es sind ja aber Formen, welche das Zusammenleben der Menschen möglich machen. Und die Form, welche H. wählte, kam aus dem Wesen.

Mittel- und Osteuropa eine deutsche Einflußzone, das hätte er haben können. Er hatte es schon. Ein »Rette sich wer kann« ging nun durch die Erbstaaten des alten Österreich, auch wohl ein »Bereichere sich wer kann« – durch Anlehnung an Deutschland, auf Kosten des Nachbarn. Die Regenten Polens verschmähten es nicht, an der tschechischen Beute teilzuhaben und sich selbst ein Stück – das Teschener Industriegebiet – aus dem wunden Körper zu schneiden, uneingedenk der Gefahr, daß morgen sie treffen könnte, was die Tschechen heute traf. Auch Ungarn ließ sich von Deutschland und Italien ein Stück der Slowakei zedieren. Die Tschechen angehend, so hofften sie wohl noch, aus den Trümmern ihres großmannssüchtigen Gebäudes ein bescheidenes Häuschen bauen zu können, aber sie waren klug genug, um zu sehen, wer fortan der wahre Hausherr sein würde. Sie sagten sich los von der Politik Masaryks und Beneschs, ließen den gescheiterten Präsidenten ohne Bedauern in die Verbannung ziehen, räumten Slowaken und Ukrainern die Autonomie ein, welche Deutschland für diese seine neuen Schützlinge verlangte, erlaubten dem Reich quer durch ihr Land eine Straße zu bauen, die extra-territorial sein sollte, entließen Juden aus ihren Ämtern – kurzum, benahmen sich artig als das, was sie nun waren. Wenn nur der Schein gewahrt bliebe, wonach sie noch einen Staat hätten, Armee, Diplomatie und ein Minimum von Würde. Damit hätte der ausschweifendste deutsche Imperialismus sich wohl zufrieden geben können.

Nicht so der Mann in Berchtesgaden. Wie ein Morphinist sein Gift nicht aufgeben kann, so konnte er nicht lassen von Plänen zu neuen Machtergreifungen, Überrumpelungen, geheimen Marschbefehlen und prunkvollen Einzügen. Es wühlte in ihm, daß man ihm in München nur einen Teil des Staates serviert hatte, den er ganz hatte schlingen wollen; sein von billigen Siegen verwöhnter und geblähter, von Schund-Philosophie verdorbener Geist fand kein Interesse an Einflußsphären, friedlicher Zusammenarbeit – und solchen undramatischen Sachen. Vor »München« hatte er geschworen, das Sudetenland sei seine letzte Forderung. In München hatte er zugesagt, den Bestand der Rest-Tschechoslowakei zusammen mit den anderen Großmächten zu garantieren. Während des Winters entzog er sich der Erfüllung dieser Zusage, auf welche Frankreich höflich drängte. Im März kam an den Tag, warum. Es entstanden Streitigkeiten zwischen Tschechen und Slowaken – das war eine Wiederholung der österreichischen und der sudetendeutschen Krise, nur daß diesmal nicht Deutsche und Deutsche, nicht Deutsche und Slawen, sondern Slawen unter sich, mit deutscher Ermunterung, einander belästigten. Wieder mußte hier Ordnung gemacht werden. Der Präsident der Tschechoslowakei wurde nach Berlin befohlen. Man stellte den schwachen alten Herrn vor die Wahl, entweder die deutsche Invasion, die Zerstörung Prags durch Bombengeschwader hinzunehmen, oder sein Volk der deutschen Schutzherrschaft anzuvertrauen. Der Präsident unterschrieb; das »Protektorat Böhmen-Mähren« wurde proklamiert; deutsche Panzer rollten, ohne auf Widerstand zu treffen, nach Prag und Brünn; der Diktator genoß eine Nacht in der Burg der alten Könige von Böhmen.

Machtpolitisch bedeutete das keine Veränderung. Wenn es zum Charakter eines echten Staates gehört, sich gegen den Angreifer zu wehren, seien die Siegeschancen auch noch so schlecht, so war die Tschechoslowakei seit München kein echter Staat mehr und war vielleicht niemals einer gewesen. Um so mehr hätte es im Interesse Deutschlands gelegen, den Schein zu wahren. Um des baren Vergnügens willen, die verhaßten Tschechen nun ganz zu seinen Füßen zu sehen und »Protektor von Böhmen« zu heißen, zerriß H. den Schleier, der seine Poli-

tik bisher notdürftig bedeckt hatte. Das Unrecht von Versailles wiedergutzumachen, alle Deutschen, *nur* alle Deutschen in einem Heim friedlich zu versammeln, um diese schönen Ziele ging es nun nicht mehr. Vor aller Welt stand er da als Wortbrecher und Lügner. Wer vom Charakter des Mannes, vom Inhalt seines Buches »Mein Kampf«, von der Art seines Aufstieges und seiner Regierungskunst auch nur eine blasse Ahnung hatte, für den kam das nicht überraschend; wohl aber für Neville Chamberlain. Nach einem kurzen Moment des Zögerns rasselte Englands langjährige »Beschwichtigungspolitik« unter empörtem Lärm in nichts zusammen. Auch gegen den Prager Gewaltstreich unternahmen die Westmächte nichts; aber sie erkannten das »Protektorat« nicht mehr an, wie sie die bisherigen »blutlosen Eroberungen« anerkannt hatten. Also folgte ein Zustand zwischen Krieg und Frieden, eine tatsächliche Ordnung der Dinge, die nicht rechtens wurde. Wir fügen hinzu, daß, wenn H. sich mit dem »Protektorat« begnügt und nun Ruhe gegeben hätte, sie auf die Dauer wohl rechtens geworden wäre. Die Zeit macht manches legitim, und das, was sie nicht ändern konnten, hätten England und Frankreich schließlich auch hingenommen. Wenn H. nun Ruhe gegeben hätte – dies »Wenn« ist freilich von einer Art, über die nachzudenken sich gar nicht lohnt.
Bis zum März 1939 hantierte er mit Zwecken und Zielen, die, von einem anderen Menschen mit anderen Mitteln verfolgt, gerecht hätten sein können. Die Eliminierung der Albernheiten des Versailler Vertrages, die Freiheit Österreichs und der Deutschböhmen, über ihr staatliches Dasein selber zu bestimmen, das waren auf dem Papier gerechte Forderungen im Sinne der angelsächsischen Tradition. Innere Wahrheit hat diese Unterscheidung zwischen der gerechten deutschen Außenpolitik bis zum Münchner Vertrag und dem Übergang zur Vergewaltigung fremder Völker seit dem März 1939 trotzdem nicht. Sie erklärt nur, oder hilft zu erklären, warum die Westmächte bis 1939, mit bösem Gewissen hinsichtlich der Vergangenheit, mit gutem Willen hinsichtlich der Zukunft, dem Gaukler so wenig Widerstand leisteten. Sie wollten jetzt gerecht

sein. Er war es nie; er kannte den Unterschied zwischen Recht und Unrecht überhaupt nicht. Unrecht wurde, was immer er anrührte; ein Ding wie der »Anschluß« Österreichs, der an sich etwas ganz Schönes hätte sein können, wurde zu Betrug, zu wollüstiger Gewalt verpatzt und schimpfiert, der Volkswille selbst zur hysterisch heulenden Masse degradiert, in der ein klarer Wille weder festgestellt werden, noch auch nur sich formen konnte. So wie H. in Deutschland die Demokratie gegen sich selber gekehrt und durch die Demokratie zerstört hatte, so zerstörte er die europäisch-angelsächsische Ordnung durch ihre eigene Idee, das Selbstbestimmungsrecht der Völker. Die gleiche, gutmütige Schwäche, die gleiche Ratlosigkeit und Verwirrtheit, die ihm in Deutschland begegnet war, begegnete ihm in Europa.

Englands »Beschwichtigungspolitik« wurde zur Tragödie oder Tragikomödie der Irrungen nicht bloß darum, weil hier jemand zum Frieden bestimmt werden sollte, der seinem eigenen Eingeständnis nach zwischen Frieden und Krieg keinen Unterschied sah. Neville Chamberlain und seine Freunde täuschten sich auch über die Stellung des Diktators in Deutschland. Das, was sie ihm zugestanden, glaubten sie allen guten Deutschen zuzugestehen; während sie in Wirklichkeit die Stellung des Diktators gegenüber seinem eigenen Volk stärkten und den Widerstand der Besten im Keim ersticken halfen. Die sudetendeutsche Krise ist ein Beispiel dafür. Die Überzeugung, daß die Westmächte den tschechischen Staat nicht preisgeben würden und H.s Politik direkt zum großen Krieg triebe, war damals in Deutschland verbreitet. Es war eine Furcht; die wurde in München beschwichtigt. Mit der Furcht aber waren in den Geistern einiger hervorragender Männer Hoffnung und Wille zum Handeln verknüpft; die wurden in München erstickt. Diese Dinge sind leider über den Status heimlichen Redens, Reisens und Planens nicht hinausgekommen. Trotzdem wäre das Bild deutschen Geschehens in jenen Tagen falsch, wenn wir sie nicht erwähnten.

Der deutsche Widerstand gegen H. hat im August und September 1938 seine höchste Dichtigkeit erreicht. Das hieß nicht viel; die Massen, große Parteien und Organisationen waren nicht dabei und konnten, so wie der totale Staat eingerichtet war, nicht dabei sein. Die Eingeweihten aber und zur Tat Bereiten standen an wichtigen Posten oder nahe bei ihnen; im Generalstab, in der »Abwehr«, dem Spionagedienst des Heeres, in zentralen Armeekommandos, im Berliner Polizeipräsidium, im Auswärtigen Amt. Da sie an solchen Posten standen, also dem Machtsystem, dem sie opponierten, zugleich dienten, so war ihre Haltung unvermeidlich eine zwischen erlaubter, warnender Kritik – insofern es so etwas überhaupt noch gab – und eigentlichen Verschwörungsplänen schwankende; wie auch andererseits die Grenzen zwischen loyalem Staatsdienst und Opposition schwankend waren. Mancher deutsche Diplomat, Militärattaché, der Staatssekretär des Auswärtigen selber gab damals den Engländern Ratschläge und Winke, welche dem Diktator als Landesverrat hätten erscheinen müssen. Nahezu alle hohen Generale warnten, daß Deutschland einem großen Krieg militärisch und wirtschaftlich nicht gewachsen sei. Der Stabschef des Heeres, Ludwig Beck, verfaßte Denkschrift auf Denkschrift, in denen er auf die Isolierung und tödliche Gefährdung des Reiches durch H.s Politik verwies. Wenn das noch »legale« Opposition war, so ging Beck im geheimen darüber hinaus, zumal, nachdem er im August sein Amt niedergelegt hatte. Es handelte sich ihm nun nicht mehr bloß um die Verhinderung des Krieges, sondern um die Chance, im letzten Moment die verderbte Parteidiktatur zu stürzen. Dabei wollte er zunächst noch den Diktator selber schonen, den Schlag nur gegen die Geheime Staatspolizei, die Berliner Parteibonzen führen. Sein Nachfolger als Generalstabschef, Halder, übernahm diese Pläne und trieb sie weiter. Was die Generale Halder, Witzleben, Hoeppner, Beck, Oster samt ihren zivilen Helfern schließlich vorbereiteten, war der militärische Staatsstreich, die Verhaftung H.s und aller seiner Helfershelfer in der ersten Stunde nach der Kriegserklärung. Ein Protest, für welchen man das Material bereithielt, würde dann die Schandtaten des Regimes vor allem Volk beweisen, eine Militärregierung überleiten zu demokratisch begründeten

Rechtsverhältnissen... Der Kummer, den das Studium dieser Pläne, das Lesen der vorbereiteten Aufrufe, der Briefe, der späteren Berichte und Zeugenaussagen heute noch bereitet, wird nur gemildert durch die Bewunderung, welche die menschliche Größe der Beteiligten erregt, General Becks vor allem. Sie waren sehr einsam, handelten unter schrecklichen Gefahren für sich selber in einem Bereich, der ihrer Erziehung und Standestradition fremd wie der Urwald war. Sendboten, die sie nach London schickten, wurden von dem Ersten Minister mit äußerster Kälte behandelt; man müsse, meinte Neville Chamberlain, mit der Deutschen Regierung arbeiten, nicht mit privaten Hassern und Phantasten, hinter denen nichts stünde. Loszuschlagen waren die Verschwörer trotzdem bereit, und in den Tagen nach Godesberg sah es noch einmal so aus, als wäre die entscheidende Stunde nahe. Im letzten Augenblick gab H. nach und gaben die Westmächte noch viel mehr nach. Das Ausmaß des in München von der deutschen Erpressungsdiplomatie errungenen Sieges machte jedes Handeln unmöglich. Die Kleinmütigen hatten unrecht behalten. Es wäre damals, muß man sagen, für die freie, christliche Großmacht England leichter gewesen, mit dem Tyrannen zu brechen, als es für deutsche Offiziere war, gegen ihren Oberbefehlshaber zu revoltieren. Auf den Bruch hatten sie gerechnet. Da er nicht kam, aber statt seiner die feierlichste Versöhnung und Verbrüderung, ein Versprechen der Engländer und Deutschen, nie wieder gegeneinander Krieg zu führen, brach der innerdeutsche Widerstand zusammen. Die Verschwörer verliefen sich; der eine zog sich ins Privatleben zurück, der andere auf seinen ohne Glück, aber doch pflichtgemäß gemachten Dienst. Auf die leidenschaftlichen Hoffnungen und Spannungen des September folgte die dumpfe, fatalistisch hingenommene Schwüle des nächsten August.

Der große, aber mittelmäßig regierte, amorphe polnische Nationalstaat hatte sich 1919 auf Kosten der Deutschen und Russen ausgedehnt; manche im Taumel billigen Sieges damals getroffene Regelung hätte man besser vermieden. Der sogenannte »Korridor«, der Ostpreußen vom Reich trennte, war eine Mißgeburt abstrakter, die Wirklichkeit mißachtender Gerechtigkeit, die »Freie Stadt« Danzig reiner Unfug. Die Stadt war deutsch. Die Polen glaubten des Danziger Hafens unbedingt zu bedürfen und konnten sich auf die verstaubte Geschichtsbuchtatsache berufen, daß Danzig bis 1793 zu Polen gehört hatte. Die Sieger in Paris hatten in ihrer Weisheit beschlossen, daß Danzig weder deutsch noch polnisch sein sollte, sondern selbständig, unter der Kontrolle des Völkerbundes und zum polnischen Wirtschaftsgebiet gehörig.
Mittlerweile war der Besiegte von 1918 praktisch der Sieger geworden. In das Bild eines von Deutschland beherrschten Mitteleuropa paßten jene polnischen Erwerbungen nicht mehr recht. Andererseits hatte das Deutsche Reich unlängst so enorme Machtgewinne erzielt, war es schon so weit über das zu Versailles Verlorene vorgestoßen, daß es die wenigen Überbleibsel der Versailler Ordnung nun wohl auf sich hätte beruhen lassen können. Unvermeidlich geriet dann Polen noch tiefer in den deutschen Machtkreis, als es schon 1938 der Fall war, und wurde der Frage, wie die Grenzen im einzelnen verliefen, der Stachel genommen... Aber hat es auch nur Sinn, von vernünftigen Möglichkeiten zu reden, da, wo alle Argumente nur Vorwände waren, hinter denen der Irrsinn eines grenzenlosen Macht- und Zerstörungswillens sich verbarg? – Kurz nach »München« ließ H. den Polen einen Vorschlag machen, der auf dem Papier sich leidlich ausnahm. Sie sollten Danzig herausgeben, eine »extraterritoriale« Straße quer durch den »Korridor« erlauben und sich kräftiger als bisher Deutschlands antirussischer Politik anschließen. Dies war ihr Elend: sie waren ein stärkeres, älteres und echteres Staatsvolk als die

Tschechen und konnten nicht freiwillig abdanken. Aber jeder Verzicht, den sie leisteten, war der Beginn eines Verzichtens auf ihre staatliche Existenz überhaupt. Denn ihr ganzes Staatswesen ruhte auf früher russischem und früher deutschem oder habsburgischem Boden, und es war preußisch-deutsche Tradition, den ganzen polnischen Staat, nicht nur eine Abnormität wie Danzig, als auf die Dauer unerträglich anzusehen. Polen hatte sich 1919 im Westen wie im Osten größer gemacht, als es hätte sein sollen; es war damals in seinem Ehrgeiz so siegesgebläht und blind gewesen wie die anderen kleinen Nationen. Wäre es aber bescheidener aufgetreten, so hätte ihm das später auch nichts geholfen. Der Schwäche, dem vorübergehenden Ausfall Rußlands und Deutschlands verdankte es sein staatliches Dasein. Darum mußte es wohl oder übel so tun, als hätte seit 1919 sich nichts geändert, und tapfer auf dem Schein seines damals erworbenen Rechts bestehen – oder abdanken. Auf die ersten deutschen Forderungen wären neue gefolgt. Was dann? Die Polen wären als Satelliten in H.s russische Katastrophe gerissen worden wie die Rumänen und Ungarn; oder irgendwann hätte ein polnischer Volksaufstand gegen die deutsche Herrschaft den Nazis genug Grund für dasselbe Ausrottungsunternehmen geliefert, welches 1939 Polens diplomatischer Widerstand ihnen lieferte. Heil konnte Polen aus der Krise dieser Jahre nicht hervorgehen, was immer es tat.

Es wählte den Widerstand, das diplomatische NEIN. Damit waren Art und Augenblick seiner Katastrophe schon entschieden. Im Mai 1939 erklärte H. vor seinen wichtigsten Generälen, der Krieg sei unvermeidlich. »Danzig ist nicht das Objekt, um das es geht. Es handelt sich für uns um die Erweiterung des Lebensraumes im Osten ... Es entfällt also die Frage, Polen zu schonen, und es bleibt der Entschluß, bei erster passender Gelegenheit Polen anzugreifen.« Eine Wiederholung der »Tschechenaffäre« sei nicht zu erwarten. Zum Krieg werde es kommen, gegen Polen allein, oder gegen Polen und die Westmächte gleichzeitig. Alle Brücken würden dann abgebrochen sein, niemand mehr nach Recht oder Unrecht fragen.

Überraschend stärkte Neville Chamberlain Ende März die Stellung Polens durch ein Hilfsversprechen. Es war Englands Antwort auf die Annexion von Prag und ein Umschwung seiner Politik; von der »Beschwichtigung« zur Drohung, von der insularen Neutralität zur Bindung auf dem Kontinent. Diktiert von Entrüstung und Enttäuschung, verspätet, hastig und unsolide, wie dieser erste britische Schritt schien, zeigte er doch, welche Grenzen jetzt erreicht und überschritten waren. Man hatte in München die äußersten, noch allenfalls zu rechtfertigenden Zugeständnisse gemacht, nicht aber Deutschland einen Freipaß für jede Gewalttat in Osteuropa gegeben. Man war müde der Erpressungen und Täuschungen und der uralten Politik des Gleichgewichts, welche keine Hegemonialmacht über Europa duldete, im Prinzip noch immer verpflichtet. Indem England sich an Polen band, lebte auch die fast vergessene polnisch-französische Allianz wieder auf. Zögernd, mit halbem Glauben, folgte Frankreich der britischen Führung. Die Westmächte, nachdem sie ihre stärkste Position in Mitteleuropa, die Tschechoslowakei, um der Gerechtigkeit willen preisgegeben hatten, schickten sich an, den Rest zu verteidigen, wenn nicht mit Taten, so doch mit Gesten.
Die genügten nicht. Wenn man wirklich 1914 wiederholen wollte – und so dürftig war die Phantasie der Geschichte, daß es darauf hinauszulaufen schien –, so war Polen für Rußland ein schlechter Ersatz, so bedurfte es der Sowjetunion, um den eindämmenden Ring um Deutschland wirksam zu machen. Der ahnungslose Chamberlain zwar hielt Polen für stärker als das zaristische Rußland. Die Franzosen wußten besser Bescheid und auch zahlreiche Briten, Winston Churchill unter ihnen. Sie riefen nach einem Bündnis mit Rußland, das ja französischerseits auf dem Papier schon oder noch immer bestand. Nun war aber der Jammer der, daß alle die östlichen Staaten, welche sich jetzt von Deutschland bedroht fühlten, von der Ostsee bis zum Schwarzen Meer, sich gleichzeitig auch von Rußland bedroht wußten, auf dessen Kosten sie sich 1919 gebildet oder vergrößert hatten, und daß sie mit nur allzu viel Recht der russischen Hilfe nicht trauten. Auch Chamberlain

traute ihr nicht, unterschätzte übrigens die militärische Macht Rußlands – das taten beinahe alle – und behandelte den Kreml mit zurückhaltendem Hochmut. Rußland sollte eingreifen, wenn man es brauchte und nur, soweit man es brauchte. Es sollte eine Ordnung verteidigen helfen, welche 1919 auf seine Kosten entstanden war, die von den Deutschen erkämpfte, von den westlichen Siegern übernommene Ordnung von Brest-Litovsk. Die sollte es verteidigen helfen, aber nur, wenn man es rief, nicht vorher; nicht in Friedenszeiten schon in den Randstaaten die Stellungen beziehen dürfen, welche allein ihm, wenn es zur Krise kam, eine wirksame Defensive ermöglichten. Es war die Nemesis von 1919. Sehr lange hatte es in Osteuropa eine territoriale Ordnung gegeben, welche Deutschen und Russen gefiel, und das war das Solideste. Vielleicht konnte es auch eine Ordnung geben, welche nur einer der beiden Großmächte gefiel. Eine Ordnung aber, die keiner von beiden gefiel, war zu gerecht, um dauerhaft zu sein. Und genau sie war es, die Frankreich und England nun mit schwacher Hand aufrechtzuerhalten versuchten.
Die Nemesis von München kam dazu. Seitdem England die Tschechoslowakei preisgegeben hatte, ohne die russische Großmacht darüber auch nur zu informieren, nährte der Kreml das profundeste, rachsüchtigste Mißtrauen gegenüber der westlichen Politik. Man kann das verstehen; um so leichter, als die »gerechten« Beweggründe, welche zum Münchner Vertrag geführt hatten, den Russen als lachhafte Flausen galten. Stalin selber war ja nicht der Mann, um bloßer Gerechtigkeit willen etwas Handfestes herzugeben; und traute auch anderen das seiner Denkungsart Fremde nicht zu... Folglich waren die Mitteilungen, Angebote und Forderungen, die im Frühsommer 1939 zwischen London und Moskau hin- und hergingen, so unentschlossen tastend wie etwa General von Schleichers parlamentarische Verhandlungen im Dezember 1932. Und wieder und immer wieder: auf der anderen Seite stand jemand, der, wenn er mit seiner Entschlußkraft blasphemisch prahlte, doch guten Grund hatte, mit ihr zu prahlen. H. beobachtete die russisch-westlichen Verhandlungen. Mit der ihm

eigenen Intuition ahnte er, wie flau es mit ihnen stand. Und allmählich – es ist für unsere Zwecke gleichgültig, und man wird auch nie genau feststellen können, wann – allmählich kam ihm der Gedanke, er könnte selber mit einem Schlage tun, was die Westmächte zögernd und stümpernd vorbereiteten: er selber könnte sich mit den Russen vertragen. Er hatte zwanzig Jahre lang gegen den Bolschewismus gedonnert, »Antikomintern«-Fronten gegründet, sich als Verteidiger des Abendlandes gegen asiatische Barbarei präsentiert; er hatte übrigens in Rußland die Gebiete ausgesucht, welche einmal »deutscher Lebensraum« sein sollten. Das könnte später kommen, später wieder aufgenommen werden, man würde dann schon sehen. Der Mensch war so zäh im Verfolgen seiner Fernziele, wie er für den Augenblick ein Opportunist, ein blitzschnell das Steuer herumwerfender Taktiker war. Immer wieder war es ihm gelungen, ein einziges Opfer zu isolieren, indem er nach allen anderen Seiten Versprechungen, Friedensschwüre, Nichtangriffspakte mit vollen Händen auswarf. Das erwählte Opfer war nun Polen. Warum nicht es todesreif machen, indem man etwas Plötzliches, Weitreichendes mit Rußland drehte? – Freundschaft mit Rußland war alte Tradition der preußischen Politik. Aber solche Traditionen galten H. gar nichts; oder galten ihm nur augenblicklich etwas, weil die Gesinnungen der Armee und des in der Armee noch immer einflußreichen preußischen Adels ihm den unglaublichen Kurswechsel erleichterten. Die alten Traditionen, Tendenzen, Grundmöglichkeiten waren dem Wurzellosen alle eins; er hantierte mit ihnen, wie er mit Ideen hantierte – heute die, morgen wieder eine andere, zum Schluß alle, zum Schluß das Nichts.
Es schlichen denn also, während die Verhandlungen zwischen Rußland und den Westmächten ihren holprigen Weg gingen, Verhandlungen anderer Art heimlich nebenher; zwischen Berlin und Moskau. Auch sie rückten langsam vorwärts, es waren nicht einmal konkrete Vorschläge, um die es ging, nur Winke und schmunzelnde Andeutungen, ein vorsichtiges Einander-Aushorchen, ein Spiel im Dunkeln. Anfang August

wurden die Deutschen klarer und dringender mit ihren Angeboten. Sollte der Krieg gegen Polen zu der Zeit beginnen, in der traditionsgemäß Kriege begannen, damit vor Wintersanfang die Beute unter Dach und Fach wäre, dann mußte die russische Sache im Hochsommer bereinigt sein. Stalin seinerseits, als er sah, daß die Westmächte nicht so wollten wie er, und den Krieg sicher glaubte, beschloß, die Furie der deutschen Militärmacht gegen Polen und gegen den Westen anstatt gegen Rußland zu lenken. Die Bombe, die stärkste in der langen diplomatischen Geschichte Europas, platzte am 23. August: ein Nichtangriffs-Vertrag zwischen Deutschland und der Sowjetunion. Das war er der Form nach in seinem damals veröffentlichten Teil. Obwohl man den unveröffentlichten Teil nicht kannte, jenes Geheimabkommen, welches vitale Gebiete Osteuropas, Polen, die baltischen Staaten, glatt zwischen den beiden Großmächten teilte, so war doch die allgemeine Bedeutung des Ereignisses augenblicklich klar. Die beiden Tyrannen hatten in drei Wochen zuwege gebracht, was die skrupulösen Westmächte in dreißig Monaten zu tun sich nicht hatten entschließen können. Der Tyrann des Ostens hatte dem Tyrann der Mitte freie Fahrt gegeben, im Westen überhaupt, im Osten bis zu einer unbekannten Grenze. »Jetzt habe ich die Welt in meiner Tasche«, jubelte H., als er von der Unterzeichnung des Paktes in Moskau erfuhr.
Von nun an gab es kein Halten. Es war keine diplomatische Krise wie 1914. Es war nicht so, daß einer handelte aus Angst vor dem anderen, im dunkeln war über das, was der andere plante, daß ein Netz von Mißverständnissen, Verpflichtungen, Versprechungen und Generalstabsplänen alle Mächte verzweifelt in seinen Maschen zucken ließ. Nur ein Staat handelte, das Deutsche Reich, und nur ein Mann in Deutschland, der Diktator selber. Ihn trieb keine Volksstimmung, wie sie den schwachen Kaiser 1914 getrieben hatte, er war frei zu wählen, aber er hatte längst gewählt. Die Hetze gegen Polen, dieses vor einem halben Jahr noch »gute«, noch »befreundete« Polen, erreichte in den Hundstagen Grade, wie selbst die Hetze gegen die Tschechen im Vorjahr sie nicht erreicht hatte. Hier

gab es kein Zurück, weil es keines geben sollte. Immer noch hätte H. gern seinen Krieg gegen Polen allein gehabt; es scheint, daß er bis zum letzten Tage hoffte, die Westmächte würden sich draußen halten und ihre feierlichen Versicherungen, daß sie es diesmal *nicht* würden, seien nur Bluff. Aber auch ihr Eingreifen nahm er in Kauf, wie er seinen Leuten ruhigen Mutes mitteilte. Wieder warf er seine Versprechungen aus: wenn man ihn nur noch Polen zerschmettern ließe, so würde er von nun an ewig Frieden halten und würde das britische Weltreich gegen alle seine Feinde zu verteidigen bereit sein. Es verschlug nichts mehr. Er hatte zu oft betrogen. Die Engländer antworteten, sie wollten keinen Vorteil aus der Preisgabe eines verbündeten Staates ziehen. Verhandlungen könnte es noch immer geben, aber sie hätten zwischen Berlin und Warschau stattzufinden, nicht zwischen Berlin und London, und nicht im Zeichen der Gewalt... Vergebens die letzten Vermittlungsversuche abenteuernder Privatleute; vergebens die Beschwörungen des kriegsunwilligen, nicht bereiten Italien. Der Befehl für den Angriff auf Polen war für den Morgen des 26. gegeben. Am Abend des 25., als die Truppen bereits in Bewegung waren, zog H. ihn noch einmal zurück, weil Mussolini ihm die unwillkommene Mitteilung hatte zugehen lassen, er könnte zunächst nicht folgen. Neue Schwankungen im Kopf des Diktators; neue kurzatmige Betrugsmanöver; Bestimmung des 1. September als Angriffstag. Ein letztes Scheinangebot, das Polen nie erhielt, das auch den Engländern nur mündlich, nicht schriftlich, mitgeteilt wurde, und von dem H. später meinte, er habe dem eigenen Volk gegenüber ein Alibi gebraucht. Überschreiten der polnischen Grenzen am 1. September. Am 3. Ultimatum der Westmächte, welche sofortigen Rückzug verlangten; verneinende deutsche Antwort; Kriegserklärungen Englands und Frankreichs... Bei alledem war kaum noch Spannung, nicht wie 1914, nicht einmal wie in den Tagen von München; nur dumpfe, wie veraltete, fast langweilige Fatalität. Wenn einer sagt, er wolle Krieg machen, und ihn macht, wenn die andern sagen, sie würden eingreifen, falls er ihn macht, und dann wirklich ein-

greifen; wenn einer dasselbe Spiel von Hetze, Drohung, falschen Angeboten, Friedensschalmei und Kriegsgekreisch immer und immer wiederholt – wo sollte da noch Spannung herkommen?
In den Tagen der Tschechenkrise hatte der englische Botschafter aus Berlin berichtet: »Die Stimmung geht entschieden gegen den Krieg, aber die Nation befindet sich hilflos im Griff des Nazisystems... Die Menschen sind wie Schafe, die zur Schlachtbank geführt werden. Wenn der Krieg ausbricht, werden sie marschieren und ihre Pflicht tun, mindestens für eine Zeit.« Eine gute Beobachtung, für 1939, wie für das Jahr vorher. Isoliert, verhetzt, betrogen wie sie waren, fiel ein Teil der Deutschen – nur ein Teil – auf H.s »Alibi« herein, auf das sonst kein Mensch in der Welt hereinfiel; sie glaubten wirklich, es sei in letzter Stunde ein annehmbares Angebot gemacht worden und die blinden, fanatischen Polen hätten es abgelehnt. Sie glaubten wohl auch an den polnischen Angriff, den H. durch verurteilte, in polnische Uniformen gesteckte, am Tatort zu Tode gespritzte Verbrecher fingieren ließ. Aber auch wenn sie all den unsagbaren Schmutz nicht geglaubt hätten, so hätten sie trotzdem gehorcht und jeder die ihm angewiesene Arbeit getan. Dahin war es nach sechs Jahren immer tiefer krallender Naziherrschaft gekommen: ein einziger konnte befehlen, was er wollte. Fünfundsiebzig Millionen Menschen folgten nach. Sie gehorchten ohne Freude, sie glaubten ohne Freude. Der Kriegsausbruch war keine Erlösung wie 1914; nur das Weiterschleichen der längst vertrauten Krise in ein neues, unbekanntes und gefährliches Stadium. So tief unwillkommen war der deutschen Nation der Krieg, daß die regierenden Oberpsychologen in den ersten Tagen das Wort selber vermieden und von einer Polizeiaktion oder bloßen »Vergeltungsmaßnahmen« gegen Polen sprachen. So ist es dann auch während dieses langen, letzten, schlimmsten und dümmsten der europäischen Kriege geblieben. Siege machen keine Freude, wie sehr auch die Propaganda Stolz und Haß aufzupeitschen suchte; sie wurden gleichgültig hingenommen. Niederlagen bestätigen das, was die meisten von Anfang an dumpf

geahnt hatten. Nur solche Siege, die das Ende näher zu bringen schienen, fanden ein Interesse; Friedensgerüchte lösten den einzigen echten Jubel aus.

Betrachtung

Für den Beginn des Zweiten Weltkrieges gibt es keine »Kriegsschuldfrage«. Auch solche bewährten Nationalisten und langjährigen, spät oder nie abgefallenen Mitarbeiter H.s wie Hjalmar Schacht oder Franz von Papen teilen uns in ihren Erinnerungen mit, daß er allein für den Krieg verantwortlich zu machen sei. Er selber hat das 1939 im vertrauten Kreise gern und stolz bestätigt. Und Göring wußte es, als er am ersten Tag, wie vor dem eigenen Tun schaudernd, äußerte: »Wenn Deutschland diesen Krieg verliert, so Gnade ihm Gott.« – Die Einfachheit des Hergangs war kein Trost während der Kriegsjahre. Später war sie eine Bequemlichkeit. Sie hat uns das wissenschaftliche und scheinwissenschaftliche Gezänk um die Verantwortung erspart, welche die Zeit nach 1918 vergiftete. Bleibt nur, die Irrtümer herzuzählen, welche den Schuldigen zu seinem Verbrechen antrieben. Es ist eine Schichtung von Irrtümern; vom falschen historischen Urteil und der daraus gezogenen Lehre an der Oberfläche reicht sie bis zur blasphemischen Selbstvergötterung und zum Wahnsinn auf dem Grunde.

Von Anfang an war H. entschlossen, den Ersten Weltkrieg noch einmal und diesmal richtig zu führen. Dazu gehörte vor allem, daß es keinen 9. November 1918 mehr geben dürfte, ein Versprechen, das er nicht einmal, sondern tausendmal gegeben hat. Nie war er fanatischer und mit verzerrterem Gesicht bei der Sache, als wenn er es abgab. Eine Wiederholung des 9. November 1918 zu verhindern, Deutschland entsprechend zu regieren, den Krieg entsprechend zu führen – dies war ein Leitmotiv seines ganzen Werkes; und zwar kam es aus der Überzeugung, daß ohne den 9. November Deutschland den Ersten Weltkrieg hätte fortführen und schließlich gewinnen können. Es war ein Irrtum. Aber es bedurfte des entsetzlichsten Experimentierens, um zu beweisen, daß es ein Irrtum war. Kein anderes historisches Fehlurteil hat je so blutig bezahlt werden müssen.

Warum, ferner, hatte Deutschland den Ersten Weltkrieg geführt? Warum mit falschen Zielen? Was waren die richtigen, um deretwillen es ihn zu wiederholen galt? Hier findet die Lebensraumtheorie ihren Platz. Deutschland, glaubte H., brauchte mehr Raum, brauchte ihn in Europa und auf Kosten anderer Völker. Es hat hiergegen der General Beck schon im Jahre 1937 treffend eingewandt, daß »die Bevölkerungslage als solche sich in Europa seit tausend Jahren und länger so stabilisiert hat, daß weitgehende Änderungen ohne schwerste und in ihrer Dauer nicht abzusehende Erschütterungen kaum noch zu erreichen scheinen...« Auf dem alten Kontinent für die Deutschen mehr Platz zu finden durch Unterwerfung, Reduzierung oder Ausrottung anderer Völker, nach anderthalb Jahrtausenden noch einmal Völkerwanderung zu spielen, war ein auch durch die äußersten Schandtaten gar nicht durchführbarer Knabentraum. Das Problem ihrer Ernährung, der Erhaltung ihres hohen Lebensstandards gab es für die Deutschen so gut wie für die Engländer, die Italiener, die Japaner. Aber so ließ es sich nicht lösen. Tatsächlich leben die Deutschen im Moment, in dem dies niedergeschrieben wird, ungleich besser, als sie zu der Zeit lebten, da Polen und die Ukraine und die Balkan-Halbinsel von ihnen ausgeplündert wurden.

Den Bolschewismus angehend, so hat H. den Krieg nicht um seinetwillen geführt. Er hat im Gegenteil, um den Krieg überhaupt beginnen zu können, den Bolschewismus weit nach Westen dringen lassen, den östlichen Teil Polens, die drei baltischen Länder ihm ausgeliefert und so genau das getan, wozu 1939 die Westmächte sich nicht verstanden. Als er zwei Jahre später trotzdem gegen Rußland losschlug, tat er es nicht, weil er den Bolschewismus stark und sein Europa von ihm bedroht glaubte. Im Gegenteil, er fiel zurück auf seine alte Theorie, wonach das bolschewistische Rußland schwach und den Deutschen zur Beute bestimmt sei, und glaubte, es in fünf Monaten erledigen zu können. Erst als er im Winter 1942 die furchtbare Stärke Rußlands erfuhr, änderte er seinen Ton und hat seitdem den Krieg mehr und mehr als einen notwendigen Verteidigungskrieg Deutsch-Europas gegen moskowitische Barbarei dargestellt. *Dieser* Charakter des Krieges hat dann auch vielen Deutschen sich als sein wahrster und ernstester eingeprägt. Er ist aber eine durch spätere Erfahrungen ermöglichte Konstruktion, welche mit den wahren Taten und Motiven von 1939 nichts zu tun hat.

Die persönlichste Idee H.s und ungefähr die einzige, an die er wirklich geglaubt hat, war die von der Weltverschwörung und Gefahr des Judentums. Im Widerstand Europas, Englands, Rußlands, Amerikas, überall glaubte er die Juden zu finden. In Wahrheit waren die Juden keineswegs eine Weltmacht, viel weniger eine verschworene. Sie waren schwach und hilflos, eine jede Gemeinde in ihrem Lande. Daß H. die deutschen Juden quälte, hinderte England nicht daran, fünf Jahre lang seine »Beschwichtigungspolitik« zu treiben. Die Juden blieben in Deutschland, die meisten von ihnen, weil sie nicht wußten, wohin sie gehen sollten, und auch weil sie gute Patrioten waren, die an das ihnen drohende Urteil nicht glauben konnten; und sie blieben so lange, bis sie ein grauenvolles Ende fanden. Auch der Bolschewismus stand nicht unter jüdischem Einfluß, wie H. behauptete. Wenn zu Lenins Zeiten einige Juden in Rußland führende Stellungen innegehabt hatten, so waren sie von Stalin alle längst abgesetzt und ausgerottet. Die Weltverschwörung des Judentums war eine Chimäre. Auf das schutzloseste Volk der Welt hat H. sich gestürzt, nein, auf gar kein Volk, auf Millionen einzelner Menschen, die sich den verschiedensten Völkern zugehörig fühlten, und hat sie um ihrer »Rasse«, ihres Namens willen zu Tode bringen lassen.

Die Philosophie dahinter war die, daß im Kriege alles erlaubt war, daß in der Natur immer Krieg war, daß der Mensch zur

Natur gehörte. »Herz verschließen gegen Mitleid. Brutales Vorgehen. Achtzig Millionen Menschen müssen ihr Recht bekommen. Ihre Existenz muß gesichert werden. Der Stärkere hat das Recht. Größte Härte.« Verträge heute zu unterschreiben und morgen zu brechen, zu täuschen, zu betrügen, einzelne zu morden, ganze Rassen auszurotten – das war unter Menschen immer so gewesen; derjenige, meinte H., würde gewinnen, der solche Künste auch jetzt und mit Konsequenz zu üben den Mut hatte. – Blickt man auf die Weltgeschichte, nicht, wie sie nach christlicher Morallehre sein sollte, sondern wie sie wirklich ist, so kann man dieser Theorie nicht jede Wahrheit absprechen. Unrecht wird viel geübt, unter Völkern wie unter einzelnen, manch großes Unrecht ist triumphierend und nie gestraft in die Geschichte eingegangen. So steht es im Machiavelli, so steht es im Thukydides. Auch wird man dem deutschen Tyrannen zugestehen müssen, daß er für das Unrecht der anderen, die Heucheleien der christlichen, westlichen Demokratien einen scharfen Blick hatte. Den Widerspruch zwischen ihren Worten und Taten erkannte er. Im Irrtum befand er sich aber auch hier, und von jeder Moral abgesehen: in einem praktischen Irrtum. Und zwar darum, weil er übertrieb. Wenn immer Unrecht geübt worden ist, so gab es in unserm zwanzigsten Jahrhundert, im Herzen Europas, geübt von einer der zivilisiertesten Nationen der Erde, ein Maß von Unrecht, das der Welt nicht erträglich war. H. trieb es so weit, daß zum Schluß niemand mehr mit ihm verhandeln wollte; das stolze, tiefanständige England schon seit dem September 1939 nicht mehr, und seit dem Juni 1941 überhaupt niemand. Er trieb es so weit, daß schließlich nahezu die ganze Welt sich gegen ihn zusammentat, Amerikaner, Engländer, Russen, Inder. Diese unnatürliche Allianz hielt keinen Tag länger aus, als er selber aushielt, aber so lange hielt sie, sie hatte keinen anderen Zweck, als den einen, unerträglichen Menschen loszuwerden. Er ruinierte sich durch dieselben Künste, durch die er sich hochgebracht hatte. Ruchloser zu sein als die andern, das war sein einfacher Trick gewesen, damit hatte er die Macht erst über Deutschland, dann über Europa gewonnen. Schließ-

lich wurde die Welt so ruchlos wie er, gegen ihn und gegen das Volk, das er sich zum Instrument seines Willens gefügig gemacht hatte. Da wirkte denn der Trick nicht mehr, und es konnten nun die Alliierten gegen ihn und seine Deutschen das Recht des Stärkeren üben. Wie sollte die Welt nicht stärker sein als ein einzelner Mensch und ein einzelnes Volk? – Es ist eine ganz einfache Geschichte, bei aller Schrecklichkeit.
Endlich überschätzte der Mensch sich selber. Intelligenz, Intuition, Phantasie, Willenskraft, die hatte er und wußte es. Auch Glück hatte er lange Zeit. Daraus schloß er, daß er einer der größten Männer aller Zeiten sei, auf der anderen Seite es aber nur mit Kleinzeug zu tun hätte. »Die Gegner haben nicht mit meiner großen Entschlußkraft gerechnet. Unsere Gegner sind kleine Würmchen. Ich sah sie in München.« Seine Gegner waren jedoch nicht so erbärmlich, wie er glaubte, weil er ihren Langmut und guten Willen für Erbärmlichkeit hielt. In Churchill, Roosevelt, Stalin fand er Gegenspieler, die ihm sogar in der ausdauernden Kraft des Willens gewachsen waren.
Im gewissen Sinn war das Spiel, welches England und Frankreich 1939 spielten, so veraltet wie H.s eigenes Spiel. Es entsprach den europäischen Realitäten und Europas veränderter Stellung in der Welt nicht mehr. Aber eines entsprach dem andern. Der Plan H.s, Europa im Napoleonstil sich zu unterwerfen und zugunsten der Deutschen auszuplündern, Deutschland durch Europa zur Weltmacht zu erheben, war in der Mitte unseres Jahrhunderts eine barbarische Kinderei, nichts weiter. Ihr antworteten die Westmächte, indem sie, im alten englischen Anti-Napoleon-Stil, Gleichgewichtspolitik betrieben: ein hastig entworfenes System von Allianzen um Deutschland herum, die »große Koalition«. Sie nahmen die Sache da wieder auf, wo sie sie 1918 hatten fallenlassen; die Engländer ihre Blockade, die Franzosen ihren Stellungskrieg. Indem aber Europa der Welt gegenüber die Lebenskraft nicht mehr hatte wie 1813 oder 1914, hatte es sie auch gegen sich selber nicht mehr, reichte es zum europäischen Gleichgewicht nicht mehr. Die Franzosen machten die altgewohnten Gesten, führten im

August 1939 die alte feine Diplomatensprache, aber nicht mehr das alte Schwert; es war keine Kraft, keine Lust, keine Hoffnung hinter ihren Gesten. Das Allianzsystem im Osten brach zusammen wie ein Kartenhaus. England hatte wohl noch den Stolz und den Mut, aber nicht mehr die Macht. Es konnte den Krieg niemals entscheiden, nur so lange fristen, bis etwas vollständig anderes aus ihm wurde, kein europäischer, kein Gleichgewichtskrieg mehr. Es ist dann auch die europäische Ordnung, die man retten wollte, 1945 nicht wiederhergestellt worden und ist insofern der ganze Krieg umsonst gewesen. Man hatte sich sechs Jahre lang bemüht, einen gewissen H. zufriedenzustellen und hat dann sechs Jahre lang geschossen und Bomben geworfen, um ihn loszuwerden. Was auch erreicht wurde; aber sonst nicht viel.

Dennoch Kriegsschuldfrage?

Etwa zwanzig Jahre lang gab es für 1939 keine »Kriegsschuldfrage«. Es gibt sie auch heute unter ernsten Forschern und ehrlichen Politikern nicht, weder deutschen, noch nichtdeutschen.

Aber die Intelligenz, lehrt uns Schopenhauer, ist die Magd des Willens. Indem Deutschland wieder zu Kräften kam, kam auch der Wille gegen eine beschämende Wahrheit wieder zu Kräften. Nicht im Betrieb der Wissenschaft, der nach wie vor ein beispielhaft wahrheitswilliger ist, wohl aber im Geist von Demagogen und jener, die sich von ihnen gern betrügen lassen. Prompt haben sich dann auch ein paar angelsächsische Schriftsteller eingestellt, die, sei es in der Torheit ihres Herzens, sei es in schierer Sophistenfreude, dem neuen Widerstand gegen die Wahrheit ihre witzlosen oder überwitzigen Argumente liehen. Lohnt sich die Auseinandersetzung mit ihnen? Wissenschaftlich lohnt sie sich nicht, denn die Wissenschaft ist sich einig. Lohnen mag sie sich, insofern die Aufgabe des Historikers ja auch mit der des Lehrers und Erziehers etwas gemeinsam hat.

Es sei denn also im Folgenden der »Ausbruch« des Ersten Krieges noch einmal verglichen mit der »Entfesselung« des Zweiten, der zugleich eine geisterhafte Wiederholung, eine Fortsetzung, eine Steigerung des Ersten war *und* auch völlig neue Elemente ins Spiel brachte.

Daß der Erste Weltkrieg eine Fortsetzung haben würde, hat Marschall Foch schon 1919 prophezeit, als er meinte, der Friede von Versailles sei kein Friede, sondern ein Waffenstillstand, der zwanzig Jahre dauern würde. Es ist erstaunlich wie, auf das Jahr genau, die Menschen manchmal voraussehen oder -raten.

Die Wiederholung ist überall, bis ins Persönliche. Churchill und Roosevelt waren im Ersten Krieg schon tätig, nur eine bis zwei Stufen tiefer. Roosevelt wiederholte 1942 nicht bloß sich selber; er wiederholte auch Woodrow Wilson, dessen bewundernder Freund und Schüler er war. Er wollte es besser machen als Wilson, realistischer, belehrt durch mannigfache Erfahrungen, aber die Grundkonzeption blieb die gleiche: Kampf für Demokratie und nationale Selbstbestimmung, gegen Autokratie und Barbarei, Völkerbund und »Nie-wieder-Krieg« am Ende. Wobei das Unheimliche ist, daß, was 1917 nur zu einem geringen Teil zutraf, was damals den Kern der Sache nicht traf, ihn 1942 völlig traf oder noch nicht einmal erreichte. 1917 hatte man »Wolf« gerufen, aber der Kaiser war keiner. Nun war der Wolf da und noch grausamer als man wußte.

Der amerikanisch-russische Konkurrenzkampf um die Gunst des unfreien Teiles der Welt, um die Gunst einer echten oder falschen Freiheitsgöttin, 1917 und wieder 1941 begonnen, erreichte beide Male seinen Höhepunkt nach Kriegsende.

Hitler wiederholte Wilhelm und Ludendorff, indem er es ungleich besser machen wollte als sie. »Damals war es der Kaiser; jetzt bin ich es . . .« Überaus schicksalsträchtig sind seine Beziehungen zu Ludendorff, in dessen angeregtem und wirrem Kopf die Eliminierung des Unterschiedes zwischen politischer Führung und Kriegsführung, zwischen Zivilisten und Soldaten schon 1916 spukte, der später in seinem Buch über den »Totalen Krieg«, zumal im Kapital über den »Feldherrn«, genau das Amt beschrieb, das Hitler einnehmen sollte – einschließlich des letzten Hitler'schen Aperçus, wonach der Feldherr für sein Volk zu groß sein könnte. Die beiden fanden sich bald nach 1919 zusammen. Was sie wieder auseinandertrieb, waren verschiedene Anschauungen, nicht so sehr der Sache, wie der Rolle, welche sie selber in der Sache zu spielen gedachten.

Wiederholung war die Mächtekonstellation in ihrem Kern, Deutschland gegen England, Frankreich, Rußland und Amerika. Ein »renversement des alliances« gab es nur auf zweitrangigen Theatern, Italien, Japan. Dieses spielte im Zweiten Krieg eine ungleich aktivere Rolle als im Ersten, aber doch nur eine sekundäre. Sobald Deutschland gefallen war, fiel Japan auch und war bereit, aufzugeben, schon vor Hiroshima. Beide Male kämpfte Deutschland gegen die Welt; beide Male war für alle seine konzentrierte Kraft die Last zu groß.

Niemand wollte die Wiederholung. Alle hatten sich Methoden, Grundsätze, kodifizierte Gesetze ausgedacht, um sie zu vermeiden.

Die Amerikaner ihre Neutralitätsgesetzgebung, die sie ein für allemal davor bewahren sollte, in einen europäischen Krieg hineinbetrogen zu werden. Die Franzosen ihre Maginotlinie. Die Engländer ihre »Beschwichtigungspolitik«: kein Wettrüsten, keine Teilung Europas in zwei Bündnissysteme; keine Vereinsamung des potentiellen Gegners, mit dem diesmal man reden, reden und wieder reden und ihm jede Gerechtigkeit zuteil werden lassen wollte. Das gipfelte im Münchner Vertrag; einer völlig beispiellosen Operation, und einer, die halb gerecht war oder scheinen konnte, wäre nur ihr Nutznießer es gewesen. »München«, das ist ungefähr so, wie wenn Deutschland im Jahre 1913 den Franzosen freiwillig Elsaß-Lothringen zurückgegeben hätte, damit endlich Friede wäre. Und vielleicht wäre danach wirklich dauernder Friede gewesen, im Jahre

1913; gleiche Handlungen haben nicht die gleichen Wirkungen zu ungleichen Zeiten. Vielleicht wäre auch 1914 der Friede gerettet worden, hätte damals Sir Edward Grey sich zu einer Reise nach Berlin entschlossen, oder hätte er eindeutig erklären können, was England im Kriegsfall tun würde.
Das Letztere tat Nevil Chamberlain seit März 1939, eben weil Grey es nicht getan hatte. Jetzt die Erklärungen und Warnungen, die überhasteten Bindungen und Bündnisse – um die Wiederholung zu vermeiden.
Von dem gleichen Willen war Adolf Hitler völlig besessen. Und zwar war, was er nicht wiederholen wollte: der Juli 14; die Jahre 14–18; der November 18.
Kein neuer Juli 14. Kein unbemeisterter »Ausbruch« eines großen Krieges, sondern die mit eisernen Nerven zum rechten Moment durchgeführte Entfesselung eines beschränkten; keine Kaskade von Kriegserklärungen in Unfreiheit, sondern ein Überfall in Freiheit; kein Mehrfrontenkrieg, sondern die Vernichtung der Gegner Stück für Stück bei ungewisser Reihenfolge.
Keine Jahre 14–18. Keine für den Krieg unbereite, gespaltene frei-diskutierende Nation, sondern die eisern geeinte, einem einzigen Willen unterworfene. Daher der in den Friedensjahren aufgebaute Nazi-Staat; daher im Krieg die Arbeit der Propaganda und der Scharfrichter. Keine »Kriegszieldiskussion«, keine Verstrickung in völkerrechtliche Grundsätze, kein der Sache ungemäßes Maß; daher das Überfallen von einem Dutzend Neutraler, die erstrebte Vernichtung ganzer Nationen, die Eroberungen, denen überhaupt keine Grenze gesetzt war.
Kein 9. November 1918 mehr. Daher die absolute Unterwerfung der Militärs unter den Politiker, die Bestrafung des bloßen Gedankens an Niederlage mit dem Tod, das Weiterkämpfen »bis fünf Minuten nach zwölf«.
Warum trotzdem sich alles in gespenstischer Übersteigerung wiederholte? Es ging ungefähr nach Plan bis zum Winter 1942. Polen wurde einzeln niedergeworfen, die französisch-englische Intervention war eine papierene, die nicht wirkte.

Frankreich wurde einzeln niedergeworfen und Jugoslawien danach. Daß auch Rußland einzeln niedergeworfen werden würde, war die Überzeugung aller, zum Beispiel der eingeweihtesten Amerikaner. Was Hitlers Kette von Einzelüberfällen dennoch zum Weltkrieg werden ließ, was die Konstellation von 1917 wiederherstellte und steigerte, war das Durchhalten der Roten Armee, eine Tatsache von überaus nachhaltiger Wirkung. Daß die Prophezeiung Marschall Fochs eintraf, heißt nicht, daß sie eintreffen *mußte.*

Wohl war der Ausgang des Ersten Weltkrieges ein schiefer, unglücklicher, und wäre ein Verständigungs- oder Ermattungsfriede – den zu verhindern beide Seiten das ihre taten – besser gewesen. Indem der wahre Sieger, Amerika, seinen Sieg verleugnete und der andere Staat, der zum Sieg gewaltig beigetragen hatte, Rußland, im Mächtespiel ausfiel, stand Deutschland einem triumphierenden aber vital schwächeren, seines Triumphes tief unsicheren Frankreich gegenüber und wußte es. Darum das Wühlen im deutschen Gemüt, die Weigerung, die neue Situation als dauernd anzuerkennen. Das rechte Ende des Vierjahrekrieges wäre ein föderiertes Europa gewesen, denn er hatte das Prinzip autonomer National- und Machtstaaten in Europa ad absurdum geführt. Daß man stattdessen erst jetzt das schon anachronistische Nationalstaatsprinzip mit äußerster Folgerichtigkeit verwirklichte und nur dem stärksten europäischen Nationalstaat, Deutschland, unbillige Beschränkungen auferlegte, brachte unser Jahrhundert in Unordnung.

Aber diese Unordnung zu überwinden war man in den späten Zwanzigern und frühen Dreißigern auf gutem Weg. Es ist nicht wahr, daß von der Möglichkeit, den Versailler Vertrag zu revidieren, kein Gebrauch gemacht worden wäre. Seine Revision war in vollem Gang, bevor Hitler zur Macht kam. (Aufnahme Deutschlands in den Völkerbund, vorzeitige Räumung des Rheinlandes, vorzeitiges Ende der Reparationen, Anerkennung von Deutschlands militärischer Gleichberechtigung.) Hitlers »unblutige Siege« sind keineswegs nur dadurch zu erklären, daß er, im Gegensatz zu Stresemann, die rechten, nämlich die brutalen Methoden anwandte. Sie sind ebenso gut dadurch zu erklären, daß er in dem Moment zur Macht kam, in dem das Gewissen Englands und auch Frankreichs für eine Revision des Versailler Vertrages im Sinn der Gerechtigkeit reif und überreif war. Es ist dies ein anderes Motiv hinter der »Beschwichtigungspolitik«, das zu oft übersehen wird. Im Resultat hatte Deutschland im Oktober 1938 noch gewisse geringe, völlig harmlos gewordene Absurditäten zu dulden, war aber gleichzeitig schon das, was zu sein es ein Anrecht hatte, wenn man mit dem Nationalstaatsprinzip ganzen Ernst machte, bei weitem der mächtigste Nationalstaat Europas, größer und mächtiger, als es 1914 gewesen war. »Nationalpolitische Einigung«, erklärte Hitler im Mai 1939, »ist erfolgt, außer kleinen Ausnahmen.« Nicht um dieser kleinen Ausnahmen willen wurde der Zweite Weltkrieg begonnen. Sie hätten ihn nicht gelohnt.

Hitler erstrebte nicht den gesamtdeutschen Nationalstaat. Er erstrebte nicht eine Revision des Versailler Vertrages, eine Wiederherstellung des Reiches von 1914, das weder ein reiner noch ein vollständiger Nationalstaat gewesen war. Er hat solche Ziele mit Verachtung abgelehnt. Was er wollte, war die Unterwerfung oder Ausrottung nicht-deutscher Völker, die Herrschaft über grenzenlose Gebiete, die nicht deutsch waren; Ziele, die, seiner Überzeugung nach, Deutschland im Ersten Krieg hätte erstreben und erkämpfen sollen, aber weder erkämpft noch erstrebt hatte. Für ihn war der Zweite Krieg eine Wiederholung des Ersten mit den rechten Mitteln zum rechten Zweck.

Die fauligen Ideen, die hier am Werk waren, stammten aus dem späten 19. Jahrhundert. Die fauligen Energien – Ideen ohne Energie wirken nicht – aus dem Ersten Krieg und der ersten Niederlage. Insofern, aber nur insofern, stammte der Zweite Krieg aus dem Ersten und setzte er ihn fort. Der Wille, der ihn entfesselte und weitertrieb, war ein anderer.

Er war neu und gleichzeitig ganz und gar anachronistisch. Europa glaubte 1938 an Krieg nicht mehr. Darum, noch einmal, die Beschwichtigungspolitik; darum das langsame Auf-

Touren-Kommen des Krieges, das leichte Überranntwerden Frankreichs. Die Franzosen, die sich im Ersten Krieg so glorreich geschlagen und das Vergebliche aller Opfer und Siege erfahren hatten, wollten diesmal nicht kämpfen.

Glaubte Deutschland an Krieg, Sieg, Herrschaft? Daß die Generale nicht daran glaubten, ist notorisch. Und die Leute? In einer Schweizer Zeitung vom 5. September 1939 wird aus Berlin berichtet: »Im wenig belebten Stadtzentrum begannen nachmittags um ein Uhr dreißig Lautsprecherwagen zu zirkulieren, um das heute dem britischen Botschafter überreichte Memorandum zu verbreiten. Das Publikum, das mit der ziemlich lang geratenen Polemik gegen England nicht viel anzufangen wußte, gab weder Zeichen des Beifalls noch der Mißbilligung und zerstreute sich, sobald die Wagen sich wieder entfernten. Gegen drei Uhr nachmittags waren noch keine Extrablätter erschienen. Allmählich strömten die Leute auf dem Wilhelmplatz zusammen, der nach und nach schwarz von Menschen wurde, die schweigend zu den Fenstern der Reichskanzlei aufblickten. Schon die benachbarten Straßen waren aber einsam und verlassen.« – Bekanntlich wurde selbst das Wort »Krieg« in den ersten Tagen vermieden. Auch die Deutschen glaubten nicht mehr an ihn und wollten ihn nicht. Sie gehorchten; das ist alles.

Sie hatten Hitler nicht gewählt, damit er ihnen Krieg brächte. Damit er sie von den Qualen der Wirtschaftskrise erlöste, hatten sie ihn gewählt; die Wirtschaftskrise hatte mit dem Zweiten Weltkrieg so wenig zu tun wie mit dem Ersten. Aber nachdem Hitler einmal da war und seine Macht gesichert hatte, konnte er tun, was er wollte; ein anachronistischer Zufall. So kann es in der Geschichte kommen; was plötzlich da ist, in einem momentanen Anfall von Massenmißlaune und Massenwahn akzeptiert wurde, kann Eigengesetzlichkeit annehmen und eine neue Ursachenreihe beginnen. So wie eine Krebskrankheit plötzlich beginnt, dann aber ihren eigenen Verlauf nimmt.

Dem Anachronismus entspricht die Ödigkeit der Sache, der Zynismus, der mangelnde Glaube überall. Der Zweite Krieg

hat noch ungleich mehr Opfer gefordert als der Erste, aber er hat nicht das gleiche historische Gewicht. Den Kriegshandwerker mag auch er und ebenso interessieren; den Historiker nicht. Man vergleiche die Literaturen, welche beide Kriege hervorbrachten. Man vergleiche die Spannungen, die Fülle widersprechender Tendenzen und Möglichkeiten in Deutschland, den Reichtum an bedeutenden Figuren während der Jahre 14–18 mit der Eintönigkeit von Propaganda und Scharfrichterei im Zweiten Krieg, einer Nacht, in der der 20. Juli das eine und einzige tragische Licht bedeutet.
Seit jeher hat man von einem »Ausbrechen« des Ersten Krieges gesprochen. Für den Beginn des Zweiten hat der Schweizer Historiker Walter Hofer den Begriff der »Entfesselung« vorgeschlagen und durchgesetzt. Beide Worte sind nützlich zum Verständnis der Sachen und ihres Unterschiedes.
Auf den allerersten Blick bietet sich eine gewisse Ähnlichkeit. 1914 wollten die Österreicher, auch die Deutschen, eine bewaffnete Strafaktion gegen Serbien, und hofften, sie könnte lokalisiert bleiben, stellten aber die Möglichkeit bis Wahrscheinlichkeit einer russischen Intervention in Rechnung. 1939 wollte Hitler seinen Krieg gegen Polen und nahm die Möglichkeit einer westlichen Intervention in Kauf, ohne, trotz aller Warnungen, mit ganzem Ernst an sie zu glauben. Serbien fühlte sich der russischen Rückendeckung sicher; anderenfalls hätte es wahrscheinlich das österreichische Ultimatum en bloc akzeptiert. Polen fühlte sich der englischen Rückendeckung sicher; anderenfalls hätte es vielleicht Ende August kapituliert, was es im Moment, aber ganz sicher nicht auf die Dauer gerettet hätte. – Hier hört die Parallele schon wieder auf.
Das Österreich Franz Josephs dachte nicht im Traum daran, noch konnte es daran denken, »Lebensraum« zu erobern oder sich auf eine Kette von Kriegen einzulassen. Auch Serbien wollte es nicht erobern, schon allein darum nicht, weil die Magyaren es nicht erlaubt hätten, und wußte überhaupt nicht, was es mit einem geschlagenen Serbien anfangen sollte. Gegenüber der revolutionären, das Mittel des Mordes nicht verschmähenden südslawischen Einheitsbewegung befand es sich in

einer echten Staatsnot. Keine andere Großmacht war 1914 weniger expansiv, durch ihre innere Struktur so gezwungen, sich auf Verteidigung zu beschränken wie die Donaumonarchie. Es war ein verzweifeltes Defensivunternehmen, zu dem es sich am 7. und 14. Juli entschloß; ein in jedem Fall hoffnungsloses, das tut nichts zur Sache.

Expansiv war das Deutsche Reich. Aber seine imperialen Interessen lagen in Übersee, nicht auf dem alten Kontinent. Es hatte nichts, jedenfalls nichts Greifbares, nichts Vernünftiges mit seinem an sich so wenig von Erfolg gesegnetem, verspätetem Imperialismus zu tun, daß es Juli 14 Österreich stützte und antrieb. Deutschland wollte nicht den einzigen, ihm gebliebenen Bundesgenossen verlieren; oder dann, wenn schon Krieg sein mußte, ihn in einem Moment führen, der günstiger wäre als spätere, da frühere Momente ungleich günstiger gewesen wären. Mehr nicht. Wo, in den allergeheimsten Dokumenten des Juli, findet sich ein einziges Wort, das auf ein Mehr schließen ließe? Wo etwa die Bemerkung, daß es eigentlich gar nicht um die serbische Gefahr sondern um Eroberungen gehe? Wo ein Satz, der auch nur im entferntesten mit diesem zu vergleichen wäre: »Danzig ist nicht das Objekt, um das es geht. Es handelt sich für uns um Arrondierung des Lebensraumes im Osten...« Die *Unbewußtheit* von 1914, das allenfalls heimliche, verdrängte Wirken von Motiven, die gar nicht mitspielen durften, war 1939 durch die äußerste, philosophisch-schamlose Bewußtheit ersetzt.

1914 wußte niemand, ob Krieg kommen würde und niemand wollte ihn. Aber allgemein wurde angenommen, daß er einmal »kommen« würde, daß das wechselseitige Sich-Belauern der beiden Allianzsysteme nicht ewig so fortgehen könnte. Der Begriff des Krieges als eines legitimen Mittels zum Zweck gehörte zur Diplomatie wie zum inneren Aufbau der Gesellschaft.

Die allgemeine Erwartung des Krieges hatte sowohl Furcht wie Lüstern nach dem Gefürchteten im Gefolge. Ebenso war der Schluß, den man aus der periodischen Wiederkehr der Krisen vor *dieser* Krise zog, ein gedoppelter: es würde auch

diesmal gut gehen, weil es etliche Mal gut gegangen war; es würde diesmal *nicht* gut gehen, weil jede Krise gefährlicher war als die vorhergehende und weil ein Fortdauern des Friedens umso unwahrscheinlicher wurde, je länger er schon gedauert hatte. Dahinter stand, daß keine Macht wußte, was die andere tun würde, jede Frieden wollte, aber kein Nachgeben. Das Nachgeben wäre Ende Juli den Russen immerhin billiger gekommen als den Österreichern. Denn die vitalsten österreichischen Interessen waren berührt; die vitalen russischen nicht.
Daraus, daß bis zum 31. Juli niemand mit Sicherheit wußte, ob Krieg sein würde oder nicht, daß niemand ihn mit ganzer Entschlossenheit wollte, daß der Friede noch zu retten war durch eine Annahme der Grey'schen Konferenz und Gesprächsvorschläge, durch den späten und ungenügenden deutschen Versuch, die Österreicher zu bremsen, durch eine Reduzierung des russischen Mobilisationsbefehls auf eine Teilmobilmachung und so fort, ergibt sich das dramatische Element, welches die Julikrise enthält. In seinem Buch »Die Ursprünge des Weltkrieges« schreibt der amerikanische Historiker Sidney Fay: »Nicht nur in Petersburg, sondern überall in den Auswärtigen Ämtern Europas begannen die Verantwortlichen nun unter den Einfluß einer furchtbaren physischen und geistigen Anspannung zu fallen. Überarbeitung, Sorge, Mangel an Schlaf; die unvermeidlichen psychologischen Folgen dieses Zustandes übersieht man zu häufig, wenn man die Ereignisse zu verstehen und die Schuld zu verteilen sucht. Will man begreifen, wie erfahrene und in ihrem Beruf geübte Menschen manchmal die Telegramme, die sich vor ihnen häuften, nicht mehr verstehen konnten, wie ihre Vorschläge verwirrend klangen und mißinterpretiert wurden und wie sie schnell von pessimistischen Ängsten und Verdächten überwältigt wurden, wie sie in einigen Fällen schließlich zusammenbrachen und weinten, dann muß man auch die Nervenqual in Anschlag bringen, welche die Verantwortung für die Sicherheit des Landes und das Schicksal von Millionen Menschen bedeutete.«
Wie anders 1939! Da begriff jeder, was vorging, und keiner

brach weinend über seinem Schreibtisch zusammen. Das Gewissen der einen Seite war gut und durfte es sein; die andere hatte keines. Wenn, sehr im Gegensatz zur letzten Juliwoche 1914, England in den letzten Augusttagen 1939 keine starke Aktivität mehr entfaltete, so darum nicht, weil diesmal der Entschluß darüber, ob Krieg sein sollte oder nicht, nur bei *einem* lag; weil es nach den gemachten Erfahrungen überhaupt keinen Sinn mehr hatte, diesen durch Konzessionen zu beruhigen, über die er ein paar Monate später doch wieder zu neuen Angriffstaten geschritten wäre. Daher das fast Irreal-Langweilige, das Geisterhafte der Vorgänge. Hier war keine echte Krise mehr. Der kranke Friede starb den voraussehbaren Tod; die Ärzte hatten endlich die Hoffnung aufgegeben und wandten ihre Routinemittel ohne Glauben an.

In den dreißiger Jahren waren die gesellschaftlichen Hierarchien nicht mehr militärisch-feudal bestimmt und war der Krieg kein allgemein akzeptiertes Mittel der Politik mehr. Das wird nicht so sehr durch »Völkerbund« und Kellog-Friedenspakt bewiesen, wie durch die Haltung der westeuropäischen Völker und Regierungen. Sie konnten die Wirklichkeit eines großen europäischen Krieges überhaupt nicht mehr fassen; zu tief hatten sie seine Absurdität erfahren in den Greueln der Opfer und in der totalen Unfruchtbarkeit des Sieges von 1918. So führten sie denn auch den Krieg selbst dann nicht, nachdem sie ihn schon »erklärt« hatten. Anfang 1940 hielt der französische Propagandachef Jean Giraudoux eine Rede mit dem eleganten Titel »Warum wir diesen Krieg führen und warum wir ihn nicht führen.«

Von Rußland ist hier nicht die Rede. Stalin glaubte an Krieg in dem Sinn, daß er hoffte, die »kapitalistischen« Mächte würden ihn unter sich führen und er später irgendwie die Früchte ernten. Das Äußerste, was man von Rußland im August 39 sagen kann, ist, daß es Hitlers Krieg in diesem Moment *ermöglicht* hat. Verursacht hat es ihn nicht. Die russische Verantwortung ist 1939 geringer, nicht schwerer, als 1914.

Nur *einer* glaubte 1939 mit der ihm eigenen radikalen Folgerichtigkeit an den Krieg als Mittel zum Zweck. Er hat ihn gewollt, er hat ihn gemacht. »Der Lebensraum, der staatlichen Größe angemessen, ist die Grundlage jeder Macht. Eine zeitlang kann man Verzicht leisten, aber dann kommt die Lösung der Probleme so oder so... Weitere Erfolge können ohne Bluteinsatz nicht mehr errungen werden.« Der Ausdruck, »den Westen *anfallen«*, den er in der gleichen Besprechung gebrauchte, bezeichnet den Geist. Er sah sich, er sah sein Deutschland wie ein wildes Tier.

Was alles nicht heißt, daß er den Krieg so wollte, so ihn sich vorstellte, wie er ihn dann bekam. Wie könnte es das heißen. Krieg ist ein Abstraktum, von dem jeder wirkliche Krieg sich immer unterscheiden wird. Daß er es lieber Stück für Stück gemacht hätte, wissen wir. Niemals aber hätte er Frieden gehalten, auch dann nicht, wenn Polen kapituliert hätte. Wenn er nach der ungeheuerlichen Münchner Konzession nicht Ruhe gab, wenn er schon ein paar Wochen danach sich zunächst einmal im Inneren mit der »Kristallnacht« ergötzte, um den Münchner Vertrag demnächst zu zerreißen, wann wohl hätte er Ruhe gegeben? Carl Jacob Burckhardt trifft in seinen Erinnerungen: (»Meine Danziger Mission«) den Kern der Sache, da wo er schreibt: »... letzten Endes verschafft ihm, wenn er an jenes ›Gegenüber‹ denkt« (nämlich an die ganze noch nicht von ihm beherrschte Welt. GM.) »nur die Ausrottung völlige Ruhe.« – Eine Ruhe, die nicht ganz ohne Kosten für den Rest der Welt zu erreichen war; das muß man gestehen.

Dem »Ausbruch« und der »Entfesselung« entsprach der Verlauf beider Kriege. Der Ausbruch war eine freudige Explosion ungeheurer, lange aufgespeicherter Energien. Der Erste Krieg war mit einem Schlag ganz da und geriet dann ins Stocken. Die Entfesselung war eine allmähliche, zwei Jahre lang fast ganz von dem kontrolliert, der »entfesselt« hatte.

Das Gleiche gilt für die Kriegsziele. Von dem imperialistischen Geschwätz der Alldeutschen vor 1914, von dem Grübeln dieses oder jenes deutschen Financiers über eine zu erstrebende, unter deutscher Führung stehende wirtschaftliche Union Europas gehen ganz unsichere Fäden zu den deutschen Kriegszielen von 1917. Diese wurden erst in der Fieberglut des Krieges ausgeheckt, und nie war sich die Nation, waren sich die verschiedenen Führungsgruppen einig darüber. Dagegen war 1939 nicht der Krieg mit einem Schlag da, wohl aber das deutsche Kriegsziel, und war es längst gewesen. Es stand schon in »Mein Kampf«.

Es war unvermeidlich, daß deutsche Historiker nach 1918 die These von der Alleinschuld Deutschlands zu entkräften suchten, und es war gerechtfertigt. Daß sie ein Politicum daraus machten, lag an den Siegern selber, die, den Findungen der Wissenschaft plump vorgreifend, selber eines daraus gemacht und ihre Reparationsforderung darauf aufgebaut hatten. Natürlich gingen viele deutsche Schriftsteller zu weit. Aus der »Nicht-Alleinschuld« machten sie die Unschuld oder die Alleinschuld der anderen. Aber elementare Tatsachen wie die, daß die russische Mobilmachung, und nicht erst die deutsche Kriegserklärung alles entschied, daß Frankreich notorisch entschlossen war, auf jeden Fall mit Rußland zu gehen, gleichgültig wie der Rechtsfall lag, daß Österreich in der Tat einen sehr schwerwiegenden Rechtsfall in Serbien auszufechten hatte, ließen, auch abgesehen von den Hintergründen, von dem europäischen Mächtesystem und Mächtespiel, welches wieder nicht Deutschland allein erfunden hatte, auch den wahrheitstreuesten deutschen Forschern keine Wahl, als sich gegen die brutalen Simplifizierungen des Gegners zur Wehr zu setzen. Nicht-deutsche Historiker kamen ihnen alsbald zu Hilfe; gleichfalls solche, die, von politischer Leidenschaft verführt, zu weit gingen, und andere, die gewissenhaft der Wahrheit dienten.

Ein ähnlicher »Revisionismus« kann und wird sich im Bereich der Wissenschaft für 1939 niemals ergeben. Mögen die französischen, die englischen Archive einstweilen nur Ausgewähltes preisgeben, niemals wird man in ihnen finden, was unser Urteil über diesen durchaus öffentlichen, durchaus eindeutigen Vorgang im Eigentlichen verändern könnte. Dem historischen Erzähler wie dem Pädagogen bleibt nichts, als die Wahrheit aufrechtzuerhalten und notfalls für ihre Aufrechterhaltung zu kämpfen, so deprimierend die letztere Aufgabe auch ist.

Gern begreifen wir, daß die Jugend von Schuld und Irrtum der Väter, bald der Großväter, von den alten Blutgeschichten zuviel nicht mehr hören will. Die Grundtatsachen müssen trotzdem in unserem Bewußtsein bleiben; denn ohne sie, was auch alles sich zwischen Damals und Heute geschoben hat, ist die Gegenwart nicht zu verstehen.

Charakter und Verlauf des Krieges

Der Erste Weltkrieg hat den Deutschen wie den anderen Völkern Europas am Anfang große Freude gemacht. Er wurde mit Lust und Großartigkeit, mit ungeheuren Zusammenstößen begonnen; und obgleich auch er sich später erweitert hat durch den Beitritt Italiens, der Balkanstaaten, schließlich Amerikas, so war er doch von Anfang an ganz da. Er blieb, was er war, ein europäischer Krieg mit letztlich unbedeutenden Nebenschauplätzen auf anderen Kontinenten, dort wo Europa regierte. Der Grundcharakter des Kampfes änderte sich während der vier Jahre nicht, wie sehr auch seine Intensität sich steigerte; zum Schluß wurde er mit ungefähr denselben Waffen entschieden, mit denen er begonnen worden war.
Zum Zweiten Krieg hatte außer H. und seinen Spießgesellen eigentlich niemand Lust, und selbst der Tyrann wußte nur in den tieferen Schichten seiner Seele, worauf er sich da einließ. Kummer lag 1939 über der europäischen Menschheit; das öde Gefühl, daß nun alles noch einmal gemacht werden müßte und daß, wenn es das erste Mal trotz aller Opfer nicht recht gemacht worden war, es das zweite Mal wohl auch zu nichts Gutem führen könnte. In Frankreich hat dies Gefühl zu Seelenlähmung und Niederlage geführt. Die Deutschen begannen den Krieg; aber Lust hatten auch sie keine dazu, nicht die Zivilisten, nicht die Soldaten, am wenigsten die Generäle. Nie ist

ein Generalstab so unschuldig an einem Krieg gewesen, wie der deutsche es am Zweiten Weltkrieg war, nie ist er so widerwillig an die Ausübung seines Handwerkes herangegangen; nie ist die Politik so sehr der Reiter gewesen, das Heer aber nur das Pferd. Die Diktatur hat den Krieg gemacht. Es war *ihr* Krieg. Die große Mehrzahl der hohen Befehlshaber empfand gegenüber der Diktatur Zweifel und kühle Indifferenz, wenn nicht Haß und Verachtung. Trotzdem haben Generäle, Armee und Volk den Krieg durchgehalten, solange noch ein letzter Rest von physischer Möglichkeit dazu bestand.
Für dies Ausharren bis zum bitteren Ende gibt es spezifische Gründe, von denen noch zu reden sein wird. Im allgemeinen gilt, daß eine intakte Nation – von den besonderen Fähigkeiten der deutschen zu schweigen – den Krieg, wenn er einmal da ist, als ein ernstes Geschäft ansieht und ernsthaft führt. Die Soldaten schlagen sich, weil ihnen nichts anderes übrigbleibt; die Offiziere kennen ihre Pflicht. Das Sich-Ausschließen und Sabotieren ist gegen die menschliche Natur; es gehören dazu abnormale oder sehr, sehr starke Charaktere. Wohl oder übel will man das Schicksal der anderen teilen. Der Krieg als hingenommenes allgemeines Schicksal, als Aufgabe, an der die Nation sich zu bewähren hat, gleichgültig, wie und warum sie gestellt wurde – so wurde er erfahren, nicht von allen, aber wohl von den meisten. Als eine im letzten unpolitische Sache. Gerade nicht als Nazisache, wie sehr auch Nazipolitik für das Beginnen, wie auch für das grausige Durchführen verantwortlich war.
Das Verhältnis des »Regimes« zur Nation während des Krieges ist sonach ein vielspältiges. Der Krieg war H.s Krieg; mehr noch als vor 1939 stand der eine Mensch im Mittelpunkt der Ereignisse und Taten. Aber mehr noch als vor 1939 gehörte zum Krieg das Volk; was logischerweise zu einer neuen, noch stärkeren Einheit zwichen Diktatur und Volk hätte führen müssen. Jedoch ist das Treiben der Menschenwelt nicht logisch. In Wirklichkeit waren Unterschied, Trennung, Feindschaft zwischen Regime und Volk wenigstens in den späteren Kriegsjahren tiefer als im Frieden. Während das Volk H.s

Krieg an den Fronten führte, für H.s Krieg in seinen Städten arbeitete, führte das Regime einen Krieg gegen das eigene Volk, von dem es Tausende abschlachten ließ. 1944 machten die Niederlagen der deutschen Armeen vor dem Feind den letzten und vollständigen Sieg der Nazipartei über das Heer möglich; so daß man wohl sagen kann, das Regime sei nie stärker gewesen als kurz vor dem Ende und habe von dem herannahenden Fall des Reiches noch seinen Vorteil gehabt... Gleichzeitig suchte die Diktatur das Volk auf ihrer Bahn zu halten, indem sie es selber vor aller Welt für ihre eigenen Schandtaten mitverantwortlich machte und ihm mit dem Rachefrieden drohte, welchen ein siegreicher Feind ihm auferlegen würde. »Wir sind jetzt«, das war der kurze Sinn der Propaganda, »auf Gedeih und Verderb miteinander verbunden. Gehen wir unter, dann geht ihr auch unter, denn der Feind wird zwischen uns und euch keinen Unterschied machen.« Dies zugkräftige Argument begann man auszuspielen, sobald die Möglichkeit der Niederlage am fernen Horizont erschien; und die Alliierten taten so gut wie nichts, um es zu widerlegen.

Übrigens wollen wir der Wahrheit die Ehre geben und anmerken, daß die Herzen der Mehrheit leidlich zufrieden waren, solange die Dinge gut und ohne große Opfer gingen. Auch gab es damals viel loses Gerede, wie etwa, der Krieg sei unvermeidlich gewesen, weil man Deutschland als Weltmacht nicht habe hochkommen lassen wollen, oder, er sei die große Auseinandersetzung zwischen Sozialismus und Kapitalismus, und was dergleichen Unsinn mehr war. Das verstummte später.

Am wenigsten unbeliebt war der Krieg gegen Polen, vorausgesetzt, daß er auf Polen beschränkt blieb. Preußen-Deutschland war polenfeindlich seit 1848 und seit 1918. Dem unverschämten Slawenvolke, welches sich einbildete, des Reiches ebenbürtiger Nachbar zu sein, würde man es nicht ungern eintränken. Die Generäle wollten keinen Krieg; aber wenn er schon sein mußte, war Polen der Feind, dem gegenüber sie ihr Können am liebsten erprobten. Es ging dann auch alles sehr glatt. Tapfer, aber altmodisch ausgerüstet und unverständig geführt, waren die Polen dem Ansturm der deutschen Panzerdivisionen keine vierzehn Tage gewachsen. Eine französische Offensive gegen den Rhein hätte die Lage allerdings gewaltig ändern können in einem Augenblick, in dem Deutschland seine Streitkräfte gegen Polen konzentriert hatte und im Westen nahezu wehrlos war. Aber die Franzosen wagten es nicht; sie wollten warten, bis man sie angriffe. Sie hielten praktisch ihr den Polen gegebenes Versprechen nicht, denn die bloße Erklärung des Krieges war keine Hilfe. Sie gaben damit einen östlichen Alliierten noch einmal auf, wie die Tschechen im Vorjahr aufgegeben worden waren. Ein Zeichen der Zeit; ein Verzicht, dessen Folgen sich niemals rückgängig machen ließen. Genauer hielten die Russen ihre neuen Verpflichtungen ein. Am 17. September begannen sie den Einmarsch in die ihnen durch den Moskauer Pakt zugewiesenen polnischen Ostgebiete. Am 5. Oktober hielt H. seine Siegesparade in Warschau ab.

Danach machte er den Westmächten ein Friedensangebot. Er würde Polen behalten, das ganze Polen, abzüglich der vorwiegend nichtpolnischen ukrainischen und weißrussischen Gebiete, die Stalin sich angeeignet hatte. Man würde übrigens Deutschland seine afrikanischen Kolonien zurückgeben müssen. Sonst verlangte er vom Westen nichts und sähe keinen Grund für weiteres Blutvergießen... Es war, noch einmal, das deutsche Friedensangebot von 1916; das Friedensangebot des Siegers, der, wenn man ihm seine Beute ließ, sich mit ihr begnügen wollte. England konnte das nicht annehmen. Es hätte seinen Rang, seine Ehre in der Welt verloren, unwägbare, aber vital wichtige Dinge. Ungleich weniger als die deutschen Angebote während des ersten Krieges hatten jetzt H.s »Friedensoffensiven« Aussicht auf Erfolg. Der Kaiser und Bethmann Hollweg waren doch fromme Ehrenmänner gewesen, keine bewährten Vertragsbrecher und Schurken. Übrigens wissen wir, daß H. selber sein Angebot keine Minute ernst nahm, so vernünftig es auch klang. »Das deutsche Kriegsziel«, schrieb er drei Tage, nachdem er es hatte ergehen lassen, »hat in der endgültigen militärischen Erledigung des

Westens zu bestehen... Diese innere Zielsetzung muß allerdings der Welt gegenüber die von Fall zu Fall psychologisch bedingten propagandistischen Korrekturen erfahren.« Zwischen Nazi-Deutschland und dem noch freien Europa war kein Friede mehr möglich.

Aber die Alliierten wollten auch nicht aktiv Krieg führen. Nach einer Denkschrift ihres Generalissimus, General Gamelin, würde es ihnen erst 1941 möglich sein, zur Offensive überzugehen. Tatsächlich war es den Franzosen überhaupt nicht möglich, weil der Nation die Lust dazu fehlte – eine menschlich-sympathische, energischer Gleichgewichtspolitik und Strategie aber nicht zuträgliche Seelenlage. Man erfüllte den Anspruch nicht, den man durch die Kriegserklärung des 3. September angemeldet hatte. Man wollte abwarten, Verbündete suchen. Daher nun die wunderliche Epoche, die man im Westen den »falschen« oder »Schein-Krieg« nannte: das tatenlose Sichgegenüberliegen an der Westfront, das linkische Tasten nach Nebenschauplätzen und Nebenfeinden. Zweimal, durch Finnland und durch die Türkei, waren die Alliierten darauf und daran, die Sowjetunion auf der Seite Deutschlands in den Krieg zu zwingen – ein Schildbürgerplan, der ihre Ratlosigkeit bewies. In Frankreich war das Gefühl stark, daß die ganze Sache keinen Sinn hätte und man sich mit dem Unvermeidlichen, der deutschen Herrschaft über Europa am besten abfände, anstatt englischen Interessen zu dienen. Aus der Mottenkiste holte man wohl die Kriegsziele Napoleons und Marschall Fochs: die Aufteilung Deutschlands in seine historischen Bestandteile, die französische Rheingrenze. Aber wenige glaubten daran. Und es geschah nicht das mindeste, um solche Träume zur Wirklichkeit zu bringen.

H. hatte keinen Kriegsplan. Die Ziele standen ihm fest: die »Erledigung« aller europäischen Staaten, einschließlich des russischen, und zwar eines nach dem andern, bei Vermeidung eines Krieges an mehreren Fronten. Die Methode, die Mittel, die Reihenfolge selber waren Sache der Improvisation. Zugleich Monarch, Chefpolitiker, Oberbefehlshaber und sein eigener Generalstabschef, zwei ihm unterstellte Planungsorganisationen, das Oberkommando der gesamten Wehrmacht und das des Heeres, mißtrauisch gegeneinander ausspielend, schritt er vorwärts von Gelegenheit zu Gelegenheit, jeweils sich auf eine Unternehmung, einen Überfall, ein Opfer konzentrierend und die Zukunft sich selber überlassend. So hatte er immer Politik getrieben, innere wie äußere; so trieb er jetzt den Krieg. Das Großreich, das er gründen wollte, sollte ein deutsches sein, kein europäisches, aber er wollte es auf europäischem Boden gründen. Das hieß Unterwerfung aller europäischen Völker. Nichts anderes war mit ihrer »militärischen Erledigung« gemeint; auf einen halbwegs freien Bund, sei es unter deutscher Vormacht, hätte er sich nicht eingelassen und dafür war er am wenigsten der Mann. Aber die Unterwerfung, selbst wenn sie gelang, konnte nicht dauern. Man konnte aus der Mehrzahl der Europäer keine Nebenvölker oder Heloten machen. Daß Europa eins werden müßte und die Zeit der kleinen Staaten vorüber sei, darüber ist damals auch unter Belgiern, Holländern, selbst Franzosen gesprochen worden, dafür hätte sich eine gewisse Bereitschaft wohl finden lassen. Niemals für das, was H. bot.

Was er bot, lehrte das Schicksal Polens seit dem September 1939; auch dann, wenn man in unsichere Rechnung brachte, daß der Tyrann zwischen den slawischen und germanischen Völkern unterschied. Seine Polen betreffenden Befehle sind damals nur wenigen bekanntgeworden. Er selber hat sie mit Vergnügen als teuflisch bezeichnet. Das waren sie; denn sie liefen auf die Abschaffung aller Formen höherer ziviliserter Existenz, auf das Töten der Führungsschicht, auf »völkische Ausrottung« hinaus. Die Polen, die gewagt hatten, nein zu sagen zu einer deutschen Forderung, sollten fortan ungelernte Arbeiter für die deutsche Kultur sein, nichts anderes. Zu morden waren ferner die polnischen Juden, Millionen von ihnen. Das begann schon während des Feldzuges oder kurz danach. Ein deutscher Offizier, der ein Gut in Posen hatte, hat später in seinem Testament angeordnet, man möge dort den Ermordeten aus dem Spätherbst 1939 ein Kreuz setzen, mit der Inschrift: »Hier ruhen vierzehnhundert bis fünfzehnhundert

Christen und Juden. Gott sei ihrer Seele und ihren Mördern gnädig.« Ein junger Soldat schrieb aus dem Feldzug nach Hause: »Nie werde ich erzählen, was ich erlebt und gesehen habe.« Das sind Äußerungen von Deutschen, die dabei waren. Polen war isoliert und einsam in seiner Qual damals, aber nichts dergleichen läßt sich ganz geheimhalten. Durch Flüchtlinge, durch deutsche Soldaten wurde etwas vom Schicksal der Geschlagenen in der Welt bekannt. Es hätte Verhandlungen mit H. vollends unmöglich gemacht, wenn sie es nicht schon gewesen wären. So befand sich Europa in dem Widerspruch, daß es gegen die unter H. erkämpfte Machtstellung Deutschlands nichts Ernsthaftes unternehmen konnte oder wollte, daß es auch keine andere echte Lösung des europäischen Problems vorschlagen konnte (denn Frankreichs Kriegsziele waren nur lächerlich); daß es aber die von H. gebotene, in Polen vorexerzierte Lösung nimmermehr hinnehmen konnte.

Der Ausweg aus dumpfer Sackgasse war neuer, echter Krieg. Wieder, wie ein Dutzend Mal seit 1933, ergriff Deutschland die Initiative. Man würde Europa das aufzwingen, was freiwillig hinzunehmen es sich nicht bequemte, und dabei die »sogenannten Neutralen« – ein Ausdrucks H.s – ebenso behandeln wie den erklärten Feind. Das war schon seit Oktober beschlossene Sache; der Einbruch in Frankreich unter Umgehung der »Maginot«-Befestigungslinie, das In-einem-Zuge-Mitnehmen von Belgien und Holland. Wieder warnte das Oberkommando des Heeres, daß so etwas sobald wohl nicht zu wagen und der Gegner zahlenmäßig überlegen sei; wieder wischte H. die Warnungen verächtlich beiseite: er kenne die Franzosen besser. General von Manstein, der, wie viele seiner Kollegen, den Vorgang in seinen Erinnerungen erzählt, spricht hier von einer »Entmachtung des OKH«; man muß aber gestehen, daß das OKH viel Macht schon damals nicht mehr hatte und daß die Krisen seit 1933, durch welche es entmachtet wurde, kaum zu zählen sind. Die Ausführung des Planes, zuerst für November vorgesehen, wurde mehrfach verschoben. Andere Projekte kamen dazwischen. April 1940 fielen deutsche Truppen in Dänemark und Norwegen ein, um die Erz-

zufuhr aus Schweden über den Seeweg und Europas Nordküsten gegen einen denkbaren englischen Zugriff zu sichern. Norwegen unterlag trotz der hastig improvisierten alliierten Hilfe binnen drei Wochen – eine schlagartige Aktion nach H.s Geschmack, mit allen Listen, aller Phantasie und Grausamkeit der »Machtergreifung«. Es ist zwar den Norwegern das Schicksal der Polen nicht bereitet worden. Das Land blieb unter einer eigenen Scheinregierung. Viel Leid hat die deutsche Besetzung trotzdem verursacht und Haß gesät, der heute, nach so langer Zeit, wohl noch nicht ganz abgestorben ist. Zudem wußten seit der skandinavischen Sache und der Art, in der sie durchgeführt wurde, die noch übrigen Neutralen, wessen sie sich zu gewärtigen hätten. Vorsichtig, zögernd hatte dies zweite große Kriegsspiel des zwanzigsten Jahrhunderts begonnen. Seit Norwegen war klar, daß schließlich überhaupt kein Recht mehr in ihm gelten werde.
Die große Offensive im Westen begann im Mai 1940. Sie war im Juni zu Ende und war das Verblüffendste, wovon die moderne Kriegsgeschichte weiß. Die holländische Armee kapitulierte nach drei Tagen, die belgische nach drei Wochen, die französische nach sechs. Auch hier wurde die Strategie des Schreckens geübt; mit der Bombardierung der Stadt Rotterdam, der Zerstörung des Stadtkerns eine Stunde, nachdem Holland sich ergeben hatte, begann eine Art der Kriegführung, die später auf Deutschland zurückwirken sollte. Im großen und ganzen aber ging es bei diesem phantastischen Siege mit rechten Dingen zu. Die Überlegenheit der deutschen Führung, der Truppen, der Waffen errang ihn gegen einen Feind, der zur Wiederholung der Opfer des Ersten Weltkrieges keine Lust hatte. Die Franzosen gingen in jede Falle der Strategie wie der Propaganda. Als das Ein und Alles ihrer Kriegführung, ihre große Befestigungslinie, umgangen und durchbrochen war, blieb ihnen gar nichts mehr. Ihre eigene Panik und Auflösung, die Flucht ungezählter Millionen quer durch das Land nach Süden, hat ihnen mehr Qual verursacht, als der auf Ordnung haltende, alles in allem diszipliniert auftretende Sieger. Unwissenheit, Zynismus, lachende Gleich-

gültigkeit, heimliche Bereitschaft, mit dem Überlegenen, historisch offenbar Berechtigten, gemeinsame Sache zu machen, Abneigung gegen die Welt, welche Frankreichs Frieden störte, Abneigung der sozialen Klassen untereinander, auch wohl das Bewußtsein, daß man selber ja den Krieg »erklärt« hatte und eigentlich schuld daran sei, und nur in den Herzen einer Minderheit leidender Stolz und Verzweiflung – dies war Frankreichs seelisches Bild im Sommer 1940. Die Generäle, überalterte, querköpfige, stark mit dem Faschismus sympathisierende Herren aus glorreicher Vorzeit, die den Krieg nicht hatten führen können, boten den Waffenstillstand an und setzten ihn dem eigenen Volk gegenüber durch. Das konnten sie, weil es dem Sinn der gewaltigen Mehrheit entsprach. H. griff eilends zu und ließ den Waffenstillstand auf eben dem Platz und in eben dem Eisenbahnwagen unterzeichnen, in dem vor zweiundzwanzig Jahren die armen deutschen Parlamentäre dem Marschall Foch begegnet waren.
Aber dieser Akt der Rachsucht und Wollust konnte das Ereignis nicht realer machen, als es war; er konnte nur die Ödigkeit des Hin und Her von Sieg und Niederlage in der sinnentleerten Geschichte des deutsch-französischen Streites symbolisieren. Je größer und beispielloser H.s Siege wurden, desto geisterhafter wurden sie. Auch dem mit verspäteten Geschichtsverwirklichungen – Großdeutschland, Tschechen-Sieg, Polen-Sieg, jetzt Frankreich-Sieg – übersättigten deutschen Volk machten sie wenig Freude, oder Freude nur darum, weil sie das Ende näherzubringen schienen. Westeuropa hatte den Raum und den Willen nicht mehr, gegen Europas militärisch stärkste Macht zu kämpfen. Es hatte aber auch nicht den Willen, sich ihr ernsthaft zu unterwerfen; Völker von der alten Würde und Leistung des holländischen und französischen konnten das nicht. Sie kämpften zum Schein, sie unterwarfen sich zum Schein. In jedem der vier Weststaaten war die Regelung verschieden, je nachdem, ob Monarchen und Regierungen ins Exil gegangen oder da geblieben waren. Wesentlich kam überall ein dem deutschen, italienischen oder spanischen nachgeäffter falscher Faschismus an die Macht, welche vollendete

Ohnmacht war. »Faschismus« muß immerhin souverän sein, muß große Gesten machen können und Volk und Glorie hinter sich haben. Die Faschismen Westeuropas waren Geburten der Niederlage, vertreten durch Männer, die kaum Volk hinter sich hatten und vom Elend des Vaterlandes profitierten. Die Macht, welche sie hatten, war überall die der deutschen Armee, und die war nicht ihre, sie war über ihnen. Darauf ließ sich keine »europäische Ordnung« bauen. In Berlin trieb man es vergnüglich und glaubte die Sache dem Ende nahe. Es wurden ein Dutzend Feldmarschälle ernannt, Truppen demobilisiert, der »größte Feldherr aller Zeiten«, gefeiert. In Wirklichkeit war nichts entschieden.

Wir sagten, daß damals in den Völkern Westeuropas eine Bereitschaft war, sich von alten, politischen Gewohnheiten zu trennen, neue soziale und zwischenstaatliche Formen des Zusammenlebens hinzunehmen. Aber Nazi-Deutschland hatte nichts dazu vorbereitet, es konnte sie nicht geben. »Europa« und »Reich«, Europa und die Macht des deutschen Tyrannen reimten sich nicht aufeinander, und selbst wenn H. den Westvölkern eine annehmbare, freie Ordnung hätte bieten wollen – aber dazu waren er und sein Machtsystem ihrem innersten Wesen nach nicht imstande –, so hätte Englands großes NEIN genügt, sie unmöglich zu machen. Es konnte in jedem Fall kein echter Friede auf dem Kontinent sein, solange England nicht Frieden machte und jedem europäischen Widerstand noch Beispiel und Hoffnung bot. Es schloß keinen Frieden, überhörte das wie verächtlich hingeworfene Angebot, das H. im Juli noch einmal machte. Damit kam ein neuer Ton in das Ganze. Der Feldzug im Osten war für die Polen furchtbar gewesen, aber eine nur örtliche, isolierte Sache, ein Vorspiel, nach welchem der Vorhang lange Zeit nicht aufging. Der Krieg im Westen war nahezu lächerlich ausgegangen. England machte Ernst. Winston Churchill, Krieger, Poet, Abenteurer und Staatsmann, erfaßte H. als das, was er war: »dieser böse Mann, diese Höhle und Verkörperung so vielen seelenzerstörenden Hasses, diese monströse Ausgeburt alten Unrechts und alter Schande...« Er schwor, England würde nicht rasten, bis der ärgste Schandfleck, der je an der Menschheit gehaftet, von ihr getilgt sei. Damals brachte Churchill Sinn und Großartigkeit und etwas moralisch Schönes in den Krieg. England kämpfte ja nicht für sich, es hätte sofort Frieden haben können, oder kämpfte für sich nur insofern, als auch und gerade seine Existenz in der Welt von der Bewahrung menschlicher Grundregeln abhing. Fügen wir hinzu, daß die große Geste auch etwas Gefährliches hatte. Der politische Krieg wurde zum Kreuzzug, zum Kampf der guten Sache gegen die schlechte. Das hat später lästige Folgen gehabt. Aber ließ es sich jetzt noch vermeiden? War H.s Sache, so wie *er* war und wie er sie führte, nicht wirklich die schlechte? Diplomatie mit ihm zu treiben, mit ihm so zu traktieren wie mit normalen Mächten, hatte man lange genug versucht.

Imposant war Englands NEIN, das einzige menschlich große Ereignis in der Geschichte dieses Jahres und vieler Jahre. Nur leider ließ es sich durch keine Tat erfüllen. Die britischen Truppen, an sich in ihrer Zahl unzureichend, hatten aus dem Zusammenbruch in Frankreich ihr nacktes Leben auf die Insel zurückgerettet, sonst nichts. An eine Befreiung des Kontinents war auf Jahre hinaus nicht zu denken, war, solange England allein blieb, niemals zu denken. Das war eine Unwahrhaftigkeit der englischen Stellung während des folgenden Jahres: sie behaupteten, für den Sieg zu kämpfen, der ihnen ganz unerreichbar war, solange nicht andere, stärkere Mächte eingriffen. Wer das früher oder später sein würde, war offenes Geheimnis; aber man sprach es nicht aus.

H., Herr über Europa vom Nordkap bis zur spanischen Grenze, durch den italienischen Bundesgenossen bis Sizilien und Afrika, hatte über die Fortsetzung des Spieles sich zunächst keine Sorgen gemacht. Wie immer hatte er sich, in den Monaten Mai bis Juni, auf ein Opfer konzentriert. Als England sich nicht geschlagen gab, mußte er wohl oder übel die Frage des »Was nun?« stellen und ließ, arg verspätet, die Landung in England vorbereiten. Um sie durchführen zu können, glaubte er zuerst die englische Luftwaffe ausschalten zu müssen. In der ersten wirklich ernsthaften Schlacht des Krieges, der Luft-

schlacht über England, gelang das nicht. Daraufhin beschloß er, England einstweilen beiseite zu lassen.
Es folgte, wie nach dem polnischen Feldzug, eine Periode des Krieges ohne Kriegsschauplätze oder mit nur Nebenschauplätzen, des Tastens und Manövrierens. Italien, das in Frankreich zu spät für seinen Ruhm sich eingemischt hatte, suchte Lorbeeren, indem es die Engländer in Ägypten angriff; das bekam ihm schlecht. Es suchte sie dann durch einen Überfall auf Griechenland; das bekam ihm auch schlecht. Von Mussolini übernahm H. die Idee, man könnte England von Suez abschneiden; daher die deutsche Landung in Afrika. Von Mussolini erbte er wohl oder übel auch den Krieg gegen Griechenland. Dieser floß zusammen mit einer Aktion gegen Jugoslawien oder Serbien. Ungarn, Bulgarien, Rumänien unterwarfen sich der deutschen Führung, lieferten, was man von ihnen verlangte, machten, als man es verlangte, auch Deutschlands Feldzüge mit. Die Serben allein rebellierten im März, brachen den Vertrag, der ihnen aufgezwungen worden war. H. duldete keine Rebellion in Europa und konnte sie nicht dulden; Rebellionen sind ansteckend. Jugoslawien wurde erobert und dann Griechenland. Wieder hatten die Engländer die Hilfe gegeben, die sie geben konnten, wie in Norwegen, wie in Frankreich; wieder waren sie vertrieben worden.
Deutsche Truppen in Oslo und an den Grenzen Ägyptens, in Bayonne, in Warschau, in Athen. Der gesamte Kontinent, mit Ausnahme Schwedens und Spaniens, direkt oder indirekt unter deutscher Kontrolle; auch Spanien, selbst Schweden zu den Hilfeleistungen bereit, die man von ihnen erwartete. Ein phantastisches Abenteuer, eine enorme nationale Energieleistung. An schierer Expansion ging sie schon jetzt über das im ersten Krieg Gewonnene weit hinaus; ob auch in der Überwindung wirklichen Widerstandes, ist eine andere Frage. Europa war 1941 schlaffer und ausgehöhlter als 1916, bereiter, sich zu ergeben. Bisher war alles unglaublich leicht gegangen, nur die Landung in England nicht; und die hatte man gar nicht versucht. Wenn übrigens die Besetzung Europas durch eine einzige europäische Nation für die aktiven Teilhaber an

dem Unternehmen ihre stolze, wohl auch ihre fröhliche Seite hatte, so war es anders für die nur passiven Teilhaber, die nicht-deutschen Völker. Die hatten wenig Freude daran.
Man sprach von der uneinnehmbaren »Festung Europa«. Ein deutscher Professor dozierte über »geschlossene Großräume mit Einmischungsverbot«, von denen der deutsche einer sei. Wie sollte er zu bezwingen sein, solange seine Beherrscher sich nicht in andere Großräume mischten? Im Frühling 1941 war nahezu Friede von der atlantischen bis zur pazifischen Küste Eurasiens, und es ist damals ein japanischer Diplomat in seinem Salonwagen von China über Moskau bequem nach Berlin und Rom gereist. Weniger friedlich war, was er dort zu hören bekam.
Wir können den Tag, an dem H. beschloß, Rußland anzugreifen, nicht genau bestimmen. Eine solche Sache wird nicht an einem Tag beschlossen. Beschlossen war sie im Grund von jeher. Das hindert nicht, daß H. auch andere und widersprechende Pläne in seinem Geist wälzte, und daß er vielleicht ehrlich war, als er dem russischen Außenminister im November 1940 großspurige Vorschläge zur Teilung des britischen Weltreiches machte. »Ehrlichkeit« ist ein Wort ohne festen Sinn in solchem Zusammenhang. Wir haben Andeutungen darüber, daß der Friede mit Rußland nicht dauern werde, schon seit dem Juli 1940. Wir haben den Befehl zur Vorbereitung der Aktion »Barbarossa« im November. Wir haben übrigens in »Mein Kampf« das Kapitel, in welchem entwickelt wird, daß in Rußland und nur dort der Lebensraum zu finden sei, welchen die Deutschen brauchten. Und daran war so viel richtig, daß er in Belgien oder Dänemark ganz gewiß nicht zu finden war.
Es bestand keinerlei Zwang, die Sowjetunion anzugreifen. Sie bedrohte Deutschland nicht. Vielmehr, sie bedrohte Deutschland nur in dem Sinn, daß sie da war, eine bedeutende Industrie- und Militärmacht, der man letztlich nicht trauen konnte, zumal Verträge nichts mehr galten, daß also H. sich nicht ganz auf England konzentrieren konnte, solange es im Osten einen souveränen Staat und eine ungeschlagene Armee gab. Es war die Situation, welche 1812 Napoleon gezwungen haben

soll, sich gegen Rußland zu wenden. Ob nun aber Napoleon wirklich gezwungen war, nach Moskau zu marschieren, ob das ein rationaler politischer Akt war? Immer gab es Historiker, die es bezweifelten. Zudem erfüllte Stalin seine Verpflichtungen gegenüber H. viel pünktlicher, als der Zar Alexander sie gegenüber Napoleon erfüllte. Der Zar schielte nach England, durchbrach die Regeln der Kontinentalsperre und sah den großen Zusammenstoß herannahen. Stalin schielte gar nicht nach England, lieferte den Deutschen treulich, was er zu liefern verpflichtet war, und sah den Zusammenstoß gar nicht kommen. Er schlug die wohlfundierten Warnungen Englands und Amerikas verächtlich in den Wind, H. gab süße Worte bis zum letzten Tag, ging durch wahre Verrenkungen einer »beschwichtigungspolitik«, welche die des armen Neville Chamberlain in den Schatten stellte. Ob Rußland Deutschland überhaupt jemals angegriffen hätte, darüber kann man nur die unsichersten Vermutungen anstellen. Der Natur der russischen Nation, der hergebrachten russischen Strategie, der kommunistischen Doktrin, dem vorsichtigen, ja feigen Wesen Stalins und seinem Respekt vor der deutschen Militärmacht entsprach es *nicht*. In dem Augenblick, in dem H. seine Truppen über die russische Grenze schickte, war es der freie Entschluß eines einzigen. Noch einmal konnte er seine ersten Siege dadurch gewinnen, daß er den Feind überrascht und sehr übel vorbereitet fand.

Es gab deutsche Militärs, welche die Stärke Rußlands nicht ganz so gering schätzten wie die oberste Leitung. Da sie aber bisher mit ihren Warnungen immer unrecht behalten und von ihrem Einfluß auf Politik und Kriegführung beinahe alles verloren hatten, so war ihre Stimme eine sehr dünne; doch hätte sie im Interesse Deutschlands diesmal stark und entscheidend sein sollen. H. erklärte die Nachrichten über Rußlands Stärke für Märchen und war sicher, das Unternehmen vor dem Winter beenden zu können. Man war anderswo nicht besser informiert. Die eingeweihtesten amerikanischen Militärs rechneten mit einem Feldzug von »mindestens einem Monat, im günstigsten Fall von drei Monaten«.

Eine größere technische Aufgabe ist nie bewältigt worden und weil und insoweit sie eine technische, eine Aufgabe für männliches Können war, ging die Nation in ihrer Blüte, dem Heer, mit Ernst daran. Napoleon war mit einer halben Million in einer einzigen Hauptkolonne in Rußland einmarschiert, schwach flankiert von Hilfstruppen südlich und nördlich. Nun wurden Millionen zu drei Offensiven nach vorwärts geworfen; gegen Leningrad, gegen Moskau, gegen den Südosten. Kenner der Kunst versichern uns, diese dreifache »schwerpunktlose« Offensive sei ein Fehler gewesen; man hätte sich auf den Feind anstatt auf die Besetzung schieren Raumes konzentrieren sollen. Aber H. war jetzt der einzige Planer der deutschen Strategie, und ihm lagen die großartigen Umgehungsmanöver, die Eroberung der Städte mit symbolischen Namen, die spektakulären Gewinne, aus denen sich Beute ziehen ließ. Was er wollte, war die Vernichtung des russischen Staates und Volkes. Wie das geschehen sollte und bis zu welcher Grenze, darüber war er sich in seinem zugleich scharfen und trunkenen, wahnsinnigen Geist wohl nicht klar; man konnte ja 180 Millionen Menschen mit den damals zur Verfügung stehenden technischen Mitteln nicht töten. Es wird sich so verhalten haben, daß er bereit war, die Mehrzahl der russisch sprechenden Menschen leben zu lassen, aber nicht als Staatsvolk, als Nation. Man sollte jeden erschießen, sagte er, der nur irgendein unzufriedenes Gesicht machte. Man sollte alle aktiven Bolschewisten umbringen. Man müßte den Asiaten begegnen, wie sie es verdienten. »In diesem Kampf wird nur *ein* Volk leben bleiben, und das wird das deutsche sein! Dafür bürgen Sie mir, meine Herren, und Ihre tapfere Truppe. Hämmern Sie ihr ein, um was es geht! Machen Sie sie hart und bekämpfen Sie alle humanen und weichlichen Ideen in ihr!« Und später, in einer Rede an die Nation: »Eine geschichtliche Revision einmaligen Ausmaßes wurde uns vom Schöpfer aufgetragen, die zu vollziehen wir nunmehr verpflichtet sind.« – Die Austilgung des russischen Staates und Volkes wäre eine beträchtliche »geschichtliche Revision« gewesen. In keinem Krieg christlicher Zeiten wurde die Alternative »ihr oder wir«

so ohne Scham gestellt. Die deutschen Generäle sahen es anders. Sie erzählen uns, wie sie sich bemühten, H.s Mordbefehle zu umgehen, »soldatische Sauberkeit« zu bewahren, Gefangene vor dem Hungertod zu retten, womöglich sich die Sympathien der Bevölkerung zu erwerben. Man wird es ihnen glauben. Sie waren keine Barbaren. So wie man auch glauben mag, daß die deutsche Armee insgesamt nicht brutaler handelte als andere Armeen. Freude an der Grausamkeit gibt es in jedem Volk; sie lebt auf, wo immer die Menschen die Freiheit dazu haben, die der Krieg gewährt; das sind Versuchungen, denen überall einzelne nachgeben, aber nicht die meisten. In ein unendlich weites, fremdes und feindlich-ödes Land geworfen, gequält von Partisanen hinter der eigenen Front, geängstigt durch die Kriegführung eines Gegners, der seinerseits gegenüber dem Eindringling kein Erbarmen kannte, tat der Landser seine harte Pflicht, weil er mußte, und machte sich das Leben so erträglich, wie es ging. Es gibt beim Erleben solcher Völkerwanderungen ein Gefühl, das Tolstoi in »Krieg und Frieden« rationalisiert hat; ein einzelner, der Kaiser, der Diktator, kann dies Schicksal der Millionen im Grund nicht verursacht haben, es geschieht, weil es eben geschehen mußte... Den Sieg wünschten sie freilich, das gehörte mit dazu. Daß Deutschlands Sieg H.s Sieg wäre und daß man den nicht wünschen dürfte, dieser schwierige, verbogene Gedanke konnte nur einer kleinen Zahl unabhängiger Seelen kommen.
So die Haltung der Offiziere und Mannschaften. Das hinderte nicht, daß die große Masse der Vernünftigen und Gesunden einigen wenigen Schurken diente, daß sie durch ihre brave Arbeit ein teuflisches Unternehmen erst ermöglichte. Es war das Doppelgesicht Deutschlands seit 1933; der Mann, der zugleich der Reichskanzler, der Staatschef, in diesem Fall der Oberbefehlshaber war, mit seinen Generälen, wenn er wollte, auch ganz vernünftig reden konnte und der doch gleichzeitig Befehle des Wahnsinns gab, welche pünktlich ausgeführt wurden; wenn nicht vom Heer, dann von besonders gedrillten »Einsatzkommandos«. Wie das Heer von diesen Dingen wegsah, sie nicht wissen wollte, so redet auch der Historiker un-

gern von ihnen. Es sind Taten und Zahlen, die die Phantasie sich nicht vorstellen kann, der Geist sich zu glauben weigert, wie klar auch dem Verstand bewiesen werden kann, daß sie wahr sind. Sie sind wahr. Wir haben die Befehle, die Reden des »Reichskommissars für die Festigung des deutschen Volkstums« an seine Helfershelfer; wir haben die Berichte der Augenzeugen, die Aussagen der Kommandanten der Vernichtungslager vor Gericht; wir haben die Photographien. Kein Zweifel ist möglich über eine Untat, die, in unserer Zeit geschehen, auf das Bild des Menschen und seine Geschichte für alle Zeiten einen Schatten werfen wird. Das Ärgste, die Gaskammern in den Vernichtungslagern von Polen, in denen Europas Juden, Millionen von ihnen, getötet wurden, ist damals nur einer ganz kleinen Zahl von Mordbeamten bekannt gewesen. Die Alliierten, viel besser unterrichtet als Volk und Heer in Deutschland, haben von diesen Lagern nichts gewußt. Anders steht es mit den Massenmorden an Juden oder kommunistischen Funktionären, die in der Öffentlichkeit des russischen Krieges stattfanden. Er sei, berichtet ein deutscher Offizier, im Jahre 1942 in der Ukraine »Augenzeuge einer Massenausrottung im Rahmen der ›Endlösung der Judenfrage‹ gewesen und er wünsche ein solches Erlebnis seinem ärgsten Feind nicht«. Carl Goerdeler schrieb 1943 an den General Kluge: »Vor einer Woche vernahm ich den Bericht eines 18½-jährigen SS-Soldaten, der früher ein ordentlicher Junge war, jetzt mit Gelassenheit erzählte, daß es ›nicht gerade schön‹ wäre, Gräben mit Tausenden von Juden angefüllt mit dem Maschinengewehr abzusägen und dann Erde auf die noch zuckenden Körper zu werfen! Was hat man mit der stolzen Armee der Freiheitskriege und Kaiser Wilhelms I. nur gemacht!« – Es waren die tiefsten Tiefen des H.schen Unternehmens. Das Tiefste, Gemeinste entscheidet aber hier den Charakter des Ganzen.

Auch auf einer anderen, der Hölle nicht ganz so nahen und gar nicht verheimlichten Stufe zerstörte die deutsche Kriegspolitik ihre eigenen Zwecke und Möglichkeiten. In Rußland, zumal den nicht-großrussischen Gebieten des Reiches, den baltischen Provinzen, der Ukraine, waren der deutschen Armee offenbare Sympathien entgegengekommen. Hier war eine Chance, welche deutsche Generäle sahen und zu benutzen wünschten. Aber H. machte keinen Wesensunterschied zwischen Ukrainern und Polen; der Deutsche sollte Herr, der Slawe in Zukunft der rechtlose Knecht sein, ob Großrusse, Kleinrusse oder Tscheche. Die Parteimänner, die mit ihren Stäben sich in den besetzten Gebieten einnisteten, regierten zu den Zwecken des Meisters und ihren eigenen, nicht zu den Zwecken des Heeres: Sicherung der Herrschaft, Ausbeutung. »Früher«, meinte der joviale Göring, »nannte man das plündern. Nun, die Formen sind humaner geworden. Ich gedenke trotzdem zu plündern, und zwar ausgiebig...« Eine Form des Plünderns war der Raub der Menschen selber. Über fünf Millionen Menschen sind in den eroberten Gebieten eingefangen und nach Deutschland gebracht worden, um dort zu arbeiten; nicht alle unter barbarischen Bedingungen, es wäre falsch, das zu sagen – mancher ist später freiwillig dort geblieben; aber unter elenden, entwürdigenden Bedingungen doch die große Mehrzahl. Die russischen Kriegsgefangenen, die anfangs sich in riesigen Zahlen ergaben, weil sie keine Lust hatten, für den Despoten im Kreml zu kämpfen, ließ man Hungers sterben. »In den Gefangenenlagern«, erklärte Göring im Winter 1942 dem italienischen Außenminister, »haben die Russen angefangen sich gegenseitig aufzufressen. In diesem Jahr werden in Rußland zwischen zwanzig und dreißig Millionen Menschen verhungern. Und vielleicht ist das gut so...«

Einem solchen Feind gegenüber gab es auf die Dauer nur eine mögliche Reaktion. Die Völker des russischen Reiches, 1941 verwirrt, mit sich selber uneins und leicht geschlagen, sammelten sich während des folgenden Jahres im Haß gegen den Eindringling; und sammelten sich, da sie keine andere hatten, um die Führung, welche der Kreml gab.

Deutschland verlor seine russische Chance; die europäische hatte es längst verloren. H., seit er seinen Krieg gegen Moskau begonnen, gab sich gern als Europäer; die Freiheit, die ehrwürdige Zivilisation Europas gelte es zu verteidigen gegen die

Hunnen des 20. Jahrhunderts. Europa überhörte den Ruf und mußte ihn überhören. Wieder nicht durch Schuld der Armeeführung. Die deutsche Armee hat 1940 in Frankreich und Belgien mehr Mäßigung gezeigt als 1914, und ihre Befehlshaber waren voll guten Willens. Auch kam ihnen zunächst der gute Wille eines großen Teils der Bevölkerung entgegen. Aber die politische Führung machte es ihnen unmöglich, ihre Versprechen zu halten; bald waren das Besatzungsregime und seine einheimischen »Kollaborateure« bei den Völkern tödlich verhaßt. Die Ausbeutung der Länder im Interesse der deutschen Kriegführung; das Nichtheimkehren der Kriegsgefangenen fünf Jahre lang und das Verschicken von Zwangsarbeitern; die Weigerung Frieden zu machen und bestehende Grenzen anzuerkennen, weil man übehaupt keine Grenzen anerkennen wollte und die alten Staaten Westeuropas zu zersplittern oder in phantastischen Formen des frühen Mittelalters an das »Reich« anzuschließen gedachte; schielende Machenschaften, um einzelne Bevölkerungsteile gegen die anderen zu hetzen; Besetzung der Regierungsposten durch windige Faschisten, die jeden Rückhaltes im Volk entbehrten; schließlich grausame Niederschlagung jeder Opposition, Terrorjustiz, Geiselerschießungen, Folter – das waren nicht die Mittel, um Europa zu einigen; auch dann nicht, wenn es wahr gewesen wäre, daß ohne Zentralmacht und ohne ein Maß von Gewalt Europa nicht geeinigt werden konnte. Die Europäer sahen Deutschlands Kampf gegen Rußland nicht als den ihren an. Die freiwilligen Legionen der Franzosen und Spanier konnten darüber nicht hinwegtäuschen. Sie leisteten fast gar nichts, und auch die Truppen, deren Staaten als vollberechtigte Verbündete galten, Rumänen, Italiener, Ungarn, leisten nicht viel. Indem Europa dem deutsch-russischen Zweikampf von weitem zusah, waren seine Hoffnungen vorwiegend auf der russischen Seite.

Man mag das tragisch nennen; ein weiteres, spätes Kapitel in der Geschichte von Europas Selbstzerstörung. Wenn Deutschland damals gewesen wäre, was zu sein es sich selbst und der Welt schuldig war, dann wäre seine Sache in der Tat Europas

Sache gewesen. Es wäre seine Aufgabe gewesen, wie es jahrhundertelang die Aufgabe Österreichs und Preußens war, der russischen Macht die Waage zu halten und sie einzudämmen. H.s Europäertum war eine verspätete, hastig improvisierte, großmäulige Lüge. Mit ihm und mit der Naziideologie ließ Europa sich nicht einigen, weder gegen einen äußeren Feind, noch in sich selbst, mit ihm ließ die christliche Kultur sich nicht verteidigen. Aber es war am Ende nicht vorwiegend die Schuld der Franzosen, der Niederländer, der Norweger, der Briten, der Amerikaner.

Nicht vorwiegend ihre Schuld – unschuldig war keiner. Rußlands Beutepakt von August 1939, Polens Großmannssucht, Frankreichs Anspruch auf eine Politik der Allianzen und des Gleichgewichts, die im Ernstfall zu erfüllen es keine Lust mehr hatte, Englands langjähriger Versuch der »Beschwichtigung«, das Neutral- und Unbeteiligttun der Kleinen, so als ob es H. gegenüber noch Neutralität hätte geben können, die Unfähigkeit aller, der H.schen Lösung des europäischen Problems beizeiten die bessere und wahre Lösung gegenüberzustellen, der Egoismus aller, das langjährige windige Phrasengedresche aller – auch das waren Bausteine zu dem Gefängnis, in dem Europa sich jetzt leidend fand. Unschuldig war auch der große Neutrale jenseits des Atlantiks nicht. Amerika hatte den ersten Weltkrieg entschieden, aber dann rasch sich aus dem Staube gemacht und so getan, als ginge Europa es gar nichts an. Es hatte dadurch den Ausgang des Krieges wie ungültig gemacht; denn Deutschland war und blieb trotz der schlauen Torheiten des Versailler Vertrages bei weitem die stärkste Macht in Europa, und wenn man Europa sich selber überließ, so konnte es nicht fehlen, daß Deutschland einen dominierenden Platz in ihm gewann. Zu H.s Zeiten, vor dem Krieg und während des Krieges, hatte Präsident Franklin Roosevelt dann den großen Schiedsrichter gespielt, der zugleich darin und weit darüber stand; der Europas Kampf gegen Deutschland ermunterte und mit allerlei kunstvoll erdachten Tricks unterstützte, ohne doch das Gewicht seiner eigenen Nation im rechten Moment in die Waagschale werfen zu können. Überzeugt, daß die Welt mit H. nicht leben könnte, aber gebunden durch die Verfassung, die hergebrachte Neutralität der Vereinigten Staaten, näherte er sich seinem Ziele in kleinen, methodisch aufeinander folgenden Schritten; allerlei nützliche Kriegslieferungen an England, Hilfeleistungen zugunsten der englischen Flotte, Verträge mit europäischen Regierungen im Exil, am Ende gar der Befehl an amerikanische Schiffe, bei erster Sicht auf deutsche Unterseeboote zu schießen. Es war eine Kette von Provokationen. Noch aber stellte Amerika erst einen kleinen Teil seiner Energien in den Dienst des europäischen Krieges, und Deutschland hatte kein Interesse daran, durch die anfeuernde Formalität einer Kriegserklärung die amerikanischen Leistungen zu verzehnfachen. So hätte es noch lange weitergehen können, denn einer der Nation teuren Mythologie zufolge beginnt Amerika keinen Krieg, tritt auch nicht freiwillig in einen solchen ein; das muß ein anderer für ihn besorgen. Diesmal tat Japan ihm den furchtbaren Gefallen. Weit fortgeschritten in ihrem imperialen Abenteuer in Ostasien, anscheinend nahe ihrem Ziel, auf dem Kontinent und den großen pazifischen Inseln ein Reich zu begründen, das H.s Reich in Eurasien ungefähr entsprechen würde, hatten die Japaner in Amerika den Feind erkannt, dessen sie sich erst noch zu entledigen hätten. Die Stunde schien günstig. Rußland, um sein eigenes Leben kämpfend, fiel aus; Englands Energien waren gebunden, selbst die amerikanischen schon stark in Europa engagiert. Am 7. Dezember 1941 bombardierten die Japaner die amerikanische Kriegsflotte in Pearl Harbor. Da sie auch die englischen Besitzungen im Pazifik angriffen, England und Amerika also gegen Japan wohl oder übel Bundesgenossen wurden, so hätte der Ringelreihn sich in jedem Fall bald geschlossen. Jedoch wartete H. das natürliche Ende nicht ab. Am 11. Dezember ließ er, einen Ausdruck aus diplomatischer Vorzeit gebrauchend, »dem amerikanischen Geschäftsträger in Berlin seine Pässe zustellen«. Am gleichen Tag schlossen Deutschland, Italien und Japan ein Kriegsbündnis zu Dreien ab. Was als deutsche »Vergeltungsmaßnahme gegen Polen« begonnen hatte, ging nun um die Erde; war zum

Doppel-Krieg und Weltkrieg geworden in einem Sinn, in dem der Krieg von 1914 es nie gewesen war.
Das Schicksal arbeitete mit dem falschen Kalkül, der Unwissenheit der Menschen. Als die Japaner im November ihren Streich gegen Pearl Harbor beschlossen, glaubten sie, was damals alle Welt glaubte: daß Rußland schon am Boden sei, daß man es also getrost den Deutschen überlassen und selber auf eigene Faust mit Amerika anbinden könnte. Ein Irrtum, wie wir wissen. Hätten die Japaner die Vereinigten Staaten weislich geschont, so hätte Präsident Roosevelt, wie gern er auch wollte, seine Nation sobald nicht in den Krieg gebracht. Hätten sie statt dessen ihre ganze Macht gegen Rußland konzentriert, so wäre der bolschewistische Staat wahrscheinlich zusammengebrochen. Die Welt sähe dann heute anders aus. Nicht besser; aber anders.
Obgleich nun Japan in den ersten Monaten seines Krieges im Pazifik die erstaunlichsten Erfolge davontrug, so hat doch im Grund seit dem Dezember 1941 bei den Angelsachsen niemand bezweifelt, wie die Sache ausgehen würde. Deutschland war stark und Japan war stark. Aber weit voneinander getrennt, gegen verschiedene Feinde kämpfend und mit überdehnten Fronten, bildeten sie keine echte Allianz. Auch Rußland und die Anglo-Amerikaner bildeten das nicht in dem Sinn, daß sie sich von Herzen getraut hätten. Immerhin kämpften sie gegen denselben Feind und gaben einander wirksame Unterstützung. Die angelsächsische Allianz, die Verbindung von Amerikanern, Kanadiern, Engländern, Australiern, war die intimste, die es je gegeben hat: ein weltweites Netz von Stützpunkten, Rohstoffquellen, Produktionszentren, Kenntnissen, diplomatischen Einflußmöglichkeiten und Prestige, in dessen Zentrum nun das unschätzbare reiche, ausgeruhte, glücksverwöhnte Nordamerika stand. Noch einmal konnte Amerika tun, was es im ersten Krieg getan hatte und was fürderhin kein Staat je wieder wird tun können; mitten im Kriege konnte es, gefeit gegen jeden Angriff, in aller Bequemlichkeit den Krieg vorbereiten, um dann, überreichlich versehen mit den Mitteln menschentötender und menschenrettender Kunst, auf

dem Schauplatz zu erscheinen. Und zwar wurde beschlossen, daß Deutschland der Hauptgegner sei und zuerst niedergekämpft werden müsse, dann erst Japan; und daß man dem Hauptgegner methodisch, Schritt für Schritt, näherrücken würde: Afrika, das Mittelmeer, Italien, dann erst die deutsche Stellung in Frankreich. Mittlerweile konnte man die deutschen Städte mit Bomben quälen, die Russen aber die Hauptlast tragen lassen. Es war ein methodischer, grausamer Plan, schonsam für das Leben der eigenen Bürgersoldaten, aber ohne Sympathie für Leben und Leiden der feindlichen Völker.

Ein großer Krieg muß große Ziele haben. Auch das war amerikanische Tradition. Man führte den Krieg nur, wenn man angegriffen war oder sich als angegriffen ausgeben konnte, aber man ging dann weit über das Ziel bloßer Verteidigung und Rechtssicherung hinaus. Franklin Roosevelt und seine Freunde sparten nicht mit Versprechungen für die Nachkriegszeit: ewiger Friede würde sein und soziale Gerechtigkeit, keine Furcht, keine Gewalt, kein Hunger und Mangel mehr; nur die »Angreifer-Nationen« mußte man auf die Knie zwingen, um solchen Idealzustand zu erreichen. Angreifer-Nationen gab es drei oder eigentlich nur zwei, denn die Italiener waren nicht ernst zu nehmen. Alle übrigen Nationen waren gut, und alle übrigen Regierungen, zum Beipsiel die russische, waren gut. Die Guten, Friedliebenden sollten sich zu einem Weltbunde, den »Vereinten Nationen« zusammenschließen, was auch schon zu Weihnachten 1941 geschah. Mit einigen Veränderungen, Zutaten und Abzügen war es ein Wiederaufleben des Wilsonschen Programmes.

In gläubige Begeisterung hat es jedoch die angelsächsischen Völker nicht noch einmal versetzt. Man war 1941 skeptischer als 1914. Deutschland gab während des zweiten Krieges mehr echten Grund zum Haß als während des ersten; ist aber in Amerika viel weniger gehaßt worden, oder eigentlich gar nicht. Deutsche Bürger, die dort lebten, wurden kaum belästigt. Die Amerikaner lasen die Greuelnachrichten ohne viel Bewegung, das Schlimmste haben sie überhaupt erst nach 1945 erfahren. Sie arbeiteten, verdienten Geld, schickten ihre

Söhne nach Übersee. Die kämpften gut, aber ungefähr so, wie die Deutschen gut kämpften, weil es eine große technische Aufgabe zu bewältigen galt und man unter Kameraden wohl oder übel seine Pflicht tat. Sie kämpften nicht für Roosevelts »vier Freiheiten«.

Wenn aber Amerikas Krieg nicht im Ernst ein Kreuzzug für eine gute Sache war, so wurde er doch im Ernst ein Kampf gegen eine schlechte Sache. Diesen Charakter gab ihm die politische Führung, und das hatte reale politische Folgen. Roosevelt war wie Churchill der Überzeugung, daß H. ein Feind der Menschheit sei, mit dem man nicht verhandeln durfte. Dann, so war die Folgerung, konnte man nicht mit Deutschland verhandeln; denn H., niemand sonst, regierte Deutschland und führte die deutsche Wehrmacht. »H. ist Deutschland und Deutschland ist H.« war der Ruf der Nazis schon lange vor dem Krieg gewesen. Dieser wahnsinnige Grundsatz wurde nun von den Alliierten praktisch übernommen. H., Nazi-Deutschland, Deutschland, diese drei erschienen ihnen als ein und dasselbe. Ja, sie waren schon lange vor H. ein und dasselbe gewesen. Der Zweite Weltkrieg war die gerade Fortsetzung des Ersten, war nur ein letztes Glied in der langen Kette deutscher Versuche, die Herrschaft über Europa und einen großen Teil der Welt zu erringen. Der wahre Feind war der »deutsche Militarismus«; den galt es zu vernichten und nicht bloß den einen Menschen, der schließlich ohne den Generalstab und ohne das Volk seine Verbrechen nie hätte begehen können. Es galt, eine Wiederholung des Fehlers von 1918 zu vermeiden. Damals hatte man den Deutschen schöne Versprechungen gemacht, und dann sie teilweise gehalten und teilweise nicht. Insofern man sie hielt, ließ man das Reich und sein Heer mit einem blauen Auge davonkommen und ermöglichte den raschen Wiederaufstieg der deutschen Militärmacht. Insofern man sie nicht hielt, gab man den Deutschen einen Vorwand, zu behaupten, sie seien betrogen worden und sie hätten noch lange weiterkämpfen und siegen können, wenn sie nur nicht auf Wilsons feine Versprechungen hereingefallen wären. Das sollte nun diesmal anders gemacht werden. Keine Versprechungen mehr, kein Friedensprogramm mehr, auf dessen idealistische Artikel auch der Besiegte Anspruch hätte. »Bedingungslose Übergabe« – dies die Forderung, welche Amerikaner und Briten seit dem Januar 1943 erhoben und von nun an dem Gegner tagaus, tagein in ihren Flugblättern und Rundfunkansprachen als einzige Alternative gegenüber der Fortsetzung des Bombens und Mordens anboten. Man begeht leicht einen neuen Irrtum, wenn man die Wiederholung eines alten vermeiden und aus der Geschichte lernen will. Wilsons Versprechungen waren zu schön gewesen. Roosevelts Versprechungen, insoweit sie den Gegner betrafen, waren allzu einfach, zu brutal, zu phantasielos. Durch sie wurde Deutschland buchstäblich aufgefordert, so lange weiterzukämpfen, wie es nur irgend konnte. Den Geist H.s und den Geist Preußens, die Schuld der Nazis und die Schuld des Generalstabs einander gleichzusetzen und in der deutschen Geschichte von Friedrich dem Großen bis zu H. eine einzige gerade Linie des gewalttätigen Imperialismus zu erkennen – all das waren wissenschaftlich unhaltbare und praktisch schädliche Vereinfachungen. Wir wissen das schon aus früheren Erfahrungen: der Krieg macht die Menschen dumm. Sie sehen das eine Willensziel: zu siegen, und alles andere sehen sie nicht. Ein so reicher, historisch gebildeter Geist wie Churchill muß das in seinen hellsten Augenblicken wohl gewußt haben. Als er sich im Juni 1941 entschied, den Russen jede nur mögliche Hilfe zu geben, meinte er, seine eigene Aufgabe sei dank H. stark vereinfacht. Er wolle H. vernichten; und wenn der Teufel gegen H. kämpfte, dann würde er auch dem Teufel im Parlament ein paar freundliche Worte sagen.

Die Haltung der Alliierten entsprach der Haltung des deutschen Tyrannen. Das Schlimmste, was man gegen sie sagen kann, ist, daß sie während der letzten Jahre des Krieges manchmal auf sein Niveau herunterkamen, in ihrer Wut, ihrem gerechten Abscheu, ihrer Ungeduld die Dinge auch taten, die er getan und angefangen hatte. Beide, H. und die Alliierten, waren besessen von der Erfahrung des Jahres 1918. Kein 9. November 1918 mehr, kein Hereinfallen auf feindliche Ver-

sprechungen mehr, keine Kapitulation, Kampf bis fünf Minuten nach zwölf! – brüllte H. Keine »vierzehn Punkte« mehr, keine Schonung der Schuldigen, kein Stehenbleiben an den Grenzen des feindlichen Staates, sondern Marsch nach Berlin und Auflösung Deutschlands – antworteten die Alliierten. Sie zogen die genau entgegengesetzte Lehre aus der Geschichte von 1918 und den folgenden Jahren. So wie sie auf H., den Prediger des Friedens, hereingefallen waren, so fielen sie jetzt auf den Mann des totalen Krieges herein. Beide Haltungen, jene H.s und jene Roosevelts und Churchills, ergänzten und bestärkten einander. Beide verzichteten auf Politik und machten nur noch Krieg um des Krieges willen. Die Willensverkrampfung der Alliierten entsprach der Raserei ihres Gegners.
Hätten sie übrigens anders gehandelt und die deutsche Opposition durch vernünftige Angebote ermutigt, so hätte das wohl auch nichts geholfen. H. ließ jeden umbringen, der seine Führung kritisierte, jeden, der an Verhandlungen mit dem Gegner auch nur dachte. So eisern hatte die Tyrannei die deutsche Nation in ihrem Griff, daß auch die vernünftigsten Stimmen von außen nicht mehr an sie herankommen konnten, dort, wo das bloße Abhören ausländischer Rundfunksendungen mit dem Tod bestraft wurde. Versuchen hätte man es trotzdem sollen. Das Wahrscheinliche ist aber, daß auch ohne die falsche, grob vereinfachende Forderung der »bedingungslosen Übergabe« die Sache so ausgegangen wäre, wie sie ausgegangen ist.
Wir kehren zurück zum Ablauf der Ereignisse. – Der Winter 1941/42 brachte die großen außereuropäischen Mächte, Amerika und Japan, in den Krieg. Er brachte den gewaltigen Siegeszug Japans im Fernen Osten – Erschütterungen, die, wenn sie auch das japanische Großreich nicht sichern konnten, auf eine andere Weise doch nie mehr rückgängig zu machen waren. Derselbe Winter brachte der deutschen Wehrmacht den ersten furchtbaren Rückschlag, oder den zweiten, wenn wir die Luftschlacht über England als den ersten ansehen. Es war das Sichanmelden der russischen Widerstandskraft als einer noch intakten, zur Gegenoffensive fähigen.

Das hatte man in Deutschland nicht erwartet, H. jedenfalls und seine Hörigen nicht. Dort im »Führerhauptquartier« hatte man im November schon den russischen Staat für zusammengebrochen, seine Armeen für »verlorene Haufen« erklärt und jede Warnung, daß es östlich des Urals noch riesige Produktionsstätten und Heeresausbildungsplätze gäbe, verächtlich in den Wind geschlagen. Dann kam der Winter, der kälteste Winter in hundert Jahren, da doch überhaupt kein Winterfeldzug geplant und nichts für ihn vorbereitet war. Dann kam der russische Gegenangriff, ausgeführt von Truppen, die für solche Kampfbewegungen gerüstet und mit allem Notwendigen ausgestattet waren. Die deutsche Front hielt; aber unter Verlusten und Leiden, welche jene, die sie erlebt haben, nicht beschreiben mögen, und der sie nicht erlebt hat, nicht beschreiben kann noch will. Auf dem Höhepunkt der Krise übernahm H. den direkten Befehl über das Heer. Überzeugt, daß jeder Rückzug die Katastrophe bedeutete, der Wille – sein Wille – jedoch alles vermöchte, befahl er, keinen Fußbreit Erde freizugeben; Ausstoßungen aus der Armee, abschreckende Kriegsgerichte verhalfen dem Befehl zur Durchführung, so daß damals solche Positionen gehalten wurden, von denen im nächsten Frühlung neue Großaktionen ihren Ausgang nehmen konnten. Wenn es noch eines bedurft hätte, um den Tyrannen von seiner turmhohen Überlegenheit über die Militärs von Beruf, von seiner Auserwähltheit und dem ihm immer aufs neue gewährten Schutz der Vorsehung zu überzeugen, so war es diese Leistung. Mit Napoleon hat er sich damals gern verglichen: er habe das Schicksal vermieden, was vor hundertdreißig Jahren »einen anderen« ereilte.
Es folgte der Feldzug des Jahres 1942, der letzte große Eroberungszug von H.s Krieg. Trotz des jüngst Erlebten blieb es bei der Beurteilung des vorigen Herbstes; der Gegner war erschöpft und verbraucht, die Anstrengungen des Winters waren das Äußerste, wozu er noch fähig gewesen war, es kam daher nicht so sehr darauf an, den Reste seiner bewaffneten Macht zu vernichten, wie, große Räume zu erobern, die Zentren der russischen Industrie und Rohstoff-Förderung zu er-

reichen, Getreide, Öl, Erz und Kohle den eigenen Zwecken nutzbar zu machen. Zwei Offensiven: eine gegen den Kaukasus, eine über den Don und zur Wolga. Die Wolga wurde bei Stalingrad erreicht, der nördliche Kaukasus in Besitz genommen; und mit den technischen Leistungen, welche diesen Vormarsch ermöglichten und seine wirtschaftlichen Früchte einholten, prahlte H. mit gutem Recht. In der gleichen Rede schwor er sich, daß Stalingrad auch genommen werden würde und daß dann kein Mensch mehr die deutschen Truppen von ihren Stellungen würde vertreiben können, welche die wichtigste Verkehrsader des Feindes durchschnitt. Während er aber redete und prahlte, waren beide Offensiven schon zum Stehen gekommen, wie im Vorjahr. Es waren ungeheuer ausgedehnte Fronten, eine nach Süden, eine nach Osten, schwach verbunden, schlecht gesichert gegen Durchbrüche und Umgehungen. Und wieder der Befehl, keinen Fußbreit zu räumen, die Verneinung jeder Bewegungsfreiheit für die Befehlshaber am Ort; und wieder die Winteroffensive des Gegners, des angeblich erschöpften, ausgebluteten Gegners, mit ungeheurem Material und ungeheurer Überlegenheit an Menschenmassen. Vergebliche Warnungen der Generäle, man müßte die vorgeschobene Stellung bei Stalingrad aufgeben. Einschließung der 6. deutschen Armee, zwei- bis dreihunderttausend Mann, durch die vom Süden und Nordosten vorstoßenden Russen. Versprechen, die Belagerten auf dem Luftweg zu versorgen, das nur ungenügend gehalten werden kann. Verbot, auszubrechen, solange dazu noch Kraft übrig ist. Engerwerden des Ringes, Konzentration russischer Artillerie, wie sie selbst der Erste Weltkrieg nicht kannte, Hunger, Kälte, Qual und Tod – auf Napoleons großem Rückzug sind kaum mehr Menschen verlorengegangen als in Stalingrad allein. Am 1. Februar 1943 ergibt sich der deutsche Befehlshaber mit dem, was er noch hat, etwa neunzigtausend Mann. »Für Stalingrad«, sagt H. stolz, »trage ich allein die Verantwortung.« ... Katastrophe in Nordafrika gleichzeitig mit der Katastrophe in Südrußland. Im November wird General Rommels Afrikakorps von den Engländern vernichtend geschlagen; der Rest zieht sich

gegen Tunis zurück. Aber dort ist keine Sicherheit. Denn, gleichfalls im November, sind amerikanische und britische Truppen in Marokko gelandet. Vom Osten und Westen in die Zange genommen, bedrängt von wohlverpflegten, frischen Truppen, durch die alliierte Luftwaffe von Europa abgeschnitten, ohne Zufuhr und ohne Hoffnung, ergibt die deutsch-italienische Armee sich in Tunis im Mai 1943. Im Sommer besetzen die Alliierten Sizilien, landen sie in Süditalien. Mussolini, der unersetzliche Bundesgenosse, zu dessen Lebzeiten man den Krieg damals, vor vier Jahren, rasch beginnen mußte, wird durch Staatsstreich beseitigt. Italien kapituliert im September und fällt von nun an – wenn es je eine gewesen ist – als aktive Kraftquelle aus, obgleich es dem schnellen Zupakken der Deutschen gelingt, den größeren Teil der Halbinsel zu sichern und das Land noch nahezu zwei Jahre lang durch ihren Abwehrkampf zu quälen... Der letzte Versuch zu einem Vorstoß an der Ostfront im Sommer 1943 scheitert. Von da ab liegt die Initiative überall beim Gegner; überall Rückzug. Schritt für Schritt Preisgabe der Eroberungen, Rückzug noch immer bei heroischen Leistungen der Truppen, bei vorzüglicher Führung durch die örtlichen Befehlshaber. Aber Rückzug immer zu spät, Rückzug auf Linien, die nicht verteidigt werden können, weil zu ihrer Verteidigung nichts vorbereitet wurde – »sonst schielt die Truppe nach hinten«; Räumung von Gebieten nie mit Freiheit und Plan, solang sie ohne Katastrophe geräumt werden können. Stehenzubleiben, wo man steht, in Festungen, die keine sind, in Ländern, deren Besetzung ihren früheren Zweck längst verloren hat, von Norwegen bis nach Griechenland, während von allen Seiten überlegene Gegner hereinbrechen – darauf läuft jetzt die Strategie des selbsternannten »größten Feldherrn aller Zeiten« hinaus.
Es werden höfliche Versuche gemacht, ihn zum Verzicht auf die direkte militärische Führung zu bewegen. Aber H. lehnt schroff ab; niemand könnte das so wie er. Die verachteten westlichen Demokratien entwickeln ihre Organisation, die gut funktioniert; für die geplante anglo-amerikanische Invasion Frankreichs gibt es einen Oberbefehlshaber und seinen inter-

national zusammengesetzten Stab. Die Diktatur soll Deutschland, Volk und Heer, nach einem einzigen eisernen Willen führen; aber unter der Spitze ist Unordnung, Ringen um Macht, Mißtrauen und neiderfülltes Gegeneinander. Beständig wechseln die Kommandos. »Feldmarschälle« werden ernannt und davongejagt. Sogenannte »Führer-Aufträge« durchkreuzen die regulären Vollmachtsbereiche. Luftwaffe – was von ihr noch übrig ist – und Marine – was von ihr noch übrig ist – folgen dem Eigensinn ihrer Befehlshaber. Die »Waffen-SS« des Heinrich Himmler ist eine Armee neben der Armee, privilegiert und sich den besten Mannschaftsersatz sichernd, Befehle nur von dem Oberhenker, dem »Reichsführer SS« entgegennehmend. In den besetzten Gebieten betreiben die Agenten des »Beauftragten für den Arbeitseinsatz« ihren Menschenraub auf eigene Faust und geben die »höheren SS- und Polizei-Führer« ihre Mordbefehle, ohne sich um die humanere Haltung der Militärgouverneure zu kümmern.
Seitdem Rußland im Krieg ist, haben in allen eroberten Gebieten, von Griechenland bis Frankreich, Kommunisten die Rebellion gegen Deutschland, Anschläge, Sabotageakte, organisiert. Es gibt auch einen nicht kommunistischen Widerstand, der an Bedeutung gewinnt, da die Befreiung durch die westlichen Alliierten näherrückt, oder nahezurücken scheint. In Frankreich sind diese Widerstandsgruppen nahezu militärische Einheiten, welche die Rechte von Kombattanten beanspruchen und den Deutschen ernsthaft zu schaffen machen. Sie antworten, wie bedrohte Eroberer den Widerstand der Eroberten noch immer beantwortet haben: mit Schrecken. Fünfzig Franzosen, hundert Italiener für einen ermordeten Deutschen. Auch die Militärgouverneure haben Erschießungen von Geiseln befohlen, aber sie haben es schweren Herzens getan und die Wirkung solcher Barbareien in ihren Berichten warnend kritisiert. Am schlimmsten verfuhren die SS- und SD-Einheiten. Wir wollen diese Dinge nicht beschreiben und nicht aufzählen. Wir sollen übrigens auch nicht glauben, daß entmenschte Grausamkeit eine spezifisch deutsche Eigenschaft sei. Unter Napoleon haben es die Franzosen in Spanien ähn-

lich gemacht – man sehe sich die Graphik Goyas an. Wenn die Führung das Bestialische zum System erhebt, so wird sich immer eine Minderheit finden, die Folge leistet. Das ist immer und überall so gewesen. Die Zahlen der Opfer waren im Zweiten Weltkrieg größer als in anderen Kriegen, weil alle Zahlen größer waren. Sie waren übrigens im Westen gering, verglichen mit dem, was in Polen und Rußland geschah.
Europa wollte die Art von Einheit nicht, die H. ihm aufzwang. Es reagierte, es *mußte* reagieren; und reagierte um so stärker, als es durch die Alliierten dazu ermutigt wurde und den Tag der Befreiung herankommen sah. Dagegen wieder reagierte die Besatzungsmacht, die ihre Sicherheit und Autorität wahren zu müssen glaubte. Der Schrecken steigerte den Schrecken... Im Osten war es anders. Hier war von Zusammenarbeit von vornherein nicht die Rede, sondern von Vernichtung, und so waren auch die Zahlen der Opfer zehn- und hundertmal größer. Dazu kam der ärgste und spezielle Wahnsinn der Nazipartei, der Judenhaß. Das war keine Reaktion, denn die Juden verhielten sich dem Eroberer gegenüber mit wehrloser, angstvoller Willigkeit. Es war ein einseitiger Vernichtungsakt und überall derselbe. Die Juden in Frankreich und in den Niederlanden wurden nicht anders behandelt als die Juden im Osten. Man mag von dem nicht sprechen, was man nicht erlebt hat und, obgleich es von Menschen getan wurde, sich nicht vorstellen kann: nicht die Qual und nicht die Zahlen. Die letzteren konnten nicht mit Sicherheit festgestellt werden: die Berechnungen schwanken zwischen vier und sechs Millionen. Was wäre der Unterschied? Wer sieht vier, wer sechs Millionen zufällig zusammengelesener Menschen, Mann, Weib und Kind, in den höllischen Duschräumen von Auschwitz und Maidanek? Nacht bedeckt dies Niedrigste, was je der Mensch dem Menschen zugefügt hat.
Verwilderung, Entartung. Auch die westlichen Alliierten, zivilisiert, wohl regiert und schönrednerisch wie sie waren, entgingen dem nicht. Sie führten den europäischen Krieg langsam und methodisch, führten ihn bis zum Sommer 1944 mit Truppen nur im Mittelmeerraum. Anderswo führten sie ihn

einstweilen nur in der Luft. Es war der alliierten Luftstrategie um Terror, Zermürbung der feindlichen Moral zu tun. Die Überzeugung war weit verbreitet, daß gegen diese Regierung und dieses Volk jedes Mittel recht sei und daß sein Wille so oder so gebrochen werden müsse. Ein Feuerregen fiel nun auf die deutschen Städte Nacht für Nacht, und was getroffen wurde, waren nicht so sehr strategische Ziele und die Industrie – die machte weiter trotz allem und konnte bis 1944 die Kriegsproduktion noch steigern –, sondern das Leben der Bevölkerung und die baulichen Herrlichkeiten der Vergangenheit. Die Welt schien rasch auf die Ebene herabzusinken, die der Unmensch vom ersten Kriegstag an beherzt betreten hatte.

Zwischen zwei Bombenangriffen erklangen von den westlichen Rundfunkstationen die sonoren, selbstzufriedenen Stimmen der Propagandisten: das deutsche Volk möge sich doch endlich zur bedingungslosen Übergabe entschließen, welche die einzige Alternative zu weiterer »sinnloser Zerstörung« sei. Ein guter Rat; aber in den Redaktionsstuben von New York und London leichter gegeben, als am Orte ausgeführt. Dort lebte das Volk jetzt zwischen zwei Schrecken, den feindlichen Bomben aus der Luft und den Volksgerichtshöfen, mit deren Todesurteilen der Führer seine »deutschen Menschen« heimsuchte. Wer hat sie gezählt? Studenten und Professoren, Soldaten, Arbeiter, Lehrlinge von siebzehn, Damen der Gesellschaft, Pfarrer, Krankenschwestern, Industrielle, Schriftsteller, alle Klassen, Berufe, Altersstufen – das Beil kam über sie wegen eines leichtsinnig gesprochenen Wortes. Die Europa zu terrorisieren schienen, lebten selber unter dem gleichen Terror; die Franzosen des »Widerstandes« hatten einen Rückhalt im Volk und starben als stolze Patrioten, während von den Deutschen jeder einsam zur Richtstätte ging, beschimpft und ausgestoßen aus der »Volksgemeinschaft«. Es war die letzte Konsequenz aus dem Schwur, daß es »keinen 9. November 1918« mehr geben werde. So stand es im Jahre 1943, so auch im nächsten. Wir werden nie kapitulieren!, gellte es von der einen Seite; wir verlangen bedingungslose Übergabe, klang es von der anderen. Truppen bekämpften einander in Rußland und in Italien. Bomben fielen auf die Städte. In Konzentrationslagern wurden die Gefangenen durch Hunger, durch Arbeit, durch medizinische Experimente oder durch Folter zu Tode gebracht. Alliierte Staatsmänner trafen sich zu Konferenzen – wohlgelaunt, gebläht und schwindlig durch Probleme und weltweite Aussichten »dieses erstaunlichen Krieges«, wie Churchill es nannte. Er war im Sommer 1940 ein unvergleichlich großer Mann, ein Vertreter der Menschheit gewesen. Er war das jetzt nicht mehr. Denn es ging ihm und seiner Sache zu gut, was ihn bequem, hartherzig und zynisch machte. Wenn Geschichte sich zu erzählen lohnt wegen des Edlen, das Menschen vollbracht oder versucht haben, dann lohnt es sich, die Geschichte des Jahres 1940 zu erzählen wegen Englands und Winston Churchills. Aber dann lohnt es sich, die Geschichte der letzten Kriegsjahre zu erzählen, wegen des deutschen Widerstandes. In der Nacht ist er ein Licht.

Widerstand

Es war jetzt nicht mehr die Propaganda, waren nicht mehr die schönen Tricks und Erfüllungen, die wirkten; die gab es jetzt nicht mehr. Seltener und seltener ließ der Tyrann seine Stimme ertönen, ein-, zweimal im Jahr noch, und wenn er es tat, so erging er sich in Drohungen, nicht mehr in Schmeicheleien. Keine Volksabstimmung mehr, keine »Wahlen zum Reichstag«, keine Befragung: »Billigst Du, deutscher Mann, und Du, deutsche Frau, die Politik Deiner Reichsregierung?« Die Zeiten waren vorbei. Jetzt mußte der Bürger billigen, was seine »Reichsregierung« tat. Jetzt brachte Mißbilligung den Tod und schien offener Widerstand wie das Anrennen der Kreatur gegen übermächtige Elementargewalt. Trotzdem gab

er Widerstand, das Höchste, was die deutsche Geschichte erreicht hat, wenn die Kriegsdiktatur der H. und Himmler das Tiefste ist.
Die Münchener Studenten, die im Februar 1943 in Flugblättern die Wahrheit über die Tyrannei aussprachen und zur Sabotage in den Rüstungsbetrieben aufforderten, waren keine Politiker. Es waren junge, lebensfrohe Christen; aus der katholischen Jugendbewegung kommend, zeitweise sogar vom fröhlichen Gemeinschaftsgeist beherrscht, den die Nazibewegung der Jugend lieferte, dann, nach und nach, ihren wahren Charakter erkennend. Sie fochten gegen das Riesenfeuer mit bloßen Händen, mit ihrem Glauben, ihrem armseligen Vervielfältigungsapparat, gegen die Allgewalt des Staates. Gut konnte das nicht ausgehen, und ihre Zeit war kurz. Hätte es aber im deutschen Widerstand nur sie gegeben, die Geschwister Scholl und ihre Freunde, so hätten sie alleine genügt, um etwas von der Ehre des Menschen zu retten, welcher die deutsche Sprache spricht. Es gab viel mehr; Pfarrer, Professoren, Gewerkschaftler, Bürgermeister, Gutsbesitzer, Bürokraten. Es gab sie in den christlichen Kirchen, in der unterdrückten, aber heimlich fortlebenden Sozialdemokratie, im Bürgertum, im Adel. Wir meinen jetzt nicht die Verneiner und Hasser, die nur im engsten Kreise wirkten, auch nicht die großen Prediger, die Bischöfe, die es wagen konnten, falsche Götzen anzuklagen, ohne doch eigentlich Politik zu machen. Widerstand, das ist politisches Tun, der Versuch, den Staat umzustürzen, der so stark, so furchtbar, so ruchlos war, daß er von innen nicht umgestürzt werden konnte. Hier gab es verschiedene Kreise, sozialistische und konservative, geistig vorbereitende und zur Tat drängende. In den Mittelpunkt müßte der Erzähler in jedem Fall die Militäropposition stellen, weil ohne sie die Zivilisten, die Julius Leber und Wilhelm Leuschner, die Carl Goerdeler und Ulrich von Hassell, an keinen Staatsstreich hätten denken können. Seit 1934 war der Tyrann nur noch durch militärische Gewalt zu beseitigen. Nicht mit dem Ziel einer Militärdiktatur. Die Generäle wollten eine Diktatur stürzen, keine errichten. Aber ohne ihr Mitwirken ging es nicht.

Zivilisten konnten Ideen liefern, politische Pläne, Kontakte mit den Massen. Schießen mußten die Soldaten.
Nun war freilich ihr Beruf im Krieg, Krieg zu machen, nicht aber Politik zu treiben, viel weniger, die eigene Regierung zu stürzen. Diese Kunst hatten deutsche Generäle nie gelernt, nie ausgeübt; es lag nicht in ihrer Tradition. Noch schwieriger war: H.s Krieg zu führen, für Ausrüstung und Schutz der Truppe zu sorgen und doch gleichzeitig den Krieg selber zu verwünschen und auf die Beseitigung dessen zu sinnen, der ihn angefangen hatte. Aktive Offiziere in höchster Stellung, wie der Stabschef des Heeres, Franz Halder, sind an diesem Widerspruch gescheitert. Sie gingen weit in ihrer Opposition, grübelten, planten, besprachen sich heimlich; aber dann doch nicht bis zur Tat, die allein geschichtlich wirken konnte. Wer glaubt, er hätte in ähnlicher Lage Besseres geleistet, soll ihnen das zum Vorwurf machen. Andere fühlten keinen Widerspruch, keine Skrupel. Ein hoher Offizier der Abwehr hat den Opfern zukünftiger deutscher Invasionen, den Norwegern, den Holländern, jedesmal von den Angriffsterminen, insoweit sie ihm bekannt waren, Mitteilung gemacht. Das diktierte ihm sein Gewissen, sein Haß, und auch hier scheinen nachträgliche Fragen, ob das nun noch erlaubt gewesen sei oder nicht, müßig zu sein. Unter der Diktatur des Verbrechers gab es keine Regel, an die man sich halten konnte.
Wir haben gesehen, daß im August 1939 die Militäropposition nichts Ernsthaftes unternahm. Teils, weil sie noch gelähmt war durch die Enttäuschung von »München«; teils wohl auch, weil der Krieg gegen Polen der deutschen Armee so genehm war, wie nur irgendein Krieg ihr sein konnte. Aber bald nach dem Polenfeldzug, als H. die Vorbereitung einer Offensive im Westen befahl, fing das heimliche Opponieren und Planen wieder an. Im Mittelpunkt stand der verabschiedete Generalstabschef Ludwig Beck. Von ihm gingen die Fäden zu Halder, selbst zu dem schwachen Oberbefehlshaber des Heeres, Brauchitsch, zu den Leitern der Abwehr, Admiral Canaris, General Oster, zu hervorragenden Zivilisten wie dem ehemaligen Bürgermeister von Leipzig, Carl Goerdeler. Es sind damals in

Rom, durch Vermittlung des Papstes, Kontakte zwischen der deutschen Opposition und London gepflogen worden, und es hat auch in diesem Augenblick die englische Regierung Verständnis für die Bemühungen der Gegner H.s gezeigt: wenn es ihnen gelänge, den Diktator zu stürzen, bevor die Offensive im Westen begänne, dann könnte man wohl zu einem alle vernünftigen deutschen Forderungen erfüllenden Frieden kommen. Es gelang nicht. Es wurde nicht ernsthaft versucht, das Zeichen zum Losschlagen nicht gegeben. Und man muß sagen, daß die allgemeine Stimmung in Deutschland damals so war, daß es nicht gegeben werden konnte. Gar zu glatt, zu triumphal war der Überfall auf Polen vor sich gegangen; die Leute fühlten sich nicht schlecht während des »falschen Krieges«. Schließlich, nach häufigen Verschiebungen, kam es zur Offensive im Westen. Wieder verlief sie so überwältigend, waren die deutschen Verluste so gering, erwiesen sich die Warnungen der Generäle, die ein zweites 1916, ein blutiges Stekkenbleiben vor der Maginot-Linie befürchtet hatten, als so falsch und H.s Beurteilungen sich als so richtig, daß nun auf lange Zeit von aktiver Opposition keine Rede sein konnte. Das war das Unglück des deutschen Widerstandes. Solange H. siegte, gab es keine psychologische Möglichkeit, loszuschlagen. Als auf die letzten Siege sofort die ersten unheilverkündenden Niederlagen folgten, hatten die Alliierten ihr Interesse an einem Kompromißfrieden, an Verhandlungen mit ihnen unbekannten und zweifelhaften sogenannten »Militaristen« längst verloren; jetzt glaubten sie die Sache auf *ihre* Weise beenden zu können. So ist die Geschichte der deutschen Verschwörung gegen H. eine Kette von Enttäuschungen; die Verschwörer wurden ratlos durch seine friedlichen Triumphe, ratlos durch seine Siege, ratlos durch seine Niederlagen. Nie spielte ihnen der Lauf der Ereignisse eine echte hoffnungsvolle Initiative zu. Daß der Geist des deutschen Widerstandes auch auf der Höhe der Waffensiege nicht erlahmte, drücken Worte Carl Goerdelers aus, die er ein paar Wochen nach der Eroberung Frankreichs schrieb:
»An einen schöpferischen Aufbau freier Völker unter deutscher

Führung denkt ein System nicht, das in Deutschland von finanziellem Wahnsinn, von wirtschaftlichem Zwang, von politischem Terror, von Rechtlosigkeit und Unmoral lebt.« Unter einem solchen System sei der Zusammenbruch gewiß, er komme nun früher oder später. »Kein Volk lebt allein auf der Welt; Gott hat auch andere Völker geschaffen und sich entwickeln lassen...« »Ewige Unterdrückung anderer widerspricht offenbar ebenso den Geboten Gottes wie der vernünftigen... Erkenntnis, daß nur freie Menschen höchste Leistungen vollbringen und daß nur deren gegenseitiger Austausch dauernd Leben erhält und verbessert.« Zur Möglichkeit und dringendsten Notwendigkeit wurde der deutsche Widerstand wieder während des russischen Krieges, zumal seit der erste schlimme Winter die üble Vorbereitung des Ganzen, die dreiste Unterschätzung des Gegners, die Unmenschlichkeit der Ziele an den Tag gebracht hatte. Die Überzeugung, daß der Tyrann fort müßte, war den Verschwörern längst vertraut. Nun gab es auch der Nation gegenüber die Chance einer Rechtfertigung: »den Irreführer« konnte man, wenn sich die Männer dazu fanden, gefangennehmen und vor Gericht stellen, konnte ihn notfalls ermorden; den siegreichen »Führer« nicht, das hätte der größere Teil der Nation nicht verstanden. Seit 1942 riß die Zahl der Komplotte, der nichtausgereiften und der sehr wohlausgereiften, technisch bis zum letzten vorbereiteten, aber an dämonischen Zufällen gescheiterten, nicht mehr ab.

In dem Maß, in dem die Opposition sich verbreiterte, in dem ihre Aktivität drängender, deutlicher, nervöser wurde, wuchs auch die Gefahr, die ihr drohte. Es ließ sich das, was so viele Menschen dachten und planten, nicht verbergen. Eine Verhaftungswelle folgte der anderen. Zentralfiguren der Verschwörung warteten schon in Gefängnissen und Lagern auf ihren Prozeß, lange bevor die letzte, offenste Tat gewagt wurde.

Es war nun sehr spät dazu, zu spät, wie einige der Beteiligten glaubten. Oder doch nur in dem Sinn nicht zu spät, daß es galt, die Ehre zu retten, auch wenn praktisch nichts mehr dabei zu gewinnen war. Wie Oberst Tresckow von der Ostfront dem Grafen Stauffenberg in Berlin sagen ließ: »Das Attentat muß erfolgen, coute que coute. Sollte es nicht gelingen, so muß trotzdem in Berlin gehandelt werden. Denn es kommt nicht mehr auf den praktischen Zweck an, sondern darauf, daß die deutsche Widerstandsbewegung vor der Welt und vor der Geschichte den entscheidenden Wurf gewagt hat. Alles andere ist daneben gleichgültig.« Was 1938 und 1939 und selbst noch 1942 eine tief eingreifende Tat hätte sein sollen, konnte jetzt nur noch ein Zeichen der Ehre sein. Gleichgültig war jetzt den Alliierten, was in Deutschland vorging. Sie hatten eine Ahnung davon, und sie hätten durch ihre eigenen Agenten in Madrid, Bern, Stockholm, Ankara viel mehr als eine bloße Ahnung davon haben können. Es interessierte sie nicht. Je länger die Angelsachsen die versprochene Großaktion im Westen, die entscheidende militärische Unterstützung der Russen hinausschoben, desto mehr waren sie darauf bedacht, politisch mit dem Kreml einigzugehen. Sie setzten auf die Einheit der Koalition und die Loyalität der russischen Politik, auf nichts anderes. Den furchtbaren Vereinfachungen H.s entsprachen ihre eigenen selbstgerechten und kurzsichtigen Vereinfachungen. »Preußisches Junkertum«, »deutscher Militarismus«, »Generalstab« und »Nazismus«, es war ihnen alles ein und dasselbe und sollte diesmal alles mit Stumpf und Stiel ausgerottet werden. Wer jetzt in Deutschland gegen H. war, der war es nur noch, um seine eigene Haut oder um die Armee zu retten und den nächsten Krieg schon vorzubereiten, wie man das ja 1918 im Falle Ludendorff erlebt hatte. Bedingungslose Übergabe im Osten wie im Westen! ... So simpel lernten diese Politiker aus der Geschichte; so vergiftet von Irrtum und Stolz und Blindheit auf allen Seiten war die Gegenwart.

Am 6. Juni, nach technischen Vorbereitungen ohnegleichen, begann die Landung der Alliierten in Nordfrankreich. Ihre Überlegenheit, zuerst in der Luft, dann auf der Erde, erwies sich als so überwältigend, daß das Halten der deutschen Front nur eine Sache von Wochen sein konnte. General Rommel,

Befehlshaber einer Heeresgruppe in Frankreich, wußte das im voraus und war entschlossen, den Krieg im Westen zu beenden, im Einverständnis mit H. oder gegen ihn. Rommel war kein Politiker; die rein-militärisch argumentierenden »Ultimaten«, die er an den Tyrannen in Berchtesgaden ergehen ließ, zeigten es. Aber der starke, einfache, von Truppe und Volk verehrte Soldat, der auch bei den Alliierten ein enormes Prestige genoß, wäre wohl am ehesten der Mann gewesen, »das fürchterliche Doppelgewicht des Krieges und Bürgerkrieges« auf sich zu nehmen (ein Ausdruck Ernst Jüngers). Ob er mit seinem Angebot, die deutschen Truppen bis zu den alten Reichsgrenzen zurückzuführen, wofür der Bombenkrieg aufhören sollte, bei den Alliierten Verständnis gefunden hätte, ist eine andere Frage. Es kam zu keiner Probe. Mitte Juli wurde der General schwer verwundet; als er, zu seinem Unglück, wieder zu sich kam, war schon alles entschieden... Am 17. Juni begannen die Russen einen Großangriff gegen die Mitte der deutschen Front, durchbrachen sie und strömten nun unaufhaltsam der deutschen Grenze zu. H., in Berchtesgaden, sprach vom bevorstehenden Zusammenbruch Englands, vom »todsicheren Endsieg«; »die Ausführungen verloren sich in Hirngespinsten«. Ungleich wahrscheinlicher war damals das Ende des Krieges durch die Besetzung ganz Deutschlands im frühen Herbst.

Am 20. Juli stellte bei der täglichen »Lagebesprechung« im Hauptquartier in Ostpreußen Oberst Stauffenberg eine Bombe mit Zeitzünder unter den Tisch, an dem H. mit seinen Beratern stand. Stauffenberg verließ die Baracke unter einem Vorwand, sah die Explosion, sah die Wirkung, glaubte den Tyrannen unfehlbar tot, flog nach Berlin zurück und brachte den Verschwörern die erwartete Nachricht. Darauf wurden die längst vorbereiteten Schritte getan. General Witzleben erklärte sich zum Oberbefehlshaber der Wehrmacht, gab Befehle zur Verhaftung der Partei- und SS-Führer nach Wien, Paris und Prag, ließ das Regierungsviertel durch das Berliner »Wach-Bataillon« abriegeln. Aber H. war nicht tot. Mehrere seiner Mitarbeiter waren von der Explosion zerrissen worden, er nicht; er war nur leicht verwundet. Auch war es nicht gelungen, das Nachrichtenzentrum seines Hauptquartiers dem Plane entsprechend zu zerstören. Es folgte ein Wettkampf zwischen Berlin und Ostpreußen, zwischen den von H.s Kreaturen und den von Witzleben gezeichneten Befehlen, wobei die alte Autorität in wenigen Stunden den Sieg davontrug. So stark war auch jetzt noch, in diesen Tagen der von allen Seiten hereinbrechenden militärischen Katastrophen, der Zusammenhalt des Staates, so stark noch der Zauber des bleichen, an allen Gliedern zitternden, nun nach Rache und Zerschmetterung aller Verräter gierenden Tyrannen. Sein Regime hätte ihn damals keinen Tag überdauert. Da er aber lebte, beeilten sich alle, die es noch konnten, und mancher, dem es nichts mehr half, die Rebellion zu verleugnen und sich gegen sie zu kehren; Truppen und Offiziere in Berlin und nahe Berlin, Befehlshaber in den besetzten Gebieten, Befehlshaber an den Fronten. Aushielt die Schar der echten Verschwörer; aber ihnen blieb der Tod. Die Glücklicheren gaben ihn sich selber. Über die andern brach H.s Mordgericht herein.

So wie die Parteiherrschaft auf einer Auswahl der Schlechten beruhte, so beruhte der Widerstand auf einer echten Elite aus allen Klassen, Traditionskreisen und Landschaften. Der gute Genius der Nation hatte sich in der Verneinung, im Kampf gegen das Ungeheuer zusammengerafft. Nun, da seine Tat mißlungen war, stand er da in rettungsloser Offenheit, ein Opfer der Volksgerichts-Präsidenten, der Schinder und Würger. Ein gleiches Schicksal traf die Sozialisten, Gewerkschaftler, demokratischen Politiker, Leber, Leuschner, Hausbach, Reichwein, Bolz, Letterhaus; die Verwalter und Juristen, Goerdeler, Planck, Harnack, Dohnanyi; die Theologen und Schriftsteller, Delp, Bonhoeffer, Haushofer; den Adel, die Süddeutschen Stauffenberg, Guttenberg, Redwitz, Drechsel, wie die Nord- und Ostdeutschen, Witzleben, Dohna, York, Moltke, Schwerin, Kleist, Lynar, Schulenburg. Wenn der ostelbische Adel, oder doch ein Teil von ihm, in der Zeit vor der Machtergreifung eine schwere Schuld auf sich lud, dann machte er sie gut durch das Opfer des 20. Juli; und der deutsche Adel in seiner Gesamtheit hat in dieser äußersten Krise in Ehren mitgewirkt. Dem Tyrannen war das recht; nun konnte er gegen die ihm längst verhaßte »Aristokratenbande« wüten, übrigens das Ganze als ein Unternehmen von Reaktionären ausgeben und so vor dem Volk diskreditieren. Aber die Namen der Opfer redeten eine zu deutliche Sprache. Aristokraten waren sie alle, Aristoi, die Besten; an Klasse und Stand gebunden waren sie nicht.

Ob Land und Volk, denen sie sich opferten, dies Opfer noch verdienten, könnte man im Rückblick fragen. Sie nahmen noch den Begriff des Vaterlandes ernst, und einer ihrer Stärksten, Graf Stauffenberg, starb mit dem Ruf »Es lebe das heilige Deutschland!« Aber Deutschland war damals längst nichts Heiliges mehr, und konnte auch nie wieder heilig werden, dieser Glaube war veraltet; der Begriff des Vaterlandes zerstört. Sie nahmen noch Geschichte ernst und das, was der Nation drohte; eine nahe Zukunft sollte lehren, daß es mit dem »Untergang« von 1945 eine nichts weniger als endgültige Sache war. So hat man sie zweimal ignoriert und vergessen. Verwirrt und betäubt, kümmerte man sich nicht um sie im Chaos des ausbrennenden Krieges; damals begriff man gar nicht den Verlust an menschlicher Substanz, den Deutschland durch die Katastrophe des zwanzigsten Juli erlitt. Unwillkommen war die Erinnerung daran auch im Saus und Braus des wirtschaftlichen Wiederaufstiegs ein paar Jahre später. Straßen sind wohl nach den Männern des zwanzigsten Juli benannt, aber wer kann heute auch nur sagen, wer das war, nach dem sie benannt sind? Die Gleichgültigkeit der Nation erwürgte die Lebenden und vergaß die Toten. Indem sie den Versuch machten, den Sinn, die Kontinuität und die Ehre der deutschen Geschichte zu retten, was alles nicht mehr gerettet werden konnte, gehören auch sie einer abgeschlossenen Vergangenheit an und ist ihr Ruhm vor Gott viel höher als jener, den eine wohlmeinende Obrigkeit ihnen vor der Nachwelt zu fristen sich müht.

Das Ende

Danach ging die Agonie, die Einlösung des Schwures, daß es »keinen 9. November 1918« mehr geben sollte, noch neun Monate weiter. Im blasphemischen Wahn glaubte der Mensch, das gescheiterte Attentat habe die Sendung, welche zu erfüllen er auf die Welt gekommen sei, noch einmal erwiesen. Offiziere und Soldaten hatten jetzt mit dem »deutschen Gruß« zu grüßen. Der oberste Polizeischerge wurde Befehlshaber des Ersatzheeres, demnächst auch einer Heeresgruppe. Womit die am 30. Januar 1933 begonnene Unterwerfung der Armee nun endlich vollendet war – je furchtbarer die Niederlagen an allen Fronten, desto siegreicher die Nazipartei. Nie war die Nation fester in ihrer Hand als im zweiten Halbjahr 1944. Der Schrecken hatte seine Wirkung getan.
Es wurden neue Kriegsanstrengungen unternommen, neue Divisionen aus dem erschöpften Volke herausgepreßt. Knaben und alte Männer zu einem »Volkssturm« aufgerufen. Man sprach jetzt von der Verteidigung der Grenzen, vom nationalen Verteidigungskrieg. Drei Jahre war man immer nur vorgegangen, zwei Jahre immer nur zurück, für weiten Lebensraum hatte man gekämpft, den Krieg zum Nordkap, zum Kaukasus und nach Ägypten getragen; jetzt, nach fünf so phantastischen Jahren sollte es ein Krieg zur Verteidigung der alten, engen Reichsgrenzen sein. Daß hier etwas nicht stimmte, ahnten die Volksmassen in aller ihrer Verwirrung und Not. Auch konnte der Mensch sich selber nicht entschließen, dem neuen Verteidigungspathos entsprechend zu handeln. Noch immer brütete er über neuen Offensiven. Noch immer weigerte er sich, zu räumen, was nur deutsche Truppen besetzt hielten, ehe man sie nicht unter furchtbaren Verlusten hinauswarf; weigerte sich trotz der Beschwörungen seiner Berater, noch im März 1945, die Divisionen hereinzuholen, die in den baltischen Provinzen oder in Norwegen standen; er könnte das nicht aus den und den wirtschaftlichen, strategischen, politischen Gründen. Er starrte noch immer auf das Phantom des Sieges.

Die Propaganda ließ das Erobern weislich unter den Tisch fallen. Sie wirtschaftete nun mit der Angst, mit dem Strafgericht, das die Sieger über Deutschland würden ergehen lassen, und kam damit ohnehin umgehenden Gefühlen entgegen. Die Soldaten, viele von ihnen, wußten nur zu gut, was in Rußland geschehen war und daß von diesem Feind, wenn er jetzt siegte, keine Gnade zu erwarten war. Die atlantischen Bundesgenossen verrieten über ihre Kriegsziele nichts, außer daß ihre Sprecher die Forderung nach der »bedingungslosen Übergabe« honigmäulig wiederholten. Überdies liefen Gerüchte über einen Plan um, den Deutschen ihre schwere Industrie wegzunehmen und sie zu einem Volk von Bauern und Fischern zu machen — ein Unfug, den amerikanische Politiker tatsächlich ausgeheckt und dem Präsidenten Roosevelt in der Hitze eines Sommertages als annehmbar hatten erscheinen lassen. Bessere Hilfe konnte der deutschen Propaganda nicht kommen.

Nachdem die Alliierten im Hochsommer ganz Frankreich überrannt und die deutschen Truppen auf die alten Reichsgrenzen zurückgeworfen hatten, kam der Krieg im Herbst noch einmal zum Stehen. Die Amerikaner waren vorsichtig. Sie machten halt da, wo vor fünf Jahren die Franzosen haltgemacht hatten und von wo aus eine beherzte Offensive vor fünf Jahren dem ganzen Spuk hätte ein Ende machen können, am sagenhaften, kaum bemannten, kaum existierenden »Westwall«. Dort hielten sie an und ließen nun wieder, monatelang, nichts sprechen als das barbarische Argument der Bomben aus der Luft. Damals erst, so kurz vor dem Ende, sind die schwersten Angriffe erfolgt, auch auf Städte, die bisher verschont waren und wegen ihrer industriellen Bedeutungslosigkeit sich geschützt glaubten, auf Darmstadt, auf Dresden; nächtliche Massenmorde an der Zivilbevölkerung, die zeigten, welchen Tiefstand die öffentliche Moral nun überall erreicht hatte. »Kriegführende«, hat ein alter Historiker geschrieben, »tauschen Eigenschaften aus.« H. hatte nichts von den Angelsachsen angenommen, aber die Angelsachsen einiges von H. Während sie sich und den Bomben Zeit ließen, trafen sie sich zu Konferenzen, auf denen die Zukunft großspurig und vage geplant wurde: die Teilung Deutschlands in Besatzungszonen, die Abschaffung des deutschen Heeres und Generalstabes für ewige Zeiten, phantastische Grenzverschiebungen im Osten: es sollte Polen für Gebiete, die es an Rußland abtreten würde, durch deutsches Gebiet entschädigt werden.

Das Einfrieren der Fronten im Westen benutzte H. im Dezember zu einem letzten Gegenschlag. Der Plan war gut; die Überraschung kam ihm zu Hilfe. Die amerikanische Front geriet ins Wanken. Aber nur für einen Augenblick. Wie konnte es bei solchen Kräfteverhältnissen anders sein? Anfang Januar mußte auch das »Weihnachtsgeschenk des Führers«, wie die Propaganda es nannte, wieder preisgegeben werden. Die Alliierten hatten schwere Verluste erlitten, aber die Deutschen nicht mehr zu ersetzende; und dies letzte Aufflackern des deutschen Angriffsgeistes konnte die Ungeduld, die Wut, die vereinfachende Brutalität der Sieger nur noch steigern. Von da an allenthalben Zusammenbruch. Schon war, während des Herbstes und Winters die Balkan-Halbinsel verlorengegangen. Im Januar begannen die Russen ihre letzte große Offensive von der Ostsee bis zu den Karpaten, drangen in Schlesien ein, bedrohten Wien. An der Oder gelang es noch einmal, sie aufzuhalten. Im März gingen die Alliierten über den Rhein, und es begann nun die wilde Jagd ihrer motorisierten Verbände durch das Land, nicht unähnlich jener, welche die Deutschen fünf Jahre früher durch Frankreich geführt hatte. Millionen von deutschen Soldaten hausten in improvisierten Gefangenenlagern. Mitte April erreichten die Amerikaner die Elbe; gleichzeitig durchbrachen die Russen die Oder-Linie und drangen gegen Berlin vor. Noch immer aber galten die Befehle des Rasenden oder galten noch da, wo nicht vernünftige Offiziere, beherzte Bürger unter Gefährdung des eigenen Lebens ihnen den Gehorsam verweigerten. Noch immer wurden Deserteure, »Defaitisten«, ohne Marschbefehl angetroffene Soldaten umgebracht, wurden Brücken gesprengt, industrielle Anlagen vernichtet und Städte, bei denen es nichts zu verteidigen gab, in die Kampfhandlungen gezogen; mit dem Ergebnis, daß

nun feindliche Artillerie zerstörte, was die Bomben aus der Luft verschont hatten. Die Westfälischen Friedensverträge hatte H. revidieren wollen; nun sah Deutschland aus und lebten die Menschen, wie die Chronisten des Dreißigjährigen Krieges es uns beschrieben haben. Und noch immer gingen die Männer, die an der Verschwörung des 20. Juli teilgehabt hatten, ihren einsamen Weg zur Richtstätte.
Der Schuldige an diesem zur Wirklichkeit gewordenen Massenalptraum saß im Luftschutzkeller der Berliner Reichskanzlei. Ein Greis bei seinen sechsundfünfzig Jahren, ohne Schlaf, von Medikamenten und Giften sich nährend, zitternd, das Gesicht aschfahl, mit flackernden Augen, hielt er seine »Lagebesprechungen« ab, die mit der Wirklichkeit nichts mehr zu tun hatten. Unter jeder Beschreibung spottenden Gefahren und Mühen bahnten noch immer hohe Offiziere sich den Weg zu ihm; und es ist eine der befremdendsten Tatsachen in dieser ganzen befremdenden Geschichte, daß sie auch jetzt noch sich beugten vor dem zitternden Menschenwrack und seine höllischen, jedes Sinnes bar gewordenen Befehle ausführten. Bis tief in den März, vielleicht in den April, scheint er an den »Triumpf des Willens«, ein Durchhalten bis zum Endsieg, geglaubt zu haben. Lange Zeit waren sogenannte »neue Waffen« seine Hoffnung gewesen; dann wartete er auf den Bruch in der feindlichen Koalition, der es ihm ermöglichen würde, eine jener blitzschnellen Wendungen vorzunehmen, an denen seine Laufbahn so reich gewesen war: mit den westlichen Alliierten gegen Rußland, oder umgekehrt. Das Beispiel Friedrichs des Großen, der nach sieben Kriegsjahren durch den plötzlichen Tod eines seiner Gegner, der russischen Zarin, gerettet worden war, stand ihm immer vor Augen. Und als Franklin Roosevelt am 12. April plötzlich starb, glaubte er wohl, den Vergleich hoffnungsvoll bestätigt zu finden. Vergebens; der Tod Roosevelts bewirkte im Augenblick gar keine Veränderung. Er würde sie wohl bewirken, die große Koalition würde einmal, bald auseinanderfallen; aber nicht, solange der Mensch lebte, der einzig und allein sie geschaffen hatte und der einzig und allein sie intakt hielt. Erst mußte H. tot oder gefan-

gen sein; dann konnte der heimlich schwelende Gegensatz zwischen Rußland und Amerika zum Ausbruch kommen... Endlich begriff er, daß es zu Ende war. Sein Wille hatte es nicht zwingen können, hatte das Unmögliche trotz allem nicht möglich machen können. Er zog keine Folgerungen daraus. Daß er sich geirrt hatte, daß die von ihm so oft so gotteslästerlich angerufene Vorsehung ihn doch nicht zum Sieger bestimmt hatte, darüber kam kein Wort über seine Lippen; kein Wort der Reue, des Bedauerns. Sein Gewissen war gut. Das Land glich einem ausgebrannten Vulkan; in Ruinen und Kellern lebten seine Bürger; aus den östlichen Provinzen strömten die Flüchtlinge zu Hunderttausenden nach dem Westen, Schuldige und Unschuldige, brave Menschen der Arbeit, die nie sich um das »Großdeutsche Reich« gekümmert hatten, ihres Besitzes beraubt, jeder Hilfe bar, Kinder ohne Eltern, Kranke und Sterbende in Handkarren geschoben; in den Konzentrationslagern fanden die eindringenden Alliierten mit Grausen die zu Bergen aufgeschichteten Leichen der Verhungerten; aber der hatte Mitleid nur mit sich selber. Er habe seine Gesundheit für sein Volk geopfert, habe fünf Jahre lang auf die Freuden des Lebens verzichtet, kein Kino, kein Konzert besucht, und das sei nun der Dank. Verrat, nichts als Verrat sei überall um ihn herum gewesen, er allein sei die Ursache für das vorläufige Scheitern seines so wohlgemeinten Krieges, den zudem nicht er, sondern die Juden angefangen hätten... Schon im März hatte er einem seiner Minister, Speer, den Befehl gegeben, alle lebenswichtigen Anlagen, Fabriken, Dämme, Verkehrsmittel, Versorgungslager zerstören zu lassen, bevor sie dem Feind in die Hände fielen. Speer wandte ein, dann müßte das Volk nach dem Krieg unvermeidlich verhungern und erfrieren. Das sei ganz recht so, antwortete der Mann, der Deutschland so liebte. Wenn die Nation nicht zu siegen verstünde, dann hätte sie eben die Bewährungsprobe nicht bestanden, dann sollte sie auch nicht weiterleben. Auch seien die Besten ohnehin gefallen und nur die Minderwertigen übriggeblieben.

Dies war der letzte Wunsch Adolf Hitlers. Und man kann

wohl sagen, daß es im Grunde immer, seit Jahrzehnten, sein innerster, heimlichster Wunsch gewesen war. Von ihm wissen wir, daß er schon in der Zeit vor der »Machtergreifung« in lüsternen Tönen von solchem allgemeinen Untergang gesprochen hatte, einen Kampf in der brennenden Halle nach Nibelungenart, einer Götterdämmerung aus Tod und Flammen. Dahin hat er gestrebt, bewußt oder unbewußt, seine ganze unglaubliche Laufbahn hatte letztlich doch nur der Verwirklichung dieses Traumes gedient. Deutschland wollte er mit sich ins Verderben reißen, seine Begräbnisfeier künstlerisch ausgestalten zum Weltuntergang; gleichzeitig diktierte er ein Testament voller tränenreicher Verfügungen: Viel besäße er ja nicht, aber doch genug, daß seine Verwandten ein kleines, bescheidenes Leben daraus ziehen könnten, während die Bilder, die er im Leben gesammelt, für seine geliebte Vaterstadt Linz an der Donau bestimmt seien. Ferner, er wolle nun angesichts des Todes die Ehe schließen, die er sich im Leben wegen seiner nie ermüdenden Arbeit für das deutsche Volk habe versagen müssen... Längst waren die Russen in die riesige Trümmerstadt eingedrungen. Als sie sich den Weg bis ins Zentrum gebahnt hatten und ihre Geschosse nahe der Reichskanzlei niedergingen, beschloß H., daß die Stunde gekommen sei. In den luftlosen Kemenaten des Bunkers hielt er späte Hochzeit mit seiner Mätresse, wobei man sich strikt an die Regeln hielt, Heiratskontrakt, Trauzeugen, knallende Champagnerpfropfen. Dann zog sich das Paar zurück und schaffte sich, so schmerzlos es ging, aus der Welt.

H. gelangte sehr weit in der Laufbahn, die er sich vorgezeichnet hatte, aber ihm selber nie weit genug. Immer noch gab es weite Länder, in denen die Menschen frei waren, nicht an seine Sendung zu glauben. Er verzieh es nicht. »Die Juden«, rief er während des Krieges, »haben auch einmal über mich gelacht; ich weiß nicht, ob sie heute noch lachen, oder ob ihnen das Lachen vergangen ist!« Dies war der Trieb, der ihn seine Erfolge erreichen wie seine Verbrechen begehen ließ: sich der Welt aufzudrängen, es einzutränken allen denen, die gewagt hatten, ihn nicht so ernst zu nehmen, wie er sich selber nahm.

Das große deutsche Weltreich zu gründen, mißglückte ihm und mußte ihm mißglücken. Aber darin triumphierte er noch im Tode, daß schließlich alle Welt ihn ernst nahm, alle Welt sich verbündete, um nur ihn, dies eine Individuum, zu bezwingen; und daß er die Welt, die er nicht hatte erobern können, in einem tief veränderten, verwilderten Zustand zurückließ.
Kaum war der Lusttraum dieses Menschen ausgeträumt, so war es, als ob die Nation aus langer Betäubung erwachte. Kein Gedanke daran, daß Regime und Partei ihn überleben könnten; auch dann nicht, wenn die fremden Sieger nicht jetzt die Herren in Deutschland gewesen wären. Der böse Zauber hielt nicht länger als der Zauberer. Mit ungläubigem Staunen fanden die Alliierten, daß es in dem Land, das zwölf Jahre lang vom Nationalsozialismus regiert worden war, eigentlich überhaupt keine Nationalsozialisten gab. So als sei das Ganze nur eine Komödie im Stil des Hauptmanns von Köpenick gewesen, mörderisch wie nie zuvor ein Unfug in der Weltgeschichte, aber eben doch ein Unfug, eine Betrügerei nur, mit der jetzt, da sie demaskiert war, kaum einer etwas zu tun gehabt haben wollte. Und war das nicht am Ende der Kern der ganzen peinlichen Geschichte: die Geschichte eines Gauklers, der sich großer, aber moralisch blinder, gleichgültiger nationaler Tüchtigkeit bemächtigt hatte wie einer Maschine und nun sie für sich arbeiten ließ, pünktlich, wirkungsvoll, tödlich, so lange, bis sie von Ruinen umgeben, selber verbraucht und zerschlagen war? …
Die Regierungsbotschaft, die der zum Reichspräsidenten bestimmte Admiral Dönitz tatsächlich ergehen ließ, verhallte in den Wirren des Zusammenbruchs. Ebenso illusorisch erwiesen sich die Versuche, die zwei der Getreuesten, Himmler und Göring, noch zu Lebzeiten H.s eingeleitet hatten, mit den Westmächten ins Gespräch zu kommen. Jetzt wollen sie das tun, was die Männer des 20. Juli zur rechten Zeit zu rechten Zwekken hatten tun wollen und wofür Himmler sie zu Tausenden hatte erwürgen lassen. Jetzt war es zu spät dazu; den Friedensfühlern, die von *diesen* Männern kamen, gebührte die Verachtung, mit welcher die Sieger ihnen begegneten. Am 7.

Mai 1945 wurde die Kapitulation unterzeichnet, welche die gesamten deutschen Streitkräfte in die Hand der Sieger gab, die deutsche Souveränität ausstrich. Es hatte keinen 9. November 1918 mehr gegeben. Deutschland hatte so lange gekämpft, wie es konnte, so wie H. es gewollt hatte. Es hatte dann sich bedingungslos ergeben, wie die Alliierten es gewollt hatten. Beide Seiten hatten ihren Willen.

ZWÖLFTES KAPITEL

Hier hat unsere Erzählung ursprünglich geendet, was danach sich anspann und weiterging, nur zu ein paar Gedanken, nicht zur vergegenwärtigenden Darstellung getaugt. Es war noch nicht »Geschichte«. Mit dieser ist's, wie mit dem werdenden Ich in Hofmannsthals »Terzinen über Vergänglichkeit«:

> Und daß mein eigenes Ich, durch nichts gehemmt,
> Herüberglitt aus einem kleinen Kind...

Auch die Gegenwart gleitet, »durch nichts gehemmt«, in die Geschichte hinüber. Durch nichts gehemmt; aber gefördert durch Ereignisse, welche Epoche machen, Epochen abschließen. Solche trennenden Ereignisse waren 1866, 1914, 1945. Dergleichen hat es seither für die *deutsche* Geschichte nicht gegeben. Epochale Neuerungen der beiden letzten Jahrzehnte gingen entweder die Menschheit als Ganzes an, der Triumph der Kommunisten in China, der Beginn der Weltraumfahrt, die Auflösung der Kolonialreiche, das Zweite Vatikanische Konzil, oder sie zentrierten anderswo, wie der Wiederaufstieg Frankreichs unter Charles de Gaulle, und berührten Deutschland nur mittelbar.

Sie waren so ereignisreich, diese beiden Jahrzehnte, wie frühere Jahrzehnte je waren; ereignisreicher, verwirrender, betäubender, auf einigen Feldern schöpferischer, als je zuvor. Nie zuvor hat die Zeit so Vieles gezeitigt, nie das Gesetz von der Beschleunigung der Geschichte sich so furchtbar wahr erwiesen. Auch die Lebensart der deutschen Gesellschaft hat in diesem kurzen Zeitabschnitt sich viel radikaler verändert als unter Napoleon, als unter Bismarck und Wilhelm. Wenn aber deutsche Geschichte immer ein Teil und Spiegel der europäischen war, wenn wir wieder und wieder einen Blick auf Frankreich, auf Italien, auf England werfen mußten, um deutsche Entwicklungen im Zusammenhang zu sehen, so ist, was seit 1945 in und mit Deutschland geschah, ein sehr kleiner Teil, ein sehr geringer Spiegel der Weltgeschichte geworden. Weltgeschichte müßte man schreiben, um das Treiben und Leiden in ihrem schmal gewordenen deutschen Sektor zu verstehen. In dem Stil und zu dem Zweck, die unserer Erzählung den Charakter gaben, ist das unmöglich.

Von den Anfängen Bismarcks bis 1945 hat Deutschland selber Weltgeschichte gemacht, unter wachsenden, zuletzt die eigenen Kräfte übersteigenden, unheilvollen Anstrengungen. Seitdem, trotz respektabler Leistungen, von denen zu reden sein wird, ist es mehr Gegenstand als selber handelnd gewesen. Patriotischen Herzen gereicht es zum Trost, daß es wenigstens ein Hauptgegenstand war und, was man den »Kalten Krieg« nennt, über Deutschland entbrannte. Sollte das ein Grund dafür sein, daß man gerade in Deutschland so lange zögerte, das Ende des Kalten Krieges wahrzunehmen?

Wer heute 20, ja 25 Jahre alt ist, der kennt praktisch nichts als »Bundesrepublik« und »DDR«, der möchte wohl wissen, wie es zu diesen Gebilden kam und wie sie sich entwickelten. Er wird das in anderen Werken gründlicher dargestellt finden. Da wir aber doch wünschen, das Unsere möchte auch von jungen Menschen gelesen werden, da eine »deutsche Geschichte im 19. und 20. Jahrhundert« volle 20 Jahre des 20. Jahrhunderts nicht verschweigen darf, so sei im Folgenden wenigstens ein dürrer Überblick geboten. Er konzentriert sich auf das, was ehedem das »Deutsche Reich« war, und läßt die Hauptagenten des neuen Weltdramas, Amerika, Rußland, China, auch das alte Westeuropa nahezu außer acht.

Potsdam und die Teilung

»Verträge sind der Ausdruck der Verhältnisse, die in dem Moment, in dem jene geschlossen werden, zwischen den moralischen wie den materiellen Kräften der Vertragspartner bestehen. In dem Maße, in dem diese Kräfte mit mehr oder weniger Treffsicherheit und Weite des Blicks eingeschätzt werden, in dem die Einschätzenden den ferneren Ursprüngen nachgehen und die weiteren Folgen voraussehen, in dem sie den Tatsachen des Augenblicks weniger, den zeitlosen politischen Charakteren der Staaten und Nationen aber mehr Rechnung tragen, in dem Maße werden die Verträge mehr oder weniger dauerhaft sein. Nie überleben die Rechte, welche sie fixieren, die Bedingungen, unter denen diese Rechte begründet wurden.« — War, wenn man diese von dem Historiker Albert Sorel vorgeschlagenen Kriterien akzeptiert, den »Potsdamer Beschlüssen« (2. August 1945) eine lange Gültigkeit zu prophezeien?

Die großen Sieger übernahmen selber die Autorität in dem besiegten Land, Deutschland, in dem es eine autochthone Regierung bis auf weiteres nicht geben sollte. Das setzte voraus, daß sie, die Sieger, unter sich zusammenhalten würden. Aber die Hauptbedingung, welche den schwierigen Zusammenhalt der Alliierten bisher gewährleistet hatte, Adolf Hitler, war verschwunden. An Anzeichen dafür, daß mit seinem Verschwinden die Koalition auseinanderfallen würde, hatte es im Frühjahr nicht gefehlt und fehlte es nicht, während die Staats- und Regierungschefs in Potsdam berieten. Die harmonische Verwaltung eines ungeteilten Deutschlands durch die drei oder vier Siegermächte war also auf lange Frist nicht zu erwarten.

Die Potsdamer Beschlüsse verkürzten den deutschen Siedlungsraum um etwa ein Viertel, in dem sie die deutschen Länder östlich der Flüsse Oder und Neiße polnischer, den nördlichen Teil der Provinz Ostpreußen russischer ziviler Verwaltung unterstellten. Zwar sollte die endgültige Ziehung von Deutschlands Ostgrenze einem Friedensvertrag vorbehalten bleiben. Da man jedoch die Vertreibung der deutschen Bevölkerung aus den polnisch zu verwaltenden Gebieten als eine vollzogene hinnahm — die sie im Moment des Beschlusses noch nicht einmal war — und den hastig improvisierten westdeutschen Behörden den Befehl gab, die einströmenden Millionen von Flüchtlingen zu ernähren und zu behausen, so nahm das Provisorium sich vom ersten Moment so endgültig aus, wie es sich in den folgenden Jahren erwies; das von dem russischen Minister Molotow gebrauchte Argument, man hätte diese Millionen doch wohl kaum vertrieben und neu angesiedelt, um sie nach kurzer Zeit in die alte Heimat zurückzubringen, war schwer zu widerlegen. Praktisch, obgleich noch nicht völkerrechtlich, liefen die Beschlüsse auf die Annexion mehrerer alter deutscher Provinzen — Ostpreußen, Schlesien, Teile von Pommern und Brandenburg — durch Polen hinaus. Eine so furchtbare Verstümmelung des besiegten Staates setzte voraus, er würde auf die Dauer so ohnmächtig bleiben, wie er im Augenblick war. Dies wieder hatte zur Bedingung, daß die Sieger unter sich zusammenhalten und den Besiegten über die kommenden Jahrzehnte als Feind behandeln würden. Wir wissen, auf welch schwachem Grund die zweite Voraussetzung ruhte. Folglich war auch die erste schwach; denn hielten sie nicht unter sich zusammen, so mußten die Sieger bald anfangen, um die Gunst des Besiegten zu werben; um die Gunst des ganzen Deutschland oder des Teiles, den sie inne hatten. Ohnehin würden die Sieger, mindestens die angelsächsischen, die Haltung des gnadenlosen Unterdrückers auf die Dauer nicht einnehmen, weil sie ihnen nicht lag. Schließlich: So jammervoll die besiegte Nation sich im Augenblick ausnahm, so sprach doch nichts dafür, daß ihre Vitalität, von der sie Proben gegeben hatte, für immer gebrochen wäre. War sie es nicht, wurde der deutsche Staat nicht dauernd okkupiert und unterdrückt, hielt die Koalition der Sieger nicht zusammen, welche Folgen, im Sinn der Beobachtung Sorels, waren dann von der östlichen Grenzziehung zu erwarten?

Es gab, wenn man allein das Argument der Macht gelten

läßt, nur eine positive Antwort auf die Frage und die gibt es heute noch. Der hundertjährige Kampf zwischen Slawen und Germanen, ließ Stalin im Jahre 1945 hören, hatte mit einem Sieg der Slawen geendet. Die Entscheidung war anders als frühere, etwa die von 1917 gewesen waren, sie war irreversibel. Die Deutschen würden gegen die Russen nicht noch einmal tun können, was sie 1941 getan hatten. Blieb also Polen unter dem tyrannischen aber effektiven Schutz der Russen, so konnten die neuen Grenzen dauerhaft sein, so sehr sie den »Fernen Ursprüngen« der Geschichte von 500 Jahren widersprachen. Deutschland konnte wieder erstarken, aber nicht genug, um Rußland noch einmal herauszufordern.

Was die moralische Seite der Sache betrifft, so meinte der Londoner »Economist«, die Alliierten hätten den Krieg gegen Hitler mit einem Frieden in Hitlers Stil beendet. Im Jahre 1945 konnte es so aussehen. Wenn die Vertreibung der Menschen deutscher Zunge aus Polen, Böhmen, Ungarn, Rumänien, etwa 12 Millionen insgesamt, ihre Einpferchung in den übervölkerten Ruinen Westdeutschlands »orderly and humanely« von statten gehen sollte, so erinnerte die Empfehlung ein wenig an die Bitte der heiligen Inquisition, die von ihr Verurteilten »möglichst milde und ohne Blutvergießen« zu Tode zu bringen. Die Maßnahmen zur Niederhaltung der deutschen industriellen Produktion – an der es im Augenblick nicht viel niederzuhalten gab; die Demontagen industrieller Anlagen, sei es als Kriegsbeute, sei es in der geregelten Form von »Reparation«; das Verschlepptwerden anderer Millionen Menschen nach Rußland und nach Frankreich in eine unbefristete Kriegsgefangenschaft, die erst jetzt, nach beendetem Kriege begann; der englisch-amerikanische Befehl, welcher den okkupierenden Truppen jede menschliche Berührung mit der Bevölkerung verbot – solche und andere Maßnahmen ergänzten sich zu einem Verhältnis, so gnadenlos düster, wie man es in christlichen oder nachchristlichen Zeiten zwischen Siegern und Besiegten noch nicht erlebt hatte. Genauer: Nur einmal schon erlebt hatte, in Hitlers Europa; nicht so ganz im Westen, aber doch im Osten. Dort, in Polen, in den eroberten

Teilen Rußlands, war es ungleich schlimmer gewesen. Was immer die Sieger in Deutschland dekretierten, es hatte Bestrafung, endgültige Entmachtung, vorläufige Entmündigung zum Zweck; nicht das, was Hitlers Ziel in Polen und Rußland gewesen war, die Vernichtung der Nation, ihre Reduzierung auf den Zustand analphabetischen Sklaventums. Das war das Ziel auch der Russen keineswegs. Es hätte weder ihrer elementaren Menschlichkeit noch im Sinn ihrer Philosophie gelegen. Zwar verhielten ihre Soldaten sich fürchterlich, so lange die Kämpfe noch dauerten. So wie die Deutschen den Krieg in Rußland geführt hatten, konnten sie auf ihrem eigenen Boden einen human geführten nicht erwarten. Sobald die Kämpfe zu Ende waren, begann der auf seine Art konstruktive russische Staatswille sich gegenüber der eigenen Soldateska durchzusetzen. Berlin lag in Trümmern, ungefähr wie Leningrad. Wenn aber Hitler Befehl gegeben hatte, eine Kapitulation Leningrads nicht anzunehmen, sondern die Stadt so lange zu bombardieren, bis nichts übrig wäre, so erhielten die Berliner von den Eroberern Lebensmittel ausgeteilt. Nicht lange danach ergingen die ersten Befehle zur Wiederbelebung des kulturellen und politischen Betriebes: Gründung von Parteien und Gewerkschaften, Eröffnung von Schulen, Clubs, Theatern. – Es sind dies Unterschiede, auf Grund derer die Meinung des »Economist« mindestens nuanciert werden müßte. Tatsächlich haben die Deutschen selber Schlimmeres erwartet. Denn sie wußten sehr gut, was ihre eigenen Leute in Osteuropa getrieben, was ihre eigenen Leute mit Osteuropa vorgehabt hatten. Das »Aug' um Auge, Zahn um Zahn« hatte ihr Führer sie gelehrt. Dieser, wir wissen es, hatte zum Schluß den »Untergang« der Nation für den natürlichen, ja den wünschenswerten Ausgang des Krieges gehalten, zumal sie die Probe nicht bestanden hatte und der Schwächere nach Naturgesetz den Tod verdiente.

Man wird gut daran tun, Ereignisse und Entscheidungen zwischen 1939 und 1947 als eine einzige Unglücksmasse, als eine Kette böser Aktionen und böser Reaktionen zu sehen. Wir geben nichts für die historischen Argumente, mit denen die Polen ihre Annexionen der »wiedergewonnenen Gebiete« rechtfertigten; sie sind närrisch. Wir geben auch nicht allzuviel für das Argument der »Rekompensation«; da Rußland im Osten den Polen so und so viel Land wegnahm, sie aber aus all den Qualen doch wenigstens unvermindert hervorgehen sollten, so hätte ihnen im Westen so und so viel deutsches Land auf Kosten des besiegten, zu bestrafenden Feindes gebührt. Aber entweder war das Land, das Rußland sich im Osten nahm, polnisch und dann hätte es polnisch bleiben sollen; oder es war nicht polnisch; dann gebührte den Polen kein Ersatz. Tatsächlich war die Bevölkerung in den im Osten abgetrennten Provinzen überwiegend nicht polnisch, sondern litauisch, ukrainisch, weißrussisch; es sind nur etwa zwei Millionen Polen von dort in den »wiedergewonnenen« Westgebieten angesiedelt worden. Rational war diese monströse Verschiebung von Menschen und Staatsgrenzen nicht. Es war, von der polnischen Seite, ein Akt der Rache; ein Akt der Entschädigung für grauenhafte Verluste und Leiden in jedem Bereich; ein Akt der Erfüllung uralter imperialer Träume, die man nun, nach solchen Leiden und in solcher Siegerposition, sich gönnen zu sollen meinte. Josef Stalin mag andere Gedanken im Kopf gehabt haben: Zum Beispiel den, immerwährende durchaus zuverlässige Feindschaft zwischen Deutschen und Polen zu begründen (aber war die nicht schon zuverlässig genug?); zum Beispiel, die Bürger Restdeutschlands für den Kommunismus reif zu machen, in dem man 10 bis 12 Millionen Bürger am Bettelstab unter sie zwängte. – Die Folgen der grausamen Operation sind allerdings bis heute sehr verschiedene gewesen. Noch kennen wir das Ende nicht.

Den anderen Völkern Osteuropas war recht, was den Polen billig war. Auch sie wollten nun nicht mehr mit den Deutschen leben. Aus Böhmen, aus Ungarn und Rumänien mußten sie fort, die Erben uralter Wanderungen, Siedelungen, Kaufmannsniederlassungen, Erben von Bauern, Handwerkern, Städtegründern. Der weite deutsche Wirkungskreis im Osten, längst bedroht durch den aufsteigenden Nationalismus der Slawen, war nun plötzlich zerstört; ausgeträumt der Traum der Achtundvierziger, der Traum von der »imperialen Mission«, der überspannte Bogen zerrissen. Ein furchtbarer Gegenschlag hatte die getroffen, die sich zu Herren über Osteuropa hatten machen wollen. Keine komplizierten Grenzstreitereien mehr wie 1919, keine Volksabstimmungen, kein Schutz von »Minderheiten«, sie hatten zu verschwinden. Es geschah im Niemandsland, in einem Zustand körperlicher Not und seelischer Betäubung, der den Hauptbetroffenen, die deutsche Nation, überhaupt nicht fassen ließ, was zu geschehen im Begriff war; ehe man es begriff, war es geschehen. Man begriff es ebensowenig, wie man die jetzt an den Tag kommende ganze Wahrheit über den Judenmord begriff; Verbrechen und Zahlen, die in ihrer Wirklichkeit sich vorzustellen über Menschenkraft ging.

Nationalsozialisten fanden die Sieger erstaunlich wenig. Man kann das nicht genau bestimmen; sicher aber hat es Zeiten gegeben, 1938, 1940, in denen die große Mehrheit der Nation an ihren Führer geglaubt hatte. Im Krieg hatte sie eine Kohärenz bewiesen, die verschiedenen Motiven entstammen mochte: Patriotismus, Gewohnheit des Gehorsams, Angst, Zynismus. Den Verschwörern des 20. Juli hatte man wenig Sympathie entgegengebracht und den Befehlen des Rasenden gehorcht bis zum Schluß, immer, beinahe immer. Nun aber sah alles völlig anders aus, Vergangenes wie Gegenwärtiges. Nicht, was Adolf Hitler fremden Völkern angetan hatte, nahm man ihm so sehr übel; darüber wäre man allenfalls hinweggekommen. Die Situation, in die er das eigene Volk geführt hatte, widerlegte ihn endgültig. Also wandten sich alle schleunigst von seiner Erbschaft ab, die es konnten; mancher, der es, genau gesehen, nicht konnte. Ehrlich war die Bereitschaft, mit den Siegern zusammenzuarbeiten, ihre Befehle auszuführen, ihre Ratschläge, ihre Hilfe entgegenzunehmen; von dem Widerstand, den die Sieger erwartet hatten, »Werwolf-Verbänden«, nächtlichen Guerillas, keine Spur.

Die von den Alliierten eingesetzten deutschen Beamten in den Gemeinden, in den Kreisen, dann in wieder- oder neugegründeten »Ländern« waren Überlebende der Weimarer Zeit, die sich nicht mit Hitler kompromittiert hatten; Leute, von der untergegangenen Zentrumspartei, von der Sozialdemokratie, zunächst auch im Westen von der kommunistischen Partei. Aus Amerika, England, Rußland, der Schweiz zurückkehrende Emigranten kamen dazu. Sie waren zunächst ernannt und nur den »Militärregierungen« verantwortlich. Da es deren Aufgabe war, die Deutschen zur Demokratie zu erziehen, so gab es Wahlen schon 1946; dann politische Behörden, welche dem Wahlresultat entsprachen. Man mag in dieser befohlenen Demokratie ein Paradox sehen; ein doppeltes, weil es ja die deutsche Demokratie gewesen war, welche Hitler zur Macht gebracht hatte und ihr die Wiederholung eines solchen Gebarens auf das strengste verboten blieb. Tatsächlich aber entsprachen Vorstellungen und Wünsche der Besiegten jetzt ungefähr jenen des Siegers. Sie hätten keinen Hitler mehr gewählt, auch wenn sie es gedurft hätten. Nahrung und Behausung; Arbeit, Rechtssicherheit, Friede, das war es, wonach allein sie sich noch sehnten.

Die Alliierten übernahmen die Bestrafung der »Hauptkriegsverbrecher«, deren Schuld sie in einem Monstre-Prozeß fixierten. Sieger-Justiz ohne Zweifel und dadurch beeinträchtigt, daß nach »Kriegsverbrechen« der Sieger niemand fragen durfte; aber wer sonst hätte den Prozeß führen sollen? Die deutsche Bevölkerung ließ die Prozeßberichte aus Nürnberg, der Stadt der »Reichsparteitage«, allabendlich über sich ergehen; ohne viel Interesse, ohne viel Haß gegen die eine oder andere Seite. Die geschlagenen Anführer von gestern, graue Jammergestalten, mochten ihr Schicksal erleiden, das sie ja wohl verdient hatten; die Frage, was es am nächsten Tag zu essen geben würde, war brennender. Die Verfolgung der »kleineren« Schuldigen, ihre Ausschaltung aus dem öffentlichen Leben, blieb den deutschen Behörden überlassen, nach Methoden, welche die Militärregierungen vorschrieben. Das Unternehmen, welches unter dem häßlichen Namen »Denazifizierung« ging, war so notwendig wie unmöglich. Notwendig: wie sollte Demokratie sein, wenn die Offiziellen, die Männer der Verwaltung, der Justiz, der Erziehung, dieselben blieben, die unter

Hitler sich so sehr gelehrsam erwiesen hatten? Unmöglich: wie sollte ungefähr die Hälfte der Nation über ungefähr die andere Hälfte zu Gericht sitzen, wie die Mehrzahl derer, die etwas Spezielles konnten, aus der Sphäre ihres Berufes verbannt werden? Selbst eine eigentliche »Revolution« hätte das nicht zuwege gebracht, und die Stimmungen der Deutschen waren nichts weniger als revolutionär. Die Vergangenheit war, wie sie war, und beschämend genug für solche, die Scham hatten; unmöglich war, alle ihre Träger in das Nichts ungelernter Arbeit zu verstoßen. Dazu kam, daß die Herren von den Besatzungsmächten selber in ihrem Willen zur »Denazifizierung« nicht ganz ehrlich waren. Sie selber fühlten sich sachlich angezogen von denen, die etwas konnten, fühlten sich menschlich von denen angezogen, die in intakten Häusern wohnten, gute Manieren zeigten, fremde Sprachen sprachen und den Kommunismus verabscheuten. Von der Oberschicht also, zumal der industriellen. Aber diese, mit oder ohne Parteibuch, war sehr tief in das Abenteuer des Dritten Reiches verwickelt gewesen. Sie hatte Hitlers Regime nicht gemacht, aber sie hatte es unterstützt und, soweit sie es unterstützte, keine Nachteile von ihm erfahren. – Im Resultat war es zufällig, ob man auf die Anklagebank geriet oder in ein vertrauliches Verhältnis zu den Militärregierungen.
Dozil, ordnungsliebend und friedenswillig machte das besetzte Land den Besetzern wenig Schwierigkeiten. Sie selber machten sich welche. Die Entwicklung der nächsten Jahre ist ganz nur durch den Streit zu verstehen, der unter ihnen entstand und den die Besiegten mit gewohntem Gehorsam nachvollzogen. Er lag in der Natur der Dinge und war leicht vorauszusagen gewesen. Nicht die geringste seiner Ursachen war eben, daß er immer vorausgesagt worden war; von beiden Seiten erwartete man ihn, stellte sich auf ihn ein, interpretierte die Ereignisse in seinem Sinn und reagierte, so daß die beiden Hauptpartner, Russen und Amerikaner, sehr bald ihr wechselseitiges Mißtrauen gerechtfertigt fanden. Übrigens sahen beide die deutschen Dinge mit ihren Augen; die Amerikaner und ihre westlichen Bundesgenossen sie überwiegend politisch und

moralisch, die Russen sie soziologisch. So entsprach es ihrer Doktrin; der Hitlerismus war nicht eine freie, menschliche Verirrung gewesen, sondern ein unvermeidlicher Ausdruck der Klassenstruktur. Also galt es, diese umzustürzen und ganze Klassen zu eliminieren, die Junker, die Kapitalisten. Wenn sie daher alle Landgüter von über hundert Hektar entschädigungslos enteigneten, wenn sie alle Banken, alle Versicherungsgesellschaften und gut die Hälfte aller Fabriken schon im Laufe des ersten Besatzungsjahres verstaatlichten, so hieß das nicht unbedingt, daß sie ihr Wirtschaftssystem direkt und zur Gänze einzuführen gedachten. Eine Weile noch redeten ihre deutschen Agenten von Privateigentum, Unternehmerinitiative und einer gemischten Wirtschaftsordnung, welche allein für Deutschland geeignet sei. Im Resultat jedoch nahm das Leben in der »Sowjetzone« sehr schnell einen von dem in den drei westlichen Zonen scharf unterschiedenen Charakter an. Die beiden auferstandenen »marxistischen« Parteien, Sozialdemokraten und Kommunisten, mußten sich zu einer sozialistischen Einheitspartei verschmelzen, deren Führung unvermeidlich bei den Kommunisten lag. Eine Urabstimmung der Parteimitglieder über diese Maßnahme wurde nicht gestattet; sie fand nur in den drei westlichen Sektoren Berlins statt und ergab dort eine gewaltige verneinende Mehrheit. Indem die deutschen Sozialdemokraten dort, wo sie noch freie Wahl hatten, die Verschmelzung mit den Kommunisten verneinten, verneinten sie das System, welches die russischen Sieger Gesamtdeutschland zugedacht hatten. Damit war für die Teilung des Landes wie der Hauptstadt schon der entscheidende Schritt getan.

Es war kein Plan bei der Sache; bei den drei Westmächten so wenig wie bei den Russen. Die Teilung Deutschlands lag nicht in deren Interesse, denn ihre Zone hatten sie ohnehin fest in der Hand; Einfluß auf das Übrige, zumal auf die Industrie des Ruhrgebietes, an der ihnen besonders lag, konnten sie nur in dem Maß gewinnen, in dem Deutschland eine Einheit blieb. Hätten sie die Teilung gewünscht oder vorausgesehen, so würden sie die Abmachung, derzufolge Berlin Sitz der vier Besatzungsmächte sein sollte, und die ihnen später so lästig fiel, nie getroffen haben. Umgekehrt hätten, bei gleicher Voraussicht, die Amerikaner den Teil von Mitteldeutschland, den sie erobert hatten, Thüringen, Sachsen, nicht evakuiert. Alle hatten sie korrekt sein, die im letzten Kriegsjahr geschlossenen Verträge halten, von Berlin aus gemeinsam regieren wollen. Nur freilich waren sie nicht sehr überrascht, als das künstliche und gewaltsame Programm sich als inpraktikabel erwies. Vielleicht auch: nicht sehr vergrämt darüber.

Denn schließlich darf man nicht vergessen, daß die Alliierten bis tief in das Jahr 1945 hinein mit Plänen nicht zur Zweiteilung, sondern zur Vielteilung des Landes umgegangen waren. Es war die Idee, das Werk Bismarcks, mit dem aller Jammer begonnen haben sollte, ungeschehen zu machen. Auch Stalin hatte mit ihr gespielt, sie aber im Frühjahr abrupt fallen gelassen. Noch zur Potsdamer Konferenz brachte Präsident Truman einen barocken Plan mit, der eine süddeutsch-österreichische, sogar Ungarn miteinschließende Föderation und einen westdeutschen Staat mit dem Ruhrgebiet als Zentrum vorsah. Beschlossen wurde in Potsdam etwas ganz anderes; mit den Phantasmagorien des letzten Kriegsjahres, hatte das, was sich jetzt herauszustellen begann, die Zweiteilung, logisch nichts zu tun. Logisch nichts; im Kern vielleicht doch etwas. Sicher ist jedenfalls, daß den drei Westmächten, und zwar besonders den Franzosen, an einer Erhaltung der gesamtdeutschen Einheit so sehr viel nicht gelegen war. Wäre ihnen viel daran gelegen, so hätten sie in den folgenden Krisen vielleicht anders gehandelt.

War die Trennung der russischen Zone von den drei westlichen die stärkste Tendenz geworden, so wirkte nun alles in dieser Richtung. Deutschland hatte eine wirtschaftliche Einheit bleiben sollen, nicht zuletzt weil es als Ganzes »Reparationen« leisten sollte, teils mit industriellen Anlagen, teils auch aus »laufender Produktion«. Die wirtschaftliche Vernunft dieser Forderung steht hier nicht zur Diskussion; moralisch war sie berechtigt und ebensosehr die, wonach Rußland den Löwenanteil erhalten sollte. Da nun aber die Gebiete östlich der Oder und Neiße für Deutschland praktisch verloren waren und an sich einen ungeheuren, gar nicht zu berechnenden Schadenersatz darstellten; da ferner sich die Russen in ihrer Zone unter dem Titel von Kriegsbeute nahmen; was ihnen beliebte, so warfen die Amerikaner schon auf der Potsdamer Konferenz das Steuer herum: Die Sowjetzone sollte russisches Reparationsgebiet sein, die westlichen Alliierten würden sich aus ihren Zonen bedienen und nur zehn Prozent davon an den Osten abtreten. Durch diese Lösung wurde auch die wirtschaftliche Einheit Deutschlands, die man hatte erhalten wollen, praktisch aufgegeben. Jeder Oberbefehlshaber war nur Herr auch über das wirtschaftliche Leben in seiner Zone und ließ demontieren, was er für gut hielt, indem er gleichzeitig dafür verantwortlich war, daß die Bevölkerung nicht Hungers starb. Schon im Mai 1946 unterbrach der amerikanische Kommandant die Lieferungen an die Russen mit der Begründung, daß nicht genug da sei, um die Versorgung der Bevölkerung mit dem Notwendigsten zu sichern; 1948 wurden sie endgültig eingestellt. Insgesamt haben die Russen aus den Westzonen sehr wenig bekommen, aus ihrer eigenen unschätzbar viel. Wobei wieder nicht zu schätzen ist, was es ihnen praktisch wert war. Ein Großteil der demontierten Maschinen verrosteten längs der russischen Eisenbahnen. Dies ist der Grund dafür, daß die Russen in den nächsten Jahren immer wieder eine Steigerung der deutschen Produktion forderten, zu einer Zeit, als die Amerikaner sie noch in allerlei künstliche Fesseln legte. Moskau wollte nun möglichst viel brauchbare Ware hereinbekommen. Zu fragen, ob der »Kalte Krieg« um Deutschland, wegen Deutschlands begann oder von anderswo auf Deutschland übertragen wurde, wäre unnütze Scholastik. Was die Russen in ihrer Besatzungszone trieben, das trieben sie auch in dem ganzen breiten Gürtel von Ländern, der zwischen Deutschland und Rußland liegt: Bolschewisierung Rumäniens, Polens, Ungarns, Bulgariens. Überall waren die Etappen ungefähr die gleichen: Zuerst ein Block aller »demokratischen«, »antifaschistischen«, »friedliebenden Kräfte«, unter Führung der Kommunisten, dann »Volksdemokratien«, in welchen die nicht-kommunistischen Parteien nur noch eine Scheinrolle spielen durften; dann Ein-Partei-Diktatur. So hatten sie Freiheit, Demokratie, Freundschaft mit der Sowjetunion im Grunde von Anfang an verstanden; West und Ost hatten, indem sie die gleichen Worte brauchten, immer aneinander vorbeigeredet. Also fühlte man sich im Westen betrogen und begann, im kommunistischen Imperialismus den Feind von morgen, von heute zu sehen.

Die Deutschen wurden die Nutznießer wie ein Opfer der Zweiteilung der Welt. Unvermeidlich fingen beide Partner des Kalten Krieges an, um sie zu werben und in Wort und Tat sich freundlicher ihnen gegenüber zu verhalten. Dies neue Verhältnis konnte die Teilung des Landes nicht aufhalten, im Gegenteil, es mußte sie vertiefen. Aber auf unterschiedliche Weise kam sie den getrennten Landesteilen zugute; in den westlichen Zonen den Menschen überhaupt, in der russischen der Schicht, welcher die Macht delegiert war. Schon im September 1946 schlug der amerikanische Außenminister Byrnes einen neuen Ton an: Deutschland dürfte nicht für immer zum Armenhaus werden, seine wirtschaftliche Gesundung sei für die Gesundung Europas unabdingbar; so wie es jetzt sei, werde das Land weder durch den alliierten Kontrollrat regiert, noch könne es sich selber regieren, dieser Zustand sei unerträglich und so fort. Hier war der Weg, der zur Gründung der »Bundesrepublik« führte, zum erstenmal angedeutet. Es war ein langer, aber voraussehbarer Weg. So voraussehbar, daß man sich fragen mag, warum man ihn nicht schneller zurücklegte und sich noch um eine so widernatürliche Sache wie die künstliche Drosselung der deutschen Produktion bemühte, als jeder spüren konnte, daß der Wind nun in einer ganz anderen Richtung wehte.

Die Versuche der Siegermächte, sich dennoch zu einigen, die Außenministerkonferenzen des Jahres 1947, verliefen mit monotoner Regelmäßigkeit. Beide Seiten verharrten auf ihrem Standpunkt und versuchten nicht mehr im Ernst, dem anderen Rechnung zu tragen. »Appeasement«, hatten die Amerikaner in der Hitlerzeit gelernt, führte ganz gewiß nicht zum

Ziel, das es sich steckte, und diese negative Regel wandten sie mit entschiedener Einfachheit an. Die Russen wollten den deutschen Einheitsstaat im Stil von »Weimar« und mit Demokratie in ihrem eigenen Stil, so wie Reparationen aus gesteigerter »laufender Produktion«; die Amerikaner ein stark föderalistisches Deutschland mit Demokratie in ihrem Stil; die Franzosen einen losen Bund deutscher Staaten. Partielle Einigung über Worte konnte über den unlösbaren Konflikt in der Sache nicht hinwegtäuschen.

Der Trennung der beiden Landesteile entsprach die allmähliche Konsolidierung der westlichen. Die schon im Januar 1947 vollzogene Verschmelzung der amerikanischen und britischen Zonen lag in der Logik der Dinge. Nie waren die militärischen Besatzungszonen als etwas anderes, das ihr Name sagte, beabsichtigt gewesen. Da die Verwaltung Gesamtdeutschlands zusammengebrochen war, blieb nichts, als die wirtschaftliche, dann die politische Vereinigung der Zonen herbeizuführen, deren Beherrscher dazu bereit wären. Im Moment waren es die Amerikaner und Engländer. Die Franzosen folgten spät und widerwillig; die Russen nie. Bald entstanden in der »Bi-Zone« sowohl deutsche ausführende Organe, wie eine gemeinsame parlamentarische Vertretung, der »Wirtschaftsrat«. Daß hier der Beginn mit einem westdeutschen Staat gemacht war, erkannten die Russen gut und die Wiederauflösung der Bi-Zone blieb in der nächsten Zeit eine ihrer Standard-Forderungen. Natürlich hätte es ihnen freigestanden, auch ihr Gebiet der Bi-Zone anzuschließen. Was sie statt dessen der Form nach verlangten, war eine Rückkehr zu den Potsdamer Beschlüssen, zum alliierten Kontrollrat, der seit 1947 zu funktionieren aufgehört hatte und seit März 1948 nie mehr zusammentrat. Der Sache nach war das, was sie wollten, der Anschluß der drei Westzonen an ihre eigene, die Ausweitung ihres eigenen wirtschaftlichen und politischen Stils auf Gesamtdeutschland; nicht umgekehrt. In einem Gespräch mit bulgarischen und jugoslawischen Freunden bemerkte Stalin zu Beginn des Jahres 1948: »Der Westen wird sich Westdeutschland zu eigen machen und wir werden aus Ostdeutschland unseren eigenen Staat ma-

chen.« Milovan Djilas, der uns den Ausspruch berichtet, fügt hinzu: »Dieser sein Gedanke war neu, aber verständlich...«
Die Währungsreform des Jahres 1948, welche der Inflation ein Ende setzte, indem sie 9/10 des umlaufenden Geldes ausstrich, war ein weiterer Schritt in der Trennung wie in der Konsolidierung. Wie notwendig die Reform längst gewesen war, bewies ihr Erfolg; Westdeutschlands wirtschaftlicher Aufstieg datiert von ihr. Schon in dem ersten Halbjahr nach Einführung der »Deutschen Mark« stieg die Produktion auf das Doppelte. Der Kontrollrat hatte die Währungsreform in Gesamtdeutschland nicht zuwege gebracht. Was blieb, als sie in den drei Westzonen durchzuführen?
Zu bestreiten ist jedoch nicht, daß die Art, in der sie durchgeführt wurde, die Besitzer realer Werte, auch mit Inflationsgeld rechtzeitig aufgekaufter Aktien, begünstigte, während jene, die nichts als etwas Geld besaßen, den Aufbau ihres Lebens von vorn beginnen mußten. Das ist Vielen ausgezeichnet gelungen; auch große Vermögen wurden in kurzer Zeit aus dem Nichts geschaffen und das Wort, »Freie Bahn dem Tüchtigen!« ist selten so wahr gewesen wie im Deutschland der frühen fünfziger Jahre. Im Großen und Ganzen jedoch bedeutete die Reform eine abermalige Konzentration privaten Besitzes, eben das Gegenteil von dem, was mittlerweile im russischen Machtkreis geschah. Man muß also der Währungsreform ungefähr die Rolle zuschreiben, welche die Gründung der Sozialistischen Einheitspartei in der Sowjetzone gehabt hatte, die eines abtrennenden Aktes; wie die Gründung der SED, war auch er von der Besatzungsmacht befohlen.
Die Russen antworteten mit einer Währungsreform in ihrer Zone, dann mit der Blockade Berlins, wo die neue West-Mark eingeführt worden war. Der Plan – einen Plan muß es ja wohl gegeben haben – war, nun, nachdem es einen gesamtdeutschen Staat nicht mehr gab, die Alliierten aus Berlin zu vertreiben und die alte Hauptstadt zur Gänze für ihre Zone zu annektieren. Unleugbar hatte der Zweck, der Amerikaner, Briten und Franzosen nach Berlin geführt hatte, zu existieren aufgehört; unleugbar lag die Stadt inmitten der russischen

Zone. Aber zu eindeutig hatten die Berliner ihren Willen demonstriert, dem russischen Herrschaftssystem nicht anzugehören, zu sehr war die Ehre der Alliierten engagiert; wozu kam, daß sie, ihrer Existenz in Berlin zuliebe, ehedem weite deutsche Gebiete aufgegeben hatten, Gebiete, die ihnen rechtens gebührten, wenn sie Berlin räumten. Sie räumten es nicht, sondern ernährten sich und die Bevölkerung ihrer Sektoren ein Jahr lang aus der Luft. In diesem Jahr entstand aus den drei westlichen Zonen die »Bundesrepublik«. Über das Prinzip bestand Einigkeit zwischen den Alliierten und den deutschen Politikern seit Juli 1948; der »Parlamentarische Rat«, der die Verfassung des Staates ausarbeiten sollte, trat im September zusammen; er beendete seine Arbeit am 8. Mai 1949, auf den Tag vier Jahre nach der bedingungslosen Kapitulation.

Die Amerikaner waren enthusiastischer bei der Sache als die Deutschen. Diese, beklagte sich General Clay, anstatt die Chance, nun wieder Herr im eigenen Haus zu werden, begierig zu ergreifen, seien sonderbar langsam und widerwillig. Ein eigentlicher Staat, schrieben die deutschen Ministerpräsidenten den alliierten Gouverneuren, dürfe die neue Organisation nicht werden. Sie wollten der anderen Seite nicht ein Recht oder scheinbares Recht zu dem Vorwurf geben, daß sie den endgültigen Schritt zur Spaltung des Landes getan hätten; sie ahnten sehr wohl, was sie da unternahmen und wollten es nicht tun, indem sie es dennoch taten. Darum nur ein »Parlamentarischer Rat« – Delegierte aus den Kammern der Länder – anstatt einer Nationalversammlung klassischen Stils, nur ein »Grundgesetz« anstatt einer Konstitution. Darum die Erklärung am Eingang des Grundgesetzes, es werde gelten, bis die ganze Nation sich in Freiheit eine Verfassung geben könnte und nicht länger.

Aber wie die Dinge ihre eigene Dynamik hatten bis zur Gründung der Bundesrepublik und der ihr genau eine Woche später folgenden Gründung der »Deutschen Demokratischen Republik«, so hatten sie ihre eigene Dynamik auch später. Vom Mai 1945 an haben sie sich immer in der gleichen Richtung bewegt. Wann immer eine Entscheidung zu fällen war, konnte man voraussagen, wie sie fallen würde. Die Bundesrepublik wäre ein Staat geworden, auch wenn man sie, wie ein deutscher Publizist wünschte, bloß »Notgemeinschaft deutscher Länder« genannt hätte. Auf den Namen kam es hier nicht an. »Die sehr kurze Periode«, so beurteilt Albert Sorel die Lage Frankreichs im Jahre 1795, »und innerhalb dieser Periode die sehr flüchtigen Momente, in denen die Völker Herr über ihr Schicksal sind und es entscheiden, waren für die französische Republik vorbei.« Für Deutschland waren sie es spätestens 1949; wobei die Frage, ob die Deutschen seit 1945 überhaupt je Herren ihres Schicksales gewesen waren, ob sie in den ersten Nachkriegsjahren die Dinge hätten anders lenken, ihr Land vor den Folgen des Kalten Krieges hätten bewahren können, rein spekulativen Charakter hat. Daß sie es sehr energisch oder sehr geschickt versucht hätten, wird man aber nicht sagen können.

Die Bundesrepublik

Die Bundesrepublik wurde von der Nation oder dem Teil der Nation gemacht, dem die Westmächte ein, noch eingeschränktes, Recht der Selbstbestimmung einräumten; wie wurde jedoch der Form nach nicht von der Nation direkt gemacht, sondern von den Ländern. Vertreter der Landtage berieten und beschlossen das Grundgesetz; von den Landtagen, nicht von einer Nationalversammlung, viel weniger durch ein Plebiszit, wurde es ratifiziert.
Die Organisation der Länder war eines der frühesten Werke der Besatzungsmächte und kein schlechtes, obgleich sie innerhalb und nur innerhalb der einzelnen Zonen gebildet wurden, was ihre Grenzen, zumal im französisch besetzten Südwesten, sonderbar genug machte. Das wurde später modifiziert.

Mit der Ausnahme von Bayern, von altersher dem lebenskräftigsten der deutschen Staaten, ferner der Stadtrepubliken Hamburg und Bremen, besaßen die neuen Gebilde keine oder eine nur schattenhafte historische Identität. Das lag an vielem; vor allem an der Auflösung Preußens, welche der alliierte Kontrollrat 1947 vollzog. Er gab dieser Maßnahme ein historisches Pathos, das sie in Wahrheit nicht besaß; denn wir wissen, daß Preußen, viel mehr das, was man eigentlich unter ihm verstand, längst von Deutschland verschlungen worden war, daß der preußische Staat spätestens seit 1933 keine Existenz mehr gehabt hatte. Übrigens wäre er jetzt in keinem Fall wiederherzustellen gewesen, denn die Kernländer Preußens, Ostpreußen, Pommern, ein Teil der Mark Brandenburg waren an Polen gegeben und die Grenzen zwischen den russischen und westlichen Zonen durchschnitten den Rest. Da man aber im Lager der Sieger dem stark vereinfachenden Glauben huldigte, nach welchem Preußen an den historischen Verirrungen und Verbrechen Deutschlands die Hauptschuld traf, so wurde an dem längst verstorbenen Königreich eine posthume Hinrichtung feierlich vollzogen. Auf seinem Gebiet entstand das gänzlich unhistorische Nordrhein-Westfalen, Niedersachsen, das Hannover zum Kern hatte, aber auch einige Miniatur-Fürstentümer der alten Zeit wie Lippe und Oldenburg umschloß, Schleswig-Holstein, dessen Autonomie Bismarck 1866 unterdrückt hatte; andere damals konfiszierte Fürstentümer, Kassel und Nassau, wurden, historisch sinnvoll, mit Hessen vereinigt. Niedersachsen und Hessen, das waren wenigstens schöne alte Namen. Ein neues Land, Rheinland-Pfalz, aus linksrheinischen bayerischen, preußischen und hessischen Fragmenten gezimmert, verdankte seine Existenz mehr französischer Weisheit als der Geschichte. Gleichfalls der Willkür der Zonengrenzziehung entsprach die Vereinigung Badens mit Württemberg; 1949 wurde sie durch eine Volksabstimmung sanktioniert, von der mancher Badener noch heute behauptet, sie sei nicht rechtens gewesen.

Willkürlich oder zufällig im einzelnen, hat diese sonderbare Konstruktion von Ländern sich im Großen und Ganzen bewährt; nicht anders als nach 1805 die napoleonische sich bewährt hatte. Die neuen Länder hatten einiges, nicht alles, mit der Geschichte zu tun; wenig mit den deutschen »Stämmen«, mit denen die fürstlichen Territorialstaaten ebensowenig zu tun hatten. Wenn die Alliierten der Ansicht waren, daß »Länder«, gleichgültig wo sie lagen und wie sie hießen, einer guten deutschen Tradition entsprachen, so hatten sie recht. Realen Bedürfnissen der Selbstverwaltung entsprachen sie auch; mindestens und jedenfalls so lange es keinen deutschen Gesamtstaat gab. 1919 hatte Max Weber die Bürokration der Länder für ein lebensnotwendiges Element gehalten, um das man nicht herumkäme; nicht anders war es 1945. Den Unsinn machte das »Reich«; wenn es gebrochen aus seiner Orgie hervorging, so waren es die Länder, übersehbare Regionen, in denen sich die Menschen zur Verwaltung ihrer Not wieder zusammenfanden. Ungleich an Fläche, Bevölkerungszahlen und Reichtum waren die neuen Länder doch ungefähr von derselben Größenordnung; es gab keine Zwergstaaten mehr und auch den preußischen Giganten nicht. Zu bedauern bleibt, daß Württemberg, Baden, Hannover, indem man sie zusammenlegte oder erweiterte, einen guten Teil ihrer Identität einbüßten und der bayerische Staat neben schwachen Kunstgebilden wie Rheinland-Pfalz und Saarland sich fremd ausnimmt. – Zu den deutschen Politikern, welche die Gründung des Landes Nordrhein-Westfalen, und damit die in diesem Moment vollzogene Auflösung Preußens, energisch billigten, gehörte der gewesene Bürgermeister von Köln, Konrad Adenauer. Ein anderer deutscher Politiker, der mit Adenauer nach Berlin gekommen war, um die Organisierung des neuen Landes mit dem britischen Kommandanten zu besprechen, Kurt Schumacher, Führer der Sozialdemokratie, war dagegen.

Die Neugründung von politischen Parteien geschah spontan, in mehreren Gegenden zugleich, unter den Händen von Politikern aus der Weimarer Zeit, die es unter Hitler schlimm, mitunter sehr schlimm gehabt hatten. Von den Weimarer Parteien entstand nur eine wieder: Die Sozialdemokratie. Sie allein hatte sich 1933 nicht mit Schande bedeckt und konnte auf treue Reste ihrer Organisation zurückgreifen. Ihr Wortführer, Schumacher, hatte zwölf Jahre in Hitlers Konzentrationslagern verbracht und hielt mit gutem Recht dafür, daß er sich von den Siegern nicht belehren zu lassen brauchte; körperlich gebrochen aber unbeugsamen Geistes, ein Bürgersohn aus dem östlichen Preußen, sehr deutsch, sehr preußisch in der Nachfolge Bebels, Patriot und Demokrat, ohne Zweifel über die Fortexistenz des »Reiches«, Nation, Staat, Sozialismus in selbstverständlicher Einheit sehend. Mit seinen Freunden war er davon überzeugt, daß die Stunde des Bürgertums, welches Hitler gedient hatte, vorbei, und die der Sozialdemokraten endlich gekommen sei; daß der »Restkapitalismus« beseitigt werden müßte und der Wiederaufbau der deutschen Wirtschaft Sache des Staates sei. Des einen, des gesamten deutschen Staates. Indem aber Schumacher unter den gewaltigsten Anstrengungen die Verschmelzung von Sozialdemokraten und Kommunisten in den westlichen Zonen und in Westberlin verhinderte, indem er in den Kommunisten den eigentlichen Feind sah, förderte er selber die Spaltung Deutschlands, die zu überwinden sein leidenschaftlicher Wille war; nationale Einheit ging ihm über alles, nur über eines nicht. Sie durfte nicht russischen Stils sein. Die deutschen Sozialdemokraten haben so 1946 im Grunde noch einmal getan, was sie 1919 getan hatten; sie retteten, soweit es an ihnen lag, Deutschland vom Kommunismus. Wie um die alte, glücklose Identität der Partei zu beweisen, wurde es ihnen auch diesmal vom deutschen Bürgertum nicht gedankt. Wie 1919 waren sie sicher, daß jetzt sie regieren würden, verbündet mit der Partei, die in England regierte, verbündet mit den stärksten Tendenzen der Zeit. Sie wurden enttäuscht wie 1920.

Die »Christlich-Demokratische Union«, zuerst in Berlin und im Rheinland gegründet, schnell sich über ganz Deutschland verbreitend, war neu der Sache, obgleich nicht den Personen nach. Sehr viele Politiker des untergegangenen Zentrums waren dabei, auch alte Deutsch-Nationale und preußische Konservative. Es sollte eine Sammelpartei des Bürgertums sein, betont religiös zwar, aber nicht klerikal, und darin vom Zen-

trum unterschieden. Einen protestantischen Flügel hatten gewisse Gründer des Zentrums schon in den 1860er Jahren gewünscht. Die »CDU« nahm Protestanten auf, in der Erinnerung an die Not, welche beide Konfessionen unter Hitler erfahren hatten. Daß die Wirtschaft der Zukunft einen starken sozialistischen Beisitz haben müßte und mindestens die Grundstoffindustrien zu verstaatlichen wären, stand auch im ersten Programm dieser bürgerlichen Sammelpartei. Man glaubte es damals überall in Europa. Spätestens 1948 glaubten die Herren von der CDU es jedoch nicht mehr; Programme, bemerkte philosophisch der einflußreichste Politiker der Partei, Konrad Adenauer, hätten keinen Ewigkeitswert.
Von den kleineren Parteien, die nach 1945 gegründet wurden, ist auf die Dauer nur eine übrig geblieben: Die »Frei-Demokratische«, die von Ferne die Tradition der alten National-Liberalen wie der südwestdeutschen Freisinnigen fortsetzte. Andere Gruppierungen, teils regional, teils auf besondere Proteststimmungen abzielend, nahmen an Bedeutung stetig ab, um schließlich zu verschwinden. Die Kommunistische Partei, der in der deutschen Gesellschaft und Politik, so wie sie sich entwickelten, in jedem Fall der Atem ausgehen mußte, wurde 1956 als verfassungswidrig verboten.
Was sich im zweiten und dritten Nachkriegsjahr herausstellte, war die Stärke des Bürgertums oder der »restaurativen Kräfte«, wie sie genannt wurden. Die Exaltation, in der man geglaubt hatte, nun alles ganz von neuem anfangen zu können und zu müssen, hielt nicht lange. Der immer entschiedener auftretende Anti-Kommunismus der Amerikaner richtete sich auch gegen das, was man sich vage unter »Sozialismus« vorstellte; die Amerikaner, nicht die englische Labour-Regierung, waren bei weitem die stärkste Besatzungsmacht. Ihre Hilfeleistung an Europa, der 1948 verkündete »Marshall-Plan«, bezog Westdeutschland ein, aber unter Bedingungen. In der »Bi-Zone«, dank amerikanischer Protektion, aber auch schon auf Grund von Wahlresultaten, gelang es der CDU, die wirtschaftlichen Schlüsselpositionen zu gewinnen. Nach der Währungsreform hob der Wirtschaftsdirekter der Bi-Zone, Ludwig

Erhard, mit einem Schlag das ganze System der Rationierungen und Kontrollen auf und gab dem Erwerbstrieb freie Bahn; mochte jeder produzieren, kaufen und verkaufen, soviel er konnte. Das Ergebnis dieses gewagten Entschlusses übertraf bald die kühnsten Erwartungen. Was man später das »deutsche Wirtschaftswunder« nannte, hatte schon begonnen, während die Verfassung der Bundesrepublik beraten wurde. Es hatte seinen Einfluß auf diese Beratungen, noch mehr auf die nachfolgenden Wahlen. Damals war der Durchschnittsbürger noch sehr arm; aber zum erstenmal seit Jahren konnte er essen und für sein Geld etwas kaufen – eine eindrucksstarke Erfahrung.

Das »Grundgesetz der Bundesrepublik Deutschland«, in Wirklichkeit eine ausgewachsene Verfassung, reflektierte wenig von dem jakobinischen Geist Kurt Schumachers. Es war von den Erfahrungen der jüngsten Zeit bestimmt, von den weimarischen noch mehr als von den nationalsozialistischen, die staatsrechtlich allerdings wenig zu lehren hatten, eine demokratisch-föderalistische Verfassung, so wie die Alliierten befahlen, mit einer starken Dosis Pessimismus versetzt. Die politische Macht gehe vom Volke aus, hieß es und mußte es heißen. Schon der nächste Satz qualifizierte diese These; das Volk übe seine Macht aus durch Wahlen und durch die besonderen Organe der Legislative, der Exekutive und der Gerichtsbarkeit. Was bedeutete, daß es seine Macht nicht direkt ausüben sollte: keine Volksbegehren und Volksbefragungen mehr. Auch keine Volkswahl des Präsidenten; ihn sollte eine Nationalversammlung kreieren, die halb aus nationalen, halb aus Delegierten der Länder bestand. Der »Ersatzkaiser« der Weimarer Republik, Max Webers »charismatischer« Volksführer war damit verschwunden; ein freundlich-blasser »pouvoir neutre« trat an seine Stelle. Das Recht der Auflösung des Parlaments, das der alte Hindenburg so wacker wahrgenommen hatte, wurde dem Präsidenten genommen oder nur für den Fall zugestanden, daß das Parlament keinerlei regierungsfähige Mehrheit zu produzieren imstande wäre; auch dann, wie auch für jede Art von »Notverordnung«, sollte die Zustimmung der Länderregierungen notwendig sein. Diese

waren in einem Bundesrat vertreten, eine Art von Oberhaus, wie in der Weimarer Zeit, und auch ein Teil der Exekutive, wie in der Bismarckzeit. Verfassungsänderungen, welche die Rechte der Länder beeinträchtigen, waren grundsätzlich verboten.
Die Einschränkung der Macht, die Ausschaltung des Volkes von jeder Direktaktion empfahl sich nach dem unter dem Nationalsozialismus gesammelten Erfahrungen; die Stabilisierung der Macht durch die Geschichte der Weimarer Republik. Ihr sollte eine der originellsten Erfindungen der Bonner gründenden Väter dienen, das »konstruktive Mißtrauensvotum«. Eine Regierung war nicht anders zu stürzen als dadurch, daß das Parlament einen neuen Regierungschef wählte. Die negative Koalition mußte unter Beweis stellen, daß sie zu positiver Arbeit fähig sei. Um eine zu große Vielfalt der Parteien zu verhindern, legte später ein Gesetz den Parteien auf, mindestens fünf Prozent aller abgegebenen Stimmen zu erringen; blieben sie darunter, so hatten die Wähler ihre Stimmen verloren. Beide Vorkehrungen, das konstruktive Mißtrauensvotum und die »Fünf-Prozent-Klausel« sollten ein disziplinloses, funktionsunfähiges Parlament verhindern.
Die Schwäche des Bundespräsidenten war die Stärke des Hauptes der Exekutive, des Bundeskanzlers. Er wurde vom Parlament gewählt, wobei der Bundespräsident das erste Vorschlagsrecht hatte; die übrigen Kabinettsmitglieder waren vom Staatsoberhaupt zu ernennen. Daß er der einzig gewählte Minister war, daß er, wie es im Wortlaut hieß, »die Richtlinien der Politik zu bestimmen hatte«, daß er nur durch eine Neuwahl gestürzt werden konnte, begründete die »Kanzler-Demokratie«, insofern sie konstitutionell begründet war. Die Persönlichkeit es ersten Bundeskanzlers tat den Rest und vielleicht war dieser Rest die Hauptsache.
Die Bundesrepublik sollte ein föderaler, ein demokratischer, ein sozialer Staat sein. Ein paar Artikel sahen das Recht der Enteignung im Interesse des Gemeinwohles vor, von denen ein überaus bescheidener Gebrauch gemacht wurde. In einem anderen Sinn ist aber das neue Deutschland wirklich ein sozialer Staat geworden.

Imposant war die Liste der Grundrechte des Bürgers, die am Anfang des Dokuments zu stehen kam. Am Anfang; das sollte heißen, daß diese 19 Artikel über der Verfassung und über jeder positiven Gesetzgebung standen. Hier fehlte nichts, was die angelsächsische, die französiche, die deutsche Philosophie in zweihundert Jahren erarbeitet hatte; nichts, was die blutigen Lehren der Hitlerzeit diktierten. Fünf Jahre früher waren »Volksschädlinge«, Abhörer fremder Radiostationen, »Defaitisten«, die am deutschen Siege zweifelten, zu Tausenden hingerichtet worden. Jetzt wurde die Todesstrafe abgeschafft. Fünf Jahre früher waren Kinder von vierzehn, Greise von sechzig in den Heeresdienst gepreßt worden; jetzt wurde das Recht zur Kriegsdienstverweigerung eigens stipuliert; das Recht, Menschen wegen ihres Glaubens, ihrer Rasse, ihrer Sprache zu verfolgen, eigens verneint. Und dann die Freiheiten, die garantiert wurden: Des Glaubens, der Meinung, der Presse, der Rede, der Entfaltung der Talente. – Wie aber, wenn diese schönen Dinge mißbraucht wurden? Belehrt durch das Jahr 1932, nicht so unbedingt Rousseau-gläubig wie 1919, trafen die Konstitutionsmacher auch gegen diese Gefahr ihre Vorkehrungen. Wer seine Grundrechte mißbrauchte, um die freie demokratische Ordnung zu untergraben, der sollte sie verlieren. Politische Parteien, die sich gegen den Geist der Verfassung richteten, waren zu verbieten; nicht minder Assoziationen, die den Völkerfrieden gefährdeten. »Ich habe sie mit ihrem eigenen Wahnsinn geschlagen«, hatte Hitler 1933 geprahlt. Nun verschwor man sich, dergleichen nicht noch einmal zu erleben. – Es war die Selbstbeschränkung der Demokratie, welche ursprünglich die Sieger der Nation auferlegt hatten, und welche nun die neue deutsche Autonomie übernahm. Wir haben gegen ihre Logik nichts einzuwenden. Freilich wird die Frage: Wer garantiert für den Garanten? nie mit Sicherheit zu beantworten sein.

Die Verfassung, alles in allem, war gut, besser als die von Weimar, vorsichtiger, skeptischer. Sie hat sich auch besser bewährt, was ihr allein nicht zuzuschreiben ist. Für welches Gebiet sollte sie gelten? wie lange? So lange bis die ganze

Nation sich in Freiheit eine Verfassung geben würde. Für das Gebiet, in dem sie es jetzt konnte, einschließlich des Westteils von Berlin; dem theoretischen Anspruch nach aber auch für jene, die an ihrem Entwurf nicht hatten teilnehmen dürfen, also für das ganze Deutschland. Wie weit reichte das ganze Deutschland? Es reichte soweit, wie es vor alle dem gereicht hatte. Hitlers Eroberungen, von Wien bis zur Wolga, waren alle ungültig, aber die Eroberungen der anderen auch. Hatten es die Sieger nicht selber bestätigt, indem sie eine gemeinsame Administration Deutschlands beschlossen, in den Grenzen von 1937, wie sie vor dem »Anschluß« gewesen waren; indem sie die Länder östlich der Oder und Neiße polnischer Verwaltung unterstellten bis zu einem Friedensschluß, nicht aber sie definitiv an Polen gaben? Wenn die Sieger selber den Fortbestand des Deutschen Reiches statuierten, war es Sache der Besiegten, ihn zu leugnen? – So die etwas vagen Beschlüsse der Verfassungsgründer in dieser heiklen, schweren Frage. Sie waren völkerrechtlich nicht unkorrekt. Man hatte 1945 keinen Friedensvertrag geschlossen, weil es keine deutsche Regierung gab, mit der man einen hätte schließen können, und keine geben sollte; auch, weil damals kein deutscher Politiker gewagt hätte, Mitglied einer Regierung zu sein, deren erster Akt die Unterzeichnung eines solchen Vertrages hätte sein müssen. Nur zu gut erinnerte man sich an das Schicksal derer, die den Waffenstillstand von 1918, den Vertrag von 1919, unterzeichnet hatten; und »Versailles« war ein nobles Kinderspiel gewesen, verglichen mit dem Vertrag, der nun drohte. Da aber rechtens nichts entschieden war, so bestand rechtens das fort, worüber nichts entschieden war, das »Deutsche Reich« mit allen seinen Provinzen, den östlichen wie den westlichen... Das Argument gab dem neuen Staat, der Bundesrepublik, einen entschieden provisorischen Charakter, gleichzeitig einen, dessen Anspruch über seine Wirklichkeit hinausging; wobei unklar blieb, nicht bloß, wie der Anspruch erfüllt werden sollte, sondern auch, wie Anspruch und Wirklichkeit sich zueinander verhielten.

Nichts dauert länger als ein Provisorium. Der pragmatische,

provisorische, untheoretische Charakter der Bundesrepublik, ihr langsames, wie organisches Wachsen und Real-Werden erwies sich als ein Vorteil, verglichen mit der Weimarer Republik, die eine gründlich durchdachte, mit einem Schlag geborene, theoretische Existenz gehabt hatte, aber eine wüste und geisterhafte in der Wirklichkeit. Der Nachteil war, und blieb bis heute, daß das Phantom des Deutschen Reiches, die neue Wirlichkeit, eben die Bundesrepublik, daran hinderte, sich mit sich selber eindeutig zu identifizieren.

Tatsächlich war das Problem nicht lösbar. Hätten die deutschen Politiker erklärt, das Reich Bismarcks sei, noch nicht völkerrechtlich, wohl aber historisch untergegangen, es sei, schon 1919, halb gebrochen, unter Hitler zweimal zerstört worden, durch seine schrankenlosen Eroberungen zuerst, durch die Niederlage zuletzt; hätten sie hinzugefügt, das nun am östlichen Rande des deutschen Siedlungsgebietes gelegene Berlin könnte in Zukunft auch die Hauptsadt nicht mehr sein, so hätte das wohl der Wirklichkeit entsprochen, aber gleichzeitig wäre damit zweierlei in Gefahr geraten: Die rechtliche Basis der Präsenz der Alliierten in Berlin; der Anspruch auf »Wiedervereinigung«, das Recht der achtzehn Millionen in der Sowjetzone auf nationale Selbstbestimmung. – Man hielt mit Worten an dem Phantom fest, während man sich mit Taten dem Aufbau des neuen wirklichen Staates zuwandte.

Der Sitz der Regierung wurde nach Bonn verlegt, der kleinen, idyllischen Universitätsstadt am Rhein. Auch diese Entscheidung war doppeldeutig: Sie konnte den provisorischen Charakter der Bundesrepublik unterstreichen; die andere in Rede stehende Stadt, das viel volkreichere Frankfurt, das in der Mitte lag und Reichs-Reminiszenzen bot, wäre die solidere Wahl gewesen. Aber der Mann, der Bonn mit knapper Not durchsetzte, der rheinländische Politiker Konrad Adenauer, mochte andere Gedanken damit verbinden, Gedanken, die er nach seiner Art nicht aussprach. Immerhin, einen sprach er aus: Die neue deutsche Hauptstadt müsse »unter Rebenhügeln liegen, nicht zwischen Kartoffeläckern«. Je weiter nach We-

sten, je näher an Frankreich sie lag, desto lieber war es ihm; soviel wird man annehmen dürfen.
Die Verfassung wurde von den Landtagen ratifiziert. Bayern, wie eh und je selbstbewußter als die anderen, ratifizierte nicht, erkannte aber an, von was es sich, wie eh und je, nicht ausschließen zu können meinte, übrigens nach dem Machtspruch der Sieger sich auch gar nicht ausschließen durfte.
Gemäß der Verfassung fanden nun die Wahlen statt. Wahlen zum Bundestag: Hier errang die Christlich-Demokratische Union einen schmalen Vorsprung vor den Sozialdemokraten, einhundertneununddreißig gegen einhunderteinunddreißig Sitze, wozu noch einige kleinere, überwiegend nicht nach links tendierende Gruppen kamen. Wahl des Staatsoberhauptes: Sie fiel auf einen liberalen alten Württemberger von politisch untadeliger Vergangenheit und halb gelehrten, halb literarisch-künstlerischen Interessen, Professor Theodor Heuß. Wahl des Regierungschefs: Gewählt wurde Konrad Adenauer mit genau so viel Stimmen wie er brauchte und nicht einer mehr; wie seine Kritiker rechnerisch korrekt bemerkten, mit seiner eigenen Stimme. Es war keine starke Regierungsbasis und man hätte nicht voraussagen können, daß sie ihn vierzehn Jahre lang tragen würde.
Vierzehn Jahre, während derer die deutsche Gesellschaft sich tiefer veränderte als in dem Jahrhundert vorher. Nicht, daß der Bundeskanzler diese Veränderung verursacht hätte; das konnte kein einzelner und Adenauer am wenigsten. Aber er präsidierte ihr, er tat vieles, um ihre innerpolitischen Formen, alles, um ihre außenpolitischen, ihr Verhältnis zu Westeuropa-Amerika zu bestimmen. Vier bis fünf Jahre waren die Deutschen ohne Führer gewesen. Nun und schon hatten sie wieder einen; aber neuer Art.

Adenauer

Mit Adenauer kam das deutsche, das westdeutsche Bürgertum zum erstenmal zur Macht. Bürger waren wohl auch die Kanzler der Weimarer Republik gewesen, aber ihre Macht war gering und sie hatten mit heimlicher oder nicht verheimlichter Bewunderung zur alten Hierarchie aufgesehen, weswegen sie ihre eigene Stellung kaum auch nur als legitim empfanden. Wie sie, entstammte Adenauer, der ihr Altersgenosse war, einer beengten Bürokratenfamilie. Arbeitsamkeit, enorme Geschicklichkeit, angeborene, in harten Erfahrungen entwickelte Autorität hatten ihn noch zu Kaisers Zeiten auf hohe Posten gebracht. Er wurde Oberbürgermeister einer großen rheinischen Kommune, Mitglied des königlich-preußischen Herrenhauses, in der Republik Präsident des preußischen Staatsrates. Aber dieser Bürger, Bürger nicht im Sinn von Heinrich Manns »Untertan«, im Sinne eher des französischen, des amerikanischen Wortes, fühlte keinerlei Sympathie für Deutschlands feudale Vergangenheit, seine königliche, seine preußische, seine militärische. Man könnte sagen, daß er nahezu ungeschichtlich dachte; so ungeschichtlich, daß die unvorstellbar lange Geschichtsspanne, die er, von Bismarck bis Chruschtschow und John Kennedy, selber erlebt hatte, ihm geringen Eindruck machte. In seinen Reden kam die Vergangenheit überhaupt nicht vor; wenn er nur allzu geneigt war, den Dienern Hitlers zu verzeihen und die bürokratischen Könner unter ihnen aufs neue zu verwenden, so nicht aus Sympathie für ihre Vergangenheit, sondern weil nur die Gegenwart und die Praxis ihn interessierten. Im Vier-Jahre-Krieg hatte er den Sturz der Monarchie ohne Bedauern vorausgesehen, nach dem Krieg der Auflösung Preußens, der Gründung eines rheinischen Staates das Wort geredet, der nicht von Deutschland getrennt werden sollte – Adenauer war kein »Separatist« – der aber immerhin dazu helfen sollte, die deutsche Politik nach Westen zu kehren und dem französichen Nachbarn positive Friedensgarantien zu geben. In der Weimarer

Republik war Adenauer einer der schöpferischsten Kommunalverwalter, nicht mehr, weil er mehr nicht sein wollte; einmal hätte er Reichskanzler werden können, lehnte aber ab, weil er den gebotenen Bedingungen nicht traute und vorzog, das Sichere, was er hatte, zu behalten. Für seinen politischen Blick in dieser Zeit spricht manches, besonders eines; auf dem Höhepunkt der Wirtschaftskreise beschwor er seinen Parteifreund Brüning, ein gewaltiges Arbeitsbeschaffungsprogramm ins Werk zu setzen, sonst sei die Demokratie verloren. Brüning erklärte die Idee für phantastisch.

Das »Dritte Reich« brachte Adenauer eine schmähliche Absetzung, einen dunklen und gefährdeten Ruhestand, Gefängnisse, den Hohn seiner Mitbürger. Es sei schwer, die Menschen zu kennen und sie nicht zu verachten, hat er damals bemerkt. Und 1947 in einer Rede in Luxemburg: »Während der Jahre des Nationalsozialismus verhielt sich das deutsche Volk so, daß ich es verachtete. Aber seit 1945 habe ich wieder gelernt, mein Volk zu achten.« Hinzufügen mußte er das wohl und auch glauben, da sonst die große Mühe, die er sich um sein Bild von Deutschland gab, ohne Hoffnung gewesen wäre.

Gehen Demokratie und Menschenverachtung zusammen? In der Theorie, nein; in der Praxis leicht und oft. Adenauer wurde zum Demagogen, wenn es einen Wahlkampf zu gewinnen galt, und einiges spricht für die Bemerkung seines Rivalen Kurt Schumacher, er habe »ein sehr reserviertes Verhältnis zu Wahrheit und Ehrlichkeit«. Aus längst vergangenen Zeiten brachte er die Begriffe patriarchalischer Ordnung mit, die in seiner Familie herrschten und ehedem in der von ihm regierten Stadt Köln geherrscht hatten: Viel für die Menschen tun, sie an festem Zügel führen und möglichst viel selber tun. Verfeinert durch Leiden, und von Geburt aus eher feinem Stoff gemacht, dachte er dennoch unsubtil, ungenerös und in höchstem Grade unliterarisch; die Vereinfachungen, die er sich in seinen Reden, auch in seinen Taten gestattete, haben klassische Dimensionen. Er war machtgierig, aber entspannt, jovial, zynisch, humorig auf der Oberfläche, die den harten Kern verbarg; fromm, aber die Dinge dieser Welt von der anderen unterscheidend wie ein Lutheraner; im Grunde bescheiden und jeder Theatralik abgeneigt, aber sowohl listig wie dreist, wenn es um die Führung ging, die er sich über seine Partei erkämpft, mitunter recht eigentlich usurpiert hatte. Wenn Politik, nach dem Wort eines amerikanischen Senators der Lincoln-Zeit, nicht Kampf um Ideen ist, sondern »the management of men«, so war Adenauer ein Politiker ersten Ranges; klüger als Bismarck, wie ein Vergleich zwischen seinem glanzvollen Abgang und der bitteren Düsternis von Bismarcks Niedergang und Sturz beweist. Als er die Regierung antrat, war er so alt oder beinahe, wie Bismarck, als dieser sie niederlegte. Aber der Achtzigjährige bewährte sich zeitgemäßer in seiner Zeit, als Bismarck mit sechzig; eben wieder, weil es ihm an historischem Sinn und ständischer Gebundenheit völlig fehlte.

Natürlich sorgte er sich um sein Land und dessen schimpfierte Würde. Ihm ein Maß von Autonomie wiederzugewinnen, einen geachteten Platz in der Welt, im Inneren Ordnung, Prosperität, Friede und nochmals Friede –, so weit reichten seine bewußten Ziele; kaum weiter. Er hatte beobachtet, daß seine Nation mit großer, ganz selbständiger Macht nichts Vernünftiges anzufangen wußte, und also wünschte er sie ihr nicht mehr. Als deutscher Bürger konnte er die furchtbare Verkürzung des deutschen Siedlungsraumes im Osten nicht billigen. Aber weder liebte noch kannte er die verlorenen Provinzen; seinem Herzen waren sie fremd, um so fremder, als man dort überwiegend protestantisch und im Politischen radikaler gewesen war als in Westdeutschland. Was die Teilung Deutschlands betrifft, so darf man zwei Tatsachen als gesichert festhalten: In einem bis zur Oder geeinigten deutschen Staat wäre Adenauer nie Regierungschef geworden; mit einem solchen Staat hätten weder er noch ein anderer die Politik führen können, die er führen wollte und die eine Politik des engen Anschlusses an Westeuropa war. Die Schlüsse, die man aus beiden Tatsachen ziehen mag, bleiben dem Leser überlassen. Wir unsererseits behaupten nicht, die innersten Gedanken und Gefühle dieses bedeutenden Politikers erraten zu haben.

Den Sozialismus liebte er nicht, als Bürger, als einer der selber dem Sammeln von Eigentum nicht abhold war, und mit Finanziers und großen Industriellen gern umging. Seine Gegenargumente waren von der ihn bezeichnenden einfachen Art: Für die Arbeiter sei es gleichgültig, ob sie in staatseigenen Fabriken oder in privaten Unternehmungen arbeiteten; Konzentration der Macht sei die Gefahr der Zeit und daher die Trennung von politischer und wirtschaftlicher Macht ihrer Vereinigung allemal vorzuziehen; das Lebenselement der Wirtschaft sei freie Initiative und Konkurrenz, nicht Befehl von oben und so fort. Darüber, daß, wie die Sozialdemokraten mutmaßten, Bürgertum und Kapitalismus mit dem Aufstieg Hitlers irgend etwas zu tun gehabt haben könnten, machte er sich keine Sorge; er war kein Soziologe. Übrigens wollte er nicht im restaurativen Sinn zu bestimmten früheren Zuständen zurück; nur zu solchen, die ihm die natürlichen und gottgewollten erschienen, zu Recht, Ordnung, christlicher Zucht und Sitte; und Eigentum. Keineswegs warf er, im alten Bismarckstil, den deutschen Sozialisten ihre mangelnde vaterländische Gesinnung vor. Im Gegenteil, er traute ihnen zu, die nationale Einheit über die Freiheit (von russischem Einfluß), die Neutralität über die europäische Bindung zu stellen. Kurt Schumacher respondierte, indem er Adenauer »Kanzler der Alliierten« nannte. Beide Verdächtigungen waren ungerecht; beide nicht völlig ohne Grund. Wie unbeugsam Schumachers Anti-Kommunismus auch war, so traf doch zu, daß das, was er erstrebte, die Wiederherstellung des »Reiches«, wenn überhaupt, nur durch dessen Neutralisierung zusamt einer gewissen Öffnung nach Osten hin zu haben gewesen wäre. Wie emsig auch Adenauer sich mühte, den deutschen Namen von der Schande, die ihn bedeckte, zu reinigen, so war doch unbestreitbar, daß er die Souveränität der neuen Bundesrepublik in dem Maße sachlich band, in dem er sie formal zu erringen half, daß ihre politische, moralische, wirtschaftliche, schließlich militärische Bindung an Westeuropa-Amerika, die er vollzog, die im Munde geführte »Wiedervereinigung« buchstäblich unmöglich machte.

Auch mußte er das wissen; wir haben keinen Grund, ihn für unintelligent zu halten. Von hier aus ist eine gewisse Unehrlichkeit in seine Politik gekommen; Unehrlichkeit nicht dem Westen gegenüber, da war seine Loyalität zäh, stetig, über jedem Zweifel erhaben, sondern gegenüber dem eigenen Volk, dem er versprach, was vielleicht niemand, am wenigsten aber seine Diplomatie ihm bringen konnte. Er residierte in Bonn, aber machte den Kult um die Reichshauptstadt Berlin kräftig mit, er diente dem Staatsfragment »Bundesrepublik«, das unter seiner Führung mit unglaublicher Schnelle zu einem prosperierenden Gemeinwesen wurde, und behauptete, dem Phantom des zerstörten »Reiches« zu dienen. Er behauptete es, weil es ihm zu Wahlsiegen verhalf; vielleicht auch, weil er so sehr Praktiker war, daß er zu einem Durchdenken der Grundlagen der eigenen Politik überhaupt nicht die Zeit fand.

So viel über den Mann, der von 1949 bis 1963 die Geschicke der »Bundesrepublik« lenkte. Von »lenken« kann freilich nur im Außenpolitischen die Rede sein. Im Gesellschaftlichen ließ Adenauer geschehen, was geschehen wollte, indem er sich auf einem Punkt zu halten wußte, auf dem die Entwicklung ihn begünstigte und ihm für seine Diplomatie freien Spielraum gab.

Sie war nach Westen hin erstaunlich erfolgreich, diese Diplomatie. Sie war auch dort nicht völlig erfolgreich, insofern Adenauer und seine Equipe ehrlichen Herzens die Wiedergewinnung der deutschen Souveränität nur erstrebten, um sie in einer europäischen aufgehen zu lassen; insofern er auf die »Vereinigten Staaten von Europa« abzielte und dabei, mindestens eine zeitlang, die gewaltige Mehrheit der Deutschen hinter sich hatte. Das Gefühl, daß sie ihr nationales Heim verloren hätten, die Sehnsucht, es durch ein umfassenderes, das europäische, zu ersetzen, ist in den späten vierziger, den frühen fünfziger Jahren in Deutschland stark gewesen. Diese Sehnsucht wurde nicht, oder doch nur andeutungsweise erfüllt. Statt dessen gab es andere, teilweise altmodischere Befriedigungen. Jenseits der Ostgrenzen der Bundesrepublik war

Adenauers Politik erfolglos; so stetig, so unvermeidlich erfolglos, daß die Frage erlaubt ist, ob sie denn ernsthaft wollte, was sie zu wollen vorgab.

Die Entwicklung der deutschen Westpolitik ist in ihren Phasen schnell bezeichnet. Jeder Maßnahme, welche die Autonomie der Bundesrepublik vervollständigte, entsprach eine neue Bindung an Westeuropa oder an Amerika oder an beide.

1948. Eine internationale »Ruhr-Behörde« (welcher die Russen nur zu gerne angehören würden) regelt die Produktion der nordwestdeutschen Schwerindustrie und die Verteilung ihrer Produkte. Die Bundesrepublik wird selber Mitglied dieses Instituts, welches die noch immer gefürchtete deutsche Industrie unter Kontrolle bringen soll. 1949. Ein »Besatzungsstatut« umschränkt die Befugnisse der Sieger. 1950. Der Krieg in Korea bringt nicht nur der deutschen Wirtschaft einen beträchtlichen Aufschwung, auch der deutschen Politik eine beträchtliche Chance. Ist nicht Deutschland wie Korea geteilt? Könnten nicht die deutschen Kommunisten unternehmen, was die nordkoreanischen Kommunisten unternahmen? Sollte nicht Deutschland selber einen Beitrag leisten, um dieser Gefahr zu steuern? Konrad Adenauer bietet den Alliierten deutsche Hilfstruppen zur Verteidigung Europas an. Darüber wird lang verhandelt. Man hätte die deutsche Hilfe gern, aber noch gibt es viele, die sie fürchten, und das Heikle ist, daß man sich vor noch nicht fünf Jahren verschworen hatte, Deutschland auf ewig demilitarisiert zu halten. Im Land selber macht sich eine starke Opposition gegen die Aufstellung eines Heeres geltend. Man erinnert sich an die politische Rolle, welche die »Reichswehr« spielte, man erinnert sich an die Greuel des letzten Krieges, die gerade fünf, sechs Jahre zurückliegen, man erinnert sich auch an das »Schuldig«, das in Nürnberg die Sieger über die deutschen Generale aussprachen, an all die Ruinen, an all die Demütigungen. Und jetzt schon wieder? ein Heer, das direkt gegen einen anderen Teil Deutschlands gemeint sein würde, gegen die »Zone«, die »DDR«, in der übrigens eine Sache, welche »kasernierte Volkspolizei« genannt wird, einer Armee schon verzweifelt ähnlich sieht? ... Die

Sozialdemokraten spielen mit dieser Opposition, ohne sich ganz mit ihr zu identifizieren. Es gibt einen Gedanken, von dem sie beherrscht sind bis zur Behexung: man soll ihnen nicht noch einmal, wie 1918, vorwerfen, sie hätten das Vaterland verraten, die Macht des Vaterlandes hätte ihnen nichts bedeutet. Daher ihr Insistieren auf der Wiedervereinigung als der einen, alles andere überschattenden Aufgabe, ihr Schwur, die neuen Ostgrenzen nie und nimmer anzuerkennen, ihr hochfahrender Ton gegenüber den Westmächten. Daher nun ihre Haltung gegenüber dem Problem der Wiederaufrüstung: Ein deutscher militärischer Beitrag ja, aber nur dann, wenn Deutschland politisch und militärisch völlig gleichberechtigt ist, nur dann, wenn die Alliierten eine »Vorwärts-Strategie« entwickeln, die den Krieg alsbald über die Weichsel in altes polnisches Gebiet zu tragen entschlossen ist. Mindestens die letzte Forderung ist entschieden unpraktisch; sie entspricht dem Begriff von »Reich«, den Schumacher nie aufgegeben hat, nicht den Begriffen von »Bundesrepublik« und »Westen«, in denen Adenauer denkt. Dieser ist sich seiner parlamentarischen Mehrheit gewiß. Er läßt den kranken Tribunen donnern und spinnt seine Fäden zwischen Bonn, Paris und Washington.
Ein autonomes Heer wünscht Adenauer selber nicht, der nicht nur Seeckt, der auch Schlieffen und Moltke erlebt hat. Freudig greift er eine Idee auf, die ihm Paris entgegenbringt und die den Beifall Washingtons findet: Die Idee einer »Europäischen Verteidigungsgemeinschaft«. Die sechs europäischen Staaten sollen zu der »Montan-Union«, die zu begründen sie im Begriff sind (davon später), eine gemeinsame militärische Organisation fügen: Sechs Truppenkontingente unter einem Kommando. Die Bundesrepublik wäre dann dreifach gesichert: Gegen einen kommunistischen Angriff; gegen eine Verewigung der Position des Besiegten und auch, woran Adenauer nicht am wenigsten gelegen ist, gegen eine Wiederholung der mit der Reichswehr gemachten Erfahrungen, gegen ein deutsches Heer als »Staat im Staate«. Diese Garantie ist gleichzeitig auch für die Gegner von gestern, die Bundesgenossen von

morgen gemeint. Im Zeichen der zu schließenden »Verteidigungsgemeinschaft« verbessert sich die internationale Stellung der Bundesrepublik zusehends. Sie erhält das Recht eigener diplomatischer Beziehungen zugestanden, Adenauer kann sich selber den Titel eines Außenministers beilegen. Sie tritt dem »Europarat«, der in Straßburg tagenden, mit vagen Rechten ausgestatteten parlamentarischen Vertretung Westeuropas bei. Der Kriegszustand zwischen Deutschland und den Alliierten wird formal beendet, ohne daß deswegen normal »Friede« geschlossen wäre. Einen Friedensvertrag können die Alliierten nicht schließen, weil der ihnen die Verantwortungen und Rechte nähme, die sie den Russen gegenüber, oder gemeinsam mit den Russen für Gesamtdeutschland und besonders für Berlin bewahren wollen. Schließlich, 1952, werden die formalrechtlich ein wenig wirren Beziehungen zwischen dem besiegten, okkupierten Land und den Feinden, die nun Freunde sind, einer Pauschalregelung unterworfen (Bonner Vertrag oder »Generalvertrag«): »Die Bundesrepublik ist souverän, aber die Alliierten Truppen bleiben auf ihrem Gebiet aus eigener Machtvollkommenheit.« Sie bleiben nicht, um, wie gestern noch, die Deutschen unter Kontrolle zu halten oder »zu erziehen«, sondern um sie zu beschützen. Ihre Aufgabe ist, »die Verteidigung der freien Welt, zu der die Bundesrepublik und Berlin gehören«. Ziel der Alliierten Politik bleibt auch die friedliche Wiedervereinigung der beiden deutschen Landesteile. Ein wiedervereinigtes Deutschland soll »eine freiheitlich-demokratische Verfassung ähnlich wie die Bundesrepublik« besitzen und »in die europäische Gemeinschaft integriert« bleiben. Es soll ferner die »Rechte der drei Mächte, welche in den Verträgen niedergelegt sind«, in keiner Weise mindern, anders ausgedrückt, so ausgedrückt, wie dieser schwerwiegende Artikel ursprünglich formuliert war, die Bundesrepublik wird auch, wenn sie sich über ganz Deutschland erstreckt nicht aus Europa ausbrechen, nicht neutral sein. – Es versteht sich von selbst, daß diese Klausel die »friedliche Wiedervereinigung« nicht gerade erleichtern kann.

Die Bonner Verträge sind verbunden mit den Pariser Verträgen über die europäische Verteidigungsgemeinschaft. Erst nach deren Ratifikation sollen sie gültig sein. Nach leidenschaftlicher Debatte werden sie, gegen die Stimmen der Sozialdemokratie, im Bundestag angenommen. Ein historisches Ereignis, so scheint es. Die »Times« in London sprechen von einem »renversement des alliances« im Stil von 1756. Frankreichs hundertjähriger, Englands fünfzigjähriger Feind ist zum Bundesgenossen geworden, gegen die Macht, die in zwei Weltkriegen das Gleichgewicht gegen Deutschland hielt... Die Verträge, so wie sie sind, treten nie in Kraft. Frankreich bereut seine eigene Idee, die der »Europäischen Verteidigungsgemeinschaft«, will seine militärische, politische Autonomie nicht in dem vorgesehenen Maße preisgeben. Diese Verleugnung, endgültig im August 1954, stürzt die amerikanisch-deutsche Politik vorübergehend in tiefe Verlegenheit. Aber wo ein Wille ist, ist auch ein Weg. Anstatt der Europäischen Verteidigungsgemeinschaft tritt die Bundesrepublik dem großen amerikanisch-europäischen Militärbündnis, dem Atlantik-Pakt, und der gleichzeitig formal enger gefügten westeuropäischen Allianz, dem »Pakt von Brüssel« bei. Die völlige Verschmelzung der militärischen Kräfte ist das nicht. Die »Deutsche Bundeswehr«, zu deren Aufstellung man mit deutscher Gründlichkeit und Promptheit schreitet, wird trotz allem ein nationales Heer sein, eben das, was Konrad Adenauer nicht wollte; und der Bundeskanzler ist im Augenblick sehr unglücklich darüber. Immerhin werden ihre zwölf Divisionen der Atlantik-Pakt-Organisation zur Verfügung und unter einem amerikanischen Oberbefehlshaber stehen, werden sie gemeinsam mit den Bundesgenossen und häufig auf deren Gebieten manöverieren, werden sie mit ihnen Waffen und Geheimnisse austauschen. Es ist eine sehr bedeutende Macht in Aussicht genommen, aber doch eine beschränkte, etwa fünfhunderttausend Mann, und sie muß auf die Herstellung nuklearer Waffen ausdrücklich verzichten. Eine neue »Reichswehr« wird das deutsche Heer nicht sein. Seine aus russischer Kriegsgefangenschaft zurückgekehrten, durch Erfahrungen belehrten Anführer haben auch kaum den Ehrgeiz dazu. Die

Jugend, welche die zum Gesetz erhobene allgemeine Wehrpflicht erfüllt, hat ihn noch weniger. Sie bezieht die Kasernen, weil sie muß, aber ohne Freude. Die Uniform hat den alten Glanz nicht mehr.
Nachdem so der deutsche »militärische Beitrag« in die juristische Scheuer gebracht ist, steht nichts mehr der Beendigung des »Besatzungsstatuts« im Wege. An seine Stelle treten die Verträge von 1954. Die Bundesrepublik wird souverän; so souverän, das heißt, wie ein europäischer Staat, vollends ein so heikel situierter, mit solcher Vergangenheit belasteter noch sein kann. Beschränkungen, von denen die Rede ist, legt sie sich selber freiwillig auf: Die Anwesenheit alliierter Truppen auf ihrem Gebiet erhält eine vertragliche Grundlage. Das Recht der Alliierten, im Not- und Krisenfall die höchste Autorität wieder zu übernehmen, entfällt oder wird entfallen, wenn Deutschland selber Gesetze für einen »Notstand« beschlossen hat. Auch die Klausel, die das ganze Deutschland an die von der Bundesrepublik geschlossenen Verträge binden soll, entfällt. Eine Veränderung, die mehr formal als sachlich von Bedeutung ist. Daß es die »Bindungsklausel« einmal gab, wird die deutsche Politik auch noch im folgenden Jahrzehnt charakterisieren.
Die politisch-militärische Emanzipation und Integration ist damit zunächst abgeschlossen. Spätestens seit 1948 war sie vorauszusehen, ein logisches Produkt des »Kalten Krieges«. Man könnte sich eher darüber wundern, daß es so lange mit ihr dauerte. Die neue Konstellation, die neue Wirklichkeit,war schon da, aber die alte war noch da, und hinderte die neue daran, sich mit einem Schlag herauszuarbeiten.
Dieselbe Emanzipation und Integration ging gleichzeitig und eng verbunden mit der diplomatisch-militärischen im Wirtschaftlichen vor sich. Als Mitgenießer der »Marshallplan«-Hilfe trat die Bundesrepublik der Europäischen Organisation für wirtschaftliche Zusammenarbeit bei und half in deren Rahmen die Liberalisierung des europäischen Handels voranzutreiben. Anstelle des »Ruhr-Statuts« trat 1951 die »Europäische Gemeinschaft für Kohle und Stahl«, eine kühn konzi-

pierte, die Souveränität der teilnehmenden sechs europäischen Staaten bewußt beeinträchtigende Organisation; denn die »Hohe Behörde«, von einem Ministerrat nur in Grundsatzfragen kontrolliert, sollte im Bereiche ihres Zweckes Weisungsbefugnisse haben, ein Gerichtshof in Streitfällen unabhängig von der Justiz der Mitgliedsstaaten entscheiden. Wenn der Zweck ein wirtschaftlicher war, die Schaffung eines gemeinsamen Marktes für die Montanindustrie, Abschaffung der Zölle, der Einfuhrbeschränkungen, der Exportförderungen, der diskriminierenden Frachttarife, so war er auch ein politischer: engerer Zusammenschluß der Kontinentalstaaten, Verbindung der deutschen und französischen Schwerindustrie zu einem einzigen Wirkungsfeld, so daß Experimente in Autarkie wie 1933, industrielle »Kriegsziele« wie 1916 für immer unmöglich wären. Im Kern politisch war auch der Sinn der »Römischen Verträge«, die, nach manchen Krisen und Enttäuschungen von den gleichen Staaten 1957 unterzeichnet wurden und das Prinzip des »Gemeinsamen Marktes« auf das gesamte Wirtschaftsleben ausdehnten. »Die Aufgabe, den Ländern unserer europäischen Zone die wirtschaftliche Freizügigkeit zu schaffen, ist schwer; unlösbar ist sie nicht«, hatte Walther Rathenau 1913 geschrieben. »... das Ziel würde eine wirtschaftliche Einheit schaffen, die der amerikanischen ebenbürtig, vielleicht überlegen wäre und innerhalb des Bundes würde es zurückgebliebene, stockende und unproduktive Landesteile nicht mehr geben. Gleichzeitig aber wäre dem nationalistischen Haß der Nationen der schärfste Stachel genommen... Verschmilzt die Wirtschaft Europas zur Gemeinschaft, und dies wird früher geschehen, als wir denken, so verschmilzt auch die Politik...« Später, als er wohl gedacht hatte, nach zwei Weltkriegen, versuchte man, Rathenaus Prophezeiung zu erfüllen.

Bei alledem wirkte das Deutschland Adenauers mit, im einzelnen manchmal verzögernd, besonders da, wo seine stark organisierten landwirtschaftlichen Interessen im Spiel waren, im großen und ganzen aber loyal und freudig bei der Sache, mitunter treibend und führend. Die innere Op-

position, die Sozialdemokratie, hatte noch die Montanunion als »konservativ, klerikal, kapitalistisch und kartellistisch« verworfen. Seither hatten die Dinge sich geändert: Der Europäischen Wirtschaftsgemeinschaft stimmte auch sie zu. Das Erreichte war nicht, was Adenauer anfangs ersehnt hatte, das Aufgehen der deutschen Souveränität in einer europäischen. Aber es war ein Stück davon, und wenn man bedenkt, daß die »Römischen Verträge« nur zwölf Jahre nach dem Finis Germaniae von 1945 unterzeichnet wurden, ein von erstaunlichen Erfolgen sprechendes.
Der »Kalte Krieg« und sein westlicher Protagonist, die Vereinigten Staaten, hatten teil daran. Die wüsten Erfahrungen, die Europa zwischen 1920 und 1945 gemacht hatte, hatten teil daran; aber daß Politiker aus Erfahrungen lernen, ist mehr die Ausnahme als die Regel. Auf der deutschen Seite hatte der Bundeskanzler seinen Teil daran. Die Autorität, die der Greis sich im Inneren gewann, seine stetige, unbedingt zuverlässige, jedes schielende Balancieren und Zünglein an der Waage Spielen strikt vermeidende Haltung gegen außen gehören mit zu dem Prozeß der europäischen »Integrierung«, der Einfügung Westdeutschlands in eine westeuropäische-atlantische Gemeinschaft. Hier war sein Erfolg; ein sehr großer und, was ihn persönlich betrifft, in sehr hohem Alter erreichter. Was Wunder, daß er nicht mehr über ihn hinauskam?
Die gleiche vertrauengewinnende Eindeutigkeit der Haltung bewies Adenauer in der Sache, welche Deutschland wie nichts anderes moralisch belastete: in der Frage einer Rekompensierung der Juden. Freilich, die meisten europäischen Juden waren tot und wieder gutzumachen war hier nichts oder äußerst wenig. Dies Wenige setzte der Kanzler durch, sowohl im eigenen Land wie gegenüber den Arabern, die ihm hier den giftigsten nationalistischen Widerstand entgegenbrachten. Ein im Jahre 1952 zwischen Deutschland und Israel geschlossener Vertrag sprach dem neuen Staat der Juden Zahlungen von 3 Milliarden Mark zu, binnen 12 Jahren in Waren zu leisten. Die formale Basis dieses Vertrages bildete die Tatsache, daß in der Hitlerzeit Hunderttausende von ausgeplünderten

Flüchtlingen nach Palästina gekommen waren. Dahinter stand der Wille, das schlimmste Verbrechen in der langen, blutigen Geschichte Europas, nicht zu sühnen – wie sollte das geschehen – aber doch in diesem Sinne eine Geste zu machen. Der Bundestag hat den Vertrag mit feierlichem Ernst vollzogen, die Regierung ihn ausgeführt, trotz der Ärgernisse, die er ihr in der arabischen Welt einbrachte.

Der Vertrag mit Israel stellte nur den kleinen Teil eines großartigen Systems von »Wiedergutmachungen« dar. In seinen »Weltgeschichtlichen Betrachtungen« schreibt Jakob Burckhardt, Emigranten sollten nie zurückkehren oder sollten, wenn sie schon zurückkehrten, nie ihre verlorenen Güter zurückfordern. Die Bundesrepublik hat den überlebenden Juden, zurückkehrenden wie nicht zurückkehrenden, hat den Emigranten überhaupt, einen Schadenersatz bezahlt, der, wenn alles zusammengerechnet wird, sich auf etwa 11 Milliarden Dollars beläuft. Das ist viel weniger, als die Ermordeten oder Geflohenen verloren hatten; viel mehr, als die Opfer in ihren kühnsten Träumen für möglich gehalten hätten. Wenn Vieles in der Geschichte des »Dritten Reiches« von einer traurigen Beispiellosigkeit war, so war beispiellos auch diese Wiederherstellung; vergebens suchen wir in der Geschichte der Revolutionen nach Vergleichen. Man war gründlich im Verbrechen gewesen, man war gründlich auch in der Wiederherstellung des Rechts. Wobei es das nicht am wenigsten Merkwürdige ist, daß diese »Reparationen« unter den Leuten nichts von der Wut erregten, welche die tatsächlich doch viel geringeren Reparationszahlungen der zwanziger Jahre erregt hatten. Die Wähler ließen ihre Repräsentanten, ohne Interesse und ohne Zorn, die Gesetze beschließen, die jährlich anschwellende Ökonomie ermöglichte ihre Durchführung.

Das waren die Leistungen, das die Erfolge der »Goldenen fünfziger Jahre«, wie man sie rückblickend mit einer gewissen Melancholie nennt. In der Tat waren es, im Außenpolitischen, trotz aller Krisen, die ihren Ursprung anderswo hatten, für Deutschland oder für Westdeutschland im Grunde bequeme Jahre: Jahre der allmählichen Versöhnung, der wer-

denden Bindungen, der Anlehnung an den übermächtigen amerikanischen Protektor. In einer seiner letzten großen Reichstagsreden hatte Bismarck über die fernen Zeiten der »Heiligen Allianz« gesagt: »Wir hatten ja früher in den Zeiten der Heiligen Allianz... nun, das waren eben patriarchalische Zeiten, da hatten wir eine Menge Geländer, an denen wir uns halten konnten, und eine Menge Deiche, die uns vor den wilden europäischen Fluten schützten.« Bismarck hatte sein Preußen-Deutschland aus dieser Ordnung gerissen und ihm Autonomie erkämpft, die er zuletzt selber wohl fürchtete, dennoch niewieder preisgeben wollte. Adenauer war kein Bismarck, und das Spielen mit sechs Bällen auf einmal lag ihm nicht. In dem Moment, in dem dies niedergeschrieben wird, sehnt der Neunzigjährige sich nach den »sicheren Geländern und Deichen«, nach den Bedingungen des Jahres 1955.
Den Fortschritten der Diplomatie entsprachen die Veränderungen der Atmosphäre. Man könnte nicht sagen, daß Deutschland im Jahre 1945 isoliert gewesen wäre, ganz im Gegenteil; Aber es war ostracisiert, verachtet, das Leben unserer Bürger so eingeengt, daß sie sich kaum von einer Stadt zur anderen bewegen konnten, das ganze Land ein Gefängnis. Die Amerikaner waren wohl die ersten, welche anfingen, begünstigte Deutsche über den Atlantik einzuladen, damit sie etwas von dem »American Way of Life« lernten. Touristisches Reisen begann nach der Währungsreform; zunächst noch mit Schwierigkeiten verbunden, im Zeichen der erstarkenden Mark mit zunehmender, endlich vollständiger Freiheit. In den fünfziger Jahren begannen Millionenheere deutscher Reiselustiger sich allsommerlich über Europa zu ergießen, so ungehindert wie nie seit dem Sommer 1914 und in ungleich größeren Zahlen. Zu der Masse der Urlaubsreisen kamen die sachlich bestimmten internationalen Begegnungen von vorher nie erreichter Häufigkeit: Politiker und Parlamentarier, Mitglieder der neuen europäischen Wirtschaftsbürokratien, Kommunalverwalter, deren Städte ein besonderes Bündnis eingegangen waren, Geschäftsleute, Gewerkschaftler, Soldaten, Journalisten, Gelehrte, Professoren, Jugendgruppen. Die Hochschulen, deut-

sche sowohl wie französische, englische, amerikanische, wurden zu vielsprachigen Bildungszentren; fast nahm dort das Wort »Nation« wieder die Bedeutung an, die es ursprünglich, im späten Mittelalter, gehabt hatte. Und schließlich entwickelte sich eine Völkerwanderung noch massenhafterer Art: Die der Arbeit oder lohnendere Arbeitsbedingungen Suchenden, die sich aus Italien, aus Spanien, Griechenland, der Türkei, zuletzt aus Afrika in Deutschland niederließen – in eben dem Land, wo man wenige Jahre früher dauerndes Elend, dauernde Arbeitslosigkeit erwartet hatte.

Wenn dieser erstaunliche Prozeß das Selbstbewußtsein der Deutschen aus den Tiefen von 1945 sich schnellstens wieder erholen ließ, so war es doch, überwiegend, kein nationalistisches im alten Sinn; erweiterte Horizonte, neue Weltkenntnisse wirkten dagegen. Vierzehn Jahre nach »Versailles« hatte die Nation noch immer in Haß- und Demütigungskomplexen gelebt. »Potsdam« war nach vierzehn Jahren nahezu vergessen. Eine freundliche Entspanntheit bezeichnete um 1960 die Atmosphäre sowohl in der Bundesrepublik, wie ihre Beziehungen zu Westeuropa, die, zum erstenmal in modernen Zeiten, nicht mehr nur staatliche, sondern hunderttausendfache menschliche Beziehungen waren. Wer hätte es 1945 gedacht? Wer, der es erlebte und der die zwanziger, die dreißiger Jahre erlebt hatte, konnte umhin, sich darüber zu freuen? Dies Schauspiel war fast zu gut, um wahr zu sein; und ganz wahr ist es auch nie gewesen.

Deutschland und Osteuropa

Das deutsche Staatsschiff war im Jahre 1945 entzwei geborsten; worauf das Folgende geschah. Die westliche, größere Hälfte, die Bundesrepublik, erwies sich auf die Dauer nicht als ein Wrack, sondern als ein erstaunlich seetüchtiges Gebilde. Es nahm seine Fahrt in neuer Richtung: Die Fahrt nach Westeuropa, die Fahrt nach der Montan-Union, dem Atlantikpakt, der Europäischen Wirtschaftsgemeinschaft und so fort, eine Fahrt, die es als Ganzes, als das ganze Deutschland, gar nicht hätte machen können. Und diese Fahrt führte es immer weiter weg von dem unglücklicheren Fragment der »sowjetisch besetzten Zone«. In Momenten der Krise ertönten wohl leidenschaftliche Rufe: »Wir gehören zusammen, wir sind noch immer ein Schiff«; aber die wahre Fahrtrichtung der Bundesrepublik entsprach dem nicht.

Vielleicht konnte sie ihm nicht entsprechen. Vielleicht war die Teilung des Landes mit dem Ende des Krieges unvermeidlich vorgegeben. Man kann für diese These argumentieren; gegen sie auch; Spekulationen in jedem Fall, die nichts beweisen. Ob aber die Bundesrepublik ihren Weg freiwillig wählte, oder zu ihm gezwungen wurde, ändert nichts an dem Resultat. Freiwillig oder gezwungen traf sie Entscheidungen, nicht eine, sondern eine Kette von ihnen, welche die »Wiedervereinigung« nach den klassischen Prinzipien, freie Wahlen in Gesamtdeutschland, Konstituierung des Nationalstaates, buchstäblich unmöglich machten. Daraus hätten ehrlicherweise Schlüsse gezogen werden müssen, die zu lange nicht gezogen wurden. In dem Moment, in dem dies niedergeschrieben wird, scheinen sie den deutschen Politikern immerhin deutlicher zu sein als zuvor.

Die »Deutsche Demokratische Republik« – diesem Namen muß man in Deutschland stets ein »sogenannt« hinzufügen – trat genau eine Woche nach der Annahme des Bonner Grundgesetzes in ihre formale Existenz ein. Im Grunde blieb den Russen nichts übrig, als auch ihr Beutestück in einen Staat oder Pseudo-Staat zu verwandeln. Als schiere Beute konnten sie es auf die Dauer nicht behalten. Den Anschluß an eine schon völlig nach Westen ausgerichtete »Bundesrepublik« konnten sie ihm nicht erlauben. Das konnte der Sinn ihres unter den entsetzlichsten Opfern errungenen Sieges von 1945 nicht sein. Wiederum, nachdem sie einen Staat geschaffen hatten, mußten sie mit seiner »Kommunisierung« fortfahren, um ihm eine Art von Identität zu geben, da dieser Staat an sich gar nicht sein wollte. Was sie den Finnen, die eine Nation waren, erlaubten, konnten sie nicht den Ostdeutschen erlauben, welche keine waren. Nur die kommunistische Form konnte die »DDR« von der Bundesrepublik getrennt halten. Sie ist so von Anfang an der traurige, zweitgeborene Schicksalszwilling der glücklicheren Bundesrepublik gewesen. »Beim ersten sind wir frei, beim zweiten sind wir Knechte.« In der Gründung und weiteren Forcierung der DDR ist mehr Knechtschaft gewesen, als man gemeinhin annimmt. Die Russen taten die ersten, mit westlichen Augen gesehen, falschen Schritte, ohne damit die Teilung Deutschlands zu wollen, die keineswegs in ihrem Interesse lag. Die Amerikaner reagierten; von da ab war ein Zirkel trotzig-unfreier Reaktionen und matterer, immer hohlerer Versuche, aus ihm auszubrechen. Mit öder Monotonie wiederholten beide Seiten die Forderungen, von denen sie wußten, daß die andere sie nicht annehmen würde.

Bis 1952 verlangten die Russen eine Rückkehr zu den Potsdamer Beschlüssen, zum »Kontrollrat« der vier Siegermächte, der sich als funktionsunfähig erwiesen hatte. In der später vieldiskutierten Note vom 10. März 1952 gaben sie diese Forderung auf. Aber das bündnisfreie, mit beschränkten Streitkräften ausgestattete Deutschland, das sie nun vorschlugen, hätte auf alle die westeuropäisch-amerikanischen Bindungen und Gründungen, die bereits vollzogenen und die geplanten, verzichten müssen, auf Dinge also, die mittlerweile Realität und der Fortschritt von fünf Jahren waren. Dazu kam, daß die Ausführung des Projektes, so wie die Russen und die Regenten der DDR sie vorsahen, regelmäßig auf einem von

beiden Landesteilen paritätisch zusammengesetzten »Rat« beruhen sollte; Wahlen zu einer Nationalversammlung danach und durch diesen Rat zu organisieren. Das hieß, daß die DDR mit ihrer gesamten, mittlerweile entstandenen oder erzwungenen Wirklichkeit in das neue Gesamtdeutschland einzutreten und es kräftig mitzugestalten gedachte, nicht, sich eliminieren zu lassen.
Demgegenüber bestanden sowohl die Vereinigten Staaten wie die Bundesrepublik auf der Freiheit Gesamtdeutschlands, die Bündnisse einzugehen oder aufrecht zu erhalten, die ihm genehm wären; das hieß, daß das Gebiet der DDR dem Atlantik-Pakt-System angeschlossen werden würde. Ferner sahen sowohl die amerikanisch-englischen wie die Bonner Vorschläge zur Wiedervereinigung regelmäßig nicht einen paritätisch zusammengesetzten Rat, sondern unmittelbar eine aus freien, international kontrollierten Wahlen hervorgegangene Nationalversammlung vor; was hieß, daß die DDR samt allen ihren Einrichtungen zunächst einmal durch die Stimmzettel ihrer befreiten Bürger aus der Welt geschafft werden würde. Dies war der Gegensatz, begründet in den Machtinteressen wie in den philosophischen Grundbegriffen beider Lager; kein Austausch von Noten konnte ihn überwinden. Die Frage war dann nur, welche Auffassung nach den modernen Traditionen des Völkerrechts, der Demokratie, der Menschenrechte, die legitimere war, und auf diese Frage ist die Antwort eindeutig. Aber Recht ist eines; reale Interessen und Machtverhältnisse sind ein anderes.
Die Entwicklung der DDR ähnelte jener in den neuen »Volksdemokratien« oder »Satelliten-Staaten«, war jedoch sowohl düsterer wie langsamer. Düsterer, weil der Zwang in seinem fremden Ursprung offenbarer war. In Polen konnte man selbst in den schlimmsten Zeiten Stalins die Zustände noch immer schön finden, verglichen mit den Tagen der deutschen Besatzung; konnte man später Nation und Herrschaftssystem, gern oder ungern, identifizieren. In der DDR gab es keinen solchen Vergleich. Statt seiner gab es den Vergleich mit dem Leben in der Bundesrepublik, und er trieb jährlich Hunderttausende

über Westberlin in das Bundesgebiet. Man konnte auch nicht die Regenten als Sachwalter der Nation ansehen, denn man war keine; nur der widerwillig abgespaltene Teil einer Nation. Da die Machthaber über das Maß ihrer Verhaßtheit sich keinen Illusionen hingaben, so war der Druck des »Ministeriums für Staatssicherheit« stärker, waren die Bespitzelungen der Haus- und Straßen-Obleute noch emsiger als anderswo. Der »Aufbau des Sozialismus« ging langsamer vor sich. Neben den »Volkseigenen« Betrieben hat es noch lange solche in Privatbesitz gegeben; vielleicht im Zusammenhang mit der noch nicht aufgegebenen Hoffnung auf »Wiedervereinigung« (russischen Stils). Auch die Regierungen gaben sich als Koalitionen von Parteien mit teilweise gut bürgerlichen Namen. Daß sie längst unter der »Diktatur des Proletariats« gelebt hatten, erfuhren die Bürger der DDR erst 1953. Erst von da ab wurde aus der Not eine Tugend, aus einem bis zur Grenze des Möglichen ausgepreßten und – vielleicht – später wieder zu entlassenden Beutestück ein wirtschaftlicher und politischer Partner der Sowjetunion gemacht.
Das Bündnis der machthabenden »Sozialistischen Einheitspartei« mit dem Kreml war eindeutiger als das Bündnis der westdeutschen Regenten mit Paris, London und Washington. Die westdeutschen Regierungen hätten sich auch ohne Alliierten-Protektion halten können, die ostdeutschen nicht. Andererseits war die Haltung der russischen Sieger rauher, weil sie selber arm waren und im Krieg am meisten gelitten hatten. Die Reparationsleistungen, welche die »Zone« zu leisten hatte, gingen bis 1954 fort und hatten einen Gesamtwert zwischen fünfzig und hundert Milliarden Mark; diese, im Vergleich mit Westdeutschland sehr ungünstige Ausgangsbasis der zonalen Wirtschaft erklärt für den tieferen Lebensstandort dort nicht alles, aber etwas. Sie erklärt auch den Stolz, mit dem viele Bürger der DDR heute auf das Errungene blicken.
Formal entwickelten sich die Beziehungen zwischen dem neuen Staat und seinem großen Feind-Freund ungefähr so, wie die der Bundesrepublik mit den Westmächten: Umwandlung der russischen Kontrollkommission zuerst in ein Hochkommis-

sariat, dann in eine Botschaft, Aufstellung eines Heeres »zur Verteidigung der Heimat«, Mitgliedschaft im Rat für gegenseitige Wirtschaftshilfe, Mitgliedschaft im Warschauer militärischen Paktsystem Osteuropas, und so fort. Es war der Weg, den die Bundesrepublik ging in der anderen Richtung; nur, daß die russischen Gründungen nicht so gut florierten, wie die westeuropäisch-amerikanischen.

Die Außenpolitik der DDR, insofern man von einer solchen reden kann, war durch Freundschaft nicht nur mit der Sowjetunion, sondern mit allen »Volksdemokratien« bezeichnet: Technische und kulturelle Abkommen mit Polen, der Tschechoslowakei, Rumänien, Bulgarien. Unterscheidend, ja entscheidend war hier, daß die DDR als endgültig, gerecht und gut anerkannte, was die Bundesrepublik anzuerkennen sich stetig weigerte: Die neuen deutsch-polnischen Grenzen, die Vertreibung der Deutschen aus Böhmen. Es ist dies ein Grund dafür, daß Polen und Tschechen es vorzogen, diesen Nachbarn zu haben. Das geistlose und muffige Ostberliner Regime scheint auch bei den intelligenteren Kommunisten Osteuropas sich keiner herzlichen Achtung erfreut zu haben. Im Lichte früherer Erfahrungen aber ist für Polen die Sicherheit seiner neuen Ostgrenzen die vitalste aller Fragen. So sphinxisch, wie die Bundesrepublik sich dieser Frage gegenüber verhielt, indem sie einerseits der Gewalt abschwor, andererseits zu verändern versprach, was ohne Gewalt sich offenbar nicht mehr verändern ließ, blieb Polen nichts anderes übrig, als das heimlich auch von ihm verachtete Ostberliner Regime herzlich zu umarmen.

Beide deutschen Regierungen erhoben Vorwürfe gegeneinander, die über das Ziel hinausschossen. »Bonn« sei »revanchistisch, imperialistisch, faschistisch« behauptete man in Ostberlin. Das war ungerecht, solche Bezeichnungen trafen und treffen für die Bundesrepublik nicht zu. Wohl aber war richtig, daß sie so manche Traditionen des alten Reiches fortsetzte, gute und weniger gute; daß die Bonner Bürokratie im Kern die alte Reichsbürokratie war und nur zu viele ihrer obersten Verwalter Adolf Hitler auf das pünktlichste gedient hatten.

Die Machthaber der DDR übten eine despotische, verhaßte Fremdherrschaft aus, behauptete man in Bonn, ohne einen Schatten von demokratischem Recht, sie seien Usurpatoren, mit denen man keinerlei Beziehungen unterhalten dürfte. Es war ein guter Teil Wahrheit in dieser These. Aber sie übersah geflissentlich alle Fortschritte, die in Ostdeutschland gemacht wurden und die schwer erträglichen Lebensbedingungen allmählich in erträgliche verwandelten. Sie ignorierte alle Nuancen, welche Menschen und Menschen, Machthaber und Machthaber unterschieden, indem sie sie alle unter dem zum Schreckgespenst gewordenen Begriff »Kommunismus« zusammenband; sie verbot so der westdeutschen Politik jede Kontaktnahme mit gutwilligeren, liberaleren Kräften in der DDR, die nach solchen Kontakten begierig gewesen wären. Jeder Brief, der von Ostberlin nach Bonn geschickt wurde, ging ungeöffnet zurück. Alle Vorschläge zu gemeinsamen Beratungen – mitunter wären sie einer Prüfung wert gewesen – blieben unbeantwortet oder wurden öffentlich mit Verachtung beantwortet. Alles oder nichts. Die DDR sollte mit einem Schlag ganz verschwinden oder bleiben was sie war. Vielleicht auch, so mancher Bonner Politiker hat in diesem Sinn gesprochen: Je schlechter sie sein würde, desto besser.
Mit vollen Segeln steuerte Konrad Adenauer den Kurs, den seine amerikanischen Freunde und Protektoren, Präsident Eisenhower und Außenminister Dulles versprachen und der »Politik der Stärke« genannt wurde. Um mit der Sowjetunion reden zu können, müsse man »bis an die Zähne bewaffnet« sein, erklärte Adenauer einmal. Keine Gelegenheit gab es, bei der er, der anfangs eine deutsche nationale Kriegsmacht ehrlich gefürchtet hatte, bei der seine Gehilfen nicht eine Beschleunigung und Steigerung eben dieser Kriegsmacht forderten; um das Abendland zu verteidigen, müßten auch die Deutschen Raketen haben, müßten auch die Deutschen Nuklear-Waffen haben. Keine Gelegenheit gab es, bei der er und seine Gehilfen nicht vor einer »internationalen Entspannung« warnten. Der teuflische Charakter der Kommunisten sei unveränderlich, ein Sich-Vertragen mit ihnen unmöglich.

Der Anti-Kommunismus wurde so zum negativen Lebenselement der Bundesrepublik. Daß die Bürger Westdeutschlands nicht unter kommunistische Herrschaft kommen wollten, wird man billigen; ein freudestiftendes Gesellschaftssystem ist das nicht. Ob es ihnen aber, nach der Art, in der Hitler den Kommunisten-Schreck gebraucht und nach dem, was er gegen Rußland getrieben hatte, zukam, schon wenige Jahre nach Kriegsende wieder alles auf militärische Macht zu setzen und mit Worten den »Kalten Krieg« noch schärfer als Amerika selber zu führen, ob dies ihrer äußeren und inneren Sache guttat, ist eine andere Frage.

Dem Parteiführer Konrad Adenauer tat es gut, denn er schlug die Oppositionspartei, die Sozialdemokraten mit eben den Argumenten, mit denen sie in der alten Zeit geschlagen worden waren. Er machte Bismarcks »Reichsfeinde« zu Feinden der Bundesrepublik, zu Freunden der Kommunisten. Wir wissen, wie sehr wenig sie das waren, zu Kurt Schumachers Lebzeiten, wie nach dem Tod des Tribunen. Aber da die Sozialdemokraten noch immer an »Wiedervereinigung« glaubten, so agitierten sie gegen Deutschlands Eintritt in das Atlantik-Pakt-System, gegen die Einführung der allgemeinen Wehrpflicht, später gegen eine nukleare Bewaffnung der Bundeswehr. Sie agitierten dagegen im Sinn einer nationalen Politik, eben weil sie diesmal beileibe nicht als »Reichsfeinde« erscheinen wollten. Aber so, wie sie immer vor unlösbaren Dilemmas gestanden hatten, so auch diesmal: Wer die Herstellung des »Reiches« ehrlich wollte, der mußte ein Maß von Kontakten mit den Kommunisten wollen, die einen Teil des Reiches besetzt hielten, und mußte eine gar zu waffenstarrende, herausfordernde Identität des Reichs-Fragmentes »Bundesrepublik« verneinen; und gab so dem Demagogen eine Chance, mit dem Vorwurf der Kommunistenfreundschaft und des Verrates am bedrohten Vaterlande zu arbeiten. Die Sozialdemokraten haben dies Dilemma nicht überwunden. Sie sind ihm mehr und mehr ausgewichen, bis zu einem Punkt, auf dem zwischen der von ihnen empfohlenen Politik und der Adenauer'schen ein Unterschied kaum noch zu erkennen war.

Was nun die »Politik der Stärke« betrifft, so mußte, je mehr Jahre ins Land gingen, um so deutlicher auffallen, daß sie nur mit Worten versprochen, aber nicht wirklich geübt wurde und die verheißenen Früchte nicht brachte. Erfolgreich waren die westeuropäischen friedlichen Schöpfungen. Die kriegerischen Anstrengungen waren es, insofern sie den status quo von 1946 verteidigen sollten; sie gerieten über ihn nicht hinaus und kein mehr als nur verbaler Versuch, über ihn hinauszugelangen, wurde sichtbar. Auch dann nicht, wenn Gelegenheiten dafür sich zu bieten schienen. Im Juni 1953 rebellierte die Ostberliner Arbeiterschaft gegen ihre Herren, genauer gegen eine Arbeitsnorm-Erhöhung, welche ihre Herren dekretiert hatten. Der Aufstand wurde mit russischen Panzern niedergeschlagen, die alliierten Truppen jenseits der Sektorengrenze standen Gewehr bei Fuß. Dieser Tag, der 17. Juni, wurde in der Bundesrepublik später zum Nationalfeiertag erhoben – die Erinnerung nicht an die Erstürmung der Bastille, sondern an ihre erfolgreiche Verteidigung und das offenbare Scheitern der eigenen Politik. Wenige Monate nach der Niederlage errang Adenauer bei den Wahlen zum Bundestag einen triumphalen Sieg; seine Partei hatte nun um die Hälfte mehr Sitze als 1949. Die nächsten Wahlen fanden, 1957, ein Jahr nach der blutig unterdrückten Ungarischen Revolution statt; einem Ereignis, das wie kein anderes nach einer amerikanischen »Politik der Stärke« gerufen hätte und wie kein anderes die Hohlheit dieser Politik bewies. Mit einer absoluten Mehrheit für seine Partei gewann Adenauer die Wahlen noch glanzvoller als vier Jahre vorher. Wofür hatten sich die deutschen Wähler entschieden? Sicher für das sogenannte »Wirtschaftswunder«, das durch banal-zügige Wahlkampfschlager wie »Keine Experimente« oder »Was man hat, das hat man« ins rechte Licht gerückt worden war. Sicher auch für die Bundesrepublik als neuen Staat, als »Großmacht«, für das neue Heer, für das amerikanische Bündnis. Sicher nicht für die Massenproteste, welche die Sozialdemokraten gegen das amerikanische Bündnis, gegen die Bundeswehr, gegen eine nukleare Bewaffnung der Bundeswehr erhoben hatten. Sicher nicht für

»Wiedervereinigung« durch eine »Politik der Stärke«. Was es mit der Politik der Stärke auf sich hatte, konnte nun jeder wissen.
Man ging den gleichen Weg in den folgenden vier Jahren, welche die Vervollkommnung der Bundeswehr, die Inkraftsetzung der Römischen Verträge brachten. Sie brachten auch Verwirrendes: Zum Beispiel politische Wachtablösungen in Frankreich und Amerika. Was die Rückkehr Charles de Gaulles zur Macht bedeuten würde, war zunächst nicht klar; mindestens kannte man ihn als entschiedenen Nationalisten, als einen in historischen Begriffen denkenden Staatsmann, der die Bundesrepublik als Junior-Partner gern akzeptieren, als europäische Hauptmacht, als nukleare Macht, als kontinentalen Degen Amerikas ihr aber Hindernisse bereiten würde. Mit dem ihm eigenen Realismus beeilte sich de Gaulle denn auch, zwar nicht die DDR, wohl aber die neuen Ostgrenzen Deutschlands, die Oder-Neiße-Grenze, als de facto unabänderlich anzuerkennen. Was man in Bonn geflissentlich überhörte. Der Sieg der Demokraten bei den amerikanischen Präsidentenwahlen des Jahres 1960 brachte eine junge Equipe an die Spitze, die versuchen würde, in der Außenpolitik neue Akzente zu setzen. In der Tat hat sie später die Erstarrungen des Kalten Krieges zu lösen und eine »Strategie des Friedens« zu entwickeln unternommen. Man hat den Präsidenten Kennedy deswegen überall in der Welt bewundert, nur nicht unter den Offiziellen der Bundesrepublik; da hatte man für seine Politik der »Entspannung« nichts als Mißtrauen und Hohn. Der alte Konrad Adenauer, in den fünfziger Jahren vielleicht der einflußreichste Mann in der atlantischen Allianz, begann zu vereinsamen und den Kontakt mit der Wirklichkeit zu verlieren. Das verwirrend-beschämende Schauspiel, das er 1959 in der deutschen Innenpolitik gab, in dem er ankündigte, er werde den Posten des Regierungschefs aufgeben, um sich auf den des Bundespräsidenten zurückzuziehen, nach einigen Wochen jedoch sein Versprechen zurücknahm, verstärkte den Eindruck: Seine ehedem so feste, geschmeidige Hand war unsicher geworden.

Aber gerade in jenen Jahren der beginnenden Auflösung erstarrter Fronten, als der Kurs Adenauers sich als das erwies, was er im Grunde immer gewesen war, nach Westen erfolgreich, nach Osten erfolglos bis zum Hoffnungslosen, schwenkten die Sozialdemokraten auf diesen Kurs; ihre Kritik, ihre »Deutschland-Pläne« und Wiedervereinigungs-Phantasien hatten ihnen gar zu geringen Dank gebracht. Sie waren der ewigen Opposition müde; einer Rolle, die nur zu sehr an jene erinnerte, die sie unter Wilhelm II., dann wieder in der Weimarer Republik gespielt hatten: Tüchtig in Gemeindehäusern und Länderverwaltungen, ohne Einfluß an dem Ort, an dem Schicksal entschieden wurde. Warum, hatte Max Weber vor gut einem halben Jahrhundert gefragt, zögen die Sozialdemokraten nicht wenigstend die »Konsequenzen nach rechts«, wenn der Weg nach links versperrt sei, oder als versperrt gelte? Schon des längeren diskret vorbereitet, zog das »Godesberger« Parteiprogramm von 1959 endlich und ganz die »Konsequenzen nach rechts«. Ausdrücke wie »Marxismus«, »Arbeiterklasse«, »Klassenkampf« kamen nun überhaupt nicht mehr vor; statt ihrer die wohltönenden Schlagworte einer liberal-sozialen Gesellschaftspolitik. Sodaß man in Deutschland nun endlich soweit war, wie die amerikanischen Parteien seit Jahrzehnten gewesen waren: Eine machte sich anheischig, zu machen, was die andere auch machte, nur besser. Die endliche Preisgabe uralter Doktrinen entsprach der realen Entwicklung der deutschen Gesellschaft. Aber entsprachen die Erfolge der deutschen Diplomatie der Kehrtwendung, welche die Sozialdemokraten nun auch in der Außenpolitik vollzogen? Sie nahmen alles an, was sie seither kritisiert hatten, die Bundeswehr, das amerikanische Bündnis, die Politik der Stärke. Sie, die vor wenigen Jahren noch vergebliche Protestbewegungen gegen den »Atomtod« organisiert hatten, nahmen später auch das sonderbare Projekt der MLF an – jenen künstlichen Plan, den die Amerikaner ersonnen hatten, um die Europäer an ihrer Nuklear-Macht zu beteiligen, ohne sie an ihr zu beteiligen, und dem die Totgeburt an der Stirn geschrieben war.
Wenn das »Godesberger Programm« eine Annahme der mitt-

lerweile zur kraftvollen Realität gewordenen Bundesrepublik, samt ihrer militärischen Verteidigung bedeutete, so war es die Feststellung nicht mehr aus der Welt zu schaffender Tatsachen. Wenn es eine Bejahung der »Politik der Stärke« und der aus ihr folgenden »Wiedervereinigung« bedeutete, so war es nun bloße Rhetorik; dieselbe Rhetorik, welcher Adenauer und seine Leute sich zehn Jahre lang hingegeben hatten. Der August des Jahres 1961 sollte einen melancholischen Beweis dafür bringen. Gedrängt durch den Verlust ihrer besten wissenschaftlichen und technisch qualifizierten Kräfte, durch die sich immer steigernden Zahlen ihrer über Westberlin nach der Bundesrepublik fliehenden Untertanen, taten damals die Machthaber der DDR den letzten Schritt, um ihren Bereich abzuschließen: Über Nacht bauten sie eine Sperrmauer quer durch Berlin. Im Lichte der nun sechzehn Jahre zurückliegenden »Potsdamer Beschlüsse« war die Maßnahme so illegal, wie sie menschlich grausam war. Da sie aber innerhalb des status quo stattfand, wenn auch an seiner äußersten Grenze, so verhielten die westlichen Alliierten sich, wie sie sich immer verhalten hatten: Sie nahmen an.

In Deutschland war die Erregung stärker als im Juni 1953 und offizielle Stellen taten das ihre, um sie zu steigern. Man ahnte wohl, daß hier ein sehr starkes Siegel auf die Teilung der Nation gedrückt worden war; Konrad Adenauer aber, der Mann der »Politik der Stärke« schwieg, erstaunlich lange. Als er endlich auf dem Fernsehschirm erschien, war es, um zu erklären, warum man nichts habe tun können; die Gefahr eines nuklearen Krieges sei zu groß gewesen. Das war sie, vielleicht. Das war sie sicher während der ganzen Dulles-Adenauer-Epoche gewesen, sobald man versuchte, den status quo von 1956 zu überschreiten. Was der Greis da sprach, war, wenn man richtig zuhörte, eine Bankrott-Erklärung.

Nicht, daß die Mehrzahl seiner Anhänger es so verstehen wollte oder so entscheidendes Gewicht auf die ganze Frage legte. Bei den Bundestagswahlen vom September 1961 – vier Wochen nach dem Bau der Mauer – verschoben die Gewichte sich zum erstanmal zu Ungunsten der CDU, zugunsten der So-

zialdemokratie, die unter neuer Führung sich im Gewande der »Volkspartei« energisch vorgestellt hatte. Aber die Regierungskoalition konnte die gleiche bleiben und blieb es; die SPD blieb in derselben, kaum noch opponierenden Opposition. Noch zwei Jahre duldeten seine Parteifreunde den Gründer der Bundesrepublik, der sich den Neunzigern näherte, in seinem Amt. Es waren politisch unfruchtbare Jahre, Jahre, in die nur das Licht eines deutsch-französischen Sonderbündnisses, eines prunkvollen französischen Staatsbesuches fiel. In dem Vertrag sah Adenauer die Erfüllung eines uralten Traumes, die Krönung seines Lebenswerkes. Wer kann zweifeln, daß an der Bindung nach Westen ihm immer mehr gelegen hatte, als an der Öffnung nach Osten, der Wiederherstellung des »Reiches«? – Dicht und zahlreich waren allerdings die Verflechtungen der Bundesrepublik mit Westeuropa. So dicht, daß es kaum noch anging, eine von ihnen auszusondern und als die eigentliche feierlich zu verkünden. Der deutsch-französische Vertrag hat in der Folgezeit nicht die Wirklichkeit gehabt, die man ihm im Enthusiasmus von 1963 zutraute. General de Gaulle verhielt sich als ein korrekter Verbündeter in der Berliner Frage und sprach zur »Wiedervereinigung« sein Lippenbekenntnis, das ihm um so leichter fiel, weil er wußte, daß die Wiedervereinigung nun in sehr weiter Ferne lag. Von Herzen wünschen konnte er sie nicht, was jeder Deutsche, der sich nichts vormachte, seinerseits wissen mußte. De Gaulle dachte in den Begriffen des europäischen Gleichgewichts. 57 Millionen Deutschen konnte Frankreich allenfalls die Waage halten; 75 Millionen Deutschen nicht, der Vereinigung des Staates, der nun der dritte Industriestaat des Planeten war mit einem anderen, der auch ein bedeutender Industriestaat gewesen war, erst recht nicht. – Wieviel verbargen hier alle vor einander, was doch alle wußten; auf wieviel verdrängten Widersprüchen und undurchdachten, irrealen Versprechen waren Adenauers Freundschaften aufgebaut!
So auch seine Freundschaft mit jenen Mitbürgern, die aus den Provinzen östlich der Oder und Neiße ausgesiedelt worden waren, den »Heimatvertriebenen«. Adenauers Bundesrepublik

behandelte nicht nur das andere, unglücklichere Deutschland, die DDR, als nicht existent, indes sie gleichwohl unter den künstlichsten Verrenkungen und wechselseitigen Versteckspielen Handelsverträge mit ihm abschloß und ausführte. Sie vermaß sich nicht nur, mit jedem Staat zu brechen, welcher die DDR anerkennen würde. Sie weigerte sich auch, die deutschen Ostgrenzen, die Reichsgrenzen, dort wo sie 1937 gewesen waren, in Frage zu ziehen. Die Erklärung dieser Position war nicht eindeutig; sie schwankte zwischen dem Argument, man dürfe rechtens auf nichts verzichten, um bei späteren Verhandlungen wenigstens einen Teil wiederzugewinnen, und dem anderen, wonach das Recht auf die ganze Heimat unabdingbar war. Dahinter stand die politische Macht der Vertriebenen selber, die sich in ungeheuer stark organisierten aktiven Verbänden zusammengeschlossen hatten. Sie waren wohl, nach harten Anfängen, wirtschaftlich auf das erfolgreichste in das neue Deutschland eingeordnet; sie hatten ihren Teil dazu getan, um das »Wirtschaftswunder« Wirklichkeit werden zu lassen und lebten in ihrer großen Mehrzahl materiell besser, als sie zu Hause je gelebt hatten. Jede große Stadt besaß ihre neuen Quartiere, deren Straßennamen an die alte Heimat erinnerten. Die Kinder der Vertriebenen gingen in die Schule der neuen und wurden bald wie ihre dort geborenen Kameraden. Beim Aufbau ihrer Existenz gewährte der Staat, sobald er konnte, den Neubürgern großzügige Hilfe. Ihre wirtschaftliche Einordnung gelang schneller und besser, als man sich in den Jahren des Unheils hätte träumen lassen.

Nicht ganz so gut ihre politische und moralische. Das ist kein Wunder. Schlesien und Preußen, das waren Landschaften von ausgeprägter Kultur und Eigenart gewesen; in ihrem deutschen Charakter um 1000 Jahre jünger zwar als Rheinland und Schwaben, aber um dessentwillen nicht weniger deutsch. Niemand konnte es den Vertriebenen verdenken, daß sie der formalen Anerkennung oder Billigung des ihnen angetanen Unrechts erbitterten Widerstand entgegensetzten, daß die Vertreibungen fortwirkten, wie eine schwärende Wunde. Unerfreulicher war, daß man den deutschen Taten, welche dem

Verbrechen vorangegangen waren und allein es erklären konnten, ein äußerst geringes Interesse entgegenbrachte. Vereine organisierten ihre Heimattreue, ihre Erinnerungen, ihren landsmannschaftlichen Zusammenhalt, ihre Interessen, ihren politischen Einfluß. Ernstes Fragen war im Spiel: Die Frage, ob man die Vertreibung von 12 Millionen Menschen je gut oder endgültig heißen könnte, ohne damit jede Barbarei rechtens zu machen. Trübere Motive fehlten nicht; Das Raffen von Ämtern, das In-Gang-halten einer Flamme, deren Zweck es wurde, ihre Wächter zu wärmen; der Aufbau einer politischen Macht, die gegenüber der deutschen Außenpolitik sich ein eigentliches Veto-Recht gewann. Welche politische Partei auch nur die schwächste Geste in Richtung auf Anerkennung der neuen Ostgrenze machte, so die These, würden die Wahlstimmen der Vertriebenen, Millionen von ihnen, verlieren. Keine der drei Parteien hat je gewagt, diese These auf die Probe zu stellen, alle haben sie wieder und wieder den Vertriebenen Zusagen gemacht, deren Unerfüllbarkeit sie kannten.

Die Unehrlichkeiten, die Undurchdachtheiten, welche die Adenauer'sche Außenpolitik in so mancher Frage bezeichnen, nisteten auch hier. Die Vertriebenenpolitiker schworen, daß sie Versöhnung mit Polen und Tschechen wollten, daß sie ihre Ziele nicht mit Gewalt erreichen wollten. Aber welchen Sinn hatte es, gewaltlose Ziele zu verkünden, die ohne Gewalt nie zu erreichen waren, je mehr Jahre ins Land gingen, je dichter die ehemals deutschen Gebiete von den Polen aufgebaut und besiedelt wurden, um so offenbarer nicht? Das Ziel, hieß es, war Rückgewinnung der »Grenzen von 1937«. Aber nie hatte Deutschland die Grenzen von 1937 mit dem Herzen anerkannt, als sie sie besaß. Eben sie waren die Grenzen des »Schanddiktates von Versailles« gewesen, die zu revidieren die deutsche Politik einen Krieg, der zum Weltkrieg wurde, für lohnend hielt. Würde man diesmal bei den Grenzen von 1937 stehen bleiben? Würden die Polen, selbst wenn sie, was unmöglich war, die Grenzen von 1937, konzedierten, im Lichte früherer Erfahrung Grund haben, sich hinter diesen Grenzen sicher zu fühlen? Es fehlte denn unter den radikaleren Sprechern der Vertriebenen auch nicht an solchen, welche die Grenzen von 1937 für kein genügendes Ziel erklärten. – Daß man auch mit den slawischen Völkern Neues, Zeitgemäßes würde versuchen müssen und nicht eine bloße Wiederholung des alten National- und Macht- und Grenzspiels, das wurde wohl von Publizisten, von Theologen, selbst von Politikern, selten und zaghaft angedeutet, aber nie ernsthaft durchdacht, nie ernsthaft verfolgt, weil das eiserne Veto der Vertriebenenverbände es verbot. Endlich, um das Netz von Widersprüchen komplett zu machen: Es war höchst zweifelhaft, ob die Mehrzahl der Vertriebenen überhaupt in die alte Heimat zurückkehren würde, wenn sie ihnen offen stünde. Befragungen brachten andere Resultate und menschlich plausible. In Jahrzehnten wird man der alten Heimat fremd, zumal, wenn die neue Vorteile bietet, die man ehedem nie genossen hatte. Sodaß die Wirksamkeit der Vertriebenenverbände zu einem Element gehörte, das die ganze Ostpolitik Adenauers bezeichnete und deren Geheimnis war: Die Verneinung des status quo zum Zwecke der Erhaltung des selben status quo. Das Nein zur bestehenden Situation war zu einem Faktor geworden, der eben diese Situation tragen half; wir sind aber nicht sicher, ob wir sagen dürfen: verewigen half. Denn es verbirgt sich Explosivstoff in einem solchen tragenden Pfeiler; keiner weiß, wieviel davon. Hatte Adenauers Ostpolitik überhaupt eine reale Folge, so war es die, daß Polen und Tschechen sich noch enger an die russische Macht anschlossen, von der allein sie Schutz gegenüber dem Bonner »friedlichen Revisionismus« erwarten konnten. Diese Anlehnung, diese Bindung, war an sich seit 1945 in der Logik der Machtverhältnisse. Sie hätte auf jeden Fall stattgefunden, sie ließ und läßt sich nicht abschaffen; wohl aber modifizieren. Die Vereinigten Staaten, England, Frankreich, haben das versucht; Adenauers Bundesrepublik nicht.

Dies also waren die Schatten auf des Bundeskanzlers außenpolitischer Erbschaft, als er im Herbst 1963 endlich abtrat, weil er mußte; seine eigenen Freunde zwangen den Greis dazu. Sie gaben ihm, die ganze Bundesrepublik gab ihm einen Abschied, so feierlich, wie ein deutscher Politiker ihn noch nie erhalten hatte, auch und gerade Bismarck nicht. Bismarck hatte die Linke nie verziehen; sie verzieh Adenauer, für den Augenblick, und schloß sich von den Ehrungen des Scheidenden nicht aus. Der Schreiber dieser Zeilen hätte das auch nicht getan. Denn was immer gegen ihn gesagt werden muß, so überwiegt doch am Ende immer das, was für ihn gesagt werden kann und was ein Vergleich zwischen dem Deutschland von 1945 und dem Deutschland von 1965 deutlich macht. Es blieb: Adenauers Erbschaft im Westen weiterzuentwickeln, im Osten sie zu überwinden. Wobei man zum Steuer der Gerechtigkeit hinzufügen muß, daß es keineswegs nur *seine* Erbschaft ist.

Die neue Gesellschaft

Von Dostojewski wird erzählt, er hätte nie besser gearbeitet, als nach seinen Orgien am Spieltisch oder seinen epileptischen Anfällen. Von den Deutschen gilt ähnliches; sie arbeiteten wirtschaftlich nie erfolgreicher als nach ihren Kriegen und bei weitem am erfolgreichsten nach Hitlers Krieg.
Die Außenpolitik Konrad Adenauers, insoweit sie konstruktiv war, wurde auf dem Hintergrund von Deutschlands wirtschaftlichem Aufstieg gemacht. Daß die Nation, seit achtzig Jahren zum erstenmal, die Politik als Hauptberuf, die passionierte Pflege innerer und äußerer Konflikte preisgab und sich auf die Produktion von Wohlstand konzentrierte, gab ihm den freien Spielraum, den er für seine Diplomatie brauchte. Umgekehrt bedurfte das »Wirtschaftswunder« eben dieser Diplomatie. Ohne das Vertrauen, das Adenauer der Bundesrepublik in der westlichen Welt erwarb, ohne die Entspanntheit der Atmosphäre, zu der er wesentlich beitrug, hätte der deutsche Export nie die beispiellosen Höhen erreichen können, die er

seit Ende der fünfziger Jahre erreichte. Deutschland, 1945 ein Plünderer, der seinerseits ausgeplündert worden war, ein Bettler im tiefsten Elend, besaß fünfzehn Jahre später pro Kopf seiner Bevölkerung mehr Gold als die Vereinigten Staaten, einen Exportüberschuß von fast 2 Milliarden Dollars, ein Volkseinkommen etwa dreimal so groß wie vor dem Krieg. Das Staats-Fragment »Bundesrepublik« war zur dritten Industriemacht, zur zweiten Handelsmacht der Erde geworden.

Man tadelt das Wort »Wirtschaftswunder«, da es sich um ein Wunder nicht gehandelt habe. Sicher nicht; nur um Glück und um Leistung. Glücklich war die amerikanische Hilfe, glücklich war die Teilnahme an dem weltweiten »Boom«, dem Durchbruch zum allgemeinen Wohlstand, der nach dem Krieg, und nicht ohne nachhallenden Einfluß des Krieges mit Gradunterschieden überall in der westlichen Welt erfolgte. Als glücklich erwiesen sich sogar, wirtschaftlich gesehen, gewisse Tatsachen, die menschlich weniger glücklich waren: Die Zerstörungen und Demontagen, welche die deutsche Industrie zwangen, alles von neuem und auf das modernste aufzubauen, die ungeheuren Bedürfnisse des inneren Marktes, die Vertreibungen, deren Opfer nach Westdeutschland nichts brachten als ihr Können, als ihren verzweifelten Willen, es noch einmal zu etwas zu bringen, und dann nie wieder arm zu werden. Nach 1945 hat man gern von dem »Segen des Jahres Null« gesprochen. Man meinte den geistigen Bereich damit, und da gab es diesen Segen nicht ganz so sehr, wie man glaubte. Im wirtschaftlichen Bereich gab es ihn. Was die Leistung betrifft, so ist darüber kein Wort zu verlieren, um so mehr, als in Deutschland reichlich Worte darüber verloren werden. Ganz unnatürlich ist der Stolz auf das Erreichte nicht. In der ärmeren DDR ist noch ein wenig von dem Charme des 19., des frühen 20. Jahrhunderts zu finden. In der Bundesrepublik kaum, außer dort, wo er künstlich erhalten wird und in wenigen aristokratischen Oasen auf dem Land. In engem Raum zusammengedrängt, tätig, begierig nach besseren Wohnungen und schnellerer Bewegung, verwandelten die Bürger das äußere Antlitz des Landes bis zur Unkenntlichkeit. Dieser Prozeß

fand überall im Westen statt, war aber hier radikaler, weil die Zahl der Menschen abrupter gewachsen war, der Krieg mehr zerstört hatte als anderswo. Die wiederaufgebauten Metropolen hatten, von wenigen pietätvoll rekonstruierten Monumenten abgesehen, mit den alten Städten, deren Namen sie trugen, kaum mehr als den Namen gemeinsam; die kleineren Städte, meistens wohl erhalten, wurden durch die Industrien, die in ihrer Gegend Platz suchten, durch Automobil, Television, die neuen Künste des Warenvertriebes an die großen angeschlossen. Die Unterscheidungen zwischen Stadt und Land, schon lange sentimental mißbraucht, hielten nicht länger stand; alte Gesinnungen, gute und weniger gute, die ehedem in der deutschen Kleinstadt genistet hatten, wichen dem einen, überall gleichen Erwerbsgeist, der das ganze Land durchwehte. Was mit der Währungsreform von 1948 begann, wurde nur kurze Zeit »Wiederaufbau« genannt. Im buchstäblichen Sinn des Wortes, des Ersatzes der zerstörten Wohnungen, war der »Wiederaufbau« nach weniger als zehn Jahren beendet; im Sinn der Erreichung des Produktionsniveaus von vor dem Krieg schon nach dreien. Seither war nicht mehr Wiederherstellung, sondern Steigerung von Produktion und Konsum, Vermehrung der Lebensnotwendigkeiten, Erleichterungen und Vergnügungen in nie erträumten Ausmaßen.
Daß das kleinere, verkrüppelte Deutschland so ungleich reicher wurde, als das große je gewesen war, mußte die Agitation der Vertriebenenverbände in Verwirrung bringen, oder hätte es sollen. Gerne machten sie geltend, ein Viertel der Nation sei aus den verlorenen Gebieten ernährt worden. Ernährt wohl, lautete die Antwort, aber schlecht und teuer, während nun alle Genußmittel des Kontinents und des Planeten den Markt überschwemmten. Die Deutschen hatten ihre Eroberungen verloren, die neuesten wie die uralten. Dafür konnten sie nun Land kaufen, in Frankreich, in Irland, in Madeira und in Florida und manche machten von dieser Möglichkeit herzhaft Gebrauch.
Die Lage auf dem Arbeitsmarkt, ihre Ausnutzung durch energische Gewerkschaftsleitungen, brachte es mit sich, daß nicht

bloß das absolute Einkommen der Arbeitnehmer auf das Doppelte, das Dreifache, daß auch ihr relativer Anteil am Volkseinkommen beträchtlich wuchs. Kritiker von der sozialdemokratischen Opposition, noch mehr von jenen Gruppen, die sich von dem neuen »volksparteilichen« opportunistischen Kurs der Sozialdemokratie enttäuscht fühlten, wandten ein: Der Konsum der Arbeiter ist wohl gestiegen, sie können, noch immer in sehr begrenztem Maß, an den neuen Annehmlichkeiten des Lebens teilnehmen, so lange sie in Arbeit sind. Aber an ihrer Abhängigkeit, an der Bedürftigkeit des Alters hat sich nichts geändert, sie können kein Vermögen bilden, das ihnen ein Minimum von Unabhängigkeit gewährt. Trotz allen Glanzes der Geschäftsstraßen und der Autoparkplätze ist die deutsche Klassenstruktur im Kern dieselbe geblieben. Noch immer rekrutieren Verwaltung, Wissenschaft, Justiz, Industrie und Handel sich aus den oberen und mittleren Schichten, also aus sich selber. Der neue Staat hat, noch einmal, nicht die Armen, sondern die Reichen begünstigt; zuerst durch die Währungsreform, dann durch Steuergesetze. Ungeheure Privatvermögen wurden in wenigen Jahren gebildet. Ungeheure industrielle Zusammenballungen in den Formen einzelner Gesellschaften bis zu 200 000 Angestellten, in der Form öffentlicher oder heimlicher Bündnisse und Bindungen, beherrschen die Wirtschaft wie in der Kaiserzeit oder noch vollständiger; ihre Manager sind mächtiger als die Mitglieder der Regierung und korrumpieren die Politik. Der Wille der Alliierten, die deutsche Industrie zu »entflechten« wurde zum Spott gemacht. Die Chance einer sozialen Revolution ist noch einmal vertan worden.

Solche Kritik war nicht ohne Wahrheit, mußte aber ihrerseits befragt werden. Konnte man die Vorteile, welche die Entfesselung des Erwerbstriebes mit sich brachte, genießen, ohne ihre Schatten mit in Kauf zu nehmen? Waren die Arbeitnehmer dort, wo die Fabriken »dem Volk gehörten«, besser daran, in ihren materiellen Lebensbedingungen oder, was vielleicht noch wichtiger war, in ihrer Freiheit, das Gemeinwesen zu beeinflussen? War Größe des Unternehmens an sich ein Einwand?

Es traf zu, daß zum Beispiel jede der drei Nachfolgegesellschaften, in welche die Alliierten den chemischen Giganten, die »I. G. Farben« unterteilt hatten, bald einen größeren Umsatz erzielten, als »I. G. Farben« selber je erreicht hatte, und daß die Leiter solcher Unternehmen beträchtliche Macht besaßen. Ob sie sie zum Nutzen oder zum Nachteil der Nation gebrauchten, konnte ein billiges Pauschalurteil nicht feststellen. Der Aufstieg zur Macht durch den wirtschaftlichen Wettbewerb bot keine Garantien für die Tugenden der Person. Der Aufstieg zur Macht durch den demokratischen Prozeß aber auch nicht, wofür wir Beispiele hatten und haben; und am Ende war es gut, daß beide Karrieren miteinander konkurrierten. Übrigens haben die deutschen Industriellen, und gerade die bedeutendsten unter ihnen, sich von den Veränderungen der Gesellschaft nicht isolieren können. Die verschworenen Klassenkämpfer, die Imperialisten, die brutalen Herren-im-Hause sind sie nicht mehr; der Typus, den in der Kaiserzeit der alte Krupp, der alte Kirdorf vertrat, ist verschwunden. Daß in der Ära Adenauer und danach gerade das Haus Krupp, ehedem ein so emsiger Aushecker von »Kriegszielen«, es war, das sich für eine konstruktive, die neuen Wirklichkeiten anerkennende Ostpolitik einsetzte, ist ein artiges Symptom. Ihrerseits haben die Arbeitnehmer sich ein »Mitbestimmungsrecht« gewonnen, das in der Montan-Industrie über die bloße Lohn- und Beschäftigungspolitik hinausreicht. Die Aufsichtsräte werden hier von den Vertretern der Arbeiter und der Aktionäre paritätisch besetzt und auch ein Mitglied des Vorstandes vertritt die Interessen, die man aufgehört hat, »proletarische« zu nennen. Solche Institutionen sind ausbaufähig und von ihrem zukünftigen Ausbau wird ein zukünftiges Kapitel der Sozialgeschichte handeln. Eine Radikalveränderung der Klassenstruktur, eine »Revolution« bedeuten sie nicht. Aber vielleicht ist die Zeit der Revolutionen vorbei, eben weil wir in Zeiten einer dauernden, überaus dicht gewobenen, durch einen einzigen utopischen Gedanken nicht mehr zu lenkenden Revolution leben.

Auch die oft gehörte Behauptung, die deutsche Klassenstruk-

tur habe sich nicht geändert, oder sei durch »Restauration« wiederhergestellt worden, ist im Ernst nicht aufrecht zu erhalten. Man kann einen Thron restaurieren, nicht eine Gesellschaftsordnung. Der deutsche Obrigkeitsstaat, dessen herrschende Schichten – Beamtentum, Justiz, Kirche, Heer, Adel – den Sturz der Hohenzollern überlebten, und der die Weimarer Demokratie ruinieren half, ist in den Jahren Adolf Hitlers zugrunde gegangen; den Jahren einer sehr stark aus dem Untersten kommenden, die Klassen durcheinander wirbelnden, wurzellosen und entwurzelnden, vulgären und totalitären Diktatur, die mit der alten Autorität nichts, mit der alten Hierarchie wenig mehr zu tun hatte. Der stärkste Träger der alten Autorität, der preußische Adel ist damals dreimal ruiniert worden: Durch den Krieg, in dem tausende seiner Mitglieder fielen; durch seinen Widerstand gegen Hitler, die Kette von Verschwörungen, in deren Folge er zu hunderten ausgerottet wurde, endlich durch Polen und Russen. Da wurden die Junker von ihren Gütern gejagt – wieviel umkamen, hat niemand gezählt – ihre Schlösser abgetragen, ihr Besitz verteilt. Die Überlebenden verschwanden in der Masse der Flüchtlinge aus dem Osten; und wenn einige von ihnen aus dem Strom wieder auftauchten, dank ihrer Lebenstüchtigkeit wieder zu Amt und Würden kamen, so kann die Junkerklasse als soziale Einheit und Macht doch nie wieder entstehen. Eine Tragödie, um so grausamer, weil sie so sehr spät kam, und die man in dem abgestumpften Wirrsal der ersten Nachkriegsjahre kaum auch nur bemerkte. Es gibt kein sprechenderes Symbol für sie als den Selbstmord von Bismarcks Schwiegertocher, die zugleich seine Nichte war, der Witwe seines Sohnes Bill, in ihrem Schloß Varzin, einige Stunden bevor Soldaten der Roten Armee heranrückten.
Der endliche Ruin der alten Obrigkeit ließ die Deutschen im Jahre 1945 ohne jede Autorität, außer der, welche die Sieger ihnen gaben. In dem Maße, in dem die Sieger sich von der Macht zurückzogen, zeigte sich die neue Situation: Die einer zum erstenmal von der alten Hierarchie völlig freien bürgerlichen Gesellschaft. Einer kapitalistischen auch, sogar einer

rein kapitalistischen; denn jetzt und jetzt erst nahm die deutsche Industrie ihre Ordnungswerte nicht mehr von der alten Obrigkeit, erwartete sie Schutz und Anerkennung nicht mehr von der alten Obrigkeit. Wenn es nun zutrifft, daß Demokratie die Regierungsform ist, welche einer kapitalistischen Wirtschaft entspricht, so war Deutschland 1949 zum erstenmal reif, demokratische Gewohnheiten realiter zu entwickeln: Das Aushandeln von Gesetzen, zwischen einer Mehrzahl von Parteien, Interessengruppen, Verbänden, religiösen Gemeinschaften. In diesem Sinn war Konrad Adenauer ein Demokrat; er verstand es vortrefflich, den Vermittler zu spielen, allen Gruppen das Ihre oder ein befriedigendes Stück von dem Ihren zukommen zu lassen, und so sich für das Feld, das ihn vor allem interessierte, die Außenpolitik, freie Initiative zu gewinnen. Nicht mehr der Gesellschaft, so wie sie war, entsprach Adenauers veraltet-bismarckische Art, mit Worten auf die Sozialdemokratische Partei einzuschlagen. Sie ist auch nicht sehr ernst genommen worden. Kapitalismus ohne feudalen Beisatz, Demokratie und soziale Demokratie haben sich so im Deutschland der fünfziger Jahre gleichzeitig durchgesetzt, wobei Kapitalismus unter die Kontrolle nicht mehr der Obrigkeit, sondern der sozialen Demokratie gebracht wurde. Um das Ausmaß dieser Kontrolle wurde gekämpft und wird weiter gekämpft werden. Die alten »Ideologien« mögen noch für Sonntagsreden taugen, nicht mehr für die Kompromisse der Woche.

Demokratisch war auch das Gesicht der neuen Regierungen in Bonn wie in den Ländern. Deutschland wurde nicht mehr von wilhelminischem, respektsvoll nach oben schauendem Bürgertum regiert, wie in der Weimarer Republik, nicht von Gangstern wie im Dritten Reich, sondern vom Mittelstand. Aus ihm kam auch Adenauer, obgleich aus einem noch älter geprägten, wovon seine feinen und harten Züge Zeugnis gaben. Anders sahen und sehen seine jüngeren Gehilfen aus: Kleinstadt-Honoratioren im Sonntagsstaat, echtester Mittelstand. Demgegenüber spielt der Adel, soweit er sich in Westdeutschland erhalten hat, ungefähr die Rolle, die er in

Frankreich längst spielte: Auf dem Land immer noch eine klein wenig patriarchalisch ordnende, in den Hauptstädten mitunter eine gesellige, in der Politik gar keine. Er hat sich mit gutem Instinkt aus ihr zurückgezogen. Dasselbe gilt für die alten Dynastien. Sie sind so harmlos geworden, daß man sie wieder gernzuhaben beginnt, und ihren bescheidenen Prunk, soweit sie sich ihn gestatten können, zur Unterhaltung des Publikums gern reproduziert. Ein Zeichen dafür, daß viel alter Streit schal geworden ist. – All das, sollte man denken, sind tiefgehende Veränderungen, und sie mögen künftig noch tiefer gehen. Den Ideologen werden sie nie genügen; so lange es noch Ideologen gibt.

Übrigens wird ja der Charakter einer Gesellschaft nicht nur von der Verteilung wirtschaftlicher und politischer Macht, nicht nur von der Verteilung des Volkseinkommens bestimmt. Es gibt psychologische Momente, die mit ihr zusammenhängen und ebensosehr wirken, wie sie bewirkt werden. Die Deutschen der späten fünfziger Jahre waren keine »Untertanen« mehr. Sie hatten den alten Respekt vor der Obrigkeit nicht mehr, vor der staatlichen sowenig wie vor der privaten. Die Offiziere der neuen Bundeswehr wußten ein bitteres Lied davon zu singen. Noch immer mochten sich die Hochschülerschaften überwiegend aus Bürgertum und Mittelstand rekrutieren, mochten die Talente in den Klassen darunter nicht genügend mobilisiert werden. Wenn aber die Universitäten der Weimarer Zeit Zentren reaktionären und romantischen Protestes gewesen waren, so waren sie in den fünfziger Jahren, wie in Amerika, in England, Japan, Spanien, Zentren wachsamer, nüchterner Kritik, Zentren progressiver Aufsässigkeit. Ein erwähnenswerter Unterschied. Woher er kommt, kann niemand sagen; warum die deutschen Professoren, ein Dreiviertel Jahrhundert lang Agenten eines dünkelhaften Nationalismus, nun als Kritiker im entgegengesetzten Sinn aufzutreten begannen und warum die Studenten gerade jenen folgten, die am stärksten warnten: Vor einer nuklearen Aufrüstung des Heeres, vor den Ausschweifungen einer nationalistischen Winkelpresse, vor den Anmaßungen des Staates, wann und wo er sich noch anmaßte, was die Verfassung ihm nicht zugestand. Man kann diese Veränderung nur feststellen, nicht erklären. Aber wiegt sie nicht schwerer als die Zusammensetzung der Hochschulen nach Klassen? Nicht, daß es soziale Klassen gibt – die gibt es überall – sondern, wie sie sich verhalten, darauf dürfte es zuletzt ankommen.

So in der Justiz. Auch sie rekrutiert sich aus denselben Klassen wie früher. Ferner brachte das Prinzip der Unabsetzbarkeit der Richter es mit sich, daß nur zu viele Richter, die sich in der Hitlerzeit mit Schande bedeckt hatten, weiter ihres Amtes walten durften, um zu spät, mit zuviel Ehren, in den Ruhestand entlassen zu werden. Dieser Skandal wäre besser verhindert worden. Aber die deutsche Justiz ist keine Klassenjustiz mehr. Weit entfernt davon, so schamlos von politischer Bosheit inspirierte Urteile zu fällen wie in den zwanziger Jahren, hat sie mit den ihr zur Verfügung stehenden Mitteln den neuen Staat verteidigt, so gut sie konnte. Sie hat den Geist der Verfassung gegen den Staat beschützt, wenn der Staat gegen ihn sündigte; die Länder gegen den Zentralismus der Bundesregierung, die Pressefreiheit gegen die Übergriffe rachsüchtiger Minister, die Soldaten gegen die Brutalität von Vorgesetzten. In alten Demokratien wären das Selbstverständlichkeiten; in einer so neuen, unter so düsteren Auspizien gegründeten wie der deutschen, sind sie es keineswegs. Eine mit philosophischer Bemühung die Wahrheit suchende, loyal nach neuem Recht entscheidende Justiz – nicht daran hatte die deutsche uns in früheren Jahrzehnten gewöhnt.

Man könnte den Übergang vom Obrigkeitsstaat zur Demokratie durch eine andere Beobachtung definieren. Die Deutschen der fünfziger Jahre erwarteten sich vom Staat nicht mehr die Erfüllung des Lebens, welche der Dienst am Ganzen gewährt, sondern Vorteile. Der Staat selber, Regierung und Parteien, appellierten nicht mehr an den Sinn für das Ganze, sondern an den Egoismus der Gruppen, besonders wenn Wahlen vor der Tür standen. Der neue und sprechende Ausdruck »Wahlgeschenke« stammt von daher. Da die Deutschen zum Extrem neigen, so sind sie auch hier bis an den Rand dessen, was gut ist, gegangen, und manchmal darüber hinaus. Es ist – ungefähr wie in Amerika – schwer geworden, Gesetze durchzubringen und Gelder bewilligt zu erhalten für Maßnahmen, welche nicht dem Interesse von Gruppen, sondern nur dem Ganzen dienen; zum Beispiel der Förderung von Erziehung und Wissenschaft. – Der tiefe Unterschied, der gerade hier zwischen dem Geist Westdeutschlands und dem öffentlichen Geist der »Zone« liegt, würde auch nach einer Wiedervereinigung sich so bald nicht eliminieren lassen.

Aber solche Beobachtungen sind nicht allgültig. Wie überall und immer wirken Tendenzen nebeneinander und gegeneinander. Alte Traditionen sind geschwächt, aber nicht tot. Gerade der mangelnde Sinn des Durchschnittsbürgers für die Res Publica, insofern sie das Ganze ist, gibt der Regierung eine Chance, oberhalb einer Masse von Interessengruppen die Autoriät des Staates als einer von ihr unterschiedenen wieder zu errichten, wobei solche Gesamt-Anliegen wie die »Kommunistische Gefahr« oder die »Wiedervereinigung« willkommene Argumente liefern. Seien wir genau und fügen wir hinzu, daß eine solche Akzentuierung des Staates gegenüber der Gesellschaft kein Übel sein müßte, ja daß sie bis zu einem gewissen Grad notwendig ist. Denn als bloße Erwerbsgesellschaft könnte eine Nation auch auf die Dauer nicht existieren, könnte sie Prüfungen, die sich einstellen müssen, nicht bestehen. Es liegt aber in der menschlichen Situation, daß die richtige, wohlausbalancierte Lösung nie, oder nur für einen flüchtigen Moment zu haben ist. Die Deutschen haben die längste Zeit zuviel »Staat« gehabt; dann sehr wenig davon. Sie könnten auch wieder zuviel davon haben. Sie werden sicher zuviel davon haben, wenn sie der militärischen Macht die Funktion zugestehen, welche Adenauer und seine energischen Gehilfen für sie in Anspruch nahmen.

Der Aufstieg zu beispiellosem Wohlstand, die Gründung beispielloser europäisch-amerikanischer Freundschaften spielten sich ab gegen einen historischen Hintergrund, dessen sich tief zu schämen man Grund hatte. Viele schämten sich ehrlich; andere rhetorisch und in Grenzen; viele nicht. Diese fanden an Hitler nur die Niederlage falsch, nicht das, was zur Niederlage geführt und sie moralisch wohlverdient gemacht hatte. Dabei kam ihnen das neue Wirrsal der Weltentwicklung entgegen: Der brutale Imperialismus Stalins, der Anti-Kommunismus der Amerikaner, der so manche Argumente übernahm, die ehedem von dem Propagandaminister Goebbels geliefert worden waren. Es kam ihnen entgegen, daß die Alliierten wohl den Krieg hatten gewinnen, aber keinen guten Frieden hatten machen können, weder in Deutschland noch anderswo; daß Macht noch immer vor Recht ging, daß für die Vorbereitung des Krieges mehr Geld und Ingenium aufgewandt wurde, als Hitler je dafür aufgewandt hatte; und daß die Deutschen diesmal nichts dafür konnten.
Unsanft auf eine ganz neue Stufe ihres Daseins geworfen, wandten sie sich vom Kult ihrer Vorgeschichte ab. Der alte »Erfolgs-Mythos« der von Bismarck bis Hitler gereicht hatte, war gebrochen. In Italien konnte man das Abenteuer Mussolinis verneinen und doch das Risorgimento, selbst den zweifelhaften Ruhm des Ersten Weltkrieges weiterhin bejahen. In Deutschland schien eine viel ältere, so lange freudig gefeierte Entwicklung in nichts geendet zu haben. Den Ausgang des Ersten Krieges hatte man als historisch illegitim und nicht endgültig betrachten können. Der Ausgang des Zweiten hatte Beweiskraft. Ihr Opfer wurde die ganze Glorie des frühen zwanzigsten, des neunzehnten und selbst des achtzehnten Jahrhunderts; das kleindeutsche Reich und Bismarck und Friedrich, deren Jubiläen man zaghaft oder gar nicht beging. Theodor Heuß, der erste Bundespräsident, von Haus aus Historiker, suchte ein wenig Kontinuität und wenigstens »1848«

zu retten. Man war stolz darauf, einen so gelehrten Präsidenten zu haben, aber er redete über die Köpfe seiner Hörer hinweg.
Die nationalliberalen Historiker hatten Bismarck im Kaiser, im Ersten Krieg, negativ in »Weimar«, halbzweifelnd und halbbegeistert in Hitler sich fortsetzen sehen. Sie schwiegen jetzt, teils, weil sie tot, teils weil sie am Ende ihrer blamierten Weisheit waren. Einige, man muß das hinzufügen, bewiesen eine schöne Fähigkeit zur Selbstkritik und Fortentwicklung noch im Alter; woraus eine nicht unfruchtbare Diskussion der deutschen Geschichte in den letzten achtzig Jahren entstand. Insofern sie das Prinzip des deutschen Nationalstaates kritisch einschloß, hat sie der europäischen Politik Adenauers Vorschub geleistet; welch letzter freilich sich um das Treiben der Schriftsteller wenig sorgte. Die Jüngeren, die allmählich heraufkamen, nahmen an dieser Diskussion nicht mehr mit Leidenschaft teil. Für sie waren die zwanziger Jahre schon Historie und sehr fremd; Historie, je mehr Jahre ins Land gingen, sogar die Schande des Dritten Reiches. Sie zu erforschen, gingen sie an eine ungemein nüchterne, geschulte, keine Wahrheit scheuende Arbeit, deren Resultate den Beifall selbst polnischer Kritiker erregte. Hier wurde keine Tradition fortgesetzt, am wenigsten die der letzten Jahrzehnte; ein erfreuliches Beispiel dafür, daß im geistigen Leben etwas sich selber kreierendes, in keiner Nachfolge Stehendes sein kann. Die ersten großen Zusammenfassungen der Hitlerzeit kamen aus den angelsächsischen Ländern; die Detailforschungen, welche jene rasch veralten ließen, zum großen Teil aus Deutschland selbst. Unvermeidlich wurde zwischen dem Dritten Reich und dem, was vorherging, Kaiserzeit, Erster Krieg, Weimar, eine gewisse Kontinuität hergestellt und wurden die früheren Epochen in die Katastrophe der späteren mithereingerissen oder doch von ihren trüben Wellen bespritzt. Im Lichte des Späteren erschienen die Zusammenhänge und Vorläufer, der Anti-Semitismus der neunziger Jahre, der Imperialismus der Alldeutschen, der überwiegend von der Rechten gegen die Sozialdemokraten geführte Klassenkampf, die Kriegsziele von 1917.

Insgesamt waren die deutschen Historiker keine Propheten mehr. Sie fühlten sich nicht mehr von einem starken, glücklichen Strom getragen, wußten nicht mehr, wohin die Reise ging oder gehen sollte. Folglich hatten sie den engen Kontakt mit der öffentlichen Meinung nicht mehr, den sie ehedem gehabt hatten. Früher waren sie Wortführer der Nation im Politischen wie im Moralischen gewesen; keine andere Wissenschaft hatte das Bündnis zwischen Monarchie und nationalem Bürgertum so klingend ausgedrückt. Eine solche führende Wissenschaft gibt es im heutigen Deutschland kaum noch. Gäbe es sie aber, so wäre es eher die Physik als die Geschichte. Nahmen philosophisch gesinnte Physiker das Wort zu aktuellen Fragen, so hörte man ihnen zu wie ehedem den Historikern. Was diese treiben, dringt freilich immer noch in die Zeitungen und in die Television, findet aber längst nicht mehr das Interesse, das »Besitz und Bildung« ihm früher widmeten. Die Historie prägt das öffentliche Bewußtsein nicht mehr; sie ist wieder eine Spezialwissenschaft geworden und bleibt in ihrer Wirkung wesentlich auf den Umkreis von Hörsälen und Gelehrtenkongressen beschränkt. Der Gegenstand gibt nicht mehr her was er früher hergab; die Vergangenheit bestimmt die Identität der demokratischen Gesellschaft nicht mehr.

Es ist wohl auch die Frage, inwieweit die Forschungen, welche die Gelehrten über die deutschen Verbrechen, zum Beispiel in Polen, anstellten und drucken ließen, das Publikum eigentlich berührten. Ein liberal und vernünftig organisiertes Televisions-System teilte ihm wohl eine Menge davon mit, oft auf die wirksame Weise, welche die aufbewahrten Ton- und Bilddokumente nun ermöglichten. Auch war die Haltung der beiden ersten deutschen Bundespräsidenten beispielhaft. Aber wer will wissen, was zu wissen beschämend ist? Es ist ein vielschichtiges Bild, das hier zu zeichnen wäre. Eine unbedingt zuverlässige, der Wahrheit und nur der Wahrheit dienende Wissenschaft; eine würdig-reuevolle Offizialität; eine Justiz, die, nicht ohne eigenes Verschulden, viel zu spät zur Strafverfolgung von Hitlers Massenmördern schritt, dann aber ungefähr tat, was sie tun konnte; eine redlich bemühte, kritische, humanistische Liberalität in den großen Medien der öffentlichen Meinung, der Television, der Presse, oder doch dem großen Teil der Presse; darunter eine dumpfe Renitenz, Gleichgültigkeit, ein Nicht-wissen-Wollen, Wegsehen und Beschönigen, ein begieriges Greifen nach Rechtfertigungen Hitlers, die man selber laut nicht wagte, die aber nun von närrischen Amerikanern und Engländern angeboten wurden. Die Jugend, diese der westeuropäischen, der amerikanischen so sehr ähnliche westdeutsche Jugend ist etwas anderes. Die kurz vor oder nach dem Ende Geborenen bedürfen keiner Rechtfertigung. Sie wollen die Wahrheit wissen, wenn sie von grauer Vergangenheit überhaupt noch etwas wissen wollen. Sie lachen, wenn sie die aufbewahrten Reden Adolf Hitlers hören und sie begreifen nicht, wie ihre Väter damals, als jene Reden zuerst gehalten wurden, es denn nur fertig brachten, nicht über sie zu lachen. Die Väter sprechen gern von der »unbewältigten Vergangenheit«. Die Söhne fragen, was es wohl noch zu bewältigen gäbe; dort, wo ein großer Unfug gemacht wurde, der sich nicht ungeschehen machen läßt, der aber allmählich den Weg aller Verbrechen und Leiden der Geschichte geht.

Die Epoche, so wie sie sich allmählich herausstellte, ist dem Prophetentum nicht günstig; dem historischen so wenig wie einem anderen. Die Bundesrepublik hat keinen Nietzsche, keinen Oswald Spengler hervorgebracht und keine Epigonen der großen »Zeitkritiker« von ehedem. Gleich nach 1945 glaubte man wohl, dort fortfahren zu können, wo man 1933 stehen geblieben war, und neue Weltuntergangsprophezeiungen, Theorien über die Vernichtung der Menschheit durch die Technik und andere in den zwanziger Jahren beliebte Visionen wurden auf den Markt gebracht. Da aber die Apokalyptiker diesmal geringes Interesse fanden, so mußten sie sich diskreteren Fragestellungen zuwenden. Reale Ursachen für apokalyptische Ängste wären wohl reichlich vorhanden gewesen, aber der Geist reagiert wie er will, nicht wie er muß, und wie er reagieren will, das weiß man im voraus nicht. Kritik gibt es in der neuesten deutschen Literatur wohl; Kritik der Wohlstands-Zivilisation, des Konformismus, der Korruption; auch »Entfremdung«, ungefähr wie in den anderen Ländern des Westens. Die Phantasmagorien, die im ersten Jahrhundertdrittel aus dem Sumpf der sozialen Konflikte aufgestiegen waren, linke Revolution und »konservative Revolution«, Verherrlichungen des Krieges, der Herrschaft, des heldischen Unterganges, kamen nicht wieder; so, als sei man der geistigen Orgien so müde, wie der politischen.

»Les Allemagnes«

Im Französischen hat man »Deutschland« lange Zeit im Plural gesagt: Les Allemagnes. Man meinte damit die politische und kulturelle Vielfalt, in welcher die Nation die längste Zeit existierte.

Sie ist erst im neunzehnten Jahrhundert allmählich, dann plötzlich überwunden worden, aber nicht zur Gänze, die Bismarck perhorreszierte; zur Gänze wurde die nationale Einheit erst unter Adolf Hitler hergestellt. Da hat sie Zustände herbeigeführt, welche es verstehen lassen, warum die europäischen Alliierten der Bundesrepublik, wie jene der Deutschen Demokratischen Republik, auf »Wiedervereinigung« nicht so viel wirkliche Lust verspüren, wie sie rhetorisch behaupten. Früher wurden die Verse zitiert, die Franz Grillparzer in der Mitte des 19. Jahrhunderts niederschrieb:

Oh Herr, laß Dich herbei
und mach die Deutschen frei,
daß endlich das Geschrei
hernach zu Ende sei.

Daß sie mehr als hundert Jahre später wieder und noch einmal nach Freiheit schreien und schreien müssen, wäre nicht möglich gewesen ohne gewaltige historische Taktlosigkeiten im eigenen Lager. Die deutsche Energie war im späten 19., im

20. Jahrhundert sehr stark. Sie hätte zur Bewahrung der Einheit und Freiheit ausgereicht, wäre sie vernünftig gebraucht worden.
Die politische Vielheit von »Les Allemagnes« der alten Zeit wirkt im Rückblick organischer und fruchtbarer als die Teilung, die heute obwaltet. Nur, was heißt in der Geschichte »organisch«? Ohne Gewalt wurde die Vielheit der deutschen Fürstenstaaten so wenig hergestellt, wie die Einheit Frankreichs, Spaniens oder der nordamerikanischen Union. Furchtbare Kriege, zum Beispiel der »Dreißigjährige«, waren notwendig, um die deutsche Landkarte so erscheinen zu lassen, wie sie zur Zeit der französischen Revolution erschien. Dynastische und religiöse Herrschaft hat die Kultur Bayerns von jener Preußens oder Sachsens bis ins 19. Jahrhundert tief unterschieden gehalten. Despotismus, in weiteren Dimensionen waltend, hat Österreich vom »Reich« getrennt. Wäre es im frühen 17. Jahrhundert nach dem Willen der österreichischen Stände gegangen, so wäre Österreich – wer weiß? – ein kernprotestantischer, ein kerndeutscher Staat geworden, so gut wie Preußen oder besser als Preußen. Der Unterschied zwischen der hundertjährigen Entstehung der in Jahrhunderten sinnvoll-großartig wirkenden Habsburger Monarchie und der Forcierung des kleinbürgerlichen Schulmeisterstaates von Ostberlin wird nicht bestritten. Aber Gewalt war beidemale im Spiel. Der Unterschied zwischen der geistigen Tiefe der Gegenreformation und der verstaubten Utopie, genannt Marxismus, wird auch nicht bestritten. Aber Ideen-Systeme waren beidemale im Spiel.
Der »Anschluß« Österreichs an Deutschland hat sieben wüste Jahre gedauert. Das ist eine sehr kurze Zeit, verglichen mit den Jahrhunderten, während derer Österreich von Deutschland mehr und mehr getrennt war und ist eine kurze Zeit, selbst verglichen mit der nachfolgenden, in welcher die Trennung aufs neue bestätigt wurde. Darüber, ob die Österreicher deutsch seien oder nicht, ob sie eine Nation seien oder nicht, wird in Wien noch und wieder diskutiert. Dem fremden Beobachter scheint die Diskussion müßig. Warum eine kon-

krete historisch bestimmte Sache mit einem unsicheren Allgemeinbegriff sorgenvoll vergleichen?
Nicht, daß das Schicksal der Österreicher nach 1945 leicht gewesen wäre. Auch sie mußten den Russen für Hitler einen schweren Preis bezahlen und die Strafe war so ganz ungerecht nicht, denn nur allzuviele Bürger des befreiten Landes hatten sich in der Zeit des »Anschlusses« sehr übel verhalten. Aber eine Teilung blieb Österreich erspart. Aus mehreren Ursachen. Sieben Millionen wogen weniger als siebzig, das kleine Land lohnte den »Kalten Krieg« nicht. Daß es formal nicht »erobert« sondern »befreit« sein sollte, machte mehr als nur einen formalen Unterschied. Es wurde ihm augenblicklich eine nationale Zentralregierung zugestanden, Deutschland nicht; und da ihr gegenüber das Veto der vier Befreier einstimmig sein mußte, in Deutschland aber die positiven Beschlüsse der vier, so konnte die Zentralregierung die Einheit des in Besatzungszonen geteilten Landes erhalten oder allmählich herstellen. Persönliche Faktoren kamen hinzu. Die neuen Vertreter Österreichs, Konservative wie Sozialisten, bewiesen im Umgang mit der russischen Übermacht eine Geschmeidigkeit, eine vertrauenerweckende Geschicklichkeit, eine bescheidene Klugheit, welche dem Sieger Konzession nach Konzession zu entlocken verstanden; zuletzt, 1955, den Abzug aller Truppen, die volle Souveränität und Neutralität. Wir meinen nicht, daß Deutschland mit gleichen Künsten das Gleiche hätte haben können; wohl aber, daß es ihm an den gleichen Künsten fehlte.
In Deutschland fielen nicht nur die »Zonen«, sondern auch die politischen Parteien auseinander, und dasselbe taten sie in der neuen Bundesrepublik: Permanente Christlich-Demokratische Regierung, permanente Sozialdemokratische Opposition. In Österreich fielen weder die Besatzungszonen noch die Parteien auseinander. Beide Tatsachen hängen zusammen; die Aufgabe, die Einheit des Staates wiederherzustellen, war von den großen Parteien nur gemeinsam zu lösen. In der Bundesrepublik wagte keine der Parteien die Anerkennung der neuen Wirklichkeit, vor allem der neuen Ostgrenzen, weil

die konkurrierende Partei davon den Vorteil gehabt hätte. In Österreich taten die beiden großen Parteien gemeinsam, was getan werden mußte, um Hitlers Erbschaft zu liquidieren. Die Koalition zwischen den Sozialisten und den alten Christlich-Sozialen, die sich in »Österreichische Volkspartei« umtauften, war schwierig. Zwischen ihnen stand die Erinnerung an den blutigen Bürgerkrieg von 1934, an die katholische Diktatur der letzten »Vor-Anschluß-Jahre«. Es war, als ob sie sich ständig umarmt hielten, um der Wiederholung solcher Katastrophen vorzubeugen. Das Resultat war eine durchaus eigenartige Regierungsform: Das Entstehen einer neuen demokratischen Hierarchie aus den beiden Parteien und den zahlreichen ihnen verbündeten Organisationen, die Verwaltung vieler tausender von Posten im Staat und in den verstaatlichten Industrien striktest nach dem Parteien-Proporz; eine halb politisierte, halb berufsständische Gesellschaft, der es an Elastizität fehlte, in der aber jeder, oder beinahe jeder zu seinem Recht kam. Das unterschiedene Schicksal, wie die Eigenart der politisch-gesellschaftlichen Struktur, halfen die Identität Österreichs gegenüber Deutschland festigen. Aus der Vergangenheit konnte diese Identität nur die unsichersten Kräfte ziehen. Denn die Habsburger Monarchie war nun lange tot und über die zwanziger und dreißiger Jahre schwieg man am besten. »Unbewältigte Vergangenheit« auch hier; aber eine geschickt gemeisterte Gegenwart. Von der gebrochenen Tradition der Habsburger blieb wenigstens dies, daß man in Wien mit Budapest, Prag, Warschau, so diskret – vermittelnde Kontakte pflegte, wie die Umstände erlaubten. – Die Frage, wieweit der Raum der »Deutschen Geschichte« reicht, ist am Ende unserer Erzählung so wenig klar zu beantworten wie am Anfang. Nimmt man den Begriff »Les Allemagnes« an, so möchte auch die neueste österreichische Entwicklung dazu gehören. Nimmt man den Nationalstaats-Begriff des neunzehnten Jahrhunderts an – und er ist es ja eben, den die Bundesrepublik nicht preisgeben will – so müssen wir Österreich seine von dem Erzähler nicht weiter zu beachtenden Wege ziehen lassen.

Das alte Österreich hat sich nicht bewußt von Deutschland trennen wollen. Gerade der Habsburger, dessen Politik im Resultat die Trennung am stärksten förderte, Ferdinand II., nahm die Einheit des Reiches gewaltig ernst und suchte sie im Zeichen der katholischen Gegenreformation zu retten oder zu restaurieren. Er triumphierte in den »Erblanden«, er scheiterte im übrigen »Reich«, und beide Teile fielen auseinander. Ähnlich ging es den russischen und deutschen Kommunisten. Sie, und gerade sie hatten die Einheit Deutschlands erhalten wollen. Sie hatten es nicht einmal ganz und augenblicklich »kommunistisch« machen wollen; das sollte später kommen. Da sie aber über ihre Zone hinaus überhaupt nicht wirken konnten, da das Land jenseits ihrer Zone, politische, gesellschaftliche Formen herausbildete, die ihnen feindlich waren, so gingen sie zögernd daran, das ihnen lediglich zu Besatzungszwecken zugesprochene Gebiet in einen kommunistischen Staat zu verwandeln. Der Charakter seiner Bewohner, seine Geographie, das System seiner Flüsse, sein durchaus an den Westen angeschlossenes Verkehrsnetz, seine Armut an Bodenschätzen machten es denkbar ungeeignet dazu. Aber politische Macht kann alles, wenn man ihr Zeit gibt, und sie braucht heute weniger Zeit als die Habsburger brauchten. Zuerst nur Beute der Russen, wurde die DDR allmählich zu einem Junior-Partner der Sowjetunion. Ihre Ökonomie, die unnatürlichste von der Welt, begann zu blühen, indem sie fast völlig an die des Ostblocks angeschlossen wurde. Die kommunistische Doktrin, noch immer Staatsreligion, trat zurück gegenüber dem Prinzip der Produktivität im Interesse der eigenen Macht und jener des großen Protektors. Es entstand eine ungeheure Bürokratie, die nicht nur den Staat, auch die Industrie, auch die Landwirtschaft verwaltet. Sie ist mehr auf technisches Können als auf die Doktrin ausgerichtet und lernt, ihren eigenen Vorteil mit der Erhaltung des Regimes zu identifizieren. Es gibt Aufstiegsmöglichkeiten und sie werden auch von denen wahrgenommen, die der willkürlich-zufälligen Mißgeburt des neuen Staates zunächst gleichgültig oder feindlich gegenüber standen.

Als ein neuer Staat wird die DDR von ihrer Offizialität verstanden. Sie macht wohl Versuche, an gewisse Episoden der deutschen und preußischen Geschichte Anschluß zu finden. Aber sie betrachtet das Deutsche Reich als aufgelöst und muß es, da sonst ihr Staat keine rechtliche Basis hätte. Darum ist sie gern bereit, die Bundesrepublik anzuerkennen; sie verficht die Theorie von »zwei deutschen Staaten«. Die Bundesrepublik tut das nicht. Sie ist nicht bereit, die DDR anzuerkennen; sie betrachtet sich als den Statthalter des Deutschen Reiches, das rechtens noch existiert und faktisch wieder hergestellt werden soll.

Die Wirklichkeit hat seit 1949 sich diesem theoretischen Standpunkt nicht angenähert, sie hat sich weiter und weiter von ihm entfernt; die Bundesrepublik hat eine Identität gewonnen, welche nicht die des »Reiches« ist. Ihre Außenpolitik ist rheinisch und süddeutsch gewesen, nicht gesamtdeutsch. Gesamtdeutsche Außenpolitik hätte auch Ostpolitik sein müssen und die Bundesrepublik hat keine Ostpolitik gehabt. Wäre in den späten vierziger Jahren das »Reich« wiederhergestellt worden, Politik und Gesellschaft sähen ganz anders aus. Eine nicht zur »Volkspartei« gewordene, sondern scharf marxistische Sozialdemokratie würde regieren und sich mit haßerfüllten Gegnern herumschlagen, wie 1920. Das Kapital hätte die Macht, die es hat, nicht. Der Adel säße nicht vergnügt und wohlhabend auf seinen Schlössern, sondern wäre einer »Landreform« zum Opfer gefallen; die Prosperität wäre längst nicht, was sie ist. Es gäbe keine Freundschaft mit Frankreich, viel weniger Internationalität, keinen Jubel um die Besuche westlicher Potentaten, wie das »Reich« ihn nie erlebt hatte.

Aber die Bundesrepublik will ihre Identität nicht erkennen, die Quelle ihrer Erfolge nicht sehen. Verwirrender: Es sind gerade ihre Erfolge, welche ihr den Blick auf Identität und Quelle der Erfolge verstellen. Man hatte ursprünglich Macht gar nicht gewollt, sondern Wohlstand. Den erreichte man; und durch den Wohlstand kam die Macht zur Hintertüre wieder herein. Ein überraschender Gast, aber für viele doch kein unwillkommener. Die wirtschaftliche und militärische Macht der Bundesrepublik wird als Produkt deutscher Leistung schlechtweg, als deutsche Macht schlechtweg empfunden. Schon kann man aus dem Munde der Politiker die Behauptung hören, seit 1914 sei Deutschland nie so machtvoll dagestanden. Folglich wird die Versuchung stärker, die Resultate auch des Zweiten Krieges, auch im Osten, als undauerhaft und ungültig anzusehen und mindestens – mindestens – die Restaurierung des Reiches von 1937 zu erstreben. – Es ist nicht einzusehen, warum man, wenn dies erreicht wäre, dort stehen bleiben sollte; warum dann nicht der ganze blutige Film noch einmal gespielt werden sollte. – Mehrere Tendenzen wirken im Sinn einer Wiederherstellung des alten und ganzen Nationalstaates.

Die Bundesrepublik war als ein föderatives Gemeinwesen geplant, geplant gewesen, wie ihr Name sagt. Auch deutsche Politiker und Staatsrechtler hatten sie ursprünglich als ein von den Bundesländern gebildetes Compositum verstehen wollen. Noch heute wirken die Länder als Hüter der Verfassung sich wohltätig aus und fehlt es ihnen nicht an nützlichen wie an dekorativen Funktionen. Trotzdem ist die Entwicklung sehr schnell in Richtung auf das Zentrum, auf »Bonn« hingegangen. Die gleichen Energien durchstrichen das Ganze, machten vor keiner Region halt und alle Regionen einander ähnlicher. Von den Millionen der Heimatvertriebenen konnte man nicht erwarten, daß sie sich als Bayern oder Hessen fühlten. Allzuviele Aufgaben waren nur zentral zu lösen, solche sowohl, die in der besonderen deutschen Situation lagen, wie solche, welche die Bundesrepublik mit anderen reifen Industriegesellschaften gemeinsam hatte. Die Bundesrepublik war 1965 kein Bund von Staaten, sondern ein regional gegliederter Ein-Staat, der genauso weit reichte, wie er reichen durfte. Der Schluß lag nahe, daß er weiter reichen *sollte;* eben bis zu den Grenzen, zu denen er ehedem gereicht hatte. Denn ob nun das Reich rechtlich noch existierte oder nicht, es war doch offenbar die Nation, die hier, wie so oft seit 1866, sich durchsetzte.

Derselbe Schluß wurde den Deutschen von außen aufgedrängt. Denn auch in »Europa« führte der Erfolg zu paradoxalen

Resultaten. Man hatte sich, beginnend in den späten vierziger Jahren, zusammengetan, um aus dem Elend herauszukommen und um der Gefahr des russischen Imperialismus zu begegnen. Damals glaubte man, die Verbindung würde eine endgültige sein, die Zeiten der europäischen Nationalstaaten wären vorüber; glaubte es am eifrigsten in Deutschland, aber anderswo auch. Indem man gemeinsame Wirtschaftspolitik, gemeinsame Wehr- und Außenpolitik trieb, kehrten die Säfte des Lebens schnell zurück; mit ihnen der Mut; mit ihnen das Gefühl, es sei am Ende alles nicht so tragisch und endgültig gewesen und man könnte den Lebenskampf aufs neue, wie eh und je, als einzelne Nation bestehen. In Frankreich erhob Charles de Gaulle dies Gefühl zum Leitprinzip seiner Staatsführung; teils rhetorisch, teils auch praktisch. Daß, was für Frankreich recht wäre, auch für Deutschland billig sein könnte, ja, in der Endkonsequenz sein müßte, fiel ihm dabei nicht ein. »Deutschland hat sich gewandelt«, pflegte er leichthin zu antworten. Wenn aber, wie er wollte, Frankreich sich nicht gewandelt hat, sondern ewig gleichbleibenden nationalen Interessen folgt, warum sollte, warum könnte dann Deutschland sich gewandelt haben?

Vielleicht irrte der General. Vielleicht haben beide Länder sich gewandelt sowohl was die Struktur ihrer Gesellschaften, wie was ihre Stellung in der Welt betrifft; Änderungen, die wenn die Soziologen recht haben, auch auf die Außenpolitik ihre dauernde Wirkung zu haben nicht verfehlen können.

Einstweilen findet ein Kampf zwischen zwei Tendenzen statt. Die eine will das begonnene europäische Werk fortsetzen. Die andere will zurück zu den alten Tugenden und Lastern des Nationalstaates.

Im Laufe unserer langen Erzählung hofft der Erzählende gezeigt zu haben, daß er ein Freund der Mitte, ein Feind der falschen Extreme und falschen Alternativen ist. Die Fortsetzung des europäischen Werkes schließt die Verteidigung besonderer Nationalinteressen nicht aus. Hier würde es sich darum handeln, klare und konstruktive Beziehungen zu Osteuropa zu entwickeln und eine Atmosphäre schaffen zu helfen,

in der das Eis der kommunistischen Diktatur in Ostberlin schmelzen muß. Dann würde eine Konföderation der »Beiden Deutschland« möglich sein und der Prozeß der menschlichen Entfremdung zwischen den Bevölkerungsteilen rückläufig werden können. Beide würden ihre in den letzten Jahrzehnten eingegangenen Verbindungen nach Osten und Westen bewahren, zusammen aber eine Art von Brücke und Mittelstück bilden. Wozu eine ganze Menge Staatskunst notwendig wäre. Aber wer will, ohne sie, in solcher Lage etwas zu erreichen hoffen? Tatsächlich haben die Nachfolger Konrad Adenauers zaghafte Versuche gemacht, mit den osteuropäischen Staaten anzuknüpfen. Diese Versuche sind bisher nicht sehr weit gediehen; teils, weil die Stimmungen in Osteuropa dagegen wirkten, teils, weil die Bundesrepublik sich an Prinzipien und Tabus gebunden hat, die zu überwinden die Politiker nicht den Mut fanden. Man wollte mit Osteuropa erst ins klare kommen, wenn man Gesamtdeutschland wäre, nicht mehr ein bloßer Teilstaat, man wollte erst dann über den Frieden verhandeln, Forderungen stellen, und, vielleicht, Kompromisse schließen. Aber man wird nie zur »Wiedervereinigung« und zu »Friedensverhandlungen« gelangen, wenn man nicht vorher erklärt hat, was man will, nicht vorher gewisse Verzichte ausgesprochen hat. Die Situation erinnert an die des Ersten Weltkrieges; damals, als Deutschland wohl Frieden anbot und nicht so unehrlicherweise, aber seine Friedensbedingungen in ein überschlaues, unheimlich drohendes Dunkel hüllte. Man wollte »Trümpfe in der Hand behalten«; folglich kann man nie zu Friedensverhandlungen; die Trümpfe verwelkten in der Hand. – Wie gewisse nationale Neigungen, gewisse falsche, unfruchtbare Künste sich trotz tief veränderter Umstände wiederholen!
Wer über die Zukunft spekulieren will, dem scheinen andere, bösere Wiederholungen nicht völlig unmöglich. In der modernen deutschen Geschichte wechseln Perioden der Ruhe, der vernünftigen Einfügung mit explosiven ab. Auf die »Heilige Allianz«, die Zeiten der »Geländer und Deiche«, folgte die kriegerisch-revolutionäre Bismarcks; auf die Friedenspolitik des alten Bismarck der Imperialismus Wilhelms, der Krieg

Ludendorffs; Hitler auf Stresemann. Diese letzte Nachfolge enthält die aktuellsten Warnungen. Es ist nicht so, daß Stresemann Westeuropa mit seiner Versöhnungspolitik betrogen hätte; er war ehrlich. Eher war es so, daß die Nation, unbewußt, die Außenwelt durch Stresemann betrog. Sie ließ ihn machen, so lange nichts anderes zu machen war, sie hätte ihn später weggejagt, wenn er nicht rechtzeitig gestorben wäre; 1933 stieß sie die Leiter um, auf der sie zu neuer Macht geklettert war, weil sie ihrer nun nicht mehr bedurfte. Gewisse Aussprüche Konrad Adenauers machen wahrscheinlich, daß er selber fürchtete, die historische Rolle Stresemanns noch einmal zu spielen. Daher die Bindungen, die immer neuen, zusätzlichen Bindungen seines Deutschland an Westeuropa, an denen er so emsig arbeitete. – Schließlich haben die atlantischen Alliierten etwas überaus Gefährliches, Irrationales getan: Sie haben die furchtbare Verkrüppelung des deutschen Siedlungsraumes verursacht oder zugelassen, einen wahrhaft »karthagischen« Frieden diesmal. Aber sie haben Karthago nicht zerstört, sondern eilends geholfen, es wieder aufzubauen und so reich und militärmächtig wie nur irgend möglich zu machen. Hieß das nicht, die Weisheit der Deutschen auf eine gar zu harte Probe stellen? War eine größere Naivität, eine blindere Vertrauensseligkeit überhaupt denkbar? – Man hat mit der moralischen Läuterung der Nation gerechnet, aber damit ist es bei allen Nationen eine unsichere Sache. Die Struktur der Gesellschaft hat sich geändert; ob auch die tiefsten Charakterzüge, wer kann es wissen? Was den deutschen Charakter seit hundert Jahren bezeichnete, war seine Ungeformtheit, seine Unberechenbarkeit. Er konnte einmal hochvernünftig und friedlich erscheinen; und dann wieder, plötzlich, ganz anders. Friedrich Nietzsche hat vom »Täuschevolk« gesprochen.

Und schon haben wir Publizisten, die empfehlen, zu einer Politik der nationalen Autonomie zurückzukehren, die großen Machtblöcke oder die Stücke der sich auflösenden Machtblöcke gegeneinander auszuspielen und im rechten Augenblick die Polen aus ihren »wiedergewonnenen Gebieten« zu vertreiben.

– Wenn das möglich wäre und getan würde, so wären auch ganz andere Dinge möglich und würden auch ganz andere Dinge getan werden. Bei den »Grenzen von 1937« würde man so wenig stehen bleiben, wie man 1939 bei ihnen stehen blieb.
– Wird das sein?
Ich weiß es nicht. Ich weiß, daß es auch für einen Deutschen nicht wünschenswert ist. Ein zweites »Großdeutschland« würde die Deutschen selber so wenig glücklich machen, wie das erste sie glücklich machte, von anderen Völkern zu schweigen.

Die energische norddeutsch-protestantische Geschichtsschreibung, die in den fünfziger Jahren des vorigen Jahrhunderts entstand, trug einen Sinn in sich, der erst noch erfüllt werden sollte, dessen Erfüllung sie selber diente und der eben die Quelle ihrer Energie war: das Ziel des deutschen, von Preußen zu führenden Nationalstaates. Von ähnlich leidenschaftlichem, stolzem Willen kann eine hundert Jahre später geschriebene deutsche Geschichte nicht getragen sein.
Der Nationalstaat liegt hinter uns. Was er geleistet hat, bleibt bestehen und wirkt mannigfach weiter. Was er an Unheil angerichtet hat, auch, und eben dies Unheil hat ihn wiederlegt. Zerstört wurde er zweimal: einmal durch sich selber, das eigene sich Vermessen, das ihn ins Form- und Grenzenlose wachsen ließ; einmal durch die Sieger von 1945. Wohl sollte man beide Arten der Auflösung zusammensehen. So, wie unsere Augen gemacht sind, ist aber die letztere ihnen näher, wirkt unmittelbar auf uns, sodaß wir wohl glauben, das Reich Bismarcks habe sich nicht selber zerstört, sondern nur ein passives, unrechtes Schicksal erfahren.
Dies Schicksal nicht als endgültig hinzunehmen, ist die Versuchung stark. Nimmt man es hin, so entsteht die leidige Schwierigkeit, dem einen Sinn nachträglich zu geben, was selber die Folge von Sinnlosem ist. Die Kriegstaten des »Dritten Reiches« waren sinnlos; die Teilung Deutschlands war es auch, war willkürlich, zufällig, irrational und dauert fort unter den schmählichsten Formen. Die Nation war die längste Zeit politisch unterteilt und vielfältig. Gewiß; aber *diese* Vielfalt?

Sinkt, wer sie geschichtlich legitimieren will, nicht in das alte deutsche Philosophenlaster zurück, jeden Unsinn gut und von heimlicher »List der Vernunft« hervorgebracht zu finden, nur weil es wirklich ist? Oder wenn er sich damit begnügt, die bloßen unüberwindlichen Tatsachen der Macht zu konstatieren, wäre es nicht das verwandte Laster der Machtanbetung? Machtverhältnisse sind nichts Ewiges.

Wir sehen den Ernst dieser Fragen und meinen trotzdem: Es gilt, mit dem Gegenwärtigen so wie es heute ist, nicht, sich endgültig zu befreunden, wohl aber, etwas Besseres aus ihm zu machen. Die Sehnsucht, zurückzukehren, heimzukehren, ist jedem lebendigen Herzen vertraut. Aber in der Geschichte kann man nie zurück, selbst da nicht, wo der Schein einer Rückkehr vorgegeben wurde – was etwa hat die heutige Tschechoslowakische Republik mit dem alten Königreich Böhmen zu tun? – und kann es am wenigsten nach den geschichtlichen Katarakten, deren Zeugen wir waren. »Bismarcks Werk ist dahin«, hat Max Weber 1918 geschrieben. Wenn dieser Satz damals noch nicht völlig zutraf, seit 1945 tut er es; und von dem Leitbild des Bismarck-Reiches als einem für die politische Existenz der Nation ausschließlich und ewig legitimen müssen wir uns trennen. Rechnet man großzügig, so hat das Bismarck-Reich 67 Jahre lang gedauert: Die Nation mehr als 1000.

Es war das Hoffnungsvolle in der Politik der Bundesrepublik, solange sie von Konrad Adenauer geführt wurde, daß sie sich Neues ausdachte oder bei Neuem loyal mitmachte, wenn andere es ihr anboten. Es war das Enttäuschende, das praktisch Paralysierende, daß sie trotzdem das von Bismarck geprägte Leitbild nicht preisgab, obwohl ein wiederhergestelltes »Deutsches Reich« das neue, werdende Europa hätte sprengen müssen, wie das Bismarck-Reich das alte Europa sprengte.

Dieser Widerspruch droht besonders die französisch-deutsche Gemeinschaft zu verderben, die anfangs der sechziger Jahre zum Greifen nahe schien. Was die Bundesrepublik, sobald sie den Freundschaftsvertrag ratifiziert hatte, sich den Plänen und Ideen Charles de Gaulles Stück für Stück entziehen ließ, war nicht so sehr die im Vordergrund stehende Furcht, den mächtigen amerikanischen Protektor zu verlieren; es war das vielleicht nicht einmal zum Bewußtsein erhellte Gefühl, daß die französische Konzeption auch für Osteuropa, mithin für Ostdeutschland und die politische Existenz der Nation die Anerkennung von *Neuem* bedeutete und sich mit manchem, nicht aber mit der Wiederherstellung des Bismarckreiches vereinigen ließ.

Ist hier eine Sternstunde versäumt worden? Wir hoffen, noch nicht. Und weil ein bis zur Gegenwart fortgeführtes Erzählwerk wie das unsere doch mit Hoffnung enden muß: Wir hoffen, die Bundesrepublik werde sich als das erkennen, was sie ist und was die Quelle ihrer politischen und wirtschaftlichen Erfolge war. Wir hoffen, das Beste, für die Nation und potentiell auch für Europa Fruchtbarste, was Deutschlands politisches Ingenium schuf, der Föderalismus, werde von den neuen zentralisierenden und gleichmachenden Göttern unserer Zivilisation nicht erstickt werden sondern sich erhalten und erweitern; nicht bloß innerhalb des Gemeinwesens, das mit gutem Sinn *Bundes*-Republik genannt wurde, auch darüber hinaus nach Westen wie nach Osten. Wir hoffen, die Deutsche Demokratische Republik werde dem, was in ihrem gewalttätigen Ursprung nicht lag, dem Prinzip der Selbstbestimmung ihrer Bürger, langsam näher kommen und so für freie und legitime Verbindungen mit Westdeutschland tauglich werden; sei es in der Form einer Konföderation, sei es auch nur durch Verträge, wie sie zwischen der Bundesrepublik und dem dritten deutschen Staat Österreich, bestehen. Den Rest würde, wenn sie so will, die Zeit besorgen. Er habe nie Geschichte *gemacht,* hat Bismarck einmal gesagt. Er habe nur gewartet, bis sie sich vollzöge, und etwas anderes könnte der Staatsmann nicht.

Wir hoffen, das, was die Nation von anderen Nationen immer unterschied und unterscheiden wird, auch wenn ephemäre Gegensätze verschwunden sind, unsere schöne *Sprache,* werde nicht dürr und gemein werden, sondern ihren Adel erneuern; und mit ihr alles, was im Wort seinen Ausdruck findet. Geschähe es nicht, was würde alle wiedergewonnene Großmacht und Scheinmacht uns denn helfen?

BIBLIOGRAPHIE

Willy Andreas: Das Zeitalter Napoleons und die Erhebung der Völker, Heidelberg 1955

Max Prinz von Baden: Erinnerungen und Dokumente, Stuttgart 1927

Geoffroy Barraclough: The Origins of Modern Germany, Oxford 1957

Ludwig Beck: Studien, herausgegeben von Hans Speidel, Stuttgart 1955

August Bebel: Aus meinem Leben, Stuttgart 1914

Ludwig Bergstraesser: Geschichte der politischen Parteien in Deutschland, München 1952

Theobald von Bethmann Hollweg: Betrachtungen zum Weltkriege, Berlin 1922

M. J. Bonn: So macht man Weltgeschichte, Bilanz eines Lebens, München 1953

Hans Booms: Die Konservative Partei, Preußischer Charakter, Reichsauffassung, Nationalbegriff, Düsseldorf 1954

Karl Dietrich Bracher: Die Auflösung der Weimarer Republik, Stuttgart und Düsseldorf 1955 (An dies ausgezeichnete Buch lehnt die Darstellung der Krise des Jahres 1932 sich wesentlich an.)

Otto Braun: Von Weimar zu Hitler, Hamburg 1949

Karl Buchheim: Die Christlichen Parteien in Deutschland, München 1953

Bernhard Fürst von Bülow: Denkwürdigkeiten, Berlin

Alan Bullock: Hitler. Eine Studie über Tyrannei, Düsseldorf 1954

Edward Hallett Carr: Berlin-Moskau: Deutschland und Rußland zwischen den beiden Weltkriegen, Stuttgart 1954

Ludwig Dehio: Gleichgewicht oder Hegemonie. Betrachtungen über ein Grundproblem der neueren Staatengeschichte, Krefeld 1948

Hans Delbrück: Krieg und Politik, Berlin 1919

Johann Gustav Droysen: Politische Schriften, herausgegeben von F. Gilbert, 1933

Matthias Erzberger: Erlebnisse im Weltkrieg, Stuttgart 1920

Theodor Eschenburg: Staat und Gesellschaft in Deutschland, Stuttgart 1956

Erich Eyck: Bismarck, Leben und Werk, Zürich 1941

– Das persönliche Regiment Wilhelms II., Politische Geschichte des Deutschen Kaiserreiches von 1890–1914, Erlenbach-Zürich
– Geschichte der Weimarer Republik, Erlenbach-Zürich und Stuttgart 1954 und 1956
Ossip K. Flechtheim: Die Kommunistische Partei Deutschlands in der Weimarer Republik, Offenbach 1948
Constantin Frantz: Deutschland und der Föderalismus, Hellerau 1917
Ferdinand Friedensburg: Die Weimarer Republik, Berlin 1946
H. W. Gatzke: Germany's Drive to the West. A Study of Germany's Western War aims during the First World War, Baltimore 1950
Joseph Goebbels: Vom Kaiserhof zur Reichskanzlei, 1937
Helmut Gollwitzer/Käthe Kuhn/Reinhold Schneider: Du hast mich heimgesucht bei Nacht. Abschiedsbriefe und Aufzeichnungen des Widerstandes 1933–1945, München
George Peabody Gooch: Studies in German History, London 1948
Bernhard Guttmann: Schattenriß einer Generation 1888–1919, Stuttgart 1950
George F. W. Hallgarten: Hitler, Reichswehr und Industrie. Zur Geschichte der Jahre 1918–1933, Frankfurt 1955
– Imperialismus vor 1914, München 1951 (Ohne mit Hallgartens theoretischen Ansichten übereinzustimmen, hat der Verfasser von diesem reichhaltigen Werk manches gelernt und ihm einige der in Kapitel 8 angeführten Zitate entnommen.)
Fritz Hartung: Deutsche Verfassungsgeschichte vom 15. Jahrhundert bis zur Gegenwart, Leipzig und Berlin 1933
Heinrich Heffter: Die deutsche Selbstverwaltung im 19. Jahrhundert, Stuttgart 1950
Hermann Heidegger: Die deutsche Sozialdemokratie und der nationale Staat 1870–1920, Göttingen 1956
Konrad Heiden: Geburt des Dritten Reiches. Die Geschichte des Nationalsozialismus bis Herbst 1933, Zürich 1954
– Hitler. Das Leben eines Diktators. Eine Biographie, Zürich 1936
– Ein Mann gegen Europa, Zürich 1937
Adolf Heusinger: Befehl im Widerstreit. Schicksalsstunden der deutschen Armee 1923–1945, Tübingen und Stuttgart 1951
Alfred Heuß: Theodor Mommsen und das 19. Jahrhundert, Kiel 1956

Theodor Heuss: Friedrich Naumann, der Mann, das Werk, die Zeit, Tübingen 1949
Walter Hofer: Die Entfesselung des Zweiten Weltkrieges, Stuttgart 1954
(Max Hoffmann:) Die Aufzeichnungen des Generalmajors Max Hoffmann, herausgegeben von F. Nowak, Berlin 1929
Fürst Chlodwig zu Hohenlohe-Schillingsfürst: Denkwürdigkeiten des Fürsten Chlodwig zu Hohenlohe-Schillingsfürst, Stuttgart und Leipzig 1906
– Denkwürdigkeiten der Reichskanzlerzeit, herausgegeben von Alexander von Mueller, Stuttgart und Berlin 1931
Johannes Hohlfeld: Deutsche Reichsgeschichte in Dokumenten, 1849 bis 1934. Urkunden und Aktenstücke zur inneren und äußeren Politik des Deutschen Reiches, Berlin 1934
Georg Kaufmann: Geschichte Deutschlands im Neunzehnten Jahrhundert, Berlin 1912
Siegfried von Kardorff: Bismarck. Ein Beitrag zur deutschen Parteigeschichte, Berlin 1929
Lionel Kochan: Rußland und die Weimarer Republik, Düsseldorf 1954
Helmut Krausnick: Vorgeschichte und Beginn des militärischen Widerstandes gegen Hitler, München 1956
Alfred Kruck: Geschichte des Alldeutschen Verbandes, Wiesbaden 1954
Annedore Leber: Das Gewissen steht auf. 64 Lebensbilder aus dem deutschen Widerstand 1933–1945, Berlin 1953
Georg Ledebour: Mensch und Kämpfer. Zusammengestellt von Minna Ledebour, Zürich 1954
Erich Ludendorff: Meine Kriegserinnerungen 1914–1918, Berlin 1919
Hendrik de Man: Gegen den Strom. Memoiren eines europäischen Sozialisten, Stuttgart 1953
Erich von Manstein: Verlorene Siege, Bonn 1955
Franz Mehring: Geschichte der Deutschen Sozialdemokratie, Stuttgart 1913
Otto Meißner: Staatssekretär unter Ebert, Hindenburg, Hitler, Hamburg 1950
Bernhard Menne: Krupp, Deutschlands Kanonenkönige, Zürich 1936
Arnold Oskar Meyer: Bismarck, der Mensch und der Staatsmann, Stuttgart 1949

Henry C. Meyer: Mitteleuropa in German Thought and Action 1815–1945, The Hague 1955
Armin Mohler: Die Konservative Revolution in Deutschland 1918 bis 1932, Grundriß ihrer Weltanschauungen, Stuttgart 1950
Wilhelm Mommsen: Deutsche Parteiprogramme, München 1952
Friedrich Naumann: Mitteleuropa, Berlin 1915
Gustav Noske: Von Kiel bis Kapp. Zur Geschichte der deutschen Revolution, Berlin 1920
– Erlebtes aus Aufstieg und Niedergang einer Demokratie, Offenbach 1947
Hermann Oncken: Rudolf von Bennigsen. Ein deutscher liberaler Politiker, Stuttgart 1910
– Lassalle. Eine politische Biographie, Stuttgart und Berlin 1920
Franz von Papen: Der Wahrheit eine Gasse, München 1952
Walther Rathenau: Von kommenden Dingen, Berlin 1917
– Politische Briefe, Dresden 1929
Hans Ulrich Rentsch: Bismarck im Urteil der schweizerischen Presse 1862–1898, Basel 1945
Gerhard Ritter: Carl Goerdeler und die deutsche Widerstandsbewegung, Stuttgart 1955
Arthur Rosenberg: Geschichte der Weimarer Republik, 1955
Hans Rothfels: Bismarck und der Staat. Ausgewählte Dokumente, Stuttgart 1953
– Die Opposition gegen Hitler, Frankfurt 1958
Lord Russell of Liverpool: Geißel der Menschheit. Kurze Geschichte der Nazikriegsverbrechen, Frankfurt 1955
Hjalmar Schacht: 76 Jahre meines Lebens, Bad Wörishofen 1953
Philipp Scheidemann: Der Zusammenbruch, Berlin 1921
– Memoiren eines Sozialdemokraten, Dresden 1928
Franz Schnabel: Deutsche Geschichte im neunzehnten Jahrhundert, Freiburg 1948 und 1949
Otto-Ernst Schueddekopf: Das Heer und die Republik, Quellen zur Politik der Reichswehrführung 1918–1933, Hannover und Frankfurt 1955
Wilhelm Schuessler: Bismarcks Sturz, Leipzig 1921
Carl Schurz: Lebenserinnerungen. Bearbeitet von S. v. Radecki, Zürich

Kurt Sendtner: Rupprecht von Wittelsbach, Kronprinz von Bayern, München 1954
Heinz-Otto Sieburg: Deutschland und Frankreich in der Geschichtsschreibung des neunzehnten Jahrhunderts, Wiesbaden 1954
Werner von Siemens: Lebenserinnerungen, Berlin 1942
Werner Sombart: Die deutsche Volkswirtschaft im neunzehnten Jahrhundert und im Anfang des zwanzigsten Jahrhunderts, Berlin 1919
Hans Speidel: Invasion, 1944. Ein Beitrag zu Rommels und des Reiches Schicksal, Tübingen und Stuttgart
Heinrich Ritter von Srbik: Deutsche Einheit, Idee und Wirklichkeit vom Heiligen Reich bis Königgrätz, München 1942
Rudolf Stadelmann: Soziale und politische Geschichte der Revolution von 1848, München 1948
Fritz Stampfer: Die ersten 14 Jahre der deutschen Republik, Offenbach 1947
Friedrich Stieve: Deutschland und Europa 1890–1914. Ein Handbuch zur Vorgeschichte des Weltkrieges, Berlin 1927
Alan J. P. Taylor: The Course of German History, London 1945
– The Habsburg Monarchy, 1809–1918, London 1948
Alfred von Tirpitz: Erinnerungen, Leipzig 1919
Heinrich von Treitschke: Historische und Politische Aufsätze, Leipzig 1917. Die Ursachen des deutschen Zusammenbruchs im Jahre 1918. Zwölf Bände, Berlin 1925–1929. Herausgegeben vom Untersuchungsausschuß der deutschen Nationalversammlung
Veit Valentin: Geschichte der Deutschen Revolution von 1848 bis 1849, Berlin 1930
Edmond Vermeil: L'Allemagne Contemporaine, Sociale, Politique et Culturelle, 1890–1950, Paris 1953
(Alexander v. Villers:) Briefe eines Unbekannten. Aus dessen Nachlaß neu herausgegeben von K. Graf Lankoronski und Wilhelm Weigand, Leipzig 1910
Max Weber: Gesammelte Politische Schriften, München 1921
Kuno Graf von Westarp: Die Konservative Partei im letzten Jahrzehnt des Kaiserreiches, Berlin 1935
John W. Wheeler-Bennet: Die Nemesis der Macht. Die deutsche Armee in der Politik 1918–1945, Düsseldorf 1954

NAMENVERZEICHNIS